westermann

Autoren: Andreas Blank, Nick Brown, Dr. Astrid Faustmann, Jörn Menne, Helge Meyer, Frank Meyer- Faustmann, Udo Müller-Stefer, Christian Schmidt, René Schäfer, Eike Witkowski

Herausgeber: Andreas Blank, Helge Meyer

Büromanagement
Kaufmann/Kauffrau für Büromanagement

1. Ausbildungsjahr

4. Auflage

Bestellnummer 94237

Die in diesem Produkt gemachten Angaben zu Unternehmen (Namen, Internet- und E-Mail-Adressen, Handelsregistereintragungen, Bankverbindungen, Steuer-, Telefon- und Faxnummern und alle weiteren Angaben) sind i. d. R. fiktiv, d. h., sie stehen in keinem Zusammenhang mit einem real existierenden Unternehmen in der dargestellten oder einer ähnlichen Form. Dies gilt auch für alle Kunden, Lieferanten und sonstigen Geschäftspartner der Unternehmen wie z. B. Kreditinstitute, Versicherungsunternehmen und andere Dienstleistungsunternehmen. Ausschließlich zum Zwecke der Authentizität werden die Namen real existierender Unternehmen und z. B. im Fall von Kreditinstituten auch deren IBANs und BICs verwendet.

Zusatzmaterialien zu „Büromanagement – Kaufmann/Kauffrau für Büromanagement, 1. Ausbildungsjahr"

Für Lehrerinnen und Lehrer:

Lösungen: 978-3-427-94238-2
Lösungen Download: 978-3-427-94239-9
Lösungen zum Arbeitsheft: 978-3-427-94241-2
Lösungen zum Arbeitsheft Download: 978-3-427-94242-9

BiBox westermann inkl. E-Book

BiBox Einzellizenz für Lehrer/-innen (Dauerlizenz): 978-3-427-94244-3
BiBox Kollegiumslizenz für Lehrer/-innen (Dauerlizenz): 978-3-427-85222-3
BiBox Kollegiumslizenz für Lehrer/-innen (1 Schuljahr): 978-3-427-87668-7

Für Schülerinnen und Schüler:

Arbeitsheft: 978-3-427-94240-5

BiBox westermann inkl. E-Book

BiBox Einzellizenz für Schüler/-innen (1 Schuljahr): 978-3-427-94243-6

westermann GRUPPE

Druck und Bindung: Westermann Druck GmbH, Georg-Westermann-Allee 66, 38104 Braunschweig

ISBN 978-3-427-**94237**-5

Vorwort

Dieses Buch erfüllt die Anforderungen der Ausbildungsordnung des lernfeldorientierten Rahmenlehrplans für den Ausbildungsberuf **„Kaufmann/Kauffrau für Büromanagement“**. Die Gliederung der Inhalte orientiert sich an den Richtlinien des Rahmenlehrplans, der die zu vermittelnden Kompetenzen und Inhalte den Lernfeldern zuordnet. Die **Lernfelder** orientieren sich an konkreten beruflichen Aufgabenstellungen und Handlungsabläufen, die im Berufsbild beschrieben sind.

Um den Auszubildenden der verschiedenen Branchen und Wirtschaftsbereiche die Lerninhalte zu veranschaulichen, werden bei der Erarbeitung der Lernfelder ein **Modellunternehmen** und zwei **Modellauszubildende** zugrunde gelegt. Das Modellunternehmen ist die **Primus GmbH**, Büroeinrichtung und -zubehör und die Modellauszubildenden sind **Nicole Höver** und **Andreas Dick**.

Im Band **„Büromanagement, Kaufmann/Kauffrau für Büromanagement, 1. Ausbildungsjahr“** sind folgende Lernfelder zusammengefasst:

Lernfeld 1: Die eigene Rolle im Betrieb mitgestalten und den Betrieb präsentieren

Lernfeld 2: Büroprozesse gestalten und Arbeitsvorgänge organisieren

Lernfeld 3: Aufträge bearbeiten

Lernfeld 4: Sachgüter und Dienstleistungen beschaffen und Verträge schließen

Die **Kapitel innerhalb der Lernfelder** sind in sachlogisch strukturierte Unterrichtseinheiten gegliedert. Jede Unterrichtseinheit ist folgendermaßen aufgebaut:

Handlungssituation → Sachinhalt → Zusammenfassung → Aufgaben

Jede Unterrichtseinheit (= Gliederungspunkt im Buch) wird mit einer unternehmenstypischen **Handlungssituation** eingeleitet. Über **Arbeitsaufträge** werden die Schüler zur eigenständigen Lösung der darin erkennbaren Problematik aufgefordert.

Im **Sachinhalt** werden betriebliche Probleme an Beispielen veranschaulicht, Zusammenhänge in Schaubildern schematisiert und Lösungswege und wichtige Begriffe jeweils aus dem schülergemäßen Text hervorgehoben.

In einer **Zusammenfassung**, die als Grundlage der Übung und Wiederholung dient, wird der Sachinhalt strukturiert dargestellt.

Zu jedem Lernfeld werden **Aufgaben** mit unterschiedlichem Schwierigkeitsgrad und Umfang zur Sicherung und Anwendung betriebswirtschaftlicher Begriffe, Definitionen und Abläufe sowie zur Auswertung und entscheidungs- und handlungsorientierten Durchdringung der Ergebnisse gestellt. Jedes Lernfeld wird mit fallbezogenen **Wiederholungsaufgaben und prüfungsvorbereitenden Aufgaben** abgeschlossen.

Eine auf die Lehrbücher abgestimmte **ERP-Software (SAP® ERP)** dient der fächerübergreifenden Anwendung ausgewählter Problemstellungen.

Um die Software als Schule für den Unterricht nutzen zu können, muss über die Homepage des Projektes erp4school die **kostenlose Mitgliedschaft** für die Schule beantragt werden.

Link: https://erp4school.de. Die Nutzung der Software ist **kostenlos**.

Nach der Anmeldung im Projekt werden zwei Verträge geschlossen. Den ersten Vertrag schließt die Schule mit der SAP® University Alliance über die kostenlose Nutzung der Software. Da es sich bei der Software um eine serverbasierte Software handelt, die die SAP® SE ausschließlich über zu diesem Zweck speziell ausgebildete Rechenzentren zur Verfügung stellt, muss ein zweiter Vertrag mit einem Rechenzentrum geschlossen werden. Dieser ist mit Kosten für die Bereitstellung von Serverleistungen verbunden. Sind beide Verträge geschlossen, wird der Mandant mit den notwendigen Zugangsdaten bereitgestellt.

Um eine Verbindung mit dem Rechenzentrum herzustellen, benötigt die Schule eine Internetverbindung. Empfohlen wird für den Unterricht die Arbeit mit dem SAP®GUI, um eine hohe Performance während des Unterrichts zu gewährleisten. Auch dieser wird über das Projekt kostenlos zur Verfügung gestellt. Für den Zugriff auf die Software im Rechenzentrum ist der Port 3299 freizuschalten. Weitere Einrichtungen seitens der Schule sind nicht notwendig. Nähere Informationen erhalten Sie auf der Website und per E-Mail unter erp4school@mmbbs.de.

Die im Lehrplan geforderte **Anwendung von Textverarbeitungsprogrammen und Tabellenkalkulationssoftware** wird in den jeweiligen Lernfeldern integrativ bearbeitet.

Die **Fremdsprache Englisch** wurde in den entsprechenden Lernfeldern handlungsorientiert eingearbeitet.

Verweise zu anderen Lernfeldern, bei denen die zu bearbeitenden Inhalte ebenfalls behandelt werden, sind an den entsprechenden Stellen mit der Unterlegung des Begriffs und einem Verweis auf das jeweilige Lernfeld gekennzeichnet.

Web

Zusätzliches Material finden Sie unter **BuchPlusWeb** an den mit dem Web-Icon gekennzeichneten Stellen. Hierzu zählen Zusatzinformationen zu den im Lehrbuch dargestellten Texten, Aufgaben mit Lösungen und Belegvordrucke zum Modellunternehmen Primus GmbH und ihren Kunden und Lieferern.

Unter www.tippika.de kann ein **kostenloses Onlinetastschreibprogramm** abgerufen werden, welches Schüler nutzen können, um das Beherrschen des flüssigen Zehnfinger-Tastschreibens zu trainieren.

Im **Lehrerhandbuch** zum Lehrbuch sind alle Aufgaben ausführlich gelöst.

LS

Zu jedem Lehrbuch gibt es auch ein **Arbeitsheft** (Band 1 Bestell-Nr. 94240). Hier werden die Handlungssituationen zu den jeweiligen Kapiteln des Lehrbuchs aufgegriffen (im Buch mit dem Icon gekennzeichnet) und über zusätzliche Arbeitsaufträge und methodische Hinweise, die einen handlungsorientierten Unterricht steuern, in **Lernsituationen** überführt. Die Lernsituationen unterstützen die Schüleraktivierung und berücksichtigen Formen des kooperativen Lernens.

Die **Lehrerhandbücher zu den Arbeitsheften** ergänzen die Arbeitshefte mit differenziert ausgearbeiteten Lösungen und erleichtern die Dokumentationen in der didaktischen Jahresplanung. Diese stehen als Download zur Verfügung und können für die **didaktische Jahresplanung** an den Schulen genutzt werden. Verlaufspläne über den Unterricht in den Lernsituationen dienen der Lehrkraft als Anregung.

Als digitales Zusatzprodukt erhalten Sie zudem die „**BiBox Büromanagement – Lernfeld 1–4**“. Weitere Informationen dazu finden Sie im Webshop.

Die Verfasser

Inhaltsverzeichnis

Vorwort ... 3

Einleitung ... 9

Gesetzesabkürzungen ... 18

Lernfeld 1
Die eigene Rolle im Betrieb mitgestalten und den Betrieb präsentieren

1 Die eigene Rolle und die Verantwortungsbereiche im Betrieb klären ... 19

1.1 Das System der dualen Berufsausbildung untersuchen ... 19
1.2 Die Ausbildungsordnung und das Berufsbildungsgesetz beachten und nutzen ... 25
1.3 Das Jugendarbeitsschutzgesetz (JArbSchG) erkunden ... 37
1.4 Sich über Institutionen zur Durchsetzung ausbildungsrechtlicher Ansprüche informieren ... 41
1.5 Den Aufbau eines Betriebes und die Arbeits- und Geschäftsprozesse nachvollziehen ... 44
1.6 Die Möglichkeiten der Weiterbildung erkunden und die Notwendigkeit des lebenslangen Lernens kennenlernen ... 50

2 Die Stellung und Bedeutung des eigenen Betriebes für die Gesamtwirtschaft erschließen ... 53

2.1 Ziele und Arten von Betrieben vergleichen ... 53
2.2 Die Leistungserstellung in unterschiedlichen Branchen erkunden ... 58
2.3 Den Betrieb als soziales System und Entscheidungsgefüge kennenlernen 66

3 Die Beziehungen und Abhängigkeiten der Wirtschaftssubjekte in der Gesamtwirtschaft klären ... 73

3.1 Güter als Mittel der Bedürfnisbefriedigung vergleichen ... 73
3.2 Die Produktionsfaktoren im Wirtschaftsprozess beschreiben ... 77
3.3 Die Arbeitsteilung untersuchen ... 83
3.4 Den Wirtschaftskreislauf nachvollziehen ... 87

4 Den Ausbildungsbetrieb präsentieren ... 92

4.1 Arbeitsstrategien zielgerichtet einsetzen ... 92
4.2 Professionell präsentieren ... 103

Wiederholungsaufgaben zum 1. Lernfeld ... 110

Gebundene Prüfungsaufgaben ... 113

Lernfeld 2
Büroprozesse gestalten und Arbeitsvorgänge organisieren

1 Arbeitsraum, Arbeitsplatz und Arbeitszeit gestalten ... 115

1.1 Die Bedeutung von Umwelt- und Gesundheitsfaktoren erkennen ... 115
1.2 Leistungsfähigkeit und Leistungsbereitschaft am Arbeitsplatz analysieren 121
1.3 Den Arbeitsplatz gestalten ... 124
1.4 Die Raumarten unterscheiden ... 130
1.5 Unfallverhütungsvorschriften beachten ... 135
1.6 Arbeitszeit- und Pausenregelungen kennenlernen ... 139
1.7 Betriebliches Vorschlagswesen nutzen ... 144

2 Gesundheit erhalten und fördern ... 147

2.1 Psychische Belastungen am Arbeitsplatz bewältigen ... 147
2.2 Vorbeugende Maßnahmen zur Gesunderhaltung im Beruf durchführen ... 153

3 Termine planen und Zeitmanagement organisieren ... 158

4 Sitzungen und Besprechungen vorbereiten, durchführen und nachbereiten ... 168

5 Protokolle mit der Textverarbeitung erstellen ... 178

6 Informationen weiterleiten ... 196

6.1 Informationen per Telefon oder E-Mail weiterleiten ... 196
6.2 Ein- und ausgehende Post bearbeiten ... 207

7 Informationen ordnen und aufbewahren ... 220

8 Kooperativ und selbstbewusst in einem Team arbeiten ... 233

8.1 Erfolgreiche Teamarbeit gestalten ... 233
8.2 Konstruktiv in einem Team arbeiten ... 241

Wiederholungsaufgaben zum 2. Lernfeld ... 250

Gebundene Prüfungsaufgaben ... 250

Ungebundene Prüfungsaufgaben ... 253

Lernfeld 3
Aufträge bearbeiten

1 Rechtliche Bedeutung von Anfragen und Angeboten kennenlernen ... 256

2 Bearbeitung von Kundenanfragen, Kundenaufträgen und Erstellung eines Angebots durchführen ... 261

3 Fachgerechte und kundenorientierte Abwicklung von Aufträgen organisieren ... 273

4 Aufbau und Struktur einer betrieblichen EDV-Anlage erschließen 281

5 Leistungskomponenten von Textverarbeitungsprogrammen einsetzen 287

5.1 Entwicklung und Gestaltung von Formularen kennenlernen 287
5.2 Verwendung von Textbausteinen einbeziehen 290
5.3 Einbindung von Objekten anwenden 294

6 Preisberechnung mithilfe eines Tabellenkalkulationsprogramms vornehmen 297

6.1 Rechnerische Grundlagen der Preisberechnung beherrschen 297
6.1.1 Den Dreisatz anwenden 297
6.1.2 Das Prozentrechnen anwenden 301
6.2 Tabellenkalkulationsprogramme bei der Preisberechnung einsetzen 308
6.2.1 Aufbau und Formatierung von Tabellen beherrschen 308
6.2.2 Einsatz einfacher Funktionen und Formeln anwenden 320
6.2.3 Geeignete Adressierungsmöglichkeiten kennenlernen 324

7 Schriftstücke drucken und vervielfältigen 328

8 Integrierte Unternehmenssoftware (ERP) anwenden 333

8.1 Das ERP-System kennenlernen 333
8.2 Die Bearbeitung des einfachen Vertriebsprozesses mit einem ERP-System durchführen 344
8.3 Die Bearbeitung des Vertriebsprozesses mit einer Anfrage beginnend 385

9 In der Fremdsprache Englisch schriftlich kommunizieren 403

9.1 Geschäftsbriefe gestalten und Angebote erstellen 403
9.2 Eine Auftragsbestätigung (acknowledgement of order) verfassen 418

Wiederholungsaufgaben zum 3. Lernfeld 424

Gebundene und ungebundene Prüfungsaufgaben 427

Lernfeld 4
Sachgüter und Dienstleistungen beschaffen und Verträge schließen

1 Bedeutung der Beschaffung für den betrieblichen Leistungsprozess kennenlernen 429

1.1 Beschaffungsobjekte unterscheiden 429
1.2 Bedarf an betriebsnotwendigen Gütern ermitteln (Beschaffungsplanung) 432
1.3 Sich über Bezugsquellen informieren (Bezugsquellenplanung) 448
1.4 Notwendigkeit wirtschaftlichen Handelns beachten 452

2 Rechtsnormen und deren Wirkung im Zusammenhang mit Einkaufsprozessen bestimmen 457

2.1 Rechtsgeschäfte, Willenserklärungen und Vertragsarten erläutern 457
2.2 Rechtssubjekte unterscheiden 463

2.3 Rechtsobjekte vergleichen ... 468
2.4 Vertragsfreiheit und Form der Rechtsgeschäfte beachten ... 473
2.5 Nichtigkeit und Anfechtbarkeit von Rechtsgeschäften darstellen ... 476
2.6 Allgemeine Geschäftsbedingungen untersuchen ... 479
2.7 Inhalte von Angeboten untersuchen ... 485
2.8 Sich über das Zustandekommen von Kaufverträgen informieren ... 495
2.9 Besondere Arten des Kaufvertrags kennenlernen ... 497

3 Anfragen und Angebote bearbeiten ... 504

3.1 Bezugskalkulation durchführen ... 504
3.2 Angebote vergleichen und bewerten ... 512
3.3 Beim Angebotsvergleich ein Tabellenkalkulationsprogramm einsetzen ... 518
3.4 Bestellung durchführen ... 542

4 Lagerhaltungsprozesse bestimmen ... 548

4.1 Wareneingangskontrolle und Überwachung der störungsfreien Erfüllung des Kaufvertrags durchführen ... 548
4.2 Warenlagerung vornehmen ... 554
4.2.1 Lageraufgaben, -grundsätze und -arten beschreiben ... 554
4.2.2 Arbeitsabläufe, Sicherheit und Umweltschutz im Lager kennenlernen ... 560
4.2.3 Lagerkennzahlen zur Kontrolle der Beschaffungsprozesse ermitteln ... 569
4.2.3.1 Lagerbestandskennzahlen berechnen ... 569
4.2.3.2 Lagerbewegungskennzahlen berechnen ... 574

5 Bezahlung unter Berücksichtigung der unterschiedlichen Möglichkeiten im Zahlungsverkehr veranlassen ... 581

6 Störungen bei der Erfüllung des Kaufvertrags sach- und normgerecht bearbeiten ... 593

6.1 Nicht-rechtzeitig-Lieferung kennenlernen ... 593
6.2 Schlechtleistung kennenlernen ... 599

7 Beschaffungsprozesse kontrollieren ... 606

Wiederholungsaufgaben zum 4. Lernfeld ... 612

Ungebundene Prüfungsaufgaben ... 614

Gebundende Prüfungsaufgaben ... 616

Bildquellenverzeichnis ... 619

Sachwortverzeichnis ... 621

Einleitung

Ein Unternehmen stellt sich vor

Jedes Unternehmen ist gleichzeitig Kunde bei anderen Unternehmen (Lieferern) und hat selbst Abnehmer (Kunden). Unternehmen beschaffen Werkstoffe und produzieren unter Einsatz von menschlicher Arbeitskraft, Maschinen und Werkstoffe neue Güter, die sie ihren Kunden anbieten. Damit Sie die vielfältigen Prozesse, die in einem Unternehmen ablaufen, besser nachvollziehen können, haben wir in diesem Buch für Sie ein mittelständisches Unternehmen als Modellunternehmen gewählt, die **Primus GmbH – Büroeinrichtung und -zubehör**.

An typischen Situationen dieses Unternehmens lernen Sie die wesentlichen Themen kennen, mit denen sich Unternehmen in der Praxis auseinandersetzen müssen. Sie erfahren, wie betriebswirtschaftliche Entscheidungen zustande kommen und welche Methoden eingesetzt werden, damit ein Unternehmen Erfolg hat.

Betrachten Sie die Primus GmbH als „Ihren Ausbildungsbetrieb", um betriebswirtschaftliches Denken und Handeln zu erlernen. Hierzu sollen Sie zunächst einige Details über das Unternehmen erfahren.

Sie erfahren, wo die Primus GmbH ihren Sitz hat, wie das Unternehmen aufgebaut ist, welche Abteilungen vorhanden sind und welche Menschen in diesem Unternehmen arbeiten. Einigen Mitarbeitern werden Sie in diesem Buch immer wieder begegnen. Sie beobachten sie in typischen betrieblichen Situationen und vollziehen ihre Entscheidungen nach.

Sie finden auch einen Auszug aus dem Katalog des Absatzprogramms der Primus GmbH sowie einen Auszug aus der Kunden- und Liefererdatei. Außerdem wird der Gesellschaftsvertrag der Primus GmbH vorgestellt. Schließlich erfahren Sie, in welchen Verbänden die Primus GmbH Mitglied ist und wie ihr Betriebsrat und ihre Jugendvertretung zusammengesetzt sind.

Auf all diese Informationen werden Sie bei der Arbeit mit diesem Buch häufiger zurückgreifen. Deshalb haben wir sie zusammengefasst und als Vorspann vor das erste Kapitel gesetzt.

Szenario

Nicole Höver und **Andreas Dick** sind Auszubildende zur Kauffrau bzw. zum Kaufmann für Büromanagement bei der Primus GmbH und Schüler einer Unterstufe für diese Ausbildungsberufe an einem Berufskolleg in Duisburg.

Am ersten Tag des Unterrichts einigen sich die Schüler der Klasse darauf, ihre Ausbildungsbetriebe vorzustellen. In der Klasse befinden sich Auszubildende, die in Handelsbetrieben, Industriebetrieben, Dienstleistungsbetrieben, Versicherungsbetrieben, Handwerksbetrieben und in der öffentlichen Verwaltung ausgebildet werden. Die Vorstellung der Betriebe soll in Form eines Projektes erarbeitet werden. Das Thema lautet:

„Wir stellen unseren Ausbildungsbetrieb vor."

Arbeitsaufträge

- *Innerhalb der Klasse haben sich mehrere Gruppen gebildet, die Gemeinsamkeiten und Unterschiede eines Industriebetriebes, eines Großhandelsbetriebes, eines Einzelhandelsbetriebes, eines Handwerkbetriebes, einer Verwaltung, eines Kreditinstitutes und eines Versicherungsunternehmens vorstellen sollen. Nicole Höver und Andreas Dick haben sich bereit erklärt, ihren Ausbildungsbetrieb, die Primus GmbH, vorzustellen. Zu diesem Zweck haben sie sich Unterlagen von der Primus GmbH besorgt (vgl. S. 10 bis 17). Helfen Sie Nicole Höver und Andreas Dick bei der Vorstellung der Primus GmbH.*
- *Der zuständige Lehrer bittet außerdem um die Beantwortung nachstehender Fragen. Verwenden Sie zur Beantwortung dieser Fragen das Sachwortverzeichnis am Ende des Buches oder das Inhaltsverzeichnis.*
  1. *Stellen Sie die wesentlichen Aufgaben der Primus GmbH im Rahmen der Gesamtwirtschaft dar.*
  2. *Erläutern Sie das Organigramm der Primus GmbH.*
  3. *Überprüfen Sie anhand der Kundendatei, auf welchen Absatzwegen die Primus GmbH ihre Leistungen (Handelswaren, Dienstleistungen, Produkte) vertreibt.*
  4. *Finden Sie heraus, mit welchen Kreditinstituten die Primus GmbH zusammenarbeitet.*
  5. *Suchen Sie anhand des Gesellschaftsvertrages der Primus GmbH und im Internet nach Informationen, was sich hinter der Rechtsform einer GmbH verbirgt.*
  6. *Überprüfen Sie, bei welchen Verbänden die Primus GmbH Mitglied ist.*

■ Der Standort

Lager-, Produktions- und Büroräume der Primus GmbH liegen in **47057 Duisburg, Koloniestr.** 2 – 4 (vgl. S. 11). Die Grundstücke und Gebäude sind Eigentum der Primus GmbH.

Die Primus GmbH unterhält in ihrem Verwaltungsgebäude eine kleine Verkaufsboutique, in der gewerbliche Kunden und Endverbraucher Waren kaufen können. Die Verkaufsboutique wird von den Auszubildenden der Primus GmbH geleitet und verwaltet.

Die Primus GmbH ist unmittelbar an der Autobahn A 59 an der Abfahrt Duisburg-Zentrum gelegen. Der Güterbahnhof Duisburg befindet sich ebenfalls in unmittelbarer Nähe. Arbeitnehmerinnen und Arbeitnehmer können mit den Bus- und Straßenbahnlinien fast bis vor den Eingang des Unternehmens fahren. Auf dem Werksgelände befinden sich nur wenige Parkplätze für Mitarbeiter und Kunden, da die Geschäftsleitung der Primus GmbH über die Ausgabe von Jobtickets für die öffentlichen Verkehrsmittel ihre Mitarbeiter zu umweltbewusstem Verhalten anhalten möchte. Seit dem vergangenen Jahr stellt die Primus GmbH ihren Mitarbeitern E-Bikes zur Verfügung.

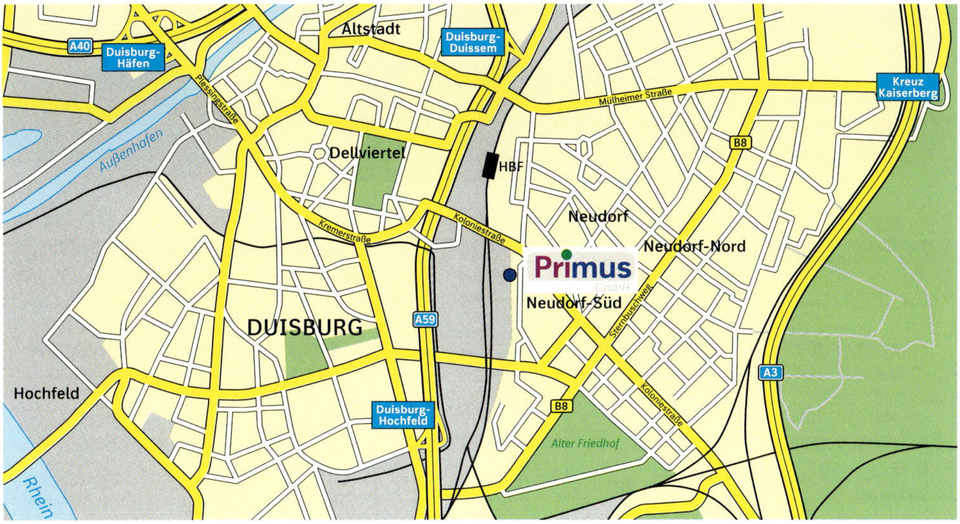

■ Telefon, Fax, E-Mail und Internet

Telefon: 0203 44536-90
Fax: 0203 44536-98

E-Mail: info@primus-bueroeinrichtung.de
Internet: www.primus-bueroeinrichtung.de

■ Die Bankverbindungen

Geldinstitut	IBAN	BIC
Sparkasse Duisburg Postbank Dortmund	DE12 3505 0000 0360 0587 96 DE76 4401 0046 0286 7784 31	DUISDE33XXX PBNKDEFF440

■ Steuer- und Betriebs-Nr. für Sozialversicherung und Handelsregistereintragung

Finanzamt: Duisburg-Süd; **Steuer-Nr.**: 134/1301/0146; **USt-IdNr.**: DE124659333
Betriebs-Nr. für die Sozialversicherung: 32023806
Handelsregistereintragung: Amtsgericht Duisburg HRB 467-0301

■ Die Verbände

Gemäß § 1 IHK-Gesetz ist die Primus GmbH Mitglied in der **Niederrheinischen Industrie- und Handelskammer Duisburg-Wesel-Kleve**. Die Geschäftsführerin, Frau Primus, die Abteilungsleiterinnen Frau Berg und Frau Konski und der Abteilungsleiter Herr Patt sind Mitglieder in Prüfungsausschüssen der IHK. Das Unternehmen ist im **Landesverband Holzindustrie und Kunststoffverarbeitung Nordrhein e.V.** organisiert, die organisierten Arbeitnehmer sind Mitglieder in der Gewerkschaft **IG-Metall, Holz- und Kunststoff verarbeitende Industrie, Nordrhein**.

■ Der Betriebsrat und die Jugend- und Auszubildendenvertretung

Vorsitzender des Betriebsrates der Primus GmbH ist **Marc Cremer**, sein Stellvertreter ist Sven Fischer. Jugend- und Auszubildendenvertreterin ist **Petra Jäger**, Stellvertreter ist Andreas Dick.

Organigramm der Primus GmbH – Büroeinrichtung und -zubehör

- **Geschäftsleitung**
  Sonja Primus
  Markus Müller
  - **Assistentin der Geschäftsleitung** Svenja Braun
  - **Umweltbeauftragter** Thomas Weiß[4]

- **Einkauf/Beschaffung** Helga Konski Aln
  - **Werkstoffe** Jörg Nolte, Gl[3]
    - **Holz/Furniere** Gerd Buderbach
    - **Metall** Sabine Rost
    - **Polstermaterial** Petra Zolling
  - **Handelswaren, Einrichtungsberatung** Marc Cremer, Gl
- **Lager** Peter Patt, Al
  - **Logistik/Warenannahme** Arno Schmitt, Gl[2]
    - Paul Schneiders
    - Walter Jung
    - Siegfried Alt
  - **Versand Warenausgabe** Helmut Holl
  - **Fuhrpark** Michael Schumacher
- **Produktion** Sven Fischer Al
  - **Produktionssteuerung/Logistik** Enrico Zalotti
  - **Konstruktion Design** Sabine Müller
  - **Metallbau** Sigrid Erb
  - **Polsterei** Jürgen Ost
  - **Montage** Mustafa Üstün
  - **Verpackung** Horst Wessling
- **Verkauf/Marketing** Josef Winkler Al
  - **Absatzlogistik** Armin Hack, Gl
  - **Außendienst/Service** Dorothea Klein, Gln
    - Udo Heinen
  - **Auftragsbearbeitung** Rene Berg, Gl
    - **Büroeinrichtung** Elke Sommer
    - **Bürogestaltung** Katharina Koslowski
    - **Handelswaren** Miroslav Krazek
    - **Onlinehandel** Sascha Peters
  - **Marketing** Claudia Schiffer, Gln
  - **Verkaufsboutique** Azubis
- **Verwaltung/Ausbildung** Sabine Berg Aln[1]
  - **Sekretariat** Gisela Klein, Gln
    - Steffi Spohr
  - **Personal** Ina Ost, Gln
    - Nicole Ganser
  - **Rechnungswesen** Heinz Schubert, Gl
    - **Finanzbuchhaltung/KLR** Isabel Lapp
    - **Lohnbuchhaltung** Doris Hahn
    - **Statistik** Erika Braun
    - **KLR/Controlling/Planung** Karl Zimmer
  - **PC- und Netzwerkbetreuung** Cihangir Öztürk

Sonja Primus

Markus Müller

Al(n) = Abteilungsleiter(in)
Gl(n) = Gruppenleiter(in)

Nicht im Organigramm ausgewiesen sind vier Auszubildende, die alle Abteilungen durchlaufen:

- Nicole Höver, Kauffrau für Büromanagement (1. Ausbildungsjahr)
- Andreas Dick, Kaufmann für Büromanagement (1. Ausbildungsjahr)
- Petra Jäger, Kauffrau für Büromanagement (2. Ausbildungsjahr)
- Georgios Paros, Kaufmann für Büromanagement (2. Ausbildungsjahr)

---
1 *Datenschutzbeauftragte*
2 *Qualitätsbeauftragter*
3 *Sicherheitsbeauftragter*
4 *Umweltbeauftragter*

Auszubildende Nicole Höver

Name	Nicole Höver
Ausbildungsbetrieb	Primus GmbH, Büroeinrichtung und -zubehör
Ausbildungsdauer	2,5 Jahre, Ausbildung hat begonnen
Geburtsdatum	10.09.20..
Geburtsort	Duisburg
Wohnort	Duisburg
Schulabschluss	Abitur
Meine Stärken	Ich kann auf Menschen zugehen und bekomme schnell Kontakt.
Was ich vor der Ausbildung gemacht habe	Fachoberschulreife und ein Jahr als Animateurin in einem Robinson-Club
Warum ich mich für diese Ausbildung entschieden habe	Ich glaube, dass im Handel mit Büroeinrichtungsgegenständen und Büromaterialien die Zukunft liegt. Wenn alles gut läuft, habe ich einen sicheren und zukunftsträchtigen Arbeitsplatz.
Mein erster Eindruck von der Ausbildung	Nette Kolleginnen und Kollegen und viel Kontakt zu sehr unterschiedlichen Menschen

Auszubildender Andreas Dick

Name	Andreas Dick
Ausbildungsbetrieb	Primus GmbH, Büroeinrichtung und -zubehör
Ausbildungsdauer	3 Jahre, im 1. Jahr der Ausbildung, will evtl. die Ausbildungszeit verkürzen
Geburtsdatum	10.03.20..
Geburtsort	Duisburg-Rheinhausen
Wohnort	Duisburg
Schulabschluss	Fachoberschulreife
Meine Stärken	Ich habe ein gutes Gefühl für Zahlen.
Was ich vor der Ausbildung gemacht habe	Praktikum im Großhandel und anschließend Zivildienst
Warum ich mich für diese Ausbildung entschieden habe	Mein Vater ist Bürokaufmann. Was er über seinen Beruf erzählt hat, fand ich interessant. Außerdem konnte er mir bei der Lehrstellensuche helfen.
Mein erster Eindruck von der Ausbildung	Es ist anstrengend, den ganzen Tag im Büro und im Lager zu verbringen. Abends bin ich so müde, dass ich in der Woche selten Lust habe, etwas mit meinen Freunden zu unternehmen.

Der Gesellschaftsvertrag (Auszug)

Gesellschaftervertrag der Primus GmbH

durch die Gesellschaftsversammlung am 2. Januar .. in 47057 Duisburg, Koloniestr. 2 – 4 festgelegt.

§ 1 Die Firma der Gesellschaft lautet Primus GmbH.

§ 2 Der Geschäftssitz der Gesellschaft ist in 47057 Duisburg, Koloniestr. 2 – 4.

§ 3 Gegenstand des Unternehmens
(1) Gegenstand des Unternehmens ist die Herstellung und der Verkauf von Büromöbeln, der Handel mit Bürozubehör und den entsprechenden Dienstleistungen.
(2) Die Gesellschaft ist berechtigt, alle Geschäfte vorzunehmen, die den Gesellschaftszweck unmittelbar und mittelbar zu fördern geeignet sind.

§ 4 Geschäftsjahr: Das Geschäftsjahr ist das Kalenderjahr.

§ 5 Das Stammkapital der Gesellschaft beträgt 600.000,00 €.

§ 6 Das Stammkapital wird aufgebracht:
1. Gesellschafterin Dipl.-Kauffrau Sonja Primus mit einem Geschäftsanteil von 300.000,00 €
2. Gesellschafter Dipl.-Betriebswirt Markus Müller mit einem Geschäftsanteil von 300.000,00 €
Die Geschäftsanteile sind in bar oder in Sachwerten zu leisten. Sie sind sofort in voller Höhe fällig.

§ 7 Der Mindestbetrag eines Geschäftsanteils muss 500,00 € betragen. Jeder andere Geschäftsanteil muss durch 100,00 € teilbar sein. Die Gesellschafter leisten ihre Geschäftsanteile in bar.

§ 8 Die Gesellschafterversammlung beruft einstimmig die Geschäftsführung.

§ 10 Die Gesellschafter treten jährlich einmal zu einer ordentlichen Versammlung zusammen. Die Geschäftsführer laden mit einwöchiger Frist unter Angabe von Tagungsort, Tagungszeit und Tagesordnung ein.

§ 13 Jeder Gesellschafter kann aus wichtigem Grund seinen Austritt aus der Gesellschaft erklären. Der Austritt ist nur zum Ende eines Geschäftsjahres zulässig. Er hat durch Einschreibebrief mit einer Frist von sechs Monaten zu erfolgen. Bei Kündigung der Gesellschafter oder Austritt wird die Gesellschaft nicht aufgelöst.

§ 16 Bekanntmachungen der Gesellschaft nach den gesetzlichen Bestimmungen erfolgen ausschließlich im Unternehmensregister.

§ 20 Außerhalb des Gesellschaftsvertrages wurde folgender Beschluss gefasst:
Als Geschäftsführer gemäß § 9 des Gesellschaftsvertrages werden bestimmt
1. Frau Dipl.-Kauffrau Sonja Primus
2. Herr Dipl.-Betriebswirt Markus Müller

§ 21 Vorstehendes Protokoll wurde den Gesellschaftern vom Notar vorgelesen, von ihnen genehmigt und eigenhändig wie folgt unterzeichnet:

zu 1. Sonja Primus

zu 2. Markus Müller

■ Das Produktionsprogramm und Handelswarensortiment (Auszug)

AUSZUG AUS DEM ABSATZPROGRAMM

PRODUKTIONSPROGRAMM
Produktliste

Artikel-Nr.	Herstell-/Selbstkosten netto/€	Produktbezeichnung	Nettoverkaufspreis/€[1]
Büroeinrichtung (Auszug)		Kalkulationszuschlag 120 %	
159B574	96,59	Schreibtisch Primo	212,50
159B590	90,68	Bildschirm-Arbeitstisch Primo	199,50
159B632	108,86	Rollcontainer Primo	239,50
159B616	64,77	Unterschrank Primo	142,50
308B049	136,14	Schreibtisch Classic	299,50
308B122	58,86	Regalelement Classic	129,50
120B592	179,32	Bandscheiben-Drehstuhl Steifensand	394,50
162B388	90,68	Bandscheiben-Drehstuhl Super-Star	199,50
381B814	97,50	Bürodrehstuhl Modell 1640	214,50
160B994	64,77	Bildschirm-Arbeitstisch Charm	142,50
305B094	72,50	Druckertisch Euratio	159,50
Dienstleistungsprogramm			
		Planung von Büroeinrichtungen Montage bürotechnischen Zubehörs Entsorgung von Altmöbeln, Verpackung, Zubehör, Aufbau von Büromöbeln	nach Vereinbarung

Handelswarensortiment: Bürozubehör (Auszug)

Lieferer-Nr.	Lieferer-Bestell-Nr.	Bezugs-/Einstandspreis netto/€	Artikelbezeichnung	Artikel-Nr.	Nettoverkaufspreis/€
Warengruppe 1: Bürotechnik[2]			Kalkulationszuschlag 20 %		
K44010	237060	200,00	Laser-Multifunktionsgerät FX 640	335B927	240,00
K44010	237061	249,58	Monitor Primus T 30 27“, 68,6cm, HDMI	235B614	299,50
K44010	237062	53,75	Anrufbeantworter euroset AB	230B912	64,50
K44010	237063	37,08	Externe Festplatte 500 GB	230B920	44,50
K44010	353389	32,92	Taschenrechner Datenbank SF-4300 B	229B906	39,50
K44010	253390	16,25	USB-Stick 4er-Pack 16 GB	155B440	19,50
K44010	253391	582,92	Tischkopierer Primus Z-52	150B391	699,50
K44010	289922	32,92	Primus Mikro-Diktiergerät S 926	149B393	39,50
K44010	253321	220,00	HP-LaserJet 3001 Laserdrucker	261B289	264,00
Warengruppe 2: Verbrauch			Kalkulationszuschlag 80 %		
K44060	310290	1,10	Primus-Castell TK-Fine 1306 Druckbleistift	125B567	1,98
K44060	310294	10,83	Primus EXPRESS RO 33 20 Stück	313B221	19,50
K44002	145250	7,47	Recycling Briefumschläge C 6 1 000 Stück	250B423	13,45
K44002	420100	1,38	Primus Bleistifte 12 Stück	253B989	2,48
K44002	420108	1,15	Primus Textmarker 6 Stück	128B488	2,07
K44002	420110	6,25	Seminarmark., Primus 270 Boardmark. 10 St.	312B561	11,25
K44040	281000	21,94	Kopierpapier Primus XERO-Copy 5 000 Blatt	239B632	39,50
K44040	281001	3,58	Kopierpapier X-Offit 500 Blatt	251B926	6,45
Warengruppe 3: Organisation			Kalkulationszuschlag 100 %		
K44010	237064	192,25	Drehsäule für Aktenordner 3 Etagen	182B238	384,50
K44040	405129	1,00	Primus Ordner schwarz A4	119B263	2,00
K44002	289905	4,49	Registraturlocher	200B071	9,98
K44002	289908	3,74	Primus Briefablage 5er Pack	310B615	7,48
K44002	289915	5,88	CD-Ablagekasten aus Kunststoff für 100 CDs	138B859	11,76
K44002	289922	32,25	Zeitschriftenhalter 10er Pack	240B804	64,50
K44002	420115	3,74	Primus Heftzange B 36	194B340	7,48
K44002	420130	22,50	Magister-Flipchart-Tafel	296B673	45,00
K44040	145260	14,00	Primus Notizblock 50er Pack	128B579	28,00

[1] *Aus Gründen der Vereinfachung wurden einige Verkaufspreise auf glatte Beträge auf- oder abgerundet.*
[2] *Auf die Warengruppe 1 Bürotechnik werden keine Rabatte gewährt.*

■ Liefererdatei der Primus GmbH (Auszug)

Web

Firma	Lieferer-Nr./ Kreditoren-Nr.	Adresse	Ansprech-partner	Tel./Fax/E-Mail/ Internet	Bankverbindung/IBAN/ BIC	Produkte	Lieferbedingungen	Zahlungsbedin-gungen	Umsatz lfd. Jahr in €
Vereinigte Spanplatten AG Spanplatten, Umleimer	K44001 K70001	Ulmer Str. 12 86154 Augsburg	Frau Menge	0821 34785 0821 34679 info@spanplatten.de www.spanplatten.de	Commerzbank Augsburg DE33720400460127890146 COBADEFF390	Spanplatten, Sperrholz Furnierholz, Furniere	ab Werk zuzüglich Fracht	Ziel: 30 Tage Skonto: 12 Tage 3 %	862.000,00
Giesen & Co. OHG, Herstellung von Kleingeräten für Schulungsbedarf	K44002 K70002	Quarzstr. 98 51371 Leverkusen	Frau Gentgen	0214 766754 0214 766734 info@giesen.de www.giesen.de	SEB Leverkusen DE20370101110674563870 ESSEDE5F370	Büromaterial, Schulungsbe-darf	Auftragswert bis 1.000,00 €: 50,00 €, über 1.000,00 €: 84,00 €, Verpackungspau-schale: 21,00 €	Ziel: 20 Tage Skonto: 7 Tage 2 %	45.000,00
Stammes Stahlrohr GmbH	K44003 K70003	Logenstr. 46 15230 Frankfurt/ Oder	Herr Jung	0335 89451 0335 75689 info@stammes-stahl rohr.de www.stammes-stahl rohr.de	Deutsche Bank Frankfurt/Oder DE09120700000000758493 DEUTDEBB170	Stahlrohre, roh verzinkt, verchromt, alle Maße	frei vereinbar, bisher frachtfrei	Ziel: 30 Tage Skonto: 10 Tage 3 % Mindestbestellwert 25.000,00 €	476.850,00
Abels, Wirtz & Co. KG	K44004 K70004	Industriestr. 124 42653 Solingen	Herr Merz	0212 72114 0212 72119 info@abels.de www.abels.de	Stadtsparkasse Solingen DE80342500000123452234 SOLSDE33XXX	Schlösser, Schlüssel, Schließanlagen, Beschläge	Selbstabholung, Deutsche Post AG, UPS, unfrei	Ziel: 30 Tage Skonto: 10 Tage 2 %	168.900,00
Hanckel & Cie GmbH	K44005 K70005	Augustastr. 8 40477 Düsseldorf	Frau Jans	0211 345234 0211 345100 info@hanckel.de www.hanckel.de	Commerzbank Düsseldorf DE91300400000001340000 COBADEDDXXX	Klebstoffe, Leime, Lasuren, Lacke, Farben, Beize, Polsterstoffe	ab Lager	Ziel: 10 Tage	287.560,00
Computec GmbH & Co. KG Hard- und Softwarevertrieb	K44010 K70010	Volksparkstr. 12–20 22525 Hamburg	Herr Öztürk	040 2244669 040 2244664 info@computec.de www.computec.de	Postbank Hamburg DE04200100200671190870 PBNKDEFF200	Hard- und Software, Bürogeräte Büromöbel	bis 10 kg: 12,00 €, bis 25 kg: 20,00 €, bis 50 kg: 32,00 € bis 100 kg: 54,00 €, über 100 kg nach Vereinbarung	Ziel: 14 Tage Skonto: -	600.000,00
Latex AG Büroverbrauchs- und Organisa-tionsgüter	K44040 K70040	Neckarstr. 89–121 12053 Berlin	Frau Demming	030 445546 030 445548 info@latex.de www.latex.de	Berliner Sparkasse DE64100500000098453223 BELADEBEXXX	Bürobedarf aller Art	Spesenpauschale: 10,00 €	Ziel: 60 Tage Skonto: 14 Tage 3 %	75.000,00
Flamingowerke AG Fabrikation von Schreibbedarf	K44060 K70060	Palzstr. 16 59073 Hamm	Frau Sydow	02381 417118 02381 985410 info@flamingo.de www.flamingo.de	Volksbank Hamm DE26410601200098789723 GENODEM1HMM	Schreibbedarf aller Art	ab Bestellwert von 2.000,00 € frei Haus, sonst 3 % vom Warenwert, mindestens jedoch 15,00 €	Ziel: 14 Tage Skonto: -	110.000,00
Bürodesign GmbH Herstellung von Büromöbeln	K44050 K70050	Stolberger Straße 188 50933 Köln	Herr Stam	0221 6683550 0221 668357 info@buerodesign.de www.buerodesign.de	Sparkasse KölnBonn DE11370501980085313948 COLSDE33XXX	Büromöbel aller Art	Bis 20 km Liefer-pauschale: 80,00 €	Ziel: 50 Tage Skonto: 14 Tage/2 %	210.000,00

Web

Kundendatei der Primus GmbH (Auszug)

Firma	Kunden-Nr.	Adresse	Ansprechpartner	Tel./Fax/E_Mail/Internet	Bankverbindung/IBAN/BIC	Umsatz lfd. Jahr in €	Offene Rechnungen	Rabattsätze[1]
Stadtverwaltung Duisburg	D24010	Am Buchenbaum 18–22 47051 Duisburg	Herr Baum	0203 667531 667538 info@stadtverwaltung.de www.stadtverwaltung.de	Bundesbank Duisburg DE15350000000111222870 MARKDEF1350	230.000,00	0	20 %
Klöckner-Müller Elektronik AG	D24030	Taunusring 16–34 63069 Offenbach	Frau Jansen	069 443228 443217 info@kloeckner.de www.kloeckner.de	Commerzbank Offenbach DE55505400280043978623 COBADEFF505	280.000,00	1	25 %
Herstadt Warenhaus GmbH	D24020	Brunostr. 45 45889 Gelsenkirchen	Herr Kluge	0209 56499 54490 info@herstadt.de www.herstadt.de	Postbank Dortmund DE76440100460432056204 PBNKDEFF440	190.000,00	1	35 %
Krankenhaus GmbH Duisburg	D24040	Emsstr. 30 – 40 47169 Duisburg	Frau Straub	0203 556476 556448 info@krankenhaus-d.de www.krankenhaus-d.de	Volksbank Rhein-Ruhr DE85350603860089366223 GENODED1VKR	105.000,00	1	25 %
Modellux GmbH & Co. KG Herstellung von Modelleisenbahnen	D24050	Hofstr. 55 – 67 48167 Münster	Frau Simon	02 51 89438 89444 info@modellux.de www.modellux.de	Deutsche Bank Münster DE71400700800674563870 DEUTDE3B400	240.000,00	2	20 %
Computerfachhandel Martina van den Bosch	D24060	Vinckenhofstraat 45 NL 5913 EB Venlo	Frau van den Bosch	003177 341769 341764 info@vdbosch.nl www.vdbosch.nl	Fortis Bank Nederland NL59300100200065663212 FORTNLFFXXX	145.000,00	0	40 %
Bürofachgeschäft Herbert Blank e. K.	D24070	Cäcilienstr. 86 46147 Oberhausen	Frau Brieger	0208 111360 111345 info@blank.de www.blank.de	Commerzbank Oberhausen DE02365400460006789763 COBADEFF365	75.000,00	3	30 %

Konkurrenzbetriebe

Schäfer & Co. KG Büroeinrichtungssysteme und Bürobedarf	Kaarster Weg 124 – 126 40547 Düsseldorf
Feld OHG Bürobedarf, Büromöbel, Büromaschinen	Rudolfstr. 48 – 52 30457 Hannover
Otto Rompf GmbH Bürobedarf, Direktversand	Baumstr. 108 45128 Essen
ABE Aktuell Büro-Einrichtungen KG	Dillinger Str. 16 80997 München
Hans Fischer e. K. Bürozubehör	Ostheimer Str. 16 12349 Berlin

Sicherheits-, Umwelt-, Datenschutz- und Qualitätsbeauftragte der Primus GmbH

Sicherheitsbeauftragter	Jörg Nolte	**Datenschutzbeauftragte**	Sabine Berg
Umweltbeauftragter	Thomas Weiß	**Qualitätsbeauftragter**	Arno Schmitt

Gesetzesabkürzungen

Aktiengesetz	AktG
Allgemeines Gleichbehandlungsgesetz	AGG
Abgabenordnung	AO
Arbeitsstättenverordnung	ArbStättV
Arbeitssicherheitsgesetz	ASiG
Arbeitszeitgesetz	ArbZG
Berufsbildungsgesetz	BBiG
Betriebsverfassungsgesetz	BetrVG
Bürgerliches Gesetzbuch	BGB
Bundes-Immissionsschutzgesetz	BImSchG
Bundespersonalvertretungsgesetz	BPersVG
Verordnung über die Berufsausbildung zum Kaufmann für Büromanagement und zur Kauffrau für Büromanagement	BüroMKfAusbV
Einkommensteuergesetz	EStG
Gewerbeordnung	GewO
Globally Harmonized System of Classification and Labelling of Chemicals	GHS-Verordnung
GmbH-Gesetz	GmbHG
Grundgesetz	GG
Handelsgesetzbuch	HGB
Handwerksordnung	HwO
Jugendarbeitsschutzgesetz	JArbSchG
Kreislaufwirtschaftsgesetz	KrWG
Mutterschutzgesetz	MuSchG
Produktsicherheitsgesetz	ProdSG
Reichsversicherungsordnung	RVO
Signaturgesetz	SigG
Strafgesetzbuch	StGB
Umsatzsteuergesetz	UStG
Unfallverhütungsvorschriften	UVV
Versicherungsvertragsgesetz	VVG

Lernfeld 1

Die eigene Rolle im Betrieb mitgestalten und den Betrieb präsentieren

1 Die eigene Rolle und die Verantwortungsbereiche im Betrieb klären

LS

1.1 Das System der dualen Berufsausbildung untersuchen

Handlungssituation

An ihrem ersten Arbeitstag als Auszubildende zur Kauffrau für Büromanagement in der Primus GmbH wird Nicole Höver von der Assistentin der Geschäftsleitung, Svenja Braun, empfangen. *„Herzlich willkommen als neue Mitarbeiterin der Primus GmbH!“*, sagt Svenja Braun freundlich, *„die Geschäftsführer Sonja Primus und Markus Müller bitten Sie und die anderen Auszubildenden zu einer kleinen ‚Kennenlern-Runde‘“.* *„Frau Primus und Herrn Müller kenne ich ja schon aus dem Vorstellungsgespräch, aber auf meine neuen Kollegen bin ich natürlich gespannt“*, erwidert Nicole und folgt Svenja Braun zum Fahrstuhl.

Nachdem Frau Primus und Herr Müller Nicole begrüßt haben, stellen sie ihr die anderen Auszubildenden vor. Andreas Dick, Nicole Höver, Petra Jäger und Georgios Paros befinden sich ebenfalls in der Ausbildung zur Kauffrau bzw. zum Kaufmann für Büromanagement. *„Wenn du Probleme hast, kannst du dich jederzeit an uns wenden“*, sagt Petra Jäger, *„und außerdem sehen wir uns ja auch in der Berufsschule.“*

Sonja Primus tritt an ein Flipchart und zeichnet eine x- und eine y-Achse. Die x-Achse benennt sie mit „Wissen“, die y-Achse mit „Zeit“. *„Nach Auskunft von Wissenschaftlern sinkt die Halbwertszeit des Wissens ständig“*, führt Frau Primus aus. Sie zeichnet in ihr Koordinatensystem eine Kurve ein. *„So liegt die Halbwertszeit des beruflichen Fachwissens bei drei bis fünf Jahren. Das heißt, dass die Hälfte des Wissens, das Sie am ersten Tag Ihrer Ausbildung erlernen, in drei bis fünf Jahren bereits veraltet ist. Beim EDV- und Technologiewissen ist die Halbwertszeit sogar noch kürzer.“* Frau Primus ergänzt ihr Koordinatensystem um zwei weitere Kurven. *„Im Bereich des EDV-Wissens gehen wir mittlerweile davon aus, dass die Halbwertszeit unter zwei Jahren liegt. Was heute noch neu ist, kann morgen schon veraltet sein.“* Aber dann lohnt doch alles Lernen nichts, denkt sich Nicole, sagt aber nichts, weil sie sich nicht blamieren will.

Schwungvoll schreibt Sonja Primus den Titel über ihre Skizze:

Halbwertszeit des Wissens sinkt!

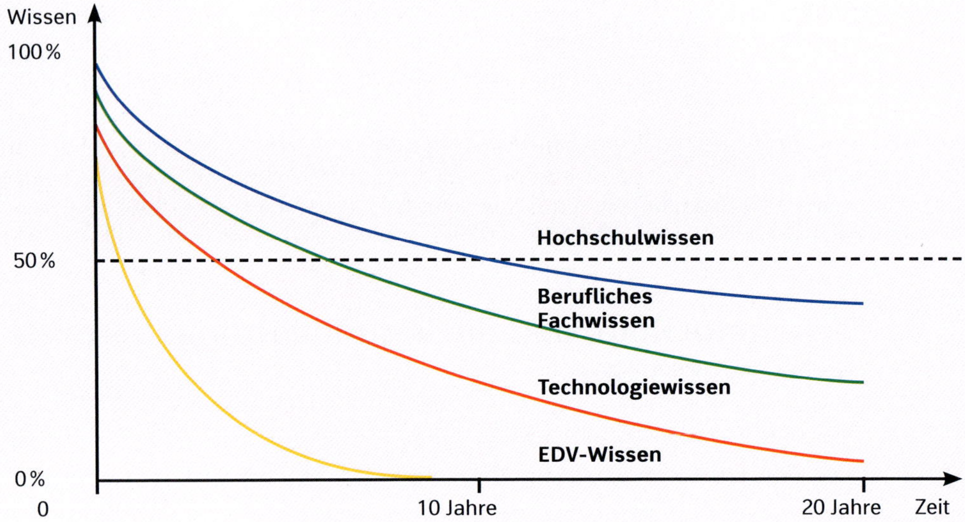

Arbeitsaufträge

- *Diskutieren Sie die Flipchart-Skizze von Frau Primus.*
- *Erörtern Sie, welche Folgen die dargestellte Entwicklung für Ihre betriebliche und schulische Ausbildung haben muss.*

Schlüsselqualifikationen und berufliche Handlungskompetenz

Die Welt, in der wir leben, unterliegt einem immer schneller werdenden **Wandel**. Insbesondere im Bereich der informationsverarbeitenden Berufe haben sich in den letzten Jahren Veränderungen ergeben, die eine Anpassung der schulischen und betrieblichen Ausbildung erforderlich machten.

Um die Auszubildenden zu befähigen, heute und in Zukunft auf neue Entwicklungen flexibel reagieren zu können, steht neben der fachlichen Qualifikation die Vermittlung sog. **Schlüsselqualifikationen** im Vordergrund.

Schlüsselqualifikationen sind fachübergreifende Qualifikationen, die den Auszubildenden befähigen, auch in veränderten Situationen sachgerecht, persönlich durchdacht und verantwortlich zu handeln.

Schlüsselqualifikationen sind die Voraussetzungen zur Lösung der Aufgaben von morgen.

Wer über Schlüsselqualifikationen verfügen will, muss folgende **Kompetenzen** erwerben:

- **Fachkompetenz**, d. h. „Bereitschaft und Fähigkeit, auf der Grundlage fachlichen Wissens und Könnens Aufgaben und Probleme zielorientiert, sachgerecht, methodengeleitet und selbstständig zu lösen und das Ergebnis zu beurteilen."[1]

---

[1] *Quelle: Sekretariat der Ständigen Konferenz der Kultusminister der Länder in der Bundesrepublik Deutschland (Hrsg.): Rahmenlehrplan für den Ausbildungsberuf Kaufmann für Büromanagement und Kauffrau für Büromanagement (Beschluss der Kultusministerkonferenz vom 27.09.2013). In: www.kmk.org/fileadmin/pdf/Bildung/BeruflicheBildung/rlp/KaufmannBueromanagement13-09-27-E_01.pdf [21.09.2021], S. 4.*

Beispiel Im nächsten Kapitel werden Sie die Rechtsgrundlagen der Berufsausbildung kennenlernen. Wesentliche Paragrafen, z. B. aus dem Berufsbildungsgesetz (BBiG), müssen Sie kennen. Sie gehören zum Fachwissen eines Kaufmanns.

- **Selbstkompetenz**, d. h. „Bereitschaft und Fähigkeit, als individuelle Persönlichkeit die Entwicklungschancen, Anforderungen und Einschränkungen in Familie, Beruf und öffentlichem Leben zu klären, zu durchdenken und zu beurteilen, eigene Begabungen zu entfalten sowie Lebenspläne zu fassen und fortzuentwickeln. Sie umfasst Eigenschaften wie Selbstständigkeit, Kritikfähigkeit, Selbstvertrauen, Zuverlässigkeit, Verantwortungs- und Pflichtbewusstsein. [...]“[1]

  Beispiel Im BBiG sind Rechte und Pflichten des Auszubildenden aufgeführt. Das Abwägen zwischen dem Einfordern dieser Rechte und dem bewussten Verzicht darauf, erfordert eine positive Einstellung zum Beruf und zum Ausbildungsbetrieb und die selbstbewusste Wahrnehmung der eigenen Interessen.

- **Sozialkompetenz**, d. h. „Bereitschaft und Fähigkeit, soziale Beziehungen zu leben und zu gestalten, Zuwendungen und Spannungen zu erfassen und zu verstehen sowie sich mit anderen rational und verantwortungsbewusst auseinanderzusetzen und zu verständigen. [...]“[1]

  Beispiel Kaum eine der Aufgaben, die Sie im Rahmen Ihrer Ausbildung lösen müssen, werden Sie allein bewältigen können. Sie müssen mit Ihren Kolleginnen und Kollegen partnerschaftlich in der Gruppe zusammenarbeiten. Nur so können z. B. Rechte der Auszubildenden aus dem BBiG im Rahmen einer Jugend- und Auszubildendenvertretung (JAV) durchgesetzt werden.

Nur der Erwerb aller Kompetenzbereiche sichert **berufliche Handlungskompetenz**. Sie muss durch **lebenslanges Lernen** ständig aktualisiert werden. Ist der Auszubildende dazu bereit, kann er kreativ und selbstbewusst im Team Aufgaben lösen. Er hat Freude am Beruf und als guter Mitarbeiter einen sicheren Arbeitsplatz in einem zukunftsträchtigen Bereich der Wirtschaft.

- **Methodenkompetenz, kommunikative Kompetenz** und **Lernkompetenz** sind Bestandteil der Fach-, Selbst- und Sozialkompetenz.[2]

  Beispiel Einige Paragrafen des BBiG werden Ihnen im Buch vorgestellt. Andere müssen Sie sich selbstständig erarbeiten und anhand von Fällen diskutieren. Die hierzu erforderlichen Methoden lernen Sie im Rahmen Ihrer Ausbildung kennen. Ändern sich Teile des Gesetzes oder werden neue Verordnungen eingeführt, sind Sie so in der Lage, sich auch neues Wissen selbstständig anzueignen.

Das System der dualen Berufsausbildung

- Auszubildende in Deutschland werden an zwei Lernorten ausgebildet: im Ausbildungsbetrieb und in der Berufsschule. Da zwei Einrichtungen bei der Berufsausbildung zusammenwirken, bezeichnet man diese Art der Ausbildung als **„duales Berufsausbildungssystem“** (lateinisch „dualis“ = zwei enthaltend).

---

[1] *Quelle: Sekretariat der Ständigen Konferenz der Kultusminister der Länder in der Bundesrepublik Deutschland (Hrsg.): Rahmenlehrplan für den Ausbildungsberuf Kaufmann für Büromanagement und Kauffrau für Büromanagement (Beschluss der Kultusministerkonferenz vom 27.09.2013). In: www.kmk.org/fileadmin/pdf/Bildung/BeruflicheBildung/rlp/KaufmannBueromanagement13-09-27-E_01.pdf [21.09.2021], S. 4 (gekürzt).*

[2] *Vgl. Sekretariat der Ständigen Konferenz der Kultusminister der Länder in der Bundesrepublik Deutschland (Hrsg.): Rahmenlehrplan für den Ausbildungsberuf Kaufmann für Büromanagement und Kauffrau für Büromanagement (Beschluss der Kultusministerkonferenz vom 27.09.2013). In: www.kmk.org/fileadmin/pdf/Bildung/BeruflicheBildung/rlp/KaufmannBueromanagement13-09-27-E_01.pdf [21.09.2021], S. 4 (gekürzt).*

- Im **Ausbildungsbetrieb** findet die fachpraktische Ausbildung statt. Hier gelten folgende bundeseinheitliche Rechtsvorschriften:
  - Verordnung über die Berufsausbildung zum Kaufmann für Büromanagement (**Ausbildungsordnung**)
  - **Berufsbildungsgesetz (BBiG)**

- In der **Berufsschule** werden den Auszubildenden berufsübergreifende und berufsbezogene Inhalte vermittelt. Rechtsgrundlage sind der **Rahmenlehrplan** und die Richtlinien und **Lehrpläne** der Kultusminister der Länder. Die Lehrpläne sind in **Lernfelder** gegliedert.

- Die **Lernfelder für den Ausbildungsberuf Kaufmann/Kauffrau für Büromanagement**:

Lernfelder		Zeitrichtwerte in Unterrichtsstunden		
Nr.		1. Jahr	2. Jahr	3. Jahr
1	Die eigene Rolle im Betrieb mitgestalten und den Betrieb präsentieren	40		
2	Büroprozesse gestalten und Arbeitsvorgänge organisieren	80		
3	Aufträge bearbeiten	80		
4	Sachgüter und Dienstleistungen beschaffen und Verträge schließen	120		
5	Kunden akquirieren und binden		80	
6	Werteströme erfassen und beurteilen		80	
7	Gesprächssituationen gestalten		40	
8	Personalwirtschaftliche Aufgaben wahrnehmen		80	
9	Liquidität sichern und Finanzierung vorbereiten			80
10	Wertschöpfungsprozesse erfolgsorientiert steuern			80
11	Geschäftsprozesse darstellen und optimieren			40
12	Veranstaltungen und Geschäftsreisen organisieren			40
13	Ein Projekt planen und durchführen			40
Summen: insgesamt 880 Stunden		**320**	**280**	**280**

- Für die unterrichtliche Umsetzung werden die Lernfelder zu **Fächern** zusammengefasst.
  - Die **Fächer des berufsübergreifenden Lernbereichs** in Nordrhein-Westfalen sind Deutsch/Kommunikation, Religionslehre, Sport/Gesundheitsförderung und Politik/Gesellschaftslehre.
  - Die **Fächer des berufsbezogenen Lernbereichs** in Nordrhein-Westfalen sind:
    - Büroprozesse
    - Geschäftsprozesse
    - Steuerung und Kontrolle
    - Fremdsprachige Kommunikation

Fach	Büroprozesse	Geschäftsprozesse	Steuerung und Kontrolle
1. Jahr	LF 1, LF 2	LF 3, LF 4	–
2. Jahr	LF 8	LF 5, LF 7	LF 6
3. Jahr	LF 11, LF 12	LF 13	LF 9, LF 10

  - Im **Differenzierungsbereich** kann z.B. Englisch für den Erwerb der Fachoberschulreife angeboten werden.
- Der Berufsschulunterricht kann in Teilzeitform oder als Blockunterricht erteilt werden.
  - Beim **Teilzeitunterricht** besuchen die Auszubildenden an zwei Tagen in der Woche die Berufsschule. An den anderen Arbeitstagen werden sie im Betrieb ausgebildet.
  - Beim **Blockunterricht** besuchen die Auszubildenden z.B. drei Monate hintereinander die Berufsschule und arbeiten anschließend, z.B. neun Monate, im Betrieb.
- Schülerinnen und Schüler, die die Berufsschule erfolgreich besucht haben, erhalten das **Abschlusszeugnis der Berufsschule**. Voraussetzung hierfür sind mindestens ausreichende Leistungen in allen Fächern bzw. mangelhafte Leistungen in nur einem Fach. Die Noten der Fächer werden zu einer Berufsschulabschlussnote zusammengefasst.
- Schülerinnen und Schüler, die die Berufsabschlussprüfung vor der zuständigen Stelle (IHK, HWK) bestanden haben, erhalten das **Berufsabschlusszeugnis**. Dem Zeugnis ist auf Antrag des Auszubildenden eine englischsprachige und eine französischsprachige Übersetzung beizufügen (§ 37 Abs. 3 BBiG).
- Die **Berufsschulpflicht** regeln die Kultusminister der Länder.

Beispiel In Nordrhein-Westfalen ist ein Auszubildender für die gesamte Dauer der Berufsausbildung berufsschulpflichtig, wenn er vor Vollendung des 21. Lebensjahres einen Ausbildungsvertrag unterschreibt.

- **Gemeinsames Ziel** von Ausbildungsbetrieb und Berufsschule ist es, den Auszubildenden die Fertigkeiten und Kenntnisse zu vermitteln, die zum Erreichen des Ausbildungszieles erforderlich sind. Die betriebliche Ausbildung wird von den zuständigen Stellen (Industrie- und Handelskammer, Handwerkskammer, Bundesverwaltungsamt), die schulische Ausbildung von der Schulaufsicht der Kultusminister der Länder **überwacht**.

Zusammenfassung: Das System der dualen Berufsausbildung untersuchen

- **Berufliche Handlungskompetenz** ist die Fähigkeit und Bereitschaft, in beruflichen Situationen sach- und fachgerecht, persönlich durchdacht und in gesellschaftlicher Verantwortung zu handeln. Sie umfasst die Dimensionen:
  - **Fachkompetenz:** Fähigkeit und Bereitschaft, Aufgabenstellungen selbstständig, fachlich richtig und methodengerecht zu bearbeiten und das Ergebnis zu beurteilen.

    Beispiel Kenntnis von Gesetzestexten
  - **Selbstkompetenz:** Fähigkeit und Bereitschaft, als Individuum Entwicklungschancen in Beruf, Familie zu beurteilen, eigene Begabungen zu entfalten sowie Lebenspläne zu erfassen und fortzuentwickeln.

    Beispiel Verantwortungsbewusstsein
  - **Sozialkompetenz:** Fähigkeit und Bereitschaft, soziale Beziehungen und Interessenlagen, Zuwendungen und Spannungen zu erfassen sowie sich verantwortungsbewusst auseinanderzusetzen und zu verständigen.

    Beispiel Kommunikationsfähigkeit
  - **Methodenkompetenz, kommunikative Kompetenz** und **Lernkompetenz** sind Bestandteil der Fach-, Selbst- und Sozialkompetenz.

    Beispiel selbstständiges Lernen

- **Das System der dualen Berufsausbildung**

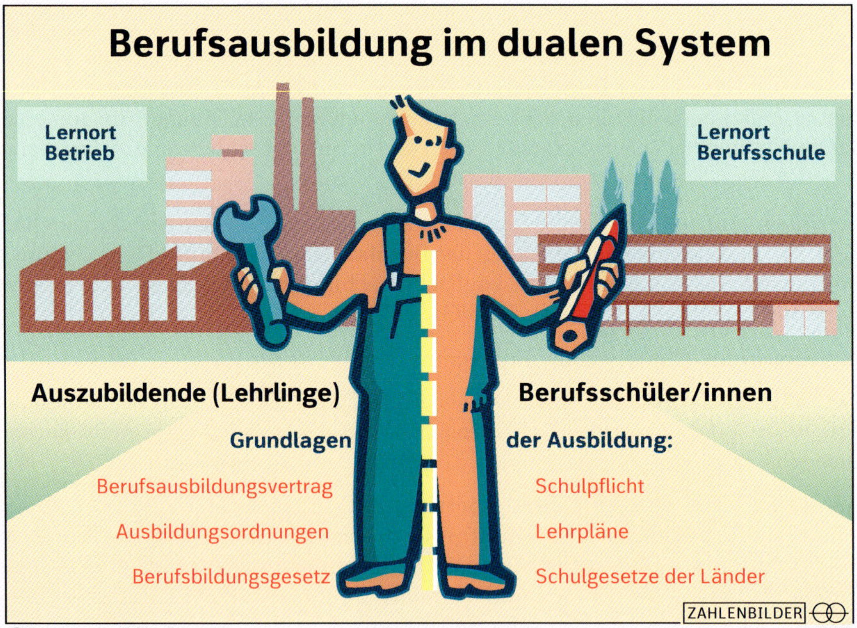

 264 201

Aufgaben

1. *Die Arbeitswelt befindet sich in einem raschen Wandel. Befragen Sie Ihre Eltern, welche Veränderungen in den letzten Jahren an deren Arbeitsplatz durchgeführt wurden.*
2. *Ordnen Sie die folgenden Qualifikationen den Kompetenzbereichen zu: Logisches Denken, Entscheidungsfähigkeit, Kritikfähigkeit, Kommunikationsfähigkeit, Fairness, wirtschaftliches Denken, Identifikation mit der Arbeit, Sprachkenntnisse, Planungsfähigkeit, Toleranz, Mobilität.*
3. *Tragen Sie zu jedem der folgenden Themen des Kapitels 1 (Abschnitte 1.2 bis 1.6) ein, welche Kompetenzen erworben wurden.*
4. *Erläutern Sie, unter welchen Voraussetzungen der Berufsschulabschluss erworben werden kann.*
5. *Die Rechtsgrundlagen der Berufsausbildung sind für die gesamte Dauer Ihrer Ausbildung wichtige Nachschlagewerke. Beschaffen Sie für Ihre Klasse die Ausbildungsordnung, das Berufsbildungsgesetz, das Jugendarbeitsschutzgesetz und den Lehrplan und legen Sie einen Ordner mit diesen Unterlagen an oder sichern Sie diese digital in einer Cloud.*
6. *Der Berufsschulunterricht kann als Teilzeitunterricht oder als Blockunterricht stattfinden. Diskutieren Sie Vor- und Nachteile der unterschiedlichen Regelungen aus der Sicht der Auszubildenden und aus der Sicht der Betriebe.*
7. *Diskutieren Sie andere zeitliche Modelle des Berufsschulunterrichts wie z. B. Projektphasen oder zusammenhängende Wiederholungsphasen vor der Abschlussprüfung.*

1.2 Die Ausbildungsordnung und das Berufsbildungsgesetz beachten und nutzen

Handlungssituation

Nicole Höver, Auszubildende zur Kauffrau für Büromanagement bei der Primus GmbH, sitzt mit ihrer ehemaligen Klassenkameradin Helga zusammen. Helga ist nach der Fachoberschulreife auf die Höhere Handelsschule gewechselt. Sie erzählt Nicole begeistert, dass sie nach dem Abschluss auch eine Ausbildung zur Kauffrau für Büromanagement machen möchte. *„Und stell dir vor, für mich dauert die Ausbildung nur zwei Jahre!"* Nicole ist empört. Die Ausbildung zur Kauffrau für Büromanagement dauert drei Jahre, da ist sie sich ganz sicher, denn sie hat doch gerade erst den Ausbildungsvertrag unterschrieben.

Arbeitsaufträge

- *Klären Sie, unter welchen Voraussetzungen eine Ausbildung verkürzt werden kann, welche Möglichkeiten einer Verlängerung der Ausbildung und welche Möglichkeiten der Teilzeitberufsausbildung bestehen.*
- *Erstellen Sie eine digitale Regelübersicht mit den wesentlichen Inhalten des Berufsbildungsgesetzes. Sichern Sie die Ergebnisse in einer Cloud.*

Die Verordnung über die Berufsausbildung zum Kaufmann und zur Kauffrau für Büromanagement **(Ausbildungsordnung)** enthält Regelungen über die Ausbildungsdauer, das Ausbildungsberufsbild, den Ausbildungsrahmenplan, den betrieblichen Ausbildungsplan, die Prüfung und den Ausbildungsnachweis.

■ Ausbildungsdauer

Die Ausbildungsdauer für den Ausbildungsberuf Kaufmann/Kauffrau für Büromanagement beträgt **drei Jahre**.

Bei überdurchschnittlichen Leistungen oder aufgrund vorausgegangener Schul- und Ausbildungszeiten kann das Unternehmen oder der Auszubildende bei der zuständigen Stelle einen Antrag auf **Verkürzung** der Ausbildungszeit stellen.

Beispiel Die Auszubildende Nicole Ganser ist die beste Schülerin der Klasse. Auch ihr Ausbildungsbetrieb ist mit ihr zufrieden. Aus diesem Grund beantragt der Ausbildende nach Rücksprache mit Nicole bei der Industrie- und Handelskammer eine Verkürzung der Ausbildung zur Kauffrau für Büromanagement auf 2,5 Jahre.

Grundsätzlich ist auch eine **Verlängerung** der Ausbildung möglich, wenn diese erforderlich ist, um das Ziel der Ausbildung zu erreichen. Der Antrag auf Verlängerung kann nur vom Auszubildenden selbst gestellt werden.

Beispiel Eine Auszubildende versäumt wegen einer langen Krankheit ein halbes Jahr ihrer Ausbildung. Sie stellt bei der zuständigen Kammer den Antrag, die Ausbildung um diesen Zeitraum zu verlängern.

Die Berufsausbildung kann gemäß § 7a BBiG auch in Teilzeit **(Teilzeitberufsausbildung)** durchgeführt werden.

■ Ausbildungsrahmenplan und Ausbildungsberufsbild

Die Ausbildung im Beruf Kaufmann/Kauffrau für Büromanagement erstreckt sich auf die im **Ausbildungsrahmenplan** aufgeführten Fertigkeiten, Kenntnisse und Fähigkeiten. Sie gliedert sich in Pflichtqualifikationen, Wahlqualifikationen und die integrativen Fertigkeiten, Kenntnisse und Fähigkeiten **(Ausbildungsberufsbild)**.

Pflichtqualifikationen

Pflichtqualifikationen sind in der Ausbildungsordnung zwingend vorgeschriebene Inhalte der Ausbildung.

Büroprozesse	Geschäftsprozesse
Informationsmanagement	Kundenbeziehungsprozesse
Informationsverarbeitung	Auftragsbearbeitung und Nachbereitung
Bürowirtschaftliche Abläufe	Beschaffung von Material und externen Dienstleistungen
Koordinations- und Organisationsaufgaben	Personalbezogene Aufgaben
	Kaufmännische Steuerung

Wahlqualifikationen

Bei den **Wahlqualifikationen** müssen Ausbildender und Auszubildender aus einer Liste von zehn Wahlqualifikationen zwei Qualifikationen wählen und im Ausbildungsvertrag festhalten. In den Wahlqualifikationen wird der Auszubildende jeweils fünf Monate ausgebildet. Er hat so die Möglichkeit, seiner Ausbildung ein Profil zu geben.

1. Auftragssteuerung und -koordination	Auftragsinitiierung, -abwicklung, -abschluss und -nachbereitung
2. Kaufmännische Steuerung und Kontrolle	Finanzbuchhaltung, Kosten- und Leistungsrechnung, Controlling
3. Kaufmännische Abläufe in kleinen und mittleren Unternehmen (KMU)	Laufende Buchführung, Entgeltabrechnung, betriebliche Kalkulation, betriebliche Auswertungen
4. Einkauf und Logistik	Bedarfsermittlung, Operativer Einkaufsprozess, Strategischer Einkaufsprozess, Lagerwirtschaft
5. Marketing und Vertrieb	Marketingaktivitäten, Vertrieb von Produkten und Dienstleistungen, Kundenbindung und Kundenbetreuung
6. Personalwirtschaft	Personalsachbearbeitung, Personalbeschaffung und -entwicklung
7. Assistenz und Sekretariat	Sekretariatsführung, Terminkoordination und Korrespondenzbearbeitung, Organisation von Reisen und Veranstaltungen
8. Öffentlichkeitsarbeit und Veranstaltungsmanagement	Öffentlichkeitsarbeit, Veranstaltungsmanagement
9. Verwaltung und Recht	Kunden- und Bürgerorientierung, Rechtsanwendung, Verwaltungshandeln
10. Öffentliche Finanzwirtschaft	Finanzwesen, Haushalts- und Kassenwesen

Beispiel Die Auszubildende Nicole Höver hat schon in der Realschule bei der Schülerzeitung mitgearbeitet und die Abschlussfeier für die gesamte Schule organisiert. Sie entscheidet sich für die Wahlqualifikationen „Marketing und Vertrieb“ und „Öffentlichkeitsarbeit und Veranstaltungsmanagement“. Die Wahlqualifikationen werden in den Ausbildungsvertrag eingetragen und sind für jeweils fünf Monate Gegenstand der Ausbildung.

Integrative Fertigkeiten, Kenntnisse und Fähigkeiten

Die **integrativen Fertigkeiten, Kenntnisse und Fähigkeiten** werden innerhalb der Pflicht- und Wahlqualifikationen vermittelt.

Gemeinsame integrative Fertigkeiten, Kenntnisse und Fähigkeiten sind:

Ausbildungsbetrieb	Arbeitsorganisation	Information, Kommunikation, Kooperation

Die integrativen Fertigkeiten, Kenntnisse und Fähigkeiten können wie folgt **konkretisiert** werden:

Ausbildungsbetrieb	Arbeitsorganisation	Information, Kommunikation, Kooperation
– Stellung, Rechtsform und Organisationsstruktur – Produkt- und Dienstleistungsangebot – Berufsbildung – Arbeits-, sozial-, mitbestimmungsrechtliche und tarif- oder beamtenrechtliche Vorschriften – Sicherheit und Gesundheitsschutz bei der Arbeit – Umweltschutz – Wirtschaftliches und nachhaltiges Denken und Handeln	– Arbeits- und Selbstorganisation, Organisationsmittel – Arbeitsplatzergonomie – Datenschutz und -sicherheit – Qualitätsorientiertes Handeln in Prozessen	– Informationsbeschaffung und Umgang mit Informationen – Kommunikation – Kooperation und Teamarbeit – Anwenden einer Fremdsprache bei Fachaufgaben

Ausbildungsrahmenplan und betrieblicher Ausbildungsplan

Die sachliche Gliederung der Berufsausbildung erfolgt im **Ausbildungsrahmenplan**, dem eine zeitliche Gliederung beigefügt ist. Hier ist das Ausbildungsberufsbild konkretisiert und es ist genau aufgeführt, in welchem Ausbildungsabschnitt dem Auszubildenden welche Fertigkeiten, Kenntnisse und Fähigkeiten zu vermitteln sind.

Auszug aus Abschnitt A: Gemeinsame berufsprofilgebende Fertigkeiten, Kenntnisse und Fähigkeiten in den Pflichtqualifikationen

Lfd. Nr.	Teil des Ausbildungsberufsbildes	Zu vermittelnde Fertigkeiten, Kenntnisse und Fähigkeiten
2.4	Personalbezogene Aufgaben (§ 4 Absatz 2 Nummer 2.4)	a) Personaleinsatzplanung unterstützen und Arbeitszeitregelungen berücksichtigen b) Dienstreiseanträge und Reisekostenabrechnungen vorbereiten c) bei der Bearbeitung von Mitarbeiterdaten Regelungen zum Datenschutz und zur Datensicherheit einhalten d) bereichsbezogene Personalstatistiken führen und auswerten
2.5	Kaufmännische Steuerung (§ 2 Absatz 2 Nummer 2.5)	a) Einflussfaktoren auf die Wirtschaftlichkeit der betrieblichen Leistungserstellung beachten b) Rechnungswesen als Instrument kaufmännischer Planung, Steuerung und Kontrolle an Beispielen des Ausbildungsbetriebes anwenden c) Investitionen und Finanzierung an Beispielen des Ausbildungsbetriebes erläutern [...]

Quelle: Sekretariat der Ständigen Konferenz der Kultusminister der Länder in der Bundesrepublik Deutschland (Hrsg.)/Bundesinstitut für Berufsbildung (Hrsg.): Liste der Entsprechungen zwischen Ausbildungsrahmenplan und Rahmenlehrplan der Berufsausbildung zum Kaufmann für Büromanagement und zur Kauffrau für Büromanagement, 10.01.2014. In: www.kmk.org/fileadmin/pdf/Bildung/BeruflicheBildung/rlp/KaufmannBueromanagement13-09-27-E_01.pdf [21.09.2021], S. 4 f. (gekürzt)

Auf der Grundlage des Ausbildungsrahmenplans erstellt der Ausbildungsbetrieb für jeden Auszubildenden einen **betrieblichen Ausbildungsplan.** Er hat so die Möglichkeit, die gesetzlichen Vorgaben auf die konkreten betrieblichen Bedingungen zu übertragen. Der Ausbildungsplan ist dem Auszubildenden zu Beginn der Ausbildung auszuhändigen. Er beinhaltet

- einen in zeitlicher und sachlicher Hinsicht vollständigen Überblick über den **Ablauf der Ausbildung**

  und

- einen **Umsetzungs- und Schulungsterminplan**, der die Abfolge der Ausbildung in den einzelnen Abteilungen festlegt.

■ Ausbildungsnachweis (Berichtsheft)

Um den ordnungsgemäßen Ablauf der Ausbildung belegen zu können, führt der Auszubildende einen **Ausbildungsnachweis (Berichtsheft).** Der Ausbildungsnachweis ist vom Ausbildenden regelmäßig durchzusehen und vom Ausbildenden sowie vom Auszubildenden zu unterschreiben. Dem Auszubildenden ist Gelegenheit zu geben, den Ausbildungsnachweis während der Ausbildungszeit zu führen. Der Ausbildungsnachweis kann in schriftlicher oder elektronischer Form geführt werden.

■ Prüfungen

Die Abschlussprüfung besteht aus den beiden zeitlich auseinanderfallenden Teilen 1 und 2 (**„gestreckte Prüfung“**). Sie wird vor der **zuständigen Stelle** (z. B. IHK, HWK, Bundesverwaltungsamt) abgelegt. Durch die Abschlussprüfung soll festgestellt werden, ob der Auszubildende die berufliche Handlungskompetenz für den Ausbildungsberuf erworben hat. Sie umfasst das in Schule und Betrieb erworbene Wissen.

Teil 1 der Abschlussprüfung

Der Teil 1 der Abschlussprüfung findet in der Mitte des zweiten Ausbildungsjahres statt. Er umfasst den Prüfungsbereich:

1. **Informationstechnisches Büromanagement**
   Der Prüfling soll nachweisen, dass er im Rahmen eines ganzheitlichen Arbeitsauftrages Büro- und Beschaffungsprozesse organisieren und kundenorientiert bearbeiten kann. Dabei soll er nachweisen, dass er unter Anwendung von **Textverarbeitung** sowie **Tabellenkalkulation** recherchieren, dokumentieren und kalkulieren kann. Der Prüfling soll berufstypische Aufgaben schriftlich computergestützt bearbeiten. Die Prüfungszeit beträgt **120 Minuten.**

Teil 2 der Abschlussprüfung

Der Teil 2 der Abschlussprüfung findet zum Ende des dritten Ausbildungsjahres statt. Er umfasst die Prüfungsbereiche:

2. **Kundenbeziehungsprozesse**
   Der Prüfling soll nachweisen, dass er komplexe Arbeitsaufträge handlungsorientiert bearbeiten kann. Dabei soll er nachweisen, dass er Aufträge kundenorientiert abwickeln, personalbezogene Aufgaben wahrnehmen und Instrumente der kaufmännischen Steuerung fallbezogen einsetzen kann. Die Prüfungszeit beträgt **150 Minuten.**
3. **Fachaufgabe in der Wahlqualifikation**
   Der Prüfling soll nachweisen, dass er in der Lage ist berufstypische Aufgabenstellungen zu erfassen, daraus resultierende Probleme und Vorgehensweisen zu erörtern

sowie Lösungswege zu entwickeln, zu begründen und zu reflektieren. Dabei soll er kunden- und serviceorientiert handeln und betriebspraktische Aufgaben unter Berücksichtigung wirtschaftlicher, ökologischer und rechtlicher Zusammenhänge planen, durchführen und auswerten sowie Kommunikations- und Kooperationsbedingungen berücksichtigen.

Mit dem Prüfling wird ein **fallbezogenes Fachgespräch** geführt. Für das Prüfungsgespräch gelten folgende Vorgaben:

1. Grundlage ist eine der festgelegten Wahlqualifikationen
2. Bewertet werden die Leistungen, die der Prüfling im Fachgespräch zeigt
3. Das Fachgespräch dauert höchstens 20 Minuten
4. Das Fachgespräch wird mit der Darstellung der Aufgabe und des Lösungsweges durch den Prüfling eingeleitet. Bei der Vorbereitung auf das Fachgespräch gibt es **zwei Varianten**. Der Betrieb legt die Variante fest und teilt sie der zuständigen Stelle mit der Anmeldung zur Prüfung mit.

Variante A

Der Prüfling erstellt für jede der beiden Wahlqualifikationen **einen max. dreiseitigen Report über die Durchführung einer betrieblichen Fachaufgabe**. Der Ausbildende bestätigt, dass die Fachaufgaben vom Auszubildenden eigenständig im Betrieb durchgeführt worden sind. Der Prüfungsausschuss wählt eine der Aufgabe für das Fachgespräch aus. Fachaufgabe und Report sind Ausgangspunkt des Prüfungsgesprächs, das sich auf die gesamte Wahlqualifikation erstrecken kann. Die Dauer des Fachgesprächs beträgt max. **20 Minuten**.

Variante B

Der Prüfling bearbeitet eine von zwei praxisbezogenen Fachaufgaben aus den festgelegten Wahlqualifikationen, die ihm vom Prüfungsausschuss zur Wahl gestellt werden. Der Prüfling wählt eine der Fachaufgaben aus und hat 20 Minuten Vorbereitungszeit. Die Fachaufgabe ist Ausgangspunkt des Prüfungsgesprächs, das sich auf die gesamte Wahlqualifikation erstrecken kann. Die Dauer des Fachgesprächs beträgt max. **20 Minuten**.

4. **Wirtschafts- und Sozialkunde**
   Der Prüfling soll nachweisen, dass er allgemeine wirtschaftliche und gesellschaftliche Zusammenhänge der Berufs- und Arbeitswelt darstellen und beurteilen kann. Dabei soll er fallorientierte Aufgaben schriftlich bearbeiten. Die Prüfungszeit beträgt **60 Minuten**.

Bei der Ermittlung des **Gesamtergebnisses** sind die Prüfungsbereiche wie folgt zu gewichten:

Prüfungsbereiche	Gewichtung
1. Informationstechnisches Büromanagement	25 %
2. Kundenbeziehungsprozesse	30 %
3. Fachaufgabe in der Wahlqualifikation	35 %
4. Wirtschafts- und Sozialkunde	10 %

Die Prüfung ist **bestanden**, wenn die Leistungen
1. im Gesamtergebnis von Teil 1 und Teil 2 mindestens ausreichend sind,
2. im Ergebnis von Teil 2 mindestens ausreichend sind,
3. in mindestens zwei Prüfungsbereichen von Teil 2 ausreichend sind und
4. in keinem Prüfungsbereich mit ungenügend bewertet worden ist.

Auf Antrag des Prüflings kann in einem der Prüfungsbereiche „Kundenbeziehungsprozesse“ oder „Wirtschafts- und Sozialkunde“, der mit schlechter als ausreichend bewertet wurde, eine **mündliche Ergänzungsprüfung** durchgeführt werden, wenn die Prüfung dadurch bestanden werden kann. Die mündliche Prüfung dauert **15 Minuten**. Das Ergebnis der schriftlichen Prüfung und die mündliche Prüfung werden im Verhältnis 2:1 gewichtet.

■ Das Berufsbildungsgesetz

Das **Berufsbildungsgesetz** (www.gesetze-im-internet.de/bbig_2005/) enthält Regelungen zum Ausbildungsvertrag, zu den Rechten und Pflichten der Auszubildenden und zum Beginn und der Beendigung der Ausbildung.

Der Ausbildungsvertrag

Vor Beginn der Ausbildung muss zwischen Ausbildendem und Auszubildendem ein **Ausbildungsvertrag** abgeschlossen werden.

- **Auszubildender** ist derjenige, der ausgebildet wird. Minderjährige Auszubildende benötigen zum Abschluss des Ausbildungsvertrages die Zustimmung des gesetzlichen Vertreters.

  Beispiel Nicole Höver hat vor vier Wochen einen Ausbildungsvertrag abgeschlossen. Sie ist Auszubildende. Da sie noch nicht volljährig ist, haben auch die Erziehungsberechtigten unterschrieben.

- **Ausbildender** ist derjenige, der einen anderen zur Berufsausbildung einstellt.

  Beispiel Nicole wird von der Primus GmbH ausgebildet. Die Primus GmbH ist Ausbildender.

- **Ausbilder** ist derjenige, der vom Ausbildenden mit der Durchführung der Ausbildung betraut ist.

  Beispiel Nicole wird zunächst in der Personalabteilung eingesetzt. Hier wird sie von Frau Ost ausgebildet. Frau Ost ist Ausbilderin.

Der **Ausbildungsvertrag** muss vor Beginn der Ausbildung schriftlich niedergelegt werden. Hierfür wird in der Praxis meist ein Vordruck der Industrie- und Handelskammern (IHK) oder der Handwerkskammer (HWK) verwendet. Der Vertrag muss folgende **Mindestangaben** enthalten:
1. Art, sachliche und zeitliche Gliederung sowie Ziel der Berufsausbildung
2. Beginn und Dauer der Berufsausbildung
3. Ausbildungsmaßnahmen außerhalb der Ausbildungsstätte
4. Dauer der täglichen Ausbildungszeit
5. Dauer der Probezeit
6. Zahlung und Höhe der Vergütung
7. Dauer des Urlaubs
8. Voraussetzungen, unter denen der Vertrag gekündigt werden kann
9. Hinweis auf anzuwendende Tarifverträge und Betriebsvereinbarungen
10. Form des Ausbildungsnachweises

Der Ausbildungsvertrag muss der zuständigen Stelle (Industrie- und Handelskammer, Handwerkskammer, Bundesverwaltungsamt) zur Eintragung in das **Verzeichnis der Berufsausbildungsverhältnisse** vorgelegt werden.

Mit Abschluss des Ausbildungsvertrages übernehmen Ausbildender und Auszubildender Pflichten, die gleichzeitig die Rechte der anderen Vertragspartei sind.

Pflichten des Ausbildenden

- Der Ausbildende hat dafür zu sorgen, dass dem Auszubildenden die **Fertigkeiten und Kenntnisse** vermittelt werden, die zum Erreichen des Ausbildungszieles erforderlich sind.

  Beispiel Der Ausbildungsrahmenplan für den Kaufmann/die Kauffrau für Büromanagement sieht vor, dass die Auszubildenden bei der Bearbeitung von Mitarbeiterdaten Regelungen zum Datenschutz und zur Datensicherheit einhalten. Nach ihrem betrieblichem Ausbildungsplan wird Nicole Höver die ersten drei Monate ihrer Ausbildung in der Personalabteilung eingesetzt. Hier werden ihr die erforderlichen Kenntnisse und Fähigkeiten vermittelt.

- Die Ausbildung muss entweder **vom Ausbildenden selbst** oder **von persönlich und fachlich geeigneten Ausbildern** durchgeführt werden.

  Beispiel Als Ausbilder setzt der Ausbildende den zuständigen Abteilungsleiter ein. Alle Abteilungsleiter haben vor der Industrie- und Handelskammer eine Prüfung als Ausbilder abgelegt.

- Dem Auszubildenden müssen die **Ausbildungsmittel kostenlos** zur Verfügung gestellt werden.

  Beispiele Ausbildungsnachweis, Fachbücher und Schreibmaterial für die Ausbildung im Ausbildungsbetrieb (nicht in der Schule)

  Vorgeschriebene Berufskleidung, z.B. Blaumann oder Kittel, wird vom Ausbildenden ebenfalls zur Verfügung gestellt.

- Der Auszubildende ist zum **Besuch der Berufsschule** und zum **Führen des Ausbildungsnachweises** (Berichtsheft) anzuhalten. Der ordnungsgemäß geführte Ausbildungsnachweis ist Voraussetzung für die Zulassung zur Abschlussprüfung.

  Beispiel Nicole Höver muss ihren Ausbildungsnachweis einmal im Monat dem jeweiligen Abteilungsleiter vorlegen.

- Der Ausbildende muss dafür sorgen, dass dem Auszubildenden **nur Tätigkeiten** übertragen werden, **die dem Ausbildungszweck dienen** und seinen **körperlichen Kräften angemessen** sind.

  Beispiel Nicole Höver ist in der Personalabteilung eingesetzt. Als die Sachbearbeiterin Ganser sie auffordert, für sie private Besorgungen zu erledigen, schreitet Frau Ost ein. Nicole dürfen nur Tätigkeiten übertragen werden, die dem Ausbildungszweck dienen.

- Der Auszubildende muss für die **Teilnahme am Berufsschulunterricht** und an **Prüfungen freigestellt werden.** Dies gilt auch für andere schulische Veranstaltungen.

  Beispiel Die berufsbildende Schule führt einmal im Jahr einen Wandertag durch. Frau Ost ist der Meinung, dies habe nichts mit der Ausbildung zu tun. Frau Ost ist im Irrtum; der Wandertag ist eine schulische Veranstaltung, für die sie ihre Auszubildende freistellen muss.

- Dem Auszubildenden muss bei Beendigung des Ausbildungsverhältnisses ein **Zeugnis** ausgestellt werden. Der Auszubildende kann dabei zwischen dem einfachen Arbeitszeugnis und dem qualifizierten Arbeitszeugnis wählen.

  Beispiel Das **einfache Arbeitszeugnis** enthält Angaben über Art, Dauer und Ziel der Berufsausbildung sowie die erworbenen Fertigkeiten und Kenntnisse. Das **qualifizierte Arbeitszeugnis** enthält zusätzlich Angaben über Führung, Leistung und besondere fachliche Fähigkeiten.

- Dem Auszubildenden ist eine **angemessene Vergütung** zu zahlen. Die Vergütung muss nach dem Lebensalter des Auszubildenden und mit fortschreitender Berufsausbildung, mindestens jährlich, ansteigen. Ist ein Betrieb nicht an den Tarifvertrag gebunden, gilt die Mindestvergütung gemäß § 17 BBiG.

  Die Vergütung muss spätestens am letzten Arbeitstag des Monats gezahlt werden. Eine über die regelmäßige Ausbildungszeit hinausgehende Beschäftigung ist besonders zu vergüten. Erkrankt der Auszubildende, wird die Vergütung **bis zur Dauer von sechs Wochen** durch den Ausbildenden **weitergezahlt**, danach erhält er von der zuständigen Krankenversicherung **Krankengeld**. LF 8

Pflichten des Auszubildenden

- Der Auszubildende hat sich zu bemühen, die **Fertigkeiten und Kenntnisse** zu erwerben, die zur Erreichung des Ausbildungsziels erforderlich sind.

  Beispiel Die Auszubildende Kirsten Schorn besucht regelmäßig die Berufsschule, macht die Hausaufgaben und arbeitet im Unterricht mit. Trotzdem ist das Ergebnis im Teil 1 der Abschlussprüfung mangelhaft. Ihr Ausbilder droht daraufhin mit Kündigung. Eine Kündigung ist nicht zulässig, da sich die Auszubildende bemüht hat, das Ziel der Ausbildung zu erreichen.

- Der Auszubildende muss alle ihm im Rahmen der Ausbildung **aufgetragenen Tätigkeiten sorgfältig ausführen**.

  Beispiel Kirsten verliert den ihr vom Betrieb zur Verfügung gestellten Taschenrechner. Sie ist zum Ersatz des Schadens verpflichtet, da sie gegen die Sorgfaltspflicht verstoßen hat.

- Der Auszubildende muss an **Ausbildungsmaßnahmen**, für die er freigestellt ist, **teilnehmen**.

  Beispiel Eine Auszubildende schwänzt mehrfach die Berufsschule. Hierbei handelt es sich um eine grobe Pflichtverletzung der Auszubildenden, die zu einer Kündigung führen kann.

- **Weisungen**, die ihm im Rahmen der Berufsausbildung erteilt werden, muss der Auszubildende **befolgen**.

  Beispiel Kirsten ist im Rahmen ihrer Ausbildung als Kauffrau für Büromanagement in der Verkaufsabteilung eingesetzt, in der auch Kunden empfangen werden. Kirstens Ausbilderin erteilt ihr die Weisung, nicht in löchrigen Jeans oder Turnschuhen in den Betrieb zu kommen. Sie muss diese Weisung befolgen, da ein solches Erscheinungsbild von den Kunden nicht akzeptiert würde und geschäftsschädigende Folgen hätte.

- Die für die Ausbildungsstätte **geltende Ordnung** ist zu **beachten**.

  Beispiel In allen Räumen des Ausbildungsbetriebes gilt striktes Rauchverbot. Hieran muss sich auch Kirsten halten.

- Arbeitsmittel und Einrichtungen sind **pfleglich zu behandeln**.

  Beispiel Kirsten benutzt eine vom Betrieb überlassene Schere zum Öffnen einer Getränkeflasche. Die Schere bricht ab. Kirsten muss das Werkzeug ersetzen.

- Über Betriebs- und Geschäftsgeheimnisse ist **Stillschweigen** zu wahren.

  Beispiel Kirstens Freund ist kaufmännischer Angestellter in einem Konkurrenzbetrieb. Sie berichtet ihm von der bevorstehenden Einführung eines neuen Produktes. Damit verstößt sie gegen die ihr auferlegte Schweigepflicht.

Beginn und Beendigung der Ausbildung

- Das Berufsausbildungsverhältnis beginnt mit der **Probezeit**. Sie muss mindestens einen Monat und darf höchstens vier Monate betragen. In der Probezeit prüft der Auszubildende, ob ihm der Beruf gefällt, und der Ausbildende, ob der Auszubildende für den Beruf geeignet ist.
- Das **Ausbildungsverhältnis endet mit Ablauf der Ausbildungszeit**. Besteht der Auszubildende die Prüfung zu einem früheren Zeitpunkt, so endet das Ausbildungsverhältnis mit Bestehen der Abschlussprüfung.

  Beispiel Kirstens Ausbildungsvertrag endet am 31. August. Am 15. Juni schließt sie vor dem Prüfungsausschuss der Industrie- und Handelskammer erfolgreich die Berufsabschlussprüfung ab. Mit diesem Tag endet das Ausbildungsverhältnis und ihr steht im Falle der Übernahme das entsprechende Tarifgehalt zu.

- Eine **Kündigung** des Ausbildungsverhältnisses ist in folgenden Fällen möglich:
  - **während der Probezeit**
    jederzeit ohne Einhaltung einer Frist und Angabe von Gründen. Die Kündigung muss schriftlich erfolgen.

    Beispiel Silke stellt während der Probezeit fest, dass ihr die Ausbildung zur Kauffrau für Büromanagement nicht zusagt. Sie teilt dies ihrem Chef mit und kündigt das Ausbildungsverhältnis schriftlich.

  - **nach der Probezeit**
    - **aus einem wichtigen Grund** ohne Einhaltung einer Kündigungsfrist. Die **fristlose Kündigung** muss spätestens zwei Wochen nach Bekanntwerden des Grundes erfolgen.

      Beispiel Ein Auszubildender wird bei einem Diebstahl ertappt. Der Chef kündigt ihm fristlos.

    - vom Auszubildenden **mit einer Frist von vier Wochen**,
      - wenn er die Berufsausbildung aufgeben will.

        Beispiel Sven möchte eine Karriere als Influencer starten. Mit einer Frist von vier Wochen kann er seinen Ausbildungsvertrag kündigen.

      - wenn er sich für einen anderen Beruf ausbilden lassen will.

        Beispiel Ein Jahr nach Beginn der Ausbildung zum Kaufmann für Büromanagement kann ein Auszubildender eine Ausbildung in seinem Traumberuf als Goldschmied antreten. Er kündigt mit einer Frist von vier Wochen.

  Die Kündigung muss **schriftlich und unter Angabe der Kündigungsgründe** erfolgen. Kündigt ein Vertragspartner nach Ablauf der Probezeit das Ausbildungsverhältnis ohne wichtigen Grund, ist er dem anderen zum Schadenersatz verpflichtet.

Einhaltung des Berufsbildungsgesetzes

Die Einhaltung des Berufsbildungsgesetzes wird von den zuständigen Stellen überwacht. Hier stehen **Ausbildungsberater** zur Verfügung, die Auskünfte erteilen und Ausbildende und Auszubildende in allen die Berufsausbildung betreffenden Fragen beraten.

Zusammenfassung: Die Ausbildungsordnung und das Berufsbildungsgesetz beachten und nutzen

- Die **Ausbildungsordnung** enthält Regelungen über:
  - **Ausbildungsdauer:** drei Jahre
  - **Ausbildungsberufsbild:** Fertigkeiten und Kenntnisse, die Gegenstand der Berufsausbildung sind
  - **Ausbildungsrahmenplan:** sachliche und zeitliche Gliederung der Berufsausbildung
  - **betrieblicher Ausbildungsplan:** zeitlicher und sachlicher Überblick über den Ablauf der Ausbildung
  - **Ausbildungsnachweis** (Berichtsheft)**:** Nachweis über den ordnungsgemäßen Ablauf der Ausbildung
- Die **Abschlussprüfung** besteht aus den zeitlich auseinanderfallenden Teilen 1 und 2 (gestreckte Prüfung).
- Der **Berufsausbildungsvertrag** muss vor Beginn der Berufsausbildung schriftlich abgeschlossen werden.
  - **Auszubildender** ist derjenige, der ausgebildet wird.
  - **Ausbildender** ist derjenige, der einen anderen zur Berufsausbildung einstellt.
  - **Ausbilder** ist derjenige, der vom Ausbildenden mit der Durchführung der Ausbildung betraut ist.
  - Der Berufsausbildungsvertrag muss bestimmte **Mindestangaben** enthalten.

Pflichten des Ausbildenden	Pflichten des Auszubildenden
– Ausbildungspflicht – Freistellung des Auszubildenden zum Besuch der Berufsschule – Bereitstellung von Arbeitsmitteln – Zeugnispflicht – Vergütung	– Lernpflicht – Besuch der Berufsschule – Gehorsamspflicht – Sorgfaltspflicht – Einhaltung der Betriebsordnung – Schweigepflicht

  - Die **Probezeit** muss mindestens einen Monat und darf höchstens vier Monate betragen.

Aufgaben

1. *Beschaffen Sie sich die Verordnung über die Berufsausbildung für Ihren Ausbildungsberuf. Sie kann über die zuständige Kammer oder über das Internet bezogen werden. Verschaffen Sie sich einen Überblick über die Fertigkeiten und Kenntnisse, die Gegenstand Ihrer Berufsausbildung sind.*
   a) Stellen Sie für den Themenkreis 1.2 „Informationsverarbeitung" fest, welche Fertigkeiten und Kenntnisse im Ausbildungsrahmenplan vorgesehen sind.
   b) Prüfen Sie, wann diese Themen in Ihrem betrieblichen Ausbildungsplan vorgesehen sind und in welcher Abteilung Sie dazu ausgebildet werden.
   c) Stellen Sie fest, in welchem Unterrichtsfach und wann dieses Thema im Lehrplan der Berufsschule vorgesehen ist.
2. *Während einer Grippewelle fällt die Hälfte der Mitarbeiter der Personalabteilung aus. Die Abteilungsleiterin verbietet der Auszubildenden daraufhin den Besuch der Berufsschule und fordert sie stattdessen auf im Betrieb auszuhelfen. Ist dieses Verhalten zulässig? Begründen Sie Ihre Entscheidung.*
3. *Andreas Dick soll einen Monitor in einen Nebenraum tragen. Auf dem Weg dorthin stolpert er über ein Kabel und der Monitor fällt zu Boden. Begründen Sie, ob er den Schaden ersetzen muss. Würde es einen Unterschied machen, wenn Andreas sich während des Transports angeregt mit einem Kollegen unterhält, aus diesem Grund eine Stufe übersieht und der Monitor dadurch herunterfällt?*
4. *Markus Rother beginnt seine Ausbildung zum Kaufmann für Büromanagement in einem Großhandelsbetrieb. Nachdem ihn der Ausbildungsleiter durch die Abteilungen geführt hat, erklärt er ihm, dass er als jüngster Auszubildender in der Frühstückspause für alle Kaffee zu kochen habe. Markus ist empört. Er ist der Meinung, dass er als Kaufmann für Büromanagement und nicht als Kaffeekoch ausgebildet wird. Führen Sie das Gespräch des Ausbildungsleiters mit dem Auszubildenden in Form eines Rollenspiels.*
5. *a) Erstellen Sie eine Übersicht mit den Rechten und Pflichten des Auszubildenden. Schlagen Sie dazu im Berufsbildungsgesetz nach. Das BBiG können Sie im Internet unter www.gesetze-im-internet.de/bbig_2005 beschaffen*
   b) In § 14 Abs. 2 Berufsbildungsgesetz heißt es: „Auszubildenden dürfen nur Aufgaben übertragen werden, die dem Ausbildungszweck dienen und ihren körperlichen Kräften angemessen sind." Befragen Sie Ihre Mitschüler, welche Tätigkeiten sie in der vergangenen Woche ausgeführt haben, die dem Ausbildungszweck dienen und welche Tätigkeiten nicht im Sinne der Ausbildung waren. Diskutieren Sie, warum es sinnvoll sein könnte auch die eine oder andere Tätigkeit auszuführen, die nicht im Sinne der Regelung des Berufsbildungsgesetzes ist.
6. *Petras Freund Jan ist seit einem Jahr als Auszubildender im Beruf Kaufmann für Büromanagement in der Papiergroßhandlung Schneider OHG. Als er eine Lehrstelle in seinem Traumberuf als Fotograf angeboten bekommt, will er das Ausbildungsverhältnis beenden.*
   a) Erarbeiten Sie die Möglichkeiten der Kündigung eines Ausbildungsverhältnisses.
   b) Stellen Sie fest, unter welchen Bedingungen Jan seinen Ausbildungsvertrag kündigen kann.
7. *Erläutern Sie die Unterschiede zwischen*
   a) Ausbildungsberufsbild,
   b) Ausbildungsrahmenplan und
   c) betrieblichem Ausbildungsplan.
8. *Erläutern Sie den Unterschied zwischen Auszubildender, Ausbilder und Ausbildender.*

1.3 Das Jugendarbeitsschutzgesetz (JArbSchG) erkunden

Handlungssituation

Nicoles Freund, der 18-jährige Auszubildende Jan Wolf, hat an zwei Tagen in der Woche Berufsschule. Im Gespräch mit Nicole erfährt er, dass diese am langen Berufsschultag nach der Schule arbeitsfrei hat und dass dieser Tag mit acht Stunden auf die Wochenarbeitszeit angerechnet wird. Als Jan seinen Ausbilder darauf anspricht und die gleiche Regelung für sich fordert, lehnt dieser brüsk ab. Der freie Nachmittag sei eine Regelung des Jugendarbeitsschutzgesetzes und das gelte für ihn nicht.

Arbeitsaufträge

- *Stellen Sie fest, welche Regelungen das JArbSchG zum Berufsschulbesuch enthält (www.gesetze-im-internet.de/jarbschg). Vergleichen Sie diese mit den Regelungen des § 15 BBiG zur Freistellung und erläutern Sie die Konsequenzen.*
- *Prüfen Sie, ob Jan der freie Nachmittag am langen Berufsschultag zusteht, und begründen Sie Ihre Entscheidung.*

Das Jugendarbeitsschutzgesetz soll jugendliche Arbeitnehmer und Auszubildende **vor Überforderung im Berufsleben schützen**. Es enthält neben allgemeinen Vorschriften Regelungen zu den Themen Beschäftigung von Kindern und Jugendlichen, Beschäftigungsverbote und -beschränkungen, Berufsschulbesuch und Prüfungen und Aussagen über die gesundheitliche Betreuung der Auszubildenden.

Allgemeine Vorschriften

Das Jugendarbeitsschutzgesetz (JArbSchG) gilt für die Beschäftigung von Personen, **die noch nicht 18 Jahre alt sind**. Von 15 bis 18 Jahren ist man Jugendlicher, unter 15 Jahren ist man Kind. Es zählt zu den Arbeitsschutzgesetzen.

Beschäftigung von Kindern und Jugendlichen

- **Die Beschäftigung von Kindern ist grundsätzlich verboten.** Jugendliche unter 15 Jahren dürfen nur in einem Ausbildungsverhältnis oder mit leichten Tätigkeiten (ab 13 Jahren max. 2 Stunden täglich oder 10 Stunden wöchentlich) beschäftigt werden.
  Beispiel Nicoles Schwester Silke ist 15 Jahre alt. Sie möchte sich ihr Taschengeld selbst verdienen. Deshalb verteilt sie für den Supermarkt an der Ecke jeden Mittwoch Handzettel. Da es sich hierbei um eine leichte Tätigkeit handelt, verstößt dies nicht gegen das JArbSchG.
- Jugendliche dürfen **nicht mehr als acht Stunden täglich und nicht mehr als 40 Stunden wöchentlich** beschäftigt werden. Die tägliche Arbeitszeit ist die Zeit vom Beginn bis zum Ende der Beschäftigung ohne Pausen.
  Beispiel Nicole arbeitet von 08:00 bis 12:00 Uhr, von 12:30 Uhr bis 15:00 Uhr und von 15:30 bis 17:00 Uhr. Die Arbeitszeit beträgt acht Stunden.
- **Die Arbeitszeit, die an einem Werktag infolge eines gesetzlichen Feiertages ausfällt, wird auf die wöchentliche Arbeitszeit angerechnet.**
  Beispiel Der Tag der Arbeit am 1. Mai fällt auf einen Mittwoch. An diesem Tag hätte Nicole acht Stunden arbeiten müssen. Da der Arbeitstag ausfällt, muss sie in der restlichen Woche nur noch ihre regelmäßige Wochenarbeitszeit abzüglich acht Stunden arbeiten (z. B. 40 Std. – 8 Std. = 32 Std.).

- Wenn an einzelnen Werktagen die Arbeitszeit auf weniger als acht Stunden verkürzt ist, können Jugendliche an den übrigen Tagen der Woche **8,5 Stunden** arbeiten.

Beispiel Nicole arbeitet an drei Tagen in der Woche 8,5 Stunden, da sie am Freitag bereits um 14:00 Uhr frei hat.

- Jugendlichen müssen im Voraus feststehende **Ruhepausen** von mindestens 15 Minuten Dauer gewährt werden. Die Pausen betragen:
  - bei einer Arbeitszeit von 4,5 bis sechs Stunden 30 Minuten
  - bei einer Arbeitszeit von mehr als sechs Stunden 60 Minuten
- **Nach Beendigung der täglichen Arbeitszeit dürfen Jugendliche nicht vor Ablauf von mindestens zwölf Stunden beschäftigt werden.**

Beispiel Die 17-jährige Auszubildende Nicole arbeitet an einem Auftrag bis 20:00 Uhr. Sie darf am nächsten Tag frühestens um 08:00 Uhr zur Arbeit eingesetzt werden.

- **Jugendliche dürfen nur in der Zeit von 06:00 bis 20:00 Uhr beschäftigt werden.** Von dieser Regelung gibt es jedoch Ausnahmen, so z.B. für Bäckereien und Konditoreien, die Gastronomie und die Landwirtschaft.
- **Jugendliche dürfen nur an fünf Tagen in der Woche beschäftigt werden.** Als Arbeitstage gelten auch die Berufsschultage. Die beiden beschäftigungsfreien Tage (Ruhetage) sollten nach Möglichkeit aufeinander folgen.

Beispiel Nicole hat Montag ihren langen Berufsschultag. Dienstag und Mittwoch arbeitet sie im Betrieb. Donnerstag hat sie wieder Berufsschule und anschließend geht sie in den Betrieb. Soll sie am Samstag im Betrieb eingesetzt werden, muss der Freitag arbeitsfrei bleiben, da sonst gegen das Gebot der Fünf-Tage-Woche verstoßen würde.

- An **Sonntagen** und am **24. und 31. Dezember nach 14:00 Uhr** dürfen Jugendliche nicht beschäftigt werden.

- Der **gesetzliche Urlaubsanspruch** für Jugendliche beträgt
  - 30 Werktage, wenn der Jugendliche noch nicht 16 Jahre alt ist,
  - 27 Werktage, wenn der Jugendliche noch nicht 17 Jahre alt ist,
  - 25 Werktage, wenn der Jugendliche noch nicht 18 Jahre alt ist.

  Es gilt jeweils das Alter des Jugendlichen zu Beginn des Kalenderjahres.

Beispiel Nicole wird am 19. März 18 Jahre alt. Da sie zu Beginn des Kalenderjahres noch nicht 18 Jahre alt ist, hat sie einen Urlaubsanspruch von 25 Werktagen.

Der Urlaub soll den Auszubildenden **während der Berufsschulferien** gewährt werden. Ist dies nicht der Fall, ist für jeden Berufsschultag, an dem die Schule während des Urlaubs besucht wird, ein weiterer Urlaubstag zu gewähren.

Beispiel Eine Auszubildende möchte eine Woche Urlaub vor dem Teil 1 der Abschlussprüfung nehmen. Sie besucht in dieser Woche an zwei Tagen die Berufsschule. Diese beiden Tage werden nicht auf den Urlaub angerechnet.

Berufsschulbesuch und Prüfungen

§ 9 JArbSchG
(1) Der Arbeitgeber hat Jugendliche für die Teilnahme am Berufsschulunterricht freizustellen. Er darf Jugendliche nicht beschäftigen
1. vor einem vor 9 Uhr beginnenden Unterricht [...],
2. an einem Berufsschultag mit mehr als fünf Unterrichtsstunden von mindestens je 45 Minuten, einmal in der Woche [...],
3. in Berufsschulwochen mit einem planmäßigen Blockunterricht von mindestens 25 Stunden an mindestens fünf Tagen; zusätzliche betriebliche Ausbildungsveranstaltungen bis zu zwei Stunden wöchentlich sind zulässig.

(2) Auf die Arbeitszeit werden angerechnet
1. Berufsschultage nach Absatz 1 Nr. 2 mit acht Stunden,
2. Berufsschulwochen nach Absatz 1 Nr. 3 mit 40 Stunden,
3. im Übrigen die Unterrichtszeit einschließlich der Pausen.

[...]

Die Regelungen des § 9 JArbSchG zur Freistellung und Anrechnung finden sich fast wortgleich im § 15 BBiG. Durch die Übernahme in das BBiG gelten die Regelungen demnach nicht nur für Jugendliche, sondern **für alle Auszubildenden**.

Der Arbeitgeber hat den Jugendlichen **für Prüfungen freizustellen**. Dies gilt auch für den Arbeitstag unmittelbar vor der schriftlichen Abschlussprüfung.

Beispiel Die schriftliche Abschlussprüfung beginnt am Montag. Hier entfällt der Freistellungsanspruch, da dem Prüfungstag kein Arbeitstag unmittelbar vorangeht.

§ 9 JArbSchG
(3) Ein Entgeltausfall darf durch den Berufsschulunterricht nicht eintreten.

Beschäftigungsverbote und -beschränkungen

Jugendliche dürfen nicht beschäftigt werden
- mit Arbeiten, die ihre Leistungsfähigkeiten übersteigen,
- mit Arbeiten, bei denen sie sittlichen Gefahren ausgesetzt sind,
- mit Arbeiten, die mit Unfallgefahren verbunden sind, und
- mit Arbeiten, die ihre Gesundheit gefährden.

Gesundheitliche Betreuung

- **Vor Beginn der Ausbildung müssen alle Jugendlichen von einem Arzt untersucht worden sein.** Die Untersuchung darf nicht mehr als 14 Monate zurückliegen. Ein Jahr nach Aufnahme der Beschäftigung müssen sich alle Jugendlichen einer ärztlichen Nachuntersuchung unterziehen. Die Untersuchungen sind kostenlos.
- Die Einhaltung des Jugendarbeitsschutzgesetzes wird von der zuständigen Behörde überwacht. In der Regel sind dies die **Ämter für Gewerbeschutz**.

Zusammenfassung: Das Jugendarbeitsschutzgesetz erkunden

- **Allgemeine Vorschriften:** Das JArbSchG gilt für die Beschäftigung von Personen, die noch nicht 18 Jahre alt sind.
- **Beschäftigung von Kindern und Jugendlichen:**
  - Die Beschäftigung von Kindern ist grundsätzlich verboten.
  - Die tägliche Arbeitszeit beträgt acht Stunden.
  - Die wöchentliche Arbeitszeit beträgt 40 Stunden.
  - Für Jugendliche gilt die Fünf-Tage-Woche.
  - Es müssen festgelegte Ruhepausen gewährt werden.
  - Die tägliche Freizeit beträgt mindestens zwölf Stunden.
  - Von 20:00 bis 06:00 Uhr dürfen Jugendliche nicht beschäftigt werden.
  - Keine Sonntagsarbeit.
  - Festgelegter Urlaubsanspruch.
- **Berufsschulbesuch und Prüfungen:**
  - Arbeitsfrei ist:
    - vor einem vor 09:00 Uhr beginnenden Unterricht
    - an einem Berufsschultag mit mehr als fünf Unterrichtsstunden (gilt nur bei minderjährigen Auszubildenden)
    - in Berufsschulwochen mit mehr als 25 Unterrichtsstunden an fünf Tagen
    - an dem Arbeitstag, der der schriftlichen Abschlussprüfung vorangeht
  - Ein Berufsschultag mit mehr als fünf Unterrichtsstunden wird mit acht Stunden auf die wöchentliche Arbeitszeit angerechnet.
- **Beschäftigungsverbote und -beschränkungen:**
  - Arbeiten, die die Leistungsfähigkeit überschreiten
  - Arbeiten, bei denen Jugendliche sittlichen Gefahren ausgesetzt sind
  - gesundheitsgefährdende und mit Unfallgefahren verbundene Arbeiten
- **Gesundheitliche Betreuung:**
  - Erstuntersuchung
  - Nachuntersuchung ein Jahr nach Aufnahme der Beschäftigung

Aufgaben

1. *Nicole Höver ist seit einer Woche als Auszubildende in der Personalabteilung eingesetzt. Als erste selbstständige Aufgabe soll sie ihren Wocheneinsatzplan erstellen. Helfen Sie Nicole bei der Lösung dieser Aufgabe.*
   Berücksichtigen Sie dabei folgende Bedingungen:

a) Die Geschäftszeiten der Primus GmbH sind werktags von 08:00 bis 12:00 Uhr und 13:00 bis 17:00 Uhr.
b) Nicole hat am Dienstag von 08:00 bis 14:00 Uhr und am Donnerstag von 08:00 bis 12:30 Uhr Berufsschule.
c) Am Montag soll Nicole ganztägig im Büro sein.
d) Die tarifvertragliche Arbeitszeit ist zu berücksichtigen. Erfragen Sie die für Sie geltende tarifvertragliche Wochenarbeitszeit in der Personalabteilung oder bei Ihrem Jugendvertreter oder Betriebsrat.
e) Berücksichtigen Sie die Regelungen des Jugendarbeitsschutzgesetzes zur täglichen und wöchentlichen Arbeitszeit, zur Festlegung der Pausen und zum Berufsschulbesuch.

2. *Erstellen Sie Ihren eigenen Wochenarbeitsplan und vergleichen Sie diesen mit den Einsatzplänen Ihrer Mitschüler. Diskutieren Sie Unterschiede, Gemeinsamkeiten und klären Sie Abweichungen von den gesetzlichen Regelungen.*

3. *Das Jugendarbeitsschutzgesetz enthält Regelungen über die Beschäftigung von Kindern und Jugendlichen, Beschäftigungsverbote und -beschränkungen, Berufsschulbesuch und Prüfungen und Aussagen über die gesundheitliche Betreuung der Auszubildenden. Erläutern Sie jede dieser Regelungen an je einem Beispiel, das Sie persönlich betreffen könnte.*

1.4 Sich über Institutionen zur Durchsetzung ausbildungsrechtlicher Ansprüche informieren

LS

Handlungssituation

Als Nicole Unterlagen aus der Einkaufsabteilung holen muss, wird sie an Herrn Cremer, Gruppenleiter Import, verwiesen. *„Schön, dass ich Sie auch einmal kennenlerne“*, sagt Herr Cremer, *„wenn's Ärger in der Ausbildung gibt, können Sie sich jederzeit an mich wenden.“* Zurück in der Abteilung fragt sie ihren Kollegen Andreas Dick, warum sie sich ausgerechnet an Herrn Cremer aus der Einkaufsabteilung wenden solle. *„Der ist doch der Betriebsratsvorsitzende der Primus GmbH“*, antwortet Andreas. *„Und was hat der mit meiner Ausbildung zu tun?“*, fragt Nicole.

Arbeitsaufträge

- *Stellen Sie die Rechte des Betriebsrates und der Jugend- und Auszubildendenvertretung in einer digitalen Regelungsübersicht zusammen.*
- *Erläutern Sie, welche weiteren Institutionen es zum Schutz der Auszubildenden gibt, und stellen Sie deren Aufgaben dar.*

Der Betriebsrat

LF 8 Zur Wahrnehmung seiner Aufgaben hat der **Betriebsrat** Rechte, die im Betriebsverfassungsgesetz (BetrVG) geregelt sind (www.gesetze-im-internet.de/betrvg).

- Das **Informationsrecht** sichert dem Betriebsrat rechtzeitige und umfassende Information über alle betrieblichen Angelegenheiten, die die Arbeitnehmer betreffen.

  Beispiel Die Geschäftsleitung der Primus GmbH plant den Bau einer neuen Lagerhalle und berät sich hierüber mit dem Betriebsrat.

- Das **Anhörungs- und Beratungsrecht** geht weiter als das Informationsrecht. In bestimmten Angelegenheiten muss der Arbeitgeber den Betriebsrat vor einer Entscheidung anhören. Versäumt er dies, ist die Entscheidung aus formalen Gründen rechtsunwirksam.

  Beispiel Die Geschäftsleitung der Primus GmbH plant, das Lager aus dem Unternehmen auszugliedern und hierfür eine eigene GmbH zu gründen. Zu dieser Betriebsänderung muss der Betriebsrat gehört werden.

- Das **Mitbestimmungsrecht** ist das weitgehendste Recht des Betriebsrates. Hier entscheiden Arbeitgeber und Betriebsrat gemeinsam.

  Beispiel In der Vorweihnachtszeit plant die Geschäftsleitung der Primus GmbH Überstunden. Hier muss der Betriebsrat zustimmen.

Der Personalrat

In den Betrieben der öffentlichen Verwaltung vertritt der **Personalrat** die Belange der Beschäftigten. Seine Rechte sind im Bundespersonalvertretungsgesetz (BPersVG) geregelt (www.gesetze-im-internet.de/bpersvg).

Die Jugend- und Auszubildendenvertretung (JAV)

In Betrieben mit mindestens fünf Arbeitnehmern bis zu 18 Jahren oder Auszubilden-
LF 8 den bis zu 25 Jahren kann eine **Jugend- und Auszubildendenvertretung** (JAV) gewählt werden. Sie nimmt die besonderen Belange der Jugendlichen und Auszubildenden im Betriebsrat wahr.

Beispiel In der Primus GmbH sind vier Auszubildende und zwei Arbeitnehmer unter 18 Jahren beschäftigt. Aus diesem Grund hat der Betriebsrat eine Jugend- und Auszubildendenvertretung wählen lassen. Zur Jugend- und Auszubildendenvertreterin wurde Petra Jäger gewählt.

Die zuständigen Stellen

Die Kammern (z.B. **Industrie- und Handelskammer, Handwerkskammer, Rechtsanwaltskammer, Landwirtschaftskammer) und das Bundesverwaltungsamt** überwachen als zuständige Stellen den betrieblichen Teil der Berufsausbildung und nehmen die Abschlussprüfung ab.

Zur Überwachung der Ausbildung und Beratung der an der Ausbildung Beteiligten stehen bei den Kammern **Ausbildungsberater** zur Verfügung.

Beispiel Ein Auszubildender der Primus GmbH plant die Verkürzung seiner Ausbildung. Er besucht den Ausbildungsberater der IHK in seiner Sprechstunde und lässt sich über die Vor- und Nachteile dieses Schrittes beraten.

Zur Beilegung von Streitigkeiten, die sich aus dem Ausbildungsverhältnis ergeben, haben die Kammern paritätisch besetzte **Schlichtungsausschüsse** eingerichtet. Diese können jederzeit von den Auszubildenden bzw. ihren Erziehungsberechtigten sowie den Ausbildenden angerufen werden. Die Schlichtung ist einem Arbeitsgerichtsverfahren vorgeschaltet.

■ Die Gewerkschaften

Artikel 9 Grundgesetz
(3) Das Recht, zur Wahrung und Förderung der Arbeits- und Wirtschaftsbedingungen Vereinigungen zu bilden, ist für jedermann und für alle Berufe gewährleistet. [...]

Dieses im Grundgesetz garantierte Recht der Arbeitnehmer und Arbeitgeber zur Gründung von Gewerkschaften oder Arbeitgeberverbänden wird auch als **Koalitionsfreiheit** bezeichnet.

Beispiele
- Die Primus GmbH ist Mitglied in der Tarifgemeinschaft des Landesverbandes Holzindustrie und Kunststoffverarbeitung Nordrhein e. V.
- Die Arbeitnehmer der Primus GmbH, die sich einer Gewerkschaft angeschlossen haben, sind in der IG-Metall, holz- und kunststoffverarbeitende Industrie Nordrhein organisiert.

■ Arbeitsschutzbehörden

Für die Einhaltung aller Schutzvorschriften ist der Arbeitgeber verantwortlich. Neben den **staatlichen Ämtern für Gewerbeschutz und Sicherheitstechnik**, den **Berufsgenossenschaften** und dem **TÜV** als außerbetriebliche Überwachungsorgane überwachen der **Betriebsrat**, **Betriebsärzte** und **Sicherheitsbeauftragte** als innerbetriebliche Überwachungsorgane die Durchführung der Unfallverhütung.

Zusammenfassung: Sich über Institutionen zur Durchsetzung ausbildungsrechtlicher Ansprüche informieren

- **Der Betriebsrat**
  - vertritt die Belange der Arbeitnehmer eines Unternehmens,
  - hat Informations-, Anhörungs-, Beratungs- und Mitbestimmungsrechte.
- In den Betrieben der öffentlichen Verwaltung vertritt der **Personalrat** die Belange der Beschäftigten.
- **Die Jugend- und Auszubildendenvertretung** (JAV) vertritt die Belange der Jugendlichen und Auszubildenden eines Unternehmens.
- **Die zuständigen Stellen** überwachen den betrieblichen Teil der Berufsausbildung und nehmen die Prüfungen ab.
- **Die Gewerkschaften** vertreten die Belange der Arbeitnehmer aller Unternehmen.
- **Arbeitsschutzbehörden** sind die Berufsgenossenschaft, der TÜV und die Ämter für Gewerbeschutz als **außerbetriebliche Überwachungsorgane** sowie der Sicherungsbeauftragte, der Betriebsarzt und der Betriebsrat als **innerbetriebliche Überwachungsorgane**.

Aufgaben

1. *Betriebsrat und Jugend- und Auszubildendenvertreter haben Informations-, Anhörungs-, Beratungs- und Mitbestimmungsrechte. Stellen Sie fest, ob es in Ihrem Ausbildungsbetrieb einen Betriebsrat oder eine eigene Jugend- und Auszubildendenvertretung gibt, und nehmen*

Sie Kontakt zu Ihrer Vertretung auf. Lassen Sie sich von Ihrem Arbeitnehmervertreter erläutern, welche Aufgaben er wahrnimmt, und ordnen Sie die Aufgaben den o. g. Rechten zu.

2. *Nehmen Sie im Rahmen einer Internetrecherche Kontakt zu der für Sie zuständigen Stelle auf. Stellen Sie fest, welche Dienstleistungen diese erbringt und welche Funktionen sie im Rahmen der Berufsbildung wahrnimmt.*
3. *Erläutern Sie die Aufgaben des Ausbildungsberaters und der Schlichtungsstelle der zuständigen Stelle.*
4. *Bilden Sie in der Klasse zwei Gruppen. Die eine Gruppe sammelt Gründe, die für die Mitgliedschaft in einer Gewerkschaft sprechen, die andere Gruppe sammelt Gründe gegen eine Mitgliedschaft. Wählen Sie einen Diskussionsleiter und führen Sie ein Streitgespräch.*
5. *Stellen Sie fest, wer in Ihrem Ausbildungsbetrieb die Funktion des Sicherheitsbeauftragten ausübt und welches die für Sie zuständige Berufsgenossenschaft ist.*
   a) Befragen Sie Ihren Sicherheitsbeauftragten nach seinen Aufgaben.
   b) Ermitteln Sie die Leistungen der Berufsgenossenschaft im Rahmen einer Internetrecherche.

1.5 Den Aufbau eines Betriebes und die Arbeits- und Geschäftsprozesse nachvollziehen

Handlungssituation

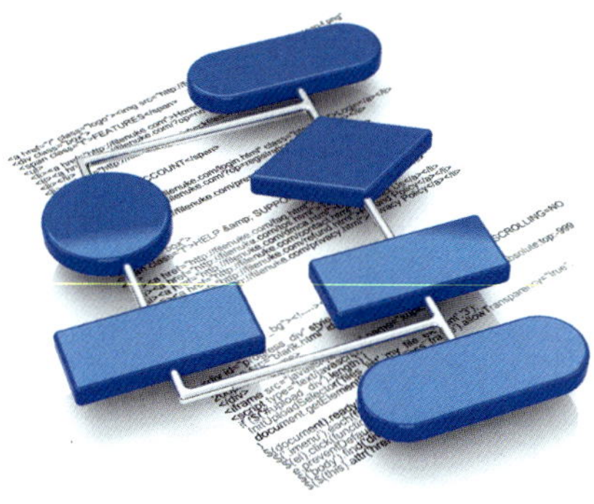

Nicole Höver hat ihren betrieblichen Ausbildungsplan bekommen. Danach ist sie in den nächsten Wochen in der Abteilung Verwaltung eingesetzt. Die Abteilungsleiterin Sabine Berg hat sie zu einem Gespräch gebeten. *„Darf ich Ihnen Ina Ost vorstellen"*, sagt Frau Berg freundlich, *„Frau Ost ist Gruppenleiterin der Personalabteilung, bei ihr werden Sie die nächsten vier Wochen verbringen. Sie wird Ihnen bei der Orientierung im Unternehmen helfen und Ihnen Ihren Verantwortungsbereich erläutern." „Herzlich willkommen!"*, ergänzt Frau Ost, *„wir kennen und ja aus dem Einstellungstest. Ich habe Ihnen hier das Organigramm der Primus GmbH und ein Ablaufdiagramm aus der Auftragsbearbeitung mitgebracht."* Frau Ost übergibt Nicole eine Mappe mit Papieren.

Arbeitsaufträge

- *Erläutern Sie das Organigramm der Primus GmbH (vgl. S. 12) und vergleichen Sie dieses mit anderen Formen der Aufbauorganisation.*
- *Erstellen Sie das Organigramm Ihres Ausbildungsbetriebes. Stellen Sie die Organigramme in der Klasse vor und diskutieren Sie Unterschiede und Gemeinsamkeiten.*
- *Beschreiben Sie den Ablauf eines Geschäftsprozesses Ihrer Wahl aus Ihrem Ausbildungsbetrieb. Orientieren Sie sich dabei an der Abbildung im Lehrbuch auf S. 48 f.*

Die **Organisation** ist ein wesentliches Instrument zur Zielerreichung einer Unternehmung. Sie soll gewährleisten, dass alle anfallenden Arbeiten reibungslos und mit dem geringsten Aufwand zielorientiert erledigt werden. Dabei ist zunächst zu klären, wie das Unternehmen aufgebaut wird (**Aufbauorganisation**) und wie die Arbeitsabläufe organisiert werden (**Ablauforganisation**).

Aufbauorganisation

Um ein Unternehmen zu organisieren, muss zunächst festgestellt werden, welche Gesamtaufgabe im Sinne der Ziele der Unternehmung (vgl. S. 54) zu erledigen ist.

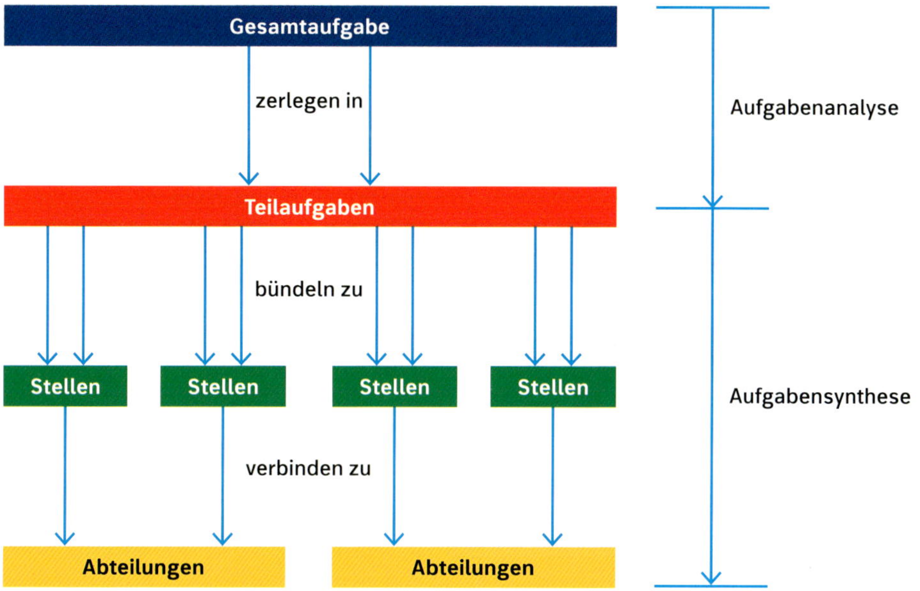

Im Rahmen einer **Aufgabenanalyse** wird die Gesamtaufgabe in mögliche Teilaufgaben zerlegt. Diese **Aufgabenzerlegung** kann anhand folgender Kriterien erfolgen:

- Nach der **Verrichtung**: Die Aufgaben werden nach ihrer betrieblichen Funktion gegliedert.

  Beispiel Die Aufgaben werden in die Bereiche Beschaffung, Absatz oder Personal zerlegt.

- Nach einzelnen **Objekten**: Die Aufgaben werden nach ihrer Zugehörigkeit zu einzelnen Objekten gegliedert. Objekte können z. B. Absatzgebiete sein.

  Beispiel Aufgaben des Vertriebs werden in die Absatzregionen Norddeutschland und Süddeutschland gegliedert.

- Nach ihrem **Rang**: Die Aufgaben werden nach leitenden oder ausführenden Tätigkeiten unterteilt.

  Beispiel Die Aufgaben werden nach den zugeordneten Leitungsbefugnissen gegliedert. So darf der Abteilungsleiter Einkauf der Primus GmbH Verträge bis zu einer Größenordnung von 5.000,00 € ohne Rücksprache mit der Geschäftsleitung tätigen.

Im Rahmen der anschließenden Aufgabensynthese **werden die gebildeten Teilaufgaben zu Stellen** gebündelt.

LF 8 Die wesentlichen Merkmale einer Stelle werden dabei in der **Stellenbeschreibung** festlegt. Übernimmt der Inhaber einer Stelle Leitungsaufgaben für andere Stellen, so spricht man von einer **Instanz**.

Beispiel Josef Winkler ist Abteilungsleiter Verkauf der Primus GmbH. Laut Stellenbeschreibung ist er den Mitarbeitern seiner Abteilung gegenüber weisungsberechtigt. Im Sinne der Aufbauorganisation wird die Stelle von Josef Winkler als Instanz bezeichnet.

Übergeordnete und die ihr untergeordneten Stellen können zu **Abteilungen** verbunden werden.

Je nach Anordnung der Instanzen, also der Stellen mit Entscheidungs- und Weisungsbefugnis, lassen sich die Formen der Aufbauorganisation als **Organigramm** darstellen. Dabei können die Grundformen des **Einliniensystems**, des **Mehrliniensystems** und des **Stabliniensystems** unterschieden werden.

Einliniensystem

Bekommt jede Stelle nur von einer einzigen übergeordneten Stelle Anweisungen, liegt ein **Einliniensystem** vor.

Beispiel Einliniensystem

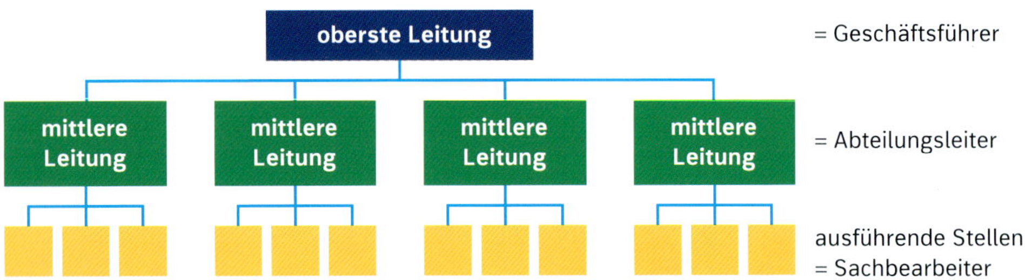

Mehrliniensystem

Erhält eine Stelle von mehreren übergeordneten Instanzen Anweisungen, spricht man von einem **Mehrliniensystem**.

Beispiel Mehrliniensystem

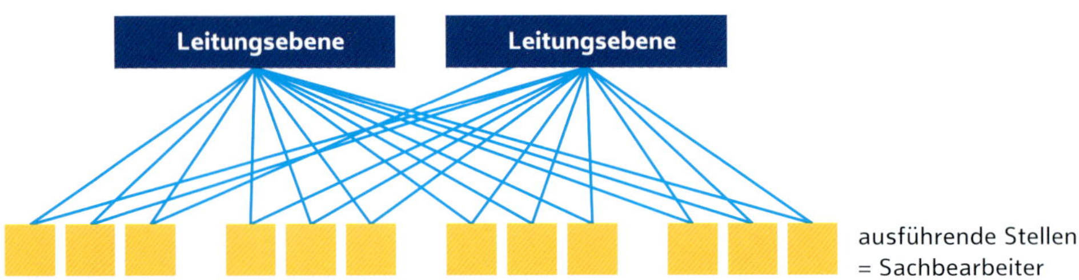

Stabliniensystem

Instanzen können sog. **Stabsstellen** zugeordnet werden. Diese verfügen über keinerlei Entscheidungs- oder Weisungskompetenz. Die Inhaber der Stabsstellen unterstützen ihre jeweilige Instanz bei der Wahrnehmung ihrer Aufgaben. Die Entscheidung trifft immer der Inhaber der Instanz.

Beispiel Svenja Braun ist Assistentin der Geschäftsleitung der Primus GmbH und Thomas Weiß der Umweltbeauftragte. Bei ihren Stellen handelt es sich um Stabsstellen.

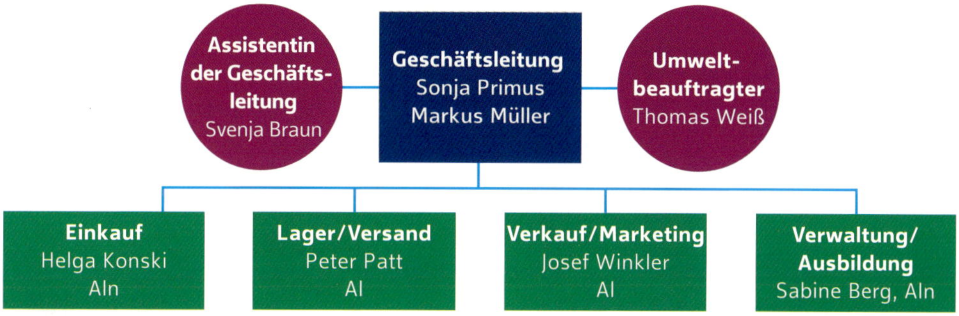

Ablauforganisation

LF 11

Im Rahmen der Ablauforganisation wird festgelegt, wie die **Arbeitsabläufe** organisiert werden. Es wird bestimmt, **wo** die Teilaufgaben zu bearbeiten sind, **wie** eine Tätigkeit ausgeführt werden muss, **wann** die Erledigung erfolgen soll und **welche** Sachmittel dabei eingesetzt werden.

Beispiele
- **Wo** werden Reklamationen bearbeitet?
- **Wie** wird bei Reklamationen verfahren?
- **Wann** (in welcher Frist) sind Reklamationen zu bearbeiten?
- **Welche** Software bzw. Vordrucke sind bei Reklamationen einzusetzen?

Die so beschriebenen Abläufe können als **schriftliche Regelung**, mithilfe von **Ablaufdiagrammen** oder als **ereignisgesteuerte Prozessketten (EPK)** dokumentiert werden.

Beispiel **Schriftliche Regelung** der Primus GmbH für die **Wareneingangskontrolle**:

Primus GmbH Büroeinrichtung und Zubehör

Wareneingangskontrolle: Der Mitarbeiter in der Warenannahme übernimmt vom Spediteur (Fahrer) die Waren und prüft die richtige Empfangsadresse auf den Begleitpapieren. Ist der Empfänger nicht korrekt (Irrläufer, falsche Lagerstätte o. Ä.), so wird der Leiter der Warenannahme eingeschaltet, der dann zu entscheiden hat. Die Angaben auf den Warenbegleitpapieren (Lieferschein, Frachtbrief) werden mit der Sendung verglichen (Stückzahl usw.) [...]

Beispiel **Grafische Darstellung** der Organisation der Auftragsbearbeitung der Primus GmbH als **ereignisgesteuerte Prozesskette (EPK)** (vereinfachte Darstellung)

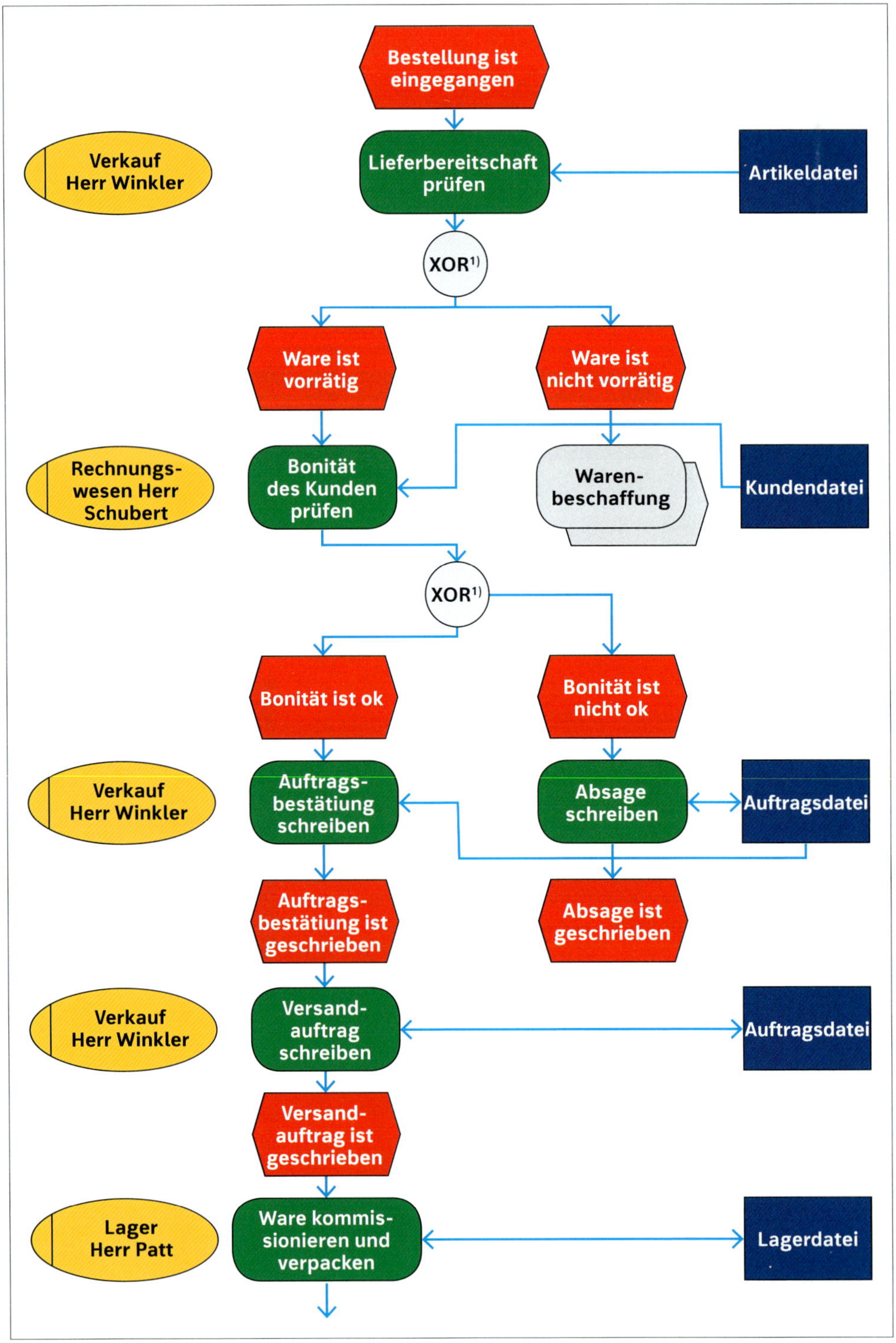

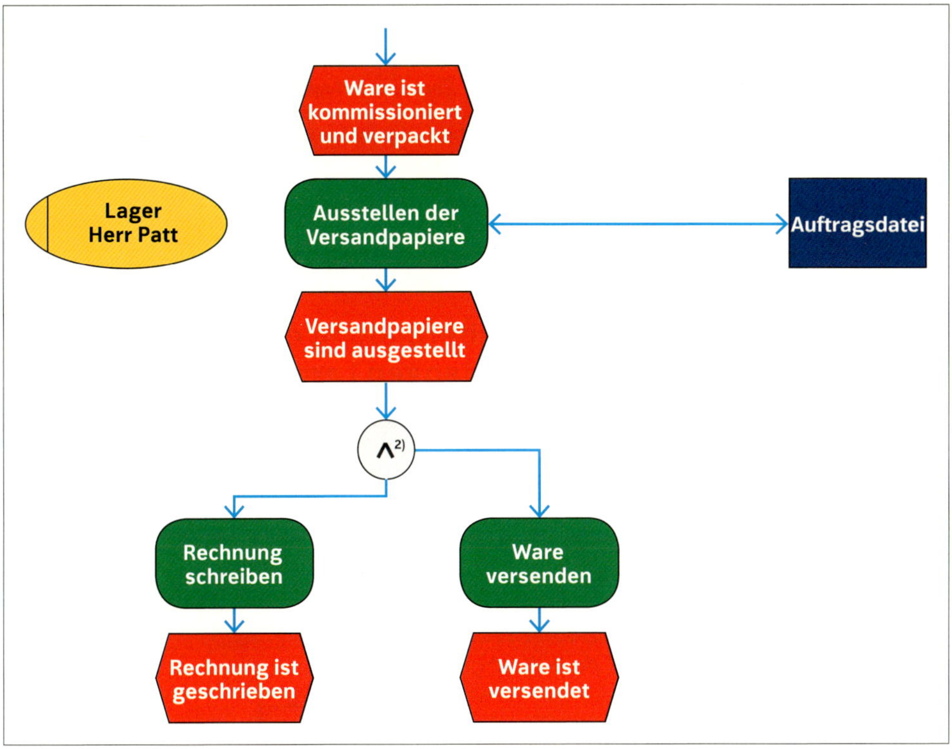

1) XOR = ODER bedeutet, dass nur genau eine Möglichkeit eintreffen kann, damit die nachfolgende Funktion ausgeführt wird.

2) Λ = UND bedeutet, dass alle nachfolgenden Ereignisse eintreffen müssen.

Zusammenfassung: Den Aufbau eines Betriebes und die Arbeits- und Geschäftsprozesse nachvollziehen

- **Organisation** ist die planmäßige dauerhafte Zuordnung von Menschen und Sachmitteln zur Erreichung betrieblicher Ziele.
- Die **Aufbauorganisation** setzt eine **Aufgabenanalyse** voraus, bei der alle anfallenden Aufgaben zur Zielerreichung erfasst werden. Im Rahmen der **Aufgabensynthese** entstehen Stellen und Abteilungen.
  - **Stellen** sind Aufgabengruppen, die von einem Mitarbeiter bewältigt werden können. Hierzu wird eine **Stellenbeschreibung** angefertigt. Alle Stellen sind in einem **Stellenplan** verzeichnet.
  - Gleichartige Stellen werden zu **Abteilungen** zusammengefasst.
  - Grundformen der **Aufbauorganisation** sind das **Einliniensystem,** das **Mehrliniensystem** und das **Stabliniensystem.**
- Die **Ablauforganisation** klärt, wie eine Aufgabe bearbeitet werden muss, welche Organisationseinheiten beteiligt sind und welche Sachmittel dabei einzusetzen sind.

Aufgaben

1. *Stellen Sie aus Ihrer beruflichen Erfahrung Situationen vor, bei denen Improvisation erforderlich ist und dauerhafte organisatorische Regelungen nicht formuliert werden können.*
2. *Ordnen Sie die Organigramme Ihrer Ausbildungsbetriebe den Grundformen der Aufbauorganisation zu.*
3. *Erstellen Sie für Ihre jetzige Tätigkeit in Ihrem Ausbildungsbetrieb eine Stellenbeschreibung.*
4. *Erstellen Sie ein Ablaufdiagramm für die Auftragsbearbeitung in Ihrem Ausbildungsbetrieb.*

1.6 Die Möglichkeiten der Weiterbildung erkunden und die Notwendigkeit des lebenslangen Lernens kennenlernen

Handlungssituation

Nicole Höver trifft die Assistentin der Geschäftsleitung Svenja Braun in der Kantine. *„Ich habe noch oft über die Einführung durch Frau Primus nachgedacht“*, sagt Nicole nachdenklich, *„wenn nach zwei Jahren mein erlerntes Wissen bereits nichts mehr wert ist, dann ist das Lernen ja ein nie endender Prozess!“ „Und du hattest gedacht, mit der Fachoberschulreife ist Schluss, was?“*, erwidert Svenja Braun lachend. *„Im Lernen hast du lebenslänglich! Aber im Ernst, ich gebe dir einmal unser Weiterbildungskonzept. Da siehst du, wie wir unsere Mitarbeiter auf diesem Weg begleiten.“* Nicole ist erleichtert. Eingebunden in das Weiterbildungskonzept der Primus GmbH kann sie sich die Sache mit dem lebenslangen Lernen schon eher vorstellen.

Arbeitsaufträge

- *Erläutern Sie Maßnahmen der Ausbildung, der Weiterbildung und der Umschulung an einem Beispiel Ihrer Wahl.*
- *Stellen Sie ausgewählte Maßnahmen der Weiterbildung Ihres Ausbildungsbetriebes in der Klasse vor. Nutzen Sie dazu auch eine Präsentationssoftware.*

■ Berufliche Ausbildung

Die berufliche Ausbildung findet in der Bundesrepublik Deutschland im **dualen System** (vgl. S. 21 ff.) statt, im Ausbildungsbetrieb und in der Berufsschule.

LF 8

■ Berufliche Weiterbildung

Die berufliche Weiterbildung dient der Verbesserung der fachlichen Qualifikation der Mitarbeiterinnen und Mitarbeiter am Arbeitsplatz. Sie kann im Rahmen einer betriebsinternen oder einer unabhängigen Weiterbildung durchgeführt werden. Da die Halbwertszeit des Wissens immer kürzer wird, ist die berufliche Weiterbildung für die gesamte Dauer der Berufstätigkeit **(lebenslanges Lernen)** erforderlich.

- **Betriebsinterne Weiterbildung** kann regelmäßig oder zu bestimmten Anlässen durchgeführt werden.

Beispiel Auszug aus dem Weiterbildungskonzept der Primus GmbH:

Zielgruppe	Maßnahmen
Auszubildende	– Betriebsunterricht – Prüfungsvorbereitungskurse – Exkursionen in Betriebe von Kunden und Lieferern
Kaufmännische Mitarbeiter	– Einführung Datenbanken – Tabellenkalkulation – ERP-Software
Abteilungs- und Gruppenleiter	– Führungsverhalten – Techniken des Personalgesprächs – Motivation am Arbeitsplatz

- **Unabhängige Weiterbildung** wird von den Mitarbeitern selbstständig durchgeführt. Um dies zu unterstützen, kann der Arbeitgeber z. B. Kosten übernehmen oder den Arbeitnehmer für die Teilnahme freistellen.

Beispiel Das BBiG sieht folgende Fortbildungsstufen vor:

§ 53a BBiG – Fortbildungsstufen

(1) Die Fortbildungsstufen der höherqualifizierenden Berufsbildung sind
1. als erste Fortbildungsstufe der Geprüfte Berufsspezialist und die Geprüfte Berufsspezialistin,
2. als zweite Fortbildungsstufe der Bachelor Professional und
3. als dritte Fortbildungsstufe der Master Professional.

Umschulung

Kann ein Mitarbeiter, z. B. durch Einsatz neuer Techniken, aus krankheitsbedingten Gründen oder durch Aufgabe einer Ware oder einer Waren- oder Produktgruppe, nicht mehr am alten Arbeitsplatz eingesetzt werden, ist die Möglichkeit einer **Umschulung** zu prüfen.

Förderung von Mitarbeitern durch Karriereplanung

Mithilfe von Karriereplänen können **Wege der beruflichen Entwicklung** von Mitarbeitern aufgezeigt werden. Den Mitarbeitern wird dabei verdeutlicht, welche Positionen sie mit ihren bisherigen oder noch zu erwerbenden Qualifikationen erreichen können.

Bildungsurlaub

Die Bundesrepublik Deutschland hat sich verpflichtet, einen **bezahlten Bildungsurlaub** zum Zwecke der Berufsbildung, der allgemeinen und politischen Bildung sowie der gewerkschaftlichen Bildung einzuführen. Da hierzu noch keine bundeseinheitliche Regelung vorliegt, haben die Bundesländer im Rahmen eigener Landesgesetze den Anspruch auf Bildungsurlaub geregelt. Die Landesgesetze gehen von einer bezahlten Freistellung von fünf Arbeitstagen pro Jahr aus. Der Freistellungsanspruch ist i. d. R. auf Themen der politischen und beruflichen Bildung beschränkt.

Beispiel Karriereplanung eines Vertriebsmitarbeiters der Primus GmbH:

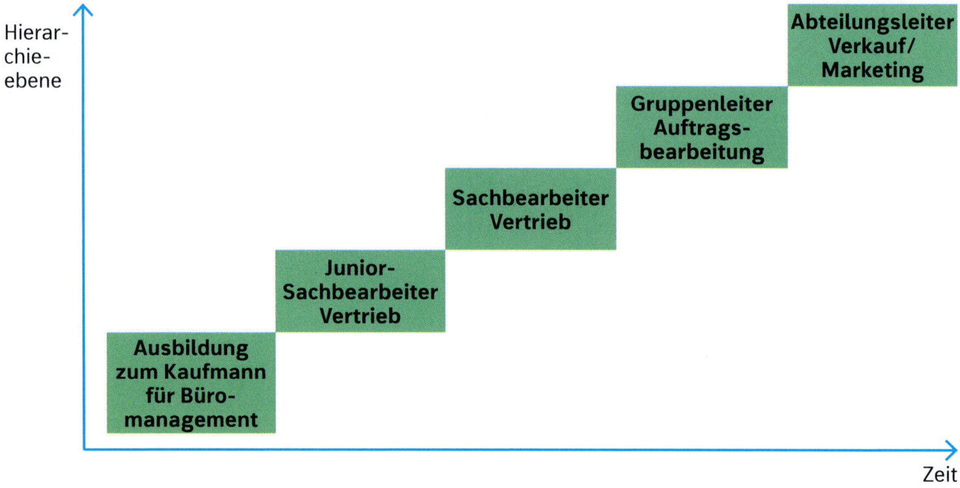

Zusammenfassung: Die Möglichkeiten der Weiterbildung erkunden und die Notwendigkeit des lebenslangen Lernens kennenlernen

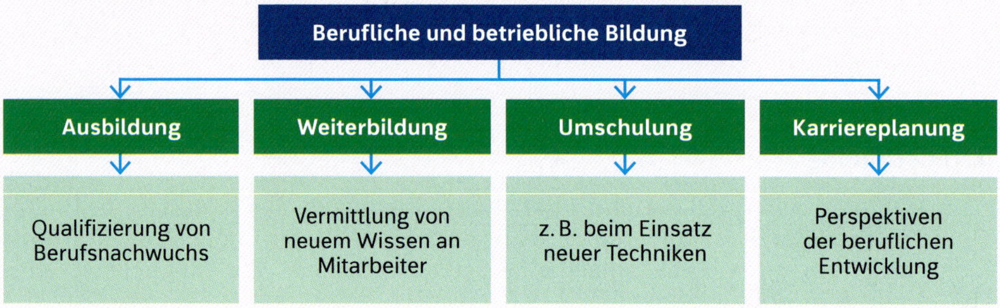

Aufgaben

1. *Auszug aus der Unternehmensphilosophie der Abels, Wirtz & Co. KG, eines Lieferers der Primus GmbH, zum Thema Aus- und Weiterbildung:*

   „Insgesamt 15 Auszubildende und zwei Umschüler absolvieren derzeit bei der Abels, Wirtz & Co. KG ihre Ausbildung zum Polsterer, Holzmechaniker, Kaufmann/Kauffrau für Büromanagement, Industriekaufmann/-kauffrau sowie zum Wirtschaftsinformatiker. Die Qualität der Ausbildung zeigt sich in den Prüfungsergebnissen, bei denen unsere Auszubildenden regelmäßig vordere Plätze erreichen. Im Moment arbeitet die Abels, Wirtz & Co. KG an einem Konzept, um Auszubildenden die Chance zu bieten, zeitweise in den internationalen Tochtergesellschaften zu arbeiten, damit sie frühzeitig ihren Horizont für eine internationale Wirtschaftswelt erweitern. Neue Fertigungsmethoden und Werkstoffe, neue Computersoftware und neue Arbeitsformen machen eine ständige Weiterbildung der Mitarbeiter im fachlichen wie auch im persönlichen Bereich erforderlich.

Der jährliche Schulungsbedarf wird von den Vorgesetzten in Abstimmung mit den Mitarbeitern ermittelt, der Schulungsplan mit entsprechendem Budget von Geschäftsführung, Betriebsrat und Schulungsbeauftragtem verabschiedet. Neben CNC- und Englischkursen, Vertriebsschulungen sowie individuellen fachlichen und persönlichen Schulungsmaßnahmen lag ein Schwerpunkt der Weiterbildung in den letzten Jahren auf der Einführung neuer Arbeitsformen (NAF). Das Budget für den Bereich beläuft sich im Jahr 20.. auf 300.000,00 €."

a) Nehmen Sie zum obigen Konzept der Aus- und Weiterbildung Stellung.
b) Befragen Sie die in Ihrem Betrieb für die Aus- und Weiterbildung Verantwortlichen zu konkreten Maßnahmen Ihres Ausbildungsbetriebes.
c) Stellen Sie das Konzept der Aus- und Weiterbildung Ihres Betriebes in der Klasse vor. Setzen Sie dabei eine Präsentationssoftware ein.

2 Die Stellung und Bedeutung des eigenen Betriebes für die Gesamtwirtschaft erschließen

2.1 Ziele und Arten von Betrieben vergleichen

Handlungssituation

Frau Primus und Herr Müller überlegen zusammen mit Frau Ost, der Leiterin der Personalabteilung, wie viele Auszubildende im kommenden Jahr eingestellt werden sollen. Frau Primus meint: *„Eigentlich möchte ich möglichst vielen jungen Leuten einen Ausbildungsplatz bieten."* Herr Müller wirft ein: *„Die ganze Ausbildung kostet uns zu viel Geld, unsere Sachbearbeiter werden durch die Auszubildenden doch nur von ihrer eigentlichen Arbeit abgehalten. Wenn wir Mitarbeiter brauchen, dann besorgen wir uns fertig ausgebildete Fachkräfte auf dem Arbeitsmarkt! Wir sind doch ein Wirtschaftsunternehmen und unser Ziel ist letztlich ein vernünftiger Gewinn!"* Frau Ost entgegnet: *„Wenn jeder Unternehmer so dächte wie Sie, dann gäbe es bald keine ausgebildeten Fachkräfte mehr. Darüber hinaus haben Sie als Unternehmer auch soziale Ziele zu berücksichtigen!"*

Arbeitsaufträge

- *Erstellen Sie eine digitale Übersicht, in der Sie den unterschiedlichen Arten von Unternehmen entsprechende Ziele zuordnen.*
- *Erstellen Sie eine Liste der Ziele Ihres Ausbildungsbetriebes.*
- *Stellen Sie fest, ob sich die Ziele ergänzen, behindern oder ausschließen.*

Ziele von Betrieben

Alle Betriebe verfolgen Ziele, die sie mit unterschiedlichen Methoden und Maßnahmen erreichen wollen. Dabei kann zwischen Sachzielen, wirtschaftlichen Zielen, sozialen Zielen und ökologischen Zielen unterschieden werden.

Sachziele

Unter einem **Sachziel** versteht man den sachlichen Inhalt bzw. den sachlichen Zweck eines Betriebes.

Beispiele
- Die Primus GmbH sieht ihre Aufgabe in der Herstellung von Büroeinrichtung und dem Handel mit Bürozubehör. Dies ist ihr Sachziel.
- Die Stammes Stahlrohr GmbH, ein Lieferer der Primus GmbH, sieht ihre Aufgabe darin, Stahlrohre herzustellen und zu verkaufen. Dies ist ihr Sachziel.
- Mit der Sparkasse Duisburg arbeitet die Primus GmbH eng zusammen, ihr Sachziel ist die Bereitstellung und die Anlage von Kapital sowie die Beratung in Geldgeschäften.

Wirtschaftliche (ökonomische) Ziele

Das Sachziel eines Wirtschaftsunternehmens ist letztlich nur ein Mittel zur Erreichung anderer, nämlich **wirtschaftlicher Ziele**, wie angemessener Gewinn und Verzinsung des eingesetzten Kapitals.

Beispiel Die Primus GmbH möchte Gewinne erwirtschaften, Kosten senken, rentabel arbeiten, Marktanteile sichern und ausweiten.

Soziale Ziele

Betriebe verfolgen auch **soziale Ziele**, die sich vorwiegend auf ihre Mitarbeiter beziehen.

Beispiele
- Die Arbeitsplätze der Mitarbeiter sollen gesichert werden.
- Die Arbeitsbedingungen der Mitarbeiter sollen verbessert werden.
- Die im Unternehmen ausgebildeten Nachwuchskräfte sollen in ein festes Arbeitsverhältnis übernommen werden.

Zu den sozialen Zielen gehört auch die Übernahme von sozialer Verantwortung, insbesondere gegenüber physisch, psychisch oder sozial benachteiligten Gruppen (**Inklusion**).

Beispiele
- Die Primus GmbH beschäftigt einen Rollstuhlfahrer in ihrem Betrieb. Er ist in der Datenerfassung der Buchhaltung an einem behindertengerechten Computer-Arbeitsplatz eingesetzt.
- Einige Unternehmen haben für ihre älteren Mitarbeiter einen flexiblen Übergang in den Ruhestand geschaffen. Diese Mitarbeiter können ab dem 58. Lebensjahr eine Reduzierung ihrer wöchentlichen Arbeitszeit beantragen.
- Die Primus GmbH gewährt sozialen Institutionen einen Sonderrabatt.

Ökologische Ziele (vgl. S. 452 ff.)

Sie werden im Zielsystem eines Betriebes zunehmend wichtiger. Das Anstreben **ökologischer Ziele** (Ökologie = Wissenschaft von den Wechselbeziehungen zwischen den Lebewesen und ihrer Umwelt) drückt die Verantwortung von Unternehmen gegenüber ihrer Umwelt aus.

Beispiel Die Primus GmbH kauft überwiegend recycelbare Artikel aus umweltverträglichen Werkstoffen ein.

Zielbündel bzw. Zielsystem

Betriebe verfolgen i.d.R. mehrere Ziele. So hat jeder Betrieb ein ganzes **Zielbündel bzw. Zielsystem**, das erreicht werden soll.

Beispiel

Zielbündel der Primus GmbH

Sachziele	Wirtschaftliche Ziele	Soziale Ziele	Ökologische Ziele
– Herstellung und Handel mit Büroeinrichtung und -zubehör – Beratung von Abnehmern – Kundendienst und Service	– Erwirtschaften von Gewinn – Rentabilität des eingesetzten Kapitals – Sicherung und Ausweitung von Marktanteilen	– Schaffung und Sicherung von Arbeitsplätzen – menschengerechte Gestaltung von Arbeitsplätzen – Inklusion – gerechte Entlohnung von Mitarbeitern	– Vermeidung von Umweltbelastungen – Verkauf von recycingfähigen Produkten – Einsparung von Rohstoffen

Das Zielsystem eines Betriebes **verändert sich** mit den sich wandelnden Einflussfaktoren aus Politik, Gesellschaft, von Konkurrenz und Kunden. Neue Ziele werden erkannt oder die Bedeutung von Zielen kann sich ändern.

In der letzten Zeit tritt die Überprüfung der Einhaltung gesetzlicher Bestimmungen oder freiwilliger betrieblicher Regelungen (**Complience** = engl. Einhaltung oder Regeltreue) in den Vordergrund.

Zielharmonie, Zielkonflikte

- Das Erreichen des Sachziels einer Unternehmung ist nur in Verbindung der wirtschaftlichen, sozialen und ökologischen Zielen denkbar. Wenn betriebliche Ziele sich gegenseitig ergänzen, liegt **Zielharmonie** vor.

  Beispiel Die Primus GmbH beschließt, nur noch kostengünstiges und wiederverwertbares Verpackungsmaterial einzusetzen. Hierdurch wird das wirtschaftliche Ziel der Kostensenkung durch das ökologische Ziel der Wiederverwendbarkeit von Material ergänzt.

- Wenn gleichzeitig verschiedene Ziele angestrebt werden, kann es zu **Zielkonflikten** kommen. Ein Zielkonflikt entsteht, wenn sich zwei oder mehrere Ziele gegenseitig behindern oder ausschließen.

  Beispiel Um die Gesundheit ihrer Mitarbeiter zu schonen, setzt die Stammes Stahlrohr GmbH, ein Lieferant der Primus GmbH, in der Lackiererei nur noch Farben ein, die frei von gefährlichen Lösungsmitteln sind (**soziales Ziel**). Gleichzeitig soll damit ein Beitrag zur Verringerung der Umweltbelastung erbracht werden (**ökologisches Ziel**). Bis hierhin besteht Zielharmonie. Die gewünschten Farben sind aber teurer und erfordern eine längere Trocknungszeit der lackierten Möbel. Dadurch entstehen höhere Kosten, die den Gewinn des Unternehmens schmälern (**wirtschaftliches Ziel**). Hier besteht ein Zielkonflikt.

Arten von Betrieben

Je nach der Art der **erbrachten Leistung**, dem **Verwendungszweck** der Leistung, dem **Wirtschaftszweig** oder der **betrieblichen Zielsetzung** können Betriebe in verschiedene Arten eingeteilt werden.

Art der erbrachten Leistung

Sachleistungsbetriebe	Maschinenfabriken, Möbelfabriken, Bergbau, Schreinereien Beispiel Primus GmbH
Dienstleistungsbetriebe	Groß- und Einzelhandel, Banken, Versicherungen Beispiel Bürofachgeschäft Herbert Blank e. K.

Verwendungszweck der Leistungen

Konsumgüterbetriebe	Betriebe, die Güter herstellen, die von privaten Haushalten zum Ge- oder Verbrauch gekauft werden (Lebensmittel, Elektrogeräte, Möbel) Beispiel Primus GmbH
Produktivgüterbetriebe (Investitionsgüterbetriebe)	Betriebe, die Güter herstellen, die von anderen Unternehmen zu ihrer eigenen Leistungserstellung gekauft werden (Maschinen, Büromöbel) Beispiele Stammes Stahlrohr GmbH, Primus GmbH

Wirtschaftszweig

Industriebetriebe	– **Grundstoffindustrie** (Elektrizitätswerke, Bergbau, Erdölraffinerien) – **Investitionsgüterindustrie** (Maschinenbau, Fahrzeugbau, Stahlwerk) – **Konsumgüterindustrie** (Nahrungs- und Genussmittel-, Textilindustrie)
Handwerksbetriebe	Bäckerei, Friseur, Uhrmacher, Dachdeckerei, Kfz-Reparaturbetrieb, Fliesenverlegungsbetriebe, Elektrotechnikbetriebe
Handelsbetriebe	– **Großhandel** bezieht Güter von Herstellern und verkauft sie an den Einzelhandel und Großverbraucher Beispiel Bürobedarfsgroßhandel Müller KG – **Einzelhandel** verkauft Güter an den Endverbraucher – **Außenhandel** importiert aus anderen Staaten Güter oder exportiert sie in andere Staaten
Verkehrsbetriebe	Speditionen, Reedereien, Deutsche Bahn AG, Lufthansa, öffentliche Nahverkehrsbetriebe
Kreditinstitute	Banken, Sparkassen Beispiel Sparkasse Duisburg
Versicherungsbetriebe	Lebensversicherungen, Sachversicherungen, Vermögensversicherungen, Sozialversicherungen
Sonstige Dienstleister	Steuerberater, Makler, Unternehmensberater, Werbeagenturen, EDV-Servicebetriebe

Betriebliche Zielsetzung

Erwerbswirtschaftliche Betriebe	Ziel ist die Erwirtschaftung von **Gewinn** (Primus GmbH). Beispiel Bürofachgeschäft Herbert Blank e.K.
Gemeinwirtschaftliche Betriebe	Ziel ist die Versorgung der Bevölkerung mit Gütern und Dienstleistungen, wobei lediglich **Kostendeckung** und keine Gewinnerzielung angestrebt wird (Städtische Straßenbahn, Wasserwerk). Beispiel Stadtwerke Duisburg e.V.

Zusammenfassung: Ziele und Arten von Unternehmen vergleichen

- **Ziele von Betrieben**

Sachziele	Wirtschaftliche Ziele	Soziale Ziele	Ökologische Ziele
– Herstellen und Vertreiben von Sachgütern – Erbringen von Dienstleistungen	– Erwirtschaften von Gewinn – Kapitalverzinsung – Festigung und Ausweitung der Marktstellung	– Sicherung von Arbeitsplätzen – menschengerechte Gestaltung von Arbeitsplätzen – soziale Verantwortung	– verantwortungsbewusster Umgang mit Ressourcen – Vermeidung von Umweltbelastungen

- Betriebliche Ziele können sich gegenseitig behindern (**Zielkonflikt**) oder günstig beeinflussen (**Zielharmonie**).

- **Arten von Betrieben**

Art der erbrachten Leistung	Verwendungszweck der Leistungen	Wirtschaftszweig	Betriebliche Zielsetzung
– Sachleistungsbetriebe – Dienstleistungsbetriebe	– Konsumgüterbetriebe – Produktivgüterbetriebe (Investitionsgüterbetriebe)	– Industriebetriebe – Handwerksbetriebe – Handelsbetriebe – Verkehrsbetriebe – Kreditinstitute – Versicherungsbetriebe – sonstige Dienstleistungsbetriebe	– erwerbswirtschaftliche Betriebe – gemeinwirtschaftliche Betriebe

Aufgaben

1. *Formulieren Sie das Sachziel Ihres Ausbildungsbetriebes und stellen Sie das Ergebnis in der Klasse vor. Nutzen Sie eine Präsentationssoftware.*
2. *Erstellen Sie eine Liste der wirtschaftlichen Ziele Ihres Ausbildungsbetriebes und vergleichen Sie Ihr Ergebnis mit dem Ihrer Mitschüler.*
3. *Formulieren Sie soziale Ziele für einen Betrieb aus der Sicht des Arbeitnehmers.*

4. *Erstellen Sie einen Katalog möglicher ökologischer Ziele für Ihren Ausbildungsbetrieb und erläutern Sie, wie diese Ziele erreicht werden können.*

5. *Nehmen Sie Stellung zu der These: „Ökologische und soziale Ziele lassen sich nicht mit wirtschaftlichen Zielen vereinbaren. Der Zielkonflikt ist nicht lösbar."*

6. *Ordnen Sie die Ausbildungsbetriebe Ihrer Klasse den verschiedenen Arten von Unternehmen zu.*

7. *Formulieren Sie für folgende Arten von Betrieben jeweils ein Beispiel:*
   a) erwerbswirtschaftlicher Sachleistungsbetrieb,
   b) gemeinwirtschaftlicher Dienstleistungsbetrieb,
   c) Industriebetrieb, der auch Dienstleistungen anbietet,
   d) Konsumgüterbetrieb als Handwerksbetrieb.

2.2 Die Leistungserstellung in unterschiedlichen Branchen erkunden

Handlungssituation

Nicole Höver nimmt mit ihren Mitschülerinnen und Mitschülern an einer Veranstaltung der Kammer teil. Hier kommt es zu einer interessanten Diskussion. Als Auszubildende der Primus GmbH ist Nicole der Meinung, dass nur in einem Industriebetrieb eine echte Leistungserstellung möglich ist. Sie sagt: *„Nur die Leistungserstellung in unserer industriellen Produktion führt zu konkreten Ergebnissen, z. B. Schreibtischen, Regalen oder Stühlen! In einem Dienstleistungsbetrieb ist meiner Meinung nach keine echte Leistungserstellung möglich. Hier sieht man ja kein konkretes Ergebnis."* Die Auszubildenden aus den Bereichen Handel, Banken und Versicherungen und insbesondere aus der öffentlichen Verwaltung wehren sich sofort: *„Selbstverständlich erbringen auch wir Leistungen, letztlich wäre Beschaffung, Produktion und Absatz der Industrie ohne die Dienstleister gar nicht möglich! Und ohne die öffentliche Verwaltung würde unser Gemeinwesen gar nicht funktionieren."*

Arbeitsaufträge

- *Beschreiben Sie den Prozess der Leistungserstellung in einem Industriebetrieb und in einem Dienstleistungsbetrieb Ihrer Wahl.*
- *Stellen Sie den Leistungserstellungsprozess der Primus GmbH dar.*
- *Grenzen Sie die Leistungserstellung der Primus GmbH gegen die in einem Handwerksbetrieb ab.*
- *Erläutern Sie die Leistungserstellung in der öffentlichen Verwaltung an einem Beispiel Ihrer Wahl.*

Leistungserstellung in Produktionsbetrieben

Die Leistungserstellung in Produktionsbetrieben bezieht sich auf die **Herstellung von Sachgütern**. Da der Weg vom Rohstoff zum Endprodukt i. d. R. über die Stufen der Gewinnung, der Verarbeitung und der Veredelung verläuft, werden auch die Betriebe anhand dieser Produktionsstufen in Gewinnungs-, Verarbeitungs- und Veredelungsbetriebe unterschieden.

- **Gewinnungsbetriebe**, auch als **Betriebe der Urproduktion** bezeichnet, betreiben den Abbau von Rohstoffen wie die Öl- und Gasgewinnung, den Abbau von Kohle oder Erz.

  Beispiel Die Vereinigte Spanplatten AG in Augsburg heizt mit Erdgas. Sie bezieht dieses von der Shell AG in Ingolstadt.

- **Verarbeitungsbetriebe** beziehen Werkstoffe von anderen Betrieben und wandeln diese im Rahmen ihres Produktionsprozesses in ge- oder verbrauchsfertige Waren oder Werkstoffe für die Weiterverarbeitung um.

  Beispiel Die Vereinigte Spanplatten AG, ein Lieferant der Primus GmbH, bezieht Rohhölzer aus Sägewerken und stellt daraus Spanplatten her.

- **Veredelungsbetriebe** sind Verarbeitungsbetriebe, die technische Veränderungen durch Form- oder Qualitätsverbesserungen durchführen.

  Beispiel Die Primus GmbH bezieht Spanplatten für die Büromöbelproduktion von der Vereinigten Spanplatten AG in Augsburg und stellt daraus Schreibtische her.

Durch den betrieblichen Leistungsprozess werden die betrieblichen Ziele verwirklicht. Der betriebliche Leistungsprozess aller Betriebe vollzieht sich in den grundlegenden Stufen der **Beschaffung**, der **Leistungserstellung** und der **Leistungsverwertung**.

Beschaffung → **Leistungserstellung** → **Leistungsverwertung**

Die betrieblichen Grundfunktionen in Produktionsbetrieben

- **Beschaffung**: Auf dem Beschaffungsmarkt werden die Mittel zur Leistungserstellung beschafft. Dies sind die **betrieblichen Produktionsfaktoren** (vgl. S. 77 ff.). Bei der Beschaffung werden die Instrumente des Beschaffungsmarketing eingesetzt.

Produktionsfaktoren	Erläuterungen	Beispiele
Arbeitskräfte	Leitende Arbeit Ausführende Arbeit	Geschäftsführer, Abteilungsleiter Verkäufer, Lagerarbeiter
Betriebsmittel	Sie werden über einen längeren Zeitraum genutzt.	Maschinen, Fuhrpark, Werkzeuge
Werkstoffe	Sie werden zur Herstellung der Sachleistungen benötigt: – **Rohstoffe** (Hauptbestandteile von Produkten) – **Hilfsstoffe** (Nebenbestandteile von Produkten) – **Betriebsstoffe** (Keine Bestandteile von Produkten)	Bei der Schreibtischherstellung: Spanplatten, Stahlrohre, Holz Farbe, Leim Energie, Schleifpapier

Einige Produktionsfaktoren sind lagerfähig. Sie werden in **Eingangslagern** bzw. **Vorratslagern** bis zu ihrem Verbrauch gelagert.

Beispiele
- Die Primus GmbH beschafft Roh-, Hilfs- und Betriebsstoffe und lagert sie, bis sie in den Produktionsabteilungen benötigt werden.
- Die Primus GmbH beschafft Bürozubehör (Papier, Druckerbänder, Toner für Fotokopierer usw.), lagert es und verkauft es an Groß-, Einzelhändler und gewerbliche Abnehmer.

- **Leistungserstellung (Produktion):** Aus der Kombination von betrieblichen Produktionsfaktoren, von Informationen über die Märkte und der Nutzung von Rechten (Lizenzen, Patente) entstehen betriebliche Leistungen. Hierzu gehören **Sachleistungen** und **Dienstleistungen**.

  Beispiele
  - Die Primus GmbH produziert Büromöbel (Sachleistung).
  - Die Primus GmbH berät Kunden bei der Einrichtung ihrer Büros, hält Ersatzteile bereit und liefert ihre Produkte mit eigenem Fuhrpark an den Kunden (Dienstleistungen).
  - Sachleistungen können als unfertige **(Zwischenlager)** oder fertige Erzeugnisse **(Absatzlager)** gelagert werden, bis sie in den Absatz gelangen.

- **Leistungsverwertung (Absatz):** Am Ende des betrieblichen Leistungsprozesses steht die Leistungsverwertung (Absatz) der erstellten Leistungen auf dem Absatzmarkt durch den Einsatz des **absatzpolitischen Instrumentariums**. Sachleistungsbetriebe können auf Vorrat produzieren und unterhalten hierzu Lager für fertige und unfertige Erzeugnisse. Ihre Leistungsverwertung folgt also zeitlich nach der Leistungserstellung. Dienstleistungen sind nicht lagerfähig, bei Dienstleistungsbetrieben erfolgt die Leistungserstellung deshalb zeitgleich mit deren Absatz.

LF 5

Leistungserstellung in Dienstleistungsbetrieben

Da der **Dienstleistungssektor** sehr unterschiedliche Leistungen erstellt, sind auch die Organisationsformen und die Arten der Leistungserstellung in diesen Betrieben sehr unterschiedlich.

Handelsbetriebe

Handelsbetriebe kaufen Güter in großen Mengen ein und verkaufen sie meist unverändert in kleineren Mengen. Die Dienstleistung für ihre Kunden besteht u. a. in der Wahrnehmung der nachfolgenden **Funktionen**:

Funktionen	Erläuterungen
Kundenberatung	Informationen über Eigenschaften und Verwendungsmöglichkeiten von Waren, über Produktneuerungen und Trends.
Sortimentsbildung	Auswahl und Bereithaltung von Gütern nach kundenorientierten Gesichtspunkten (Markterschließung).
Warenverteilung	Mengenausgleichsfunktion durch Einkauf großer Mengen und Verkauf in kundengerechten Mengen.
Lagerhaltung	Bevorratung von Gütern in großen Mengen für Kunden mit geringer Vorratshaltung oder geringer Lagerkapazität.
Raumüberbrückung	Ware wird in die Nähe des Verbrauchers gebracht.

Häufig übernehmen Handelsbetriebe weitere Dienstleistungen für ihre Kunden, wie Finanzierung, Garantie, Sachmängelhaftung (vgl. S. 599 ff.) und Anlieferung von Waren.

Handelsbetriebe können Einzelhandelsbetriebe, Großhandelsbetriebe oder Außenhandelsbetriebe sein.

- **Einzelhandelsbetriebe** kaufen bei Herstellern oder Großhändlern Ware ein und verkaufen sie an den Endverbraucher. Der Einzelhandel kommt in verschiedenen Vertriebsformen vor.

  Beispiele
  - **Ladenhandel**: Fachgeschäft, Warenhaus, Verbrauchermarkt, Einkaufszentrum, Kaufhaus
  - **Ambulanter Handel**: Markthandel (Wochenmarkt, Flohmarkt)
  - **Onlinehandel/Versandhandel**: Verkauf über das Internet, Kataloge, Teleshopping

- **Großhandelsbetriebe** kaufen Waren von Herstellern und verkaufen sie an Einzelhändler oder Großabnehmer bzw. Wiederverkäufer.

- **Außenhandelsbetriebe** importieren Waren aus anderen Staaten bzw. exportieren Waren in andere Staaten. Sie übernehmen für den Hersteller den Absatz an ausländische Kunden und ermöglichen inländischen Kunden den Bezug von ausländischen Produkten.

Der **Leistungsprozess von Handelsbetrieben** erfolgt in folgenden **Stufen**:

Leistungsstufen	Erläuterungen
Erfassen von Kundenwünschen und Zusammenstellung eines Sortiments	Kundenbefragungen, Sammeln von Kundenwünschen, Festlegung des Sortiments
Beschaffung von Waren	Verschaffen von Marktübersicht über benötigte Artikel, Ermitteln von Bezugsquellen, Kauf von Waren in benötigter Menge, zu günstigen Preisen, zu erforderlichen Terminen
Lagerung von Waren	Berücksichtigung der Lieferbereitschaft und der Lagerkosten
Beratung von Kunden und Verkauf	Verwendungsmöglichkeiten der Ware, Preis usw.
Service und Kundendienst	Auslieferung und Aufbau der Ware, Finanzhilfen usw.

Versicherungsbetriebe

Versicherungsbetriebe übernehmen gegen Zahlung von Prämien Risiken. Der **Leistungsprozess von Versicherungsbetrieben** kann in folgende **Stufen** gegliedert werden:

Leistungsstufen	Erläuterungen
Werben von Kunden (Akquisition)	Angestellte oder freiberufliche Versicherungsvertreter stellen bei Kunden den Versicherungsbedarf fest und beraten sie über die Absicherung möglicher Risiken.
Antragsannahme und Antragsprüfung	Der Antrag des Versicherungsnehmers wird auf Vollständigkeit und Richtigkeit aller Angaben geprüft. Das Risiko des Schadensfalles wird untersucht und die Versicherungsprämie wird festgesetzt.
Vertragsverwaltung	Die Versicherungsverträge werden verwaltet und die Daten bei Bedarf geändert (neue Anschrift eines Versicherungsnehmers, Erhöhung des Risikos und neue Prämienfestsetzung), Einzug der Versicherungsprämien.
Schadensregulierung	Im Schadensfall wird die Höhe des Schadens festgestellt und geprüft, ob die Versicherung zahlungspflichtig ist und die Schadenssumme an den Versicherungsnehmer überwiesen.

LF 9

Kreditinstitute

Der **Leistungsprozess von Kreditinstituten** ist sehr vielfältig. Zum Leistungsangebot gehören insbesondere

- die Abwicklung des Zahlungsverkehrs und die Vergabe von Krediten,
- die Beratung bei der Anlage von Vermögen,
- die Abwicklung von Wertpapiergeschäften an der Börse,
- die Beratung bei der Finanzierung von Investitionen,
- die Abwicklung von Auslandsgeschäften und An- bzw. Verkauf von ausländischen Zahlungsmitteln.

Bei ihrem Leistungsprozess sind die Kreditinstitute stark von gesamtwirtschaftlichen Entwicklungen abhängig. Deshalb ist eine zentrale Voraussetzung für ihre Leistungserbringung eine permanente Erfassung und Auswertung von Wirtschaftsdaten des In- und Auslandes. Der Leistungsprozess erfolgt in folgenden **Stufen**:

Leistungsstufen	Erläuterungen
Erfassung von Wirtschaftsdaten	Preisniveauentwicklungen, Wirtschaftswachstum, Arbeitslosenquote, wirtschaftspolitische Entscheidungen der Bundesregierung, Entwicklung des europäischen Binnenmarktes, Entwicklung von außenwirtschaftlichen Aktivitäten
Aufbereitung und Auswertung der Wirtschaftsdaten	Feststellen von Trends in der Geldwertstabilität (Inflation), Beurteilen und Vorhersagen von Entwicklungen (Branchen, Wirtschaftszweige, Auslandsaktivitäten)
Beschaffung und Anlage von Geld	Kurz-, mittel- und langfristige Einlagen von Anlegern durch Angebot von attraktiven Zinsen; Provisionen und Entgelte für Wertpapiergeschäfte und Beratungen; Erwirtschaften von Zinserträgen durch Anlage eigener liquider Mittel; Zinserträge durch Vergabe von Krediten.
Kundengerechte Abwicklung der Dienstleistungen	Beratung bei der Geldanlage, Kleinkredite, Dispositionskredite, Hypotheken, Electronic Banking, Schalterverkehr, Zahlungsvereinfachungen bei halbbarer und bargeldloser Zahlung

Leistungserstellung in der öffentlichen Verwaltung

Zur öffentlichen Verwaltung gehören **Behörden** (z.B. Stadtverwaltung) und **öffentliche Betriebe** (städtische Müllabfuhr, Straßenbahn, Wasserwerk usw.). Sie erbringen für die Bürger Dienstleistungen, die zum Teil von privaten Betrieben nicht erbracht werden können oder aufgrund gesetzlicher Bestimmungen nicht erbracht werden dürfen.

Beispiele

- Das Führen des Handelsregisters bei den Amtsgerichten ist eine öffentliche Aufgabe, die nicht von einem privaten Unternehmen geleistet werden kann.
- Die Finanzämter ziehen die Steuern von natürlichen und juristischen Personen für Bund, Länder und Kommunen ein. Die entsprechenden Verfahren sind gesetzlich geregelt.

Der **Leistungsprozess in der öffentlichen Verwaltung** ist wegen der Vielzahl der verschiedenen Aufgaben bei den einzelnen Institutionen sehr unterschiedlich.

Beispiel Leistungsprozess bei einer städtischen Müllabfuhr:
- Erfassung des Müllaufkommens in der Kommune
- Beratung der Bürger bei der Trennung von Abfall und bei der Abfallvermeidung
- Abholung des Mülls beim Bürger (Entsorgung)
- umweltgerechte Deponierung des Restmülls
- Aufbereitung, Recycling und Verwertung der Abfälle

Leistungserstellung in Handwerksbetrieben

Der **Leistungsprozess von Handwerksbetrieben** ist sehr vielfältig, da Handwerksbetriebe Sachleistungsbetriebe oder Dienstleistungsbetriebe sein können. Die Varianten reichen vom Zulieferbetrieb für die Industrie bis zum Handwerker im konsumnahen Umfeld, vom mittelständischen Unternehmen mit Hunderten Mitarbeitern bis zum Kleinstbetrieb, der aus einem Meister und einem Gesellen besteht.

Handwerksbetriebe sind i. d. R. mittelständische Betriebe. Der zulassungspflichtige Handwerksbetrieb ist nur den in der **Handwerksrolle** eingetragenen Betrieben gestattet. Handwerksbetriebe sind nach der **Handwerksordnung (HWO)** in zulassungspflichtige, zulassungsfreie und handwerksähnliche Gewerbe gegliedert (www.gesetze-im-internet.de/hwo).

§ 1 Handwerksordnung (HwO)

(1) Der selbstständige Betrieb eines zulassungspflichtigen Handwerks als stehendes Gewerbe ist nur den in der Handwerksrolle eingetragenen natürlichen und juristischen Personen und Personengesellschaften gestattet. Personengesellschaften im Sinne dieses Gesetzes sind Personenhandelsgesellschaften und Gesellschaften des bürgerlichen Rechts.

(2) Ein Gewerbebetrieb ist ein Betrieb eines zulassungspflichtigen Handwerks, wenn er handwerksmäßig betrieben wird und ein Gewerbe vollständig umfasst, das in der Anlage A aufgeführt ist, oder Tätigkeiten ausgeübt werden, die für dieses Gewerbe wesentlich sind (wesentliche Tätigkeiten). Keine wesentlichen Tätigkeiten sind insbesondere solche, die

1. in einem Zeitraum von bis zu drei Monaten erlernt werden können,
2. zwar eine längere Anlernzeit verlangen, aber für das Gesamtbild des betreffenden zulassungspflichtigen Handwerks nebensächlich sind und deswegen nicht die Fertigkeiten und Kenntnisse erfordern, auf die die Ausbildung in diesem Handwerk hauptsächlich ausgerichtet ist, oder
3. nicht aus einem zulassungspflichtigen Handwerk entstanden sind.

[...]

Handwerksbetriebe sind Pflichtmitglied in der regional zuständigen **Handwerkskammer** (HWK). Darüber hinaus sind Handwerksbetriebe in **Innungen** freiwillig organisiert. Diese Innungen eines Kreises bilden auf regionaler Ebene die **Kreishandwerkerschaften**.

Das Handwerk ist ein bedeutender Wirtschaftsfaktor. So sind aktuell in rd. 550 000 Betrieben ca. 5 Mio. Menschen beschäftigt.

Das Zusammenwirken der Betriebe bei der Leistungserstellung

Im Wirtschaftsalltag sind Unternehmen aufeinander angewiesen. Sie tauschen Güter und Dienstleistungen aus, um ihre jeweiligen Ziele zu erreichen. Bei der Leistungserstellung arbeiten Sachleistungsbetriebe (z. B. Flamingowerke AG) und Dienstleistungsbetriebe

(z. B. Stadtverwaltung Duisburg) unterschiedlicher Wirtschaftsstufen zusammen. Die auf dem Markt angebotenen Sach- und Dienstleistungen des einen Unternehmens können Beschaffungsobjekte von anderen Unternehmen sein. Hierdurch entsteht ein weites **Netz des Güteraustausches** und der Arbeitsteilung, wobei der Großhandel eine Mittlerfunktion einnimmt.

Beispiel Damit die Primus GmbH den Schreibtisch „Primo" anbieten kann, werden verschiedene Güter- und Dienstleistungen benötigt. Somit sind letztlich auch verschiedene Sach- und Dienstleistungsbetriebe aus unterschiedlichen Wirtschaftszweigen mittelbar an der Herstellung eines Schreibtisches beteiligt.

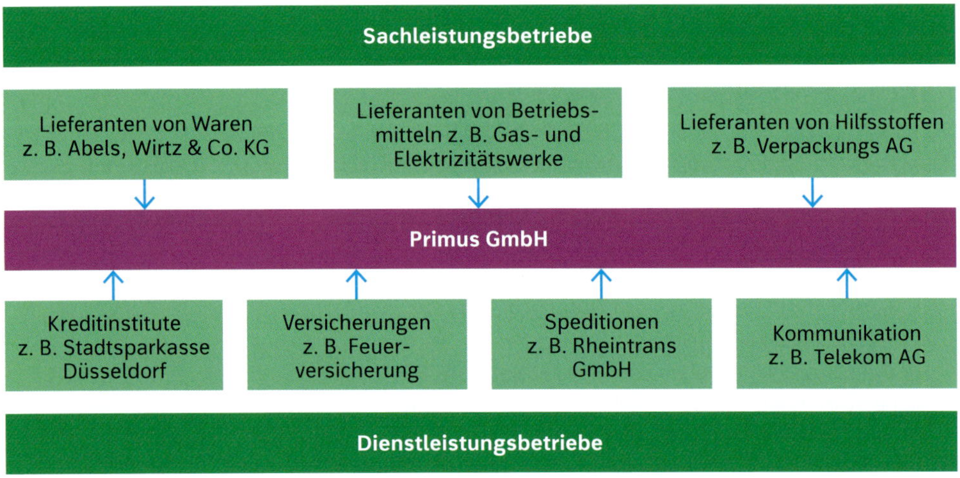

Das Zusammenwirken von Produktions- und Dienstleistungsbetrieben wird als **volkswirtschaftliche Arbeitsteilung** (vgl. S. 84 f.) bezeichnet und ist eine Folge der Spezialisierung von Betrieben auf bestimmte Märkte. Aus der Sicht des Unternehmens kann zwischen **Absatz- und Beschaffungsmarkt** unterschieden werden.

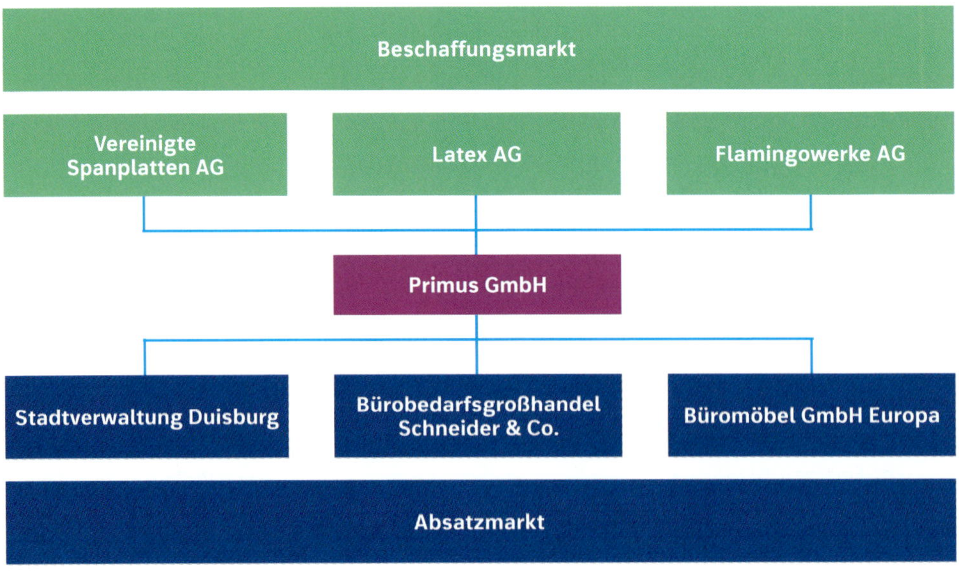

Zusammenfassung: Die Leistungserstellung in unterschiedlichen Branchen erkunden

- **Leistungserstellung in Produktionsbetrieben**

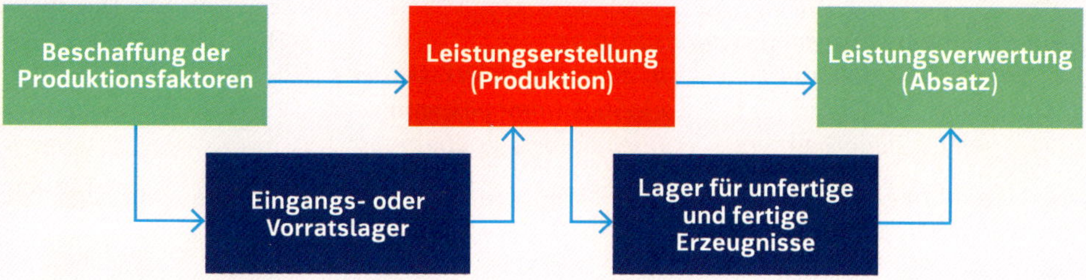

- **Die Leistungserstellung in Dienstleistungsbetrieben**
  - Leistungsprozess von **Handelsbetrieben** (Groß- und Außenhandel, Einzelhandel)
    - Erfassen von Kundenwünschen
    - Zusammenstellung eines Sortiments
    - Beschaffung von Waren
    - Lagerung von Waren
    - Kundenberatung und Verkauf
    - Service und Kundendienst
  - Leistungsprozess von **Versicherungsbetrieben**
    - Anwerben von Kunden
    - Antragsannahme und Antragsprüfung
    - Vertragsverwaltung
    - Schadensregulierung
  - Leistungsprozess von **Kreditinstituten**
    - Erfassen, aufbereiten und auswerten von Wirtschaftsdaten
    - Beschaffung von Geld
    - Kundengerechtes Abwickeln der Dienstleistungen
- **Leistungserstellung in der öffentlichen Verwaltung**
  Der Leistungsprozess der öffentlichen Verwaltung umfasst **gesetzlich geregelte Aufgaben** von Behörden für die Bürger.
- **Leistungserstellung in Handwerksbetrieben**
  Handwerksbetriebe können **Sachleistungsbetriebe oder Dienstleistungsbetriebe** sein. Die Varianten reichen vom Zulieferbetrieb für die Industrie bis zum Handwerker im konsumnahen Umfeld. Entsprechend unterschiedlich stellt sich der Leistungsprozess dar.

Aufgaben

1. *Beschreiben Sie den Leistungsprozess Ihres Ausbildungsbetriebes.*
   a) Fertigen Sie eine Aufstellung aller Sach- und Dienstleistungen an, die von Ihrem Ausbildungsbetrieb erstellt und auf dem Absatzmarkt angeboten werden.
   b) Beschreiben Sie die Bedeutung der Funktion „Lager“ in Ihrem Ausbildungsbetrieb.

2. *Erläutern Sie an zwei selbst gewählten Beispielen, weshalb die betrieblichen Grundfunktionen sowohl in Sachleistungs- als auch in Dienstleistungsbetrieben vorkommen.*

3. *Unterscheiden Sie die verschiedenen Formen der Handelsbetriebe.*

4. *Aus Ihrer persönlichen Erfahrung kennen Sie verschiedene Einzelhandelsbetriebe. Erstellen Sie eine Liste aller Dienstleistungen, die von diesen Betrieben angeboten werden. Nutzen Sie eine Präsentationssoftware.*

5. *Beschreiben Sie den Leistungsprozess*
   a) eines Reisebüros,
   b) einer Spedition,
   c) eines Steuerberaters,
   d) eines Handwerksbetriebs,
   e) eines Immobilienmaklers,
   f) eines Industriebetriebs.

6. *Erläutern Sie, wodurch sich die Leistungsprozesse bei Kreditinstituten und Versicherungsbetrieben unterscheiden.*

7. *Beschreiben Sie den Leistungsprozess in der öffentlichen Verwaltung anhand eines eigenen Beispiels.*

8. *„Der Handel ist überflüssig! Er verteuert nur unnütz die Waren. Der Kunde könnte beim Hersteller viel günstiger kaufen.“*
   „Ohne den Handel wäre die bedarfsgerechte Versorgung der Bevölkerung gefährdet!“
   Sammeln Sie weitere Argumente für und gegen den Handel und führen Sie eine Diskussion zu dem Thema. Nehmen Sie die Diskussion auf Video auf und werten Sie das Ergebnis aus.

2.3 Den Betrieb als soziales System und Entscheidungsgefüge kennenlernen

Handlungssituation

Frau Primus und Herr Müller beraten noch einmal über die Einstellung von Auszubildenden. *„Bevor wir neue Auszubildende einstellen, sollten wir zunächst einmal klären, welche Auszubildenden wir übernehmen wollen“*, sagt Frau Primus. *„Frau Jäger macht im nächsten Sommer die Prüfung, ich denke, wir sollten sie in jedem Fall für die Personalabteilung übernehmen“*, meint Herr Müller. *„Ich finde Frau Jäger manchmal etwas schnippisch“*, erwidert Frau Primus, *„mir gefällt eigentlich Herr Paros ganz gut, er ist freundlich, kompetent und jederzeit zu besonderen Aufgaben bereit.“ „Das liegt nur daran, dass er dich über alle Neuigkeiten aus den Abteilungen auf dem Laufenden hält“*, erwidert Herr Müller. *„Ich weiß nicht, ob das für das Betriebsklima gut ist; die Kolleginnen und Kollegen wissen, dass Herr Paros dir über alles berichtet, und fühlen sich manchmal bei der Chefin angeschwärzt. Und darüber hinaus übergeht er als Auszubildender alle Führungsebenen!“ „Ich denke, wir sollten die Auswahl der Auszubildenden aufgrund objektiver Kriterien treffen“*, mischt sich Frau Ost ein, *„sonst leidet das Betriebsklima. Und eigentlich bin ich als Personalleiterin für die Auswahl der Auszubildenden mit zuständig.“*

Arbeitsaufträge

- *Stellen Sie anhand des Organigramms der Primus GmbH (vgl. S. 12) fest, welche Mitarbeiterinnen und Mitarbeiter den Ebenen des Top-, Middle- und Lower Managements zuzuordnen sind.*
- *Stellen Sie anhand des Handelsregisterauszuges der Primus GmbH fest, welchen Mitarbeitern Prokura erteilt wurde.*
- *Stellen Sie in einer digitalen Regelungsübersicht Handlungsvollmacht und Prokura gegenüber.*

Die Anspruchsgruppen (Stakeholder) und ihre Interessen

Alle Gruppen, die zum Prozess der betrieblichen Leistungserstellung beitragen, verbinden mit der Einbringung ihres jeweiligen Beitrages in diesen Prozess Interessen und Ziele. Sie werden aus diesem Grund als **Anspruchsgruppen** oder **Stakeholder** (engl. = Interessengruppe) bezeichnet.

Anspruchsgruppen	Beitrag	Interesse
Unternehmer	Eigenkapital Geschäftsführung	Erhalt und Verzinsung des Kapitals Einkommen, Macht, Einfluss, Prestige
Fremdkapitalgeber	Fremdkapital	Verzinsung, Tilgung, Sicherheit
Mitarbeiter	Arbeit	Entlohnung, Arbeitsplatz, Anerkennung
Zulieferer	Bereitstellung von Leistungen	fristgerechte Zahlung, gute Lieferbedingungen
Kunden	Abnahme der bestellten Leistung	qualitative Leistung, günstiger Preis, Konditionen, Service
Mitbewerber	Gestaltung der Marktsituation	fairer Wettbewerb, ggf. Kooperation

Die Führungsebenen im Betrieb

Oberste Führungsebene (Top-Management)

Träger unternehmerischer Entscheidungen sind die Eigentümer oder von diesen angestellte Manager. Sie stellen die oberste Führungsebene (**Top-Management**) dar. Das Top-Management trifft Grundsatzentscheidungen, ist selbst an keine Weisungen gebunden und kann allen Mitarbeitern Anweisungen erteilen. Im englischsprachigen Raum wird der Geschäftsführer oder Vorstand auch als **CEO** (engl. = Chief Executive Officer) bezeichnet.

Beispiele Unternehmer, Geschäftsführer der Primus GmbH, Vorstand einer AG

Mittlere Führungsebene (Middle-Management)

Die mittlere Führungsebene ist der Unternehmensspitze direkt unterstellt. Sie nimmt Weisungen des obersten Managements entgegen und ist in ihrem jeweiligen Tätigkeitsbereich weisungsbefugt. Das **Middle-Management** setzt getroffene Grundsatzentscheidungen in seinem jeweiligen Zuständigkeitsbereich durch.

Beispiele Prokurist, Abteilungsleiter der Primus GmbH

Untere Führungsebene (Lower Management)

Der unteren Führungsebene (**Lower Management**) sind keine Stellen mit Anordnungsbefugnis unterstellt. Sie ist für die Durchführung der von Top- und Middle-Management getroffenen Entscheidungen der Ausführungsebene verantwortlich.

Beispiele Handlungsbevollmächtigter, Gruppenleiter der Primus GmbH

Ausführungsebene

Die Ausführungsebene umfasst Stellen, die keine Anordnungsbefugnis besitzen. Sie führt **Arbeiten nach Anweisung** durch.

Beispiele Sachbearbeiter der Primus GmbH, gewerbliche Mitarbeiter

■ Der Unternehmer

LF 9 Der Unternehmer ist der **Leiter des Unternehmens**. Bei **Einzelunternehmen** und **Personengesellschaften** bringt er das gesamte Kapital auf und trägt das Risiko allein. Der Unternehmer führt die Geschäfte **(Geschäftsführung)** und vertritt das Unternehmen nach außen **(Vertretung)**.

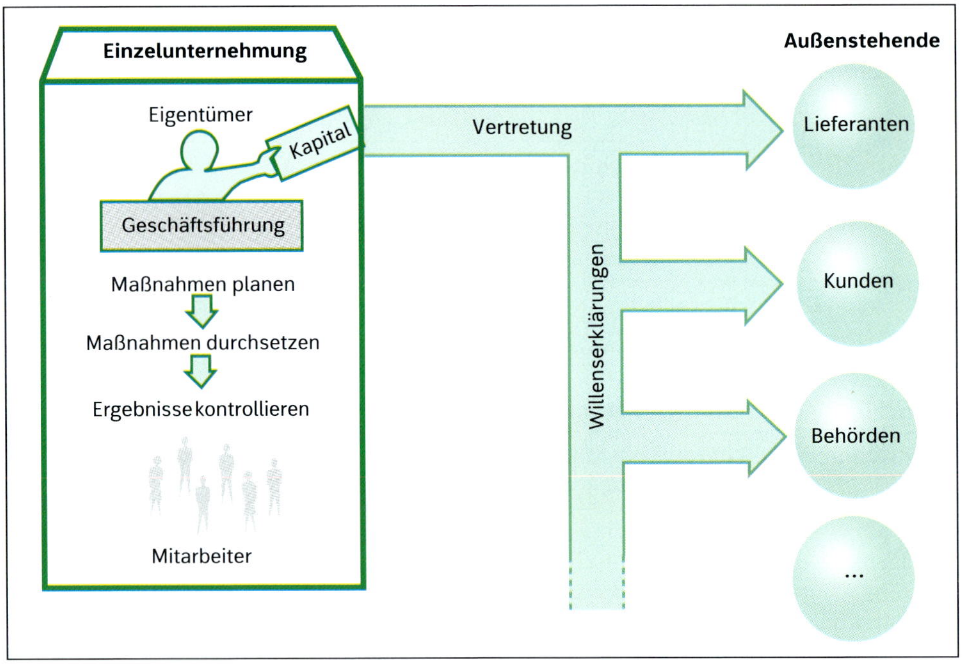

Beispiel Klaus Oswald ist alleiniger Inhaber des Büromöbelgroßhandels Klaus Oswald e. K.

LF 9 Bei **Kapitalgesellschaften** nehmen Angestellte als sog. **Organe** die Aufgaben des Unternehmers wahr (Geschäftsführung und Vertretung). Kapital und Risiko werden hier von den Gesellschaftern und Anteilseignern **(Aktionäre)** getragen.

Beispiel Die Vereinigte Spanplatten AG ist einer der großen Lieferer der Primus GmbH. Die Vorstandsmitglieder der AG werden vom Aufsichtsrat kontrolliert und von der Hauptversammlung entlastet.

Die Handlungsvollmacht

§ 54 HGB
(1) Ist jemand [...] zum Betrieb eines Handelsgewerbes oder zur Vornahme einer bestimmten zu einem Handelsgewerbe gehörigen Art von Geschäften oder zur Vornahme einzelner zu einem Handelsgewerbe gehöriger Geschäfte ermächtigt, so erstreckt sich die Vollmacht (Handlungsvollmacht) auf alle Geschäfte und Rechtshandlungen, die der Betrieb eines derartigen Handelsgewerbes oder die Vornahme derartiger Geschäfte gewöhnlich mit sich bringt.

Umfang der Handlungsvollmacht

Die Handlungsvollmacht erstreckt sich lediglich auf **gewöhnliche Rechtsgeschäfte des Betriebes**.

Der Handlungsbevollmächtigte ist **nicht befugt**:

- Grundstücke zu veräußern oder zu belasten
- Grundstücke zu kaufen
- Wechselverbindlichkeiten einzugehen
- Darlehen aufzunehmen
- Prozesse im Namen des Unternehmens zu führen

Erteilung der Handlungsvollmacht

Die Handlungsvollmacht kann formlos, d. h. schriftlich, mündlich oder stillschweigend, erteilt werden. Sie wird nicht in das **Handelsregister** eingetragen. LF 9

Arten der Handlungsvollmacht

- **Allgemeine Handlungsvollmacht**: Sie berechtigt zur Ausführung aller gewöhnlichen Geschäfte, die **im Geschäftszweig des Handelsgewerbes** vorkommen.

  Beispiel Frau Berg, Abteilungsleiterin der Verwaltung/Ausbildung, weist ihre Gruppenleiterinnen und Gruppenleiter an, ihr einen Tätigkeitsbericht für das vergangene Quartal vorzulegen.

- **Artvollmacht**: Sie berechtigt zur Ausführung einer bestimmten Art von Geschäften.

  Beispiel Herr Cremer, Gruppenleiter für die Beschaffung von Handelswaren, bestellt bei der Abels, Wirtz & Co. KG regelmäßig Schlösser.

- **Einzelvollmacht**: Sie berechtigt zur Ausführung einzelner Rechtsgeschäfte.

  Beispiel Herr Schumacher, Auslieferungsfahrer der Primus GmbH, legt bei einem Kunden eine Rechnung vor und kassiert den Betrag.

Jeder Bevollmächtigte kann innerhalb seiner Vollmacht **Untervollmachten** erteilen. So kann z. B. der Angestellte mit allgemeiner Handlungsvollmacht Artvollmacht und der Mitarbeiter mit Artvollmacht Einzelvollmacht erteilen.

Unterschrift

Der Handlungsbevollmächtigte unterschreibt mit dem das Vollmachtsverhältnis ausdrückenden Zusatz **i. A.** (im Auftrag) oder **i. V.** (in Vollmacht/in Vertretung).

Die Prokura

§ 48 HGB
(1) Die Prokura kann nur von dem Inhaber des Handelsgeschäfts oder seinem gesetzlichen Vertreter und nur mittels ausdrücklicher Erklärung erteilt werden.
(2) Die Erteilung kann an mehrere Personen gemeinschaftlich erfolgen (Gesamtprokura).
§ 49 HGB
(1) Die Prokura ermächtigt zu allen Arten von gerichtlichen und außergerichtlichen Geschäften und Rechtshandlungen, die der Betrieb eines Handelsgewerbes mit sich bringt.
§ 51 HGB
Der Prokurist hat in der Weise zu zeichnen, dass er der Firma seinen Namen mit einem die Prokura andeutenden Zusatze beifügt.

Die Prokura ist die weitreichendste handelsrechtliche Vollmacht. Sie ermächtigt den Prokuristen als „zweites Ich“ des Kaufmanns zu **allen gerichtlichen und außergerichtlichen Rechtsgeschäften**, die der Betrieb **irgendeines** Handelsgewerbes mit sich bringt.

Beispiel Prokurist Pauli nutzt den Urlaub seines Chefs und wandelt die seit 150 Jahren bestehende Druckerei in einen Copy-Shop um. Als der Chef aus dem Urlaub zurückkommt, traut er seinen Augen nicht. Trotzdem sind alle in diesem Zusammenhang geschlossenen Verträge für das Unternehmen bindend.

Umfang der Prokura

Besondere Vollmachten benötigt der Prokurist lediglich zum Verkauf und zur Belastung von Grundstücken. Gesetzlich **verboten** ist ihm
- die Bilanz und die Steuererklärung zu unterschreiben,
- Handelsregister-Eintragungen vornehmen zu lassen,
- Gesellschafter aufzunehmen,
- Prokura zu erteilen,
- das Geschäft zu verkaufen,
- das Insolvenzverfahren zu beantragen.

Eine darüber hinausgehende Beschränkung der Prokura ist Dritten gegenüber **unwirksam** (§ 50 HGB).

Erteilung der Prokura

LF 9

- Nur der **Kaufmann** kann Prokura erteilen. Diese Erklärung sollte schriftlich abgefasst werden, da die Prokura in das Handelsregister eingetragen und die Unterschrift dort hinterlegt wird.
- Im **Innenverhältnis** beginnt die Prokura mit der Erteilung. Im **Außenverhältnis** beginnt die Prokura, wenn ein Dritter Kenntnis davon hat oder wenn sie in das Handelsregister eingetragen und bekanntgemacht ist.

Arten der Prokura

- **Einzelprokura**: Hier darf der Prokurist alle genannten Rechtsgeschäfte allein abschließen.
- **Filialprokura**: Hier ist die Vollmacht auf eine Filiale beschränkt.
- **Gesamtprokura**: Hier dürfen nur zwei oder mehrere Prokuristen die Vollmacht gemeinsam ausüben.

Unterschrift

- Damit man im geschäftlichen Verkehr die Prokura erkennt, unterschreibt der Prokurist mit einem die Prokura andeutenden Zusatz. Als üblich hat sich hier die Abkürzung **ppa.**, d.h. „per procura“, durchgesetzt.

Zusammenfassung: Den Betrieb als soziales System und Entscheidungsgefüge kennenlernen

- **Die Führungsebenen im Betrieb**

Führungsebenen

- **Top-Management**: z.B. Geschäftsführerin Primus
- **Middle-Management**: z.B. Abteilungsleiterin Konski
- **Lower Management**: z.B. Gruppenleiterin Ost

- **Die Handlungsvollmacht**

Umfang	– ermächtigt zu Rechtsgeschäften, die der Betrieb eines Handelsgewerbes **gewöhnlich** mit sich bringt
Erteilung	– schriftlich, mündlich, stillschweigend
Arten	– **allgemeine Handlungsvollmacht:** alle gewöhnlichen Geschäfte des Betriebes – **Artvollmacht:** eine bestimmte Art von Rechtsgeschäften – **Einzelvollmacht:** Ausführung einzelner Rechtsgeschäfte
Unterschrift	– in Vertretung (i. V.) – oder im Auftrag (i. A.)

- **Die Prokura**

Umfang	– ermächtigt zu allen Rechtsgeschäften, die der Betrieb **irgendeines** Handelsgewerbes mit sich bringt
Erteilung	– ausdrücklich schriftlich oder mündlich nur durch Kaufmann – Eintragung in das Handelsregister
Arten	– **Einzelprokura:** Der Prokurist ist allein vertretungsbefugt – **Gesamtprokura:** Mehrere Prokuristen können nur gemeinsam handeln – **Filialprokura:** Vertretung für eine Filiale
Unterschrift	– per procura (ppa.)

Aufgaben

1. *Sammeln Sie Stellenanzeigen aus der Tageszeitung oder aus Jobbörsen im Internet (z. B. https://jobboerse.arbeitsagentur.de) und ordnen Sie die Stellen den Führungsebenen im Betrieb zu.*

2. *Fritz und Walter erben jeweils 750.000,00 €. Fritz gründet eine Papiergroßhandlung, Walter legt das Kapital in Bundesschatzbriefen zu einer effektiven Verzinsung von 7,5 % an. Nach einigen Jahren treffen sie sich wieder und stellen fest, dass Fritz einen durchschnittlichen Jahresgewinn von 100.000,00 € erwirtschaftet hat. Walter hingegen erhält jährlich*

56.250,00 € Zinsen. Walter findet es ungerecht, dass sein Bruder fast die doppelte Rendite erzielt und schimpft auf die Unternehmer. Führen Sie das Streitgespräch in einem Rollenspiel durch.

3. *Erstellen Sie eine Liste der Anspruchsgruppen (Stakeholder) der Bürodesign GmbH und erläutern Sie deren jeweilige Interessen.*

4. *Der Unternehmer Schröder ernennt seinen langjährigen Mitarbeiter Wolf zum Prokuristen und lässt die Prokura im Handelsregister eintragen. Während sich Schröder im wohlverdienten Urlaub befindet, wird Wolf ein Grundstück angeboten, das sich hervorragend zur dringend notwendigen Erweiterung des Betriebsgeländes eignet. Wolf erwirbt das Grundstück für das Unternehmen Karl Schröder.*
- *a) Erläutern Sie, ob der Kaufvertrag über das Grundstück rechtswirksam zustande gekommen ist.*
- *b) Stellen Sie Handlungsvollmacht und Prokura in einer Übersicht gegenüber.*
- *c) Während des Urlaubs seines Chefs trifft Wolf weitere Entscheidungen. Stellen Sie fest, welche Rechtshandlungen Wolf im Rahmen der Prokura abschließen durfte. Bitte begründen Sie Ihre Entscheidung.*
  - *1) Wolf ändert den Gegenstand des Unternehmens. Er wandelt das Sägewerk in ein Beratungsbüro für Holzbauten um.*
  - *2) Für das neue Beratungsbüro stellt Wolf fünf Ingenieure ein.*
  - *3) Wolf mietet neue Geschäftsräume in der Innenstadt an.*
  - *4) Zur Finanzierung der Umwandlung nimmt Wolf einen Kredit über 100.000,00 € auf.*
  - *5) Die Bank besteht zur Absicherung des Kredits auf der Eintragung einer Grundschuld. Wolf lässt diese in das Grundbuch eintragen.*
  - *6) Nach erfolgter Umwandlung des Unternehmens gewährt sich Wolf einen einwöchigen Urlaub. Er überträgt die Prokura für die Dauer seiner Abwesenheit auf seine Kollegin Schneider.*

§ 49 HGB

(2) Zur Veräußerung und Belastung von Grundstücken ist der Prokurist nur ermächtigt, wenn ihm diese Befugnis besonders erteilt ist.

§ 54 HGB

(1) Ist jemand ohne Erteilung der Prokura zum Betrieb eines Handelsgewerbes oder zur Vornahme einer bestimmten zu einem Handelsgewerbe gehörigen Art von Geschäften oder zur Vornahme einzelner zu einem Handelsgewerbe gehöriger Geschäfte ermächtigt, so erstreckt sich die Vollmacht (Handlungsvollmacht) auf alle Geschäfte und Rechtshandlungen, die der Betrieb eines derartigen Handelsgewerbes oder die Vornahme derartiger Geschäfte gewöhnlich mit sich bringt.
(2) Zur Veräußerung oder Belastung von Grundstücken, zur Eingehung von Wechselverbindlichkeiten, zur Aufnahme von Darlehen und zur Prozessführung ist der Handlungsbevollmächtigte nur ermächtigt, wenn ihm eine solche Befugnis besonders erteilt ist.
(3) Sonstige Beschränkungen der Handlungsvollmacht braucht ein Dritter nur dann gegen sich gelten zu lassen, wenn er sie kannte oder kennen musste.

5. *Erarbeiten Sie mithilfe der Gesetzestexte (www.gesetze-im-internet.de/hgb) die Unterschiede zwischen der allgemeinen Handlungsvollmacht und der Prokura.*

3 Die Beziehungen und Abhängigkeiten der Wirtschaftssubjekte in der Gesamtwirtschaft klären

3.1 Güter als Mittel der Bedürfnisbefriedigung vergleichen

Handlungssituation

Nicole Höver ist empört! *„Stellen Sie sich vor"*, berichtet sie der Gruppenleiterin Frau Ost nach einem Besuch im Außenlager, *„bei uns wird jede Lieferung in eine Folie eingeschweißt, die Metallteile werden mit Wellpappe umwickelt und empfindliche Kleinteile werden in Styropor verpackt! Wenn ich an die Müllberge denke, die da entstehen, wird mir ganz schlecht!" „Und mir wird schlecht, wenn ich an die vielen Reklamationen wegen zerkratzter und beschädigter Produkte denke, wenn wir die Waren nicht transportsicher verpacken"*, entgegnet Frau Ost. Nicole hält ihr entgegen, dass es höchste Zeit sei, mit den Schätzen der Erde sparsamer umzugehen, da sie nur noch für begrenzte Zeit reichen. Und nicht nur das. Viele Güter, die früher im Überfluss vorhanden waren, müssten heute mit viel Mühe und Kosten wiederaufbereitet werden. Frau Ost wird nachdenklich. Sie bittet Nicole, doch einmal zu überlegen, wie man bei der Verpackung den Verbrauch von Rohstoffen einschränken könne. *„Und wenn Sie eine gute Idee haben, geben wir diese an unseren Umweltbeauftragten Herrn Weiß weiter. Vielleicht gibt es da sogar eine Prämie!"*

Arbeitsaufträge

- *Erläutern Sie, anhand welcher Gesichtspunkte wirtschaftliche Güter unterteilt werden können, und geben Sie jeweils Beispiele an.*
- *Unterstützen Sie Nicole Höver bei ihrer Aufgabe und überlegen Sie, wie die Primus GmbH bei der Verpackung den Verbrauch von Rohstoffen einschränken kann.*

Die Mittel, mit denen die menschlichen **Bedürfnisse** befriedigt werden können, nennt man **Güter**. Indem sie das Bedürfnis des Verwenders befriedigen, stiften sie einen **Nutzen**. Jeder Mensch wird sich für das Gut entscheiden, das ihm den höchsten Nutzen stiftet. Nach der Verfügbarkeit der Güter wird in knappe und freie Güter unterschieden.

- **Freie Güter** sind im Überfluss vorhanden und ihre Bereitstellung verursacht keine Kosten.

  Beispiele Luft, Meerwasser, Sonne, Wind

- **Knappe (wirtschaftliche) Güter** sind nur begrenzt vorhanden. Ihre Bereitstellung verursacht Kosten, deshalb haben sie am Markt einen Preis.

  Beispiele Fuhrpark der Primus GmbH, Leitungswasser, Arbeitskleidung, Lebensmittel

Im Laufe der Zeit sind immer **mehr freie Güter zu knappen Gütern** geworden. So sind z. B. sauberes Wasser und klare Luft in vielen Gegenden nur noch unter großem Kostenaufwand zu erhalten.

Bei vielen knappen Gütern wird deutlich, dass die für die Herstellung erforderlichen Rohstoffe nur noch für wenige Jahre reichen. Die Konsequenz muss der sparsamere Umgang mit diesen Stoffen und ihre Wiederverwertung **(Recycling)** sein.

Jeder kann Hilfe bei der Wiederverwertung von Rohstoffen und bei ihrem sparsameren Einsatz leisten. **Haushalte** können Glas, Altpapier und Wertstoffe **getrennt sammeln** und entsorgen. **Unternehmen** können Verpackungen **einschränken oder vermeiden** und wiederverwertbare Rohstoffe in der Produktion einsetzen.

Wie die Bedürfnisse können auch die knappen (wirtschaftlichen) Güter in verschiedene **Güterarten** unterschieden werden.

- **Nach der Dringlichkeit** in **Existenz-, Kultur- und Luxusgüter**:
  - **Existenzgüter** sind erforderlich, um das Leben der Menschen zu sichern.

    Beispiele Nahrung, Kleidung, Wohnung

  - **Kulturgüter** befriedigen durch die Umwelt oder Kultur geprägte Bedürfnisse.

    Beispiele Theater, Kino, Bücher
  - **Luxusgüter** befriedigen übersteigerte Ansprüche einer Oberschicht.

    Beispiele Goldbarren, Privatflugzeug
- **Nach den Besitzverhältnissen** in **private und öffentliche Güter**:
  - **Private Güter** dienen der Befriedigung der Bedürfnisse einzelner Menschen.

    Beispiele Kleidung, Auto

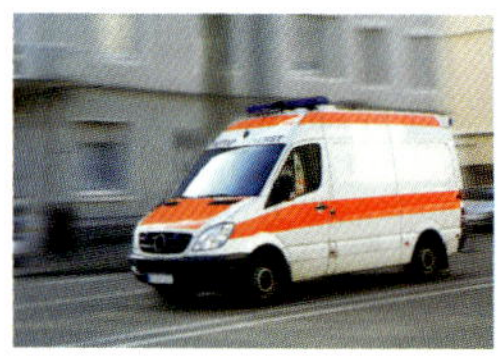

  - **Öffentliche Güter** befriedigen Bedürfnisse, die aus dem Zusammenleben der Menschen entstehen.

    Beispiele Schule, Polizei, Krankenhaus
- **Nach dem Gegenstand** in **materielle und immaterielle Güter**:
  - **Materielle (fassbare) Güter** sind Sachgüter.

    Beispiele Schokoriegel, Blu-ray-Player, Damenbluse, Rollcontainer „Primo" der Primus GmbH
  - **Immaterielle (nicht fassbare) Güter** sind Dienstleistungen, Rechte und Informationen.

    Dienstleistungen sind Arbeitsleistungen, durch die ein Wert oder Nutzen entsteht.

    Beispiele Beratung eines Rechtsanwaltes, Planung einer Büroeinrichtung für eine Versicherung durch den Außendienst der Primus GmbH

    Rechte sind Ansprüche oder Befugnisse.

    Beispiele

    - Das Recht, einen bestimmten Markennamen zu führen oder ein Grundstück zu nutzen.
    - Die Primus GmbH bietet Druckbleistifte eines großen Herstellers unter dem Namen „Primus-Castell" als Handelsmarke an. Sie hat mit dem Hersteller einen Vertrag geschlossen und das Recht erworben, die von ihm produzierten Bleistifte unter dem eigenen Namen anzubieten.

Informationen sind Voraussetzung jeder Art von Entscheidungsfindung.

Beispiele Zugriff auf das Wissen in Datenbanken, Abonnement einer Fachzeitschrift

- **Nach der Art der Verwendung** können Sachgüter, Dienstleistungen und Rechte in Konsumgüter und Produktions- oder Investitionsgüter eingeteilt werden.
  - **Konsumgüter** dienen der unmittelbaren Bedürfnisbefriedigung. Sie werden vom Endverbraucher verwendet.

Beispiele

Sachgut als Konsumgut	Ein Hammer im Hobbykeller.
Dienstleistung als Konsumgut	Nicole Höver fährt mit dem Taxi von der Diskothek nach Hause.
Recht als Konsumgut	Nicoles Eltern haben einen Schrebergarten gepachtet.
Information als Konsumgut	Nicole kauft sich eine Computerzeitschrift.

  - **Produktions- oder Investitionsgüter** dienen zur Herstellung anderer Güter.

Beispiele

Sachgut als Produktionsgut	Ein Hammer in der Holzwerkstatt der Primus GmbH.
Dienstleistung als Produktionsgut	Die Geschäftsführerin der Primus GmbH, Frau Primus, fährt mit dem Taxi zu einer Besprechung mit einem Kunden.
Recht als Produktionsgut	Die Primus GmbH hat ein Grundstück als Lagerplatz gepachtet.
Information als Produktionsgut	Frau Primus beantragt bei einer Wirtschaftsauskunftei eine Auskunft über einen möglichen Kunden.

Da bei der Einteilung in Konsum- und Produktionsgüter nicht die Art des Gutes, sondern die **Art der Verwendung** den Ausschlag für die Zuordnung gibt, kann ein und dasselbe Gut sowohl Konsum- als auch Produktionsgut sein.

- **Nach der Nutzungsdauer** können Güter in **Gebrauchs- und Verbrauchsgüter** eingeteilt werden.
  - **Gebrauchsgüter** können mehrmals verwendet werden und nutzen sich erst allmählich ab.

    Beispiele Büromöbel, Kleidung, Maschinen

  - **Verbrauchsgüter** können nur einmal zum Zwecke der Bedürfnisbefriedigung bzw. Produktion eingesetzt werden.

    Beispiele Kopierpapier, Briefumschläge, Kraftstoff für Geschäftswagen

- **Nach der Beziehung der Güter zueinander** kann man in **Komplementärgüter und Substitutionsgüter** unterscheiden.
  - **Komplementärgüter** ergänzen sich gegenseitig. Sie können nur in Kombination miteinander ein Bedürfnis befriedigen.

    Beispiele Kfz und Treibstoff, Blu-ray-Player und Blu-ray-Disc

- **Substitutionsgüter** ersetzen sich, sie sind gegeneinander austauschbar.

  Beispiele Lkw oder der Transport mit der Deutschen Bahn AG, Butter oder Margarine

Zusammenfassung: Güter als Mittel der Bedürfnisbefriedigung vergleichen

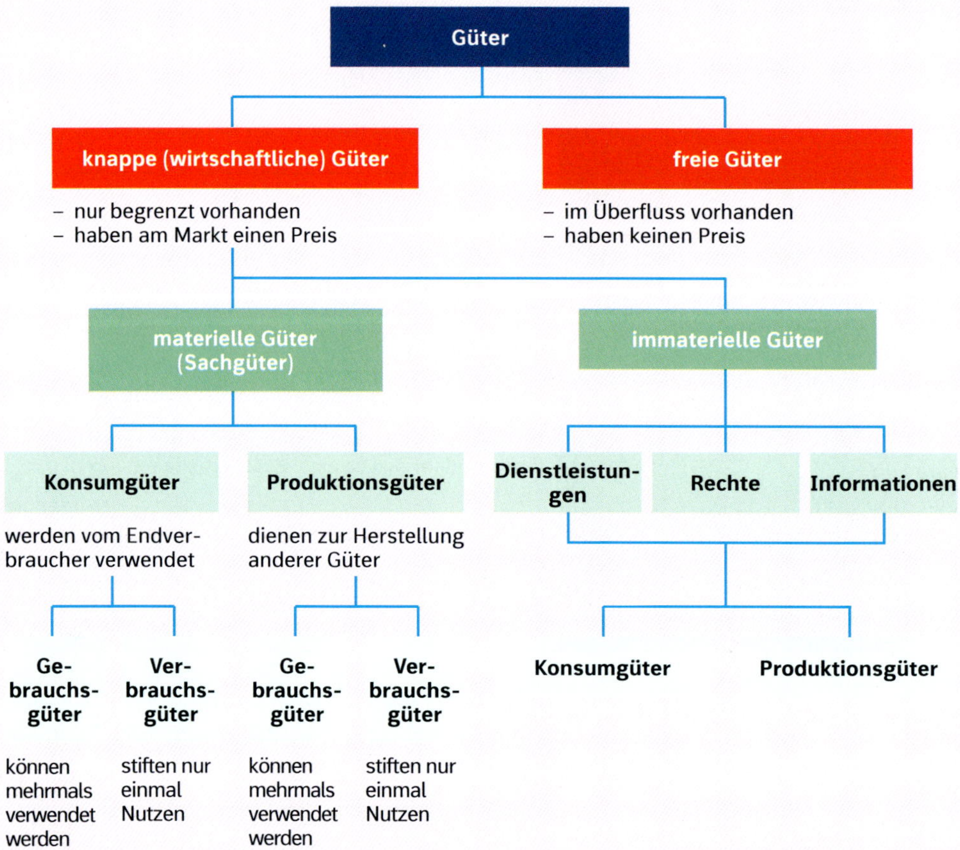

Aufgaben

1. *Recherchieren Sie im Internet und beschreiben Sie einen Fall, in dem Wasser oder Luft zu einem wirtschaftlichen Gut geworden ist.*
2. *Haushalte und Unternehmen können gemeinsam dazu beitragen, dass nicht noch mehr freie Güter zu wirtschaftlichen Gütern werden.*
   a) Erläutern Sie diese Bemühungen anhand von fünf Beispielen aus Ihrem Haushalt.
   b) Stellen Sie fünf Beispiele aus Ihrem Ausbildungsbetrieb dar.
3. *Erläutern Sie fünf Fälle, wie in Ihrem Ausbildungsbetrieb Verbrauchsgüter gegen mehrmals verwendbare Gebrauchsgüter ausgetauscht werden können.*
4. *Welche der nachfolgenden Verwendungsarten treffen auf unten stehende Sachverhalte zu? Verwendungsarten wirtschaftlicher Güter:*

1. Produktionsgut als Gebrauchsgut
2. Produktionsgut als Verbrauchsgut
3. Dienstleistung als Produktionsgut
4. Dienstleistung als Konsumgut
5. Recht als Produktionsgut
6. Recht als Konsumgut
7. Konsumgut als Gebrauchsgut

a) Ein Kaufmann lässt sich in geschäftlicher Angelegenheit durch einen Rechtsanwalt vertreten.
b) Überlassung von Geschäftsräumen gegen Entgelt.
c) Verwendung eines Taschenrechners in der Buchhaltung des Kaufmanns.
d) Verwendung eines Taschenrechners durch den Auszubildenden in der Schule.
e) Verwendung von Heizöl zur Beheizung eines Bürohauses.

5. *Überlegen Sie, wie Sie in Ihrer Klasse durch Veränderung Ihrer Einkaufsgewohnheiten sparsamer mit den begrenzten Rohstoffen umgehen können. Formulieren Sie einen Öko-Pakt, in dem Sie sich verpflichten, auf bestimmte umweltschädliche Produkte zu verzichten oder den Gebrauch einzuschränken.*

3.2 Die Produktionsfaktoren im Wirtschaftsprozess beschreiben

Handlungssituation

Große Aufregung in der Geschäftsleitung der Primus GmbH, zwei Herren der Unternehmensberatung Kienapfel sind im Haus. Als die Auszubildende Nicole Höver Unterlagen in das Büro von Frau Primus bringt, hört sie folgenden Dialog:

Unternehmensberater: *„Sie können rechnen, wie Sie wollen, Frau Primus, die Personalkosten Ihres Betriebes sind einfach zu hoch!“*

Primus: *„Im Augenblick trifft das sicher zu, aber denken Sie an das Saisongeschäft und die Spitzenbelastung während der Messen!“*

Unternehmensberater: *„Das gebe ich ja zu, trotzdem müssen wir die Personalproduktivität steigern. Und das geht nur, wenn wir den Produktionsfaktor Arbeit gegen Kapital substituieren …“*

Als Nicole das Büro verlassen hat, ist sie nachdenklich. „Arbeit gegen Kapital substituieren.“ Nicole versteht nicht, was das bedeutet, aber sie hat das Gefühl, dass das etwas mit ihr zu tun haben könnte.

Arbeitsaufträge

- *Erläutern sie volkswirtschaftliche und betriebswirtschaftliche Produktionsfaktoren*
- *Stellen Sie fest, was sich hinter der Formulierung „Arbeit gegen Kapital substituieren“ verbirgt. Recherchieren Sie dazu auch im Internet.*
- *Erläutern Sie die Substitution anhand möglicher Beispiele aus Ihrem Ausbildungsbetrieb.*

Die volkswirtschaftlichen Produktionsfaktoren

Nur ein kleiner Teil der Güter wird den Menschen von der Natur konsumreif zur Verfügung gestellt. In der Regel müssen Güter produziert werden. Zur **Produktion** zählt dabei nicht nur die Herstellung von Gütern, sondern auch die Bereitstellung von Dienstleistungen.

Alle an der Produktion beteiligten Menschen und die eingesetzten Güter kann man auf drei grundlegende Faktoren zurückführen, die man als **volkswirtschaftliche Produktionsfaktoren** bezeichnet:

Arbeit	Boden (Natur)	Kapital

LF 8

Arbeit

Zum **Produktionsfaktor Arbeit** zählt jede geistige und körperliche Tätigkeit, die auf die Erzielung eines Einkommens gerichtet ist.

Beispiel Wischt eine Putzhilfe in einem Büro der Primus GmbH die Böden, handelt es sich um Arbeit im volkswirtschaftlichen Sinne. Erledigt sie die gleiche Arbeit in ihrer Wohnung, zählt diese Tätigkeit nicht zum Produktionsfaktor Arbeit, da kein Einkommen erzielt wird.

Der Produktionsfaktor Arbeit kann nach verschiedenen Gesichtspunkten unterteilt werden:

Nach der **Weisungsgebundenheit**:

- **leitende** (dispositive) Arbeit

  Beispiel Die Geschäftsführer der Primus GmbH, Frau Primus und Herr Müller

- **ausführende** Arbeit

  Beispiel Der Lagerarbeiter der Primus GmbH, Herr Schneiders

Nach der **Ausbildung**:

- **gelernte** Arbeit (Voraussetzung ist eine abgeschlossene Berufsausbildung)

  Beispiel Kaufmann/Kauffrau für Büromanagement

- **angelernte** Arbeit (Voraussetzung ist eine kurze Anlernzeit)

  Beispiel Aushilfe auf der Messe „Orgatec“

- **ungelernte** Arbeit

  Beispiel Reinigungskraft

Nach den **Anforderungen**:

- **geistige** Arbeit

  Beispiel Der Gruppenleiter des Rechnungswesens der Primus GmbH, Herr Schubert

- **körperliche** Arbeit

  Beispiel Die Lagerarbeiter der Primus GmbH

Nach dem Grad der der **Selbstständigkeit**:

- **selbstständige** Arbeit

  Beispiel Der Steuerberater der Primus GmbH, Herr Degen

- **nicht selbstständige** Arbeit

  Beispiel Die Arbeitnehmer der Primus GmbH

Boden (Natur)

Der **Produktionsfaktor Boden (Natur)** umfasst die zu wirtschaftlichen Zwecken genutzte Natur. Er ist nicht vermehrbar und nicht transportierbar. Da er nicht transportierbar ist, bezeichnet man ihn auch als **Immobilie**. Der Produktionsfaktor Boden wird in dreifacher Weise genutzt:

- **Anbauboden** ist der land- und forstwirtschaftlich genutzte Boden. Da der Produktionsfaktor Boden nicht vermehrbar ist, ist eine Steigerung der Erträge in der Landwirtschaft nur durch intensivere Nutzung, z. B. durch Einsatz von Pflanzenschutz- und Düngemitteln möglich. Die damit verbundenen Probleme führen jedoch zu einer Störung des ökologischen Gleichgewichts und damit zu einem **Zielkonflikt zwischen Ökonomie und Ökologie**.

- **Abbauboden** ist der bergbaulich genutzte Boden, aus dem die Bodenschätze gewonnen werden. Hauptproblem ist hier die Knappheit der Rohstoffe, die oft nur noch für wenige Jahre reichen. Da Rohstoffe und Energieträger nicht erneuerbar sind, kommt dem **Recycling** immer größere Bedeutung zu.

- **Standortboden** ist der baulich genutzte Boden, auf dem z. B. ein Unternehmer seinen Betrieb errichtet. Dabei sucht der Unternehmer anhand bestimmter **Standortfaktoren** den Ort, der ihm die größten Ertrags- und Kostenvorteile bringt.

  Betriebe der Urproduktion, z. B. ein Kohlebergwerk, wählen ihren Standort anhand der Rohstoffvorkommen. Industriebetriebe wählen ihren Standort aufgrund günstiger Verkehrsverbindungen, z. B. in der Nähe von Autobahnen, Eisenbahnanschlüssen oder Wasserwegen. Bestimmte Fertigungsbetriebe, die hochspezialisierte Arbeitskräfte benötigen, siedeln sich in Gegenden an, in denen diese Arbeitskräfte zur Verfügung stehen. Die Standortwahl eines Einzel- und Großhändlers orientiert sich am Absatzgebiet, d. h. an der Nähe zum Kunden.

  Beispiel Für die Standortwahl der Primus GmbH waren mehrere Faktoren ausschlaggebend. So spielten die Kosten des Grundstücks, die günstigen Verkehrsverbindungen, die ausreichende Zahl qualifizierter Arbeitnehmer in der Region und die Nähe zum Kunden eine Rolle.

Arbeit und Boden bezeichnet man als **ursprüngliche (originäre) Produktionsfaktoren**. Sie ermöglichen die Herstellung von Gütern und Dienstleistungen.

Beispiel Ein Gärtner kann mithilfe der Produktionsfaktoren Arbeit (d. h. seiner Arbeitskraft) und Boden (d. h. eines Grundstücks) Gemüse anbauen und Blumen züchten.

Kapital

Der **Produktionsfaktor Kapital** entsteht durch Konsumverzicht, d. h. durch Sparen.

Beispiel Um sich die Arbeit zu erleichtern und die Erträge zu steigern, könnte der Gärtner ein Gewächshaus bauen. Voraussetzung hierfür ist das erforderliche Kapital. Dies entsteht, indem der Gärtner nur einen Teil der Ernte verzehrt. Bei dem anderen Teil der Ernte verzichtet er auf den Konsum und bringt ihn auf den Wochenmarkt, um ihn zu verkaufen. Das Geld legt er auf einem Sparbuch zinsgünstig an – es entsteht Kapital.

Gesparte Mittel, die für produktive Zwecke bereitgestellt werden, heißen **Geldkapital**. Wird das Geldkapital in Produktionsmitteln angelegt, d. h. **investiert**, entsteht **Sach- oder Realkapital**.

Beispiel Sobald ausreichend Kapital vorhanden ist, beauftragt der Gärtner einen Bauunternehmer mit dem Bau des Gewächshauses.

Da der Produktionsfaktor Kapital nicht von Anfang an vorhanden ist, sondern erst durch den Einsatz der ursprünglichen Produktionsfaktoren Arbeit und Boden entsteht, bezeichnet man ihn als **abgeleiteten (derivativen) Produktionsfaktor**.

Bewahrt ein Haushalt sein Geld im „Sparstrumpf" auf, handelt es sich nicht um Sparen im volkswirtschaftlichen Sinne, da das Geld dem Wirtschaftskreislauf entzogen wird. Dieses Verhalten bezeichnet man als **„horten"**.

■ Die betriebswirtschaftlichen Produktionsfaktoren

Die volkswirtschaftlichen Produktionsfaktoren Arbeit, Boden und Kapital werden im Betrieb durch die betriebswirtschaftlichen Produktionsfaktoren **Arbeitskräfte**, **Werkstoffe** und **Betriebsmittel** dargestellt. Die leitenden Mitarbeiter eines Unternehmens setzen die betriebswirtschaftlichen Produktionsfaktoren so ein, dass das angestrebte Unternehmensziel erreicht wird. Ihre Aufgabe ist die Leitung, Planung und Organisation der Unternehmung. Aufgrund ihrer Bedeutung für das Unternehmen werden sie zu einem eigenständigen betriebswirtschaftlichen Produktionsfaktor, dem **dispositiven Faktor** (dispositiv = anordnend, verfügend) zusammengefasst.

■ Die Kombination der Produktionsfaktoren

Für die Produktion von Gütern und Dienstleistungen müssen die Produktionsfaktoren Arbeit, Boden und Kapital sinnvoll miteinander **kombiniert** werden. Das Ergebnis des Produktionsprozesses bezeichnet man als **Produktionsertrag**.

Beispiel Der Umsatz der Primus GmbH betrug im vergangenen Jahr 3,642 Mio. €.

Die Menge der eingesetzten Produktionsfaktoren, multipliziert mit dem Preis je Einheit sind die **Kosten der Produktion**.

Beispiel Die Personalkosten der Primus GmbH betrugen im vergangenen Jahr 1,117 Mio. €.

Ziel jedes Unternehmers ist es, die Produktionsfaktoren so einzusetzen, dass ein bestimmter Produktionsertrag mit den geringstmöglichen Kosten erreicht wird. Diese Faktorkombination bezeichnet man als **Minimalkostenkombination**.

- Bei vielen Produktionsprozessen ist das Einsatzverhältnis der Produktionsfaktoren vorgegeben, d.h., sie können nicht gegeneinander ausgetauscht werden. Ist dies der Fall, handelt es sich um **limitationale Produktionsfaktoren** (limitational = begrenzt). Hier stellt sich das Problem der Minimalkostenkombination nicht, da das Einsatzverhältnis der Produktionsfaktoren technisch bedingt ist.

  Beispiel Ein Lkw der Primus GmbH kann höchstens 24 Stunden täglich eingesetzt werden. Ist dies der Fall, benötigt man bei einer Arbeitszeit von acht Stunden drei Fahrer. Der Einsatz eines weiteren Fahrers erhöht lediglich die Kosten der Produktion. Werden nur zwei Fahrer eingesetzt, verringert sich der Produktionsertrag, da der Lkw nicht ausgelastet ist.

- Sind bei einem Produktionsprozess die Produktionsfaktoren gegeneinander austauschbar, kann z.B. der Produktionsfaktor Arbeit durch den Produktionsfaktor Kapital ersetzt werden, handelt es sich um **substitutionale Produktionsfaktoren** (substituieren = ersetzen). Hier bestimmen die Kosten der Produktionsfaktoren die Wahl der Faktorkombination. Gewählt wird die Faktorkombination mit den niedrigsten Gesamtkosten, die Minimalkostenkombination.

  Beispiel Im Rahmen der Arbeitsvorbereitung sollen bei der Primus GmbH für Büromöbel Hölzer zugeschnitten werden. Der Produktionsertrag lässt sich durch folgende Faktorkombinationen erzielen:

	Arbeit (Angestellte) Einheiten	Kapital (Maschinen) Einheiten
Kombination 1	1	8
Kombination 2	2	4
Kombination 3	4	2
Kombination 4	8	1

  Der Preis für den Faktor Arbeit beträgt 1.250,00 € je Einheit. Der Preis für den Faktor Kapital beträgt 2.500,00 € je Einheit. Es entstehen folgende Gesamtkosten.

	Arbeit	Arbeitskosten	Kapital	Kapitalkosten	Gesamtkosten
Kombination 1	1	1.250,00 €	8	20.000,00 €	21.250,00 €
Kombination 2	2	2.500,00 €	4	10.000,00 €	12.500,00 €
Kombination 3	**4**	**5.000,00 €**	**2**	**5.000,00 €**	**10.000,00 €**
Kombination 4	8	1.0000,00 €	1	2.500,00 €	12.500,00 €

  Die Kombination 3 hat die geringsten Gesamtkosten. Sie ist die Minimalkostenkombination.

Handelt ein Unternehmer nach dem **ökonomischen Prinzip**, wird er bei Kostensteigerungen des Produktionsfaktors Arbeit diesen durch den Produktionsfaktor Kapital ersetzen, d.h. substituieren. Der Mensch als Produktionsfaktor wird also durch die Maschine ersetzt, er wird **arbeitslos**.

Zusammenfassung: Die Produktionsfaktoren im Wirtschaftsprozess beschreiben

- **Die volkswirtschaftlichen Produktionsfaktoren**

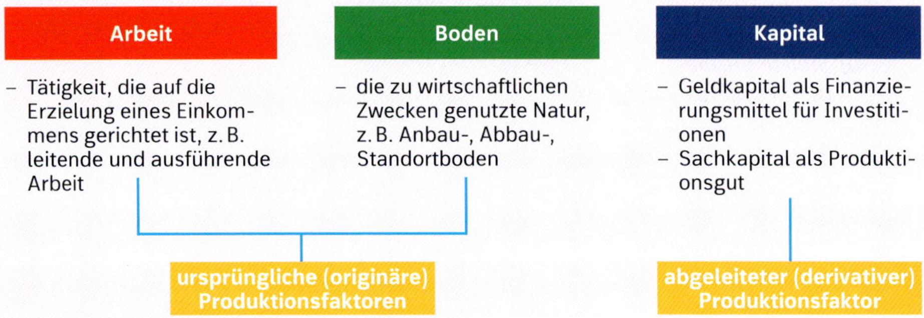

- **Die betriebswirtschaftlichen Produktionsfaktoren**

- **Die Kombination der Produktionsfaktoren**
  - Bei den **limitationalen** Produktionsfaktoren ist das Einsatzverhältnis der Faktoren technisch vorgegeben.
  - Bei den **substitutionalen** Produktionsfaktoren bestimmen die Kosten die Wahl der Faktorkombination. Gewählt wird die Kombination mit den niedrigsten Gesamtkosten, die **Minimalkostenkombination**.

Aufgaben

1. *Beschreiben Sie den Vorgang der Kapitalbildung.*
2. *Erläutern Sie, wodurch sich das Sparen im volkswirtschaftlichen Sinne und das Horten unterscheiden.*
3. *Beschreiben Sie anhand von zehn Gütern Ihrer Wahl, wie die Produktionsfaktoren Arbeit, Boden und Kapital bei ihrer Herstellung zusammenwirken. Präsentieren Sie das Ergebnis mithilfe einer geeigneten Software.*
4. *Erläutern Sie, welche der unten stehenden Sachverhalte man den Produktionsfaktoren*
   1. Arbeit 3. Kapital
   2. Boden 4. keinem der Produktionsfaktoren zuordnen kann.

   a) Einkommen, das nicht für Konsumgüter ausgegeben wird und in einen Sparvertrag fließt
   b) ein Grundstück, das ein Unternehmer erwirbt
   c) Braunkohle, die im Tagebau gewonnen wird

d) Halle, in der Warenvorräte gelagert werden
e) Schülerarbeit während der Ferien bei der Primus GmbH
f) im Sparstrumpf gehortetes Geld

5. *Auf der Grundlage des Gutachtens einer Unternehmensberatung sollen bei der Primus GmbH zwei Arbeiter im Lager entlassen werden. An ihrer Stelle wird eine computergesteuerte Kommissionierungsanlage im Wert von 150.000,00 € angeschafft. Frau Primus und Herr Müller wollen diese Maßnahme mit dem Betriebsrat diskutieren.*

a) Stellen Sie die Argumente der Geschäftsleitung zusammen, die für die Anschaffung der Anlage sprechen.
b) Stellen Sie Argumente des Betriebsrats zusammen, die gegen die Entlassung der Mitarbeiter sprechen.
c) Führen Sie das Gespräch in Form eines Rollenspiels durch.
d) FNehmen Sie das Rollenspiel auf Video auf und werten Sie das Ergebnis aus.

3.3 Die Arbeitsteilung untersuchen

Handlungssituation

Nicole Höver und ihre Freundin Helga, beide Auszubildende zur Kauffrau für Büromanagement, unterhalten sich in der Berufsschule über ihre Arbeit.

Helga: *„Mir macht es Spaß, in einem kleinen Betrieb zu arbeiten. Wir sind im Büro nur zu viert und alle machen alles. Ich hole die Post, schreibe Rechnungen, helfe bei der Personalabrechnung, der Buchführung und bei der Kalkulation von Angeboten."*

Nicole: *„Für mich wäre das nichts. In der Primus GmbH haben wir für jeden Bereich entsprechende Spezialisten. Zurzeit bin ich in der Personalabteilung eingesetzt, da beschäftigen wir uns ausschließlich mit Auswahl und Einsatz von Mitarbeitern und berechnen Löhne und Gehälter."*

Arbeitsaufträge

- *Erläutern Sie anhand der unterschiedlichen Formen der Arbeitsteilung, worin sich die Tätigkeiten von Helga und Nicole unterscheiden.*
- *Beurteilen Sie die Berufswahl von Nicole und Helga vor dem Hintergrund des Wandels der Arbeitswelt.*

Im **Modell des Wirtschaftskreislaufs** (vgl. S. 87 ff.) werden die Unternehmen zu einem einheitlichen Sektor zusammengefasst, der alle in der Volkswirtschaft benötigten Güter herstellt. In der Realität wird diese Tätigkeit von einer Vielzahl von Unternehmen ausgeführt, die sich jeweils auf bestimmte Tätigkeiten spezialisiert und die Arbeit untereinander **aufgeteilt** haben.

■ Berufliche Arbeitsteilung

Der Ursprung der **beruflichen Arbeitsteilung** geht weit zurück in die Zeit, als die Menschen noch in geschlossenen Hauswirtschaften lebten und es keinen Austausch von Gütern und Leistungen gab. Mit der Zeit entwickelten einzelne Menschen ein besonderes

Geschick für bestimmte Tätigkeiten. Da sie in ihrem Spezialgebiet mehr produzieren konnten als ihre Mitmenschen, widmeten sie sich nur noch dieser Tätigkeit. Die **Berufsbildung** hatte stattgefunden. Die Grundberufe wie der des Schmieds, des Landwirts oder des Fischers waren entstanden.

Als Folge der Berufsbildung war man darauf angewiesen die Güter auszutauschen. Der Schmied musste seine Werkzeuge gegen Getreide und der Bauer sein Getreide gegen Fisch eintauschen. Als Mittler zwischen den Tauschpartnern entstand der Beruf des **Kaufmanns**.

Im Laufe der Zeit spezialisierten sich die in den Berufen Tätigen auf einzelne Teilbereiche. Ein Kaufmann beschaffte z. B. nur noch Waren aus dem Ausland, ein anderer belieferte nur Großabnehmer und ein dritter spezialisierte sich auf die Arbeit im Büro. Diese Aufgliederung von Arbeitsfeldern in kleinere Arbeitsgebiete bezeichnet man als **Berufsspaltung**.

Beispiele Kaufmann/Kauffrau für Groß- und Außenhandelsmanagement, Bankkaufmann/-frau, Kaufmann/Kauffrau für Büromanagement

Vorteil	Nachteil
Spezielle Begabungen und Geschicklichkeiten können besser gefördert werden.	Mitarbeiter mit hoher Spezialisierung sind weniger mobil.

Betriebliche Arbeitsteilung

Die **betriebliche Arbeitsteilung** findet in der Organisationsstruktur der Unternehmen (vgl. S. 44ff.) ihren Niederschlag. Dabei wird zunächst die Gesamtaufgabe in Teilaufgaben zerlegt **(Aufgabenanalyse)**. In einem weiteren Schritt werden diese zu Stellen gebündelt **(Aufgabensynthese)**. Übergeordnete und die ihr untergeordneten Stellen können zu **Abteilungen** verbunden werden. Die Abteilungsbildung wird im **Organisationsplan** eines Unternehmens dargestellt.

Beispiel Organisationsplan der Primus GmbH (vgl. S. 12)

Vorteile	Nachteile
– Die Effektivität der Arbeit wird gesteigert. – Die Qualität der Güter steigt.	– Einseitige körperliche und geistige Belastung führt zu gesundheitlichen Schäden. – Die Einsicht in den Sinn der Arbeit und die Arbeitsfreude gehen verloren.

Volkswirtschaftliche Arbeitsteilung

Mit der Entstehung der Berufe entwickelten sich die ersten Unternehmen (Werkstätten, Manufakturen, Fabriken), die sich drei großen Wirtschaftsbereichen oder Produktionsstufen **(Sektoren)** zuordnen lassen. Die Einteilung der Wirtschaft anhand der unterschiedlichen Wirtschaftsstufen bezeichnet man als **volkswirtschaftliche Arbeitsteilung**.

- Dem **primären Sektor** werden die Unternehmen der Urerzeugung zugeordnet. Sie beschäftigen sich mit dem landwirtschaftlichen Anbau und dem Abbau der Bodenschätze und sorgen damit für die Voraussetzung der Produktion.

  Beispiele Betriebe der Landwirtschaft, der Forstwirtschaft, der Fischerei, des Bergbaus und der Öl- und Gasgewinnung

- Zum **sekundären Sektor** gehören die Unternehmen der Weiterverarbeitung. Hierbei kann es sich um Handwerksbetriebe oder Industriebetriebe handeln. Der Bereich der Industrie wird in die Grundstoff-, die Investitionsgüter- und die Konsumgüterindustrie gegliedert.

  Beispiele Metallgießerei, Maschinenbaubetrieb, Molkerei, Büromöbelhersteller, Latex AG, Stammes Stahlrohr GmbH

- Dem **tertiären Sektor** lassen sich die Dienstleistungsbetriebe zuordnen.

  Beispiele Großhandel, Einzelhandel, Kreditinstitute, Versicherungen, Verkehrsbetriebe, Transportunternehmen

Der Anteil der Beschäftigten in den drei Wirtschaftsstufen kennzeichnet die **Erwerbsstruktur** einer Volkswirtschaft. In der Wirtschaft der Bundesrepublik Deutschland vollzieht sich ein stetiger **Strukturwandel** vom primären zum tertiären Sektor. Immer weniger Menschen arbeiten in den Bereichen Urerzeugung und Weiterverarbeitung und immer mehr Menschen sind im Bereich von Handel und Dienstleistungen beschäftigt.

Vorteil	Nachteil
Die Arbeitsproduktivität wird gesteigert.	Durch den Strukturwandel der Wirtschaft kann es zu Krisen ganzer Branchen kommen.

Internationale Arbeitsteilung (Globalisierung)

Bei der Betrachtung der Volkswirtschaft im Modell (vgl. S. 87 ff.) kann man feststellen, dass die Volkswirtschaft der Bundesrepublik Deutschland in ein System vielfältiger **internationaler Arbeitsteilung** eingebettet ist **(Globalisierung)**. Folgende Gründe sind für die Beteiligung am internationalen Handel ausschlaggebend:

- Bestimmte **Rohstoffe** müssen importiert werden, da sie im Inland nicht oder nicht in ausreichender Menge vorhanden sind.

  Beispiele Mineralöl, Erdgas, Erz, Uran

- **Klimatische Unterschiede** ermöglichen den Anbau landwirtschaftlicher Produkte nur in bestimmten Regionen.

  Beispiele Kaffee in Brasilien, Bananen in Mittelamerika, Baumwolle in den USA

- Jedes Land wird sich auf die Produktion der Güter konzentrieren, deren **Herstellungskosten** niedriger sind als in anderen Ländern, und die Überschüsse gegen Güter tauschen, deren Herstellung im eigenen Land höhere Kosten verursacht.

  Beispiel Deutschland importiert Textilien aus Singapur und exportiert hochwertige Maschinen.

- Spezielle berufliche **Fachkenntnisse** in einzelnen Volkswirtschaften.

  Beispiele Maschinenbau in Deutschland, Computerindustrie in China, Japan und den USA

Vorteile	Nachteile
– bestmögliche Versorgung der Weltbevölkerung – Staaten der Weltgemeinschaft wachsen wirtschaftlich und in der Folge auch politisch sowie kulturell zusammen.	– Arbeitsplätze im Inland sind gefährdet, wenn die Produktion z. B. aus Kostengründen ins Ausland abwandert oder durch Handelshemmnisse behindert wird. – Beschäftigte der Exportindustrie sind direkt von der Höhe der Auslandsaufträge abhängig.

Globalisierungskritik

Während der Handel zwischen Nationen durch den weitergehenden Abbau von Handelsschranken zunehmend liberalisiert wird, wächst jedoch auch die **Kritik an den negativen Auswirkungen der Globalisierung.** Bei weltweiten Demonstrationen gibt es starken Protest gegen eine Liberalisierung des Welthandels, weil befürchtet wird, dass eine Liberalisierung des weltweiten Wettbewerbs nur den global tätigen Unternehmen zugutekommt.

Allzu freier Wettbewerb führt auch auf dem Arbeitsmarkt zu Dumpinglöhnen oder zu starkem Preisverfall bei Produkten. Dabei richtet sich die Kritik der Globalisierungsgegner nicht gegen die Globalisierung an sich. Vielmehr befürchten sie, dass im internationalen Handel nicht immer auf die Einhaltung von Menschenrechten, Demokratie und ökologischen Standards geachtet wird. Auf diese Weise werden die Rechte und Gesetze der Nationalstaaten zunehmend geschwächt, weil Regierungen ihren Einfluss auf die Wirtschaftsweise weltweit operierender Unternehmen verlieren.

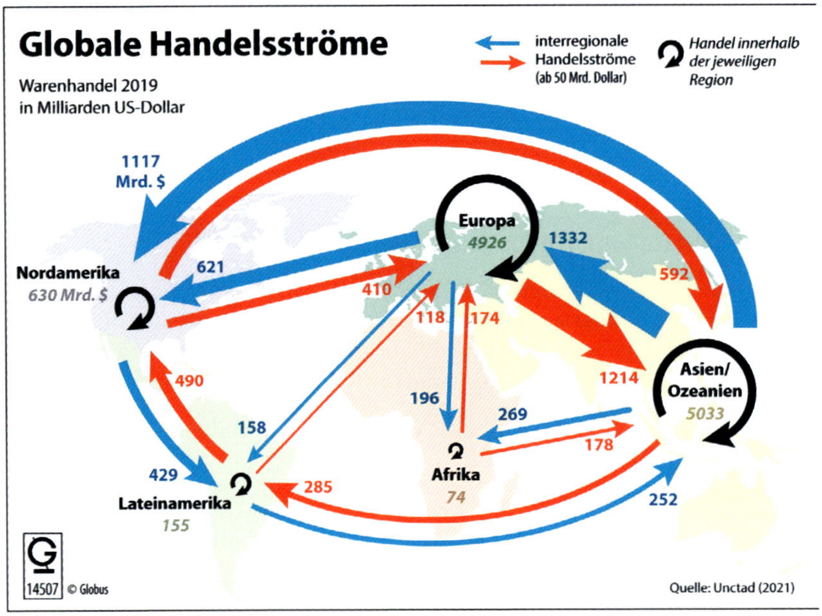

Zusammenfassung: Die Arbeitsteilung untersuchen

- **berufliche Arbeitsteilung (= Spezialisierung auf bestimmte Berufe und Arbeitsgebiete)**
  - Berufsbildung
  - Berufsspaltung
- **betriebliche Arbeitsteilung (= Organisationsstruktur eines Unternehmens)**
  - Abteilungsbildung
  - Arbeitszerlegung
- **volkswirtschaftliche Arbeitsteilung (= Einteilung der Wirtschaft in Wirtschaftsstufen)**
  - primärer Sektor (Urerzeugung)
  - sekundärer Sektor (Industrie, Handwerk)
  - tertiärer Sektor (Dienstleistungen)
- **internationale Arbeitsteilung, Globalisierung (= Austausch zwischen Volkswirtschaften)**
  - Im- und Export von Waren und Dienstleistungen

Aufgaben

1. *Erläutern Sie die Entwicklung der Berufsbildung und der Berufsspaltung anhand eines Beispiels.*
2. *Beschreiben Sie die Herstellung von je zwei Konsum- und Produktionsgütern durch alle drei Sektoren der Volkswirtschaft.*
3. *Die Wirtschaftsstruktur Deutschlands wandelt sich. Recherchieren Sie dazu im Internet und erörtern Sie, welche Folgen dies für die Nachfrage nach einzelnen Berufen hat.*
4. *Erläutern Sie die berufliche Arbeitsteilung anhand eines Beispiels aus Ihrem Ausbildungsbetrieb.*
5. *Erstellen Sie eine Liste der Unternehmen, die mit Ihrem Ausbildungsbetrieb zusammenarbeiten, und ordnen Sie diese den Sektoren der Volkswirtschaft zu Präsentieren Sie das Ergebnis softwaregestützt..*

3.4 Den Wirtschaftskreislauf nachvollziehen

Handlungssituation

Nicole Höver möchte sich ein Auto kaufen. 1.000,00 € hat sie selbst, den Rest des Kaufpreises sollen ihr die Eltern dazu geben. Der Vater ist jedoch nicht zu überzeugen. *„Für ein zweites Auto ist kein Geld da. Unsere Einnahmen decken gerade die Ausgaben."* Um Nicole zu überzeugen, stellt er mit ihr Einnahmen und Ausgaben in Form eines Haushaltskontos zusammen:

Haushaltskonto der Familie Jäger

Einnahmen		Ausgaben	
Einkommen „Vater"	2.000,00	Lebensmittel	1.000,00
Einkommen „Nicole"	550,00	Wohnung	700,00
Pacht für ein Grundstück	150,00	Kleidung	500,00
		Auto, Urlaub, Sonstiges	500,00
	2.700,00		2.700,00

Nicole ist enttäuscht. Aber sie sieht ein, dass man nicht mehr ausgeben kann, als man einnimmt. Als sie in der Schule etwas über den Wirtschaftskreislauf erfährt, überlegt sie, ob dieser Grundsatz vielleicht auch auf die ganze Volkswirtschaft zutrifft.

Arbeitsaufträge

- *Stellen Sie fest, bei welcher Modellbetrachtung Nicoles Überlegungen zutreffen.*
- *Erläutern Sie, wo die Mängel dieses Modells liegen und um welche Annahmen es ergänzt werden muss, um der Realität nahezukommen.*

Um die Volkswirtschaft als Ganzes betrachten zu können, bedient man sich eines **Modells**, d.h. einer Abbildung der Wirklichkeit. So wie ein Globus eine vereinfachte Wiedergabe der Erde und ein Stadtplan eine vereinfachte Abbildung einer Stadt ist, versucht ein volkswirtschaftliches Modell die wesentlichen Zusammenhänge der Volkswirtschaft in vereinfachter Form wiederzugeben. Da die Volkswirtschaft aus einer Vielzahl sehr komplizierter Beziehungen besteht, ist es erforderlich, das Modell auf wenige Grundannahmen (**Prämissen**) zu beschränken. Die am Wirtschaftsgeschehen Beteiligten werden zu den Sektoren Haushalte, Unternehmen, Staat, Banken und Ausland zusammengefasst und als **Wirtschaftssubjekte** bezeichnet.

■ Die stationäre Wirtschaft

Dem Modell eines einfachen Wirtschaftskreislaufs in einer nicht wachsenden, stationären Wirtschaft werden folgende Annahmen **(Prämissen)** zugrunde gelegt:

- Es gibt nur zwei Gruppen von Beteiligten **(Wirtschaftssubjekte)** am Wirtschaftsgeschehen: die privaten Haushalte und die Unternehmen.
- Alle privaten Haushalte und alle Unternehmen werden zu je einem **Sektor** zusammengefasst.
- Die **Haushalte** stellen den Unternehmen die Produktionsfaktoren Arbeit, Boden und Kapital zur Verfügung (vgl. S. 78 f.).
- Die **Unternehmen** zahlen den Haushalten für die Nutzung der Produktionsfaktoren Einkommen in Form von Lohn (für Arbeit), Miete und Pacht (für Boden) und Zinsen (für Kapital).
- Die Unternehmen stellen durch die Kombination der Produktionsfaktoren (vgl. S. 80 f.) alle in der Volkswirtschaft benötigten Konsumgüter her.
- Alle in den Unternehmen produzierten Konsumgüter werden an die Haushalte abgesetzt.
- Die Haushalte verwenden ihr gesamtes Einkommen für die Beschaffung der Konsumgüter.

Das **Modell einer stationären Wirtschaft** lässt sich wie folgt grafisch darstellen:

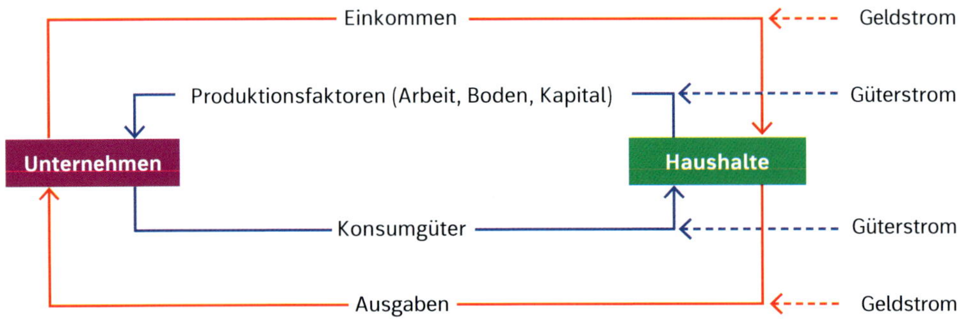

Anhand dieses Modells einer Volkswirtschaft lassen sich jetzt folgende **Aussagen** machen:

- Im Modell lässt sich ein **geschlossener Wirtschaftskreislauf** erkennen, der von einem Geldstrom und einem Güterstrom gebildet wird.
- Der **Geldstrom** besteht aus den Einkommen der Haushalte und ihren Ausgaben für Konsumgüter.
- Der **Güterstrom** besteht aus den von den Haushalten bereitgestellten Produktivgütern und den von den Unternehmen produzierten Konsumgütern.

- Jedem Güterstrom läuft ein Geldstrom von gleichem Wert entgegen, d.h., **Güter und Geldkreislauf sind wertmäßig gleich**.

Das Modell des geschlossenen Wirtschaftskreislaufs zeigt, dass zwischen den Sektoren der Volkswirtschaft, also zwischen Haushalten und Unternehmen, eine ständige Wiederholung von Produktion und Konsum stattfindet. Da sich Geld und Güterstrom wertmäßig entsprechen, kann nur das konsumiert werden, was auch produziert wurde. Es kann ebenfalls nur das ausgegeben werden, was auch an Einkommen erzielt wurde. Das heißt:

Summe der Faktoreinkommen = Gesamtausgaben für Konsumgüter

Da der einfache Wirtschaftskreislauf eine Volkswirtschaft beschreibt, in der es keine Veränderungen gibt, spricht man auch von einer statischen Betrachtung oder von einer **stationären Wirtschaft** (stationär = örtlich und zeitlich nicht verändert).

Die evolutorische Wirtschaft

Das Modell des Kreislaufs einer evolutorischen (wachsenden) Wirtschaft wird um folgende **Prämissen** erweitert:

- Die Haushalte geben nicht ihr gesamtes Einkommen für Konsumgüter aus, sondern **sparen** einen Teil.
- Die gesparten Beträge werden auf Konten bei **Kreditinstituten** (Banken, Sparkassen) angelegt, die zu einem eigenen Sektor zusammengefasst werden.
- Die Kreditinstitute stellen den Unternehmen das Geldkapital für **Investitionen** zur Verfügung.

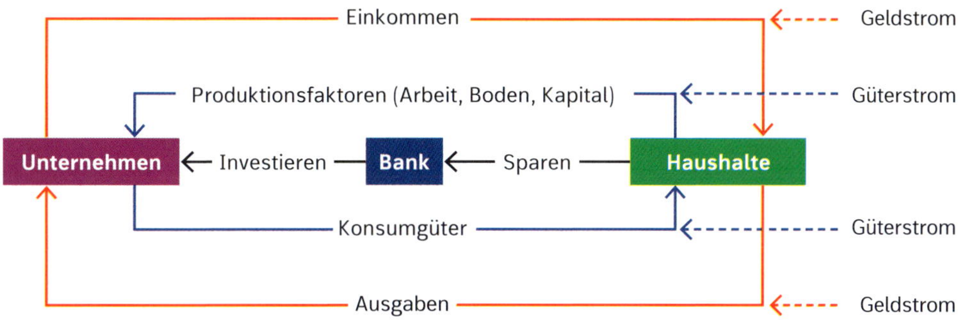

Das Einkommen der Haushalte in der evolutorischen Wirtschaft wird zum Teil für den Konsum ausgegeben und zum Teil **gespart**. Es gilt:

Summe der Faktoreinkommen = Gesamtausgaben für Konsumgüter + Gesamtsparbeträge

Da die Unternehmen ihre Produktionsanlagen durch die Investition erweitern, können sie in der folgenden Periode mehr Konsumgüter produzieren. Eine Volkswirtschaft, die sich durch Investitionen vergrößert, bezeichnet man als dynamische oder **evolutorische Wirtschaft** (evolutorisch = allmähliche und stufenweise Entwicklung).

Die evolutorische Wirtschaft mit staatlicher Aktivität

Um die Modellbetrachtung der wirtschaftlichen Realität anzupassen, werden jetzt die **Eingriffe des Staates** in den Wirtschaftskreislauf berücksichtigt. Das Modell der evolutorischen Wirtschaft wird um folgende Prämissen erweitert:

Im Sektor Staat werden alle **öffentlichen Haushalte** (Bund, Länder, Gemeinden, Sozialversicherungen) zusammengefasst.

- **Staatseinnahmen** sind:
  - **Steuern der Haushalte**

    Beispiel Nicole Hövers Vater zahlt bei einem Bruttoeinkommen von 2.745,00 € 445,00 € Lohnsteuer.
  - **Steuern der Unternehmen**

    Beispiel Die Stammes Stahlrohr GmbH ist als juristische Person körperschaftssteuerpflichtig.
- **Staatsausgaben** sind:
  - **Transferzahlungen an Haushalte**, d. h. Zahlungen ohne direkte Gegenleistungen

    Beispiel Da Nicole noch in der Ausbildung ist, bekommen ihre Eltern ein Kindergeld in Höhe von 219,00 € (Stand: 2021).
  - **Einkommen der Haushalte** vom Staat

    Beispiel Nicoles Onkel ist Lehrer am Berufskolleg in Duisburg. Er bekommt sein Einkommen vom Land Nordrhein-Westfalen.
  - **Subventionen an Unternehmen**

    Beispiel Um die alternative Energiegewinnung zu fördern, zahlt der Staat für jede aus Windenergie gewonnene Kilowattstunde einen Zuschuss.
  - **Öffentliche Investitionen**

    Beispiel Ein Berufskolleg in Duisburg wird renoviert. Die Stadt Duisburg als Schulträger zahlt hierfür 3 Mio. €.

Die evolutorische Wirtschaft mit staatlicher Aktivität und Außenhandelsbeziehungen

Die deutsche Volkswirtschaft ist eingebettet in ein System vielfältiger internationaler Arbeitsteilung (vgl. S. 85) und wechselseitiger wirtschaftlicher Verflechtungen mit dem **Ausland**. Um das Kreislaufmodell noch wirklichkeitsnäher zu gestalten, wird es um folgende Prämissen erweitert:

- Inländische Unternehmen **importieren** Güter aus dem Ausland und leisten dafür Zahlungen.
- Inländische Unternehmen **exportieren** Güter an das Ausland und erhalten dafür ausländische Währung (Devisen), die sie in inländische Währung (Euro) umtauschen.

Die wirtschaftlichen Beziehungen zwischen In- und Ausland werden in der **Zahlungsbilanz** erfasst. Erbringt ein Land mehr Leistungen an das Ausland als es erhält, spricht man von einem **Exportüberschuss**, beansprucht es mehr Leistungen aus dem Ausland als es für das Ausland erbringt, entsteht ein **Importüberschuss**.

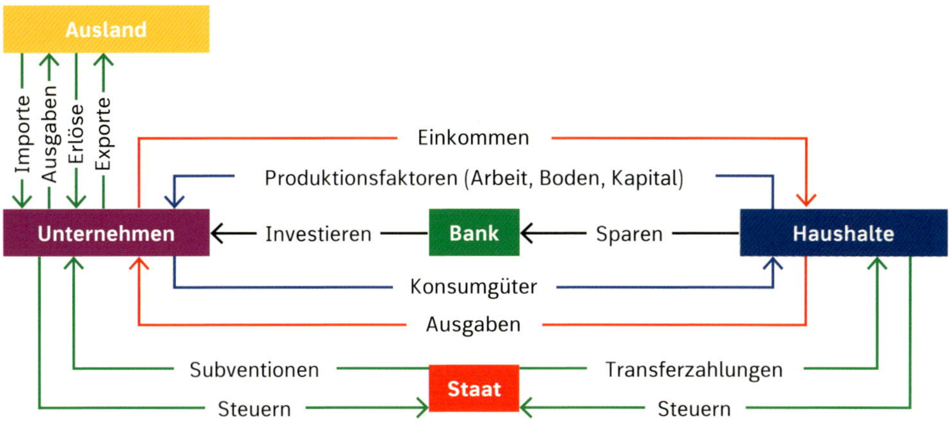

Zusammenfassung: Den Wirtschaftskreislauf nachvollziehen

- In der **stationären Wirtschaft** gibt es zwei Sektoren, die Haushalte und die Unternehmen.
  - Aufgabe der **Unternehmen** ist die Erzeugung von Sachgütern und Dienstleistungen.
  - Die **Haushalte** verwenden ihr gesamtes Einkommen für die Beschaffung der Güter bei den Unternehmen.
- In der **evolutorischen Wirtschaft** geben die Haushalte nicht ihr gesamtes Einkommen für Konsumgüter aus, sondern **sparen** einen Teil.
  - Die Sparguthaben werden bei den **Kreditinstituten** angelegt, die sie den Unternehmen für **Investitionen** zur Verfügung stellen.
- In der **evolutorischen Wirtschaft mit staatlicher Aktivität** werden zusätzlich die **Staatseinnahmen** und **Staatsausgaben** berücksichtigt.
- Die **evolutorische Wirtschaft mit staatlicher Aktivität und Außenhandelsbeziehungen** berücksichtigt zusätzlich den **Im- und Export.**

Aufgaben

1. *Erläutern Sie, warum man bei der Erklärung der Volkswirtschaft von stark vereinfachten Modellen ausgeht.*
2. *Erläutern Sie die Prämissen, die dem einfachen Wirtschaftskreislauf zugrunde gelegt werden.*
3. *Erläutern Sie die Erweiterung der Prämissen für*
   a) die evolutorische Wirtschaft,
   b) die evolutorische Wirtschaft mit staatlicher Aktivität,
   c) die evolutorische Wirtschaft mit staatlicher Aktivität und Außenhandelsbeziehungen.
4. *Stellen Sie das Modell der evolutorischen Wirtschaft grafisch dar und erläutern Sie die Geld- und Güterströme. Nutzen Sie auch eine Präsentationssoftware.*

LS

4 Den Ausbildungsbetrieb präsentieren

4.1 Arbeitsstrategien zielgerichtet einsetzen

Handlungssituation

Die Auszubildenden der Primus GmbH haben den Auftrag erhalten, auf einer großen Ausbildungsmesse in Düsseldorf die Primus GmbH auf einem Stand zu vertreten. Auf dem Stand ist auch eine kleine Präsentationsfläche für etwa 25 Zuhörer aufgebaut. Dort sollen die Auszubildenden zweimal täglich die Primus GmbH vorstellen und für Schulabgänger interessant machen. Nicole Höver bekommt die Gruppenleitung übertragen. Hoch motiviert eröffnet sie das erste Gruppentreffen: *„Das ist doch mal eine tolle Aufgabe! Lasst uns zunächst einmal Ideen zu den Inhalten unserer Präsentation sammeln. Dann versuchen wir, diese sinnvoll zu verknüpfen. Also: Was wissen wir über die Primus, was ist für Schulabgänger interessant? Kommt, schießt los ...!“* Daraufhin ergibt sich ein lebhaftes Durcheinanderreden, das Nicole zu moderieren versucht.

Arbeitsaufträge

- *Beschreiben Sie zumindest drei Bedingungen, die erfüllt sein müssen, damit kreative Ideenfindungsprozesse in Gruppen erfolgreich sein können.*
- *Sammeln Sie mögliche Inhalte, die Sie von Ihrem Ausbildungsbetrieb auf einer derartigen Messe präsentieren würden. Beschreiben Sie zudem, wie Sie sich diese Informationen beschaffen würden.*

■ Ideen sammeln und Informationen beschaffen

LF 13 Bei den meisten neuen beruflichen Aufgaben oder **Projekten** sollte man zunächst die **eigenen Ideen** bzw. die einer Arbeitsgruppe abrufen und festhalten.

Zudem ist es bei vielen Aufgaben im Unternehmen zunächst unerlässlich, Informationen zu sammeln und aufzubereiten. Dabei herrscht heutzutage kein Mangel an Informationen – vielmehr ist das Gegenteil der Fall: Die **Informationsmenge** ist durch das **Internet** in vielen Bereichen nahezu unerschöpflich. Die besondere Herausforderung besteht folglich in der zielgerichteten **Auswahl** (Selektion), **Verarbeitung** und **Nutzung** der Informationsquellen.

Eigene Ideen sammeln

Brainstorming

„Gehirnsturm“ übersetzt man wörtlich und kann sich darunter nicht so recht etwas vorstellen. Brainstorming ist ein Verfahren zur **Ideenfindung** und wird häufig zu Beginn von Gruppenarbeitsprozessen eingesetzt. Brainstorming ersetzt weder Allgemeinbildung noch Fachwissen, aber es kann helfen, kreative Ideen hervorzubringen. Wesentlich ist, dass jede Idee beim Brainstorming zunächst als gleich wertvoll betrachtet wird und keine Ideenbewertung stattfindet. Damit die Vorteile des Brainstormings zur Geltung kommen, sollte man auf die strikte Einhaltung bestimmter, einfacher **Regeln** achten:

- **Regel 1: Keine Kritik**
  Das Ziel des Brainstormings ist die Ideenfindung. Ideenkiller sind z. B. *„Das geht doch nicht!"*, *„Hört sich gut an, aber ..."*, *„Viel zu teuer"*, aber auch *„Das wurde schon gesagt"*.
- **Regel 2: Möglichst viele und wilde Ideen**
  Quantität geht beim Brainstorming vor Qualität. Originalität und Humor, sinnlose, verrückte und alberne Beiträge sind erwünscht.
- **Regel 3: Fortführen von Ideenansätzen**
  „Ideenklau", „Trittbrettfahren", „Rucksackideen", sonst verpönt, sind hier einmal ausdrücklich zum höheren Zweck eines gemeinsamen Ideensuchens erwünscht.

Ablauf eines Brainstormings	
Vorbereitung	Ein Protokollant (sammelt alle Ideen und schreibt sie für alle sichtbar auf) und ein Moderator (achtet auf Einhaltung der Regeln) müssen bestimmt werden. Das Problem, zu dem Ideen gesammelt werden sollen, wird für alle sichtbar aufgeschrieben.
Durchführung	Je nach Vereinbarung werden die Ideen einfach zugerufen (Normalfall) oder der Moderator erteilt das Wort (bei großen Gruppen). Der Protokollant schreibt alle Ideen stichwortartig auf. Das Brainstorming sollte zeitlich begrenzt werden (z. B. 15 Minuten) oder abgebrochen werden, wenn keine neuen Ideen mehr „sprudeln". Dazu können entweder digitale Tools verwendet werden oder klassische Karteikarten.
Auswertung	Damit die gesammelten Ideen für die weitere Problembearbeitung nützlich sind, müssen sie jetzt geordnet, gegliedert, überdacht und bewertet werden.

Beispiel Nicoles Gruppe führt ein Brainstorming zum Thema „Meinungen zur Ausbildung in Großhandelsunternehmen" durch. Es wird eine Vielzahl von Ideen gesammelt, die unterschiedliche Bereiche (z. B. Arbeitszeiten, Arbeitsplatz, Image, Vergütung) betreffen und noch geordnet werden müssen.

635-Methode

Die 635-Methode ist ebenfalls ein Verfahren zur Ideenfindung: Hierbei sollen **6 Teilnehmer 3 Ideen** (zu einem bestimmten Begriff oder zur Lösung eines Problems) in Zeitabschnitten von **5 Minuten** auf einem Formblatt notieren:

Begriff/Problemstellung			
Teilnehmer 1	Idee 1	Idee 2	Idee 3
Teilnehmer 2	Idee 1	Idee 2	Idee 3
Teilnehmer 3	Idee 1	Idee 2	Idee 3
Teilnehmer 4	Idee 1	Idee 2	Idee 3
Teilnehmer 5	Idee 1	Idee 2	Idee 3
Teilnehmer 6	Idee 1	Idee 2	Idee 3

In einem **ersten Durchgang** erhält jedes Gruppenmitglied ein Formblatt und trägt innerhalb von fünf Minuten in der ersten Zeile seine ersten drei Ideen ein. Die Blätter werden dann an den rechten Tischpartner weitergegeben. In dieser **zweiten Runde** wird die zweite Zeile bearbeitet usw. Der Prozess wird so lange fortgesetzt, bis die Formblätter vollständig ausgefüllt sind.

Die Schwierigkeit, eine derart **hohe Anzahl an Ideen** „produzieren" zu müssen, wird durch den Umstand gemildert, dass bei jedem Durchgang mehrere (fremde) Ideen bereits auf dem Formblatt stehen, die als **Anregungen** genutzt werden können und sollten.

Die 635-Methode bietet vielfältige **Vorteile**:

- Im Idealfall werden in 30 Minuten 3 × 6 × 6, also 108 Ideen hervorgebracht und schriftlich fixiert.
- Jeder kann in Ruhe nachdenken und wird dennoch aktiv beteiligt.
- Durch das Aufgreifen fremder Ideen bekommt man Denkanstöße.
- Bei der Methode unterbleibt eine Diskussion während der Ideenfindungsphase, sofern die Kritik an Einzelbeiträgen ausdrücklich ausgeschlossen wurde.
- Die Arbeit erfordert keinen Moderator.

Die Methode kann auch abgewandelt werden, z. B. in eine 524-Methode, bei der 5 Teilnehmer 2 Ideen in Zeitabschnitten von 4 Minuten auf einem Formblatt notieren.

Informationen aus Sachtexten herausfiltern

Im Gegensatz zu Texten, die Sie in Ihrer Freizeit lesen, wie z. B. Zeitschriften, Romanen oder Gedichten, kommt es bei der Arbeit mit Sachtexten darauf an, dass Sie die wesentlichen Informationen herausfiltern. Bei ausformulierten Sätzen ist der Großteil der Wörter jedoch ohne wesentlichen Informationsgehalt und daher nicht erinnerungswürdig. Deshalb kommt der **Reduktion** (= Verringerung auf das Wesentliche) eine entscheidende Bedeutung zu. Zur Textreduktion gibt es eine Vielzahl von Techniken, die – richtig angewandt – im Ergebnis zu einer effektiveren Textverarbeitung und zu einer nachhaltigen Informationsspeicherung führen.

Grundtechniken

Zu den Grundtechniken der Textarbeit gehören das Markieren, das Unterstreichen und das *Herausschreiben* von Schlüsselwörtern. So einfach und vertraut diese Techniken scheinbar sind, so häufig werden sie falsch eingesetzt, z. B. wenn Sie ganze Sätze oder gar Absätze markieren oder unterstreichen. Stattdessen sollten Sie nur die Wörter markieren, unterstreichen oder herausschreiben, die im Hinblick auf das zu lösende Problem oder die zu bearbeitende Fragestellung einen hohen **Informationsgehalt** haben. Solche Wörter sind in aller Regel **Substantive** und **Verben**. Wenn Sie sich auf die Markierung der wesentlichen Substantive nach dem Grundsatz „Weniger ist mehr" beschränken, werden diese Wörter zu Schlüsselwörtern, mit denen Sie die damit verbundene Information aus dem Gedächtnis „aufschließen" können. Zu umfangreiche Markierungen bieten Ihrem Auge und Ihrem Gedächtnis hingegen keinerlei **Entlastung**, sodass Sie ganze Textpassagen mehrmals lesen müssen, was unnötig Zeit kostet und zudem ziemlich langweilig ist.

Exzerpt

Ein Exzerpt ist eine umfangreichere Möglichkeit des Herausschreibens von Wesentlichem. Es ist ein schriftlicher, mit dem **Sachtext** übereinstimmender **Auszug**. Hier werden nicht nur einzelne Wörter, sondern die wesentlichen Aussagen, Erklärungen oder Meinungen erfasst. Es geht dabei um eine möglichst knappe und genaue **Wiedergabe**. Auch hier gilt der Grundsatz, dass Sie nur die Stellen herausschreiben sollten, die im Hinblick auf die zu bearbeitende Aufgabe von Belang sind.

Informationsgewinnung im Internet

Informationen finden

Damit Sie sich im World Wide Web (www) bewegen („surfen“) können, brauchen Sie neben der notwendigen Hardware und einem Internetprovider ein spezielles Programm; einen sog. Web-Browser. „Mozilla Firefox“, „Google Chrome“, „Safari“ und „Microsoft Edge“ sind die derzeit bekanntesten. Die Programme sind sich in Bedienung und Funktionsumfang recht ähnlich. Beispielhaft soll hier die „Firefox“-Oberfläche vorgestellt werden.

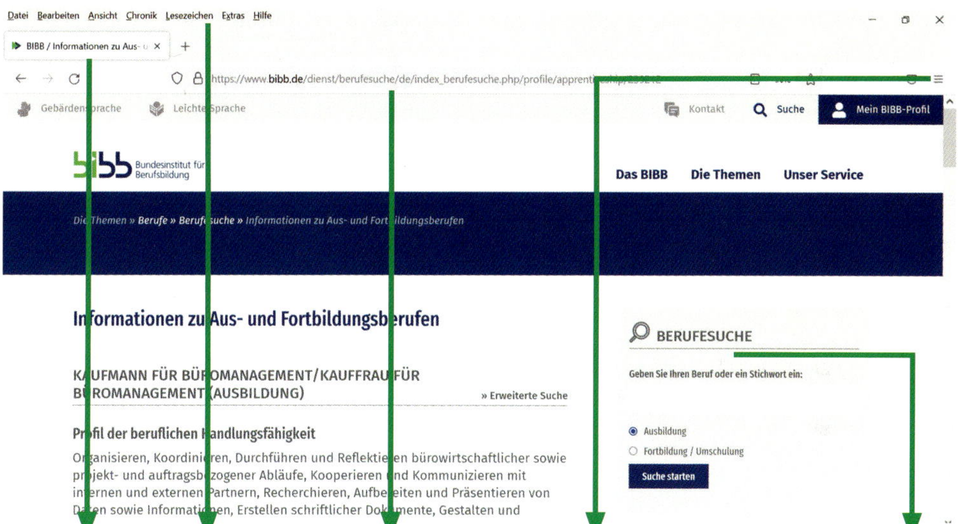

Titel-Tab	Menüleiste	Adressfeld	Werkzeuge	Link
Enthält den Namen der Seite	Zum Aufruf von Programmfunktionen	Zur Eingabe und Ansicht von Adressen	Buttons für wichtige Befehle/Funktionen	Bilder oder hervorgehobene Worte, die bei Mausklick auf eine andere Seite führen

Eine Seite zurück bzw. eine Seite vor	Favoriten = vom Nutzer gespeicherte Seiten	Verlauf des Seitenaufrufs	Neuladen der aktuellen Seite	Suchfunktion	Aufruf der Startseite

Informationssuche mit Suchmaschinen

Suchmaschinen sind spezielle Systeme im Netz, die Ihnen helfen, Informationen zu einem vom Benutzer bestimmten Stichwort zu finden. Hier die Adressen einiger Suchmaschinen:

Suchmaschinen	Adressen	Suchmaschinen	Adressen
Google	www.google.de	StartPage	www.startpage.com
Bing	www.bing.com	DuckDuckGo	duckduckgo.com

Suchmaschinen sind recht ähnlich aufgebaut.

Beispiel Das folgende Beispiel zeigt die Eingabemaske der Suchmaschine StartPage.

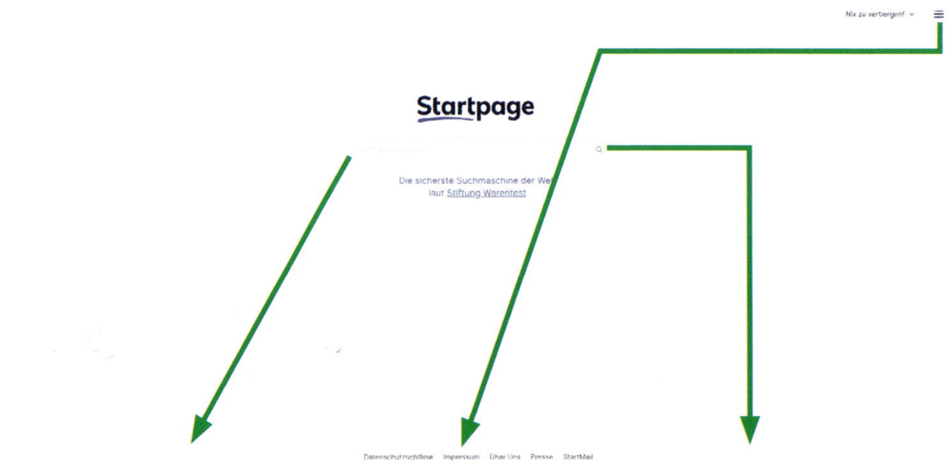

Eingabefeld für die gesuchten Stichworte	Hinweise, wie die Suche erweitert bzw. eingegrenzt werden kann	Links zu den gesuchten Stichworten: erscheinen nach Klick auf die Lupe in neuem Fenster

Informationen auswählen

Die Qualität und Glaubwürdigkeit von Informationen aus dem Internet ist überaus unterschiedlich. Nicht alle Internetseiten sind seriös und es gibt keine **Kontrollinstanz** für Veröffentlichungen im Internet. Man wird daher auch auf unbewusste oder bewusste **Fehlinformationen** treffen, die zuweilen auch mit **betrügerischen Absichten** verbunden sind. Wie eine Seite in ihrer **Aufmachung** zu beurteilen ist, hängt vom jeweiligen Nutzer und dessen Interessen (z. B. nüchterne Informationen, Anschauung über Bilder, Unterhaltung über Animationen usw.) ab. Dennoch gibt es einige **Prüfkriterien**, anhand derer man die Seriosität einer Seite und damit auch die Glaubwürdigkeit und Güte der dort hinterlegten Informationen abschätzen kann:

Allgemeine Glaubwürdigkeit
- Wer betreibt die Seite/wer ist Autor/-in der Informationen?
- Handelt es sich um eine bekannte/renommierte Quelle, etwa eine angesehene Fachzeitschrift oder eine staatliche Institution?
  → Informationen dazu, gibt es im (vorgeschriebenen) Impressum der Website.

Formale Kriterien	Inhaltliche Kriterien
– **Sorgfalt:** Rechtschreibfehler, Brüche im Schreibstil und/oder den Formatierungen sollte es nicht geben. – **Benutzerfreundlichkeit:** Ist es leicht, sich zu orientieren und auf den unterschiedlichen Ebenen einer Website zu navigieren? Ist die Navigation schnell oder wird sie durch unnötige Effekte oder Werbung gestört? – **Aktualität:** Websites sollten regelmäßig aktualisiert oder überarbeitet werden. – **Quellen:** Werden Informationen durch Quellenverweise, korrekte Zitierweise und/oder Links belegt?	– **Genauigkeit:** Sind die Informationen präzise und eindeutig? – **Umfang:** Sind die Informationen hinreichend oder bleiben viele wichtige Fragen offen? Gibt es eine Link-Sammlung? Werden weniger wichtige Aspekte zu umfänglich dargestellt?Eng damit zusammen hängt die Frage der ... – **Zielgruppengerechtheit:** Wird deutlich, an wen sich das Informationsangebot richtet? Ist es entsprechend ausgerichtet – etwa in der Verwendung von Fachbegriffen, Sachlichkeit, Verständlichkeit?

■ Wissen einprägen und verknüpfen

Memorierungsstrategien

Memorierungsstrategien dienen der effektiven Wiederholung von neu erworbenem Wissen. Dazu gibt es eine Vielzahl von Strategien und Techniken, die eines gemein haben: Die Wiederholungen sind stets mit einem aktiven Prozess verbunden, bei dem man das zu lernende Wissen in irgendeiner Form anwendet.

Beispiel Das mehrmalige Durchlesen ohne eine Markierungstechnik oder Ähnliches (siehe oben: Grundtechniken) oder das schlichte Abschreiben von Sachtexten gehört zwar auch zu den Wiederholungsstrategien; die Lerneffekte bleiben in aller Regel aber gering, da zu wenig aktive Auseinandersetzung mit dem Wissen stattfindet.

Die Lernkartei

Die Lernkartei basiert auf dem Prinzip der vertiefenden Wiederholung.

Schritt 1: Der zu lernende Stoff wird zerlegt, indem auf der Vorderseite jeder Karteikarte eine Frage, Aufgabe oder Vokabel etc. notiert wird. Die Rückseite enthält die Antwort, Lösung oder Übersetzung. Wichtig: Pro Karte gibt es nur eine Frage/Aufgabe.

Schritt 2: Es beginnt Ihr Übungs- bzw. Kontrollprozess, der über fünf Stufen erfolgt. Sie lesen die Vorderseite der ersten Karte. Wenn Sie die Löung wissen, wandert die Karte in Abteilung 2 der Lernkartei. Ist dies nicht der Fall, bleibt die Karte in Abteilung 1. Sie darf erst weiterwandern, wenn die Lösung bekannt ist. Ziel ist es, alle Karten in Abteilung 5 zu befördern. Alle Karten werden auf diese Weise zumindest fünfmal wiederholt; Karten, die „nachsitzen" mussten, entsprechend häufiger.

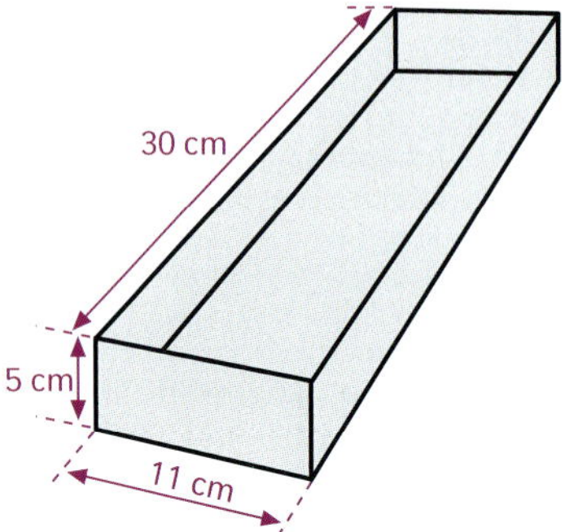

Die Grundform

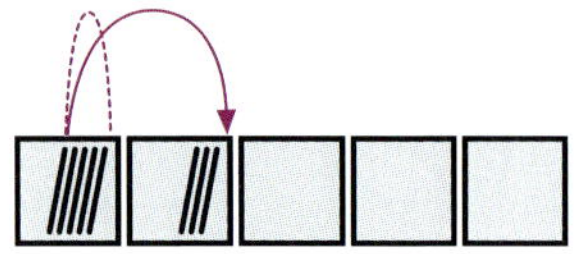
Wanderwege unseres Lernstoffes

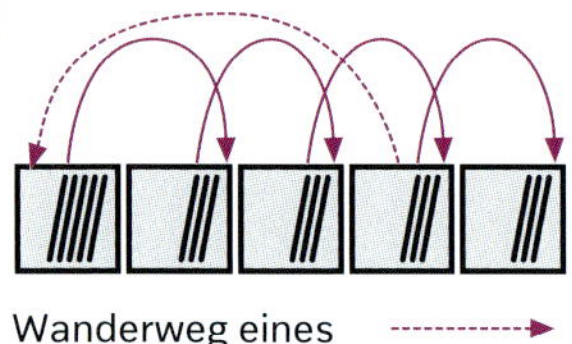

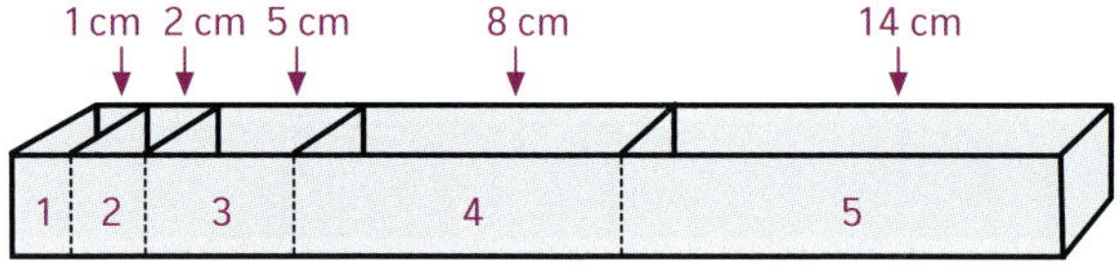

So wird der Kasten eingeteilt.

Die Lernkartei hat vielfältige **Vorteile**:

- Die Lerngeschwindigkeit und die Anzahl der Wiederholungen werden durch den Lerner selbst bestimmt.
- Der Lernprozess kann beliebig oft unterbrochen und wieder aufgenommen werden.
- Die Lernkartei bietet eine permanente, unmittelbare und sichtbare Kontrolle über den aktuellen Wissensstand.
- Die Methode ist zur Vorbereitung auf Prüfungen geeignet, bei denen die Wiedergabe von Wissen im Vordergrund steht.

Lernkarteien kann man auch mithilfe von (häufig kostenlosen) **Programmen** bzw. **Apps** erstellen.

Das Lernplakat

Lernplakate sind selbst erstellte, einprägsame **Darstellungen der wesentlichen Inhalte** aus einem Lerngebiet. Sie dienen zur vertiefenden Wiederholung, z.B. bei der Vorbereitung auf Prüfungen.

In jedem guten Lehrbuch finden sich heutzutage brauchbare Übersichten zu den wichtigsten Lerninhalten. Diese kann man auch für ein Lernplakat nutzen. Einprägsamer sind aber in jedem Fall **selbst erstellte Übersichten**, da bei der eigenen Erstellung bereits der größte Teil gelernt wird.

Für Lernplakate nutzt man oft große Blätter (DIN A3 und größer) und Farbstifte. Lernplakate sind im Prinzip große **Spickzettel**, bei deren Erstellung ja auch sehr viel gelernt wird. Für Spickzettel und Lernplakat gilt gleichermaßen:

- Wichtige **Stichworte (Schlüsselwörter)** oder kurze Sätze sind ganzen Textpassagen vorzuziehen.

- Wenn möglich, ganz auf Text verzichten, denn: „Ein Bild sagt mehr als tausend Worte."
- Die Verwendung möglichst vieler Bilder, Grafiken, Diagramme und Symbole dient auch der **Darstellung von Zusammenhängen**.
- Wenn Text eingesetzt wird, dann sollte er gut lesbar sein.

Lernplakate dienen zur vertiefenden Wiederholung. Auch wenn es heutzutage eine Menge digitaler Tools gibt, die bei der Erstellung eines Lernplakats unterstützen, erzielt ein **handschriftlich erstelltes Lernplakat oftmals einen höheren Lernerfolg**, weil es insgesamt zu einer aktiveren Auseinandersetzung mit dem Lernstoff auffordert.

Elaborationsstrategien

Um Wissen nachhaltig abzuspeichern und flexibel nutzen zu können, muss es **mit vorhandenen Gedächtnisinhalten verknüpft werden** oder auf andere Weise mit „Wert" versehen werden. Man spricht hierbei von Elaborationsstrategien, die eine vertiefte Informationsspeicherung unterstützen sollen.

Mindmapping

Das Mindmapping ist eine Lern- und Arbeitsstrategie, mit der Ideen und Wissen verknüpft werden können. Als Ergebnis kommt eine bildhafte Darstellung heraus, die der Funktionsweise des menschlichen Gehirns besonders entgegenkommt. Die folgenden Empfehlungen sollen als Hilfestellung und Anregung dienen.

Grundstruktur

Das **Thema** der Mindmap wird in den Mittelpunkt eines quer gelegten Blattes geschrieben und durch eine Umrahmung optisch hervorgehoben. Von dort gehen zunächst **Hauptäste** ab, die das Thema in seine Teilbereiche untergliedern. Von diesen Hauptästen gehen weitere **Verzweigungen** ab, die Gedanken zu dem jeweiligen Teilbereich aufnehmen.

Empfehlungen und Hilfestellungen

- Nutzen von Schlüsselwörtern und Bildern.
- Die Wortlänge sollte der Zweiglänge entsprechen.
- Deutlich (Druckschrift) schreiben, insbesondere wenn andere die Map „lesen" sollen.
- Die Zweige sollten verbunden sein, sodass Gedankenketten nicht unterbrochen werden.
- Nutzen von grafischen Mitteln zur Veranschaulichung.

Beispiel

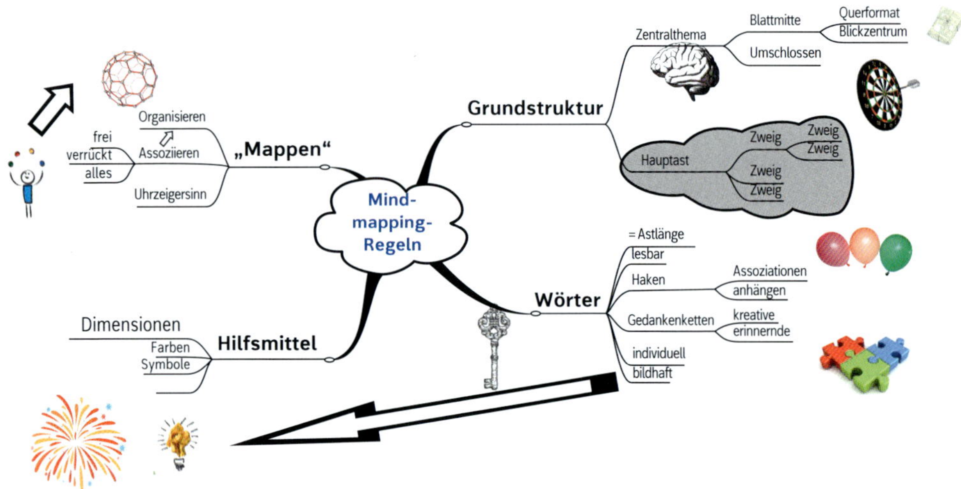

Vorteile

- Das zentrale Thema steht auch tatsächlich im Zentrum der Aufzeichnung.
- Der „rote Faden“ bleibt durch die Grundstruktur einer Mindmap stets erhalten. Wichtige Ideen finden sich in der Nähe des Zentrums, weniger wichtige eher am Rande.
- Die nach allen Seiten offene Struktur einer Map ermöglicht es, nahezu beliebig viele Ergänzungen vorzunehmen, ohne dass der Überblick verloren geht.
- Durch die Nutzung von Schlüsselwörtern können sehr viele Gedanken in kurzer Zeit auf engstem Raum dargestellt werden.
- Jede Map ist einzigartig. Der oder die Ersteller können sich daher leichter und nachhaltiger an die Map erinnern.

Anwendungsbereiche für das Mindmapping

Mindmapping kann überall dort sinnvoll eingesetzt werden, wo Informationen gewonnen und strukturiert werden sollen:

- Ideensammlung: *„Was fällt mir/uns alles ein zum Thema x?“*
- Ermittlung des persönlichen Wissensstandes: *„Was weiß ich/wissen wir noch zum Thema y?“*
- Vorbereitung von Referaten: *„Wie gliedere ich mein Referat? Welcher Aspekt gehört wohin?“*
- Mitschreiben von Vorträgen, z. B. von Mitschülern oder Lehrern
- Unterstützung von Präsentationen: Mindmaps sind eine sehr gute Hilfe für Vortragende und können auch als visuelle Hilfe für die Zuhörer eingesetzt werden.
- Prüfungsvorbereitung

- Auch bei der Textbearbeitung ist das Mindmapping eine sehr geeignete Methode. Die Struktur und die Zusammenhänge der Schlüsselwörter können übersichtlich abgebildet werden.

Beispiel

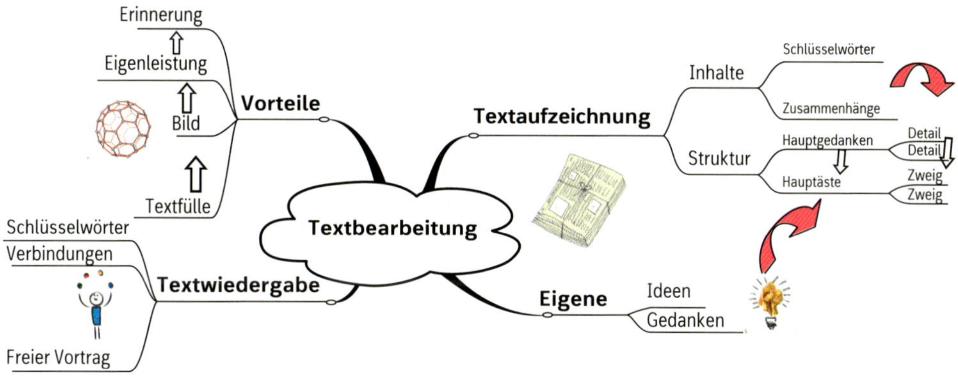

SQ3R (5-Schritt-Methode)

Gerade bei der Arbeit mit längeren Texten und Fachbüchern kommt dem systematischen Lesen eine entscheidende Bedeutung zu. Fehlt es an Systematik, so wird unnötig viel Text gelesen und die Konzentration auf das Wesentliche leidet. Ziel der Methode ist es, eine bessere Behaltensquote beim Lernen zu erzielen. Die Buchstaben SQRRR stehen für 5 **Schritte**, nach denen vorgegangen werden soll:

(1) Überblick gewinnen (*Survey*)

- Überfliegendes Lesen des gesamten Textes
- (Bei Buch) genaues Lesen von Klappentext, Inhaltsverzeichnis, Zusammenfassungen u. Ä.

↓

(2) Fragen stellen (*Question*)

Formulieren von Fragen, die der Text beantworten soll
- Was bedeutet der Begriff ...?
- Worin besteht der Unterschied zwischen ...?
- Welche Vor- und Nachteile gibt es?
- (...)

↓

Vor-denken

(3) Gezieltes Lesen (*Read*)

- Der Text wird gezielt auf die Fragen hin gelesen.
- Textbearbeitungstechniken (unterstreichen, markieren, herausschreiben usw.) einsetzen

→ **Mitdenken**

↓

(4) Wiederholen des Gelesenen (*Recite*)

- (Schriftliche) Beantwortung der Fragen aus dem Gedächtnis, also ohne Einblick in den Text
- ggf. Zusammenfassung schreiben

↓

(5) Rückblick und Überprüfung (*Review*)

- Kontrolle des Arbeitsergebnisses aus (4) anhand des Textes
- Falls nötig: Berichtigungen vornehmen, Zusammenfassung schreiben, Zusammenhänge (bildlich) verdeutlichen

→ (4) und (5): **Nachdenken**

Zusammenfassung: Arbeitsstrategien zielgerichtet einsetzen

- Zur **Ideenfindung** bietet sich ein **Brainstorming** an. Dabei werden möglichst viele Ideen „wild" gesammelt. Bei der **635-Methode** wird auf mündliche Beiträge verzichtet und dennoch wird man von den anderen Gruppenmitgliedern angeregt.
- Zur aktiven **Bearbeitung** von **Sachtexten** stehen Ihnen zahlreiche Methoden zur Verfügung: neben den **Grundtechniken** z. B. das **Exzerpt**. Durch alle Methoden können Sie die wesentlichen Informationen eines Textes besser herausfiltern und nachhaltiger lernen.
- Das **Internet** ist für Sie eine schier unerschöpfliche Quelle bei der Suche nach Informationen. Der zielgerichtete Einsatz von **Suchmaschinen** ist dabei eine unverzichtbare Voraussetzung.
- Informationsangebote im Internet sollten kritisch geprüft werden.
- Zur vertiefenden Wiederholung von Lerninhalten und insbesondere zum Faktenlernen stellen die **Lernkartei** und das **Lernplakat** effektive Methoden dar.
- Beim **Mindmapping** werden Wissensbestände bzw. Informationen miteinander verknüpft. Die Methode ist vielfältig einsetzbar und unterstützt nachhaltiges Lernen.
- Die **SQ3R (5-Schritt-Methode)** eignet sich sehr gut zur Bearbeitung von längeren Texten.

Aufgaben

1. *Beschreiben Sie Gemeinsamkeiten und Unterschiede der Methoden „Brainstorming" und „635-Methode".*

2. *Finden Sie im Internet Informationen zu Unternehmen (suchen Sie deren Adressen mit einer Suchmaschine) Ihrer Region. Prüfen Sie, ob und in welchen Berufen diese Unternehmen ausbilden. Beurteilen Sie die Seiten hinsichtlich der Aspekte Informationswert und Übersichtlichkeit.*

Unternehmen (Internetadresse)	Informationen, die auf der Seite gegeben werden	Meine Beurteilung der Seite (mit Begründung)

3. *Informieren Sie sich über drei verschiedene Suchmaschinen Ihrer Wahl, die Sie bei einer Internetrecherche verwenden können. Benennen Sie dabei Funktionsprinzipien und Besonderheiten.*

4. *Erstellen Sie ein Lernplakat oder Lernkarteikarten für eine der kommenden Klassenarbeiten.*

5. *Fertigen Sie in Einzel-, Partner- oder Gruppenarbeit eine Mindmap zum Thema „Ausbildungzum Kaufmann/zur Kauffrau für Büromanagement" (vgl. S. 19 ff.) an.*

4.2 Professionell präsentieren

Handlungssituation

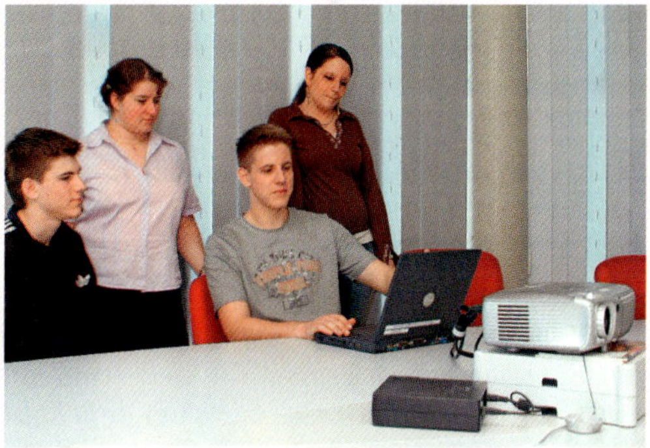

Nach drei Wochen haben Nicole Höver und ihre Gruppe alle benötigten Informationen gesammelt und bearbeitet. Nun gilt es, die erste Präsentation vorzubereiten, die von allen mit etwas Nervosität erwartet wird. Die Gruppe kann dabei auf eine Vielzahl von Medien und Materialien zurückgreifen. *„Wir sollten alles mit ‚Power-Point' machen"*, meint Andreas Dick, der sich mit dem Programm auch gut auskennt. Nicole erwidert: *„Schön und gut – lasst uns aber bitte noch zuvor andere Möglichkeiten prüfen. Ich denke, allein durch ‚PowerPoint' ist der Erfolg unserer Präsentation noch nicht gesichert."*

Arbeitsaufträge

- *Sammeln Sie in Ihrer Gruppe Merkmale für eine gelungene Präsentation.*
- *Fertigen Sie eine Liste mit Präsentationsmedien und deren Vor- bzw. Nachteilen an.*

Präsentationsvorbereitung

Jede Präsentation kann in drei Phasen gegliedert werden:

Einstieg ⇨ Hauptteil ⇨ Schluss

Jede dieser Phasen erfüllt wichtige Funktionen und muss daher gut geplant werden.

Jeder Mensch benötigt zu Beginn einer Präsentation ein wenig Zeit, um **Konzentration** aufzubauen. Außerdem ist es für den Zuhörer angenehm, wenn er weiß, mit wem er oder sie es zu tun hat und was von der Präsentation zu erwarten ist. Gelingt es dann noch, durch eine interessante **Leitfrage** oder eine humorvolle Bemerkung eine **positive Stimmung** und **Interesse** herzustellen, ist ein idealer Einstieg geschaffen.

Wirkungsvoller Einstieg: „Interesse wecken und Orientierung schaffen“

- Sich selbst vorstellen
- Ziel der Präsentation
- Gliederung der Präsentation
- Sonstiges: z. B. zentrale Frage, Witz, Zitat

Beispiel Nicole Höver beginnt die Präsentation mit einer kurzen Vorstellung ihrer Gruppe und erzählt, wie unentschlossen sie selbst bei der Wahl ihres Ausbildungsberufes war und dass sie beinahe Tierpflegerin geworden wäre. Dadurch fühlen sich die Schulabgänger in ihrer eigenen Situation verstanden und für ein Schmunzeln wurde auch gesorgt.

Der **zielgerichteten Auswahl** der **Präsentationsinhalte** kommt eine Schlüsselstellung zu. Oftmals fällt es schwer, mühsam gesammeltes oder erarbeitetes Material in der Präsentation nicht einzusetzen. Dieser Verzicht ist jedoch nötig, um die **Aufnahmefähigkeit** der Zuhörer nicht zu überfordern. Stattdessen sollten **ausgewählte Inhalte** so aufbereitet werden, dass dem Zuhörer ein klares Bild vermittelt wird und der Zusammenhang zwischen den Präsentationsteilen (= „roter Faden“) deutlich bleibt.

Klarer Hauptteil: „Weniger ist mehr“

- Was sollte unbedingt gesagt werden?
- Was können wir weglassen?
- Wie können wir einen „roten Faden“ behalten?
- Welche Medien brauchen wir?

Damit die Zuhörer am Ende der Präsentation noch eine **Gedächtnisstütze** haben und den **Gesamtzusammenhang** verdeutlicht bekommen, empfiehlt sich zur Abrundung eine **Zusammenfassung** der wesentlichen Inhalte. Auch können die Zuhörer dazu ermuntert werden, Fragen zu stellen oder Kommentare zu geben. Schließlich ist es eine Geste des Anstandes, sich bei den Zuhörern für ihre Aufmerksamkeit zu bedanken.

Runder Schluss: „Eine gute Präsentation hat ein gutes Ende verdient“

- Zusammenfassung
- Offene Fragen
- Weitere Vorhaben
- Zu einer Diskussion ermutigen
- Danken

Beispiel Andreas Dick, der die Präsentation beendet, weist zum Schluss noch einmal auf die vielfältigen Möglichkeiten hin, die sich nach der Ausbildung im Büromanagement ergeben. Er berichtet den Zuhörern über seine Pläne nach der Ausbildung und ermuntert sie zu Nachfragen.

■ Durchführung einer Präsentation

Jede Präsentation und insbesondere solche, die vor einem fremden Publikum stattfinden, stellen schwierige Situationen dar, bei denen viele Lampenfieber verspüren. Deshalb gilt es einige Hinweise zu beachten, die für die Zuhörer und für die Vortragenden eine erhebliche **Entlastung** und damit eine **Entspannung** herbeiführen können.

Wirkungsvolle Eröffnung

Bereits vor der eigentlichen Eröffnung einer Präsentation kann man zu ihrem Gelingen beitragen, indem man sich dem Anlass und der Zielgruppe entsprechend **angemessen kleidet**, wobei darauf geachtet werden sollte, dass man sich in „seiner Haut" wohlfühlt. Gerade wenn man zu mehreren präsentiert, ist es leicht, sich z. B. mit ein paar humorvollen Bemerkungen vor einer Präsentation **positiv einzustimmen**. Aus einer **entspannten Stimmung** heraus gelingt eher ein **souveräner Start**. Daher wird auch empfohlen, zu Beginn eines Vortrags zunächst einmal **Blickkontakt** zu einem vertrauten und/oder sympathischen Menschen im Publikum aufzunehmen, bevor man dann den Blick schweifen lässt.

Schließlich gibt es einige **„Selbstverständlichkeiten"**, auf die geachtet werden sollte:
- Die Präsentation beginnt pünktlich.
- Die Vortragenden tragen i. d. R. keine Kopfbedeckung.
- Die Vortragenden kauen kein Kaugummi oder Ähnliches.

Gelungener Vortrag

Ein guter Vortrag ist sicher eine der wirkungsvollsten Unterstützungen bzw. eine entscheidende Voraussetzung für das Gelingen einer Präsentation. Selbst die interessantesten Inhalte und der geschickteste Medieneinsatz können nur dann zum Erfolg führen, wenn die Erläuterungen für das **Publikum angenehm und anregend** sind. Dies zu erreichen, ist eine anspruchsvolle Aufgabe, die jedoch durch Übung bewältigt werden kann. Die folgenden **Tipps** sind für Präsentationen hilfreich:

Sinnvoller Medieneinsatz

Für Visualisierungen stehen eine **Vielzahl geeigneter Medien** zur Verfügung. Dadurch kommt der zielgerichteten **Auswahl** und dem professionellen **Einsatz** eines bestimmten Mediums eine Schlüsselstellung zu. Wird das falsche Medium eingesetzt oder werden „handwerkliche“ Fehler bei dessen Einsatz gemacht, wird eine Präsentation nicht unterstützt, sondern gestört. Das Gleiche gilt, wenn Visualisierungen übertrieben werden (sog. „**Medienzauber**“).

Für alle eingesetzten **Medien** gilt, dass der **Blickkontakt** zu den **Zuhörern** stets erhalten bleiben sollte. Wenn sich der/die Vortragende dem Medium zuwendet – sei es eine Projektionsfläche, ein Flipchart oder eine Pinnwand –, ist er oder sie schlecht zu verstehen und verliert den Kontakt zum Publikum.

Bei Präsentationen über einen **Beamer**, ein **Display** oder eine **interaktive Tafel** besteht die Gefahr, dass sämtliche Informationen auf Folien (Charts) gebracht werden und der/die Vortragende letztlich eine hohe Zahl an Folien vorliest. Um eine solche sehr ermüdende „Folienflut“ zu vermeiden, empfiehlt es sich, nur ausgewählte Inhalte in knapper Form darzustellen.

Visualisieren mit digitalen Präsentationsmedien (z. B. Beamer oder Display)

- Ideal einsetzbar bei vielen Zuhörern

Beachte

- Wenige Informationen auf eine Folie
- Ausreichende Schriftgröße sichern
- Auf die Folie bzw. den PC/das Notebook zeigen, zu den Zuhörern sprechen
- Präsentation bei Nichtgebrauch ausblenden

Es gibt mittlerweile fast grenzenlose **technische Möglichkeiten**, Visualisierungen an einer Projektionsfläche oder einer interaktiven Tafel zusätzlich anzureichern. Einzelne Informationen können auf unterschiedliche Weise ein- und ausgeblendet werden, visuelle und auditive Effekte sorgen zuweilen für eine besondere Lenkung der Aufmerksamkeit und für eine eindrucksvolle Hervorhebung von Inhalten.

Beispiel Emilio Lanzetti, Experte für PowerPoint, hält in der Klasse ein Referat zu *„Das System der dualen Berufsausbildung"* und zeigt dabei, was das Programm für Möglichkeiten hat. Die Klasse ist wegen der zahlreichen Effekte begeistert. Als die Lehrerin im Anschluss an das Referat einige inhaltliche Fragen stellt, zeigt sich, dass kaum jemand etwas gelernt hat.

■ Präsentationen in Online- und Hybridformaten

Immer mehr Unternehmen setzen auf Arbeitszeitmodelle, bei denen das Homeoffice ein fester Bestandteil ist. Auch kann es vorkommen, dass nicht alle Teilnehmer einer Präsentation am selben Standort arbeiten oder die persönliche Teilnahme an einer Präsentation zu aufwendig ist. In solchen Fällen werden Präsentationen in reinen **Online- oder Hybridformaten** durchgeführt. Beim hybriden Format einer Präsentation sind einige Teilnehmer vor Ort (offline), während andere die Präsentation an einem anderen Ort online am Bildschirm verfolgen.

Die grundsätzliche Vorgehensweise bei Präsentationen ist immer ähnlich. Es geht darum, die wesentlichen Ergebnisse und Erkenntnisse adressatengerecht, präzise und richtig vorzustellen. Es gibt jedoch einige deutliche **Unterschiede zwischen einer Online- und Offlinepräsentation**:

- Bei der Onlinepräsentation stehen die Inhalte des Vortrages deutlicher im Fokus.
- Körpersprache und Mimik haben weniger Bedeutung.
- Stimme und souveräne Sprache sind hingegen wichtiger.
- Persönliche Kontakte sind deutlich reduziert und weniger wichtig.

Vorbereitung

Eine erfolgreich onlinegestützte Projektpräsentation per Videokonferenz erfordert neben einer guten inhaltlichen Vorbereitung auch, dass technische Voraussetzungen und Rahmenbedingungen im Blick sind.

Dies beginnt bereits mit der Auswahl der geeigneten Software eines Videokonferenztools. Alle Teilnehmerinnen und Teilnehmer sollten im Umgang mit der Software vertraut und über einen **Internetzugang mit entsprechenden Bandbreiten** verfügen.

Bei Onlinepräsentationen mit Videokonferenztools gehen aufgrund der kleinen Sprecherfenster und bildschirmfüllenden Präsentationen viele Information verloren, die sonst per Mimik und Gestik transportiert werden. Deshalb **sind eindeutige Botschaften, kurze Sätze und klare Informationen** wichtig. Diese produziert man zumeist nicht spontan, sondern nach gewissenhafter und solider Vorbereitung.

Durchführung

Folgende Tipps helfen dabei, dass eine Onlinepräsentation professionell wirkt und ihre gewünschte Wirkung entfaltet.

Tipp 1: Blickkontakt zur Kamera halten

In einem direkten Gespräch schaut man seinem Gegenüber in die Augen. Tut man dies bei einer Videokonferenz, kommt dies beim Publikum auf deren Bildschirmen irgendwo in Brusthöhe an. Deshalb sollte man **immer in die Kamera schauen**. So fühlen sich die Gegenüber angesprochen und selbst erhält man eher die gewünschte Aufmerksamkeit.

Tipp 2: Ein aufgeräumter und klarer Hintergrund wirkt professionell

Ein passender **Hintergrund sollte aufgeräumt wirken und nicht vom Vortrag ablenken**. Ein solcher Hintergrund steht für Klarheit und Seriosität – und genau diese Eigenschaften sollten im Moment der Präsentation im Vordergrund stehen. Eine leere Wand oder ein aufgeräumtes Bücherregal können geeignete Hintergründe für eine online durchgeführte Präsentation sein.

Tipp 3: Auf gute Tonqualität achten

Um die Aufmerksamkeit aller Teilnehmer zu erhalten, empfiehlt es sich, mit einem Headset zu arbeiten. Diese verfügen über Mikrofone mit einer guten Qualität. Zudem werden Rückkopplungen vermieden.

Praxistipp

Bei Sprechpausen während einer Videokonferenz sollte man sein Mikrofon abstellen. Dadurch wird vermieden, dass ungewünschte Nebengeräusche in die Videokonferenz übertragen werden.

■ Zielgerichtete Auswertung und Feedback

Größere Präsentationen, die z.B. von einer Gruppe durchgeführt werden, können im Vorfeld durchaus einmal geprobt werden, um die Bewährung des vorbereiteten Ablaufs, den zeitlichen Umfang einzelner Präsentationsteile oder auch die Eignung der eingesetzten Medien zu testen.

Unabgängig davon, ob Sie einen „Probelauf" oder den „Ernstfall" durchführen, sollten Sie jede Präsentation ausführlich auswerten, um sich **Stärken** bewusst zu machen und **Schwächen** in Zukunft zu beheben:

Beispiel

Leitfragen	Bewertung in Schulnoten				
	1	2	3	4	5
▪ Wurde die Zielsetzung erreicht?					
▪ Hat sich der Ablauf bewährt?					
▪ Wie war die Güte der einzelnen Phasen?					
– Einstieg					
– Hauptteil					
– Schluss					
▪ Wie sicher haben die einzelnen Vortragenden gewirkt?					
– Petra					
– Nicole					
▪ Ist die Abstimmung und die gegenseitige Unterstützung zwischen den Vortragenden gelungen?					
▪ Haben sich die eingesetzten Medien bewährt?					

Damit eine Auswertung ergiebig verläuft, kann ein solcher Bewertungsbogen nur Ausgangspunkt für ein konkretes **Feedback** an den oder die Einzelne(n) sein. Hier ist es sehr wichtig, dass **konstruktive** – also aufbauende – **Rückmeldungen** gegeben werden.

Jemanden zu belehren (z.B.: *„Das musst du so und so machen, das ist doch ganz klar"*, *„Ich mache das aber immer so und so …"*), nützt dem Empfänger der Rückmeldung gar nichts.

Das Feedback an die einzelnen Vortragenden sollte konstruktiven Feedback-Regeln folgen:

Grundregel: Jedes Feedback sollte positive Aspekte enthalten. Oft ist es sinnvoll, diese zu Beginn zu beschreiben.

Beispiel *„Du hast bei deiner Präsentation oft Blickkontakt zu verschiedenen Leuten aus dem Publikum aufgenommen. Das fand ich sehr souverän."*

Für die Art und Weise, wie ein Feedback formuliert werden soll und wie ein Feedback-Nehmer reagieren sollte, gelten die folgenden Regeln.

Regeln für ein konstruktives Feedback:

Feedback geben	Feedback nehmen
– Ich-Botschaft – Feedback-Nehmer direkt ansprechen – konkret beschreiben (statt werten) – kurz (statt ausschweifend) Beispiele – *„Ich habe gesehen/gehört, dass du …“* – *„Das wirkt auf mich …“*	– nachfragen – klären – nicht rechtfertigen Beispiele – *„Kannst du das noch mal genauer beschreiben?“* – *„Wann genau/Wie lange habe ich das gemacht?“* – *„Wieso empfindest du das als Zeichen von …?“*

Zusammenfassung: Professionell präsentieren

- Für die erfolgreiche Gestaltung einer Präsentation kommt deren gründlicher **Vorbereitung** eine Schlüsselstellung zu.
- Die Beachtung bewährter **Tipps für die Durchführung einer Präsentation** kann Ihr Lampenfieber mildern und wesentlich zum Erfolg beitragen.
- Präsentationen sollten stets durch geeignete **Visualisierungen** angereichert werden. Dabei sollten die einzelnen **Präsentationsmedien** (Flipchart, Pinnwand, Notebook und Beamer usw.) zielgerichtet ausgewählt und professionell genutzt werden.
- Präsentationen können auch **online** oder in **hybriden Formaten** erfolgen.
- Jeder Präsentation sollte eine ausführliche **Auswertung** folgen. Nur auf diese Weise können Stärken und Schwächen genutzt und zukünftige Präsentationen verbessert werden.
- Ein konstruktives **Feedback** stärkt den Feedback-Nehmer und hilft ihm ganz konkret, sich zu verbessern.

Aufgaben

1. *Erläutern Sie die Bedeutung einer intensiven Vorbereitung von Präsentationen und beschreiben Sie deren Hauptbestandteile.*
2. *Stellen Sie vier Aspekte dar, mit denen die Wirkung eines Vortrags erhöht werden kann.*
3. *Erstellen Sie zum Thema „Visualisierung“ ein Chart oder ein Padlet und halten Sie damit einen kleinen Vortrag zum Thema. Holen Sie sich dann ein Feedback zum Medieneinsatz von Ihren Mitschülern ein.*
4. *Erläutern Sie jeweils eine Regel zum Feedback-Geben und eine zum Feedback-Nehmen.*

Wiederholungsaufgaben zum 1. Lernfeld

1. *Im Urlaub lernt Nicole Höver eine Auszubildende aus der Schweiz kennen. Sie unterhalten sich über die Ausbildung in beiden Ländern. Als Nicole von der Ausbildung in der Bundesrepublik Deutschland spricht, wird ihre Gesprächspartnerin neugierig.*

Nicole kann jedoch nicht alle Fragen beantworten. Helfen Sie ihr bei der Beantwortung folgender Fragen:
a) Erläutern Sie das System der dualen Berufsausbildung.
b) Stellen Sie die Aufgaben der Berufsschule und des Betriebes gegenüber.
c) Überprüfen Sie, welche Rechtsgrundlagen für die Berufsschule und den Ausbildungsbetrieb gelten.

2. *Die 19-jährige Auszubildende Petra hat eine Wochenarbeitszeit von 40 Stunden. Am Montag besucht sie die Berufsschule von 08:00 bis 13:10 und am Mittwoch von 08:00 bis 11:20 Uhr. Wie viel Stunden steht sie ihrem Ausbildungsbetrieb noch zur Verfügung?*

3. *Als Nicole am Montagmorgen zur Arbeit kommt, ist Frau Ost nicht da. Herr Schubert aus der Buchhaltung legt ihr einen Haufen Rechnungen auf den Tisch und fordert sie auf, diese nach dem Eingangsdatum zu sortieren. Anschließend soll sie aus dem Lager die Lieferscheine der vergangenen Woche holen und für Herrn Schubert beim Bäcker zwei Brötchen mit Schinken. Nicole ist ärgerlich. Sie ist doch kein Laufbursche. Und eigentlich ist sie doch in den nächsten drei Monaten in der Abteilung von Frau Ost eingesetzt.*
a) Begründen Sie, ob Nicole Höver die ihr übertragenen Aufgaben ausführen muss.
b) Beschreiben Sie, wie Sie sich an Stelle von Nicole Höver verhalten würden.
c) Führen Sie das Gespräch zwischen Nicole Höver und Herrn Schubert in Form eines Rollenspiels in der Klasse durch. Zeichnen Sie das Gespräch auf Video auf und werten Sie es aus.

4. *Bringen Sie Ihren Ausbildungsvertrag in den Unterricht mit.*
a) In Ihrem Ausbildungsvertrag ist eine Probezeit vorgesehen. Diskutieren Sie den Sinn einer solchen Regelung.
b) Überlegen Sie, warum die Dauer der Probezeit auf höchstens vier Monate begrenzt ist.
c) Sind in Ihrem Ausbildungsvertrag Ausbildungsmaßnahmen außerhalb der Ausbildungsstätte vorgesehen? Falls dies nicht der Fall ist, erkundigen Sie sich bei Auszubildenden anderer Berufe, ob es bei ihnen solche Ausbildungsmaßnahmen gibt.
d) Bekommen alle Schülerinnen und Schüler Ihrer Klasse die gleiche Ausbildungsvergütung? Überlegen Sie, warum es zu Unterschieden kommen kann.
e) Stellen sie anhand eines Kalenders fest, wie viel Tage Urlaub Sie mit Ihrem Urlaubsanspruch für das kommende Jahr machen können. Benutzen Sie den Urlaub im Zusammenhang mit Feiertagen als sog. „Brückentage". Denken Sie daran, dass Sie den Urlaub in den Schulferien nehmen sollen.

5. *Beurteilen Sie folgende Sachverhalte vor dem Hintergrund der Regelungen des Berufsbildungsgesetzes:*
a) Eine Auszubildende wird von ihrem Chef aufgefordert, seiner Frau im Haushalt zu helfen.
b) Der Ausbildungsbetrieb schreibt die Anschaffung eines Fachbuches vor. Der Ausbilder ist der Meinung, die Kosten müssten selbstverständlich vom Auszubildenden getragen werden.
c) Eine Auszubildende weigert sich, den Ausbildungsnachweis zu führen.
d) An der Berufsschule werden die Wahlen zum Schülerrat durchgeführt. Nicole Höver ist als Klassensprecherin hierzu eingeladen. Ihr Ausbilder weigert sich, sie dafür freizustellen.
e) Eine Auszubildende zur Kauffrau für Büromanagement kündigt fristgerecht, um eine Ausbildung als Goldschmiedin zu beginnen. Ihr Chef ist darüber so erbost, dass er die Ausstellung eines Zeugnisses verweigert.
f) Nicole Höver erkrankt ernsthaft. Sie macht sich Sorgen, dass der Betrieb die Ausbildungsvergütung kürzen könnte.

6. *Die 17-jährige Auszubildende Sonja Biet kündigt ohne Wissen der Eltern den Ausbildungsvertrag. Der Ausbildende will die Kündigung nicht annehmen, da sie nur die Unterschrift der Auszubildenden enthält. Erläutern Sie, ob die Kündigung rechtskräftig ist.*

7. *Erläutern Sie, welche Sachziele folgende Unternehmen verfolgen:*

a) Primus GmbH	*e) Deutsche Bahn AG*
b) Reisebüro	*f) Steuerberatungsbüro*
c) Telekom AG	*g) Werbeagentur*
d) Sparkasse Duisburg	*h) Walzwerk*

8. *Entwickeln Sie einen Katalog von wirtschaftlichen Zielen, die von der Primus GmbH verfolgt werden können.*

9. *Beschreiben Sie*
a) welche sozialen Ziele ein Unternehmen verfolgen kann,
b) weshalb ein Unternehmen auf soziale Ziele nicht verzichten kann.

10. *Erstellen Sie eine Liste von ökologischen Zielen für Ihren Ausbildungsbetrieb und einen Katalog von Maßnahmen, diese Ziele zu verfolgen.*

11. *Nennen Sie jeweils zwei Beispiele für Ziele, die sich gegenseitig ergänzen (Zielharmonie), und für Ziele, die in Konkurrenz zueinander stehen (Zielkonflikt). Geben Sie an, mit welchen Maßnahmen die Zielkonflikte gelöst werden können.*

12. *Nennen Sie jeweils drei Beispiele für folgende Betriebe:*

a) Sachleistungs-, Dienstleistungsbetrieb	*b) Konsum-, Produktionsgüterbetrieb*
c) Industrie-, Handels-, Handwerksbetrieb	*d) Erwerbs-, gemeinwirtschaftlicher Betrieb*

13. *Beschreiben Sie die einzelnen Stufen des Leistungsprozesses eines Industriebetriebes am Beispiel der Primus GmbH. Gehen Sie dabei auf die Bedeutung des Lagers ein.*

14. *Erläutern Sie am Beispiel der Herstellung eines Schreibtisches das Zusammenwirken verschiedener Betriebe von der Urproduktion über Industrie- bis zu Handels- und sonstigen Dienstleistungsbetrieben.*

15. *„Ökonomie und Ökologie stehen im Widerspruch zueinander." Recherchieren Sie im Internet und sammeln Sie Argumente, um diese Aussage zu widerlegen.*

16. *Heute ist es üblich, Informationen zunächst einmal im Internet zu suchen. Das Kunstwort „googeln" beschreibt diesen Vorgang.*
a) Erläutern Sie, wie man die Suche im Internet zielgerichtet und effizient gestaltet.
b) Zeigen Sie Gefahren auf, die mit der Informationssuche im Internet verbunden sind. Gehen Sie dabei sowohl auf die Qualität der Informationen ein, als auch auf den Datenschutz.

17. *Vielfach werden Präsentationen in Form von Vorträgen gehalten und medial durch Charts bzw. einem Präsentationsprogramm unterstützt. Die Inhalte werden dann per Beamer, interaktiver Tafel oder Display den Zuhörern präsentiert.*
a) Erklären Sie die Vorteile, die mit einer solchen Präsentationsform verbunden sind.
b) Erläutern Sie die möglichen Nachteile, die mit einer solchen Präsentationsform verbunden sind.
c) Eine kreative Form von foliengestützten Präsentationen sind sog. Pecha-Kucha-Vorträge. Informieren Sie sich über diese Vortragsform und beschreiben Sie deren Grundprinzipien.

Gebundene Prüfungsaufgaben

1. *Wer schließt bei Minderjährigen den Ausbildungsvertrag ab?*
1. *Der Auszubildende und sein gesetzlicher Vertreter*
2. *Ausbildender und Auszubildender und dessen gesetzlicher Vertreter*
3. *IHK, Ausbilder und Erziehungsberechtigte*
4. *Ausbilder, Auszubildender und dessen gesetzlicher Vertreter*
5. *Ausbilder und Auszubildender*

2. *Welche tägliche Arbeitszeit darf lt. Jugendarbeitsschutzgesetz bei Jugendlichen nicht überschritten werden?*
1. 9,5 Stunden 2. 9 Stunden 3. 8,5 Stunden 4. 8 Stunden 5. 7,5 Stunden

3. *Welche Angaben über die Probezeit und die Ausbildungszeit werden im Ausbildungsvertrag festgelegt?*
1. *Höchstens sechs Monate Probezeit, Dauer der täglichen Arbeitszeit*
2. *Höchstens sechs Monate Probezeit, Dauer der wöchentlichen Arbeitszeit*
3. *Höchstens vier Monate Probezeit, Dauer der regelmäßigen täglichen Ausbildungszeit*
4. *Höchstens vier Monate Probezeit, Dauer der monatlichen Ausbildungszeit*
5. *Höchstens vier Monate Probezeit, Höhe der Leistungsvergütung, Dauer der monatlichen Ausbildungszeit*

4. *Welche der unten stehenden Aussagen über den Berufsausbildungsvertrag ist zutreffend?*
Der Berufsausbildungsvertrag...
1. *wird zwischen dem Ausbildenden, der zuständigen Industrie- und Handelskammer, dem Auszubildenden und, wenn dieser minderjährig ist, dem gesetzlichen Vertreter abgeschlossen.*
2. *muss spätestens während der ersten drei Monate nach Beginn der Ausbildung schriftlich niedergelegt werden.*
3. *wird bei der zuständigen Industrie- und Handelskammer in das Verzeichnis der Berufsausbildungsverhältnisse eingetragen.*
4. *kann von den Vertragspartnern auch nach der Probezeit unter Einhaltung einer vierwöchigen Kündigungsfrist ohne Angabe von Gründen gekündigt werden.*
5. *kann ohne Angabe von Gründen gekündigt werden.*

5. *Stellen Sie fest, auf welche der Leistungsfaktoren a) Betriebsmittel, b) Werkstoffe/Waren, c) ausführende Arbeit, d) dispositiver Faktor sich unten stehende Mittel/Kräfte beziehen.*
1. *Bürogeräte im Personalbüro*
2. *bezogene Fertigteile im Automobilwerk*
3. *Geschäftswagen des Geschäftsführers der Primus GmbH*
4. *bezogene Fertigteile in einer Büromöbelfabrik*
5. *Sachbearbeiter im Personalbüro der Primus GmbH*
6. *Geschäftsführer der Primus GmbH*

6. *Geben Sie an, welche der folgenden Unternehmen soziale Ziele verfolgen.*
1. *Ein Unternehmen setzt umweltverträgliche Produktionsverfahren ein.*
2. *Ein Unternehmen möchte Gewinn erzielen.*
3. *Das Hauptziel eines Unternehmens ist die Bereitstellung und Anlage von Kapital für andere Unternehmen.*
4. *Die Arbeitsbedingungen der Mitarbeiter sollen verbessert werden.*
5. *Die Sicherung der Arbeitsplätze hat für ein Unternehmen oberste Priorität.*

7. *Welche Definition erläutert den Begriff Dienstleistungen?*
1. Dienstleistung ist eine andere Bezeichnung für Handel.
2. Unter Dienstleistungen versteht man nur die Tätigkeit, die von den Arbeitnehmern geleistet wird, die beim Bund, den Ländern oder den Kommunen beschäftigt sind.
3. Unter Dienstleistungen versteht man nur die Tätigkeit, die von Paketzustellern verrichtet wird.
4. Zu den Dienstleistungen zählen die Tätigkeiten, die nicht auf die Produktion von Waren ausgerichtet sind.
5. Zu den Dienstleistungen zählen Tätigkeiten, die auf die Produktion von Waren ausgerichtet sind.

8. *Wirtschaftsgüter können wie folgt verwendet werden:*
a) Konsumgut als Verbrauchsgut,
b) Konsumgut als Gebrauchsgut,
c) Produktionsgut als Gebrauchsgut,
d) Produktionsgut als Verbrauchsgut,
e) Dienstleistung als Produktionsgut,
f) Dienstleistung als Konsumgut.

Welche dieser Verwendungsarten treffen auf unten stehende Sachverhalte zu:
1. Eine Hausfrau kauft einen Fruchtjoghurt.
2. Ein Kaufmann bestellt Papierrollen für ein Faxgerät.
3. Ein Unternehmer gibt seine Belege zum Steuerberater.
4. Eine Hausfrau kauft einen Wasserkessel.
5. Die Primus GmbH bestellt einen neuen Gabelstapler.
6. Die Auszubildende Gaby lässt sich die Haare schneiden.

9. *Ordnen Sie unten stehende Sachverhalte den Produktionsfaktoren zu*
a) Arbeit, b) Boden, c) Kapital, d) kein Produktionsfaktor im volkswirtschaftlichen Sinne.
1. die Warenvorräte der Primus GmbH
2. die Tätigkeit der Mutter im Haushalt
3. die Leistung eines Amateursportlers
4. die Halle, in der sich das Lager der Primus GmbH befindet
5. Fisch, der von einem Fischer gefangen wird
6. Sand, der aus einer Grube gewonnen wird

Lernfeld 2

Büroprozesse gestalten und Arbeitsvorgänge organisieren

1 Arbeitsraum, Arbeitsplatz und Arbeitszeit gestalten

LS

1.1 Die Bedeutung von Umwelt- und Gesundheitsfaktoren erkennen

Handlungssituation

Die Geschäftsführerin der Primus GmbH, Frau Primus, führt die zwei neuen Auszubildenden Nicole Höver und Andreas Dick durch das Unternehmen. Als sie in den kleinen Produktionsbereich kommen, zeigt sie den Auszubildenden die Produkte der Primus GmbH und weist sie auf die große Bedeutung von Umwelt- und Gesundheitsfaktoren bei der Gestaltung des Arbeitsplatzes hin. *„Es kommt bei der Einrichtung von Arbeitsräumen neben der Beachtung ergonomischer und umweltspezifischer Aspekte bei unseren Büromöbeln auch darauf an, Räume so zu gestalten, dass die Mitarbeiter sich wohlfühlen. Dies wird von vielen Arbeitgebern bei der Gestaltung der Arbeitplätze vergessen. Die Folge sind oft Kopfschmerzen, Unwohlsein, Schwindel oder Konzentrationsstörungen. Aber nur ein gesunder und motivierter Mitarbeiter ist auch ein leistungsfähiger und leistungswilliger Mitarbeiter."*

Arbeitsaufträge

- *Überlegen Sie, welche Faktoren Frau Primus in diesem Zusammenhang meint.*
- *Erläutern Sie, wie diese Faktoren die Arbeitsleistung beeinflussen.*
- *Suchen Sie negative Umwelt- oder Gesundheitsfaktoren, die Ihre Arbeit an Ihrem Arbeitsplatz oder zu Hause beeinflussen.*

Umwelt- und Gesundheitsfaktoren haben in der heutigen Zeit eine wesentliche Bedeutung bei der Gestaltung des Arbeitsraumes und des Arbeitsplatzes. Folgende Faktoren sollten zur Erreichung dieser Ziele beachtet werden:

- **richtiges Raumklima**, d. h. angemessene Raumtemperatur, Luftfeuchtigkeit und genug Sauerstoffgehalt der Luft,
- **gute Lichtverhältnisse**,
- **angenehme Akustik**, d. h. Schutz vor störendem Lärm,
- **freundliche Farb- und Raumgestaltung**,
- **ergonomische und funktionsgerechte Arbeitsplatzgestaltung**.

Die gesetzlichen Grundlagen für die Berücksichtigung aller genannten Faktoren sind in erster Linie die **Arbeitsstättenverordnung** (ArbStättV), das **Arbeitssicherheitsgesetz** (ASiG) sowie die **Unfallverhütungsvorschriften** der Berufsgenossenschaften.

280 010 © Bergmoser + Höller Verlag AG

Neben den gesetzlichen Vorschriften ist auch **Ergonomie** ein wichtiger Aspekt. Unter Ergonomie versteht man die Wissenschaft von der menschlichen Arbeit. Das Hauptanliegen ist der individuelle Gesundheitsschutz. Außerdem wird Wert gelegt auf eine humane Arbeitsgestaltung und den Schutz der Psyche des Arbeitnehmers.

In diesem Zusammenhang spielen auch **Umweltfaktoren** eine wichtige Rolle für die Gestaltung des Arbeitsplatzes:

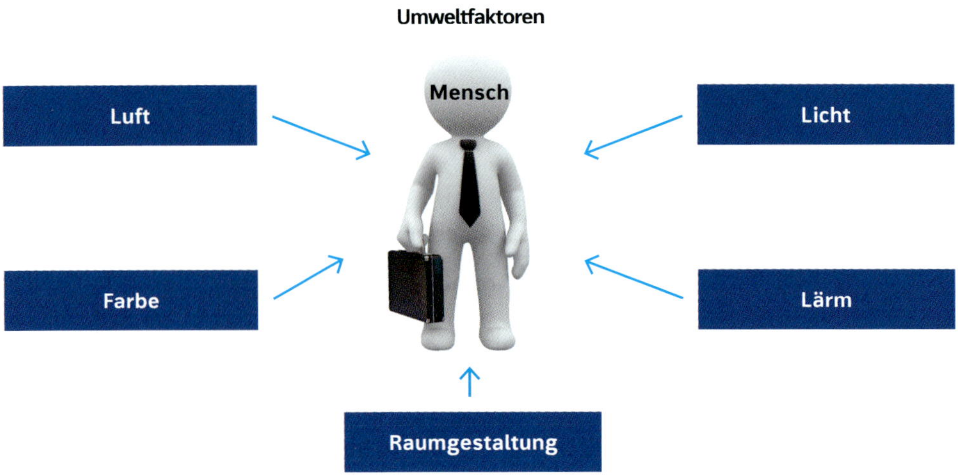

Luft

Für das Wohlbefinden der Mitarbeiter ist das Klima von entscheidender Bedeutung. Es setzt sich aus der **Lufttemperatur**, der **Luftfeuchtigkeit**, der **Luftbewegung**, dem **Sauerstoffanteil** und der **Strahlungswärme** zusammen. Die Strahlungswärme wird von den Körpern der arbeitenden Menschen sowie von den Maschinen und Lampen erzeugt. Der menschliche Körper kann dabei Klimaschwankungen in gewissem Maße selbstständig ausgleichen. Werden jedoch bestimmte Grenzwerte, die von Mensch zu Mensch unterschiedlich sein können, überschritten, so sinkt die Leistungsfähigkeit. Im Extremfall können starke Klimaschwankungen sogar zu Krankheiten führen (z. B. Erkältungen).

Ideale Werte für die Ausführung von Büroarbeiten sind:

Lufttemperatur	21 – 22 °C
Luftfeuchtigkeit	50 – 65 %
Sauerstoffanteil	21 %

Das Raumklima kann auch durch Lüften positiv beeinflusst werden. Am effektivsten ist dabei sog. Stoßlüften, d. h., dass ein Fenster für einen kurzen Zeitraum (max. 5 Minuten) komplett geöffnet und danach wieder geschlossen wird. Gekippte Fenster erzeugen i. d. R. kein besseres Raumklima. Auch durch eine gezielte Regulierung der Heizung kann zum einen das Raumklima verbessert werden, zum anderen werden Kosten gespart und die Umwelt entlastet.

Klimaanlagen tragen heutzutage insbesondere in Großraumbüros dazu bei, diese Faktoren relativ konstant zu halten. Sie sorgen dabei neben der Kühlung auch für die Heizung, die Luftbefeuchtung, die Luftentstaubung und die Geruchsbeseitigung. Ferner wird dem Arbeitsraum ständig zugfreie Frischluft zugeführt.

Beispiel Die Produktions- und Lagerhallen der Primus GmbH sind mit Klimaanlagen ausgerüstet, da eine ausreichende Belüftung durch Fenster nicht möglich ist. Außerdem ermöglicht die Klimaanlage eine bessere Staubabsaugung.

Hauptschwierigkeiten bei der künstlichen Klimatisierung sind die erhöhte Anfälligkeit für Infektionen, das Auftreten von Ermüdungserscheinungen sowie Lüftungsströme, die nur Teile des Körpers treffen. Allerdings treten Beschwerden wie Kopfschmerzen, Augenreizungen, Schwindelgefühl oder Konzentrationsstörungen eher in fensterbelüfteten Räumen als in mechanisch belüfteten Räumen auf.

Licht

Der Mitarbeiter im Büro nimmt fast 90 % aller Informationen über das Auge auf. Das Auge wird also in besonders hohem Maße belastet, sodass auf die Beleuchtungsverhältnisse innerhalb des Büros besonders zu achten ist. Schlechte Beleuchtung führt zu schnellerer Ermüdung und zur Überanstrengung der Augen. Die Raumgröße ist dabei für die Wahl der **Beleuchtungsart (Tages- oder Kunstlicht)** ausschlaggebend. § 7 der Arbeitsstättenverordnung regelt die Beleuchtung von Arbeitsstätten. Die DIN 5034 enthält wichtige Vorschriften für die Innenbeleuchtung mit Tageslicht, die DIN 5035 regelt die Innenbeleuchtung mit künstlichem Licht.

Beleuchtungsmöglichkeiten bei Kunstlicht

Indirekte Beleuchtung	Direkte Beleuchtung
Der Raum wird mit einer Grundhelligkeit durch ein Lichtband versorgt.	Eine Arbeitsplatzbeleuchtung kann individuell zugeschaltet werden.

Der Raum sollte möglichst gleichmäßig beleuchtet werden, jede Form der Blendung ist zu vermeiden. Daher sind Deckenleuchten meist vorteilhafter als Tischlampen, da diese häufig Reflexe und Schatten erzeugen. Lichtbänder, die parallel zum Fenster verlaufen, gewährleisten i.d.R. eine **blendfreie Beleuchtung**, insbesondere in Großraumbüros. Die Installation der Beleuchtungskörper muss so beschaffen sein, dass das Licht für einen Rechtshänder von links oben auf den Arbeitsplatz fällt. Die Anordnung der Arbeitsplätze ist so zu gestalten, dass keine Hand- oder Körperschatten auf die Arbeitsfläche fallen.

Die **Stärke der Beleuchtungskörper** richtet sich nach der Art der Bürotätigkeit:

Art des Raumes	Beleuchtungsstärke in Lux[1]
Pausenräume, Umkleideräume, Aufzüge Treppenhäuser	150 – 300
Empfangsbereich, Konferenzräume	400 – 700
Räume mit gemischter Bürotätigkeit	700 – 1 000
Räume mit besonders anstrengenden Sehaufgaben, z. B. Zeichenräume	1 000 – 2 000

Lärm

Der arbeitende Mensch ist in seiner Umwelt ständig von Geräuschen umgeben. Sofern diese Geräusche störend wirken, werden sie als Lärm empfunden. § 15 der Arbeitsstättenverordnung regelt den Schutz gegen Lärm.

Menschen reagieren je nach dem Grad der Konzentration und der individuellen Empfindlichkeit unterschiedlich nervös und gereizt. Da durch Lärmbelastung die Aufmerksamkeit sinkt, schleichen sich vermehrt Fehler ein. Je nach Stärke des Lärms kann er zu Gesundheitsschäden führen.

Alle wahrnehmbaren Geräusche werden als **Geräuschpegel** bezeichnet, der in der Maßeinheit **Dezibel A (dB(A))** gemessen wird. Ein gleichmäßiger Geräuschpegel von 45 dB wird bei Büroarbeiten im Allgemeinen als angenehm empfunden.

Je nach Art der auszuführenden Tätigkeiten gelten folgende **Richtwerte für die Büroarbeit**:

Art der Tätigkeit	Geräuschpegel in db(A)
Konzentrierte Denkarbeit	höchstens 50
Diktat, Telefon, Besprechungen	höchstens 60
Einfache Bürotätigkeiten, die überwiegend mechanisiert sind	höchstens 70
bei sonstigen Tätigkeiten	höchstens 85

Diese Werte werden in aller Regel jedoch überschritten, denn ein Gespräch in normaler Lautstärke verursacht etwa ein Geräusch zwischen 50 und 60 dB(A), eine normale Schreibmaschine bzw. Computertastatur entwickelt in zwei Metern Abstand bereits 70 dB(A), das Läuten eines Telefons verursacht 75 dB(A).

Beispiel Die Fenster in der Primus GmbH sind mit einer schallschluckenden Versiegelung versehen, sodass Straßenlärm weitestgehend gedämmt wird, solange die Fenster geschlossen sind. Da die Pri-

[1] *Lux = Maßeinheit für die Beleuchtungsstärke*

mus GmbH mitten in Duisburg an einer verkehrsreichen Straße liegt, ist der Straßenlärm so stark, dass er beim Öffnen der Fenster zum Lüften sehr störend ist.

Auch moderne Büromaschinen wie PCs verursachen Lärm durch das Rauschen des Lüfters oder das Rattern eines Nadeldruckers. Sogar Laser- und Tintenstrahldrucker verursachen zusammen mit anderen Bürogeräten einen deutlich vernehmbaren Geräuschpegel. Nicht das einzelne Geräusch muss also gesundheitsschädigend sein, sondern die Summe der Geräusche, die als Lärm wahrgenommen wird, ist entscheidend.

Daher ist es erforderlich, den Lärmpegel durch **bauliche, organisatorische oder technische Maßnahmen** so weit wie möglich zu senken. Hierbei kommen u.a. in Betracht:
- **Doppelverglasungen** bei störendem Lärm von außen (z.B. durch Autos an Hauptstraßen, in der Nähe von Eisenbahnlinien oder Flughäfen),
- **schallschluckende Wände und Deckenverkleidungen** sowie Teppichböden zum Schutz vor Eigenlärm innerhalb des Büros,
- Pflanzengruppen,
- Fenstervorhänge,
- **Isolierung stark Lärm erzeugender Maschinen** (z.B. Nadeldrucker),
- **Abdeckhauben** bei Druckern,
- **Besprechungsräume**,
- **optische Signale** bei Telefonanlagen.

Farbe und Raumgestaltung

Wissenschaftliche Untersuchungen haben gezeigt, dass Farben das körperliche und seelische Wohlbefinden eines Menschen beeinflussen können.

Dabei unterscheidet man zwischen warmen und kalten Farben. **Warme Farben** sind z.B. Gelb, Rot und Orange, **kalte Farben** sind z.B. Grün und Blau. Die Einteilung in warme und kalte Farben geht auf das subjektive Empfinden des Menschen zurück.

Warme Farben werden überwiegend in Räumen verwendet, in denen Routinearbeit erledigt wird. Durch die warmen Farben wird ein Kontrast zur teilweise monotonen Arbeit hergestellt. Insbesondere Gelb eignet sich ausgezeichnet für Arbeitsräume.

Kalte Farben haben eine beruhigende Wirkung. Sie haben sich insbesondere für Konferenzräume als vorteilhaft erwiesen. Grüne Farben in Räumen mit starkem Publikumsverkehr wirken ausgesprochen beruhigend.

Wirkungsweisen von Farben:

Farbe	Temperatur-Wirkung	Psychische Wirkung
Gelb	sehr warm	lebhaft, anregend (Warnfarbe, insbesondere zusammen mit Schwarz)
Orange	sehr warm	anregend, leistungsfördernd
Rot	warm	sehr aufreizend, antreibend (Alarmfarbe)
Braun	warm/neutral	anregend, beruhigend
Grün	kalt	natürlich, sehr beruhigend (Sicherheitsfarbe)
Blau	sehr kalt	beruhigend, mäßigend (Ordnungsfarbe)

Beispiel Im Produktionsbereich der Primus GmbH sind alle Gefahrenzonen entweder in Rot oder in Gelb-Schwarz gehalten. Ansonsten sind die Arbeitsbereiche in der Produktion eher in hellen Brauntönen gehalten. Die Büroräume sind in einem hellen Grünton mit entsprechendem Teppichboden gestaltet.

In kleineren Räumen sind eher hellere Farben vorteilhaft, da sie die Räume größer erscheinen lassen. Wichtig ist ferner, dass eine Abstimmung zwischen den Farben von Wänden, Fußböden, Möbeln, Vorhängen usw. angestrebt wird, da dies die Raumwirkung günstig beeinflusst. Starke Farbkontraste wirken i. d. R. eher störend.

Auch die **Raumgestaltung durch Wandschmuck oder Pflanzen** trägt zum Wohlbefinden des arbeitenden Menschen bei. Der Wandschmuck sollte sich in Größe, Farbe und Form der übrigen Raumgestaltung harmonisch anpassen. Allerdings ist möglichst auf die persönlichen Wünsche einzugehen und die Mitarbeiter sollen eigene gestalterische Ideen z. B. durch Pflanzen, Bilder, Pinnwände usw. einbringen können.

Insbesondere in Großraumbüros bietet sich eine **„landschaftliche" Gestaltung** des Büroraumes an. Durch scheinbar willkürlich zueinander geordnete Sitzreihen und durch Blumenbänke aufgelockerte Bereiche schaffen den Eindruck, als ob eine regelrechte Landschaft aus einzelnen Mehrpersonenbüros entsteht. Bewegliche Trennwände aus Holz oder Glas können Räume für Besprechungen mit Besuchern oder Mitarbeitern schaffen und tragen gleichzeitig der Forderung nach Flexibilität bei der Gestaltung des Büros Rechnung. Durch diese Flexibilität werden sowohl Kommunikation, Konzentration als auch Gruppenarbeit ermöglicht.

Blumen und Pflanzen tragen nicht nur zur Auflockerung eines Büros bei, sondern sorgen durch ihren Beitrag zum Luftaustausch auch für eine Verbesserung der Luftfeuchtigkeit. Empfehlenswert sind insbesondere Hydrokulturpflanzen, da diese nicht so pflegebedürftig wie Erdpflanzen sind.

Zusammenfassung: Die Bedeutung von Umwelt- und Gesundheitsfaktoren erkennen

Umweltbedingungen beeinflussen sowohl das Wohlbefinden des Mitarbeiters als auch seine Leistung. Wichtige Einflussfaktoren sind:

- Luft (Temperatur, Luftfeuchtigkeit, Sauerstoffanteil),
- Licht (natürliches oder künstliches Licht, direkte oder indirekte Beleuchtung),
- Akustik (Vermeidung von Lärm oder Dämpfen des Lärms durch geeignete Maßnahmen),
- Farbe und Raumgestaltung (positive Beeinflussung von Menschen durch Farben und Raumgestaltung).

Aufgaben

1. *Nennen Sie die wichtigsten Vorschriften bzw. Empfehlungen zur Gestaltung der Gesundheits- und Umweltfaktoren Licht, Luft, Lärm und Farbe am Büroarbeitsplatz.*
2. *Begründen Sie, warum der Einsatz von Klimaanlagen sinnvoll sein kann.*
3. *Deckenleuchten sind meist vorteilhafter als Tischleuchten. Erläutern Sie diese Aussage.*
4. *Falsche Beleuchtung am Arbeitsplatz kann negative Folgen haben. Erläutern Sie diese Aussage an Beispielen.*

5. *Nennen Sie Maßnahmen zur Beseitigung von Lärm innerhalb eines Büros.*
6. *Nennen Sie Möglichkeiten, störenden Lärm von außerhalb des Büroraums fernzuhalten.*
7. *Erläutern Sie den Begriff „Humanisierung der Arbeitswelt".*
8. *Besorgen Sie sich eine Arbeitsstättenverordnung (z. B. im Internet) und vergleichen Sie die dort aufgeführten Regelungen mit Ihrem Arbeitsplatz.*
9. *Um eine optimale Beleuchtung zu installieren, besprechen Sie sich mit einem Fachmann. Prüfen Sie, welche Beschreibung zur Beleuchtung richtig ist.*
   1 *Die Beleuchtungsstärke für einen Büroarbeitsplatz sollte 200 Lux betragen.*
   2 *Die Lichteinfallrichtung sollte keine Hand- oder Körperschatten bilden.*
   3 *Die Lichteinfallrichtung sollte bei Rechtshändern von der rechten Seite kommen.*
   4 *Eine punktuelle Beleuchtung ist besser als eine indirekte Raumausleuchtung.*
   5 *Für Büroräume sind Oberlichter geeigneter als Fenster.*
10. *Die Arbeitsbedingungen sollen überprüft werden. Welcher Zustand ist für die Arbeitnehmer unzulässig?*
   1 *Ein Lärmpegel von 55 dB (A)*
   2 *Eine Beleuchtungsstärke über 500 Lux*
   3 *Eine Raumtemperatur zwischen 21 und 22 Grad Celsius*
   4 *Eine relative Luftfeuchtigkeit zwischen 40 % und 65 %*
   5 *Eine konstante Raumtemperatur von 16 Grad Celsius*

1.2 Leistungsfähigkeit und Leistungsbereitschaft am Arbeitsplatz analysieren

Handlungssituation

Frau Zolling arbeitet in der Einkaufsabteilung der Primus GmbH. Sie ist sehr gern dort beschäftigt. Die Bezahlung ist gut, das Verhältnis zu ihren Kollegen und ihren Vorgesetzten ist freundlich, die Arbeitsbedingungen sind angenehm und ihre Tätigkeit ist abwechslungsreich. Nur ein Punkt stört sie: Sie ist seit 15 Jahren nicht mehr befördert worden, immer wurden ihr andere Mitarbeiter vorgezogen. Auf Nachfrage bei ihrer Vorgesetzten wurde ihr versichert, dass sie bei nächster Gelegenheit auch befördert wird.

Arbeitsaufträge

- *Nennen Sie die Ursachen für die Unzufriedenheit von Frau Zolling.*
- *Erläutern Sie, wie sich diese Ursachen langfristig auf die Leistungsbereitschaft von Frau Zolling auswirken können.*
- *Erläutern Sie weitere Möglichkeiten, um die Leistungsbereitschaft von Frau Zolling aufrechtzuerhalten.*

Die Gestaltung des Arbeitsraumes und des Arbeitsplatzes sowie eine möglichst leistungsfähige Unterstützung durch Büromaschinen schaffen zunächst einmal die notwendigen Voraussetzungen für ein optimales Zusammenwirken von Menschen und Maschinen, um die gestellten betrieblichen Aufgaben zu erfüllen.

Neben der bestmöglichen Gestaltung des Arbeitsplatzes und des Arbeitsablaufs hängt die menschliche Leistung aber auch noch von folgenden Faktoren ab:

- **Leistungsfähigkeit**, d.h. das tatsächliche Leistungsvermögen des Arbeitnehmers (= Eignung für die Tätigkeit), und
- **Leistungsbereitschaft**, d.h. die persönliche Einstellung des Arbeitnehmers zu seiner Arbeit.

Leistungsfähigkeit

Die persönliche Leistungsfähigkeit ist abhängig von den **ererbten Anlagen** (z.B. gesundheitliche Faktoren) und **Fähigkeiten** (Begabung), den **erworbenen Kenntnissen** (Ausbildung) und den Erfahrungen.

Beispiel Alle kaufmännischen Mitarbeiter der Primus GmbH haben eine Lehre als Kaufleute für Büromanagement oder Industriekaufleute absolviert. Die Mitarbeiter in der Produktion haben meist eine Ausbildung im gewerblich-technischen Bereich durchlaufen.

Die **ererbten Anlagen und Fähigkeiten** sind keine festen Größen, sie entwickeln sich vielmehr in der Kindheit und können im Reifungsprozess fortwährend weiterentwickelt werden. Die tatsächliche Leistungshöhe dieser Anlagen wird beeinflusst durch einen altersbedingten Fähigkeitswandel, d.h. durch ein Ersetzen der sinkenden körperlichen Leistungskraft durch eine wirtschaftlichere Arbeitsweise, durch Training, Gesundheitszustand und Ermüdung.

Die **erworbenen Kenntnisse und Erfahrungen** bezeichnet man als Fertigkeiten. Sie werden erworben durch Ausbildung, vertieft durch die Anwendung im praktischen Einsatz, und auf dem Wege des Übens werden sie zur Routine.

Die individuelle Leistungsfähigkeit spielt insbesondere eine Rolle bei der Auswahl des ausgeübten Berufes sowie bei der Stellenbesetzung innerhalb eines Unternehmens. Die ausgeübte Tätigkeit muss den Fähigkeiten des jeweiligen Mitarbeiters entsprechen, sowohl Überforderung als auch Unterforderung haben negative Folgen für die Leistung.

Beispiel In den Stellenbeschreibungen der Primus GmbH sind die Anforderungen aller Stellen, d.h. Ausbildung, vorher ausgeübte Tätigkeiten oder sonstige Anforderungen, genau beschrieben, um bei Stellenbesetzung ein exaktes Anforderungsprofil zu haben.

Leistungsbereitschaft

Nur in Ausnahmefällen und Extremsituationen ist der Mensch in der Lage, seine tatsächliche Leistungsfähigkeit voll auszuschöpfen. In der Regel wird nur ein weit geringerer Teil tatsächlich genutzt. Wie hoch dieser Teil ist, hängt von der **individuellen Leistungsbereitschaft** ab. Sie kann sowohl von körperlichen als auch von seelischen Faktoren beeinflusst sein.

Körperliche Faktoren können z.B. hormonelle Schwankungen, tages- oder jahreszeitliche Veränderungen wie Frühjahrsmüdigkeit oder Witterungseinflüsse sein.

Seelische Faktoren sind z.B. die generelle Einstellung zur Arbeit, die jeweilige Stimmungslage oder die Arbeitsmotivation.

Die Arbeitsmotivation lässt sich durch verschiedene Einflüsse steigern. Dabei unterscheidet man zwischen äußeren Bestimmungsgrößen, d.h., die Motivation ergibt sich nicht aus der Arbeit selbst, sondern durch von außen gesteuerte Bedingungen und inneren Bestimmungsgrößen, d.h. Motivationen, die durch die Arbeit selbst hervorgebracht werden.

Äußere Bestimmungsgrößen sind u.a. Bezahlung, Arbeitsbedingungen, Arbeitsplatzsicherheit und zwischenmenschliche Beziehungen am Arbeitsplatz.

Innere Bestimmungsgrößen sind z.B. Lob, Verantwortung, Aufstiegsmöglichkeiten oder Erfolgserlebnisse.

Bestimmungsgrößen der Motivation

äußere

- Bezahlung
- Arbeitsplatzsicherheit
- Arbeitsbedingungen
- zwischenmenschliche Beziehungen im Betrieb
- Unternehmenspolitik
- Kompetenz des Vorgesetzten

innere

- Lob
- Selbstständigkeit
- Aufstiegsmöglichkeiten
- Erfolgserlebnisse
- Verantwortung
- abwechslungsreiche Tätigkeit

Untersuchungen haben ergeben, wie die einzelnen Faktoren die Leistungsbereitschaft fördern. Dabei ist zurzeit aufgrund der wirtschaftlichen Situation in den alten und den neuen Bundesländern noch eine unterschiedliche Gewichtung der einzelnen Faktoren festzustellen.

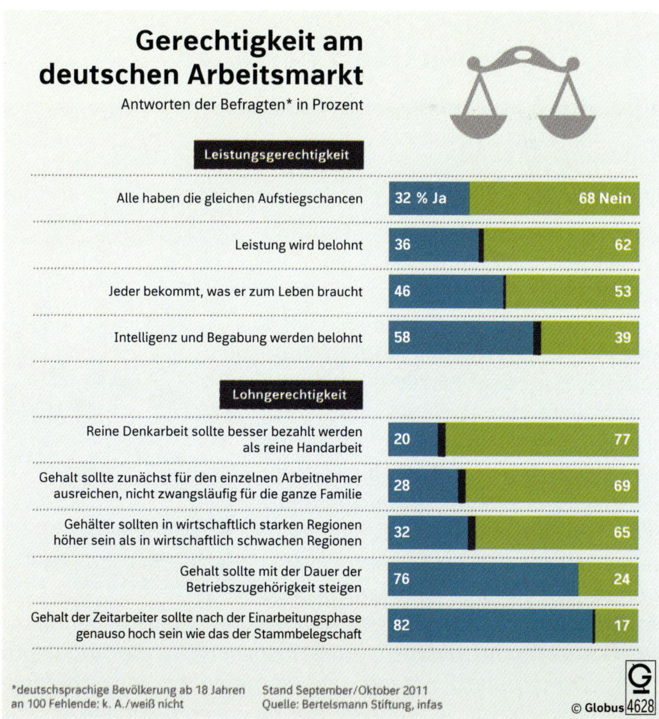

Zusammenfassung: Leistungsfähigkeit und Leistungsbereitschaft am Arbeitsplatz analysieren

- Neben den **äußeren Bedingungen** (Arbeitsplatzgestaltung, Maschineneinsatz und Umwelteinflüsse) wird die menschliche Arbeitsleistung durch **Leistungsfähigkeit und Leistungsbereitschaft** bestimmt.
- Unter **Leistungsfähigkeit** versteht man die ererbten Anlagen, die erworbenen Kenntnisse und Erfahrungen.
- Die **Leistungsbereitschaft** ist abhängig von der körperlichen und seelischen Einstellung zur Arbeit.

Aufgaben

1. *Erläutern Sie, welchen Einfluss das Alter auf die persönliche Lernfähigkeit hat.*
2. *Erläutern Sie, welche Maßnahmen ein Betrieb ergreifen kann, wenn die Krankenstatistik der Mitarbeiter häufige Fehlzeiten von nur einem Tag aufweist.*
3. *Erläutern Sie, wie sich eine wöchentliche Information der Mitarbeiter über die von der Geschäftsleitung geplanten Maßnahmen auswirkt.*
4. *Unterscheiden Sie die Begriffe Leistungsfähigkeit und Leistungsbereitschaft.*

1.3 Den Arbeitsplatz gestalten

Handlungssituation

Die zwei neu eingestellten Auszubildenden zum/zur Kaufmann/Kauffrau für Büromanagement, Andreas Dick und Nicole Höver, werden zunächst in der Verkaufsabteilung eingesetzt. Herr Berg, der Gruppenleiter Auftragsbearbeitung, zeigt den Auszubildenden die Produktliste der Primus GmbH. *„Für uns ist besonders wichtig, dass die Büromöbel sich den Bedürfnissen der Mitarbeiter anpassen und nicht umgekehrt!“*, erläutert Herr Berg. *„Außerdem sollen unsere Büroeinrichtungsgegenstände sich flexibel unterschiedlichen Raumgegebenheiten anpassen können, um eine angenehme Arbeitsatmosphäre zu schaffen. Unsere Produktpalette umfasst insbesondere die Produktgruppen ‚Arbeiten am Schreibtisch‘, ‚Warten und Empfang‘ und ‚Konferenzen und Schulungen‘. Natürlich brauchen wir dafür unterschiedliche Produkte, die wir unseren Kunden anbieten können.“*

Arbeitsaufträge

- *Überlegen Sie, welche Produkte für eine Büroausstattung benötigt werden.*
- *Erläutern Sie die Anforderungen, die diese Büromöbel erfüllen müssen.*
- *Erläutern Sie die Notwendigkeit, Büromöbel flexibel einsetzen zu können.*

Allgemeine **Anforderungen** an alle Büromöbel sind:

- Wandelbarkeit und Anpassungsfähigkeit,
- beliebige Kombinationsmöglichkeiten,
- Erfüllen aller Sicherheitsvorschriften,
- Erfüllen aller ergonomischen Anforderungen,
- Unterstützung eines flüssigen Arbeitsablaufs durch funktionsgerechte Gestaltung.

Außerdem sollten bei der Auswahl geeigneter Büromöbel auch **ökologische Aspekte** wie Verwendung umweltverträglicher Materialien und kurze Transportwege im Sinne der **Nachhaltigkeit** Berücksichtigung finden. Die meiste Zeit des Arbeitstages wird sitzend am Schreibtisch verbracht, deshalb gehören ein Bürodrehstuhl und ein Büroschreibtisch zu den wichtigsten Einrichtungsgegenständen. Daneben stellt der Bildschirmarbeitsplatz eine Sonderform des Büroarbeitsplatzes dar.

Der Bürostuhl

Da das Sitzen nicht der natürlichen Veranlagung des Menschen entspricht, ist darauf zu achten, dass ein Bürostuhl sich den körperlichen Gegebenheiten eines jeden Menschen individuell anpassen lässt, um Gesundheitsschäden, wie etwa Rückenschmerzen, Bandscheibenschäden oder Durchblutungsstörungen durch abgeknicktes Sitzen, zu vermeiden. Außerdem sollte auf dynamisches Sitzen geachtet werden, d. h. häufiges Verändern der Sitzposition, Wechsel zwischen vorderer und hinterer Sitzposition und Nutzung der gesamten Sitzfläche.

Jeder Büroarbeitsplatz sollte daher mit einem Bürodrehstuhl, welcher der **DIN-Norm 4551** entspricht, ausgestattet sein. Diese Norm stellt allerdings nur eine **Mindestanforderung** dar, die von den meisten Herstellern übertroffen wird. Aus ergonomischen Gründen und damit zur Vermeidung von Gesundheitsschäden sollten Bürostühle jedoch noch weitere Anforderungen als die in der DIN-Norm geforderten erfüllen.

Wichtige **Anforderungen** an einen solchen Bürostuhl lauten :

- Die Ausladung des Untergestells von Drehstühlen muss ausreichend gegen **Kippen und Stolpern** gesichert sein.

- Der Stuhl muss im Sitzen **höhenverstellbar** sein (42 – 50 cm).
- Die Rückenlehne muss **horizontal verstellbar** sein (38 – 42 cm von der Sitzkante).
- Das Stuhloberteil darf sich bei der Höhenverstellung nicht unbeabsichtigt vom Untergestell lösen.
- Die **Sitzfederung** muss in die Stuhlsäule eingebaut sein.
- Der Stuhl muss so konstruiert sein, dass der **Stoß beim Hinsetzen** auch in der untersten Sitzhöhe gedämpft wird.
- **Sitzfläche und Rückenlehne** müssen so geformt oder einstellbar sein, dass für den Rücken in jeder Sitzhaltung die notwendige Abstützung gewährleistet ist.
- Das Stuhloberteil muss **drehbar** sein.
- Die Sitzfläche muss **gepolstert und im vorderen Teil abgerundet** sein, damit kein unnötiger Druck auf die Oberschenkelbeugeseiten ausgeübt wird.
- Polsterung- und Sitzflächenbezug müssen in Material und Ausführung genügend **wasserdampf- und luftdurchlässig bzw. klimafreundlich** sein.
- Ist der Drehstuhl mit Rollen ausgerüstet, sind **mindestens fünf Rollen** erforderlich.
- Die Rollen müssen so schwergängig oder gebremst sein, dass ein **unbeabsichtigtes Wegrollen** verhindert wird.
- Sofern **Armlehnen** vorhanden sind, müssen sie so gestaltet sein, dass die Arme angenehm abgestützt werden und nicht mit Metall in Berührung kommen.

Der Büroschreibtisch

Bei Schreibtischen unterscheidet man zwischen den traditionellen Büroschreibtischen, die meist links und rechts mit Rollläden oder Türen und einer Mittelkonsole versehen sind, und modernen Organisationsschreibtischen, die aufgrund ihrer zahlreichen Vorteile heute fast nur noch eingesetzt werden.

Sie zeichnen sich durch eine große **innere und äußere Wandelbarkeit** aus.

Wandelbarkeit von Büroschreibtischen

Innere Wandelbarkeit	Äußere Wandelbarkeit
Innere Einrichtungsteile, wie Schubladen, Hängeregistraturen und -karteien oder Aktenauszüge, können beliebig ausgetauscht werden.	Tischplatten oder Unterschränke können komplett ausgetauscht werden, z. B. Rollcontainer, Zustellen eines Computertisches oder höhenverstellbare, neigbare Tischplatte.

Durch diese Austauschbarkeit sind Organisationsschreibtische sehr flexibel in den Möglichkeiten ihrer Ausstattung und können damit den jeweiligen individuellen Ansprüchen angepasst werden. Die jeweilige Inneneinrichtung wird sich dabei an den Bedürfnissen des Benutzers ausrichten. So können Fächer mit Materialeinsätzen, Organisationsschubladen, Stempelhalter, Durchschlagpapiereinsätze, Diktiergeräteeinrichtungen und vieles andere mehr dort untergebracht werden.

Neben der Wandelbarkeit werden noch die folgenden **Anforderungen** an **Organisationsschreibtische** gestellt:

- ausreichende **Arbeitsfläche** im Griffbereich,
- **Ablagemöglichkeit** aller Arbeitsmittel und Arbeitsgegenstände im physiologischen Greifraum (der Griffbereich, der ohne Körperbewegungen genutzt werden kann),
- Auszüge, Hängerahmen und Teleskopführungen, sodass der gesamte Unterbau nutzbar ist,
- **Höhenverstellbarkeit**, um sich den individuellen Körpermaßen anpassen zu können (66 – 75 cm),
- ausreichende **Beinraumhöhe und -breite**,
- Möglichkeit des aufgabenbezogenen **Einsatzes von Bürocontainern**.

Der Bildschirmarbeitsplatz

Die Gestaltung eines Bildschirmarbeitsplatzes ist heute von besonderer Bedeutung, da heute fast alle Arbeitsplätze mit PCs ausgestattet sind.

Zu einem Bildschirmarbeitsplatz gehören normalerweise:

- der Bildschirm mit Tastatur,
- die Software,
- ein Drucker und/oder Scanner,
- eine Maus oder ein Trackball,
- ein Manuskript- oder Konzepthalter,
- ein Bürostuhl und ein Arbeitstisch.

Grundanforderungen an Bildschirmarbeitsplätze

- Die Bildschirmanzeige soll **flimmerfrei** sein. Blenden und Spiegeln müssen ausgeschlossen sein. Sie können insbesondere durch Fenster, Lampen oder helle Wandflächen erzeugt werden. Daher ist es i. d. R. sinnvoll, den Tisch so rechtwinklig zum Fenster aufzustellen, dass der Mitarbeiter zum einen nicht mit Blickrichtung zum Fenster sitzt, zum anderen aber auch nicht durch das einfallende Tageslicht am Bildschirm geblendet wird.

- Der Bildschirm muss einen **guten Kontrast** gewährleisten, d.h., die Schriftzeichen müssen sich klar vom Bildschirmhintergrund abzeichnen. Alle Bildschirme weisen heute entsprechende Regler auf, mit denen Helligkeit und Kontrast eingestellt werden können.
- **Vorlage und Bildschirm sollen im gleichen Schriftbild erscheinen.** In der Regel wird von hellen Vorlagen abgeschrieben. Die Bildschirme wiesen früher aber dunkle Hintergründe auf, sodass sich das Auge ständig auf den Wechsel von Hell und Dunkel einstellen musste (sog. Tunnel-Effekt). Heute ist Standard, dass bei Einsatz von Bildschirmgeräten dunkle Zeichen auf hellem Hintergrund ausgegeben werden, um damit eine geringere Ermüdung der Augen zu verursachen.
- Die **Bildschirmgröße** hat sich an der jeweiligen Tätigkeit zu orientieren. Kleinere Bildschirme sind i.d.R. nicht empfehlenswert, da sie zu erhöhter Belastung der Augen führen.
- Die Trennung von Bildschirm, Tastatur und Arbeitsvorlage führt zu **größerer Flexibilität**, da der Benutzer sich die einzelnen Elemente auf einem ausreichend großen Schreibtisch nach eigenen Bedürfnissen anpassen kann. Tastaturen müssen dabei die Möglichkeit der Höhenverstellbarkeit aufweisen. Bildschirme sollten sich ebenfalls sowohl seitlich als auch in der Höhe verstellen lassen.
- Die Bildschirmoberkante sollte sich **in Augenhöhe** befinden. Der Abstand zwischen Auge und Bildschirm, Auge und Tastatur sowie Auge und Vorlage sollte in etwa gleich groß (50 – 75 cm) sein.

So sitzen Sie richtig

Ergonomie am PC-Arbeitsplatz

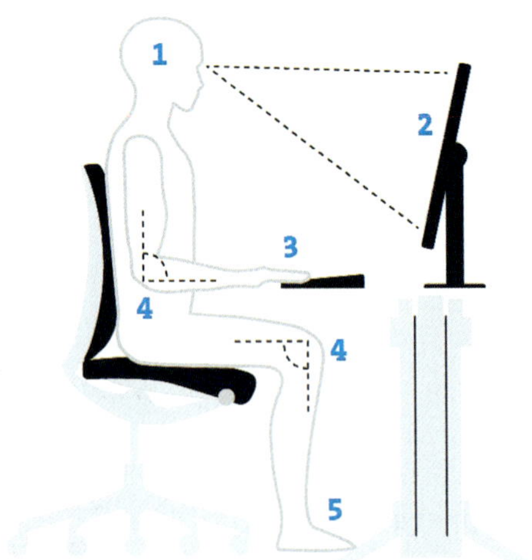

1 Die oberste Bildschirmzeile sollte leicht unterhalb der waagegerechten Sehachse liegen.

2 Für den Monitor gilt ein Sichtabstand von mindestens 50 cm. Der Bildschirm sollte im rechten Winkel zum Fenster stehen.

3 Tastatur und Maus befinden sich in einer Ebene mit Ellenbogen und Handflächen.

4 90° Winkel zwischen Ober- und Unterarm sowie Ober- und Unterschenkel.

5 Die Füße benötigen eine feste Auflage. Ggf. Fußhocker nutzen.

Quelle: Bitkom 2015

bitkom

Richtlinien für **Tastaturen** sind:

- Sie müssen vom Bildschirm **getrennt und neigbar** sein, damit ein Benutzer sie auf seine individuellen Bedürfnisse einstellen kann.
- Sie müssen auf der Arbeitsfläche variabel anzuordnen sein, sodass die Handballen auf der Arbeitsfläche vor der Tastatur aufgelegt werden können. Empfehlenswert sind auch spezielle Handballenauflagen.
- Die Tastatur soll **ergonomischen** Ansprüchen genügen, d. h., die Tasten müssen in ihrer Form und beim Anschlag gut zu erreichen sein.

Vorlagenhalter bieten sich als Hilfe beim Schreiben an, da man sich beim Lesen nicht verkrampfen muss. Der Schreibende kann nach vorne auf die Vorlage schauen, sodass er eine bessere Körperhaltung einnehmen kann.

Auch **Fußstützen** können insbesondere bei kleineren Personen zu einer ergonomischeren Sitzhaltung führen. Diese müssen dazu höhenverstellbar sein, eine Einstellung des Neigungswinkels ermöglichen und eine rutschfeste Oberfläche haben.

Die Folgen eines Nichtbeachtens der Vorgaben für Bildschirmarbeitsplätze können zu zahlreichen Erkrankungen und Beschwerden wie Rückenschmerzen, Augenbeschwerden, Kopfschmerzen usw. führen.

Zusammenfassung: Den Arbeitsplatz gestalten

- **Bürodrehstühle** sind nach DIN 4551 genormt und müssen Mindestanforderungen in Bezug auf Sicherheit, Bequemlichkeit und Funktionalität genügen.
- **Organisationsschreibtische** sind nach DIN 4549 genormt. Sie zeichnen sich durch eine große Wandelbarkeit aus. Durch variable Innenausstattungen lassen sie sich den Bedürfnissen des jeweiligen Benutzers individuell anpassen.
- Für **Bildschirmarbeitsplätze** gelten besondere Sicherheitsvorschriften. Insbesondere ist eine Beeinträchtigung der Gesundheit von Mitarbeitern an Bildschirmarbeitsplätzen zu vermeiden.

Aufgaben

1. *Begründen Sie, warum es sinnvoll ist, für Büromöbel bestimmte Mindestanforderungen in Form von DIN-Normen festzulegen.*
2. *Erläutern Sie die Begriffe „innere“ und „äußere Wandelbarkeit“.*
3. *Erläutern Sie, wie Schreibtische und PC-Tische kombiniert werden können.*
4. *Nennen Sie mindestens fünf Anforderungen an einen Bildschirmarbeitsplatz.*
5. *Die Arbeits- und Leistungsfähigkeit der Mitarbeiter/-innen der Primus GmbH am Büroarbeitsplatz wird auch durch Umweltfaktoren beeinflusst.*
   a) Erläutern Sie vier entsprechende Umweltfaktoren.
   b) Vielfache Ursache für Arbeitsunfähigkeit sind Rücken- und Halswirbelerkrankungen. Erläutern Sie zwei Maßnahmen bei der Gestaltung von Büroarbeitsplätzen, um diesen Erkrankungen vorzubeugen.

c) *Nennen Sie drei Gesetze, Verordnungen oder Vorschriften, die bei der Gestaltung von Büroarbeitsplätzen zu beachten sind.*

d) *Nennen Sie fünf Personen/Institutionen, die Ihnen Informationen über die vorschriftsmäßige Gestaltung von Büroarbeitsplätzen geben können.*

e) *Bei der Neugestaltung von Büroarbeitsplätzen werden zunehmend Flachbildschirme eingesetzt. Nennen Sie drei Gründe, die die höheren Anschaffungskosten rechtfertigen.*

6. *Sie erhalten einen neuen Bürodrehstuhl, da der alte nicht normgerecht war. Welche Anforderungen muss ein Bürodrehstuhl erfüllen, damit er den detaillierten Vorschriften eines normgerechten Drehstuhls entspricht?*

1 *Er muss fünf gebremste Rollen, einen höhenverstellbaren Sitz, eine horizontal verstellbare Rückenlehne, eine gepolsterte Sitzfläche und eine nach vorn abgerundete Sitzfläche haben.*

2 *Er muss einen feststehenden Sitz, eine höhenverstellbare Rückenlehne, vier gebremste Rollen, eine gepolsterte Sitzfläche und eine nach hinten geneigte Sitzfläche haben.*

3 *Er muss fünf gebremste Rollen, einen höhenverstellbaren Sitz, eine vertikal verstellbare Rückenlehne, eine gepolsterte Sitzfläche und eine nicht abgerundete Sitzfläche haben.*

4 *Er muss eine gepolsterte Sitzfläche, eine nach vorn abgerundete Sitzfläche, vier feststehende Füße und eine höhenverstellbare Rückenlehne haben.*

5 *Er muss fünf gebremste Rollen, einen höhenverstellbaren Sitz, eine höhenverstellbare Rückenlehne und eine nach vorn abgerundete Sitzfläche haben.*

1.4 Die Raumarten unterscheiden

Handlungssituation

„Eigentlich hätte ich auch gerne ein eigenes Büro, dann könnte ich wenigstens in Ruhe meine Arbeiten erledigen und würde nicht dauernd gestört“, sagt die Auszubildende Nicole Höver zu ihrer Kollegin Petra Jäger. *„Das wäre aber doch blöd. Dann würdest du den ganzen Tag in deinem Büro hocken und bekämst überhaupt nicht mehr mit, was sonst so läuft. Wenn alle ihr eigenes Büro hätten, müsstest du dauernd zu den anderen Mitarbeitern hinlaufen, wenn du Fragen hast oder Informationen brauchst. Ich finde es hier im Großraumbüro viel besser: Da ist es viel spannender, man kann sich zwischendurch auch mal unterhalten oder einige Fragen ganz schnell mit den anderen klären!“*

Arbeitsaufträge

- *Unterscheiden Sie Arbeitsräume hinsichtlich der Anzahl der beschäftigten Personen.*
- *Erläutern Sie die Argumente von Nicole Höver und Petra Jäger.*
- *Überlegen Sie sich Vor- und Nachteile eines Großraumbüros.*

Für die Einrichtung des Arbeitsraumes sind die **Größe des Zimmers** und die **Zahl der Personen**, die in diesem Raum arbeiten sollen, entscheidend. Bei bereits bestehenden Bürogebäuden sind die räumlichen Gegebenheiten nur sehr bedingt zu verändern, da fest gemauerte Wände nicht beliebig versetzt werden können. Bei neu zu konzipierenden Büroräumen sollte hingegen mit verschiebbaren Wänden gearbeitet werden, da dies die **Flexibilität** bei der Bürogestaltung enorm erhöht.

Typische Arten von Bürozimmern sind das Einpersonenzimmer, das Mehrpersonenzimmer und das Großraumbüro.

■ Das Einpersonenzimmer (auch Zellenbüro oder Einzelbüro)

Einzelzimmer sind i. d. R. den Führungskräften sowie solchen Mitarbeitern vorbehalten, die Aufgaben mit großen Konzentrationsleistungen, z. B. Planung, Forschung, oder Aufgaben zu erledigen haben, die der Vertraulichkeit bedürfen, wie z. B. im Personalbüro.

Beispiel In der Primus GmbH haben die beiden Geschäftsführer, Herr Müller und Frau Primus, ein eigenes Büro. In der Personalabteilung wird ein Einzelbüro für vertrauliche Mitarbeitergespräche von den Angestellten der Personalabteilung genutzt. Zu diesem Zweck und für Besprechungen der Betriebsratsmitglieder untereinander steht auch für den Betriebsrat ein entsprechendes Besprechungszimmer zur Verfügung.

Der **Vorteil** des Einpersonenzimmers besteht im störungsfreien und vertraulichen Arbeiten. Unter Umständen wird an die Vergabe eines Einzelzimmers auch ein gewisses Prestige (= Ansehen) geknüpft, d. h., es trägt dem Aufstiegsstreben insbesondere leitender Angestellter Rechnung. Außerdem kann der Arbeitsplatz individuell platziert werden, um z. B. Blendung zu vermeiden oder den Lichteinfall auszunutzen.

Nachteilig sind jedoch die hohen Kosten aufgrund der unwirtschaftlichen Raumausnutzung. Etwa 40 % des Raumangebots gehen durch Wände oder Gänge verloren. Die Informations- und Transportwege werden unnötig verlängert. Es mangelt auch an Flexibilität, da eine Umgestaltung des Raumes i. d. R. nur mit Schwierigkeiten zu verwirklichen ist. Ferner erschweren Einzelzimmer die Kommunikation der Mitarbeiter untereinander.

■ Das Mehrpersonenzimmer (auch Gruppen- oder Teambüro)

Hier arbeiten **mehrere Mitarbeiter** einer Abteilung oder einer Gruppe, die **gleichartige Teilaufgaben** erledigen, in einem gemeinsamen Raum zusammen. Die Anordnung der Arbeitsplätze ist zum einen von der Größe des Raumes, zum anderen von der Intensität des Zusammenarbeitens abhängig.

Arbeiten die Mitarbeiter weitgehend unabhängig voneinander, empfiehlt sich eine **Reihenform**, da dann der Lichteinfall am besten genutzt werden kann. Ferner ist diese Form günstig, wenn häufig Kunden bedient werden müssen, da hier jeder Sachbearbeiter getrennt mit seinem Kunden sprechen kann.

Sind die Mitarbeiter auf häufige Kommunikation untereinander angewiesen, wäre eine **Blockform** angebrachter. Informationen können von Arbeitsplatz zu Arbeitsplatz weitergereicht werden, der Arbeitsablauf wird beschleunigt.

Wichtig ist hierbei jedoch, dass für alle Mitarbeiter etwa gleiche Arbeitsbedingungen herrschen. Unterschiedlicher Lichteinfall bei Tageslichtbeleuchtung oder Blendung könnten sonst die Arbeitsleistung des einzelnen Mitarbeiters negativ beeinflussen.

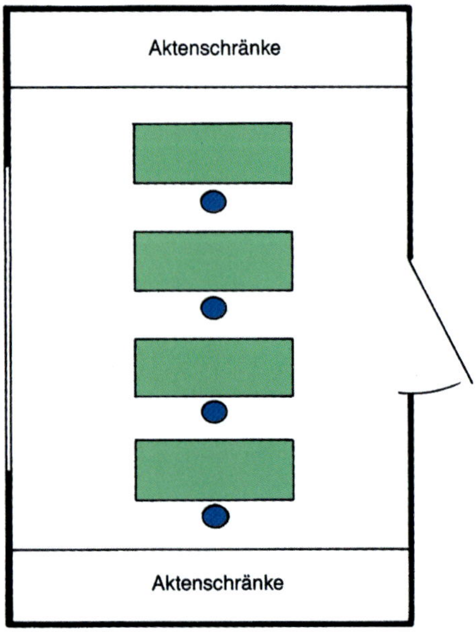

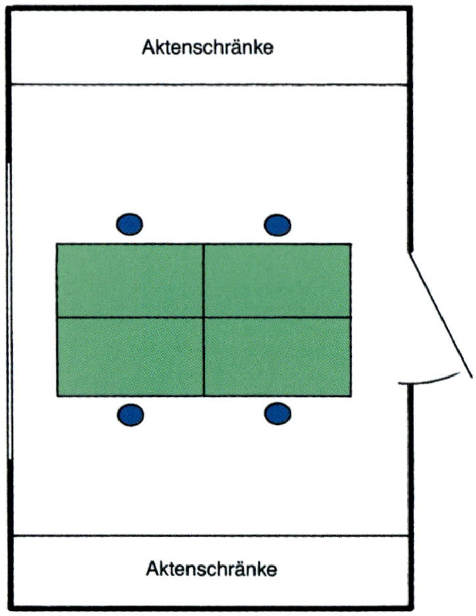

Beispiel In der Primus GmbH steht für den Abteilungsleiter Produktion, Herrn Fischer, und die Gruppenleiter bzw. Meister in diesem Bereich ein Gruppenbüro zur Verfügung, in dem diese Mitarbeiter ihre Verwaltungsarbeiten und ihre Besprechungen hinsichtlich der Produktionsplanung und -steuerung treffen können. Die Abtrennung des Büros vom Produktionsbereich ist insbesondere notwendig, um dem Lärm in den Produktionshallen bei Besprechungen zu umgehen.

Vorteile des Mehrpersonenzimmers sind die verbesserte Raumausnutzung, die erhöhte Wirtschaftlichkeit, z.B. durch die gemeinsame Nutzung von Sachmitteln wie Telefon, Registraturschränken u.Ä., die verbesserten Kommunikationsmöglichkeiten, Teamarbeit und die Möglichkeit, die Zahl der Mitarbeiter zu verändern.

Nachteilig wirken sich Störungen durch Maschinen, Telefongespräche oder Besucher aus. Ferner sind die Möglichkeiten des individuellen Arbeitens und der Vertraulichkeit eingeschränkt. Die Platzierung der Arbeitsplätze kann sich als ungünstig erweisen, wenn eine bestimmte Anzahl von Plätzen realisiert werden muss (z.B. Blendung, Sicht o.Ä.)

Das Gruppenbüro ist heutzutage die häufigste in der Praxis vorfindbare Bürostruktur.

Das Großraumbüro

Ein **Großraumbüro** ist ein Raum mit mindestens 300 m^2 Grundfläche, in dem zahlreiche Mitarbeiter (20 oder mehr) arbeiten. Für jeden Arbeitnehmer sollte i. d. R. eine Grundfläche von mindestens 10 m^2 vorhanden sein.

In diesem Raum gibt es keine festen Wände oder Türen, vielmehr wird durch bewegliche Stellwände, Pflanzentröge oder Möbel eine Untergliederung des Gesamtraumes vorgenommen.

Die Gestaltung des Großraumbüros sollte nach ergonomischen Gesichtspunkten realisiert werden. Dazu liegen zahlreiche Gesetze und Empfehlungen vor (**Arbeitsstättenverordnung, Betriebsverfassungsgesetz, Normen für Büromobiliar, Beleuchtung und Klimatisierung, Sicherheitsregeln für Büro-Arbeitsplätze, Merkblätter zur Arbeitsplatzgestaltung** usw.).

Beispiel Der gesamte kaufmännische Bereich der Primus GmbH ist im Wesentlichen in zwei Großraumbüros untergebracht. In dem einen ist die Verwaltungsabteilung zusammengefasst, in dem anderen sind die Beschaffungs- und Absatzabteilung untergebracht. Insbesondere die Verknüpfung zwischen Beschaffungs- und Absatzabteilung hat sich durch die verstärkte Kommunikation zwischen den dort beschäftigten Mitarbeitern positiv bemerkbar gemacht.

Vorteile des Großraumbüros sind die wirtschaftliche Gestaltung, z. B. durch die gemeinsame Nutzung von Büromaschinen, die Erleichterung der Kommunikation, die Förderung der Teamarbeit, die hohe Flexibilität bei der Raumnutzung, die Beschleunigung des Arbeitsflusses durch das Fehlen von Wänden und Türen sowie die häufig günstige Beeinflussung des Verhältnisses zwischen Vorgesetzten und Mitarbeitern in der gemeinsamen Arbeit.

Nachteilig sind die starken optischen und akustischen Störungen, die fehlende Individualität z. B. bei der Gestaltung des Arbeitsplatzes sowie die Notwendigkeit der künstlichen Beleuchtung und Klimatisierung. Auch die Installation der benötigten Büromaschinen (z. B. PCs) kann sich kompliziert gestalten („Kabelsalat"), wenn nicht von vornherein Kabelwege z. B. im Fußboden berücksichtigt worden sind.

Das Kombibüro

Das Kombibüro stellt eine Mischform vorhandener Konzepte dar. Es vereint die Vorteile des Großraumbüros mit denen eines Einpersonenbüros. In einem großen Gemeinschaftsraum können mittels Trennwänden viele kleine, jeweils individuell gestaltete Arbeitsräume geschaffen werden. Die Verbindung zu den anderen Mitarbeitern bleibt erhalten, gleichzeitig hat man aber einen persönlichen Arbeitsbereich.

Vorteile sind:

- niedriger Geräuschpegel,
- gemeinsam nutzbare Arbeitsmittel, wie z. B. Drucker, Fax usw.,
- größere Mitarbeiterzufriedenheit.

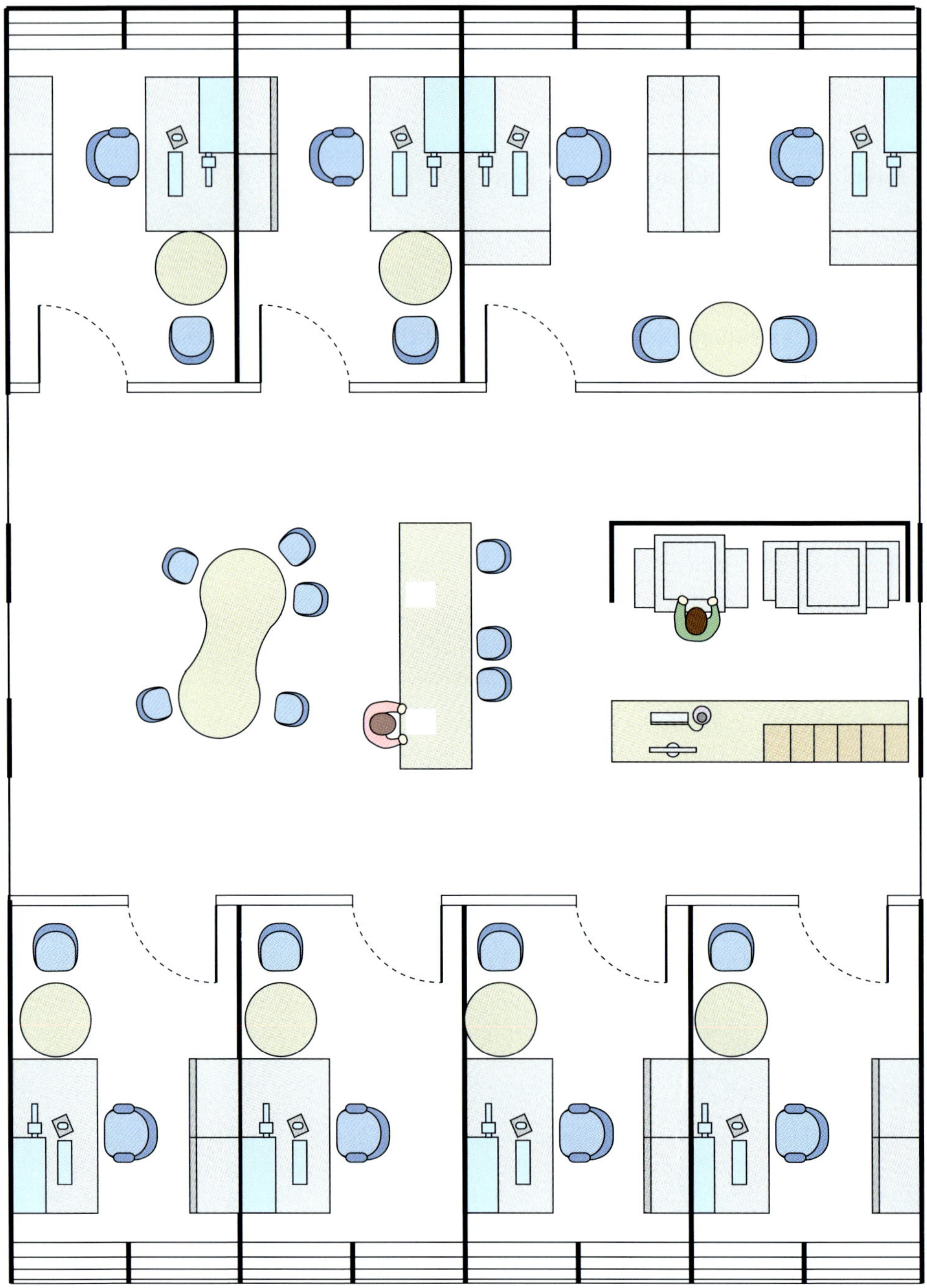

Zusammenfassung: Die Raumarten unterscheiden

- **Einpersonenräume** werden i. d. R. nur für Vorgesetzte oder Mitarbeiter mit besonders schwierigen oder vertrauensbedürftigen Tätigkeiten eingerichtet.
- In **Mehrpersonenräumen** werden Mitarbeiter mit gleichartigen Teilaufgaben zusammengefasst.
- **Großraumbüros** erleichtern das Umstellen von Arbeitsplätzen, verbessern die Kommunikation, bringen aber auch optische und akustische Störungen mit sich.
- **Kombibüros** stellen sinnvolle Mischformen aus Ein- und Mehrpersonenbüros dar.

Aufgaben

1. *In Abhängigkeit von der Personenanzahl unterscheidet man Einpersonen-, Mehrpersonen- und Großraumbüros. Nennen Sie Vor- und Nachteile, die der Einsatz von Mitarbeitern in einem Ein- oder Mehrpersonenbüro mit sich bringt.*
2. *Stellen Sie Vor- und Nachteile eines Großraumbüros gegenüber und diskutieren Sie diese.*
3. *Erläutern Sie, warum Mitarbeiter bei der Planung eines Großraumbüros beteiligt werden sollen.*
4. *Für welche Arbeiten müssen Sie Einzelbüros einrichten?*
   1. *Für die teamübergreifende Organisationsarbeit*
   2. *Für Buchführungsarbeiten*
   3. *Für vertrauliche Beratungen*
   4. *Für die Speditionsabteilung*
   5. *Für die Endkontrolle*

1.5 Unfallverhütungsvorschriften beachten

Handlungssituation

Herr Üstun, Mitarbeiter in der Montageabteilung der Primus GmbH, hat während der Arbeitszeit einen Arbeitsunfall erlitten, bei dem er verletzt wurde. Er fällt aufgrund des Unfalls einige Tage aus. Der Unfall wird der zuständigen Berufsgenossenschaft gemeldet.

Arbeitsaufträge

- *Überlegen Sie Maßnahmen, um Unfällen und Gefahren im Unternehmen vorzubeugen.*
- *Interpretieren Sie die Abbildung „Risiko am Arbeitsplatz“ auf der folgenden Seite zu den Arbeitsunfällen und erläutern Sie die Begriffe Arbeitsunfall und Wegeunfall.*

Die **Berufsgenossenschaften** legen nach § 15 des Siebten Buches des Sozialgesetzbuches (SGB VII) die **Unfallverhütungsvorschriften** (UVV) fest. Darin sind die Pflichten von Arbeitgebern, beauftragten Sicherheitskräften und Arbeitnehmern zur Vermeidung von Arbeitsunfällen beschrieben.

Der Arbeitgeber ist verpflichtet, die **Unfallverhütungsvorschriften** an allgemein zugänglicher Stelle deutlich sichtbar auszuhängen (vgl. S. 564). Des Weiteren muss er geeignete Maßnahmen treffen, um die Mitwirkung der Versicherten an der Unfallverhütung zu fördern. Möglichkeiten sind z. B. die Bestellung von **Sicherheitsbeauftragten** und die Durchführung von Sicherheitslehrgängen. Die Zahl der Sicherheitsbeauftragten ist abhängig von der Zahl der Beschäftigten. Ab 20 Beschäftigten ist der Arbeitgeber verpflichtet, entsprechende Fachkräfte für die Arbeitssicherheit und Betriebsärzte zu bestellen, die ihn bei der Durchführung seiner Arbeitsschutzaufgaben unterstützen. Diese können im Betrieb angestellt sein oder überbetrieblichen Diensten angehören.

Beispiel In der Primus GmbH ist der Gruppenleiter Einkauf Werkstoffe, Jörg Nolte, auch gleichzeitig der Sicherheitsbeauftragte. Er hat dafür zu sorgen, dass alle Sicherheitsvorschriften eingehalten werden und entsprechende Sicherheitshinweise für alle zugänglich angebracht werden. Einmal pro Jahr führt er auch einen Sicherheitslehrgang für die Mitarbeiter durch.

Die Versicherten sind verpflichtet, alle Maßnahmen zur Vermeidung von Arbeitsunfällen zu unterstützen und den Anweisungen der Vorgesetzten zur Unfallverhütung Folge zu leisten. Ferner sind sie verpflichtet, Mängel, die zu Unfällen führen können, sofort zu beseitigen oder zu melden.

Alle technischen Arbeitsmittel müssen den Anforderungen für Gerätesicherheit entsprechen und mit dem dafür vorgesehen Zeichen CE versehen sein. Das **CE-Zeichen** (Communauté Européenne) bestätigt die Übereinstimmung des Arbeitsmittels mit den europäischen Richtlinien, die vom Europäischen Komitee für Normung (CEN) erarbeitet werden.

Alle Stoffe, die für den Menschen oder die Umwelt schädlich sein können (**Gefahrstoffe**, vgl. S. 529), müssen bei staatlichen Stellen angemeldet werden und vom Hersteller geprüft werden, bevor sie auf den Markt gelangen. Diese Gefahrstoffe sind sicher zu verpacken und entsprechend zu kennzeichnen.

Die **Unfallverhütung** erfolgt durch sicherheitstechnische (z. B. Verwendung von Geräten mit dem **GS-Zeichen** = geprüfte Sicherheit) oder sicherheitsorganisatorische Maßnahmen (z. B. Anweisung zum Tragen von Sicherheitsschuhen). Bestehen darüber hinaus weitere Gefahren, helfen entsprechende Sicherheits- und Gesundheitsschutzkennzeichnungen (z. B. durch Verbotstafeln wie „Verbot von Feuer, offenem Licht oder Rauchen“ oder Warnungen vor elektrischer Spannung).

Zusammenfassung: Unfallverhütungsvorschriften beachten

- Arbeitnehmer und Arbeitgeber sind gehalten, die **Unfallverhütungsvorschriften** der Berufsgenossenschaften einzuhalten.
- Alle technischen Arbeitsmittel müssen das CE-Zeichen tragen.
- Gefahrstoffe sind zu kennzeichnen und zu sichern.
- Unfallverhütung erfolgt durch sicherheitstechnische und sicherheitsorganisatorische Maßnahmen.

Aufgaben

1. *Zählen Sie mögliche Unfallgefahren im Büro auf.*
2. *Nennen Sie Möglichkeiten zur Unfallverhütung im Büro.*
3. *Als Mitarbeiter/-in der Personalabteilung der Primus GmbH, Duisburg, sind Sie u. a. dafür zuständig, Unfälle aufzunehmen und der Berufsgenossenschaft zu melden. Am 29.04.20.. erhalten Sie vom Zentrallager folgende Mitteilung:*

Notiz

Datum: 29.04.20.. Uhrzeit: 14:30 Uhr

Herr Schneiders, Mitarbeiter im Zentrallager, ist heute Vormittag um ca. 11:00 Uhr beim Entladen eines Lkw auf dem Werksgelände von einem herabfallenden Stahlseil am Kopf getroffen worden. Herr Schneiders erlitt eine Gehirnerschütterung und eine Platzwunde über dem rechten Auge. Er wurde nach Erster Hilfe sofort ins Marienhospital, Wanheimer Straße in Duisburg-Hochfeld, gebracht. Dort wird er zunächst einige Tage verbleiben.

Zeuge des Unfalls war der Fahrer des Lkw, Herr Thomas Schmidt, Spedition Gräfe GmbH, Niederdorfer Straße 11 – 13, 47638 Straelen.

Zur Bearbeitung der Unfallanzeige benötigen Sie die Daten von Herrn Schneiders, die Sie aus folgendem Personal-Stammblatt entnehmen können:

Personal-Stammdaten (Auszug)			
Personal-Nr:	42	Religion:	r. k.
Name:	Schneiders	Geboren am:	23.04.1976
Vorname:	Paul	Beschäftigt als:	Lagerist
Straße:	Sternbuschweg 17	Eintritt:	01.02.2014
PLZ, Ort:	47057 Duisburg	Wochenarbeitszeit:	38,5 Std.
Telefon:	0203 353535	Tarifgruppe:	III
Staatsangehörigkeit:	deutsch	Krankenkasse:	AOK Rheinland, Düsseldorf
Familienstand:	ledig		

Weiterhin erfahren Sie, dass die tägliche Arbeitszeit von Herrn Schneiders um 07:00 Uhr beginnt und um 15:30 Uhr endet.

Füllen Sie das folgende Formular auf einer Kopie sachgerecht aus.

UNFALLANZEIGE

1 Name und Anschrift des Unternehmens

2 Unternehmensnummer des Unfallversicherungsträgers

4 3 6 4 1 2 7 1

3 Empfänger

Berufsgenossenschaft
Postfach
40605 Düsseldorf

4 Name, Vorname des Versicherten		**5** Geburtsdatum	Tag / Monat / Jahr
6 Straße, Hausnummer	Postleitzahl	Ort	
7 Geschlecht ☐ männlich ☐ weiblich	**8** Staatsangehörigkeit	**9** Leiharbeitnehmer ☐ ja ☐ nein	
10 Auszubildender ☐ ja ☐ nein	**11** Ist der Versicherte ☐ Unternehmer ☐ mit dem Unternehmer verwandt ☐ Ehegatte des Unternehmers ☐ Gesellschafter/Geschäftsführer		
12 Anspruch auf Entgeltfortzahlung besteht für ☐ Wochen	**13** Krankenkasse des Versicherten (Name, PLZ, Ort)		
14 Tödlicher Unfall? ☐ ja ☐ nein	**15** Unfallzeitpunkt Tag / Monat / Jahr / Stunde / Minute	**16** Unfallort (genaue Orts- und Straßenangabe mit PLZ)	
17 Ausführliche Schilderung des Unfallhergangs (Verlauf, Bezeichnung des Betriebsteils, ggf. Beteiligung von Maschinen, Anlagen, Gefahrstoffen)			
Die Angaben beruhen auf der Schilderung ☐ des Versicherten ☐ anderer Personen			
18 Verletzte Körperteile	**19** Art der Verletzung		
20 Wer hat von dem Unfall zuerst Kenntnis genommen? (Name, Anschrift des Zeugen)	War diese Person Augenzeuge? ☐ ja ☐ nein		
21 Name und Anschrift des erstbehandelnden Arztes/Krankenhauses	**22** Beginn und Ende der Arbeitszeit des Versicherten: Beginn Stunde / Minute, Ende Stunde / Minute		
23 Zum Unfallzeitpunkt beschäftigt/tätig als	**24** Seit wann bei dieser Tätigkeit? Monat / Jahr		
25 In welchem Teil des Unternehmens ist der Versicherte ständig tätig?			
26 Hat der Versicherte die Arbeit eingestellt? ☐ nein ☐ sofort später, am	Tag / Monat / Stunde		
27 Hat der Versicherte die Arbeit wieder aufgenommen? ☐ nein ☐ ja, am	Tag / Monat / Jahr		
28 Datum	Unternehmer/Bevollmächtigter	Betriebsrat (Personalrat)	Telefon-Nr. für Rückfragen (Ansprechpartner)

U 1000 0802 Unfallanzeige

4. *Bei welcher Institution können Sie sich die Unfallverhütungsvorschriften beschaffen?*
1. *Bei der Krankenkasse*
2. *Bei der Industrie- und Handelskammer*
3. *Bei den Rettungsdiensten*
4. *Bei der Berufsgenossenschaft*
5. *Bei der Polizei*

1.6 Arbeitszeit- und Pausenregelungen kennenlernen

Handlungssituation

Herr Krazek, Mitarbeiter in der Auftragsbearbeitung der Primus GmbH, erscheint 15 Minuten zu spät am Arbeitsplatz. Sein Abteilungsleiter, Herr Winkler, macht ihm deswegen Vorhaltungen, da dies schon einige Male vorgekommen ist. Herr Krazek entschuldigt sich damit, dass er auf dem Weg zur Arbeit wieder einmal besonders lange im Stau gestanden habe. Er regt gegenüber seinem Vorgesetzten daher an, einmal zu überlegen, ob nicht generell gleitende Arbeitszeiten eingeführt werden könnten, da auch andere Mitarbeiter unter den schwierigen Verkehrsverhältnissen leiden. Außerdem würde er lieber früher morgens beginnen zu arbeiten, da er morgens leistungsfähiger sei als am Nachmittag.

Arbeitsaufträge

- *Erläutern Sie gleitende Arbeitszeit.*
- *Nennen Sie Vorteile der gleitenden Arbeitszeit für Arbeitgeber und Arbeitnehmer.*
- *Erläutern Sie die Bedeutung der Tageszeit für die Arbeitsleistung eines Mitarbeiters.*

Die Arbeitszeit der Arbeitnehmer ist durch das **Arbeitszeitgesetz** (ArbZG) geregelt. Die regelmäßige werktätige Arbeitszeit darf die Dauer von acht Stunden nicht überschreiten. Sie kann auf bis zu zehn Stunden verlängert werden, wenn ein Ausgleich innerhalb von sechs Kalendermonaten erfolgt. Bei mehr als sechsstündiger Arbeit ist mindestens eine Pause von 30 Minuten oder sind zwei Pausen von je 15 Minuten Dauer einzulegen.

Das Arbeitszeitgesetz stellt lediglich eine Mindestvorschrift dar. Des Weiteren werden durch andere gesetzliche Vorschriften, wie etwa Betriebsverfassungsgesetz, Jugend- und Mutterschutzgesetz die Arbeitszeitvorschriften verschärft. Häufig haben auch die Gewerkschaften mit den Arbeitgebern weiter gehende Vereinbarungen getroffen.

Da den Wünschen der Arbeitnehmer nach immer **kürzeren Arbeitszeiten** und **stärkerer Flexibilisierung**, z. B. durch Gleitzeiten, die Wünsche der Arbeitgeber nach einer möglichst günstigen Auslastung der Kapazitäten von menschlicher Arbeitskraft und nach flexiblerer Verfügbarkeit der Arbeitnehmer gegenüberstehen, versucht man, durch Flexibilisierung der Arbeitszeitregelungen beiden Seiten Rechnung zu tragen.

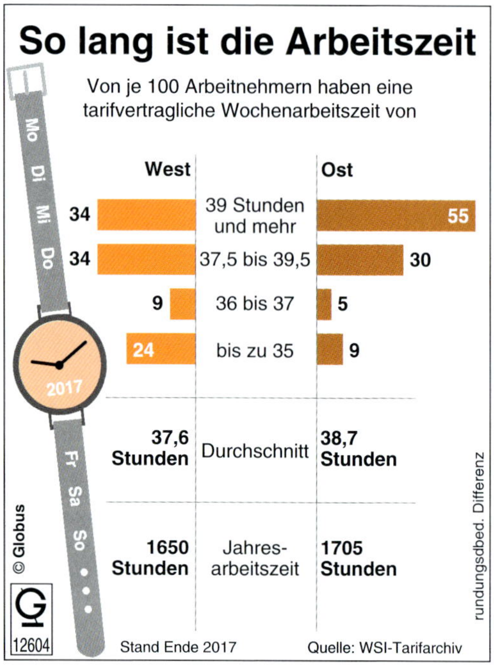

Die Leistungsbereitschaft des Mitarbeiters kann durch eine günstige **Arbeitszeitregelung** positiv beeinflusst werden. Dabei ist insbesondere der körperliche **Tagesrhythmus** des Menschen zu beachten:

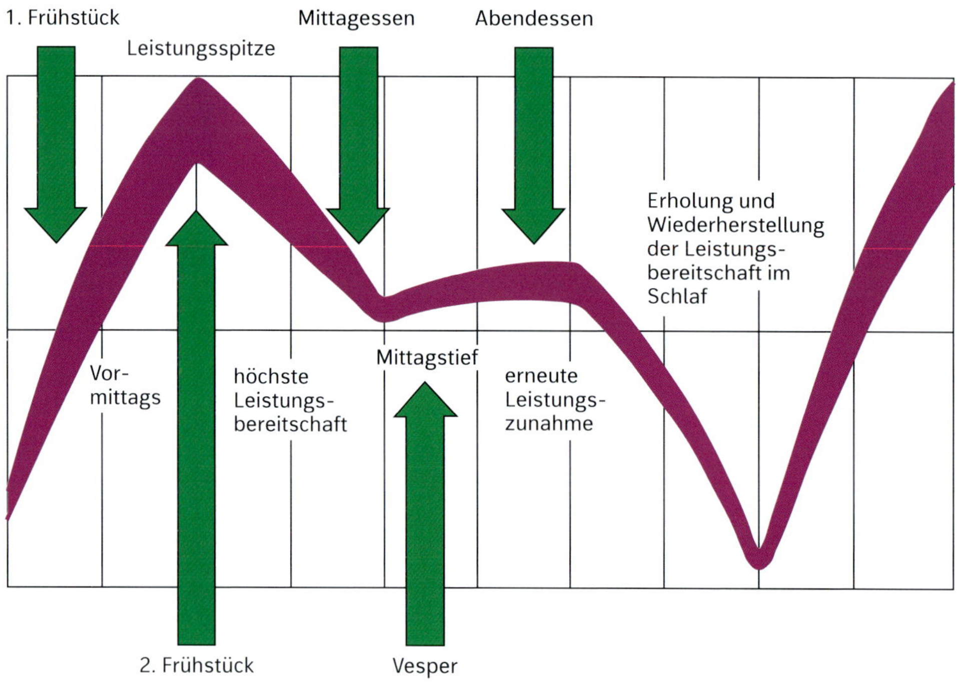

■ Gleitzeit

Der Arbeitsrhythmus ist nicht bei allen Menschen völlig gleich. Die **gleitende Arbeitszeit** stellt eine Möglichkeit dar, eine individuelle Lösung dieses Problems zu finden.

Unter **gleitender Arbeitszeit** versteht man, dass ein Mitarbeiter innerhalb eines vorgegebenen Rahmens den Arbeitsbeginn und das Arbeitsende selbst festlegen kann. Voraussetzung dafür ist jedoch, dass die insgesamt vorgeschriebene Arbeitszeit eingehalten wird. Ferner wird i.d.R. eine sog. **Kernarbeitszeit** festgelegt, in der alle Mitarbeiter anwesend sein müssen.

Beispiel In der Giesen & Co. OHG, einem Lieferanten der Primus GmbH, kann jeder Mitarbeiter seinen Arbeitsbeginn selbst festlegen. Frühester Arbeitsbeginn ist um 7:00 Uhr. In der Zeit zwischen 9:00 Uhr und 12:00 Uhr sowie zwischen 13:15 Uhr und 15:45 Uhr müssen alle Mitarbeiter anwesend sein. Nach acht Arbeitsstunden zuzüglich einer einzuhaltenden Mittagspause von 45 Minuten kann der Arbeitnehmer seinen Arbeitstag zwischen 15:45 Uhr und 17:45 Uhr beenden.

Gleitzeit/Kernzeit

Vorteile der Gleitzeit sind:

- bessere Anpassung an den individuellen Lebensrhythmus,
- Ausnutzung verkehrsschwacher Zeiten u.U. möglich (z.B. Vermeidung von Staus),
- flexiblere Reaktion auf unvorhergesehen Tatbestände (z.B. Auto springt nicht an),
- ein höherer Leistungsanreiz durch größere individuelle Freiheit,
- das Entfallen des Zu-spät-Kommens,
- reduzierte Abwesenheitszeiten,
- keine Überstunden mehr (Betriebsrat muss sonst zustimmen).

Nachteile der Gleitzeit sind:

- Überstundenzuschläge entfallen bei Ausgleich,
- lückenlose Zeiterfassung („gläserner Mitarbeiter"),
- steigende Arbeitsintensität, da sich das tägliche Arbeitspensum nicht verändert,
- Vorgesetzte müssen darauf achten, dass Ansprechzeiten (= Kernzeiten) eingehalten werden,
- ständiges Kommen und Gehen der Mitarbeiter erschwert Konzentration in der Gleitzeit.

■ Teilzeitarbeit

Von Teilzeitarbeit spricht man, wenn ein Mitarbeiter oder eine Mitarbeiterin regelmäßig weniger Stunden arbeitet als ein Vollzeitbeschäftigter. Dies kann in unterschiedlicher Form realisiert werden. Entweder arbeitet der Mitarbeiter/die Mitarbeiterin an festen Arbeitstagen oder es muss ein flexibler Arbeitsplan z.B. für eine Woche erstellt werden, in dem festgelegt wird, wann der/die Beschäftigte eingesetzt wird.

Telearbeit

Bei Telearbeit wird ein Teil der anfallenden Arbeit außerhalb des Firmengeländes, also z. B. von zu Hause aus, erledigt. Die Arbeitsergebnisse werden dabei i. d. R. dem Arbeitgeber in elektronischer Form, z. B. per E-Mail, übermittelt.

Es werden drei Formen unterschieden:
- Teleheimarbeit,
- alternierende Telearbeit,
- mobile Telearbeit.

Bei **Teleheimarbeit** erledigt der Arbeitnehmer seine Aufgaben von zu Hause aus. Dort hat er ein eigenes Büro, das Homeoffice. In der Regel erledigt er dort seine Arbeiten, meist am PC. Ideal ist ein solcher Arbeitsplatz z. B. für Elternteile, die nach der Elternzeit wieder in das Berufsleben einsteigen wollen. Vorteil für den Arbeitnehmer ist die flexible Gestaltung der Arbeitszeit. Für das Unternehmen ist vorteilhaft, dass das Fachwissen des Mitarbeiters dem Unternehmen erhalten bleibt.

Bei **alternierender Telearbeit** wird jeweils ein Teil der Arbeit zu Hause und ein Teil im Unternehmen erledigt. Meist werden dann im Unternehmen feste Zeiten verabredet, zu denen sich die Mitarbeiter zu Besprechungen oder Absprachen treffen.

Mobile Telearbeit wird von Arbeitnehmern genutzt, die Kunden außerhalb des Unternehmens betreuen (wie z. B. Versicherungsvertreter, Makler, Kundenbetreuer oder Außendienstmitarbeiter). Diese arbeiten meist mit mobilen Datengeräten, mit deren Hilfe sie vom jeweiligen Kunden aus Zugriff auf die Datensysteme des Unternehmens haben.

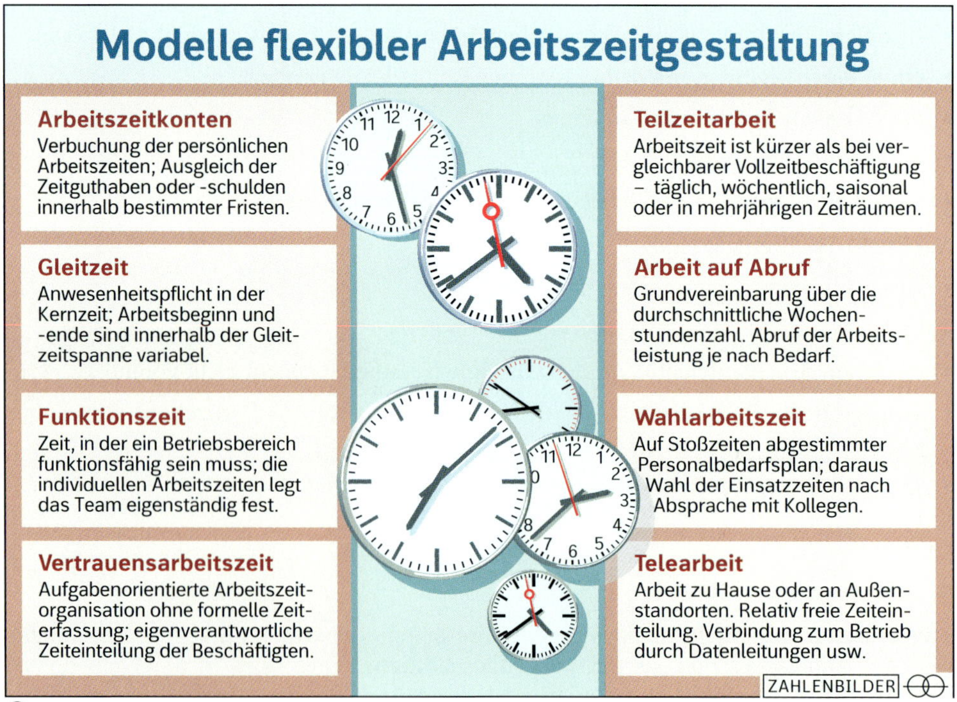

 240 051

■ Pausen

Im Rahmen der Arbeitszeitplanung spielen auch die **Arbeitspausen** eine Rolle. Sie dienen in erster Linie der Erholung und sollten deshalb möglichst in den Zeiten verminderter Leistungskraft liegen. In der Regel liegen die Mittagspausen allerdings zwischen 12:00 und 13:00 Uhr, also in einer Phase, in der das Leistungstief eigentlich noch nicht erreicht ist. Daher sollten schwierige Aufgaben möglichst nicht in die Zeit nach der Mittagspause verlegt werden, sondern in den Leistungshöhepunkt am Morgen.

Für den einzelnen Mitarbeiter empfiehlt es sich, nach seinem individuellen Arbeitsrhythmus eine persönliche **Zeitplanungstechnik** für den Arbeitstag zu entwickeln. Dabei könnte er sich an folgender **Checkliste** orientieren:

1. Habe ich eine Tagesplanung?
2. Welche Termine sind vereinbart und müssen eingehalten werden?
3. Fange ich mit dem wichtigsten an und bleibe dabei, auch wenn ich unterbrochen werde?
4. Kann ich heute begonnene Aufgaben zu Ende führen?
5. Nutze ich meine leistungsstarken Arbeitsstunden aus?
6. Teile ich den Arbeitstag in Blöcke für Telefonieren, Besprechungen mit Mitarbeitern und Routinearbeiten?
7. Lege ich – wenn möglich – meine Routinearbeiten in die „müde" Mittagszeit?
8. Schließe ich den Arbeitstag mit einem kurzen Tagesrückblick:
   - Was wurde geschafft?
   - Was ist noch nicht erledigt?
   - Was ist neu hinzugekommen?
9. Habe ich meinen Arbeitsplan für den nächsten Tag in groben Zügen erstellt?

Zusammenfassung: Arbeitszeit- und Pausenregelungen kennenlernen

- Das **Arbeitszeitgesetz** regelt die Arbeitszeit rechtlich.
- Die Leistung des Mitarbeiters schwankt aufgrund des körperlichen Tagesrhythmus.
- Die **Gleitzeit** bietet den Arbeitnehmern die Möglichkeit, die Arbeitszeit in einem vorgegebenen Rahmen selbst zu planen.
- **Persönliche Arbeitstechniken** steigern die Effizienz der Arbeit.

Aufgaben

1. *Erläutern Sie die Grundlagen des körperlichen Tagesrhythmus.*
2. *Erläutern Sie, warum es i. d. R. nicht möglich ist, nur die körperlichen Leistungsspitzen des Menschen für die betriebliche Arbeit zu nutzen.*
3. *Erläutern Sie, welche Auswirkungen Pausen auf die Arbeitsleistung haben.*
4. *Nennen Sie Gründe, die für die Einführung der Gleitzeit sprechen.*

5. *Erklären Sie, wie man seine Arbeit nach persönlichen Arbeitszeittechniken ausrichten kann.*
6. *Erläutern Sie, warum die Interessen von Arbeitnehmern und Arbeitgebern im Hinblick auf die Arbeitszeitgestaltung miteinander konkurrieren.*
7. *a) Nennen Sie zwei Modelle flexibler Arbeitszeit.*
   b) Beschreiben Sie eines der von Ihnen unter a) genannten Modelle.
   c) Die flexible Arbeitszeit hat im Vergleich zur starren Arbeitszeit Vorteile für die Betroffenen. Nennen Sie
   ca) zwei Vorteile für die Arbeitnehmer.
   cb) zwei Vorteile für Unternehmungen.
   cc) einen Vorteil für die Volkswirtschaft.

1.7 Betriebliches Vorschlagswesen nutzen

Handlungssituation

Jürgen Ost, Mitarbeiter in der Polsterei bei der Primus GmbH, hat eine gute Idee. Seit einiger Zeit fällt ihm auf, dass durch einen ungünstigen Zuschnitt der Stoffe viel Abfall entsteht. Er hat ein Schnittverfahren entwickelt, wie sich aus einer Stoffbahn mehr Teile schneiden lassen und die Abfallmenge verringert wird. Außerdem hat er ein Verfahren entwickelt, wie sich aus den Abfällen der Polsterei noch Dekorationsgegenstände herstellen lassen, sodass sich auch der Verschnitt noch sinnvoll nutzen lässt. Als er diese Vorschläge seinem Abteilungsleiter Herrn Fischer vorträgt, ist dieser begeistert und rät Herrn Ost, das neue Schnittverfahren und die Möglichkeiten der Herstellung von Dekorationsartikeln den beiden Geschäftsführern als Verbesserungsvorschlag einzureichen. Nach drei Monaten erhält Herr Ost von der Primus GmbH eine Gratifikation für das neu entwickelte Stoffzuschnittverfahren.

Arbeitsauftrag

- *Stellen Sie Vorteile des betrieblichen Vorschlagswesens für den Arbeitnehmer und für das Unternehmen dar.*

Die Gestaltung des Arbeitsplatzes ist nicht nur eine Aufgabe der Organisation, sondern auch der Arbeitnehmer. Zum einen bieten Gesetze den Arbeitnehmern Mitspracherechte, zum anderen werden Verbesserungsvorschläge in vielen Unternehmen im Rahmen des **betrieblichen Vorschlagswesens (BVW)** sogar mit Geld- oder Sachprämien belohnt.

So regelt z.B. das Betriebsverfassungsgesetz, dass der Betriebsrat als Arbeitnehmervertretung ein Mitspracherecht bei der Gestaltung der Arbeitszeiten und Pausen (§ 87 BetrVG) oder auch ein Informations- und Beratungsrecht bei der Gestaltung der Arbeitsplätze (§ 90 BetrVG) hat.

Der einzelne Arbeitnehmer ist ferner berechtigt, zu Maßnahmen des Arbeitgebers, die ihn betreffen, Stellung zu nehmen und eigene Vorschläge zur Gestaltung des Arbeitsplatzes und des Arbeitsablaufs zu machen (§ 82 BetrVG).

Eine wichtige Methode zur Einflussnahme auf die Gestaltung von Arbeitsplätzen durch die Arbeitnehmer stellt daher das **betriebliche Vorschlagswesen** dar.

Ziel ist es, die **Mitarbeiter zu einer aktiven Mitarbeit am Betriebsgeschehen**, über ihre eigentlichen Aufgaben hinaus, **zu motivieren.** Die Mitarbeiter werden angeregt, sich mit den Problemen des Unternehmens durch eigene Ideen zu identifizieren und gestalterisch an der Veränderung ihres Arbeitsplatzes teilzuhaben. Gleichzeitig wird dieses Engagement häufig als Sonderleistung honoriert. Das betriebliche Vorschlagswesen wirkt sich also sowohl für das Unternehmen, durch die Verbesserung des Arbeitsablaufs, der verwendeten Geräte oder Methoden, als auch für die Mitarbeiter, durch die zusätzliche Entlohnung, positiv aus. Dies führt zu höherer Motivation und größerer Akzeptanz.

Der **Umfang der Vorschläge** kann dabei sehr unterschiedlich sein. So kann schon die Neugestaltung eines Arbeitsformulars ein Verbesserungsvorschlag sein, zum anderen können aber auch komplette Arbeitsabläufe durch einen solchen Vorschlag umstrukturiert werden, um dadurch eine wirtschaftlichere Aufgabenbewältigung zu erreichen. Dementsprechend kann die Entlohnung dieser Vorschläge zwischen einigen Euro und Beträgen von bis zu 100.000,00 € reichen.

Beispiel In der Primus GmbH erhalten die Mitarbeiter für Verbesserungsvorschläge 30% der im ersten Jahr nach der Einführung der vorgeschlagenen Maßnahme eingesparten Summe. Verbesserungsvorschläge, deren Vorteil sich nicht berechnen lässt, wie z. B. die Entwicklung neuer Formulare, werden mit Einmalzahlungen von bis zu 1.000,00 € vergütet. Herr Ost erhält für seinen Vorschlag (s. Handlungssituation) 3.000,00 €, da die Primus GmbH im laufenden Jahr Einsparungen von 10.000,00 € durch das neue Zuschneideverfahren erzielt.

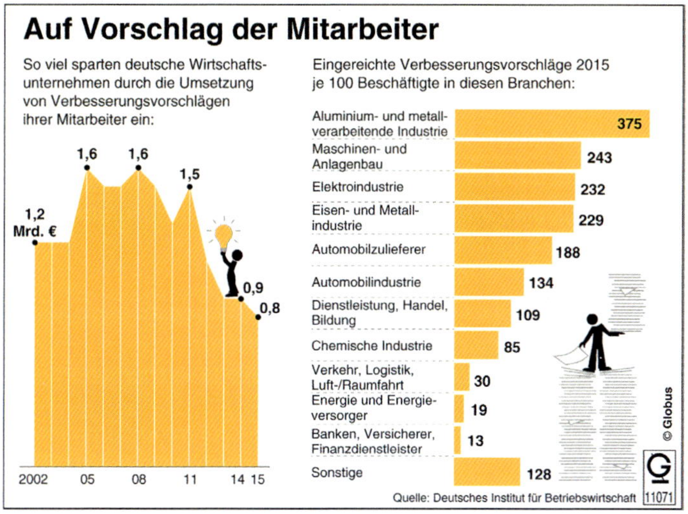

Der übliche **Ablauf bei der Einreichung von Verbesserungsvorschlägen** sieht folgendermaßen aus:
1. Vorschlagseinreichung,
2. erste Kontrolle und Beurteilung des Vorschlags durch Fachabteilungen,
3. Annahme und Einführung des Vorschlags durch eine entsprechende Kommission,
4. endgültige Entscheidung über den Vorschlag und die zu zahlende Prämie,
5. Benachrichtigung des Einsenders,
6. Aktenabschluss und Aufhebepflicht.

Eine weitere Möglichkeit zur Beeinflussung der eigenen Arbeitsbedingungen sind **Qualitätszirkel.** Dabei treffen sich engagierte Mitarbeiter des Unternehmens zu regelmäßigen Zusammenkünften und machen sich Gedanken zu Verbesserung ihrer Arbeitsbedingungen. Diese Teamarbeit führt zu einem offeneren Umgang miteinander. Durch die Verlagerung von Entscheidungsprozessen in diese Gremien kommt es langfristig auch zu einer Veränderung der Unternehmenskultur.

Eine dritte Möglichkeit ist die Methode des **kontinuierlichen Verbesserungsprozesses (KVP).** Wichtig ist dabei, dass jeder Mitarbeiter die Bedeutung von Wertschöpfung und Verschwendung kennt. Wertschöpfend sind alle Prozesse, die dem Kunden einen Nutzen bringen, Verschwendung sind Tätigkeiten, die Zeit, Ressourcen oder Raum beanspruchen, aber nicht zum Nutzen des Kunden beitragen (z. B. Fehler, unnötige Transporte, Wartezeiten). Jeder Mitarbeiter muss bereit sein, Probleme zu erkennen und Verantwortung zu übernehmen.

Zusammenfassung: Betriebliches Vorschlagswesen nutzen

- **Arbeitnehmer haben** lt. Betriebsverfassungsgesetz das Recht, an der Gestaltung des Arbeitsplatzes mitzuwirken.
- **Möglichkeiten** dazu sind
  - das **betriebliche Vorschlagswesen,**
  - **Qualitätszirkel,**
  - die **Methode KVP** (Kontinuierlicher Verbesserungsprozess).

Aufgaben

1. *Erläutern Sie den Sinn des betrieblichen Vorschlagswesens.*
2. *Unterscheiden Sie Qualitätszirkel und KVP.*
3. *Eine Unternehmung beabsichtigt, ein betriebliches Vorschlagswesen einzuführen.*
   a) Nennen Sie zwei Gründe für die Einführung.
   b) Erläutern Sie drei Vorteile für die Unternehmung.
4. *In der Primus GmbH soll ein betriebliches Vorschlagswesen als eigenständige Abteilung neu eingerichtet werden. Welche Aufgabe hat diese Abteilung?*
   1. *Die neue Abteilung soll Ursachen für Verbesserungsvorschläge suchen und diese sofort der Geschäftsleitung melden.*
   2. *Die neue Abteilung soll Verbesserungsvorschläge erfassen, prüfen und prämieren.*
   3. *Die neue Abteilung soll kontrollieren, dass jeder Betriebsangehörige nur einen Verbesserungsvorschlag pro Jahr einreicht.*
   4. *Die neue Abteilung ist verantwortlich für die betriebliche Organisation des Unternehmens.*
   5. *Die neue Abteilung soll der Geschäftsleitung Vorschläge zur Verbesserung der betrieblichen Mitbestimmung unterbreiten.*
5. *Im Rahmen des betrieblichen Vorschlagswesens sollen entweder Maßnahmen zur Verbesserung der Arbeitsabläufe (1) oder Maßnahmen zur Verbesserung der Produkte (2) gesucht werden.*
   a) Gibt es effizientere Fertigungsverfahren, die die Produktqualität erhöhen?
   b) Gibt es Maßnahmen zur Verbesserung der Arbeitssicherheit?
   c) Wo kann durch den Einsatz moderner Kommunikationstechnik der Informationsaustausch verbessert werden?
   d) Lässt sich im Unternehmen Energie einsparen, z. B. durch automatische Abschaltung von Geräten bei Nichtbenutzung?

2 Gesundheit erhalten und fördern

LS

2.1 Psychische Belastungen am Arbeitsplatz bewältigen

Handlungssituation

Den nächsten Ausbildungsabschnitt in der Primus GmbH absolviert Andreas Dick im Verkauf/Marketing. Die Gruppenleiterin, Frau Schiffer, begrüßt Andreas freundlich, aber auch sehr kurz angebunden. *„Wissen Sie“*, meint Frau Schiffer, *„bei uns hier geht die Post ab. Viele sehr unterschiedliche und oft dringende Aufgaben, wenig Personal, kaum Zeit zum Durchschnaufen. Das muss man mögen. Bitte unterstützen Sie Frau Koslowski, die kann wirklich Hilfe brauchen.“* Schon nach kurzer Zeit kann Andreas dies bestätigen. Während ihm selbst der hohe Handlungsdruck und die neuartigen Aufgaben richtig Spaß machen, wirkt Frau Koslowski überlastet. Sie hat oft Kopfschmerzen, ist leicht reizbar und berichtet immer wieder, dass sie in der Nacht kaum ein Auge zumachen konnte. Immer öfter meldet sie sich krank. *„Und die Schiffer macht immer noch mehr Druck!“*, klagt sie gegenüber Andreas.

Arbeitsaufträge

- *Tauschen Sie sich über Ihre Erfahrungen mit Stress am Arbeitsplatz aus.*
- *Analysieren Sie die Situation von Frau Koslowski und Andreas. Stellen Sie dar, welche Konsequenzen dies für die Primus GmbH haben kann.*
- *„Burn-out ist doch nur eine Modeerscheinung, mit der sich Mitarbeiter eine Auszeit oder zumindest Arbeitserleichterungen erschleichen wollen.“ Nehmen Sie zu dieser Aussage Stellung.*

Stress und Stressregulation

Der Ausbildungs- und Arbeitsalltag stellt die Mitarbeiter in Unternehmen jeden Tag vor mehr oder weniger anspruchsvolle Aufgaben, die Belastungen mit sich bringen. Die **Stärke der Belastung** wird von mehreren **Faktoren** beeinflusst:

- die Schwierigkeit der Aufgaben und die Aufgabenvielfalt (Sachebene),
- das eigene Können und die eigenen Ansprüche (individuelle Ebene),
- die Ausbildungs- und Arbeitsbedingungen (kollegiale Ebene und sonstiges Umfeld),
- die Fähigkeit zur Selbstorganisation und das subjektive Zeitmanagement.

Ob man angesichts von Belastungen gesund bleibt, ist abhängig von der Art des Umgangs mit den Belastungen. Es ist auffällig, dass bei den gleichen Aufgabenprofilen manche Menschen im positiven Sinne in der Aufgabe aufgehen und andere Menschen **Stress** empfinden. Stress ist – **biologisch gesehen** – eine sehr sinnvolle Reaktion des Körpers auf eine **Herausforderung** oder **Bedrohung**. Er versetzt den Körper in Bereitschaft, Leistung zu erbringen, sich zur Wehr zu setzen oder auch zu fliehen, indem er die dafür notwendige

Energie zur Verfügung stellt. **Psychologisch gesehen** ist Stress eine sehr **individuelle** Angelegenheit. Entscheidend sind dabei die subjektiven Bewertungen der Aufgaben im Abgleich mit den eigenen Kompetenzen:

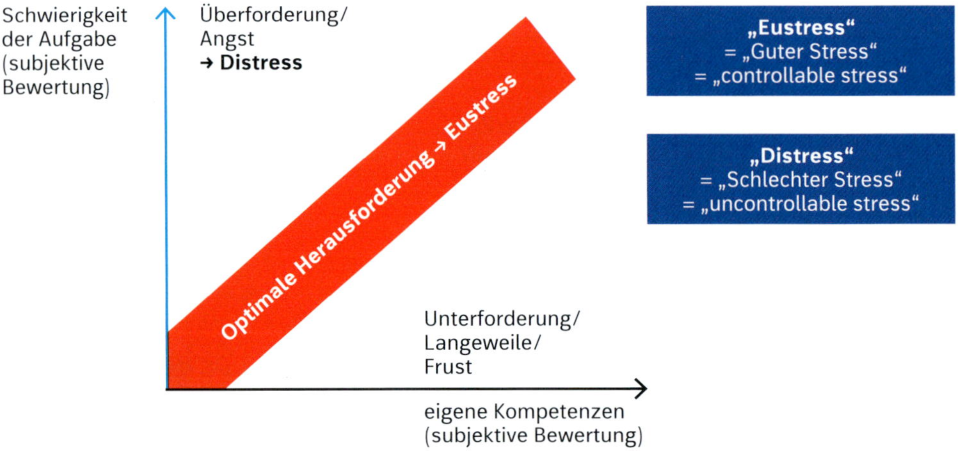

Vorübergehender Stress ist daher eine ganz übliche und in manchen Situationen sogar positive Erscheinung des (Berufs-)Alltags. Stress ist unter normalen Umständen jedoch kein Dauerzustand; es folgt Entspannung oder aber Erschöpfung.

Beispiel Andreas Dick findet die Arbeit in der Abteilung Marketing als ganz schön „stressig“. Er steht „mächtig unter Dampf“, wie er selbst sagt. An manchen Tagen genießt er dann besonders den Abend, z.B. bei einem Spaziergang mit seiner Freundin (Entspannung). Manchmal ist er aber so „platt“, dass er nur noch schlafen will (Erschöpfung).

Stresssymptome

Dauerstress ist gesundheitsschädlich. Das zeigt sich an vielfältigen Symptomen, deren Auftreten individuell ganz verschieden sein kann:

körperliche	Symptome bei Dauerstress	psychische
Angstgefühle, Panikzustände		Empfinden gesteigerter innerer Unruhe, von Nervosität und Gehetzt-Sein
Schlafstörungen		Gefühle der Unzufriedenheit und des Ärgers
Schwächung des Immunsystems		erhöhte Reizbarkeit, Verletzlichkeit
Verspannungen des Muskelapparats		Angst, einer Situation nicht gewachsen zu sein
Herz-Kreislauf-Symptome, Schwindelgefühle		Gefühle der Hilflosigkeit, Sinnlosigkeit
Schmerzsymptome		Gedankenkreisen, Grübeln, Blackout
Magen-Darm-Störungen		Depressionen

Typische Verhaltensweisen von dauergestressten Menschen

- hastiges und ungeduldiges Verhalten
- unkoordiniertes Arbeitsverhalten, mangelnde Planung, fehlende Übersicht und Ordnung, Verlegen von Dingen, Verlieren, Vergessen
- konfliktreicher Umgang mit anderen Menschen
- mangelndes Interesse
- Betäubungsverhalten (verändertes Konsumverhalten z. B. Konsum von Tabak, Alkohol, Medikamenten; verändertes Freizeitverhalten, ...)

Stressbewältigung

Es gibt sehr viele Möglichkeiten, Stress zu vermeiden bzw. zu verarbeiten. So wie Stress ein sehr individuelles Problem darstellt, so gestalten sich auch die Bewältigungsstrategien sehr unterschiedlich. Was dem einen hilft, kann für den anderen überhaupt nicht hilfreich sein. Als allgemeingültige Empfehlungen können für die Berufsausbildung und das Berufsleben die folgenden gelten:

- Achten Sie auf sich selbst; nehmen Sie sich die Zeit, in sich „hineinzuhorchen".
- Beobachten Sie Stresssymptome: Sind diese von kurzer Dauer oder stabil bzw. anwachsend?
- Wenn Sie sich dauernd überfordert fühlen, sprechen Sie darüber (mit Kollegen, dem Vorgesetzten) und wirken Sie auf eine Entlastung hin.
- Prüfen Sie die eigenen Ansprüche: Innere Glaubenssätze wie „ich muss perfekt sein" sind häufige Stressursachen.
- Achten Sie auf eine ausgewogene, gesunde Ernährung, ausreichende Bewegung (vgl. S. 151) und Phasen der Entspannung.
- Reservieren Sie sich Entspannungszeiten sowie Zeit für Sport und die Pflege von Freundschaften.
- Suchen Sie professionelle Hilfe, wenn Sie über einen längeren Zeitraum das Gefühl haben, dass der Stress Sie belastet und Sie selber keinen Weg finden, damit umzugehen.

■ Burn-out

Die oben beschriebenen Symptome und Verhaltensweisen bei Dauerstress zeigen sich auch beim Burn-out-Syndrom (engl. to burn out = ausbrennen). Es handelt sich hierbei um eine sehr ernst zu nehmende Krankheit aufgrund physischer und/oder psychischer Überlastung im Berufsleben. Chronische Erschöpfung, Schlafstörungen, Kopfschmerz und Hörsturz sind häufige Folgen, die zu Mutlosigkeit, Versagensängsten, Interesselosigkeit und anderen gravierenden psychischen Beeinträchtigen bis hin zur Suizidgefahr führen können.

Die zunehmende Verdichtung der Arbeit, gestiegene Anforderungen und Entwicklungen wie die ständige Erreichbarkeit von Mitarbeitern sind mit verantwortlich für den gravierenden Anstieg dieses Krankheitsbildes in den letzten Jahren. Betroffen sind besonders häufig Menschen, die ein großes Engagement in ihrem Beruf zeigen, sich aufopfern und oft selbst ausbeuten. Wenn ein Mensch ein gesundes Maß an Engagement überschreitet und geradezu süchtig nach seiner Arbeit wird, spricht man von einem **„Workaholic“** – einem Arbeitssüchtigen. Diese Menschen zeichnen sich durch einen zwanghaften Arbeitseifer aus, sie sind Perfektionisten und ziehen viel Zufriedenheit aus ihrer Arbeit. Dabei werden dann zunehmend die eigene Freizeit, die Familie und soziale Kontakte vernachlässigt.

Burn-out und Arbeitssucht (Workaholism) müssen professionell behandelt werden.

Mobbing

Alltagsfrotzeleien, grenzwertige Witze und kleine Konflikte unter Kolleginnen und Kollegen gibt es in jedem Unternehmen. Wenn sich jemand einmal unfreundlich von Kollegen oder ungerecht von dem oder der Vorgesetzten behandelt fühlt, so ist das unerfreulich. Dies als Mobbing zu bezeichnen, wäre jedoch sicher übertrieben.

Mobbing ist eine Form von Gewalt, die sich in unterschiedlichen Handlungen zeigt. Insbesondere das sog. Cybermobbing, das Mobbing im Internet über Smartphones, Foren, Chats und Communities, findet im heutigen Leben leider häufig statt. Es kann sehr gravierende Auswirkungen auf die Opfer haben. Das Sinken der Arbeitszufriedenheit bis hin zur Angst und andere psychische Beeinträchtigungen, die innere Kündigung oder auch das Ausscheiden aus dem Unternehmen sind Folgen des Mobbings. Insofern muss dem Mobbing entschieden begegnet werden.

Beispiel In Nicole Hövers Berufsschulklasse wird Rebecca von einer Gruppe von Mitschülern seit Wochen schikaniert. Immer öfter fehlt sie in der Klasse. Nicole gelingt es, Rebecca davon zu überzeugen, sich an den Klassenlehrer zu wenden. Dieser schreitet dann entschieden ein und wird dabei vom Schulsozialarbeiter unterstützt.

Merkmale von Mobbing
- Angriffe in verschiedenen Bereichen (siehe Grafik)
- Kräfteungleichgewicht (Opfer-Täter-Mitläufer-Konstellation)

- Häufigkeit (mindestens einmal pro Woche)
- Dauer (Wochen oder Monate)

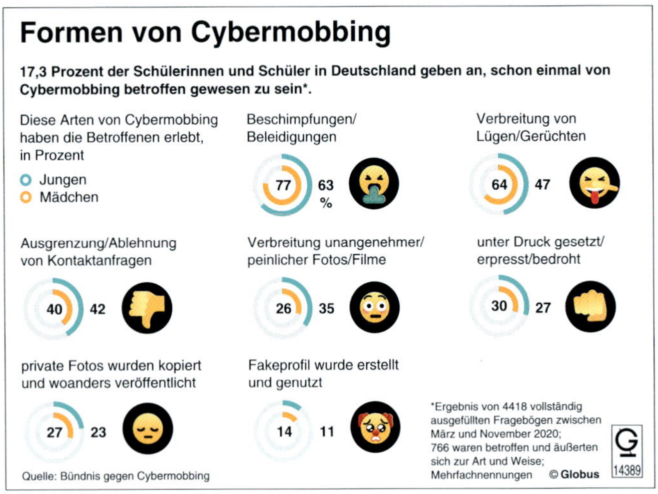

Umgang mit Mobbing

Es gibt zahlreiche Strategien, die im Umgang mit Mobbing empfohlen werden. Die Bundesanstalt für Arbeitsschutz und Arbeitsmedizin hat eine Broschüre veröffentlicht, die zahlreiche Empfehlungen enthält – u.a. für die Führungskräfte, die Kolleginnen und Kollegen und die als Opfer Betroffenen.[1]

Kleiner Anti-Mobbing-Ratgeber für Betroffene
- Frühzeitig wehren!
- Aussprache mit dem Täter/der Täterin suchen!
- Ursachen des Konflikts suchen und Lösungsvorschläge machen!
- Kompromissbereitschaft zeigen!
- Kollegen und Kolleginnen ansprechen und Verbündete suchen!
- Inner- und außerbetriebliche Beratungs- und Hilfsangebote nutzen!
- Rechtsberatung z.B. der Gewerkschaft nutzen!
- Personal-/Betriebsrat einschalten!
- Eventuell die Geschäftsleitung über die Vorgänge informieren!
- Vorgänge aufzeichnen!
- Tagesprotokoll über die eigene Arbeitsleistung anfertigen!
- Stressabbau durch Sport, Entspannungstechniken etc.!
- „Aufbauende Angebote" nutzen, z.B. Fortbildungen, Selbsthilfegruppen, Beratung!
- Auszeit nehmen, z.B. Urlaub oder Kur antreten!

Bei **Mobbing in der Schule** hat sich oftmals der sog. „No-Blame-Approach" (engl. für „Ansatz ohne Schuldzuweisung") bewährt. Die Wirksamkeit des Ansatzes führt man darauf zurück, dass – trotz der schwerwiegenden Problematik – vollständig auf Schuldzuweisungen und Strafen für den oder die Täter verzichtet wird. Vielmehr werden die am Mobbing beteiligten Schülerinnen und Schüler in einen Gruppenprozess einbezogen, der sie konsequent in die Verantwortung für die Behebung des Problems nimmt. Sie werden als „Helferexperten" aktiv in den Lösungsprozess eingebunden.

Rechte bei Mobbing

Mobbing greift die Würde des Menschen an. Diese steht durch Artikel 1 des Grundgesetzes in Deutschland unter besonderem Schutz. Es ist daher nur folgerichtig, dass Mobbing rechtliche Konsequenzen hat. Neben dem Grundgesetz finden sich die relevanten gesetzlichen Grundlagen im **Bürgerlichen Gesetzbuch (BGB)**, dem **Allgemeinen Gleichbehandlungsgesetz (AGG)** und dem **Strafgesetzbuch (StGB)**.

Adressat	Rechte des Opfers
Arbeitgeber 	**Beschwerderecht/Handlungsgebot** Wenn ein Betroffener sich über Mobbing schriftlich beschwert und stichhaltige Beweise vorträgt, ist der Arbeitgeber verpflichtet, darauf zu reagieren. Andernfalls drohen Schadenersatz oder Schmerzensgeld. Der Arbeitgeber muss dann geeignete Maßnahmen einleiten (z.B. Ermahnung, Abmahnung, Umsetzung, Versetzung oder Kündigung des Mobbers). Das Opfer hat jedoch keinen Einfluss darauf, welche Maßnahmen gewählt werden.
	Anspruch auf Einstellung der Arbeit Ein/-e Betroffene/-r von Mobbing kann, soweit dies zum Selbstschutz zwingend geboten scheint, die Arbeit einstellen, ohne den Anspruch auf Lohn/Gehalt zu verlieren. Es muss jedoch hinzukommen, dass der Arbeitgeber nicht oder mit nicht geeigneten Maßnahmen für den Schutz des Opfers gesorgt hat. Im Zweifel muss das Opfer das Vorliegen dieser Voraussetzungen beweisen können – ansonsten droht eine fristlose Kündigung wegen Arbeitsverweigerung.

[1] *Quelle: Bundesanstalt für Arbeitsschutz und Arbeitsmedizin (Hrsg.): Wenn aus Kollegen Feinde werden. Der Ratgeber zum Umgang mit Mobbing, Nachdruck der 6., korrigierten Auflage, Dortmund 2011, S. 28. In: www.baua.de/DE/Angebote/Publikationen/Praxis/A12.pdf?__blob=publicationFile [21.09.2021].*

Adressat	Rechte des Opfers
Arbeitgeber und Täter	**Anspruch auf Schadenersatz bzw. Schmerzensgeld** Dieser tritt in Kraft, sofern der Arbeitgeber seiner Fürsorgepflicht nicht nachgekommen ist bzw. der Mobber vorsätzlich gehandelt hat und davon ausgehen musste, dass sein Verhalten zu materiellen Schäden bei dem Opfer führt (z. B. Verdienstausfall).
Täter 	**Anspruch auf Widerruf/Unterlassung** Gegen rufschädigende oder beleidigende Äußerungen kann man grundsätzlich vorgehen, indem man einen Widerruf außergerichtlich erwirkt und/oder eine strafbewehrte Unterlassungserklärung vom Mobber verlangt. Weigert er sich, kann auch die Unterlassungs- und Widerrufsklage infrage kommen.
	Strafanzeige/Strafantrag In vielen Fällen verletzt Mobbing auch strafrechtliche Vorschriften. Beleidigungen, Körperverletzung und besonders auch Straftaten gegen die sexuelle Selbstbestimmung gehören dazu. Betroffene müssen mit Gegenanzeigen wegen übler Nachrede oder Verleumdung oder falscher Verdächtigung rechnen. Trotzdem können in vielen Fällen nur Strafanzeige und Strafantrag helfen, einen Mobber in die Schranken zu weisen.

Zusammenfassung: Psychische Belastungen am Arbeitsplatz bewältigen

- **Stress** ist ein Phänomen, das sehr individuell ist. Ob jemand im Beruf „guten Stress“ (**Eustress**) oder „schlechten Stress“ (**Distress**) empfindet, hängt davon ab, wie er oder sie die Schwierigkeiten und die Fülle an Aufgaben für sich bewertet und verarbeitet.
- Stress verursacht sehr unterschiedliche **Symptome** – körperliche und psychische.
- Stress zu **vermeiden** bzw. zu vermindern ist auf vielfältige Weise möglich. Wichtig ist, dass man die eigene Situation aufmerksam reflektiert, um rechtzeitig Verbesserungen anzugehen.
- **Dauerstress** kann in einen **Burn-out** münden – eine sehr ernst zu nehmende Krankheit, von der häufig Arbeitssüchtige (**Workoholics**) betroffen sind.
- **Mobbing** ist eine Form von Gewalt, die jeden treffen kann – am Arbeitsplatz ebenso wie in der Schule. Gegen Mobbing muss entschieden vorgegangen werden.
- Mobbing kann schwerwiegende **Rechtsfolgen** nach sich ziehen – für den Arbeitgeber und den Täter.

Aufgaben

1. *Das folgende Zitat geht auf den deutsch-amerikanischen Theologen Reinhold Niebuhr (1892–1971) zurück: „Gott, gib mir die Gelassenheit, Dinge hinzunehmen, die ich nicht ändern kann, den Mut, Dinge zu ändern, die ich ändern kann, und die Weisheit, das eine vom anderen zu unterscheiden.“[1] Begründen Sie, warum eine solche Lebenseinstellung stressvermeidend sein kann.*
2. *Nennen Sie fünf Situationen, in denen Sie Stress empfinden, und formulieren Sie für sich fünf Vorsätze bzw. geeignete Maßnahmen, um diesen Stress zu reduzieren.*
3. *Informieren Sie sich über die Initiative Klick-Safe (eine EU-Initiative zu mehr Sicherheit im Netz). Beschreiben Sie, wie Cyber-Mobbing (in der Schule) rechtzeitig erkannt werden kann.*

---

[1] *aphorismen.de / Thomas Schefter, Schefter.net: Zitat zum Thema: Gelassenheit, Forst, o.ED. In: https://www.aphorismen.de/zitat/25799 [21.01.2022]*

2.2 Vorbeugende Maßnahmen zur Gesunderhaltung im Beruf durchführen

Handlungssituation

Andreas Dick ist niedergeschlagen. Bei Frau Koslowski, mit der er zusammengearbeitet hat, wurde Burn-out diagnostiziert. Sie ist zunächst einmal für ein halbes Jahr krankgeschrieben. Nach einem langen Arbeitstag trifft sich Andreas mit Petra Jäger zu einem Spaziergang und berichtet ihr von Frau Koslowski. *„Ich frage mich, wie man einem solchen Schicksal wirksam vorbeugen kann?"*, meint Andreas. *„Na, ja"*, erwidert Petra, *„was wir hier gerade machen – spazieren gehen an der frischen Luft, stumm geschaltete Smartphones – sind sicher schon gute Maßnahmen, um gesund zu bleiben." „Ja ja, ich weiß schon; und am besten auch noch richtig viel Sport. Aber dafür fehlt es mir an Zeit, das geht nicht!"*, antwortet Andreas. *„Geht nicht – gilt nicht!"*, lacht Petra. *„Wenn man nur will, geht eine ganze Menge. Und außerdem kannst du auch während deiner Arbeitszeit viel für dich tun."* Andreas schaut Petra fragend an.

Arbeitsaufträge

- *Tauschen Sie sich darüber aus, was Sie selbst für Ihre Gesundheit tun.*
- *Gerade bei Bewegung und Sport fällt es vielen Menschen schwer, sich zu überwinden und einfach anzufangen bzw. dabeizubleiben. Man spricht auch vom „inneren Schweinehund", der einen abhält. Oft ist es hilfreich, seinen eigenen inneren Schweinehund näher zu kennen, dann kann man ihn auch eher überwinden. Sammeln Sie daher in Partnerarbeit „zehn gute Gründe, keinen Sport zu machen".*

■ Bewegung

Es ist relativ egal, welche Form von Bewegung und Sport man macht: Spazierengehen, Klettern, Inlineskating, Schwimmen, Walken, Fahrradfahren oder Joggen – wer sich bewegt, bleibt körperlich sowie geistig fit und hält sich gesund. Zahlreiche Studien belegen, dass regelmäßige Bewegung und Sport sehr vielen **körperlichen Krankheiten vorbeugen**. Zudem wirkt sich Bewegung – gerade an der frischen Luft – auch sehr positiv auf die Psyche aus. Man kann „durchatmen" und „Dampf ablassen".

Ausgleich in der Freizeit

Die Trennung von Arbeitszeit und Freizeit verschwimmt immer mehr. Es gibt zwar klare gesetzliche und tarifvertragliche Vorschriften zur Arbeitszeit (vgl. S. 37, 137 ff.) – diese werden aber oftmals nicht durchgängig eingehalten. Druck durch den Arbeitgeber oder auch der selbst auferlegte Wunsch des Arbeitnehmers, eine Aufgabe noch fertigzustellen, führen zu langen Arbeitstagen. Hinzu kommt die ständige Erreichbarkeit, die dazu führt, dass auch in der Freizeit berufliche Dinge besprochen werden. All das muss nicht unbedingt belastend sein, solange nach einem Arbeitstag und in der Woche noch ausreichend

Zeit für einen Ausgleich bleibt. Hier sollte man dem Körper und auch der Psyche am besten eine andere Beanspruchung bieten, als dies im Beruf der Fall ist.

Beispiel Andreas Dick beschäftigt sich in seiner Freizeit gerne mit Computerspielen. Da er in seiner Ausbildung fast den ganzen Tag an einem Computer arbeitet, ist dies kein geeigneter Ausgleich. Andreas' Onkel, Jörn Eggers, hat mit über 40 Jahren das Kite-Surfen für sich entdeckt. *„Für mich als Lehrer ist das der ideale Ausgleich. Ich kann völlig abschalten und bin nach dem Surfen total entspannt. Hinzu kommen tolle Erfolgserlebnisse, wenn ich beim Kiten weiterkomme. Für meinen stressigen Schulalltag bin ich dadurch gut gerüstet“*, erklärt Jörn.

Bewegung am Arbeitsplatz (betriebliche Gesundheitsförderung)

Der oder die Durchschnittsdeutsche sitzt am Tag sieben Stunden, davon mehr als drei Stunden vor einem Bildschirm.[1] Bei den Berufstätigen liegen diese Werte noch höher. Viele Unternehmen haben den Wert von Bewegung und Sport erkannt und fördern Mitarbeiter/-innen (z.B. kostenlose Mitgliedschaft im Fitnessstudio, Teilnahme an Laufveranstaltungen, Sport während der Arbeitszeit). Es ist zudem sehr leicht, direkt am Arbeitsplatz für etwas mehr Bewegung zu sorgen:

- Bewegtes Sitzen mit häufigem Positionswechsel,
- Treppensteigen statt Aufzugfahren,
- ein Spaziergang in der Mittagspause und
- „bewegte Pausen“ zwischendurch

wirken dem Bewegungsmangel im Büro gezielt entgegen. Hierzu gibt es eine Vielzahl von Übungen, die man direkt an seinem Arbeitsplatz durchführen kann. Interaktive Programme bzw. Apps können dies unterstützen.

Häufig ist es auch möglich, den **Arbeits- oder Schulweg** umzugestalten und diesen zumindest teilweise zu Fuß oder mit dem Fahrrad zu bewältigen. Macht man dies bei jedem Wetter, ist man auch z.B. gegen Erkältungskrankheiten gut gerüstet.

■ Ernährung

Eine ausgewogene Ernährung, gesunde Lebensmittel, das Vermeiden von zu viel Zucker und Fett – das sind nur einige Gebote, die für die Gesunderhaltung wesentlich sind. „Du bist, was du isst“ – sich bewusst und gesund zu ernähren ist für immer mehr Menschen ein wichtiger Bestandteil der Lebensführung. Vor allem Jugendliche und junge Erwachsene greifen aber häufig zu (Halb-)Fertiggerichten und Fast Food. Auch hier gibt es große

---

[1] *Vgl. Techniker Krankenkasse (Hrsg.): Beweg Dich, Deutschland! TK-Bewegungsstudie 2016. In: www.tk.de/resource/blob/2026646/0aa4b08bf5b67b8495dce9b24b2c3bac/tk-bewegungsstudie-2016-data.pdf [22.09.2021], S. 12.*

Unterschiede hinsichtlich des Gesundheitswertes – in der Tendenz sind von Schadstoffen unbelastete, frische und frisch zubereitete Lebensmittel gesünder. Die Lebensmittelindustrie bietet eine kaum zu durchschauende Vielfalt an Lebensmitteln und Nahrungsergänzungsmitteln an. Sie wirbt mit immer neuen Versprechen zu Geschmack, Bekömmlichkeit und Gesundheitswert. Es ist daher für die/den Einzelne(n) schwer, sich zu orientieren und einen passenden Ernährungsplan zu erstellen. Dennoch gibt es einige Grundregeln, deren Beachtung relativ einfach ist.

Wie viel sollte man wovon essen? Diese Frage versuchen sog. **Ernährungspyramiden** zu beantworten. Sie können als Orientierung dienen, wie hoch der Anteil an bestimmten Lebensmitteln sein soll. Diese Empfehlungen sind jedoch nur Anhaltspunkte, die im Einzelnen nicht unumstritten sind. Sicher ist jedoch, dass unsere Ernährung so ausgerichtet werden sollte, dass wir hinreichend viele **Nährstoffe**, **Vitamine**, **Mineral-** und **Ballaststoffe** sowie **Wasser** zu uns nehmen.

Mit der Ernährung steuern wir auch unsere **Energiezufuhr**. Hier gibt es die sehr schlichte, aber sinnvolle Empfehlung, auf die tägliche Kalorienzufuhr zu achten. Diese sollte nicht höher sein als der tägliche Verbrauch, da sonst eine Gewichtszunahme die Folge ist. Der **Kalorienverbrauch** variiert von Mensch zu Mensch und hängt u.a. vom Alter, dem Gewicht, der Größe und natürlich davon ab, womit man sich beschäftigt.

Beispiel Petra Jäger ist 21 Jahre alt, wiegt 70 kg bei einer Körpergröße von 1,70 m. Sie verbraucht rund 1500 bis 1600 kcal am Tag, wenn sie einen ganz normalen Ausbildungstag in der Primus GmbH hat.

Durch Bewegung kann man den Verbrauch erhöhen und kann bzw. muss dann auch mehr Kalorien zuführen. Ansonsten lohnt es, auf die Kalorienzufuhr zu achten. Hierbei fällt auf, dass Fast Food oder z.B. eine Tiefkühlpizza sehr hohe Werte aufweisen. Ein Cheeseburger von 120 g hat z.B. etwa 300 kcal. **Kalorienzähler**, die als Broschüren, Programme und Apps verfügbar sind, helfen, einen Überblick über die eigene Kalorienzufuhr zu behalten.

■ Suchtprävention

Nicht selten führen Arbeitsbelastungen bzw. -überlastungen zu **Suchterkrankungen**. Genetische Vorbedingungen, ein geringes Selbstbild (vgl. S. 235), schwere Lebensbedingungen oder auch traumatische Erlebnisse können das Auftreten einer Sucht begünstigen. In der Regel sind es mehrere Faktoren, die eine Sucht verursachen. Es gibt sehr viele Suchterkrankungen: Arbeitssucht, Essstörungen, Alkoholismus, Drogensucht, Spielsucht und viele andere mehr. Immer mehr Menschen leiden auch an Internetsucht.

Es gibt zahlreiche Empfehlungen und Programme, mit denen versucht wird, Suchtkrankheiten aller Art vorzubeugen. Diese richten sich i.d.R. an Eltern, Erzieher und Erzieherinnen, Lehrerinnen und Lehrer, sozialpädagogische Fachkräfte usw., also an diejenigen Personen, die mit (jungen) Menschen zu tun haben und auf diese einwirken können.

Sucht ist kein Randproblem der Gesellschaft

Wieviel Prozent der Deutschen sind von Alkohol, Tabak & Co. abhängig? *

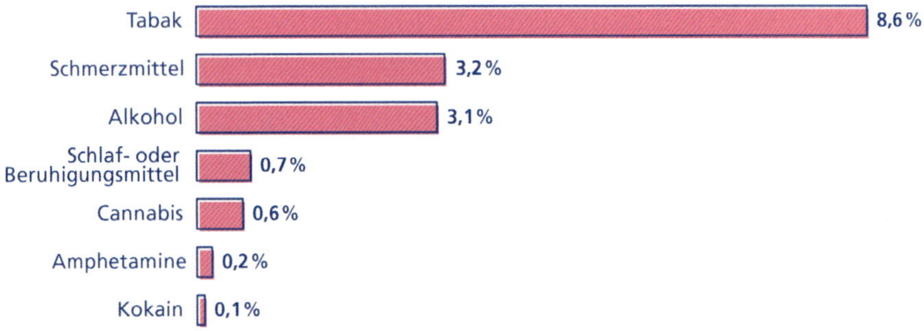

* 9.267 Personen von 18 bis 64 Jahren wurden 2018 zu ihrem Konsumverhalten befragt. Die Zahlen wurden auf die Gesamtbevölkerung im Alter von 18 bis 64 Jahren hochgerechnet.

Quelle: Atzendorf et al. (2019)

STIFTUNG GESUNDHEITS WISSEN

Für **Außenstehende** ist eine Sucht i. d. R. nicht leicht zu erkennen. Die Betroffenen neigen dazu, ihre Sucht zu verheimlichen, zu bagatellisieren und zu verleugnen. Süchtige verändern sich häufig in ihrer gesamten Persönlichkeit und unterliegen starken Stimmungsschwankungen. Sie sind oft weniger zugänglich und fallen z. B. durch zunehmendes Desinteresse und am Arbeitsplatz durch nachlassende Leistung und Unkonzentriertheit auf.

Damit man an einer Sucht arbeiten kann, muss sie als solche erst einmal von dem oder der **Betroffenen** wahrgenommen bzw. eingestanden werden. Die wirksamste Suchtprävention ist daher eine **selbstkritische und wachsame Haltung** jedes Einzelnen, damit die **Anzeichen einer Sucht** möglichst früh erkannt werden. Als allgemeingültig gelten die folgenden Symptome:

- **Unausweichliches Verlangen**: Süchtige haben geradezu einen inneren Zwang, z.B. eine Substanz zu konsumieren oder etwas immer wieder zu tun. Bei Alkohol, Nikotin und anderen Drogen geht dies oft mit körperlichen Entzugserscheinungen einher, wodurch ein Ablassen davon weiter erschwert wird. Aber auch ohne körperlichen Entzug kann das Verlangen krankhaft sein.
- **Unvernunft/Kontrollverlust**: Dies bezieht sich sowohl auf den Zeitpunkt (z.B. Alkoholkonsum während der Arbeitszeit) als auch auf die Menge (z.B. eine Kaufsüchtige kauft weiter ein, auch wenn sie es sich finanziell nicht mehr leisten kann) des Konsums.
- **Unmöglichkeit des Verzichts**: Suchtkranke Mensch können selbst dann nicht auf ihr Suchtmittel verzichten, wenn die Sucht bereits schwere gesundheitliche oder soziale Konsequenzen hat (z.B. Raucher raucht weiter, obwohl ihm bereits ein Raucherbein amputiert wurde).
- **Abstumpfung**: Der Konsum des Suchtmittels muss immer weiter gesteigert werden, damit sich der gewünschte Effekt einstellt. Dies gilt gerade bei „stofflichen" Suchtmitteln, wie Alkohol, Nikotin und anderen Drogen.
- **Interesselosigkeit und soziale Vereinsamung**: Süchtige verlieren oft das Interesse an ihrer Arbeit und anderen Beschäftigungen. Die Familie, Freunde und andere soziale Kontakte werden vernachlässigt oder bewusst gemieden, damit man ungestört seiner Sucht nachgehen kann, um die sich zunehmend alles dreht.

Erkennt man an sich selbst Anzeichen einer Sucht, sollte man sich dies eingestehen und Hilfe in Anspruch nehmen. Das kann zunächst der Hausarzt oder eine Beratungsstelle sein. In Schulen gibt es immer die Möglichkeit, über den/die Klassenlehrer/-in oder eine Vertrauenslehrkraft an geeignete Stellen zu gelangen.

Zusammenfassung: Vorbeugende Maßnahmen zur Gesunderhaltung im Beruf durchführen

- Nahezu alle Formen von **Bewegung** und **Sport** dienen der Gesunderhaltung. Menschen brauchen einen Ausgleich zum Beruf in ihrer **Freizeit**. Darüber hinaus gibt es vielfältige Möglichkeiten, am **Arbeitsplatz** oder auf dem Weg dorthin für Bewegung zu sorgen.
- Eine ausgewogene **Ernährung** und der Verzehr von gesunden Lebensmitteln sind für die Gesunderhaltung unabdingbar. Die Beachtung der **Ernährungspyramide** und ein halbwegs ausgeglichener **Energiehaushalt** sind gute Leitlinien für die eigene Ernährung.
- Viele Menschen tragen das Risiko in sich, an einer **Sucht** zu erkranken. Die wesentliche Suchtprävention ist ein sehr achtsamer Umgang mit sich selbst. Erkennt man an sich **Anzeichen** einer Sucht, sollte man unverzüglich **Hilfe** in Anspruch nehmen.

Aufgaben

1. *a) Führen Sie probeweise für eine Woche „Buch" über alle Formen von Bewegung, die mindestens eine halbe Stunde lang dauern. Dies können Sie mit einem Notizbuch machen oder auch mithilfe eines Programms/einer App (z. B. Endomondo, Sports Tracker).*
b) Sammeln Sie, ggf. mit einer weiteren Person aus Ihrem Ausbildungsbetrieb, Möglichkeiten, wie Sie sich auf dem Weg zu Ihrem Ausbildungsbetrieb und während des Arbeitstages mehr bewegen könnten.

2. *Die eigene Ernährung zielt nicht nur auf die Gesundheit, sondern soll natürlich auch Genuss bieten. So hat fast jeder Mensch einige Vorlieben, die aus einer Gesundheitsperspektive „Sünden" sind. Listen Sie fünf Ihrer persönlichen Ess-Sünden auf und versuchen Sie, in der nächsten Woche auf zwei davon zu verzichten. Berichten Sie einem Mitschüler bzw. einer Mitschülerin danach, wie gut Ihnen der Verzicht gelungen ist.*

3. *Nehmen Sie zu der folgenden These Stellung: Ein intaktes soziales Umfeld (Familie, Freunde, Bekannte) ist die beste Suchtprävention.*

LS

3 Termine planen und Zeitmanagement organisieren

Handlungssituation

Frau Primus, Herr Müller und Svenja Braun, die Assistentin der Geschäftsführung, treffen sich zu ihrem wöchentlichen Meeting, in dem jeweils anstehende Probleme besprochen werden. Heute ist die Terminplanung Gegenstand der Besprechung.

Sonja Primus: *„Hallo Frau Braun, wir haben einige Probleme mit unserem Zeitmanagement. Es wird immer wieder vergessen, Rechnungen rechtzeitig zu bezahlen, sodass wir teilweise keine Skonti mehr abziehen können oder sogar Mahnungen von unseren Lieferanten erhalten. Wir müssen uns da was überlegen."*

Svenja Braun: *„Wir sollten Terminmappen o. Ä. führen, in denen die wichtigen Termine eingetragen werden. Letzte Woche hatte ich unsere Auszubildende Nicole Höver gebeten, für den Messebesuch von Herrn Müller ein Hotel zu buchen und Fahrkarten zu besorgen. Das hätte sie fast vergessen, wenn ich sie nicht gestern daran erinnert hätte."*

Herr Müller: *„Unsere Umsatzsteuervorauszahlung für den letzten Monat hat die Rechnungswesenabteilung auch vergessen. Wir haben schon eine Mahnung vom Finanzamt erhalten."*

Frau Primus: *„Gestern war ein Vertreter unseres Lieferanten Computec im Haus. Eigentlich hatte er einen Termin mit Frau Konski, die war aber außer Haus, da sie von dem Termin nichts wusste. Gott sei Dank konnte Herr Cremer einspringen und die Bestellungen mit dem Vertreter klären."*

Frau Braun: *„Unsere Mitarbeiter haben immer wieder Probleme, die wichtigen von den unwichtigen Terminen zu unterscheiden, und bearbeiten die unwichtigen Aufgaben zuerst, weil sie meist schnell zu erledigen sind. Sie haben kein vernünftiges Zeitmanagement."*

Herr Müller: *„Was schlagen Sie denn vor, wie wir in Zukunft solche Probleme vermeiden?"*

Svenja Braun: *„Wir sollten unsere Mitarbeiter im Hinblick auf die Terminplanung und ein effektives Zeitmanagement schulen. Ich habe da ein interessanten Angebot von einer Schulungsfirma erhalten."*

Sonja Primus: *„Gut, dann sollten wir das so schnell wie möglich machen. Kümmern Sie sich bitte darum!"*

Arbeitsaufträge

- *Analysieren Sie, welche Aufgaben warum nicht erledigt wurden, und unterscheiden Sie in diesem Zusammenhang zwischen festen und variablen Terminen.*
- *Überlegen Sie sich einfache Maßnahmen, wie diese Probleme vermieden werden können.*
- *Informieren Sie sich über Zeitfallen und Methoden des Zeitmanagements.*

Terminplanung ist für Unternehmen eine besonders wichtige Aufgabe. Vergessene Termine können zu großen finanziellen Konsequenzen führen, da sie sowohl Kosten verursachen als auch dem Renommee des Unternehmens schaden können. Unter Umständen gehen sogar Kunden verloren.

Man unterscheidet zwischen **variablen** (= **beweglichen)** Terminen und **festen** bzw. regelmäßig wiederkehrenden Terminen.

Feste Termine sind z. B.
- Steuerzahlungstermine (Umsatzsteuer, Lohnsteuer usw.),
- Messen oder Ausstellungen,
- regelmäßige Betriebsveranstaltungen wie Hauptversammlungen, Betriebsfeiern o. Ä.,
- Ferienzeiten,
- Geburtstage von Mitarbeitern oder Geschäftsfreunden.

Sie sollten möglichst schon zu Beginn des Jahres in den Terminkalendern eingetragen werden, um nicht vergessen zu werden und Terminkollisionen zu vermeiden.

Bewegliche Termine sind z. B.
- Besprechungen, Sitzungen und Tagungen,
- Kundentreffen,
- Geschäftsreisen,
- Vertreterbesuche o. Ä.

Sie werden eingetragen, sobald sie festgelegt sind.

Man unterscheidet
- **gesetzlich vorgeschriebene** Termine (wie z. B. Steuertermine),
- **Kontrolltermine** (die regelmäßig überwacht werden müssen), z. B. zur Rücksprache,
- **Erledigungs-** oder **Fertigstellungstermine** (z. B. Meilensteine bei Großprojekten oder Endtermine für Aufgaben).

Für die Überwachung der Termine bieten sich folgende **organisatorische Hilfsmittel** an:
- Terminkalender oder Terminplaner,
- Terminmappen,
- Plantafeln als Steck-, Heft- oder Magnetkartentafeln,
- elektronische Medien (wie Computer, Smartphones oder Organizer).

Terminkalender oder Terminplaner

Varianten von **Terminkalendern** sind z. B. kleine Bücher, Loseblattsammlungen, Taschen-, Wand- oder Tischkalender. Diese können noch in Jahres-, Monats- oder Tageskalender unterschieden werden.

Der Taschenkalender (z. B. Filofax) eignet sich insbesondere für die stundenweise Planung eines Tages und wird häufig von Mitarbeitern genutzt, die viel unterwegs sind. Wochenkalender stellen die Termine einer Woche in einer Übersicht dar. Eintragungen werden dabei häufig in unterschiedlichen Farben vorgenommen, um die Wichtigkeit verschiedener Termine hervorzuheben. Die Bedeutung der Farben muss allen Mitarbeitern bekannt sein und im Betrieb einheitlich gehandhabt werden.

Terminplaner hängen an den Wänden und zeigen die Jahresübersicht in Monaten, Wochen und Tagen. Darin werden feste Termine (wie Steuertermine, Betriebsferien usw.) langfristig eingetragen. In manchen, meist kleineren Unternehmen werden sie auch als Urlaubsplaner benutzt.

■ Terminmappen

Terminmappen dienen i. d. R. der Wiedervorlage oder Bearbeitung von Schriftstücken, z. B. für Zahlungsbelege für noch offene Rechnungen oder Schriftstücke, die zu bestimmten Terminen bearbeitet werden müssen. Am zweckmäßigsten sind dafür Pultordner mit Fächern für die 31 Tage eines Monats, in die die Schriftstücke nach dem Datum, an dem sie erledigt sein müssen, einsortiert werden.

Tagesterminmappen (Anwendung)

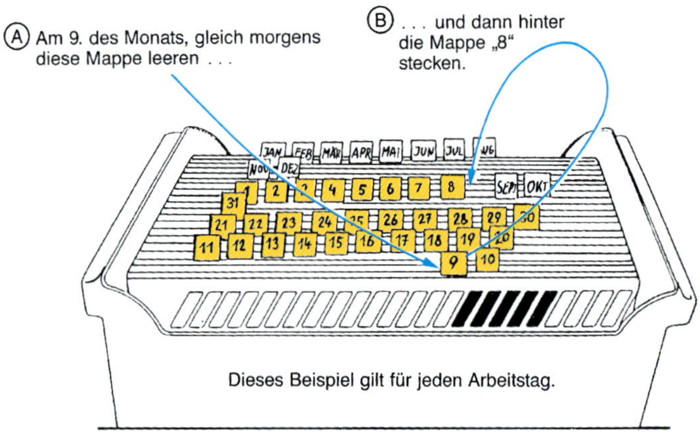

Monatsterminmappen enthalten alle Vorgänge des nächsten Monats. Spätestens an jedem Monatsletzten werden alle Terminzettel und Terminkopien aus der Mappe des folgenden Monats entnommen und nach den jeweiligen Daten auf die Tagesmappen verteilt.

Monatsterminmappen (Anwendung)

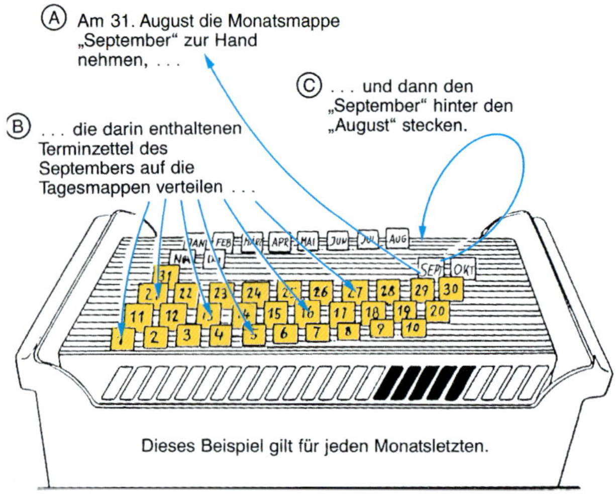

Plantafeln

Plantafeln werden häufig eingesetzt, um z.B. Einsatzzeiten von Mitarbeitern oder Belegung von Räumen oder Maschinenkapazitäten zu bestimmten Terminen zu veranschaulichen. In der Regel handelt es sich um Magnet-, Steck- oder Hefttafeln.

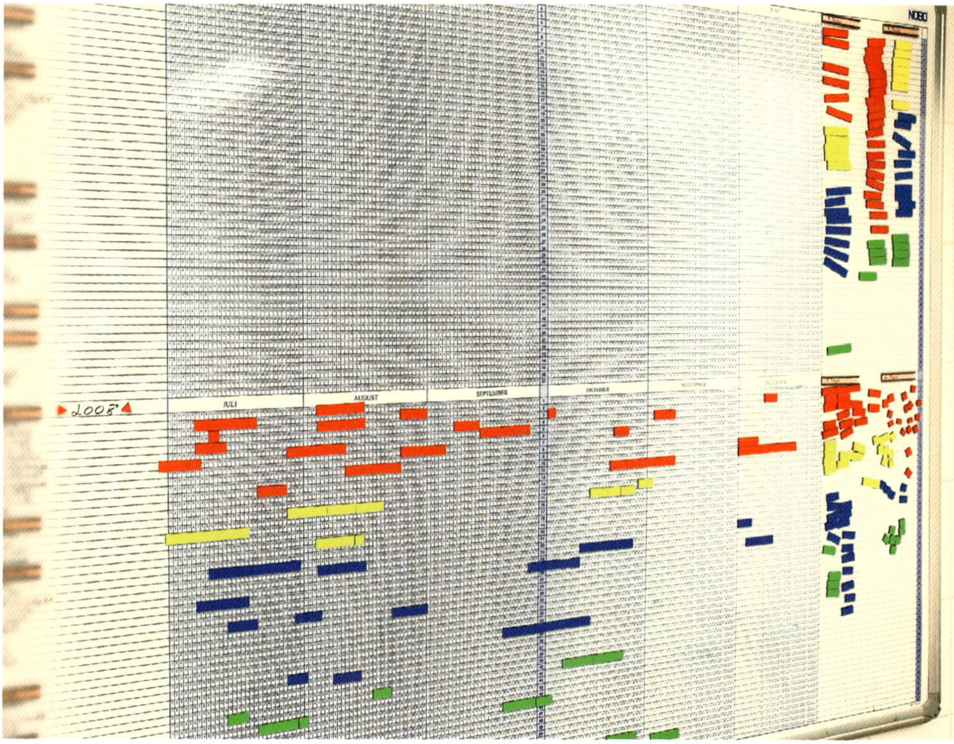

Elektronische Terminplaner

Die elektronischen Medien spielen heute eine große Rolle, da fast jeder, der einen Büroarbeitsplatz besetzt, über ein entsprechendes Gerät verfügt (z.B. Computer mit entsprechender Software wie Outlook oder ein Smartphone mit Terminkalenderapp). Neben entsprechender Software auf dem Büro-PC kommen auch elektronische Organizer infrage. Die gängigsten Formen von Organizern sind

- **PDAs** (= Personal Digital Assitant), z.B. Palm (veraltete Technologie),
- **Pocket-PCs** (= kleine tragbare Rechner oder Tablet-PCs wie z.B. iPad oder Samsung Galaxy),
- **Handys** mit Organizer-Funktionen (alle gängigen Smartphones).

Wichtig ist hierbei, dass die Organizer häufig mit dem Büro-PC synchronisiert werden, damit die Terminplanung immer auf einem aktuellen Stand ist.

Elektronische Terminkalendersysteme erledigen die Terminverwaltung mittels entsprechender Software. Sie ermöglichen zum einen die elektronische Planung und Verwaltung von Geschäftsterminen, zum anderen können auch bestimmte Aktionen ausgelöst werden, z.B. durch eine Erinnerungsmeldung am Rechner oder auf dem Smartphone.

Elektronische Kalender können als eigenständige Programme betrieben werden, häufig sind sie jedoch in E-Mail-Programme (wie z.B. MS-Outlook oder Thunderbird) oder Groupware-Programme (z.B. Novell Groupwise) integriert.

Eine Besonderheit vieler elektronischer Terminkalendersysteme ist es, dass nicht nur eigene Termine verwaltet werden können, sondern auch ein Abgleich mit den Terminkalendern anderer Mitarbeiter möglich ist, um z.B. Besprechungstermine abzustimmen.

Beispiel In der Verkaufsabteilung der Primus GmbH soll für Herrn Winkler ein Termin für den 22. August um 09:00 Uhr mit Herrn Baum von der Stadtverwaltung Duisburg eingerichtet werden. Der Besuch soll 60 Minuten dauern. Dazu wird in Outlook das Kalender-Icon angeklickt und der Termin um 09:00 Uhr eingetragen.

Es können auch **Wochen- oder Monatspläne** sichtbar gemacht werden. Dazu sind die entsprechenden Icons anzuklicken.

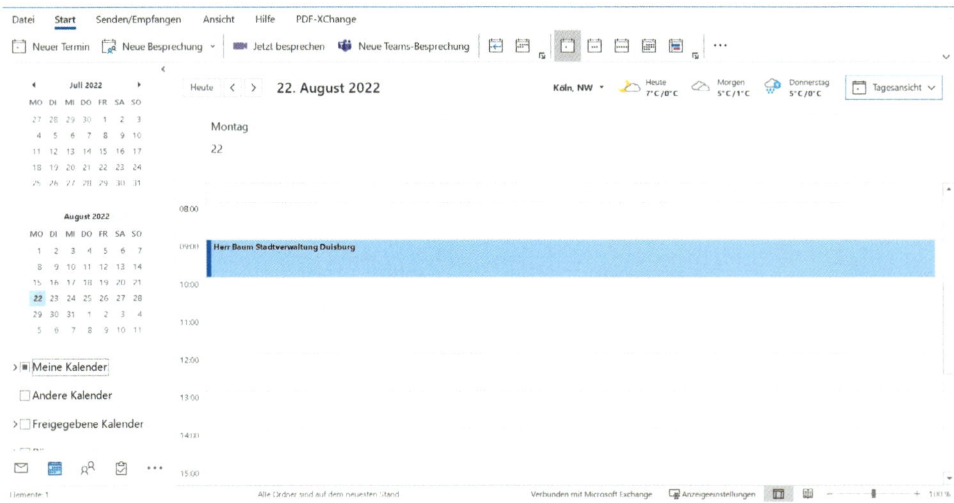

Beispiel

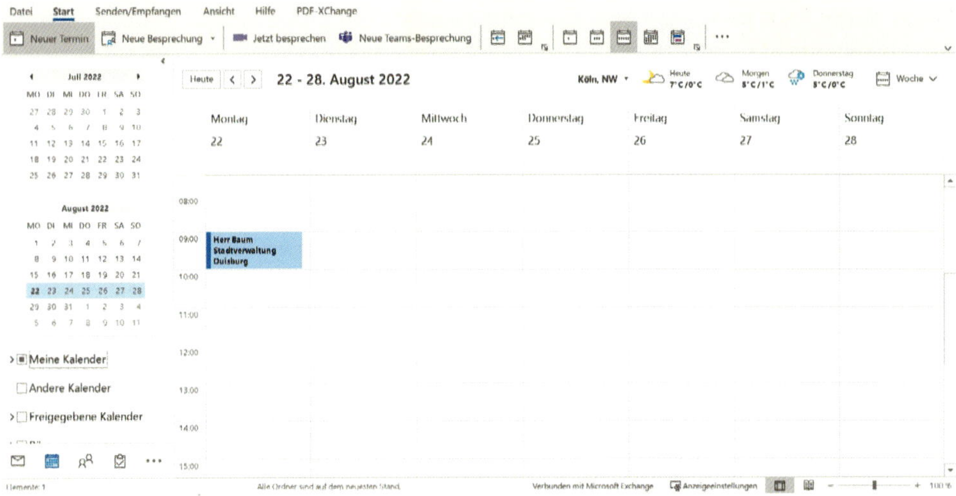

Die **Vorteile** der elektronischen Medien sind:
- jederzeitiger Zugriff,
- ständige Aktualisierung,
- automatische Synchronisation z.B. mit dem Terminkalender auf dem Smartphone,
- rechtzeitige Terminerinnerung z.B. per SMS oder akustischem Signal,
- evtl. automatischer Abgleich von Termindaten mehrerer Mitarbeiter gleichzeitig,
- Schutz der Daten durch Passwortvergabe.

Nachteile sind
- höhere Kosten,
- Abhängigkeit vom Strom,
- mangelnde Übersichtlichkeit aufgrund der Größe (z.B. bei Smartphones),
- fehlender oder langsamer Zugriff, da keine oder nur eine schlechte Internetverbindung besteht,
- Datenverlust bei Verlust des Gerätes.

Zeitfallen und Zeitfresser

Werden an einem Tag mehrere Termine hintereinander wahrgenommen, ist auf jeden Fall eine ausreichende **Pufferzeit** einzurechnen, um Terminkollisionen zu vermeiden. Diese können z.B. durch verzögerte Fahrzeiten (Staus, Verzögerungen im Bahn- oder Luftverkehr) oder Verzögerungen durch unvorhergesehene Ereignisse bei den vorher durchgeführten Terminen entstehen.

Ein häufiges Problem bei der Terminplanung stellen **Zeitfallen** oder auch Zeitfresser dar. Zeitfallen entstehen z. B. dadurch, dass man
- **sich keine Ziele setzt**, die bis zu einem bestimmten Zeitpunkt erreicht sein müssen,
- **Aufgaben nicht delegieren kann**, d. h. alles selber machen will,
- **keine Prioritäten setzt**, d. h. wichtige nicht von unwichtigen Aufgaben trennt,
- **faule und inkompetente Mitarbeiter hat**,
- sich durch Bearbeitung von E-Mails, SMS oder Anrufen dauernd bei der Arbeit **stören lässt**,
- **sich selbst überlastet und überfordert**.

Zeitfresser entstehen in erster Linie durch Störungen. Diese können z. B. durch äußere Effekte (Publikumsverkehr, Telefonanrufe, Lärm, schlechtes Raumklima) oder auch innere Unlust, Übermüdung, persönliche Sorgen o. Ä. hervorgerufen werden. Da man sich nach den Störungen immer wieder neu in die vorher bearbeiteten Sachverhalte eindenken muss, ist die Effizienz der Arbeit nachhaltig gestört.

Um dies zu vermeiden, sollte man

- **sich klare Ziele setzen**, bis wann welche Aufgaben erledigt sein sollen, und diese konsequent verfolgen,
- **Prioritäten setzen**, welche Ziele wirklich wichtig sind,
- **Zeitfallen ausschalten**,
- eine **vernünftige Zeitplanung** machen, bei der man sich genügend Pufferzeiten lässt (60:40-Regel = 40 % Reservezeit für Unvorhergesehenes lassen, nur 60 % der Zeit verplanen),
- **angemessene Pausen einplanen**,
- **sich selbst nicht überfordern**, indem man am Vortag realistische Arbeitspläne für den Folgetag ausarbeitet,
- **den abgelaufenen Tag nachbearbeiten** und überprüfen, welche Aufgaben warum nicht erledigt wurden, um in Zukunft solche Fehler zu vermeiden.

Methoden des Zeitmanagements

Effiziente **Methoden des Zeitmanagements** sind
- das Pareto-Prinzip,
- die ABC-Analyse,
- das Eisenhower-Prinzip,
- die ALPEN-Methode.

Das von dem italienischen Volkswirt Vilfredo Pareto entwickelte **Pareto-Prinzip** besagt, dass 20 % des Zeitaufwandes häufig schon reichen, um 80 % des Erfolges zu erreichen. Das bedeutet für das Zeitmanagement, dass 20 % der Aufgaben so wichtig sind, dass sie bereits 80 % des Erfolges erbringen. Man sollte also Priorität auf die wirklich wichtigen Aufgaben legen und diese vorrangig erledigen. Die restlichen 80 % können dann mit weniger Konzentration erledigt werden oder besser noch delegiert werden.

Bei der **ABC-Analyse** werden die Aufgaben nach Wichtigkeit in drei Gruppen eingeteilt: A-Aufgaben sind wichtig, B-Aufgaben weniger wichtig und C-Aufgaben unwichtig. A-Aufgaben benötigen häufig nur einen geringen Zeitaufwand, tragen aber am stärksten zur Zielerreichung bei. Bei B-Aufgaben stehen Zeitaufwand und Zielerreichung in einem angemessenen Verhältnis. C- Aufgaben benötigen viel Zeit, beeinflussen ein Arbeitsergebnis aber nur wenig. A-Aufgaben sollte man immer selbst erledigen, B- und C-Aufgaben an unterstellte Mitarbeiter delegieren.

Das **Eisenhower-Prinzip** (geht auf den ehemaligen amerikanischen Präsidenten Dwight D. Eisenhower zurück) ist eine Möglichkeit, anstehende Aufgaben in Kategorien einzuteilen. Die wichtigsten Aufgaben werden zuerst erledigt und unwichtige Aufgaben werden aussortiert.

Alle Aufgaben werden anhand der Kriterien **„Wichtigkeit“** und **„Dringlichkeit“** in vier Quadranten verteilt. Alle Aufgaben im Quadrant „nicht wichtig/nicht dringend“ werden nicht oder nicht selbst erledigt.

Die x-Achse beschreibt die Wichtigkeit einer Aufgabe. Wenn eine Aufgabe oben angesiedelt ist, so ist sie wichtig. Ist sie unten angesiedelt, ist sie unwichtig. Die x-Achse beschreibt die Dringlichkeit einer Aufgabe. Ist eine Aufgabe links angesiedelt, so ist die Aufgabe dringend. Ist die Aufgabe rechts angesiedelt, so ist sie nicht dringend.

Daraus ergeben sich vier Kombinationsmöglichkeiten der Faktoren Wichtigkeit und Dringlichkeit, deren Aufgaben jeweils eine bestimmte Art und Weise der Bearbeitung zugeordnet wird.

Die sich ergebenden Quadranten werden in der Praxis durchnummeriert (Quadrant I, II, III und IV) und die sich daraus ergebenden Aufgaben A-, B-, C-, und D-Aufgaben genannt.

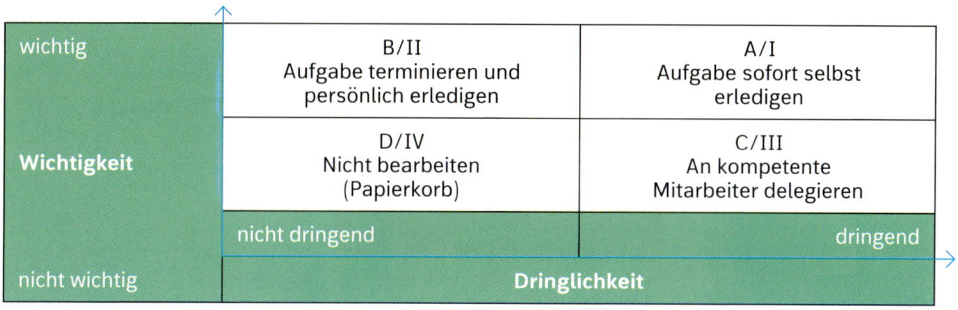

Eine effektive Methode zur Vermeidung von Terminstörungen ist die sog. **A-L-P-E-N-**Methode.

Diese Methode verwendet wenige Minuten pro Tag zur Erstellung eines schriftlichen Tagesplans. Die **fünf Elemente** sind:

- Aufgaben notieren,
- Länge schätzen,
- Pufferzeiten einplanen,
- Entscheidungen treffen über Wichtigkeit, Weglassen usw.,
- Nachkontrolle.

Beim ersten Arbeitsschritt **Aufgaben notieren** werden in Form einer einfachen To-do-Liste, d.h. ohne Rücksicht auf die Reihenfolge, die anstehenden Aufgaben für den nächsten Tag zusammengestellt. Dieses sollte im optimalen Fall einen Tag vorher geschehen.

Wenn etwas am Vortag nicht erledigt werden konnte, wird dieses auch hier eingefügt.

Beim zweiten Arbeitsschritt **Länge schätzen** werden die voraussichtlichen Zeitspannen für jede Aufgabe abgeschätzt. Dabei ist wichtig, dass

- der Zeitaufwand realistisch eingeschätzt wird,
- der voraussichtliche Zeitaufwand nicht zu knapp bemessen wird,
- ein Zeitlimit gesetzt wird,
- Termine mit genauen Uhrzeiten notiert werden.

Beim dritten Arbeitsschritt **Pufferzeiten einplanen** ist davon auszugehen, dass kein Arbeitsplatz frei von Störungen von außen und innen ist, sodass die für eine Aufgabe veranschlagte Zeit meist nicht hundertprozentig zur Bewältigung der Aufgaben verfügbar ist. Daher sind Pufferzeiten (= Reservezeiträume) einzuplanen. Erfahrungswerte zeigen, dass 60 % konkret verplant werden können, sodass 40 % für Pufferzeiten verbleiben (sog. 60:40-Regel).

Die wichtigste Aufgabe beim vierten Schritt **Entscheidungen treffen** besteht im Setzen von Prioritäten. Dies kann auf verschiedene Art und Weise geschehen. Ob nach Eisenhower (siehe oben), ABC oder einer anderen Planungsart, die Aufgaben sollten betrachtet und konsequent behandelt werden. Auch wenn am Ende des Tages noch Zeit wäre, sollten vorher delegierte Aufgaben nicht selbst erledigt werden. Besser sollten Sie dieses Wissen in die nächsten Tagesplanungen aufnehmen und dafür mehr A-Aufgaben erledigen.

Im fünften Schritt **Nachkontrolle** sollte nicht nur eine Kontrolle der einzelnen Punkte, sondern auch eine Kontrolle der gesamten Planung erfolgen. Hierbei sollte die Genauigkeit der Planung überprüft werden und ggf. in zukünftige Planungen einfließen. Die erneute Kontrolle aller am Tag bearbeiteten Aufgaben und deren Erfüllungsgrad kann evtl. vergessene oder doch nicht ganz erledigte Arbeiten absichern. Offene Aufgaben müssen natürlich in die Planung für den nächsten Tag aufgenommen werden.

Zusammenfassung: Termine planen und Zeitmanagement organisieren

Termine

feste
- Steuertermine
- Messen
- Ferien
- Geburtstage

variable
- Besprechungen, Sitzungen
- Geschäftsreisen
- Vertreterbesuche

- **Terminplanungsinstrumente:**
  - Terminkalender und Terminplaner
  - Terminmappen
  - Plantafeln
  - elektronische Terminplaner
- **Methoden des Zeitmanagements:**
  - Pareto-Prinzip
  - ABC- Analyse
  - Eisenhower-Prinzip
  - ALPEN- Methode

Aufgaben

1. *Erläutern Sie die Folgen der Nichteinhaltung von Terminen für ein Unternehmen.*

2. *Nennen Sie Beispiele für bewegliche und feste Termine aus Ihrem privaten Umfeld.*

3. *Nennen und beschreiben Sie die verschiedenen Hilfsmittel für die Terminplanung.*

4. *Nennen Sie mögliche Schwierigkeiten bei der Terminplanung.*

5. *Erläutern Sie die Vorteile, die man durch den Einsatz von Plantafeln erreichen kann.*

6. *Nennen Sie das Hilfsmittel, das Sie in folgenden Fällen zur Terminplanung einsetzen würden.*
   1 Eine Werbekampagne soll geplant werden.
   2 Die regelmäßige Wartung der Büromaschinen soll sichergestellt sein.
   3 Ein Messebesuch ist einzuplanen.
   4 Der Besuch eines wichtigen Kunden wird eingeplant.
   5 Zahlungstermine für regelmäßig anfallende Abgaben sollen überwacht werden.
   6 Die Bezahlung einer Liefererrechnung soll vor Ende der Skontofrist gewährleistet sein.

7. *Führen Sie einen elektronischen Terminkalender für eine beliebige Woche.*
   Dabei sind die folgenden Termine zu berücksichtigen:
   Montag, 10:00 Uhr: Besprechung der Abteilungsleiter
   Mittwoch, 13:00 Uhr: Geschäftsessen mit Kunde Frau Straub vom Krankenhaus Duisburg
   Donnerstag, 9:00 Uhr: Sitzung des Aufsichtsrates
   Freitag, 13:00 Uhr: Besuch beim Lieferanten Hanckel & Cie GmbH in Düsseldorf
   Die Zeitdauer dieser Termine ist von Ihnen zu planen. Kalkulieren Sie mögliche Verzögerungen ein.
   Ferner sind für jeden Tag eine etwa 30-minütige Besprechung mit den Hauptabteilungsleitern und eine Stunde für die Bearbeitung der Post zu berücksichtigen, in der möglichst keine Störungen auftreten sollen.
   Des Weiteren sind noch sechs Termine (jeweils etwa 30 Minuten für Besprechungen mit weiteren Kunden des Unternehmens) einzuplanen.

8. *In der Primus GmbH stehen für Frau Primus am Montag, den 3. Juli die folgenden Arbeiten an:*
   - *Umsatzsteuer an das Finanzamt überweisen*
   - *Anruf bei den Kunden Klöckner-Müller Elektronik AG und Modellux GmbH & Co. KG zwecks Terminvereinbarung*
   - *Protokoll der Abteilungsleiterbesprechung schreiben*
   - *Präsentation für Veranstaltung am Freitag ausdrucken*
   - *Lieferscheine ablegen*
   - *Angebote an die Unternehmen Bürofachgeschäft Herbert Blank e. K. und Computerfachhandel van den Bosch schreiben*
   - *Besprechung mit der Stadtverwaltung Duisburg*
   - *Wöchentliche Sitzung der Abteilungsleiter ab 15:30 Uhr, Dauer eine Stunde*
   - *Frau Primus nimmt ab 17 Uhr an der Sitzung bei der IHK teil*
   - *Gespräch mit dem Steuerberater (Dauer 1 Stunde)*

   a) Ordnen Sie zu, ob es sich um variable oder fixe Termine handelt.
   b) Ordnen Sie die verschiedenen Aufgaben nach der ABC-Methode.
   c) Ordnen Sie die Aufgaben für Frau Primus nach dem Eisenhower-Prinzip und entscheiden Sie, welche delegiert werden können.
   d) Erstellen Sie für Frau Primus für die verbliebenen Aufgaben eine Tagesplanung mit einem elektronischen Terminplaner.

4 Sitzungen und Besprechungen vorbereiten, durchführen und nachbereiten

Handlungssituation

Die Primus GmbH plant die Durchführung einer sog. Hausmesse für ihre Kunden, in der die neuen Produktreihen des Unternehmens den Kunden vorgestellt werden sollen. Diese Hausmesse muss sorgfältig geplant und organisiert werden. Deshalb plant Svenja Braun mehrere Besprechungen mit den Abteilungsleitern der Primus GmbH.

Frau Braun beauftragt Josef Winkler, den Abteilungsleiter für Verkauf und Marketing, diese Besprechungen zu planen und dazu einzuladen.

Arbeitsaufträge

- *Erläutern Sie den Zweck der Besprechungen, zu denen Herr Winkler einlädt.*
- *Beschreiben Sie, wie Herr Winkler den Ablauf der Sitzungen plant.*
- *Erläutern Sie, welche Hilfsmittel Herr Winkler benötigt, um die Sitzungen durchführen zu können.*

Um Sitzungen, Besprechungen, Tagungen, Konferenzen oder Messen effizient durchführen zu können, bedarf es einer genauen vorbereitenden Planung, die folgende Gesichtspunkte klären sollte:

- Welche Art von Veranstaltung soll durchgeführt werden?
- Welches Ziel soll mit der Veranstaltung erreicht werden?
- Wie wird der Ablauf optimal gestaltet?
- Welche Mittel stehen für die Planung und Durchführung der Veranstaltung zur Verfügung (Budget = verfügbare Mittel)?

Da sich Planung, Organisation und Durchführung der meisten Veranstaltungen ähneln, klassifiziert man Veranstaltungen meistens nach dem **Ort**, an dem sie stattfinden, oder nach dem **Zeitumfang**, den sie in Anspruch nehmen.

Nach dem Veranstaltungsort lassen sich beispielsweise **betriebsinterne** von **betriebsexternen** Veranstaltungen unterscheiden.

Betriebsintern werden häufig Besprechungen, Sitzungen, aber auch Seminare durchgeführt.

Betriebsextern sind i. d. R. Tagungen, Konferenzen, Lehrgänge, Kongresse und Symposien als Sonderform eines Kongresses.

LF 5 **Messen** stellen in diesem Zusammenhang eine Sonderform dar, weil sie sowohl betriebsextern (als Wirtschaftsmesse) als auch betriebsintern als Hausmesse durchgeführt werden können.

Nach dem zeitlichen Umfang unterscheidet man **eintägige** von **mehrtägigen** Veranstaltungen.

Um **eintägige Veranstaltungen** handelt es sich i. d. R. bei
- der Besprechung,
- der Tagung,
- der Konferenz,
- der Sitzung.

Mehrtägig sind häufig
- Kongresse/Symposien,
- Seminare,
- Messen,
- Lehrgänge.

Besprechungen finden meistens in einem kleinen Kreis von Mitarbeitern betriebsintern statt. Sie sind auf einige Stunden begrenzt wie z. B. eine Abteilungs- oder Mitarbeiterbesprechung.

Beispiel Einmal im Monat erfolgt in der Primus GmbH eine Besprechung der Abteilungsleiter. Diese wird i. d. R. kurzfristig einberufen und dauert meist etwa eine Stunde.

Im Gegensatz dazu erstreckt sich eine **Tagung** (wie der Name besagt) oder die **Konferenz** über einen ganzen Tag. Sie ist eine Veranstaltung mit einem umfänglichen Thema, das sich an einen größeren Personenkreis richtet und langfristiger geplant wird als eine Besprechung. Ähnliches gilt auch für Konferenzen und Sitzungen.

Beispiel Die Außendienstmitarbeiter der Primus GmbH treffen sich einmal im Jahr zu einer Außendienstkonferenz mit der Geschäftsleitung. Der Termin wird den Außendienstmitarbeitern zusammen mit der Tagesordnung zugestellt.

Kongresse sind dagegen **mehrtägige Veranstaltungen** mit noch umfänglicherer Themen- oder Problemstellung, die sich an einen recht großen Teilnehmerkreis richten. Eine spezielle Form des Kongresses für Wissenschaftler und wissenschaftliche Themenstellungen ist das **Symposion**. Beiden Veranstaltungen ist gemeinsam, dass Themen in Form von Vorträgen bearbeitet werden.

Beispiel Sonja Primus nimmt an dem alle zwei Jahre stattfindenden internationalen Fachkongress der Büromöbelindustrie teil.

Dies ist bei Seminarveranstaltungen anders. Das **Seminar** ist eine wiederkehrende Lehrveranstaltung für einen bestimmten Teilnehmerkreis (= Seminarteilnehmer). Themenstellungen in Seminaren werden nicht nur in Form von Vorträgen, sondern auch durch Diskussionen oder andere Arbeitsformen erarbeitet. Der Begriff „Seminar" war früher gebunden an wissenschaftliche Lehrveranstaltungen, wird aber neuerdings auf andere Bereiche wie beispielsweise die Fort-und Weiterbildung übertragen.

Eine ähnliche Arbeitsweise wie bei Seminaren findet sich bei **Lehrgängen**. Verwendet wird der Begriff „Lehrgang" häufig im Bereich der Erwachsenenbildung. Auch Lehrgänge sind wiederkehrende Veranstaltungen für einen bestimmten Teilnehmerkreis. Typisch für Seminare wie Lehrgänge ist der erhebliche inhaltliche Vorbereitungs- und Planungsaufwand.

Ein noch viel höheres Maß an Planung, Vorbereitung und vor allem Organisation erfordern **Messen**, hier verstanden als betriebsexterne Wirtschaftsmessen. Auch Messen sind zeitlich wiederkehrende Veranstaltungen, die an festgelegten Terminen meistens im Frühjahr und Herbst stattfinden. Historisch betrachtet stellt die Messe einen Markt dar, auf dem sich Anbieter von Waren und Dienstleitungen mit ihren potenziellen Kunden treffen. Den Ausstellern (= Anbieter) geht es i. d. R. um das Anbahnen und Abschließen von Geschäften oder das Erneuern von Kundenkontakten. Den Kunden dient eine Messe als Information über das Angebot auf dem Markt.

Beispiel Die Primus GmbH stellt ihre Produkte auf der Messe Orgatec in Köln vor.

Veranstaltungen planen und vorbereiten

Checkliste zur Vorbereitung von Besprechungen, Sitzungen oder Tagungen:

Zweck der Veranstaltung	Ist die Sitzung notwendig? Kann sie durch eine Telefonkonferenz ersetzt werden? Können die Themen der Tagesordnung mit später stattfindenden Sitzungen kombiniert werden?
Aufgabenverteilung, Zuständigkeiten	Für jeden **Tagesordnungspunkt** muss eine **klare Zuständigkeit** geregelt werden. Auch die Terminplanung z. B. über Balkendiagramme ist einzubeziehen.
Teilnehmerkreis	Wer muss teilnehmen (z. B. wegen Beschlussfassung)? Wer soll teilnehmen (z. B. wegen Einarbeitung oder Information)? Wer kann teilnehmen (Gäste)?
Zeitplan	Anhand des Terminkalenders muss geprüft werden, ob der geplante Termin nicht mit anderen Terminen (Ferienzeit, Feiertage, Messen o. Ä.) kollidiert.
Tagungsort, Tagungsraum	Die **Besprechungsräume** sollten sich der Situation und Größe der Gruppe anpassen lassen. Bei der Planung der Sitzordnung ist zu berücksichtigen, ob die Teilnehmer nur zuhören (Anordnung der Sitzreihen hintereinander) oder auch mitarbeiten sollen (Anordnung der Sitzreihen in offener Form). Die **Ausstattung des Tagungsraumes** sollte angemessen sein, z. B. mit – Flipchart – Beamer – Wandtafel – Filmprojektor – Rednerpult – usw.
Tagesordnung	Die Tagesordnung ist eine wesentliche **Voraussetzung für den zügigen Ablauf** der Veranstaltung. Sie sollte vor Beginn jedem Teilnehmer bekannt sein. Sie sollte nur so viele Punkte umfassen, wie auch voraussichtlich behandelt werden können. Außerdem sollte die geplante Dauer der Veranstaltung bekannt sein.
Referenten	Referenten müssen **frühzeitig eingeladen** werden, d. h. mindestens zwei Monate vor Tagungsbeginn. Sie sollten eine feste Redezeit zugeteilt bekommen, auf deren Einhaltung zu achten ist.
Einladungen	**Kurzfristige Besprechungen** bedürfen keiner schriftlichen Einladung. Ansonsten sollte die Einladung folgende Punkte enthalten: – den Tagungsort – das Tagungsthema – den Beginn und die voraussichtliche Dauer Erweitert werden kann sie um: – den Teilnehmerkreis – die Unterkunft (z. B. Hotelprospekt) – die erforderliche Garderobe – eine Antwortkarte

Protokollführung	Das **Protokoll** sollte den Teilnehmern so schnell wie möglich zugestellt werden, am besten noch am Ende der Tagung. Die Protokollführung ist daher klar zu regeln, bei mehrtägigen Veranstaltungen sind evtl. mehrere **Protokollführer** zu benennen.
Bewirtung	Sowohl für die Referenten als auch für die Tagungsteilnehmer ist die Bewirtung mit Speisen und Getränken zu regeln. Findet die Veranstaltung in einem Hotel statt, können z. B. entsprechende Gutscheine nach Absprache mit dem Hotelier an die Teilnehmer verteilt werden.
Namensschilder/ Tischkarten	**Namensschilder und/oder Tischkarten** erleichtern den Teilnehmern, ungezwungen Bekanntschaft miteinander zu schließen.
Informationsmappe	Inhalt: – Programm mit Angabe der Referenten – Rahmenprogramm – Teilnehmerliste – Hotelprospekt – Stadtplan – Wichtige Telefonnummern (Arzt, Krankenhaus)
Rahmenprogramm	Bei **mehrtägigen Veranstaltungen** ist es üblich, ein Rahmenprogramm anzubieten: Abendveranstaltungen, Programm für Begleitpersonen, Besichtigungsfahrten usw.
Pressemitteilung, Presseempfang	**Gespräche mit der Presse** sollten möglichst im Anschluss an die Tagung geführt werden. Sie sollten Unterlagen für die Presse bereithalten, da auf diese Weise der Pressebericht am ehesten der Vorstellung des Veranstalters entsprechen wird. Inhalt der Pressemappe könnten sein: – Kurzdarstellung der Firma – Vorstellung der Produkte oder Dienstleistungen – Hochglanzfotos, Grafiken – Ansprechpartner für die Presse

Um eine Veranstaltung, gleich welcher Art, erfolgreich durchzuführen, bedarf es im Vorfeld einer exakten Planung. Folgende **Planungsschritte** sollten dabei berücksichtigt werden:

- Festlegen von Themen und Inhalten,
- Erstellen eines Programms / einer Tagesordnung,
- Zuständigkeiten regeln,
- Benennen eines Tagungsortes und der Zeit,
- Referentenkreis festlegen,
- Teilnehmerkreis festlegen,
- Erstellung von Einladungsschreiben,
- Unterlagen für die Presse /Pressemitteilung erstellen,
- Planung technischer Hilfsmittel am Ort,
- Rahmenprogramm mit Bewirtung,
- Sammlung der Ergebnisse (Protokollführung) festlegen.

Themen und Inhalte von Veranstaltungen ergeben sich aus einer vorgegebenen Problemlage oder einem angestrebten Ziel.

Die **Teilnehmer**, die angesprochen werden sollen, werden durch eine **Tagesordnung** oder ein Programm über die Inhalte der Veranstaltung informiert. Die Tagesordnung enthält neben den Angaben über Inhalt und Verlauf der Veranstaltung auch Informationen über den Beginn, die zeitliche Abfolge, den Veranstaltungsort oder die Referenten.

Beispiel Herr Winkler verschickt an die Abteilungsleiter der Primus GmbH folgende Einladung zur Sitzung:

Primus GmbH Büroeinrichtung und Zubehör

Einladung zur Abteilungsleitersitzung am ... in Raum 2.01, Beginn: 13:00 Uhr

Sehr geehrte Kolleginnen und Kollegen,

im Auftrag von Frau Braun lade ich Sie ganz herzlich zur Abteilungsleitersitzung am ... ein. Folgende Besprechungspunkte werden vorgeschlagen:

Tagesordnung

1. Begrüßung durch Frau Braun

2. Planung der Hausmesse
2.1 Zuständigkeit für externe Planungen
2.1.1 Einladungen an Kunden
2.1.2 Presseeinladungen und Presseinformationen
2.2 Zuständigkeit für interne Planungen
2.2.1 Auswahl und Präsentation der Produkte
2.2.2 Aufbau der Produkte – Gestaltung der Messeräume

3. Catering und Besucherservice

Mit freundlichen Grüßen

i. A. Josef Winkler

Bei der Planung des Tages am **Tagungsort** sind alle örtlichen Gegebenheiten zu berücksichtigen, beispielsweise die verkehrstechnische Anbindung (= Nahverkehr oder Autobahnanschlüsse), aber auch Gegebenheiten am Veranstaltungsort selbst wie Größe der Tagungsräume, Unterbringungsmöglichkeiten der Teilnehmer, Ausstattung mit Veranstaltungstechnik und Bewirtungsmöglichkeiten.

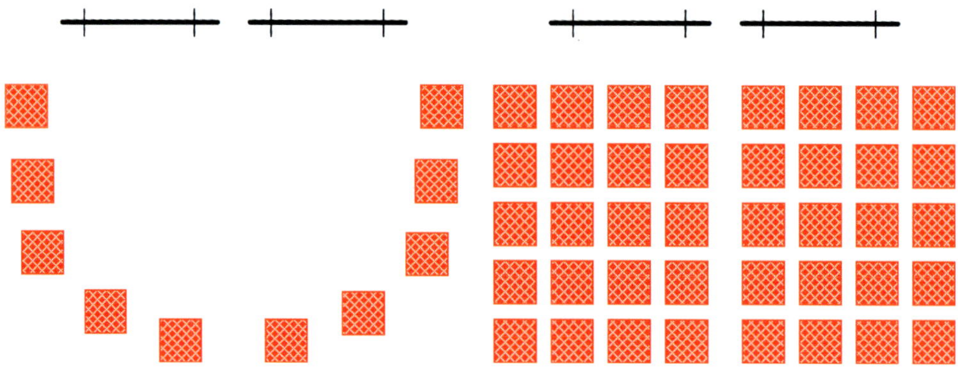

Anordnung der Stühle (Kreis- oder Blockform)

Was die Ausgestaltung der **Tagungsräume** anbelangt, so ist nicht nur den Erwartungen der Teilnehmer, sondern vor allem den Vorstellungen der Referenten Rechnung zu tragen. So haben Referenten je nach Themenstellung besondere Vorstellungen zur Sitzordnung der Teilnehmer wie Anordnung der Stühle im Kreis oder in Blockform, da die Anordnung der Sitze im Raum die Kommunikationsform entscheidend beeinflussen kann. Die Sitzordnung bzw. Bestuhlung der Veranstaltungsräume ist vorab am Tagungsort abzustimmen. Die Tagungshotels verfügen i. d. R. über geeignete Ansprechpartner.

Auch der **Teilnehmerkreis** einer Veranstaltung ist im Vorfeld festzulegen. So gibt es beispielsweise Mitglieder eines Vereins, die pflichtgemäß eingeladen werden **müssen.** Davon zu unterscheiden sind Teilnehmer, die eingeladen werden **können. „Pflichtmitglieder"** sind zumeist namentlich bekannt und werden dementsprechend auch persönlich eingeladen im Gegensatz zu „Kann-Mitgliedern". Die Anzahl der Teilnehmer ist eine wichtige Größe für die Planung der Veranstaltungsräume oder der Bewirtung. Die Teilnehmerzahl sollte also möglichst exakt bestimmt werden.

Beim Kontakt mit **Referenten** sind in beiderseitigem Interesse folgende Punkte verbindlich zu klären:

- die Themen oder Inhalte,
- die Zeitvorgaben,
- Honorar-, Hotel- und Reisekosten,
- Vorstellungen hinsichtlich des Veranstaltungsraumes (Ausstattung, Sitzordnung usw.),
- Technische Veranstaltungsmittel (wie z. B. Projektoren, Beamer, Flipcharts usw.).

Sind die Absprachen mit den Referenten erfolgt, kann ein Einladungsschreiben für Referenten und Teilnehmer verfasst werden.

Eine **Einladung** sollte im Wesentlichen folgende Angaben enthalten:

- Thema bzw. Inhalte der Veranstaltung,
- Namen des oder der Referenten, Datum, Beginn und voraussichtliches Ende der Veranstaltung,
- Veranstaltungsort (genaue Anschrift),
- Anfahrtsskizze und Informationen über Bahnverbindungen und Erreichbarkeit mit öffentlichen Verkehrsmitteln,
- Parkmöglichkeiten,
- Tagesordnung oder Programm,
- Hinweise auf Teilnehmergebühren,
- Hinweise auf Anmeldebeginn und -schluss,
- unter Umständen Unterkunftsregelungen für Teilnehmer.

Nach Versand der Einladungen und Abschluss der Vorbereitungen am Veranstaltungsort sollte auch die praktische Durchführung der Veranstaltung gedanklich geplant werden. Die Berücksichtigung nur einiger Planungspunkte sorgt für den **reibungslosen Ablauf** und damit für das **Gelingen einer Veranstaltung**:

- Teilnehmerliste vorbereiten,
- Begrüßung der Gäste,
- Informationsmaterial für die Teilnehmer und die Presse zur Verfügung stellen,
- Mitarbeiter für die Pressebetreuung abstellen,

- Gästebetreuung regeln,
- Protokollführung festlegen.

Um Ergebnisse einer Veranstaltung festzuhalten und zu sichern, ist eine schriftliche Nachbereitung sinnvoll. Als Grundlage dieser Nachbereitung dienen Protokolle, die im Verlauf einer Veranstaltung erstellt werden.

Veranstaltungen durchführen

Für die Durchführung von Veranstaltungen empfiehlt sich die folgende **Vorgehensweise**:
- Begrüßung der Gäste,
- Verteilen des Informationsmaterials,
- Nennung des Themas und Vorstellung eventueller Referenten,
- organisatorische Hinweise wie Pausenzeiten, Essensregelungen o. Ä.,
- Entscheidungen besprechen und fixieren,
- Besprechen und Fixieren von Ergebnissen,
- Bei mehrtägigen Veranstaltungen Hinweise auf das Programm des nächsten Tages,
- Verabschiedung und Feedback.

Besprechungen, Tagungen und Konferenzen nachbereiten

Je nach Umfang und Größe der Veranstaltung unterscheiden sich auch die Tätigkeiten bei der Nachbereitung. Es ist nachvollziehbar, dass der Nachbereitungsaufwand für eine mehrtägige Veranstaltung größer ist als für eine Sitzung oder Besprechung.

Unabhängig von der Art der Veranstaltung sollten folgende **Abschlussarbeiten** immer durchgeführt werden:
- Dokumentation der Veranstaltung (Ablauf, Kosten, Mehrkosten),
- Prüfung des Protokolls auf Richtigkeit und Vollständigkeit,
- Abrechnung der angefallenen Kosten,
- Archivierung der Dokumentation evtl. für Folgeveranstaltungen.

Bei mehrtägigen Veranstaltungen sollte(n) **zusätzlich zu den genannten Abschlusstätigkeiten**
- eine Auswertung erfolgen (Qualität der Veranstaltung, Verbesserungsmöglichkeiten),
- Dankesschreiben an Referenten versandt werden,
- Presseberichte über die Veranstaltung gesammelt und archiviert werden.

Protokolle erstellen

Protokolle gehören zu den Berichten. Sie werden angefertigt, um Inhalte von Sitzungen, Verhandlungen, Versammlungen, Diskussionen, Schulungen und Besprechungen festzuhalten.

Im Gegensatz zu allen anderen Arten von Berichten haben Protokolle dokumentarischen Charakter, d. h., sie dienen beispielsweise vor Gericht oder bei polizeilichen Vernehmungen als Beweisgrundlage.

Bei späteren Meinungsverschiedenheiten lässt sich mithilfe des Protokolls verbindlich feststellen, was besprochen oder angeordnet wurde. Aus diesem Grunde muss der Protokollführer alle wesentlichen Einzelheiten sorgfältig und gewissenhaft erfassen und festhalten.

Protokolle müssen von den Verhandlungs- oder Gesprächspartnern anerkannt und abgestimmt werden. Das Abstimmungsergebnis oder Einsprüche zu strittigen Formulierungen im Protokoll müssen diskutiert werden. Der Versammlungsleiter und der Protokollant unterschreiben das Protokoll und bestätigen so die Richtigkeit des Inhalts. Dann wird das Protokoll zur Urkunde.

Anfertigung von Protokollen

Da es beim Protokollieren auf eine exakte und sorgfältige Mitschrift von Besprechungen oder Verhandlungen ankommt, sollte man zunächst einen **Stichwortzettel** erstellen. Auf diesem Stichwortzettel können auch wörtliche Formulierungen übernommen werden, wenn das einer der Gesprächspartner ausdrücklich wünscht. Stichwortartig erfasst werden alle für den Verlauf der Sitzung wichtigen Sachverhalte oder Gesprächsbeiträge.

Zu beachten bleibt, dass ähnlich wie bei anderen Berichten i. d. R. keine wörtliche Rede in ein Protokoll aufgenommen wird. Aussagen werden meist in indirekter Rede festgehalten.

Beispiel Auf der Abteilungsleiterbesprechung sagt Frau Primus: „*Wir müssen neue Märkte erschließen.*" Im Protokoll wird dies so formuliert: Frau Primus schlägt vor, neue Märkte zu erschließen.

Protokollaufbau

Protokoll

Sitzung am: *15.03.20..*
Ort: *Raum 203*
Zeit: Beginn: *08:30 Uhr* Ende: *09:00 Uhr*
Anwesende: *siehe Anwesenheitsliste*
Abwesende: *siehe Anwesenheitsliste*
Vorsitzende/-r: *Frau Primus*
Protokollant/-in: *Frau Braun*

Thema: *Abteilungsleitersitzung*

Verlauf der Sitzung:

Nach der Feststellung der Anwesenheit begrüßt Frau Primus die anwesenden Abteilungsleiter und erkundigt sich nach dem Schwerpunkt der heutigen Sitzung.
Herr Winkler berichtet, dass im letzten Quartal die Absatzzahlen in den Bereichen „Büroeinrichtung" und „Bürogestaltung" erneut zurückgegangen seien. Dieser Trend deutete sich bereits im letzten Jahr an. Herr Winkler erklärt mögliche Ursachen.
Frau Primus schlägt daraufhin vor, neue Märkte zu erschließen, und erwartet geeignete Vorschläge bis zum 15.04., dem Termin der nächsten Abteilungsleitersitzung.
Frau Primus schließt die Sitzung um 09:30 Uhr.

Duisburg, 15.03.20.. Svenja Braun
(Ort, Datum, Unterschrift Protokollant)

Duisburg, 17.03.20.. Sonja Primus
(Ort, Datum, Unterschrift Vorsitzende/-r)

Beim Aufbau von Protokollen unterscheidet man
- den Protokollkopf,
- den Protokollhauptteil,
- den Protokollschluss.

Der Protokollkopf ist besonders wichtig und bedeutsam. Hier erscheinen Angaben zu Ort, Datum und Zeit einer Veranstaltung. Die Art der Veranstaltung wird ebenso genannt wie der Sitzungsleiter und der Protokollführer. Auch die Anwesenden werden exakt erfasst.

Der Protokollhauptteil beginnt mit der Angabe des Themas oder der Inhalte der Besprechung. Der Hauptteil wird meistens nach „TOP" (= Tagesordnungspunkten) gegliedert. Diese Tagesordnungspunkte sind der Einladung oder der Tagesordnung zu einer Sitzung zu entnehmen.

Am **Protokollschluss** werden Erstellungsort des Protokolls und Erstellungsdatum festgehalten. Das Protokoll schließt mit den Unterschriften des Protokollanten und des Sitzungsleiters.

Als **Protokollarten** unterscheidet man
- das Gedächtnisprotokoll,
- das Verhandlungs- oder Verlaufsprotokoll,
- das Ergebnis- oder Beschlussprotokoll.

Beim **Gedächtnisprotokoll** wird im Nachhinein ein Protokoll der Sitzung oder des Gesprächs verfasst, da währenddessen keine Protokollierung stattfand. Dies sollte aber die Ausnahme sein.

Das Verhandlungs- oder Verlaufsprotokoll

Alle wichtigen Tatsachen, Äußerungen oder Beschlüsse müssen richtig wiedergegeben werden. Dabei scheiden unwichtige Äußerungen, das sind solche, die nicht zum Thema gehören, aus. Exakt festgehalten werden Wortmeldungen, bei denen der Sprecher auf wörtliche Aufnahme ins Protokoll besteht. Abstimmungsergebnisse werden ebenso erfasst wie getroffene Entscheidungen und Beschlüsse.

Gliederung
Die Gliederung des Inhalts ergibt sich aus der Reihenfolge der Beiträge. Es bietet sich folgende Gliederungsweise an:
- Einleitung des Sitzungsleiters oder Begrüßung,
- Beiträge der Anwesenden (= Hauptteil),
- Zusammenfassung der Meinungen oder Beschlüsse (= Schluss).

Zeitstufe
Verlaufsprotokolle können im Präsens oder im Imperfekt (der Vergangenheitsform) verfasst werden.

Sonstiges
Beim Verlaufsprotokoll – ähnlich wie bei jedem Bericht – werden wichtige Aussagen in der indirekten Rede wiedergegeben.

Das Beschluss- oder Ergebnisprotokoll

Inhalt
Nur die wichtigsten Inhalte und Tatsachen werden berichtet. Es werden **nur** die Ergebnisse der Beratungen oder Diskussionen wiedergegeben.

Gliederung
Die Gliederung ist geprägt von der kurzen, knappen Darstellung. Folgende Gliederungsweise bietet sich an:
- Anlass der Besprechung (= Einleitungssatz),
- Erfassung der Besprechungsergebnisse in knapper Form nach der Reihenfolge der Tagesordnung,
- Zusammenfassung oder Hinweis auf die nächste Sitzung (= Schluss).

Zeitstufe
Ergebnisprotokolle werden meistens im Präsens verfasst.

Generell kann man sagen, dass **Protokolle folgende Merkmale aufweisen**:

Inhalt:	***Verlauf oder Ergebnisse von Sitzungen, Diskussionen, Konferenzen***	
Ziel:	***Information, Dokumentation, Beweis***	
Stil:	***sachlich, knapp, exakt***	
Zeitstufe:	***Präsens oder Imperfekt***	
Aufbau:	***Einleitung***	***(Protokollkopf)***
	Hauptteil	***(Themen lt. Tagesordnung)***
	Schluss	***(Ort, Datum der Erstellung, Unterschriften)***

Zusammenfassung: Sitzungen und Besprechungen vorbereiten, durchführen und nachbereiten

- Man unterscheidet:
  - Besprechungen/Konferenzen
  - Sitzungen/Tagungen
  - Kongresse
- Damit die Zusammenkünfte reibungslos und erfolgreich ablaufen können, gliedert man die damit verbundenen Arbeiten in **drei Phasen**:
  - in die Vorbereitungsphase
  - in die Durchführungsphase
  - in die Nachbereitungsphase
- Protokolle halten den Inhalt von Sitzungen, Verhandlungen, Diskussionen, Beratungen usw. fest. Man unterscheidet:
  - Gedächtnisprotokolle
  - Verlaufsprotokolle
  - Ergebnisprotokolle
- Die **Nachbereitungstätigkeiten** sind abhängig vom Umfang der Veranstaltung.

Aufgaben

1. *Ihr Chef ist am 26. Juli 20.. zu einem offiziellen Empfang eines wichtigen Geschäftsfreundes eingeladen. Sie sollen zusagen. Überprüfen Sie, welche weiteren Arbeiten für Sie entstehen.*
2. *Im Rahmen eines Betriebsfestes sollen die Jubilare (25- bzw. 40-jähriges Dienstjubiläum) geehrt werden. Erstellen Sie speziell für diesen Programmpunkt eine Checkliste, die mindestens zehn wichtige Punkte enthalten soll.*
3. *Formulieren Sie aus folgender Erzählung ein Ergebnisprotokoll. Ergänzen Sie fehlende Angaben.*
   „... Das Ergebnis unserer Klassensammlung für eine Fete war einfach super. Wir wollen uns am Samstag in Utes Garten treffen. Da soll es dann richtig abgehen ... zwar ohne Alkohol ... aber das ist ganz okay, wenn die richtigen Leute mitmachen. Verpflegung macht Mike. Aufräumen geht klar bei Sandra, ich mache den Sound ...“
4. *Erklären Sie den Sinn von Protokollen.*

5 Protokolle mit der Textverarbeitung erstellen

Handlungssituation

Nicole Höver erhält eine E-Mail von Sven Fischer, Abteilungsleiter Produktion. Darin bittet Herr Fischer Nicole, das unformatierte Sitzungsprotokoll vom 5. Juli in Word aufzubereiten.

Arbeitsaufträge

- *Erklären Sie, warum der Blocksatz als Absatzausrichtung bevorzugt werden sollte.*
- *Nennen Sie praktische Beispiele für die Anwendung geschützter Leerzeichen bzw. Trennstriche.*
- *Stellen Sie dar, warum sich mit einer Nummerierung keine Unterpunkte einfügen lassen.*
- *Erklären Sie, was unter einem „weichen“ Zeilenumbruch verstanden wird.*
- *Verdeutlichen Sie die Bedeutung von Tabulatoren (Tabstopps).*

Die **Grundlage eines Textverarbeitungsprogramms**, wie beispielsweise Word, ist natürlich der Text, denn ohne ihn wäre das Programm überflüssig. Der Anwendungsbereich ist im Vergleich zu einer Schreibmaschine allerdings nicht auf die einmalige Texteingabe beschränkt. Einen gespeicherten Text können Sie beliebig oft mit dem Textverarbeitungsprogramm öffnen, drucken und bearbeiten. Neben der inhaltlichen Veränderung, dem Ändern, Ergänzen oder Löschen einzelner Begriffe oder ganzer Textpassagen, können Sie den Text in seiner äußeren Form bearbeiten (**formatieren**). In der Regel werden Sie Text entweder als **„Fließtext“** eingeben, also mit der Tastatur ohne Formatierung, oder Textpassagen aus einem anderen Dokument kopieren und einfügen. Ist der Text vorhanden, können Sie mit der Bearbeitung beginnen. Die elementaren Bearbeitungswerkzeuge sind die Formatierungsmöglichkeiten, die Ihnen das Textverarbeitungsprogramm bietet.

Bestandteile von Word

Wie bei allen Anwendungsprogrammen in Office besteht die grafische Benutzeroberfläche in Word aus verschiedenen Bestandteilen:

1. der Titelleiste sowie der Symbolleiste für den Schnellzugriff,
2. dem in verschiedene Register und Gruppen unterteilten Menüband,
3. der Bildlaufleiste,
4. der Statusleiste und
5. einem leeren (neuen) bzw. einem bereits vorhandenen Dokument.

Beispiel Nicole Höver hat das in der E-Mail angehängte Word-Dokument **„Protokoll.docx"** auf ihrem PC gespeichert und mit Word (Version Microsoft 365) geöffnet. In der Gruppe Schriftart erkennt Nicole, dass die Schriftart Calibri mit der Schriftgröße 11 eingestellt ist. In der Gruppe Absatz sieht sie, dass die Inhalte linksbündig ausgerichtet sind. Die Auswahl im **Register Start**, Gruppe Absatz, Bildsymbol Absatzmarke ⟨¶⟩ zeigt alle Formatierungszeichen an, die nicht gedruckt werden. Durch das Einblenden wird die Bearbeitung des Dokumentes einfacher.

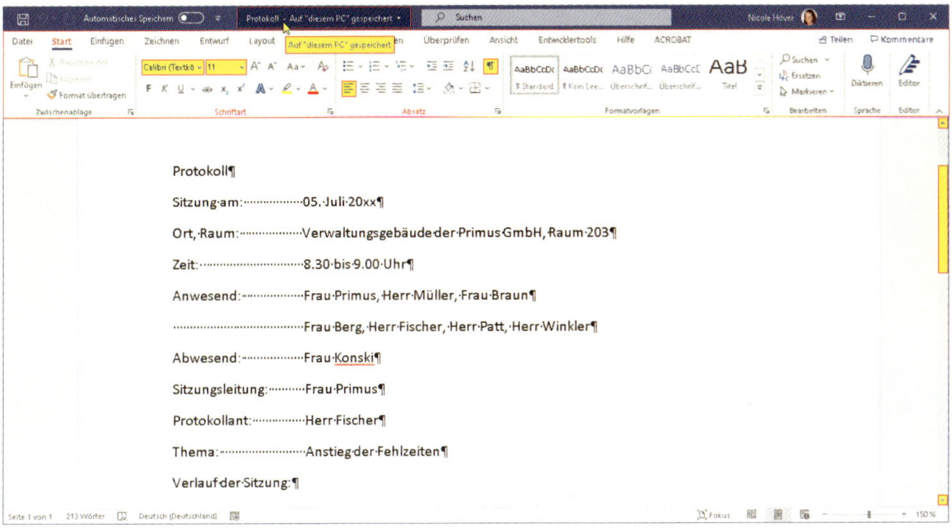

Zugriff auf das Menüband

In der Regel werden die Elemente des Menübandes mit der Maus – genauer gesagt mit einfachem **Klick** auf die linke Maustaste – ausgewählt. Fast alle bekannten Tastenkombinationen aus früheren Microsoft-Office-Versionen wie z. B. [Strg] + [C] **(Kopieren)**, [Strg] + [V] **(Einfügen)** oder [Strg] + [P] **(Drucken)** funktionieren weiterhin in den Office-Programmen und somit auch in Word.

Beispiel Für den weiteren Verlauf blendet Nicole das **Lineal** ein, indem sie in der Gruppe Anzeigen der **Registerkarte Ansicht** das Häkchen setzt.

Die grundsätzlichen Einstellungen wie beispielsweise **Schriftgröße**, **Schriftart**, **Textausrichtung**, **Farbe**, **Zeilenabstände** und **Seiteneinrichtung** sind vordefiniert. Wollen Sie von diesem Standardformat abweichen, so ist i. d. R. der betreffende Text zu markieren und über ein entsprechendes Bildsymbol, das Kontextmenü (gedrückte rechte Maustaste) oder ein Dialogfenster (öffnet sich, wenn Sie den „Süd-Ost-Pfeil aus der Ecke", der innerhalb einer Gruppe nach unten rechts ↘ zeigt, anklicken) die gewünschte Formatierung auszuwählen.

Beispiel Nicole möchte den **oberen Seitenrand** von 2,5 cm auf **2 cm** verändern, findet diesen Eintrag aber nicht in der Gruppe Schriftart, denn hierbei handelt es sich um das **Layout**. Wenn Nicole das **Register** wechselt, kann sie über die Schaltfläche <Seitenränder> oder den kleinen „Süd-Ost-Pfeil aus der Ecke", den wir aus Gründen der Einfachheit ab jetzt <Dialog-Pfeil> nennen, das Dialogfenster öffnen.

Das bedeutet aber nicht, dass jeder Befehl bzw. jede Funktionalität ausschließlich in nur einer Gruppe eines **Registers** vorhanden ist. Unmittelbar neben der Gruppe Seite einrichten findet sich nochmals die Gruppe für die Absatzeinstellungen, die auch im **Register Start** enthalten ist. Ein Klick auf den jeweiligen <Dialog-Pfeil> öffnet das Dialogfenster <Absatz>.

Die **Registerkarte Datei** (Microsoft Office Backstage-Ansicht) enthält die Befehle für die Arbeit **mit** dem Dokument. Durch z. B. einen Klick auf <Speichern> wird das aktuelle Dokument gespeichert. Durch Drücken der [Esc]-Taste oder der <Pfeil-Zurück>-Schaltfläche wird die Backstage-Ansicht verlassen und das vorübergehend ausgeblendete Dokument wieder eingeblendet.

Beispiel Die Option „Automatisches Speichern" hatte Nicole bereits zuvor deaktiviert, indem sie über das **Register Datei** die Schaltfläche <Optionen> ausgewählt und im anschließenden Dialogfenster über den Bereich „Speichern" das Häkchen bei „OneDrive- und Sharepoint Online-Dateien standardmäßig auf "Word" speichern" entfernt hat.

Da Nicole das Word-Dokument von Herrn Fischer in den Windows-Ordner „Downloads" **heruntergeladen** hat, ist die Datei **lokal** auf ihrem Computer **gespeichert**. Das automatische Speichern funktioniert in diesem Fall nicht, denn „Automatisches Speichern" sichert Änderungen an der Originaldatei nur, wenn diese in der **Cloud** liegt. Um einem möglichen Datenverlust vorzubeugen, legt Nicole in den Word-Optionen über den Bereich „Erweitert" fest, dass immer eine **Sicherungskopie** erstellt werden soll.

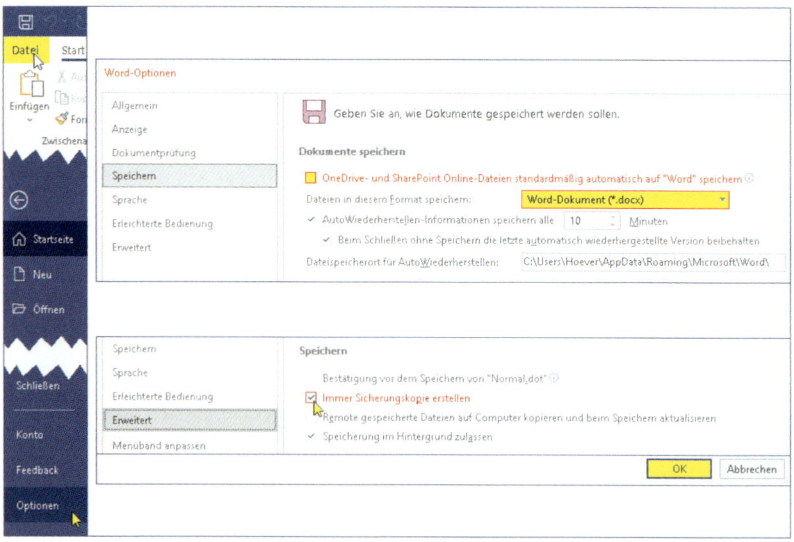

Während „Automatisches Speichern“ die Datei in Echtzeit speichert, ist für die **automatische Wiederherstellung** in den Word-Optionen standardmäßig ein Zeitraum von zehn Minuten angegeben. Selbst wenn Sie dieses Intervall verkürzen, sollten Sie wissen, dass die AutoWiederherstellen-Informationen nur für den Fall einer **unvorhergesehenen Störung** wie ein **Systemabsturz** oder **Stromausfall** gespeichert werden.

Praxistipp

Eine Sicherungskopie (korrekt: Microsoft Word-Sicherungsdokument) wird erzeugt, sobald die Windows-Option aktiviert wurde. Diese Kopie ist eine **Momentaufnahme** der **vorletzten gespeicherten Version** Ihres Dokumentes, was bedeutet, dass die jeweils letzte Änderung noch nicht im Sicherungsdokument (Dateityp *.wbk) enthalten ist. **Frühzeitig** und **oft zu speichern**, gehört damit gewiss nicht der Vergangenheit an.

Beispiel Den Schalter „Automatisches Speichern“ entfernt Nicole über die **Symbolleiste für den Schnellzugriff**.

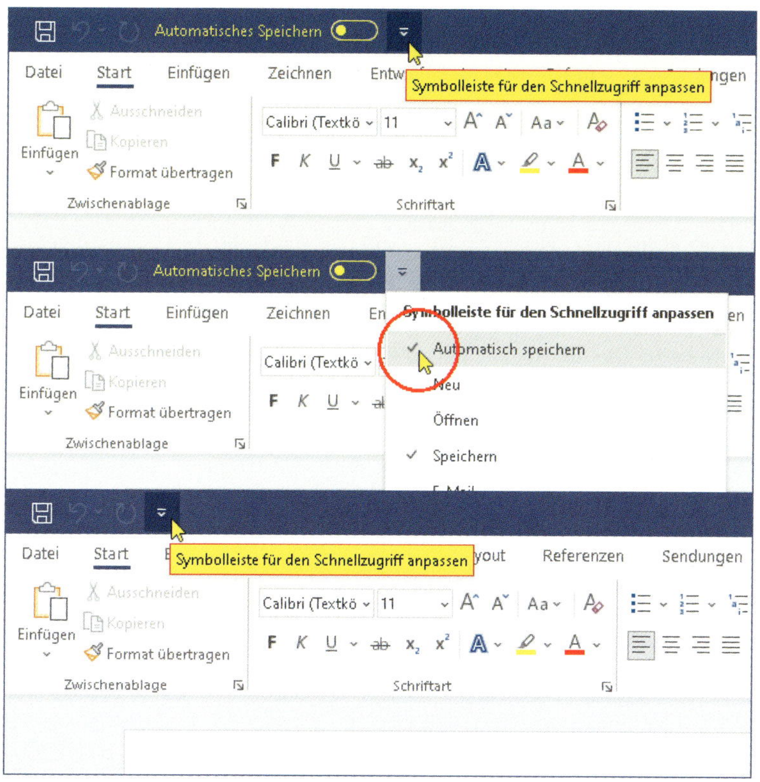

In der Praxis verwenden die meisten Nutzer die Tastenkombination [STRG] + [F] zur **Suche**. Außerdem erscheint es nicht besonders alltagstauglich, wenn Sie für einen Befehl mehrfach klicken sollen, obwohl es – wie z. B. beim „Editor“ (Rechtschreib- und Grammatikprüfung) – auch eine Möglichkeit gibt, die gewünschte Funktionalität direkt aufzurufen. Ein schlichtes Symbol wie beim Schnellzugriff (eine **Lupe**) lässt die Titelleiste übersichtlicher erscheinen und bietet dem Dateinamen mehr Platz.

Beispiel Nicole benutzt das Suchfeld nicht und blendet es deshalb aus.

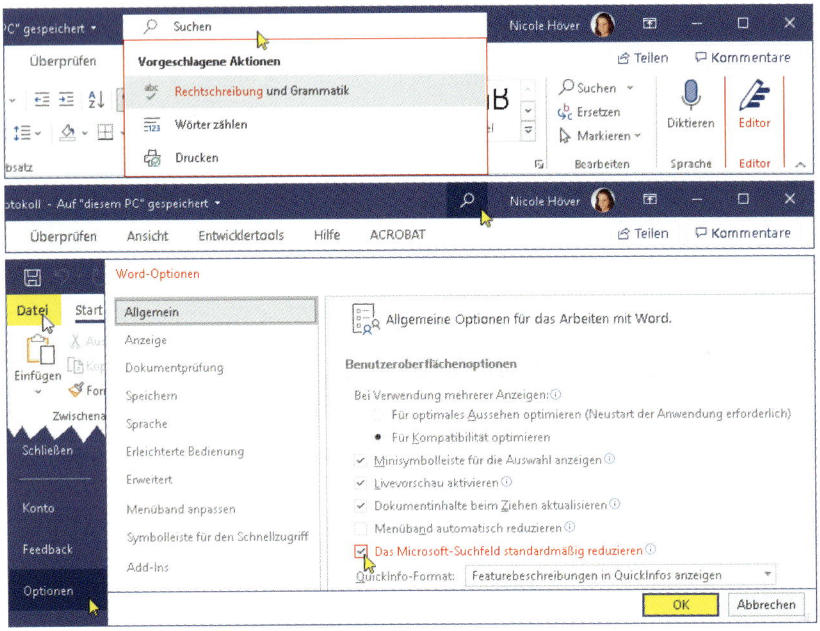

■ Speichern

Um einem möglichen Datenverlust vorzubeugen, sollten Sie Ihre Datei in regelmäßigen Abständen speichern. Mit einem Klick auf das <Speichern>-Symbol in der Leiste für den Schnellzugriff sparen Sie sich den Umweg über die **REGISTERKARTE DATEI**.

Beispiel Ein bereits gespeichertes Dokument kann mit „Speichern unter" in einem anderen Verzeichnis oder unter einem anderen Dateinamen gespeichert werden. Ein schneller Doppelklick auf „Dieser PC" bzw. ein einfacher Klick auf „Durchsuchen" oder den Namen des aktuellen Ordners (in diesem Fall „Downloads") öffnet das Dialogfenster.

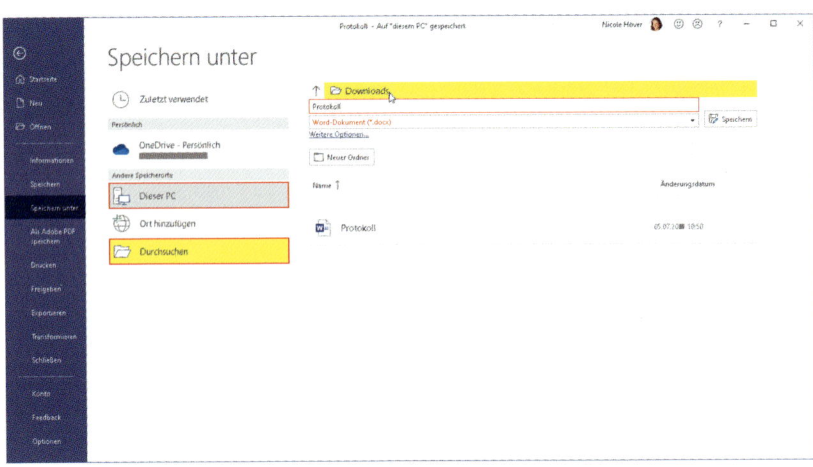

Wie zu erkennen ist, muss nur der richtige **Dateityp** ausgewählt sein. Die **Dateinamenerweiterung** (die durch Punkt getrennte Endung) **darf nicht** angegeben werden, selbst wenn es in einer Aufgabe heißen sollte, dass Sie so zu speichern hätten. Wie beim „Protokoll-Beispiel“ zuvor dient die Angabe der **Dateiendung** .docx nur dazu, das **erforderliche Anwendungsprogramm** (hier: Word) erkennbar zu machen.

Beispiel Damit Nicole in ihrem persönlichen Download-Verzeichnis **so wenig Ablage wie möglich** hat, speichert sie die Datei von Sven Fischer nach der **Dreierformel** „Stichwort-Datum-Bezugsperson“ unter dem neuen Dateinamen Protokoll_20xx-07-05_Fischer.docx in der entsprechenden Ordnerstruktur. Die ursprüngliche Datei kann nun **gelöscht** werden.

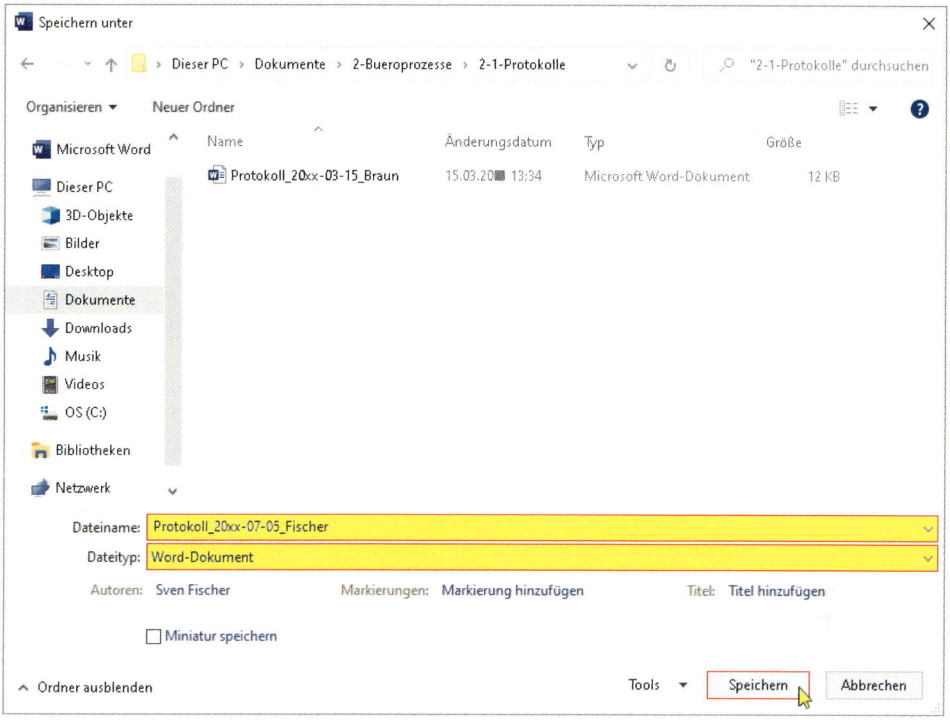

Windows blendet die **Erweiterung von bekannten Dateitypen** standardmäßig aus. Aus diesem Grund wird die Dateinamenerweiterung weder in der Titelleiste der Word-Benutzeroberfläche noch im Dialogfenster der „Speichern unter“-Auswahl zum Dateityp angezeigt. Nur im „Speichern unter“-Dialog des **DATEI-REGISTERS** wird die Dateinamenerweiterung angezeigt. Damit die Dateiendungen grundsätzlich sichtbar sind, müssen sie aktiviert werden.

Beispiel Nicole Höver öffnet mit der Tastenkombination [WINDOWS-TASTE] + [E] den **Windows Explorer** bzw. einen **beliebigen Ordner** und navigiert über das **REGISTER ANSICHT** zur GRUPPE EIN-/AUSBLENDEN. Nachdem sie das Häkchen im Kontrollkästchen vor „Dateinamenerweiterungen“ gesetzt hat, werden die Dateinamen inklusive Dateiendung angezeigt (gilt dann automatisch für **alle Dateitypen**). Hätte Nicole dem Dateinamen Protokoll_20xx-07-05_Fischer die Dateiendung .docx hinzugefügt, dann wäre der tatsächliche Dateiname Protokoll_20xx-07-05_Fischer.docx.**docx** in der entsprechenden Ordnerstruktur.

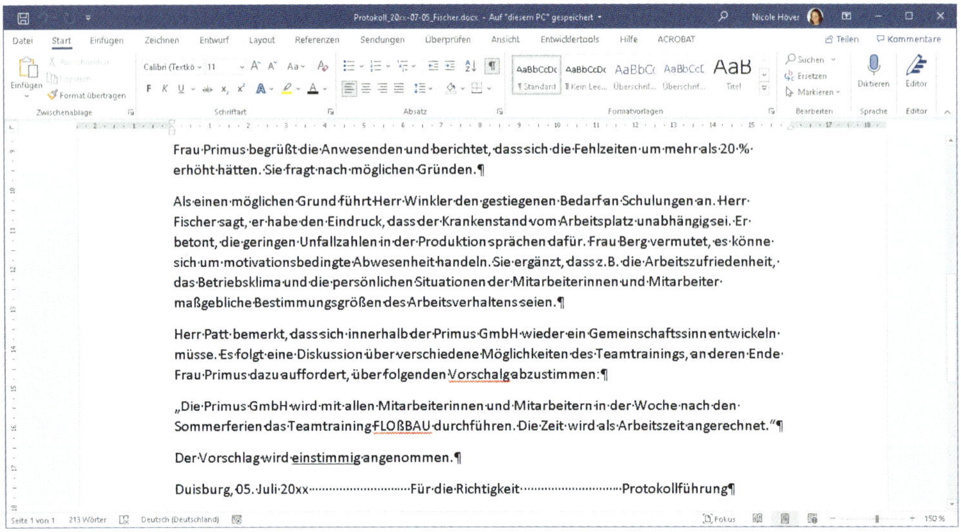
Frau Primus begrüßt die Anwesenden und berichtet, dass sich die Fehlzeiten um mehr als 20 % erhöht hätten. Sie fragt nach möglichen Gründen.

Als einen möglichen Grund führt Herr Winkler den gestiegenen Bedarf an Schulungen an. Herr Fischer sagt, er habe den Eindruck, dass der Krankenstand vom Arbeitsplatz unabhängig sei. Er betont, die geringen Unfallzahlen in der Produktion sprächen dafür. Frau Berg vermutet, es könne sich um motivationsbedingte Abwesenheit handeln. Sie ergänzt, dass z. B. die Arbeitszufriedenheit, das Betriebsklima und die persönlichen Situationen der Mitarbeiterinnen und Mitarbeiter maßgebliche Bestimmungsgrößen des Arbeitsverhaltens seien.

Herr Patt bemerkt, dass sich innerhalb der Primus GmbH wieder ein Gemeinschaftssinn entwickeln müsse. Es folgt eine Diskussion über verschiedene Möglichkeiten des Teamtrainings, an deren Ende Frau Primus dazu auffordert, über folgenden Vorschlag abzustimmen:

„Die Primus GmbH wird mit allen Mitarbeiterinnen und Mitarbeitern in der Woche nach den Sommerferien das Teamtraining FLOßBAU durchführen. Die Zeit wird als Arbeitszeit angerechnet."

Der Vorschlag wird einstimmig angenommen.

Duisburg, 05. Juli 20xx .... Für die Richtigkeit .... Protokollführung

■ Zeichenformatierung

Bei einer gewissenhaften Bearbeitung von Texten kann eine **übersichtliche** Gesamtdarstellung mit entsprechender **Raumaufteilung** erwartet werden. Dies gilt umso mehr, wenn ein Textverarbeitungsprogramm verwendet wird. Die Standardeinstellung (Formatvorlage) in Word sieht dazu die Schriftart Calibri in Schriftgröße 11, eine linksbündige Ausrichtung, einen 1,08-fachen **Zeilenabstand** sowie einen **Abstand zwischen den Absätzen** von 8 Pt. vor.

Beispiel Nicole Höver ist bekannt, dass in der Prüfung zum informationstechnischen Büromanagement die **Corporate-Design-Anweisung** für die Textverarbeitung regelmäßig die Schriftart **Arial** in Schriftgröße **11** verlangt, wobei **Überschriften** i. d. R. in Schriftgröße **14**, **zentriert** und **fett** zu formatieren sind. Nicole formatiert das Protokoll entsprechend.

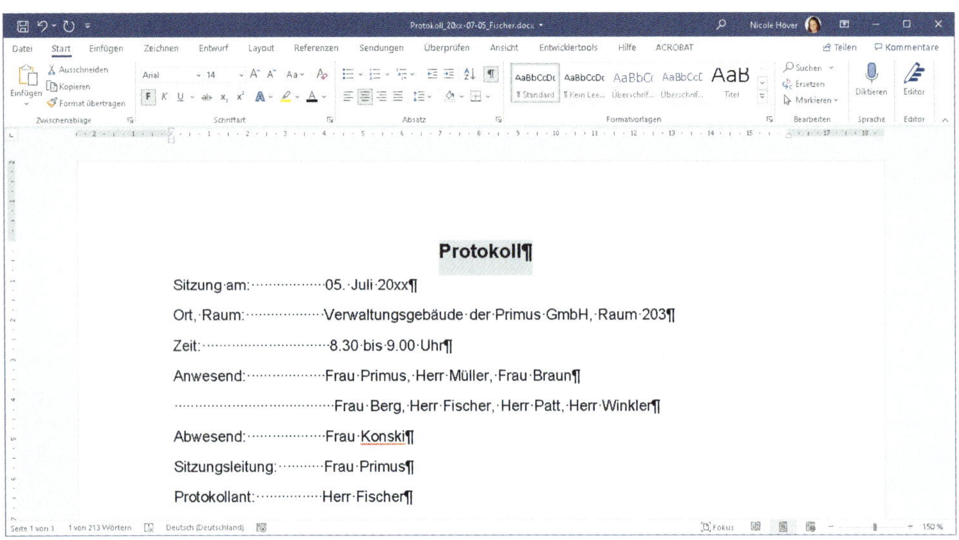
Protokoll

Sitzung am: .... 05. Juli 20xx

Ort, Raum: .... Verwaltungsgebäude der Primus GmbH, Raum 203

Zeit: .... 8.30 bis 9.00 Uhr

Anwesend: .... Frau Primus, Herr Müller, Frau Braun

.... Frau Berg, Herr Fischer, Herr Patt, Herr Winkler

Abwesend: .... Frau Konski

Sitzungsleitung: .... Frau Primus

Protokollant: .... Herr Fischer

Die Rechtschreib- und Grammatikprüfung unterstreicht Text rot, wenn dieser nicht im internen Wörterbuch gespeichert ist. Damit wird darauf aufmerksam gemacht, dass ein Fehler vorliegen **könnte**. Sie haben dann die Möglichkeit, den Fehler selbst zu korrigieren, oder wählen aus dem Kontextmenü eine der angebotenen Optionen aus. Da **Eigennamen** i. d. R. nicht im Wörterbuch gespeichert sind, werden sie ebenfalls rot unterstrichen. Mit der Auswahl „Alle ignorieren" bzw. „Mehr anzeigen" (und dann im EDITOR-BEREICH „Einmal ignorieren") aus dem Kontextmenü lässt sich die Markierung unterdrücken. Alternativ können Sie dem Wörterbuch Begriffe hinzufügen. Eine blaue (doppelte) Unterstreichung macht auf Grammatikfehler aufmerksam. Der Unterschied zu einem rot unterstrichenen Fehler ist, dass die Schreibweise grundsätzlich im Wörterbuch existiert, aber im Zusammenhang mit dem entsprechenden Satz als nicht zutreffend erscheint.

Beispiel Nicole Höver hat die Rechtschreibprüfung abgeschlossen. Tatsächlich hat das Programm nur einen Rechtschreibfehler (Vorschalg) entdeckt. Erkannt wurde nicht, dass „**z.B.**" eine Abkürzung ist, die aus einzelnen Wörtern besteht und deshalb – so wie gesprochen wird – auch durch ein **Leerzeichen zu verbinden** ist.

Aus den Schreib- und Gestaltungsregeln für die Text- und Informationsverarbeitung (**DIN 5008**) geht ebenfalls hervor, dass **einstelligen Tagesangaben**, wenn der Monat als Text geschrieben oder abgekürzt wird, **keine Null** vorangestellt wird. Ähnliches gilt für die Angabe von **Uhrzeiten**: Die Gliederung erfolgt grundsätzlich mit dem Doppelpunkt. Die Minutenangabe kann entfallen. Wird sie aber geschrieben, dann muss auch die Stundenangabe **zweistellig** angegeben werden.

Beispiel Am Ende des Protokolls fällt Nicole die **Unterstreichung** zur **Hervorhebung** auf. Sie erinnert sich, dass seit der DIN 5008:2020 auf Unterstreichungen verzichtet werden sollte, weil dadurch Unterlängen der Buchstaben (f, g, j, p und q) berührt, gestreift oder geschnitten werden können. Da Nicole keinen Farbdrucker hat (eine Hervorhebung durch Farbe ist zulässig) und zur Hervorhebung des Wortes „Floßbau" bereits **Großbuchstaben** verwendet wurden, entscheidet sich Nicole für die **Fettschrift**.

Bei Eigennamen durfte das kleine ß erhalten bleiben, wenn das Wort in Großbuchstaben geschrieben wird. Das **Deutsche Institut für Normung** (DIN) hat bereits im Jahr 2008 das **große ẞ** mitentwickelt. In dem Jahr wurde es als neues Zeichen genormt (ISO/IEC 10646), seit 2017 ist es Bestandteil des amtlichen Regelwerks der deutschen Rechtschreibung. Nach DIN 5008 soll bei der Verwendung von Großbuchstaben zur Hervorhebung dem großen ẞ der Vorzug vor der Auflösung in SS bzw. SZ gegeben werden.

Praxistipp

Da es noch keine eigene Taste für das ẞ gibt, erfolgt die Eingabe über das **REGISTER EINFÜGEN**, GRUPPE SYMBOLE, Schaltfläche <Symbol> – (Weitere Symbole). Damit Sie den Buchstaben im Symbol-Dialogfenster und der ausgewählten Schriftart „(normaler Text)" schneller finden, geben Sie bei „Zeichencode" **1E9E** (Unicode) ein. Die Eingabe funktioniert auch, wenn Sie den Unicode **1E9E** eingeben und dann die **Tastenkombination** [ALT] + [C] drücken. Der Unicode muss dazu nicht extra markiert werden. Es genügt, wenn der Cursor direkt neben dem letzten Buchstaben **E** steht, Sie also kein Leerzeichen eingegeben haben. Ein Leerzeichen ist zwischen dem Unicode und einem folgenden Zeichen bzw. Wort allerdings zwingend erforderlich. Alternativ kann die Eingabe auch als **Tastenfolge** [ALT] + [7] – [8] – [3] – [8] auf dem Ziffernblock erfolgen. Besonders schnell ist die **Kombination** [ALT GR] + [UMSCHALT] + [ß].

Beispiel Nicole setzt den Cursor in den Abstimmungstext und wählt REGISTER START – GRUPPE ABSATZ – **Rahmen** – „Rahmenlinie außen“ und anschließend **Schattierung** – „Standardfarbe: Gelb“ aus. Anders als der Name zunächst vermuten lässt, umfasst der Befehl **Schattierung** einen Farbumfang von 16,7 Millionen Farben. Geeigneter scheint deshalb der Begriff **Füllfarbe**.

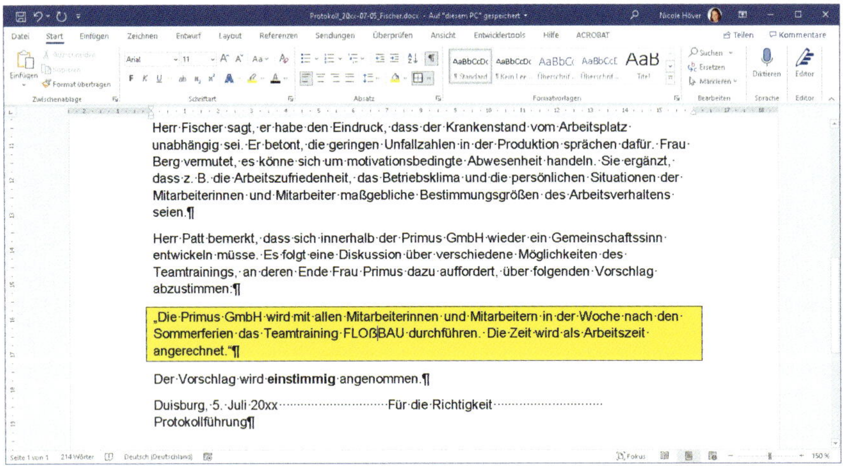

■ Textausrichtung und Silbentrennung

Ein längerer **Fließtext**, der – wie in der Abbildung zuvor – standardmäßig **linksbündig** ausgerichtet ist, neigt aufgrund der unterschiedlichen Länge der einzelnen Wörter dazu, am rechten Rand „ausgefranst“ zu wirken (daher auch als „Flatterrand“ oder „Flattersatz“ bezeichnet). In der Praxis versuchen die Anwender von Textverarbeitungsprogrammen dann häufig, mit **Trennstrichen** ein ausgewogenes Erscheinungsbild zu erreichen. Nach den Schreib- und Gestaltungsregeln für die Text- und Informationsverarbeitung wird diese Vorgehensweise für „alltägliche“ Schriftstücke sogar bevorzugt. Der Vorteil der Textausrichtung **Blocksatz** ist, dass Sie dadurch ein **harmonisches Gesamtbild** schaffen und die **Leserlichkeit** erhöhen.

Beispiel Der gesamte Text wurde mit [STRG] + [A] ausgewählt und als Blocksatz formatiert.

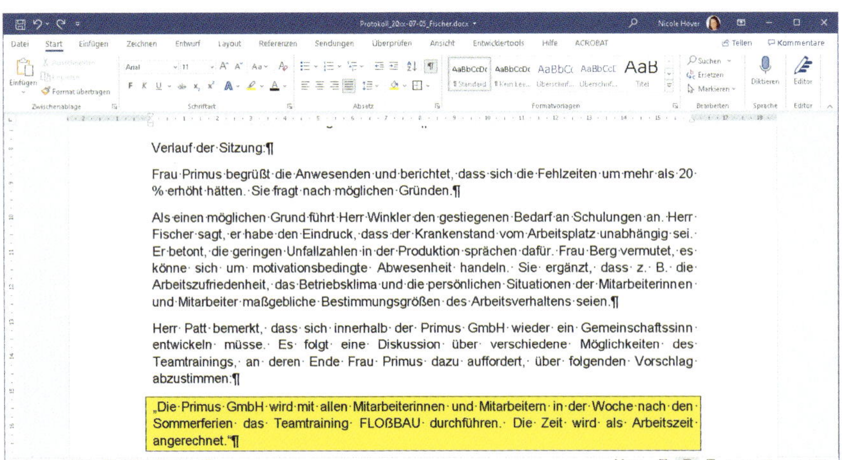

Trennstriche sind auch beim Blocksatz notwendig, zwingend sogar, da sich aufgrund langer Wörter „Löcher“ innerhalb einer Textzeile ergeben können. Durch eine **geeignete Silbentrennung** kann der verfügbare Abstand in den Zeilen besser ausgenutzt werden. Die häufig anzutreffende Form der **„harten“ Silbentrennung** ist dazu **nicht** geeignet, weder im Blocksatz noch beim Flatterrand, da sich bei einer Veränderung der Schriftart und/oder der Schriftgröße, dem Hinzufügen, Ändern oder Löschen von Text die gesamte Textstruktur ändert und der – i. d. R. als **Minuszeichen** – eingefügte Trennstrich stets bestehen bleibt und ggf. auch ausgedruckt würde.

Insbesondere bei **geschützten Leerschritten** oder **geschützten Trennstrichen** ist mit diesem Verhalten zu rechnen. Ein geschützter Leerschritt (Festabstand) bzw. ein geschützter Trennstrich wird immer dann verwendet, wenn eine Fügung aus einem Begriff und einem Zeichen am Zeilenende nicht auseinandergerissen werden soll.

Beispiel Im Protokoll ist der ungünstige Fall direkt zu Beginn des Protokolls eingetreten: Die Kombination **20 %** wurde in **20** am Zeilenende und % zu Beginn der neuen Zeile getrennt. Mit einem geschützten Leerschritt, der Tastenkombination aus [STRG] + [UMSCHALT] + [LEERTASTE], wird das Prozentzeichen **fest** mit dem Wert **verbunden** (20°%) und wie **ein Begriff** behandelt.

Das Gegenteil kann auftreten, wenn am Zeilenende zwei Begriffe oder eine Wortzusammensetzung mit einem einzelnen Buchstaben oder einer Zahl durch einen **Kurzstrich** verbunden sind. Für das Programm macht es keinen Unterschied, ob es sich dabei um einen Bindestrich, einen Ergänzungsstrich, ein Minuszeichen oder ein Aufzählungszeichen handelt: Am Zeilenende wird getrennt, es sei denn, die Fügung ist durch die **Kurzstrich-Tastenkombination** [STRG] + [UMSCHALT] + [-] fest verbunden.

Beispiele Die letzte E-Mail, die Telefonzentrale 0203 445369-0, der 18-jährige Auszubildende

Um auf **harte Trennstriche** zu verzichten, lautet die Lösung: **optionale** Silbentrennung. Die Tastenkombination [STRG] + [-] ist dem geschützten Trennstrich sehr ähnlich, fügt hier aber einen **Kurzstrich** als **bedingten Trennstrich** ein. Diese Silbentrennung wird am Bildschirm **angezeigt** (¬) und verhält sich wie ein nicht druckbares **Formatierungszeichen**: Der Trennstrich wird nur dann gedruckt, wenn eine Silbentrennung auch tatsächlich erfolgt ist.

Dies ist der „bessere“ Weg, denn auch Worttrennungen sind nach den gültigen Rechtschreibregeln durchzuführen. Die schnelle Lösung der **automatischen Silbentrennung** im **REGISTER LAYOUT** – GRUPPE SEITE EINRICHTEN – **Silbentrennung** – „Automatisch“ kann zu Trennungen führen, die schwierig zu verstehen oder sogar falsch sind.

Beispiel Vernachlässigen Sie alle Anstrengungen, bedingte Trennstriche **manuell** einzugeben, und verwenden Sie stattdessen zunächst die Silbentrennungsoption „**Manuell**“.

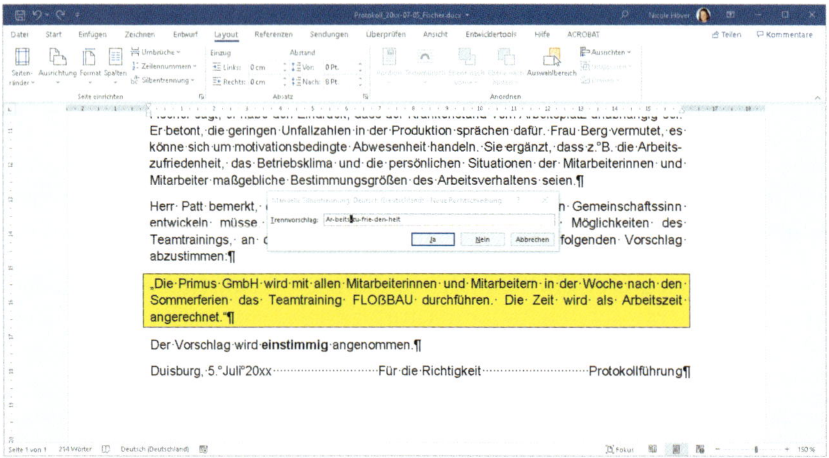

Zeichenabstand

Gelegentlich endet ein Fließtext mit einem Wort oder einer Silbe oder es ist gewünscht, den Satz inhaltlich ohne Zeilenumbruch zu strukturieren. In diesen Ausnahmefällen bietet es sich an, den Zeichenabstand (**Laufweite**) zu manipulieren. Markieren Sie dazu die betreffende Textpassage und wählen Sie aus dem **Register Start** – Gruppe Schriftart – <Dialog-Pfeil> das Register „Erweitert“ aus.

Beispiel Verändern Sie im Drehfeld „Von:“ neben der Option „Abstand“ über den nach unten gerichteten Auswahlpfeil den Wert in „0,1 Pt.“, passt sich die Abstandsangabe von „Normal“ in „Schmal“ an. Als Ergebnis der Textveränderung ist auch die Silbentrennung nicht mehr erforderlich.

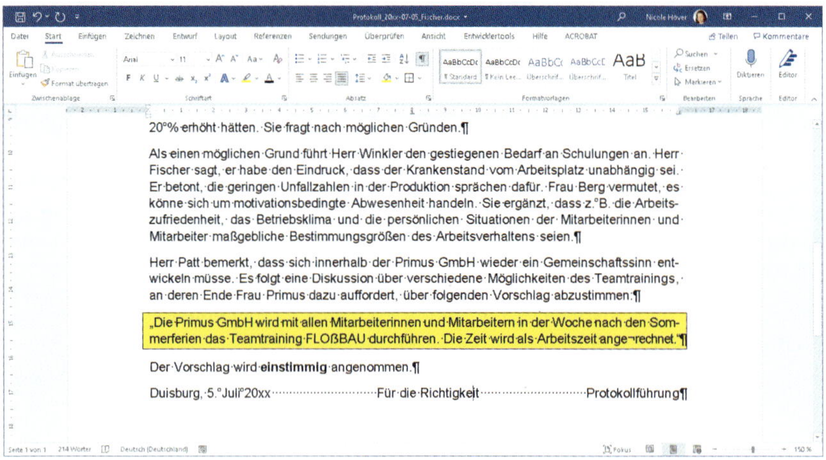

Tabulatoren (Tabstopps)

Mit Tabulatoren lassen sich Textteile innerhalb einer Zeile an festen Punkten **absolut** positionieren. Der Begriff Tabulator bezeichnete ursprünglich eine Vorrichtung an Schreibmaschinen, mit welcher der Wagen auf eine vorher eingestellte Stelle beim Schreiben weitergerückt werden konnte, um Tabellen zu erstellen (*engl. to tabulate = tabellarisch anordnen*). Obwohl diese Möglichkeit bereits seit der Schreibmaschine umzusetzen ist, benutzen viele Anwenderinnen und Anwender immer noch massiv das Leerzeichen. Am linken Rand unterhalb des Menübandes können Sie durch Klicken auf das Bildsymbol die Art des Tabulators (Tabstopp) verändern.

Grundsätzlich können Sie vier verschiedene Tabstopps unterscheiden:

1. Ein **linksbündiger** Tabstopp richtet den Text mit dem Tabstopp am linken Rand aus.
2. Ein **zentrierter** Tabstopp richtet den Text gleichmäßig nach beiden Seiten aus.
3. Ein **rechtsbündiger** Tabstopp richtet den Text mit dem Tabstopp am rechten Rand aus.
4. Ein **dezimaler** Tabstopp richtet Zahlen abhängig von ihrer Länge und Größe am Komma aus.

Beispiel Im Dialogfenster ist zu erkennen, dass ein rechtsbündiger Tabulator bei 16 cm gesetzt wurde. Ein zentrierter Tabstopp bei 8 cm richtet den Text „Für die Richtigkeit" gleichmäßig nach beiden Seiten aus. Das **Festlegen** der Positionen genügt aber noch nicht. Die **Funktionalität** ergibt sich erst durch Drücken der [⭾]-Taste im linken oberen Bereich der Tastatur und ist am Formatierungszeichen (→) zu erkennen.

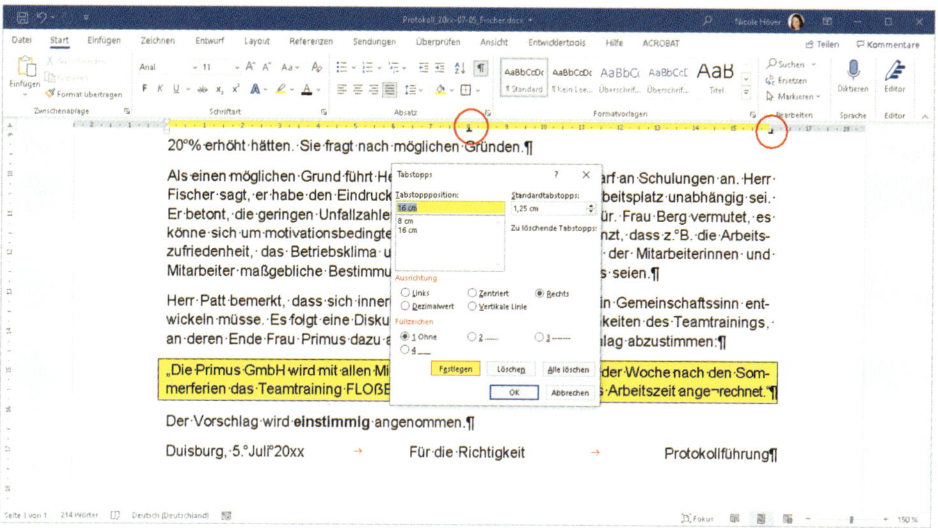

Standardmäßig ist der Tabstopp auf 1,25 cm festgelegt. In vielen Fällen reicht dies aus. Sofern aber Textelemente untereinander ausgerichtet werden sollen, die sich in ihrer Zeichenlänge voneinander unterscheiden, müssten Sie die Tabulator-Taste mehrfach betätigen. Praktischer ist es, wenn Sie die Position eines Tabstopps über das Lineal bestimmen.

Beispiel Eine einheitliche Ausrichtung des Protokollkopfes erfolgt standardmäßig bei 3,75 cm, dazu sind bis zu drei Tabstopp-Sprünge erforderlich (linker Teil der Abbildung). Wählen Sie die Art des gewünschten Tabstopps aus (durch Klicken auf das Tabstopp-Symbol) bzw. übernehmen Sie die Voreinstellung (linksbündig) und bestimmen Sie mit der linken Maustaste im Lineal die Stelle des Tabstopps, z. B. 3,5 cm. Mit gedrückter linker Maustaste können Sie den Tabstopp im Lineal verschieben. Sie **löschen** einen Tabstopp, indem Sie ihn mit gedrückter linker Maustaste aus dem Lineal nach unten „herausziehen".

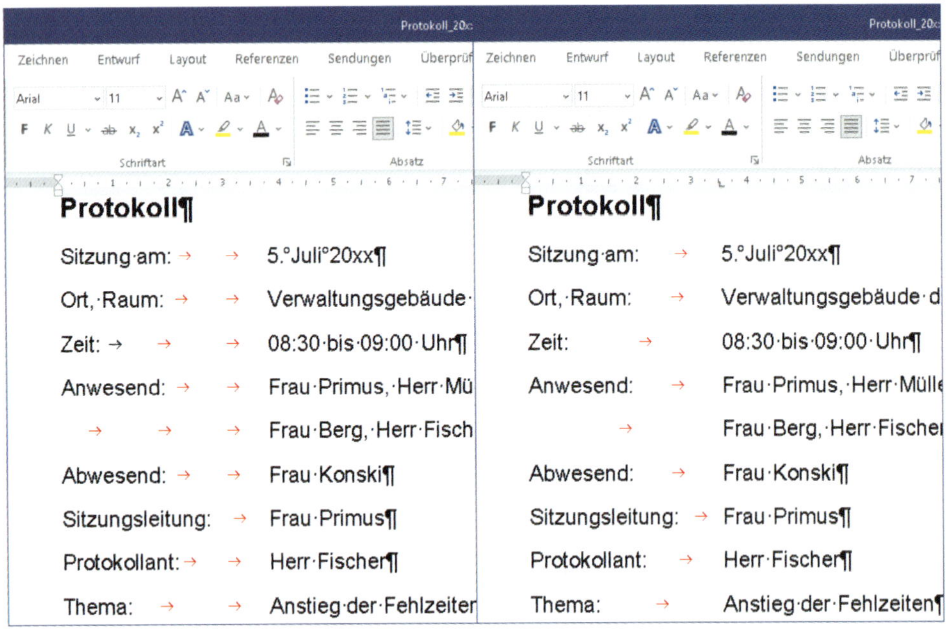

Wählen Sie einen Tabstopp mit der linken Maustaste im Lineal mit Doppelklick aus, öffnet sich das Dialogfenster. Hier können Sie die Tabstopps exakt bestimmen, anpassen oder löschen. Zum Tabstopp-Dialogfenster gelangen Sie alternativ über die GRUPPE ABSATZ (die Schaltfläche <Tabstopps...> liegt etwas versteckt in der linken unteren Ecke des Absatz-Dialogfensters). In diesem Dialogfenster können Sie außerdem angeben, wie der **Zwischenraum**, der sich durch einen Tabstopp ergibt, ausgefüllt werden soll. Standardmäßig besitzen Tabstopps keine **Füllzeichen**.

Absatzformatierung

Die häufigste Form der Textgliederung ist der Absatz, der einen in sich abgeschlossenen Textteil darstellt. Um die Struktur des Textes hervorzuheben, wird dieser Teil vom Rest des Textes abgesetzt. Ist die Eingabe eines Absatzes abgeschlossen, drücken Sie **einmal** die **Eingabetaste** [↵] (**dicke** [ENTER]-Taste). Diese „**harte**" **Zeilenschaltung** wird mit dem Symbol Absatzmarke ⟨¶⟩ kenntlich gemacht.

Weitere Leerzeilen können auf diese Weise hinzugefügt werden. **Speziell** bei der Verwendung von **Briefvordrucken und Briefvorlagen** trifft dies zu. Grundsätzlich sind nach DIN 5008 **Absätze** vom folgenden Text jeweils durch einen **eingestellten Absatzabstand** zu trennen.

Beispiel Nicole Höver strukturiert das Protokoll normgerecht, indem sie den voreingestellten Absatzabstand auf 12 Pt. (entspricht einer Zeile) erhöht.

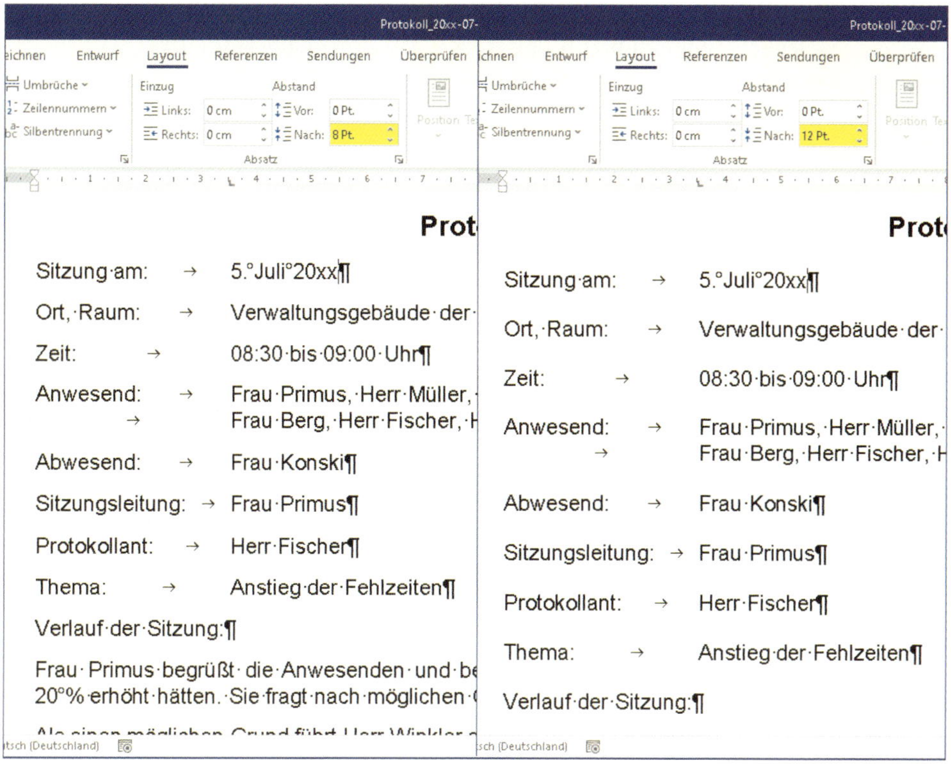

Der besondere Vorteil dieser Vorgehensweise ist, dass jeder Absatz seine **eigene Formatierung** besitzt. Soll ein Absatz über die Befehle der GRUPPE ABSATZ formatiert werden, muss er **nicht markiert** werden. Eine Markierung ist nur dann erforderlich, wenn **mehrere Absätze gleichzeitig** formatiert werden sollen. Das betrifft insbesondere die Textausrichtung, Absatz- und Zeilenabstände, die Schattierung bzw. Füllfarbe und Rahmen.

Beispiel Nicole hatte den Cursor lediglich in den Text „FLOẞ|BAU“ gesetzt und aus der GRUPPE ABSATZ die **Befehle Rahmen** und **Schattierung** ausgewählt.

Abstände haben außerdem den Vorteil, dass bei einem eventuellen Seitenwechsel die folgende Seite nicht mit einer Leerzeile beginnt und dadurch die Abstände zur Oberkante der Seite bei einem Ausdruck unterschiedlich ausfallen.

Zeilenumbruch

Insbesondere dann, wenn Texte in **Aufzählungen** und/oder **Abschnitte** gegliedert sind, d. h. mit einer besonderen Formatierung wie beispielsweise einer **Nummerierung** oder **Gliederung** versehen sind, würde eine **„harte“ Zeilenschaltung** dazu führen, dass die Nummerierung bzw. Gliederung an dieser Stelle fortgesetzt würde. Während mit der **Eingabetaste** [↵] ein **neuer Absatz** ⟨¶⟩ begonnen wird, auf den die bestehende Formatierung übertragen wird, fügen Sie mit der **Tastenkombination** [UMSCHALT] + [ENTER] einen **Zei-**

lenumbruch (neue Zeile) **innerhalb des Absatzes** ein, der mit dem Formatierungszeichen ⟨↵⟩ kenntlich gemacht wird.

Besteht eine Textzeile aus wenigen Wörtern und ist der Text als Blocksatz ausgerichtet, führt ein **„weicher" Zeilenumbruch** dazu, dass sich erneut **Lücken** bilden, da der Text beim Blocksatz mit dem rechten Seitenrand abschließt. Dies können Sie korrigieren, indem Sie die betreffende Zeile **linksbündig** ausrichten. Praktischer ist es, Sie fügen einen **Tabulator** vor dem Zeilenwechsel ein.

Beispiel Nicole Höver löscht zunächst die Absatzmarke hinter „Frau Braun" und fügt dann den Zeilenumbruch ein. Dadurch entstehen sehr große Lücken, weshalb Nicole vor dem Zeilenwechsel einmalig die [↹]-Taste drückt.

```
Zeit:        →   08:30·bis·09:00·Uhr¶
Anwesend:    →   Frau·    Primus,·    Herr·    Müller,·    Frau·    Braun↵
             →   Frau·Berg,·Herr·Fischer,·Herr·Patt,·Herr·Winkler¶
Abwesend:    →   Frau·Konski¶
```

```
Zeit:        →   08:30·bis·09:00·Uhr¶
Anwesend:    →   Frau·Primus,·Herr·Müller,·Frau·Braun→↵
             →   Frau·Berg,·Herr·Fischer,·Herr·Patt,·Herr·Winkler¶
Abwesend:    →   Frau·Konski¶
```

Zeilenabstand

Formal sei vorausgeschickt, dass der Zeilenabstand die **Höhe** zwischen den Grundlinien von zwei aufeinanderfolgenden Zeilen definiert. Er beträgt **einen Grundzeilenabstand** (DIN 2107: **4,23 mm** bzw. **12 Pt.**) oder ein Vielfaches des halben Grundzeilenabstandes – was vielleicht die Frage beantwortet, warum die Auswahl der Abstände über das Drehfeld stets in Schritten von **6 Pt.** erfolgt.

Briefvorlagen (Dokumentvorlagen) verwenden einen **einzeiligen Zeilenabstand.** Andere Schriftstücke dürfen mit einem größeren Zeilenabstand geschrieben werden. Was einen „richtigen" bzw. geeigneten Abstand darstellt, dazu gibt es keine festen Regeln, es sollte allerdings **einheitlich** sein. Als **Faustformel** gilt das **1,5-fache** des Grundzeilenabstandes (0,635 cm bzw. 18 Pt.).

Mit welcher **Maßeinheit** Sie in Word arbeiten, spielt fast keine Rolle: Im REGISTER DATEI – OPTIONEN – **Erweitert** – Anzeigen – „Maße in folgenden Einheiten anzeigen" können Sie verschiedene Maßeinheiten als Standard definieren. Verwenden Sie **nicht** den dort eingestellten Standard, müssen Sie z. B. im DIALOGFENSTER ABSATZ zu dem Wert noch die Einheit ergänzen.

Zoll
Zentimeter
Millimeter
Punkt
Pica

Beispiel Nicole Höver wählt „1,5 Zeilen“ im Auswahlmenü für den Zeilenabstand aus. Alternativ hätte Sie auch einen Abstand von 18 Pt. (typografischen Punkten), 0,635 cm (Zentimetern), 6,35 mm (Millimetern) aber auch 1,5 ze bzw. 1,5 Zeile **ohne** n (Zeilen), 0,25″ (Zoll) oder 1,5 pi (Pica) angeben können. Word ergänzt automatisch im Auswahlmenü für den Zeilenabstand „Mehrfach“.

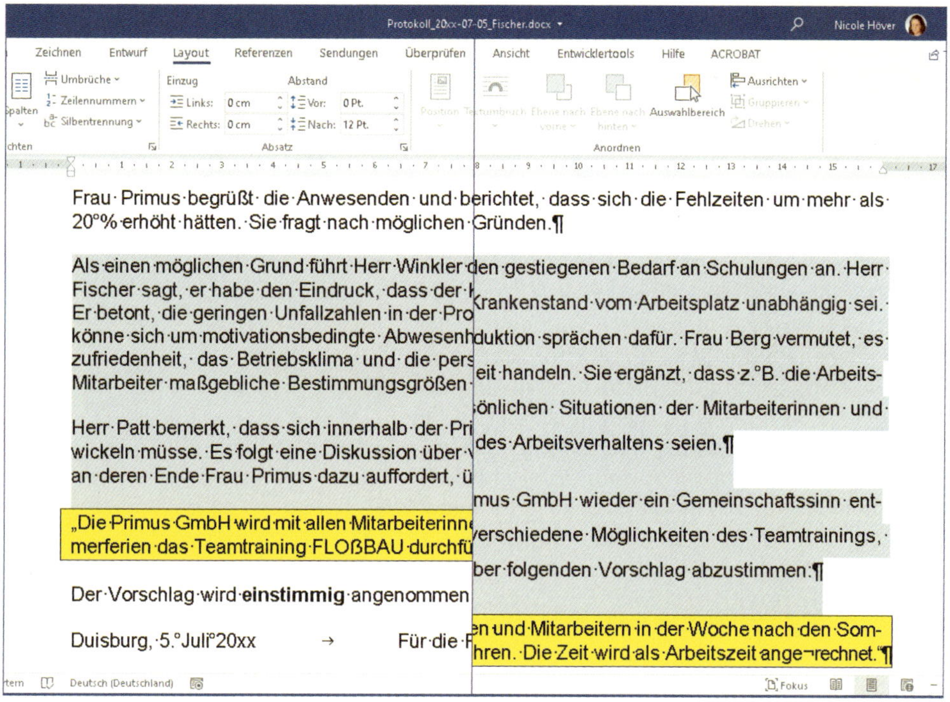

■ Aufzählungen und Abschnitte

Um Absätze zu gliedern, werden diese häufig mit einer fortlaufenden **Ziffer** oder einem **Buchstaben**, einem besonderen **Aufzählungszeichen** wie einem Spiegelstrich oder einem Aufzählungspunkt versehen. Insbesondere bei einer **geordneten Liste** ist in der Praxis zu beobachten, dass die **Nummerierung** häufig „manuell“ erfolgt. Diese Form der Aufzählung ist nicht professionell, da sich bei einer Veränderung der **Gliederung** die Nummerierung (egal, ob Ziffer oder Buchstabe) nicht automatisch anpasst.

Beispiel Hinter der durch Word zugewiesenen Formatierung vom Typ Nummerierung bzw. Gliederung stehen (grau hinterlegte) **Felder**, die vom Textverarbeitungsprogramm automatisch (fortlaufend) vergeben und angepasst werden. Wollen Sie von einer vorgegebenen Nummerierung abweichen, können Sie über einen Rechtsklick (Kontextmenü) das zuvor ausgewählte Feld verändern. Ihnen stehen dann die drei Möglichkeiten „Neu beginnen mit 1“, „Nummerierung fortsetzen“ oder „Nummerierungswert festlegen“ zur Verfügung.

Für die Verwendung in Word ist es wichtig, dass Sie zwischen den Begriffen **Nummerierung** und **„Liste mit mehreren Ebenen“** (Gliederung) unterscheiden, da die Nummerierung keine weitere Differenzierung in Unterpunkte zulässt und eine reine **Aufzählung** darstellt. Zwar ist auch eine **mehrstufige** Aufzählung möglich, aber keine Gliederung mit Abschnittsnummern, wie Sie sie auch beispielsweise im Inhaltsverzeichnis dieses Buches finden.

Einzüge

Durch die Aufzählung und die Nummerierung bzw. Gliederung werden die jeweiligen Textpassagen i. d. R. eingerückt (der Einzug wird vergrößert). Dies funktioniert **grundsätzlich** auch für einen oder mehrere **Absätze**. Hier ist der Einzug – wie beim Tabstopp – auf 1,25 cm festgelegt.

Standardmäßig sind Einzüge auf 0,63 cm festgelegt. In der Regel sehen Sie im Register Layout – Gruppe Absatz bei dem linken Einzug 0,64 cm. Das ist **kein** Fehler!

Praxistipp

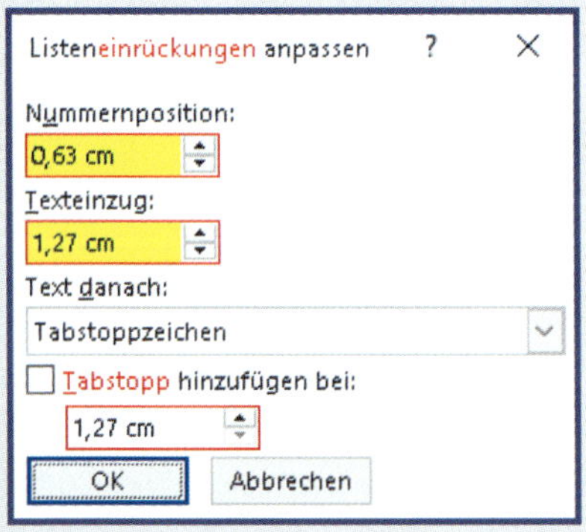

Den Zusammenhang bildet ein **Pica-Punkt,** die kleinste typografische **Maßeinheit** aus den **USA**. Dieser definiert den bereits erwähnten Grundzeilenabstand. Die USA verwenden kein metrisches System, weshalb die Umrechnung zunächst über **ein Zoll** (umgerechnet **6 Pica**) erfolgt. Ein Zoll entspricht **2,54 cm**. Alles zusammen führt dann zu einem Grundzeilenabstand von 0,4233 cm oder **4,23 mm** (1 Pica = 1/6 Zoll · 2,54 cm/Zoll). Bei einem 1,5-fachen Abstand sind dies genau **0,635 cm**. Da die Werte nur zweistellig angezeigt werden, liegt hier vielleicht ein „Rundungsproblem" vor. Die Addition (0,63**5** + 0,63**5**) der Werte ergibt den Wert **1,27 cm** (dreifacher Grundzeilenabstand und in alten Versionen der Tabstopp-Abstand, bevor er auf 1,25 cm angepasst wurde). Klicken Sie auf ein Aufzählungszeichen oder einen Nummerierungswert und wählen Sie über einen Rechtsklick (Kontextmenü) „Listen**einzug** anpassen" aus, öffnet sich das abgebildete Dialogfenster.

Ein Doppelklick auf einen Einzug öffnet das Dialogfenster. Im **Register „Einzüge und Abstände"** finden Sie den Eintrag **„Sondereinzug: Hängend"**. Der Sondereinzug sorgt dafür, dass ein eingerückter Text gleichmäßig ausgerichtet wird.

Beispiel Nicole Höver hat sich einen Lernzettel für das erste Lernfeld zum Thema „Institutionen zur Durchsetzung ausbildungsrechtlicher Ansprüche" erstellt. Dazu hat sie zuerst das Häkchen bei „Keinen Abstand zwischen Absätzen gleicher Formatierung einfügen" entfernt, denn sonst würde der doppelte Absatzabstand (24 Pt.) ignoriert werden. Außerdem hat Nicole die Einzüge angepasst:

Die linke obere Markierung im Lineal ist der **Erstzeileneinzug**. Dieser gibt an, dass die erste Zeile um 0,5 cm (gemessen vom Seitenrand, der 2,5 cm beträgt) eingerückt wird. Von dieser Position aus gerechnet wird der linke Rand des Textes um weitere 2 cm eingerückt. Im Lineal können Sie erkennen, dass sich der linke Rand bei 2,5 cm (gemessen vom Seitenrand) befindet.

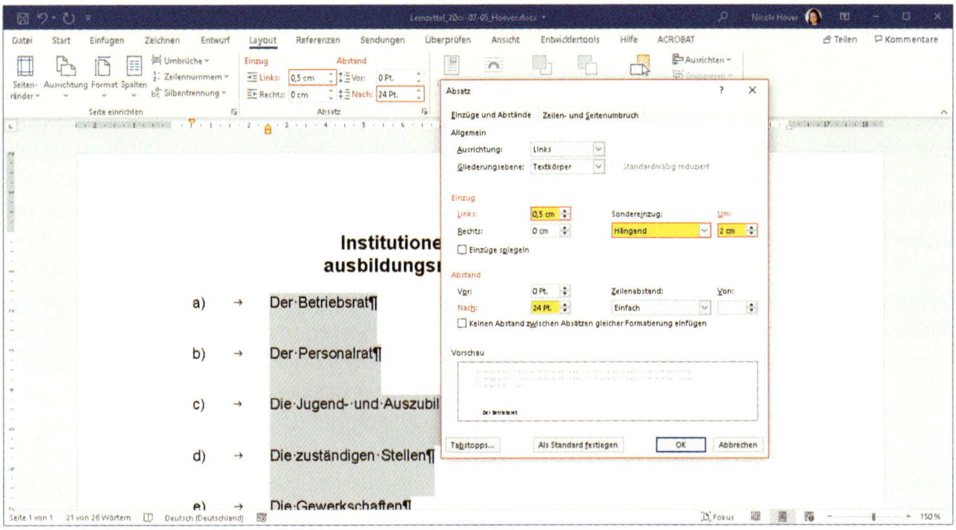

Zusammenfassung: Protokolle mit der Textverarbeitung erstellen

- Erfassen Sie Text grundsätzlich als **Fließtext**.
- Die Benutzeroberfläche in Word besteht aus Titelleiste, Symbolleiste für den Schnellzugriff, Menüband, Bildlaufleiste, Statusleiste sowie einem leeren Dokument.
- Absätze werden durch **Absatzmarken** (¶) gekennzeichnet.
- Die Absatzausrichtung **„Blocksatz"** schafft ein **harmonisches Gesamtbild** und erhöht die **Leserlichkeit**.
- Durch **geschützte Leerschritte** bzw. **geschützte Trennstriche** werden Begriffe und Zeichen am Zeilenende nicht voneinander getrennt.
- Die Tastenkombination [STRG] + [–] fügt eine **optionale Silbentrennung** ein.
- **Abstände** besitzen den Vorteil, dass bei einem eventuellen Seitenwechsel die folgende Seite nicht mit einer Leerzeile beginnt.
- Eine durch Word zugewiesene Nummerierung bzw. Gliederung wird **automatisch** angepasst.
- Nur **Gliederungen** ermöglichen eine Differenzierung in **Unterpunkte**.
- Durch die Nummerierung bzw. Gliederung wird der **Einzug** der Textpassage **vergrößert**.
- Die Tastenkombination [Umschalt]+[Enter] fügt eine Zeile innerhalb des Absatzes ein.
- **Tabulatoren** positionieren Textteile innerhalb einer Zeile.
- Standardmäßig besitzen **Tabstopps** keine Füllzeichen.
- Jeder Absatz kann eine **eigene Formatierung** besitzen.

Aufgabe

Die Auszubildenden der Primus GmbH legen die vorgeschriebenen Ausbildungsnachweise (Berichtshefte) verspätet oder teilweise gar nicht vor. Die Unternehmensleitung hat deshalb beschlossen, dass die Auszubildenden spätestens am Ende des Monats den Ausbildungsnachweis vorzulegen haben. Erfolgt dies nicht oder verspätet aus von den Auszubildenden zu vertretenden Gründen, so führt dies zu einer Abmahnung. Eine wiederholte erfolglose Abmahnung rechtfertigt eine fristlose Kündigung. Informieren Sie alle Mitarbeiterinnen und Mitarbeiter mit einem ***Rundschreiben****, in welchem Sie auch die Ausbilder zur Einhaltung auffordern. Grundlage Ihrer Entscheidung bildet der nachstehend abgedruckte Auszug aus dem Berufsbildungsgesetz. Öffnen Sie mit Ihrem Textverarbeitungsprogramm ein leeres Dokument. Verfassen Sie das Rundschreiben auf höchstens einer DIN-A4-Seite mit eigenen Worten und in ganzen Sätzen, in der Schriftart Arial und dem Schriftgrad 11. Der gesamte Text ist in Blocksatz und 1,5-zeilig zu formatieren. Begründungen sind fett hervorzuheben. Führen Sie für das gesamte Dokument eine automatische Silbentrennung durch. Begründen Sie die Notwendigkeit des Schreibens und stellen Sie die Rechtslage dar. Informieren Sie die Mitarbeiterinnen und Mitarbeiter über die Folgen mangelhaft geführter Ausbildungsnachweise. Weisen Sie auf das Urteil des Landesarbeitsgerichts Schleswig-Holstein (Aktenzeichen: 2 Sa 22/02) hin und darauf, dass die Themen des Berufsschulunterrichts ebenfalls in den Ausbildungsnachweis aufzunehmen sind.*

§ 43 BBiG Zulassung zur Abschlussprüfung

(1) Zur Abschlussprüfung ist zugelassen, […]

2. wer an vorgeschriebenen Zwischenprüfungen teilgenommen sowie einen vom Ausbilder und Auszubildenden abgezeichneten Ausbildungsnachweis […] vorgelegt hat […]

[…]

§ 14 BBiG Berufsausbildung

(1) Ausbildende haben

[…]

4. Auszubildende zum Besuch der Berufsschule anzuhalten,

[…]

(2) Ausbildende haben Auszubildende zum Führen der Ausbildungsnachweise […] anzuhalten und diese regelmäßig durchzusehen. Den Auszubildenden ist Gelegenheit zu geben, den Ausbildungsnachweis am Arbeitsplatz zu führen.

[…]

6 Informationen weiterleiten

6.1 Informationen per Telefon oder E-Mail weiterleiten

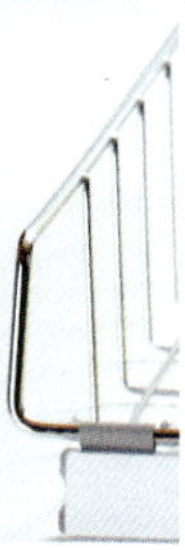

Handlungssituation

Die Herstadt Warenhaus GmbH bestellt bei der Primus GmbH telefonisch fünf Schreibtische. Frau Sommer nimmt das Gespräch an. Es kommt zu fortgesetzten Störungen in der Telefonleitung. Daher bittet Frau Sommer das Unternehmen Herstadt, die Bestellung sicherheitshalber per Fax oder E-Mail zu wiederholen. Frau Sommer informiert direkt das Lager, um die Bestellung des Unternehmens Herstadt vorzubereiten, und wendet sich auch an Svenja Braun mit der Bitte, die Telefonanlage zu modernisieren.

Arbeitsaufträge

- *Erläutern Sie, wie in diesem Fall Informationen in der Primus GmbH weitergegeben werden.*
- *Nennen Sie die Vor- und Nachteile von Telefon, E-Mail und Fax für die Weitergabe von Informationen.*
- *Geben Sie Frau Braun Tipps, wie sie am besten Informationen zu Telefonanlagen beschaffen kann.*

Die normale Übertragung von Sprachinformationen wird entweder durch **analoge Telefondienste** oder durch ein **digitales Telefonnetz** erreicht. Kabelgebundene Endgeräte sind Telefone, die heute über eine Vielzahl von Zusatzfunktionen verfügen.

Zusatzfunktionen, die in der betrieblichen Kommunikation durchaus nützlich sind, wären z. B.:

- **das Anklopfen**
  Während eines Gesprächs wird durch optisches oder akustisches Signal auf einen zweiten Teilnehmer hingewiesen.
- **das Lauthören**
  Meist verfügen Telefone über integrierte Lautsprecher. Durch die Aktivierung einer entsprechenden Taste kann allen Personen in unmittelbarer Umgebung das Mithören ermöglicht werden.
- **die Freisprecheinrichtung**
  Hier kann neben dem Hören auch die Kommunikation über einen Raumlautsprecher und ein Mikrofon erfolgen, ohne den Hörer in der Hand zu halten.
- **die Anrufweiterschaltung**
  Anrufe werden an andere Anschlüsse weitergeleitet. Der Anrufer trägt nur die Kosten für den ersten Kontakt.
- **die Konferenzschaltung**
  Drei oder mehr Teilnehmer können gleichzeitig kommunizieren.
- **die Rufnummernübermittlung**
  Auf einem Display werden Rufnummern, Name des Anrufers und andere Informationen eingeblendet.
- **die Wahlwiederholung**
  Die Wahl der zuletzt gewählten Nummer kann wiederholt werden durch einfachen Tastendruck.
- **die Ziel- oder Kurzwahl**
  Sogenannte Zielwahltasten werden frei mit einer Rufnummer hinterlegt, sodass nicht mehr die gesamte Telefonnummer gewählt werden muss, sondern bei Betätigung der Taste automatisch die hinterlegte Rufnummer angerufen wird.
- Eine Weiterentwicklung der klassischen Telefonie stellt das **Bildtelefon** dar als Koppelung eines Telefongerätes mit einem Video-Bildschirm. Bei Verbindung zweier kompatibler Bildtelefongeräte kann der Sichtkontakt hergestellt werden. Dies erleichtert beispielsweise Gehörlosen die Telekommunikation. Mit PC und Webcam oder per

Smartphone ist mittels entsprechender Software (z. B. Skype) die Bildschirmtelefonie über das Internet möglich.
Dabei wird über den PC eine Verbindung zu einem anderen Teilnehmer hergestellt und gleichzeitig über eine eingebaute Webkamera oder eine Zusatzkamera eine Bildverbindung hergestellt. Dieser Dienst ist weitestgehend kostenlos.

- Die **Telefonkonferenz**
  Bei der Konferenzschaltung werden mehrere Personen miteinander verbunden und können sich gegenseitig sehen und hören.

Beispiel Bei der Anschaffung einer neuen Telefonanlage spielt für die Primus GmbH auch die Möglichkeit von Telefonkonferenzen eine große Rolle, da gelegentlich eine Besprechung der Außendienstmitarbeiter auf diesem Wege abgewickelt werden kann und diese nicht extra in das Unternehmen kommen müssen, falls sie unterwegs sind.

Die klassische Telefonie

Um bei klassischer Telefonie Rufnummern von Teilnehmern zu ermitteln, bedient man sich u. a. des **Telefonbuchs**. Die Informationen aus Telefonbüchern unterstützen den mündlichen Informationsaustausch mittels Telefon.

Ein Telefonbuch enthält eine alphabetische Auflistung der Teilnehmer einer Region mit deren zugehörigen Telefonnummern. Der Weiterverkauf von Adressdaten des Telefonbuchs ist aus Gründen des Datenschutzes untersagt. Zusätzlich zur gedruckten Version des Telefonbuchs sind Rufnummernverzeichnisse auch im Internet erhältlich. Onlineausgaben von Telefonbüchern bieten neue Serviceangebote wie z. B. Statistiken. Zusätzlich zum Rufnummernverzeichnis gibt es auch Branchenverzeichnisse wie **„Gelbe Seiten“**, in denen gewerbliche Teilnehmer sortiert nach Branchen verzeichnet sind.

Sonderrufnummern

Als **Sonderrufnummer** bezeichnet man eine Telefonnummer, die nicht direkt einem Teilnehmer zuzuordnen ist. Anrufe auf Sonderrufnummern können durch Dienstleister beliebig weitergeleitet werden. Die Sonderrufnummern werden i. d. R. durch spezielle Vorwahlen identifiziert.

Sonderrufnummern stehen z. B. für

- Mehrwertdienste,
- Freephone,
- Shared-Cost-Dienste (Geteilte-Kosten-Dienste),
- Call-by-Call,
- Notrufnummern,
- Auskunftsdienste u. a. mehr zur Verfügung.

Unter einem **Mehrwertdienst** versteht man eine Dienstleistung, die von einem Telefonanbieter abgerechnet wird. Diese Nummern eignen sich besonders für Dienstleistungen, die über Telefon erbracht werden wie z. B. Service, Support, Horoskope, Lebensberatung und vieles mehr. Die Kosten werden nach Gesprächsdauer berechnet.

Eine **Freephone-Rufnummer** ist eine für den Anrufer kostenlose Telefonnummer. Die Gebühren übernimmt immer der Empfänger des Gesprächs. Die Telefonnummern werden meistens von Unternehmen als Serviceleistung für ihre Kunden angeboten. In Deutschland tragen Freephone-Dienste die **Vorwahl 0800**. Diese Nummern sind aufgrund der hohen Kosten für die Gesprächsempfänger aus dem Mobilfunknetz nur teilweise erreichbar.

Beispiel Für telefonische Bestellungen bietet die Primus GmbH eine kostenlose Telefonnummer an. Sie lautet 0800 774687. Sie setzt sich aus den Buchstaben für Primus auf der Telefontastatur zusammen, sodass sie leicht zu merken ist.

Unter Kostengesichtspunkten sind auch **Geteilte-Kosten-Dienste (Shared-Cost-Service)** kritisch zu sehen. Bei diesen Dienstleistungen, die häufig mit **0180-Rufnummern** verbunden sind, fand ursprünglich eine Kostenteilung zwischen dem Anrufer und dem Empfänger dahingehend statt, dass der Anrufer anstelle des teuren Ferngesprächstarifs nur den günstigeren Ortstarif zahlen musste. Die Tarife und mithin die Kosten für Gespräche mit 0180-Rufnummern wurden in der Folgezeit aber dadurch erheblich verteuert, dass die Kostenteilung auch auf die Personalkosten einer Hotline ausgedehnt wurden. – Daher ist es heute meist günstiger, statt einer 0180-Rufnummer eine normale Festnetznummer anzurufen. Im Internet findet man auch Seiten, die Ersatznummern für eine Reihe von 0180-Servicenummern aufzählen.

Eine Möglichkeit kostensenkender Telefonie stellen **Call-by-Call-Gespräche** (= Anruf durch Anruf) dar. Beim Call-by-Call-Service werden Telefongespräche oder Internetverbindungen über einen zweiten Anbieter geführt. Man behält den Telefonanschluss-Anbieter bei und nutzt in Deutschland durch **Vorwahl „010xy“** fallweise einen weiteren Anbieter. Bei Telefongesprächen wird also die Festnetz-Rufnummer mit der Sonderrufnummer kombiniert. In Deutschland besteht allerdings das Problem, dass zunächst günstige Angebote kurzfristig von Anbietern verändert werden können, sodass eine ständige Kontrolle seitens des Nutzers erforderlich ist. Unterbleibt die ständige Information über aktuelle Tarife, kann man nicht von einer beständigen Kostensenkung für Telefongespräche ausgehen.

Eine Besonderheit im Bereich der Servicenummern stellen die **Notrufnummern** dar. Allgemein gesehen dient das Anwählen einer Notrufnummer dazu, professionelle Hilfe durch Feuerwehren oder Rettungsdienste herbeizuholen. Ein Notruf kann von jedem Telefon aus immer kostenlos erfolgen. Münzen oder Telefonkarten sind nicht erforderlich. In Deutschland sind Notrufe mit einem Handy nur mit einer betriebsbereiten SIM-Karte möglich. Für alle Mitgliedstaaten der EU ist die Rufnummer 112 die Notrufnummer für Polizei, Feuerwehr und Rettungsdienste.

Auslandsgespräche

Für Auslandsgespräche gilt die generelle Möglichkeit der sofortigen Durchwahl ohne Handvermittlung. Für alle internationalen Verbindungen gilt folgender Nufmmernaufbau:
- Landeskennzahl,
- Ortskennzahl (ohne Null),
- Rufnummer des Teilnehmers.

Beispiel Telefonieren aus dem Ausland nach Deutschland
Ein Außendienstmitarbeiter der Primus GmbH befindet sich zur Abwicklung eines Auftrags in den Niederlanden und möchte mit dem Betrieb telefonisch Kontakt aufnehmen. Er wählt:

0049	= Landeskennzahl Deutschland
203	= Ortskennzahl für Duisburg (ohne Null)
4453690	= Rufnummer der Primus GmbH

Auch bei Auslandsgesprächen kann das Call-by-Call-Verfahren angewandt werden. Bei Überseegesprächen beispielsweise in die USA oder andere Staaten ist es wichtig, die Zeitverschiebung zu beachten. Ist beispielsweise aus Gründen der Zeitverschiebung keine Direktkommunikation möglich, so bietet sich das Aufzeichnen einer Nachricht durch einen Anrufbeantworter an.

Der Anrufbeantworter

Der Anrufbeantworter bietet die Möglichkeit, jederzeit mündlich Informationen zu übermitteln, auch dann, wenn der gewünschte Gesprächsteilnehmer zum Zeitpunkt des Anrufs das Gespräch nicht annehmen kann. Meistens zeichnet das Gerät die Nachricht des Anrufers nach einem entsprechenden Ansagetext (z. B. „Bitte sprechen Sie nach dem Signalton") auf. Anrufbeantworter als „Nur-Beantworter" ohne Möglichkeit der Aufzeichnung von Nachrichten sind heute eher die Ausnahme. Bei Festanschlüssen befindet sich der Anrufbeantworter meistens am Telefonanschluss des Endgerätes. Die Aufzeichnung der Nachrichten kann je nach Anrufbeantworter **analog** oder **digital** erfolgen. War der Anrufbeantworter ursprünglich ein separates Gerät mit Audiokassetten, so befindet sich heute bei digitalen Geräten das Speichermodul integriert in der Basisstation des Telefons. Bei den meisten Geräten ist die Fernabfrage von eingegangenen Nachrichten möglich. Es gibt Geräte, die automatisch eine Meldung absetzen und so eingegangene Nachrichten anzeigen.

Beispiel für einen sinnvollen Ansagetext: *„Guten Tag. Sie sind verbunden mit dem Anrufbeantworter der Primus GmbH. Leider rufen Sie außerhalb unserer Geschäftszeiten an. Sie erreichen uns von montags bis samstags von 8:00 Uhr bis 18:30 Uhr. Falls Sie uns eine Nachricht hinterlassen wollen, können Sie diese gerne nach dem Signalton tun. Nennen Sie bitte Ihre Namen, Ihre Rufnummer und den Grund Ihres Anrufs. Wir werden Sie dann so schnell wie möglich zurückrufen. Vielen Dank!"*

Voice-Mail

Ist der Anrufbeantworter als Gerät nicht eigenständig, sondern in eine Telefonanlage integriert, so handelt es sich um eine **Voice-Mailbox** oder kurz Mailbox. Bei Mobiltelefonen spricht man auch von einer **Mobilbox**. Die Nachrichten werden hier nicht über das Gerät selbst abgehört, sondern es besteht die Möglichkeit, mit dem Telefon die Zugangsnummer der Mailbox zu wählen, um diese danach abzuhören. Viele Voice-Boxen können auch Faxe entgegennehmen wie z. B. die T-Net-Box der Deutschen Telekom AG.

Sprechanlage

Eine weitere Kommunikationseinrichtung für den Austausch mündlicher Informationen im Betrieb ist die interne Sprechanlage. Für die Kommunikation mittels Sprechanlage braucht man keinen Hörer, die Verständigung erfolgt wie bei einer Freisprecheinrichtung „lautsprechend". Sprechanlagen bestehen i. d. R. aus einer Zentraleinheit, an die mehrere Endgeräte angeschlossen sind. Die Verbindung der Sprechstellen erfolgt durch Kupferkabel oder IP-Netze oder drahtlos per Funk. Man unterscheidet zwischen

- **Wechselsprechanlagen** und
- **Gegensprechanlagen**.

Bei Wechselsprechanlagen ist die Zahl der angeschlossenen Sprechstellen begrenzt, die Gesprächsteilnehmer können nur abwechselnd miteinander sprechen.

Beispiel Die Leiterin des Verkaufsboutique der Primus GmbH, die Auszubildende Nicole Höver, erkundigt sich über die Wechselsprechanlage beim Lagerleiter Herrn Patt, ob der Schreibtisch Modell Primo kurzfristig lieferbar ist. Herr Patt kann diese Auskunft direkt erteilen, ohne seinen Arbeitsplatz zu verlassen.

Im Gegensatz zur Wechselsprechanlage ist bei der **Gegensprechanlage** die Zahl der Sprechstellen nicht begrenzt und die Gesprächsteilnehmer können gleichzeitig sprechen und hören.

■ Informationen austauschen per E-Mail und Fax

Fax

Unter einem **Fax** versteht man eigentlich eine Form der Fernkopie, bei der die Übertragung von einem oder mehreren Schriftstücken, Dokumenten oder Zeichnungen über das analoge oder digitale Telefonnetz erfolgt. Neben den häufigen analogen Faxgeräten kann man ein Fax auch von einem PC zu einem anderen senden.

Die Länge einer Fax-Seite ist nicht festgelegt. So besteht je nach Gerätetyp die Möglichkeit der Seitentrennung (Größe etwa eine DIN-A4-Seite) oder aber die Wiedergabe als Endlosseite. Über das Senden eines Fax kann ein Sendebericht angefertigt werden. Es kann speziell eingestellt werden, ob der Sendebericht als Bestätigung nie, immer oder als Sammelbericht ausgedruckt werden soll. Dies dient auch als Nachweis, dass ein Dokument als Fax versandt wurde. Obwohl immer mehr betrieblicher Informationsaustausch über E-Mail abgewickelt wird, spielen Faxgeräte – vor allem als Multifunktionsgeräte – in der betrieblichen Anwendung eine große Rolle. Multifunktionsgeräte beinhalten häufig Scanner, Drucker, Fotokopierer und Faxgerät.

E-Mail

Eine weitere Möglichkeit, Textnachrichten auszutauschen, stellt der E-Mail-Verkehr dar. Ursprünglich versteht man unter der Abkürzung **„E-Mail“** den Begriff „electronic mail“ oder ins Deutsche übertragen „elektronische Post“. Gemeint ist aber in jedem Falle die elektronische Übertragung von briefähnlichen Nachrichten in Computernetzwerken.

Aufbau einer E-Mail

Bei der äußeren Gestaltung von E-Mail-Nachrichten ist grundsätzlich zwischen betriebsinternen und betriebsexternen Nachrichten zu unterscheiden. **Betriebsinterne Nachrichten**, die z.B. dem Informationsaustausch zwischen Kollegen oder Abteilungen dienen, unterliegen – wenn überhaupt – nur betriebsinternen Gestaltungsregeln. Sie werden i.d.R. nicht formal gestaltet. Dies ist bei betriebsexternem Nachrichtenverkehr grundsätzlich anders.

Betriebsexterne E-Mails, d.h. Nachrichten an Geschäftspartner, müssen gemäß gesetzlicher Regelung aus 2007 firmenrechtliche Angaben enthalten, wenn sie Geschäftsbriefe ersetzen. Verstöße gegen diese Vorgaben können mit Geldstrafen oder Abmahnungen durch Mitbewerber geahndet werden.

Beim **formalen Aufbau einer E-Mail** unterscheidet die DIN 5008 im Wesentlichen **vier Bereiche**:
- den Header oder die Kopfzeilen,
- den Body oder den Informationsteil,
- den Abschluss mit Kommunikationsangaben,
- die Anhänge.

Der Header oder die Kopfzeile wird zwar vom jeweils verwendeten Programm vorgegeben, muss aber gemäß DIN 5008 folgende Angaben enthalten:

- Namen des Empfängers,
- das @-Zeichen,
- den Provider (Anbieter),
- das Länderkennzeichen.

Beispiel E-Mail-Adresse der Primus GmbH
info@primus-bueroeinrichtung.de

Alle Angaben in E-Mail-Adressen sind klein zu schreiben. Die Umlaute ä, ü, ö werden durch ae, ue, oe ersetzt, „ß" erscheint stets als „ss". Die einzelnen Angaben werden durch Punkt oder Bindestrich getrennt. Der Betreff ist kurz und prägnant in einem Wort zu formulieren.

Für den **Body oder Informationsteil** gilt gemäß DIN 5008 – ähnlich wie für Geschäftsbriefe auch – die Vorgabe, dass die Anrede „Sehr geehrte Damen und Herren" bzw. die namentliche Erwähnung verbindlich ist. Wie beim Geschäftsbrief auch gilt generelle Linksbündigkeit, d. h. im Falle der Anrede, dass diese in Fluchtlinie links beginnt und durch eine Leerzeile vom folgenden Text abgetrennt wird. Der Text ist als Fließtext zu gestalten, da der Umbruch vom Programm geleistet wird. Absätze sind jeweils mit einer Leerzeile zu trennen. Eine geschäftliche E-Mail schließt wie der Geschäftsbrief mit der Grußzeile, der Firmennennung, der Signatur des Absenders, Handelsregisterangaben usw. sowie den sog. Kommunikationsangaben. Zusätzlich zu den Kommunikationsangaben wie Telefon und Fax müssen auch die E-Mail- und Internetadresse aufgeführt werden.

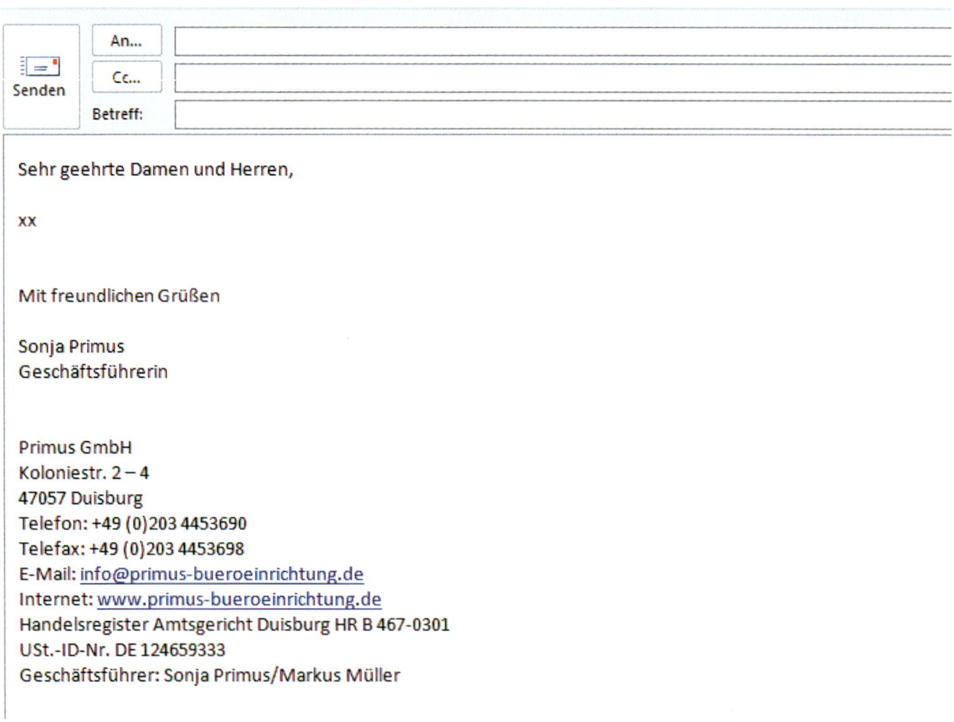
Senden
An...
Cc...
Betreff:

Sehr geehrte Damen und Herren,

xx

Mit freundlichen Grüßen

Sonja Primus
Geschäftsführerin

Primus GmbH
Koloniestr. 2 – 4
47057 Duisburg
Telefon: +49 (0)203 4453690
Telefax: +49 (0)203 4453698
E-Mail: info@primus-bueroeinrichtung.de
Internet: www.primus-bueroeinrichtung.de
Handelsregister Amtsgericht Duisburg HR B 467-0301
USt.-ID-Nr. DE 124659333
Geschäftsführer: Sonja Primus/Markus Müller

Einer E-Mail-Nachricht können weitere beliebige Dateien angehängt werden. Ein **Anhang** (engl. attachment) ist eine Datei, die mit einer E-Mail verschickt wird. Die Größe eines Anhangs ist prinzipiell nicht begrenzt, richtet sich aber nach der Postfachspeichergröße des Empfängers. Dateianhänge sind besonders sorgsam zu prüfen, da sie Computerviren enthalten können.

Vorteile der elektronischen gegenüber der „Papierpost“ sind vor allem die Übermittlungsgeschwindigkeit und der geringe Aufwand beim Versand bzw. Empfang von E-Mail-Nachrichten. Arbeitsgänge beim Öffnen der Papierpost z.B. in einer Poststelle entfallen. Das bedeutet auch, dass der finanzielle Aufwand (Porto oder Postbearbeitung) wesentlich geringer ist als bei herkömmlichem Postverkehr.

Als **nachteilig** ist zu sehen, dass **Authentizität** (Echtheit) und Datenschutz bei E-Mail-Nachrichten schwerer zu gewährleisten sind. Unter Authentizität einer E-Mail-Nachricht ist zu verstehen, dass die Nachricht als Original auch wirklich vom genannten Absender stammt und keine Fälschung ist. **Datenschutz** meint den Schutz vor „Mitlesern“ auf dem Weg der Datenübertragung. Es wurden bisher diverse Schutzmechanismen entwickelt, um Authentizität und Datenschutz zu gewährleisten. Werden diese Programme nicht angewandt bzw. umgesetzt, ist der E-Mail-Nachrichtenverkehr nicht als ausreichend sicher zu beurteilen.

Diese Gesichtspunkte sind vor allem wichtig für die **Beweiskraft** von E-Mail-Nachrichten im juristischen Sinne. Hier besteht gerichtsverwertbare Beweiskraft im Zivil- und Verwaltungsrecht nur dann, wenn Nachrichten mit einer qualifizierten elektronischen Signatur versehen werden (vgl. deutsches Signaturgesetz).

Vorteile E-Mail	Nachteile E-Mail
schnelle Übermittlung von Informationen	Probleme des Nachweises der Echtheit einer Nachricht
geringer Arbeits- und Kostenaufwand	Der Datenschutz kann gefährdet sein.

De-Mail

Zum Zeitpunkt der Drucklegung ist geplant, den De-Mail-Service aufgrund mangelnder Nachfrage insbesondere von Unternehmen zum August 2022 einzustellen.

Eine Lösung für die genannten Probleme stellt **De-Mail** dar. Das Hauptziel von De-Mail ist es, Nachrichten und Dokumente über das Internet vertraulich, sicher und nachweisbar zu versenden und zu empfangen. Es stellt insofern das elektronische Gegenstück zur Briefpost dar.

Der elektronische Versand spart Zeit, Geld und Ressourcen. Zwar ist der Versand einer De-Mail wie auch der Versand eines Briefs **kostenpflichtig**. De-Mail ist aber deutlich preisgünstiger als ein herkömmlicher Brief. Mit De-Mail ist man unabhängig von Öffnungszeiten, Leerzeiten von Briefkästen und Transportzeiten, die beim Versand und dem Empfang per Post entstehen.

Das Versenden von Nachrichten via De-Mail ist genauso einfach wie der Versand einer herkömmlichen E-Mail. Es gibt einen De-Mail-Posteingang und einen Ausgang, Nachrichten werden – evtl. mit Dateianhang – per Mausklick an den oder die Adressaten verschickt. Bei De-Mail gelten jedoch ganz klare gesetzliche Vorgaben, die die Nachweisbarkeit der Kommunikation regeln. Dazu gehört vor allem, dass sich alle Teilnehmer vor der ersten Nutzung eindeutig identifizieren müssen. Außerdem haben die Nutzer die Möglichkeit, eine Sende- und Empfangsbestätigung bei ihrem Provider anzufordern. Damit entspricht De-Mail sogar einem Einschreiben.

Genau wie Privatkunden müssen sich auch Unternehmen einmalig und stellvertretend für alle Mitarbeiter **identifizieren**. Dazu ist es erforderlich, dass mindestens ein gesetzlicher Vertreter – etwa der Geschäftsführer oder ein Prokurist – anwesend ist. Bei der Identifizierung müssen Firmen außerdem einen gültigen Unternehmensnachweis, z.B. einen Handelsregisterauszug, mitbringen. Eine Identifikation einzelner Mitarbeiter ist nicht notwendig. Der De-Mail-Anbieter ist verpflichtet, die Angaben auf Vollständigkeit und Richtigkeit zu prüfen. Dies geschieht innerhalb weniger Werktage. Anschließend erhalten Sie per Brief eine Aktivierungsbestätigung mit den Zugangsdaten zu Ihrem De-Mail-Account. In Ihrem De-Mail-Account können Sie Adressen für Ihre Mitarbeiter oder Funktionspostfächer – z.B. für den Einkauf – einrichten und administrieren.

Alle De-Mail-Adressen haben die Domainendung „de-mail.de". Unternehmen können sich eine De-Mail-Domain analog zu ihrer jetzigen Domain sichern. Aus „meinefirma.de" wird dann „meinefirma.de-mail.de". Für Mitarbeiter und Funktionspostfächer lassen sich im De-Mail-Account weitere Subdomains einrichten. Diese sind nach demselben Schema aufgebaut: z.B. „Vorname.Nachname@meinefirma.de-mail.de" oder „einkauf@meinefirma.de-mail.de". So lassen sich Nachrichten besser einzelnen Bereichen oder Standorten zuordnen.

Beispiel Die Primus GmbH hat sich die De-Mail-Adresse mit der Domain primus-bueroeinrichtung.de-mail.de gesichert. Für jede Abteilung wird der Abteilungsname vorgestellt, also z.B. einkauf@primus-bueroeinrichtung.de-mail.de.

Ein Absender kann außerdem folgende **Optionen vor dem Versand** einer De-Mail wählen:

- **Persönlich**

  Absender und Empfänger müssen authentifiziert sein.

- **Absender-bestätigt**

  Absender wird vom De-Mail-Provider als authentifiziert bestätigt.

- **Versandbestätigung**

  Der De-Mail-Anbieter des Absenders erstellt eine qualifiziert signierte Bestätigung, dass er eine referenzierte Nachricht zu einem bestimmten Zeitpunkt für den Versand an einen bestimmten Empfänger entgegengenommen hat.

- **Zugangsbestätigung**

  Der De-Mail-Anbieter des Empfängers erstellt nach Ablage der Nachricht in das Postfach des Empfängers eine qualifiziert signierte Bestätigung, dass er eine referenzierte Nachricht zu einem bestimmten Zeitpunkt in das Postfach des Empfängers eingestellt hat.

- **Abholbestätigung**

  Der De-Mail-Anbieter des Empfängers erstellt nach einer sicheren Anmeldung des Nutzers und bei Vorhandensein einer Nachricht mit Abholbestätigungs-Anforderung im Postfach des Empfängers eine qualifiziert signierte Bestätigung, dass der Nutzer eine Nachricht einsehen konnte.

Die Gesprächs-, Telefon- oder Aktennotiz

Eine private **Gesprächsnotiz** dient dazu, mündliche Informationen festzuhalten. Diese Notizen können zu einem späteren Zeitpunkt verwertet werden. Sie dienen als Gedächtnisstütze. Eine Gesprächsnotiz sollte
- längere Redeabschnitte kurz zusammenfassen,
- nur Wesentliches in Stichworten festhalten,

- besonders Wichtiges hervorheben,
- Abkürzungen verwenden.

Von der Gesprächsnotiz, die im privaten Bereich eingesetzt wird, ist die **Telefon**- oder **Aktennotiz** im betrieblichen Bereich zu unterscheiden. Ähnlich wie die Gesprächsnotiz ist auch die Telefonnotiz im Betrieb eine Erinnerungshilfe. Wird diese Erinnerungshilfe später abgeheftet, so spricht man von einer **Aktennotiz**.

Aktennotizen bieten den Vorteil, dass mündliche Informationen auch nach Abschluss eines Gesprächs nachgelesen werden können. So können Meinungsverschiedenheiten über den Inhalt eines Gesprächs ausgeräumt oder verhindert werden. Aktennotizen dienen auch der Information derjenigen Personen, die an dem Gespräch nicht teilgenommen haben.

Gesprächs-, Telefon- und Aktennotizen ist die Kürze gemeinsam. Sie werden stichwortartig oder in knappen Sätzen verfasst. Sie enthalten folgende Angaben:

- Gesprächsort,
- Datum,
- Uhrzeit bzw. Dauer des Gesprächs/Telefonats, der Besprechung,
- Gesprächspartner/Besprechungsteilnehmer,
- Anlass des Gesprächs/der Besprechung,
- wesentlicher Inhalt des Gesprächs/der Besprechung,
- Unterschrift.

Beispiel

Gesprächsnotiz

Ort: *Duisburg* Datum: *15.03.20..* Uhrzeit: *09:10 Uhr*

Firma/Frau/Herr *Herr Baumann von der Modellux GmbH & Co. KG*

☒ hat angerufen	☐ wird wieder anrufen	☒ erbittet Anruf/E-Mail
☐ hat vorgesprochen	☐ wird wieder vorsprechen	☐ erbittet Termin

Gesprächsinhalt:

Herr Baumann fragt nach, ob die Reparatur des Laserdruckers erfolgreich war und wann das reparierte Gerät an die Modellux GmbH & Co. KG übersandt wird.

■ Die Kurzmitteilung

Man beschränkt sich auf das Wesentliche. Die Anschrift des Empfängers wird notiert, ein Auswahltext angekreuzt, dieser ggf. durch einige Zeilen Text ergänzt.

Kurzbrief

Von
Herstadt Warenhaus GmbH
Herr Kluge
45889 Gelsenkirchen

Ihre Nachricht 10.03.
Unser Zeichen Kl Datum 11.03.
Kopie an

Mit der Bitte um: ☐ Erledigung ☐ Entscheidung
☐ Kenntnis ☐ Verbleib ☐ Rückgabe ☐ Stellungnahme

Rückruf

Anlage

An
Primus GmbH
Herrn Berg
47057 Duisburg

Reklamation

Ihre gestrige Lieferung weist Mängel auf.
Bitte Rückruf!

Zusammenfassung: Informationen per Telefon oder E-Mail weiterleiten

- **Digitale Telefonnetze** verfügen i. d. R. über eine Vielzahl nützlicher Zusatzfunktionen.
- Zur **Ermittlung von Rufnummern** für die Telefonie kann man sich des Telefonbuchs oder der „Gelben Seiten“ bedienen.
- Für die betriebliche Praxis sind **Sonderrufnummern** von großer Bedeutung.
- Eine weitere Möglichkeit für den mündlichen Informationsaustausch im Betrieb ist die **Sprechanlage**.
- Schriftliche Informationen werden meistens durch **Fax oder E-Mail** übermittelt.
- **De-Mail** stellt eine sichere Alternative zur E-Mail dar, da sowohl Empfänger als auch Absender authentifiziert werden können.
- Für eine kurze betriebsinterne Weitergabe von Informationen kann auch eine **Telefonnotiz** angefertigt werden.

Aufgaben

1. *Beschreiben Sie den Aufbau einer E-Mail.*
2. *Beurteilen Sie den Sicherheitsstandard von Kommunikation per Fax im Vergleich zu E-Mail.*
3. *Nennen Sie Botschaften, die nicht per Fax übermittelt werden.*
4. *Zählen Sie Angaben auf, die das Telefonbuch der Deutschen Telekom AG zusätzlich zum Verzeichnis der Rufnummern enthält.*
5. *Erläutern Sie Maßnahmen zur Senkung der Telefonkosten.*
6. *Erklären Sie die Vorteile einer Wechselsprechanlage.*
7. *Unterscheiden Sie E-Mail und De-Mail.*

6.2 Ein- und ausgehende Post bearbeiten

Handlungssituation

Der Auszubildende Andreas Dick ist im Rahmen seiner Ausbildung in die Poststelle versetzt worden. Dort soll er unter Anleitung von Frau Klein den Postein- und -ausgang bearbeiten. Zunächst bringt der Postbote einige Schreiben vorbei, danach gibt Frau Klein ihm mehrere Briefe, um sie für den Versand fertigzustellen.

Arbeitsaufträge

- *Erläutern Sie, was Andreas Dick beim Posteingang besonders beachten muss.*
- *Begründen Sie, ob er die beiden folgenden Sendungen öffnen darf.*

Primus GmbH Markus Müller Koloniestr. 2 – 4 47057 Duisburg	*Markus Müller Primus GmbH Koloniestr. 2 – 4 47057 Duisburg*

- *Wählen Sie die geeignete Versendungsform für die folgenden Fälle:*
  a) Ein Kündigungsschreiben an einen Mitarbeiter, dessen Empfang bestätigt werden soll
  b) 650 Werbebriefe mit einem Gewicht von 40 Gramm in Rechteckform
  c) Ein Angebot an einen Kunden (30 Gramm)
  d) Ersatzteile im Wert von 300 € mit einem Gewicht von 1,5 kg

Der Posteingang erfolgt entweder durch die **Briefzusteller der Deutschen Post**, **Zusteller privater Postdienste** oder das Unternehmen mietet ein Postfach an, aus dem die Mitarbeiter die Post selbst abholen. **Vorteile eines Postfachs** sind:

- Unternehmen können selbst bestimmen, wann sie ihre Post abholen und sind vom Zustellzeitpunkt unabgängig.
- Die Post kann beliebig oft am Tag abgeholt werden.
- Die Sendungen werden sofort nach Eingang bei der Postfiliale ins Postfach gelegt.

Vollmachten für den Empfang von Postgut

Grundsätzlich erfolgt die Postzustellung an den Empfänger einer Postsendung.

Die Zustellung kann auch erfolgen durch Aushändigung an

- **seinen Ehegatten**,
- **einen Empfangsbevollmächtigten**/Postempfangsbeauftragten, der eine schriftliche Vollmacht zum Empfang der für den Empfänger bestimmten Sendungen vorweisen kann,
- **einen Ersatzempfänger**, das sind Angehörige des Empfängers oder Ehegatten, andere in den Räumen des Empfängers anwesende Personen sowie Hausbewohner und Nachbarn des Empfängers, sofern den Umständen nach angenommen werden kann, dass sie zur Annahme der Sendung berechtigt sind.
- Sendungen mit den **Zusatzleistungen Übergabeeinschreiben**, **Nachnahme** und **Eigenhändig** werden nur gegen Empfangsbestätigung und Nachweis der Empfangsberechtigung ausgehändigt. Sendungen mit den Zusatzleistungen **Einschreiben** und **Nachnahme** werden nicht an Hausbewohner und Nachbarn ausgehändigt und Sendungen mit der Zusatzleistung **Eigenhändig** nur an den Empfänger oder einen besonders dazu Bevollmächtigten.

Die Erteilung einer Postvollmacht an einen oder mehrere Mitarbeiter eines Unternehmens erleichtert und beschleunigt daher die Postbearbeitung. Wird mehreren Personen eine Postvollmacht erteilt, so ist jeder Bevollmächtigter allein empfangsberechtigt. Man unterscheidet die **Innenvollmacht** und die **Generalvollmacht**.

Innenvollmacht: Voraussetzung ist eine entsprechende schriftliche Erklärung. Für eigenhändig auszuhändigende Sendungen muss dies ausdrücklich vermerkt sein. Dazu genügt eine schriftliche Erklärung. Vollmachtsvordrucke in Scheckkartenformat sind auf Wunsch in den Postfilialen erhältlich.

Beispiel Frau Klein aus dem Sekretariat der Primus GmbH wurde eine Innenvollmacht für die Post erteilt. Sie darf damit alle gewöhnlichen Sendungen entgegennehmen.

Generalvollmacht: Sie muss notariell beglaubigt sein und berechtigt zum Empfang aller an den Empfänger gerichteten Sendungen, einschließlich eigenhändiger Sendungen sowie Post- und Zahlungsanweisungen.

Beispiel Die Abteilungsleiterin Allgemeine Verwaltung/Ausbildung, Frau Berg, besitzt eine Generalvollmacht für den Postempfang. Sie darf alle Arten von Sendungen entgegennehmen.

Briefsendungen unterliegen sowohl dem Brief- als auch dem **Postgeheimnis** (gemäß Artikel 10 des Grundgesetzes). Das Briefgeheimnis bezieht sich auf verschlossene Nachrichten und Urkunden außerhalb der Post.

Das Postgeheimnis schützt alle Sendungen, solange sie bei der Post sind. So werden alle bei der Post Beschäftigten auf das Postgeheimnis verpflichtet.

Für den Umgang mit dem **Briefgeheimnis** in Unternehmen gilt: Briefe, die an das Unternehmen adressiert sind, dürfen von den dazu befugten Mitarbeitern geöffnet werden. Briefe, die als persönlich gekennzeichnet sind, dürfen nur von der genannten Person geöffnet werden. Dazu ist es am besten, den Zusatz „**persönlich**" auf dem Umschlag zu vermerken.

Beispiel

Wird zuerst die Firma genannt, dann erst der Personenname, darf der Brief geöffnet werden.	Wird zuerst der Personenname genannt, dann erst die Firma, darf der Brief nicht geöffnet werden.
Primus GmbH ***Frau Konski*** ***Koloniestr. 2 – 4*** ***47057 Duisburg***	***Frau Konski*** ***Primus GmbH*** ***Koloniestr. 2 – 4*** ***47057 Duisburg***

Zusätze wie z.H. (= zu Händen), i. Fa (= in Firma) oder c/o (care of = bei) sind im Grunde überflüssig und können wegfallen.

Eine weitere Möglichkeit der eindeutigen Identifizierung eines Postempfängers stellt das **Postident-Verfahren** dar. Dabei muss sich der Postempfänger durch ein Ausweispapier eindeutig identifizieren. Dies kann in drei Varianten geschehen:

- **Postident durch Postfiliale (ehemals POSTIDENT BASIC)** ermöglicht die sichere Identifikation durch die Filiale am Empfängerort.
- **Postident durch Postboten (ehemals POSTIDENT COMFORT)** bietet die sichere Identifikation durch den Briefzusteller.
- **Postident durch Postboten + Unterschrift (ehemals POSTIDENT SPECIAL)** bietet neben der Identifikation durch den Zusteller die Einholung einer Unterschrift auf dem selbst gestalteten Formularteil.

Achtung: Bei dieser Form des Postidents werden wirksame Verträge geschlossen.

- **Postident durch Videochat** ermöglicht die Identifikation von Personen, ohne dass diese eine Filiale aufsuchen müssen. Der Ausweis wird von einem Callcenter der Deutschen Post im Videochat gesichtet.
- **Postident durch Onlineausweisfunktion** kann mit der Postident-App oder der AusweisApp2 durchgeführt werden. Dies ist nur möglich für Personen, die über einen elektronischen Personalausweis (nPA) mit aktivierter eID-Funktion verfügen.

Eingehende Post bearbeiten

In Unternehmen ist grundsätzlich zu entscheiden, wie mit Eingangspost weiter zu verfahren ist.

Dabei lassen sich **drei Verfahrensweisen** unterscheiden:

- In **kleineren Unternehmen** wird dem Inhaber oder Geschäftsführer meist die gesamte Eingangspost vorgelegt. Das Problem dabei ist, dass sich die Bearbeitung unter Umständen verzögert.
- In **größeren Unternehmen** muss die Post vorsortiert werden. Hier wird die Routinepost aussortiert, dem jeweiligen Chef wird nur noch wichtige Post vorgelegt. Als nachteilig könnte es sich erweisen, dass die Unternehmensleitung nicht über alle Vorgänge informiert ist.
- Die dritte Möglichkeit ist die **selbstständige Bearbeitung der Eingangspost** durch die Mitarbeiter. Eine solche Regelung zeigt einen kooperativen Führungsstil der Unternehmensleitung, denn die Eigeninitiative der Mitarbeiter wird als positiv angesehen und gefördert. Probleme können sich bei derartiger Regelung daraus ergeben, dass die Mitarbeiter selbstständig zwischen wichtigen und unwichtigen Angelegenheiten unterscheiden müssen. In diesem Fall sind Fehlentscheidungen nicht auszuschließen.

Einen Sonderfall bei eingehender Post stellen Zeitungen und Fachzeitschriften dar. Um die Informationsaufnahme zu beschleunigen, ist es unter Umständen Aufgabe des Sekretariats, Textstellen, die für den Chef interessant sein könnten, zu kennzeichnen (z.B. durch Unterstreichen oder farbiges Markieren). Es ist auch sinnvoll, Artikel herauszuschneiden und zu kopieren.

Der Umlauf wichtiger Fachzeitschriften wird durch einen **Verteilervermerk** auf der Titelseite geregelt. Es ist ebenfalls üblich, wichtige Fachzeitschriften nach dem Umlauf für eine gewisse Zeit zu archivieren.

Die **zentrale Bearbeitung** der eingehenden Post erfolgt meist in folgenden Schritten:
1. Zustellung oder Abholung,
2. Aussortieren,
3. Öffnen,
4. evtl. Digitalisieren,
5. Kontrollieren,
6. Stempeln,
7. Verteilen.

Der **Posteingang** kann auf **vier Wegen** erfolgen:
1. Zustellung durch den Postzusteller,
2. Abholung aus einem angemieteten Postfach,
3. Zustellung durch privaten Dienstleister,
4. Eingang in Form von Faxen oder E-Mails.

Danach muss die noch ungeöffnete Post in folgenden **Arbeitsschritten** bearbeitet werden:

Arbeiten	Aufgaben
Aus- und Grobsortierung	**Aussortiert werden** – Sendungen ohne Wert (z. B. Werbung) – Irrläufer (= nicht für das Unternehmen bestimmte Post) – Privatbriefe – Briefe mit Vermerken wie „Eigenhändig“, „Vertraulich“ oder „Persönlich“ Die Irrläufer gehen zurück an die Post, Privatbriefe oder Briefe mit Vermerk werden ungeöffnet an die Empfänger weitergeleitet.
Öffnen und Entnehmen der Inhalte	Die restliche Post wird geöffnet, der Inhalt entnommen und eine Leerkontrolle der Umschläge wird vorgenommen. Außerdem sollte kontrolliert werden, ob alle Anlagen des Absenders vorhanden sind. Gegebenenfalls wird der Umschlag angeheftet (z. B. Einschreiben, Eilsendungen, gerichtliche Zustellungsurkunden usw.). Bei größeren Postmengen können Brieföffnermaschinen benutzt werden, die einen schmalen Streifen vom Briefumschlag abschneiden, ohne den Inhalt zu beschädigen.
Evtl. Digitalisierung der Post	In größeren Unternehmen wird die eingehende Post eingescannt, digitalisiert und gespeichert und danach elektronisch verteilt. Dadurch wird der Informationsfluss deutlich beschleunigt.
Eingangsstempel 	Ein Eingangsstempel wird angebracht (meist rechts neben der Anschrift des Empfängers), um einen späteren Vergleich von Ausfertigungstag des Schriftstücks, Datum des Poststempels und Tag des Eingangs zu ermöglichen. Nicht gestempelt werden dürfen Urkunden, Verträge, Zeugnisse usw. Hier wird der Stempel auf dem Briefumschlag angebracht.

Arbeiten	Aufgaben
Verteilung der Post	Die vorsortierte Post wird an die verschiedenen Abteilungen verteilt. Dazu gibt es folgende Möglichkeiten: Selbstabholung durch jede Abteilung Zentraler Botendienst Automatische Verteilung (Rohrpost oder Schriftguttransportanlagen)

■ Ausgehende Post bearbeiten

Bei der Bearbeitung von Ausgangspost ist zunächst zwischen Tagespost (wie z. B individuelle Briefe, Rechnungen, Mahnungen usw.) und Massenpost (Werbebriefe mit gleichem Inhalt, aber unterschiedlichen Empfängern, Kataloge, Prospekte usw.) zu unterscheiden.

Da viele Schriftstücke eines Unternehmens rechtliche Bedeutung haben, sind bestimmte Formalia wie Unterschriftsleistung oder Prüfung unterschiedlicher Versandmöglichkeiten (z. B. Eilsendungen, Einschreiben usw.) zu beachten.

Die folgenden Aspekte sind zu beachten:

Adressieren	Um das zusätzliche Beschriften der Umschläge zu vermeiden, sind Fensterbriefhüllen empfehlenswert. Alternativ können die Umschläge elektronisch beschriftet werden oder mit Adressetiketten versehen werden. Die Postleitzahl besteht aus fünf Ziffern und ermöglicht eine direkte Zuordnung über die Städte bis hin zur Straße oder zum Postfach bei Großkunden. Dabei bezeichnen die 1. und 2. Stelle der Postleitzahl die Region, die 3. bis 5. Stelle Städte, Straßen oder Postfächer.
Zusammentragen	Sendungen aus mehreren Teilen (z. B. Anschreiben mit Preislisten, Katalogen o. Ä.) müssen zunächst zusammengestellt werden.
Falten (Falzen), Kuvertieren und Schließen 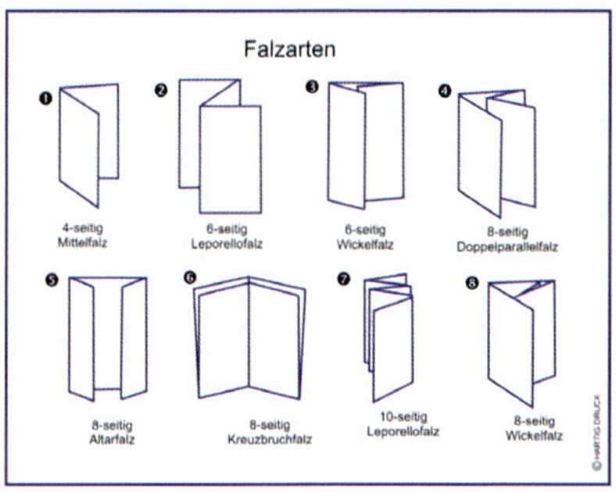 1. 4-seitig Mittelfalz 2. 6-seitig Leporellofalz 3. 6-seitig Wickelfalz 4. 8-seitig Doppelparallelfalz 5. 8-seitig Doppelfalz 6. 8-seitig Kreuzbuchfalz 7. 10-seitig Leporellofalz 8. 8-seitig Wickelfalz	Um kleinere Umschläge verwenden zu können und damit Entgelt zu sparen, werden die meisten Geschäftsbriefe gefaltet. Dies kann von Hand oder mittels sog. Falzmaschinen geschehen. Urkunden, Verträge o. Ä. dürfen nicht gefaltet werden. Anschließend werden die Unterlagen in den Briefumschlag eingelegt (= kuvertiert). Auch dies kann von Hand oder mittels Kuvertiermaschinen erfolgen. Abschließend werden die Umschläge verschlossen. Dafür sind besonders Adhäsionsverschlüsse (= selbstklebende Streifen) geeignet.

Wiegen	Das Wiegen ist besonders wichtig, da sich nach dem Gewicht die Kosten für den Transport richten. Elektronische Portowaagen liefern hier einen wertvollen Beitrag.
Frankieren 	Das Freimachen (=Frankieren) der Ausgangspost erfolgt durch – Aufkleben von **Briefmarken** – den **Plusbrief** (mit aufgedruckter Briefmarke versandfertig freigemachter Briefumschlag) – **Internetmarke:** Mit dem kostenfreien Onlineservice INTERNETMARKE kann das Porto für Briefe sofort, einfach und schnell – mit dem Motiv nach Wahl – ausgedruckt werden. Dies ist eher für den privaten Gebrauch gedacht. – **Digitalmarke:** Direkt am Schalter in der Filiale wird die Digitalmarke erstellt und auf die Sendungen geklebt. Dabei bietet der Aufdruck weit mehr Informationen als nur den Portowert. Neben dem Einlieferungsdatum und der Filialkennung sind auch kryptografische Daten verschlüsselt, die die Fälschungssicherheit gewährleisten. Die Digitalmarke lässt sich darüber hinaus mit einem speziellen Zusatzaufdruck für Zusatzleistungen, wie z. B. dem Einschreiben, erweitern. – Einsatz von **Frankiermaschinen:** Das System **„Frankit“** der Deutschen Post ist dabei der aktuelle Standard. Ein Portoguthaben wird online aufgeladen, Updates für Portoänderungen werden ebenfalls online übertragen. Die ausgehende Post wird mithilfe der Frankiermaschine automatisch richtig frankiert. Vorteil ist neben der Arbeitsersparnis und der Vermeidung der falschen Frankierung das professionellere Erscheinungsbild der Ausgangspost, da gleichzeitig Firmenlogos, Werbebotschaften o. Ä. mit aufgedruckt werden können. – **DV-Freimachung:** Dabei wird eine spezielle Software z. B. von der Deutschen Post verwendet. Diese ermittelt die Anzahl und das Gewicht der Sendungen, bestimmt die geeignete Versandart, errechnet die fälligen Entgelte, sortiert, nummeriert und frankiert die Sendungen und erstellt die notwendigen Einlieferungsunterlagen. Die Nutzung ist möglich ab Einlieferungsmengen von 4000 Standard- oder Kompaktsendungen oder 200 Groß- oder Maxisendungen je Einlieferung (vgl. dazu Versendungsformen im Folgenden).

Die Einlieferung der Briefsendungen beim jeweiligen Postunternehmen kann **auf verschiedenen Wegen** erfolgen:

- Ein Mitarbeiter steckt die Post in einen Briefkasten (nur für kleine Postmengen geeignet).
- Die Mitarbeiter geben die Post selbstständig in einer Postfiliale, in einem Briefzentrum der Deutschen Post oder in einer Annahmestelle eines privaten Postdienstleisters ab.
- Die Abholung erfolgt durch die Deutsche Post (muss gesondert vereinbart werden).

Der Versand der Ausgangspost, vor allem der Briefpost, ist heute nicht nur durch die Deutsche Post AG möglich, sondern kann auch mithilfe vieler privater Briefdienste durchgeführt werden. Die Bundesnetzagentur vergibt Lizenzen an private Briefdienste. Da die meisten privaten Briefdienste bei der Beförderung von Sendungen kostengünstiger als die Deutsche Post AG sind, lohnt sich ein Vergleich vor allem auch deshalb, weil viele private Briefdienste ihre Leistungen speziell für Geschäftskunden anbieten. Einige private Briefdienste verkaufen mittlerweile sogar eigene Briefmarken.

■ Geeignete Versendungsformen auswählen

Sollen Kunden, Lieferanten, Behörden oder anderen Personen Briefe, Waren, Kataloge, Prospekte oder sonstige Informationen nicht selbst zugestellt werden, empfiehlt sich die Zustellung durch die Deutsche Post oder besondere Kurier-, Express- oder Paketdienste. Dabei ist allerdings zum einen auf die Wahl der richtigen Versendungsform im Hinblick auf Kosten, Sicherheit, Pünktlichkeit oder Versicherung zu achten, zum anderen ist zu überlegen, welcher Kurierdienst auszuwählen ist.

Die Deutsche Post bietet u. a. die folgenden gewöhnlichen **Sendungsarten** an:

Sendungsart	Verwendungsart	Größe/Dicke/ Gewicht/Format	Postalischer Vermerk
Postkarte	kurze, nicht vertrauliche Informationen, z. B. Terminabsprachen	Größe max. 23,5 × 12,5 cm Gewicht bis 500 g/m²	keiner
Brief	normale, nicht vertrauliche Informationen in Schriftform mit verschlossener Hülle (z. B. Angebote, Rechnungen usw.)	**Standardbrief** Größe max. 23,5 × 12,5 cm Dicke bis 0,5 cm Gewicht bis 20 g nur Rechteckform **Kompaktbrief** Größe 23,5 × 12,5 cm Dicke bis 1 cm Gewicht bis 50 g nur Rechteckform **Großbrief** Größe 35,3 × 25 cm Dicke bis 2 cm Gewicht bis 500 g Quadratform möglich **Maxibrief National** Größe 35,3 × 25 cm Dicke: bis 5 cm Gewicht bis 1000 g Quadratform möglich **Maxibrief International** bis max. 2 kg Höchstmaße: Länge + Breite + Höhe = 90 cm, keine Seite länger als 60 cm	keiner
Bücher- und Warensendung	Die Bücher- und Warensendung bietet einen preisgünstigen Versand von Büchern, Katalogen und Gegenständen innerhalb von Deutschland. Sie eignet sich besonders gut für Ersatzteile, kleine elektronische Geräte, Kataloge, Handyzubehör, Datenträger, Textilien, Haushaltswaren usw.	Bücher- und Warensendung 500 Maximalgewicht: 500 g Bücher- und Warensendung 1000 Maximalgewicht: 1000 g Bei beiden Versendungsformen: Länge: bis 35,3 cm Breite: bis 25 cm Höhe: bis 5 cm	Vermerk Bücher- bzw. Warensendung

Sendungsart	Verwendungsart	Größe/Dicke/Gewicht/Format	Postalischer Vermerk
Dialogpost	Als **Dialogpost** können Sie schriftliche Mitteilungen und Unterlagen oder Datenträger wie z. B. Blu-ray-Discs oder DVDs an einen größeren Empfängerkreis versenden. Folgendes können Sie beispielsweise als werbliche Inhalte versenden: – Angebote, die Kunden zum Kauf oder zur Nutzung von Produkten und Dienstleistungen motivieren sollen und denen Gratisproben, -muster und -werbeartikel beigelegt werden können – Imagewerbung – Parteienwerbung – Einladungen zur Teilnahme an Veranstaltungen (z. B. Tag der offenen Tür, Stadtfeste, Ausstellungen, Verkaufspräsentationen) – Einladungen zur Teilnahme an Gewinnspielen – Mitteilungen im Rahmen von Bonusprogrammen in Verbindung mit Angeboten – Kundenmagazine – Spendenaufrufe – Glückwünsche – werbliche Kundenkarten ohne Bezahlfunktion (keine Ersatzkarten) Dabei müssen entweder – mindestens 5 000 Stück, nach Postleitzahl geordnet, – mindestens 200 Stück für den Leitbereich der Einlieferungsstelle (d. h., die ersten beiden Ziffern der Postleitzahl stimmen überein), nach Postleitzahl geordnet versandt werden. Mit **Dialogpost EASY** können Kleinmengen ab 500 Sendungen zu werblichen Zwecken mit einen Kleinmengenzuschlag von 0,15 € pro Sendung versendet werden.	**Dialogpost Standard:** Gewicht bis 50 g Dicke bis 0,5 cm L × B max. 23,5 × 12,5 cm nur Rechteckform **Dialogpost Groß:** Dicke bis 3 cm Gewicht bis 1 000 g L × B max. 35,3 × 25 cm Quadratform möglich Für die Bearbeitung der Werbesendungen setzt die Deutsche Post Sortieranlagen ein, die in der Lage sind, die Sendungen vollautomatisch zu sortieren. Bei Sendungen, die nicht den Basisformaten Standard oder Groß entsprechen, kann innerhalb von vier Wochen nach Einlieferungstag ein Zuschlag pro Sendung erhoben werden.	**Frankierungsmöglichkeiten:** – Frankiervermerk – Frankiermaschine – DV-Freimachung – Absenderstempelung – Frankierservice – Plusbrief

Sendungsart	Verwendungsart	Größe/Dicke/ Gewicht/Format	Postalischer Vermerk
	In jedem Fall müssen sie in auf- oder absteigender Reihenfolge nach Postleitzahlen geordnet werden. Beispiel Die Primus GmbH versendet kostengünstig ihren neuen Werbeprospekt per Dialogpost an die Kunden.		
Päckchen	Waren, kleine und leichte Gegenstände. Ware ist nicht versichert.	Größe max. 60 × 30 × 15 cm, Höchstgewicht 2000 g	Vermerk Päckchen
Paket 	Versand von Gegenständen aller Art, Haftung bis 500,00 €, Frankierung mit sog. DHL-Paketmarken oder über die DHL-Onlinefrankierung möglich	Größe max. 120 × 60 × 60 cm, Höchstgewicht 31,5 kg Für Vertragskunden und online frankierte Pakete sind die Kosten günstiger. Über die Sendungsverfolgung kann man immer feststellen, wo sich das Paket gerade befindet.	Paketschein
Postwurfsendung	Schreiben oder Warensendungen gleichen Inhalts, die ohne Anschrift an alle Haushalte eines beliebigen Gebiets oder an alle Briefabholer einer Postfiliale verteilt werden	Höchstgewicht für Wurfsendungen an Haushalte 250 g, für Briefabholer 1000 g	
E-Postbrief	Versand und Empfang von digitalen Briefen, elektronischen Einschreiben oder Faxen; sofern der Empfänger noch keine E-POST-Adresse hat, wird der Brief durch die Deutsche Post ausgedruckt und per Postbote zugestellt. Beispiele – Die Primus GmbH verschickt regelmäßig Kundenanschreiben um ihre Produkte vorzustellen. – Um Einsparmöglichkeiten bei Druck, Kuvertierung und Versand zu realisieren, entscheidet sich die Primus GmbH für den Versand mit E-POST.	bei elektronischer Zustellung bis 20 MB	Registrierung erforderlich

Sendungsart	Verwendungsart	Größe/Dicke/ Gewicht/Format	Postalischer Vermerk
	– Die Briefe und Informationsschreiben der Primus GmbH werden nun über eine gesicherte Verbindung an die E-POST-Systeme übermittelt und entweder elektronisch als E-POSTBRIEF oder gedruckt als klassischer Brief an die Empfänger zugestellt.		

Die **Unterschiede zwischen E-Postbrief und E-Mail** sind:

- Durch die Identifizierung mittels POSTIDENT Verfahren sind sowohl E-POSTBRIEF Sender als auch Empfänger eindeutig bekannt.
- Die Vertraulichkeit der Nachricht wird durch gesonderte Verschlüsselung gewahrt.
- Die Deutsche Post AG garantiert eine verlässliche Übermittlung und Zustellung. Der Weg des E-Postbriefes im Internet ist vollständig nachvollziehbar.
- Der E-POSTBRIEF erreicht auch Personen, die vielleicht noch keine E-Mail Adresse haben. In diesem Fall wird der E-POSTBRIEF durch die Deutsche Post ausgedruckt und per Postbote zugestellt.

Die **Entgelte** für die einzelnen Warensendungen richten sich nach Gewicht, Größe und Höhe. Für die verbilligten Sendungsarten sind die Sendungen vom Absender freizumachen. Außerdem sind sie meistens in zu öffnenden Umhüllungen verpackt.

Selbstbucher: Kunden können Vertragskunden werden, wenn sie mindestens 200 Pakete/ Jahr durch Deutsche Post DHL versenden. Sie machen ihre Sendungen selbst versandfertig (Identcodes anbringen, Gewichte ermitteln, Auftrag zur Paketbeförderung ausfüllen), zahlen ein geringeres Stück-Entgelt und schließen einen sog. Geschäftskundenvertrag mit DHL Paket ab.

Für den Empfang von Paketen und Päckchen bietet DHL deutschlandweit rund 2.750 **Packstationen** an. Dabei erhalten die Kunden nach der Registrierung eine Kundenkarte mit persönlicher Kundennummer (die sog. PostNummer), die in Verbindung mit einer mTAN die Abholung dort zugestellter Sendungen ermöglicht. Der Kunde wird per E-Mail über den Eingang seiner Sendung informiert. Sendungen werden maximal neun Tage in der Packstation aufbewahrt. Gegen einen Einlieferungsbeleg können dort auch Pakete, Päckchen oder Retouren aufgegeben werden.

Eine Alternative für den Versand stellen **Paketboxen** dar. Sendungen mit den Höchstmaßen 50 × 40 × 30 cm und einem Höchstgewicht von 31,5 kg können dort eingelegt werden, wenn sie bereits entsprechend frankiert sind bzw. einen Rücksendeschein bei Retouren haben. Zu berücksichtigen ist, dass der Versender keinen Einlieferungsbeleg erhält. Zu den Vorteilen von Paketbox wie Packstation zählen die Unabhängigkeit von Öffnungszeiten, die einfache Bedienung und die kostenlose Nutzung. Die bequemste Lösung: der Paketkasten vor der eigenen Haustür, in den der Zusteller Pakete einlegt sowie frankierte Pakete dort abholt. Paketkästen können gekauft oder gemietet werden.

Neben diesen gewöhnlichen Versendungsformen gibt es noch **besondere Versendungsformen**:

Versendungsform	Sicherheit	Haftung	Postalischer Vermerk
Einschreiben (nur Briefe oder Postkarten) a) Einschreiben b) Einschreiben Einwurf 	Bestätigung der Einlieferung der Sendung bei Aufgabe in einer Filiale, Sendungsverfolgung, Auslieferung gegen Empfangsbestätigung bei a) persönlicher Übergabe an Empfänger b) dokumentierter Zustellung durch den Zusteller in Briefkasten/Postfach	a) pauschal 25,00 € b) pauschal 20,00 €	a) Einschreiben b) Einwurfeinschreiben
Nachnahmesendung 	Aushändigung der Sendung an Empfänger erst, wenn der Nachnahmebetrag bezahlt ist (maximal 3.500,00 €)	Je nach Sendungsart für Einzug und Übermittlung	Nachnahme xx,xx €
Rückschein (nur in Kombination mit Einschreiben)	Absender erhält Empfangsbestätigung mit Originalunterschrift des Empfängers	wie bei den jeweiligen Versendungsformen sonst	Rückschein
Eigenhändig (nur in Kombination mit Einschreiben)	Aushändigung erfolgt nur an den Empfänger persönlich oder an eine von diesem besonders bevollmächtigte Person	wie bei den jeweiligen Versendungsformen sonst	Eigenhändig

Versendungsform	Sicherheit	Haftung	Postalischer Vermerk
Paket mit Transportversicherung	Absender erhält bei der Einlieferung eine Bescheinigung, mit der er die Einlieferung der Sendung beweisen kann. Auslieferung nur gegen Empfängerbestätigung	maximal 25.000,00 €	
Express-Service	Pakete mit Express-Service werden dem Empfänger am Tag nach der Einlieferung zugestellt (an Sonn- und Feiertagen gegen Aufpreis). Gegen Aufpreis sind auch frühere Zustelltermine (vor 12:00 Uhr, vor 10:00 Uhr, vor 09:00 Uhr) möglich.	wie jeweilige Sendungsform	
Vorausverfügung	**Nur bei Briefen und Postkarten gibt es die folgenden beiden Möglichkeiten:** **Nicht nachsenden!** Dieser Vermerk wird selbst dann beachtet, wenn der Empfänger mit der Deutschen Post die Nachsendung vereinbart hat. Die Sendung wird also nicht nachgesandt, auch nicht bei vorübergehender Abwesenheit, sondern an den Absender zurückgesandt. **Bei Umzug mit neuer Anschrift zurück!** Liegt ein Nachsendeauftrag des Empfängers wegen Umzugs vor, wird die Sendung zurückgesandt; hat der Empfänger in die Weitergabe der neuen Anschrift eingewilligt, wird diese auf der Sendung vermerkt.		
Prio	Die **Zusatzleistung PRIO** bietet für den Versand von Briefen die prioritäre Behandlung der Sendung. Damit ist die Sendung mit einer höheren Wahrscheinlichkeit als eine Briefsendung ohne diese Zusatzleistung einen Werktag nach Einlieferung beim Empfänger. Die Einlieferung ist nur in Filialen möglich, die einen elektronischen Einlieferungsbeleg ausstellen können.	Die Deutsche Post dokumentiert die Annahme der Sendung in der Filiale und die Bearbeitung im Zielbriefzentrum. Sofern die Sendung nicht regulär zugestellt werden kann (z. B. Unzustellbarkeit, weil Empfänger verzogen/unbekannt), wird auch das Zustellhindernis dokumentiert. Den Status der Sendung kann man über die Sendungsverfolgung im Internet einsehen.	

Neben der Deutschen Post AG gibt es mehrere private Anbieter von Kurier-, Express und privaten Paketdiensten (sog. KEP-Markt). Hier kommen z.B. Unternehmen wie Federal Express, GLS, IDS Logistik, TNT Express Worldwide oder United Parcel Service in Betracht. Allerdings transportieren diese Unternehmen nicht alle Güter.

Unterscheidung		
Kurierdienste	**Expressdienste**	**Postdienste**
begleiten permanent Sendungen (Briefe, Dokumente, Pakete usw.) vom Absender bis zum Empfänger.	garantieren meist einen Auslieferungstermin für Pakete, Briefe, Dokumente o. Ä.	befördern Standardbriefe und Massensendungen.

Vorteile dieser Dienste sind u. a.

- ein **hoher Lieferservice**, da sie flächendeckend arbeiten und häufig rund um die Uhr an allen Tagen des Jahres arbeiten, häufig sogar mit Abholsystemen;
- **hohe Pünktlichkeit** (z. B. Geld-zurück-Garantien bei verspäteter Zustellung) und Terminzustellungen , d. h., der Kunde kann die Zustellung des Päckchen oder Pakets für einen bestimmten Zeitpunkt bestimmen, z. B. bis 09:00 Uhr am nächsten Tag;
- eine **Laufzeitüberwachung im Internet** (tracking und tracing);
- häufig **Haus-zu-Haus-Service** (also Abholung und Auslieferung).

Zusammenfassung: Ein- und ausgehende Post bearbeiten

Wenn Post nicht direkt an den Empfänger zugestellt werden kann, sind **Postvollmachten** für den Empfang notwendig.

Eingehende Post wird nach folgenden Arbeitsschritten bearbeitet:

- Aus- und Grobsortierung
- Öffnen und Entnehmen der Inhalte
- evtl. Digitalisieren der Post
- Eingangsstempel anbringen
- Verteilung der Post

Ausgangspost wird in folgenden Schritten bearbeitet:

- Prüfung formaler Richtigkeit (Unterschriften usw.)
- Terminkontrolle (Versand zeitnah)
- Adressieren
- Zusammentragen
- Falten, Kuvertieren und Schließen
- Wiegen
- Frankieren

Mögliche Versendungsformen

Gewöhnliche Versendung

- Postkarte
- Brief
- Päckchen
- Bücher- und Warensendung
- Paket
- Dialogpost
- Postwurfsendung
- E-Postbrief

Besondere Versendung

- Einschreiben (Übergabe/Einwurf)
- Rückschein
- Nachnahme
- Eigenhändig
- Paket mit Transportversicherung
- Express-Service
- Vorausverfügung

Aufgaben

1. *Erläutern Sie die typischen Arbeiten beim Posteingang.*
2. *Erläutern Sie, was man unter „Grobsortierung der Eingangspost“ versteht.*
3. *Begründen Sie, warum bei Briefen Poststempel und Eingangsdaten verglichen werden.*
4. *Erläutern Sie die Vorteile eines Postfachs für den Empfänger und die Deutsche Post AG.*
5. *Nennen Sie die Vorteile einer Erteilung einer Postvollmacht.*
6. *Überprüfen Sie, ob ein Brief mit folgender Anschrift in der Poststelle geöffnet werden darf.*

a)	b)
Primus GmbH	*Markus Müller*
Markus Müller	*Primus GmbH*
Koloniestr. 2 – 4	*Koloniestr. 2 – 4*
47057 Duisburg	*47057 Duisburg*

7. *Einige Schriftstücke dürfen beim Posteingang nicht mit Eingangsstempeln versehen werden. Nennen Sie drei Beispiele.*
8. *Die Primus GmbH möchte einen Drucker, Gewicht 18 kg, von Duisburg nach München verschicken. Welche Sendungsart sollte die Primus GmbH wählen?*

LS

7 Informationen ordnen und aufbewahren

Handlungssituation

Andreas Dick hat während seiner Ausbildung bei der Primus GmbH die Abteilung gewechselt. Er ist nun im Verkauf tätig und erhält als Erstes die Aufgabe, abgewickelte Geschäftsvorgänge für die Ablage vorzubereiten. Dazu erhält er u. a. erledigte Ausgangsrechnungen, Angebote an Kunden und auch Lagerstatistiken.

Arbeitsaufträge

- *Erläutern Sie, worauf Andreas bei der Ablage achten muss.*
- *Beschreiben Sie, wie Andreas dabei planmäßig vorgehen sollte.*
- *Machen Sie Vorschläge, welches System der Ablage Andreas entwickeln sollte.*

■ Die Schriftgutverwaltung (Registratur)

Viele Informationen, die in digitaler oder Papierform (= Schriftgut) den Betrieb erreichen, müssen verwaltet, organisiert und aufbewahrt werden. Dazu gehören Anfragen von Kunden ebenso wie Bestellungen, Ausgangsrechnungen oder Lohnabrechnungen. Das systematische Aufbewahren und Verwalten dieser Informationen ermöglicht überhaupt erst planvolles betriebliches Handeln.

Unter **Schriftgut** versteht man im Allgemeinen alle Schriftstücke, Unterlagen oder Vorgänge, die mit der betrieblichen Tätigkeit im Zusammenhang stehen.

Gründe für eine geordnete Aufbewahrung von Schriftgut

Betriebliche Gründe	– schnelle Verfügbarkeit – jederzeitige Auskunftsmöglichkeit bei der täglichen Bearbeitung von Vorgängen – Beweisfunktion zur Wahrung eigener Ansprüche z. B. bei Garantieverpflichtungen, Forderungen usw. – Grundlage für Statistiken zur Gewinn- oder Unternehmensentwicklung
Gesetzliche Gründe	Der Gesetzgeber schreibt für bestimmtes Schriftgut (Inventare, Bilanzen, Belege, Handelsbriefe usw.) bestimmte Aufbewahrungsfristen vor.

Da die Verwaltung von Schriftgut (Registratur) entscheidend ist für effizientes betriebliches Arbeiten, müssen beim Schaffen einer geordneten Schriftgutverwaltung zunächst **folgende Fragen** geklärt werden:

1. Welcher Wert wird der Schriftgutverwaltung zugemessen?	= Wertigkeitsstufen
2. Welche gesetzlichen Vorgaben bestehen für das betriebliche Schriftgut?	= Aufbewahrungsfristen
3. Welche Schriftstücke aus 1 und 2 sollten aufbewahrt werden?	= Schriftgutkatalog
4. Wie soll abgelegtes Schriftgut geordnet werden?	= Ordnungssysteme
5. Sollte Schriftgut abgelegt oder abgeheftet werden?	= Ablagetechniken
6. Sollte Schriftgut in Einzel- oder Sammelakten erfasst werden?	= Aktenarten
7. Wo kann Schriftgut abgelegt werden?	= Ablageorte
8. Wie wird Schriftgut generell aufbewahrt?	= Registraturarten
9. Welche Hilfsmittel sind zur Schriftgutverwaltung erforderlich?	= Ordnungshilfsmittel

Wertigkeitsstufen

Um eine wirklich effiziente Verwaltung von Schriftgut zu ermöglichen, d. h. eine Verwaltung mit hoher Zugriffssicherheit, muss die Bedeutung des jeweiligen Schriftgutes für das Unternehmen genau festgelegt werden. Diese Festlegung der Bedeutung einzelner betrieblicher Unterlagen bezeichnet man als **Wertigkeit des Schriftgutes**. Diese Wertigkeit wird bestimmt durch den Aufbewahrungsgrund und den Inhalt der aufzubewahrenden Vorgänge. Bei den einzelnen Wertigkeiten unterscheidet man je nach Grund und Inhalt für die Aufbewahrung nach einzelnen **Wertigkeitsstufen**.

Wertigkeitsstufe	Beschreibung des Schriftgutes	Aufbewahrung
T = Tageswert Beispiel Unter Tageswert werden in der Primus GmbH Reklame- oder Wurfsendungen sowie unverlangte Angebote verstanden. Nach Kenntnisnahme wandern sie in den Papierkorb.	Einmalige Informationen (z. B. Prospekte, Werbung usw.)	Nach Weitergabe oder Kenntnis löschen oder vernichten
P = Prüfwert Beispiel Die Primus GmbH erhält vom Stammlieferanten Abels, Wirtz & Co. KG eine CD mit dem aktuellen Produktkatalog und ausführlichen Produktbeschreibungen (Abbildungen, Abmessungen, Preise usw.).	Schriftgut mit zeitlich befristeter Bedeutung (z. B. Angebote)	Ablage am Arbeitsplatz zur ständigen Überwachung

Wertigkeitsstufe	Beschreibung des Schriftgutes	Aufbewahrung
G = Gesetzeswert Beispiel Dazu zählen in der Primus GmbH z. B. Bilanzen oder Inventare.	Schriftgut mit gesetzlich vorgeschriebenen Aufbewahrungsfristen (z. B. im HGB)	Zunächst in der Abteilungsablage, danach zur zentralen Registratur
D = Dauerwert Beispiel Hier wird in der Primus GmbH der Gesellschaftsvertrag archiviert.	Schriftgut von andauernder Bedeutung (z. B. Verträge)	Aufbewahrung im Archiv

■ Aufbewahrungsfristen

Was die Aufbewahrungsfristen für betriebliche Unterlagen anbelangt, so ist zunächst zu klären, ob für die jeweiligen Schriftstücke gesetzliche Regelungen für die Dauer der Aufbewahrung bestehen.

Gesetzliche Aufbewahrungsregelungen für Schriftgut

Gesetzlich vorgeschrieben **10 Jahre** (gemäß § 257 HGB)	– Bücher und Aufzeichnungen – Inventare – Bilanzen – Geschäftsberichte – Buchungsbelege – Projektunterlagen – Fertigungsunterlagen
Gesetzlich vorgeschrieben **6 Jahre** (gemäß AO und Steueränderungsgesetz)	– Eingegangene Handels- und Geschäftsbriefe – Kopien der versandten Handels- und Geschäftsbriefe – Belege für die Besteuerung

Die Frist beginnt immer mit dem Schluss des Kalenderjahres, in dem
- die letzte Eintragung in die Bücher gemacht wurde,
- Inventar, Bilanz, Jahresabschluss oder Lagebericht aufgestellt wurden,
- Handels- oder Geschäftsbriefe abgeschickt oder empfangen wurden,
- Buchungsbelege oder sonstige steuerrechtlich relevante Unterlagen erstellt wurden.

Beispiel Die Bilanz der Primus GmbH, die im Laufe des Jahres 2019 erstellt worden ist, kann am 1. Januar 2030 vernichtet werden.
Ausnahme: Zu beachten ist allerdings, dass diese festen Aufbewahrungsfristen sich verlängern können, wenn das Schriftgut wichtig für die Berechnung der Steuern ist (wenn z. B. die Festsetzungsfrist noch nicht abgelaufen ist).

■ Der Schriftgutkatalog

Um während der Arbeit im Büro jederzeit festzustellen, welches Schriftstück wo abgelegt wurde und wie lange es aufbewahrt werden muss, empfiehlt es sich, einen Schriftgutkatalog anzulegen.

Hier werden alle Schriftgutarten, die im Betrieb regelmäßig anzutreffen sind, erfasst. Doppel- oder Mehrfachablage an unterschiedlichen Orten und damit unnötiges Suchen von Schriftstücken wird so vermieden.

Ordnungssysteme

Jede effiziente Registratur basiert auf einem logisch nachvollziehbaren Ordnungssystem, damit möglichst jeder Mitarbeiter in kürzester Zeit Vorgänge ablegen oder wieder auffinden und weiter bearbeiten kann.

Man unterscheidet Ordnungssysteme:

nach **Buchstaben** = **Alphabetische Ordnung**	nach **Ziffern** = **Numerische Ordnung**	nach **Buchstaben und Ziffern** = **Alphanumerische Ordnung**	nach **Datum/Zeit** = **Chronologische Ordnung**	nach **sachbezogener Vorgabe** = **Aktenplan**

Die alphabetische Ordnung

Wie aus der Bezeichnung bereits zu schließen ist, erfolgt bei alphabetischer Ordnung gemäß DIN 5007 eine Ablage nach der Reihenfolge des Alphabets.

Hier wird zunächst nach den Anfangsbuchstaben, dann nach den Folgebuchstaben geordnet.

Beispiel Alphabetische Ordnung der Kundennamen der Primus GmbH:
Adamski
Bellow
Cezska

Beispiel Alphabetische Ordnung der Primus GmbH nach Folgebuchstaben:
Abel
Adamski
Bellow
Biedermann
Cezska
Cyrewski

Bei Namensgleichheiten empfiehlt es sich, das Ordnungssystem um Vornamen zu erweitern.

Die numerische Ordnung

Bei numerischer Ordnung wird das Schriftgut mit fortlaufenden Nummern versehen und angeordnet.

Beispiel Die Personalnummern der Primus GmbH werden numerisch geordnet:
001 Sonja Primus
002 Markus Müller
003 Svenja Braun

Das alphanumerische Ordnungssystem

Bei alphanumerischer Ordnung werden Buchstaben und Ziffern kombiniert.

Beispiel Die Ausgangsrechnungen erhalten in der Primus GmbH das Kürzel AR und eine Nummer, die Eingangsrechnungen das Kürzel ER und eine Nummer:
AR 2124
AR 3061
AR 4061
ER 1027
ER 3456

Die chronologische Ordnung

Dieses Ordnungssystem erfasst Vorgänge nach ihrer zeitlichen Reihenfolge, also nach Datum. Je nach Art des Vorgangs kann nach Jahren, Monaten oder Tagen geordnet werden. Bei Ordnung nach zeitlicher Reihenfolge sind zwei Vorgehensweisen denkbar:

- die sog. „Kaufmännische Ordnung“ (= der letzte Vorgang erscheint als erster in der Akte),
- die sog. „Verwaltungsordnung“ (= das letzte, jüngste Schriftstück erscheint als letztes in der Akte).

  Beispiel Die Gehalts- und Lohnabrechnungen der Primus GmbH werden chronologisch abgeheftet.

- Memotechnische Ordnung – hier werden Merkhilfen zur Kennzeichnung und zur Suche verwendet.

  Beispiel Alle Ausgangsrechnungen erhalten vor der Rechnungsnummer die Kennung AR und alle Eingangsrechnungen die Kennung ER.

- Bestimmte Vorgänge bekommen bestimmte Symbole oder Farben zugeordnet, so werden z. B. Kundenakten in grünen Ordnern und Lieferanten in roten Ordner geführt.

Das Ordnungssystem nach Aktenplan

Unter einem Aktenplan versteht man eine Anordnung von Schriftgut nach Sachgebieten. Voraussetzung für dieses System ist die eindeutige Zuordnung von Vorgängen zu Sachgebieten und deren systematische, logische Gliederung.

Der Aktenplan unterscheidet sich von anderen Ordnungssystemen dadurch, dass er logisch untergliedert ist. Daher wird er auch manchmal **Informationsstrukturplan** genannt.

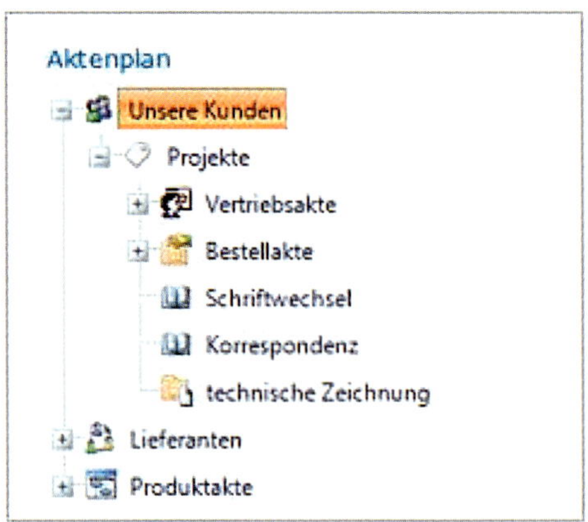

■ Ablagetechniken

Im Zusammenhang mit der Organisation der Schriftgutverwaltung muss auch eine Entscheidung darüber getroffen werden, ob Schriftstücke „abgelegt“ oder „abgeheftet“ werden sollen.

Vorteile der Loseblattablage	Vorteile der gehefteten Ablage
– Schneller Zugriff – Schriftstücke werden nicht gelocht	– Chronologische Übersicht möglich – Sicherung des Schriftgutes – Wiederauffinden ist leichter
Nachteile der Loseblattablage	**Nachteile der gehefteten Ablage**
– Chronologie ist schwer einzuhalten – Übersicht wird erschwert – Suchzeiten können sich verlängern	– Schriftstücke müssen gelocht werden – Erhöhter Zeitaufwand bei der Ablage

Ablageorte

Rationelles und zeitsparendes Arbeiten im Betrieb ist nur möglich, wenn benötigte Vorgänge oder Schriftstücke schnell und unkompliziert auffindbar sind. Es müssen also Entscheidungen über die jeweiligen Ablageorte getroffen werden.

In der Regel geht man davon aus, dass häufig verwendetes Schriftgut sich stets am Arbeitsplatz oder in der Nähe befinden sollte. Je seltener es genutzt wird, desto entfernter kann der Ablageort sein. Man unterscheidet im Wesentlichen:

- die Arbeitsplatzablage für häufig benötigte Schriftstücke,
- die Abteilungsablage für Schriftstücke, auf die eine ganze Abteilung zugreifen muss,
- die Zentralablage für Schriftstücke, die alle benötigen; dies geschieht am besten digital, z. B. über ein Dokumenten-Management-System,
- die Altablage für Schriftstücke, die aktuell nicht mehr benötigt werden, jedoch archiviert werden müssen.

Registraturarten

Die Wahl einer bestimmten Registraturart ist nicht zuletzt abhängig von dem zur Verfügung stehenden Raum für diese Registratur.

Übersicht über Registraturarten

Liegend	Stehend		Hängend	
Für Schnellhefter und Mappen	**Ordnerregistratur**	**Stehsammlerregistratur-**	**Hängeregistratur (vertikal)**	**Pendelregistratur (lateral)**

Anwendung: Prozess- oder Mandantenakten im Gericht oder bei Anwälten	**Anwendung:** Massenbelege Korrespondenz	**Anwendung:** Zeitschriften Kataloge	**Anwendung:** Bereichs- oder Abteilungsablagen, Handakten	**Anwendung:** Personalakten, Fallakten

Liegend	Stehend		Hängend	
Für Schnellhefter und Mappen	**Ordnerregistratur**	**Stehsammlerregistratur-**	**Hängeregistratur (vertikal)**	**Pendelregistratur (lateral)**
Vorteil: – gute Raumausnutzung **Nachteil:** – schwieriger Zugriff, da Mappen übereinander liegen	**Vorteile:** – gute Übersicht z. B. durch verschiedene Farben und Beschriftung auf dem Rücken – preiswert **Nachteile:** – fehlende Flexibilität – zeitaufwendige Ablage	**Vorteile:** – gute Übersicht – schneller Zugriff **Nachteil:** – fehlende Flexibilität	**Vorteile:** – durch Reiter auf den Mappen übersichtlich – gute Flexibilität **Nachteile:** – großer Raumbedarf – Beschaffungskosten hoch	**Vorteile:** – niedrige Beschaffungskosten – große Flexibilität **Nachteile:** – schlechte Übersicht – langsamer Zugriff

Ordnungshilfsmittel

Ordnungshilfsmittel erleichtern die Übersichtlichkeit innerhalb von Registraturen. Zu den **Ordnungshilfsmitteln** gehören:

Registratur- und Trennblätter: Sie können Übersicht z. B. in Ordnern herstellen, indem sie numerisch oder alphabetisch die Schriftstücke trennen.	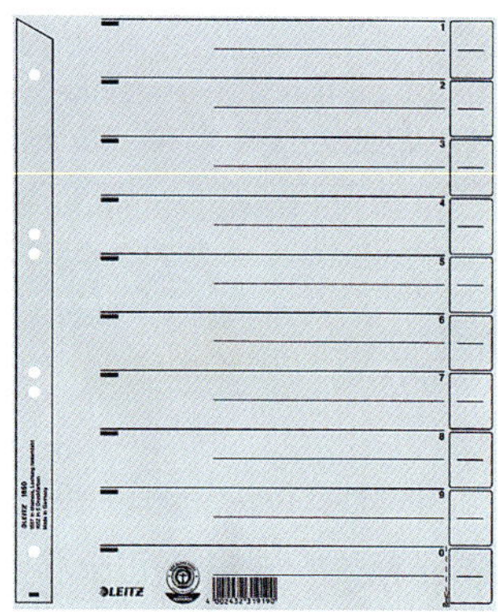
Leitkarten: Sie dienen insbesondere bei Karteien oder Hängemappen zur Unterteilung in Gruppen.	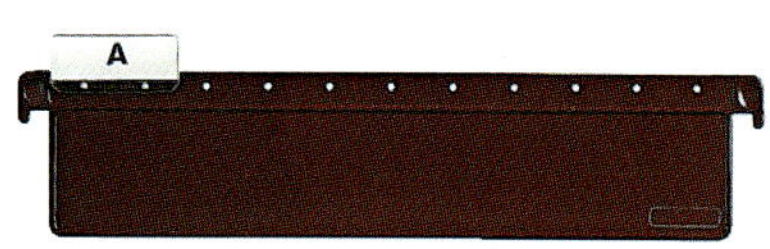
Reiter: Sie bestehen meist aus Metall oder Kunststoff und enthalten auswechselbare Inhaltsschilder zur Beschriftung.	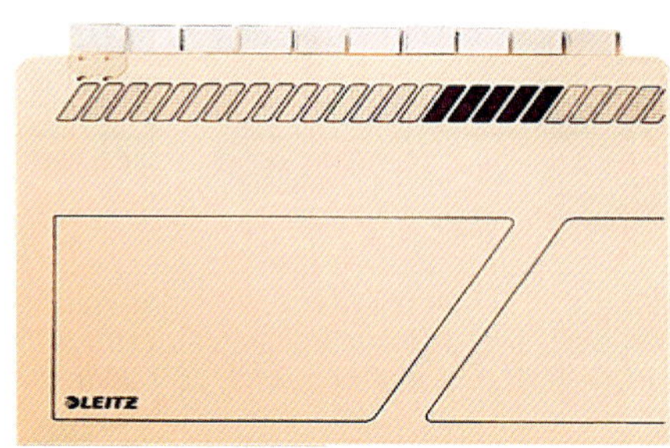

Tabs: Über den Rand des Schriftgutbehälters herausragende Teile, die im Gegensatz zum Reiter fest mit dem Schriftgutbehälter verbunden sind	

Beispiel Organisierte Ablage in der Primus GmbH:

Bezeichnung der Ablage	*Kundenregistratur Inland*
Typ	*Abteilungsablage*
Standort	*Verkaufsabteilung Inland*
Behälter und Möbel	*Hängemappen mit eingeklebtem Trennblatt, mit verschiebbarem Vollsichtreiter, Hängevertikalschränke zweibahnig mit drei Zügen*
Ordnungsweise	*numerisch nach Vorziffer des Vertreterbezirks (z. B. 14 000–14 999; Kunden des Vertreterbezirks 14)*
Beschriftung und Signalisierung	*a) Kundennummer mit Filzschreiber schwarz auf Beschriftungsschild des Vollsichtreiters* *b) Farbe des Beschriftungsschildes für jede Tausendergruppe gemäß Farbschlüssel (siehe Allg. Ablageregeln)* *c) Farbsignale: Rot = schlechter Zahler, Blau = Großhandelskunde, Gelb = letzte Bestellung vor mehr als zwölf Monaten*
Ablegevorschriften	*a) Loseblatt-Ablage* *b) Einzelmappe für jeden Kunden mit Ausnahme von f) und g)* *c) Allgemeine Korrespondenz vor dem Trennblatt in der Hängemappe* *d) Aufträge, Auftragsbestätigungen, Lieferscheine und Rechnungsdurchschläge hinter dem Trennblatt* *e) Nicht streng nach Tagesdatum ablegen, Monatsdatum genügt* *f) Unbedeutende und neue Kunden in Hängesammler „Diverse Kunden" in Einstellmappen A-Z ablegen; nach der dritten Bestellung innerhalb von sechs Monaten eigene Hängemappe anlegen* *g) Für große Kunden eigenen Hängesammler anlegen mit Einstellmappen Januar-Dezember; hier nach Tagesdatum ordnen*
Aufbewahrungsfristen	*a) Gesamtaufbewahrung zehn Jahre* *b) Der laufende und der zurückliegende Jahrgang in der Verkaufsabteilung Inland* *c) Ältere Jahrgänge in der Altablage, Block Vorjahr*
Altablage	*5. bis 10. zurückliegender Jahrgang, gekennzeichnet und getrennt nach Jahrgängen, Hängemappen werden mit gezogenen Schienen in Archivschachteln eingestellt.*
Entnahmeberechtigte	*Das gesamte Personal der Verkaufsabteilung Inland; das Ablegen erfolgt grundsätzlich nur durch das Registratur-Personal*
Verantwortlicher Aufsichtsführer	*Für die gesamte Kundenregistratur Inland einschließlich Altablage der Stellvertreter des Verkaufsleiters*
Bemerkungen	*Ort Datum* *Organisationsabteilung*

Karteien und Dateien

Eine weitere Möglichkeit, um Informationen zu sammeln, stellen **Karteien** und **Dateien** dar.

Bei Karteien werden i. d. R. Informationen auf Karten (= Karteikarten) festgehalten und in alphabetischer Ordnung erfasst. Wurden früher Karteikarten in speziellen Kästen gesammelt und aufbewahrt, werden sie heute häufig elektronisch in Datenbanken erfasst.

Man unterscheidet:

- **Blockkartei**
  Karten werden hintereinander in einen Kasten gestellt und tragen u. U. Reiter.
- **Flachkartei**
  Die Karten werden in einem Rahmen übereinandergelegt.
- **Breitstaffelsichtkartei**
  Die Karten sind so geordnet, dass am Rand jeder Karte ein Stichwort sichtbar ist.

Von **Dateien** spricht man, wenn die Informationen in elektronischer Form vorliegen. Meist werden diese Informationen heute in Form von Datenbanken gespeichert. Innerhalb einer Datenbank unterscheidet man **folgende Elemente**:

Datenfeld	Raum für die Aufnahme einer bestimmten Information (z. B. Name des Kunden)
Datensatz	Zusammenfassung mehrerer zusammenhängender Informationen (Datenfelder, also z. B. alle Daten eines Kunden)
Tabelle/Datei	geordnete Zusammenfassung mehrerer zusammenhängender Datensätze (z. B. eine Kundendatei). In Datenbanken werden diese Daten meist in Form von Tabellen gespeichert.
Datenbank	Zusammenfassung mehrerer Tabellen unter einer gemeinsamen Oberfläche (z. B. die Kunden-, Artikel und Lieferantendatei)

Beispiel Entwurf einer Kundendatei im Datenbankprogramm Access:

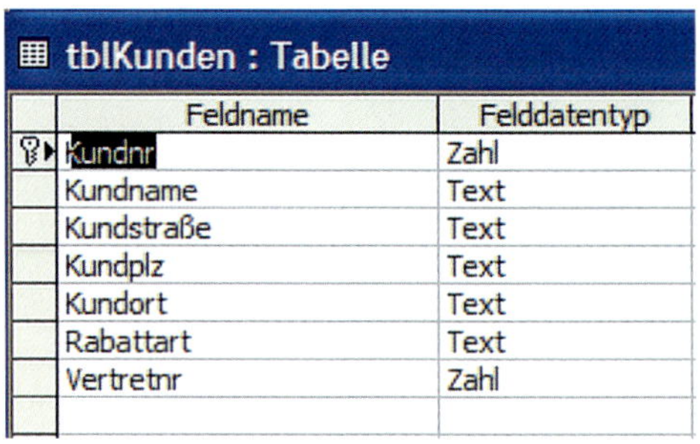
tblKunden : Tabelle

Feldname	Felddatentyp
Kundnr	Zahl
Kundname	Text
Kundstraße	Text
Kundplz	Text
Kundort	Text
Rabattart	Text
Vertretnr	Zahl

Dateien werden auf einer Festplatte oder im Netzwerk angelegt. Beide Speicherarten ermöglichen den wahlfreien Zugriff auf gewünschte Informationen (Daten). Ähnlich wie bei traditionellen Informationsspeicherungssystemen müssen auch Dateien mit Blick auf ihren Aktualitätsgrad gepflegt werden.

Beispiel Die Liefererdatei der Primus GmbH muss stets auf Aktualität der Anschriften überprüft werden, um Unstimmigkeiten zu vermeiden.

Dateien werden im Allgemeinen für ganz bestimmte Verarbeitungsbereiche angelegt und bei Bedarf miteinander verknüpft (z. B. Verknüpfung der Lieferer- und Bestelldatei).

Beispiel Zur Auswertung des Monatsumsatzes pro Artikel werden in der Primus GmbH z. B. die Umsätze aus der Umsatzdatei und die Artikelbezeichnung aus der Artikeldatei benötigt. Diese Dateien lassen sich auf der Grundlage der Artikelnummern, die in beiden Dateien gespeichert sind, verbinden. Die notwendigen Informationen werden aus einer entsprechenden Datenbank ausgelesen.

Eine **Datenbank** besteht aus mehreren miteinander verketteten Dateien. Sie ist die Grundlage eines umfassenden betrieblichen Informationssystems.

Vorteile einer Datenbank:

- Gleiche Daten werden i. d. R. nur einmal gespeichert (Vermeidung von Redundanz).
- Einzelne Datensätze können miteinander verbunden werden.
- Einzelne Datensätze oder Satzelemente können nach verschiedenen Ordnungsmerkmalen aus bestehenden Dateien herausgesucht und abgerufen werden.
- Die Daten können stets aktuell gehalten werden.
- Dateninkonsistenzen, d. h. sich widersprechenden Daten, lassen sich vermeiden (z. B. unterschiedliche Artikelnummern für den gleichen Artikel).

DMS (Dokumenten-Management-System)

Immer mehr Arbeitsprozesse werden durch die Digitalisierung von Arbeitsunterlagen beeinflusst. Unter DMS oder **Dokumenten-Management-System** versteht man die elektronische Verwaltung von Schriftgut. Meistens ist damit die Verwaltung von ursprünglichem Papierschriftgut gemeint.

Einsatzgebiete für derartige Systeme sind sowohl öffentliche Verwaltungen als auch Betriebe.

Ein Beispiel für DMS im Bereich öffentlicher Verwaltung wäre die elektronische Akte, in der aus verschiedenen Quellen Informationen zusammengefasst werden. So können sich in einer elektronischen Akte eingescannte Texte ebenso befinden wie Dateien.

Da der Großteil des Schriftverkehrs von Unternehmen heute auf elektronischem Wege erfolgt, haben Dokumenten-Management-Systeme auch für Betriebe eine große Bedeutung. Auch die gesetzlichen Vorschriften für die Aufbewahrung von Handelsbriefen (vgl. S. 222) bringen es mit sich, dass ein elektronisches Archivieren für Unternehmen viele Vorteile hat.

Beispiel Angebote und Anfragen erreichen die Primus GmbH häufig als E-Mail. Da es sich auch bei E-Mails um geschäftlichen Schriftverkehr handelt, müssen diese E-Mails aufbewahrt werden. Die Primus GmbH hat dafür ein eigenes DMS eingerichtet.

Die **Arbeitsweise eines Dokumenten-Management-Systems** vollzieht sich in folgenden Schritten:

1. In Papierform vorliegende Dokumente werden vorsortiert, über einen Scanner digitalisiert und in das Computersystem übernommen. Elektronische Dokumente wie E-Mails, Dateien aus Anwenderprogrammen, Faxe o. Ä. können auch übernommen werden.
2. Im nächsten Schritt werden die Dokumente indiziert, d. h. mit Merkmalen versehen. Dies kann geschehen durch einen Barcode beim Einscannen, durch eigene Vergabe von Merkmalen durch die verwendeten Programme oder durch Vergabe von Suchmerkma-

len wie z. B. Rechnungsnummern, Datum, Dokumententyp o. Ä. Diese Vergabe kann durch eine Volltextsuche erfolgen. Dabei durchsucht die Software die Dokumente nach vorher definierten Stichworten.

3. Im dritten Schritt werden die Dokumente abgelegt und archiviert.
4. Die Suche nach Dokumenten kann dann später erfolgen durch
   a) eine Indexsuche,
   b) eine Suche nach Dokumententypen,
   c) eine Volltextsuche, bei der die Dokumente und Dateien nach bestimmten Begriffen durchsucht werden, die dann angezeigt werden.

Vorteile von DMS:

- schneller Zugriff,
- ständige Verfügbarkeit für alle Mitarbeiter,
- höhere Arbeitsproduktivität,
- Vermeidung von Medienbrüchen (d. h. Verwendung verschiedener Speicherformen, wie Papier, Dateien) und damit Doppelspeicherungen,
- Platzeinsparung, da eine aufwendige Registratur nicht mehr notwendig ist.

Maßnahmen zur Datensicherung

Traditionell wurden Daten in Listen, Akten oder Karteien gesammelt und aufbewahrt. Diese konnten sicher in Schreibtischen oder Aktenschränken eingeschlossen und vor unberechtigtem Zugriff geschützt werden. Da die Daten heute meist digital vorliegen, müssen diese Dokumente auch entsprechend gesichert werden.

Der **Einsatz der EDV** bringt u. a. folgende **Gefahren** mit sich:

- Daten können fehlerhaft erfasst werden.
- Unberechtigte Personen können sich Zugriff zu den Daten verschaffen.
- Daten können unabsichtlich, aber auch bewusst leicht zerstört oder verändert werden (z. B. durch Überschreiben).
- Die Privatsphäre der Bürger kann durch Datensammlungen beeinträchtigt werden.

Diese wenigen Beispiele zeigen bereits, dass Maßnahmen zur Datensicherung besonders wichtig sind.

Als **Datensicherung** bezeichnet man alle Maßnahmen zum Schutz von Daten und Programmen vor unberechtigtem Zugriff, vor Verlust, Beschädigung und vor absichtlicher oder unabsichtlicher Verfälschung. Geschütztes Objekt sind die **Daten**.

Als **Datenschutz** bezeichnet man dagegen den Schutz personenbezogener Daten vor Verfälschung, Missbrauch und Verlust. Geschütztes Objekt sind hierbei also die Personen.

Die **Datenpflege** hat die Aufgabe, die Daten immer auf einem aktuellen Stand zu halten, falsche Daten zu berichtigen und überflüssige Daten zu löschen.

Während die eigentlichen Dokumente meist auf der Festplatte des Rechners oder im Netzwerk abgespeichert werden, sollten zusätzliche Datensicherungen losgelöst davon auf externen Speichern wie USB-Sticks (Speicherkapazität bis zu mehreren Terabyte [TB]), CD-ROMs (Speicherkapazität bis 700 MB), Blu-ray-Discs (Speicherkapazität bis zu 128 GB) oder externen Festplatten (Speicherkapazität bis zu mehreren Terabyte) gespeichert und an einem anderen Ort gelagert werden. Eine Datensicherung im Internet (sog. Cloud-Computing) ist auch möglich. Probleme können dabei hinsichtlich der Sicherheit entstehen. Während USB-Sticks oder Blu-ray-Discs leicht mitgenommen werden können, ist beim Cloud-Computing die Frage des externen Zugriffs zu überprüfen.

Um die oben genannten Ziele zu erreichen, bedarf es verschiedener Methoden der Datensicherung. Dabei sind technische oder bauliche Maßnahmen (= **hardwaremäßige** Datensicherung), organisatorische Maßnahmen (= **organisatorische** Datensicherung) oder programmtechnische Maßnahmen (= **softwaremäßige** Datensicherung) möglich.

Als **technische oder bauliche** Maßnahmen kommen insbesondere in Frage:

- Notstromaggregate gegen Stromausfälle
- unterbrechungsfreie Stromversorgung (USV), um bei Stromausfällen ein geordnetes Herunterfahren der Rechner zu ermöglichen
- Parallelrechner (gleichzeitiges Betreiben einer zweiten, unabhängigen DV-Anlage)
- Feuer hemmende Barrieren

Diese Maßnahmen dienen in erster Linie dem Schutz von Daten vor Vernichtung oder Zerstörung.

Organisatorische Maßnahmen dienen zur Verhinderung unerlaubten Zugriffs und sollen Manipulationen an den Daten verhindern. Als Maßnahmen sind hier insbesondere zu nennen:

- **Zutrittskontrollen zum Rechenzentrum** (sog. Closed-Shop-Betrieb)
- **Passwortschutz** (d.h. Eingabe einer individuellen Kennung des Benutzers)
- **automatische Protokollierung aller Aktivitäten**

Erstellung von Sicherungskopien auf USB-Sticks, CDs oder externen Festplatten, um bei Verlust die Daten wiederherstellen zu können. Dabei wird meist das Großvater-Vater-Sohn-Prinzip (auch Generationenprinzip genannt) verwendet.

Beispiel Es wird zunächst eine Sicherungskopie (z.B. am Montag erstellt). Am nächsten Tag wird erneut eine Sicherungskopie erstellt. Am dritten Tag wird wiederum eine Sicherungskopie erstellt, so dass jetzt drei Generationen (Großvater-Vater und Sohn) vorhanden sind. Am vierten Tag wird wiederum eine Kopie erstellt, wobei jetzt die älteste Kopie (also die vom Montag) gelöscht oder überschrieben werden kann, so dass immer noch drei Generationen von Sicherungskopien vorhanden sind.

Generationenprinzip

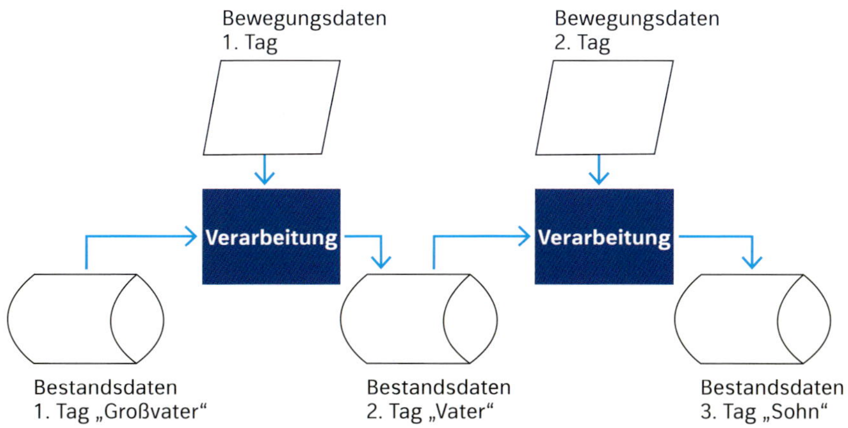

Programmtechnische Maßnahmen sind Datensicherungsmaßnahmen, die von den verwendeten Anwendungsprogrammen oder durch das Betriebssystem automatisch gesteuert werden. Mögliche Maßnahmen sind u. a.:

- **Fixpunkttechnik**, d. h. automatische Datenspeicherung nach gewissen Zeitabständen
- **Prüfziffernverfahren**, d. h. Verhinderung von Fehleingaben z. B. durch Zahlendreher (Eingabe der Ziffer 351 statt 531)
- **Plausibilitätskontrollen**, d. h. logische Überprüfung der Richtigkeit von Daten (z. B. bei Eingabe eines nicht möglichen Tagesdatums)
- **Virenschutz** (durch Installation und regelmäßige Aktualisierung von Virenscannern.

Zusammenfassung: Schriftgut ordnen und aufbewahren

- Unter **Registratur** versteht man die systematisch geordnete Schriftgutverwaltung eines Betriebes.
- Für die Schriftgutaufbewahrung gelten **gesetzliche Aufbewahrungsfristen**.
- Die Registratur kann **alphabetisch, numerisch, alphanumerisch** oder **chronologisch** geordnet werden.
- Eine Ordnung des Schriftgutes nach Sachgebieten bezeichnet man als **Aktenplan** oder Informationsstrukturplan.
- Die **Entscheidung für eine Ablagetechnik** (Loseblattablage oder geheftete Ablage) verkürzt u. U. Bearbeitungszeiten.
- Die **Art der Registratur (liegend, stehend oder hängend)** ist abhängig von der Größe des vorhandenen Raumes.
- Auch **Karteien** sammeln und erfassen Informationen.
- Man unterscheidet die **Block-, Flach- und Breitstaffelsichtkartei**.
- Die Speicherung betrieblicher Informationen erfolgt heute meistens digital in **Dateien**.
- Große Datenmengen können durch Verknüpfungen von Dateien zu **Datenbanken** verwaltet werden.
- Die eigentliche Verwaltung des elektronischen Schriftverkehrs (eingescannte Texte und Dateien) erfolgt häufig durch DMS **(Dokumenten-Management-Systeme**).
- Datensicherung bezieht sich auf den Schutz von Daten vor Verlust, Manipulation oder Diebstahl. Maßnahmen können organisatorisch, personell, technisch oder programmtechnisch organisiert sein.

Aufgaben

1. *Begründen Sie, warum es sinnvoll ist, Schriftgut geordnet aufzubewahren.*
2. *Nennen Sie die Aufbewahrungsfristen für Inventare, Handelsbücher und Bilanzen.*
3. *Beschreiben Sie Ablagearten für Schriftgut.*
4. *Nennen Sie jeweils einen Vorteil und einen Nachteil für*
   a) die Ordnerregistratur,

b) die Pendelregistratur,
c) die Hängeregistratur.

5. *Erläutern Sie die Vorteile der Zentralablage.*

6. *Nennen Sie Beispiele für den Einsatz von Ordnungshilfsmitteln in Ihrem Betrieb.*

7. *Erläutern Sie den Begriff Datei.*

8. *Bringen Sie die Begriffe Datei, Datenbank, Datensatz, Datenfeld in die sachlogisch richtige Reihenfolge und erklären Sie diese Begriffe an einem Beispiel.*

9. *Sie beabsichtigen für die eingehende Post die Einführung eines Dokumenten-Management-Systems. Erläutern Sie das Verfahren und zeigen Sie Vorteile auf.*

10. *Nennen Sie mindestens drei Maßnahmen zur Datensicherung.*

11. *In der Abteilung Verkauf sollen die Kundendaten (56 Megabyte) von der Festplatte des PCs gesichert werden. Wie führen Sie dies am zweckmäßigsten durch?*
1 auf einem USB-Stick
2 in Papierform
3 auf CD-ROM
4 über das Internet
5 mit einem Scanner

12. *Ihr Arbeitsplatzrechner in der Bauer KG wurde durch einen Computervirus infiziert. Durch welche Maßnahme können Sie derartige Angriffe verhindern bzw. einschränken?*
a. durch die Absicherung der Daten mit einem Passwort
b. durch das Einrichten eines DSL-Zugangs
c. durch das Einrichten eines Anti-Spam-Filters
d. durch das Vorschalten eines Virenschutzprogramms
e. durch die Umbenennung der einzelnen Dateien

8 Kooperativ und selbstbewusst in einem Team arbeiten

LS

8.1 Erfolgreiche Teamarbeit gestalten

Handlungssituation

Petra Jäger hatte vor einigen Wochen den Auftrag, gemeinsam mit den anderen Auszubildenden der Primus GmbH einen Stand auf einer großen Ausbildungsmesse zu betreuen und dort das Unternehmen vorzustellen. Dabei hat sie sich als Teamleiterin sehr bewährt. Die Geschäftsleitung möchte, dass sie in einem abteilungsübergreifenden Projektteam mitarbeitet, das die Möglichkeiten einer Erweiterung der Produktpalette der Primus GmbH prüfen soll. Dabei sind z. B. Schulmöbel und Kantinenmöbel im Gespräch. Neben Petra sind nur gestandene Mitarbeiterinnen und Mitarbeiter in dem Team, das vom Abteilungsleiter Verkauf/Marketing, Herrn Winkler, geführt wird. Petra hat gehörigen Respekt vor der Aufgabe und ist froh, dass Herr Winkler sie zur Vorbereitung auf ein zweitägiges Seminar zu den „Grundlagen der Teamarbeit" schickt. *„Das Seminar soll Ihnen – als jüngstem Teammitglied – helfen, ein Grundverständnis zu sichern. In einem Monat machen wir dann alle gemeinsam zum Auftakt des Projektes ein richtiges Teamtraining"*, erläutert Herr Winkler.

Arbeitsaufträge

- *Sammeln Sie konkrete Merkmale, anhand derer Sie „Teamfähigkeit" beobachten können.*
- *Beschreiben Sie die Bedeutung von Teamfähigkeit in Ihrem Ausbildungsbetrieb anhand konkreter Beispiele.*
- *Tauschen Sie sich über Ihre Erfahrungen mit Gruppenarbeiten in der Schule aus.*

Grundlagen der Teamarbeit

Der Schulabschluss ist als „Eintrittskarte" in das Berufsleben nach wie vor von entscheidender Bedeutung. Die Erwartungen der Betriebe gehen jedoch weit darüber hinaus: Das **Interesse** am Beruf ist mit großem Abstand das Wichtigste, da hieraus eine hohe Motivation und Leistungsbereitschaft in der beruflichen Tätigkeit folgt. Daneben sind die sog. **Sekundärtugenden** (Zuverlässigkeit, Pünktlichkeit, Diziplin usw.) und die **Persönlichkeit** (Selbstbewusstsein, Grundhaltungen, Belastbarkeit usw.) von besonderer Bedeutung.

Schließlich erwarten die Betriebe auch eine ausgeprägte Lernfähigkeit sowie kommunikative und soziale Kompetenzen. In Unternehmen werden immer mehr Aufgaben in Teams bearbeitet, sodass Teamfähigkeit zu einer der entscheidenden Qualifikationen wird.

Team und Gruppe

Bei einer Gruppenarbeit in der Schule werden Gruppen häufig nach dem Zufallsprinzip gebildet oder es kommt zu Sympathiegruppen. Manchmal werden auch ganz bewusst Schülerinnen und Schüler zusammengesetzt, die ein ähnliches Leistungsniveau haben. Unter bestimmten Bedingungen werden auch absichtlich leistungsgemischte Gruppen gebildet. Die Gruppen sollen dann konstruktiv zusammenarbeiten und meistens auch ein Ergebnis „produzieren". Anders als bei der Gruppenarbeit in einem Unternehmen (Teamarbeit) spielt dieses Ergebnis aber nicht die wichtigste Rolle. In der Schule soll das **Lernen** (der Weg zum Ergebnis) **im Mittelpunkt stehen**. Neben dem gemeinsamen und kooperativen Lernen von Sachinhalten ist die Förderung von Teamfähigkeit ein wesentliches Ziel schulischer Gruppenarbeit. Es gilt, die Fähigkeiten zu entwickeln, die bei Teamarbeit im Beruf wichtig werden. In der Berufswelt werden die Teams sehr zielgerichtet zusammengesetzt. Dabei spielen die jeweiligen Stärken der Teammitglieder im Hinblick auf die anstehende Aufgabe im Mittelpunkt. Sympathien zwischen den Teammitgliedern spielen bei der Zusammensetzung eine untergeordnete Rolle, da von allen ein professionelles Arbeiten verlangt wird, dem persönliche/menschliche Vorlieben und Abneigungen unterzuordnen sind. Teams in Unternehmen weisen zahlreiche Merkmale auf:

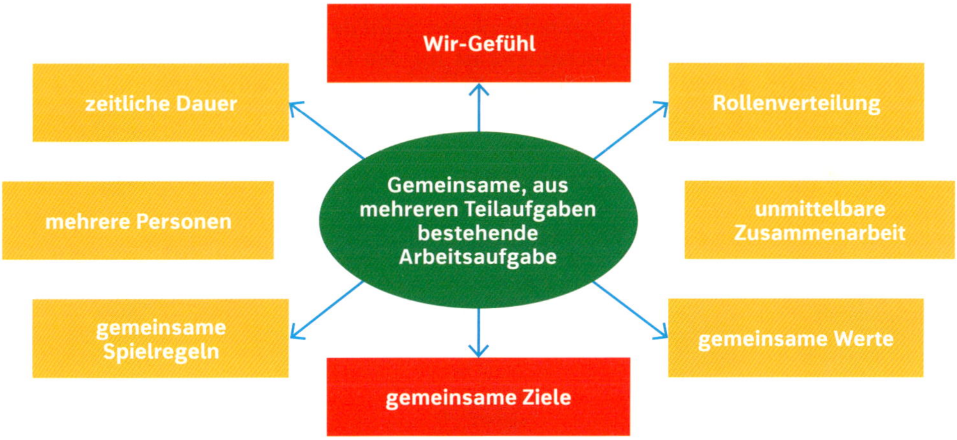

Vorteile und Probleme bei der Teamarbeit

Erfolgreiche Gruppen- oder Teamarbeit hat vielfältige **Vorteile**. Diese gelten für schulisches Lernen und betriebliches Arbeiten gleichermaßen.

Vorteile von Teamarbeit				
Mehr Ideen und bessere Ergebnisse	Ausgleich von Stärken und Schwächen	Übung von Planung und Organisation	Selbstständigkeit und Verantwortung	Lern- und Arbeitsfreude

Aber auch das ist jedem bekannt: Teamarbeit kann auch mit **Problemen** verbunden sein. Wenn man sich diesen möglichen Problemen bewusst ist, können sie häufig bereits im Vorfeld verhindert werden. Aber selbst wenn sie auftreten, liegt es in der Macht der Gruppe, diese Probleme professionell zu bearbeiten und zu beseitigen.

Probleme bei der Teamarbeit			
Ineffizientes Arbeiten	Organisations-probleme	Einseitige Arbeitsver-teilung	Gruppenkonflikte

Erfolgsfaktoren bei der Teamarbeit

Ob eine Teamarbeit erfolgreich verläuft, hängt von dem gesamten Team, der Aufgabenstellung und von jedem Teammitglied selbst ab. Was der oder die Einzelne alles falsch machen kann, wird in den folgenden **„11 Minusregeln“** verdeutlicht.[1]

11 Minusregeln, um ein Team zu ruinieren	
1. Rede nie von dir selber, bleibe immer nur sachlich und ernst. 2. Rede in jede Pause hinein. 3. Gerechtigkeit ist nicht zu erreichen, sei ungerecht. 4. Ignoriere Konflikte in der Gruppe. 5. Erzähle eine Anekdote nach der anderen. 6. Greife nie in das Gruppengeschehen ein.	7. Fühle dich immer persönlich angegriffen und antworte mit Kurzreferat. 8. Gehe zum Lachen in den Keller. 9. Gib überall deinen Senf dazu. 10. Erteile ungefragt, aber heftig Ratschläge. 11. Scheue dich nie, Gesprächsteilnehmer zu korrigieren und zu unterbrechen.

Wenn man diese Regeln in ihr Gegenteil umkehrt, wird deutlich, dass das Verhalten jedes einzelnen Teammitglieds mit entscheidend ist für den Erfolg der Teamarbeit. Daher ist auch jeder und jede Einzelne bei drohenden Problemen gefordert, kritisch sein/ihr eigenes Verhalten zu hinterfragen, bevor Fehler bei anderen gesucht werden.

Zielgerichtetheit und Arbeitsorganisation

Abgesehen vom Verhalten der einzelnen Teammitglieder gibt es weitere Bedingungen, die den Erfolg Ihrer Teamarbeit und die Freude daran maßgeblich beeinflussen:

[1] Quelle: Knoll, Jörg: Kleingruppenmethoden, 2. Auflage, Weinheim und Basel: Beltz 1997, S. 33.

Der Schlüssel zu erfolgreichen Teamarbeiten liegt in der **Kommunikation**. Die Analyse der Aufgaben- und Problemstellungen, Planungen, Entscheidungsprozesse und vor allem Konflikte bieten zahlreiche kommunikative Herausforderungen, die von der Gruppe gemeistert werden müssen. Erfolgreiche Kommunikation in der Gruppe bewirkt für alle Teammitglieder mehr **Klarheit**, die ihrerseits wiederum die Kommunikation erleichtert. So ist es zwingend erforderlich, dass die Aufgabenstellung für alle Teammitglieder eindeutig ist und dass die Arbeit ausgewogen geplant wird. Zudem hilft eine klare Organisation und Rollenverteilung im Team, um effizient zu lernen und zu arbeiten.

Rollen bei der Teamarbeit

In Arbeitsteams von Unternehmen versucht man verschiedene Rollen zu besetzen, die dann im Zusammenspiel ein hohes Maß an Produktivität entfalten sollen. Ein sehr bekanntes Modell zu dieser Zielsetzung hat Dr. Raymond Meredith Belbin bereits in den 1970er-Jahren entwickelt. Das Modell benennt acht Teamrollen, die zwar in jedem Menschen wiederzufinden sind, aber in sehr unterschiedlicher Ausprägung. In einem Team sind idealerweise alle acht Teamrollen von einzelnen Teammitgliedern ausgefüllt, sodass sich diese optimal ergänzen können. So erreicht das Team ein Höchstmaß an Produktivität.

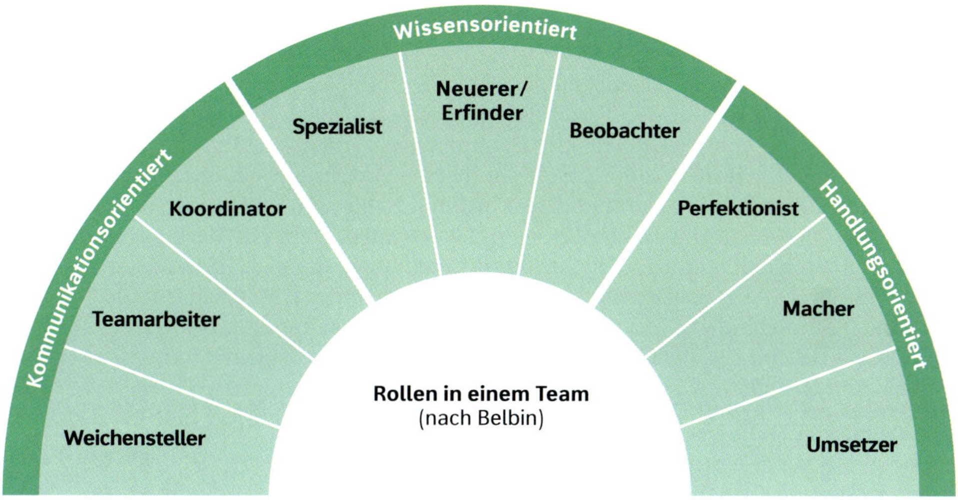

Teamentwicklungsphasen

Ein Team ist nur dann erfolgreich, wenn die Teammitglieder **zielorientiert und effektiv** zusammenarbeiten. Dies setzt voraus, dass es der Unternehmensleitung gelingt, gut funktionierende Teams zusammenzustellen. In der Praxis ist das nicht immer einfach, da jedes Teammitglied zu Beginn und während der Arbeit ganz eigene Ziele und einen eigenen Hintergrund einbringt, was den Umgang der Teammitglieder untereinander prägt.

Kompetenzgerangel, Macht- und Führungsanspruch, Sympathie oder Vorurteile spielen in der engen Zusammenarbeit im Team eine große Rolle. Es ist daher auch sehr verständlich, dass sich Teams im Laufe der Zeit und der gemeinsamen Zusammenarbeit entwickeln. Experten haben dabei **vier Phasen** der **Teamentwicklung** ausgemacht. Diese kann man sicher auch bei längeren Gruppenarbeiten in der Schule in Ansätzen beobachten:

1. Formingphase	2. Stormingphase	3. Normingphase	4. Performingphase
Eine Art **Testphase**, in der sich die einzelnen Teammitglieder vorsichtig in Augenschein nehmen. Der Umgangston ist höflich. Jetzt ist der richtige Zeitpunkt, um Rollen, Teilaufgaben und Arbeitsmethoden klar zu definieren.	Hat sich das Team erst einmal etabliert, folgt eine **Phase der Turbulenzen** und der offenen Konfrontationen. Jeder versucht sich zu behaupten. Status und Rollen werden neu verteilt. Meist geht das sogar mit offenen Konflikten einher.	Jetzt sind die **Beziehungsfragen der Teammitglieder geklärt** und es geht um Sachfragen. Aufgabenverteilung, Arbeitsmethoden und Spielregeln für den Umgang miteinander werden jetzt endgültig geklärt. Es entsteht **Kooperation**.	Die **Basis für konstruktive Zusammenarbeit** ist geschaffen: Die Rollen sind geklärt, die Aufgaben verteilt, interpersonelle Probleme gelöst oder entschärft. Die Energie des Teams wird nun ganz der Aufgabe gewidmet.

Inklusion – Teilhabe und Vielfalt für Teambildungsprozesse nutzen

Das Wort **Inklusion** kommt aus dem Lateinischen und bedeutet so viel wie „einschließen" im Sinne von „einbeziehen":

Inklusion als Menschenrecht

Inklusion ist nicht nur in Deutschland, sondern auf der ganzen Welt ein wichtiges Thema. Die Organisation der Vereinten Nationen hat dazu 2006 die UN-Konvention über die „Rechte von Menschen mit Behinderung" verabschiedet, die 2009 auch in Deutschland in Kraft trat. Damit wurde das Thema „Inklusion" auf der Ebene der **allgemeinen Menschenrechte** verankert. Inklusion als Menschenrecht ist nicht nur ein Thema für Menschen mit Behinderungen. Sie verlangt vielmehr, dass **alle Menschen** gleich gut behandelt werden, die gleichen Rechte haben, es keine Hindernisse und Barrieren gibt und alle gleichberechtigt an allen Bereichen der Gesellschaft teilhaben können. Das gilt unabhängig von ihren individuellen Fähigkeiten, der Hautfarbe, der Herkunft, dem Geschlecht, dem Alter, dem sozialen Status, der sexuellen Orientierung oder einer Behinderung.

Inklusion schätzt die **Vielfalt** und wendet sich gegen Diskriminierung. Sie strebt eine uneingeschränkte **Teilhabe** aller Menschen in allen Bereichen der Gesellschaft an. Dies gilt für Schulen, Kommunen und Vereine genauso wie für Betriebe. Als Menschenrecht geht Inklusion alle Menschen an und nicht nur diejenigen, die diskriminiert, benachteiligt oder sogar ausgeschlossen sind. Denn Menschenrechte bauen darauf auf, dass jeder Mensch den anderen respektiert und sich solidarisch für die Rechte der anderen einsetzt.

Inklusion als Haltung

Inklusion ist ein Thema, das die Zustimmung Aller erfordert und nur aus einer klaren **inneren Haltung** heraus gelebt werden kann. Eine innere Haltung zeigt sich in unserem Denken, Handeln und Tun. Auch durch unsere Sprache kommt unsere innere Haltung zum Ausdruck – sowohl im wörtlichen Sprechen als auch in der Körpersprache. Getragen wird unsere innere Haltung durch unsere Werte. Deshalb geht es bei der Inklusion auch immer um die Umsetzung von **„inklusiven Werten“**, für die jeder Einzelne steht. Diese Werte sind gleichermaßen eine Grundlage zur Orientierung und eine Aufforderung zum Handeln.

Zentrale inklusive Werte sind[1]:

- **Gleichheit** ist ein zentraler inklusiver Wert. Damit verbunden sind Begriffe wie **Fairness** und **Gerechtigkeit**. Gleichheit bedeutet dabei nicht, dass alle gleich sind – es bedeutet vielmehr, alle als gleichermaßen wertvoll zu behandeln.
- **Teilhabe** ist mehr als nur „dabei zu sein“. Die physische Zugänglichkeit und eine Einladung sind zwar wichtige Voraussetzungen für Teilhabe. In der Folge nehmen wir an etwas teil, wenn wir uns tatsächlich beteiligt fühlen, also aktiv in das gemeinsame Arbeiten und Lernen eingebunden sind und gleichberechtigt an Entscheidungen beteiligt sind.
- **Wertschätzung von Vielfalt** bedeutet, andere zu respektieren, fair zu behandeln sowie deren Beitrag anzuerkennen, den sie mit ihrer Persönlichkeit und ihrem positiven Handeln für die Gemeinschaft, die Gruppe oder ein Team leisten.

Inklusion – Vielfalt für Teambildungsprozesse nutzen

Inklusion kann nur dann gelingen, wenn möglichst viele Menschen hinter diesem Thema stehen und für sich erkennen, dass Inklusion den Alltag und das Miteinander der Menschen in unterschiedlichsten Lebenssituationen bereichert. Es gibt mehrere Ebenen in denen jede/-r Einzelne dazu beitragen kann, dass Inklusion gelingt:[2]

Ich mit mir	Ich mit dir	Wir	Gesellschaft
Die Ebene der einzelnen Person	**Die Ebene von Mensch zu Mensch**	**Die Ebene einer Organisation, eines Betriebes, einer Gruppe, eines Teams**	**Die Ebene des großen gesellschaftlichen Zusammenhangs**
Beispiel Ich reflektiere meine Haltung, Einstellungen, Sichtweisen und Vorurteile, mit denen ich anderen Menschen in meinem Berufs- und Privatleben begegne.	**Beispiel** In meiner direkten Beziehung zu Kolleginnen/Kollegen, Mitschüler/-innen, Lehrer/-innen verhalte ich mich respektvoll und wertschätzend.	**Beispiel** Wir heißen alle Menschen in einem Team willkommen und sind überzeugt, dass Vielfalt unser Team bereichert und voranbringt.	**Beispiel** Ich engagiere mich in der Gesellschaft (Vereine, Verbände, Gruppierungen) und setzte mich dafür ein, dass die inklusiven Werte eine breite gesellschaftliche Umsetzung erfahren.

Insbesondere die Ebene des „Wir“ hat für **Teambildungsprozesse** eine besondere Bedeutung. Wie das bereits beschriebene (vgl. S. 230) Modell von Belbin zeigt: Je unterschiedlicher und vielfältiger die Teammitglieder sind, desto mehr kann das gesamte Team und jeder Einzelne profitieren. Denn jedes Teammitglied hat etwas Besonderes und Einzigartiges und kann dem Team somit wertvolle Impulse in der Sache oder dem Prozess geben.

[1] *Vgl. Reich, Kersten: Inklusion und Bildungsgerechtigkeit, 1. Auflage, Weinheim und Basel: Beltz 2012, S. 186 ff.*

[2] *Vgl. Montag Stiftung Jugend und Gesellschaft (Hrsg.): Inklusion vor Ort: Der Kommunale Index für Inklusion – ein Praxishandbuch, 1. Auflage, Freiburg: Lambertus-Verlag 2011, S. 25 f.*

Damit sich dies positiv auf die Teamarbeit auswirkt, sollten sich die Teammitglieder darüber verständigen, dass

- jede/-r mitmachen kann und keiner ausgegrenzt wird,
- Vielfalt und Unterschiedlichkeit der Teammitglieder bereichernd ist,
- alle Beiträge unterschiedlicher Teammitglieder gleichermaßen wertvoll sind,
- ein wertschätzender und respektvoller Umgang untereinander gepflegt wird.

Eine solche Verständigung in einem Prozess der Teamfindung ist natürlich kein Selbstläufer, weil dies bereits gelebte **inklusive Praktiken** voraussetzt. Vielfach empfiehlt es sich daher, Teambildungsprozesse mit dem Aufbau **inklusiver Kulturen** zu verbinden. Dies kann erreicht werden, indem sich Teams, bevor sie in die eigentliche Arbeit einsteigen, z. B. mit einer der folgenden **Fragen** beschäftigen:

- Haben alle Teammitglieder das Gefühl, dass sie im Team gleichermaßen ernst genommen, geschätzt und respektiert werden?
- Wird Vielfalt in unserem Team als Bereicherung und Entwicklungsmotor empfunden?
- Gibt es ein gemeinsames Verständnis von Inklusion?
- Fühlen sich alle Teammitglieder ermutigt, die für sie individuell besten Leistungen in die Teamarbeit einzubringen?

Zusammenfassung: Erfolgreiche Teamarbeit gestalten

- Teamarbeit und die **Teamfähigkeit** der Mitarbeiter und Mitarbeiterinnen haben eine große Bedeutung in Unternehmen.
- Erfolgreiche Teamarbeit bietet zahlreiche **Vorteile** und kann zu einer höheren Arbeitszufriedenheit und -qualität führen. Man muss jedoch auch die Gefahren bei Teamarbeit kennen, um sie von vornherein auszuschließen und unverzüglich und erfolgreich zu arbeiten.
- Das **Gelingen** von Teamarbeit ist an zahlreiche Bedingungen gebunden, die das Verhalten der einzelnen **Mitglieder**, die **Kommunikation** innerhalb des Teams und die **Arbeitsorganisation** betreffen.
- In Teamarbeit nehmen die Mitglieder des Teams **unterschiedliche Rollen** wahr. Eine gute Mischung von Rollen und Persönlichkeiten kann den Arbeitsprozess und die Ergebnisse sehr bereichern.
- Man unterscheidet vier **Phasen der Teamentwicklung**, die sich üblicherweise bei längeren Teamarbeiten zeigen.
- **Inklusion** ist ein Menschenrecht, schätzt die Vielfalt, wendet sich gegen Diskriminierung und strebt eine uneingeschränkte Teilhabe aller Menschen in allen Bereichen der Gesellschaft an. Die Inklusion lebt davon, dass möglichst viele Menschen mitmachen.
- Vielfalt und inklusive Praktiken bereichern das Lernen und Arbeiten in Teams.

Aufgaben

1. *Führen Sie eine Podiumsdiskussion zum Thema „Sinn und Unsinn der Gruppenarbeit" durch. Nachdem in Gruppen Argumente für jeweils eine Position (Befürworter bzw. Gegner der Gruppenarbeit) gesammelt wurden und ein Sprecher je Gruppe gewählt wurde, gehen Sie bei der Podiumsdiskussion wie folgt vor:*

Darstellungsrunde

- *Der Leiter eröffnet die Diskussion, nennt das Thema der Diskussion und stellt die Teilnehmer nacheinander vor. Der zuletzt genannte Teilnehmer erhält als Erster das Wort.*
- *Die einzelnen Diskussionsteilnehmer stellen nacheinander ihre Positionen dar. Sie dürfen dabei nicht unterbrochen werden. Die Redezeit ist allerdings auf zwei Minuten begrenzt, dann gibt der Leiter das Wort weiter.*

Diskussionsrunde

- *Die Teilnehmer an der Podiumsdiskussion können nun miteinander „streiten", d. h., sie gehen auf die Argumente der „Gegenseite" ein und versuchen sie zu entkräften oder durch schlagkräftigere eigene Argumente zu übertreffen.*
- *Dem Leiter kommt in dieser Phase eine wichtige Stellung zu. Er erteilt und entzieht den einzelnen Teilnehmern das Wort. Es ist darauf zu achten, dass die Gesprächsanteile gerecht verteilt werden und dass die Redebeiträge zeitlich begrenzt werden. Hierbei ist es hilfreich, wenn der Leiter eine Redeliste führt.*

Plenumsrunde

- *Wenn die Positionen auf dem Podium ausreichend ausgetauscht und diskutiert worden sind, hat der Rest der Klasse Gelegenheit, mit Fragen an einzelne Teilnehmer oder auch mit eigenen Beiträgen die Diskussion zu bereichern.*
- *Auch in dieser Phase muss der Leiter auf eine gerechte Verteilung der Redeanteile achten.*

2. *Formulieren Sie mindestens fünf Positivregeln für das Verhalten des/der Einzelnen für sein/ihr Verhalten in der Teamarbeit.*
3. *Erklären Sie die unterschiedlichen Phasen der Teamentwicklung.*
4. *Wenden Sie sich Ihrer/m Sitznachbar/in zu. Überlegen Sie gemeinsam, welche wesentlichen Gemeinsamkeiten, aber auch Unterschiede Sie besitzen? Sind Sie wegen eines dieser Merkmale schon einmal ausgegrenzt worden?*
5. *Klären Sie in Einzelarbeit, wo Sie in Ihrem Beruf mit Situationen in Kontakt kommen, in denen*
   a) Inklusion überhaupt nicht gelebt wird und Menschen ausgeschlossen werden.
   b) Inklusion durchaus gelebt wird, auch wenn der Begriff der Inklusion den meisten bisher gar nicht geläufig ist

8.2 Konstruktiv in einem Team arbeiten

Handlungssituation

Nicole Höver hat morgen das erste Treffen mit dem neuen Team unter Leitung von Herrn Winkler. Trotz des interessanten Seminars zur Teamarbeit ist sie ziemlich besorgt.

„Jetzt weiß ich zwar, wie so ein Team funktioniert, aber werde ich dort auch meine Position finden? Ich als kleine Auszubildende – wie soll ich mir da Gehör verschaffen? Und sollten wir in eine ‚Storming-Phase' kommen, sehe ich mich schon aus dem Team rausfliegen." Nicht alle zukünftigen Mitglieder des Teams sehen ihre Rolle so kritisch wie Nicole. Insbesondere Frau Klein, die Gruppenleiterin Außendienst, scheint ein tolles Bild von sich zu haben und tritt immer sehr selbstbewusst auf, obwohl Nicole aus Gesprächen weiß, dass die Mitarbeiter aus ihrer Gruppe nicht viel von ihr halten ...

Arbeitsaufträge

- *Beschreiben Sie, welche Probleme Nicole in ihrer Rolle im zukünftigen Team sieht.*
- *Erklären Sie die Bedeutung der Persönlichkeitsmerkmale Selbstwirksamkeit und Selbstbewusstsein für die Teamarbeit.*

Individuelle Persönlichkeitsmerkmale von Teammitgliedern

In einem Team arbeiten Menschen mit unterschiedlicher Persönlichkeit miteinander. Diese Persönlichkeiten prägen die Grundeinstellung des Teams z. B. zu einem Projektauftrag und sind daher der wesentliche Faktor für den Erfolg oder Misserfolg der Teamarbeit. Wenn im Team die Einstellung *„das schaffen wir sowieso nicht"* dominiert, dann wird dies auch das wahrscheinliche Ergebnis sein. Der erfolgreiche Umgang mit einer Herausforderung bzw. einem Problem bedingt den Glauben an die Fähigkeit, dies zu bewältigen. Die Summe der Einstellungen bzw. Haltungen der einzelnen Teammitglieder ergibt die Teamhaltung („Teamspirit") gegenüber der „Teamaufgabe". Sie bestimmt, wie ausdauernd, konzentriert und motiviert das Team arbeiten wird. Die Persönlichkeitsmerkmale **Selbstwirksamkeit**, **Selbstbewusstsein** und das **Selbstbild** der einzelnen Teammitglieder spielen dabei eine zentrale Rolle.

Selbstwirksamkeit

Der Begriff der Selbstwirksamkeit beschreibt die persönliche Überzeugung, zukünftige Anforderungssituationen mit den eigenen Kompetenzen bewältigen zu können. Ihr Erfolg hängt von Ihnen selbst und nicht etwa von anderen Personen oder Begleitumständen ab. Diese Überzeugung, etwas zu können, ist ein wichtiges Persönlichkeitsmerkmal für erfolgreiches Handeln in vielerlei Situationen, z. B. auch in der Teamarbeit. Neben dem Glauben an die **Wirksamkeit des eigenen Handelns** ist die **Motivation** zum Handeln eine weitere wichtige Triebfeder für den Erfolg von Menschen. Dabei nährt sich die Motivation eines Teammitglieds von der **erwarteten Zufriedenheit** nach der Zielerreichung.

Beispiel In der Stammes Stahlrohr GmbH, einem Lieferanten der Primus GmbH, wird ein Projektteam „Nachhaltige Beschaffungsstrategien" aus sieben Mitarbeitern verschiedener Abteilungen zusammengestellt. Dieses Team hat bereits den Einstieg in die Internetvermarktung erfolgreich vorbereitet und auch andere Projekte erfolgreich abgeschlossen. Alle ausgesuchten Mitglieder sind der Überzeugung, mit ihren Fähigkeiten diese Aufgabe meistern zu können. Sie stellen sich motiviert der Herausforderung, u. a., weil sie bei den letzten Projekten die Zufriedenheit nach dem Abschluss als sehr positives Gefühl empfunden haben. Die Mitglieder dieses Projektteams weisen somit einen hohen Grad an Selbstwirksamkeit auf.

Die Überzeugung, selbstwirksam handeln zu können, wird von folgenden vier Faktoren beeinflusst:

1. **Persönliche Erfahrungen** bei der Bewältigung schwieriger Aufgaben spielen für die Entwicklung der Selbstwirksamkeit eine zentrale Rolle. Dabei ist es wichtig, dass Sie bei der Bewältigung einer Aufgabe Hindernisse überwinden, was wiederum zu Erfolgserlebnissen führt. Dieses Gefühl des „Ich kann es!“ resultiert aus der Erfahrung, mit entsprechender Motivation und Durchhaltevermögen auch schwierige Aufgaben lösen zu können.
2. Der Glaube an die eigenen Fähigkeiten kann auch aus sog. **stellvertretenen Erfahrungen** resultieren. Das bedeutet, dass Sie die Fähigkeit anderer Personen (**„Modelle“**), erfolgreich Aufgaben zu bewältigen, auf sich selbst übertragen können. Dafür muss diese Person ähnliche Kompetenzen aufweisen, wie Sie sich selbst zuschreiben, und als Mensch für Sie positive Ausstrahlung haben. Die Wirkung eines „**Vorbildes**“ auf die Selbstwirksamkeit von Teammitgliedern ist ein Phänomen, das in Teams große Kräfte freisetzen kann.
3. **Positive** und **realistische Rückmeldungen** anderer Personen bewirken, dass Sie Vertrauen in die eigenen Fähigkeiten aufbauen und die notwendige Ausdauer sowie Motivation zur Bewältigung einer Aufgabe entwickeln. Insbesondere der gezielte Einsatz von **Lob** hat eine große Bedeutung in der Rückmeldekultur eines Teams.
4. **Körperliche und emotionale Empfindungen** können Ihre Einschätzung der Selbstwirksamkeit positiv oder negativ beeinflussen. Wichtig ist, dass Sie in der Lage sind, bestimmte **Symptome**, z. B. erhöhten Pulsschlag, richtig zu interpretieren und als **positive Begleiterscheinung** in herausfordernden Situationen, wie z. B. bei einem Vortrag in einer Teamsitzung, einzuordnen.

Für Entscheidungsträger in Unternehmen spielt das Vorhandensein dieser Faktoren bei der Auswahl von Teammitgliedern eine wichtige Rolle. Sie festzustellen verlangt ein hohes Maß an Menschenkenntnis und Sensibilität.

Teammitglieder, die sich als selbstwirksam empfinden,
- sind ausdauernder und engagierter beim Bearbeiten ihres Aufgabe bzw. ihres Projekts,
- liefern Ergebnisse mit hoher Qualität ab,
- sind in der Lage, unterschiedliche Strategien bei der Lösungssuche zu nutzen,
- verarbeiten Misserfolge schneller und zweifeln nicht an ihrer Leistungsfähigkeit.

Selbstbewusstsein

In engem Zusammenhang mit der Selbstwirksamkeit steht das Selbstbewusstsein einzelner Teammitglieder oder des gesamten Teams. Beiden Begriffen gemeinsam ist das **mutige** und **zuversichtliche Auftreten** der einzelnen Person im Team oder des Teams als Gesamtheit, das sich im **Überzeugtsein** von den **eigenen Fähigkeiten** begründet. Beim

Selbstbewusstsein ist zudem die Fähigkeit gemeint, sich **selbst wahrzunehmen** und zu den eigenen **Stärken** bzw. **Schwächen** zu stehen. Für Teams oder auch einzelne Teammitglieder gilt es dabei, ein „übersteigertes Selbstbewusstsein" zu vermeiden. Hierbei ist insbesondere der regelmäßige und kritische Abgleich des **Selbst-** und **Fremdbildes** ein wichtiges Vorgehen, das mit verschiedenen Methoden umgesetzt werden kann.

Beispiel Der Leiter des neuen Projektteams „Multichannel-Marketing" Armin Hack zeigt bei seiner Vorstellung im Projektteam ein so selbstsicheres Auftreten, dass die Mitglieder des Teams dies als arrogant wahrnehmen. In den folgenden Wochen offenbart sich in der Projektarbeit, dass Armin Hack seine eigene Leistungsfähigkeit deutlich überschätzt. Sein Verhalten ist wenig teamfähig und einige Entscheidungen zeigen fachliche Defizite.

Andererseits kann es genauso wichtig sein, dass das Selbstbewusstsein des einzelnen Teammitglieds oder auch des gesamten Teams gesteigert werden muss. Auch hierfür bieten sich eine Vielzahl von Techniken und Methoden an. Die Entwicklung von Selbstbewusstsein von Teammitgliedern oder/und des gesamten Teams zeigt sich z. B. in:

- souveränem Auftreten in Sprache und Körpersprache,
- besserem Umgang mit Rückschlägen und Konflikten,
- Selbstvertrauen, auch „neue" Lösungswege zu gehen,
- realistischer Einschätzung von Herausforderungen,
- Bereitschaft, eigene Stärken weiterzuentwickeln und an Schwächen zu arbeiten.

Selbstbild

In einer engen Beziehung zum Selbstbewusstsein eines Teammitglieds steht dessen Selbstbild. Unter dem Selbstbild versteht man die **Selbsteinschätzung** der jeweiligen Person. Ein negatives Selbstbild, ausgedrückt in Unzufriedenheit mit sich selbst, mangelndem Selbstvertrauen oder Minderwertigkeitsgefühlen, geht dabei oft mit einem mangelnden Selbstbewusstsein einher. Umgekehrt kann ein **übersteigertes Selbstbewusstsein** zu einer Fehleinschätzung der eigenen Fähigkeiten und Wirkung führen. Für Ihre berufliche und private Leistungsfähigkeit, Ihr Wohlbefinden und den Umgang mit anderen Menschen ist es wichtig, dass Ihr Selbstbild und das Fremdbild anderer möglichst übereinstimmen. Hier ist wichtige Erkenntnis für Ihre berufliche und private Entwicklung, dass das Selbstbild einer Person als **dynamisch** und **nicht** als **statisch** angesehen wird. Das bedeutet, dass jeder an seinem Selbstbild arbeiten kann, um sich seinem **„Wunschbild"** zu nähern.

Wesentliche Persönlichkeitsmerkmale von Teammitgliedern

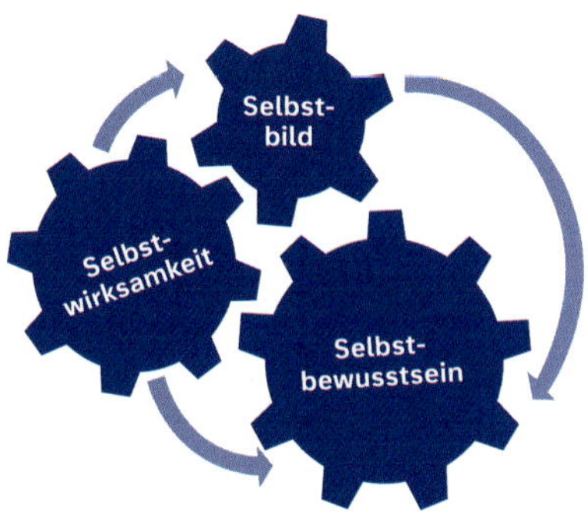

■ Erfolgreiche Kommunikation in der Teamarbeit

Neben den Persönlichkeitsmerkmalen der einzelnen Teammitglieder liegt der Schlüssel für erfolgreiche Teamarbeit in der „guten“ **Kommunikation**. Die Analyse der Aufgaben- und Problemstellungen, Planungen, Entscheidungsprozesse und vor allem Konflikte bieten vielfältige Herausforderungen, die das Team meistern muss. In diesem Zusammenhang ist es wichtig, sich mit den **Grundlagen** der **Kommunikationspsychologie** und elementaren **Regeln** der **Gesprächsführung** auseinanderzusetzen.

Eisberg-Modell

Das Eisberg-Modell der menschlichen Kommunikation verdeutlicht, dass die Kommunikation im Team auf der Sach- und der Beziehungsebene stattfindet. Für das Gelingen von Kommunikation im Team spielt die **Sachebene** (Informationen, Ziele, Anweisungen usw.) als sichtbarer Teil des Eisbergs eine weniger bedeutende Rolle. Die **Beziehungsebene** zwischen den Gesprächspartnern ist für die Entwicklung eines Gesprächs von wesentlich größerer Bedeutung. Diese Ebene, die häufig auch als Gefühlsebene bezeichnet wird, steuert unterschwellig (unter der Wasseroberfläche) den Gesprächsverlauf und damit auch den Erfolg des Gesprächs. Hier werden (Vor-)Urteile, Einstellungen, Erfahrungen, Sympathie und Antipathie wirksam.

Die Hauptursachen für Gesprächsstörungen und Konflikte im Team sind auf der Beziehungsebene zu finden. Die Teammitglieder gestalten diese Ebene vor allem über ihre **nonverbale** (körpersprachliche) **Kommunikation**. Diese Erkenntnis wird dadurch belegt, dass von den Informationen die ein Mensch aus einem Gespräch entnimmt, nur etwa 15 % auf den Inhalt selbst entfallen. Der restliche Anteil wird aus der Körpersprache und der Stimme des Gesprächspartners entnommen.

Nonverbale Kommunikation

Das Eisberg-Modell macht deutlich, dass Mitteilungen, die durch Elemente der Körpersprache (Mimik, Gestik, Blickkontakt und Körperhaltung) ausgedrückt werden, mindestens genauso wichtig sind wie der eigentliche Inhalt einer Aussage. Oft sendet der Körper stumme Signale aus, die Stimmungslagen verraten oder die den Persönlichkeitstyp (z. B. den schüchternen Gesprächspartner) erkennen lassen. Für Sie ist es wichtig, bestimmte körpersprachliche Signale zu erkennen und entsprechend zu reagieren. Eine offene Körperhaltung zeigt beispielsweise Interesse, während ein abschätzender Blick oder hochgezogene Augenbrauen als Ablehnung gedeutet werden können. Ferner ist es für Sie von Vorteil, sich der Wirkung der eigenen Körpersprache bewusst zu sein.

„Der Körper ist der Handschuh der Seele, seine Sprache das Wort des Herzens. Jede innere Bewegung, Gefühle, Emotionen, Wünsche drücken sich durch unseren Körper aus.“[1]

Samy Molcho

Distanzzonen

„Ich will Ihnen nicht zu nahe treten“ als umgangssprachliche Redewendung steht für ein ungeschriebenes Gesetz zum Abstandhalten im Gespräch. Menschen haben Raumbedürfnisse, die man entsprechend der jeweiligen Beziehung der Gesprächspartner zueinander in drei Zonen einteilt:

Die intime Zone beginnt beim Hautkontakt und reicht bis zu einer Entfernung von 0,60 m. Dieser Bereich umfasst beispielsweise eine Umarmung zwischen engen **Freunden.** Sie stellt für Sie einen beruflichen Tabubereich dar, den Sie im hohen Maße respektieren sollten. **Die persönliche Zone** reicht von 0,60 m bis zu 1,30 m. In diesen Bereich sollten Sie erst dann eintreten, wenn es Ihnen gelungen ist, einen **guten Kontakt** zum Gesprächspartner aufzubauen.

[1] *Quelle: zitiert nach: Lohrmann, Julia: Samy Molcho – vom Pantomimen zum Lehrer. In: planet wissen. Westdeutscher Rundfunk, Köln, 12.11.2019. https://www.planet-wissen.de/gesellschaft/kommunikation/koerpersprache/pwiesamymolchovompantomimenzumlehrer100.html [17.01.2022].*

Beispiel Die Auszubildende Nicole Höver unterhält sich ungern mit der Außendienstmitarbeiterin eines Lieferanten, weil diese in Gesprächen kein Gefühl für einen entsprechenden räumlichen Abstand hat. Nicole Höver empfindet die mangende Distanz als aufdringlich.

Zu Beginn eines Kontakts sollte **die soziale Zone**, die von 1,30 m bis 4,00 m reicht, gewahrt werden. Das Eintreten in die persönliche Zone kann dann nach **Sympathiesignalen** erfolgen. Bei der Einteilung von Distanzzonen sollten **kulturelle Unterschiede** unbedingt berücksichtigt werden. Menschen aus Nordeuropa, Nordamerika und Asien beanspruchen einen weiteren persönlichen Schutzraum als Südeuropäer oder Personen aus dem Mittleren Osten.

Kommunikationsregeln

Bei der Arbeit im Team werden sachliche Informationen mithilfe „gesprochener Worte" (**verbal**) ausgetauscht. Hierbei ist das Beachten von **Kommunikationsregeln** hilfreich, weil es aufgrund von falschem Verhalten der Teammitglieder oder unklugen Formulierungen häufig zu Missverständnissen oder Störungen in der Teamarbeit kommen kann. Die folgenden Regeln für das Sprechen **(verbale Kommunikation)** und das **aktive Zuhören** behandeln die wesentlichen Aspekte:

Kommunikationsregeln[1]	
Regeln für das Sprechen	**Regeln für das [aktive] Zuhören**
1. Offen sprechen Sagen Sie offen, was Sie bewegt. Vermeiden Sie Vorwürfe und schildern Sie einfach, womit Sie sich unwohl fühlen. **2. Sagen Sie „Ich"** So bleiben Sie bei Ihren eigenen Gefühlen. Du-Sätze beinhalten meist Angriffe und führen zu Gegenattacken. **3. Bleiben Sie bei konkreten Situationen** Ihr Partner versteht so besser, was Sie meinen. Wenn Sie Verallgemeinerungen wie „nie" und „immer" verwenden, werden ihm wahrscheinlich sofort Gegenbeispiele einfallen. **4. Sprechen Sie konkretes Verhalten an** So vermeiden Sie, den Partner als Gesamtperson für langweilig oder unfähig zu erklären. Denn dann müsste er sich als Person verteidigen und sich nicht ändern wollen. Über ein einzelnes Verhalten wird er dagegen mit sich reden lassen. **5. Bleiben Sie beim Thema** Alte Probleme wieder aufzuwärmen, führt nur zu neuem Streit. Die Lösung der gegenwärtigen Schwierigkeiten wird erschwert.	**1. Zeigen Sie, dass Sie zuhören** Wenden Sie sich dem Partner zu und halten Sie Blickkontakt. Sie können auch durch Nicken signalisieren, dass Sie folgen. Eine andere Möglichkeit sind Ermutigungen wie *„Ich würde gerne mehr darüber hören".* **2. Fassen Sie zusammen** Wiederholen Sie mit Ihren eigenen Worten, was der Partner gesagt hat. So merkt er, ob alles richtig bei Ihnen angekommen ist, und kann Missverständnisse korrigieren. **3. Fragen Sie offen** Der andere muss so antworten können, wie er will. Schlecht ist es, wenn er sich erst gegen Unterstellungen wehren muss, etwa *„Lag das an deiner Unsicherheit?"* **4. Loben Sie gutes Gesprächsverhalten** Wenn Ihr Partner sich an die Regeln hält, können Sie das ruhig erwähnen. Beispiel *„Es freut mich sehr, dass du das so offen gesagt hast".* **5. Sagen Sie, wie Sie seine Worte empfinden** Wenn Sie mit den Äußerungen Ihres Partners nicht einverstanden sind, schildern Sie, wie es Ihnen dabei geht. Sie könnten sagen: *„Ich bin verblüfft, dass du das so siehst."* Sagen Sie nicht: *„Das ist ja völlig falsch."* Selbstverständlich ist auch Zustimmung erlaubt.

[1] *Quelle: Mück, Herbert Dr. Dr. med.: Kommunikationsregeln. In: www.dr-mueck.de. o.ED. http://www.dr-mueck.de/HM_Kommunikation/HM_Kommunikationsregeln.htm [21.09.2021].*

Paraphrasieren

Es gibt immer wieder Situationen in der Teamarbeit, in denen Missverständnisse, Ärger oder Streit dadurch verursacht werden, dass die Teammitglieder einander nicht richtig zuhören. Diese Erkenntnis ist darin begründet, dass das „Gemeinte" und das „Verstandene" in Gesprächen oftmals deutlich auseinanderliegen. Umgangssprachlich spricht man von „aneinander vorbeireden". Mit der Methode des **Paraphrasierens** können Sie überprüfen, ob Sie die Gesprächsinhalte richtig verstanden haben. Sie **wiederholen** die Aussage Ihres Gesprächspartners mit eigenen Worten und geben somit eine **Inhaltsangabe** dessen, was Sie verstanden haben. Sie zeigen damit Ihrem Gesprächspartner, dass Sie sich für ihn **interessieren**, und entwickeln **Verständnis** für seinen Standpunkt bzw. seine Einstellung. Sollten Sie aber etwas falsch verstanden haben, wird das sofort geklärt. Der Fokus des Gesprächs bleibt dabei auf der Sachebene, das verhindert z. B. emotionale Überreaktionen eines oder beider Gesprächspartner, die durch Missverständnisse leicht entstehen.

Beim Einsetzen der Methode des Paraphrasierens **sind folgende Punkte zu beachten**:

- Zeigen Sie Verständnis für die Sichtweise des anderen und hören Sie gut zu.
- Unterbrechen Sie Ihren Gesprächspartner nicht.
- Wiederholen Sie nur sachliche Inhalte.
- Nutzen Sie Standardfragestellungen wie „*Habe ich richtig verstanden, dass Sie ...?*" oder „*Wolltest du mir mitteilen, dass ...?*".
- Erfragen Sie von Ihrem Gesprächspartner das Einverständnis für die Wiedergabe des Gesagten.

Metakommunikation[1]

Ein Instrument zur Vorbeugung vor und zum konstruktiven Umgang mit Problemen bzw. Konflikten ist die Metakommunikation im Team. Das heißt, dass in Ihrer Teamsitzung alles das thematisiert werden kann, was sich in der Teamarbeit ereignet hat und direkten oder indirekten Einfluss auf die Zusammenarbeit im Team hat. Zusammengefasst kann man es als **„das Reden über das Reden"** bezeichnen. In einer „metakommunikativen" Gesprächskultur geht es darum, die **Beziehungsebene** der Teammitglieder untereinander bzw. zur Teamleitung zum Gesprächsgegenstand zu machen. Dabei ist es ein wichtiges Ziel, die Gründe für Störungen oder Konflikte auf dieser Ebene zu identifizieren, weil sie die inhaltliche Arbeit (Sachebene) im Team negativ beeinflussen. Ist ein Problem bekannt und ausgesprochen, ist es schon halb gelöst.

Mögliche Themen können sein:
- Ziele und Aufgaben des Teams,
- zwischenmenschliche Störungen in der Zusammenarbeit,
- das Arbeitsklima und der Umgang miteinander,
- die Verbindlichkeit von Absprachen,
- persönliche Probleme mit Auswirkung auf die Arbeit im Team,
- Organisation der Arbeitsabläufe in der Teamarbeit,
- Unterstützung, Motivation und Führung durch die Teamleitung.

---

[1] *Vgl. Schulz von Thun, Friedemann et al.: Miteinander reden: Kommunikationspsychologie für Führungskräfte. Reinbek: rororo 2003, S. 123 ff.*

Alle aufgeführten Punkte wirken auf die Qualität der Zusammenarbeit eines Teams. Die offene und regelmäßige Aussprache über diese Themen hat die **Stabilisierung** und **Weiterentwicklung** des Teams als Ganzes zum Ziel. Im Idealfall werden Konflikte oder Probleme schon in ihrer Entstehung erkannt, angesprochen und beseitigt. Folgeerscheinungen, wie ein schlechtes Arbeitsklima, Motivationsprobleme oder auch sachliche Fehler können vermieden werden.

Zusammenfassung: Konstruktiv in einem Team arbeiten

- Die Persönlichkeitsmerkmerkmale **Selbstwirksamkeit**, **Selbstbewusstsein** und **Selbstbild** spielen eine wichtige Rolle für erfolgreiche Teamarbeit.
- Teammitglieder, die sich als **selbstwirksam** empfinden, sind überzeugt, mit ihren Kompetenzen zukünftige Anforderungen bewältigen zu können.
- Das **selbstbewusste** Auftreten von Teammitgliedern begründet sich oftmals in der Überzeugung von den eigenen Fähigkeiten. Wichtige Grundlage für ein „realistisches“ Selbstbewusstsein ist der regelmäßige Abgleich von **Selbst- und Fremdbild**.
- Das **Selbstbild** beschreibt die Selbsteinschätzung von Teammitgliedern. Das Selbstbild wird dabei als dynamisch und nicht als statisch angesehen.
- Das **Eisberg-Modell** verdeutlicht, dass die Kommunikation im Team auf der **Sach-** und der **Beziehungsebene** stattfindet.
- Die **nonverbale Kommunikation** umfasst körpersprachliche Mitteilungen durch Mimik, Gestik, Blickkontakt und Körperhaltung.
- **Distanzzonen** werden in die **intime**, **persönliche** und **soziale** Zone unterteilt.
- Das Einhalten von **Kommunikationsregeln** und der Einsatz von Instrumenten wie dem **Paraphrasieren** bzw. der **Metakommunikation** verhindern Störungen in der Teamarbeit bzw. helfen, konstruktiv damit umzugehen.

Aufgaben

1. *Erstellen Sie eine Mindmap zum Begriff und zur Bedeutung der Selbstwirksamkeit von Teammitgliedern.*
2. *Erklären Sie den Zusammenhang zwischen dem Selbstbewusstsein und der Selbstwirksamkeit von Teammitgliedern.*
3. *Begründen Sie, warum man für die Entwicklung eines realistischen Selbstbildes regelmäßig eine Rückmeldung anderer Menschen benötigt.*
4. *Im Projektteam „Multichannel-Marketing“ kommt es häufig zu Auseinandersetzungen mit dem Teamleiter Armin Hack. Die Teammitglieder fühlen sich in ihrer Arbeit übermäßig kontrolliert und unter Druck gesetzt. Insbesondere das nonverbale Auftreten des Teamleiters wird als überheblich empfunden und deckt sich nicht mit seiner wahrgenommenen Arbeitsleistung. Finden Sie auf Grundlage des Eisberg-Modells mögliche Gründe, warum es zu Störungen bzw. Konflikten in der Arbeit des Projektteams kommt.*
5. *Kommentieren Sie folgenden Ausspruch eines Teamleiters: „Ich weiß, dass die Kommunikation in unserem Team ein Problem ist. Ich bin aber nicht bereit, darüber zu sprechen.“*

Wiederholungsaufgaben zum 2. Lernfeld

1. *Informieren Sie sich im Internet über die verschiedenen Rollen in der Teamarbeit nach Belbin (vgl. S. 230).*
   a) Prüfen Sie anhand der jeweiligen Eigenschaften, welche Rolle oder Rollen Sie selbst üblicherweise bei Gruppen-/Teamarbeiten einnehmen.
   b) Bilden Sie eine Kleingruppe (drei Personen) und schätzen Sie sich zunächst in Einzelarbeit gegenseitig ein.
   c) Tauschen Sie Ihre Einschätzungen aus und besprechen Sie Abweichungen zwischen dem Selbst- und dem Fremdbild.

2. *Die Leistungsfähigkeit und -bereitschaft eines Teams steht im direkten Zusammenhang mit den Persönlichkeitsmerkmalen Selbstwirksamkeit, Selbstbewusstsein und Selbstbild der einzelnen Teammitglieder.*
   a) Erklären Sie die aufgeführten Persönlichkeitsmerkmale.
   b) Die Überzeugung, selbstwirksam handeln zu können, wird von verschiedenen Faktoren beeinflusst. Beschreiben Sie zwei Einflussfaktoren.
   c) Nennen Sie drei Beispiele für Verhaltensweisen von Teammitgliedern, an denen Sie ein selbstbewusstes Auftreten festmachen.

Gebundene Prüfungsaufgaben

1. *Welche Aussage über Frankiermaschinen ist richtig?*
   1. Frankiermaschinen lassen sich mit anderen Postbearbeitungsmaschinen kombinieren.
   2. Frankiermaschinen erleichtern das Aufkleben von Briefmarken.
   3. Frankiermaschinen übertragen die gespeicherten Adressen auf die Umschläge.
   4. Der Einsatz von Frankiermaschinen spart kein Porto.
   5. Frankiermaschinen dienen zum Verschließen von Postsendungen

2. *Die Bearbeitung der Eingangspost soll in der Poststelle beschleunigt werden. Welches Gerät kann dafür verwendet werden?*
   1. Der Freistempler
   2. Die Frankiermaschine
   3. Die Zusammentragemaschine
   4. Der elektronisch betriebene Brieföffner
   5. Die Falzmaschine

3. *Welches Recht hat ein Mitarbeiter, dem Postvollmacht erteilt wurde?*
   1. Er darf Postüberweisungen unterschreiben.
   2. Er darf Briefe selbstständig beantworten.
   3. Er darf die ausgehende Post unterschreiben.
   4. Er darf Postsendungen in Empfang nehmen.
   5. Er darf anderen Mitarbeitern des Unternehmens Postvollmacht erteilen.

4. *Welche Sendung darf ein Angestellter mit allgemeiner Postvollmacht für seinen Chef, den Alleininhaber des Betriebes, nicht in Empfang nehmen?*
   1. Zahlungsanweisung über 900,00 €
   2. Einschreiben
   3. Sendung mit Vermerk „Eigenhändig“
   4. Einwurfeinschreiben
   5. Bücher- und Warensendung

5. *Auf welchen Schriftstücken darf kein Eingangsstempel angebracht werden?*
1. *Rechnungen*
2. *Bestellungen*
3. *Urlaubskarten der Mitarbeiter*
4. *Urkunden*
5. *Lieferscheine*

6. *Bringen Sie die folgenden Arbeitsschritte zur Bearbeitung einer Eingangsrechnung in die richtige Reihenfolge.*
- ○ *Prüfen auf rechnerische Richtigkeit*
- ○ *Anbringen des Eingangsstempels*
- ○ *Kontieren und Buchen*
- ○ *Vergleichen mit der Bestellung*
- ○ *Veranlassen der Zahlung*
- ○ *Ablage der Rechnung*
- ○ *Buchen der Zahlung*

7. *Bringen Sie die folgenden Arbeiten beim Posteingang in die richtige Reihenfolge.*
- ○ *Öffnen der Post und stempeln*
- ○ *Weiterleiten an die zuständigen Abteilungen*
- ○ *Abholen der Post*
- ○ *Überprüfen der Vollständigkeit der Anlagen*
- ○ *Prüfen, ob die Umschläge nach Herausnahme auch wirklich leer sind*
- ○ *Sortieren der Post und Herausnehmen von Briefen, die nicht geöffnet werden dürfen.*

8. *Warum führen viele Unternehmen ein Postausgangsbuch?*
1. *Es ist gesetzlich vorgeschrieben.*
2. *Es vereinfacht nur die Arbeit der Deutschen Post AG.*
3. *Postausgänge des Unternehmens sind nachprüfbar.*
4. *Es verkürzt die Postlaufzeiten.*
5. *Es dokumentiert ein- und ausgehende Post zwecks rechtlicher Absicherung.*

9. *Ordnen Sie die folgenden Schriftstücke den Wertigkeitsstufen 1) Tageswert, 2) Prüfwert, 3) Gesetzeswert und 4)Dauerwert zu.*
1. *Ausgangsrechnungen*
2. *Bewerbungen*
3. *Eingangsrechnungen*
4. *Inventare*
5. *laufende Patente*
6. *erhaltene Werbeflyer*

10. *Welche Sendungsart ist zu wählen, wenn Sie später mit einer Empfangsbescheinigung (Urkunde) nachweisen wollen, wann und an wen Ihre Sendung ausgeliefert wurde?*
1. *Sendung mit Vermerk „Rückschein“*
2. *Sendung mit Vermerk „Eigenhändig“*
3. *Sendung mit Vermerk „Einschreiben“*
4. *Sendung mit Vermerk „Weitergabe“*
5. *Sendung mit Vermerk „Express-Service“*

11. *Welche Sendungsart der Deutschen Post AG ist als Einschreiben zulässig?*
1. *Das Paket*
2. *Die Bücher- und Warensendung*
3. *Die Blindensendung*
4. *Die Postwurfsendung*
5. *Das Päckchen*

12. *Was bezweckt ein Absender mit der postalischen Versendungsform per „Einwurf-Einschreiben“?*
1. Der Absender erhält eine Bestätigung über die Zusendung der Postsendung.
2. Der Absender garantiert dem Empfänger das Rückgaberecht.
3. Der Absender kann vom Empfänger die Postgebühren zurückverlangen.
4. Der Absender erhält eine Bestätigung über die Aufgabe eines Einschreibebriefes.
5. Der Empfänger erhält eine Information über eine zugestellte Sendung.

13. *Briefe gleichen Inhalts und gleichen Formats sollen an Kunden in die verschiedenen Bundesländer verschickt werden. Welches ist die kostengünstigste Versendungsart?*
1. Die Versendung als Standardbrief
2. Die Versendung als Fax
3. Die Versendung als Bücher- und Warensendung
4. Die Versendung als Dialogpost
5. Die Versendung als Postwurfsendung

14. *Welche Versandart der Post für eine Unternehmensinfo wählen Sie, wenn Sie Sendungen ohne Anschrift mit gleichem Inhalt an alle Haushalte verteilen sollen?*
1. Großbrief
2. Bücher- und Warensendung
3. Dialogpost
4. Standardbrief
5. Postwurfsendung

15. *Welchen Brief mit folgender Anschrift leiten Sie ungeöffnet weiter?*

1	2	3	4	5
Eilzustellung Robotec GmbH Gutenbergstr. 8 47051 Duisburg	Eilzustellung Geschäftslei- tung Robotec GmbH Gutenbergstr. 8 47051 Duisburg	Herrn Dr. Eding Robotec GmbH Gutenbergstr. 8 47051 Duisburg	Robotec GmbH Hern Dr. Eding Gutenbergstr. 8 47051 Duisburg	Einschreiben Rückschein Robotec GmbH Herrn Dr. Eding Gutenbergstr. 8 47051 Duisburg

16. *Ordnen Sie den Wertstufen ein Schriftgut zu:*

a) Wurfsendungen b) Bewerbungen c) Bilanzen d) Preislisten e) Gesellschaftsverträge f) Mahnungen	1. Dauerwert 2. Tageswert 3. Gesetzeswert

17. *In welchem Jahr wurde eine Bilanz erstellt, deren Aufbewahrungsfrist am 31. Dezember 2025 endet?*

18. *Welche der folgenden Registraturformen spart am meisten Platz?*
1. Hängeablage
2. Pendelhefterablage
3. Ordnerablage
4. digitale Ablage
5. Schnellhefterablage

19. *Welches ist die richtige Reihenfolge, nachdem Sie die Eingangspost empfangen haben? (1) Leerkontrolle (2) Stempeln (3) Verteilen (4) Öffnen der Umschläge (5) Entnahme des Inhalts*
1. 1, 2, 3, 4, 5
2. 4, 2, 1, 5, 3
3. 4, 1, 5, 2, 3
4. 4, 5, 1, 2, 3
5. 4, 5, 2, 1, 3

20. *Welches ist kein Vorteil des Postfaches?*
1. Man kann bestimmen, wann man die Post abholt.
2. Die Post ist i. d. R. schon früh verfügbar.
3. Man hat zusätzliche Wege.
4. Der Postbote kommt nicht immer zur selben Zeit.
5. Post ist vor Regen sicher.

21. *In der Abteilung Verkauf (zurzeit 12 Mitarbeiter) soll übersichtlich festgehalten werden, für welche Zeitraum die Mitarbeiter ihren Urlaub angemeldet haben und wie die Abteilungen besetzt sind. Welches Hilfsmittel sollten Sie dafür einsetzen?*
1. eine Plantafel
2. ein Personalstammblatt
3. eine Termindatei
4. einen Netzplan
5. einen Terminkalender in Buchform

Ungebundene Prüfungsaufgaben

Aufgabe 1

Situation

Sie sind als Auszubildende/-r in der Primus GmbH tätig. Zu Ihren Aufgaben gehören neben der Organisation von Veranstaltungen auch die Arbeitsgebiete Terminplanung und Terminüberwachung.
a) Nennen Sie drei Möglichkeiten, Termine zu planen und zu überwachen.
b) Bei der Planung achten Sie darauf, dass feste Termine Vorrang haben.
ba) Klären Sie den Begriff „feste Termine“.
bb) Nennen Sie drei konkrete Beispiele für feste Termine.
c) Nachdem mit Ihren Vorgesetzten die Termine abgesprochen wurden, laden Sie die Außendienstmitarbeiter/-innen der Primus GmbH zu einer Besprechung ein. Erläutern Sie drei Vorteile, Ihre Kollegen/Kolleginnen per E-Mail zu informieren.
d) Zur Vorbereitung der o. a. Besprechung sollen Sie 250 ausgewählten Kunden im Bundesgebiet einen Fragebogen per Post zusenden, das Gewicht der Sendung beträgt 20 Gramm, Versand im Fensterkuvert DIN lang.

Für die Beantwortung der Aufgaben beachten Sie die nachstehend abgebildeten Informationen.

Informationen zu DIALOGPOST und BRIEF

Maße und Gewichte

Produkt	Länge min./max.	Breite min./max.	Dicke (Höhe) bis	Gewicht Dialogpost bis	Gewicht Brief bis
Standard	15 – 23,5 cm	9,0 – 12,5 cm	0,5 cm	50 g	20 g
Kompakt					50 g
Groß	14,0 – 35,3 cm	9,0 – 25,0 cm	3,0 cm	1000 g	500 g
Maxi					1000 g

DIALOGPOST

Menge	Sortierung
5000 Sendungen	nach Postleitzahl in auf-/absteigender Reihenfolge
200 Sendungen	für dieselbe Leitregion (Übereinstimmung der ersten beiden Stellen der Postleitzahl) nach Postleitzahl in auf-/absteigender Reihenfolge
500 Sendungen DIALOGPOST EASY	bundesweit (mit Zuschlag Kleinmenge), nur werbende Inhalte

DIALOGPOST-Preise (zuzüglich gesetzlicher Umsatzsteuer)

Format	Preis pro Sendung[1]	Gewicht	Maße
Standard	0,32 € 0,37 €	bis 20 g 21 – 50 g	L: 150 – 235 mm B: 90 – 125 mm H: bis 5 mm nur Rechteckform
Groß	0,45 € 0,58 € 0,72 € 0,79 € 0,92 €	bis 50 g 51 – 100 g 101 – 250 g 251 – 500 g 501 – 1000 g	L: 140 – 353 mm B: 90 – 250 mm H: bis 30 mm Quadratform möglich, wenn Seitenmaße mehr als 140 mm betragen

BRIEF-Preise

Standard	0,85 €/Sendung
Kompakt	1,00 €/Sendung
Groß	1,60 €/Sendung
Maxi	2,75 €/Sendung

da) Begründen Sie, für welche Sendungsart (DIALOGPOST oder BRIEF) Sie sich entscheiden.

db) Ermitteln Sie unter Angabe des Rechenweges das Porto in Euro, das insgesamt zu zahlen ist, wenn Sie die günstigste Versandart wählen sollen.

Aufgabe 2

Situation

In der Primus GmbH soll die gesamte Registratur neu strukturiert und organisiert werden. Dazu sind einige Vorarbeiten zu erledigen.

a) Da Sie den vorhandenen Aktenplan überarbeiten sollen, überlegen Sie sich, wozu ein Aktenplan erforderlich ist. Beschreiben Sie die Aufgabe eines Aktenplans.

b) Geben Sie die zwei Aufbewahrungsfristen für Schriftgut an, die das HGB nennt, sowie jeweils zwei konkrete Schriftstücke zu den Aufbewahrungsfristen.

c) Es werden auch Schriftstücke aufbewahrt, obwohl es keine gesetzliche Grundlage im HGB dazu gibt.
Nennen Sie zwei entsprechende Schriftstücke und begründen Sie, weshalb diese über längere Zeit im Unternehmen aufbewahrt werden sollten.

---

[1] *Alle Entgelte verstehen sich zuzüglich der gesetzlichen Umsatzsteuer.*

d) Das Zentralarchiv soll aufgelöst werden.
Erläutern Sie zwei mögliche wirtschaftliche Gründe.
e) Im Zuge der Neuorganisation der Ablage wird diskutiert, Schriftstücke zukünftig digital abzulegen.
ea) Nennen Sie ein Gerät, das zum Erfassen der Unterlagen genutzt werden kann.
eb) Nennen und erläutern Sie zwei Vorteile der digitalen Ablage.

Aufgabe 3

Situation

Sie sollen einen neu eingestellten Mitarbeiter der Primus GmbH über die Arbeitssicherheit im Unternehmen informieren.

a) Nennen Sie mindestens drei Themen, die Sie ansprechen müssen, und erläutern Sie jeweils deren Bedeutung.
b) Nach einigen Tagen besuchen Sie den neuen Mitarbeiter an seinem Arbeitsplatz und sehen, dass er den abgebildeten Bürostuhl benutzt. Erläutern Sie anhand von fünf Kriterien, weshalb dieser Stuhl als Bürostuhl ungeeignet ist.
c) Sie prüfen auch seinen Bildschirmarbeitsplatz hinsichtlich der Anforderungen der Bildschirmarbeitsverordnung.
Nennen und begründen Sie drei Prüfpunkte, die neben dem Bürostuhl auf Ihrer Prüfliste enthalten sein müssen.
d) Nach drei Wochen spricht Sie der neue Mitarbeiter im Personalbüro an. Er fühlt sich an seinem Arbeitsplatz nicht wohl und findet, dass bei einer Raumgröße von 50 m² nicht acht Mitarbeiter/-innen in einem Raum untergebracht werden sollten.
Nennen und begründen Sie drei Aspekte, die bei der Entscheidung, ob die Raumgröße ausreichend ist, berücksichtigt werden müssen.

Aufgabe 4

Situation

In den vergangenen Geschäftsjahren hat die Nutzung des Internets in der Primus GmbH stark zugenommen. So hat sich z. B. die Anzahl der empfangenen und gesendeten E-Mails wie folgt entwickelt:

Geschäftsjahr	Empfangene E-Mails	Gesendete E-Mails
2019	6400	6500
2020	8680	12250
2021	12864	20750

a) Ermitteln Sie unter Angabe des Rechenweges, um wie viel Prozent die Anzahl der gesendeten E-Mails im Jahr 2021 gegenüber dem Jahr 2019 in der Primus GmbH gestiegen ist.
b) Erläutern Sie drei mögliche Gründe, warum die Nutzung des E-Mail-Verkehrs in der Primus GmbH stark gestiegen ist.
c) Erläutern Sie drei Risiken/Nachteile im Zusammenhang mit der Nutzung des betrieblichen E-Mail-Verkehrs.
d) Nennen Sie vier weitere Anwendungsbereiche, in denen die Primus GmbH das Internet ebenfalls nutzen kann.

Lernfeld 3

Aufträge bearbeiten

LS

1 Rechtliche Bedeutung von Anfragen und Angeboten kennenlernen

Handlungssituation

Die Herstadt Warenhaus GmbH, ein Kunde der Primus GmbH, holt im Rahmen des Beschaffungsmarketings von verschiedenen Unternehmen schriftliche Angebote für Tischkopierer ein. Unter anderem erhält sie ein Angebot der Primus GmbH. Unter dem Angebot der Primus GmbH steht u.a.: *„Lieferung, solange der Vorrat reicht"*. Die Herstadt Warenhaus GmbH bestellt einen Tag nach Erhalt des Angebots 40 Tischkopierer. Nach einer Woche erhält sie von der Primus GmbH folgende Nachricht: *„Leider müssen wir Ihnen mitteilen, dass unser gesamter Lagerbestand an Tischkopierern bereits verkauft worden ist."* Herr Kluge, Leiter der Einkaufsabteilung der Herstadt Warenhaus GmbH, ruft empört bei der Primus GmbH an und verlangt die Lieferung der bestellten Waren.

Arbeitsaufträge

- *Stellen Sie fest, welche rechtliche Bedeutung ein Angebot für den Anbietenden hat.*
- *Überprüfen Sie, ob die Herstadt Warenhaus GmbH Anspruch auf Lieferung der bestellten Waren hat.*
- *Prüfen Sie die rechtliche Situation für den Fall, dass die Herstadt Warenhaus GmbH von der Primus GmbH ohne Bestellung 20 Tischkopierer als Sonderangebot zugesandt bekommt.*

Die Anfrage

Bevor ein Kunde einen Kaufvertrag mit einem Lieferer abschließt, informiert er sich über **Preis**, **Güte**, **Mengeneinheiten usw.** eines oder mehrerer Artikel. Diese Anfrage ist für Kunden und Lieferer unverbindlich, d.h. ohne rechtliche Wirkung.

Die **Anfrage** ist **formfrei**. Sie kann schriftlich, mündlich, telefonisch oder fernschriftlich (Fax, Onlinedatenverbindung) erfolgen. Käufer und Verkäufer sind nicht verpflichtet, aufgrund einer Anfrage einen Kaufvertrag abzuschließen.

Mit der Anfrage können
- neue Geschäftsbeziehungen angebahnt oder
- bekannte Lieferer zur Abgabe eines Angebots aufgefordert werden.

Allgemeine Anfrage

Wenn ein Kunde in seiner Anfrage nur um einen Katalog, eine Preisliste, ein Warenmuster oder um einen Vertreterbesuch bittet, so spricht man von einer allgemeinen Anfrage.

Bestimmte Anfrage

Ein Kunde will vom Verkäufer konkrete Angaben über bestimmte Waren und Konditionen (Liefer- und Zahlungsbedingungen) erhalten, so z. B. Angaben über Güte (Qualität und Beschaffenheit) der Produkte, Mindestabnahmemengen, Preis, Lieferzeit, Recyclingfähigkeit der Produkte.

Beispiel E-Mail der Primus GmbH an die Giesen & Co OHG

Von: marc.cremer@primus-bueroeinrichtung.de

An: info@giesen.de

Cc:

Betreff: Anfrage nach Tischkopierern, Ihre Bestell-Nummer 145260

Sehr geehrte Frau Gentgen,

wir benötigen bis zum 31. März d. J. Tischkopierer und bitten Sie um ein kurzfristiges Angebot über 200 Stück einschließlich Ihrer Lieferungs- und Zahlungsbedingungen sowie der Qualität der Ware.

Bitte berücksichtigen Sie, dass wir im Laufe eines Jahres einen größeren Bedarf haben.

Mit freundlichen Grüßen

Cremer

Das Angebot

Ein **Angebot** ist eine an eine **bestimmte Person gerichtete Willenserklärung** (vgl. S. 458), mit der der Anbietende zu erkennen gibt, dass er bestimmte Waren zu bestimmten Bedingungen liefern will. Das Angebot unterliegt ebenso wie die Anfrage **keinen Formvorschriften**. Es kann mündlich, schriftlich, telefonisch oder fernschriftlich abgegeben werden. Zur Vermeidung von Irrtümern sollte immer die Schriftform gewählt werden.

Ein **Angebot** ist nur dann **rechtsverbindlich**, wenn es **an eine bestimmte Person gerichtet ist (§ 145 BGB)**. Das **Ausstellen von Waren** in Schaufenstern, Automaten, Verkaufsräumen, ebenso das Bewerben von Waren in Prospekten, Katalogen, Postwurfsendungen, im Internet und Anzeigen in Zeitungen sind im rechtlichen Sinne **kein Angebot**, sondern eine an die Allgemeinheit gerichtete Anpreisung. Diese beinhalten lediglich die Aufforderung an den Kunden, selbst einen Antrag an den Verkäufer zu richten (vgl. S. 482, AGB der Primus GmbH, 10. Gültigkeit).

Bindung an das Angebot

Grundsätzlich sind alle Angebote verbindlich. Will der Verkäufer die Bindung des Angebots einschränken oder ausschließen, so nimmt er in sein Angebot sog. **Freizeichnungsklauseln** auf:

Freizeichnungsklauseln	Verbindlich	Unverbindlich
– **solange der Vorrat reicht**	Preis, Lieferzeit	Menge
– **freibleibend**	–	alles
– **ohne Gewähr, ohne Obligo**	–	alles
– **Preise freibleibend**	Lieferzeit, Menge	Preis
– **Lieferzeit freibleibend**	Preis, Menge	Lieferzeit

Beinhaltet ein **schriftliches Angebot** keine Freizeichnungsklauseln, so ist der Anbietende so lange an sein Angebot gebunden, **wie er unter verkehrsüblichen Umständen mit einer Antwort rechnen kann**, d.h., der Kunde muss auf dem gleichen oder einem schnelleren Weg antworten. Zu berücksichtigen sind hierbei die Beförderungsdauer des Angebots, eine angemessene Überlegungsfrist des Kunden und die Beförderungsdauer der Bestellung.

Beispiele
- Angebot per Brief: zweimal Postweg in vier Tagen (vom Anbieter zum Empfänger und zurück), ein Tag Bearbeitung, Gültigkeitsdauer höchstens fünf Tage
- Angebot per Fax oder E-Mail: ein Tag

Bei einem **mündlichen Angebot** ist der Anbietende **während des Verkaufsgesprächs** an sein Angebot gebunden. Nach Beendigung des Gesprächs ist das mündliche Angebot erloschen. Angebote während eines Telefongespräches gelten ebenfalls nur für die Dauer des Gesprächs.

Der Lieferer ist nicht mehr an sein Angebot gebunden, wenn

- **das Angebot vom Kunden abgeändert wurde,**

  Beispiel Statt zum Angebot 1,98 €/Stück für den Primus-Castell-Druckbleistift bestellt die Herstadt Warenhaus GmbH zu 1,90 €/Stück bei der Primus GmbH.

- **das Angebot vom Lieferer rechtzeitig widerrufen wurde**; der Widerruf muss aber spätestens gleichzeitig mit dem schriftlichen Angebot beim Kunden eintreffen,

  Beispiel Ein Angebot wurde brieflich an den Kunden gesandt; nach einem Tag will der Verkäufer aufgrund eines Irrtums widerrufen, es empfiehlt sich ein Widerruf per Telefon, E-Mail oder Fax, damit der Widerruf spätestens mit dem Brief eintrifft.

- **zu spät vom Kunden bestellt wurde,**

  Beispiel Die Herstadt Warenhaus GmbH bestellt nach einem brieflichen Angebot ohne Fristsetzung erst nach drei Wochen bei der Primus GmbH.

- **der Kunde das Angebot ablehnt.**

Praxistipp

Bindungsfristen: Der Lieferer ist grundsätzlich an sein Angebot gebunden, wenn er keine vertraglichen Einschränkungen gemacht hat.

Zusendung unbestellter Ware

- Erhält ein **Kaufmann** unbestellte Waren eines Lieferers (zweiseitiger Handelskauf, vgl. S. 484), dann liegt ein Angebot des Lieferers vor. Es ist zu überprüfen, ob zwischen dem Lieferer und dem Käufer bereits Geschäftsbeziehungen bestehen.
  - Unterhält ein Kaufmann mit einem Lieferer bisher noch **keine Geschäftsbeziehungen**, dann gilt sein **Schweigen** bei Zusendung unbestellter Ware als Ablehnung des **Angebots.** Der Kaufmann ist nur verpflichtet, die unbestellte Ware eine angemessene Zeit aufzubewahren, nicht aber, sie zurückzuschicken.
  - Sendet ein Lieferer einem Kaufmann, mit dem er **bereits Geschäftsbeziehungen** pflegt, unbestellte Waren zu und war das Zusenden unbestellter Ware bisher üblich (Handelsbrauch) zwischen den Vertragspartnern, dann gilt das **Stillschweigen** des Kaufmanns als **Annahme des Angebots.** Will der Kaufmann das Angebot nicht annehmen, so ist er verpflichtet, dem Lieferer **unverzüglich** eine Nachricht zukommen zu lassen (§ 362 HGB).

    Beispiel Die Primus GmbH erhält von der Computec GmbH & Co. KG, die seit vielen Jahren die Primus GmbH beliefert, einen Sonderposten Smartphones zugesandt, ohne dass diese bestellt worden waren. Unterlässt es die Primus GmbH, dem Lieferer unverzüglich Nachricht darüber zu geben, dass sie die Warenlieferung nicht haben möchte, muss die Primus GmbH die Waren behalten und bezahlen.

- Wenn ein Verkäufer einer **Privatperson** (einseitiger Handelskauf, vgl. S. 498) unbestellte Ware zusendet, gilt das **Schweigen** der Privatperson als **Ablehnung**. Die Privatperson ist weder zur Aufbewahrung der Waren noch zu deren Rücksendung verpflichtet. Wurde die unbestellte Ware als Nachnahme versandt und nimmt die Privatperson diese an, kommt ein Kaufvertrag zustande.

  Beispiel Ein Onlinebuchhändler sendet Nicole Höver unbestellt ein Buch zum Vorzugspreis von 25,00 €. Nicole ist nicht verpflichtet, das Buch zu bezahlen. Sie muss das Buch auch nicht zurücksenden. Sie muss dieses Buch auch nicht aufbewahren.

Die Zusendung unbestellter Ware an einen Privatmann verstößt gegen das **Gesetz gegen unlauteren Wettbewerb** (UWG). LF 5

Zusammenfassung: Rechtliche Bedeutung von Anfragen und Angeboten kennenlernen

- Durch eine **Anfrage** kann sich ein Kunde Informationsmaterial über bestimmte Waren beschaffen.
- Bei der **unbestimmten Anfrage** bittet der Kunde um einen Katalog, einen Vertreterbesuch, eine Preisliste oder ein Muster.
- Bei der **bestimmten Anfrage** will der Kunde konkrete Informationen zu bestimmten Artikeln, z. B. Menge, Preise, Liefer- und Zahlungsbedingungen, Lieferzeit usw.
- Eine **Anfrage** ist **formfrei und rechtlich unverbindlich**.
- Ein **Angebot** ist eine verbindliche Willenserklärung, Waren zu den angegebenen Bedingungen zu verkaufen. Anpreisungen sind rechtlich unverbindlich.

	Angebot	Anpreisung
Zielgruppe	eine bestimmte Person	die Allgemeinheit
Form	schriftlich mündlich	Katalog, Prospekte, Internet Postwurfsendung Zeitungsanzeige Schaufenster
Rechtliche Bedeutung	Antrag	Aufforderung zur Abgabe eines Angebotes
Rechtsfolge	verbindlich	unverbindlich

Mündliche Angebote	Schriftliche Angebote
... sind verbindlich, solange das Gespräch dauert (Angebote unter Anwesenden)	... sind solange verbindlich, wie der Anbieter unter verkehrsüblichen Umständen mit einer Antwort rechnen kann, z. B. Brief ca. fünf Tage, Fax/E-Mail einen Tag (Angebote unter Abwesenden)

- Durch **Freizeichnungsklauseln** werden Angebote ganz oder teilweise unverbindlich.
- Bei **Zusendung unbestellter Ware** gilt Schweigen als Ablehnung. **Ausnahme:** Der Empfänger ist Kaufmann und steht mit dem Absender in ständiger Geschäftsbeziehung.

Aufgaben

1. *Beschreiben Sie den Zweck einer Anfrage.*
2. *Die Primus GmbH erhält von dem Kunden Krankenhaus GmbH Duisburg eine schriftliche Anfrage bezüglich der Neueinrichtung eines Büroraumes für zehn Angestellte. Der Kunde äußert in seinem Schreiben konkrete Vorstellungen über die Anzahl der erforderlichen Schreibtische, Drehstühle usw. Außerdem bittet er um einen Vertreterbesuch.*
   a) Um welche Art der Anfrage handelt es sich?
   b) Geben Sie an, ob die Anfrage für den Kunden eine rechtliche Bedeutung hat.
   c) Beschreiben Sie, welche Inhaltspunkte das Antwortschreiben der Primus GmbH haben sollte.
3. *Erläutern Sie an einem Beispiel, wie sich die allgemeine und die bestimmte Anfrage unterscheiden.*
4. *Beschreiben Sie anhand von Beispielen, wie lange ein Lieferer an sein schriftliches Angebot gebunden ist.*
5. *Erläutern Sie, welche Möglichkeiten ein Lieferer hat, um die Bindung an ein Angebot einzuschränken oder auszuschließen.*
6. *Erläutern Sie folgende Freizeichnungsklauseln:*
   a) solange Vorrat reicht
   b) Preis freibleibend
   c) ohne Obligo
   d) freibleibend
7. *Welche der unten stehenden Aussagen im Zusammenhang mit der Anfrage ist zutreffend?*
   1. Eine Anfrage ist keine empfangsbedürftige Willenserklärung.
   2. Die mündliche Anfrage eines Käufers ist rechtlich bindend.
   3. Ein Angebot muss in einer bestimmten Form abgefasst sein.
   4. Eine schriftliche Anfrage ist für den Anfragenden rechtlich immer unverbindlich.

8. *Nennen Sie die Vorteile einer telefonischen Anfrage.*

9. *Nicole Höver soll für die Primus GmbH Ansatztische für Drucker beschaffen. Nicole sendet u. a. eine Anfrage an die Bürodesign GmbH.*
   a) Erklären Sie, welche rechtliche Wirkung diese Anfrage für die Primus GmbH hat.
   b) Erläutern Sie, welche kaufmännische Absicht die Primus GmbH mit dieser Anfrage verfolgt.

10. *Überprüfen Sie, welche der folgenden Aussagen falsch sind.*
    a) Das unverbindliche Angebot ist an eine bestimmte Person gerichtet.
    b) Angebote in Zeitungen sind keine verbindlichen Willenserklärungen.
    c) Schaufensterauslagen sind verbindliche Angebote.
    d) Unverlangte Angebote sind für Privatpersonen nicht verbindlich.

2 Bearbeitung von Kundenanfragen, Kundenaufträgen und Erstellung eines Angebots durchführen

LS

Handlungssituation

Der Abteilungsleiter „Verkauf/Marketing" in der Primus GmbH, Josef Winkler, nimmt allmorgendlich neue Kundenanfragen und -aufträge entgegen. Heute findet er überwiegend Anfragen und Aufträge von Stammkunden und einige Aufträge von Kunden, die bisher noch nicht bei der Primus GmbH eingekauft haben. Bei den Neukunden handelt es sich in einem Fall um einen Auftrag in Höhe von 99.850,00 €, in fünf Fällen um Aufträge zwischen 100,00 und 500,00 €. Zusätzlich liegt eine Anfrage eines ausländischen Kunden vor. Für die Auszubildende Nicole Höver ist heute der erste Tag in der Abteilung Verkauf/Marketing. Damit Nicole einen Einblick in die Arbeitsweise dieser Abteilung bekommt, geht Herr Winkler mit ihr die einzelnen Vorgänge durch.

Arbeitsaufträge

- *Erläutern Sie die Probleme, die sich für die Primus GmbH in Bezug auf den Neukunden ergeben können, und zeigen Sie Lösungsmöglichkeiten auf.*
- *Stellen Sie in einer Partnerarbeit Arbeitsschritte für die Auftragsbearbeitung von Stamm- und Neukunden zusammen, wenn die bestellte Ware vorrätig ist.*

Vor der eigentlichen Bearbeitung einer Kundenanfrage, eines Kundenauftrags oder der Erstellung eines Angebots durch ein Unternehmen erfolgt zuerst eine Überprüfung der **Kreditwürdigkeit** des Kunden, eine Überprüfung der **eigenen Lieferfähigkeit** und der **Lieferwilligkeit** (Wirtschaftlichkeitsprüfung).

■ Überprüfung der Kreditwürdigkeit

Unternehmen verkaufen Waren vielfach gegen Rechnung mit einem Zahlungsziel bis zu drei Monaten. Damit gehen sie ein hohes Kreditrisiko ein. Um dieses auszuschließen oder möglichst einzugrenzen, überprüfen sie vor jeder Anfrage und ebenso vor jeder Auftragsannahme die Kreditwürdigkeit **(Bonität oder Güte)** der Kunden.

Neukunden

Bestehen noch keine Geschäftsbeziehungen mit dem Auftraggeber, werden bei größeren
LF 9 Aufträgen (Bestellungen) gewerbliche **Auskunfteien** oder Kreditschutzorganisationen eingeschaltet. Auskunfteien bieten gegen Entgelt Informationen über Ruf, Sachziel, Vermögens- und Schuldenlage, Liquidität, Zahlungsverhalten, Geschäftsführung an. Heute kann diese Auskunft auf schnellstem Wege aus Datenbanken der Auskunfteien (z. B. Creditreform, Schimmelpfeng, Bürgel) über das Datennetz von Telekommunikationsunternehmen entgeltpflichtig eingeholt werden. Aufgrund der Informationen wird ein
LF 9 **Kreditlimit** festgelegt, das grundsätzlich nicht oder nur nach besonderer Rücksprache mit der Abteilungs- oder Geschäftsleitung überschritten werden darf.

Beispiel Erfassung der Daten des Neukunden Klaus Fischer e. K. Bürobedarf:

Web

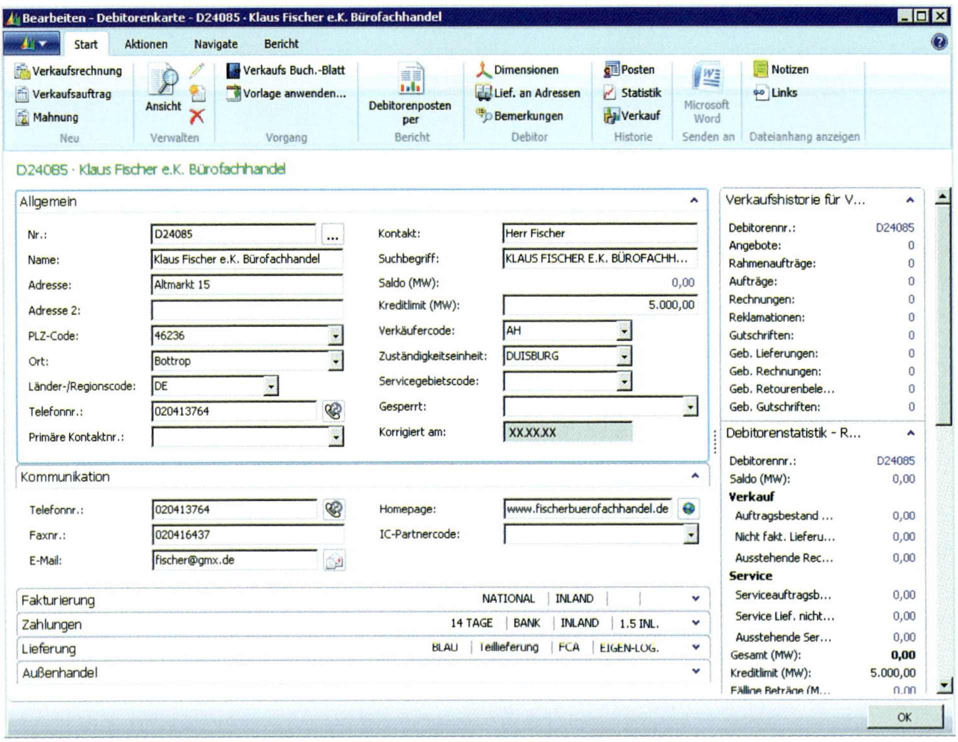

Stammkunden

Mit Stammkunden bestehen bereits Geschäftsbeziehungen. Dennoch ist auch hier immer Vorsicht geboten und bei jeder neuen Anfrage und bei jedem neuen Auftrag ist zu überprüfen, ob der Kunde die letzten Rechnungen pünktlich beglichen hat. Diese Informationen kann der Sachbearbeiter der **Kundendatei**, die regelmäßig (täglich, wöchentlich) über das ERP-System (Enterprise-Resource-Planning-System, vgl. S. 334) erstellt wird, oder der **Debitorendatei** entnehmen.

Grundlage für die Erstellung der Kundendatei ist die **Debitorendatei** (vgl. S. 273). Debitoren sind alle Kunden, gegenüber denen ein Unternehmen noch Forderungen hat, d.h., die Kunden haben Waren vom Lieferer auf Kredit erhalten. Besonders wichtig sind regelmäßige Informationen über die erzielten Umsätze und das Zahlungsverhalten des Kunden (Skontoausnutzung, Zielausnutzung oder -überschreitung, Mahnungen). Ferner kann in der **„Offene-Posten-Datei“** nachgesehen werden, ob der Kunde bisher seine Rechnungen pünktlich bezahlt hat (vgl. S. 273).

■ Überprüfung der Lieferfähigkeit

Ist die Bonitätsprüfung positiv ausgefallen, hat der Sachbearbeiter die eigene Lieferfähigkeit zu überprüfen. Diese ist dann gegeben, wenn die bestellte Ware vorrätig ist und innerhalb der vorgesehenen Lieferzeit geliefert werden kann.

Lagervorrat

Die notwendigen Informationen über den Lagervorrat erhält der Sachbearbeiter über Bildschirm, wenn er mithilfe eines ERP-Systems direkten Zugriff zum Lager hat. Er erfährt, ob die Ware überhaupt im Sortiment geführt wird und ob sie in der gewünschten Menge vorhanden ist. Außerdem ist festzustellen, ob evtl. Warenreservierungen für andere Kunden vorliegen.

Der verfügbare Lagerbestand wird folgendermaßen errechnet:

tatsächlicher Lagerbestand (Buchbestand)
– **Reservierungen für bereits vorhandene Kundenaufträge**
– **Sicherheitsreserve für unvorhersehbare Ereignisse (z.B. Lieferungsverzug, vgl. S. 596)**
= verfügbarer Lagerbestand

Lieferzeit (vgl. S. 488)

Es ist zu prüfen, ob die Waren bis zum gewünschten Liefertermin zusammengestellt oder produziert, verpackt und zugestellt werden können.

■ Überprüfung der Lieferwilligkeit (Auftragsannahme)

Neben der Kreditwürdigkeit spielen für die Lieferwilligkeit der Umfang der Anfrage und die Größe des Auftrags eine große Rolle. Es ist sicherzustellen, dass der Auftrag letztlich Gewinn bringen muss. Die Umsatzerlöse sollten größer sein als die Kosten (Bezugs-/Einstandspreis der Ware + Handlungskosten bei einem Handelsbetrieb oder Herstellungskosten bei einem Produktionsbetrieb), die der Auftrag mit sich bringt.

Web

Beispiel Überprüfung der Lieferfähigkeit des Artikels HP-Laser Jet:

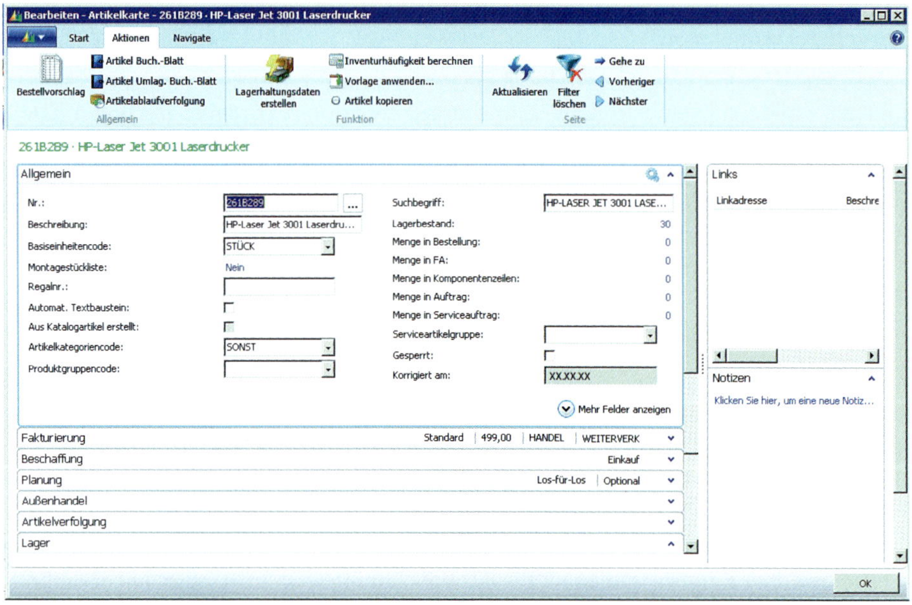

Die Wirtschaftlichkeit ist insbesondere bei größeren Anfragen oder Aufträgen zu überprüfen, wenn der Kunde besondere Nachlässe fordert.

Beispiel In der Primus GmbH wird bei Neukunden grundsätzlich überprüft,
- ob die Einzelbestellmengen je Artikel die Verpackungseinheiten oder Mindestabnahmemengen unterschreiten,
- ob der Auftragswert die für die Auftragsabwicklung kalkulierten Kosten deckt,
- ob die Auftragsabwicklung eine veränderte Logistik hervorruft (Sortiment, Lieferer, Tourenplanung u. a.).

Angebotserstellung, Auftragsbearbeitung und Auftragserfassung

Sind alle Vorprüfungen positiv ausgefallen, wird ein Angebot erstellt oder der Auftrag abgewickelt.

Angebotserstellung und Schriftverkehr

Für die Gestaltung von Geschäftsbriefen, zu denen auch Angebote zählen, gelten die **„Schreib- und Gestaltungsregeln für die Text- und Informationsverarbeitung“** nach **DIN 5008.** Diese Norm legt nicht fest, was zu schreiben ist, sondern wie ein vorgegebener Inhalt dargestellt werden soll. Die DIN 5008 enthält auch Hinweise, die für den privaten Schriftverkehr von Bedeutung sind.

Beispiel Auf S. 265 finden Sie einen Brief, anhand dessen die wichtigsten Regeln erläutert werden.

❶ Der **Briefkopf** ist bei Geschäftsbriefen vorgedruckt. Er dient der Werbung und enthält meist Firma und Branche des Unternehmens oder den Absender.

❷ Das **Anschriftfeld** besteht aus einer **Zusatz- und Vermerkzone mit integrierter Rücksendeangabe** (Schriftgröße 8 pt). Zusätze und Vermerke können Vorausverfügungen (Nicht nachsenden!), Produkte (Bücher- und Warensendung), Zusatzleistungen (Einschreiben, PRIO) und elektronische Freilassungsvermerke sein. Die Rücksendeangabe steht jeweils in unterster Position dieses Feldes. Die **Anschriftzone** schließt daran an und enthält die Empfängeranschrift mit sechs Zeilen.

Das **Anschriftfeld** besteht aus der Zusatz- und Vermerkzone und der Anschriftzone und insgesamt elf Zeilen. Es wird folgendermaßen aufgeteilt:

5. Zeile: 4. Zeile: 3. Zeile: 2. Zeile: einzeilige Rücksendeangabe des Absenders 1. Zeile: ggf. gefolgt von Zusatzangaben und Vermerken	Zusatz- und Vermerkzone
1. Zeile: Empfängerbezeichnung 2. Zeile: Empfängerbezeichnung 3. Zeile: Straße mit Hausnummer oder Postfach 4. Zeile: Postleitzahl und Bestimmungsort 5. Zeile: Bestimmungsland 6. Zeile: Leerzeile	Anschriftzone (Schriftgrad mindestens 10 oder 11)

Primus GmbH – Büroeinrichtung und Zubehör

Ihr Zeichen:	st-lo
Ihre Nachricht vom:	24.02.20..
Unser Zeichen:	ho-kl
Unsere Nachricht vom:	28.02.20..
Ihr Ansprechpartner:	Gisela Klein
Abteilung:	Gruppenleiterin Sekretariat
Telefon:	0203 4453690
Fax:	0203 4453698
E-Mail:	gisela.klein@primus-bueroeinrichtung.de
Datum:	10.03.20..

(Informationsblock, Bezugszeichen, Datum)

•
•
•
•

Absender: Primus GmbH · Koloniestraße 2 – 4 · 47051 Duisburg

Empfänger:
Krankenhaus GmbH Duisburg
Emsstraße 30 – 40
47169 Duisburg

•
•
•

Betreff: Angebot

Anrede: Sehr geehrte Frau Straub,

Einleitung: vielen Dank für Ihr Interesse an unseren Büromöbeln.

Vortrag des Anliegens: Sie teilen uns mit, dass ein Großraumbüro von Ihnen neu ausgestattet werden soll. Zu diesem Zweck senden wir Ihnen unseren neuesten Katalog 20.. zu. In diesem Katalog finden Sie eine Übersicht aller unserer Büromöbeleinrichtungsgegenstände.

Erläuterung des Anliegens: Alle Preise in unserem Katalog sind freibleibend und verstehen sich zuzüglich 19 % Mehrwertsteuer. Ab einem Auftragswert von 5.000,00 € erhalten Sie einen Rabatt über 20 %.

Die Zahlungsbedingungen und Lieferbedingungen können Sie unserem Katalog entnehmen.

Zu Ihrer weiteren Unterstützung berät Sie gerne unser Einrichtungsberater, Herr Helmut Holl. Herr Holl ist sehr kompetent in der Einrichtung solcher Büroräume. Er hat dies bereits in vielen Fällen unter Beweis gestellt.

Teilen Sie uns bitte mit, ob und wann Herr Holl bei Ihnen vorbeikommen kann.

Ausblick auf die Zukunft: Wir hoffen, bald von Ihnen eine positive Nachricht zu erhalten.

Grußformel: Mit freundlichen Grüßen

Primus GmbH
•
i. A. Klein
•
Klein

Anlagenvermerk: **Anlage**
1 Katalog

Primus GmbH, Koloniestraße 2 – 4, 47051 Duisburg
E-Mail: info@primus-bueroeinrichtung.de
Internet: www.primus-bueroeinrichtung.de
Sparkasse Duisburg IBAN DE12 3505 0000 0360 0487 96, BIC DUISDE33XXX
Postbank Dortmund IBAN DE76 4401 0046 0286 7784 31, BIC PBNKDEFF440

Amtsgericht Duisburg, HRB 467-0301
Steuernummer 134/1301/0146
USt-IdNr. DE124659333
Geschäftsführer: Sonja Primus, Markus Müller

Bei der **Empfängerbezeichnung** unterscheidet man Personenanschriften und Anschriften von Unternehmen.

Personenanschriften beginnen immer mit der Anrede „Herrn“ oder „Frau“. Funktions-, Berufs- oder Amtsbezeichnungen, z. B. Bürgermeister, Studienrat oder Direktor, sind neben die Anrede „Herrn“ oder „Frau“ zu schreiben. Akademische Grade, wie Dr., Diplom-Kaufmann oder Diplom-Psychologe, stehen vor dem Namen. Die Empfängerbezeichnung soll sinnvoll auf die erste und zweite Zeile des Anschriftfeldes aufgeteilt werden.

Beispiele

Herrn Bürgermeister	Herrn Oberstudienrat
Adolf Grimme	Dipl.-Hdl. Wolfgang Wilke

Bei **Anschriften von Unternehmen** wird das Wort „Firma“ nicht genannt. Handelt es sich um umfangreiche Anschriften, müssen sie sinnvoll auf mehrere Zeilen verteilt werden.

Beispiele

Herstadt Warenhaus GmbH	Eisenwarenhandlung
Brunostr. 45	Klaus Klein e. K.
45889 Gelsenkirchen	Herrn Wolf
	Postfach 1220
	95448 Bayreuth

3 Kommunikationsangaben (Leitwörter, Bezugszeichen und Kommunikationsmöglichkeiten) stehen in Form eines **Informationsblocks** rechts neben dem Anschriftfeld. Die Kommunikationsangaben haben die Aufgabe, den kaufmännischen Schriftverkehr zu erleichtern. Die Gestaltung der Kommunikationsangaben unterliegt innerbetrieblichen Regelungen. Sie enthalten i. d. R. folgende Angaben:

Ihr Zeichen vom:/Ihre Nachricht vom: Hier wird auf ein Schreiben des Empfängers Bezug genommen.

Beispiel Die Primus GmbH schreibt an die Herstadt Warenhaus GmbH am 27. August 20.. unter dem Zeichen ho-kl. Wenn die Herstadt Warenhaus GmbH auf dieses Schreiben antwortet, setzt sie ein:

Ihr Zeichen: ho-kl

Ihre Nachricht vom: 27.08.20..

In der Primus GmbH weiß man jetzt sofort, wer den Brief geschrieben hat und wann dies war.

Unser Zeichen/Unsere Nachricht vom: Neben „Unser Zeichen“ werden i. d. R. das Diktatzeichen des Verfassers und das Zeichen des Büromitarbeiters angegeben. Die Art der Abkürzung wird innerbetrieblich geregelt. Neben „Unsere Nachricht vom“ kann auf das Datum eines früheren Briefes Bezug genommen werden.

Beispiel Herr Holl diktiert einen Brief, geschrieben wird er von Frau Klein. Das Zeichen lautet ho-kl.

Kommunikationsangaben: Vorwahlnummer und Telefonnummer werden in zwei Blöcke gegliedert.

Beispiele 089 6970441 oder 0203 44536-90

Datum: Das Datum kann in numerischer und alphanumerischer Schreibweise geschrieben werden, die Jahreszahl vierstellig.

Bei der numerischen Schreibweise erfolgt die Angabe des Datums in Ziffern. Hier sollten Tag und Monat stets zweistellig angegeben werden. Das Datum kann in der Reihenfolge Tag, Monat, Jahr oder in der in Europa üblichen Reihenfolge Jahr, Monat, Tag angegeben werden.

Beispiele 06.09.20.. oder 01.12.20.., 20..-09-06 oder 20..-12-01

Bei der **alphanumerischen** Schreibweise erfolgt die Angabe des Monats in Buchstaben. Tag und Jahr werden in Ziffern geschrieben. Der Tag sollte hier einstellig, die Jahreszahl immer vierstellig geschrieben werden.

Beispiele 6. September 20.. oder 1. Dezember 20..

❹ Der **Betreff** ist eine kurz gefasste Angabe des Briefinhalts. Er dient der schnelleren Bearbeitung, da man den Brief bereits aufgrund der Angabe im Betreff an die zuständige Abteilung weiterleiten kann. Der Betreff steht zwei Leerzeilen unter dem Anschriftfeld und endet ohne Satzzeichen. Der Wortlaut des Betreffs darf durch Fettschrift und/oder Farbe hervorgehoben werden.

Beispiel Angebot von Büromöbeln

❺ Die **Anrede** steht zwei Leerzeilen unter dem Betreff. Sie schließt mit einem Komma ab. Ist der Briefempfänger persönlich bekannt, sollte die Anrede eine Namensnennung enthalten. Ist der Empfänger nicht bekannt, lautet die Anrede: Sehr geehrte Damen und Herren,

Beispiele Sehr geehrter Herr Lughausen, Sehr geehrte Frau Straub,

❻ Eine Leerzeile nach der Anrede beginnt der **Brieftext.** Wenn eine Gliederung erforderlich ist, hat diese durch Absätze zu erfolgen. Nach jedem Absatz folgt eine Leerzeile.

❼ Zum **Briefschluss** gehören die Grußformel, die Bezeichnung des Unternehmens, die maschinenschriftliche Angabe des Unterzeichners sowie ggf. ein Anlagenvermerk.

Die **Grußformel** ist durch eine Leerzeile vom übrigen Text getrennt.

Nach einer Leerzeile folgt der **Name des Unternehmens**. Längere Angaben können über mehrere Zeilen aufgeteilt werden.

In der Regel erfolgt drei Leerzeilen nach dem Namen des Unternehmens die maschinenschriftliche **Namenswiedergabe des Unterzeichners.**

Beispiele

Mit freundlichen Grüßen	Mit freundlichen Grüßen
•	•
Primus GmbH	Primus GmbH
•	•
i. A.	•
•	•
Klein	Primus

❽ Im **Anlagenvermerk** gibt der Absender Auskunft, ob dem Schreiben Anlagen beigefügt sind. Der Anlagenvermerk beginnt i. d. R. eine Leerzeile nach der Namenswiedergabe.

Beispiele

Anlage	**Anlage**	**2 Anlagen**
Ledermuster	1 Fragebogen	Rechnungskopie Nr. 44
		Rechnungskopie Nr. 61

Der Vorgang der Angebotserstellung kann auch in einer Erfassungsmaske des ERP-Systems erfolgen.

Auftragsbearbeitung und Auftragserfassung

Alle Arbeiten im Verkauf, im Lager und im Versand werden von informationswirtschaftlichen Vorgängen begleitet bzw. ausgelöst, wie folgende Skizzierung der Arbeitsschritte bei DV-gestützter Angebotserstellung und Auftragsbearbeitung zeigt:

Eingabe der Daten zum Auftrag in die Bildschirmmaske eines ERP-Systems (vgl. S. 337):

- **Auftragsnummer**: Sie wird im ERP-System automatisch vergeben oder fortlaufend eingegeben. Mit der Auftragsnummer wird ein unverwechselbarer Code festgelegt. Alle informationswirtschaftlichen Vorgänge, die mit der Bearbeitung dieses Auftrags zusammenhängen, nehmen diese Auftragsnummer als Bezugsgröße auf.
- **Kundennummer**: Mit ihr werden automatisch Name, Anschrift und evtl. eingeräumte Sonderkonditionen aus der Kundendatei abgerufen. Bei DV-gestützter Auftragsbearbeitung werden mit der Eingabe der Kundennummer die Kundenstammdaten mit dem Auftrag verknüpft.
- **Datum**: Tag der Auftragsbearbeitung
- **Artikelnummer** und **Artikelbezeichnung**: Letztere wird im ERP-System automatisch mit der Eingabe der Artikelnummer aus der Waren- oder Artikeldatei abgerufen.
- **Menge** lt. Auftrag
- **Einzelpreis, Rabatt**
- **Rechenoperationen** (Menge · Einzelpreis – Rabatt, Umsatzsteuer und Gesamtwert des Auftrags) werden durch das Programm durchgeführt.
- evtl. **Liefertermin**
- Ist der Auftrag eines **Neukunden** zu bearbeiten, muss zuerst die Stammdatei des Kunden angelegt werden: Kundennummer, Kundenname, Anschrift, Kreditlimit.

Die **Stammdaten** wie Kundennummer, Artikelnummer usw. können über **einen Matchcode (= Schlüsselbegriff)** gesucht werden, da sie bereits im Programm vorhanden sind und über bestimmte Tastenkombinationen abgerufen werden können. Berechnungen wie „Menge · Listeneinkaufspreis – Rabatt, Umsatzsteuer und Gesamtauftragswert“ werden vom Programm durchgeführt. Die meisten Softwareprogramme zur Auftragsbearbeitung führen gleichzeitig eine **Lagerbestandsrechnung** durch. Falls der **Lagerbestand zu niedrig** wird, erfolgt automatisch eine Abfrage, ob der Artikel in die **Bestellvorschlagsliste** oder **Produktionsvorschlagsliste** übernommen werden soll. So kann täglich festgestellt werden, welche Artikel nachbestellt oder produziert werden müssen **(Bedarfsmeldeschein).** Ferner kann der voraussichtliche Liefertermin beim Lieferer z. B. telefonisch erfragt werden.

Beispiel

Primus GmbH Bestellvorschlagsliste Datum: 12.09.20..

Nummer	Artikelbezeichnung Zusatz	Lieferer	Bestand Bestell- vorschlag	bereits bestellt am
159B574	Schreibtisch Primo	5621	20 30	0.000
159B590	Bildschirm-Arbeitstisch Primo	5621	10 40	0.000
159B632	Rollcontainer Primo	5621	0.000 60	0.000
381B814	BÜrodrehstuhl Modell 1640	5569	0.000 30	0.000

Abschließend erhält der Kunde bei Annahme des Auftrags eine **Auftragsbestätigung** (vgl. S. 544) mit dem voraussichtlichen Liefertermin, die von dem DV-gestützten ERP-System automatisch ausgedruckt wird.

Bestandskorrektur

Im ERP-System wird der Lagerbestand automatisch korrigiert und die bestellte Menge für den Auftrag wird reserviert.

Lieferschein (= Warenbegleitpapier), Auftragsbestätigung, Ausgangsrechnung (vgl. S. 224, 269, 545)

Sie werden aufgrund der eingegebenen Daten automatisch durch das Programm erstellt. Alle drei haben jeweils besondere informationswirtschaftliche Bedeutung:

- **Lieferschein**: Er wird an das Lager geleitet oder bei Vernetzung vom Rechner im Lager ausgedruckt. Je nach ERP-System werden dazu für jede Warenposition und -einheit Klebeetiketten für die Kommissionierung (vgl. S. 277, 572) ausgedruckt.
- **Auftragsbestätigung** (vgl. S. 418, 544): Sie wird dem Kunden zugeschickt.
- **Ausgangsrechnung**: Sie wird an die **Finanzbuchhaltung** weitergeleitet. Nach Überprüfung wird das Original dem Kunden zugeschickt, die Kopie (Durchschrift) wird in der Haupt- und Nebenbuchhaltung (Debitorenbuchhaltung) erfasst. Die Fälligkeitsüberwachung wird über das ERP-System geleistet.

Kommissionierung (vgl. S. 572)

Mithilfe des Lieferscheins wird die Ware nach Auftrag im Lager zusammengestellt. Dabei erhält jede Lieferscheinposition und -einheit ein Klebeetikett (Ausgangskontrolle).

Beispiel Kommissionierung bei der Primus GmbH

Versand (Vorbereitung – Durchführung)

Nach dem Kommissionieren wird die Ware versandfertig gemacht. Je nach Waren- und Versandart muss sie witterungs-, stoß- und druckfest verpackt werden. Für die jeweilige Versandart sind Warenbegleit- (Lieferschein) bzw. Versandpapiere (z. B. Frachtbrief) vorzubereiten.

Auf dem Lieferschein bestätigt der Kunde durch Unterschrift den Empfang der Ware. Eine Durchschrift, der Empfangsschein, kommt an das Lieferunternehmen zurück. Im Einzelnen werden die Vorbereitungen zum Versand davon beeinflusst,

- ob die Ware **von dem Kunden abgeholt wird**,
- ob sie mit eigenen Fahrzeugen gesondert oder im Rahmen einer Tourenplanung ausgeliefert **(Werksverkehr)** wird oder
- ob Dritte mit der Transportbesorgung **(Spediteure)** und dem Transport **(Frachtführer)** beauftragt werden.

Zusammenfassung: Bearbeitung von Kundenanfragen, Kundenaufträgen und Erstellung eines Angebots durchführen

- **Überprüfung der Kreditwürdigkeit** zur Verringerung des Kreditrisikos, zur Feststellung der Liquidität und des Zahlungsverhaltens
  - bei Neukunden mithilfe von gewerblichen Auskunfteien
  - bei Stammkunden über Debitorendatei oder Kundenliste
- **Überprüfung der Lieferfähigkeit**
  - Feststellung, ob die bestellte Ware vorrätig ist (= verfügbarer Lagerbestand)
  - Feststellung, ob die bestellte Ware in der vom Kunden gewünschten Lieferzeit bereitgestellt werden kann
- **Überprüfung der Lieferwilligkeit:** Auftragswert und Kosten der Anfrage und des Auftrages werden gegenübergestellt, um das wirtschaftliche Interesse an der Anfrage und am Auftrag auszuloten.
- **Angebotserstellung und Schriftverkehr**
  Für die Gestaltung von Geschäftsbriefen gelten die „Schreib- und Gestaltungsregeln für die Text- und Informationsverarbeitung" nach **DIN 5008.**
  Ein Geschäftsbrief enthält i. d. R. folgende Gliederungspunkte:
  - **Absender**
  - **Empfänger**
  - **Kommunikationsangaben**
  - **Ort, Datum**
  - **Betreff**
  - **Anrede**
  - **Einleitung**
  - **Vortrag und Begründung des Anliegens**
  - **Ausblick auf die Zukunft**
  - **Grußformel**
  - **evtl. Anlagen-/Verteilvermerk**
- **Bearbeitung, Erfassung des Auftrags und Erstellung eines Angebots**
  - Auftragseingabe: Auftragsnummer, Kundennummer, Datum, Artikel, Menge, Einzelpreis, Rabatt
  - bei Neukunden Eingabe von Kundenstammdaten
  - Bestandskorrektur
  - Erstellung, Kontrolle und Ausdruck von Lieferschein, Auftragsbestätigung, Ausgangsrechnung
  - Kommissionierung der Ware
  - Verpackung und Versand der Ware
  - Ist der Artikel nicht vorrätig, wird er in einer **Bestell- oder Produktionsvorschlagsliste** berücksichtigt.
  - **Bei nicht vorrätiger Ware** muss vor der weiteren Auftragsbearbeitung die entsprechende Ware beim Lieferer beschafft oder hergestellt werden.

Aufgaben

1. *Erstellen Sie eine Checkliste zur Auftragsbearbeitung und zur Bearbeitung einer Kundenanfrage in Ihrem Ausbildungsbetrieb*
   a) bei Neukunden, b) bei Stammkunden.
   Präsentieren Sie diese Checkliste in einem Referat mittels Kopie, Beamer oder Folie.

2. *Ein Neukunde hat einen Auftrag im Gesamtwert von 50.000,00 €, ein anderer Neukunde einen Auftrag in Höhe von 350,00 € erteilt.*
   a) Erläutern Sie drei Bedingungen, von denen die Annahme der Aufträge von Neukunden abhängt.
   b) Erläutern Sie die Notwendigkeit und den Gegenstand der Kreditwürdigkeitsprüfungen von Neukunden.

3. *Nachdem Sie sich für die Annahme eines Auftrags entschieden haben, sind folgende Arbeiten zu erledigen:*
   a) Anlage der Kundenstammdaten eines Neukunden
   b) Erfassung des Auftrags
   c) Kommissionierung des Auftrags
   Erläutern Sie die jeweiligen Arbeiten.

4. *Erläutern Sie, was man unter einem Kreditlimit versteht und welche Bedeutung seine Festlegung bei der Auftragsbearbeitung hat.*

5. *Einem neu eingestellten Verkaufssachbearbeiter der Primus GmbH wird aus Versehen die alte Anweisung der Geschäftsleitung für die Abteilung Verkauf vorgelegt. Darin heißt es: „... alle Anfragen sind so zu bearbeiten, dass der Kunde mit großer Wahrscheinlichkeit einen Auftrag erteilt ...“*
   Erläutern Sie, welche Probleme bei der Bearbeitung einer Kundenanfrage entstehen könnten, wenn der neu eingestellte Verkaufssachbearbeiter sich nur an dieser Anweisung der Geschäftsführung orientieren könnte und keine weitere Hilfestellung hätte.

6. *Erstellen Sie mithilfe der Artikelliste (Verkauf) ein Angebot über fünf Büroeinrichtungsgegenstände Ihrer Wahl. Berücksichtigen Sie die Liefer- und Zahlungsbedingungen der Primus GmbH. Gehen Sie davon aus, dass es sich um einen Kunden handelt, der voraussichtlich eine Großbestellung abgeben wird, machen Sie deshalb einen Rabattvorschlag. Beachten Sie bitte die aktuellen DIN-Normen für Geschäftsbriefe.*

7. *Geben Sie Gründe an, die für den Einsatz eines computergestützten ERP-Systems in einem Betrieb sprechen.*

8. *Erläutern Sie, von welchen Gesichtspunkten die Annahme eines Auftrags abhängt.*

9. *Erklären Sie den Unterschied zwischen dem tatsächlichen und dem verfügbaren Lagerbestand.*

10. *Schreiben Sie für die Primus GmbH mit den Daten der Aufgabe 2 (vgl. S. 260) ein Angebot an den Kunden Krankenhaus GmbH Duisburg.*

11. *Bei der Bearbeitung eines Kundenauftrags sind bei der Primus GmbH eine Reihe von Fragen zu überprüfen.*
    a) Erläutern Sie, welche Sachverhalte von der Primus GmbH zu überprüfen sind.
    b) Vergleichen Sie die Abläufe bei der Primus GmbH bei der Auftragsbearbeitung mit denen in Ihrem Ausbildungsbetrieb.

3 Fachgerechte und kundenorientierte Abwicklung von Aufträgen organisieren

Handlungssituation

Der Auftrag des Neukunden Klaus Fischer e. K. über 49.925,00 € wird nach Überprüfung der Kreditwürdigkeit bearbeitet. Für den Neukunden sollen die Daten in einer Erfassungsmaske eingegeben und danach soll der Auftrag im ERP-System bearbeitet werden. Herr Winkler beauftragt die Auszubildende Nicole Höver mit der Bearbeitung.

Arbeitsaufträge

- *Bearbeiten Sie die Erfassungsmaske für den Neukunden Klaus Fischer e. K. unter Berücksichtigung folgender Daten:*
  Klaus Fischer e. K. Bürobedarf
  Altmarkt 15 Telefon 02041 3764
  46236 Bottrop Fax 02041 6437
  Bankverbindung: Stadtsparkasse Bottrop IBAN: DE79424512200000474747
  BIC: WELADED1BOT

  Artikel

Menge	Artikelnummer	Artikelbezeichnung	Nettoverkaufspreis
50	159B574	Schreibtisch Primo	212,50 €
50	261B289	HP-Laser Jet 3001 Laserdrucker	246,00 €

- *Bearbeiten Sie den Auftrag mit der Software SAP® ERP.*
- *Legen Sie sich anschließend eine Checkliste für die computergestützte Auftragsbearbeitung an.*
- *Erstellen Sie eine Lerndatei zum Thema „Auftragsbearbeitung im ERP-System“.*

■ Erfassung und Aufbereitung von Daten

In Betrieben, die den einzelnen Arbeitsplatz mit Computer ausgestattet haben, sind die Karteien als Hilfsmittel betrieblicher Organisation längst durch Dateien ersetzt worden. Die Dateien ähneln vom Inhalt allerdings den traditionellen Kartenkarteien. Geändert hat sich die Aufnahme und Bereitstellung der Daten. Dies geschieht elektronisch mithilfe von Computerprogrammen, wobei für jede Aufgabe ein **„Formblatt“ (Erfassungsmaske)** entwickelt wurde.

Im Zusammenhang mit der Angebotserstellung und der Auftragsbearbeitung bei vorrätiger Ware werden Auftragsdatei, Kundendatei, Debitorendatei, Artikeldatei und evtl. Angebots-/Liefererdatei benötigt, die über gemeinsame Datenfelder miteinander verknüpfbar sind.

Jede Datei enthält eine geordnete Sammlung von **Datensätzen**. Darunter sind Informationen über ein spezielles Sachgebiet zu verstehen, z. B. über einzelne Kunden oder einzelne

Artikel. Innerhalb der einzelnen Datensätze werden Stamm- und Bewegungsdaten unterschieden.

- **Stammdaten** werden einmalig erfasst, ändern sich über einen längeren Zeitraum nicht und können immer wieder abgerufen werden.

  Beispiele Kundennummer, Kundenanschrift, Artikelnummer, Artikelbezeichnung

- **Bewegungsdaten** treten grundsätzlich einmalig auf und müssen daher jeweils neu erfasst werden.

  Beispiele Daten der Auftragseingabe, Rechnungsnummer, Bestellmenge, Lieferzeit

Die **Datensätze** einer Datei sind vom Aufbau gleich strukturiert in **Datenfelder** und **Zeichen**, deren Anzahl vom Informationsbedarf abhängt.

Neben den Stamm- und Bewegungsdaten lassen sich die Daten nach ihrer **Stellung bei der Verarbeitung** in Ein- und Ausgabedaten unterscheiden.

- **Eingabedaten** sind die Voraussetzung für die weitere Verarbeitung von Daten.

  Beispiele Eingabe des Kundennamens oder der Kundennummer, der Artikelnummer, der Einzelpreise, Mengen

- **Ausgabedaten** sind das Ergebnis der Verarbeitung.

  Beispiele Rechnungsbetrag netto, Rechnungsbetrag brutto, Mehrwertsteuer in Euro

■ Aufbau und Inhalt der Kundendatei

Die Kundendatei (vgl. S. 333) besteht aus Datensätzen für jeden einzelnen Kunden. Jeder **Datensatz** enthält spezifische Informationen über einen bestimmten Kunden, die in einzelnen **Datenfeldern** aufgeführt sind und die für unterschiedliche Zwecke abgerufen werden können: Name, Anschrift, Ansprechpartner, Telefon, Fax, E-Mail-Adresse, Kundennummer, Debitorenkonto, Konditionen (Rabatt, Skonto, Zahlungsziel, Kreditlimit), Umsatz, offene Posten, Bankverbindung mit BIC und IBAN. Jedes Datenfeld besteht aus **Zeichen** (Ziffern = numerische Daten, Buchstaben = alphabetische Daten, Ziffern und Buchstaben = alphanumerische Daten, Sonderzeichen).

Beispiele

- Das Datenfeld „Datum" besteht aus Ziffern und Sonderzeichen: 16.08.20..
- Die Artikelnummern der Primus GmbH bestehen aus Ziffern und Buchstaben: 159B574 für den Schreibtisch Primo (= alphanumerische Daten).

Will man den Datensatz über einen Kunden nutzen (z. B. bei der Auftragsbearbeitung, bei Feststellung des Umsatzes oder offener Posten), wird er mithilfe der Kundennummer aufgerufen. Die **Kundennummer** ist somit Verbindungsglied zu anderen Dateien. Auf ihr basieren unterschiedlichste Informations- und Auswertungsmöglichkeiten.

■ Aufbau und Inhalt der Artikeldatei

Die Artikeldatei (vgl. S. 277, 449 besteht aus Datensätzen zu jedem Artikel. Spezifische Informationen zum einzelnen Artikel, die in einzelnen Datenfeldern festgelegt sind, sind Artikelnummer, Artikelbezeichnung, Warengruppe, Preise (Einkaufs-, Verkaufspreis), Lieferer, Bestand, Lagerstandort, Rabatt, Umsatzsteuersatz u. a. Bei Aufnahme eines neuen Artikels in das Sortiment oder die Produktliste (vgl. S. 15) kann die Datei erweitert, bei Änderungen der Datenfelder kann sie aktualisiert werden. Zur Nutzung eines Datensatzes zu einem Artikel (z. B. zur Auftragsbearbeitung) kann dieser mithilfe der Artikelnummer abgerufen werden.

■ Aufbau und Inhalt der Auftrags-/Angebotsdatei

Die Angebots- und die Auftragsdatei bestehen aus den Datensätzen aller bisher angefallenen Angebote und Aufträge des Geschäftsjahres. Jeder einzelne Datensatz besteht aus Datenfeldern, in denen die Informationen für die Einzelauftragsbearbeitung festgelegt sind. Diese Daten legen die Abfolge der Arbeitsschritte bei der Angebotserstellung und bei der Auftragsbearbeitung fest (vgl. S. 283, 345 f.). Verschiedene Arbeitsschritte sind vom Programm automatisch vorgesehen und brauchen nicht über Befehle eingegeben zu werden.

Hierbei können neben den Stamm- und Bewegungsdaten (vgl. S. 274) **Ordnungs-** und **Rechendaten** unterschieden werden.

- **Ordnungsdaten** dienen der kaufmännischen Organisation und Orientierung und legen bestimmte Reihen- oder Zeitfolgen für kaufmännische Vorgänge fest. Ordnungsdaten werden häufig automatisch vom Programm vorgegeben.

  Beispiele
  - Ausgangsrechnungen werden durch die Vorgabe aufsteigender Rechnungsnummern geordnet.
  - Kunden können durch die Vergabe von Kundennummern oder alphabetisch geordnet werden.

- **Rechendaten** sind für automatische Berechnungen im Programm festgelegt.

  Beispiel Das Programm berechnet nach Eingabe von Menge und Einzelpreis einer Auftragsposition den Gesamtpreis.

■ Angebotserstellung und Auftragsbearbeitung durch Verknüpfung der Dateien

Bei der Angebotserstellung und der Auftragsbearbeitung wird auf Daten zurückgegriffen, die in anderen Dateien (z. B. in der Artikel- und Kundendatei) gespeichert sind. Sie werden über gemeinsame **Schnittstellen** genutzt. Die Schnittstellen sind Verbindungen der Dateien und damit der Informationsspeicher untereinander. So entsteht ein geschlossenes und computergestütztes **ERP-System**, dessen Zentrum die **Datenbank** mit allen Daten ist, die von allen Funktionsbereichen genutzt werden kann, wie folgende vereinfachte Darstellung zeigt:

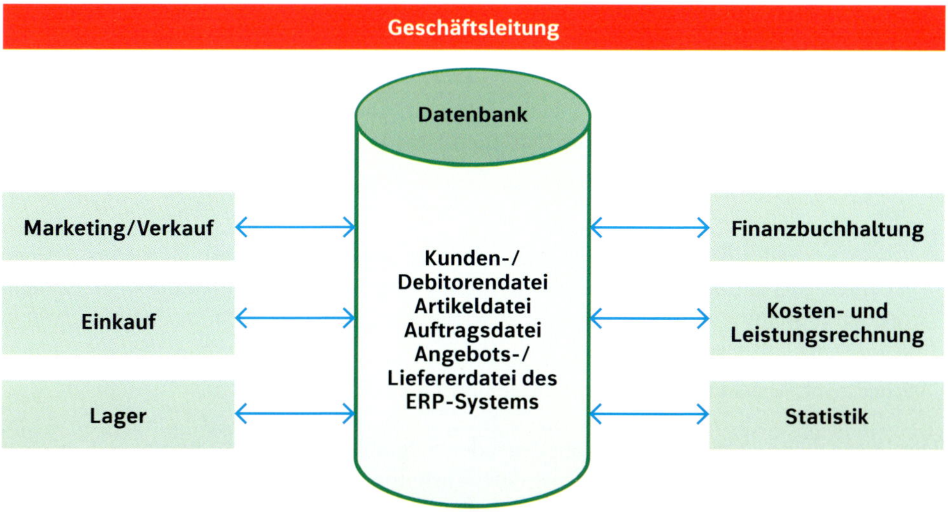

Neben dem Internet spielt das **Intranet** eine zentrale Rolle bei der Gestaltung von Geschäftsprozessen. Ein Intranet verbindet die Computer eines Betriebes oder aller Filialen eines Unternehmens. Die Kommunikation zwischen den Unternehmen wird dadurch erheblich schneller, die Unternehmen werden flexibler, eine breitere Datenbasis steht zur Verfügung und es entstehen Zeit- und Kostenersparnisse.

Die besonderen **Vorteile** der Angebotserstellung und der Auftragsbearbeitung mit einem computergestützten ERP-System bestehen darin, dass die in der Verkaufsabteilung verwendeten Daten vielfach genutzt werden können (Rationalisierung):

- So können sie immer wieder abgerufen und für andere informationswirtschaftliche Vorgänge verwertet werden.

  Beispiel Die eingegebenen Daten werden zur Erstellung der Ausgangsrechnung, der Auftragsbestätigung und des Lieferscheins benutzt.

Web

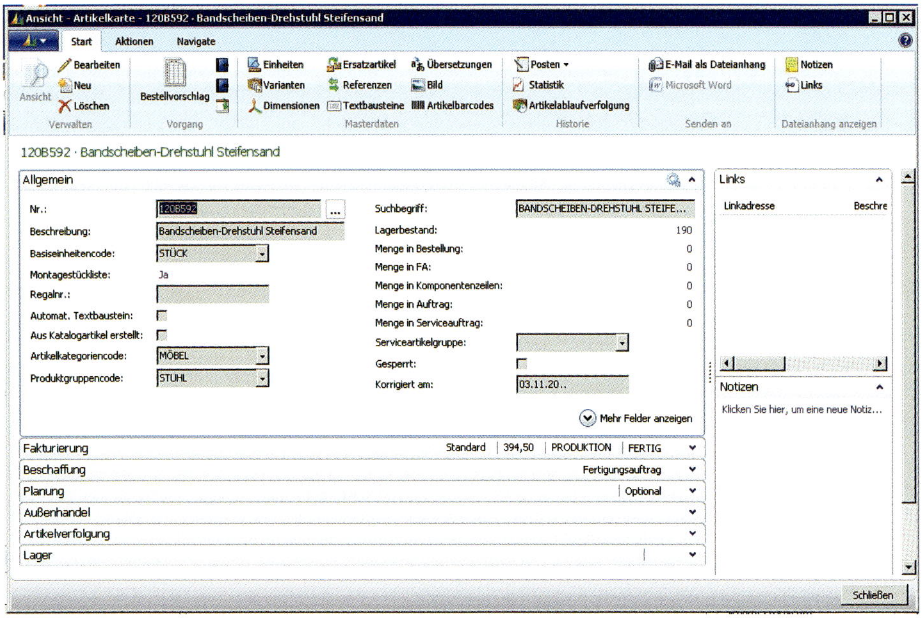

- Von anderen Abteilungen des Unternehmens, die durch die Auftragsbearbeitung berührt werden, können alle Informationen abgerufen oder weitergegeben werden.

  Beispiel Vom Lager kann der Kommissionierungsauftrag bzw. der Lieferschein abgerufen werden.

- Alle Mitarbeiter der Verkaufsabteilung, der Einkaufsabteilung und des Lagers können jederzeit den aktualisierten Bestand abrufen. Die erfassten Daten können zur automatischen Erstellung von Belegen genutzt werden.

  Beispiel Programmgemäß werden bei der Primus GmbH nach Erfassung des Auftrags Lieferschein, Auftragsbestätigung, Ausgangsrechnung u. a. erstellt.

Die Daten können jederzeit in Tabellen oder Schaubildern nach bestimmten Gesichtspunkten aufbereitet und zum Zwecke der Beurteilung getroffener Entscheidungen oder zur Planung und Steuerung künftiger Vorhaben ausgewertet werden.

■ Schritte der Auftragsbearbeitung mithilfe eines ERP-Systems

Die Arbeitsschritte der Auftragsbearbeitung werden durch die Datenfelder der jeweiligen **Erfassungsmaske** eines Programms vorgegeben.

❶ **Aufruf der Erfassungsmaske „Auftrag“**

❷ **Automatische Vergabe einer Auftragsnummer** durch das Programm oder manuelle Eingabe

❸ **Übernahme der Stammdaten aus der Kundendatei**, die mit der Kundennummer aufgerufen und im Einzelnen durch den Benutzer bestätigt werden müssen

❹ **Eingabe der bestellten Artikel** bei Nutzung der Artikeldaten, auf die jeweils mithilfe der Artikelnummer zugegriffen wird

- **Eingabe der Artikelnummer**: Damit erscheint die in der Artikeldatei jeweils festgelegte handelsübliche Bezeichnung.
- **Eingabe der bestellten Menge**: Mit diesem Befehl überprüft das Programm automatisch den vorhandenen Lagerbestand. Über das Programm erfolgt automatisch die Berechnung der einzelnen Positionen (Menge · Preis – Rabatt, Rechnungssumme netto, Umsatzsteuer, Rechnungsbetrag brutto). In der Artikeldatei wird automatisch eine Reservierung der Warenmenge nach Auftrag angezeigt.

❺ **Informationswirtschaftliche Auswertungsmöglichkeiten**: Die bearbeitete Auftragsdatei wird jetzt für die weitere Abwicklung des Auftrags informationswirtschaftlich genutzt, z.B. für die Kommissionierung, für den Versand, für die Fakturierung und Buchung. Dazu sind Informationen an die betroffenen betrieblichen Stellen weiterzuleiten, über die dort Befehle ausgelöst werden. Diese Informationen werden automatisch vom Programm je nach Option der Verwendung durch Verkettung bestimmter Datenfelder aus dem Datensatz des Auftrags hergestellt. Auf diese Weise sind folgende unterschiedliche Nutzungen möglich: Optionsmöglichkeiten sind Auftragsbestätigung, Lieferschein, Ausgangsrechnung, Kommissionierung mit Etiketten. Alle bereits erfassten Aufträge werden in der **Auftragsverwaltung** abgelegt. So können bei wiederkehrenden Aufträgen der gleichen Kunden diese als Vorlage genutzt und somit schneller erfasst werden. Zudem kann eine optimale Kontrolle aller bereits erfassten Aufträge vorgenommen werden.

Beispiel Kommissionierungsetikett der Primus GmbH

SR[1] 2553
Auftrag-Nr.: 815 Bereich 1[2]
Behälter 20 AII 15, AIII 8[3]
Klaus Fischer e. K., Bürobedarf
Altmarkt 15
46236 Bottrop
Liefertag 13.09.20..

[1] *SR = Servicereisender*
[2] *Bereich, in dem die kommissionierte Ware zum Versand bereitgestellt wird*
[3] *Lagerplatz, an dem sich die zu kommissionierende Ware befindet*

- **Auftragsbestätigung**: Das Original wird dem Kunden zugestellt (vgl. S. 544).
- **Lieferschein**: Er dient als Warenbegleitpapier und wird in mehrfacher Ausfertigung erstellt. Auf dem Empfangsschein lässt sich der Überbringer der Ware die mangelfreie Übergabe durch Unterschrift des Kunden bestätigen.
- **Kommissionierungsauftrag**: Anhand des Kommissionierungsauftrags wird die gewünschte Ware im Lager zusammengestellt (vgl. S. 270, 572) und jede Verpa-

ckungseinheit mit einer Klebeetikette versehen (Markierungsetikett). Nach der Kommissionierung wird die Ware versandfertig gemacht.

– **Ausgangsrechnung**: Das Original wird dem Kunden zugestellt. Die Zweitschrift geht zur Buchung und zur Überwachung der Fälligkeit in die Finanzbuchhaltung.

Beispiele Abb. aus dem ERP-System der Primus GmbH:

Web

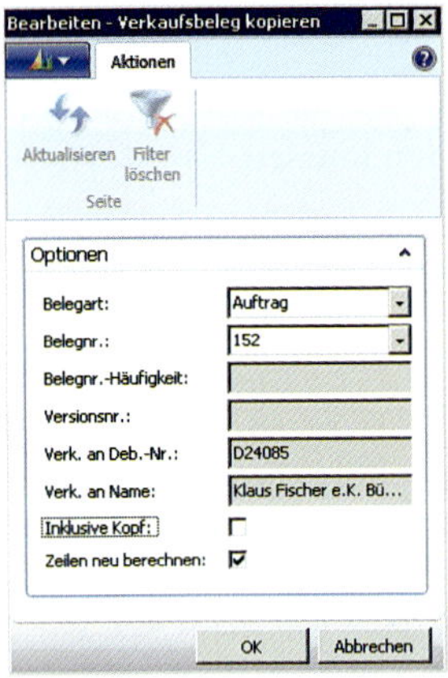

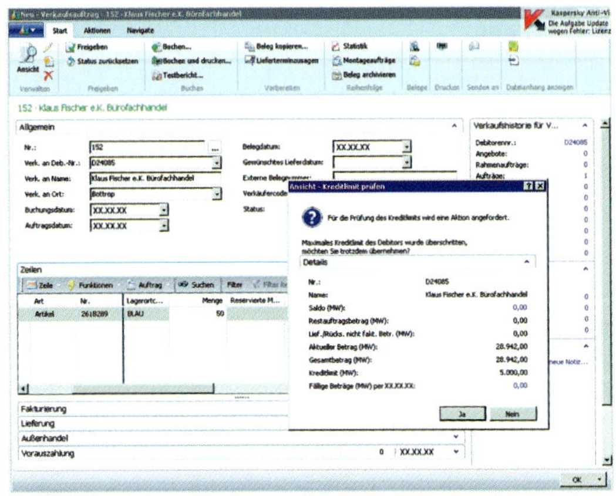

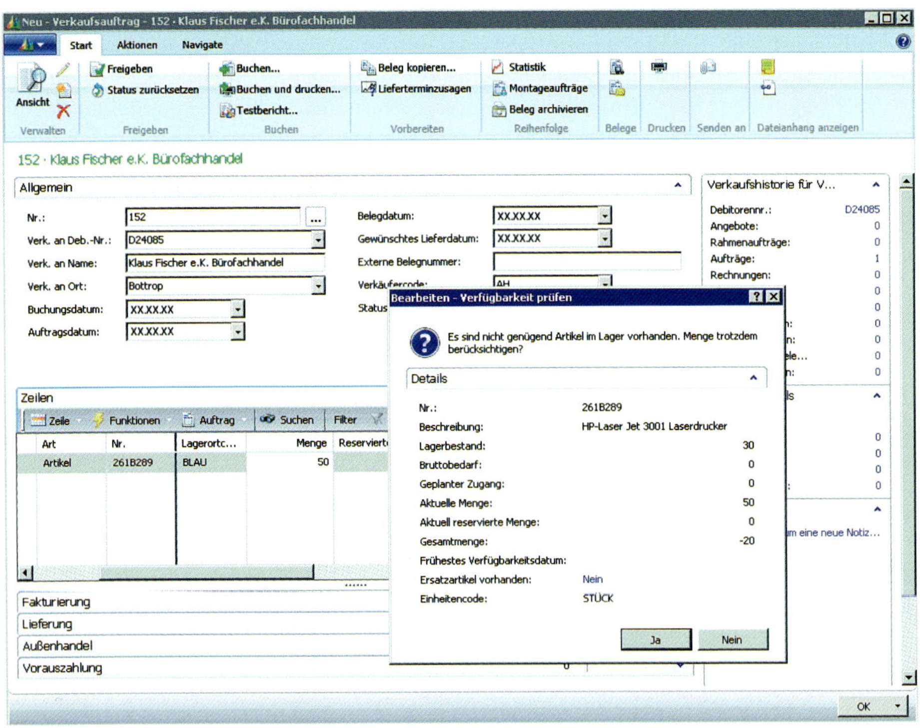

Die Erstellung eines Angebots mit dem Auftragsbearbeitungsprogramm erfolgt in ähnlicher Weise (Aufruf der Erfassungsmaske, Angebot, automatische Vergabe einer Angebotsnummer, Übernahme der Stammdaten aus der Kundendatei, Eingabe der angebotenen Artikel und Ausdruck des Angebots).

■ Kundenzufriedenheit

Sowohl das Unternehmen als auch sein Kunde müssen von einer Geschäftstransaktion profitieren, es muss eine **„Win-win-Situation“** geschaffen werden, in der sich beide Parteien als „Winner“ sehen können. Kundenorientierung hat zum Ziel, **Kundenzufriedenheit** zu optimieren und den Wechsel zu Mitbewerbern auszuschließen. Hierbei sind wirtschaftliche Überlegungen anzustellen. So ist der Aufwand (Kosten, Zeit), einen bereits vorhandenen Kunden zufriedenzustellen, i. d. R. geringer als der Aufwand, einen völlig neuen Kunden zu akquirieren. Zur Kundenorientierung gehört auch ein adäquates **Beschwerde- und Reklamationsmanagement**, mit dem nach wirtschaftlichen Gesichtspunkten ebenfalls Win-win-Situationen anzustreben sind.

Beispiel Die Primus GmbH erhält von einem großen Kunden eine eindeutig nicht berechtigte Reklamation. Es geht um eine Gutschrift in Höhe von 6.000,00 €. Aus Kulanzgründen wird die Gutschrift erteilt, da mit diesem Kunden in den letzten Jahren erhebliche Umsätze getätigt wurden und für die Zukunft ähnliche Umsätze zu erwarten sind. Jedoch wird untersucht, wie es zu dieser Reklamation kommen konnte, um entsprechende Fehlerquellen zukünftig auszuschließen.

Durch eine fachgerechte und kundenorientierte Abwicklung von Aufträgen werden die Interessen des eigenen Unternehmens und die Bedürfnisse der Kunden berücksichtigt. Dies führt langfristig zu einer Bindung der Kunden an das eigene Unternehmen (**Gesichtspunkt der Nachhaltigkeit**).

Beispiel Die Krankenhaus GmbH, Duisburg benötigt für eine neue Abteilung eine Empfangstheke mit Sondermaßen, die bisher von der Primus GmbH nicht geführt wurde. Um den Kunden zu binden, hat die Primus GmbH einen neuen Lieferer ausfindig gemacht, der dem Wunsch des Kunden entsprechend diese Empfangstheke herstellt.

Zusammenfassung: Fachgerechte und kundenorientierte Abwicklung von Aufträgen organisieren

- **Erfassung und Aufbereitung von Daten**
  - **Dateien** sind geordnete Sammlungen von Datensätzen.
  - **Datensätze** enthalten Informationen (Daten) über ein spezielles Sachgebiet.
  - Datensätze sind gegliedert in Datenfelder und Zeichen.
  - Zu unterscheiden sind Stamm- und **Bewegungsdaten, Ordnungs**- und **Rechendaten, Eingabe**- und **Ausgabedaten.**
- Die **Kundendatei** beinhaltet alle Daten, die im Geschäftsverkehr mit dem Kunden erforderlich sind.
- Die **Artikeldatei** beinhaltet alle Daten, die für kaufmännische Arbeiten in Verbindung mit diesem Artikel erforderlich sind.
- Die **Auftrags-/Angebotsdatei** beinhaltet alle die für die Auftrags-/Angebotsbearbeitung erforderlichen Daten.
- Die **Auftragsbearbeitung/Angebotserstellung** im computergestützten ERP-System erfolgt durch Verknüpfung verschiedener Dateien je nach Programm in unterschiedlichen Arbeitsschritten.
- **Kundenorientierung** und die damit verbundene höhere Kundenzufriedenheit führt zu **Win-win-Situationen** für Unternehmen und Kunden.

Aufgaben

1. a) Erläutern Sie die Bedeutung der Kundennummer und der Auftragsnummer im ERP-System.
   b) Stellen Sie Stamm- und Bewegungsdaten bei der Auftragsbearbeitung gegenüber.

2. Zum Zwecke der Geschäftseröffnung erhält die Möbel Import-Export-GmbH, Berlin, von der Peter Felder OHG einen Auftrag über 350.000,00 €.
   a) Erläutern Sie, welche Arbeiten dieser Auftrag bewirkt.
   b) Die Einzelarbeiten sind näher zu erläutern.

3. Erstellen Sie eine Erfassungsmaske für:
   a) eine Kundendatei, b) eine Liefererdatei, c) eine Artikeldatei
   und begründen Sie die Aufnahme der einzelnen Datenfelder.

4. Stellen Sie bei der Kunden- und Artikeldatei
   a) Stamm- und
   b) Bewegungsdaten gegenüber.

5. Tag für Tag treffen in Ihrem Ausbildungsunternehmen Aufträge ein.
   a) Legen Sie eine Checkliste zur Beurteilung der einzelnen Aufträge an.
   b) Legen Sie eine Checkliste zur Bearbeitung der Aufträge ein einem Auftragsbearbeitungsprogramm an.

6. Erläutern Sie Zeichen, Datenfeld, Datensatz, Datei, Datenbank und Auftragsbearbeitungsprogramm.

7. Stellen Sie an einer Ausgangsrechnung Ihres Ausbildungsbetriebes dar:
   a) Stamm- und Bewegungsdaten,
   b) Ordnungs- und Rechendaten.

8. Die Primus GmbH arbeitet mit einem EDV-gestützten ERP-System. Welche Vorteile bietet dieses System der Primus GmbH?
   1. artikelgenaue und aktuelle Informationen, schnelleren Zugriff auf wichtige Daten, Vereinfachung der Arbeitsprozesse
   2. artikelgenaue und aktuelle Informationen, schnelleren Zugriff auf wichtige Daten, Vereinfachung der Arbeitsprozesse, Wegfall von Artikelnummern
   3. artikelgenaue und aktuelle Informationen, schnelleren Zugriff auf wichtige Daten, Vereinfachung der Arbeitsprozesse, hohe Kapitalbindung
   4. artikelgenaue und aktuelle Informationen, schnelleren Zugriff auf wichtige Daten, hohe Kapitalbindung
   5. artikelgenaue und aktuelle Informationen, schnelleren Zugriff auf wichtige Daten, Vereinfachung der Arbeitsprozesse, Wegfall von Artikelnummern, hohe Kapitalbindung

9. Prüfen Sie die untenstehenden Sachverhalte, ob diese Daten zu den
   a) Stammdaten,
   b) Bewegungsdaten,
   c) Ordnungsdaten oder
   d) Rechendaten gehören.
   1. In der Warenannahme werden die Mengen einer Lieferung für das ERP-System erfasst.
   2. Das ERP-System berechnet den Wert einer Warenmenge und speichert diesen für die Erstellung einer Rechnung.
   3. In der Gehaltsabrechnung wird die Personalnummer eines Mitarbeiters eingegeben.
   4. In das ERP-System wird die Artikelnummer eines neuen Produktes eingegeben.
   5. Bei der Erstellung einer Rechnung übernimmt das ERP-System das Tagesdatum als Rechnungsdatum.

4 Aufbau und Struktur einer betrieblichen EDV-Anlage erschließen

Handlungssituation

Andreas Dick ist seit zwei Wochen in der Auftragsbearbeitung der Primus GmbH eingesetzt. Heute ist in der EDV der Verkaufsabteilung aber der Wurm drin. Zwei Rechner können sich am Netzwerk nicht anmelden, ein Drucker funktioniert nicht und das ERP-System (ERP: Enterprise Ressource Planning) der Primus GmbH stürzt laufend ab. Cihangir Öztürk, der Netzwerkadministrator der Primus GmbH wird zur Reparatur in die Marketingabteilung gerufen. Andreas Dick soll ihm die fehlerhaften Rechner zeigen. Da er ohnehin an der EDV interessiert ist und für den 1. Teil seiner Abschlussprüfung einige Grundkenntnisse der EDV benötigt, nutzt er die Gelegenheit, mit dem Netzwerktechniker einige grundlegende Fragen zum Aufbau einer EDV-Anlage zu klären. Helfen Sie ihm, indem Sie die folgenden Erkundungsfragen klären.

Arbeitsaufträge

- *Erstellen Sie eine Mindmap zu den grundlegenden Elementen einer EDV-Anlage (Hardware, Software, Geräte usw.).*
- *Erläutern Sie den Begriff Computernetzwerk.*
- *Unterscheiden Sie ERP-Systeme und Branchensoftware.*
- *Erläutern Sie die Aufgaben eines Netzwerkadministrators.*

Hardware

Jedes Computersystem arbeit nach dem **E-V-A-Prinzip**: Eingabe, Verarbeitung, Ausgabe. Also muss es Geräte für Eingabe (Tastaturen, Scanner), Verarbeitung (Prozessor, Grafik) und Ausgabe (Monitor, Drucker) haben.

Als **Hardware** bezeichnet man die Gesamtheit aller **physischen Bestandteile** einer Datenverarbeitungsanlage: Geräte, Datenträger und Verbindungseinrichtungen wie Netzwerkkabel o. Ä.

Beispiele für Hardwarekomponenten Maus, Tastatur, Rechner, Drucker, Monitor, alle Kabel, Datenträger wie CDs oder USB-Sticks

Als **Konfiguration** wird die konkrete Zusammenstellung einer Rechenanlage aus den Elementen Zentraleinheit, Peripheriegeräte sowie der zugrundeliegenden Vernetzungsstruktur bezeichnet.

Die **Zentraleinheit** umfasst den **Prozessor (CPU: Central Processing Unit)**, welcher das eigentliche Herzstück des Computers ist, sowie den Arbeitsspeicher (**RAM**: Random Access Memory). Der Arbeitsspeicher nimmt während der Verarbeitung die Daten und Programme auf. Hierbei handelt es sich aber um einen flüchtigen Speicher, dessen Inhalt beim Ausschalten des Rechners verloren geht. Die Leistungsfähigkeit eines Rechners hängt von Prozessortakt, Bustakt und -breite und Größe des Arbeitsspeicher ab.

Außerdem gehört zur Zentraleinheit noch der **ROM**-Speicher (ROM: Read-Only-Memory), der nicht überschrieben wird und feste Programmroutinen enthält. Diese überprüfen

z. B. beim Start den Rechner. Weitere Informationen zum Start eines Rechners wie angeschlossene Hardware, dazugehörige Gerätetreiber werden in einem anderen Speicherchip dauerhaft festgehalten (Basic-Input-Output-System **BIOS** bei x86-Prozessoren, Open Firmware OF, Extensible Firmware Interface EFI). BIOS, OF oder EFI stellen die Verbindung zwischen Hardware und Software während des Startvorgangs her und enthalten wichtige Informationen zur Konfiguration des Computers. Sie legen beispielsweise fest, von welchem Laufwerk (interne oder externe Festplatte, Blu-ray-/DVD-Laufwerk) welches Betriebssystem geladen werden soll.

Beispiele Aktuelle Zeit, aktuelles Datum, installierte Festplatte

Alle diese Bausteine sind auf dem **Main- oder Motherboard** des Rechners untergebracht.

1 Stromanschluss
2 PATA-Anschluss
3 Batterie
4 Chipsatz
5 RAM-Steckplatz
6 BIOS-Chip
7 Prozessor-Steckplatz
8 Maus-/Tastatur-Anschluss
9 PCI-Steckplätze
10 USB-Anschluss
11 Parallele Schnittstelle (LPT-Anschluss)
12 Serielle Schnittstelle (COM-Anschluss)
13 AGP-Steckplatz

Neben der Zentraleinheit besteht der Rechner noch aus den Peripheriegeräten. Sie dienen zur Ein- und Ausgabe von Daten und zur Speicherung.

Peripheriegeräte			
Eingabegeräte	**Ausgabegeräte**	**Dialoggeräte**	**Externe Speicher**
Dateneingabe von Informationen in den Computer (Mensch-Maschine-Interface)	Datenausgabe auf Papier oder elektronischen Geräten (Maschine-Mensch-Interface)	Datenaustausch mit anderen Geräten (Maschine-Maschine-Interface)	dauerhafte Speicherung von Daten und Programmen
Beispiele – Tastatur – Maus – Joystick – Scanner – Barcodeleser – Mikrofon	Beispiele – Drucker – Plotter – Bildschirm – Lautsprecher	Beispiele – Router – Touchscreen – Netzwerkkarten – Multifunktionsgeräte (Drucker, Fax und Scanner in einem Gerät)	Beispiele – Festplatte – USB-Speicher – Blu-ray-Disc oder DVD – Speicherkarten – Bandlaufwerke

Die Leistung eines Computers wird von der Hardware und der eingesetzten Software beeinflusst; die schnellste Hardware nutzt nichts bei unpassender Software. Vor der Anschaffung von Hardware ist in jedem Fall zu klären, welche Software eingesetzt werden soll, denn die Auswahl der Software bestimmt die Anforderungen an die Hardware mit. So brauchen Grafikprogramme deutlich leistungsfähigere Grafikkarten als normale Büroanwendungen wie Textverarbeitung oder Tabellenkalkulation.

■ Software

Software ist die zusammenfassende Bezeichnung für die Programme einer Datenverarbeitungsanlage vom Inhalt des BIOS über das Betriebssystem bis zu Büroanwendungen. Für fast jede Aufgabe gibt es eine große Zahl sofort einsetzbarer Anwendungsprogramme, die wenig oder nichts kosten. Auf der anderen Seite besteht jedoch auch die Möglichkeit, sich seine eigene betriebsindividuell zugeschnittene Softwarelösung erstellen zu lassen. Allerdings verursacht diese Art der Softwareprogrammierung hohe Kosten, hat aber den Vorteil, dass sich die Programme genau an den betrieblichen Bedingungen ausrichten.

Software kann in verschiedene Arten und Unterarten geordnet werden.

Software					
Systemsoftware		**Anwendungssoftware**			
Betriebssystem mit GUI[1] oder CLI[2]	**Programmiersprache**	**Standard-Software**	**Branchensoftware**	**ERP-Software**	**Individualsoftware**
Beispiele – MS-DOS (CLI) – OS/2 – Windows – Unix – Linux – Mac OS X, OS X – iOS – Android	Beispiele – Fortran – Pascal – BASIC – Java – JavaScript – C# – Objective-C++ – PEARL – TeX	Beispiele – Textverarbeitung – Tabellenkalkulation – Datenbank – Präsentation – Finanzbuchhaltung – Auftragsbearbeitung	Beispiele – Einzelhandel – Großhandel – Industrie – Öffentliche Verwaltung – Handwerk – Ärzte – Banken	Beispiele – MS Dynamics NAV – Oracle – SAP – Sage	Beispiele – Datenbankschnittstellen (Kiosk für Klopotek, Doris)

Das **Betriebssystem** umfasst Programmroutinen zur Steuerung des Computers. Es überwacht das Computersystem und koordiniert das Zusammenwirken zwischen Hardware und Anwendungssoftware. Es versorgt den Computer mit den grundlegeneden Informationen, die ihn erst funktionstüchtig machen. Die **Systemsoftware** umfasst im die Dienstprogramme zur Systemsteuerung, Systemverwaltung, Netzwerk- und Internetanbindung, Darstellung einer grafischen Benutzeroberfläche (GUI) und Ein- und Ausgaben der Anwendungsprogramme.

Beispiele Microsoft Windows, Mac OS X, Unix, Linux, OS/2, Android, iOS

Die meisten Systemsoftwares haben grafische Benutzeroberflächen (GUI), die eine einfachere Handhabung der Systembefehle durch Symbole und Maussteuerung ermöglichen

[1] *GUI: Graphic User Interface, grafische Benutzeroberfläche mit Fenstern*
[2] *CLI: Command Line Interface, Kommandozeile*

sollen. Die Steuerung per Kommandozeile (CLI) ist den meisten Benutzern zu unkomfortabel oder unbekannt.

Unter **Anwendungssoftware** versteht man die Programme, die zur Lösung einer bestimmten Aufgabe oder eines ganzen Bündels gleichartiger Aufgaben gedacht sind. Die Anwendungssoftware untergliedert sich in die Bereiche Standardsoftware, Branchensoftware, ERP-Software und Individualsoftware.

Unter **Standardsoftware** versteht man Programme für Aufgabenstellungen, die sich von Betrieb zu Betrieb wiederholen. Die Standardprogramme bieten eine allgemeingültige Lösung für ein spezielles Problem. Sie können ohne großen Aufwand an betriebliche Gegebenheiten angepasst werden.

Beispiele Textverarbeitung wie Word, Writer, Tabellenkalkulationsprogramme wie Excel, Calc, Präsentationsprogramme wie PowerPoint oder Impress, Datenbankprogramme wie Access oder Base, Programmierumgebungen, aber auch Spiele oder Grafikprogramme

Die Standardsoftware kann noch in die beiden Bereiche **Funktions- und Branchensoftware** unterschieden werden. Dienen Programme zur Lösung spezieller betrieblicher Funktionen (Finanzbuchhaltung, Lohn- und Gehaltsabrechnung usw.), nennt man allgemeine Lösungen für diese Bereiche Funktionssoftware. Diese Programme sind unabhängig von der Art des Unternehmens einsetzbar, da für ihren Anwendungsbereich z. B. vom Gesetzgeber weitestgehende Verfahrensvorschriften erlassen wurden.

Beispiele Lexware Buchhalter, Faktura oder Lohn und Gehalt, CTO FIBU

Daneben gibt es noch Standardprogramme für bestimmte Branchen oder Berufsgruppen. Um den dort erforderlichen Besonderheiten gerecht zu werden, sind diese Programme genau auf diese Branche zugeschnitten. Man spricht daher in diesen Fällen auch von Branchensoftware.

Beispiele Abrechnungssysteme für Arzt- und Zahnarztpraxen, für Steuerberater oder Anwälte sowie Ersatzteilverwaltungen in Kfz-Werkstätten, Handwerksbetrieben

Enterprise-Resource-Planning (ERP) bezeichnet die unternehmerische Aufgabe, die in einem Unternehmen vorhandenen Ressourcen (Kapital, Betriebsmittel oder Personal) möglichst effizient für den betrieblichen Ablauf einzusetzen und somit die Steuerung von Geschäftsprozessen zu optimieren. Programme, die diese Aufgabe unterstützen, indem sie alle benötigten Funktionen unter einer Benutzeroberfläche vereinen, bezeichnet man als ERP-Systeme (vgl. S. 327). Während die Standardsoftware auf die allgemeine Lösung von betrieblichen Problemen zugeschnitten ist, dient die betriebsindividuelle Software **(Individualsoftware)** der spezifischen Lösung eines bestimmten Betriebes. Sie kann nicht sofort käuflich am Markt erworben werden, sondern muss für das jeweilige Unternehmen individuell programmiert werden.

Beispiele SAP, Oracle, MS Dynamics NAV, Sage KHK

■ Netzwerk

Unter einem **Einzelarbeitsplatz** versteht man einen isoliert arbeitenden PC, der keine direkte Verbindung zu anderen Rechnern im Unternehmen (Intranet) herstellen kann. Solche Einzelplatzsysteme in Unternehmen sind nur sinnvoll, wenn darauf sensible Daten (Mitarbeiterdaten, geheime Konstruktionsdaten) gespeichert werden und diese auf gar keinen Fall im Unternehmensnetzwerk verfügbar sein sollen; dann verbietet sich auch ein Internetzugang. Aber auch vernetzte Rechner kann man durch beschränkte

Rechte von Internetzugang oder Datenaustausch abhalten. Einzelarbeitsplätze mit Internetzugang sind bei Heimcomputern noch der Regelfall.

Seit mehr als zwei Personen Computer benutzen, stellt sich auch das Problem des Datenaustauschs. Eine Möglichkeit ist der Austausch von Datenträgern, der zeitaufwendig und umständlich ist. Die andere Möglichkeit ist die Vernetzung der Computer zu einem Computernetzwerk, in dem Daten allen zugänglich gemacht werden können, aber gleichzeitige Zugriffe und Veränderungen sowie der Funktion angemessene Rechte beachtet werden müssen. Diese Netzwerke reichen von kleinen Netzwerk mit zwei Arbeitsplätzen bis zum weltweiten Unternehmensnetzwerk mit Zehntausenden von PCs. Ungeachtet der Größe haben aber die meisten Netzwerke eine identische Grundstruktur.

Eine **Arbeitsstation**, die in dieser Funktion auch **Client** genannt wird, ist mit einem oder mehreren **Servern** im Netzwerk verbunden. Server bezeichnet sowohl leistungsfähige Rechner als auch Dienste, die sie anbieten. Typische Dienste sind Dateiserver, Druckerserver, Datenbankserver, Mailserver. Sie nehmen auch weitere Kontrollaufgaben wahr, die sich durch den Mehrbenutzerbetrieb aufdrängen (Backup, Archivierung, Update). Server benötigen ein spezielles Betriebssystem wie Windows Server, Unix, Linux oder Novell Netware und zur Erledigung der Ihnen übertragenen spezielle Anwendungsgprogramme. Server werden nicht als Arbeitsplatzrechner genutzt. Server und Clients nutzen als Übertragungsmedium entweder Kabel (Ethernet, LAN: Local Area Network) oder Funk (WLAN: Wireles LAN).

Neben Client-Server-Systemen gibt es auch noch **Peer-to-Peer-Netzwerke**, bei der alle Arbeitsstationen gleichberechtigt arbeiten und zusammen eine Arbeitsgruppe bilden.

Abgrenzung LAN – MAN – WAN	
LAN	Das **Local Area Network** ist gekennzeichnet durch eine **begrenzte geografische Ausdehnung** auf ein Unternehmensgelände. Im Normalfall werden keine Leitungen öffentlicher Anbieter genutzt, sondern das Netz unterliegt vollkommen der Aufsicht des Unternehmens. Ein Wireless Local Area Network (WLAN) unterscheidet sich von einem LAN nur durch das eingesetzte Übertragungsmedium; an Stelle von Kabeln werden Funkwellen genutzt.
MAN	Ein **Metropolitan Area Network** zeichnet sich durch die regionale Ausdehnung auf das Gebiet einer Stadt oder eines Ballungszentrums aus. **Entfernungen bis ca. 100 km** sind möglich und ausreichend, um den Kommunikationsbedarf in dieser Fläche abzudecken.
WAN	Ein **Wide Area Network**, auch Weitverkehrsnetz genannt, zeichnet sich durch eine unbegrenzte geografische Ausdehnung aus. In seiner klassischen Form ist ein WAN ein Verbindungsnetzwerk für räumlich getrennte Rechenanlagen. In Bezug auf die Übertragungswege der Daten werden dabei öffentliche Leitungen herangezogen. Unternehmen können ein WAN als Verbindung zwischen zwei oder mehr LANs nutzen.

Innerhalb eines Unternehmensnetzwerks regelt der **Netzwerkadministrator**, welche Personen welchen Zugriff auf die Dateien und Dienste des Netzwerks haben. Für jedes Benutzerprofil oder jede Gruppe von Benutzern legt er fest, auf welche Laufwerke, Verzeichnisse und Dateien der Benutzer Zugriff hat und ob er Dateien lesen (read), schreiben (write) – also verändern oder kopieren – oder bei Programmen ausführen (execute) darf.

Beispiel Die Personaldaten der Primus GmbH unterliegen dem Datenschutz, nur berechtigte Personen wie die Personalsachbearbeiter dürfen Zugriff auf diese Daten haben. Der Netzwerkadministrator muss dafür sorgen, dass unbefugte Nutzer (wie er selbst) auf diese Daten keinen Zugriff haben und diese weder lesen noch verändern oder auf andere Datenträger kopieren können.

Abgrenzung Intranet und Internet

Internet	Beim Internet handelt es sich um ein weltweit zusammen geschaltetes Netzwerk, das es gestattet, Verbindungen zwischen beliebigen Computern herzustellen. Es besteht aus verschiedenen Diensten, dessen bekanntester das **World Wide Web (www)** ist. Daneben gibt es weitere Dienste für E-Mail, Telefon, Datenaustausch usw.
Intranet	Wird ein Netzwerk nur von dazu berechtigten Personen eines Unternehmens, einer Schule oder einer Behörde benutzt, wird es als Intranet bezeichnet. Eine räumliche Begrenzung (z. B. auf ein Unternehmensgelände) ist dabei nicht unbedingt notwendig. So können z. B. Mitarbeiter von ihren Laptops oder Schüler von zuhause aus auf die bereitgestellten Daten des Unternehmens oder der Schule zugreifen. Innerhalb dieses Intranets legt der Netzwerkadministrator dann fest, wer auf welche Dateien und Programme zugreifen kann.

Zusammenfassung Aufbau und Struktur einer betrieblichen EDV-Anlage erschließen

Ein **EDV-System** besteht aus

- **Hardware**
  - **Zentraleinheit** mit Prozessor und Arbeitsspeicher
  - **Peripheriegeräten** zur Ein- und Ausgabe sowie zur Datenspeicherung
- **Software**
  - **Systemsoftware** aus Betriebssystem und Dienstprogrammen
  - **Anwendungssoftware** wie Standard-, Branchen- und Individualsoftware

Ein **Netzwerk** ist der Zusammenschluss mehrere Rechner zu einem gemeinsamen Computersystem. Ist der Zugang begrenzt, handelt es sich um ein Intranet. Dieses Intranet muss von einem **Netzwerkadministrator** vor unberechtigten Zugriffen geschützt werden.

Aufgaben

1. *Erläutern Sie die Kriterien, die bei der Beschaffung von Hardware zu berücksichtigen sind.*
2. *Beschreiben Sie, ob der Hardware oder der Software bei der Beschaffung eine größere Bedeutung zukommt. Begründen Sie Ihre Meinung.*
3. *Unterscheiden Sie Anwender- und Systemsoftware.*
4. *Begründen Sie, warum es nicht immer sinnvoll ist, betriebsindividuelle Software anzuschaffen.*
5. *Erläutern Sie die verschiedenen Arten von Anwendersoftware und nennen Sie typische Anwendungsbereiche.*
6. *Beschreiben Sie mindestens drei Kriterien, die bei der Auswahl von Software berücksichtigt werden sollten.*

5 Leistungskomponenten von Textverarbeitungsprogrammen einsetzen

5.1 Entwicklung und Gestaltung von Formularen kennenlernen

Handlungssituation

Durch einen Computervirus wurden auf dem PC von Dorothea Klein, Gruppenleiterin „Außendienst“, diverse Dokumentenvorlagen beschädigt. Zwar kommuniziert Frau Klein mit Kunden vorzugsweise per E-Mail, für den Versand von Prospekten verfasst sie aber regelmäßig ein kurzes Begleitschreiben. Sie bittet Nicole Höver, eine neue Vorlage für Kurzmitteilungen zu entwickeln.

Arbeitsaufträge

- *Erklären Sie, wie sich Formulare in Word strukturiert gestalten lassen.*
- *Stellen Sie den Vorteil dar, der sich durch die Verwendung von Dokumentvorlagen ergibt.*

Formulare sind **Vordrucke**, die aus Datenfeldern bestehen, und dienen hauptsächlich der Erfassung von Daten. Durch den einheitlichen Aufbau eignen sich Formulare dazu, die gegebenen Informationen zügig bzw. maschinell zu verarbeiten. Ob die Daten handschriftlich oder unter Einsatz eines Computers in die Datenfelder eingetragen werden, spielt dabei keine Rolle.

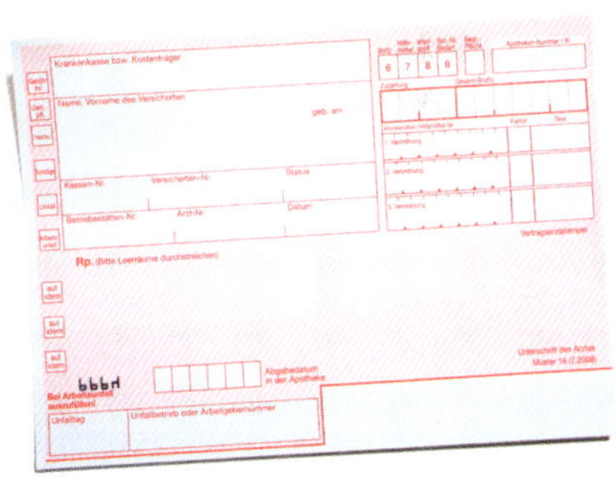

Beispiel Medikamente können von einem Arzt handschriftlich auf einem Rezept verordnet werden oder das Formular wird blanko in einen Drucker gelegt und mit dem verschriebenen Medikament bedruckt. Durch den einheitlichen Aufbau der Datenfelder, die standardisierte Größe des Dokuments und den regelmäßigen Umgang mit Rezepten erkennt die Apothekerin alle wichtigen Daten „auf einen Blick“ und könnte das Formular jetzt ebenfalls bedrucken.

Wichtig bei der **Gestaltung** eines Formulars sind die Überlegungen, welchem Zweck der Vordruck dienen soll und mit welcher Formatierung die einzutragenden Daten darzustellen sind. Daraus ergeben sich einerseits die Art des Datenfeldes und andererseits der dadurch in Anspruch genommene Platz innerhalb des Formulars.

Beispiel Die Darstellung des Datums 27.01. benötigt weniger Platz als die ausgeschriebene Form 27. Januar.

Die Tatsache, dass sich Formulare besonders zur systematischen Datenerfassung und -verarbeitung eignen, schließt andere Anwendungsbereiche nicht grundsätzlich aus.

Beispiel Formulare finden Sie regelmäßig dort, wo bestimmte Tätigkeiten einer Routine unterliegen, z. B. Inventurlisten, Zahlscheine, Vordrucke zur Einkommensteuererklärung, Quittungen.

■ Erzeugen von Tabellen

Grundsätzlich bestehen keine Vorgaben bei der Gestaltung von Formularen, sofern es sich nicht um amtliche Vordrucke handelt. Für den Grundaufbau des Dokuments bietet es sich allerdings an, auf eine Tabelle zurückzugreifen. Dadurch werden Sie in die Lage versetzt, die Inhalte übersichtlich zu strukturieren.

Beispiel Nicole Höver fügt über das **Register Einfügen**, Gruppe Tabellen, Bildsymbol <Tabelle> eine Tabelle mit 2 Spalten und 2 Zeilen ein, ergänzt den Begriff „Kurzmitteilung" (Schriftgrad 14 und fett) sowie die Kontaktdaten der Primus GmbH. Zwischen „Telefon" bzw. „Telefax" und der jeweils zugehörigen Nummer hat Nicole einen linksbündigen Tabulator gesetzt. Der Tabulator lässt sich in einer Tabellenzelle nur mit gedrückter [Strg]-Taste setzen. Ansonsten springt der Cursor lediglich in die nächste Zelle bzw. ergänzt die Tabelle um eine weitere Zeile.

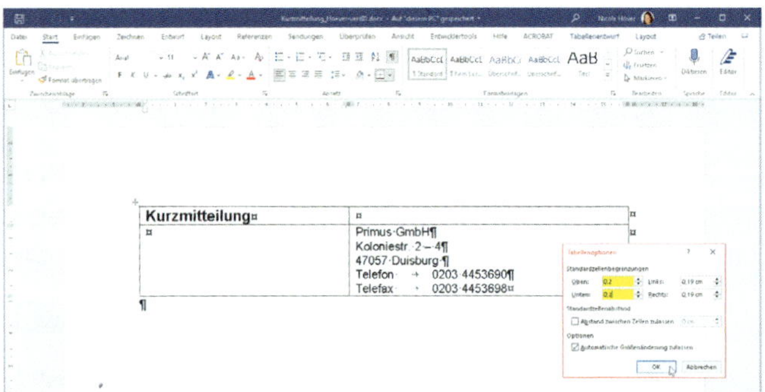

Ist die Tabelle ausgewählt, erscheint das zusätzliche **Menü** mit den **Registern Tabellenentwurf** und **Layout**. Über die jeweiligen Gruppen innerhalb dieser Register können weitere Einstellungen oder Änderungen am bestehenden Tabellendesign vorgenommen werden.

Beispiele Nicole markiert mit gedrückter linker Maustaste die beiden Zellen. Das Bildsymbol <Schattierung> erreicht sie entweder über die Minisymbolleiste des Kontextmenüs (Klick auf die rechte Maustaste der markierten Zellen) oder über das Menüband im **Register Start**, Gruppe Absatz oder in der Gruppe Tabellenformatvorlagen. Über „Weitere Farben..." und „Benutzerdefiniert" definiert Nicole einen individuellen Farbwert: Rot (117), Grün (189), Blau (127).

Nicole Höver markiert die Zellen, die verbunden werden sollen, indem sie aus dem **Register Layout**, Gruppe Zusammenführen das Bildsymbol <Zellen verbinden> auswählt. Alternativ kann sie diesen Befehl auch über das Kontextmenü der entsprechenden Zellen (gedrückte rechte Maustaste) erreichen. Einzelne Zellen lassen sich nach dem gleichen Prinzip in mehrere Zellen zerlegen.

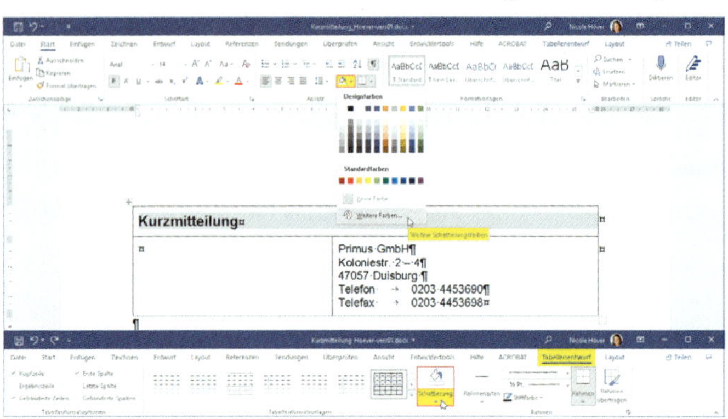

Standardmäßig legt Word die **Zellengröße** (Höhe und Breite) automatisch fest. Um die Zellengröße, insbesondere die Breite, an Ihre individuellen Ansprüche anzupassen, klicken Sie zunächst in die entsprechende Zelle. Setzen Sie dann den Mauszeiger auf den Rahmen, der verschoben werden soll, und bewegen Sie diesen mit gedrückter linker Maustaste an die gewünschte Position.

Beispiel Veränderung der Spaltenbreite zusätzlich eingefügter, verbundener und zerlegter Zeilen:

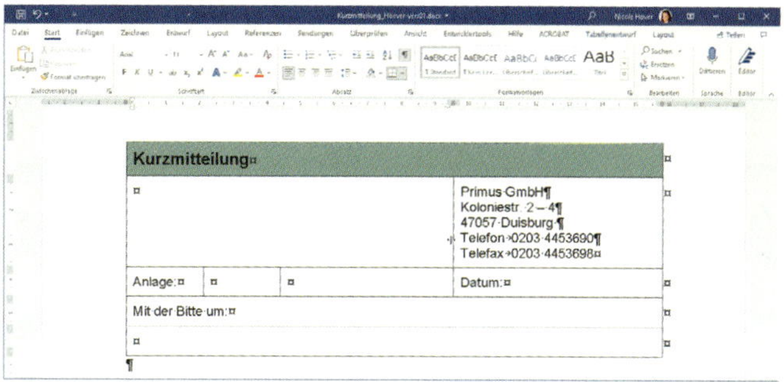

Da Word intern mit einem Raster arbeitet, kann es vorkommen, dass diese Vorgehensweise nicht exakt das Ergebnis liefert, welches Sie sich vorgestellt haben. Nehmen Sie in diesem Fall eine exakte Anpassung mit gleichzeitig gedrückter [Alt]-Taste oder über das **Register Layout**, Gruppe Zellengrösse vor. Alternativ rufen Sie das Dialogfenster „Tabelleneigenschaften" über den kleinen Pfeil am rechten unteren Rand der Gruppe Zellengrösse oder über das Kontextmenü auf.

Veränderungen an der Zellenbreite führen bei der Standardeinstellung „Inhalt automatisch Anpassen" häufig dazu, dass die gesamte Tabelle schmaler wird. Um dies zu verhindern, sollten Sie über das **Register Layout**, Gruppe Zellengrösse, Bildsymbol <Auto-Anpassen> eine „feste Spaltenbreite" zuweisen. Alternativ können Sie die von Ihnen bevorzugte Breite der gesamten Tabelle im Dialogfenster definieren. Ein Klick auf das „Richtungskreuz" am linken oberen Rand der Tabelle markiert die gesamte Tabelle.

Beispiel Veränderung der Tabellenbreite über das Dialogfenster:

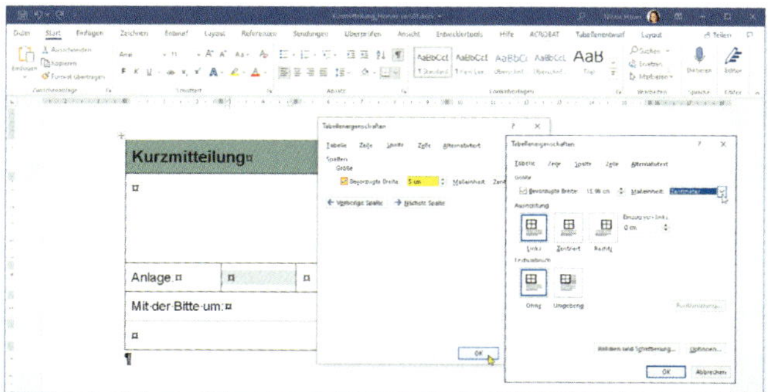

Die Vorgehensweise hinsichtlich der Zellen- bzw. Spaltenbreite lässt sich auf die Einstellung der Zellen- bzw. Zeilenhöhe übertragen. Dadurch erreichen Sie, dass dem Bereich zur Aufnahme eines Textes eine exakte Höhe zugewiesen wird. Wichtig ist, dabei zu berücksichtigen, dass Sie die Voreinstellung der Zeilenhöhe im Auswahlmenü des Dialogfensters von „Mindestens" in „Genau" ändern.

Beispiel Nicole Höver definiert die Zeilenhöhe auf „genau" 4,5 cm.

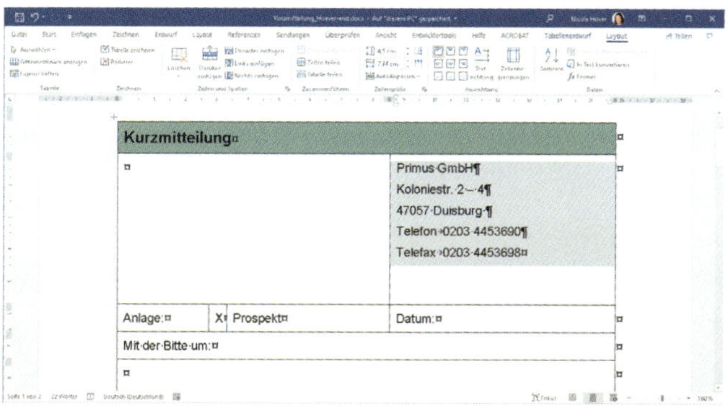

Speichern als Dokumentvorlage

Sofern Sie das Formular als Word-Dokument (*.docx) speichern, besteht die Gefahr, dass das Formular bei erneutem Speichern verändert wird. Speichern Sie die Kurzmitteilung hingegen als Word-Vorlage (*.dotx), bildet es das „Muster“ für jedes neue Formular. Dieses Dokument können Sie als eigenständiges Word-Dokument speichern, ohne dass das „Original“ nachteilig verändert wird.

Beispiel Nicole Höver speichert das Formular unter dem Dateinamen „**Kurzmitteilung_Hoeverend.dotx**“.

Zusammenfassung: Entwicklung und Gestaltung von Formularen kennenlernen

- Formulare sind **Vordrucke, die aus Datenfeldern bestehen**.
- Der **einheitliche Aufbau** gestattet eine maschinelle Verarbeitung.
- **Art und Umfang eines Datenfeldes** werden durch den Zweck und die Formatierung bestimmt.
- Tabellen eignen sich dazu, Inhalte strukturiert darzustellen.
- Standardmäßig ist die **Vorauswahl der Zeilenhöhe auf „Mindestens“** eingestellt.
- **Dokumentvorlagen** verhindern Veränderungen an der Original-Vorlage.
- Dokumentvorlagen erzeugen neue, eigenständige Dokumente.

Aufgaben

1. *Erstellen Sie ein Formular, in welches sich Ihre Mitschülerinnen und Mitschüler mit ihren Kontaktdaten handschriftlich eintragen können.*
2. *Sie haben die Daten aus dem ausgefüllten Vordruck in Ihr Dokument eingegeben. Wie müssen Sie das Formular zuvor gespeichert haben, wenn Sie das Dokument ohne die Kontaktdaten an die Parallelklasse weitergeben möchten?*

5.2 Verwendung von Textbausteinen einbeziehen

Handlungssituation

Frau Klein ist von der Dokumentvorlage begeistert. Allerdings bemerkt sie, dass sich die einzelnen Datenfelder nicht wie in ihrem alten Formular über Tastendruck direkt anspringen und auswählen lassen. Außerdem findet es Frau Klein umständlich, immer wieder die Anrede und die Grußformel ausschreiben zu müssen. Sie bittet Nicole, die Dokumentvorlage zu überarbeiten.

Arbeitsaufträge

- *Stellen Sie fest, zu welchem Zweck Haltemarken eingesetzt werden.*
- *Diskutieren Sie die Auswirkungen von Steuerelementen auf Dokumentvorlagen.*
- *Beschreiben Sie, wie die Primus GmbH einheitliche Textbausteine verwenden kann.*

Die einzelnen Zellen einer Tabelle können über die Tabulator-Taste angesteuert werden. Dabei wird eine Zelle nach der anderen „angesprungen“. Wenn Sie beabsichtigen, bestimmte Stellen in einem Textdokument anzusteuern, könnten Sie „Felder“ verwenden.

■ Felder

Felder sind bzw. waren Sprung- bzw. Haltemarken, die mit der Tastenkombination [STRG]+[F9] erzeugt werden. Aktuelle Versionen von Word sind allerdings so beschaffen, dass verschiedene integrierte Möglichkeiten Felder als Sprung- bzw. Haltemarken verzichtbar erscheinen lassen. Streng genommen handelte es sich immer um Platzhalter für bestimmte Befehle oder Berechnungen, denen erweiterte Eigenschaften zugewiesen werden können. Insbesondere in **Serienbriefen** stellen Felder das maßgebliche Strukturierungselement dar. LF 5

Beispiel Am häufigsten finden Sie Felder in der automatischen Seitennummerierung, bei Aufzählungszeichen und der automatischen Nummerierung bzw. Gliederung.

Sprung- bzw. Haltemarken können auf einfache Weise über das **REGISTER EINFÜGEN**, GRUPPE LINKS, Bildsymbol <Textmarke> oder mit der Tastenkombination [STRG]+[UMSCHALT] + [F5] definiert und mit [STRG] + [G] ausgewählt werden.

Beispiel Nicole Höver hat die Vorlage „Kurzmitteilung_Hoever-end.dotx“ geöffnet. Mit der Tastenkombination [STRG]+[F9] setzt sie einige Sprungmarken und bewegt sich jeweils mit zwei Cursorschritten nach rechts aus dem Feld heraus. Dem Feld hinter „Datum:“ ordnet Nicole, direkt nachdem es erzeugt wurde, eine kurze Information { /Datum } und das aktuelle Datum zu. Dazu wählt sie aus dem Kontextmenü <Feld bearbeiten...> und dann in der Kategorie „Datum und Uhrzeit“ den Eintrag „Date“ aus. Danach setzt sie den Cursor vor „Kurzmitteilung“ und überprüft die Funktionalität mit der Funktionstaste [F11].

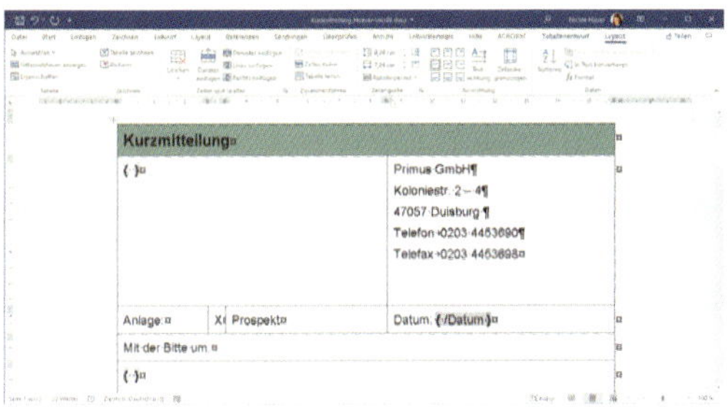

Praxistipp

Mit [ALT]+[F9] werden alle Felder ausgeblendet, mit [UMSCHALT]+[F9] nur das jeweils „aktive“ Feld. Bei der Eingabe/Ansteuerung sollten Sie die Felder jedoch eingeschaltet lassen, sonst erfolgt die Eingabe „vor“ und nicht „in“ dem jeweiligen Feld. Die vollständige Funktionalität ist nur gegeben, wenn das Feld überschrieben wird.

■ Steuerelemente

Formulare können durch verschiedene Steuerelemente ergänzt werden. Das Textverarbeitungsprogramm Word stellt diese im **REGISTER ENTWICKLERTOOLS** innerhalb der GRUPPE STEUERELEMENTE zur Verfügung. Sofern dieses Register bei Ihnen nicht standardmäßig angezeigt wird, wählen Sie das **REGISTER DATEI**, <Optionen>, <Menüband anpassen> und aktivieren den Eintrag „☑Entwicklertools“. Über das Bildsymbol <Vorversionstools> innerhalb der Gruppe Steuerelemente können Sie die klassischen Formularsteuerelemente Textfeld, Kontrollkästchen und Kombinationsfeld (Dropdownliste) einfügen.

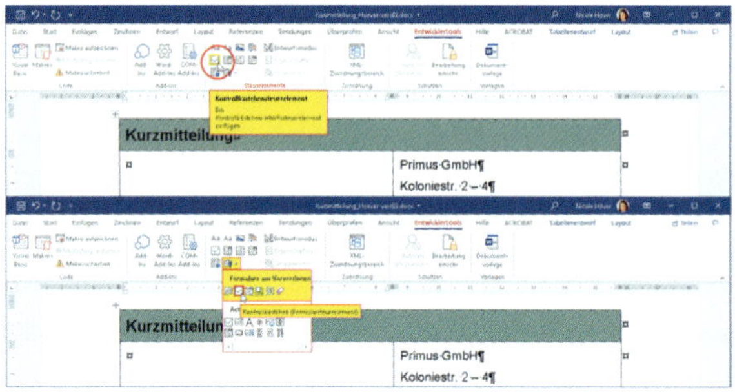

Beispiel Nicole Höver hat die Vorlage „Kurzmitteilung_Hoever-end.dotx" geöffnet, einige Zellen verbunden und Steuerelemente aus dem Auswahlbereich „Formulare aus Vorversionen" eingefügt.

Damit die Funktionalität der klassischen Steuerelemente gewährleistet ist, muss die Vorlage über das Register Entwicklertools, Gruppe Schützen gesperrt werden. Unter Punkt 2 wählen Sie die Einschränkung **„Ausfüllen von Formularen"** aus und bestätigen die Einstellung mit einem Klick auf <Ja, Schutz jetzt anwenden>. Allerdings führt diese Einschränkung dazu, dass sich die angelegten Felder nicht mehr mit [F11] ansteuern lassen. Der Hintergrund ist, dass **Steuerelemente keine Felder sind** und beide Konzepte nur über Umwege miteinander realisierbar sind. Entweder entschließen Sie sich dazu, die Haltepunkte für einzugebenden Text durch das Formularsteuerelement **„Textfeld"** zu ersetzen, oder Sie fügen an geeigneter Stelle einen **„fortlaufenden Abschnittsumbruch"** ein.

Es stellt sich die Frage, wie zweckmäßig diese Mühe ist. Am bevorzugten Aufbau der Bildsymbole in der Gruppe Steuerelemente ist indirekt die **„Empfehlung"** zu erkennen, die verfügbaren „Inhaltssteuerelemente" zu verwenden. Mit ihnen entfällt einerseits die Notwendigkeit, das gesamte Dokument für die Bearbeitung einzuschränken, andererseits lassensich diese Steuerelemente individuell gegen Löschen sperren.

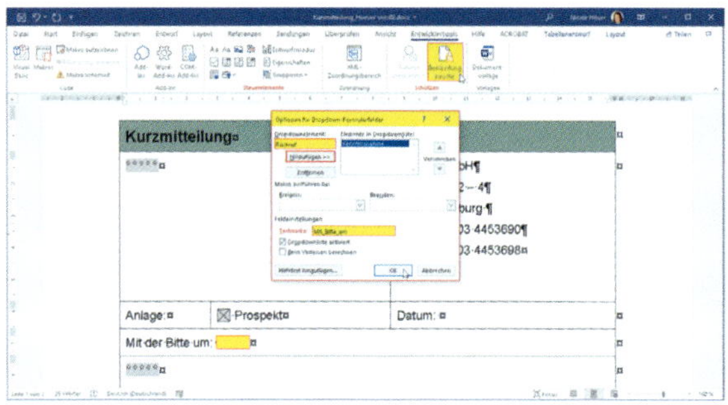

Die klassischen Steuerelemente werden automatisch als Textmarken angelegt, die mit [Strg]+[G] („Gehe zu") ausgewählt und angesprungen werden können. Möchten Sie eigene Bezeichnungen verwenden, können Sie dies in den Optionen der Formularfelder ändern.

Beispiel Nicole wählt die Textmarke (Dropdownfeld) „Mit_Bitte_um" aus.

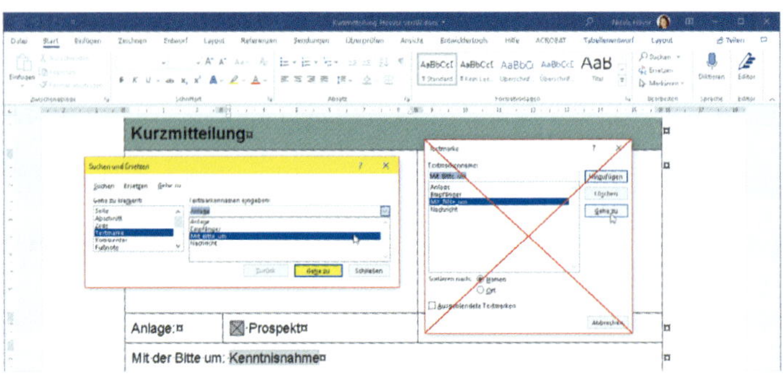

■ Schnellbausteine

In der Praxis ist der Begriff **AutoText** für Textbausteine immer noch weit verbreitet, obwohl der Begriff von Microsoft schon vor langer Zeit durch das Prinzip der „Schnellbausteine" ersetzt wurde. Die Vorgehensweise ist dabei identisch geblieben. In Word geschriebene Begriffe als auch ganze Textpassagen lassen sich als Baustein in einer Dokumentvorlage speichern. Die Bausteine werden allerdings nicht mehr in der Dokumentvorlage „Normal.dotm" gespeichert, sondern in der Vorlage **„Building Blocks.dotx"**. Grundsätzlich ist es auch möglich, definierte Textbausteine eigenen Dokumentvorlagen zuzuweisen.

Die Funktionalität im Zusammenspiel mit Inhaltssteuerelementen ist vollständig gegeben. Bei den Steuerelementen aus Vorversionen führt das **„geschützte Dokument"** wiederum dazu, dass Bausteine grundsätzlich nicht funktionieren und nur über den Umweg eines Feldes eingebunden werden können.

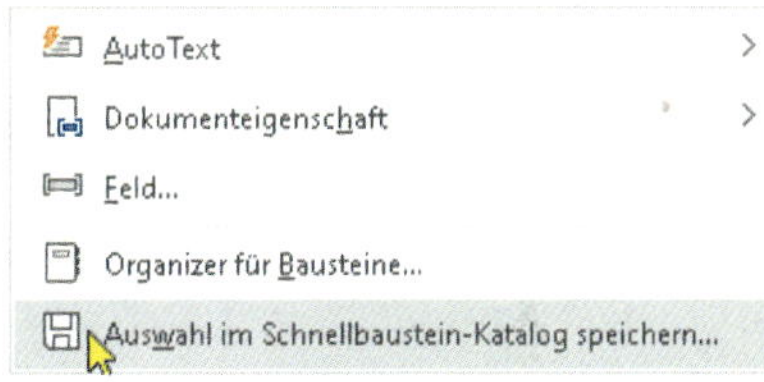

Um einen Textbaustein für eine Dokumentvorlage zu erstellen, muss diese im Original geöffnet sein (kein darauf basierendes Dokument). Schreiben und formatieren Sie den Begriff bzw. die gewünschte Textpassage und wählen Sie aus dem Register Einfügen, Gruppe Text, Bildsymbol <Schnellbausteine> die Option **„Auswahl im Schnellbaustein-Katalog speichern..."** aus und vergeben sie ein Namenskürzel für den Eintrag. Eine Beschreibung erhöht die Übersichtlichkeit.

Beispiel Nicole Höver legt zunächst eine Tabelle für drei Textbausteine an. Der markierte Text „Sehr geehrte Frau" wird dem Schnellbaustein-Katalog hinzugefügt. Wenn der Baustein auch in anderen Dokumenten benutzt werden soll, die nicht auf der Vorlage „Kurzmitteilung_Hoever-end.dotx" basieren, ist der Speicherort (Building Blocks.dotx) anzupassen. Durch Eingabe des Textes „KM01" und Drücken der [F3]-Taste bzw. über die Auswahl **Register Einfügen**, Gruppe Text, Bildsymbol <Schnellbausteine> wird der im Baustein hinterlegte Text eingefügt.

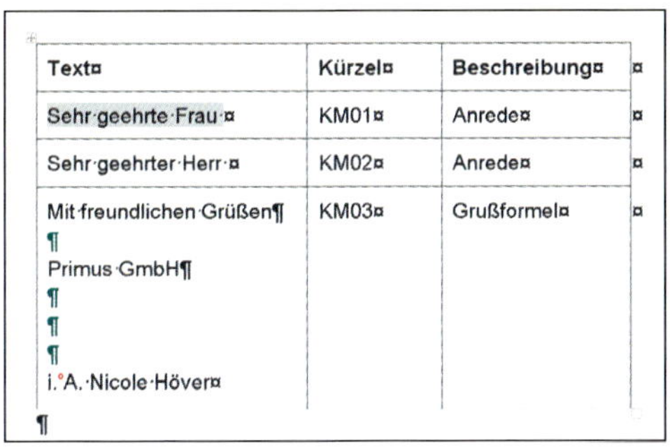

Text	Kürzel	Beschreibung
Sehr geehrte Frau	KM01	Anrede
Sehr geehrter Herr	KM02	Anrede
Mit freundlichen Grüßen Primus GmbH i.A. Nicole Höver	KM03	Grußformel

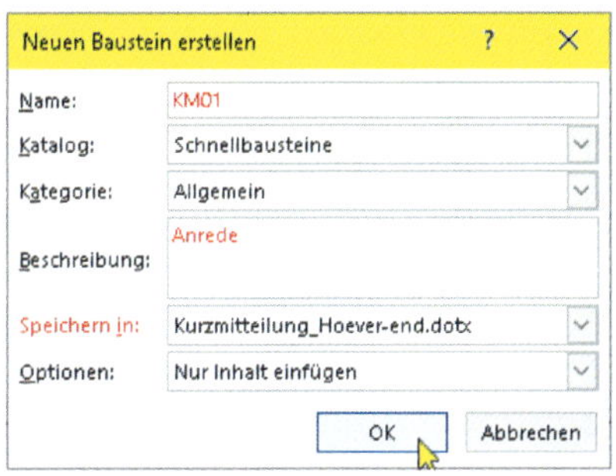

Zusammenfassung: Verwendung von Textbausteinen einbeziehen

- **Felder** können in allen Dokumenten mit [STRG] + [F9] erzeugt und formatiert werden.
- Unbenutzte Felder werden nicht gedruckt.
- Einem Feld können erweiterte Eigenschaften zugewiesen werden.
- **Textfeld, Kontrollkästchen** und **Kombinationsfeld (Dropdownliste)** zählen zu den klassischen Steuerelementen.

- Die Funktionalität klassischer Steuerelemente ist **nur bei einem gesperrten Dokument** gegeben.
- Dokumente mit **Inhaltssteuerelementen** müssen nicht gesperrt werden.
- Inhaltssteuerelemente sind nicht abwärtskompatibel.
- Die Begriffe **AutoText** und **Textbausteine** werden oft synonym verwendet.
- Dokumentvorlagen können auch Textbausteine enthalten.
- Schnellbausteine, die im Standardverzeichnis „Building Blocks.dotx" gespeichert werden, stehen allen Anwendern zur Verfügung.
- Für umfangreiche Textbausteine sollte eine Dokumentvorlage (**Handbuch**) erstellt werden.

Aufgaben

1. *Während der Ausbildung erhalten die Auszubildenden der Primus GmbH Beurteilungen durch die jeweiligen Abteilungsleiter. Frau Primus möchte, dass die Abteilungsbeurteilungen miteinander vergleichbar sind, und bittet Sie, eine Dokumentvorlage mit Textbausteinen zu erstellen. Aus der Beurteilung soll der Name des bzw. der Auszubildenden, die Dauer des Ausbildungsabschnittes und der Abteilungsname hervorgehen. Gestalten Sie nach Ihrer Einschätzung jeweils drei Textbausteine zu den Kriterien „Fertigkeiten und Kenntnisse", „Interesse" sowie „Zuverlässigkeit", die das Niveau „sehr gut", „gut" und „befriedigend" ausdrücken.*
2. *Erweitern Sie die Dokumentvorlage um entsprechende Textmarken. Vergeben Sie jeweils aussagekräftige Namen.*

5.3 Einbindung von Objekten anwenden

Handlungssituation

Frau Klein informiert Nicole Höver darüber, dass wieder ein Kunde wütend bei der Primus GmbH angerufen und die Lieferung der bestellten Ware verlangt hat. Sie bittet Nicole, ein Dokument über die rechtliche Bedeutung von Anfragen und Angeboten zu entwerfen, das die Kunden zukünftig informiert.

Arbeitsauftrag

- *Beschreiben Sie, wie Grafiken in Textdokumenten positioniert werden.*

Einfügen von Grafiken

Grafiken können über die Zwischenablage mit der Tastenkombination [Strg]+[V] oder das **Register Einfügen**, Gruppe Illustrationen, Bildsymbol <Grafik> in ein Dokument integriert werden. Innerhalb dieser Gruppe bieten ClipArt- oder SmartArt-Objekte (hierzu gehört auch das **Organigramm**) sowie vorgefertigte Formen **(AutoFormen)** weitere vielfältige Gestaltungsmöglichkeiten.

Beispiel Bearbeitungsmöglichkeiten in der GRUPPE ILLUSTRATIONEN:

Beispiel Öffnen Sie ein neues leeres Dokument und geben Sie die Funktion (vgl. S. 519) =LOREM(1,21) ein. Bestätigen Sie mit der [ENTER]-Taste. Diese Funktion erzeugt einen Beispieltext vom Umfang eines Absatzes mit 21 Sätzen. Wenn Sie das überprüfen möchten, öffnen Sie mit [STRG]+[F] den Navigationsbereich und suchen Sie nach einem Punkt. Unterhalb des Eingabefeldes wird Ihnen die Anzahl der Ergebnisse angezeigt. Setzen Sie den Cursor vor den Beginn des Absatzes. In ihrem Schulbuch findet Nicole auf S. 479 eine Grafik, die eine „Brücke zum Text" herstellen soll. Anhand des Bildquellenverzeichnisses ihres Schulbuches und der Internetsuche mit den Begriffen „Paragrafenzeichen" und „Aamon" findet sie die Abbildung aus dem Schulbuch. Nicole fügt das Bild über das **REGISTER EINFÜGEN**, GRUPPE ILLUSTRATIONEN, Bildsymbol <Dieses Gerät...> in das Dokument ein und gibt die Informationen aus dem Bildquellenverzeichnis an Frau Klein weiter, damit das Urheberrecht berücksichtigt wird. In der Zwischenzeit experimentiert Nicole für den Privatgebrauch. Zunächst ändert sie die Höhe des Bildes auf 3 cm.

■ Ausrichten von Objekten

In der Regel befindet sich eine eingefügte Grafik nicht sofort an der geeigneten Position und muss daher ausgerichtet werden. Innerhalb der GRUPPE ANORDNEN, Bildsymbole <Textumbruch> – <Quadrat> legen Sie fest, wie das Objekt in den Text eingebunden werden soll. In früheren Versionen führte die Einstellung **„Rechteck"** dazu, dass der **Textfluss um die Grafik** geführt wurde. Gehen Sie davon aus, dass es sich um einen „Übersetzungsfehler" handelt, denn ein Quadrat ist immer auch eine besondere Form eines Rechtecks.

Beispiel Textumbruch „Mit Text in Zeile" und „Quadrat" (bzw. „Rechteck")

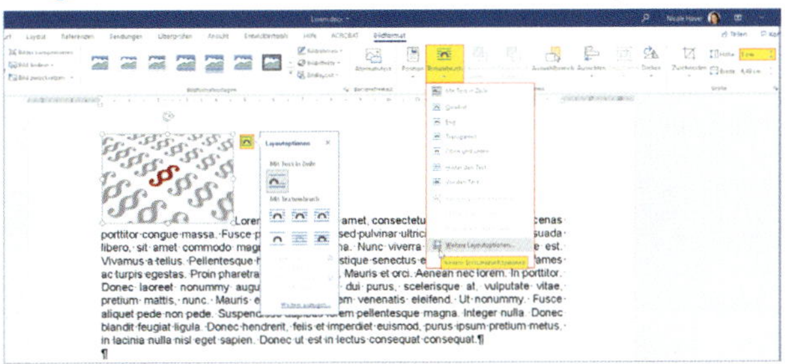

Markieren Sie das Objekt und wählen <Textumbruch> und dann <Weitere Layoutoptionen...> aus, finden Sie unter dem Gliederungspunkt „Umbruchart" im Registerblatt „Textumbruch" den Begriff „Rechteck". Lassen Sie sich von dieser Begriffsverwirrung nicht irritieren. Die richtige Bezeichnung war schon immer „Rechteck".

Beispiel Das Dialogfenster „Erweitertes Layout“ früherer Versionen wurde zum Standard.

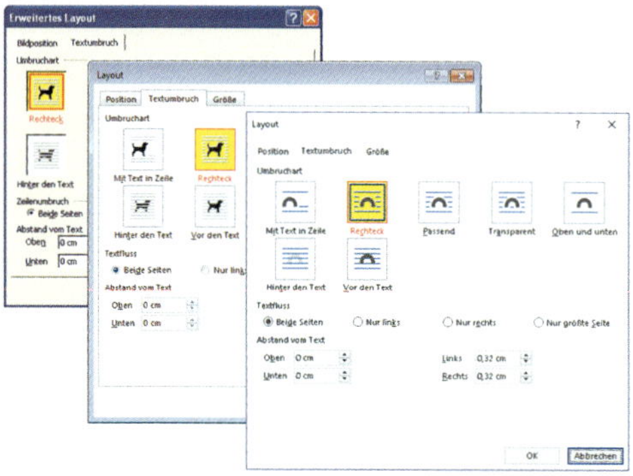

Die Ausrichtung erfolgt innerhalb der GRUPPE ANORDNEN über das Bildsymbol <Ausrichten>, über die Tastatur (Pfeiltasten) oder mit der Maus.

Beispiel Die Option „Ausrichten“:

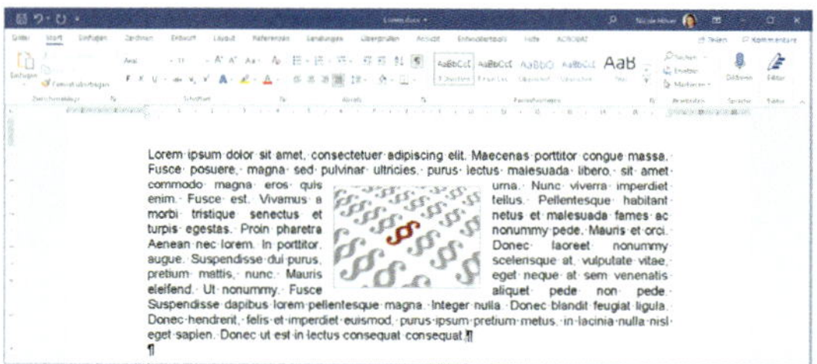

Zusammenfassung: Einbindung von Objekten anwenden

- Grafiken können über die Zwischenablage oder das Menüband eingefügt werden.
- SmartArt und Formen sind ebenfalls gebräuchliche Objekte.
- Grafiken können über <Textumbruch> und <Ausrichten> **positioniert** werden.
- Die Umbrucharten „Eng“ und „Passend“ sowie „Quadrat“ und „Rechteck“ drücken den **identischen** Sachverhalt aus.
- Die bisherige **Standard-Umbruchart** bei eingefügten Objekten wurde von „Mit Text in Zeile“ zu „Eng“ (Passend) geändert.
- Über die Word-Optionen – Erweitert – „Ausschneiden, Kopieren und Einfügen“ kann die **Umbruchart** eingestellt werden.

Aufgaben

1. *Erstellen Sie einen „Steckbrief“, in welchem Sie Ihren Mitschülern etwas über sich und Ihre Hobbys erzählen. Verfassen Sie den Text als Fließtext in Blocksatz und fügen Sie drei Bilder an unterschiedlichen (links, horizontal, rechts) Positionen hinzu.*
2. *Entwickeln Sie unter Verwendung von SmartArt das Organigramm Ihres Unternehmens.*

6 Preisberechnung mithilfe eines Tabellenkalkulationsprogramms vornehmen

6.1 Rechnerische Grundlagen der Preisberechnung beherrschen

6.1.1 Den Dreisatz anwenden

Handlungssituation

Peter Patt, Abteilungsleiter Lager der Primus GmbH, Büroeinrichtung und Zubehör, ist zuständig für die Vorbereitung und Durchführung der Inventur. Bei der Durchsicht der Inventurunterlagen des Vorjahres stellt er fest, dass im letzten Jahr 14 Mitarbeiter bei achtstündiger Arbeitszeit 11 200 Artikel aufgenommen haben. Frau Primus, die Geschäftsführerin der Primus GmbH, teilt Herrn Patt mit, dass dieses Jahr 14 400 Artikel erfasst werden müssen.

Arbeitsaufträge

- *Berechnen Sie, wie viele Mitarbeiter zusätzlich bei achtstündiger Arbeitszeit für die Inventurarbeit eingesetzt werden müssen.*
- *Ermitteln Sie, wie viele Stunden die Inventur dauert, wenn 11 200 Artikel aufzunehmen sind und aufgrund einer Grippewelle nur acht Mitarbeiter für die Inventur zur Verfügung stehen.*

Bei der Dreisatzrechnung wird aus mindestens drei bekannten Größen durch logisches Schließen die zu suchende vierte Größe ermittelt. Kenntnisse der Dreisatzrechnung sind die Voraussetzung u. a. für die Berechnung handelsüblicher Mengen, Kosten und Preise in Einkauf, Lager und Verkauf und bei der Inventur und für das Prozentrechnen.

Der Dreisatz besteht aus drei Teilen:

1. ***Bedingungssatz (Angabesatz) = Was ist gegeben?***
2. ***Fragesatz = Was ist gefragt?***
3. ***Bruchsatz = Wie lautet die Lösung?***

■ Dreisatz mit geradem (direktem) Verhältnis

Beim Dreisatz wird aus drei Angaben ein vierter unbekannter Zahlenwert errechnet. Vom Dreisatz mit geradem Verhältnis wird dann gesprochen, wenn sich die Werteverhältnisse gerade zueinander verhalten, d. h., wenn sich **bei Änderung einer Größe die andere im gleichen Verhältnis** oder **proportional** ändert.

Beispiel Aus der Inventurliste der Primus GmbH ist zu ersehen, dass der Bezugs-/Einstandspreis für 36 Drehsäulen für Aktenordner, die sich auf dem Lager A befinden, insgesamt 6.921,00 € beträgt. Auf dem Lager B befinden sich weitere 50 Drehsäulen. Wie viel Euro beträgt der Bezugs-/Einstandspreis für die 50 Drehsäulen?

Lösung:

Was ist gegeben?	↓	36 Drehsäulen kosten	6.921,00 €	↓	① Bedingungssatz
Was ist gefragt?		50 Drehsäulen kosten	x €		② Fragesatz

Die Lösung wird in drei Schritten durch logisches Schließen vollzogen:

① Wenn 36 Drehsäulen = 6.921,00 € kosten,

② dann kostet eine Drehsäule $= \frac{6.921}{36}$ €

③ und 50 Drehsäulen kosten $= \frac{6.921 \cdot 50}{36}$ €

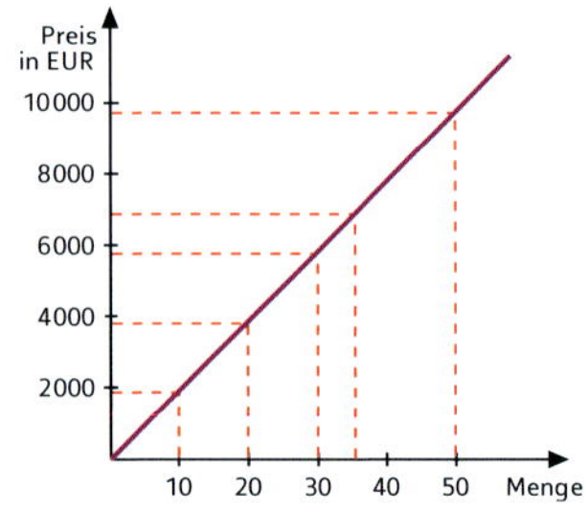

Der letzte Satz, der die Lösung enthält, wird als **Bruchsatz** bezeichnet.

④ Bruchsatz: $x = \frac{6.921 \cdot 50}{36}$ $x = \underline{\underline{9.612{,}50\ €}}$

Der Gesamtpreis ist abhängig von der Menge (gerades oder direktes Verhältnis).

- ***Je mehr Bürostühle sich auf Lager befinden, desto mehr beträgt der Bezugs-/Einstandspreis des gesamten Warenbestandes.***
- ***Je weniger Bürostühle sich auf Lager befinden, desto weniger beträgt der Bezugs-/Einstandspreis des gesamten Warenbestandes.***

Lösungsweg: Gleiche Bezeichnungen im Bedingungs- und Fragesatz stehen untereinander (Stück, €). Die gesuchte Größe (€) steht immer rechts.

Die Lösung wird in **drei Schritten** vollzogen (Dreisatz):

① Wiederholung der Bedingung — 36 Stück kosten 6.921 €

② Von der **gegebenen Vielheit** (36 Stück) wird auf **eine Einheit** (1 Stück) geschlossen — 1 Stück kostet $\frac{6.921}{36}$ €

③ Von der **Einheit** wird auf die **gesuchte Vielheit** geschlossen. — 50 Stück kosten $\frac{6.921 \cdot 50}{36}$ € $= \underline{\underline{9612{,}50\ €}}$

	A	B	C	D	E	F	G	H
1	**Dreisatz mit direktem Verhältnis**							
2	Beim Dreisatz sind vier Größen vorhanden. Drei Größen sind bekannt, die vierte Größe wird gesucht,							
3	sie wird mit x bezeichnet. Die Werteverhältnisse verhalten sich zueinander proportional.							
4	Es gilt: Je mehr, desto mehr bzw. je weniger, desto weniger!							
5								
6	Was ist gegeben?		36	Stück Bezugs-/Einstandspreis		6 921,00	€	
7	Was ist gefragt?		50	Stück Bezugs-/Einstandspreis		x		
8						6 921,00	€	
9	Schluss auf eine Einheit		1	Stück Bezugs-/Einstandspreis			97,50	€
10						36		
11								
12				6 921	*	50		
13	Schluss auf gefragtes Vielfaches		x =					
14					36			
15	Ergebnis		x =	9 612,50	€			
16								
17								
18	Eingaben in C6, C7, F6							
19	Ausgabe in D15 durch die Formel F6/C6*C7							
20	Ausgabe in G9 durch die Formel F6/C6							

■ Dreisatz mit ungeradem (indirektem) Verhältnis

Ungerade (indirekte) Dreisatzverhältnisse liegen vor, wenn die Wertveränderungen der jeweiligen Größen sich in entgegengesetztem Sinne vollziehen, d. h., die Vergößerung des einen Wertes führt zu einem Sinken des anderen Wertes oder umgekehrt.

Beispiel Die Inventurarbeiten in einem Lagerraum der Primus GmbH werden von vier Mitarbeitern in 7,5 Stunden erledigt. Wie lange würden die Inventurarbeiten dauern, wenn noch zwei weitere Mitarbeiter für diese Arbeiten eingesetzt werden?

Lösung:

Was ist gegeben?	↓	vier Mitarbeiter brauchen	7,5 Stunden	↑	① Bedingungssatz
Was ist gefragt?		sechs Mitarbeiter brauchen	x Stunden		② Fragesatz

Die Lösung wird in drei Schritten vollzogen:

① Wenn vier Mitarbeiter = 7,5 Stunden brauchen,

② dann braucht ein Mitarbeiter = 7,5 · 4 Stunden

③ und sechs Mitarbeiter brauchen = $\frac{7{,}5 \cdot 4}{6}$ Stunden

④ Bruchsatz: $x = \frac{7{,}5 \cdot 4}{6} = \underline{\underline{5 \text{ Stunden}}}$

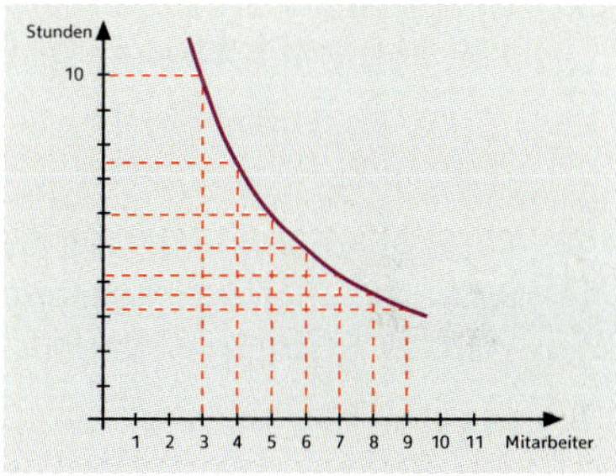

Die Gesamtarbeitszeit ist abhängig von der Zahl der Mitarbeiter. Sie verhält sich umgekehrt proportional (ungerades oder indirektes Verhältnis).

- ***Je mehr Mitarbeiter, desto kürzer ist die Gesamtarbeitszeit.***
- ***Je weniger Mitarbeiter, desto länger ist die Gesamtarbeitszeit.***

Lösungsweg: Gleiche Bezeichnungen in Bedingungs- und Fragesatz stehen untereinander (Mitarbeiter, Stunden).

Die gesuchte Größe (Stunden) steht immer rechts.

Die Lösung wird in **drei Schritten** vollzogen (Dreisatz):

① Wiederholung der Bedingung	vier Mitarbeiter brauchen 7,5 Stunden
② Von der **gegebenen Vielheit** (vier Mitarbeiter) wird auf **eine Einheit** (ein Mitarbeiter) geschlossen.	ein Mitarbeiter braucht 4 · 7,5 Stunden
③ Von der **Einheit** wird auf die **gesuchte Vielheit** geschlossen.	sechs Mitarbeiter brauchen $\frac{4 \cdot 7{,}5}{6}$ Stunden

Zusammenfassung: Den Dreisatz anwenden

- Aus mindestens drei bekannten Größen wird durch **logisches Schließen** die zu **suchende Größe** ermittelt:
  - von der gegebenen Vielheit wird auf eine Einheit geschlossen
  - von einer Einheit wird auf die gesamte Vielheit geschlossen

Mit geradem (direktem) Verhältnis	Mit ungeradem (indirektem) Verhältnis
– Je mehr, desto mehr – Je weniger, desto weniger	– Je mehr, desto weniger – Je weniger, desto mehr

Aufgaben

Web

1. In einem Unternehmen wurden 44 000 l Heizöl zu einem Einkaufspreis von 12.760,00 € eingekauft. Am 31. Dezember befinden sich noch 14 600 l in den Öltanks. Ermitteln Sie den Wert des restlichen Heizöls zum 31. Dezember.

2. Ein Inventurposten von 160 Bürostühlen ist mit 29.600,00 € bewertet worden. Ermitteln Sie, mit wie viel Euro 288 Bürostühle der gleichen Art zu bewerten sind.

3. 13 m eines Gardinenstoffes kosten 714,00 €. Ermitteln Sie den Wert für a) 2,25 m, b) 4,75 m, c) 6,15 m, d) $7\,^1/_5$ m, e) $8\,^3/_4$ m, f) 15 m.

4. Ein Spediteur befördert 80 Kisten zu je 40 kg. Die Kisten sind mit 6.400,00 € versichert. Durch einen Verkehrsunfall werden 50 Kisten völlig zerstört.
Ermitteln Sie den Ersatzanspruch gegenüber dem Versicherer.

5. Ein Reisender erhält für den Verkauf von 160 Stück eines Artikels eine Provision von 120,00 €. Wie hoch wäre seine Provision bei einem Verkauf von 300 Stück des Artikels?

6. 120 kg Rohkaffee ergeben 112,5 kg Röstkaffee.
Wie viel kg Röstkaffee lassen sich aus 700 kg Rohkaffee herstellen?

7. Ein Schuhgroßhändler hat für eine Sendung Straßen- und Sportschuhe im Gesamtgewicht von 2 860 kg insgesamt 128,70 € für Fracht bezahlt.
Welcher Frachtanteil entfällt auf die Sportschuhe mit einem Gewicht von 720 kg?

8. In einem Hochregallager sind zehn Reihen Regale zu je 20 m Höhe untergebracht. Für die Inventur benötigte man bisher 30 Stunden. Das Lager wird um vier Reihen zu je 20 m Höhe erweitert. Ermitteln Sie den erforderlichen voraussichtlichen Zeitbedarf für die Inventur.

9. Für Inventurvorbereitungsarbeiten benötigten sechs Angestellte im letzten Jahr vier Arbeitstage. In diesem Jahr müssen die Arbeiten wegen eines Feiertages in drei Arbeitstagen erledigt sein.
Wie viel Angestellte werden zusätzlich benötigt?

10. Die Ausgaben für eine Gemeinschaftswerbung, an der sich 16 Unternehmen beteiligen, betragen 211.120,00 €.
Um wie viel Euro senken sich die anteiligen Kosten je Unternehmen, wenn sich vier weitere Unternehmen anschließen?

11. In einem Unternehmen reicht der Vorrat einer Ware 60 Tage, wenn täglich im Durchschnitt 40 Stück verkauft werden.
Wie viel Tage reicht dieser Bestand, wenn täglich im Durchschnitt
a) 50 Stück,
b) 20 Stück verkauft werden?

12. Ein Warenvorrat von 4 752 Stück reicht für 176 Tage.
Für wie viel Tage reicht der Vorrat, wenn der Tagesabsatz um neun Stück steigen würde?

13. Das Abladen eines Lkw dauert bei Einsatz von drei Mitarbeitern acht Stunden.
In welcher Zeit ist der Lkw abgeladen, wenn sechs Mitarbeiter eingesetzt würden?

14. Wenn 20 Näherinnen täglich acht Stunden an einem Auftrag arbeiten, wird dieser in $12\,^1/_2$ Tagen fertig.
Wie viel Näherinnen müssen zusätzlich eingestellt werden, wenn die Arbeit bei gleicher täglicher Arbeit in zehn Tagen fertig sein soll?

15. Sechs Mitarbeiter erledigen die Inventurarbeiten eines Unternehmens in zwölf Tagen.
Wie viel Tage würde man brauchen, wenn zwei weitere Mitarbeiter eingesetzt würden?

16. *Für die Erledigung eines Auftrages benötigen sechs Mitarbeiter 18 Arbeitsstunden. Wie viel Mitarbeiter müssen zusätzlich eingesetzt werden, wenn der Auftrag in zwölf Stunden ausgeführt werden soll?*

6.1.2 Das Prozentrechnen anwenden

Handlungssituation

Die Primus GmbH begleicht zwei Rechnungen unter Abzug von Skonto innerhalb von 20 Tagen.

1. Rechnung: Rechnungsbetrag 3.200,00 €, Skonto 96,00 €

2. Rechnung: Rechnungsbetrag 8.800,00 €, Skonto 220,00 €

Frau Konski, Abteilungsleiterin Einkauf, bittet Nicole Höver, den Skontoabzug in Prozent für jede Rechnung zu ermitteln.

Arbeitsaufträge

- *Ermitteln Sie, bei welchem Rechnungsbetrag prozentual ein höherer Skonto abgezogen wurde.*
- *Ermitteln Sie den Skontobetrag, wenn der Skonto jeweils nur 2 % beträgt.*

Das **Prozentrechnen** ist eine Hundertrechnung, d. h., man nimmt bei ihr die Zahl 100 als Vergleichs- oder Bezugsgröße, z. B. 3 % = drei von hundert (lateinisch pro centum) oder $^{3}/_{100}$. Es ist üblich, für Prozent abgekürzt v. H., „vom Hundert", meistens jedoch % zu schreiben.

Bei der **Promillerechnung** ist die Vergleichszahl 1.000 (v. T. = vom Tausend – lateinisch pro mille – oder ‰).

Die Regeln der Prozentrechnung sind auf die Promillerechnung zu übertragen, so sind z. B. 3 ‰ = drei von tausend oder $^{3}/_{1.000}$.

■ Größen der Prozentrechnung

Mithilfe der **Prozentrechnung** werden gegebene absolute Zahlen vergleichbar gemacht. Bei der Prozentrechnung wird mit drei Größen gerechnet: Prozentsatz, Grundwert und Prozentwert.

Grundwert	Prozentwert (bzw. Promillewert)	Prozentsatz (bzw. Promillesatz)
Der Wert, der mit der Vergleichszahl 100 (bzw. 1.000) verglichen wird. Er entspricht immer 100 % (bzw. 1.000 ‰).	Bruchteil vom Grundwert, er ergibt sich durch Bezug des Prozentsatzes (Promillesatzes) auf den Grundwert.	Er gibt die Anzahl der Anteile von 100 (bzw. 1.000) an.

Zwei Größen müssen immer gegeben sein, um die dritte Größe mithilfe des Dreisatzes berechnen zu können.

Berechnen des Prozentsatzes

Der Prozentsatz gibt an, wie viel Teile auf hundert entfallen. Um den Prozentsatz berechnen zu können, müssen der Grundwert und der Prozentwert gegeben sein.

Beispiel vgl. Handlungssituation S. 301

Lösung	**1. Rechnung**		**2. Rechnung**		
① Bedingungssatz:	3.200,00 € = 100 %		8.800,00 € = 100 %		Grundwert
② Fragesatz:	96,00 € = x %		220,00 € = x %		Prozentwert
③ Bruchsatz:	$x = \frac{100 \cdot 96}{3.200}$	$x = \underline{\underline{3\,\%}}$	$x = \frac{100 \cdot 220}{8.800}$	$x = \underline{\underline{2{,}5\,\%}}$	Prozentsatz

Beim 1. Rechnungsbetrag wurde ein höherer Skonto (3 %) als beim 2. Rechnungsbetrag (2,5 %) abgezogen.

Hieraus lässt sich folgende Formel für die Berechnung des Prozentsatzes ableiten:

$$\text{Prozentsatz} = \frac{100 \cdot \text{Prozentwert}}{\text{Grundwert}} \quad \text{oder} \quad \frac{\text{Prozentwert}}{1\,\%\text{ des Grundwertes}}$$

In der Promillerechnung lautet die Formel:

$$\text{Promillesatz} = \frac{1.000 \cdot \text{Promillewert}}{\text{Grundwert}} \quad \text{oder} \quad \frac{\text{Promillewert}}{1\,‰\text{ des Grundwertes}}$$

Lösungsweg

① Stellen Sie den Bedingungssatz auf, wobei der Grundwert in Prozent (= 100 %) bzw. in Promille (1.000 ‰) immer rechts steht.

② Bilden Sie den Fragesatz, wobei der Prozentsatz (bzw. Promillesatz) als gesuchte Größe x rechts steht.

③ Stellen Sie den Bruchsatz auf, wobei Sie die oben stehenden Formeln zur Berechnung des Prozent- bzw. Promillesatzes anwenden können.

Berechnen des Prozentwertes

Um den Prozentwert berechnen zu können, müssen der Grundwert und der Prozentsatz gegeben sein. Der Grundwert ist mit 100 % anzusetzen.

Beispiel Die Primus GmbH überweist an die Hanckel & Cie GmbH eine Eingangsrechnung über 46.000,00 € innerhalb von 14 Tagen unter Abzug von 2 % Skonto. Ermitteln Sie den Skonto in Euro.

Lösung

① Bedingungssatz:	100 %	=	46.000,00 €	
② Fragesatz:	2 %	=	x	
③ Bruchsatz:	x	=	$\frac{2 \cdot 46.000}{100}$	$x = \underline{\underline{920{,}00\text{ €}}}$

Der Skonto beträgt 920,00 €.

Hieraus lässt sich folgende Formel für die Berechnung des Prozentwertes ableiten:

$$\textbf{Prozentwert} = \frac{\text{Grundwert} \cdot \text{Prozentsatz}}{100} \quad \text{oder} \quad 1\,\% \text{ des Grundwertes} \cdot \text{Prozentsatz}$$

In der Promillerechnung lautet die Formel:

$$\textbf{Promillewert} = \frac{\text{Grundwert} \cdot \text{Promillesatz}}{1.000} \quad \text{oder} \quad 1\,‰ \text{ des Grundwertes} \cdot \text{Promillesatz}$$

Lösungsweg

① Stellen Sie den Bedingungssatz auf, wobei der Grundwert (€, m, kg usw.) immer rechts steht.

② Bilden Sie den Fragesatz, wobei der Prozentwert (bzw. Promillewert) = x rechts steht.

③ Stellen Sie den Bruchsatz auf, wobei Sie die oben stehenden Formeln zur Berechnung des Prozent- bzw. Promillewertes anwenden können.

Ausnutzen von Rechenvorteilen mithilfe von bequemen Prozentsätzen

Manche Prozentsätze erlauben es, dass mit bequemen Teilern gerechnet werden kann. Ist der Prozentsatz ein bequemer Teiler von 100, so ist er auch der gleiche bequeme Teiler des Grundwertes.

Beispiel Die Verbindlichkeiten gegenüber Banken, die bei der Primus GmbH bisher 1.000.000,00 € betragen haben, sollen im kommenden Jahr um 20 % gesenkt werden. Um wie viel Euro sollen die Verbindlichkeiten gegenüber Banken damit reduziert werden?

Lösung mit der Formel des Prozentwertes

$$\text{Prozentwert} = \frac{\text{Grundwert} \cdot \text{Prozentsatz}}{100}$$

$$x = \frac{1.000.000 \cdot 20}{100}$$

$$x = \underline{\underline{200.000,00\ €}}$$

Lösung mit dem bequemen Teiler

$20\,\%$ sind $\frac{20}{100} = \frac{1}{5}$

Damit ergibt sich, dass 20 % fünfmal in hundert enthalten sind. Folglich kann man auch rechnen:

$1.000.000 : 5 = \underline{\underline{200.000,00\ €}}$

Hieraus kann man auch die Formel ableiten:

Prozentwert = Grundwert : bequemer Teiler

Praxistipp

Die bequemen Prozentsätze führen zu einer Vereinfachung der Rechnung, indem man den Grundwert durch den bequemen Teiler dividiert.

Folgende Prozentsätze ergeben u. a. bequeme Teiler:

Prozentsatz		Bequemer Teiler		Prozentsatz		Bequemer Teiler	
1 %	$2\,^1/_2$ %	100	40	$6\,^1/_4$ %	$16\,^2/_3$ %	16	6
$1\,^1/_4$ %	$3\,^1/_3$ %	80	30	$6\,^2/_3$ %	20 %	15	5
$1\,^1/_3$ %	4 %	75	25	$8\,^1/_3$ %	25 %	12	4
$1\,^2/_3$ %	$4\,^1/_6$ %	60	24	10 %	$33\,^1/_3$ %	10	3
2 %	5 %	50	20	$12\,^1/_2$ %	50 %	8	2

Berechnen des Grundwertes

Der Grundwert entspricht immer 100%. Er ist der Wert, auf den man sich beim Prozentrechnen bezieht. Um den Grundwert berechnen zu können, müssen der Prozentsatz und der Prozentwert bekannt sein.

Beispiel Ermitteln Sie den Rechnungsbetrag, wenn der Skonto 3% = 1.246,80 € beträgt.

Lösung

① Bedingungssatz: 3% (Prozentsatz) = 1.246,80 € (Prozentwert)

② Fragesatz: 100% = x (Grundwert)

③ Bruchsatz: $x = \frac{1.246{,}80 \cdot 100}{3}$ $x = \underline{\underline{41.560{,}00\ €}}$

Hieraus lässt sich folgende Formel für die Berechnung des Grundwertes ableiten:

$$\text{Grundwert} = \frac{\text{Prozentwert} \cdot 100}{\text{Prozentsatz}}$$

In der Promillerechnung lautet die Formel:

$$\text{Grundwert} = \frac{\text{Promillewert} \cdot 1.000}{\text{Promillesatz}}$$

Lösungsweg

① Stellen Sie den Bedingungssatz auf, wobei der Prozentwert (bzw. Promillewert) rechts steht.

② Bilden Sie den Fragesatz, wobei der gesuchte Grundwert (x) rechts steht.

③ Stellen Sie den Bruchsatz auf, wobei Sie die oben stehenden Formeln zur Berechnung des Grundwertes anwenden können.

Prozentrechnen auf Hundert (vom vermehrten Grundwert)

Der **vermehrte Grundwert** ist stets größer als der reine Grundwert. Es liegt dann vor, wenn der reine Grundwert und der Prozentwert in einem Gesamtwert zusammengefasst werden, z. B. bei der Zusammenfassung von altem Gehalt und Gehaltserhöhung, von altem Preis und Preissteigerung.

Beispiel Ein gewerblicher Mitarbeiter erhält nach seiner Gehaltserhöhung von 4% ein Gehalt in Höhe von 1.456,00 €. Wie viel verdiente er vorher?

Lösung

① Bedingungssatz: 104 % = 1.456,00 €

② Fragesatz: 100 % = x

③ Bruchsatz: $x = \frac{1456 \cdot 100}{104}$

$x = \underline{\underline{1.400,00\ €}}$

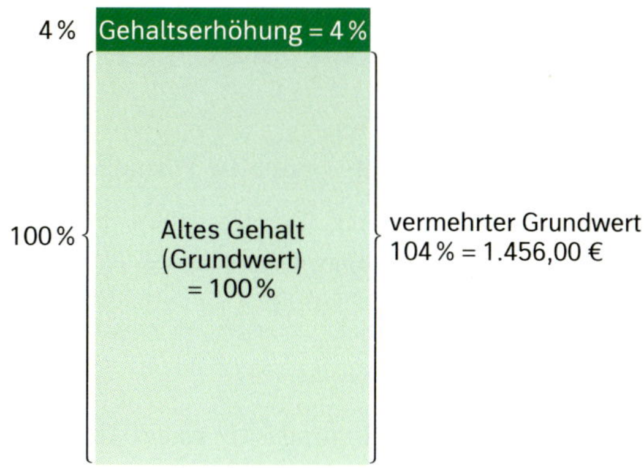

Hieraus lässt sich folgende Formel für die Berechnung des reinen Grundwertes aus dem vermehrten Grundwert ableiten:

$$\text{Reiner Grundwert} = \frac{\text{vermehrter Grundwert} \cdot 100}{\text{Prozentsatz} + 100}$$

In der Promillerechnung lautet die Formel:

$$\text{Reiner Grundwert} = \frac{\text{vermehrter Grundwert} \cdot 100}{\text{Promillesatz} + 1.000}$$

Lösungsweg

① Stellen Sie den Bedingungssatz so auf, dass der vermehrte Grundwert rechts steht.

② Bilden Sie den Fragesatz, wobei der gesuchte reine Grundwert (x) rechts steht.

③ Stellen Sie den Bruchsatz auf, wobei Sie oben stehende Formeln anwenden können.

Prozentrechnen im Hundert (vom verminderten Grundwert)

Der verminderte Grundwert ist stets kleiner als der reine Grundwert. Der verminderte Grundwert liegt vor, wenn der Prozentwert vom Grundwert abgezogen worden ist, z. B. bei der Gewährung von Rabatten, Skonto usw.

Beispiel Für eine Rechnung wurde von einem Betrieb nach Abzug von 3% Skonto ein Betrag von 145,50 € überwiesen.
Wie hoch war der Rechnungsbetrag?

Lösung

① Bedingungssatz: 97 % = 145,50 €

② Fragesatz: 100 % = x

③ Bruchsatz: $x = \frac{145,50 \cdot 100}{97}$

$x = \underline{\underline{150,00\ €}}$

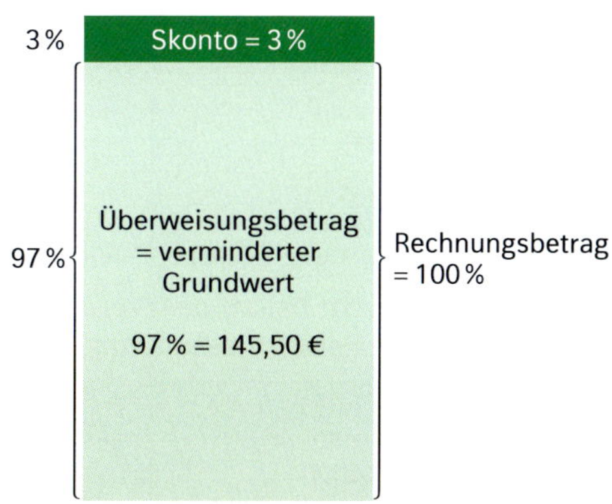

Hieraus lässt sich folgende Formel für die Berechnung des reinen Grundwertes aus dem verminderten Grundwert ableiten:

$$\text{Reiner Grundwert} = \frac{\text{verminderter Grundwert} \cdot 100}{100 - \text{Prozentsatz}}$$

In der Promillerechnung lautet die Formel:

$$\text{Reiner Grundwert} = \frac{\text{verminderter Grundwert} \cdot 100}{1.000 - \text{Promillesatz}}$$

Lösungsweg

① Stellen Sie den Bedingungssatz so auf, dass der verminderte Grundwert rechts steht.

② Bilden Sie den Fragesatz, wobei der gesuchte reine Grundwert (x) rechts steht.

④ Stellen Sie den Bruchsatz auf, wobei Sie oben stehende Formeln anwenden können.

Zusammenfassung: Das Prozentrechnen anwenden

Beim Prozentrechnen werden absolute Zahlen durch **Bezug auf 100** vergleichbar gemacht.

- **Größen der Prozentrechnung**

Prozentsatz	Prozentwert	Grundwert
gibt die Anzahl der Anteile von 100 an.	ergibt sich durch den Bezug des Prozentsatzes auf den Grundwert.	ist immer 100 %.
Prozentsatz = $\frac{100 \cdot \text{Prozentwert}}{\text{Grundwert}}$	**Prozentwert =** $\frac{\text{Grundwert} \cdot \text{Prozentsatz}}{100}$	**Grundwert =** $\frac{\text{Prozentwert} \cdot 100}{\text{Prozentsatz}}$

Aufgaben

Web

1. *In einem Unternehmen werden die Preise für Textilien herabgesetzt: Um wie viel Prozent wurden die Preise herabgesetzt?*

Artikel	Alter Preis in €	Neuer Preis in €
Pullover	82,00	59,00
Herrenanzüge	368,00	198,00
Sweatshirts	29,00	17,00
Schlafanzüge	58,80	37,90
Herrenhemden	49,00	29,00

2. *Wie viel Prozent betrug der Preisnachlass, den ein Einzelhandelsgeschäft von einem Großhändler gewährt bekommt?*

Artikel	Listenpreis in €	Preisnachlass in €
Damenhalbschuh	69,00	19,00
Sandalette	58,00	15,00
Herrenlackschuh	84,00	24,00
Kinderschuh	49,00	7,50

3. *Der Rechnungspreis einer neuen Büroeinrichtung beträgt 3.500,00 €, der Barzahlungspreis nach Abzug von Skonto 3.395,00 €.*
Wie viel Prozent Skonto sind abgezogen worden?

4. *Ein Unternehmen zahlt für folgende Versicherungen nachfolgende Prämien:*

	Versicherungssumme	Jahresprämie
a) Glasversicherung	10.000,00 €	180,00 €
b) Hausratversicherung	80.000,00 €	112,00 €
c) Feuerversicherung	197.000,00 €	137,90 €

Ermitteln Sie, wie hoch der jeweilige Promillewert der jeweiligen Versicherung ist.

5. *Ein Unternehmen gewährt seinem Kunden für fehlerhafte Ware einen Nachlass über 15 %. Der Rechnungsbetrag belief sich auf 690,00 €.*
Wie viel Euro sind zu überweisen?

6. *Berechnen Sie den Prozentwert:*
a) 3 % von 6.145,20 € *d) 25 % von 10.750,00 €*
b) 8 % von 8.448,00 € *e) $6^{2}/_{3}$ % von 3.150,00 €*
c) 17 % von 16.983,00 € *f) $8^{1}/_{3}$ % von 4.152,00 €*

7. *Berechnen Sie den Promillewert:*
a) 3 ‰ von 750,00 € b) 5 ‰ von 2.950,00 € c) 8 ‰ von 968,00 €

8. *Die Zahlungsbedingungen auf einer Rechnung über 2.664,00 € lauten: „Zahlbar innerhalb 14 Tagen mit 3 % Skonto oder in 30 Tagen netto Kasse".*
Wie viel Euro Skonto dürfen in Abzug gebracht werden?

9. *Ein Kunde überweist der Primus GmbH eine Ausgangsrechnung über den Rechnungsbetrag von 5.355,00 €, wobei der Kunde vom Rechnungsbetrag 3 % Skonto abgezogen hat. Ermitteln Sie*
a) den Überweisungsbetrag,
b) die im Rechnungsbetrag enthaltene Umsatzsteuer, wenn der Umsatzsteuersatz 19 % beträgt.

10. *Wie hoch ist die Versicherungssumme, wenn nachstehende Prämien gezahlt werden?*

Prämie in €	Prämiensatz	Prämie in €	Prämiensatz
a) 91,10	0,4 ‰	c) 54,20	0,8 ‰
b) 145,50	1,5 ‰	d) 291,50	2,65 ‰

11. *Wie hoch ist der Rechnungsbetrag, wenn der Skonto*
a) 1,5 % = 49,00 €, *d) 2 % = 31,96 €,*
b) $2^{1}/_{4}$ % = 22,23 €, *e) 2,5 % = 176,63 €,*
c) 3 % = 124,68 €, *f) $^{3}/_{4}$ % = 6,00 € betrug?*

12. *Der Preis eines Artikels wurde um 20 % heraufgesetzt. Der neue Verkaufspreis beträgt 30,00 €.*
Wie viel Euro kostete dieser Artikel ursprünglich?

13. *Im letzten Jahr erzielte ein Betrieb eine Umsatzsteigerung von 10,5 %.*
Der Umsatz betrug 518.750,00 €.
a) Berechnen Sie den Umsatz des Vorjahres.
b) Berechnen Sie die Umsatzsteigerung in Euro.

14. *Ein Angestellter erhielt nach einer Gehaltserhöhung von 5 % ein Gehalt von 1.470,00 €*
Wie viel verdiente er vorher?

15. *In einem Betrieb sind die allgemeinen Geschäftskosten um 8 % auf 68.040,00 € gestiegen. Wie hoch waren die Geschäftskosten vorher?*

16. *Durch den Anstieg des Benzinpreises erhöhten sich die Kosten für Warenzustellung im laufenden Geschäftsjahr gegenüber dem Vorjahr um 16 % auf insgesamt 5.800,00 €.*
a) Wie viel Euro betrugen die Kosten im Vorjahr?
b) Um wie viel Euro stiegen die Kosten?

17. *Die Miete für ein Lager ist im laufenden Geschäftsjahr um 15 % höher als im Vorjahr und beträgt 1.610,00 € im Monat.*
Wie viel Euro betrug die Monatsmiete im Vorjahr?

18. *Ein Betrieb hatte im abgelaufenen Geschäftsjahr Betriebskosten in Höhe von 74.379,22 €. Das waren 4,5 % weniger als im Vorjahr.*
a) Wie hoch waren die Betriebskosten im Vorjahr?
b) Wie viel Euro wurden eingespart?

19. *Beim Sonderverkauf wird der Preis einer Ware um $12\,^{1}/_{2}$ % auf 84,00 € herabgesetzt. Wie viel Euro betrug die Preisherabsetzung und wie hoch war der alte Preis?*

20. *Ein Betrieb überweist an seinen Lieferer 765,68 €, wobei er 3 % Skonto abgezogen hat. Wie hoch war der Rechnungsbetrag?*

21. *Nach Abzug von 5 % Tara betrug das Nettogewicht einer Ware 845,50 kg. Berechnen Sie das Bruttogewicht der Ware.*

22. *Der Umsatz eines Betriebes ist um $8\,^{1}/_{3}$ % auf 435.000,00 € gesunken. Wie hoch war der Umsatz in Euro im Vorjahr?*

23. *Der Preis einer Ware wird im Mai um 15 % und im September noch einmal um 8 % herabgesetzt. Der Preis beträgt nun 375,36 €.*
Berechnen Sie den Preis
a) nach der ersten Preissenkung,
b) vor der ersten Preissenkung.

LS

6.2 Tabellenkalkulationsprogramme bei der Preisberechnung einsetzen

6.2.1 Aufbau und Formatierung von Tabellen beherrschen

Handlungssituation

Andreas Dick hat die Aufgabe übernommen, die Umsatzstatistik der Verkaufsboutique zu erstellen. Am Nachmittag erhält er seine Auswertung vom Abteilungsleiter „Verkauf/Marketing“ Josef Winkler kommentarlos zurück. Einen Wert aus der Warengruppe Bürotechnik hat Herr Winkler mit einem Textmarker gekennzeichnet:

	A	B	C	D	E	F	G
1	**Umsätze, Anteile und Durchschnitt der Warengruppen im 3. Quartal**						
2		Juli	August	September	Gesamt	Anteil am Gesamtumsatz	Durchschnitt
3	WGR 1	2.150,00 €	4.400,00 €	4.500,00 €	10.500,00 €	64,10 %	3.683,33 €
4	WGR 2	871,00 €	1.665,00 €	1.318,00 €	3.854,00 €	23,53 %	1.284,67 €
5	WGR 3	379,50 €	640,30 €	457,20 €	1.477,00 €	9,02 %	492,33 €
6	Gesamt	3.400,50 €	6.705,30 €	6.275,20 €	16.381,00 €	100,00 %	5.460,33 €

Andreas greift nach dem Taschenrechner und ärgert sich: *„Jetzt muss ich alles neu rechnen, obwohl ich es ordentlich in Word abgetippt, formatiert und gespeichert habe.“*

Arbeitsaufträge

- *Überprüfen Sie, welcher Fehler Andreas unterlaufen ist.*
- *Beschreiben Sie den Grundaufbau eines Tabellenkalkulationsprogramms.*
- *Stellen Sie fest, wie sich Daten in einem Tabellenkalkulationsprogramm erfassen lassen.*
- *Erläutern Sie den Unterschied zwischen der Formatierung einer Tabelle in Excel und einer Tabelle in Word.*

Im Büroalltag sind Statistiken fast regelmäßig zu erstellen. Durch den Einsatz des Computers werden Sie in die Lage versetzt, wiederkehrende Tätigkeiten schneller zu erledigen.

Beispiel Für die nächste Quartalsstatistik muss Andreas lediglich die Word-Datei öffnen, die Zahlen und Texte ändern und die Rechenergebnisse aktualisieren.

Aber genau hier liegt das Problem: Ein Textverarbeitungsprogramm ist ungeeignet, den Prozess wiederkehrender Berechnungen zu automatisieren, Datenlisten, Analysen und Diagramme zu erstellen.

Bestandteile von Excel

Wie alle Anwendungsprogramme in Office besteht auch in Excel die grafische Benutzeroberfläche aus verschiedenen Bestandteilen:

1. der **Titelleiste** sowie der **Symbolleiste** für den Schnellzugriff,
2. dem in verschiedene **Register** und **Gruppen** unterteilten **Menüband**,
3. dem **Namensfeld** und der **Bearbeitungsleiste**,
4. der **Statusleiste** sowie
5. einer leeren (neuen) bzw. einer bereits vorhandenen Arbeitsmappe.

Beispiel Benutzeroberfläche des Tabellenkalkulationsprogramms Excel (Office-Version 2019):

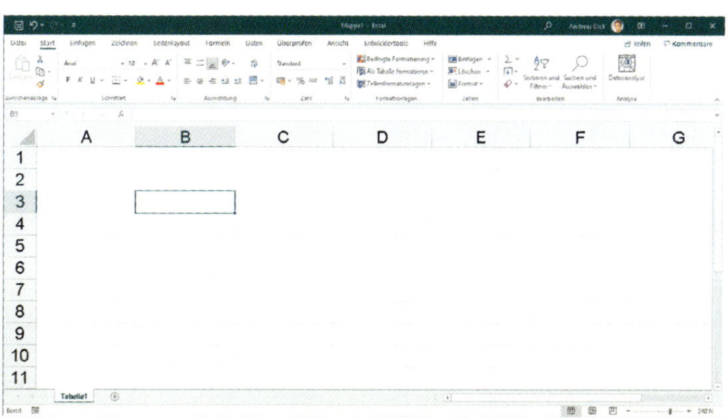

Zugriff auf das Menüband

In der Regel werden die Elemente des Menübandes mit der Maus – genauer gesagt mit einfachem Klick auf die linke Maustaste – ausgewählt. Fast alle bekannten Tastenkombinationen aus früheren Office-Versionen wie z. B. [STRG] + [C] **(Kopieren)**, [STRG] + [V] **(Einfügen)** oder [STRG] + [P] **(Drucken)** funktionieren weiterhin in den Office-Programmen und somit auch in Excel.

Praxistipp

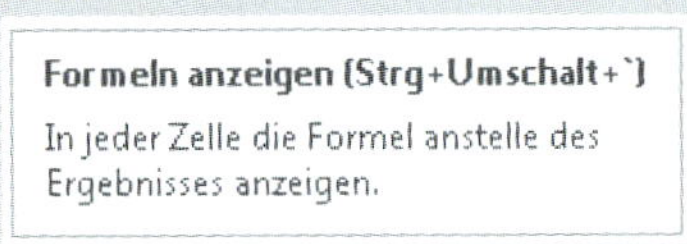

Seit der Version 2010 erzeugt die Tastenkombination [STRG] + [#] nicht mehr die Formelansicht, sondern formatiert den Zellwert als Datum. Seit der Version 2016 gibt es wieder eine Tastenkombination für die Formelansicht: [STRG] + [SHIFT] + [`]. Berücksichtigen Sie dabei, dass Sie [STRG] + [SHIFT] gedrückt halten müssen, bevor Sie die Akzent-Taste (Gravis, auch „Backquote“ genannt) drücken.

■ Arbeitsmappe und Tabellenblätter

Eine Arbeitsmappe bezeichnet in Excel eine **Datei**, in der Tabellenblätter gespeichert und bearbeitet werden. Innerhalb einer Arbeitsmappe können Sie Tabellenblätter **hinzufügen**, löschen, umbenennen, verschieben, kopieren und zwischen ihnen wechseln.

Die Arbeitsmappe umfasst das **Tabellenblattregister** mit standardmäßig drei Tabellenblättern und jeweils eine horizontale sowie vertikale Bildlaufleiste. Die einheitlich mit Buchstaben (Spaltenüberschrift, auch „Spaltenkopf“ genannt) und Nummern (Zeilenüberschrift) gekennzeichneten Tabellenblätter stellen den wesentlichen Arbeitsbereich dar. Im jeweiligen Schnittpunkt aus Spalte und Zeile (**Zelle**) werden Daten (Zahlen, Text oder Formeln) erfasst und bearbeitet.

Beispiel Neue Arbeitsmappe mit Tabellenblattregister und aktiver Zelle B3:

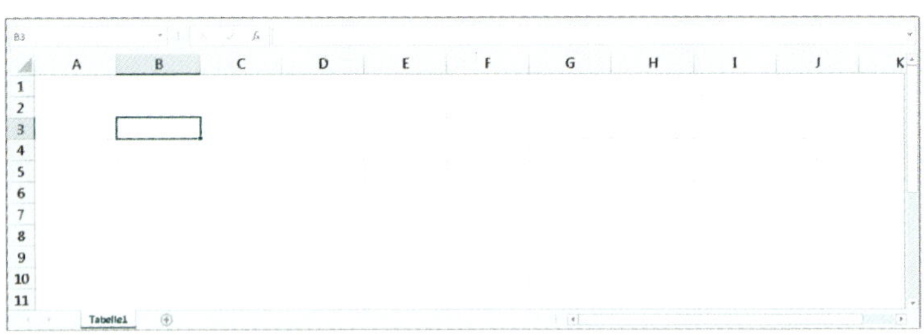

Eine Zelle als auch ganze **Zellbereiche** können mit der Maus oder durch Betätigen der Pfeil-Tasten (und gedrückter [UMSCHALT]-Taste) ausgewählt bzw. markiert werden.

Beispiel Der Aufbau und die Funktionsweise eines Tabellenblattes kann mit einem Schachbrett verglichen werden. Das Spielfeld umfasst einen 8 × 8 Felder großen Bereich (**A1:H8**, lies: „A1 bis H8“). Auf einem Feld darf sich immer nur eine Spielfigur aufhalten. Bewegen Sie Ihre Spielfigur auf ein anderes Feld, dürfen dort keine anderen Figuren stehen. Befindet sich dort eine fremde Spielfigur, wird sie geschlagen und durch Ihre eigene ersetzt.

Grundsätzlich können verschiedene Daten in nur einem Tabellenblatt einer einzigen Arbeitsmappe erfasst und gespeichert werden. Damit Tabellenblätter dazu beitragen, den Überblick zu behalten, sollten sehr umfangreiche Daten auf verschiedene Tabellenblätter verteilt werden. Da Excel automatisch Verknüpfungen zwischen den Tabellenblättern vornehmen kann, ist ein Wechsel zwischen ihnen mit weniger Anstrengung verbunden als das Suchen und Navigieren in großen Datenbeständen eines einzelnen Tabellenblattes.

■ Speichern

Verschiedene Daten können in einer einzigen Arbeitsmappe gespeichert werden. Damit Arbeitsmappen dazu beitragen, den Überblick zu behalten, sollten Daten nach ihrem Zusammenhang in jeweils eigenen Arbeitsmappen gespeichert werden.

Die Registerkarte Datei (Microsoft Office Backstage-Ansicht) enthält die Befehle für die Arbeit **mit** der Arbeitsmappe. Aus diesem Grund wird sie vorübergehend ausgeblendet. Durch einen Klick auf **Speichern** gelangen Sie in das zugehörige Auswahlmenü. Durch Drücken der **[Esc]-Taste** oder Auswahl eines anderen Registers wird die Backstage-Ansicht wieder verlassen.

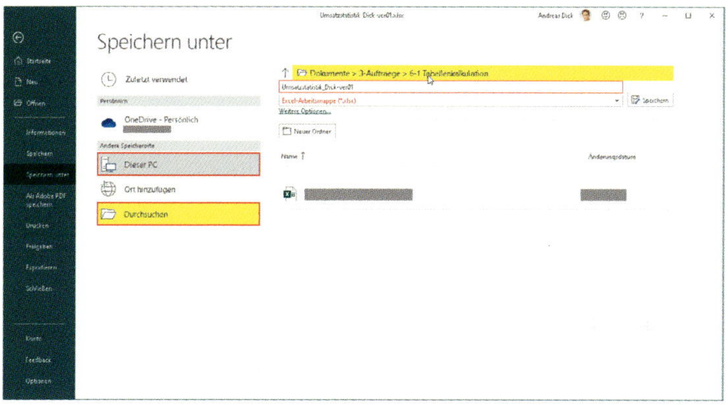

Um einem möglichen Datenverlust vorzubeugen, sollten Sie die geöffnete Arbeitsmappe in regelmäßigen Abständen speichern. Mit einem Klick auf das **Speichern-Symbol** („Diskette" in der Leiste für den Schnellzugriff) sparen Sie sich den Umweg über die Registerkarte Datei.

Eine bereits gespeicherte Arbeitsmappe kann mit **Speichern unter** in einem anderen Verzeichnis oder unter einem anderen Dateinamen gespeichert werden.

Windows blendet die **Erweiterung von bekannten Dateitypen** standardmäßig aus. Aus diesem Grund wird die Dateinamenerweiterung weder in der Titelleiste der Excel-Benutzeroberfläche noch im Dialogfenster der „Speichern unter"-Auswahl zum Dateityp angezeigt. Nur im „Speichern unter"-Dialog des **Datei-Registers** wird die Dateinamenerweiterung angezeigt. Damit die Dateiendungen grundsätzlich sichtbar sind, müssen sie aktiviert werden.

Beispiel Andreas Dick öffnet mit der Tastenkombination [Windows-Taste] + [E] den **Windows Explorer** bzw. einen **beliebigen Ordner** und navigiert über das Register Ansicht zur Gruppe Ein-/Ausblenden. Nachdem er das Häkchen im Kontrollkästchen vor „Dateinamenerweiterungen" gesetzt hat, werden die Dateinamen inklusive Dateiendung angezeigt (gilt dann automatisch für **alle Dateitypen**). Hätte Andreas dem Dateinamen die Dateiendung .xlsx hinzugefügt, dann wäre der tatsächliche Dateiname *.xlsx.**xlsx** im entsprechenden Verzeichnis.

Praxistipp

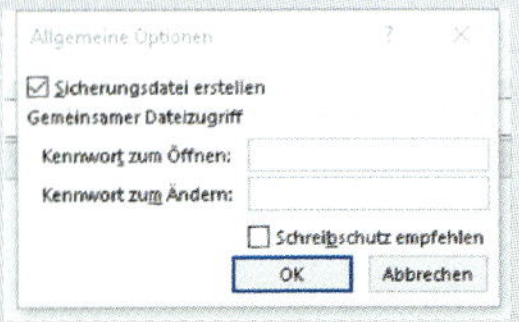

Eine Sicherungskopie (korrekt: Microsoft Word-Sicherungsdokument) wird in Word erzeugt, sobald die Windows-Option aktiviert wurde. In den Excel-Optionen gibt es eine solche Möglichkeit nicht. **Allerdings** gibt es einen „Trick“: Im Prozess „Speichern unter“ (links von der Schaltfläche „Speichern“) die Option Tools – Allgemeine Optionen – das Häkchen bei Sicherungsdatei setzen.

■ Daten erfassen

Mit jedem Start von Excel wird automatisch eine neue Arbeitsmappe **Mappe1** erzeugt. Standardmäßig steht die Positionsmarke (**Cursor**) in Zelle **A1** des Tabellenblattes **Tabelle1**. Sofern Excel bereits ausgeführt wird, werden neue Mappen fortlaufend nummeriert (Mappe2, Mappe3).

Dateneingaben erscheinen in der ausgewählten Zelle und in der Bearbeitungsleiste. Die Datenerfassung kann mit der **Eingabe-Taste**, einer **Pfeil-Taste** oder einem Klick auf **Eingeben** (Bildsymbol: Haken) in der Bearbeitungszeile abgeschlossen werden. Sofern ein Zellbereich ausgewählt wurde, erscheint die Dateneingabe nur an der aktuellen Positionsmarke. Die Tastenkombination [STRG]+[ENTER] übernimmt die erfassten Daten für alle Zellen des markierten Bereichs.

Beispiel Dateneingabe in der als „Umsatzstatistik“ gespeicherten Arbeitsmappe:

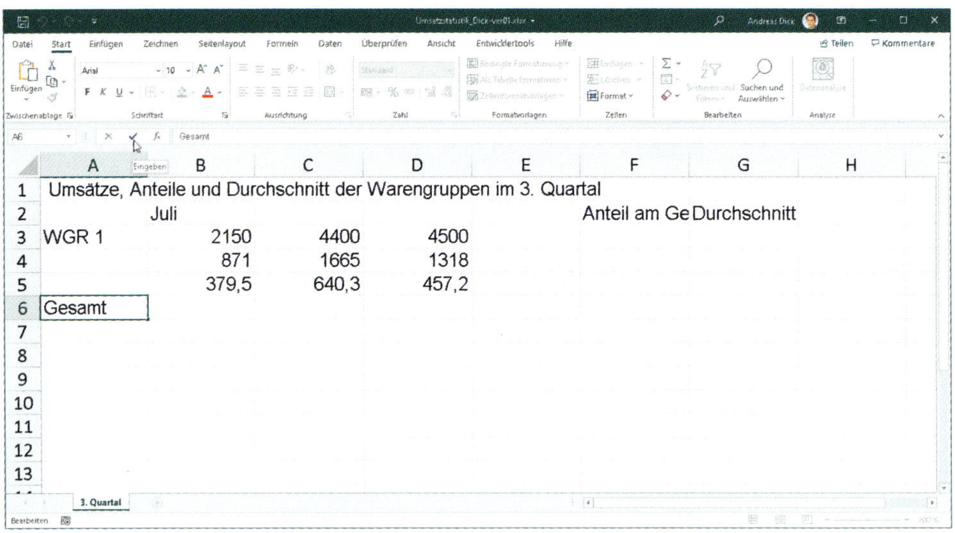

Daten kopieren und einfügen

Bereits erfasste Daten können mit der Maus oder über Tastaturkombinationen kopiert und eingefügt werden, statt sie wiederholt eingeben zu müssen. Einzelne Zellinhalte lassen sich innerhalb des Tabellenblattes besonders schnell kopieren. Wählen Sie die Zelle aus, deren Inhalt kopiert werden soll, und bewegen Sie den Mauszeiger auf den **Rahmen**. Ziehen Sie mit gleichzeitig gedrückter linker Maustaste und [Strg]-Taste den markierten Bereich an die beabsichtigte Position.

Sollen Zellinhalte in **benachbarte Zellen** kopiert oder **Reihen** (Abfolgen oder Listen) erzeugt werden, bietet sich die **AutoAusfüllen-Funktion** an. Wählen Sie die Zelle aus, deren Inhalt kopiert bzw. ausgefüllt werden soll. Bewegen Sie den Mauszeiger auf den **Ziehpunkt** (auch: Ausfüllkästchen, Anfasser), verändert sich das Erscheinungsbild des Mauszeigers. Vergrößern Sie mit gedrückter linker Maustaste den markierten Bereich. Insbesondere **Abfolgen** können so besonders schnell erzeugt werden. Zu berücksichtigen ist dabei nur, dass der Text eine durch ein Leerzeichen getrennte Zahl enthält. Ob diese Zahl dem Text hintenangestellt oder vorangestellt wird ist dabei unerheblich.

Beispiel Anwendung der AutoAusfüllen-Funktion (zeilenweise):

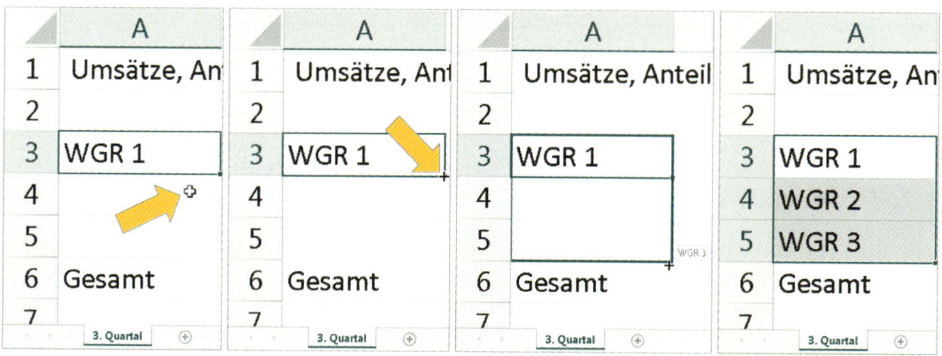

Praxistipp

Auf diese Weise können auch **Listen** ausgefüllt werden, deren Inhalt Excel automatisch erkennt.

Beispiel Anwendung der AutoAusfüllen-Funktion (spaltenweise):

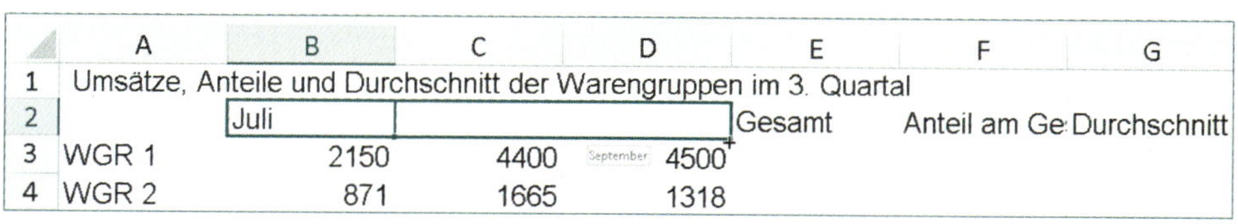

Praxistipp

Alternativ können einzelne Zellen und Zellbereiche über das Register Start, Gruppe Zwischenablage, Bildsymbol <Kopieren> oder das Kontextmenü (rechte Maustaste) – Kopieren oder die Tastenkombination [Strg]+[C] kopiert werden.

So vielfältig die Möglichkeiten des Kopierens sind, so vielfältig sind auch die Möglichkeiten, Zellinhalte einzufügen. Ob die Zellinhalte über das Bildsymbol <Einfügen> im **Register Start**, das Kontextmenü oder die Tastenkombination [Strg]+[V] eingefügt werden, ist bei vielen Anwendern vielfach eine Frage der Gewohnheit. Eine einfache Möglichkeit ist es auch, die Zielzelle auszuwählen und mit der [Enter]-Taste zu bestätigen.

Beispiel Einfügeoptionen:

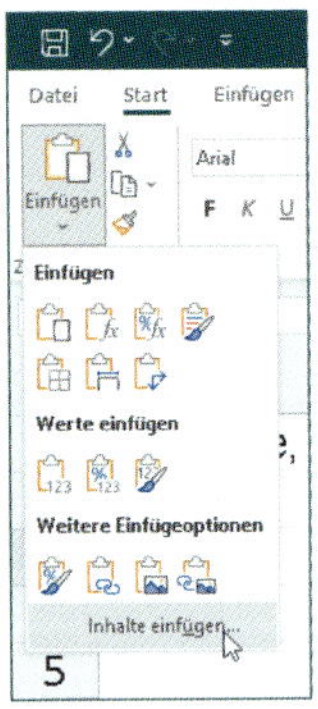

Durch das Einfügen werden alle Zellinhalte übertragen. Wurden zuvor Gestaltungselemente wie Rahmen, Linien oder Farben verwendet kann dies stellenweise dazu führen, dass das Erscheinungsbild der Tabelle ungünstig verändert wird.

Verzichten Sie daher darauf, zu früh Gestaltungselemente wie Rahmen, Linien oder Farben zu benutzen. Verwenden Sie in solchen Situationen die Option <Inhalte einfügen ...> oder die Tastenkombination [Strg]+[Alt]+[V] um ausschließlich die benötigten Formeln einzufügen.

Zellen formatieren

Durch die Veränderung des Erscheinungsbildes einer Tabelle **(Formatieren)** werden Zellinhalte übersichtlich und strukturiert dargestellt, ohne den Zellwert selbst zu beeinflussen. Zellen, die ausschließlich Zahlenwerte enthalten, werden standardmäßig rechtsbündig ausgerichtet. Ansonsten interpretiert Excel den Zellinhalt als Text, der standardmäßig linksbündig ausgerichtet wird.

Spaltenbreite und Zeilenhöhe

Überschreitet ein eingegebener Text die Spaltenbreite von 80 Pixeln (10,71), die standardmäßig beim Öffnen einer Arbeitsmappe vorgegeben ist, wird der Text in den nebenliegenden Zellen angezeigt. Dies gilt aber nur, wenn die benachbarte Zelle selbst keinen Inhalt hat. In diesem Fall wird der Text nur noch in der Bearbeitungszeile vollständig angezeigt.

Beispiel Konflikt zwischen Textlänge und Spaltenbreite:

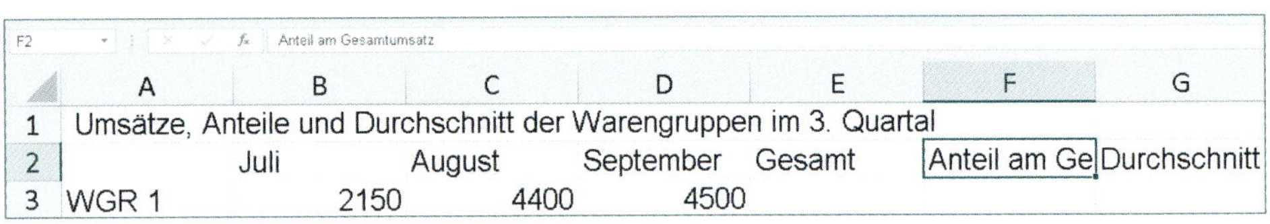

	A	B	C	D	E	F	G
1	Umsätze, Anteile und Durchschnitt der Warengruppen im 3. Quartal						
2		Juli	August	September	Gesamt	Anteil am Ge	Durchschnitt
3	WGR 1	2150	4400	4500			

Beispiel Bildsymbol Zeilenumbruch:

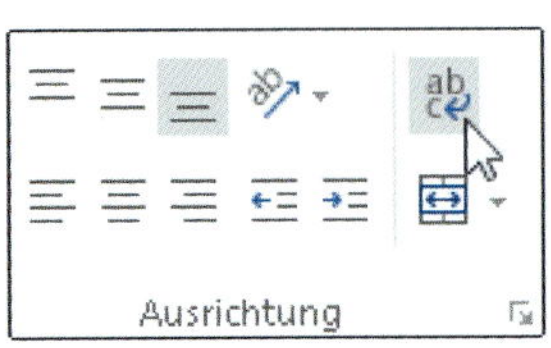

Die [Enter]-Taste schließt in Excel ausschließlich Dateneingaben ab. Ein Textumbruch innerhalb einer Zelle wird durch die Tastenkombination [Alt]+[Enter]-Taste oder über das **Register Start**, Gruppe Ausrichtung, Bildsymbol <Textumbruch> erzeugt.

Erfordert die Gestaltung des Tabellenblattes breitere Spalten, ist der Mauszeiger zwischen die betreffenden Spaltenköpfe zu positionieren, bis sich sein Erscheinungsbild ändert. In einfachen Fällen passt ein Doppelklick die Spaltenbreite automatisch an den Zellinhalt an. Mit gedrückter linker Maustaste wird die Spaltenbreite individuell verändert.

Beispiel Veränderung der Spaltenbreite mit der Maus:

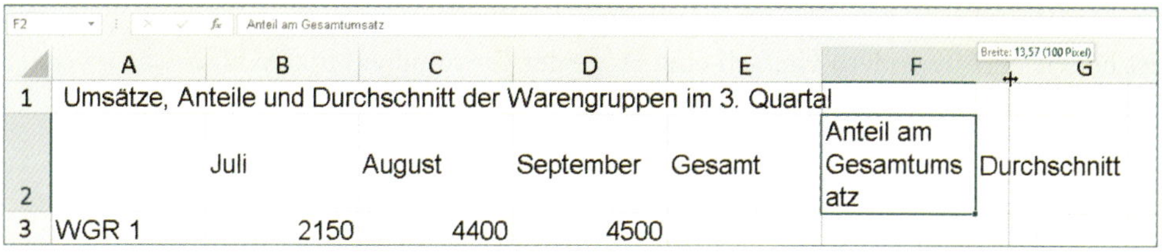

Praxistipp

Alternativ kann die Spaltenbreite auch über das **REGISTER START**, GRUPPE ZELLEN, Bildsymbol <Format> oder das Kontextmenü des Spaltenkopfes <Spaltenbreite...> eingestellt werden. Die Zeilenhöhe kann auf die beschriebene Weise ebenfalls verändert werden.

Beispiel Veränderung der Zeilenhöhe mit der Maus:

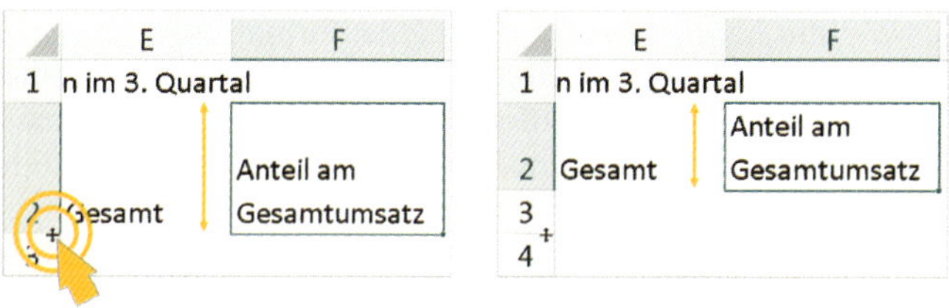

Die Spaltenbreite automatisch anzupassen kann sich in manchen Fällen, insbesondere wenn in einer Zelle eine Tabellenüberschrift enthalten ist, nachteilig auf das Erscheinungsbild der Tabelle auswirken.

Beispiel Konflikt zwischen Textlänge und automatisch angepasster Spaltenbreite:

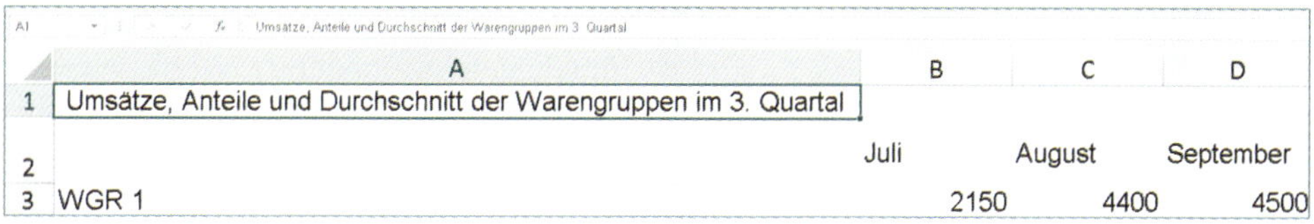

Eine Überschrift zentriert über alle Spalten der Tabelle zu verbinden wirkt sich einerseits vorteilhaft auf das Erscheinungsbild der Tabelle aus und führt in der betroffenen Spalte andererseits dazu, dass die automatische Anpassung der Spaltenbreite wieder wie gewohnt funktioniert.

Beispiel Verbundene Zellen:

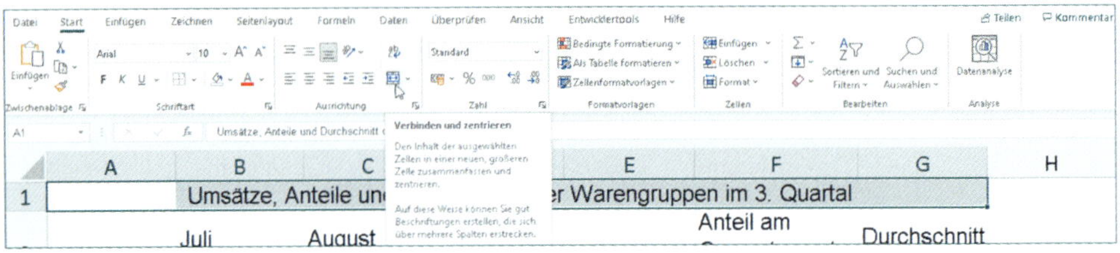

Zahlenwerte

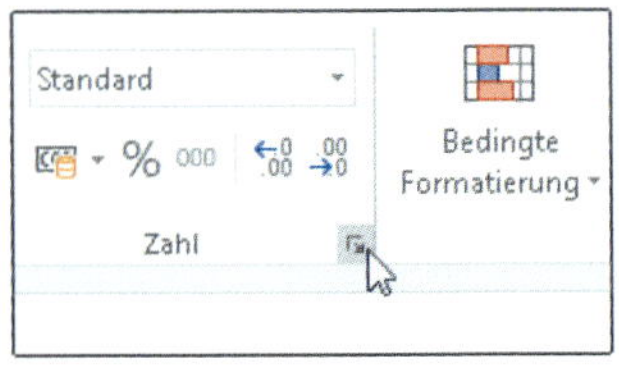

Die Darstellung eines Wertes, ob als Dezimalzahl, als Bruch oder in Prozent ausgedrückt, hat mathematisch keinen Einfluss auf den Wert selbst. Zahlenwerte erhalten in Excel zunächst das Format **Standard**. Über das **Register Start**, Gruppe Zahl können die Zellinhalte in ihrem Erscheinungsbild verändert werden, ohne Einfluss auf den Zellwert zu nehmen.

Beispiel Minisymbolleiste:

Weitere Möglichkeiten, das Zahlenformat zu verändern, bietet die **Minisymbolleiste**, die mit dem Kontextmenü geöffnet wird (Klick auf die rechte Maustaste einer markierten Zelle oder eines Zellbereichs) oder über das Auswahlmenü des Kombinationsfeldes in der Gruppe Zahl.

Detaillierte Einstellungen hinsichtlich der vordefinierten Formate können in der Registerkarte **Zahlen** des Dialogfeldes **Zellen formatieren** (alternativ über die Tastenkombination [Strg]+[1] oder das Bildsymbol im **Register Start**, Gruppe Zahl) vorgenommen werden. Das Format der aktuellen Zelle wird dabei in einer Vorschau im Bereich „Beispiel" angezeigt.

Beispiel Weitere Auswahlmöglichkeiten im Dialogfeld „Zellen formatieren":

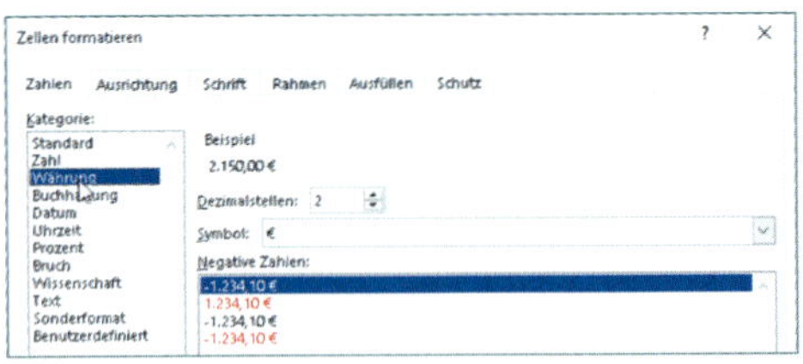

In der Microsoft-Hilfe findet sich als Erklärung, dass die Kategorie **Währung** für allgemeine monetäre Werte verwendet wird, während **Buchhaltung** die Währungssymbole und Dezimalstellen in einer Spalte ausrichtet. Dies ist auch bei Währung der Fall. Es wurde vergessen, dass im Rahmen der Übersetzung das Eurosymbol bzw. Dollarsymbol hinter den Betrag geschrieben wird. In der internationalen Schreibweise steht das Symbol oft vor dem Betrag. Nur für diesen Fall werden auch die Währungssymbole untereinander ausgerichtet. Ansonsten unterscheiden sich die Kategorien nur bei der Darstellung von negativen Zellwerten bzw. wenn der Zellwert 0 ist. In der Kategorie Buchhaltung ist es nicht möglich, negative Werte automatisch rot darstellen zu lassen. Diese müssen nachträglich über die Schriftfarbe formatiert werden, was sich später als ungünstig herausstellen kann, wenn der Zellwert nicht mehr negativ sein sollte.

Benutzerdefinierte Formate

Reichen die vordefinierten Zahlenformate nicht aus, um den Zellwert wie gewünscht darzustellen, lässt sich mit wenigen Mausklicks ein benutzerdefiniertes Format anlegen.

Beispiel Darstellung des benutzerdefinierten Formats in Zelle B2 und Zelle B1:

B2 | fx 2

	A	B
1	Tischkopierer	2 Stück
2	Tischkopierer	2 Stück
3	Tischkopierer	2 Stück

B1 | fx 2 Stück

	A	B
1	Tischkopierer	2 Stück
2	Tischkopierer	2 Stück
3	Tischkopierer	2 Stück

Excel erkennt die Eingabe in Zelle B1 als Text. Für Berechnungen ist diese Zelle ungeeignet. Anders verhält es sich in Zelle B2. Der Zellinhalt wird wie gewünscht dargestellt, hat aber keine Auswirkung auf den Zellinhalt, wie in der Bearbeitungszeile zu erkennen ist.

Treffen Sie in der Registerkarte **Zahlen** des Dialogfeldes **Zellen formatieren** – „Kategorie: Zahl" zunächst die Entscheidung über die Anzahl der Nachkommastellen und darüber, ob ein 1000er-Trennzeichen verwendet werden soll. Wählen Sie dann die Kategorie **Benutzerdefiniert** aus und ergänzen Sie den gewünschten Text mit Anführungszeichen versehen in der Textbox.

Beispiel Eingabe des benutzerdefinierten Formats:

Beispiel
2,00 Stück
Typ:
#.##0,00 "Stück"

Bei der Gestaltung von benutzerdefinierten Formaten ist es für die Funktionalität unerheblich, ob ein Text vor oder hinter das **Darstellungsformat** des Zahlenwertes gesetzt wird. Die Raute repräsentiert einen **Platzhalter** für eine Stelle, die **leer** bleibt (Verwendung mit einem 1000er-Trennzeichen), falls der Zellwert an dieser Stelle keinen Eintrag hat. Standardmäßig **können Daten nur linksbündig, rechtsbündig oder zentriert ausgerichtet werden.** Ein Sternchen hinter dem Darstellungsformat (#.##0* "Stück") sorgt dafür, dass der Wert in Zelle B3 linksbündig und der Text rechtsbündig in der Zelle ausgerichtet wird.

Beispiel Darstellung bei zu geringer Spaltenbreite („Gartenzaun"):

I12 | fx

	A	B	C	D	E	F	G
1	Umsätze, Anteile und Durchschnitt der Warengruppen im 3. Quartal						
2		Juli	August	Septembe	Gesamt	Anteil am Gesamtumsatz	Durchschnitt
3	WGR 1	#######	#######	#######			
4	WGR 2	871,00 €	#######	#######			
5	WGR 3	379,50 €	640,30 €	457,20 €			
6	Gesamt						

■ Drucken

Über das **REGISTER DATEI** und die Option „Drucken“ bzw. über das Symbol <Seitenansicht und Drucken> im Schnellzugriff können Sie einen Probeausdruck auf dem Bildschirm erzeugen und sich davon überzeugen, ob das Erscheinungsbild der Tabellen Ihren Vorstellungen entspricht oder ob noch Änderungen vorzunehmen sind. Eine weitere Möglichkeit, das Erscheinungsbild für den Ausdruck anzuzeigen, bietet Ihnen das **REGISTER ANSICHT**, GRUPPE ARBEITSMAPPENANSICHTEN <Seitenlayout>.

Beispiele **REGISTER DATEI, DRUCKEN** und die Option „Seite einrichten“:

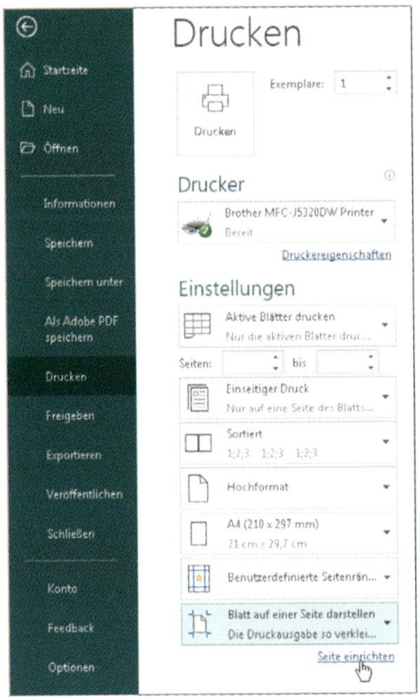

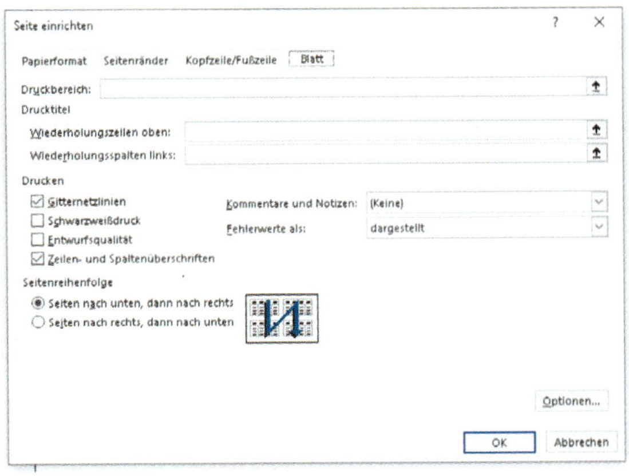

Seite einrichten

Häufig erreicht eine Tabelle eine Größe, die es unwahrscheinlich erscheinen lässt, dass man sie noch auf einer Seite drucken kann. In vielen Fällen handelt es sich sogar nur um eine Zeile oder Spalte, die eine Seite für sich beansprucht. Dadurch erzeugen Sie unnötig Altpapier. Um das zu sehen, müssen Sie Ihre Tabelle nicht zwangsläufig drucken: Die Druckvorschau bzw. Ansicht im Seitenlayout gibt einen Eindruck, ob das Tabellenblatt zu optimieren ist.

Kopf- und Fußzeile

In der Kopf- und Fußzeile sind Informationen enthalten, die auf jeder Seite des Ausdrucks automatisch angezeigt werden. Individuelle Elemente wie Dateiname, Seitenzahl oder Datum können in drei Abschnitten (Links, Mitte und Rechts) über das **REGISTER EINFÜGEN**, GRUPPE TEXT, Bildsymbol <Kopf- und Fußzeile> oder das Dialogfenster „Seite einrichten“ im **REGISTER SEITENLAYOUT** eingegeben werden. Beachten Sie, dass sich Ihre Aktion nur auf das aktuelle Tabellenblatt auswirkt, in dem Ihr Cursor steht. Das Ergebnis sehen Sie im Vorschaubereich, wenn Sie Ihre Eingabe mit **OK** bestätigen.

Papierformat

Im Register Papierformat können Sie unter „Skalierung" die gesamten Seiten, die Sie drucken wollen – egal ob eine oder mehrere –, verkleinern oder vergrößern. Wählen Sie die Ausrichtung Hoch- bzw. Querformat aus. Bemühen Sie sich nicht, die Seite prozentual zu skalieren. Wählen Sie stattdessen die Option „Anpassen" aus – Excel errechnet die passende Skalierung, wenn Sie angeben, wie viele Seiten in der Höhe und in der Breite auf einem Blatt Papier gedruckt werden sollen.

Weitere Einstellungsmöglichkeiten für den Ausdruck (Gitternetzlinien, Zeilen- und Spaltenköpfe) finden sich in der GRUPPE BLATTOPTIONEN des **REGISTERS SEITENLAYOUT** oder ebenfalls im Dialogfenster „Seite einrichten" auf der Registerkarte „Blatt". „Druckbereich" legt den Ausschnitt des Tabellenblatts fest, der gedruckt werden soll. Bei mehrseitigen Ausdrucken empfiehlt es sich, die „Spaltenüberschriften" auf jeder Seite **wiederholen** zu lassen **(Drucktitel)**, indem Sie in das Feld „Wiederholungszeilen" klicken und die Zeile markieren, die auf den Folgeseiten gedruckt werden soll. Diese Einstellung funktioniert **nicht**, wenn Sie die Seite über den Schnellzugriff (Seitenansicht und Drucken) bzw. das **REGISTER** DATEI (DRUCKEN) einrichten. Die Fläche ist dann „grau" (gesperrt).

Zusammenfassung: Aufbau und Formatierung von Tabellen beherrschen

- Die Benutzeroberfläche in Excel besteht aus Titelleiste, Symbolleiste für den Schnellzugriff, Menüband, Namensfeld, Bearbeitungsleiste sowie der Statusleiste.
- Eine Datei wird in Excel als **Arbeitsmappe** bezeichnet.
- **Tabellenblätter** werden in Arbeitsmappen gespeichert und bearbeitet.
- **Zellen** sind der Schnittpunkt einer Spalte mit einer Zeile.
- Daten (Zahlen, Text oder Formeln) werden in Zellen erfasst und bearbeitet.
- Die **AutoAusfüllen-Funktion** erzeugt Abfolgen oder Listen in benachbarten Zellen.
- Die Formatierung einer Zelle hat keinen Einfluss auf den Zellinhalt.
- **Text** wird standardmäßig **linksbündig** ausgerichtet.
- **Zahlenwerte** werden standardmäßig **rechtsbündig** ausgerichtet.
- Die Ausrichtung des Papiers, die Skalierung sowie Druckqualität ermöglichen einen Ressourcen schonenden Ausdruck.
- Kopf- und Fußzeilen nehmen Informationen für den Ausdruck auf, ohne die Daten der Tabelle zu beeinflussen.

Aufgaben

1. *Geben Sie Ihren Stundenplan in Excel ein.*
2. *Speichern Sie die Arbeitsmappe so, dass sie zu Office 2003 abwärtskompatibel ist.*

6.2.2 Einsatz einfacher Funktionen und Formeln anwenden

Handlungssituation

Bis jetzt kann Andreas keinen Vorteil gegenüber der Arbeit mit Word und einem Taschenrechner erkennen. Der einzige Unterschied ist, dass Recheneingaben in Excel mit dem Gleichheitszeichen beginnen. Verändert er die Werte in den Zellen, werden die Rechenergebnisse aber nicht automatisch aktualisiert.

TAGE360 × ✓ fx =2150+871+379,5

	A	B	C	D	E
1		Umsätze, Anteile und Durchschnitt der Wareng			
2		Juli	August	September	Gesamt
3	WGR 1	2.150,00 €	4.400,00 €	4.500,00 €	
4		871,00 €	1.665,00 €	1.318,00 €	
5		379,50 €	640,30 €	457,20 €	
6	Gesamt	=2150+871+379,5			
7					

Arbeitsaufträge

- *Stellen Sie den Vorteil mathematischer Berechnungen mit Zelladressen dar.*
- *Erklären Sie den Unterschied zwischen Funktionen und Formeln.*

■ Formeln anwenden

Um die Arbeit bei Berechnungen zu rationalisieren, wird in Excel auf bereits eingegebene Daten zurückgegriffen. Bestehende Daten ein weiteres Mal einzugeben ist einerseits überflüssig und andererseits verhindern diese „festen“ **(absoluten)** Daten, dass Rechenergebnisse automatisch aktualisiert werden können.

Werden die jeweiligen Zellen, welche die für die Berechnung erforderlichen Zahlenwerte enthalten, mit einem Zeichen der verschiedenen Rechenoperationen für Addition, Subtraktion, Multiplikation oder Division verknüpft (**Formel**), wirkt sich eine Änderung der Zahlenwerte in den betroffenen Zellen direkt auf das Rechenergebnis aus. Außerdem können Formeln auf einfache Weise mit der AutoAusfüllen-Funktion kopiert werden. Die Zellbezüge passen sich automatisch an.

Beispiel Anwendung der AutoAusfüllen-Funktion, ausgehend von Zelle B6:

B6 =B3+B4+B5

	A	B	C	D	E	F	G
1		Umsätze, Anteile und Durchschnitt der Warengruppen im 3. Quartal					
2		Juli	August	September	Gesamt	Anteil am Gesamtumsatz	Durchschnitt
3	WGR 1	2.150,00 €	4.400,00 €	4.500,00 €			
4	WGR 2	871,00 €	1.665,00 €	1.318,00 €			
5	WGR 3	379,50 €	640,30 €	457,20 €			
6	Gesamt	3.400,50 €	6.705,30 €	6.275,20 €			
7							

Um Tippfehler zu vermeiden, sollten Sie die Zellen mit einem Mausklick auswählen, statt die Zelladresse abzutippen. Excel berücksichtigt bei mathematischen Berechnungen die Regel „Punkt vor Strich“. Wenn Sie beabsichtigen, dass eine Addition bzw. Subtraktion vor einer Multiplikation bzw. Division durchgeführt wird, müssen Sie Klammern verwenden.

Beispiel =B6+C6+D6/3 liefert ein anderes Ergebnis als (B6+C6+D6)/3, da zunächst der Zellwert in D6 durch 3 dividiert und erst dann zu B6 und D6 addiert wird.

■ Funktionen einsetzen

Die Einzeladdition mehrerer Zellen ist umständlich. Ein weiterer Vorteil eines Tabellenkalkulationsprogramms ergibt sich durch die Verwendung von Funktionen, die eigenständig oder innerhalb einer Formel verwendet werden können. Geben Sie den jeweiligen **Funktionsnamen**, z.B. SUMME gefolgt von einem in Klammern gesetzten Zellbereich, ein, teilen Sie Excel mit, dass die Werte dieses Zellbereichs zu addieren sind. Da es sich um eine Berechnung handelt, ist auch das vorangestellte Gleichheitszeichen zwingend erforderlich.

Beispiel **=SUMME(B3:B5)** addiert den Zellbereich B3 **bis** B5.

Um Tippfehler zu vermeiden, sollten Sie den Zellbereich mit der Maus auswählen. Beachten Sie bitte, die Funktion SUMME **ausschließlich** zur Bildung von Summen, nicht aber für Differenzen, Quotienten oder Produkte zu verwenden. Auch wenn z.B. SUMME(A1-A2), SUMME(A1/A2) oder SUMME(A1*A2) funktionieren und korrekte Ergebnisse liefern, ist die Anwendung fachlich falsch. Verwenden Sie bitte ebenfalls kein Konstrukt wie z.B. SUMME(A1+A2+A3+A4), denn einem Funktionsnamen folgt i.d.R. immer ein Zellbereich. Noch einfacher geht es über das **Register Start**, **Gruppe Bearbeiten**, Bildsymbol <AutoSumme>.

Beispiel Schaltfläche AutoSumme:

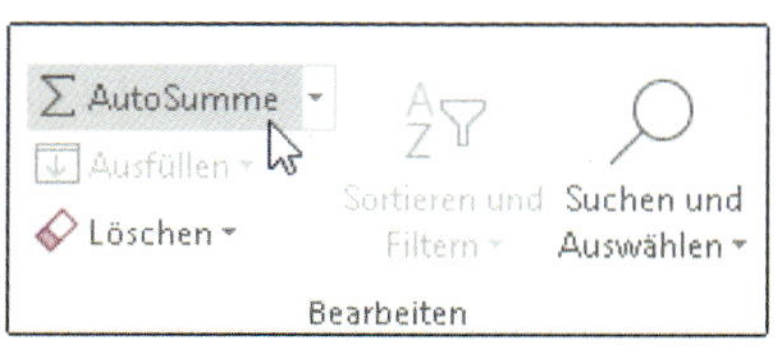

Wählen Sie zunächst die Zelle aus, die das Rechenergebnis enthalten soll. Klicken Sie dann auf die Schaltfläche AutoSumme, schlägt Excel einen Zellbereich vor, der addiert werden soll. Bestätigen Sie den vorgeschlagenen Zellbereich und schließen Sie die Eingabe ab oder wählen Sie einen anderen Zellbereich mit der Maus aus.

Beispiel Summenfunktion über den Zellbereich B3 bis D3:

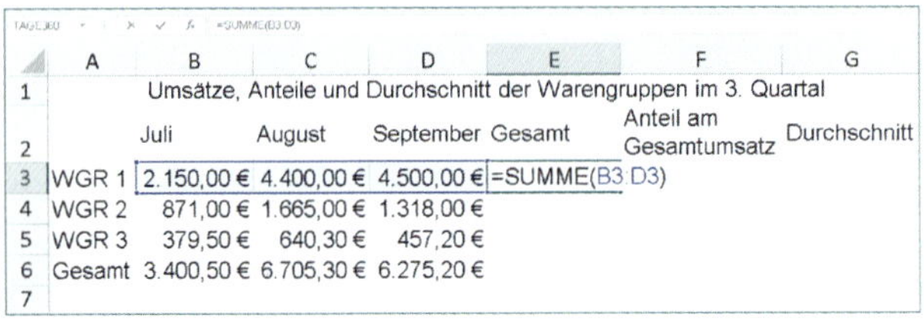

	A	B	C	D	E	F	G
1		Umsätze, Anteile und Durchschnitt der Warengruppen im 3. Quartal					
2		Juli	August	September	Gesamt	Anteil am Gesamtumsatz	Durchschnitt
3	WGR 1	2.150,00 €	4.400,00 €	4.500,00 €	=SUMME(B3:D3)		
4	WGR 2	871,00 €	1.665,00 €	1.318,00 €			
5	WGR 3	379,50 €	640,30 €	457,20 €			
6	Gesamt	3.400,50 €	6.705,30 €	6.275,20 €			
7							

Ebenso leicht lassen sich der geringste Wert (Minimum) und der größte Wert (Maximum) eines Zellbereichs ermitteln. Die entsprechenden Funktionen lauten **MIN** bzw. **MAX**.

Beispiel Anzeige von Mittelwert, Anzahl und Summe in der Statusleiste:

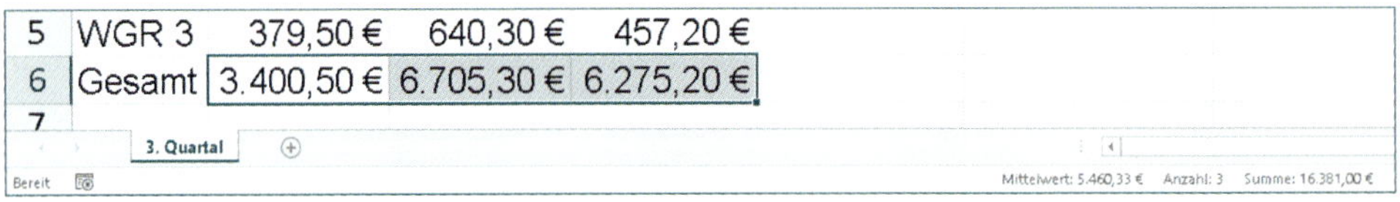

5	WGR 3	379,50 €	640,30 €	457,20 €
6	Gesamt	3.400,50 €	6.705,30 €	6.275,20 €
7				

Eine hilfreiche Funktion zur Ermittlung von Häufigkeiten ist **ANZAHL**. Jedoch müssen Sie berücksichtigen, dass hierbei nur die Häufigkeit von Zahlenwerten innerhalb des angegebenen Zellbereichs ermittelt wird. Soll die Häufigkeit aller Werte (also auch Text) innerhalb des angegebenen Bereichs festgestellt werden, so lautet der Funktionsname **ANZAHL2**. Das arithmetische Mittel (umgangssprachlich als „Durchschnitt" bezeichnet) eines Zellbereichs lässt sich mit der Funktion **MITTELWERT** bestimmen.

Beispiel Statt =SUMME(B6:D6)/ANZAHL(B6:D6) genügt =MITTELWERT(B6:D6).

Zusammenfassung: Einsatz einfacher Funktionen und Formeln anwenden

- **Absolute Daten** verhindern, dass Rechenergebnisse automatisch aktualisiert werden.
- Formeln sind **Zellverknüpfungen**.
- Excel berücksichtigt die Regel „Punkt vor Strich".
- **Vermeiden** Sie die Einzeladdition mehrerer Zellen.
- Funktionen besitzen einen **Namen**.
- Berechnungen werden mit einem **Gleichheitszeichen** eingeleitet.
- Wenden Sie Funktionen nicht fachlich falsch an wie z. B. =SUMME(A1*A2).
- Sofern Excel eine Funktion zur Verfügung stellt, „mischen" Sie diese nicht mit der entsprechenden Formel wie z. B. =SUMME(A1+A2+A3+A4).
- Dem Funktionsnamen folgt i. d. R. immer ein Zellbereich.
- Weitere gebräuchliche Funktionen sind: **MIN, MAX, MITTELWERT** und **ANZAHL** bzw. **ANZAHL2**.

Aufgaben

1. *Für die Fahrzeuge der Primus GmbH ist die jährliche Fahrleistung zu ermitteln. Geben Sie die folgende Tabelle positionsgerecht mit allen Daten und den entsprechenden Formatierungen ein:*

	A	B	C	D	E	F
1	**Jährliche Fahrleistung des Fuhrparks in der Primus GmbH**					
2						
3	**Fahrzeug**	**Stand am Jahresanfang**	**Stand am Jahresende**	**Verbrauch lt. Tankbeleg**	**Fahrleistung**	**Verbrauch je 100 km**
4	PKW 1	80.874 km	100.650 km	1.883 L		
5	PKW 2	79.319 km	108.373 km	2.038 L		
6	PKW 3	72.603 km	78.320 km	585 L		
7	PKW 4	92.404 km	116.196 km	1.895 L		
8	PKW 5	68.554 km	97.035 km	1.969 L		
9	PKW 6	64.905 km	94.953 km	3.601 L		
10	PKW 7	70.889 km	105.865 km	2.918 L		

Berechnen Sie die jeweilige Fahrleistung in „km" und den Verbrauch in „L" (mit einer Nachkommastelle). Alle Zahlen sollen mit einem 1.000er-Trennzeichen sowie benutzerdefiniert formatiert werden.

2. *Sie werden gebeten, eine Statistik zur Kundenauswertung zu erstellen. Geben Sie die folgende Tabelle positionsgerecht mit allen Daten und den entsprechenden Formatierungen ein. Die Fläche in Spalte D besitzt ein benutzerdefiniertes Format.*

	A	B	C	D
1	**Auswertung der Kundendatei**			
2	**Firma**	**Umsatz lfd. Jahr in €**	**Anteil in %**	**Offene Rechnungen**
3	Stadtverwaltung Duisburg	230.000,00		keine
4	Klöckner-Müller Elektronik AG	280.000,00		1 Rechnung
5	Herstadt Warenhaus GmbH	190.000,00		1 Rechnung
6	Krankenhaus GmbH Duisburg	105.000,00		1 Rechnung
7	Modellux GmbH & Co. KG	240.000,00		1 Rechnung
8	Computerfachhandel Martina van den Bosch	145.000,00		2 Rechnungen
9	Bürofachgeschäft Herbert Blank e.K.	75.000,00		keine
10	**Gesamt**			
11	**Höchster Umsatz**			
12	**Geringster Anteil**			
13	**Durchschnittlich offene Rechnungen**			

a) *Berechnen Sie mittels einer Formel die Prozentanteile der jeweiligen Umsätze. Ermitteln Sie mittels geeigneter Funktionen die Gesamtwerte in Zeile 10, den höchsten Umsatz in Zelle B11, den geringsten Umsatzanteil in Zelle C12 sowie die Zahl durchschnittlich offener Rechnungen in Zelle D13.*

b) *Wie lautet die vollständige Funktion, um festzustellen, wie viele Kunden in der Datei existieren?*

6.2.3 Geeignete Adressierungsmöglichkeiten kennenlernen

Handlungssituation

Andreas Dick ermittelt die prozentualen Anteile der einzelnen Warengruppenumsätze am Gesamtumsatz. Nachdem er die Zelle F3 mit der Formel =E3/E6*100 mit AutoAusfüllen kopiert hat, wird in mehreren Zellen der Fehlerwert #DIV/0! angezeigt. In der Microsoft-Excel-Hilfe hat er gelesen, dass dieser Fehlerwert darauf hinweist, dass in seiner Formel als Divisor ein Bezug auf eine leere Zelle oder auf eine Zelle mit dem Inhalt Null verwendet wurde.

F3 =E3/E6*100

	E	F	G
1	Warengruppen im 3. Quartal		
2	Gesamt	Anteil am Gesamtumsatz	Durchschnitt
3	11.050,00 €	67,45619926	3.683,33 €
4	3.854,00 €	#DIV/0!	1.284,67 €
5	1.477,00 €	#DIV/0!	492,33 €
6	16.381,00 €	#DIV/0!	5.460,33 €
7			
8			
9			

TAGE360 =E5/E8*100

	E	F	G
1	Warengruppen im 3. Quartal		
2	Gesamt	Anteil am Gesamtumsatz	Durchschnitt
3	11.050,00 €	67,45619926	3.683,33 €
4	3.854,00 €	#DIV/0!	1.284,67 €
5	1.477,00 €	=E5/E8*100	492,33 €
6	16.381,00 €	#DIV/0!	5.460,33 €
7			
8			
9			

Arbeitsauftrag

- *Stellen Sie fest, wie Bezüge auf Zellen fixiert werden können.*

Wird eine Zelle kopiert, werden die **Zelladressen (Bezüge)** der enthaltenen Formel automatisch an die neue Position angepasst. Die Veränderung der Bezüge erfolgt dabei **relativ** zur Ausgangsposition.

Beispiel Die Formel in F3 sagt aus: Verwende den Zellwert, der sich in der gleichen Zeile, aber eine Spalte links neben der aktuellen Position befindet (E3), und dividiere durch den Wert der Zelle, die sich 3 Zeilen tiefer und eine Spalte links neben der aktuellen Position befindet (E6).

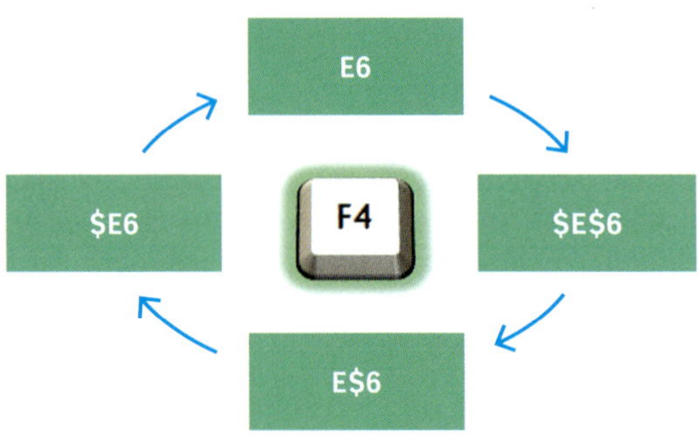

Dürfen sich Bezüge nicht ändern, weil sie teilweise oder insgesamt „fester" **(absoluter)** Bestandteil einer Berechnung sind, können sie mit dem Dollarsymbol ($) fixiert werden.

Statt das Dollarsymbol einzutippen, setzen Sie den Mauszeiger vor den betreffenden Zellbezug und drücken Sie die Funktionstaste [F4] auf der Tastatur. Ein Dollarsymbol fixiert nun den Spalten-Buchstaben und ein weiteres Dollarsymbol die Zeilen-Zahl. Mehrfaches Schalten der Taste [F4] verändert die Bezüge, wie im Schema verdeutlicht wird.

Neben relativen (E6) und absoluten ($E$6) Bezügen können in Excel **gemischte Bezüge** in Formeln verwendet werden. Die Bezeichnung **gemischt** zielt darauf ab, dass ein Teil des Zellbezugs relativ bleibt und der andere Teil absolut gesetzt wird.

Diese Funktionalität ist aus verschiedenen Gründen von untergeordneter Bedeutung. Formeln mit gemischten Bezügen sind oft komplex im Aufbau und werden daher häufig als verwirrend empfunden. Bei Kopiervorgängen innerhalb einer Spalte verändern sich nur die Zellbezüge auf die jeweilige Zeile. Umgekehrt haben Kopiervorgänge innerhalb einer Zeile nur einen Einfluss auf den Spaltenbezug. Ein absoluter Bezug fixiert in diesen Fällen eine Zeile bzw. Spalte, die sowieso keiner Veränderung unterliegt.

Beispiel Ergebnis (links) und Formelansicht (rechts):

F3 fx =E3/$E$6*100

	E	F	G
1	Warengruppen im 3. Quartal		
2	Gesamt	Anteil am Gesamtumsatz	Durchschnitt
3	11.050,00 €	67,45619926	3.683,33 €
4	3.854,00 €	23,52725719	1.284,67 €
5	1.477,00 €	9,016543557	492,33 €
6	16.381,00 €	100	5.460,33 €
7			

TAGE360 fx =E5/$E$6*100

	E	F	G
1	Warengruppen im 3. Quartal		
2	Gesamt	Anteil am Gesamtumsatz	Durchschnitt
3	11.050,00 €	67,45619926	3.683,33 €
4	3.854,00 €	23,52725719	1.284,67 €
5	1.477,00 €	=E5/$E$6*100	492,33 €
6	16.381,00 €	100	5.460,33 €
7			

■ Anwenden des Prozentformats

Wenn Sie eine Zelle als „Prozent“ formatieren, dann multipliziert Excel den Zellinhalt automatisch mit 100 und fügt das Prozentzeichen an.

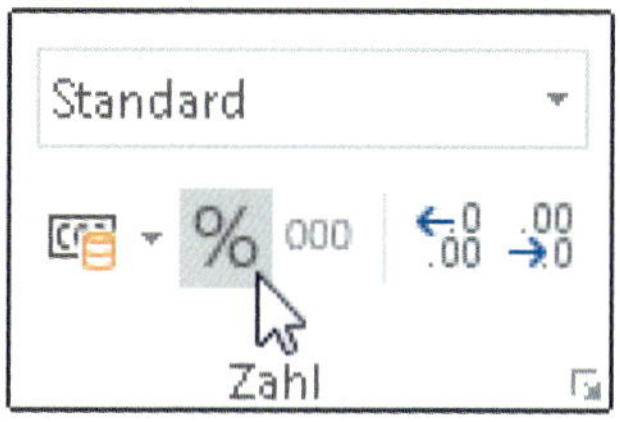

Beispiel Werden die Zellen mit dem Prozentformat versehen, führen alle Formeln zu einem falschem Ergebnis. Exemplarisch an Zelle F5 dargestellt muss die Multiplikation mit 100 entfernt werden: =E5/$E$6.

fx =E3/$E$6*100

F
en im 3. Quartal
Anteil am Gesamtumsatz
6746%
2353%
902%
10000%

fx =E3/$E$6

F
en im 3. Quartal
Anteil am Gesamtumsatz
67%
24%
9%
100%

Die Funktion RUNDEN

Der Unterschied zwischen der Funktion RUNDEN und der Formatierung als „Zahl“ mit Nachkommastellen liegt darin, dass das Tabellenkalkulationsprogramm zwar den formatierten Wert anzeigt, aber mit dem Wert einschließlich aller Nachkommastellen rechnet. Mit der Funktion RUNDEN werden die Nachkommastellen „tatsächlich“ reduziert und nur diese werden für weitere Berechnungen verwendet. Nun kann es aber auch vorkommen, dass in jedem Fall immer auf- oder abgerundet werden soll. Dafür gibt es zwei weitere Ausprägungen der RUNDEN-Funktion: **AUFRUNDEN** und **ABRUNDEN**.

Beispiel Soll der Wert in Zelle F5 kaufmännisch und mit zwei Nachkommastellen gerundet werden, lautet die Funktion =RUNDEN(E5/$E$6;2).

Fehlermeldungen

Grundsätzlich können Sie **immer** Formeln in einer Tabelle eingeben, egal, ob Ihnen Daten vorliegen oder nicht. Das ist das Grundprinzip der **Automatisierung**. Durch den Einsatz von **Zellbezügen** in Formeln kann es in einem Tabellenkalkulationsprogramm aber zu verschiedenen Fehlermeldungen kommen.

#WERT!

Die Formel verweist auf eine Zelle, die keinen numerischen Wert enthält.

#BEZUG!

Dieser Fehler tritt immer dann auf, wenn ein verwendeter Zellbezug nicht oder nicht mehr existiert, weil Zellen, auf die sich die Formel bezieht, gelöscht wurden.

Zusammenfassung: Geeignete Adressierungsmöglichkeiten kennenlernen

- Wird eine Zelle kopiert, passen sich die Bezüge **relativ** zur Ausgangsposition an.
- Absolute Zellbezüge werden mit **Dollarzeichen** ($) erzeugt.
- Statt das Dollarsymbol einzutippen, kann die Funktionstaste **[F4]** verwendet werden.
- Als „Prozent“ formatierte Zellen werden durch Excel bereits **mit 100 multipliziert**.
- Formatierte Nachkommastellen werden bei Berechnungen nicht berücksichtigt, da es sich nur um eine Darstellungsform handelt. Excel rechnet **mit allen Nachkommastellen**.
- Die Funktion „**RUNDEN**“ schränkt die Anzahl der zu berücksichtigenden Nachkommastellen tatsächlich ein.
- **Formeln** können auf Zellen in verschiedenen Tabellenblättern (und Arbeitsmappen) verweisen.
- Die **Fehlermeldung #DIV/0!** weist darauf hin, dass eine Division durch Null unzulässig ist. Da aber auch leere Zellen wie Null behandelt werden, tritt #DIV/0! häufig bei Formeln auf, deren Zellbezüge nicht absolut gesetzt wurden.

- **#WERT!** erscheint in den Fällen, bei denen mindestens ein Rechenwert auch „Text“ besitzt. Die Zelle darf aber nur Zahlenwerte besitzen. Abhilfe schafft ein „benutzerdefiniertes Format“.
- Wird eine Zelle, die Bestandteil einer Formel ist, gelöscht, kann sich die Formel nicht mehr darauf beziehen und statt eines Rechenergebnisses wird die **Fehlermeldung #BEZUG!** angezeigt.

Aufgaben

1. *Welche Erklärung ist zutreffend, wenn eine Formel folgendermaßen lautet:*
=[Duisburg.xlsx]Umsätze!$H$10+[Oberhausen.xlsx]Erlöse!$H$8

*a) Die Zelle H10 aus der Tabelle **Duisburg** der Mappe **Umsätze** wird mit der Zelle H8 aus der Tabelle **Oberhausen** der Mappe **Erlöse** addiert.*

*b) Die Zelle H10 aus der Tabelle **Umsätze** der Mappe **Duisburg** wird mit der Zelle H8 aus der Tabelle **Erlöse** der Mappe **Oberhausen** addiert.*

*c) Die Zelle H8 aus der Tabelle **Umsätze** der Mappe **Duisburg** wird mit der Zelle H10 aus der Tabelle **Erlöse** der Mappe **Oberhausen** addiert.*

2. *Inwiefern erleichtert ein absoluter Zellbezug den Umgang mit Formeln und Funktionen? Überprüfen Sie in diesem Zusammenhang die Aufgaben aus dem vorhergehenden Unterkapitel.*

3. *Nicole Hövers Klassenkamerad Lukas Breuer, Auszubildender bei der Kröger & Bach KG, soll eine Umsatzstatistik erstellen. Geben Sie die folgende Tabelle positionsgerecht mit allen Daten und den entsprechenden Formatierungen ein:*

	A	B	C	D	E	F	G	H
1	**Umsatzstatistik der Kröger & Bach KG - 2. Quartal**							
2								
3	**Region**	**April**	**Mai**	**Juni**	**Summe**	**Anteil in %**	**2. Quartal Vorjahr**	**Änderung in %**
4	Nord	108.500 €	114.590 €	110.231 €			328.500 €	
5	Süd	45.788 €	43.800 €	41.200 €			125.867 €	
6	Ost	151.760 €	163.060 €	197.150 €			484.322 €	
7	West	48.245 €	37.910 €	43.251 €			108.432 €	
8	Summe							
9	Durchschnitt							

a) Berechnen Sie mit einer entsprechenden Funktion in der Spalte E den Umsatz je Region.

b) Ermitteln Sie mit einer entsprechenden Funktion den Umsatz aller Regionen des Monats, des aktuellen 2. Quartals und des 2. Quartals des Vorjahres.

c) Verwenden Sie in Zeile 9 eine entsprechende Funktion zur Ermittlung des durchschnittlichen Umsatzes.

d) Berechnen Sie mit einer kopierbaren Formel den prozentualen Anteil des Umsatzes je Region.

e) Ermitteln Sie mit einer kopierbaren Formel, inwieweit der Umsatz jeder Region prozentual vom Vorjahresumsatz abweicht.

7 Schriftstücke drucken und vervielfältigen

Handlungssituation

In der Primus GmbH steht die Anschaffung einiger neuer Bürogeräte für die Verkaufs- und Marketingabteilung an. Die aktuellen Drucker, Scanner und Kopierer sind alle abgeschrieben und es treten in letzter Zweit auch häufig Störungen an diesen Geräten auf. Der Auszubildende Andreas Dick erhält die Aufgabe, sich bezüglich der Neuanschaffung dieser Geräte zu informieren. Die wichtigsten Anforderungen an die Geräte sind

- schneller, mehrseitiger Druck von Schreiben an die Kunden;
- schneller Farbdruck von Werbebroschüren;
- Farbdruck von Statistiken mit umfangreichen Grafiken;
- Einbindung von Fotos z. B. in den Ausdruck von Werbeflyern;
- gelegentliches Einscannen von Schreiben von Kunden und Erstellung digitaler Kopien;
- gelegentliches Kopieren von Unterlagen.

Arbeitsaufträge

- *Untersuchen Sie, inwieweit diese Anforderungen durch die hauseigenen Geräte der Primus GmbH (vgl. Sortimentsliste S. 15) erfüllt werden können.*
- *Erläutern Sie den Vorteil von Multifunktionsgeräten.*
- *Beurteilen Sie, ob ein zentraler Kopierer oder Drucker für die Primus GmbH eine mögliche Lösung darstellt.*

■ Drucken

Bei Druckern unterscheidet man zunächst zwischen **Impact-Drucker** (Anschlagdrucker) und **Non-Impact-Druckern** ohne Anschlag. Anschlagdrucker erzeugen die Zeichen, indem Sie einen mechanischen Anschlag wie eine Schreibmaschine erzeugen. Anschlagdrucker sind immer dann erforderlich, wenn Ausdrucke von Dokumenten in mehrfacher Ausführung mit Durchschlag erzeugt werden müssen.

Beispiele Ärztliche Bescheinigungen zur Vorlage beim Arbeitgeber, Gehaltsabrechnungen oder Bankbelegen mit Durchschlägen

Als Anschlagdrucker werden heute meist nur noch **Matrixdrucker oder Nadeldrucker** verwendet. Dabei erzeugt ein mit winzigen Nadeln bestückter Druckkopf mit 9, 24 oder 48 Nadeln das Abbild eines Zeichens, indem die Nadeln gegen ein Farbband schlagen und das Zeichen so auf das Papier übertragen.

Tintenstrahldrucker (Ink-Jet-Drucker) erzeugen die Zeichen zeilenweise, indem sie winzige Tintentröpfchen aus einer Düse auf Papier spritzen. Dabei werden zwei Verfahren unterschieden:

- **Bubblejet-Drucker**: Die Tinte wird in einer Düse erhitzt, bis sich eine Blase bildet, die mit hoher Geschwindigkeit aus der Düse schießt. Auf dem Papier wird dann aus vielen winzig kleinen Tintentröpfchen das Abbild erzeugt.

Bei Bubblejet-Druckern wird meist jeweils der komplette Druckkopf ausgetauscht, wenn die Tinte verbraucht ist. Dadurch kann der Druckkopf nicht so leicht verstopfen. Das Bubblejet-Verfahren ist das gebräuchlichste Verfahren.

Beispiele Canon, HP oder Lexmark

- **Piezo-Drucker**: Ein Piezoelement dehnt sich bei einem Stromimpuls aus und drückt einen Tintentropfen durch eine Düse aufs Papier. Danach geht das Piezoelement in seinen Ausgangszustand zurück und erzeugt dadurch einen Unterdruck, der die Tinte aus der Tintenkammer für den nächsten Tropfen ansaugt. Beim Piezo-Verfahren wird nur der Tintentank ausgetauscht, der Druckkopf muss also entsprechend langlebig sein.

  Beispiel Drucker der Marke Epson

Laserdrucker sind Seitendrucker, die im Speicher jeweils zunächst das Abbild einer ganzen Seite erzeugen (Rendern), bevor der Druckvorgang gestartet wird. Daher brauchen Laserdrucker meist viel Arbeitsspeicher. Laserdrucker werden häufig auch als Netzwerkdrucker eingesetzt, d.h., viele Benutzer nutzen gemeinsam diesen Drucker aufgrund seiner hohen Leistungsfähigkeit.

Beispiel In der Primus GmbH werden Farblaserdrucker als Netzwerkdrucker für die zentrale Korrespondenz sowie für die Erstellung von Katalogen oder Werbebroschüren eingesetzt, da diese ein sehr gutes Schriftbild haben, Grafiken in guter Qualität erzeugen können und eine hohe Druckgeschwindigkeit erreichen.

Thermodrucker verdampfen (Sublimation) oder schmelzen und transferieren einen festen Farbstoff von einer Trägerfolie auf das Papier und ermöglichen einen Ausdruck in Fotoqualität mit bis zu 16,7 Mio. Farbtönen (Thermosublimationsdrucker oder Thermotransferdrucker). Thermodirektdruck auf hitzeempfindliches Papier ist für Kassenbons verbreitet.

Einen wesentlichen Aspekt bei der Auswahl der jeweiligen Drucker stellen die **Folgekosten** dar. Während er Anschaffungspreis der meisten Drucker eher günstig ist, sind die Verbrauchsmaterialien Tinte und Toner teuer. Die Kosten sind dabei auch davon abhängig, was jeweils gedruckt wird. Am günstigsten ist der Ausdruck von reinen Textseiten (geringer Tinten- oder Tonerverbrauch), am teuersten der Ausdruck von Grafiken in Fotoqualität (hoher Verbrauch).

Aufgrund der hohen Kosten haben sich auch Unternehmen gegründet, die sich mit **Recycling** durch Wiederauffüllen von Toner- oder Tintenpatronen befassen. Dabei ist jedoch insbesondere bei den Tintenpatronen zu beachten, dass die Düsen der Druckköpfe durch schlechte Tintenqualität schnell verstopfen können und ein qualitativ hochwertiger Druck nach mehrmaligem Wechseln unmöglich wird. Laserdrucker haben geringere Probleme als Tintendrucker mit minderwertigen Tonern.

Wichtige Fragen bei Druckerkäufen

- Muss der Ausdruck farbig sein oder reicht schwarz-weiß aus?
- Wie viele Seiten sollen täglich gedruckt werden und wie schnell muss der Ausdruck erfolgen?
- Wie hoch muss die Druckqualität sein?
- Soll doppelseitiger Druck möglich sein, um Papier zu sparen?
- Welches Papier soll bedruckt werden: Normalpapier, Folien, Fotopapier?
- Welche Anschaffungs- und Folgekosten darf der Drucker verursachen?
- Inwieweit sind die verwendeten Verbrauchsmaterialien recyclingfähig?

Druckerarten					
	Impact-Drucker (Anschlagdrucker)	Non-Impact-Drucker (anschlagfreie Drucker)			
Druck	**Zeichen- und zeilenweise**	**Zeilenweise**		**Seitenweise**	
Bezeichnung	**Matrix- oder Nadeldrucker**	**Tintenstrahldrucker**	**Thermo-direktdrucker**	**Laserdrucker**	**Thermosublimations- oder Thermotransfer-drucker**
Vorteile	– Erzeugung von Durchschlägen – Verwendung von Endlospapier möglich – geringe Folgekosten	– niedrige Anschaffungs-kosten – gute Druckqualität – oft mit Duplexeinheit – guter Fotodruck auf Spezialpapier – Druck von Folien, Selbstklebe-Etiketten, Sichtfenster-Brief-umschläge o. ä möglich	– leise – schnell – Sonderformate und Endlospapier möglich (Bonrolle) – sparsam (kein Leerraum auf Bons) – wenig bewegte Teile, wenig störanfällig – langlebig	– hohe bis sehr hohe Druckgeschwindigkeiten (4 bis 500 Seiten pro Minute) – sehr gute Qualität – Folgekosten günstiger als bei Tintenstrahldruckern – Duplexdruck – robust bei großem Druckvolumen – leise – Druck von hitzebeständigen Folien o. ä möglich – hohe Auflösung und Schärfe – dokumentenecht	– klein – guter Fotodruck (farbecht) – sehr leise – dokumentenecht
Nachteile	– sehr laut – langsamer Druck – geringe Auflösung – kein oder nur qualitativ schlechter Farbdruck – kein Fotodruck, eingeschränkter Grafikdruck	– hohe Folgekosten für Tinte und Druckköpfe – Düsen können verstopfen, Tinte kann eintrocknen – langsamer Druck (1 bis 8 Seiten/Minute je nach Inhalt) – geringe Auflösung (unter 600 dpi) – je nach Tinte nicht licht- und dokumenten-echt	– Spezialpapier (Thermopapier) – nicht dokument-enecht, wärme- und lichtempfind-lich	– teurer als Tintenstrahl-drucker in der Anschaffung – geringerer Farbumfang als bei Tinten- oder Thermo-sublimationsdruckern	– hohe Anschaffungs-kosten – teilweise Spezial-papier erforderlich – sehr langsamer Druck – auf der Farbfolie bleibt ein Negativ sichtbar (Datenschutz)

Nachdem diese Fragen geklärt sind, ist erst eine begründete Entscheidung möglich, welcher Drucker angeschafft werden soll.

Scannen

Während Drucker dazu dienen, Schriftstücke zu Papier zu bringen, sind **Scanner** Eingabegeräte, die dazu dienen, gedruckte Papiervorlagen in den PC einzulesen, sodass sie weiterverarbeitet werden können.

Dabei können für den Bürobereich verschiedene **Scannertypen** unterschieden werden.
- **Einzugscanner** können nur lose Blätter einscannen. Diese werden über eine entsprechende Mechanik in den Scanner eingezogen und eingescannt. Bücher, Zeitungen oder Kataloge können so nicht eingescannt werden.
- **Flachbettscanner** sind kleine Tischgeräte, bei denen die Vorlage mit der Bildseite nach unten auf eine Glasplatte gelegt wird und dann eingescannt wird. Ein Deckel verhindert störenden Lichteinfall. Dicke Bücher oder Kataloge können nur mit großem Aufwand und schlechten Ergebnissen eingescannt werden, sodass es nicht empfohlen wird.
- **Dokumentenscanner** werden insbesondere zur elektronischen Archivierung eingesetzt. Sie sind insbesondere dann sinnvoll, wenn viele Dokumente eingescannt werden müssen.

Gescannte Dokumente liegen als Bilddatei vor und können mit einer **OCR-Software** (OCR: Optical Character Recognition) meist auch in Text verwandelt und weiterverarbeitet werden. Je schlechter der Scan oder die Vorlage ist, desto höher ist der Aufwand für manuelle Fehlerkorrektur. Ob die Scans als Bild, Text oder kombiniert in einer PDF-Datei (Abbild und durchsuchbarer, kopierbarer Text) werden, hängt vom Verwendungszweck ab.

Kopieren

Unter Kopieren versteht man das Vervielfältigen von Dokumenten. Dies geschieht heute meistens digital (Scannen, digitale Bildverarbeitung, Drucken). Leistungsfähige Kopiergeräte können auch stufenlos verkleinern oder vergrößern. Weitere Möglichkeiten sind die Erstellung von Transparenten oder Folien.

Leistungsmerkmale moderner Kopierer sind
- die Kopiergeschwindigkeit,
- die Aufwärmzeit (Zeit bis zur Betriebsbereitschaft),
- die Papierformate (meist A5 bis A3),
- Vergrößerungs- und Verkleinerungsoptionen (meist in 1% Schritten von 25% bis zu 800%),
- Duplexfunktionen (d.h. beidseitiges Bedrucken in einem Kopiervorgang),
- Schwarz-weiß- oder Farbkopien,
- eingebauter Kostenzähler,
- verwendbare Papiersorten (Recyclingpapier),
- Sorter-, Loch-, Binde- und Heftfunktionen usw.

Außerdem ist bei der Anschaffung die Frage nach dem **Standort** des Kopierers zu klären. Bei **zentraler** Aufstellung lohnt sich die Anschaffung eines teureren Kopierers mit entsprechenden Zusatzfunktionen (sortieren, lochen, heften, binden) trotz hoher Anschaffungskosten und Wartungsverträgen wegen günstigerer Seitenpreise.

Vorteile einer **dezentralen** Standortwahl sind wegfallende Warte- und Wegezeiten, geringere Störung des Arbeitsflusses, größere Wahrung der Diskretion – insbesondere bei persönlichen Daten auf Kopien – und die Möglichkeit, bei Störungen auf ein anderes Gerät in einem anderen Raum ausweichen zu können, sofern die Drucker vernetzt sind.

Multifunktionsgeräte integrieren die Funktionen von Scannern, Druckern und Faxgeräten sowie Dokumentenservern in einem einzigen Gerät, sodass nicht für jede Funktionen ein eigenes Gerät benötigt wird.

Zusammenfassung: Schriftstücke drucken und vervielfältigen

Druckerarten			
Impact-Drucker (Anschlagdrucker)	**Non-Impact-Drucker (anschlaglose Drucker)**		
Zeichendrucker	**Zeilendrucker**	**Seitendrucker**	
Matrix- und Nadeldrucker	Tintenstrahldrucker	Laserdrucker	Thermosublimationsdrucker

- **Scanner** dienen zum Einlesen von Grafiken und Dokumenten. Die wichtigsten Formen sind Einzugscanner, Flachbettscanner und Dokumentenscanner.
- **Kopierer** sind heute meist **Multifunktionsgeräte**, die sowohl drucken, scannen, kopieren als auch faxen können.

Aufgaben

1. *Beschaffen Sie sich im Internet jeweils zwei Angebote zu den verschiedenen Druckertypen und vergleichen Sie die angebotenen Geräte hinsichtlich Preis, Leistungsumfang, Druckgeschwindigkeit und Zusatzfunktionen und treffen Sie dann eine begründete Entscheidung für Ihre Abteilung. Sie benötigen pro Tag etwa 500 Ausdrucke, teilweise auch in Farbe und mit Bildern.*

2. *Der Drucker, das Faxgerät, der Scanner und der Kopierer in Ihrer Abteilung sind alle veraltet und störanfällig. Sie erwägen nun eine Neuanschaffung. Allerdings ist der Platz in ihrem Mehrpersonen-Büro mit sechs Mitarbeitern sehr begrenzt. Daher stehen bisher die Geräte in den verschiedenen Ecken des Büros, sodass sie zum Teil schlecht für die Mitarbeiter erreichbar sind. Machen Sie einen begründeten Vorschlag für eine Neuanschaffung, die es ermöglicht, alle Funktionen zu nutzen und außerdem den Zugriff für die Mitarbeiter erleichtert.*

3. *Da in Ihrer Abteilung kein Kopiergerät steht, muss der zentral aufgestellte Kopierer genutzt werden. Welcher Vorteil spricht für einen zentralen Kopierer?*
   a) Wege- und Wartezeiten entfallen.
   b) Der Arbeitsplatz bleibt dauerhaft besetzt.
   c) Die Auslastung des Kopierers ist größer als bei dezentraler Aufstellung.
   d) Personenbezogene Unterlagen können schnell und vertraulich vervielfältigt werden.
   e) Schnelleres Kopieren ist möglich.

4. *Die Primus GmbH plant neben der Anschaffung neuer Laserdrucker auch die Anschaffung eines Nadeldruckers. Weshalb ist diese Anschaffung sinnvoll?*
   a) Nadeldrucker haben eine höhere Druckgeschwindigkeit als Laserdrucker.
   b) Nadeldrucker ermöglichen das Erstellen von Durchschlägen.
   c) Nadeldrucker sind besonders für Grafikdruck geeignet.
   d) Nadeldrucker haben eine bessere Druckqualität als Laserdrucker.
   e) Nadeldrucker sind besonders leise.

8 Integrierte Unternehmenssoftware (ERP) anwenden

LS

8.1 Das ERP-System kennenlernen

Handlungssituation

Bei einem Rundgang durch die Primus GmbH fällt Nicole Höver auf, dass anscheinend alle Abteilungen des Betriebes mit derselben Software arbeiten. Aber welche Software ist so vielseitig einsetzbar? Sie geht mit der Frage zu Frau Ost.

Nicole: *„Guten Tag Frau Ost. Darf ich Sie etwas fragen?“*

Frau Ost: *„Guten Tag. Aber natürlich können Sie mich etwas fragen.“*

Nicole: *„Ich bin heute durch die einzelnen Abteilungen gelaufen. Dabei ist mir aufgefallen, dass anscheinend alle mit derselben Software arbeiten. Was ist das denn für eine Software, die das alles kann? Und wie wird das technisch realisiert?“*

Frau Ost: *„Wir setzen in unserem Unternehmen ein ERP-System ein. Dieses verbindet die Tätigkeiten aller Abteilungen miteinander. Schön, dass Ihnen das aufgefallen ist. Wir benötigen dringend ein paar Materialien, die wir unseren Auszubildenden und unseren neuen Mitarbeitern in die Hand geben können, um sie über unsere Software zu informieren. Was halten Sie davon, diese Aufgabe zu übernehmen?“*

Nicole: *„Oh, das mache ich gerne.“*

Frau Ost: *„Schön, dann wird das in den nächsten Tagen Ihre Aufgabe sein. Dazu gehen Sie zuerst in alle Abteilungen und befragen die Mitarbeiter, welche Vorgänge sie mit dem ERP-System bearbeiten. Anschließend stellen Sie alles in einer Übersicht zusammen. Wenn Fragen auftreten, kommen Sie zu mir.“*

Nicole: *„Danke, das mache ich.“*

Arbeitsaufträge

- *Lesen Sie dieses Kapitel und finden Sie in Vierer-Gruppen heraus, welche Vorgänge und welche Geschäftsprozesse mit einem ERP-System bearbeitet werden können. Untersuchen Sie, wie sich die Kommunikation im Unternehmen durch den Einsatz von ERP-Systemen verändert. Recherchieren Sie alle Ihnen unbekannten Begriffe im Internet und fertigen Sie ein Glossar mit einer Software Ihrer Wahl an. Erstellen Sie anschließend zu den Ergebnissen eine Mindmap.*
- *In der Primus GmbH gibt es u. a. die folgenden Geschäftsprozesse:*

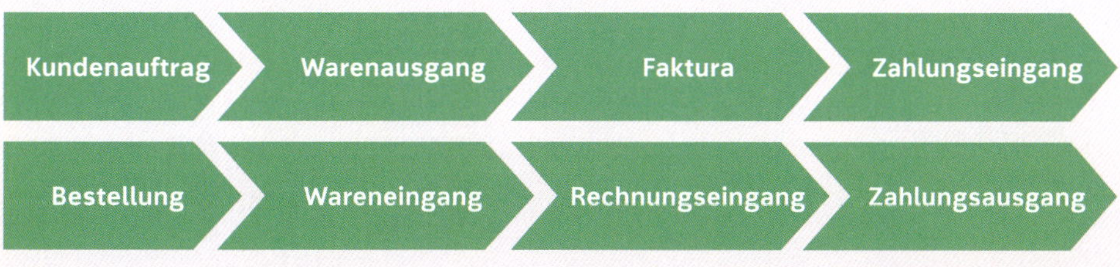

Übernehmen Sie die Geschäftsprozesse in Ihre Unterlagen. Ordnen Sie entsprechend der erarbeiteten Mindmap jedem Prozessschritt den Unternehmensbereich zu, der den jeweiligen Schritt in der Primus GmbH ausführt.

Beispiel

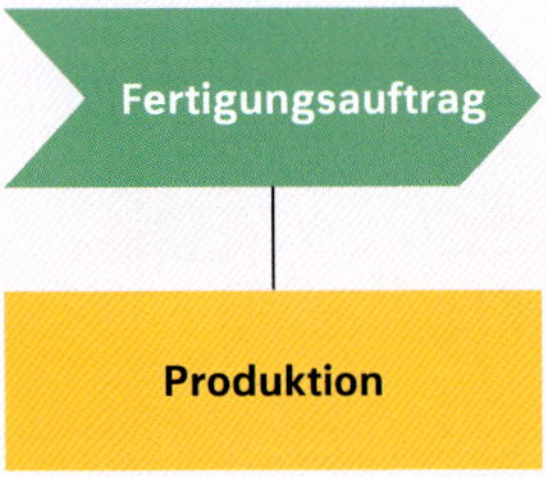

- *Präsentieren Sie Ihre Ergebnisse in der Klasse. Erläutern Sie dabei den Zusammenhang zwischen dem Ziel der schnellen Prozessbearbeitung und dem Einsatz von ERP-Systemen. Ergänzen und korrigieren Sie ggf. die eigenen Ergebnisse.*

Ein ERP-System und seine Funktionen

Web

ERP-Systeme (Enterprise Resource Planning) sind für die **Steuerung eines effizienten Einsatzes der Unternehmensressourcen** (Arbeit, Betriebsmittel und Werkstoffe) entwickelt worden. Innerhalb eines Unternehmens müssen eine Vielzahl von Geschäftsprozessen und Funktionen durch einzelne Abteilungen bearbeitet werden. Dafür gab es in der Vergangenheit in den jeweiligen Abteilungen unterschiedliche Softwarelösungen (**Insellösungen**). Alle Daten wurden in jeder Abteilung wiederholt erfasst. ERP-Systeme vereinen die unterschiedlichen Insellösungen als **Komponenten** (früher Module genannt) in sich.

Beispiel

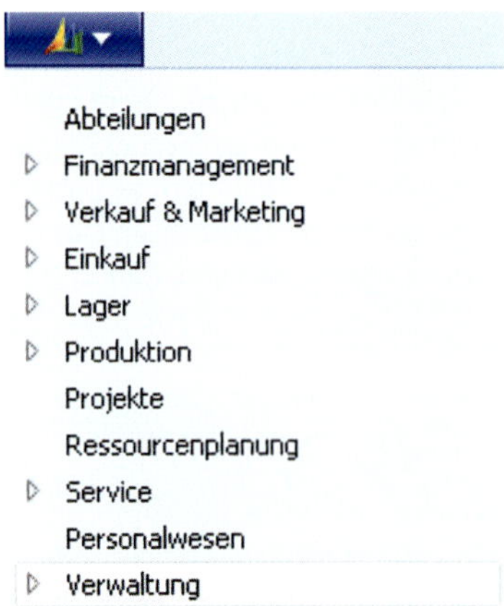

Komponenten im Microsoft® Dynamics NAV-System

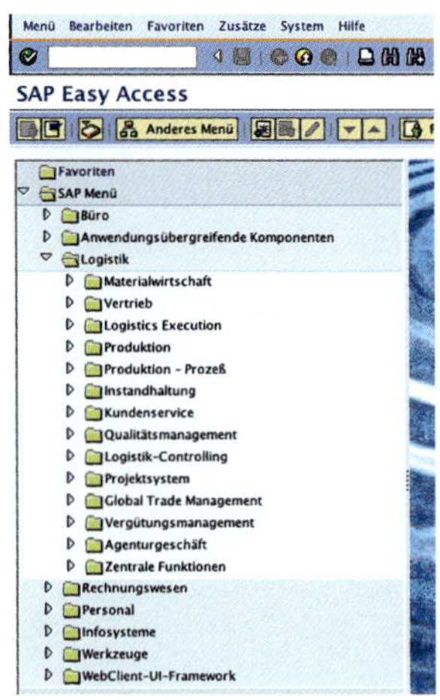

Komponenten im SAP® ERP-System

Die Daten aller Abteilungen und Funktionen eines Unternehmens werden in einem ERP-System in einer **gemeinsamen Datenbank** erfasst und miteinander verbunden. Das ERP-System ist die **durchgängige Informationsquelle** und ein **einheitliches Arbeitsinstrument** für alle Unternehmensbereiche und alle Mitarbeiter. Hat ein Mitarbeiter Daten erfasst, kann der Kollege in einer anderen Abteilung sofort **ohne zeitliche Verzögerung** (in Echtzeit) auf diese Daten zugreifen und sie weiter verwenden. Und auch der Geschäftsleitung stehen die erfassten Daten über alle Geschäftsprozesse des Unternehmens für Analysen und Entscheidungen sofort zur Verfügung. Doppelerfassung von Daten, daraus resultierende unterschiedliche Datenstände verschiedener Abteilungen und das hohe Fehlerpotenzial durch Mehrfacherfassung entfallen. Es kann ein nahtloses Zusammenspiel aller Mitarbeiter umgesetzt werden. Alle Mitarbeiter eines Unternehmens müssen sich nur in eine Software einarbeiten bzw. in einer Softwarelösung geschult werden. Mitarbeiter können flexibler im Unternehmen eingesetzt werden.

Beispiel Teil der Notizen von Nicole zu unterschiedlichen Tätigkeiten, die mit dem ERP-System in der Primus GmbH bearbeitet werden:

Bereich Personal: Stellenanzeigen schreiben und versenden, Mitarbeiterstammdaten erfassen, Personalakte führen, Lohn- und Gehaltsabrechnungen erstellen, ...
Bereich Auftragsbearbeitung: Kunden- und Materialstammdaten pflegen, Kundenanfragen erfassen, dazu passende Kundenangebote erstellen und versenden, Lieferscheine erstellen und drucken, Faktura erstellen, drucken und versenden, Absatzstatistiken und daraus ableitend Absatzprognosen erstellen ...
Abteilung Einkauf: Lieferanten- und Materialstammdaten pflegen, Materialien disponieren, Anfragen schreiben, Angebote erfassen, Angebotsvergleich durchführen, Bestellungen anlegen und versenden, Eingangsrechnungen kontrollieren und erfassen...
Abteilung Lager: Warenein- und -ausgänge erfassen, Warenbestände kontrollieren und ggf. Bestellvorschläge erzeugen, Fuhren disponieren,...
Bereich Rechnungswesen: Buchhaltungsstammdaten für Kunden, Lieferanten pflegen, Erfassung von Rechnungen einmaliger Geschäftsvorgänge, Bankkonten überwachen, Zahlungsein- und -ausgänge erfassen, Jahresabschlüsse erstellen, Lohn- und Gehaltsabrechnungen buchen, ...
Bereich Produktion: Produktionsstammdaten pflegen, Fertigungsaufträge erstellen und abrechnen, Produktionsvorgänge und -zeiten dokumentieren, ...

Beispiel Herr Baum von der Stadtverwaltung Duisburg bestellt bei Elke Sommer telefonisch eine Auswahl neuer Büromöbel. Dabei kann Frau Sommer ohne Rückfragen in anderen Abteilungen zu allen Möbeln sofort Auskunft über die Artikelverfügbarkeit und die möglichen Liefertermine geben sowie parallel dazu die Kreditwürdigkeit des Kunden prüfen.

Herr Baum: *„Ich möchte für zwei Büros den Schreibtisch Primo zum ... bestellen."*

Ein weiterer Vorteil von ERP-Systemen ist die **Integration und Verknüpfung von Daten**. Werden Prozesse in einer Abteilung bearbeitet, so werden mit diesem Prozess zusammenhängende Tätigkeiten parallel und automatisch ausgeführt und Datenstände aktualisiert. Es ist kein weiterer Mitarbeiter im anderen Bereich für die Bearbeitung der Aufgabe nötig.

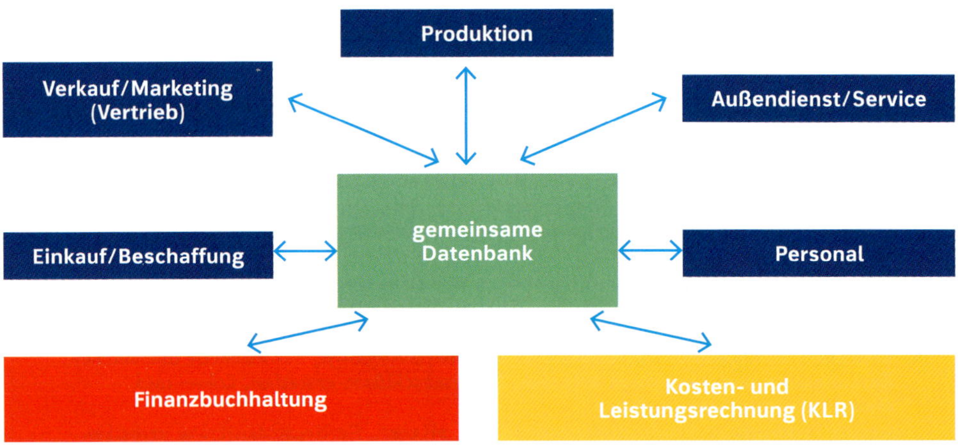

Beispiel Walter Jung erfasst im Lager im ERP-System den Wareneingang zu einer Bestellung. Im ERP-System wird dabei der Wareneingang nicht nur für die Lagerwirtschaft mit Angabe des Lagerplatzes erfasst, sondern gleichzeitig in der Finanzbuchhaltung automatisch ein zweiter Beleg erzeugt und gebucht. Und auch in der Dispositionsliste der Einkaufsabteilung wird der Bestand sofort aktualisiert. Damit müssen für Standardprozesse, die eine Datenänderung in einer anderen Abteilung, wie z.B. in der Finanzbuchhaltung, nach sich ziehen, keine zusätzlichen Tätigkeiten wie z.B. Buchungen per Hand (Buchungssätze) ausgeführt werden.

Beide Funktionalitäten sparen Zeit und Arbeitskräfte und führen zu einer Steigerung von Effizienz und Produktivität im Unternehmen.

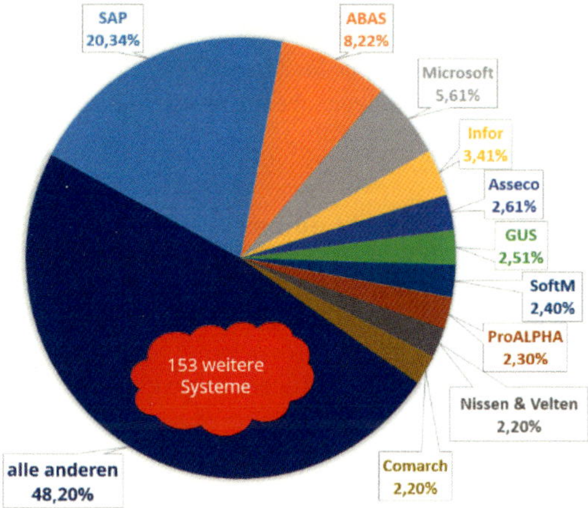

Marktanteile publizierter ERP-Einführungs-Projekte 2019

Ein dritter Vorteil ist die **Anpassungsfähigkeit** von ERP-Systemen an nahezu jedes Unternehmen und dessen Geschäftsprozesse durch das sog. Customizing[1].

All diese Vorteile haben dazu geführt, dass ERP-Systeme heute in 92 % aller Unternehmen eingesetzt werden.[2]

Bei den Mitarbeitern von Unternehmen findet der ERP-Einsatz trotz aller Vorteile häufig nur eine **geringe Akzeptanz**. Vielen fällt es aufgrund der **Komplexität** und einer **komplizierten** oder **undurchsichtigen Bedieneroberfläche** schwer, mit einem ERP-System umzugehen.

Schulungen zum ERP-Systemeinsatz, die sich auf die Eingabe konzentrieren und nicht auf die betriebswirtschaftlichen Hintergründe eingehen, verstärken das Problem. Durch den **fehlenden betriebswirtschaftlichen Bezug** können die Mitarbeiter bei der Dateneingabe nicht genau erkennen, was sie gerade eingeben. In der Folge kommt es zu einem großen Unbehagen und zu Fehleingaben. Häufig wird auch die Integration der Systeme den Mitarbeitern nicht erklärt. So fällt es ihnen später schwer, in ihrer täglichen Arbeit Daten nachzuvollziehen, deren Herkunft sie nicht kennen.

Ratlosigkeit nach einer Schulung im Umgang mit einer neuen ERP-Software

---

[1] *Zum Customizing gehören die Einrichtung der Unternehmensstruktur, die Anpassung über Tabellen sowie die Programmierung im ERP-System.*

[2] *Vgl. ©Konradin-Studie 2011, S. 23.*

Weitere Probleme entstehen durch eine **fehlende Nutzung aller Funktionalitäten** des Systems.

Beispiel Elke Sommer erfasst einen Kundenauftrag von Frau Brieger, Bürofachgeschäft Herbert Blank e.K., im ERP-System. Im System sind die Preise für die Produkte bisher nicht in den Stammdaten hinterlegt worden. Daher muss sie bei jedem Kundenauftrag für jedes Material den Preis erneut heraussuchen und eintragen. Dies führt zu einem zusätzlichen zeitraubenden Arbeitsschritt mit hohem Fehlerpotenzial.

Entscheidungskriterien von Unternehmen bei der Wahl eines ERP-Systems

Bevor ein Unternehmen ein ERP-System einführt, durchläuft die Geschäftsleitung einen zeitaufwendigen Entscheidungsprozess, in dem sie anhand selbst festgelegter Kriterien die Auswahl trifft. Die Kriterien werden dabei individuell auf das Unternehmen, seine Situation und die bisherige Softwareausstattung bezogen, ausgewählt und unterschiedlich stark gewichtet.

Entscheidungskriterium	Erläuterung: Unternehmen suchen ein ERP-System, das ...
Geschäftsprozesse	... die Geschäftsprozesse des Unternehmens und die gewünschten Funktionalitäten abbildet.
Geschäftsprozess-Integration	... Arbeitsschritte verschiedener Unternehmensbereiche, die parallel erfolgen können, gleichzeitig ausführt.
Anpassungsfähigkeit	... die Möglichkeit bietet, die vorhandenen Standardprozesse durch Customizing an die Prozesse des Unternehmens anzupassen.
Skalierbarkeit	... die Möglichkeit bietet, zukünftig die Kapazitäten auszuweiten, z. B. zusätzliche Clients anzubinden, die Speicherkapazitäten zu erweitern.
Technologie	... die gewünschte Technologie, wie z. B. verwendete Programmiersprache, verwendete Datenbank, genutztes Betriebssystem, Möglichkeit der Programmierung, bietet.
Zugriffe auf das System	... die gewünschten Zugriffsarten, z. B. über den gewünschten Browser, und Zugriff mit gewünschtem Equipment, z. B. über ein Smartphone, bietet.
Anbindung von vorhandenen Systemen	... es ermöglicht, bereits vorhandene andere Systeme mit anzubinden, um diese und die darin bereits getätigten Investitionen weiter nutzen zu können.
Bedienerfreundlichkeit	... eine übersichtliche, benutzerfreundliche, intuitive Oberfläche besitzt. Gefordert wird heute eine individuelle Anpassung der Benutzeroberfläche an die Aufgaben des jeweiligen Mitarbeiters.
Technische Einführungskosten	... es ermöglicht, die Kosten der Einführung aus technischer Sicht zu planen.
Einführungszeit	... innerhalb einer festgesetzten Zeit in einem Unternehmen eingeführt werden kann.
Schulungskosten für Mitarbeiter	... es ermöglicht, die Kosten für Mitarbeiterschulungen aufgrund der Gestaltung der Benutzeroberfläche zu planen.
Preis-Leistungs-Verhältnis	... ein günstiges/angemessenes Preis-Leistungs-Verhältnis z. B. bei Lizenzen besitzt.

Systemarchitektur

Moderne ERP-Systeme sind heute nach der **3-Schichten-Architektur** (3-Tier-Technologie) aufgebaut. Als Schicht (Tier) werden die Architekturbestandteile Datenbankserver, Logikserver (Application-Server) und die Präsentation auf einem Client bezeichnet.

Beispiele

Ursprünglich war die 2-Schichten-Technologie verbreitet. Dabei waren Logikschicht und Präsentationsschicht zu einer Schicht (Client) verbunden. Mit dieser Technologie war es möglich, sowohl die Datenbank als auch die Clientschicht auf einem einzelnen Rechner zu installieren. Es wurde kein Server benötigt.

Aufgrund der zunehmenden Anforderungen an die Systeme durch die Unternehmen fanden eine stetige Weiterentwicklung und eine Erweiterung der Funktionalitäten statt. Es wurde ein Wechsel auf die 3-Schichten-Technologie notwendig. Durch die Trennung können die Logik-Schichten verschiedener ERP-Systeme auf eine **gemeinsame Datenbank** gesetzt und eine **höhere Skalierbarkeit** erreicht werden. Dieser Wechsel ist heute bei allen am Markt existierenden Systemen vollzogen.

Um eine Ausweitung der Systeme über Unternehmensgrenzen hinweg zu ermöglichen, wurden in den vergangenen Jahren die technologischen Strukturen von ERP-Systemen mittels Schnittstellentechnologie so erweitert, dass weitere Systeme angebunden werden können. Besonders wichtig war dabei das Ziel, dass **alle Anwender auch über die Unternehmensgrenzen hinweg mit derselben Datenbasis** arbeiten. Dadurch ist es möglich, unternehmensübergreifende Prozesse systemunabhängig abzubilden und damit eine weitere Effektivitätssteigerung zu erreichen. Konzernleitungen können durch die Verknüpfungen auf die Daten aller Töchterunternehmen gleichzeitig zugreifen und anhand dieser Auswertungen erstellen, Analysen durchführen und Entscheidungen treffen. Weiterhin werden bereits getätigte IT-Investitionen von Unternehmen geschützt, da diese zur Umsetzung der Anbindung keinen Systemwechsel vornehmen müssen. Heute wird die Ausweitung der Systeme auch dafür genutzt, Arbeitsschritte auf die angebundenen Unternehmen zu verlagern und die Daten dieser für die eigene Arbeit zu nutzen, ohne diese selbst erzeugen zu müssen. Dies spart weitere Kosten und beschleunigt die Prozesse.

■ Datenkategorien und Belegprinzip

Für die Arbeit mit ERP-Systemen müssen sowohl die **Datenkategorien** als auch das **Belegprinzip** bekannt sein.

In allen ERP-Systemen gibt es drei Datentypen. Sie werden nach ihrer Aufgabe im System und ihren Eigenschaften unterschieden.

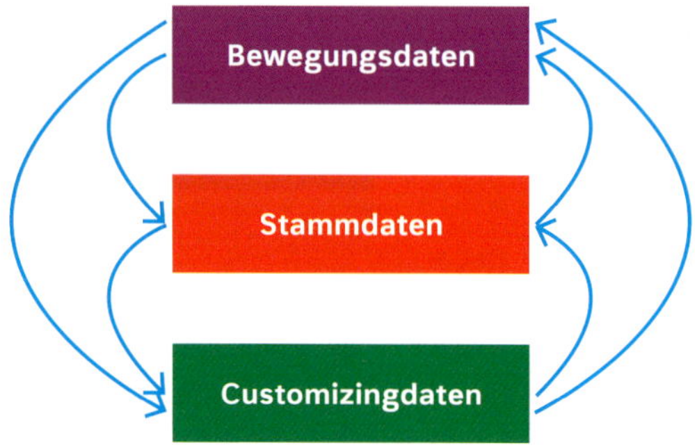

Operative Bewegungsdaten (Transaktionsdaten) sind alle Daten, die im Rahmen von Geschäftsprozessen einmalig erfasst werden. Sie ändern sich bei jedem Geschäftsprozess. Die Bewegungsvorgänge im ERP-System, die sie hervorbringen, werden als Transaktionen bezeichnet.

Bewegungsdaten können Einfluss auf die Stamm- und auf die Customizingdaten haben. Sollen sie häufiger Verwendung finden, so können sie in Stammdaten umgewandelt werden, z. B. der Verkaufspreis eines Artikels. In einigen Systemen führt ihre Erfassung automatisch zu einer Veränderung der Stammdaten. Können bestimmte Geschäftsprozesse nicht zufriedenstellend mit dem ERP-System bearbeitet werden, so führt dies zu einer Anpassung in den Customizingdaten.

Beispiel für eine automatische Veränderung der Stammdaten durch die Bewegungsdaten Bei der Erfassung der Warenmenge zu einem Wareneingang im ERP-System der SAP® SE wird die erfasste Menge automatisch zu dem vorhandenen Lagerbestand hinzuaddiert und der im Materialstamm ausgewiesene Bestand aktualisiert.

Zustandsorientierte **Stammdaten** sind Daten, die sich über einen längeren Zeitraum hinweg nicht ändern. Sie dienen der Identifikation, Klassifikation und Charakterisierung von Objekten, z. B. Kunden und Artikeln. In einem ERP-System werden alle Daten, die zu einem Objekt benötigt werden, unter **einer eineindeutigen Nummer gemeinsam verwaltet**. Es ist dabei irrelevant, von welcher Abteilung das Stammdatum benötigt wird, jede Abteilung kann auf dieses eine Stammdatum zugreifen.

Beispiel Andreas Dick benötigt für die Erfassung eines Kundenauftrags im Verkauf z. B. die Adressdaten der Herstadt Warenhaus GmbH. Diese Daten werden im Stammdatum mit der Nummer D24020 verwaltet. Isabel Lapp benötigt für die Erfassung eines Zahlungseingangs in der Finanzbuchhaltung z. B. die Zahlungsbedingungen. Auch diese werden für die Herstadt Warenhaus GmbH im Stammdatum D24020 erfasst.

Stammdaten haben Einfluss auf die Bewegungs- und die Customizingdaten. Sie werden bei der Erfassung von Bewegungsdaten automatisch zugeordnet und bestimmen den Geschäftsprozessablauf mit. Ändern sich Stammdaten oder müssen zusätzliche Daten zu einem Stammdatum erfasst werden, müssen ggf. im Customizing Anpassungen vorgenommen werden.

Beispiel Das Bürofachgeschäft Herbert Blank hat das Laser-Multifunktionsgerät FX 640 bestellt. Diese Ware ist im Stammdatum im ERP-System als nicht skontofähig erfasst. Bei der Bezahlung der Rechnung kann das Bürofachgeschäft auf diese Ware keinen Skonto geltend machen, auch wenn es für alle anderen Materialien Skonto in Anspruch nehmen kann. Das Bürofachgeschäft muss dies bei der Ermittlung des Zahlbetrags berücksichtigen.

Beispiel René Berg erfasst in den Kundenstammdaten einen neuen Kunden. Für diesen Kunden möchte er neben einem Ansprechpartner auch den Besitzer des Unternehmens erfassen, da es sich um ein sehr kleines Unternehmen handelt. Hierfür ist jedoch kein Feld in der Eingabemaske vorgesehen. Er bittet deshalb Herrn Öztürk, dieses Feld im Customizing anzulegen. Die Einstellungen für das neue Eingabefeld werden als Customizingdaten bezeichnet.

Mithilfe der **Customizing- oder Konfigurationsdaten** ist die Anpassung der ERP-Systeme an das jeweilige Unternehmen möglich. Sie bilden die Unternehmensstruktur im ERP-System ab und ermöglichen die Realisierung der gewünschten Prozesse und Funktionen durch die Pflege von Tabellen und Masken sowie Programmierungen. Sie bilden die Grundlage für alle Eingaben, die bei der Erfassung von Stamm- und Bewegungsdaten gemacht werden können. Ohne die Anpassung des Systems können weder Stamm- noch Bewegungsdaten erfasst werden. Customizing- oder Konfigurationsdaten ändern sich ebenfalls nicht oder sehr selten. Deshalb werden auch sie trotz ihrer besonderen Aufgaben häufig als Stammdaten bezeichnet.

Eine weitere Grundlage für die Arbeit mit einem ERP-System ist das Verständnis des Belegprinzips. In ERP-Systemen werden zu fast allen bearbeiteten Transaktionen und eingegebenen Daten Belege erzeugt. Sie ermöglichen das Nachvollziehen aller Geschäftsprozesse zu einem späteren Zeitpunkt.

Beispiel Die Primus GmbH bestellt bei der Hanckel & Cie GmbH Klebstoffe und Lacke für die Herstellung ihrer Büromöbel. Bei der Bearbeitung des Geschäftsprozesses werden folgende Belege erzeugt.

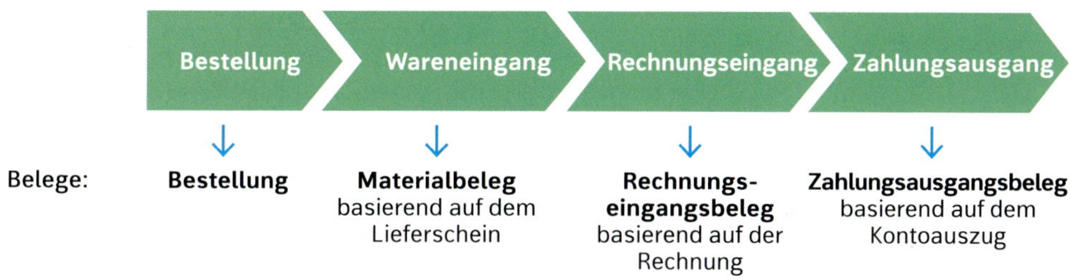

Es werden gebuchte und vorerfasste Belege unterschieden. Vorerfasste Belege ziehen keine Buchung in der Finanzbuchhaltung nach sich. Sie können unter bestimmten Bedingungen und sofern zulässig geändert, gelöscht bzw. storniert werden. Dagegen können gebuchte Belege grundsätzlich nicht gelöscht, sondern nur storniert werden. Die Stornierung erfolgt durch die Erfassung einer umgekehrten Buchung.

Beispiel

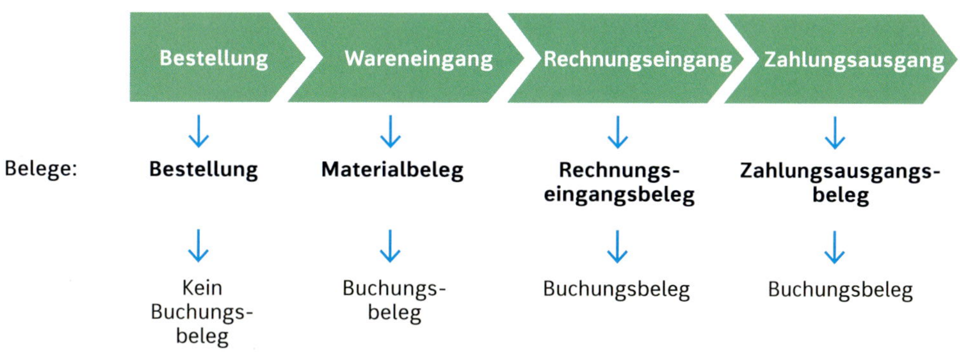

Eine Vielzahl von Belegen wird bei der Belegerfassung durch einen Mitarbeiter automatisch, ohne das Zutun eines weiteren Mitarbeiters, im Hintergrund im ERP-System erzeugt. Dies kann abteilungsübergreifend erfolgen, sodass eine andere Abteilung mit den Daten weiterarbeiten kann. Damit bei Problemen festgestellt werden kann, in welcher Abteilung ein Beleg erzeugt worden ist, wird zusätzlich im ERP-System bei jedem Beleg der Bearbeiter hinterlegt.

Beispiel Bei der Erfassung des Lieferscheins zum Wareneingang durch den Lagermitarbeiter wird ein Materialbeleg erzeugt. Dieser kann gleichzeitig von der Abteilung Einkauf zu Kontrollzwecken verwendet werden. Das ERP-System hat nach Abschluss der Belegerfassung parallel automatisch einen weiteren Beleg erzeugt. Dieser enthält die vom System ermittelte Buchung in der Finanzbuchhaltung (Buchungssatz mit Buchungsanweisung). Er kann von den Mitarbeitern der Finanzbuchhaltung ebenfalls für Kontrollzwecke genutzt werden.

Zusammenfassung: Das ERP-System kennenlernen

- ERP-Systeme bieten die Möglichkeit, **alle Geschäftsprozesse** eines Unternehmens abzubilden und deren Bearbeitung effizienter umzusetzen.
- Mit einem ERP-System kann durch das Arbeiten auf einer **gemeinsamen Datenbank** ein nahtloses Zusammenspiel aller Mitarbeiter eines Unternehmens realisiert werden.
- In einem ERP-System werden zusammenhängende Tätigkeiten unterschiedlicher Unternehmensbereiche ohne zusätzliche Mitarbeiter automatisch bearbeitet. Dies wird **Integration** genannt.
- ERP-Systeme finden aufgrund ihrer **Komplexität, komplexen Bedieneroberflächen**, unzulänglichen **Schulungen** sowie **nicht vollständig umgesetzten Funktionalitäten** bei den Mitarbeitern der Unternehmen oft **wenig Akzeptanz.**
- Für die Wahl eines ERP-Systems werden unterschiedliche **Kriterien** entsprechend den Anforderungen des Unternehmens gewichtet berücksichtigt.
- ERP-Systeme haben eine **3-Schichten-Architektur** mit den Schichten **Präsentation, Logikserver** und **Datenbankserver.**
- Zu den **Datentypen** in einem ERP-System gehören: **Bewegungsdaten**, **Stammdaten** und **Customizingdaten**. Diese beeinflussen sich gegenseitig.
- Um alle Geschäftsprozesse und Daten, die mit einem ERP-System erfasst worden sind, **jederzeit** nachvollziehen zu können, wird das **Belegprinzip** umgesetzt. Dieses hat zur Folge, dass zu jedem Arbeitsschritt eines Geschäftsprozesses **mindestens ein Beleg** im System erfasst oder erzeugt wird.

Aufgaben

1. *Stellen Sie die Vor- und Nachteile von ERP-Systemen in einer Tabelle gegenüber. Prüfen Sie anhand der erstellten Tabelle die folgenden Aussagen auf ihre Richtigkeit.*
   a) *In einem ERP-System können alle Daten für Analysen nur zu bestimmten Zeitpunkten bereitgestellt werden, da sie zuvor aus mehreren Datenbanken herausgelesen und zusammengefasst werden müssen.*
   b) *ERP-Systeme finden aufgrund von Komplexität und einer komplizierten Bedieneroberfläche häufig direkt nach ihrer Einführung wenig Anklang bei den Unternehmensmitarbeitern.*

c) ERP-Systeme erfassen Arbeitsschritte eines Geschäftsprozesses ohne Belege.
d) Geschäftsprozesse können in einem ERP-System nur mit Zeitverzögerung bearbeitet werden, da die notwendigen Daten immer erst dem jeweiligen nachfolgenden Bearbeiter übergeben werden müssen.
e) Mithilfe eines ERP-Systems können jederzeit Analysen erstellt werden, da alle Daten in einer Datenbank in Echtzeit zur Verfügung stehen.
f) ERP-Systeme können mit bereits vorhandenen Systemen verknüpft werden.
g) ERP-Systeme werden nur in großen Unternehmen mit mehr als 500 Mitarbeitern eingesetzt.

2. *Die Siebert KG, ein Papier- und Kartonhersteller mit 100 Mitarbeitern, möchte ein ERP-System einführen. Bei der Entscheidung möchte die Geschäftsleitung die einzelnen Mitarbeiter und deren Anforderungen an ein ERP-System mit berücksichtigen. Aus diesem Grund wurde eine Mitarbeiterversammlung angesetzt.*
a) Setzen Sie sich in eine Fünfer-Gruppe zusammen.
b) Verteilen Sie in der Gruppe die folgenden Mitarbeiterrollen: Mitglied der Geschäftsleitung, Mitarbeiter der Abteilung Vertrieb, Mitglied der Mitarbeitervertretung, Mitarbeiter der EDV-Systemverwaltung, Mitarbeiter des Rechnungswesens.
c) Erarbeiten Sie anhand der Kriterien zur Wahl eines ERP-Systems in einem Unternehmen Argumente aus Sicht der jeweiligen Mitarbeitergruppe.
d) Stellen Sie die Argumente in einer Mitarbeiterbesprechung als Rollenspiel dar.

3. *Recherchieren Sie im Internet nach der 2-Schichten-Architektur und der 3-Schichten-Architektur. Erstellen Sie auf einem Plakat einen Vergleich beider Architekturen und stellen Sie dies im Plenum vor. Gehen Sie dabei auf die Vorteile und die Nachteile beider Architekturen ein.*

4. *In einem ERP-System gibt es die Datenkategorien Bewegungsdaten, Stammdaten und Customizingdaten. Ordnen Sie im folgenden Fall die erfassten Daten einer Kategorie zu. Nehmen Sie für die Zuordnung die charakteristischen Eigenschaften der Datenkategorien zu Hilfe.*

Geschäftsfall:
Die Klöckner-Müller Elektronik AG bestellt bei der Primus GmbH zwei Laser-Multifunktionsgeräte FX 640 und zehn Primus Mikro-Diktiergeräte S 926. Nach Absprache mit Dorothea Klein, Gruppenleiterin im Außendienst, werden die bestellten Geräte nicht direkt an die Klöckner-Müller Elektronik AG geliefert, sondern an deren neu eröffnetes Steuerbüro Hein-Werner. Hierzu enthält der Kundenauftrag die zusätzlichen Angaben:
Name des Empfängers: Hein-Werner-Steuerbüro
Adresse des Empfängers: Taunusring 74, 63069 Offenbach
Ansprechpartner: Herr Hein
erfasste Daten:
*a) **Adresse** der Klöckner-Müller Elektronik AG*
*b) **Bestellmenge 2 Stück** der Laser-Multifunktionsgeräte*
*c) **Kundennummer D24030** der Klöckner-Müller Elektronik AG bei der Primus GmbH*
*d) Für die Belieferung müssen die zusätzlichen Daten im Kundenauftrag erfasst werden. Bei der Eingabe der Daten stellt Frau Klein fest, dass sie den Namen und die Adresse des Empfängers erfassen kann, den Ansprechpartner aber nicht. Sie bittet daraufhin Herrn Öztürk von der PC- und Netzwerkbetreuung, in der Erfassungsmaske des Kundenauftrags ein **neues Eingabefeld** einzurichten.*

5. *Erläutern Sie die Formen der parallelen Verwendung und der doppelten automatischen Belegerzeugung in einem ERP-System. Verwenden Sie dazu grafische Darstellungen.*

8.2 Die Bearbeitung des einfachen Vertriebsprozesses mit einem ERP-System durchführen

Handlungssituation

Die Primus GmbH arbeitet in allen Unternehmensbereichen mit dem ERP-System SAP® ERP. In der Abteilung Verkauf/Marketing ist ein Kundenauftrag der Herstadt Warenhaus GmbH eingetroffen. Herr Krazek bittet Andreas Dick, Auszubildender zum Kaufmann für Büromanagement, den Kundenauftrag zu prüfen, zu erfassen und den Prozessverlauf anschließend zu überwachen.

Arbeitsaufträge

- *Überprüfen Sie, ob der Kundenauftrag der Herstadt Warenhaus GmbH alle für die Bearbeitung notwendigen Angaben enthält.*
- *Melden Sie sich im ERP-System an und prüfen Sie, ob die für den Kundenauftrag notwendigen Stammdaten im ERP-System bereits vollständig vorhanden sind.*
- *Prüfen Sie den Lagerbestand und ermitteln Sie die Lieferzeit für den Auftrag. Prüfen Sie, ob der gewünschte Liefertermin eingehalten werden kann. (Nehmen Sie als Auftragsdatum das aktuelle Datum und als Wunschlieferdatum das aktuelle Datum plus 5 Arbeitstage an.) Entscheiden Sie anschließend, ob der Kundenauftrag angenommen werden kann. Begründen Sie Ihre Entscheidung.*

Herstadt Warenhaus GmbH

H W

Herstadt Warenhaus GmbH, Brunostraße 45, 45889 Gelsenkirchen
Primus GmbH
Koloniestraße 2 – 4
47057 Duisburg

Bearbeiter: Herr Kluge
Telefon: +49 (0)209 56499
Fax: +49 (0)209 54490
E-Mail: kluge@herstadt.de

Auftragsnummer	Auftragsdatum	Versand an	Wunschlieferdatum
34526 **Bitte immer mit angeben.**	Aktuelles Datum	Herstadt Warenhaus GmbH Brunostraße 45 45889 Gelsenkirchen	Auftragsdatum + 10 Tage

Artikelnummer	Menge	Einheit	Beschreibung	Einzelpreis in Euro	Summe in Euro
251B926	30	ST	Kopierpapier X-Offit	39,50	1.185,00

Zwischensumme:	1.185,00 €
Umsatzsteuer 19 %:	225,15 €
Summe:	1.410,15 €

Beauftragt: XX.XX.XX (Datum) i. A. Kluge (Unterschrift)

Handelsregister	Umsatzsteuer-ID	Finanzamt	Bankverbindung
Nr: HRA 897-0897 Sitz: Gelsenkirchen	DE7569029831	Gelsenkirchen Süd Zeppelinallee 9 – 13 45879 Gelsenkirchen	Postbank Dortmund IBAN:DE76440100460432056204 BIC: PBNKDEFF440

- *Erfassen Sie den Kundenauftrag im ERP-System und erstellen Sie die Auftragsbestätigung.*
- *Erstellen Sie den Lieferschein, den innerbetrieblichen Transportauftrag und die Rechnung für den Kundenauftrag mit dem ERP-System und drucken Sie den Lieferschein aus.*

■ Zugang zum SAP® ERP-System

Web

Um sich in einem ERP-System anzumelden, müssen Sie mithilfe des SAP® GUI den Zugang zum Server herstellen und den Mandanten, den Benutzer und das Passwort eingeben. Anschließend öffnet sich der Mandant.

① Öffnen Sie mit einem Doppelklick den SAP® GUI auf Ihrem Desktop.

Es öffnet sich folgende Auswahlmaske der SAP® ERP-Systeme mit den Verbindungen zum SAP® ERP-System Ihrer Schule.

② Wählen Sie mit einem Doppelklick das System, mit dem Sie arbeiten möchten.

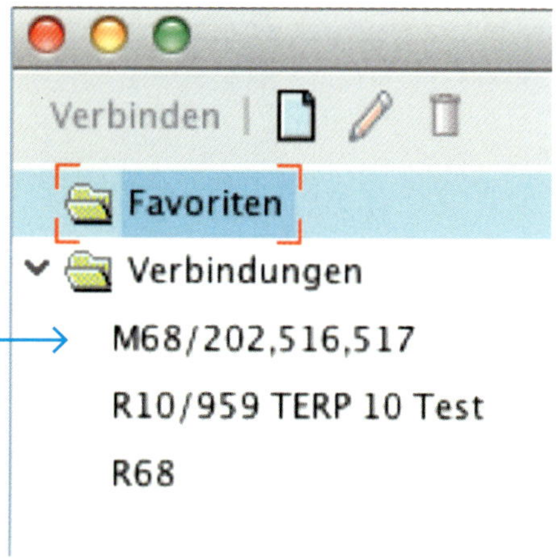

Nun befinden Sie sich bereits auf dem Server des SAP®-Systems im Rechenzentrum. Es öffnet sich die Eingabemaske zur Anmeldung am Mandanten.

③ Geben Sie Ihre Mandantennummer ein.

④ Geben Sie Ihren Benutzer ein.

⑤ Geben Sie Ihr Passwort ein.

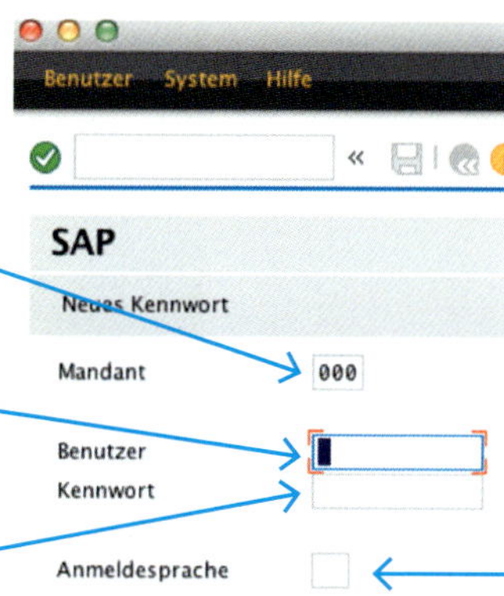

⑥ Geben Sie „DE“ für Deutsch als Anmeldesprache ein.

Bei der erstmaligen Anmeldung werden Sie gebeten, ein neues Passwort zu vergeben. Dieses muss mindestens aus sechs Zeichen bestehen und sollte mit Symbolen und Sonderzeichen erstellt werden. Bei allen nachfolgenden Anmeldungen werden Sie nicht mehr gebeten, Ihr Passwort zu ändern. Achten Sie trotzdem darauf, dieses in einem regelmäßigen Abstand zu ändern. Sollten Sie Ihr Passwort vergessen haben, so lassen Sie Ihren Benutzer vom Dozenten zurücksetzen.

Nach der Anmeldung öffnet sich die Startmaske des Systems mit dem SAP® ERP Easy Access Menü.

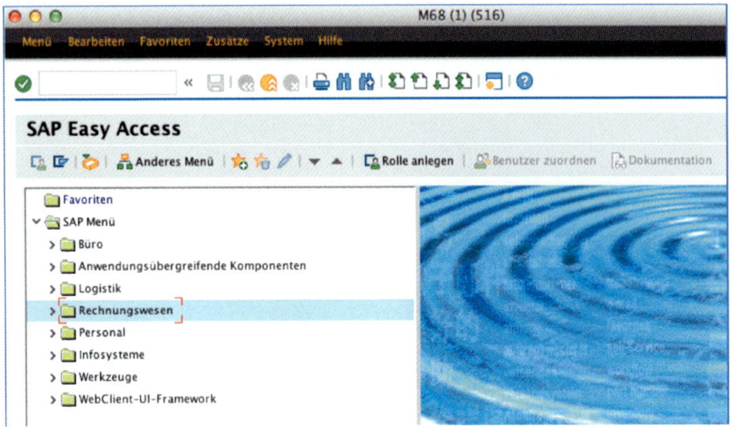

■ Navigation im SAP® ERP-System

Die Oberfläche des SAP® ERP-Systems ist in drei Bereiche, den Kopf, den Fuß und die Anwendungen, unterteilt.

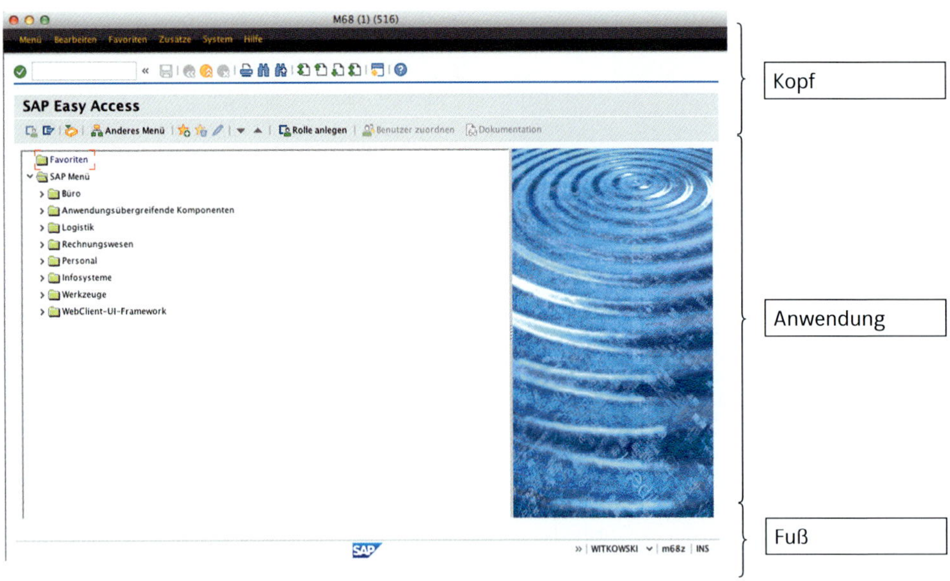

Im Kopf befinden sich die Menüleiste, die Systemfunktionsleiste, die Titelleiste und die Anwendungsfunktionsleiste. Sie ermöglichen die Navigation im System und werden entweder mit einem Klick auf ein Icon oder einen Text aktiviert. Dabei werden Funktionen angestoßen oder ein weiteres Untermenü geöffnet.

Die **Menüleiste** stellt Funktionen bereit, die das gesamte System betreffen. Je nach Anwendung (Transaktion) kann sie sich verändern, wobei die Menüpunkte „System" und „Hilfe" auf jedem Bild zu finden sind.

Die **Systemfunktionsleiste** stellt die für das gesamte System geltenden Funktionen mithilfe von Icons (Drucktasten) bereit. Das Kommandofeld der Leiste ermöglicht den direkten Zugriff auf die Anwendungen im System. Dazu können in das Feld die Transaktionscodes, alphanumerische Schlüssel für die jeweils gewünschte Anwendung, direkt eingegeben werden. Bei einer Transaktion jeweils nicht benötigte Drucktasten werden weiterhin angezeigt, aber ausgegraut und stehen damit nicht zur Verfügung.

Die **Titelleiste** und die **Anwendungsfunktionsleiste** passen sich immer der jeweiligen Transaktion an. In der Titelleiste wird immer der Name der aufgerufenen Transaktion angezeigt. Die Anwendungsfunktionsleiste stellt mithilfe von Drucktasten die jeweils benötigten Funktionen zur Verfügung.

Beispiel Angepasster Menükopf der Transaktion „Bestellung anzeigen". Während Menü- und Funktionsleiste gleich geblieben sind, haben sich Titel- und Anwendungsfunktionsleiste entsprechend den benötigten Funktionen der Transaktion verändert.

Im SAP® ERP-System werden unterschiedliche Icons (Drucktasten) für die Navigation verwendet. Die am häufigsten verwendeten Icons sind die folgenden:

Symbol	Erläuterung	Symbol	Erläuterung
	Weiter/Enter Dateneingabe bestätigen Mit dieser Funktion wird die Prüfung der eingegebenen Daten durch das System angestoßen. Sind diese fehlerhaft, wird in der Statusleiste eine Fehlermeldung ausgegeben. Sie kann auch durch die ENTER-Taste auf der Tastatur betätigt werden.		einen neuen Datensatz anlegen
	ein Schritt zurück		gespeicherte Daten ändern

Symbol	Erläuterung	Symbol	Erläuterung
	eine Transaktion zurück/ Transaktion beenden		gespeicherte Daten/Belege anzeigen
 	Vorgang/Eingaben abbrechen		Ausführen einer Auswahl/ eines Reports
	Speichern der eingegebenen Daten Erst mit dem Betätigen dieser Funktion werden die eingegebenen Daten in der Datenbank gespeichert.		einen Report auffrischen/ aktualisieren/erneut ausführen, ohne die Funktion zu verlassen
	Modus (Fenster) öffnen	 	suchen/weiter suchen

Beim Arbeiten mit dem System können mehrere Modi (Fenster) gleichzeitig geöffnet werden. Dabei sind die Modi voneinander unabhängig, d.h., es kann parallel mit unterschiedlichen Transaktionen gearbeitet werden. Anwendung findet dies vor allem bei der Kontrolle getätigter Eingaben und deren Auswirkungen. Dabei werden im ersten Modus Eingaben getätigt und gespeichert. In einem zweiten Modus wird die Umsetzung dieser im System überprüft. Haben die gepflegten Daten nicht die gewünschte Wirkung, so können sie im ersten Modus erneut verändert werden. Der erste Modus muss zur Überprüfung der Auswirkungen nicht verlassen werden, Transaktionen müssen nicht immer wieder neu geöffnet werden. Eine zweite Anwendungsmöglichkeit ist die Suche nach Daten. Dabei wird im ersten Modus zunächst wie bereits beschrieben gearbeitet. Stellt man dabei fest, dass notwendige Daten für die Eingaben fehlen, so können diese in einem zweiten Modus im System herausgesucht werden, ohne die Eingaben im ersten Modus abzubrechen und/ oder bereits getätigte Eingaben verwerfen zu müssen. In beiden Fällen ermöglicht der Einsatz mehrerer Modi ein schnelleres und effektiveres Arbeiten.

Im Anwendungsbereich des SAP® ERP-Systems werden die gewünschten Anwendungen (Transaktionen) ausgeführt und angezeigt.

In der Fußzeile (Statusleiste) werden Systemmeldungen und drei Statusfelder angezeigt. Im SAP® ERP-System werden drei Systemmeldungen unterschieden:

	**Rote** Systemmeldungen (Fehlermeldungen): Eine weitere Bearbeitung der Daten ist nicht möglich, bevor nicht die bereits eingegebenen Daten korrigiert oder vervollständigt worden sind.

Kann das Lieferdatum eingehalten werden?	**Gelbe** Systemmeldungen (Warnmeldungen): Das System macht den Anwender auf ein Problem oder ein bestimmtes Systemverhalten aufmerksam und bittet häufig, die getätigten Eingaben zu überprüfen. Sie müssen durch ENTER bestätigt werden.
Es wurden keine Änderungen durchgeführt	**Grüne** Systemmeldungen: Sie dienen der Information des Anwenders.

Im ersten Statusfeld der Statuszeile können verschiedene Informationen zum System, mit dem gerade gearbeitet wird, angezeigt werden. Dazu gehören beispielsweise das System, der Mandant oder auch der Benutzer. Im zweiten Statusfeld wird der Server angezeigt. Im dritten Feld kann durch einen Klick zwischen dem Überschreibmodus (OVR) und dem Einfügemodus (INS) gewechselt werden.

■ Prozessschritte des einfachen Vertriebsprozesses

Der einfache Vertriebsprozess besteht aus den folgenden Prozessschritten:

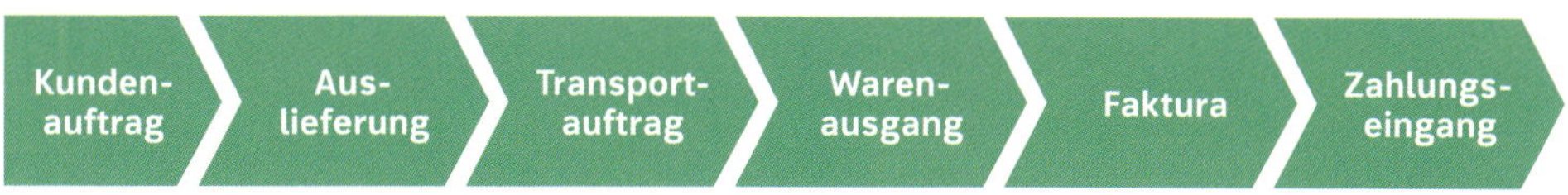

Er tritt in dieser Form auf, wenn entweder ein Stammkunde oder ein Neukunde eine Ware bestellt, ohne zuvor Angebote eingeholt zu haben.

Beispiel Für den eingegangenen Kundenauftrag hat Herr Kluge von der Herstadt Warenhaus GmbH kein separates Angebot von der Primus GmbH eingeholt, sondern sofort die benötigten Druckbleistifte anhand einer vorhandenen Preisliste bestellt.

Alle Stammkunden erhalten stets die aktuellen Preislisten. Sie holen nur zur Überprüfung der Preisentwicklung neue Angebote bei potenziellen Lieferanten ein. In allen anderen Fällen greifen Sie auf vorhandene Preislisten zurück und bestellen sofort.

Neukunden verschaffen sich u. a. über das Internet die notwendigen Informationen zum Markt. Hier können sie auf Angebotsvergleiche und Lieferantenbewertungen zurückgreifen. Handelt es sich um keine bedeutenden Materialien, so bestellen auch sie direkt beim Lieferanten.

Beispiel für ein Preisvergleichsportal im Internet

Bei der Bearbeitung des Vertriebsprozesses mit einem ERP-System können Warenausgänge nur aufgrund zuvor erfasster Kundenaufträge bearbeitet werden. Bei Fakturen (Ausgangsrechnungen) geht dies wiederum nur nach einem erfassten Warenausgang. Bezogen auf die rechtliche Vorschrift, dass nur die Menge in Rechnung gestellt werden darf, die auch geliefert worden ist, kann eine Faktura nicht vor der Erfassung des Warenausgangs erstellt und gebucht werden.

■ Die Stammdaten

Für die Bearbeitung eines Kundenauftrags müssen als Stammdaten
- die Kundenstammdaten und
- die Materialstammdaten

im ERP-System vorhanden sein. Sie sind beim Eingang eines Kundenauftrags zu prüfen und ggf. zu ergänzen. Zu diesem Zweck müssen sie im System mithilfe ihrer eindeutigen Nummer (Kürzel) aufgerufen werden.

Materialstamm anzeigen

Im SAP® ERP-System wird der Begriff „Material" für alle Produkte und Güter, die in einem Unternehmen betrachtet werden können, als Oberbegriff verwendet. Dazu gehören beispielsweise: Handelswaren, Roh-, Hilfs- und Betriebsstoffe, unfertige Erzeugnisse, Fertigerzeugnisse sowie Anlagen.

Aus diesem Grund sind die Materialstammdaten auch zentral zu finden.

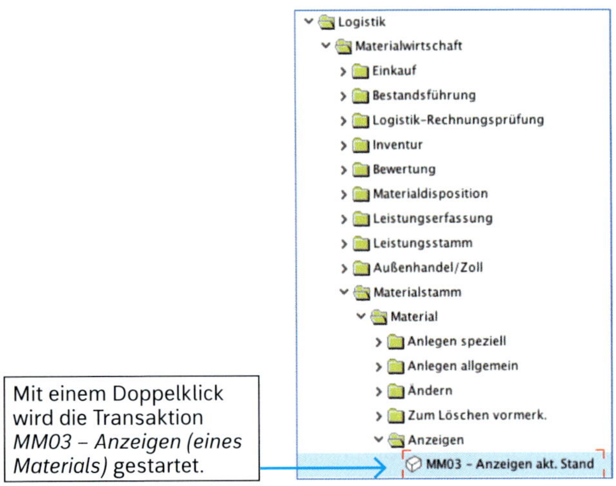

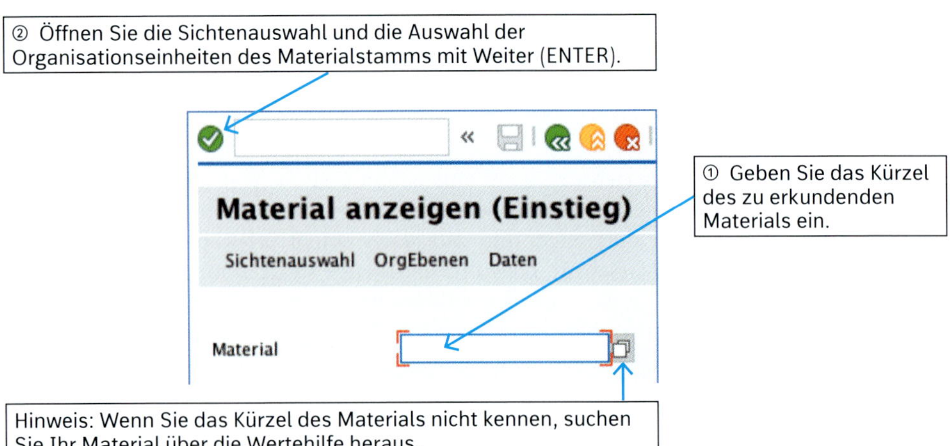

③ Wählen Sie die Sichten (Register der Funktionsbereiche des Unternehmens) mit einem Anklicken der jeweiligen Zeile aus und bestätigen Sie die Auswahl anschließend mit Weiter (ENTER).

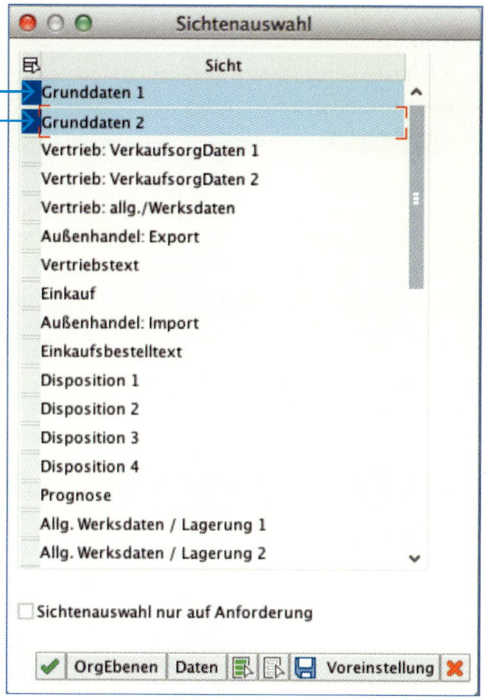

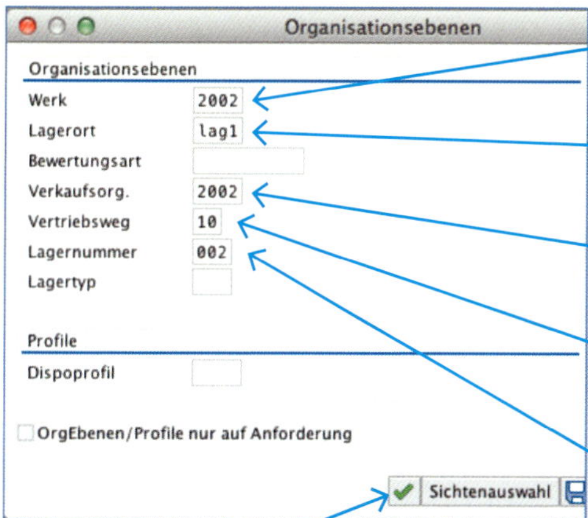

④ Geben Sie das **Werk des gesuchten Materials** ein.

⑤ Geben Sie den **Lagerort des gesuchten Materials** ein.

⑥ Geben Sie **die Verkaufsorganisation des gesuchten Materials** ein.

⑦ Geben Sie **den Vertriebsweg des gesuchten Materials** ein.

⑧ Geben Sie die **Lagernummer des gesuchten Materials** ein. Sie wird Ihnen vorgegeben.

⑨ Bestätigen Sie Ihre Eingaben mit Weiter (ENTER) und stoßen Sie so das Anzeigen des Materialstammdatums des gewünschten Materials an.

Hinweis: Je nach gewählten Sichten können die Organisationseinheiten, die das ERP-System erwartet, unterschiedlich sein.

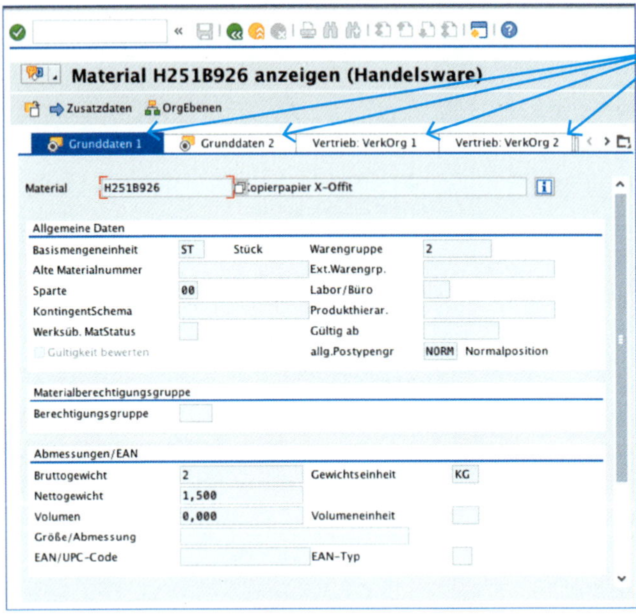

Es werden die Registerkarten mit den Daten des Materials angezeigt. Sie können die einzelnen Register durch anklicken oder durch ENTER aufrufen.

Die Register (Sichten) zeigen die Stammdaten des Materials für einen bestimmten betrieblichen Bereich in Bezug auf die jeweils ausschlaggebenden Organisationseinheiten. Beispielweise gelten die Grunddaten für den gesamten Mandanten, die Daten des Vertriebs hingegen beziehen sich auf den Vertriebsbereich.

Kundenstamm anzeigen

Kunden werden im ERP-System immer auch Debitoren genannt. Auch existiert für alle Unternehmensbereiche lediglich ein Stammdatensatz.

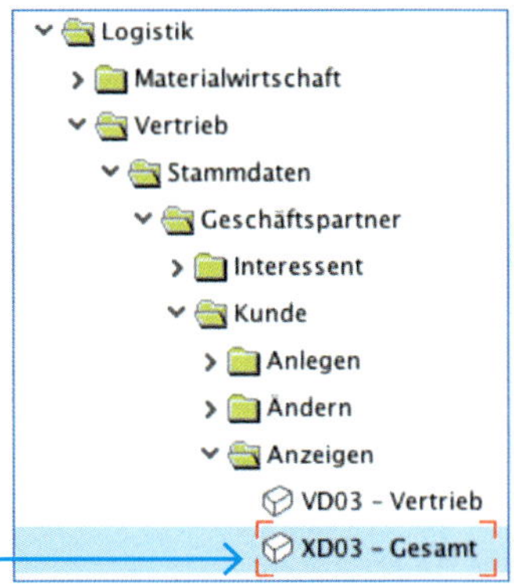

Mit einem Doppelklick wird die Transaktion *XD03 – Anzeigen (eines Debitors)* gestartet.

① Geben Sie das Kürzel des gesuchten Kunden ein oder suchen Sie es über die Wertehilfe heraus.

② Geben Sie **Ihren Buchungskreis** ein. Er wird Ihnen vorgegeben.

③ Geben Sie **Ihre Verkaufsorganisation** ein. Sie wird Ihnen vorgegeben.

④ Geben Sie **Ihren Vertriebsweg** ein. Er wird Ihnen vorgegeben.

⑤ Geben Sie **Ihre Sparte** ein. Sie wird Ihnen vorgegeben.

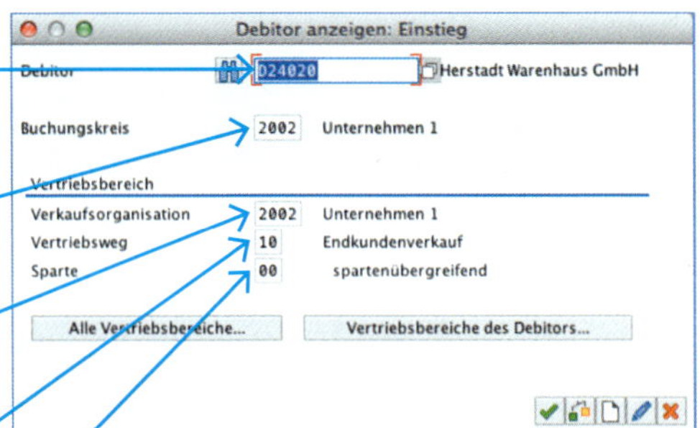

⑥ Bestätigen Sie Ihre Eingaben mit Weiter (ENTER). Damit stoßen Sie die Anzeige des Debitorenstammdatums an.

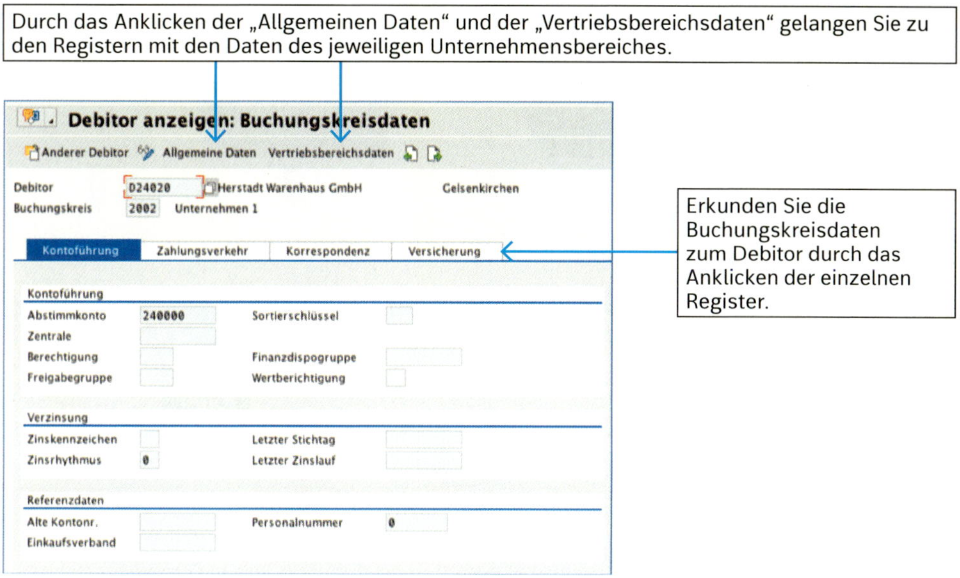

■ Der Kundenauftrag

Mit einem Kundenauftrag bestellt ein Kunde eine Ware bei einem Lieferanten, in diesem Fall bei der Primus GmbH. Er wird dem Lieferanten per Post, per Fax oder per E-Mail zugesandt. Für seine Bearbeitung müssen in einem Kundenauftrag mindestens enthalten sein:

- der Kunde mit Adressdaten,
- die Lieferadresse,
- die Auftragsnummer des Kunden,
- das Auftragsdatum und das Wunschlieferdatum,
- das bestellte Material mit gewünschter Menge, Mengeneinheit und Stückpreis sowie
- die Unterschrift des Auftraggebers.

Darüber hinaus sind i.d.R. in der Fußzeile die Bankverbindung, die Handelsregister-Nummer und die Umsatzsteuer-ID des Kunden mit angegeben.

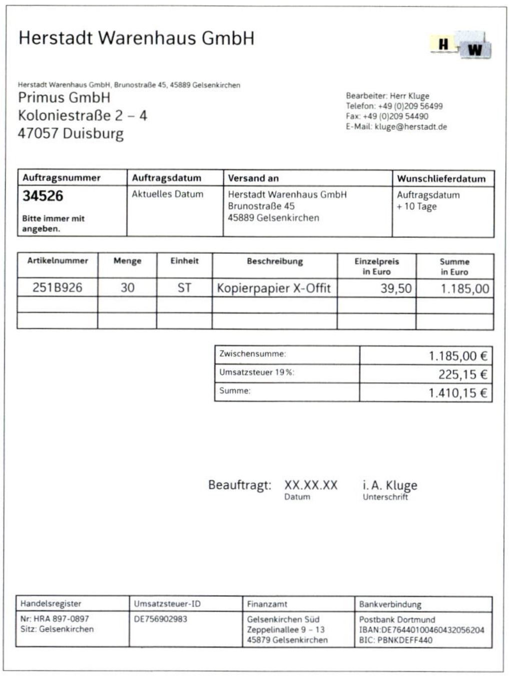

Herstadt Warenhaus GmbH

Herstadt Warenhaus GmbH, Brunostraße 45, 45889 Gelsenkirchen
Primus GmbH
Koloniestraße 2 – 4
47057 Duisburg

Bearbeiter: Herr Kluge
Telefon: +49 (0)209 56499
Fax: +49 (0)209 54490
E-Mail: kluge@herstadt.de

Auftragsnummer	Auftragsdatum	Versand an	Wunschlieferdatum
34526 Bitte immer mit angeben.	Aktuelles Datum	Herstadt Warenhaus GmbH Brunostraße 45 45889 Gelsenkirchen	Auftragsdatum + 10 Tage

Artikelnummer	Menge	Einheit	Beschreibung	Einzelpreis in Euro	Summe in Euro
251B926	30	ST	Kopierpapier X-Offit	39,50	1.185,00

Zwischensumme:	1.185,00 €
Umsatzsteuer 19 %:	225,15 €
Summe:	1.410,15 €

Beauftragt: XX.XX.XX (Datum) i. A. Kluge (Unterschrift)

Handelsregister	Umsatzsteuer-ID	Finanzamt	Bankverbindung
Nr: HRA 897-0897 Sitz: Gelsenkirchen	DE756902983	Gelsenkirchen Süd Zeppelinallee 9 – 13 45879 Gelsenkirchen	Postbank Dortmund IBAN:DE76440100460432056204 BIC: PBNKDEFF440

Kundenauftrag der Herstadt Warenhaus GmbH

Ist dem Kundenauftrag kein verbindliches Angebot vorausgegangen, so stellt er die **erste Willenserklärung** für das Zustandekommen eines Kaufvertrages dar. Die zweite Willenserklärung erfolgt entweder durch die Warenlieferung oder durch die Auftragsbestätigung. Mit der **zweiten Willenserklärung** ist der Kaufvertrag (Verpflichtungsgeschäft) zustande gekommen.

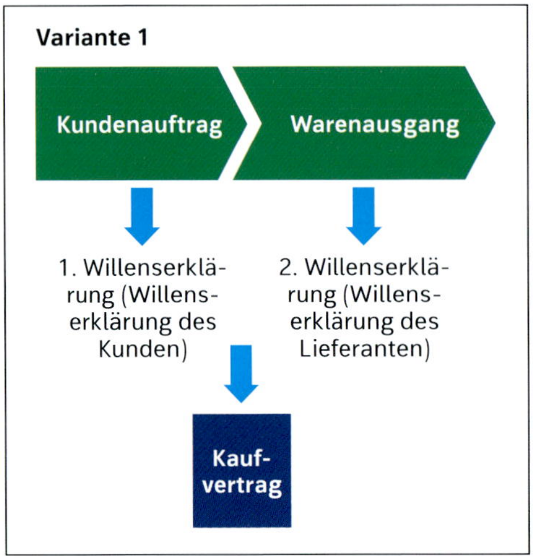

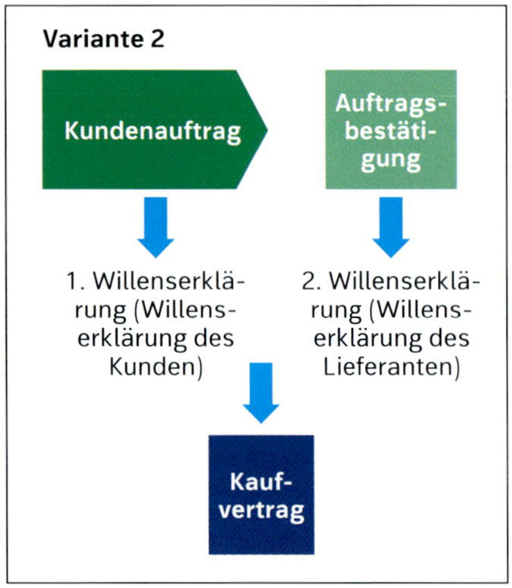

Jeder eingehende Kundenauftrag ist zu kontrollieren, damit keine Kaufverträge geschlossen werden, die für das Unternehmen von Nachteil sind. Besonders betrachtet werden

- das bestellte **Material** und dessen **Bestellmenge**,
- das gewünschte **Lieferdatum** sowie
- der **Preis** und die gewünschten **Konditionen**.

Aber auch die Angabe von Zahlungs- und Lieferbedingungen durch den Kunden, das Kreditlimit des Kunden und die Lieferadresse sind für die Annahme des Auftrags von Bedeutung.

Beispiel Bei der Primus GmbH ist ein Kundenauftrag des Computerfachhandels Martina van den Bosch über drei Bürodrehstühle Modell 1640 zum Preis von 204,50 € pro Stück eingetroffen. Bei der Überprüfung des Kundenauftrags stellt die Mitarbeiterin Frau Sommer fest, dass der Computerfachhandel zu einem zu niedrigen Preis bestellt hat. Sie erfasst daraufhin den Kundenauftrag noch nicht im ERP-System, sondern nimmt mit Frau van den Bosch zur Klärung telefonisch Kontakt auf.

Kundenaufträge können nur angenommen werden, wenn das **gewünschte Material zum gewünschten Termin** bereitgestellt werden kann. Dazu wird beim Auftragseingang der Materialbestand überprüft. Das ERP-System übernimmt diese Aufgabe selbstständig, meldet beim Speichern des Kundenauftrags automatisch, wenn nicht genügend Material auf Lager ist (Verfügbarkeitsprüfung), und macht alternative Liefervorschläge. Der Mitarbeiter kann dadurch sofort entscheiden, ob der Kundenauftrag angenommen werden kann.

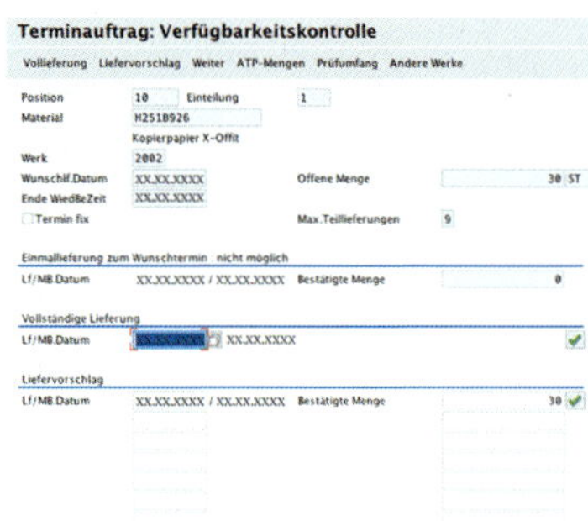

Das **Wunschlieferdatum** des Kunden bestimmt die Terminierung des Kundenauftrags. Bereits bei der Erfassung des Kundenauftrags wird festgelegt, zu welchem Datum das Material an welchem Ort dem Kunden übergeben wird. Alle damit verbundenen Daten, d.h. Ladedatum, Versanddatum und Bereitstellungsdatum, werden ermittelt. Kann das Wunschlieferdatum nicht eingehalten werden, wird mit dem Kunden Kontakt aufgenommen.

Zusammensetzung der Lieferzeit

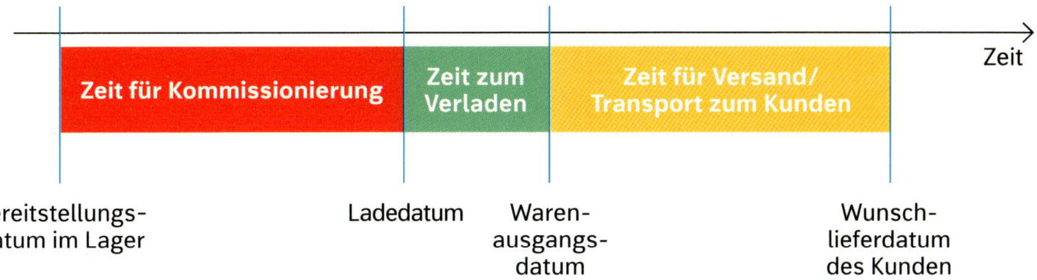

- **Bereitstellungsdatum**: Datum, an dem das Material im Lager für die Kommissionierung zur Verfügung gestellt werden muss, damit das Wunschlieferdatum eingehalten werden kann. Muss zuvor das Material bestellt werden, verlängert der Zeitraum von der Bestellung bis zur Einlagerung des Materials die Lieferzeit des Kundenauftrags.
- **Ladedatum**: Datum, an dem das Material für das Verladen in das Transportmittel zur Verfügung gestellt werden muss, um das Wunschlieferdatum einzuhalten
- **Warenausgangsdatum**: Datum, an dem das Material das Unternehmen verlässt und an den Kunden versandt wird
- **Wunschlieferdatum**: Datum, zu dem das Material dem Kunden entsprechend dem Kundenauftrag am gewünschten Ort übergeben werden soll

Die Maske zur Erfassung eines Kundenauftrags im SAP® ERP-System entspricht in seinem Aufbau genau dem eines Kundenauftrags als Ausdruck.

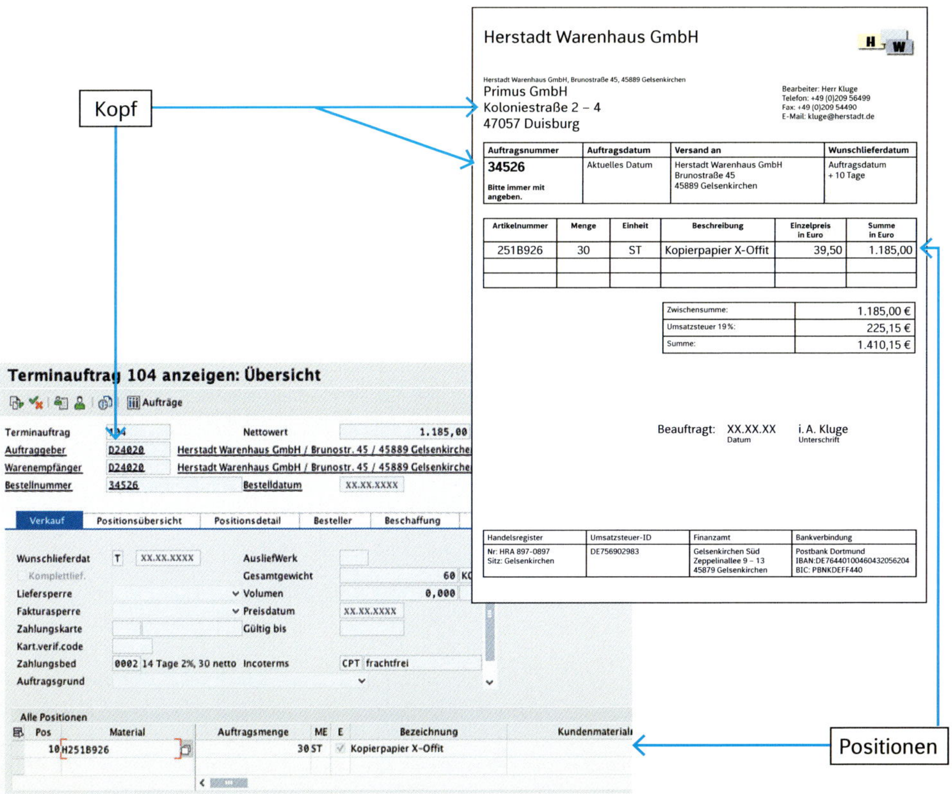

Bei der Erfassung des Kundenauftrags im ERP-System müssen die **Daten des Auftrags in das ERP-System übernommen** werden.

Kundenauftrag erfassen

Es öffnet sich die Eingabemaske für die Organisationseinheiten des Kundenauftrags. Hier wird festgelegt, welche Organisationseinheiten für den Kundenauftrag im Unternehmen verantwortlich bzw. welchen die Gewinne oder Verluste, die aus dem Auftrag resultieren, zuzuordnen sind.

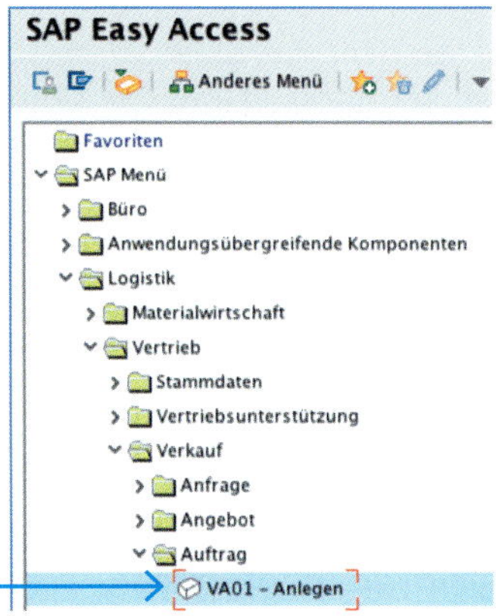

Mit einem Doppelklick wird die Transaktion *VA01 – Anlegen (eines Auftrages)* gestartet.

① Wählen Sie die Auftragsart **„TA"** aus.

② Geben Sie **Ihre Verkaufsorganisation** ein. Sie wird Ihnen vorgegeben.

③ Geben Sie **Ihren Vertriebsweg** ein. Er wird Ihnen vorgegeben.

④ Geben Sie **Ihre Sparte** ein. Sie wird Ihnen vorgegeben.

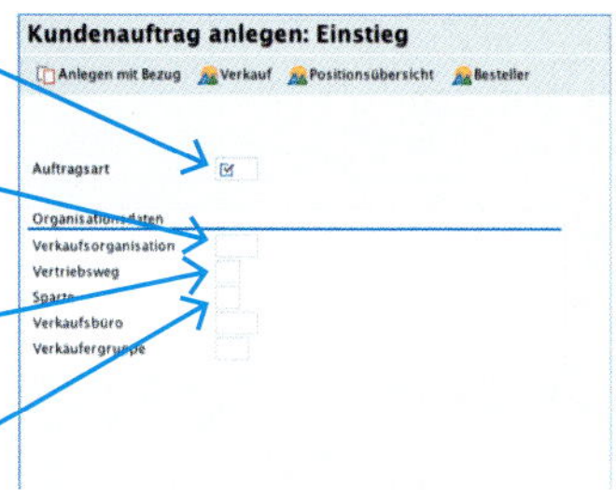

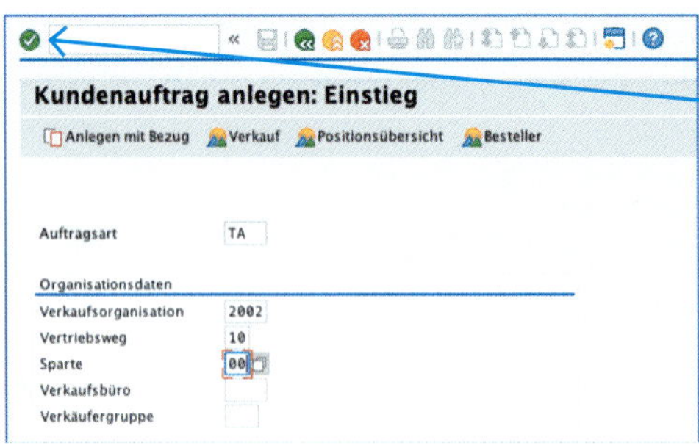

⑤ Klicken Sie auf Weiter (ENTER). Dazu können Sie auch die ENTER-Taste benutzen.

Es öffnet sich die **Eingabemaske für den Kundenauftrag.**

① Geben Sie im Feld *Auftraggeber* **Ihren Kunden** ein.

② Es wird im Feld Bestellnummer die *Bestellnummer* **Ihres Kunden** eingegeben. (Dies ist die Nummer, die Ihr Kunde in seinem ERP-System der Bestellung zugeordnet hat.)

③ Im Feld *Wunschlieferdatum* wird das **Wunschlieferdatum Ihres Kunden** eingegeben.

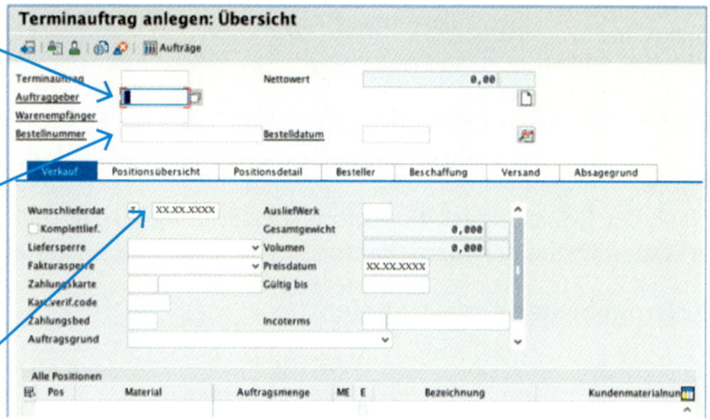

④ Im Feld *Material* wird **das Kürzel für das vom Kunden gewünschte Material** eingegeben.

⑤ Im Feld *Auftragsmenge* wird **die vom Kunden gewünschte Materialmenge** eingegeben.

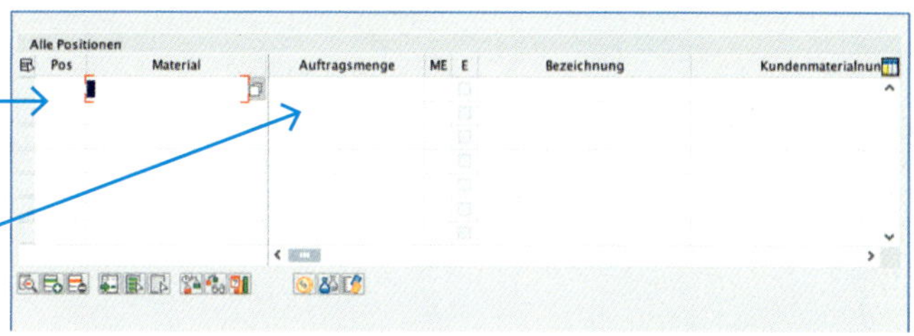

⑥ Geben Sie im Feld *Werk* Ihr **Werk** ein, das Ihrem Kunden das Material bereitstellt.

⑦ Geben Sie im Feld *Betrag* den **Einzelpreis** für das Material ein, **zu dem Ihr Kunde** das Material bestellt hat.

⑧ Geben Sie im Feld *Währung* die **Währung** ein, in der **Ihr Kunde** das Material bestellt hat, z. B. EUR.

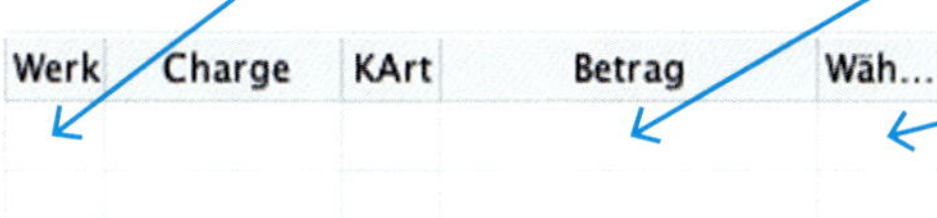

⑨ Scrollen Sie nach hinten und geben Sie im Feld *Lagerort* **Ihren Lagerort** ein. Er wird Ihnen vorgegeben. (Das Datensatzfeld *Lagerort* kann auch an anderer Stelle stehen. Sie müssen sehr weit nach rechts scrollen. Sie können die Maske aber auch nach eigenen Bedürfnissen einrichten. Fragen Sie hierzu Ihren Dozenten.)

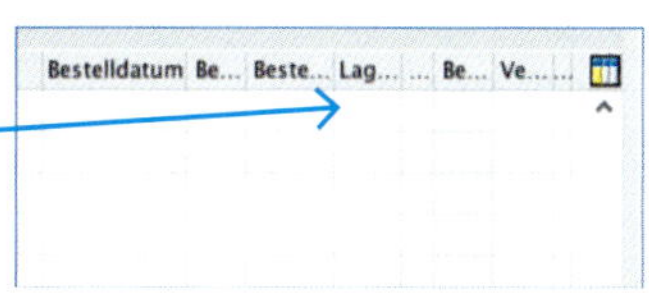

Beispiel nach dem Eintragen:

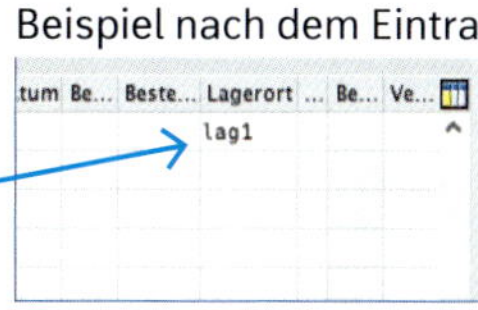

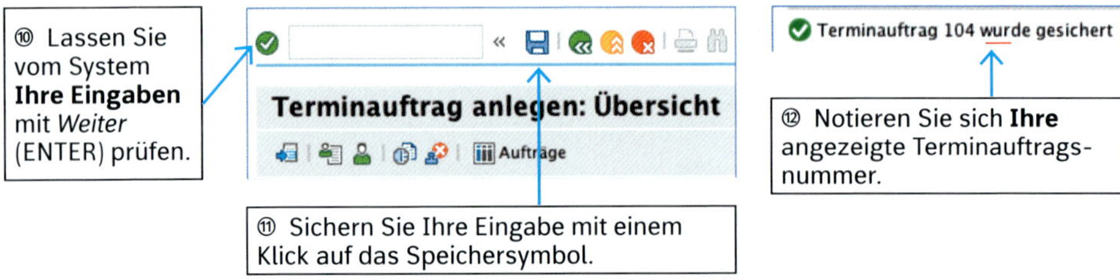

Nach der Erfassung ist die Auftragsbestätigung auszudrucken. Sie wird auf der Basis der erfassten Daten des Kundenauftrags vom ERP-System erstellt.

Auftragsbestätigung erstellen

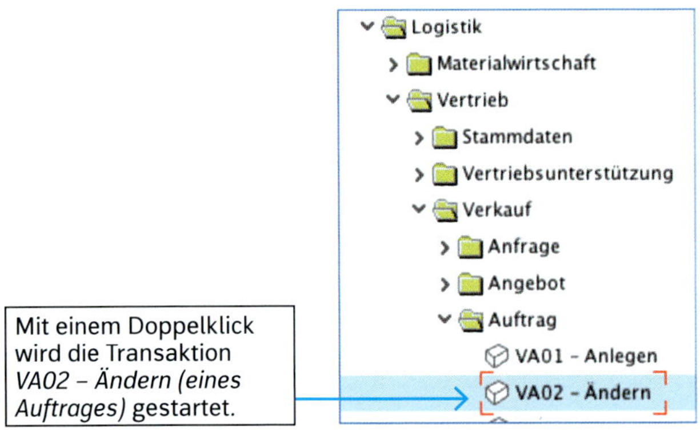

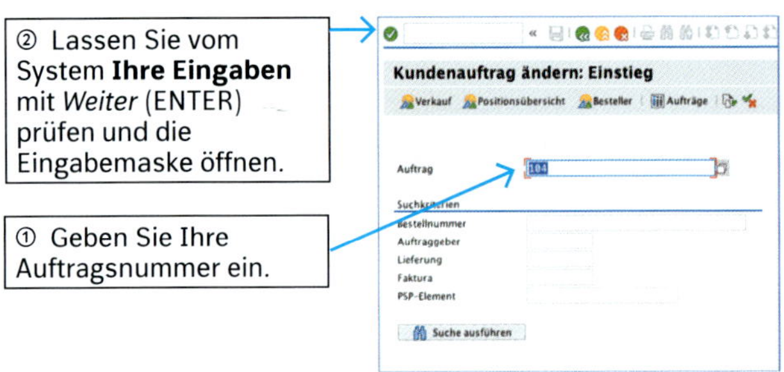

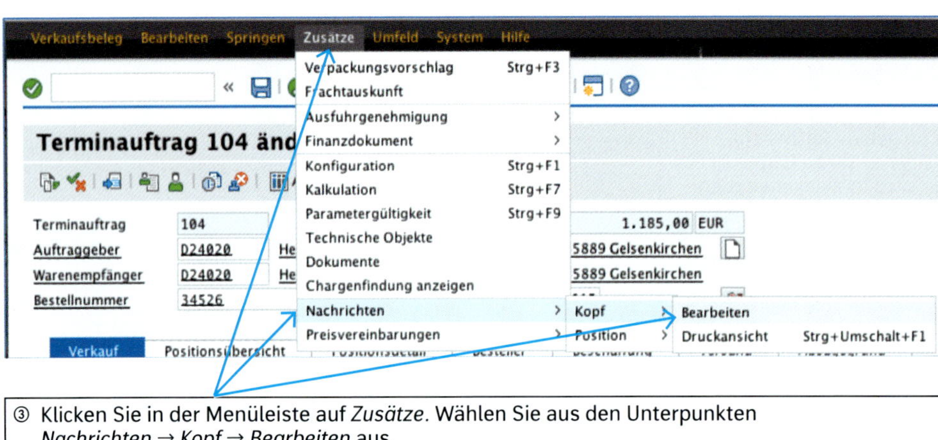

④ Klicken Sie auf das Feld *Nach* ... und öffnen Sie die Wertehilfe.

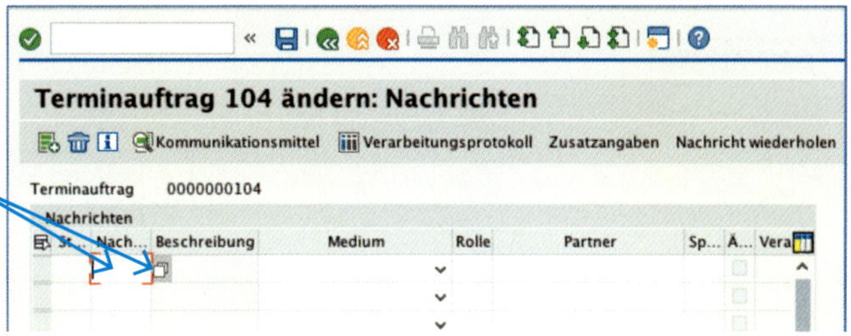

⑤ Wählen Sie die Eingabemöglichkeit *BA00 Auftragsbestätigung* durch Markieren aus und stoßen Sie die Übernahme mit dem grünen Haken an.

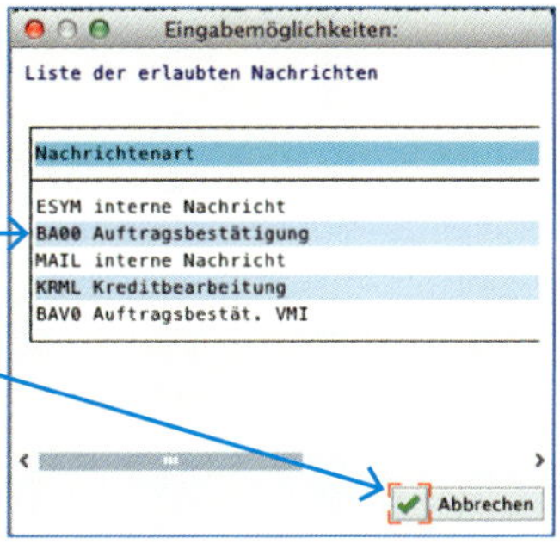

⑥ Klicken Sie auf das Feld *Medium*, öffnen Sie die Wertehilfe und wählen Sie *1 Druckausgabe*.

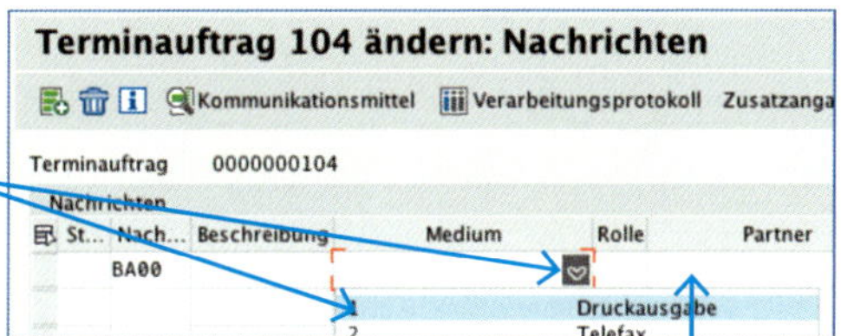

⑦ Öffnen Sie mit einem Doppelklick in das Feld *Partner* die Druckerauswahl.

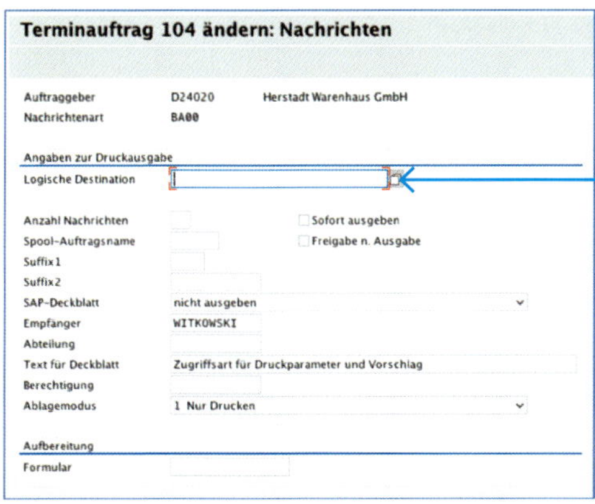

⑧ Mit einem Klick auf die Eingabehilfe im Feld Logische Destination erscheint die Druckersuche für das System.

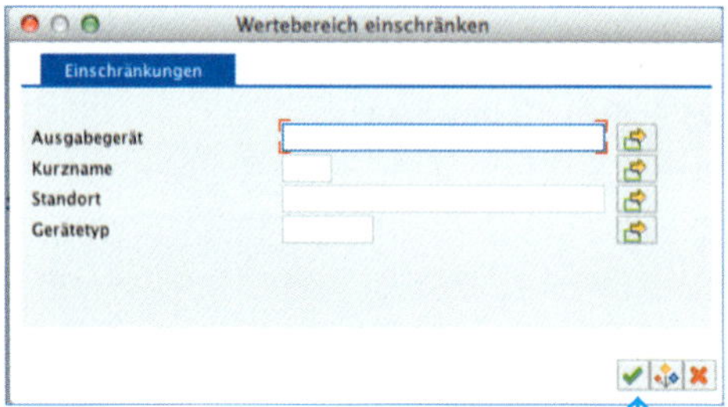

⑨ Stoßen Sie die Suche ohne weitere Eingaben mit *Weiter* (ENTER) an.

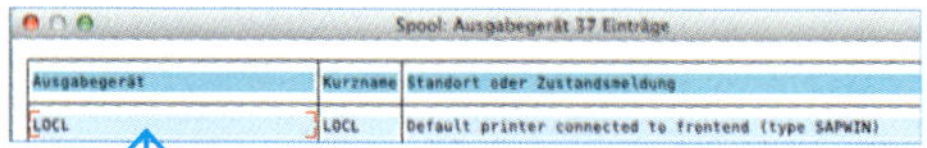

⑩ Wählen Sie in der erscheinenden Liste per Doppelklick den Drucker *LOCL* aus.

⑫ Gehen Sie auf die vorherige Seite zurück.

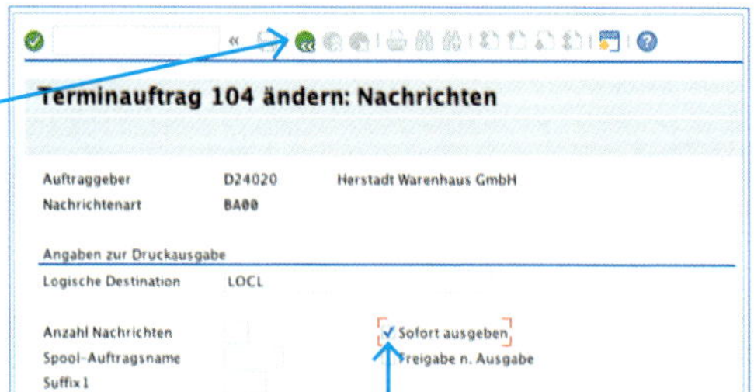

⑪ Setzen Sie einen Haken bei *Sofort ausgeben*.

⑬ Sichern Sie Ihre Eingaben mit einem Klick auf das Speichersymbol.

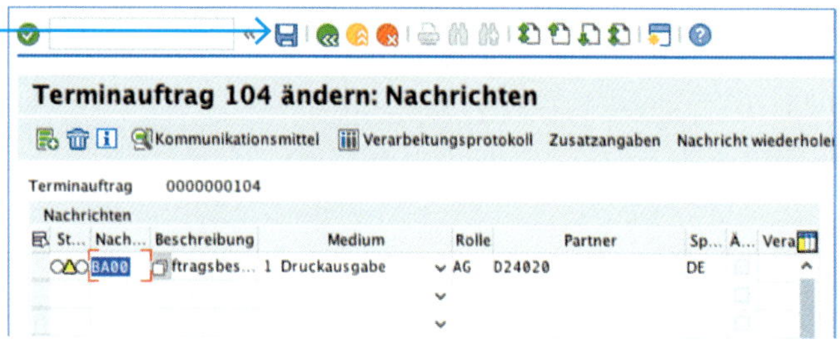

Das System springt danach automatisch in die Einwahlmaske für die Änderung eines Terminauftrages zurück.

⑭ Öffnen Sie in der Menüleiste das Untermenü für *Verkaufsbelege* und wählen Sie dort die Funktion *Ausgeben* aus.

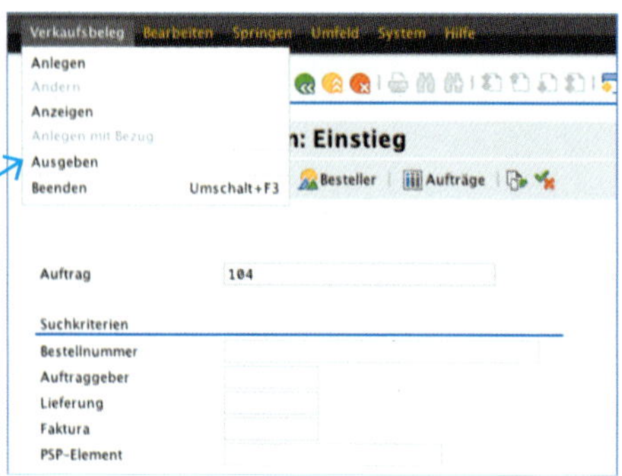

⑮ Markieren Sie die gesamte Zeile.

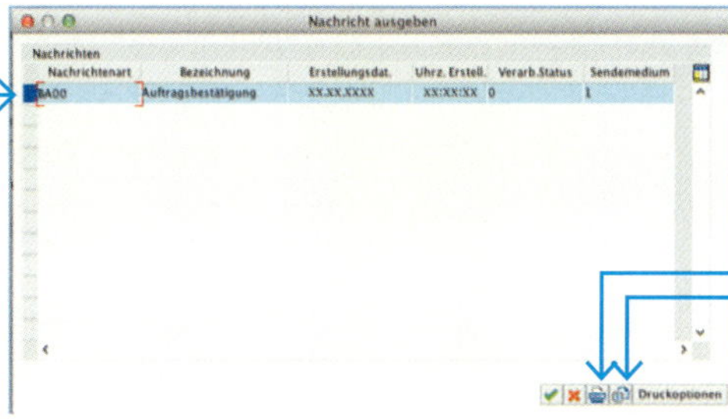

⑯ Wählen Sie die Funktion *Drucken* oder *Druckausgabe* aus.

Nach der Wahl der Druckfunktion wird die Auftragsbestätigung entweder auf dem Bildschirm angezeigt oder gedruckt.

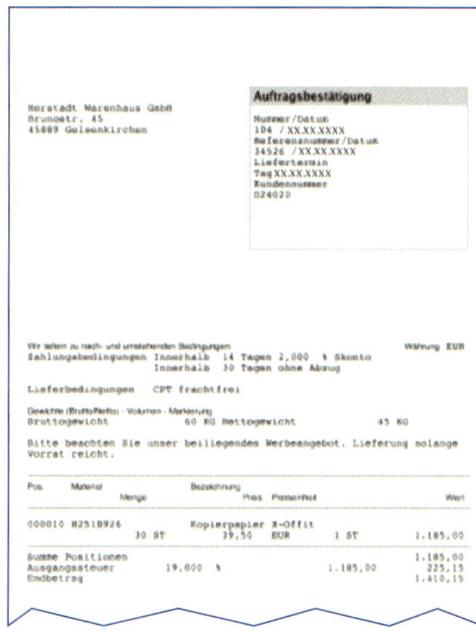
Horstadt Warenhaus GmbH
Brunostr. 45
45889 Gelsenkirchen

Auftragsbestätigung

Nummer/Datum
104 / XX.XX.XXXX
Referenznummer/Datum
34526 / XX.XX.XXXX
Liefertermin
Tag XX.XX.XXXX
Kundennummer
D24020

Wir liefern zu nach- und umstehenden Bedingungen — Währung EUR
Zahlungsbedingungen Innerhalb 14 Tagen 2,000 % Skonto
Innerhalb 30 Tagen ohne Abzug

Lieferbedingungen CPT frachtfrei

Gewichte (Brutto/Netto) - Volumen - Markierung
Bruttogewicht 60 KG Nettogewicht 45 KG

Bitte beachten Sie unser beiliegendes Werbeangebot. Lieferung solange Vorrat reicht.

Pos.	Material	Menge	Bezeichnung	Preis	Preiseinheit	Wert
000010	H2518926	30 ST	Kopierpapier X-Offit	39,50 EUR	1 ST	1.185,00

Summe Positionen			1.185,00
Ausgangssteuer	19,000 %	1.185,00	225,15
Endbetrag			1.410,15

Mit dem Ausdruck und dem Versenden der Auftragsbestätigung gilt der Kaufvertrag als geschlossen. Damit verpflichtet sich die Primus GmbH, dem Kunden das bestellte Material zum gewünschten Preis sowie zum gewünschten Datum am vereinbarten Ort zur Verfügung zu stellen und nach erfolgreichem Zahlungseingang das Eigentum an dem Artikel zu verschaffen. Im Gegenzug verpflichtet sich der Kunde zur Abnahme des Materials zum vereinbarten Datum am abgesprochenen Ort und zur Zahlung des Kaufpreises innerhalb der Zahlungsfrist (Verpflichtungsgeschäft).

Der Kundenauftrag wird nach seiner Erfassung in der Liste der Aufträge und in der aktuellen Bedarfs- und Bestandsliste angezeigt.

Liste der Aufträge anzeigen

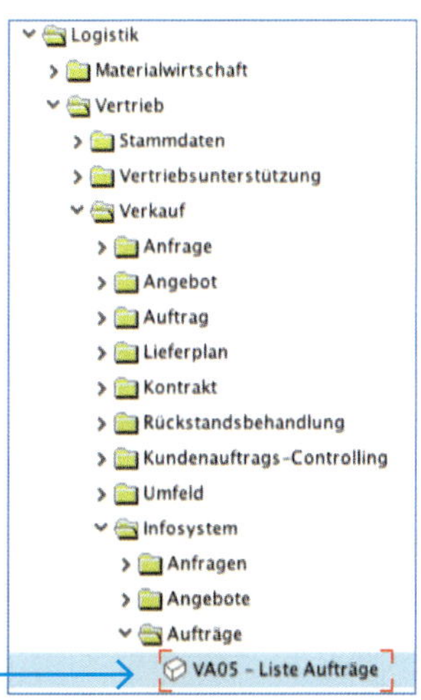

Mit einem Doppelklick wird die Transaktion *VA05 – Liste Aufträge* gestartet.

② Stoßen Sie die Funktion mit *Weiter* (ENTER) an.

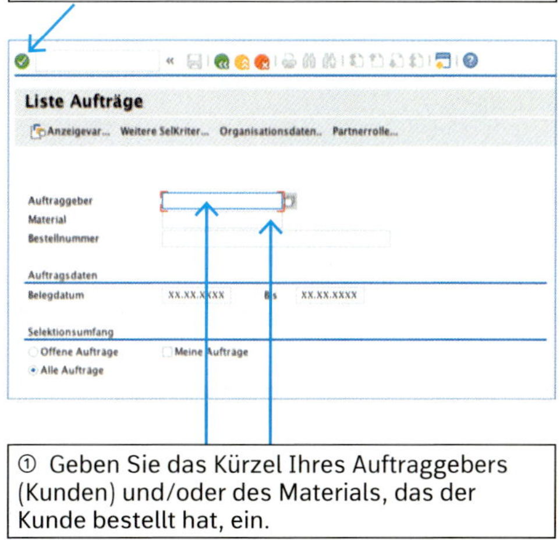

① Geben Sie das Kürzel Ihres Auftraggebers (Kunden) und/oder des Materials, das der Kunde bestellt hat, ein.

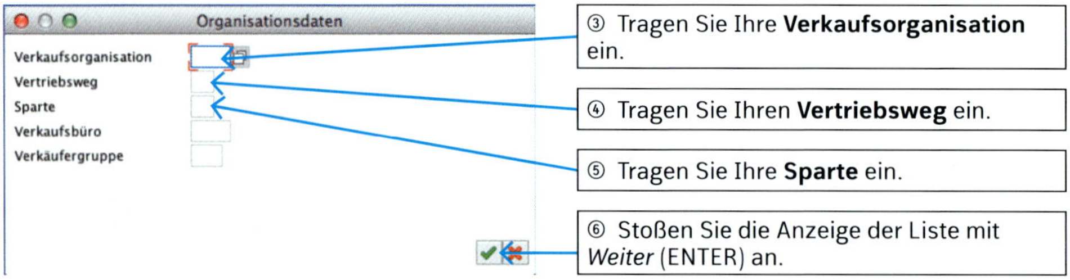

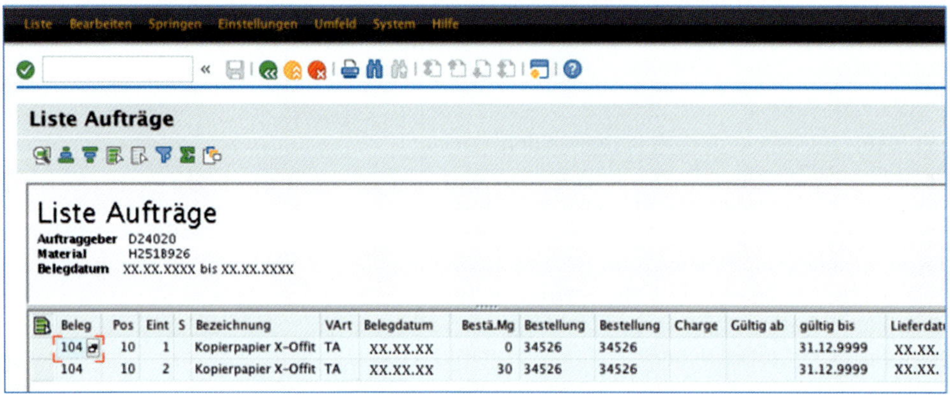

Mit der **Liste der Aufträge** können alle Kundenaufträge eines Materials, eines Kunden oder eine Kombination von Material und Kunden im System herausgesucht werden. Es können aber auch alle Kundenaufträge für eine Organisationseinheit wie z.B. die Verkaufsorganisation selektiert werden. Damit ist es möglich, sich sehr schnell einen Überblick über eingegangene Kundenaufträge zu verschaffen und Statistiken, z.B. zur Nachfrage nach einem Produkt innerhalb einer bestimmten Zeit, zu erstellen.

Ein weiteres Instrument zur Überwachung und Steuerung von Vertriebsprozessen ist die **aktuelle Bedarfs- und Bestandsliste**. Sie zeigt jederzeit den aktuellen Lagerbestand und alle aktuellen Stände geplanter Beschaffungs- und Vertriebsprozesse an, solange die Materialbewegungen der Prozesse noch nicht abgeschlossen sind. Sie wird deshalb auch als dynamische Liste bezeichnet.

Aktuelle Bedarfs- und Bestandsliste nach dem Anlegen des Terminauftrags anzeigen

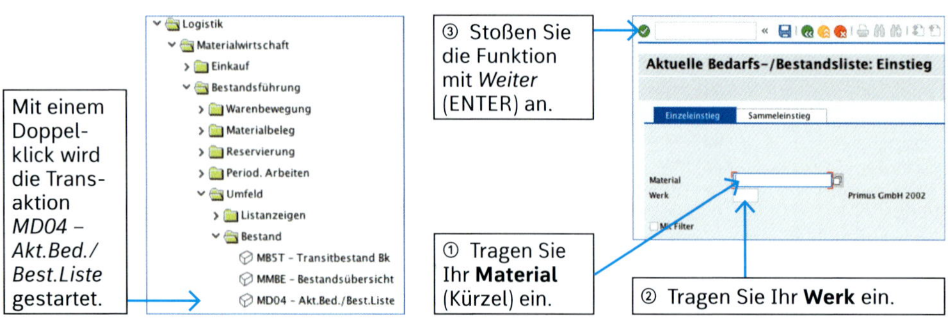

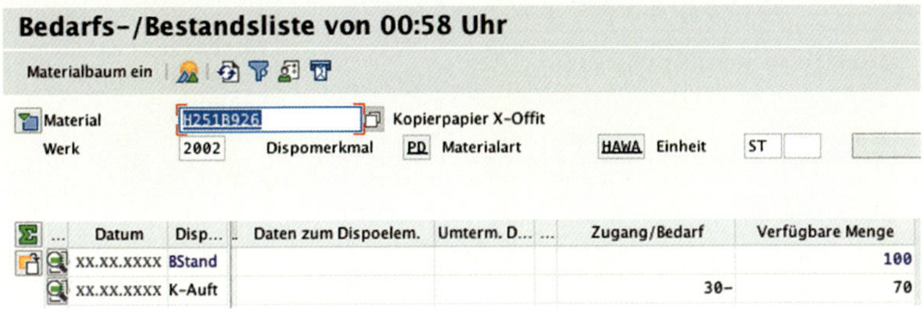

■ Die Auslieferung, der innerbetriebliche Transportauftrag und der Warenausgang

Bevor der Warenausgang erfolgen kann, muss das zu liefernde Material kommissioniert und verpackt werden. Dabei wird das Material aus dem Lager entnommen und mit allen anderen vom Kunden bestellten Artikeln verpackt. Danach werden die Materialien in den Warenausgangsbereich des Lagers gebracht. Dort werden die Materialien in ein Fahrzeug verladen und zusammen mit dem Lieferschein an den Kunden versandt. Damit erfüllt die Primus GmbH einen Teil ihrer Verpflichtungen aus dem Kaufvertrag. Im ERP-System werden für den Versand zunächst eine **Auslieferung** und mit ihr der **Lieferschein** erstellt. Auf dieser Basis wird den Lagermitarbeitern mithilfe eines innerbetrieblichen **Transportauftrags** aus dem System mitgeteilt, welche Materialien zu kommissionieren und in welchen Bereich für den Versand diese zu bringen sind. Der **Warenausgang** wird dann nach dem Versand in der Auslieferung vermerkt und parallel automatisch im Bereich Finanzbuchhaltung gebucht.

Auslieferung anlegen

Mit einem Doppelklick wird die Transaktion *VL01N* – (Auslieferung) *mit Bezug auf Kundenauftrag anlegen* gestartet.

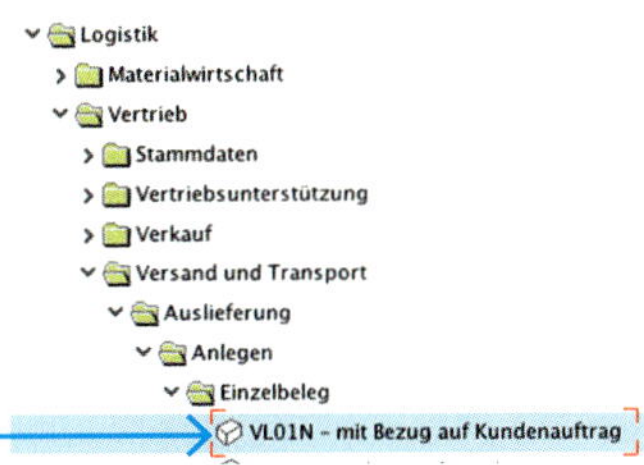

④ Stoßen Sie die Anlage der Auslieferung mit *Weiter* (ENTER) an.

① Geben Sie im Feld *Versandstelle* Ihre **Versandstelle** ein. (Die Nummer wird Ihnen vorgegeben.)

② Geben Sie im Feld *Selektionsdatum* ein Datum ein, das ca. 14 Tage in der Zukunft liegt.

③ Geben Sie im Feld *Auftrag* **die Nummer Ihres Terminauftrages** ein.

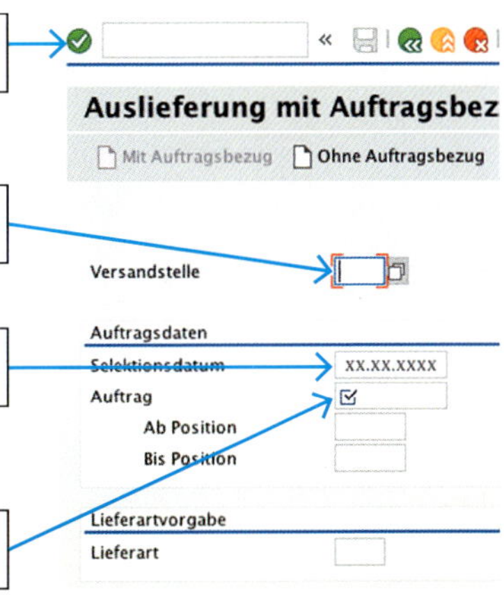

⑤ Sichern Sie Ihre Eingabe durch Klick auf *Speichern*.

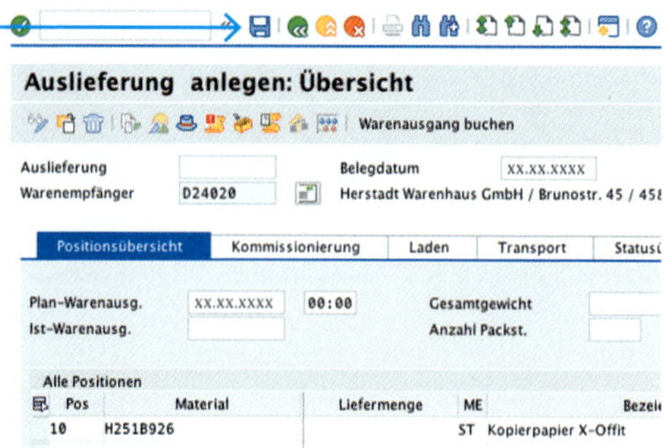

⑥ Notieren Sie **Ihre Auslieferungsnummer** in Ihren Unterlagen.

Lieferschein erstellen und ausdrucken

Mit einem Doppelklick wird die Transaktion *VL02N – (Auslieferung ändern)* Einzelbeleg gestartet.

② Stoßen Sie die Öffnung der Auslieferung mit *Weiter* (ENTER) an.

① Geben Sie im Feld Auslieferung die Nummer Ihrer Auslieferung ein.

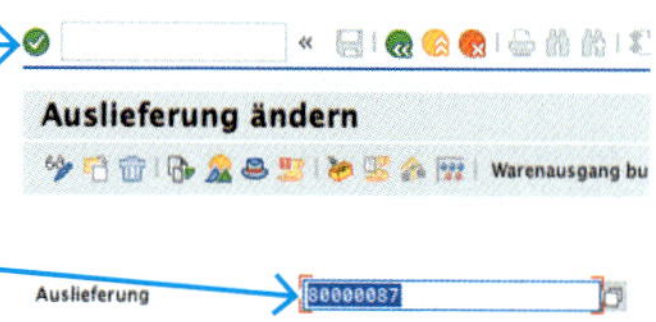

③ Wählen Sie in der Menüleiste den Pfad *Liefernachrichten* → *Kopf* aus.

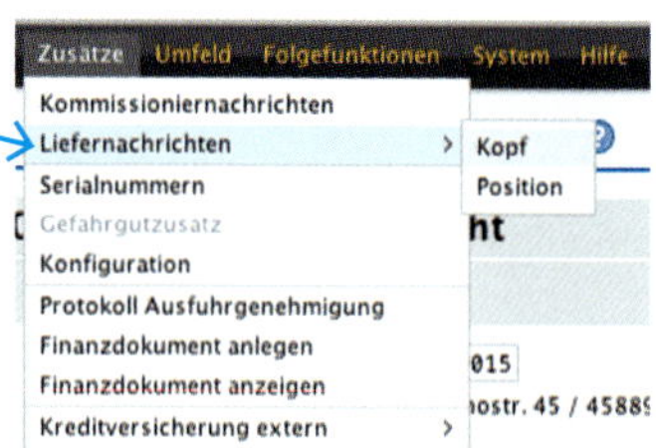

Es erscheint die folgende Maske:

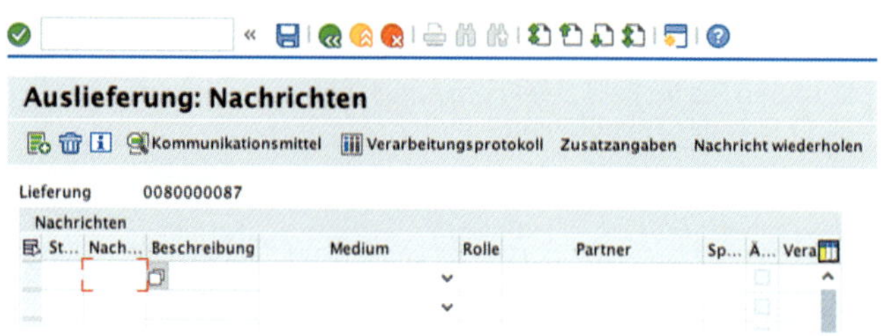

④ Suchen Sie in der Wertehilfe zum Feld Nachrichten die Wahl *LD00 Lieferschein* heraus und wählen Sie diese mit einem Doppelklick aus.

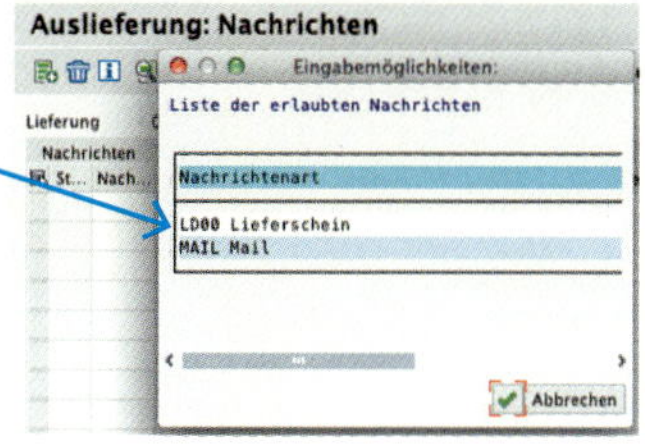

⑤ Klicken Sie in das Feld *Medium* und wählen Sie in der Werteliste *Druckausgabe* mit einem Doppelklick aus.

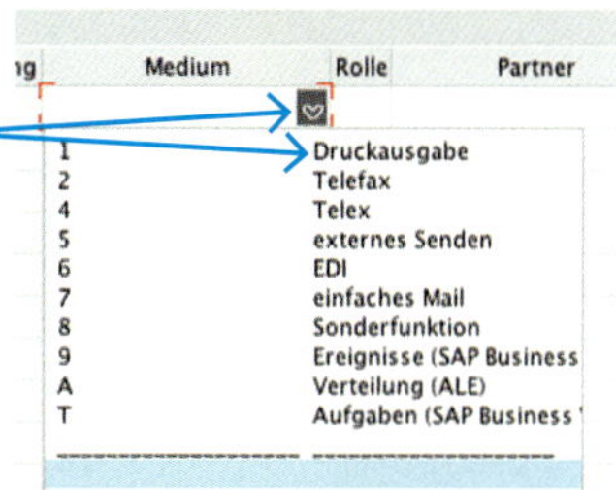

⑥ Führen Sie einen Doppelklick in dem Feld *Partner* aus.

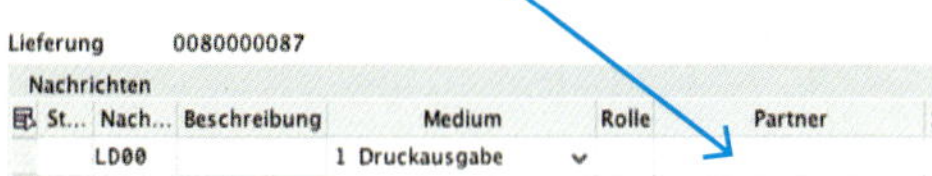

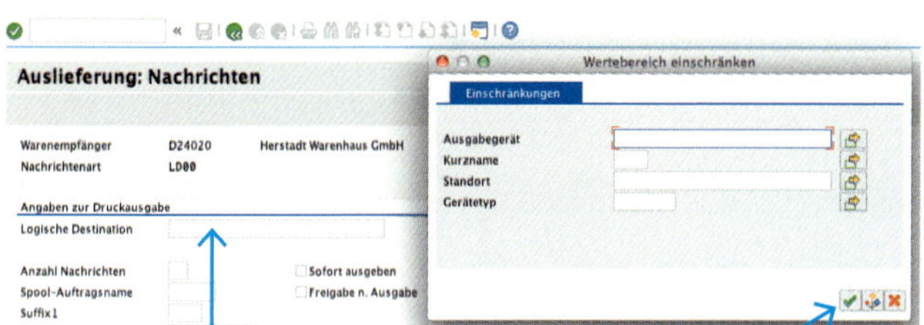

⑦ Klicken Sie in das Feld *Logische Destination* und öffnen Sie die Wertehilfe.

⑧ Stoßen Sie die Auswahl mit *Weiter* (ENTER) an.

⑨ Wählen Sie den lokalen Drucker mit einem Doppelklick auf *LOCL* aus.

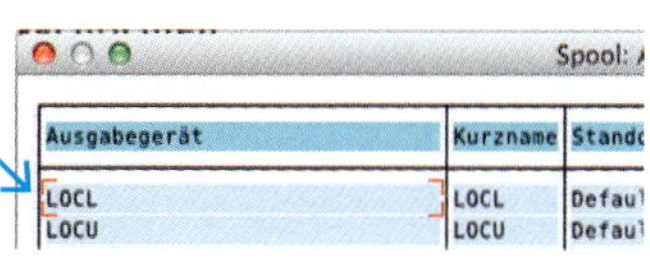

⑪ Gehen Sie zur Nachrichtenanlage zurück.

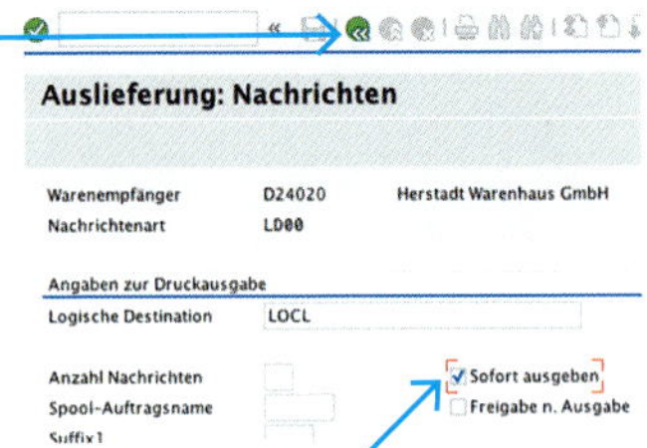

⑩ Wählen Sie *Sofort ausgeben* durch Anklicken aus.

⑫ Gehen Sie zur Auslieferung zurück.

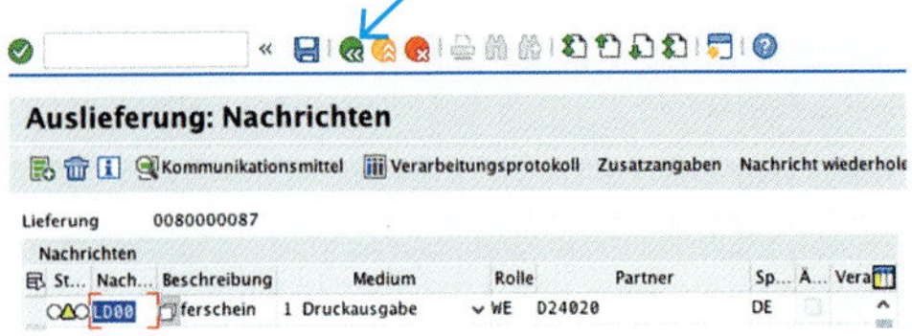

⑬ Speichern Sie das Anlegen der Nachricht.

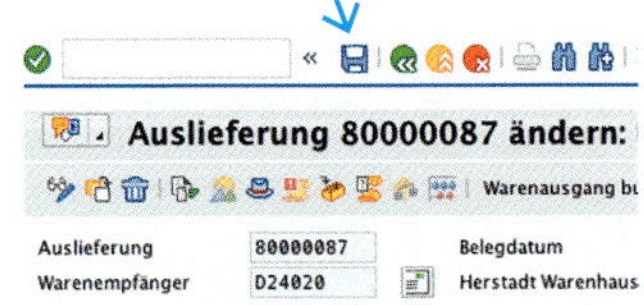

⑭ Wählen Sie die Funktion *Liefernachrichten ausgeben* aus.

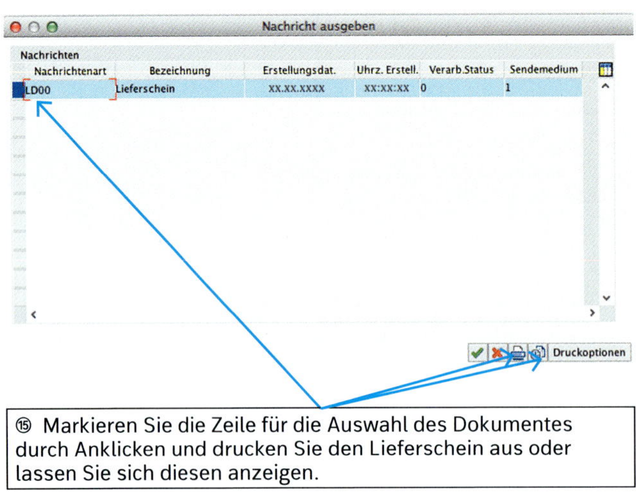

⑮ Markieren Sie die Zeile für die Auswahl des Dokumentes durch Anklicken und drucken Sie den Lieferschein aus oder lassen Sie sich diesen anzeigen.

Lieferschein

Herstadt Warenhaus GmbH
Brunostr. 45
45889 Gelsenkirchen

Versandinformationen	
Lieferscheinnr./-datum	80000087 / XX.XX.XXXX
Bestnr.Kunde/-datum	34526 / XX.XX.XXXX
Auftragsnr./-datum	104 / XX.XX.XXXX
Kundennummer	D24020

Bedingungen	
Versand	standard
Lieferung	CPT frachtfrei

Gewichte - Volumen		
Gesamtgewicht	60	KG
Nettogewicht	45	KG

Versanddetails

Position	Material Bezeichnung	Menge	Gewicht
000010	H251B926 Kopierpapier X-Offit	30 ST	60 KG

Der **Terminauftrag** ist der **zentrale Beleg des Vertriebsprozesses**. Mit seiner Hilfe kann jederzeit das Fortschreiten des Prozesses nachvollzogen und kontrolliert werden. Das dafür eingesetzte Instrument ist der **Belegfluss**. Er zeigt **alle Belege des Vertriebsprozesses** an, die bereits erstellt oder bearbeitet worden sind, und **ermöglicht das Verzweigen zu diesen Belegen**. Nach dem Anlegen der Auslieferung werden im Belegfluss der Terminauftrag selbst mit dem Status erledigt und die Auslieferung mit dem Status offen angezeigt.

Belegfluss des Terminauftrags anzeigen

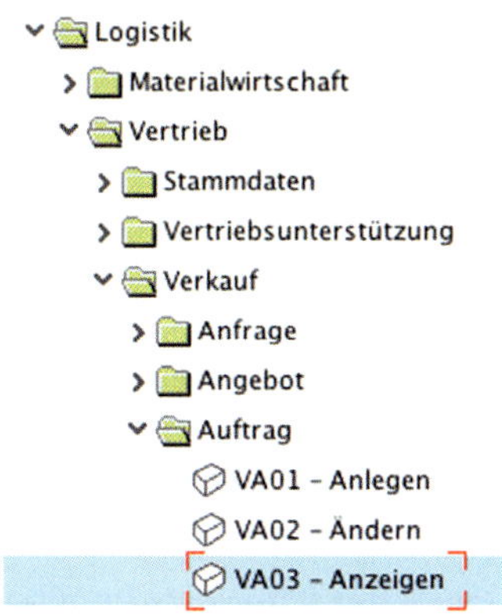

Mit einem Doppelklick wird die Transaktion *VA03 – Anzeigen (eines Auftrages)* gestartet.

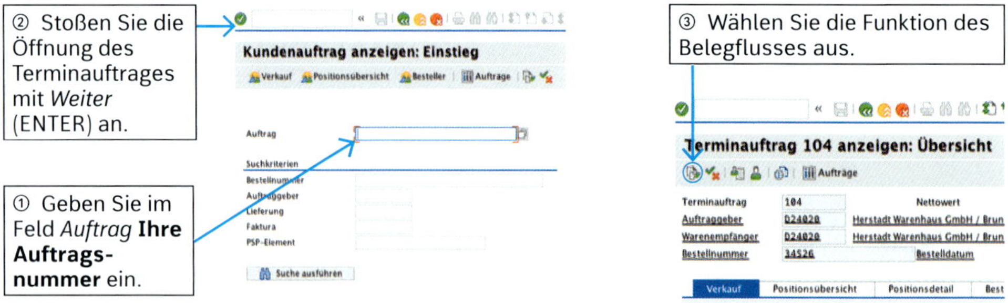

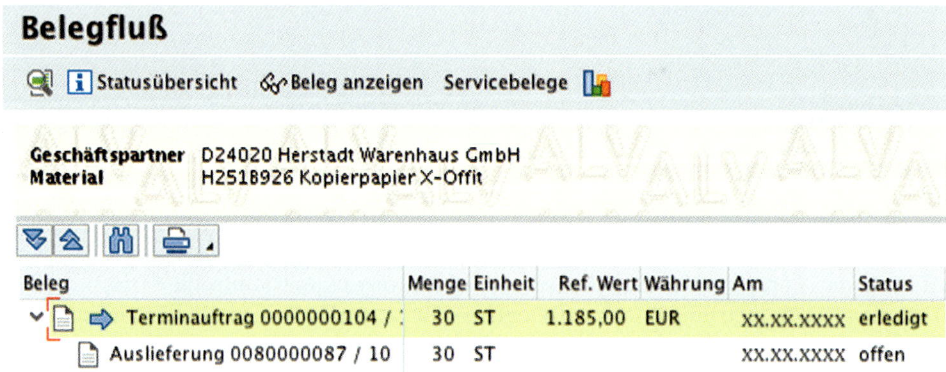

Liste der Aufträge nach der Pflege der Auslieferung anzeigen

Öffnen Sie die Liste wie oben beschrieben.

Die Liste enthält lediglich Aussagen zum Terminauftrag und zeigt ebenfalls als Status für den Terminauftrag „erledigt“ an. Die vollständige Bearbeitung des Vertriebsprozesses ist für dessen Erledigung nicht ausschlaggebend. Es genügt aus Sicht des Verkäufers, dass die Auslieferung angestoßen worden ist.

Treten zu einem späteren Zeitpunkt Fragen zu einem Terminauftrag auf, so können die Terminaufträge auch über diese Liste jederzeit ermittelt und im System angezeigt werden.

Aktuelle Bedarfs- und Bestandsliste nach der Pflege der Auslieferung kontrollieren

Öffnen Sie die Liste wie oben beschrieben.

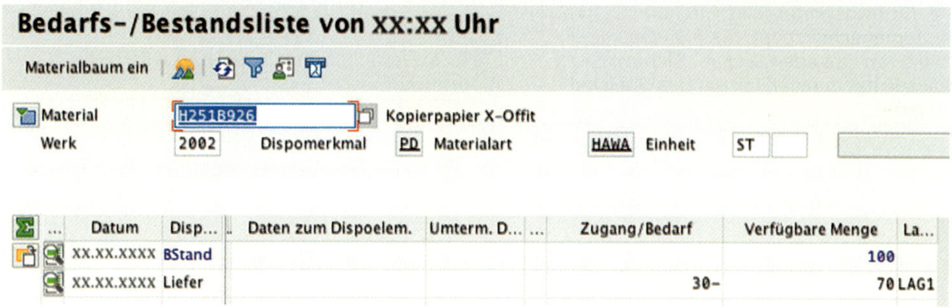

Die aktuelle Bedarfs- und Bestandsliste zeigt nach der Pflege der Auslieferung und damit nach der Erzeugung des Lieferscheins anstelle des Kundenauftrags die noch offene aber bereits geplante Lieferung an. Die Materialien für die Lieferung sind durch das Anlegen der Auslieferung für die Lieferung reserviert und können nicht anderweitig verwendet werden. Erkennbar ist spätestens auch zu diesem Zeitpunkt, aus welchem Lagerort der Lieferbestand entnommen werden soll.

Ist der Lieferschein erstellt worden, so muss das Material im Lager für den Kunden kommissioniert, verpackt und anschließend in die Warenausgangszone des Lagers gebracht werden. Dies wird mit dem Transportauftrag angestoßen. Er enthält die für die Lagermitarbeiter notwendigen Informationen.

Transportauftrag erzeugen

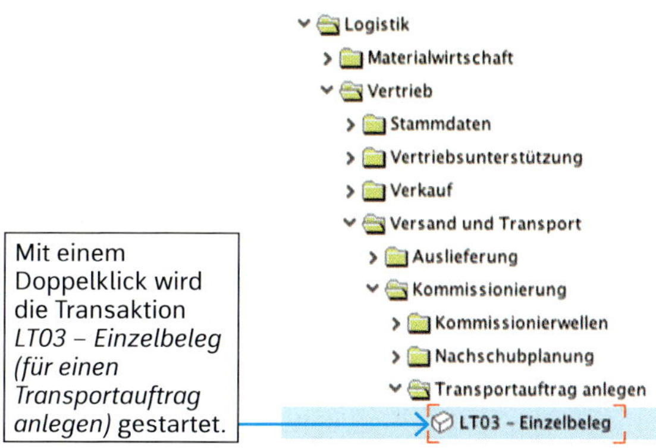

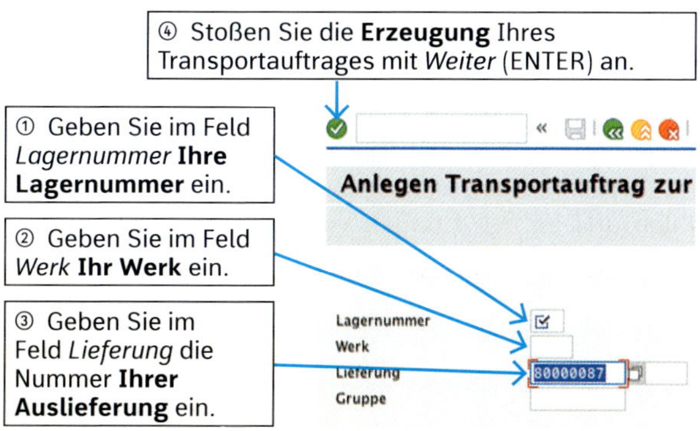

⑤ Ihr Transportauftrag wird vom System automatisch erzeugt. Sie müssen keine weiteren Eingaben tätigen. **Sichern** Sie diesen mit einem Klick auf das Speichersymbol.

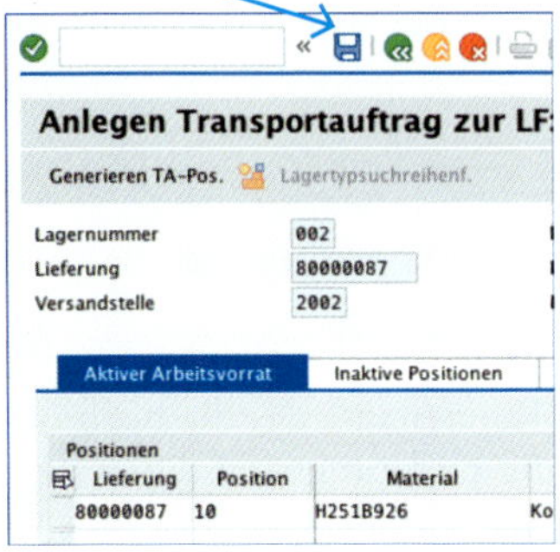

⑥ Notieren Sie **Ihre Transportauftragsnummer**.

Den Belegfluss des Terminauftrags nach der Pflege des Transportauftrags erkunden

Öffnen Sie wie oben beschrieben erneut den Belegfluss des Terminauftrags.

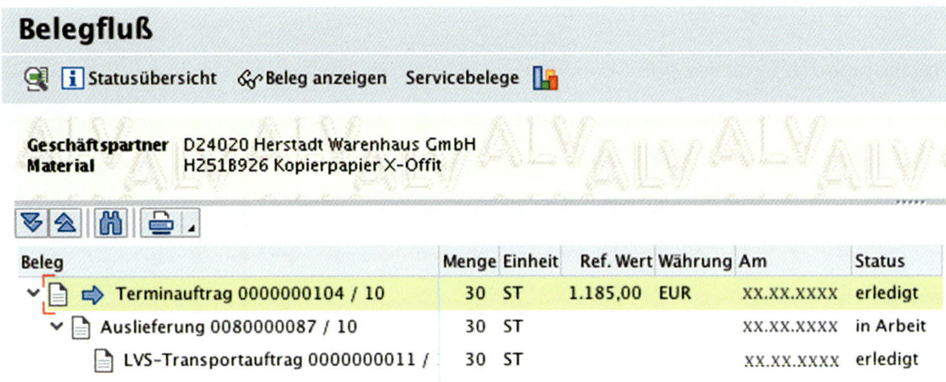

Der Belegfluss wurde wiederum um den bearbeiteten Prozessschritt ergänzt. Gleichzeitig ist zu erkennen, dass der Transportauftrag keinen Einfluss auf den Abschluss der Auslieferung hat. Jedoch wird diese jetzt als **in Arbeit** angezeigt und nicht mehr als **offen**, da mit dem Transportauftrag ihre Bearbeitung begonnen hat.

Da es sich beim Transportauftrag um einen **innerbetrieblichen Beleg** zur Steuerung der Kommissionierung handelt, hat dieser **keine Auswirkungen auf den Warenbestand**. In der aktuellen Bedarfs- und Bestandsliste ist daher keine Änderung erkennbar.

Nach der Bearbeitung des Transportauftrags befindet sich das Material in der Warenausgangszone. Nun muss es noch verladen und an den Kunden versandt werden. Mit dem Versand kann der Warenausgang erfasst werden.

Warenausgang erfassen

Mit einem Doppelklick wird die Transaktion *VL02N – Auslieferung Einzelbeleg (Warenausgang buchen)* gestartet.

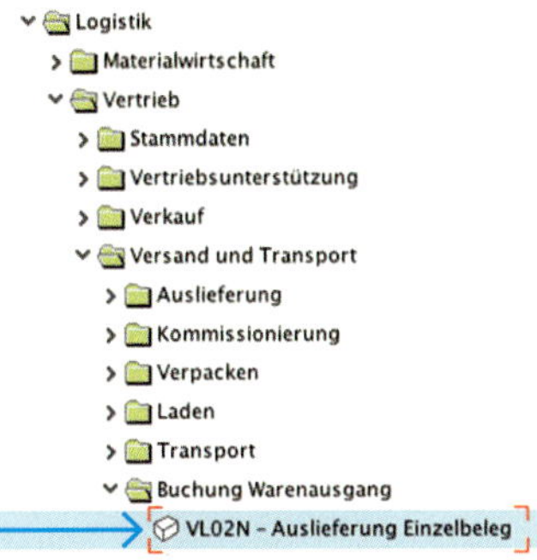

② Stoßen Sie das Öffnen Ihrer Auslieferung mit *Weiter* (ENTER) an.

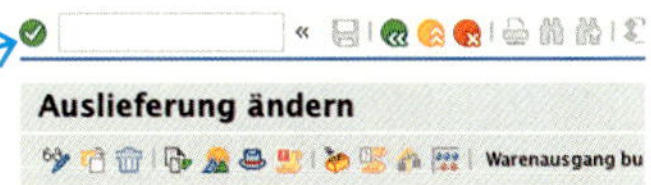

① Geben Sie im Feld *Auslieferung* **Ihre Auslieferungsnummer** ein.

③ Prüfen Sie die Eintragungen im Auslieferungsbeleg und buchen Sie anschließend den Warenausgang.

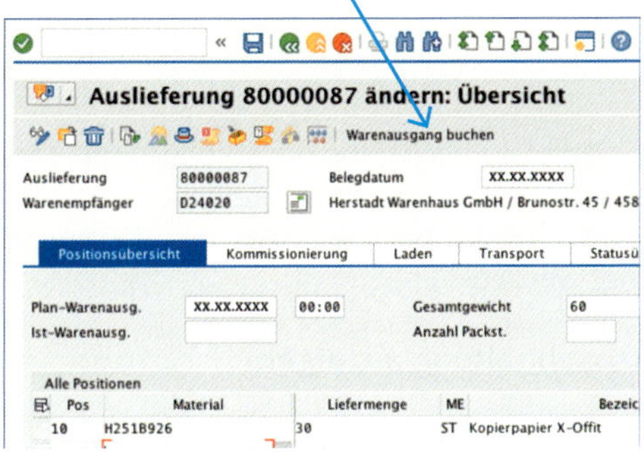

Nach dem Buchen des Warenausgangs wird die Auslieferung erneut gesichert.

Nach der Erfassung des Warenausgangs wird der Lagerbestand in der aktuellen Bedarfs- und Bestandsliste aktualisiert. Öffnen Sie dazu die aktuelle Bedarfs- und Bestandsliste wie oben beschrieben.

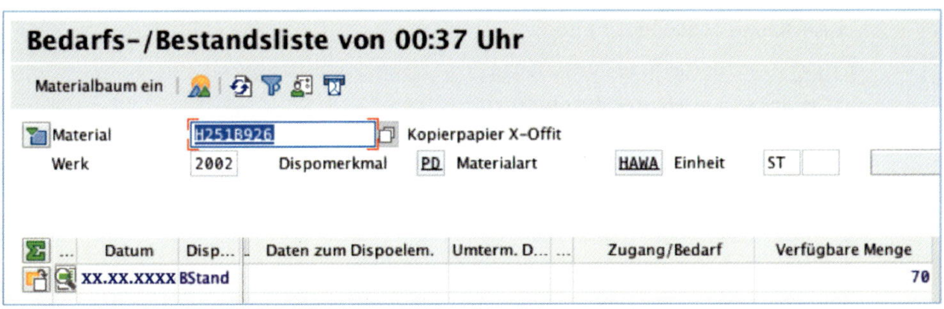

Durch den Warenausgang sind die Warenbewegungen zum geplanten Auftrag abgeschlossen. Er wird nicht mehr in der Liste angezeigt. Hier wird die **Dynamik der Liste** deutlich, stets nur aktuelle geplante und noch nicht abgeschlossene Vorgänge anzuzeigen. Ebenfalls automatisch aktualisiert wurde der Lagerbestand, der sich um die ausgelieferte Menge verringert hat.

Belegfluss des Kundenauftrags nach Erfassung des Warenausgangs anzeigen

Öffnen Sie den Belegfluss des Kundenauftrags wie oben beschrieben.

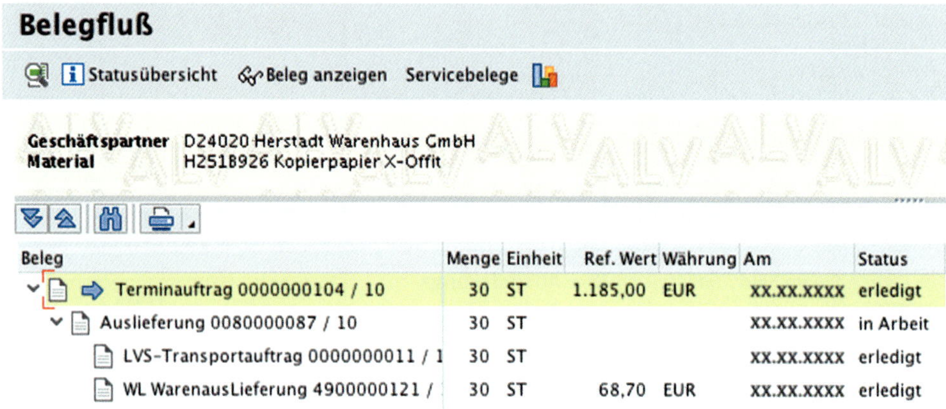

Auch der Belegfluss des Kundenauftrags wurde wiederum um den bearbeiteten Prozessschritt ergänzt. Nun wird auch der Verrechnungspreis (Einstandspreis) für das Material angezeigt. Anhand des Belegflusses kann so der Deckungsbeitrag des Auftrags ermittelt werden.

Mit der Buchung des Warenausgangs in der Logistik ist gleichzeitig die vom System automatisch erzeugte Buchung des Warenausgangs in der Finanzbuchhaltung umgesetzt worden. Diese Buchung kann mit einem Doppelklick auf die Belegnummer des Warenausgangsbelegs über den Belegfluss direkt angezeigt werden.

Buchung des Warenausgangs in der Finanzbuchhaltung anzeigen

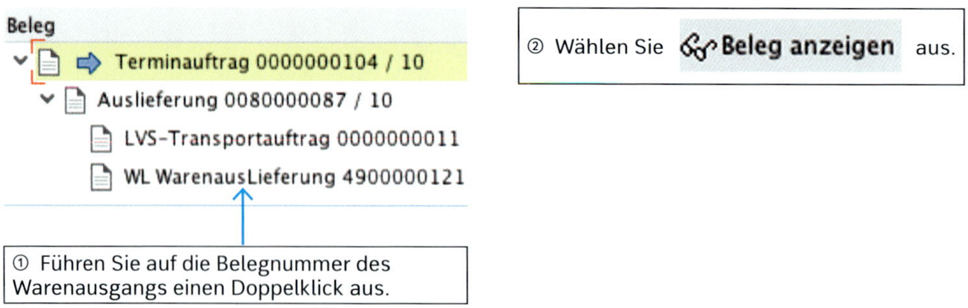

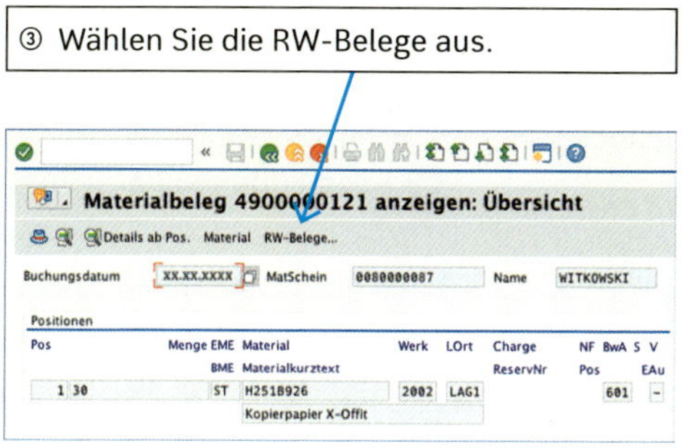

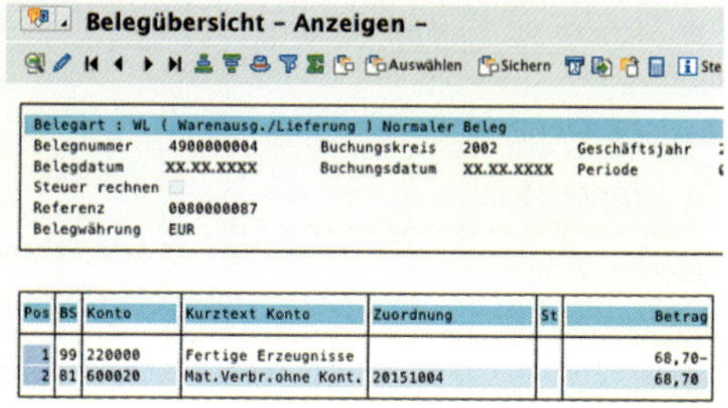

Betrachten Sie den Belegfluss des Terminauftrags näher, so ist erkennbar, dass die Schritte Terminauftrag, Transportauftrag und Warenausgang/Lieferung nach ihrer Bearbeitung des Warenausgangs jeweils den Status **erledigt** besitzen, die Auslieferung jedoch noch **in Arbeit** ist. Sie ist erst erledigt, wenn die zur Auslieferung gehörende Faktura (Ausgangsrechnung) erstellt worden ist.

■ Die Faktura

Die **Faktura oder Ausgangsrechnung** stellt einem Kunden den Wert der gelieferten Ware in Rechnung. Mit der Rechnung wird der Kunde endgültig über den zu zahlenden Betrag informiert. Erst mit der Rechnung wird deshalb auch die Höhe der Umsatzsteuer festgelegt.

Die Faktura wird vom ERP-System auf der Basis der erfassten Daten des Kundenauftrags und des Warenausgangs erstellt. Dabei werden **aus dem Kundenauftrag der Preis** und **aus dem Warenausgang die gelieferte Materialmenge** als Berechnungsbasis entnommen. So wird sichergestellt, dass immer nur die Materialmenge in Rechnung gestellt wird, die auch geliefert worden ist. Deshalb erfolgt die Rechnungserstellung i. d. R. erst nach dem Warenausgang.

Faktura erstellen

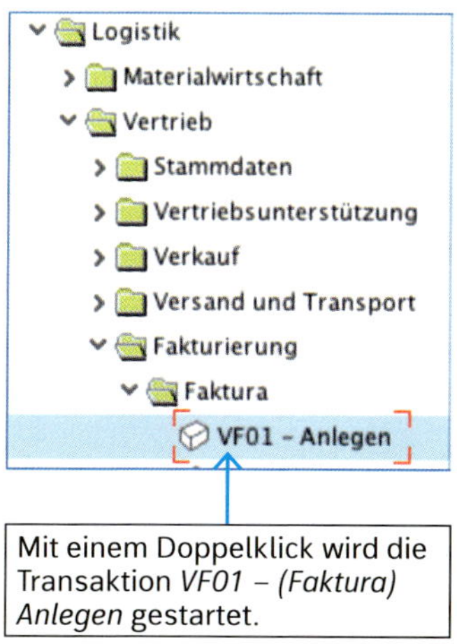

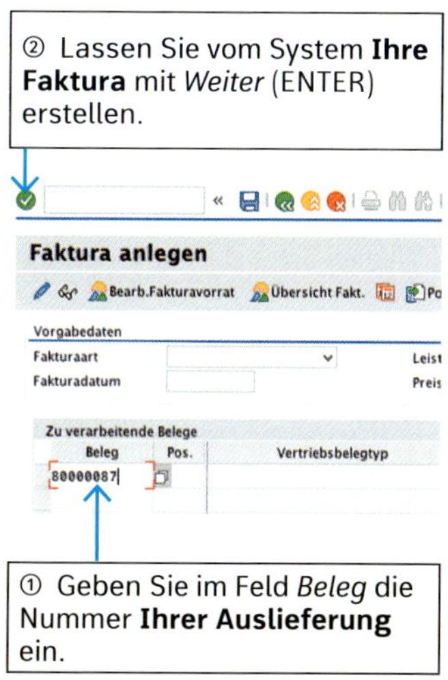

④ Sichern Sie **Ihre Rechnung** mit einem Klick auf das Speichersymbol.

③ Überprüfen Sie mit einem Klick auf *Preiskonditionen Kopf* nochmals die Rechnung.

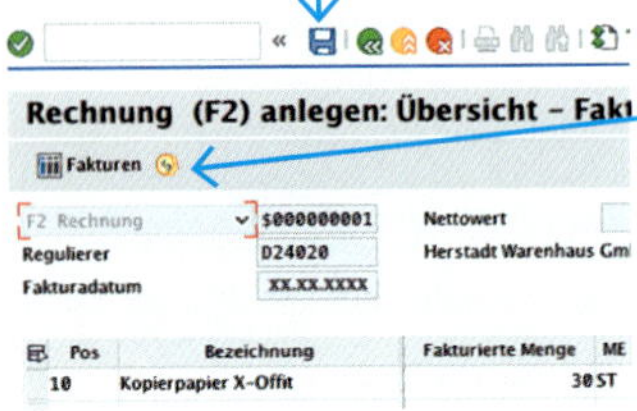

⑤ Notieren Sie sich Ihre Rechnungsnummer.

Nach der Erfassung der Rechnung kann diese ausgedruckt und versendet oder per E-Mail dem Kunden zugestellt werden.

Faktura ausdrucken

Mit einem Doppelklick wird die Transaktion *VF02 – (Faktura) Ändern* gestartet.

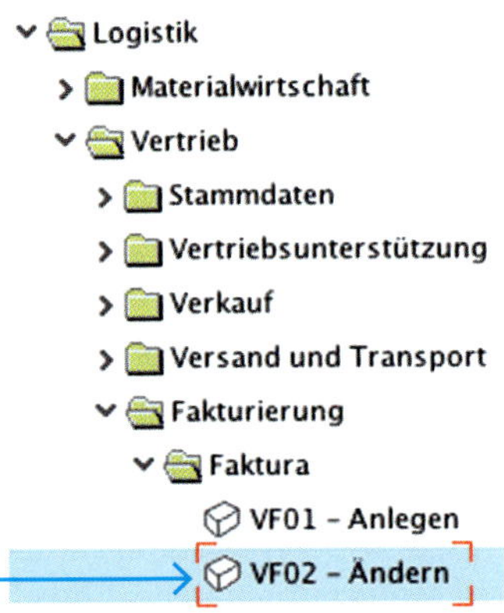

Geben Sie im Feld *Faktura* die Nummer Ihrer Faktura ein und öffnen Sie diese anschließend mit ENTER.

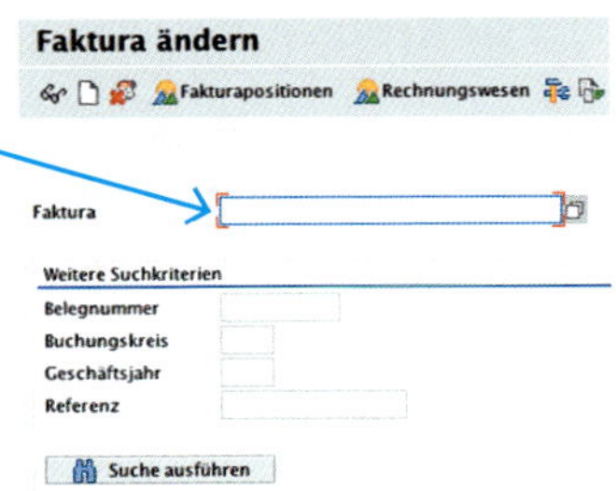

Wählen Sie in der Menüleiste den Pfad *Springen* → *Kopf* → *Nachrichten* aus.

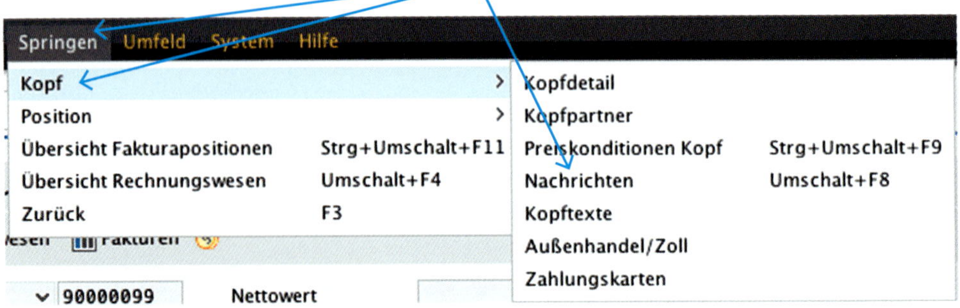

② Gehen Sie anschließend zur Funktion *Rechnung ändern* zurück.

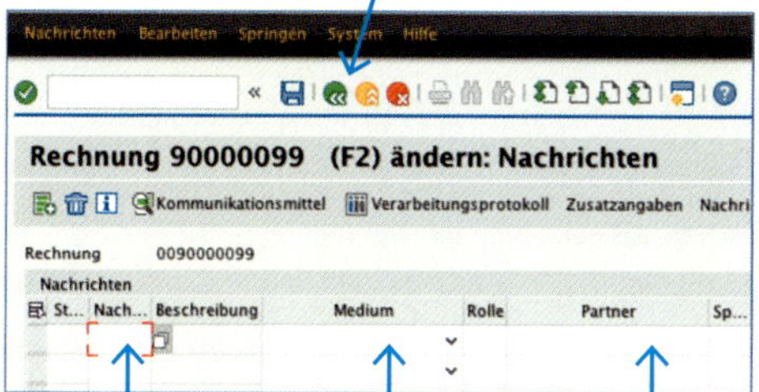

① Tätigen Sie die Eingaben in der Maske identisch zur Beschreibung des Lieferscheinausdruckes. Wählen Sie als Nachricht die Rechnung aus.

③ Speichern Sie die Nachricht zur Rechnung.

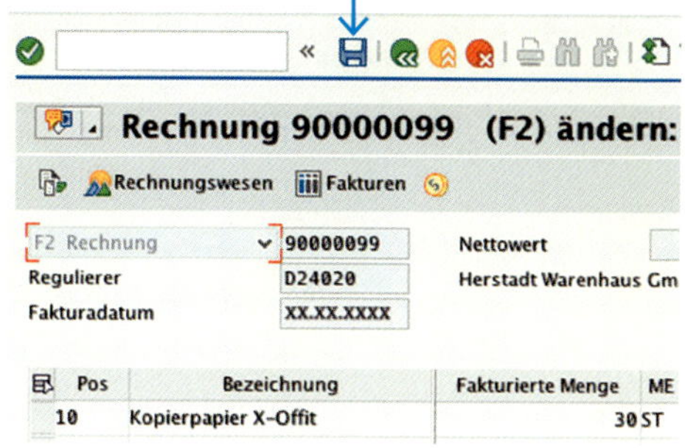

④ Wählen Sie in der Menüleiste den Pfad *Faktura* → *Ausgeben* aus.

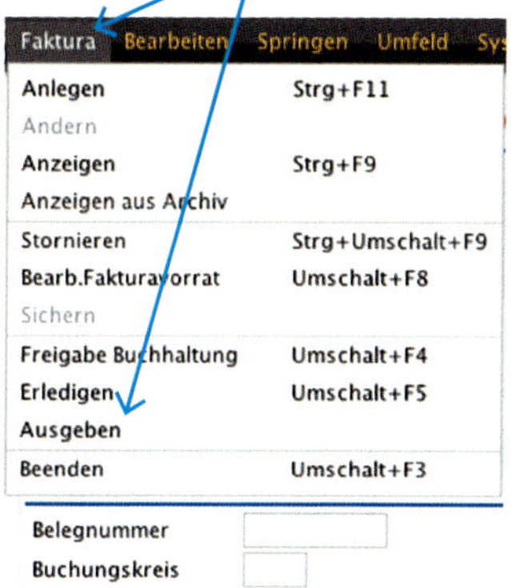

⑤ Wählen Sie Ihre Rechnung durch Anklicken aus und drucken Sie sie aus oder lassen Sie sich den Rechnungsbeleg anschließend anzeigen.

Rechnung

Herstadt Warenhaus GmbH
Brunostr. 45
D-45889 GELSENKIRCHEN

Zahlungsinformationen

Belegnr./-datum	90000099/ XX.XX.XXXX
Lieferscheinnr./-datum	80000087/ XX.XX.XXXX
Auftragsnr./-datum	104/ XX.XX.XXXX
Referenznr./-datum	34526/ XX.XX.XXXX
Ihre Steuernummer	DE180520453
Kunde	D24020
Währung	EUR
Rechnungsbetrag	1.410,15

Bedingungen

Zahlung Bis zum XX.XX.XXXX erhalten Sie 2,000 % Skonto
Bis zum XX.XX.XXXX ohne Abzug

Lieferung CPT
frachtfrei

Gewichte - Volumen

Bruttogewicht	60 KG
Nettogewicht	45 KG

Rechnungsdetails

Position	**Material** / **Bezeichnung** / **Preiskonditionen**	**Menge** / **Preis**		**Preiseinheit**	**Wert**
000010	H251B926	30	ST		
	Kopierpapier X-Offit				
	Brutto	39,50	EUR	1 ST	1.185,00
	Ausgangssteuer	19,00	%		225,15

Durch die Buchung der Rechnung wird **automatisch ein „offener Posten"** erstellt. Er dient zur **Überwachung der Zahlungseingänge** und bleibt bis zum erfolgten Zahlungseingang bestehen. Der offene Posten kann im **Bereich Rechnungswesen** direkt zum Debitorenkonto aufgerufen werden.

Den offenen Posten eines Kunden anzeigen

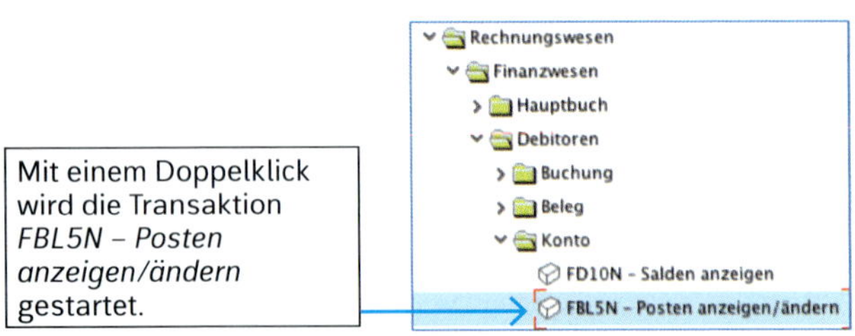

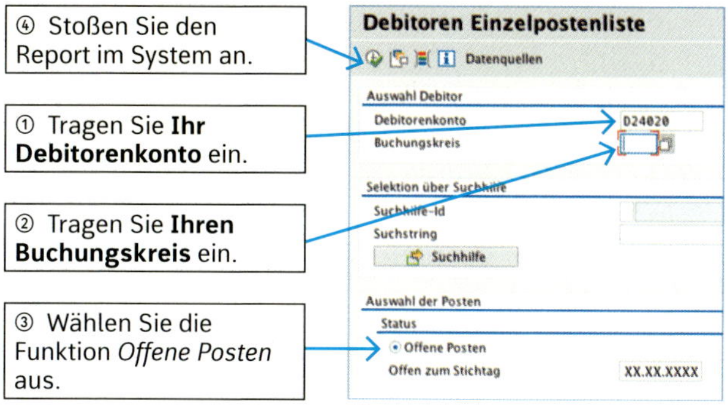

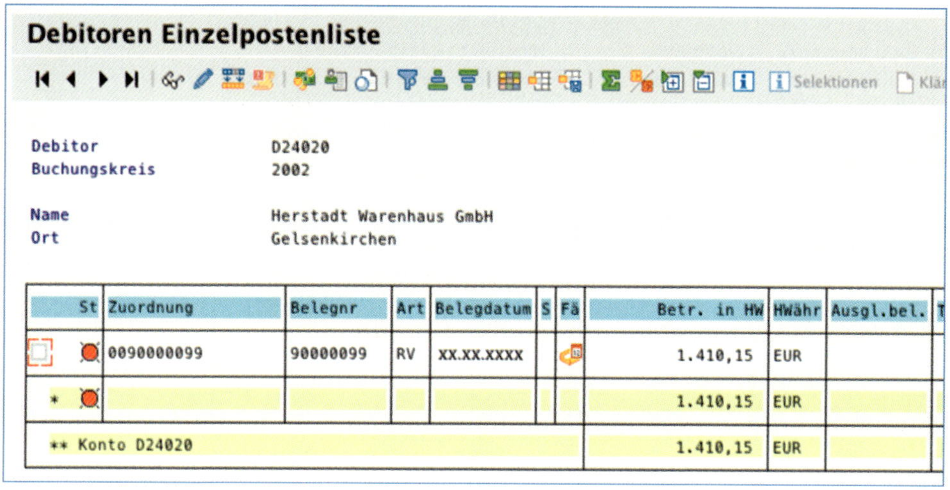

Auch die Erstellung der Rechnung wird im zentralen Beleg des Vertriebsprozesses, dem Terminauftrag, durch Ergänzung des Belegflusses dokumentiert.

Den Belegfluss des Terminauftrags nach Erzeugung der Faktura anzeigen

Öffnen Sie den Belegfluss wie oben beschrieben.

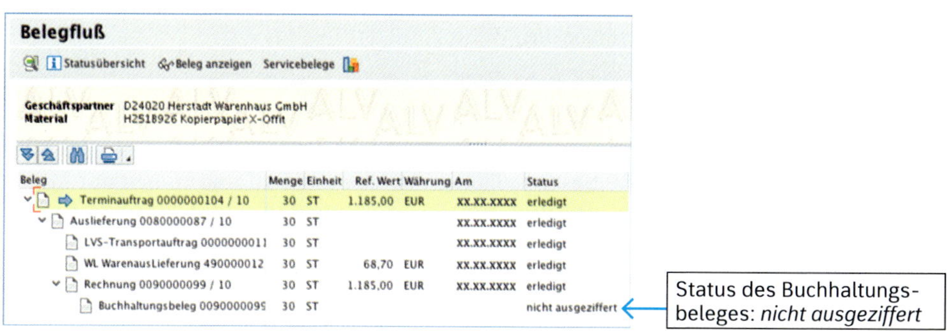

Nach der Erzeugung der Rechnung ist der Status aller Belege „erledigt“. Der Vertriebsprozess im logistischen Bereich ist beendet. Gleichzeitig ist anhand des Status des Buchungsbelegs der Rechnung „nicht ausgeziffert“ ersichtlich, dass die Rechnung noch nicht bezahlt worden ist.

Über den Belegfluss kann auch die **Buchung der Rechnung in der Finanzbuchhaltung** angesehen werden.

Die Buchung der Faktura in der Finanzbuchhaltung anzeigen

Markieren Sie im Belegfluss den Buchungsbeleg zur Faktura mit einem Doppelklick und wählen Sie in der Funktionszeile *Beleg anzeigen* aus.

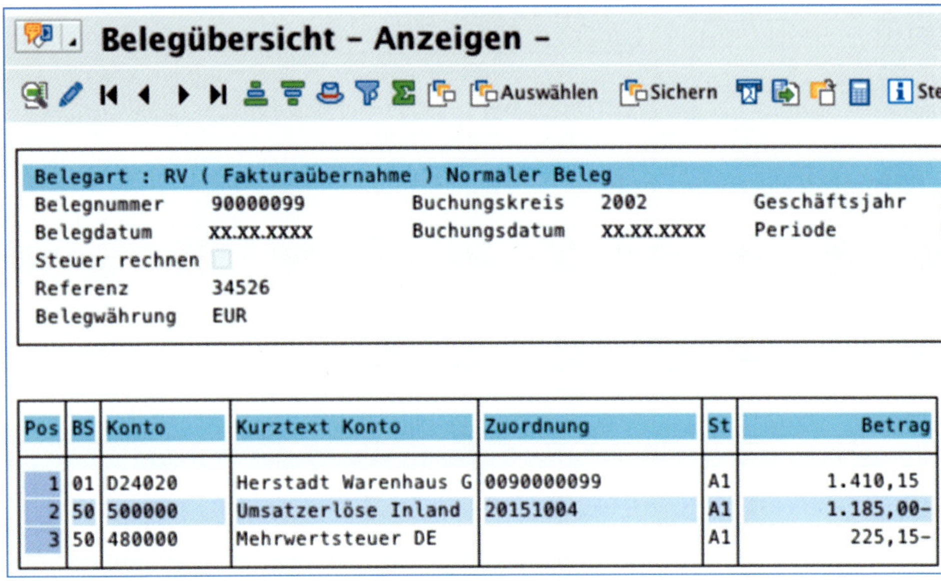
Belegübersicht – Anzeigen –

Auswählen · Sichern · Ste

Belegart : RV (Fakturaübernahme) Normaler Beleg

Belegnummer	90000099	Buchungskreis	2002	Geschäftsjahr	
Belegdatum	XX.XX.XXXX	Buchungsdatum	XX.XX.XXXX	Periode	
Steuer rechnen					
Referenz	34526				
Belegwährung	EUR				

Pos	BS	Konto	Kurztext Konto	Zuordnung	St	Betrag
1	01	D24020	Herstadt Warenhaus G	0090000099	A1	1.410,15
2	50	500000	Umsatzerlöse Inland	20151004	A1	1.185,00-
3	50	480000	Mehrwertsteuer DE		A1	225,15-

Die Buchung zeigt die Gesamtforderung gegenüber dem Kunden, die darin enthaltene Umsatzsteuer sowie die Höhe der erzielten Umsatzerlöse. Die Buchung kann auch in der traditionellen Art und Weise geschrieben werden. Dabei ist jedoch zu berücksichtigen, dass in der Praxis nicht auf dem Konto „Forderungen aus Lieferungen und Leistungen", sondern auf einem dem einzelnen Debitor zugeordneten Konto gebucht wird. So wird die Kontrolle der offenen Posten je Debitor bzw. der Zahlungseingänge realisiert. Ein Sammelkonto über alle Forderungen eines Unternehmens wäre hier viel zu unübersichtlich.

Beispiel

Schreibung der Buchung in der traditionellen Weise:

Debitorenkonto D24020 Herstadt Warenhaus GmbH	1.410,15 €	an	50000	Umsatzerlöse Inland	1.185,00 €
		an	48000	Mehrwertsteuer DE	225,15 €

Es wird erkennbar, dass die ERP-Systeme häufig **anstelle von Soll und Haben mit Minus und Plus** arbeiten. Dabei steht das **Plus für die Soll-Buchung** und das **Minus für die Haben-Buchung**.

■ Zahlungseingang

Der Prozessschritt des **Zahlungseingangs** wird im **Bereich Rechnungswesen** bearbeitet. Anhand der offenen Posten können die Mitarbeiter die laufenden Zahlungseingänge überwachen. Erst wenn der Kontoauszug mit der Kundenzahlung eintrifft, wird die Zahlung im ERP-System erfasst. Dazu wird die Höhe des Zahlungseingangs mit der Höhe des offenen Postens vom ERP-System automatisch abgeglichen. Entspricht die Zahlung der Höhe des offenen Postens oder wird trotz eines Unterschieds die Zahlung akzeptiert, wird der Zahlungseingang gebucht.

Beispiel Mit der Buchung des Zahlungseingangs wird der „offene Posten“ ausgeglichen und die Buchung der Zahlung auf dem Debitorenkonto in der Finanzbuchhaltung dokumentiert. Mit dem Akzeptieren der Zahlung geht das Eigentum an den Materialien auf den Kunden über. Die Primus GmbH ist damit allen Verpflichtungen aus dem Kaufvertrag nachgekommen und der Vertriebsprozess ist vollständig beendet.

Zahlungseingang erfassen

Mit einem Doppelklick wird die Transaktion *F-28 – Zahlungseingang* (für einen Debitor) gestartet.

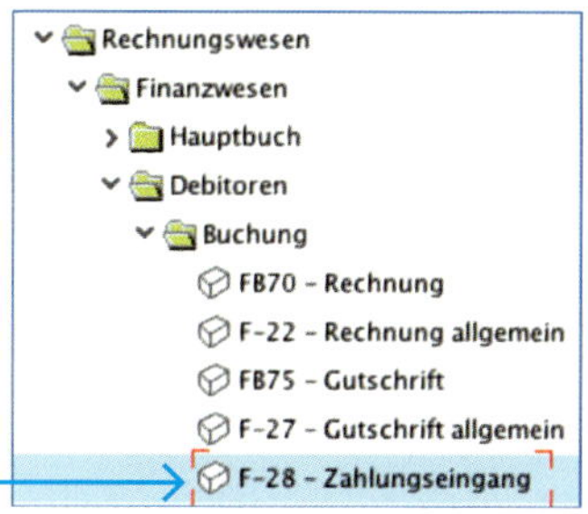

① Es wird im Feld *Belegdatum* das **Datum des Kontoauszuges** eingetragen.

② Tragen Sie im Feld *Buchungskreis* **Ihren Buchungskreis** ein.

③ Im Feld Währung wird die Währung Ihres Buchungskreises eingetragen.

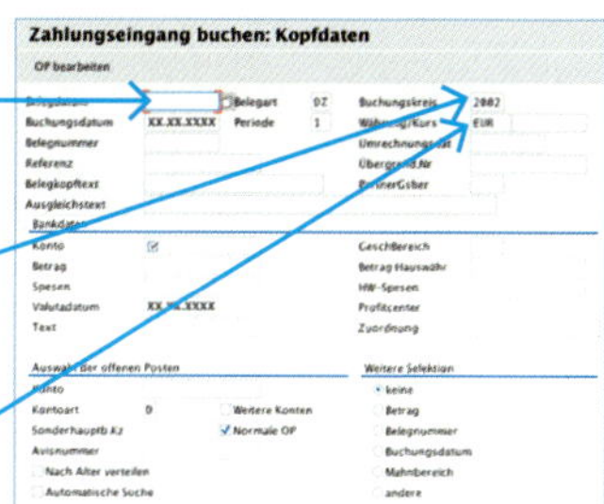

④ Es wird im Feld *Konto* die Nummer des Kontos **Bank in Ihrer Finanzbuchhaltung** eingetragen.

⑤ Tragen Sie im Feld *Betrag* **Ihren Zahlbetrag vom Kontoauszug** ein.

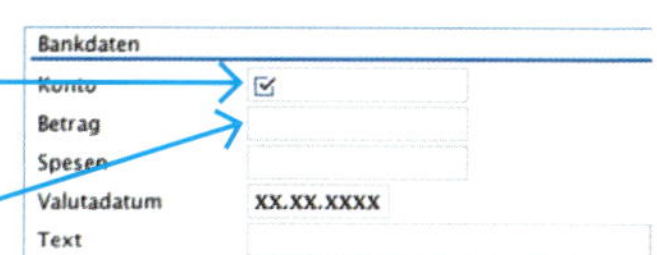

⑥ Es wird im Feld *Konto* die Nummer des **Debitorenkontos** eingetragen.

⑦ Wählen Sie das Feld *Automatische Suche* durch Anklicken aus.

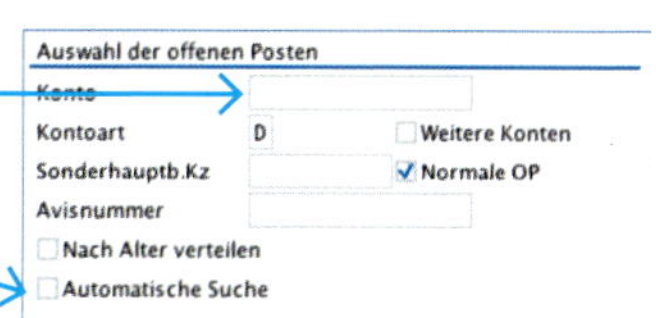

⑧ Wählen Sie anschließend die Funktion *OP bearbeiten* aus.

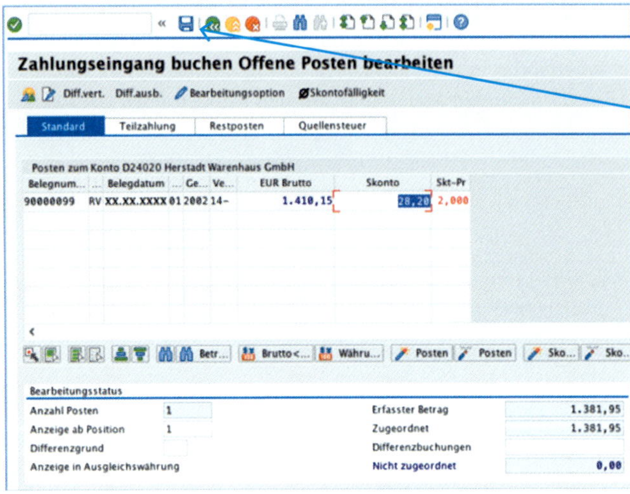

⑨ Es öffnet sich die folgende Maske. Überprüfen Sie die zugeordnete Rechnung und die Werte noch einmal. Sichern Sie anschließend die eingegangene Zahlung mit einem Klick auf das Speichersymbol.

Sie erhalten anschließend die folgende Meldung:

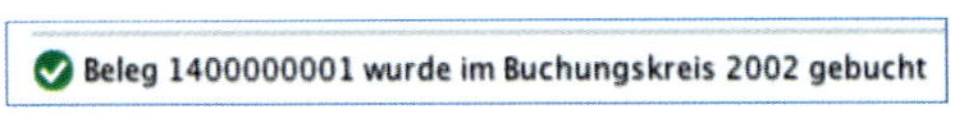

Nach der Buchung des Zahlungseingangs ist der **offene Posten** vom ERP-System **automatisch ausgeglichen** worden.

Prüfung des Ausgleichs des offenen Postens

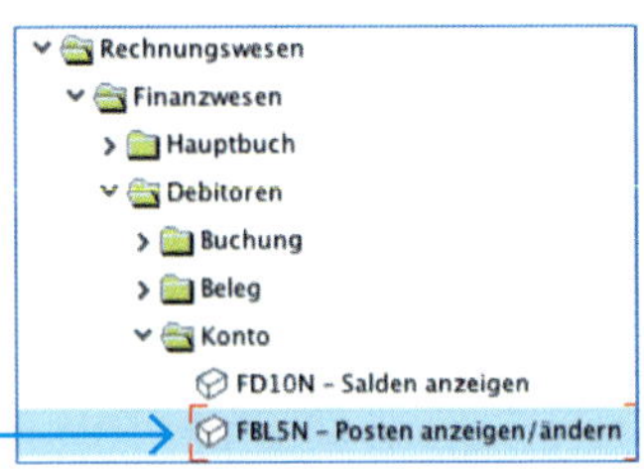

Mit einem Doppelklick wird die Transaktion *FBL5N – Posten anzeigen/ändern* gestartet.

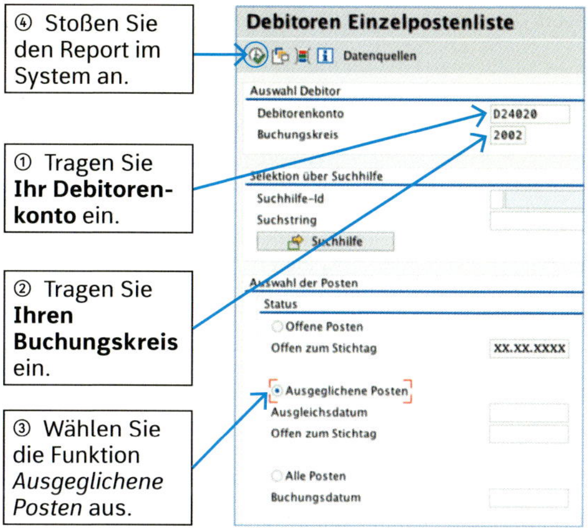

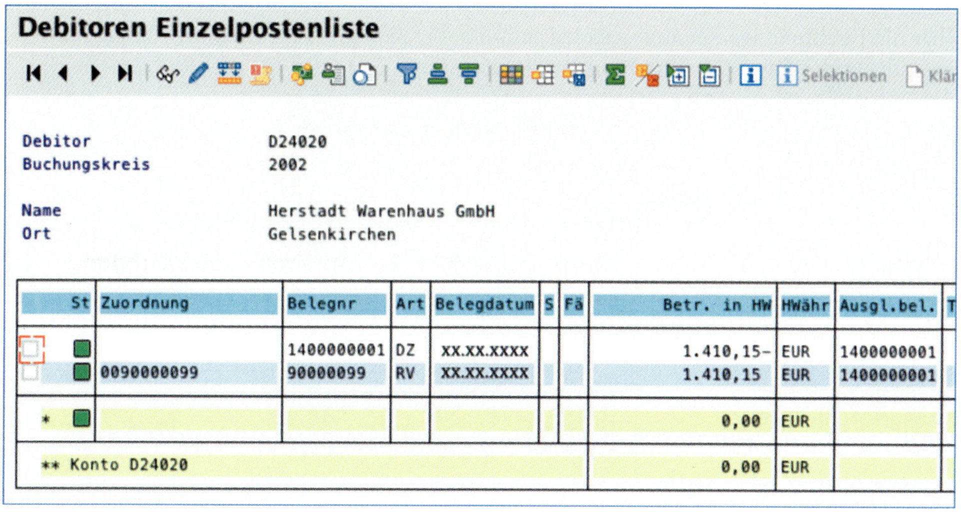

Wählen Sie an dieser Stelle die Auswahl *Offener Posten*, so erhalten Sie die Mitteilung vom ERP-System, dass keine offenen Posten gefunden werden konnten. Dies liegt am Ausgleich des Postens. Ein ausgeglichener Posten wird ausschließlich bei den Funktionen *Ausgeglichene Posten* oder *Alle Posten* angezeigt.

Anhand der grünen Ampel und des zugeordneten Ausgleichsbelegs in derselben Höhe wird erkennbar, dass der Kunde die Forderung in voller Höhe beglichen hat. Diese Auskunft gibt auch der Belegfluss des Terminauftrags.

Den Belegfluss des Terminauftrags nach der Buchung des Zahlungseingangs anzeigen

① Öffnen Sie wie bereits beschrieben den Belegfluss zum Terminauftrag.

② Markieren Sie den Buchungsbeleg der Faktura mit einem Doppelklick und lassen Sie sich wie bereits oben beschrieben den Beleg anzeigen.

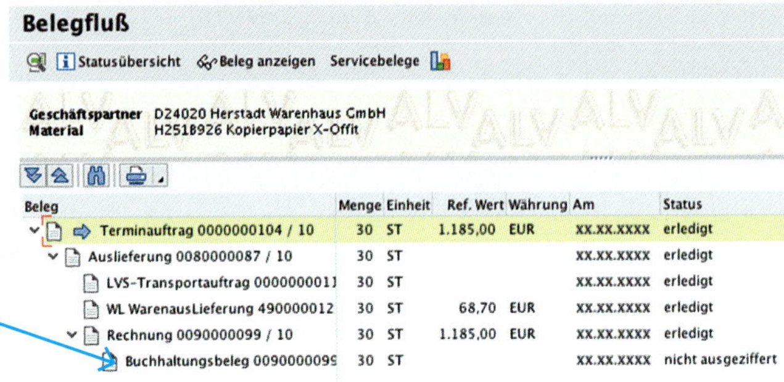

Im Belegfluss ist ersichtlich, dass der Status des Buchungsbeleges der Rechnung jetzt auf *ausgeziffert* steht. Dies bedeutet, dass die Forderung beglichen worden ist.

Über die Buchung des Rechnungsbelegs können Sie sich auch die Buchung des Zahlungseingangs in der Finanzbuchhaltung anzeigen lassen.

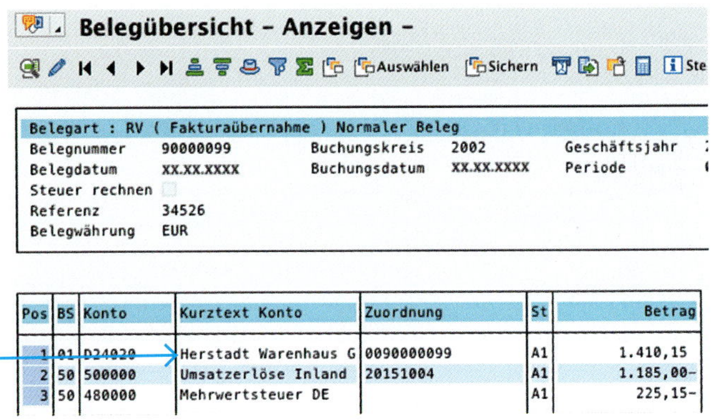

③ Öffnen Sie den Buchungsbeleg zum Debitorenkonto durch Anklicken des Debitorenkontos.

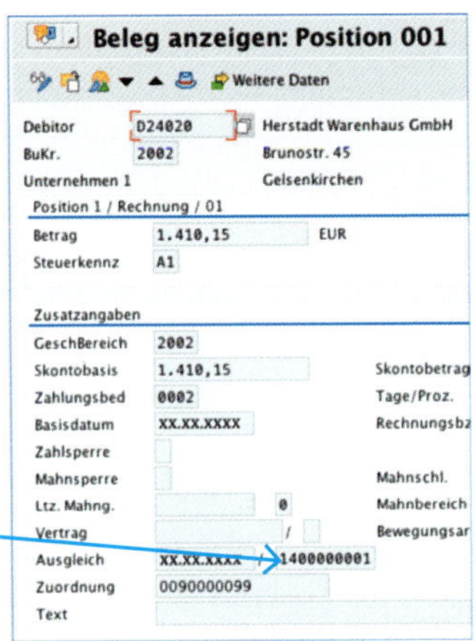

④ Öffnen Sie den Ausgleichsbeleg für die Rechnung zum Anzeigen der Buchung des Zahlungseingangs.

Der **Ausgleichsbeleg** verbindet die Buchung der Faktura mit der Buchung des Zahlungseingangs.

Gleichzeitig enthält er selbst die Buchung des Zahlungseingangs in der Finanzbuchhaltung.

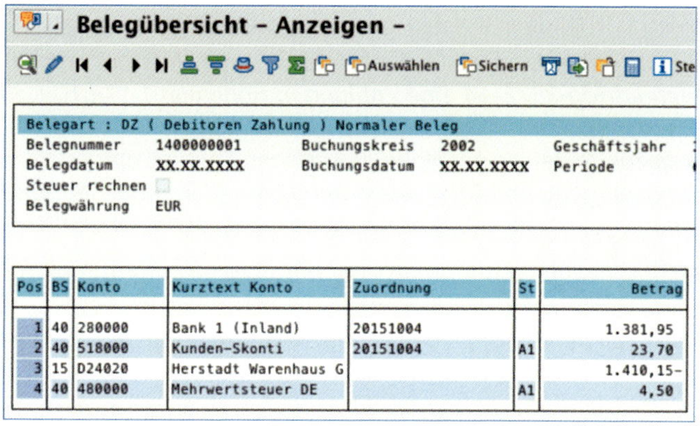

Belegübersicht - Anzeigen -

Auswählen | Sichern

Belegart : DZ (Debitoren Zahlung) Normaler Beleg

Belegnummer	1400000001	Buchungskreis	2002	Geschäftsjahr	
Belegdatum	XX.XX.XXXX	Buchungsdatum	XX.XX.XXXX	Periode	
Steuer rechnen					
Belegwährung	EUR				

Pos	BS	Konto	Kurztext Konto	Zuordnung	St	Betrag
1	40	280000	Bank 1 (Inland)	20151004		1.381,95
2	40	518000	Kunden-Skonti	20151004	A1	23,70
3	15	D24020	Herstadt Warenhaus G			1.410,15-
4	40	480000	Mehrwertsteuer DE		A1	4,50

Mit dem Zahlungseingang ist der Vertriebsprozess vollständig beendet. Es sind alle Verpflichtungen aus dem Kaufvertrag erfüllt.

Zusammenfassung: Die Bearbeitung des einfachen Vertriebsprozesses mit einem ERP-System durchführen

- Der einfache Vertriebsprozess besteht aus den folgenden Geschäftsprozessschritten:

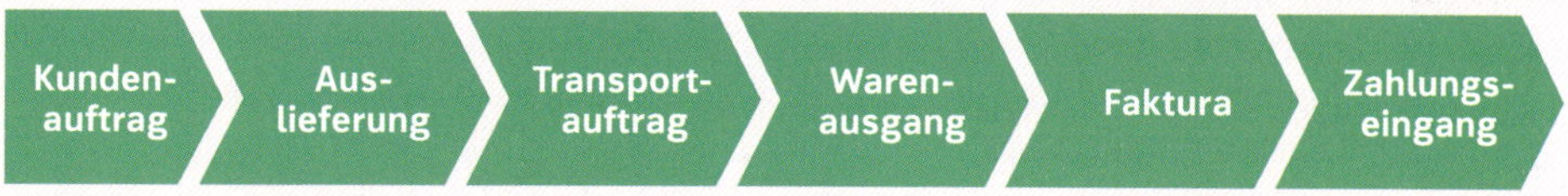

- Für die Erfassung eines Kundenauftrags müssen im ERP-System **Material- und Kundenstammdaten** zuvor überprüft werden. Sind diese nicht vorhanden, müssen sie erfasst oder bei Unvollständigkeit ergänzt werden.
- Ist dem Kundenauftrag **kein verbindliches Angebot** vorausgegangen, stellt der **Kundenauftrag** die **erste Willenserklärung** für das Zustandekommen eines Kaufvertrages dar.
- Bevor eine Kundenauftragsbestätigung oder Auslieferung erfolgen kann, müssen die **Lieferfähigkeit** zum Wunschlieferdatum, der gewünschte **Preis** sowie die **Kundenkonditionen** überprüft werden.
- Wenn die Materialien das Unternehmen **verlassen**, kann der **Warenausgang** gebucht werden.
- Die Ausgangsrechnung wird **nach dem Warenausgang** erstellt.
- Es dürfen **nur die tatsächlich gelieferten Materialien in Rechnung** gestellt werden.
- Erst mit der Erstellung der **Rechnung** wird die Höhe der **Umsatzsteuer** festgesetzt, da mit ihr auch erst der endgültig **zu zahlende Nettobetrag** rechtskräftig festgelegt wird.
- Durch die Buchung der Ausgangsrechnung werden die **Forderung** gegenüber dem Kunden und ein **offener Posten** erzeugt.
- Der Zahlungseingang wird anhand des **Kontoauszugs** erfasst. Dabei ist zu prüfen, ob der korrekte Zahlbetrag vom Kunden überwiesen worden ist.
- Durch die Erfassung des Zahlungseingangs werden der **offene Posten** und die **Forderung** des Debitorenkontos ausgeglichen.

Aufgaben

1. ***Fortführung der Einstiegsaufgabe:*** *Die Primus GmbH hat von der Herstadt Warenhaus GmbH für den Kundenauftrag 3672-14 eine Zahlung in Höhe von 1.172,10 € lt. Kontoauszug erhalten.*
   a) Überprüfen Sie, ob der gezahlte Betrag der Höhe des offenen Postens entspricht.
   b) Erfassen Sie den Zahlungseingang im ERP-System und kontrollieren Sie den Ausgleich des offenen Postens.

2. *Der Materialstamm beinhaltet Daten zum Material, die auf verschiedene Informationsregister verteilt sind.*
   a) Erstellen Sie eine Übersicht zu den Inhalten der einzelnen Informationsregister des Materialstamms.
   b) Öffnen Sie das ERP-System und ordnen Sie die folgenden Daten dem jeweiligen Informationsregister zu. Klären Sie, welche Information sich hinter dem jeweiligen Eintrag verbirgt. Fertigen Sie zur Ergebnissicherung eine Tabelle mit den Spaltenbezeichnungen Informationsname, Informationsregister und Inhalt der Information in einem Tabellenkalkulationsprogramm an.
      1) Materialname
      2) gewogener Durchschnittspreis
      3) Materialbeschreibung
      4) Lagerortbestand
      5) Warengruppe
      6) Basismengeneinheit

3. *Die Primus GmbH hat von der Klöckner-Müller Elektronik AG den Kundenauftrag 7856-45-14 zu den Materialien*
   – Laser Multifunktionsgerät FX 640 zu 499,50 €/Stück: 10 Stück
   – HP-Laser Jet 3001 Laserdrucker zu 499,00 €/Stück: 15 Stück
   erhalten.
   a) Prüfen Sie, ob die angegebenen Preise im Auftrag den Preisen der Primus GmbH entsprechen.
   b) Prüfen Sie, ob die Stammdaten des Kunden und die Materialien bereits vollständig im ERP-System erfasst worden sind.
   c) Erfassen Sie den Kundenauftrag im ERP-System ggf. mit korrigierten Preisen. Gehen Sie dabei davon aus, dass mittels eines Telefongesprächs hierzu eine Absprache stattgefunden hat.
   d) Bearbeiten Sie den Geschäftsprozess bis einschließlich Rechnungsausgang.
   e) Gehen Sie davon aus, dass der Kunde die Rechnung innerhalb der Skontofrist in voller Höhe bezahlt hat. Erfassen Sie den Zahlungseingang im ERP-System.

4. *Die Primus GmbH hat von der Klöckner-Müller Elektronik AG zwei aufeinanderfolgende Kundenaufträge im Abstand von einem Tag zu demselben Material erhalten.*
   a) Erfassen Sie den Kundenauftrag 6392-14 über 30 Stück Laser Multifunktionsgerät FX 640 zu 240,00 €/Stück, Auftragsdatum: aktuelles Datum – 1 Tag.
   b) Öffnen Sie die aktuelle Bedarfs- und Bestandsliste und kontrollieren Sie die Anzeige des Kundenauftrags. Fertigen Sie hiervon einen Screenshot von der Liste an.
   c) Erfassen Sie einen zweiten Kundenauftrag 6395-14 über 5 Stück Laser Multifunktionsgerät FX 640 zu 240,00 €/Stück, Auftragsdatum: aktuelles Datum.
   d) Öffnen Sie erneut die aktuelle Bedarfs- und Bestandsliste und überprüfen Sie die Veränderung bei der Anzeige der Bedarfe. Fertigen Sie einen zweiten Screenshot an.

e) Notieren Sie sich in Ihren Unterlagen die Analyse zur Anzeige der Kundenaufträge in der aktuellen Bedarfs- und Bestandsliste. Sie können dafür die Screenshots zu Hilfe nehmen.

5. *Ordnen Sie den Prozessschritten des einfachen Kundenauftragsprozesses die Elemente des Verpflichtungs- und Erfüllungsgeschäfts zu, sodass man anhand der Darstellung erkennen kann, welche rechtliche Auswirkung der jeweilige Arbeitsschritt des Prozesses hat.*

6. *Die Primus GmbH hat vom Bürofachgeschäft Herbert Blank e. K. einen Kundenauftrag über 300 Stück Primus-Castell TK-Fine 1306 Druckbleistifte zu einem Preis von 1,98 €/Stück erhalten.*
   a) Bearbeiten Sie den Vertriebsprozess vollständig bis einschließlich Zahlungseingang. Kontrollieren Sie nach jedem Arbeitsschritt die Veränderung der Lagerbestände und der offenen Posten.
   b) Erstellen Sie eine Dokumentation zur Bearbeitung des Vertriebsprozesses unter Berücksichtigung der Veränderungen der Lagerbestände und der offenen Posten nach den jeweiligen Teilschritten. Nutzen Sie dazu eine Software Ihrer Wahl.
   c) Stellen Sie die erstellte Dokumentation in Ihrer Klasse vor.

8.3 Die Bearbeitung des Vertriebsprozesses mit einer Anfrage beginnen

Handlungssituation

Die Primus GmbH erhält eine Anfrage der Krankenhaus GmbH Duisburg über 10 HP-Laser Jet 3001 Laserdrucker. Georgios Paros ist Auszubildender und erhält den Auftrag, für den Kunden ein verbindliches Angebot mit einem Stückrabatt von 5 % und einem Skonto von 2 % für 14 Tage mit einem Zahlungsziel von 30 Tagen netto zu erstellen. Anschließend soll er den Prozess beaufsichtigen. Georgios fragt sich, was unter einem verbindlichen Angebot zu verstehen ist und was er tun muss, um den Prozess vollständig zu überwachen. Er öffnet das ERP-System, um sich zunächst die Stammdaten anzusehen, und stellt fest, dass für die Krankenhaus GmbH Duisburg noch keine Stammdaten erfasst worden sind. Er hat noch nie Stammdaten erfasst und macht sich einen Plan, wie er bei der Bearbeitung vorgehen möchte.

Arbeitsaufträge

- *Erfassen Sie die Stammdaten für die Krankenhaus GmbH Duisburg im ERP-System.*
- *Erstellen Sie ein verbindliches Angebot mit Bezug auf die Anfrage. Berücksichtigen Sie dabei den Stückrabatt von 5 % und die beschriebenen Zahlungsbedingungen.*
- *Gehen Sie davon aus, dass die Krankenhaus GmbH Duisburg das Angebot annimmt, und erfassen Sie den Kundenauftrag im ERP-System.*
- *Bearbeiten Sie den Prozess vollständig bis einschließlich Zahlungseingang.*

Prozessschritte des vollständigen Vertriebsprozesses

Web

Der vollständige Vertriebsprozess besteht aus den folgenden Prozessschritten:

Beispiel Er tritt immer dann auf, wenn ein Neukunde oder ein Stammkunde eine Anfrage an einen Lieferanten, in diesem Fall die Primus GmbH, stellt, der Kunde sich für das Angebot entscheidet und die Lieferung beauftragt.

Auf ein Angebot muss **nicht immer** ein Kundenauftrag folgen. Entscheidet sich der Kunde gegen die Angebotsannahme, so **endet der Prozess bereits nach dem Angebot**.

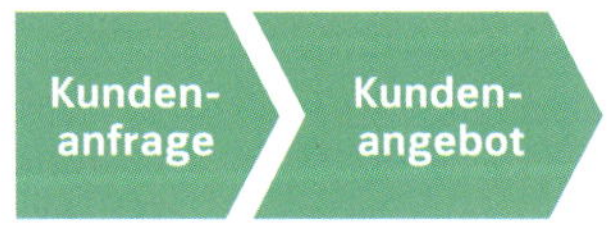

Beispiel Bei der Primus GmbH ist eine Kundenanfrage der Klöckner-Müller Elektronik AG über 10 Faxgeräte Primus Fax T 30 mit einem Wunschliefertermin zum 30. Februar 20.. eingetroffen. Frau Sommer erstellt für den Kunden ein verbindliches Angebot, annehmbar bis zum 15. Februar 20.. . Die Klöckner-Müller Elektronik AG lässt den Angebotstermin verstreichen und entscheidet sich für einen anderen Lieferanten.

Auch in diesem Fall werden für einen Neukunden die Stammdaten im ERP-System erfasst, da einerseits beim Eingang der Kundenanfrage und bei der Erstellung des Angebots noch nicht klar ist, ob der Kunde das Angebot annimmt. Eine bereits erfolgte Stammdateneingabe erleichtert eine Angebotsannahme des späteren Kundenauftragsprozesses. Andererseits handelt es sich auch bei einer Ablehnung um einen potenziellen Kunden. Seine Daten stehen durch die Stammdatenerfassung für spätere Verkäufe oder Marketingaktionen zur Verfügung.

Beispiel Bei der Primus GmbH ist eine Kundenanfrage der Rietenklein GmbH über zehn Bildschirmarbeitsplätze Primo und zehn Bürodrehstühle Modell 1640 eingetroffen. Bei der Überprüfung der Kundenanfrage stellt Frau Sommer fest, dass die Rietenklein GmbH bisher noch nicht Kunde der Primus GmbH ist. Sie erfasst die Daten des Kunden im ERP-System und erstellt ein Angebot. Die Rietenklein GmbH nimmt das Angebot jedoch nicht in Anspruch. Bei einer späteren Werbeaktion wird auch der Rietenklein GmbH ein Prospekt zum aktuellen Sortiment zugesandt.

Die Kundenanfrage

Mit einer **Kundenanfrage** holt ein Kunde Informationen zu Materialien eines Lieferanten ein. Er erwartet ein Angebot, auf dessen Basis er anschließend einen Angebotsvergleich durchführt und den Lieferanten auswählt, bei dem er zukünftig den Artikel bestellen wird.

Für die Erstellung eines Angebots muss die Kundenanfrage auf Vollständigkeit überprüft werden. Sie sollte mindestens enthalten:

- Kundendaten,
- gewünschtes Material und Materialmenge.

Weiterhin wird geprüft, ob der Kunde bereits bekannt und im ERP-System erfasst ist, das gewünschte Material im Sortiment geführt wird, an diesen Kunden verkauft werden kann und das Material für den gewünschten Lieferzeitpunkt bereitgestellt werden kann (Prüfung der Lieferfähigkeit). Gehört das Material nicht zum Sortiment, kann es nicht an den Kunden verkauft oder zum gewünschten Liefertermin zur Verfügung gestellt werden. Der Kunde ist unverzüglich darüber zu informieren.

Ist bei der Anfrage kein **Wunschlieferzeitpunkt** angegeben, wird der **nächstmögliche Termin** angenommen.

Für die Erstellung eines Angebotes müssen

- das Materialstammdatum und
- das Kundenstammdatum

vorhanden sein.

Während die Materialstammdaten vorhanden sind, wenn das Material zum Sortiment gehört, ist es möglich, dass der Kunde noch nicht bekannt ist. In diesem Fall muss für ihn ein Kundenstamm angelegt werden.

Krankenhaus GmbH Duisburg

Krankenhaus GmbH Duisburg, Emsstraße 30 – 40, 47169 Duisburg
Primus GmbH
Koloniestraße 2 – 4
47057 Duisburg

Bearbeiter: Frau Straub
Telefon: +49 (0)203556476
Fax: +49 (0)203556448
E-Mail: straub@kkhduisburg.de

Anfragenummer:	Anfragedatum:	Versand an:	Wunschlieferdatum:
4536-14-2 **Bitte immer mit angeben.**	Aktuelles Datum	Krankenhaus GmbH Duisburg Emsstr. 30 – 40 47169 Duisburg	Datum der Anfrage + 20 Tage

Sehr geehrte Damen und Herren,

bitte senden Sie uns für das folgende Material ein verbindliches Angebot zu.

Artikelnummer	Menge	Einheit	Beschreibung
261B289	10	ST	HP-Laser Jet 3001 Laserdrucker

Beauftragt: XX.XX.XX (Datum) i.A. Straub (Unterschrift)

Handelsregister	Umsatzsteuer-ID	Finanzamt	Bankverbindung
Nr: HRA 987-0694 Sitz: Duisburg	DE842861391	Duisburg-Süd Landfermannstr. 25 47051 Duisburg	Volksbank Rhein-Ruhr IBAN: DE85 3506 0386 0089 3662 23

Kundenanfrage der Krankenhaus GmbH Duisburg

Pflege von Stammdaten

Kunden- oder Debitorenstammdaten sind für die Bearbeitung aller Geschäftsprozesse und Transaktionen notwendig, die mit dem Kunden zusammenhängen. Alle Informationen zu einem Kunden werden in einem Debitorenstamm erfasst. Für jeden Kunden wird ein **einzelner Stamm unter einer eindeutigen Nummer** mit den Daten zu allen Unternehmensbereichen angelegt.

Debitorenstammdaten anlegen

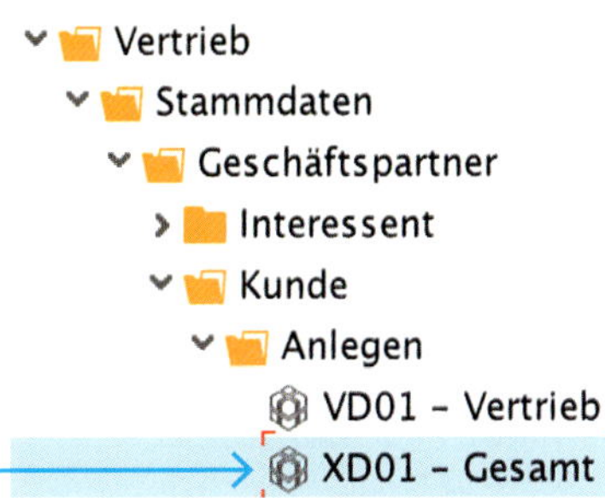

Mit einem Doppelklick wird die Transaktion *XD01 – Anlegen (eines Debitors) Gesamt* gestartet.

① Wählen Sie die Kontengruppe *KUNA Debitoren (ext. NrVergabe)* aus.

② Geben Sie das gewünschte Kürzel für Ihren Kunden ein.

③ Geben Sie **Ihren Buchungskreis** ein. Er wird Ihnen vorgegeben.

④ Geben Sie **Ihre Verkaufsorganisation** ein. Sie wird Ihnen vorgegeben.

⑤ Geben Sie **Ihren Vertriebsweg** ein. Er wird Ihnen vorgegeben.

⑥ Geben Sie **Ihre Sparte** ein. Sie wird Ihnen vorgegeben.

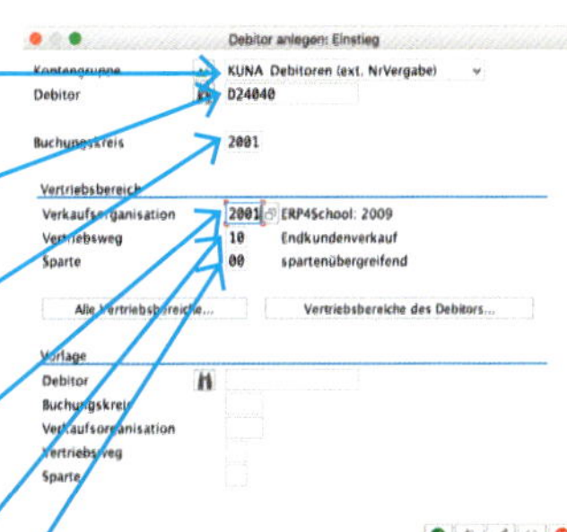

⑦ Bestätigen Sie Ihre Eingaben mit *Weiter* (ENTER). Damit stoßen Sie die Anlage des Debitorenstammdatums an.

Im nun erscheinenden Register *Adresse* sind allgemeine Angaben zum Kunden, wie Name, Adresse und Kommunikationsmöglichkeiten, einzugeben.

① Geben Sie im Bereich *Name* die Anrede und den Namen des Kunden ein.

② Geben Sie im Bereich *Suchbegriffe* den Begriff ein, mit dem Sie später nach dem Kunden im System suchen möchten.

③ Geben Sie im Bereich *Straßenadresse* die Adressdaten des Kunden inklusive der Zeit- und Transportzone ein.

④ Gehen Sie nach Ihren Eingaben mit ENTER auf die Registerkarte *Steuerungsdaten*.

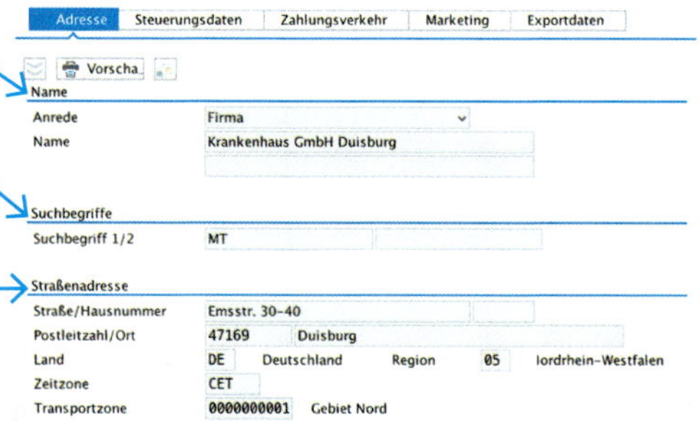

Nach der Pflege des Registers *Adresse* sind die verbleibenden Register nacheinander zu öffnen und die folgenden Daten einzupflegen:

Register *Steuerungsdaten*	Eintrag	Erklärung
Transportzone	Nord	Gibt die regionale Zuordnung an, anhand der die Belieferungsroute zum Kunden ermittelt werden kann.
USt-IdNr.	DE510920564	Umsatzsteuer-Identifikationsnummer, unter der der Kunde die Umsatzsteuer abführt

Das Register *Zahlungsverkehr* beinhaltet alle Daten des Kunden für dessen Zahlungen. Gehen Sie bei der Pflege wie folgt vor:

① Klicken Sie in das Feld *Bankschlüssel*.

② Klicken Sie den Button *Bankdaten* an. Es öffnet sich dadurch eine separate Maske zur Pflege der Bankdaten des Kunden.

③ Pflegen Sie die Bankdaten des Kunden ein.

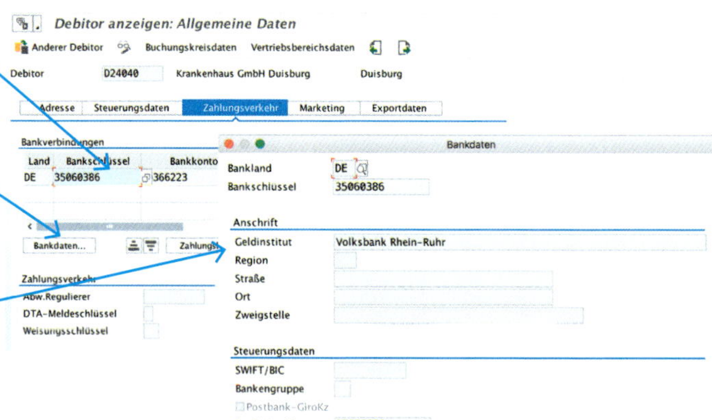

④ Bestätigen Sie Ihre Eingaben mit ENTER.

In den beiden Registern *Marketing* und *Exportdaten* müssen keine weiteren Eingaben getätigt werden. Öffnen Sie nach der Eingabe den Stammdatenbereich *Buchungskreisdaten*.

Wählen Sie den Bereich *Buchungskreisdaten* aus.

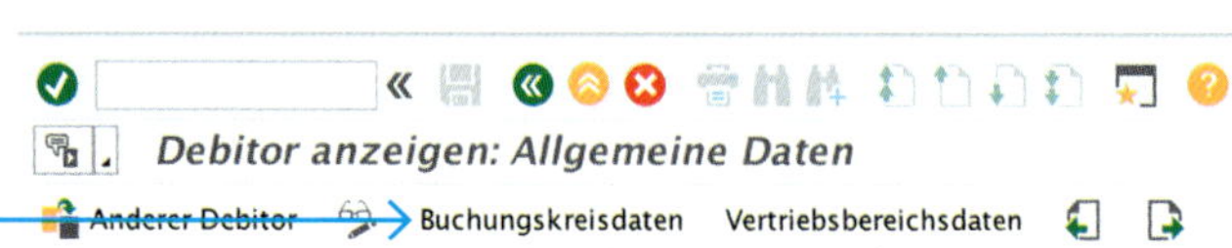

Es werden Ihnen jetzt die Register für die Pflege der Daten des Kunden für die **Finanzbuchhaltung** angezeigt. Pflegen Sie auch diese. Ohne Buchungskreisdaten zu einem Debitor kann für diesen beispielsweise keine Faktura erstellt werden. Pflegen Sie erneut die angezeigten Register:

Register *Kontoführung*	Eintrag	Erklärung
Abstimmkonto	140000	Das Abstimmkonto ist für die integrative Verknüpfung zwischen Bilanz und Kundenkonten verantwortlich.
Register *Zahlungsverkehr*	**Eintrag**	**Erklärung**
Zahlungsbedingung	0001	Gibt die Bedingungen an, die für die Zahlung des Kunden gelten.
Zahlwege	U	Art und Weise, wie der Kunde seinen Zahlungsverpflichtungen nachkommt
Register *Korrespondenz*	**Eintrag**	**Erklärung**
Mahnverfahren	0001	Bestimmt die Art und Weise (Zeiträume), wie der Kunde gemahnt wird

Im Register *Versicherung* müssen keine Daten gepflegt werden. Öffnen Sie anschließend die Vertriebsbereichsdaten.

Wählen Sie den Bereich *Vertriebsbereichsdaten* aus.

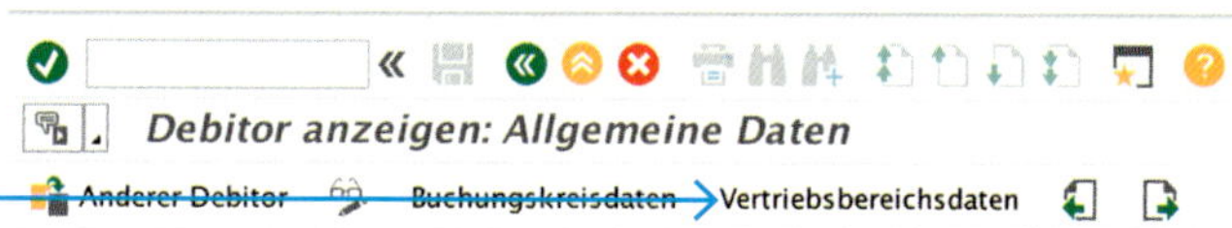

Die Vertriebsbereichsdaten enthalten alle **Daten**, die **für den Verkauf** von Materialien und Dienstleistungen an den Kunden benötigt werden. Es erscheint zuerst das Register Verkauf.

Register *Verkauf*	Eintrag	Erklärung
Kundenbezirk	000001	Bezirk Nord: Gibt an, in welcher Region der Kunde liegt.
Währung	EUR	Gibt die Währung an, in der der Kunde seine Materialien bestellt.
Preisgruppe	01	Gibt an, zu welcher Kundengruppe der Kunde gehört. Nach dieser richtet sich die Preisgestaltung.
Kundenschema	1	Gibt das Schema zur Preisermittlung für den Kunden an.
StatGruppeKunde	1	Steuert, ob die Daten des Kunden bei einer Statistik berücksichtigt werden.
Register *Versand*	**Eintrag**	**Erklärung**
Lieferpriorität	1	Steuert den Rang, den ein Kunde bei mehreren Lieferungen einnimmt. Kunden mit einem hohen Rang werden schneller beliefert.

Versandbedingung	01	Bedingungen, zu denen der Kunde das Material erhält
Transportzone	000000001	Gibt die geografische Lage des Unternehmens an.
AuftrZusammenführung	Häkchen	Auswahl, die steuert, dass mehrere Kundenaufträge zusammengeführt werden können, z. B. zu einer Auslieferung oder zu einer Rechnung
Register *Faktura*	**Eintrag**	**Erklärung**
Bonus	Häkchen	Regelt, ob ein Kunde bonusberechtigt ist.
Preisfindung	Häkchen	Regelt, ob für den Kunden eine Preisfindung durch das System möglich ist.
Rechnungstermine	01	Steuert die Art der Ermittlung der Rechnungstermine durch das System.
Incoterms	CPT	Gibt die Lieferbedingungen an, die für den Kunden gelten sollen.
Zahlungsbedingung	0001	Gibt die Zahlungsbedingungen an, die für die Zahlungen des Kunden gelten.
Kontierungsgruppe	01	Gibt an, zu welcher Kontengruppe die Erlöse, die durch den Verkauf an den Kunden erzielt werden, gehören.
Steuergruppe	1	Gibt an, ob die vom Kunden gekauften Materialien und Dienstleistungen der Umsatzsteuer unterliegen.

Die im Register *Partnerrollen* notwendigen Rollen *Auftraggeber, Rechnungsempfänger, Regulierer* und *Warenempfänger* geben an, welche Rollen der Kunde uns gegenüber einnehmen kann. Diese werden vom ERP-System i. d. R. selbstständig im Register eingetragen. Sie müssen diese **auf ihre Vollständigkeit** hin überprüfen.

Haben Sie alle Daten gepflegt, so können Sie das Stammdatum für einen neuen Kunden speichern.

Neben den Debitorenstammdaten werden **Materialstammdaten** bei einer Erweiterung des Sortiments erfasst. Ursache hierfür kann eine Kundenanfrage sein. Ihre Erfassung ist ähnlich der Pflege der Debitorenstammdaten. Auch sie beinhalten unternehmensbereichsbezogene Stammdaten und sind in Sichten bzw. Register aufgeteilt.

Materialstammdaten anlegen

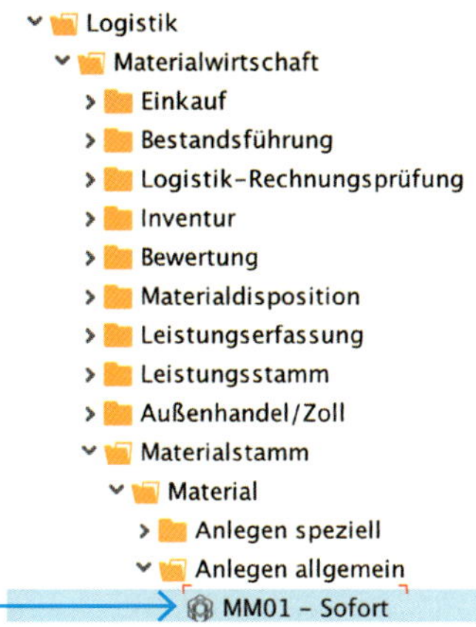

Mit einem Doppelklick wird die Transaktion *MM01 – Anlegen (eines Materials)* allgemein und sofort gestartet.

④ Wählen Sie die *Sichtenauswahl* aus.

① Geben Sie das **Materialkürzel* Ihres Materials** ein.

② Wählen Sie als Branche den Handel aus.

③ Wählen Sie als Materialart die HAWA Handelsware aus.

** Das Materialkürzel muss im SAP® ERP-System immer einen Buchstaben zu Beginn haben. Sollten Sie keinen vor Ihrem Material stehen haben, so geben Sie einen Buchstaben Ihrer Wahl ein. Hier wurde ein H für Handelsware gewählt.*

① Klicken Sie die auszuwählenden Sichten an.

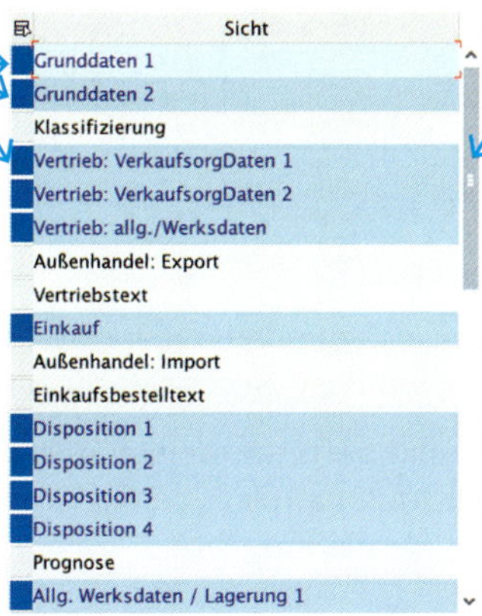

② Scrollen Sie nach unten.

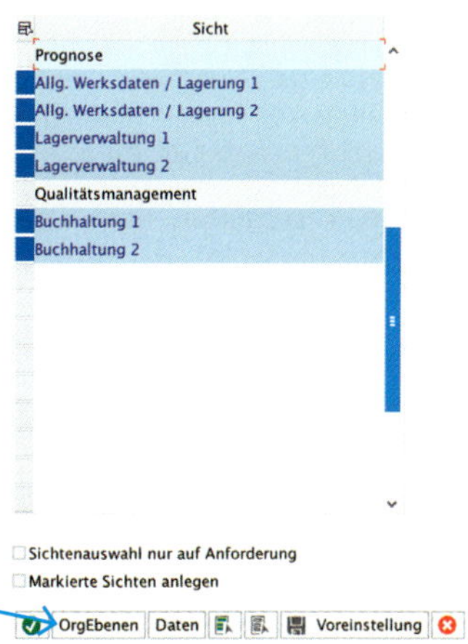

③ Wählen Sie die *OrgEbenen* aus.

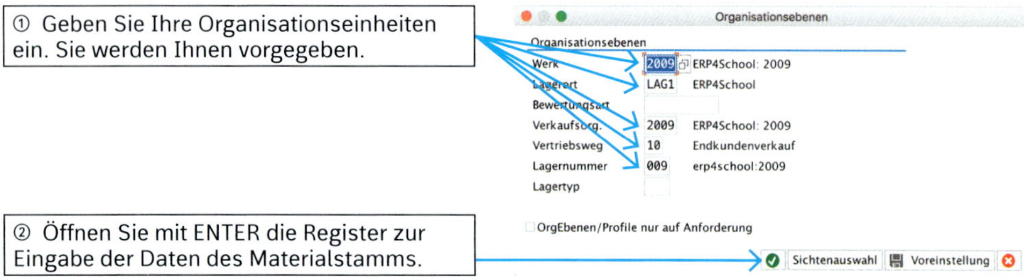

Es öffnen sich nun die Register zur Dateneingabe. Die ersten beiden Register *Grunddaten 1* und *Grunddaten 2* enthalten **Daten, die für den gesamten Mandanten gelten**. Aus diesem Grund kann jedes Material unabhängig davon, wie viele Tochterunternehmen im Mandanten vorhanden sind, **nur ein einziges Mal** im Mandanten vorhanden sein. Zur Unterscheidung der Materialien wird dabei das **Materialkürzel als Primärschlüssel** verwendet. Die Sicht *Grunddaten 1* enthält die kennzeichnenden Daten zum Material, wie Materialname oder Materialgewicht. Alle Daten, die auf einer Sicht eingegeben wurden und die für andere, später zu pflegende Sichten notwendig sind, werden in die nachfolgenden Sichten bei ihrer Pflege automatisch übernommen.

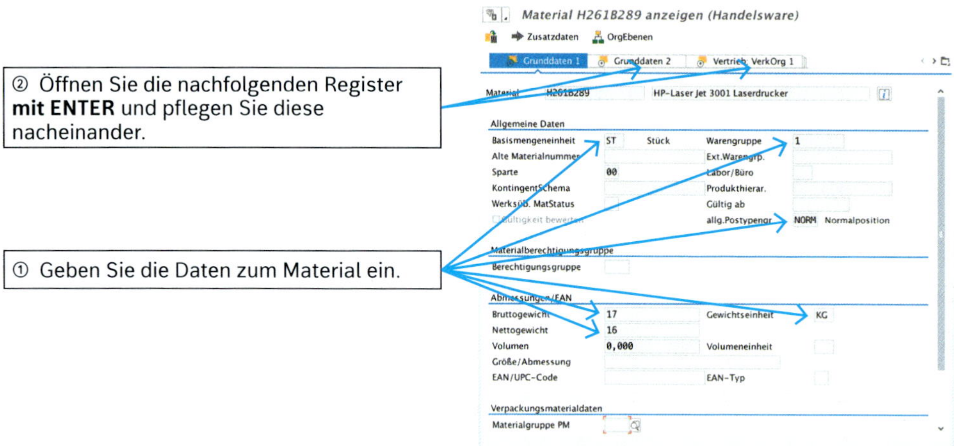

Speichern Sie nach der Eingabe der Materialstammdaten diese durch einen Klick auf das Speichersymbol. Gehen Sie anschließend zum Easy Access Menü zurück.

Wurde entschieden, dem Kunden ein Angebot zu unterbreiten, müssen **für die Erstellung des Kundenangebots** die Daten aus der **Kundenanfrage** in das Angebot im ERP-System übernommen werden. Sie bilden die Basis für das Angebot.

■ Kundenangebot erstellen/Daten der Kundenanfrage erfassen

Mit einem Doppelklick wird die Transaktion *VA11 –Anlegen (einer Anfrage)* gestartet.

① Geben Sie **Ihren Auftraggeber und Warenempfänger** ein.

② Geben Sie **Ihr(e) Material(ien)** ein.

③ Scrollen Sie nach rechts und geben Sie die gewünschte Materialmenge ein.

④ Speichern Sie anschließend die Anfrage.

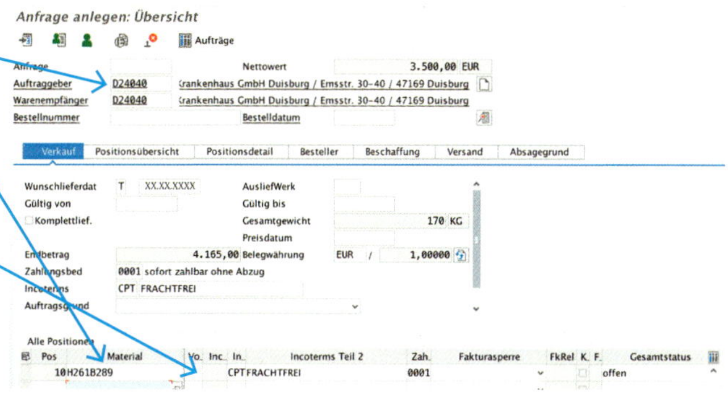

Geben Sie ENTER ein oder klicken Sie auf OK und gehen Sie zum Easy Access Menü zurück.

Nach der Erfassung der Anfrage kann auf dieser Basis das Angebot im ERP-System erstellt werden.

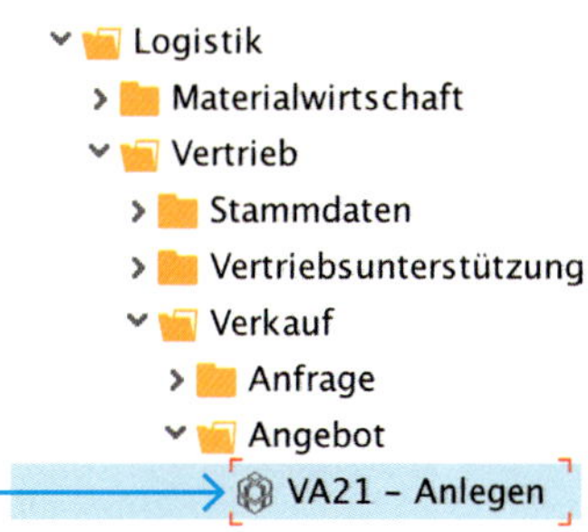

Mit einem Doppelklick wird die Transaktion *VA21 – Anlegen (eines Angebots)* gestartet.

⑤ Wählen Sie die Funktion *Anlegen mit Bezug* aus.

① Wählen Sie die *Angebotsart AG* aus.

② Geben Sie **Ihre Verkaufsorganisation** ein. Sie wird Ihnen vorgegeben.

③ Geben Sie **Ihren Vertriebsweg** ein. Er wird Ihnen vorgegeben.

④ Geben Sie **Ihre Sparte** ein. Sie wird Ihnen vorgegeben.

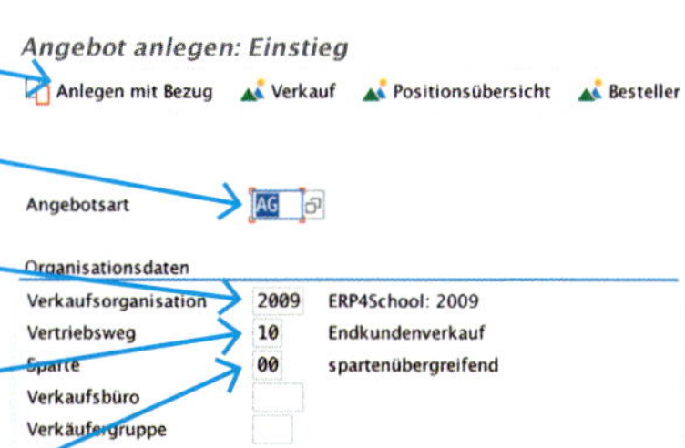

① Geben Sie **Ihre Anfragenummer** ein.

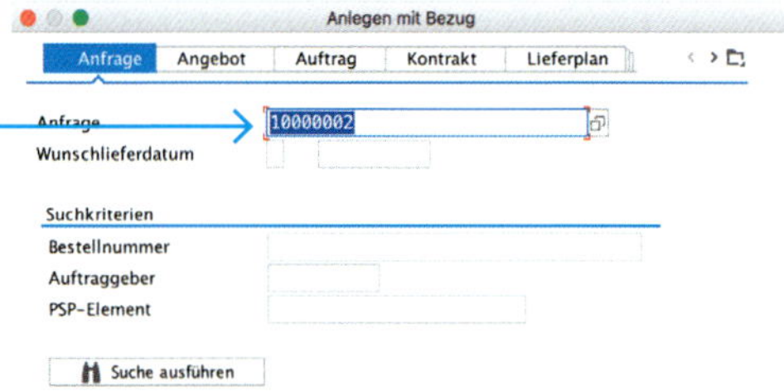

② Klicken Sie auf *Übernehmen*, um den Bezug zur Anfrage beim Anlegen des Angebots zu setzen.

Sollten Sie diese Meldung erhalten, so bestätigen Sie diese mit OK.

Öffnen Sie in der erscheinenden Maske das Register *Verkauf*.

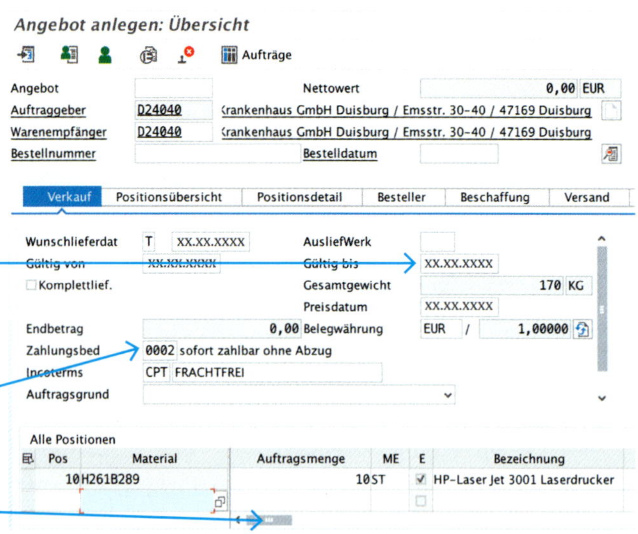

① Geben Sie das Datum an, bis zu dem das Angebot gültig sein soll (*Gültig bis*).

② Kontrollieren Sie die Zahlungsbedingungen und ändern Sie diese ggf.

③ Scrollen Sie nach rechts.

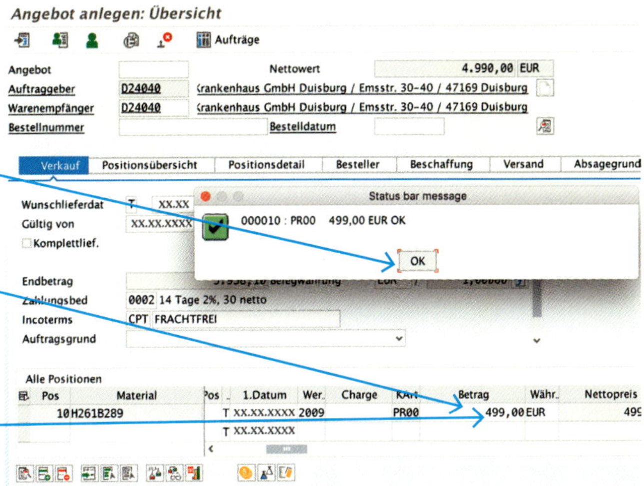

② Bestätigen Sie die erscheinende Meldung durch Klicken auf OK.

① Tragen Sie den Preis/Stück im Feld *Betrag* ein und bestätigen Sie diesen mit ENTER.

③ Öffnen Sie den Bereich *Konditionen* durch einen Doppelklick auf den Betrag, sollte sich dieser nicht selbstständig öffnen.

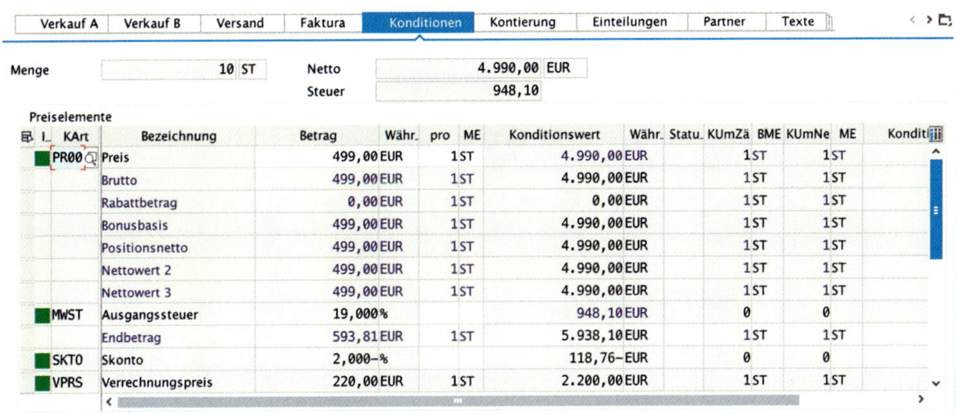

Scrollen Sie nach unten, bis Sie in den Bereich kommen, in dem Sie Eintragungen vornehmen können.

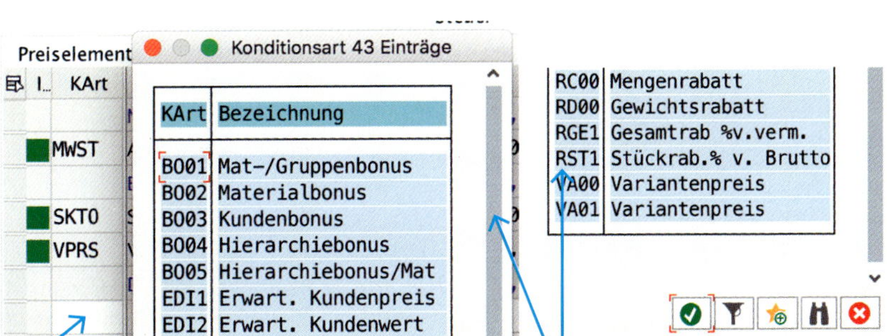

① Klicken Sie in das Feld *Konditionsart* und öffnen Sie die Wertehilfe.

② Scrollen Sie in der Auswahl der Konditionsarten nach unten bis zur Konditionsart *RST1 –Stückrabatt vom Brutto* und wählen Sie diese durch Doppelklick aus.

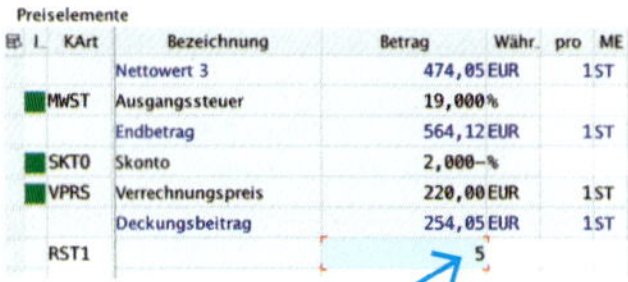

② Scrollen Sie nach oben und kontrollieren Sie den korrekten Eintrag des Stückrabatts.

① Tragen Sie in der Spalte *Betrag* den Prozentsatz ein und bestätigen Sie diese Eingabe mit ENTER.

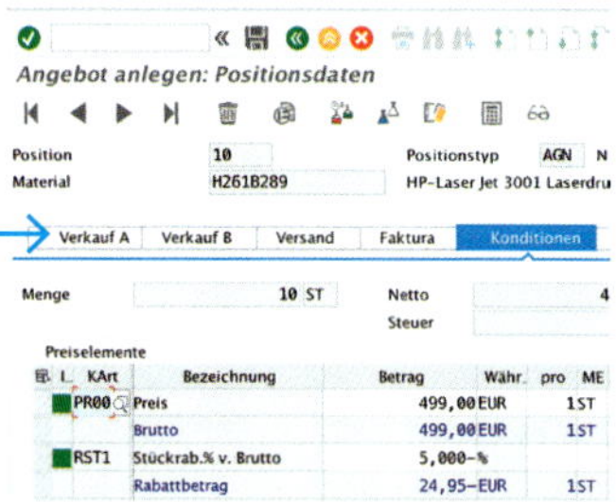

Wählen Sie das Register *Verkauf A* durch Anklicken aus.

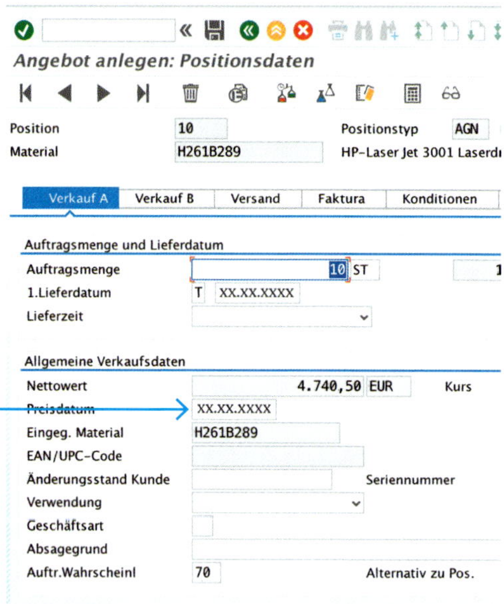

Tragen Sie das aktuelle Datum als Preisdatum ein und speichern Sie anschließend das Angebot.

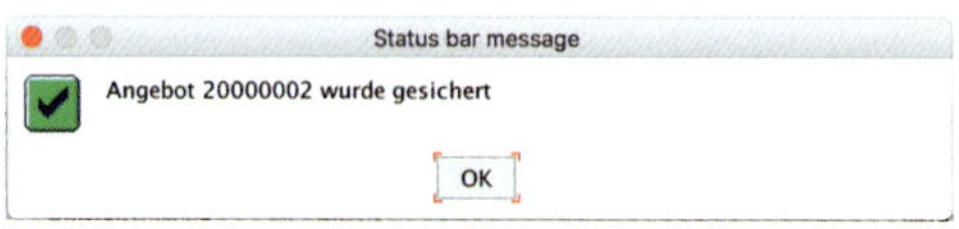

Bestätigen Sie die Meldung durch Klick auf OK und gehen Sie zum Easy Access Menü zurück.

Nach der Erstellung des Angebots im System kann dieses für den Versand an den Kunden ausgedruckt werden.

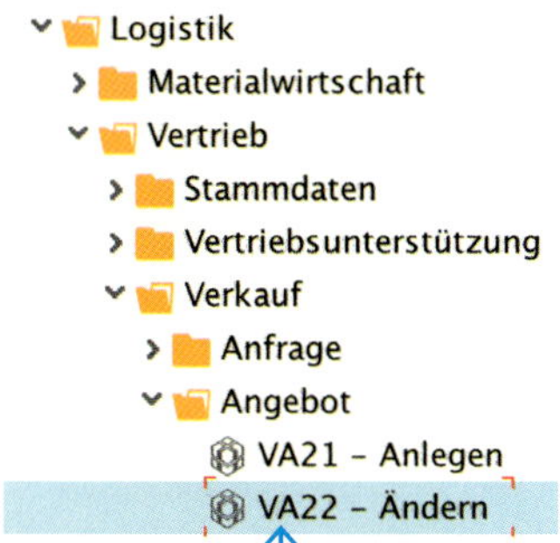

Mit einem Doppelklick wird die Transaktion *VA22 – Ändern (eines Angebots)* gestartet.

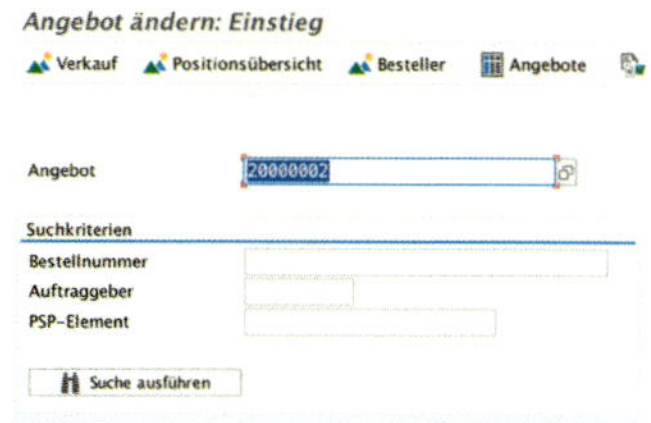

Die Nummer Ihres Angebots wird automatisch ausgewählt. Sollte dies nicht der Fall sein, so geben Sie diese bitte ein. Öffnen Sie anschließend die Eingabemaske zum Ändern des Angebots mit ENTER.

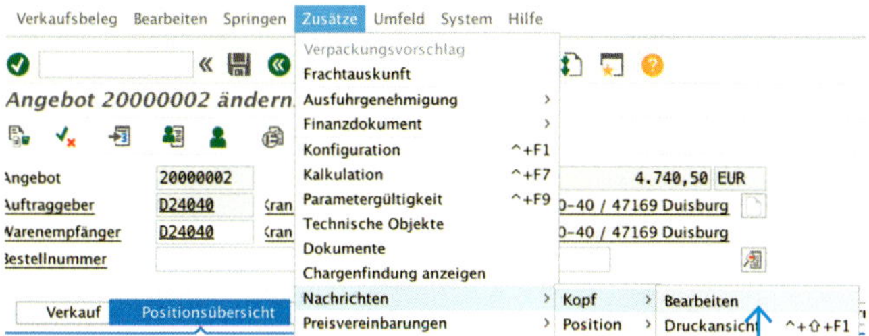

Öffnen Sie im Kopfmenü den Pfad *Zusätze → Nachrichten → Kopf → Bearbeiten* durch Anklicken.

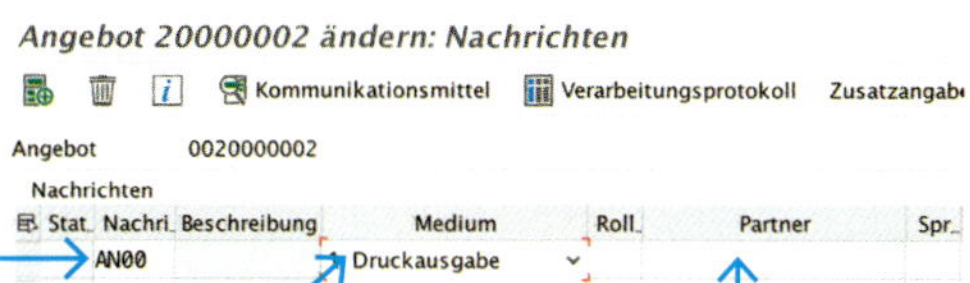

① Wählen Sie die Nachrichtenart *AN00* aus.

② Wählen Sie die Druckausgabe durch Doppelklick in das Feld *Medium* aus.

③ Öffnen Sie mit einem Doppelklick in das Feld Partner die Auswahlmaske für einen Drucker.

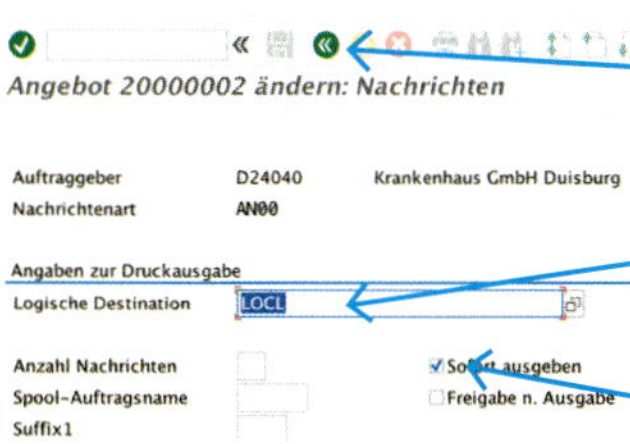

③ Gehen Sie mit dem grünen Pfeil zweimal zurück und sichern Sie das Angebot.

① Wählen Sie die logische Destination (Drucker) *LOCL* aus.

② Wählen Sie die Funktion *Sofort ausgeben* aus.

Wählen Sie im Kopfmenü *Verkaufsbeleg* → *Ausgeben* aus.

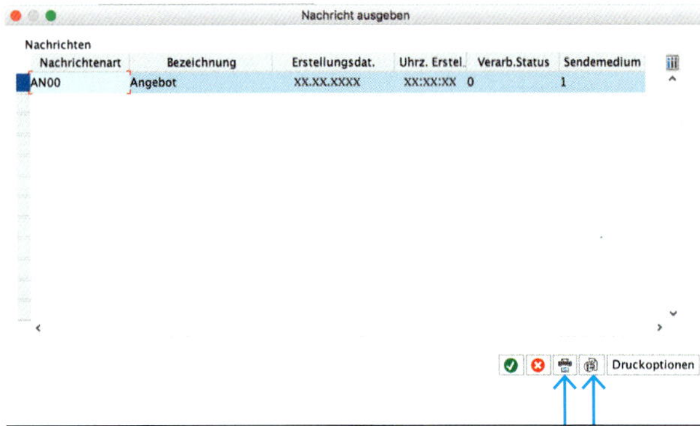

Sie können das erzeugte Angebot entweder nur anzeigen lassen, speichern oder ausdrucken. Entscheiden Sie sich für mindestens eine Option.

```
erp4school Postfach 9999, D-30539 Hannover
Krankenhaus GmbH Duisburg
Emsstr. 30-40
47169 Duisburg

Angebot
Wiederholungsdruck
Nummer/Datum
20000002 /XX.XX.XXXX
Referenznummer/Datum

Liefertermin
Tag XX.XX.XXXX
Kundennummer
D24040
Gültigkeitszeitraum
XX.XX.XXXX bis XX.XX.XXXX

Wir liefern zu nach- und umstehenden Bedingungen:                    W#hrung EUR
Zahlungsbedingungen Innerhalb  14 Tagen 2,000  % Skonto
                    Innerhalb  30 Tagen ohne Abzug

Lieferbedingungen    CPT FRACHTFREI

Gewichte (Brutto/Netto) - Volumen - Markierung
Bruttogewicht             170 KG Nettogewicht             160 KG

Bitte beachten Sie unser beiliegendes Werbeangebot. Lieferung solange
Vorrat reicht.

Pos.     Material             Bezeichnung
                Menge                   Preis  Preiseinheit             Wert

000010 H261B289            HP-Laser Jet 3001 Laserdrucker
                 10 ST         499,00  EUR        1 ST          4.990,00
       Stückrab.% v. Bru        5,000- %                          249,50-
       Positionsnetto          474,05  EUR        1 ST          4.740,50

Summe Positionen                                                4.740,50
Ausgangssteuer          19,000  %                 4.740,50        900,70
Endbetrag                                                       5.641,20
```

■ Kundenauftrag aus Kundenangebot erzeugen

Nach dem Versand erwartet das Unternehmen den **Kundenauftrag**. Trifft dieser ein, so kann der Kundenauftrag mit Bezug auf das Angebot erfasst werden. **Alle Daten des Angebots werden so in den Kundenauftrag übernommen**. Sie müssen nicht erneut eingegeben werden.

Öffnen Sie, wie bereits im Kapitel 8.2 beschrieben, den Pfad für das Anlegen eines Kundenauftrags (Terminauftrag) im Easy Access Menü.

⑤ Wählen Sie die Funktion *Anlegen mit Bezug* aus.

① Wählen Sie die *Auftragsart TA* aus.

② Geben Sie **Ihre Verkaufsorganisation** ein. Sie wird Ihnen vorgegeben.

③ Geben Sie **Ihren Vertriebsweg** ein. Er wird Ihnen vorgegeben.

④ Geben Sie **Ihre Sparte** ein. Sie wird Ihnen vorgegeben.

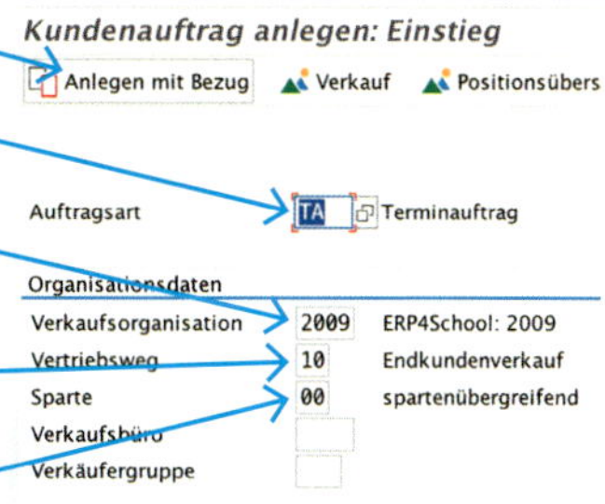

① Geben Sie die Nummer Ihres Angebots ein.

② Wählen Sie die Funktion *Übernehmen* durch Anklicken aus.

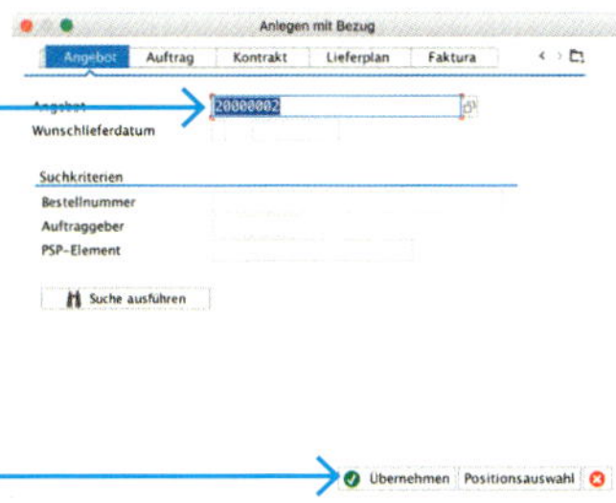

② Speichern Sie anschließend den Terminauftrag.

① Geben Sie die Bestellnummer und das Bestelldatum des Kundenauftrags ein.

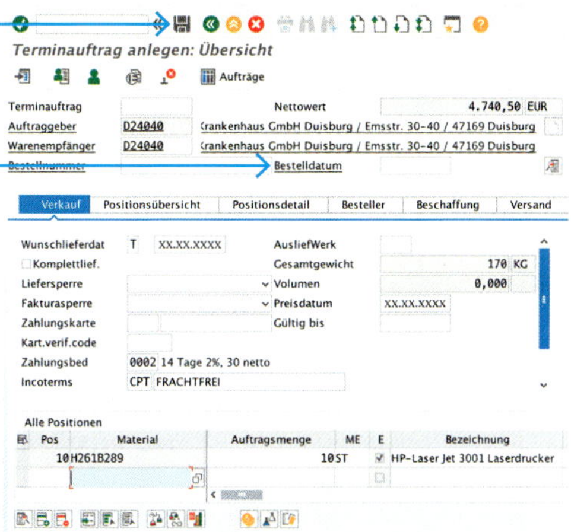

Sie erhalten anschließend diese Meldung.

✅ Terminauftrag 161 wurde gesichert

Nach der Erstellung des Kundenauftrags aus dem Angebot wird dieser, wie im Kapitel 8.2 beschrieben, weiter bearbeitet, bis der gesamte Vertriebsprozess vollständig realisiert worden ist.

Zusammenfassung: Die Bearbeitung des Vertriebsprozesses mit einer Anfrage beginnend

- Der vollständige Vertriebsprozess besteht aus den folgenden Geschäftsprozessschritten:

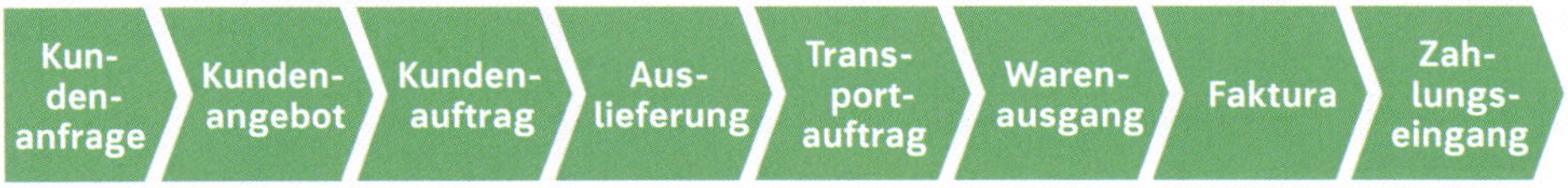

- Für die Erstellung eines Kundenangebots müssen im ERP-System **Materialstammdaten** und **Kundenstammdaten** vorhanden sein. Sie müssen vor der Erstellung eines Angebots überprüft und evtl. aktualisiert werden.
- Sind zum Kunden noch keine Stammdaten vorhanden und kommt eine Belieferung des Kunden infrage, so sind seine Daten in einem **Debitorenstamm** für **alle Unternehmensbereiche** zu erfassen.
- Die Stammdaten werden unter einer **eindeutigen Nummer für alle Unternehmensbereiche** gespeichert und sind in Informationsregister aufgeteilt.
- Bevor ein Kundenangebot erstellt werden kann, muss die **potenzielle Lieferfähigkeit** zum angefragten **Wunschliefertermin** überprüft werden.
- Für die Erstellung des Kundenangebots müssen die Daten **aus der Kundenanfrage** in das ERP-System übernommen werden. Anschließend wird das **Angebot erstellt**, evtl. ausgedruckt und versendet.
- Wird ein **verbindliches Angebot vom Kunden** durch Zusendung eines Kundenauftrags angenommen, so ist der **Auftrag** im ERP-System **mit Bezug auf das Angebot** zu erfassen. Zu diesem Zeitpunkt ist ein Kaufvertrag zustande gekommen. Der Kundenauftragsprozess wird danach vollständig bearbeitet.
- Wird ein Kundenangebot nicht in Anspruch genommen, so erlischt es und der **Geschäftsprozess endet nach dem Kundenangebot.**

Aufgaben

1. *Die Primus GmbH hat von der Modellux GmbH & Co. KG eine Anfrage über 10 Laser-Multifunktionsgeräte FX 640 erhalten. Die Geräte sollten innerhalb eines Monats geliefert werden.*
   a) Erstellen Sie ein Angebot mit einer Standardsoftware Ihrer Wahl.
   b) Erstellen Sie anschließend mithilfe des ERP-Systems das Angebot. Sollten Stammdaten zu diesem Zweck noch nicht vorhanden sein, so erfassen Sie diese.
   c) Vergleichen Sie beide Angebote miteinander und finden Sie Gemeinsamkeiten und Unterschiede heraus.

2. *Die Primus GmbH hat ihr Sortiment erweitert. Georgios Paros, Auszubildender zum Kaufmann für Büromanagement, hat die Aufgabe erhalten, die Materialstammdaten für das neue Material zu pflegen.*

   Pflegen Sie die Materialstammdaten im ERP-System entsprechend den folgenden Angaben. Öffnen Sie dazu das ERP-System über den im obigen Text angegebenen Pfad im Easy Access Menü und geben Sie die Daten wie oben beschrieben ein. Die benötigten Daten zu den Organisationseinheiten erhalten Sie von Ihrer Lehrkraft.

<table>
<tr><th>Register Grunddaten 1</th><th>Eingabe</th><th>Disposition 2</th><th>Eingabe</th></tr>
<tr><td>Nr.</td><td>251B926</td><td>Beschaffungsart</td><td>F</td></tr>
<tr><td>Beschreibung</td><td>Kopierpapier X-Offit 500 Blatt</td><td>WE-Bearbeitungszeit</td><td>1</td></tr>
<tr><td>Basismengeneinheit</td><td>Paket</td><td>Horizontschlüssel</td><td>000</td></tr>
<tr><td>Warengruppe</td><td>1</td><td>Planlieferzeit</td><td>2</td></tr>
<tr><td>Sparte</td><td>00</td><td>Disposition 3</td><td>Eingabe</td></tr>
<tr><td>Allg. Postypengr.</td><td>NORM</td><td>Periodenkennzeichen</td><td>M</td></tr>
<tr><td>Bruttogewicht</td><td>2</td><td>Verfügbarkeitsprüf</td><td>01</td></tr>
<tr><td>Nettogewicht</td><td>1,5</td><td>GesWiederbeschZeit</td><td>3</td></tr>
<tr><td>Gewichtseinheit</td><td>kg</td><td>Disposition 4</td><td>Eingabe</td></tr>
<tr><td>Grunddaten 2</td><td>Eingabe</td><td colspan="2">In dieser Sicht ist keine Dateneingabe notwendig. Alle Daten werden aus zuvor angelegten Sichten gezogen. Legen Sie die Sicht mit ENTER an.</td></tr>
<tr><td colspan="2">In dieser Sicht sind keine Daten notwendig. Legen Sie die Sicht mit ENTER an.</td><td>Werksdaten/Lagerung 1</td><td>Eingabe</td></tr>
<tr><td>Vertrieb: VerkOrg1</td><td>Eingabe</td><td>Periodenkennz. MHD</td><td>T</td></tr>
<tr><td>Skontofähig</td><td>Häkchen</td><td>Werksdaten/Lagerung 2</td><td>Eingabe</td></tr>
<tr><td>Steuerdaten</td><td>1</td><td colspan="2">In dieser Sicht ist keine Dateneingabe notwendig. Alle Daten werden aus zuvor angelegten Sichten gezogen. Legen Sie die Sicht mit ENTER an.</td></tr>
<tr><td>Vertrieb: VerkOrg2</td><td>Eingabe</td><td>Lagerverwaltung 1</td><td>Eingabe</td></tr>
<tr><td>StatistikGrMaterial</td><td>1</td><td colspan="2">In dieser Sicht ist keine Dateneingabe notwendig. Alle Daten werden aus zuvor angelegten Sichten gezogen. Legen Sie die Sicht mit ENTER an.</td></tr>
<tr><td>Bonusgruppe</td><td>01</td><td>Lagerverwaltung 2</td><td>Eingabe</td></tr>
<tr><td>Statistikrelevante Materialgruppe</td><td>01</td><td colspan="2">In dieser Sicht sind keine Daten notwendig. Legen Sie die Sicht mit ENTER an.</td></tr>
</table>

Maximalbonus Kontierungsgr. Mat.	01	**Buchhaltung 1**	**Eingabe**
Vertrieb: allg./Werk	**Eingabe**	Bewertungsklasse	3100
Verfügbarkeitsprüf	01	Preissteuerung	V
TranspGr	0001	Gleitender Preis	3,58
LadeGr	0001	Preiseinheit	1
Einkauf	**Eingabe**	**Buchhaltung 2**	**Eingabe**
Einkäufergruppe	001	In dieser Sicht sind keine Daten notwendig. Legen Sie die Sicht mit ENTER an.	
Einkaufswerteschl	1		
WE-Bearbeitungszeit	1		
Disposition 1	**Eingabe**		
Dispomerkmal	PD		
Disponent	D01		
Dispolosgröße	EX		

Speichern Sie anschließend den Materialstamm. Sollten Sie Ihre Eingaben unterbrechen, so speichern Sie die bereits eingegebenen Sichten. Wählen Sie bei der Vervollständigung danach wieder denselben Zugang über **Material anlegen** *und ergänzen Sie die noch fehlenden Sichten.*

3. *Die Primus GmbH hat von einem Bürofachgeschäft eine Anfrage über 200 Primus Bleistifte (12 Stück/Packung) und 200 Primus Textmarker (6 Stück/Packung) erhalten. Herr Krazek erstellt daraufhin ein Angebot mit 30 % Stückrabatt für die Textmarker und 10 % für die Bleistifte.*
   a) *Erfassen Sie die Anfrage und erstellen Sie ein Angebot mithilfe des ERP-Systems. Drucken Sie dieses aus. Setzen Sie dabei im Angebot einen Preis mit Rabatten fest, der einen positiven Deckungsbeitrag bezogen auf beide Produkte erbringt.*
   b) *Gehen Sie davon aus, dass das Bürofachgeschäft das Angebot annimmt, und erstellen Sie aus dem Angebot einen Kundenauftrag.*
   c) *Bearbeiten Sie den Vertriebsprozess vollständig.*

9 In der Fremdsprache Englisch schriftlich kommunizieren

9.1 Geschäftsbriefe gestalten und Angebote erstellen

Handlungssituation

Nicole Höver hat ihren ersten Tag in der Verkaufsabteilung der Primus GmbH. Der Gruppenleiter Herr Berg begrüßt sie freundlich und stellt sie der Kollegin Frau Sommer vor. Nachdem er Nicole den Arbeitsplatz gezeigt hat, händigt er ihr einen Ordner aus: *„Darin finden Sie jede Menge Material, das Sie bei Ihrer Arbeit unterstützt, z. B. unsere Artikelliste und Textbausteine für den Schriftverkehr auf Englisch. Wir haben auch noch weitere umfassende Informationen für Sie zusammengestellt, die Sie für den Kontakt mit unseren ausländischen Kundinnen und Kunden benötigen* *(vgl. S. 404 ff.)**. Falls das nicht ausreicht, stehen dort im Regal noch einige Wörterbücher. Na dann ..., viel Erfolg in unserer Abteilung."*

Kurz darauf erhält Nicole eine **allgemeine Anfrage (general enquiry)** in englischer Sprache, die gerade eingegangen ist.

Frau Sommer bittet Nicole, eine entsprechende Antwort anzufertigen. Nicole ist ratlos. *„Wie soll ich das denn machen? Worum geht es denn in dem Brief eigentlich? Wie schreibt man denn überhaupt einen englischen Geschäftsbrief?"*, überlegt sie. Dann beschließt sie, sich zuerst einmal ihren Ordner näher anzuschauen, um dort evtl. nützliche Informationen zu finden.

TASCO

21a Brown Street
Manchester M5 3SL
Tel.: 0161-353 4872
Fax: 0161-353 4873
Website: www.tasco.man.uk
VAT No.: 3 4423 4567

Primus GmbH
Koloniestr. 2 – 4
47057 Duisburg
Germany

Your ref.: Our ref.: JD 20th November 20..

Dear Sir or Madam

OFFICE FURNITURE

We have seen your advertisement in this week's edition of "Office World" and are very interested in the office furniture that you offer.

We are a leading supermarket chain in the UK and want to equip some of our branch offices with new office furniture.

We would therefore be thankful if you could send us a catalogue and a price list of the furniture you deal in. Please let us also have your terms of business.

We look forward to hearing from you soon.

Yours faithfully
TASCO

John Dawson

John Dawson
Purchasing Manager

Arbeitsaufträge

- *Informieren Sie sich über das Layout eines englischen Geschäftsbriefes und stellen Sie mögliche Unterschiede zu einem Geschäftsbrief aus Deutschland heraus.*
- *Fassen Sie die wesentlichen Inhalte des Briefes, den Nicole erhalten hat, in englischer Sprache zusammen. Erstellen Sie anschließend einen „letter plan".*
- *Fertigen Sie auf dieser Basis ein Antwortschreiben in englischer Sprache an.*

■ Layout (Gestaltung) eines Geschäftsbriefes in englischer Sprache

Die Kommunikation zwischen Unternehmen mit internationalen Handelsbeziehungen ist in den letzten Jahren stetig gewachsen. Die Verwendung moderner Techniken, wie z. B. Fax, Mobil- und Internettelefonie (Voice over Internet Protocol/VoIP), E-Mail und Videokonferenzen hat sehr zur beschleunigten Abwicklung weltweiter Geschäfte beigetragen. Geschäftspartner /-innen, die sich kennen, gehen dabei viel weniger formal miteinander um, als dies noch vor einigen Jahren der Fall war. Dennoch ist auch heutzutage in der fremdsprachlichen Geschäftskorrespondenz die korrekte Anwendung bestimmter Aspekte wie z. B. **Anschrift, Datum, Betreff, Anrede und Grußformel** zu berücksichtigen.

Beispiel Der Musterbrief, den Nicole in ihrem Ordner findet, ist eine **spezielle Anfrage (specific enquiry)** und zeigt eine **übliche Form des Layouts**. In der Praxis sind jedoch auch **andere Gestaltungsformen gebräuchlich**, zumal eine ähnlich akzeptierte Empfehlung wie die **deutsche DIN 5008** im Englischen nicht existiert.

Office Unlimited Ltd → 1. Letterhead

Primus GmbH
Ms Elke Sommer
Koloniestr. 2 – 4
47057 Duisburg
Germany

223 Business Park
London NW1 3AD
Tel: 0181 7387 8217
Fax: 0181 7388 0625
email: info@officeunlimited.com

VAT No.: 2 5613 7854

→ 2. Inside Address

Your ref.: ES Our ref.: WM/JF → 3. Reference Line

11th June 20.. → 4. Date (in full)

Dear Ms Sommer → 5. Salutation

Steifensand Lumbar-Support-Chair → 6. Subject Line

Many thanks for your catalogue. Enclosed please find our company brochure. As a leading wholesaler of office furniture and equipment we are very interested in your products. Therefore we would like to have further details on your special "Steifensand Lumbar-Support-Chair":

1) How much of a discount can you grant on 250 items?
2) Please state your earliest date of delivery and your terms of payment.

Please send your offer as soon as possible. We look forward to doing business with you in the future.

→ 7. Body of the Letter (Capitalize first letter/ Many)

Yours sincerely → 8. Complimentary Close

Office Unlimited Ltd

Jane Fulham

(Jane Fulham)
p. p. William Marks/Purchasing Manager

→ 9. Signature Block

Enc → 10. Enclosure(s)
Company brochure

Wesentliche Bestandteile eines Geschäftsbriefes in englischer Sprache	
1. Letterhead sender's name, address, phone & fax numbers, website address	**Briefkopf/Absender/-in** Sie finden hier Informationen über das Unternehmen, wie z. B. Name, Adresse, Telefonnummer, Internetauftritt, E-Mail-Adresse. In britischen Briefen wird häufig auch die Umsatzsteuernummer angegeben: VAT No. 51...(VAT = Value Added Tax = Mehrwertsteuer).
2. Inside address = Addressee's name and address 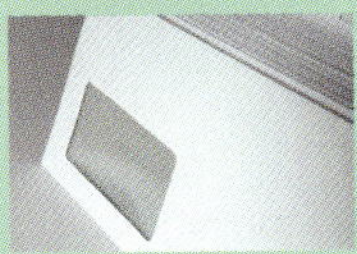	**Anschrift/Adressat = Empfänger/-in** Dieser Bereich beinhaltet den Namen und die Anschrift der Empfänger/-innen. Fügen Sie den Namen des Landes, in das der Brief geht, unterhalb der Anschrift ein. Die Anrede in der Anschrift lautet für verheiratete Frauen **Mrs** Smith, Männer **Mr** Jones, Frauen (wenn der Familienstand nicht bekannt ist) **Ms** Bright. **Die Anrede „Ms" hat sich in den letzten Jahren durchgesetzt und sollte bei Frauen als Standard verwendet werden.**
3. References Reference line	**Bezugszeichen/Bezugszeichenzeile** Die Platzierung ist an verschiedenen Stellen des Briefes möglich, z. B. unterhalb des Briefkopfes, ober- oder unterhalb der Anschrift. Sie zeigen die Initialen der verfassenden Person (Dictator), gefolgt von denen der Schreibkraft (Typist). **Our ref/Unser Zeichen** beinhaltet die Ordnungskriterien/Initialen des Absenders. **Your ref/Ihr Zeichen** zeigt in einem Antwortbrief die Ordnungskriterien/Initialen der Person, deren Schreiben beantwortet wird.
4. Date  	**Datum** Verschiedene Schreibweisen sind üblich, z. B. in Großbritannien in der Reihenfolge Tag, Monat, Jahr: 12 January 20.. oder 12th January 20.. Der Monatsname kann auch vorangestellt werden (häufig in amerikanischen Briefen). Ein Komma kann dann vor der Jahreszahl eingefügt werden, ist jedoch nicht verpflichtend: January 12, 20.. oder January 12th 20.. **Achten Sie darauf, den Monatsnamen auf jeden Fall auszuschreiben (date in full), um Missverständnisse zu vermeiden** (12.09.20.. kann auch als 09.12.20.. verstanden werden, da in den USA der Monatsname bei dieser Schreibweise häufig an erster Stelle angegeben wird). Sie sollten zumindest eine übliche Abkürzung verwenden, z. B. August – Aug. Auch das Jahr sollte vollständig angegeben werden: 2022 und nicht 22.
5. Salutation	**Anrede** Bei der Wahl der Anrede haben Sie verschiedene Möglichkeiten: „Dear Sirs", „Dear Sir", „Dear Madam" oder „Dear Sir or Madam" sind international üblich. „Gentlemen:" oder „Ladies and Gentlemen:", welches die modernere Form ist (beide gefolgt von einem Doppelpunkt) werden häufig bei Briefen an amerikanische Unternehmen benutzt. Wenn Sie die Person, an die Sie schreiben, mit Namen kennen, verwenden Sie die Anrede wie in der „inside address" beschrieben, z. B. „Dear Mr Henessy".
6. Subject line	**Betreffzeile** Üblicherweise befindet sich der Betreff zwischen der Anrede und dem eigentlichen Brieftext. In diesem Fall sollte er unterstrichen sein. Es ist jedoch auch möglich, die Betreffzeile, wie in deutschen Briefen, oberhalb der Anrede einzufügen; sie wird dann nicht unterstrichen, es wird jedoch ein „Re:" vorangestellt.

Wesentliche Bestandteile eines Geschäftsbriefes in englischer Sprache	
7. Body of the Letter	**Brieftext** **Das erste Wort des Brieftextes beginnt immer mit einem Großbuchstaben!**
8. Complimentary Close 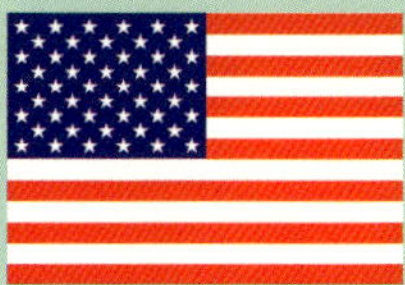 	**Grußformel** Die Art der Grußformel ist abhängig von der Anrede, die Sie zuvor benutzt haben. Im Deutschen entsprechen alle Arten dem üblichen „Mit freundlichen Grüßen“. In englischen Geschäftsbriefen wird z. B. bei der Anrede „Dear Sirs“, „Dear Sir or Madam“ die Formulierung „Yours faithfully“ benutzt. Enthält der Brief eine persönliche Anrede, z. B. „Dear Ms Barnaby“, so verwenden Sie „Yours sincerely“. Bei Briefen in die USA gilt in beiden Fällen „Yours sincerely“, wobei auch eine Umstellung möglich ist: „Sincerely yours“. Die in den USA früher häufig verwendete Formel „Yours truly“ ist veraltet. In E-Mails werden auch zunehmend die Formulierungen ,,Best regards“ oder ,,Best wishes“ verwendet. **Der erste Buchstabe der Grußformel wird stets großgeschrieben!**
9. Signature Block	**Unterschrift** Häufig wird nach der Grußformel der Name des Unternehmens eingefügt. Wenn Mitarbeitende im Auftrag ihrer Vorgesetzten unterschreiben, wird der Name des Vorgesetzten angegeben und mit einem p.p. versehen (for and on behalf of = für und im Auftrag von). **Dies hat nichts mit dem deutschen ppa. zu tun (Prokura)**. Auch die Position der Vorgesetzten im Unternehmen wird angezeigt: z. B. „Purchasing Manager“/Einkaufsleiter/-in.
10. Enclosure(s)	**Anlagen** Sie können Abkürzungen benutzen: Enc = Anlage oder Encs = Anlagen. Die Anlagen können auch einzeln angeführt werden, z. B.: **Enc** Catalogue

Praxistipp

Wenn Ihr Ausbildungsunternehmen nicht über Briefvorlagen verfügt, die an internationalen Standards ausgerichtet sind: „Don't worry!“: Auch ein nach der DIN 5008 erstellter Brief wird im Ausland verstanden, wenn Sie die grundlegenden Unterschiede im Layout beachten.

■ Internationale Lieferungs- und Zahlungsbedingungen

Die zunehmende Globalisierung setzt voraus, dass für die internationale Handelstätigkeit verlässliche Rahmenbedingungen existieren, die den Warenverkehr und die Zahlungen zwischen den Vertragsparteien eindeutig regeln. Diese Bestimmungen sind weltweit anerkannt und können auf Wunsch von Käufer/-in und Verkäufer/-in Bestandteil des Kaufvertrags werden.

Incoterms® 2020/Internationale Lieferbedingungen[1]

Die Incoterms® 2020 (International Commercial Terms, Fassung 2020) sind Klauseln, die bestimmte **Rechte und Pflichten der Kaufvertragsparteien im Außenhandelsgeschäft** eindeutig festlegen. Als Handelsbrauch sind sie kein Gesetz, sondern eine Empfehlung der International Chamber of Commerce Paris an die Vertragsparteien. Deshalb muss ihre Geltung ausdrücklich **im Vertrag vereinbart** werden. Sie regeln z. B.:

Wo und wann ...		
Lieferung/Abnahme	→	... müssen die Vertragsparteien leisten (Ware liefern bzw. abnehmen)?
Gefahrenübergang	→	... soll die Gefahr (Transportrisiko) von den Verkaufenden auf die Kaufenden übergehen?
Kostenübergang	→	... soll die Verpflichtung zur Übernahme der Transportkosten von den Verkaufenden auf die Kaufenden übergehen?

Es gibt insgesamt elf Incoterms® 2020, die auf die verschiedenen Möglichkeiten von Lieferbedingungen zugeschnitten sind, von denen hier einige aufgeführt werden:

Incoterms® 2020	Abkürzung	Beschreibung
Ex Works	**EXW**	**Ab Werk**, die Verkaufspartei muss die Ware lediglich zur Abholung durch die Kaufpartei bereithalten, welche die weitere Abwicklung mit allen Kosten und Risiken zu tragen hat.
Free Alongside Ship	**FAS**	**Frei Längsseite Schiff**, Angabe des vereinbarten **Verladehafens**, z. B. FAS Hamburg. Die Verkaufspartei trägt die Kosten bis zur Übergabe an ein vereinbartes Transportunternehmen (Frachtführer), das die Verkaufspartei auf eigene Kosten beauftragt hat. Die Kaufpartei trägt die Hauptlast der Abwicklung, der Kosten und des Risikos.
Free On Board	**FOB**	**Frei an Bord**, Angabe des vereinbarten **Verladehafens**. Die Verkaufspartei trägt die Kosten bis einschließlich der Verladung auf das Schiff, sonst wie FAS.
Cost Insurance Freight	**CIF**	**Kosten, Versicherung und Fracht**, Angabe des vereinbarten **Bestimmungshafens.** Die Verkaufspartei muss einen Frachtführer beauftragen und eine Transportversicherung abschließen. Sie übernimmt alle Kosten bis zum Bestimmungshafen.
Delivered Duty Paid	**DDP**	**Geliefert Zoll bezahlt**, Angabe des vereinbarten **Bestimmungsortes im Einfuhrland**. Die Verkaufspartei übernimmt bis dahin alle Kosten.

[1] *Für die Nutzung der Incoterms® in einem Vertrag empfiehlt sich die Bezugnahme auf den Originaltext des Regelwerks. Incoterms® ist eine eingetragene Marke der Internationalen Handelskammer (ICC). Incoterms® 2020 ist einschließlich aller seiner Teile urheberrechtlich geschützt. Die ICC ist Inhaberin der Urheberrechte an den Incoterms® 2020. Bei den vorliegenden Ausführungen handelt es sich um inhaltliche Interpretationen zu den von der ICC herausgegebenen Lieferbedingungen durch die Autoren. Diese sind für den Inhalt, Formulierungen und Grafiken in dieser Veröffentlichung verantwortlich. Der Originaltext kann über ICC Germany unter www.iccgermany.de und www.incoterms2020.de bezogen werden.*

Internationale Zahlungsbedingungen (Terms of Payment)

Der Handel zwischen verschiedenen Staaten kann nicht nur im Hinblick auf die Warenlieferung schwierig sein, sondern auch die Zahlungsabwicklung ist häufig problematisch. Für die Liefernden steht die **Sicherung des Zahlungseingangs**, für die Kaufenden **die Sicherung des Wareneingangs** im Vordergrund. Daher kommt neben der Verwendung geeigneter Incoterms® 2020 auch der Vereinbarung **geeigneter Zahlungsbedingungen** eine besondere Bedeutung zu.

Zahlungsbedingungen (Terms of Payment)	Erläuterungen
Cash before Delivery Payment in Advance	**Vorauszahlung.** Die Primus GmbH fordert eine Vorauszahlung, wenn Auslandskunden oder -kundinnen in ihrer Bonität ungünstig beurteilt werden oder ihren Sitz in einem Staat mit unsicheren politischen Verhältnissen haben. Auch bei einem ersten Geschäftskontakt ist dies sinnvoll.
Payment on Account	**Anzahlung.** Bei Auslandsgeschäften mit langer Lieferzeit oder bei Sonderbestellungen verlangt die Primus GmbH eine Anzahlung von 30 % des Auftragswertes.
Payment after Receipt of Invoice	**Zahlung nach Rechnungserhalt, mit oder ohne Zahlungsziel.** Lieferungen der Primus GmbH an den Computerfachhandel Martina van den Bosch, NL-Venlo, mit Zahlungsziel von 20 Tagen, weil seit Jahren sehr gute Geschäftsbeziehungen bestehen.
Documents against Payment (D/P)	**Kasse gegen Dokumente. Die Primus GmbH beauftragt** eine von der Kaufpartei benannte Bank im Einfuhrland, der Kaufpartei die **notwendigen Warendokumente** erst **nach Zahlung des Rechnungsbetrags** auszuhändigen. Ohne diese Dokumente ist die Kaufpartei nicht in der Lage, die Ware in Empfang zu nehmen, z. B. im Hafen, am Flughafen oder bei einer Spedition. So kann sich die Primus GmbH gegen Zahlungsausfälle absichern.
Letter of Credit (L/C) Documentary Credit	**Dokumentenakkreditiv. Der Kaufpartei beauftragt** ihr Kreditinstitut, gegen Vorlage der **entsprechenden Dokumente** die Zahlung an das Kreditinstitut der Primus GmbH zu leisten. Hierzu muss sich das Kreditinstitut der Kaufpartei vertraglich verpflichten. Damit ist gewährleistet, dass die Primus GmbH die Zahlung auf jeden Fall von der Bank erhält, unabhängig davon, ob die Kaufpartei zahlungsfähig ist oder nicht.

■ Angebote erstellen

Wenn man sich in der Fremdsprache nicht sicher fühlt, empfiehlt sich bei der Beantwortung eines Geschäftsbriefes ein planvolles Vorgehen in drei Schritten.

1. Step
Erfassung des Inhalts mithilfe von strukturierten Arbeitsschritten **auf Englisch**

2. Step
Erstellung eines **„Letter Plan“** mit konkretisierten inhaltlichen Angaben

3. Step
Formulierung der Antwort mit standardisierten Redewendungen/**„Phrases“**

First step – Analysing a business letter

Bevor Sie auf einen englischen Geschäftsbrief antworten, sollten Sie diesen mithilfe von **strukturierten Arbeitsschritten** untersuchen, um die wesentlichen Inhalte zu erfassen. Es ist empfehlenswert, dies auf jeden Fall **in der Fremdsprache** zu tun. Sie haben dann bereits **die Gliederung Ihres Antwortbriefes auf Englisch** und ersparen sich die Zeit für eine vorherige Übersetzung ins Deutsche oder eine Zusammenfassung in deutscher Sprache. Dies mag anfänglich schwierig erscheinen, durch Übung und Routine werden Sie die Arbeitsabläufe jedoch zunehmend beschleunigen können.

Die folgende Analyse des Musterbriefes (vgl. S. 405) zum Layout bietet Ihnen ein Beispiel, wie Sie englische Briefe zügig und korrekt beantworten. Sie können auf diese Art selbstverständlich nicht nur bei Anfragen verfahren, sondern die Methode auch auf **weitere Briefformen mit entsprechend unterschiedlichen Inhalten anpassen und übertragen.**

Analysing a business letter

1. **Read the letter carefully and decide what kind of business letter it is (enquiry, offer, order etc.).**
   enquiry (specific)
2. **Who/Where does it come from? Company? Person to be addressed? Country?**
   Office Unlimited Ltd/Jane Fulham/England
3. **What do they want? Discounts? Terms of Business? Catalogue? Leaflet? Offer? Price list? Samples? etc.**
   - *Offer for 250 Steifensand Lumbar-Support-Chairs*
   - *Possible discounts?*
   - *Earliest date of delivery?*
   - *Terms of payment?*

Second step – The letter plan

Bei der Erstellung eines Angebots in englischer Sprache können Sie die oben erstellte Gliederung durch entsprechende Ergänzungen verfeinern. Diese beziehen sich auf den Brieftext/„body of the letter". Bei der Planung Ihres Briefes gehen Sie folgendermaßen vor:

Offer letter plan/Body of the letter

1. **Open** *your letter by referring to the enquiry of ___?*
2. **Answer** *the requests by providing the necessary enclosure(s) or* **information** *wanted.*
   We offer **(first, you have to check the following details with your boss!)**
   - *250 chairs*
   - *10 % quantity discount*
   - *delivery by 1 August*
   - *documents against payment because of first business contact*
3. **Close** *the letter in a polite way.*

Praxistipp

Das deutsche Wort *Information(en)* gibt es im Englischen nur in der Einzahl: **„information" ohne s am Ende.**

Third Step – Phrases used when writing offers/quotations

Verwenden Sie die angegebenen Redewendungen, um Ihren „**Letter Plan**“ in ein sprachlich und inhaltlich einwandfreies Angebot umzusetzen.

> **Praxistipp**
>
> Wenn Sie einen Geschäftsbrief in englischer Sprache erstellen, denken Sie immer daran, dass Sie in der Sprache Ihrer Geschäftspartner/-innen kommunizieren! **Ihr Englisch** ist sicherlich besser als **deren Deutsch!** Seien Sie zuversichtlich und verfassen Sie Ihre Briefe klar, kurz und einfach!

Opening

Wenn Sie auf die Anfrage eines Unternehmens antworten, dann erstellen Sie ein **verlangtes Angebot (solicited offer)**. Beziehen Sie sich am Briefanfang auf das Ihnen vorliegende Schreiben.

Thank you for	your letter	of ...
We refer to		dated ...
Vielen Dank für	Ihren Brief	vom ...
Wir beziehen uns auf		datiert ...

Als Verkaufspartei kann man jedoch auch aktiv werden, ohne vorher eine Anfrage erhalten zu haben, um z. B neue Geschäftspartner/-innen zu gewinnen. In diesem Fall handelt es sich um ein **unverlangtes Angebot (unsolicited or voluntary offer)**.

We have learnt from (name of a business partner/Chamber of Commerce)	that you are looking for	office furniture/description of special kind of services/ description of items.
We have seen your address on the internet	and are pleased	to send you attached our leaflet on the range of services offered by us.
Wir haben von (Name eines Geschäftspartners/Name der Handelskammer) erfahren,	dass Sie nach	Büromöbeln/Beschreibung von Dienstleistungen/ Beschreibung von Artikeln suchen.
Wir haben Ihre Anschrift aus dem Internet	und freuen uns,	Ihnen in der Anlage unseren Prospekt über unser Dienstleistungsangebot zu senden.

Giving information about ...

Your Company

Wenn Sie das erste Mal mit Kunden/Kundinnen oder Lieferanten/Lieferantinnen Kontakt aufnehmen, empfiehlt es sich, diesen wichtige Informationen über Ihr eigenes Unternehmen mitzuteilen, damit sich aus einem positiven ersten Eindruck möglicherweise eine dauerhafte Geschäftsbeziehung entwickelt.

We are a well-established German producer	of office furniture	and supply our products to the domestic and to the world market.
We are pleased to inform you	that we are specialists in	office equipment/tools/building materials ...
Wir sind ein gut eingeführter deutscher Hersteller	von Büromöbeln	und liefern unsere Produkte auf den heimischen und den Weltmarkt.
Wir freuen uns, Ihnen mitzuteilen,	dass wir Spezialisten	für Büroausstattung/Werkzeuge/Baumaterialien ... sind

Products

Informationen allgemeiner Art werden einem zukünftigen Kunden oder Kundinnen z. B. anhand von Katalogen zur Verfügung gestellt, damit sie sich einen Überblick über das Sortiment und die Preise verschaffen können. Um **spezielle Angebote** zu erstellen, die z. B. Angaben über mögliche Rabatte beinhalten, greifen Sie auf interne Informationen zurück.

Beispiel Nicole Höver findet in ihren Unterlagen eine Artikelliste, die sie für die Bearbeitung der Anfrage benötigt.

Artikelliste/List of Items Büroausstattung/Office Equipment				
Herstellkosten (cost of production) netto (net)/€	**Artikelbezeichnung/Item Description**		**Artikelnr. Item No.**	**Nettoverkaufspreis (list price) (net)/€**
	Deutsch	**Englisch**		
96,59	Schreibtisch Primo	Primo Office Desk	159B574	212,50
90,68	Bildschirm-Arbeitstisch	Primo Monitor-Workstation	159B590	199,50
108,86	Primo Rollcontainer	Primo Mobile File Cabinet	159B632	239,50
64,77	Primo Unterschrank	Primo Medium Height Cabinet	159B616	142,50
136,14	Primo Schreibtisch Classic	Classic Office Desk	308B049	299,50
58,86	Regalelement Classic	Classic Shelving Unit	308B122	129,50
179,32	Bandscheiben-Drehstuhl Steifensand	Steifensand Lumbar-Support-Chair	120B592	394,50
90,68	Bandscheiben-Drehstuhl Super-Star	Super-Star Lumbar-Support-Chair	162B388	199,50
97,50	Bürodrehstuhl Modell 1640	Model 1640 Office Chair	381B814	214,50
33,86	Aktenvernichter Fellowes PS 50	Fellowes PS 50 Shredder	228B684	74,50
64,77	Bildschirm-Arbeitstisch Charm	Charm Monitor-Workstation	160B994	142,50
72,50	Druckertisch Euratio	Euratio Printer Table	305B094	159,50

Praxistipp

Erkundigen Sie sich in Ihrem Ausbildungsbetrieb nach Verkaufsunterlagen in englischer Sprache und nutzen Sie diese, um sich über die entsprechenden englischen Bezeichnungen Ihres Sortiments (range of products/product range) und weitere Details zu informieren. Benutzen Sie im Englischen die Begriffe **„product"** oder **„item"**, wenn Sie das deutsche Wort „Artikel" verwenden wollen. Das englische „article" hat eine stark sprachliche Zuordnung (der, die, das, ein, einer).

Prices

Our prices are quoted DDP London/FOB Hamburg/EXW Duisburg.
Unsere Preise sind angegeben DDP London/FOB Hamburg/ab Werk Duisburg.

Discounts

We can give you a(n) We can grant you a(n)	trade initial	discount of ...%	on the list price. on the net price.	
	quantity discount of ...%		on orders →	worth at least € 10,000.00/ of at least 500 pieces/ of 500 units or more.
Wir geben Ihnen einen Wir gewähren Ihnen einen	Händler- Einführungs-		-rabatt von ...%	auf den Listenpreis. auf den Nettopreis.
	Mengenrabatt von ...%		auf/für Aufträge →	im Wert von mindestens 10.000,00 €/ von mindestens 500 Stück/ von 500 Stück/Einheiten oder mehr.

Praxistipp

Im Englischen wird bei Zahlenangaben anstelle des Kommas ein Punkt gesetzt, anstelle des deutschen Tausendertrennpunktes jedoch ein Komma. Das Währungszeichen wird stets vor den Betrag gesetzt.

Deutsch: **10.000,00 €** Englisch: **€ 10,000.00**

Payment

For first orders	our terms of payment are documents against payment (D/P).
As we have not done business before	payment is to be made by letter of credit.
Bei Erstaufträgen	lauten unsere Zahlungsbedingungen Kasse gegen Dokumente.
Da wir bisher noch keine Geschäftsbeziehung haben,	soll die Zahlung durch Dokumentenakkreditiv erfolgen.

Delivery

Delivery Shipment	can be	made arranged	immediately within one week	after receipt of order.

Die Lieferung Der Versand	kann	unverzüglich innerhalb einer Woche	nach Auftragserhalt	erfolgen. arrangiert werden.

Enclosing sales literature/Sending samples

Unternehmen, die international tätig sind, verfügen meist über Verkaufsliteratur, z. B. Prospekte, Kataloge oder Preislisten in englischer Sprache, die für die Geschäftskorrespondenz unverzichtbar sind.

Please find enclosed Enclosed you will find	our	latest current	catalogue (of our product range). brochure/leaflet. price list.
		terms of business.	
We are pleased to send the samples you requested under separate cover.			

Beiliegend finden Sie	unsere(n)	neueste(n) aktuelle(n)	Katalog (unseres Sortiments). Prospekt. Preisliste.
		Geschäftsbedingungen.	
Wir freuen uns, Ihnen die gewünschten Muster mit getrennter Post zu senden.			

Closing

Schließen Sie Ihren Brief mit einer freundlichen Redewendung, die einen Ausblick auf eine positive Geschäftsbeziehung eröffnet.

Should you have any questions or need more information,		please feel free to contact us. please don't hesitate to contact us.
We are sure that	our offer the quality of our products	will meet your expectations.
We look forward to	doing business with you receiving your order	soon. in the near future.

Sollten Sie noch weitere Fragen haben oder zusätzliche Informationen benötigen,		nehmen Sie bitte Kontakt mit uns auf. zögern Sie bitte nicht, uns dies mitzuteilen.
Wir sind sicher, dass	unser Angebot die Qualität unserer Artikel	Ihren Erwartungen entspricht.
Wir freuen uns	auf eine zukünftige Geschäftsbeziehung. darauf, Ihren Auftrag	bald/in Kürze/in naher Zukunft zu erhalten.

Praxistipp

Seien Sie nicht erstaunt, wenn englische Geschäftspartner/-innen Sie bereits nach wenigen Kontakten mit Ihrem Vornamen ansprechen oder -schreiben. Sie zählen damit noch lange nicht zu ihren Freunden. Im Englischen geht man viel schneller als im Deutschen zu einem weniger formellen Umgangston über.

Zusammenfassung: Geschäftsbriefe gestalten und Angebote erstellen

- Trotz der abnehmenden Formalität in der Korrespondenz ist die korrekte Anwendung bestimmter Aspekte, z. B. **Anschrift, Datum, Betreff, Anrede und Grußformel,** zu beachten.
- **Der Ländername** erscheint in der **letzten Zeile der „Inside Address"**. Der **Monatsname** und das **Jahr** sollten bei der **Datumsangabe** ausgeschrieben werden. Der **Betreff** befindet sich i. d. R. **zwischen Anrede und Brieftext** und ist **unterstrichen**.
- In der **„Salutation"** empfiehlt sich bei unbekannten Ansprechpartner/-innen „**Dear Sir or Madam**", bei Briefen in die USA auch **„Ladies and Gentlemen:" (Doppelpunkt!)** Bei einem bekannten männlichen Ansprechpartner wählt man z. B. **„Dear Mr Jones",** bei einer bekannten Ansprechpartnerin ist die **Standardanrede z. B. „Ms Majors"**.
- Der **erste Buchstabe** des Brieftextes wird **immer großgeschrieben.**
- Der **„complimentary close"** ist abhängig von der **„salutation":** Sind die Ansprechpartner/-innen nicht bekannt, verwendet man **„Yours faithfully",** bei einer Namensangabe hingegen **„Yours sincerely".** Letztere Grußformel gilt in den USA in beiden Fällen, manchmal wird sie dort auch umgestellt wie z. B. **„Sincerely yours".** In E-Mails werden auch zunehmend die Formulierungen ,,Best regards" oder ,,Best wishes" verwendet.
- Der **erste Buchstabe** der Grußformel wird **stets großgeschrieben.**
- Das englische „**p. p.**" bedeutet **„für und im Auftrag von"** und hat nichts mit „Prokura" zu tun.
- Die Erstellung eines Antwortbriefes auf einen englischen Brief sollte in drei Schritten erfolgen:
  1. **First step – Analysing a business letter**
     Inhaltliche Erfassung durch **strukturierte Arbeitsschritte in der Fremdsprache.** Dies liefert die Gliederung für den Antwortbrief.
  2. **Second step – The letter plan**
     Erstellung eines **„letter plan"** mit konkretisierten Inhalten: „opening"/„reference", „information"/„enclosures", „closing".
  3. **Third step – Phrases used when writing offers/quotations**
     Ausformulierung durch **standardisierte Redewendungen/Textbausteine (phrases).**
- Die **Incoterms® 2020** regeln, wenn sie Vertragsbestandteil sind, als international anerkannter Handelsbrauch die Lieferbedingungen.

Ausgewählte Incoterms® 2020				
EXW Ex Works	**FAS** Free alongside Ship	**FOB** Free on Board	**CIF** Cost, Insurance, Freight	**DDP** Delivered Duty Paid

- Im Außenhandelsgeschäft sollten Zahlungsbedingungen vereinbart werden, die den Zahlungseingang für die Verkaufspartei absichern.

Ausgewählte Terms of Payment				
Cash before Delivery Payment in Advance	**Payment on Account**	**Payment after Receipt of Invoice**	**Documents against Payment (D/P)**	**Letter of Credit (L/C) Documentary Credit**

Aufgaben

1. *Erstellen Sie eine Liste mit zehn Artikelbezeichnungen Ihres Ausbildungsbetriebes in englischer Sprache.*
2. ***Handlungssituation:** In Ihrem Unternehmen arbeitet im Rahmen eines europäischen Austauschs zurzeit ein Auszubildender (trainee) aus Großbritannien. Ihr Vorgesetzter bittet Sie, diesem das Layout eines Geschäftsbriefes in englischer Sprache zu erklären. Bereiten Sie den Vortrag schriftlich vor und erläutern Sie Ihrem Partner die wichtigen Aspekte. Wechseln Sie anschließend die Rollen.*
3. *Beantworten Sie den Musterbrief zum Layout auf S. 405. Nutzen Sie als Vorlage die auf S. 409ff. gegebene Strukturhilfe, erstellen Sie danach Ihren* **„letter plan"**. *Anschließend verwenden Sie geeignete* **„phrases"**, *um den Brief zu formulieren.*
4. *Beantworten Sie die folgende spezielle Anfrage/specific enquiry von Tasco:*
   - *Erstellen Sie zuerst eine* **strukturierte Zusammenfassung** *des Tasco-Briefes.*
   - *Danach entwerfen Sie Ihren* **„letter plan"**.
   - *Dann nutzen Sie geeignete* **„phrases"**, *um den Brief zu schreiben.*

TASCO

21a Brown Street
Manchester M5 3SL
Tel.: 0161-353 4872
Fax: 0161-353 4873
Website: www.tasco.man.uk
VAT No.: 3 4423 4567

Primus GmbH
Koloniestr. 2 – 4
47057 Duisburg
Germany

Your ref.: Our ref.: JW 2nd January 20..

Dear Sir or Madam

OFFICE FURNITURE

We visited your website on the internet and are particularly interested in the office desks that you offer. We are a well-known supermarket chain in the UK and want to equip many of our branch offices with new office furniture. We would therefore be thankful if you could quote us your lowest price for **200 Primo office desks**. Could you please also let us have information about your terms of payment and delivery.

We look forward to receiving your quotation in the near future.

Yours faithfully
TASCO

Janice Whitehall

Janice Whitehall
Purchasing Department

Entscheiden Sie sich bei den folgenden Aufgaben 5 und 6 für Artikel Ihrer Wahl. Verwenden Sie entweder die Artikelliste der Primus GmbH auf S. 412 oder Ihre selbst erstellte Liste aus Aufgabe 1. Erstellen Sie Ihr Angebot mit konkreten Preisangaben.

5. *Sie erhalten in Ihrem Ausbildungsbetrieb eine Anfrage der Farnham Wholesaling Corporation, Don Myers, Purchasing Manager, 365 Motown Place, New York, NY 12034, USA, datiert vom 08.03.20.. The company wants a catalogue and specific information about item XXX that they have seen in an advertisement in a magazine.*
   In Ihrer Antwort (vollständiger Brief mit Briefkopf und Anschrift) legen Sie einen Prospekt des Artikels und die Geschäftsbedingungen bei, den Katalog senden Sie mit getrennter Post. Sie machen darauf aufmerksam, dass auf den o. a. Artikel als Einführungsangebot zurzeit ein Rabatt von 20 % gewährt wird, wenn mehr als 100 Stück abgenommen werden und der Auftrag bis spätestens Ende Mai erteilt wird.

6. *Sie beantworten eine Anfrage von Claudia Chewingberg, C. Smith Consulting Service Ltd, 24 Menneroad, London SW1 9YF, GB, datiert vom 10.11.20... The company wants to have an offer for 125 of item XXX and 300 of item YYY. Prices should be stated DDP London. Furthermore, they want to know the earliest date of delivery and terms of payment. In Ihrer Antwort (vollständiger Brief mit Briefkopf und Anschrift) gewähren Sie als Einführungsangebot 10 % Nachlass für Artikel XXX und 25 % Mengenrabatt für Artikel YYY auf die Listenpreise. Frühester Liefertermin ist der 15. Januar, Zahlungsbedingung ist wegen Erstkontakt „Kasse gegen Dokumente".*

9.2 Eine Auftragsbestätigung (acknowledgement of order) verfassen

Handlungssituation

Nicole Höver bearbeitet vormittags die Eingangspost und öffnet den folgenden Brief:

TASCO

Primus GmbH
Koloniestr. 2 – 4
47057 Duisburg
Germany

21a Brown Street
Manchester M5 3SL
Tel.: 0161-353 4872
Fax: 0161-353 4873
Website: www.tasco.man.uk
VAT No.: 3 4423 4567

Your ref.: nh Our ref.: JD 5th December 20..

Dear Ms Hoever

Your offer dated 25th November 20..

Thank you for your offer of 25th November 20.. . We would like to order the following items from your product range:

Item no.	Description	Quantity	Net price/item €
159B574	Primo Office Desk	40	212.50
159B590	Primo Monitor-Workstation	30	199.50
159B632	Primo Mobile File Cabinet	2	239.50

We understand that all prices are FOB Hamburg and that you are willing to grant us a retail discount of 10 % and an additional first order discount of 5 % on the net price.

As you requested, for our first order, payment will be carried out by documents against payment.

We look forward to receiving the goods shortly.

Yours sincerely
TASCO

John Dawson

John Dawson
Purchasing Manager

Herr Krazek sitzt ihr gegenüber und meint: „*Nicole, ich sehe gerade in unserem ERP-System, dass wir einen Engpass in den Beständen des Artikels Rollcontainer Primo haben. Es gibt eine Maschinenstörung in der Herstellung und zurzeit haben wir kein Stück mehr auf Lager. Die Produktion kann erst nächste Woche hochgefahren werden, sodass wir frühestens am 15. Dezember wieder lieferbereit sind. Bitte berücksichtigen Sie das bei der Auftragsabwicklung.*“ Nicole bedankt sich für die Information und schaut sich den Brief näher an.

Arbeitsaufträge

- *Geben Sie auf Englisch den Inhalt des Briefes in eigenen Worten wieder.*
- *Beurteilen Sie auf Englisch, welche Auswirkungen die Information von Herrn Krazek auf die Bearbeitung dieses Auftrags hat.*
- *Erstellen Sie einen entsprechenden Antwortbrief in englischer Sprache.*

Um den Beschaffungsprozess zu beschleunigen, wird die Geschäftskorrespondenz häufig per E-Mail oder Fax geführt. Wenn ein Unternehmen per Brief, Fax oder E-Mail einen Auftrag empfängt, ist es üblich, dem Kaufenden eine Auftragsbestätigung (acknowledgement of order) zu senden, um zu dokumentieren, dass man den Auftrag erhalten hat und ihn akzeptiert. Diese Benachrichtigung kann auf dem gleichen Weg wie die Bestellung erfolgen. Bei internationalen Handelsbeziehungen empfiehlt es sich, dem Käufer zur Sicherheit zusätzlich eine Bestätigung auf dem Postweg zukommen zu lassen. Der Briefversand per Post wird im Englischen mittlerweile als „snail-mail" bezeichnet (snail = Schnecke).

Falls die Bestellung als Reaktion auf ein verbindliches Angebot (firm or binding offer) erfolgt, wird ein Kaufvertrag (sales contract) zwischen Kaufenden und Verkaufenden geschlossen. Liegt dem Auftrag ein unverbindliches Angebot (offer without engagement) zugrunde, kommt der Auftragsbestätigung eine besondere rechtliche Bedeutung zu: Sie ist notwendig, damit der Kaufvertrag zwischen den Beteiligten geschlossen wird (vgl. S. 495 ff.).

Beispiele

- Die Primus GmbH sendet Kunden/Kundinnen ein verbindliches Angebot, woraufhin diese entsprechend bestellen und der Kaufvertrag geschlossen wird. Die Auftragsbestätigung dient in erster Linie dazu, die Kunden/Kundinnen zu informieren und für den Auftrag zu danken.
- Die Primus GmbH erhält einen Auftrag von Neukunden/Neukundinnen, dem kein verbindliches Angebot vorausgegangen ist. Erst durch die Auftragsbestätigung akzeptiert die Primus GmbH die Bestellung und der Kaufvertrag ist geschlossen.

Die Auftragsbestätigung sollte nochmals die wesentlichen Details enthalten, welche die Kaufenden in der Bestellung angegeben haben. Dies schafft Klarheit zwischen den Vertragsparteien und ermöglicht der Kaufpartei eine Kontrolle und eventuelle Korrektur, falls bei der Auftragsübermittlung Fehler aufgetreten sind. Außerdem ist es sinnvoll, die Kunden und Kundinnen über den voraussichtlichten Liefertermin zu informieren.

Wenn Sie eine Auftragsbestätigung erstellen, greifen Sie auf die Empfehlungen zum **Layout eines Geschäftsbriefes** zurück (vgl. S. 405 ff.), **die auch für E-Mails gelten**, selbst wenn diese meist weniger formell sind und die Gestaltung bestimmter Bereiche, z. B. Adressfeld, Datum, Betreff und Anlagen, durch die jeweilige E-Mail-Software vorgegeben ist. Der Zusammenhang zwischen „salutation" und „complimentary close" bleibt bestehen und das erste Wort des Mailtextes beginnt mit einem Großbuchstaben.

■ Useful phrases when writing order acknowledgements

Verwenden Sie die folgenden Redewendungen zur Erstellung einer Auftragsbestätigung.

Openings

Beziehen Sie sich am Briefanfang auf den erhaltenen Auftrag.

Thank you for your order no. XXX	dated ...	that we acknowledge as follows: (list details here).
This is to advise you that your order	of ... (date) dated ...	has been received.
We are pleased to confirm that we have received your order	of ... (date) dated	for ... (products).
Vielen Dank für Ihren Auftrag Nummer XXX	vom ... (Datum),	den wir wie folgt bestätigen: (Hier die Details angeben)
Hiermit teilen wir Ihnen mit, dass wir Ihren Auftrag	vom ... (Datum)	erhalten haben.
Wir freuen uns, Ihnen zu bestätigen, dass wir Ihren Auftrag	vom ... (Datum)	Für ... (Produkte) erhalten haben.

Details

Teilen Sie dem Empfänger die wesentlichen Informationen mit.

As agreed,	we are willing/prepared	to grant you an introductory discount of 10 %/a first order discount of 5 %.
Wie vereinbart,	sind wir bereit,	Ihnen einen Einführungsrabatt von 10 %/einen Rabatt von 5 % für einen Erstauftrag zu gewähren.
We confirm/acknowledge	that delivery will be carried out	DDP Manchester/EXW/FAS Duisburg.
Please note	that payment will be made	by documents against payment (D/P)/letter of credit (L/C).
When the letter of credit in our favour has been opened,	the consignment will be shipped to you	without delay/within 7 days/ immediately.
The goods	will be dispatched/ shipped/delivered	as soon as we have received your payment.
Wir bestätigen,	dass die Lieferung	DDP (geliefert Zoll bezahlt) Manchester/EXW (ab Werk)/FAS (frei Längsseite Schiff) Duisburg ausgeführt wird.
Bitte nehmen Sie zur Kenntnis,/beachten Sie,	dass die Zahlung	durch Kasse gegen Dokumente/ Dokumentenakkreditiv erfolgt.
Wenn das Akkreditiv zu unseren Gunsten eröffnet wurde,	wird die Sendung	ohne Verzögerung/innerhalb von 7 Tagen/unverzüglich verschifft.

Die Waren	werden versandt/ verschifft/geliefert,	sobald wir Ihre Zahlung erhalten haben.
We **are sorry**/We **regret**	to inform you that	... (product) is temporarily out of stock/the item (product) is not available at the moment.
We want to inform you that	a new supply	will not be available until (date)/
	the earliest delivery of the goods	can be executed on (date).
Es tut uns leid/ Wir bedauern,	Sie darüber zu informieren,	dass der Artikel (Name) zurzeit nicht auf Lager ist/im Moment nicht lieferbar ist.
Wir möchten Ihnen mitteilen, dass	eine neue Lieferung	nicht vor ... (Datum) erhältlich ist.
	die Lieferung der Waren	frühestens am ... (Datum) erfolgen kann.

Closing

Beenden Sie die Auftragsbestätigung höflich und mit einem Ausblick auf weitere zukünftige Geschäftsbeziehungen.

Thank you again for	placing your order with us.	
We feel confident	that the goods you ordered	will meet your expectations.
Should there be any problems,	please contact me/us	immediately/without hesitation.
We hope	that this first order	will lead to further business.
	that the goods will arrive in good condition	and look forward to receiving further orders from you.
Wir bedanken uns nochmals,	dass Sie uns den Auftrag erteilt haben.	
Wir sind sicher,	dass die bestellten Waren	Ihren Erwartungen entsprechen.
Sollten irgendwelche Probleme entstehen,	kontaktieren Sie mich/uns bitte	unverzüglich/ohne zu zögern.
Wir hoffen,	dass dieser Erstauftrag	zu weiteren Geschäftsabschlüssen führen wird.
	dass die Waren wohlbehalten ankommen	und freuen uns darauf, weitere Aufträge von Ihnen zu erhalten.

Zusammenfassung: Eine Auftragsbestätigung (acknowledgement of order) verfassen

- Durch die Auftragsbestätigung **(acknowledgement of order)** wird der Kaufvertrag geschlossen, wenn der Bestellung kein verbindliches Angebot **(firm or binding offer)** zugrunde liegt.
- Mögliche Inhalte sind: Wiederholung der wesentlichen Details aus der Bestellung **(order)**, Lieferdatum **(date of delivery)** mit eventuellen Lieferverzögerungen, Zahlungs- und Lieferungsbedingungen **(terms of payment and delivery)**.
- Für **E-Mails** gilt das gleiche Layout wie bei einem herkömmlichen Brief per **„snail-mail"**, abgesehen von den Bereichen, die durch die Software vorgegeben sind (Adressfeld, Datum, Betreff, Anlagen).
- Die Auftragsbestätigung orientiert sich an der vorliegenden Bestellung. Die Bereiche **opening**, **details** und **closing** werden mithilfe **standardisierter Textbausteine/Redewendungen (phrases)** konkretisiert.

Aufgaben

1. *Fill in the correct words from the box in the gaps of the text.*

supply/important/necessary/date of delivery/payment/out of stock/acknowledgement/delivery/business transactions/offer without engagement/sales contract/mode of dispatch/order

A letter of ____________________ is ____________________ to conclude a ____________________ if the seller has sent an ____________________ before. The seller should thank the buyer for his ____________________ and repeat its ____________________ details e.g. the terms of __________ __________ and ____________________. In case the seller is not able to ____________________ the goods because they are ____________________ at the moment, he should inform the buyer on the earliest ____________________. He also should mention the ____________________. At the end of the letter the seller should express his wish for further ____________________ in the future.

2. *Sie sind Auszubildende/-r der Firma „Wein und Fein GmbH", Burgunderweg 23, 54687 Ahrweiler. Sie erhalten einen Auftrag des britischen Unternehmens „Spirits and More Ltd.", 658 Parker Lane, London NE 6BA. Ihr Vorgesetzter bittet Sie, eine Auftragsbestätigung nach den folgenden Angaben zu verfassen:*
   - *Bestätigung des Auftrags vom 07.05.20..*
   - *Artikel: 250 Flaschen Stellberger Schiefhang zu je 9,99 €; 350 Flaschen Meyer's Tröpfchen, zu je 7,95 €*
   - *10 % Rabatt wegen Erstauftrag auf die o. a. Listenpreise*
   - *Zahlung Dokumentenakkreditiv und Lieferung frei an Bord Hamburg*
   - *Lieferung erfolgt, sobald der L/C eröffnet wurde*
   - *Versicherung, dass die Ware in einwandfreiem Zustand ankommt*
   - *Hoffnung, dass weitere Aufträge folgen*

3. *Die Primus GmbH erhält den unten abgebildeten Brief. Frau Sommer bittet Sie, den Auftrag zu bearbeiten.*
a) Geben Sie die wesentlichen Inhalte der Bestellung auf Englisch wieder.
b) Verfassen Sie eine Auftragsbestätigung an Mr. Blake.

Blake Office Furniture

Primus GmbH
Attention Ms Hoever
Koloniestr. 2 – 4
47057 Duisburg
Germany

34 Lexington Avenue
Newcastle NE 43
Tel: 0191-453256
Fax: 0191-45325620
Website: www.blakeof.uk
VAT No.: 4 5646 6342

Your ref.: nh Our ref.: NB 18 January 20..

Dear Ms Hoever

Your quotation for 100 Classic Shelving Units

Many thanks for your quotation of 12 January 20.. . We find your prices and discounts satisfactory and would like to place the following order for office furniture:

100 Classic Shelving Units – item no. 308B122 – 129.50 € each

We understand that you are ready to offer us a quantity discount of 6 % and that all prices are DDP Bristol. We also note that for first orders your terms of payment are by letter of credit.

As stipulated in your quotation, the goods will be dispatched as soon as the letter of credit in your favour has been opened.

We would appreciate a confirmation of the receipt of this order.

Yours sincerely
Blake Office Furniture

Nigel Blake

Nigel Blake

4. *Als Auszubildende/-r der „Dose & Pfand GmbH“, Recyclinghof 1, 53721 Siegburg, erstellen Sie eine Auftragsbestätigung für den Kunden „Doublemind Ltd.“, 125 Meyer's Mall, Sydney (Australia) 2000 nach den folgenden Angaben:*
- *Dank für den Auftrag vom 11.11.20..*
- *Artikel: 50.000 Stück Dosen aus Recycling-Material, Gesamtpreis 5.000,00 €*
- *z. Z. sind nur 40.000 Dosen lieferbar, die Nachlieferung von 10.000 Stück erfolgt in der ersten Dezemberwoche*
- *Einführungsrabatt von 15 % auf den o. a. Preis*

- *Bezahlung: Vorauszahlung*
- *Lieferung erfolgt, sobald die Zahlung eingegangen ist: geliefert und Zoll bezahlt Sydney*
- *Bitte um sofortige Kontaktaufnahme, falls Probleme auftauchen*
- *Versicherung, dass die Ware den Erwartungen des Käufers entspricht*
- *Hoffnung, dass weitere Aufträge folgen*

Wiederholungsaufgaben zum 3. Lernfeld

1. *Bei der Bearbeitung eines Kundenauftrags sind eine Reihe von Arbeitspapieren zu erstellen. Listen Sie wesentliche Arbeitspapiere auf, die in einem Handelsbetrieb – z. B. der Primus GmbH – auszufüllen bzw. anzufertigen sind, wenn ein bekannter, solventer Kunde Standardware bestellt und wenn die Papiere nicht mithilfe eines vernetzten Datenverarbeitungsprogramms erstellt werden.*

2. *Ordnen Sie den zu Aufgabe 1 aufgeführten Arbeitspapieren betriebliche Abteilungen – am Beispiel der Primus GmbH – zu und begründen Sie kurz, weshalb die von Ihnen benannte Abteilung dafür zuständig sein sollte.*

Beispiel Eine Mahnung sollte in der Abteilung Rechnungswesen/Buchhaltung erstellt werden, da hier die Überwachung des Zahlungseingangs erfolgt und somit alle erforderlichen Daten vorhanden sind.

3. *20 Handwerksbetriebe beteiligen sich an einer permanenten Werbeaktion in ihrer Region. Die Kosten für jeden Handwerksbetrieb betragen 3.600,00 €.*
a) Wie viel Euro beträgt der Kostenanteil, wenn sich fünf Handwerksbetriebe weniger beteiligen würden?
b) Wie viel Euro beträgt der Kostenanteil, wenn sich vier Handwerksbetriebe mehr beteiligen würden?

4. *Ein Industrieunternehmen hatte im abgelaufenem Geschäftsjahr Gesamtkosten für den Fuhrpark in Höhe von 476.300,00 €. Die Gesamtkosten verteilen sich folgendermaßen:*
Personalkosten 40,8 %
Leasingkosten 11,8 %
Treibstoff, Steuern, Versicherung 30,1 %
Reparaturkosten 12,1 %
Sonstige Kosten 5,2 %
Wie viel Euro beträgt der Anteil der Reparaturkosten?

5. *Nicole Höver erhält von einer Onlinebuchhandlung unbestellt zwei Bücher zugesandt. In einem Begleitschreiben ist Folgendes zu lesen: „Sie haben 14 Tage Zeit, sich die Bücher anzusehen, danach müssen die Bücher bezahlt werden. Da Nicole drei Tage später für zwei Wochen in Urlaub fährt, vergisst sie die Bücher. Bei der Rückkehr findet sie zuhause eine Mahnung der Onlinebuchhandlung mit der Aufforderung vor, unverzüglich 58,00 € zu zahlen.*
a) Beurteilen Sie, ob Nicole die Bücher bezahlen muss.
b) Nicole hat die Bücher mit einer gewöhnlichen Postsendung erhalten. Überprüfen Sie, ob Sie die Bücher an die Onlinebuchhandlung zurückzusenden muss.

6. *Die Primus GmbH sendet einem Kunden, mit dem sie seit Langem gute Geschäftsbeziehungen pflegt, unaufgefordert einen günstigen Posten Waren zu. Der Kunde reagiert nicht auf diese Warenlieferung.*

a) Beurteilen Sie, ob ein Kaufvertrag zustande gekommen ist.
b) Ändert sich die Sachlage, wenn bisher keine Geschäftsbeziehungen zwischen der Primus GmbH und dem Kunden bestanden haben?

7. *Ein Handlungsreisender, der ein monatliches Fixum von 2.400,00 € und zusätzlich 3 % Provision erhält, möchte ein Jahreseinkommen von 60.000,00 € erzielen. Welchen Jahresumsatz muss er hierfür erreichen?*

8. *Am Jahresende erhält ein Unternehmen von seinem Lieferer einen Bonus von 2.800,00 €. Das entspricht 4 % seiner Warenbezüge in diesem Jahr. Für wie viel Euro hatte das Unternehmen in diesem Jahr eingekauft?*

9. *Die Provision für die Vermittlung einer Lebensversicherung beträgt 60,00 €. Das sind 1,2‰ von der Vertragssumme. Über wie viel Euro wurde die Lebensversicherung abgeschlossen?*

10. *Erstellen Sie unter Verwendung der Tabellenfunktion in Word eine Stellenbeschreibung Ihres Unternehmens. Gliedern Sie die Stellenbeschreibung nach folgenden Merkmalen:*
- *Bezeichnung der Stelle,*
- *Bezeichnung der Abteilung,*
- *organisatorische Einordnung,*
- *Aufgaben,*
- *Befugnisse,*
- *Anforderungen an den Stelleninhaber/die Stelleninhaberin.*

Finden Sie für das Kriterium „Aufgaben" mindestens vier Beispiele. Strukturieren Sie Ihre Aufzählungen mithilfe der hier ebenfalls verwendeten Aufzählungszeichen. Binden Sie (sofern vorhanden) Ihr Unternehmenslogo ein.

11. *Sie sind in der Personalabteilung der Primus GmbH eingesetzt. Der Schriftverkehr soll zukünftig durch einen Standardbrief „Bewerbungseingang für Ausbildungsstellen" automatisiert werden. Entwerfen Sie den Standardbrief. Verwenden Sie das Steuerelement „Textfeld" für änderbare Einträge und hinterlegen Sie entsprechende Optionen. Gestalten Sie den Brief nach DIN 5008 mit folgendem Inhalt:*
- *Danken Sie für das Interesse an dem Unternehmen.*
- *Nehmen Sie Bezug auf den Bewerbungseingang.*
- *Nehmen Sie die Auswahl der zur Verfügung stehenden Ausbildungsberufe „Kaufmann/Kauffrau für Büromanagement" und „Kaufmann/Kauffrau für Groß- und Außenhandelsmanagement" mithilfe des Steuerelements „Kombinationsfeld" vor.*
- *Erklären Sie, dass die Bearbeitung einige Zeit in Anspruch nehmen wird und eine Vorauswahl frühestens nach den Sommerferien getroffen wird.*
- *Fordern Sie fehlende Unterlagen an. Verwenden Sie dazu das Steuerelement „Kontrollkästchen".*

Sofern Sie die Steuerelemente „Vorversionstools" verwenden, schränken Sie die Bearbeitung des Formulars ohne Kennwort ein. Speichern Sie den Brief als Dokumentvorlage. Fehlende Angaben sind nach Ihrem Ermessen zu ergänzen.

12. *Frau Primus bittet Sie, eine statistische Auswertung über die Zugriffshäufigkeit auf die Homepage der Primus GmbH zu verfassen. Erstellen Sie unter Verwendung der Tabellenfunktion in Word eine Nachricht. Gestalten Sie dazu verschiedene Tabellenfelder, in welchen Sie mehrere Absender sowie mehrere Empfänger Ihrer Wahl und das Datum eintragen können. Das weitere Tabellenfeld „Mit der Bitte um" soll vier von Ihnen festzulegende Kriterien mit Kontrollkästchen enthalten.*

Erstellen Sie mit einem Tabellenkalkulationsprogramm ein Säulendiagramm zu der abgebildeten Statistik „Anzahl der Internetaufrufe" und verknüpfen Sie das Objekt mit der Nachricht.

Anzahl der Internetaufrufe			
Monat	**index.html**	**kontakt.html**	**produkte.html**
Juli	4615	2205	5250
August	1378	998	935
September	1439	1155	501

Interpretieren Sie das Diagramm hinsichtlich der drei Internetseiten. Stellen Sie den Text mit einem Zeilenabstand von „Mehrfach: 1,5" dar. Fehlende Angaben sind nach Ihrem Ermessen zu ergänzen.

13. *Markus Müller, Geschäftsführer der Primus GmbH, hat von einem Steuerberater erfahren, wie er bei seiner Einkommensteuererklärung die beruflich veranlassten Telefongespräche von der Steuer absetzen kann, ohne sie im Einzelnen nachweisen zu müssen. Die Telefonrechnungen muss er dem Finanzamt allerdings vorlegen. Führen Sie die Berechnung für Herrn Müller durch. Öffnen Sie mit Ihrem Tabellenkalkulationsprogramm eine neue Datei und speichern Sie diese unter der Bezeichnung „Steuererklaerung".*

a) Geben Sie dem Tabellenblatt 1 den Namen „Telefonabrechnung" und tragen Sie die folgende abgebildete Tabelle mit allen Daten positionsgerecht mit den entsprechenden Formatierungen ein.

	A	B	C	D	E
1	**Berufliche Aufwendungen für Telefon, Fax und Internet**				
2	Pauschalabrechnung mit monatlichen Rechnungsbeträgen				
3	Monat	Rechnungs-betrag	davon 20 %	höchstens aber	niedrigerer Betrag aus Spalte C bzw. D
4	Januar	84,00 €		20,00 €	
5	Februar	89,00 €		20,00 €	
6	März	115,00 €		20,00 €	
7	April	85,00 €		20,00 €	
8	Mai	94,00 €		20,00 €	
9	Juni	137,00 €		20,00 €	
10	Juli	135,00 €		20,00 €	
11	August	148,00 €		20,00 €	
12	September	106,00 €		20,00 €	
13	Oktober	92,00 €		20,00 €	
14	November	85,00 €		20,00 €	
15	Dezember	81,00 €		20,00 €	
16	Insgesamt				

b) Formatieren Sie die Zelle C4 benutzerdefiniert. Ermitteln Sie unter Verwendung der Zelle C4 für jeden Monat 20 % des Rechnungsbetrags. Ermitteln Sie in der Spalte E das Ergebnis je Monat. Unter Verwendung einer Funktion soll automatisch der niedrigere Betrag aus Spalte C oder D erscheinen. Berechnen Sie in Zelle E17 mit einer entsprechenden Funktion den Gesamtbetrag.

c) Formatieren Sie alle Eurobeträge im Format „Währung" (€) mit zwei Nachkommastellen. Formatieren Sie die Überschriften zentriert über alle Spalten der Tabelle. Die Spaltenüberschriften sind mit horizontaler und vertikaler Ausrichtung zentriert zu formatieren.

d) Drucken Sie die Tabelle „Telefonabrechnung“ auf einer A4-Seite im Hochformat mit Gitternetzlinien sowie mit Zeilen- und Spaltenköpfen aus. Erstellen Sie zuvor eine Fußzeile mit folgenden Eintragungen: „Links“ – Ihr Name, „Mitte“ – automatischer Dateiname und „Rechts“ – automatischer Tabellenblattname (Registername). Drucken Sie das Tabellenblatt zusätzlich in der Formelansicht aus. Optimieren Sie den Ausdruck, indem Sie zuvor die Spaltenbreiten anpassen.

Gebundene und ungebundene Prüfungsaufgaben

1. Stellen Sie fest, ob folgende Klauseln die Verbindlichkeit eines Angebots
1. einschränken, 2. ausschließen, 3. nicht beeinflussen.

a) Preise gelten bis 31. Dezember d. J.
b) solange der Vorrat reicht
c) freibleibend
d) Lieferung frei Haus
e) Lieferzeit freibleibend
f) Lieferung gegen Vorauszahlung

2. Welche der folgenden Aussagen über den Widerruf eines Angebotes trifft zu?
Der Widerruf
1. muss spätestens gleichzeitig mit dem Angebot eintreffen.
2. muss vor Eingang des Angebots erfolgen.
3. ist innerhalb von drei Tagen nach Eingang des Angebots möglich.
4. ist nicht möglich.

3. Das EVA-Prinzip steht für die Funktionsweise eines Computers. Geben Sie an, bei welche Lösung die entsprechenden Aussagen zu den Funktionen richtig sind.
1. Einlesen, Verarbeiten, Auskunft
2. Enter, Value, Addition
3. Eingabe, Verarbeitung, Ausgabe
4. Elektronischer Verarbeitungsabschnitt
5. EDV, Verarbeitung, Abfrage

4. Welche der nachfolgenden Elemente gehören zur
1. Hardware, 2. Systemsoftware, 3. Anwendersoftware?

a) Windows 11
b) Festplatte
c) Maus
d) Datenbankprogramm
e) Tabellenkalkulationsprogramm
f) Soundkarte
g) Grafikprogramm
h) Selbsttest beim Start des PC
i) Prozessor
j) Farbdrucker

5. Die Primus GmbH richtet eine Anfrage an die Textil AG. Welche Bedeutung hat diese Anfrage für den Abschluss eines Kaufvertrags?
1. Diese Anfrage ist unverbindlich.
2. Die Textil AG ist nach HGB verpflichtet, ein Angebot abzugeben.
3. Die Anfrage gilt als Bestellung, wenn die Ware vorrätig ist.
4. Bestimmt die Primus GmbH in der Anfrage Art und Menge der Ware genau, muss die Textil AG sofort liefern.
5. Die Primus GmbH verpflichtet sich dadurch, zu einem späteren Zeitpunkt zu bestellen.

6. *Sie haben den Auftrag, die eingesetzte Software immer auf dem aktuellsten Stand zu halten. Welche Maßnahmen müssen Sie ergreifen?*
1. *Sie verwenden ausschließlich Systemsoftware.*
2. *Sie defragmentieren regelmäßig die Festplatten aller Computer.*
3. *Sie führen regelmäßig Updates aller Computer durch.*
4. *Sie führen regelmäßig eine Partitionierung der Festplatten durch.*
5. *Sie führen regelmäßig Datenträgerüberprüfungen an allen Computern durch.*

7. *Sie haben die Aufgabe, die Kundendatei zu pflegen. Entscheiden Sie, welche Software Sie hierbei verwenden, da sie besonders dafür geeignet ist.*
1. *Back-up-Software*
2. *Shareware*
3. *Textverarbeitungssoftware*
4. *Grafiksoftware*
5. *Datenbanksoftware*

8. *Der Vorrat eines Artikels reicht 30 Tage, wenn täglich 75 Stück verkauft werden. Wie viele Tage reicht der gleiche Vorrat, wenn täglich 125 Stück verkauft werden?*

9. *Auf einer Messe werden Kostproben einer neuen Kaffeesorte angeboten. Der Vorrat reicht für sechs Verkaufstage, wenn 480 Kunden den Kaffee probieren wollen. Wie viele Tage reicht derselbe Kaffeevorrat wenn 360 Kunden probieren möchten?*

10. *Die Kosten für Werbespots im örtlichen Kino betragen für zwei Monate 2.800,00 € bei täglich zwei Vorstellungen. Der Werbevertrag soll um weitere drei Monate verlängert werden. Jetzt werden die Spots in drei Vorstellungen täglich gezeigt. Wie viel Euro kostet die Werbung für diese drei Monate?*

11. *Aus verkaufspolitischen Gründen wurde der Preis eines Artikels, der aus dem Verkaufsprogramm genommen werden soll, zunächst um 20 % gesenkt. Der reduzierte Preis wird danach erneut um 5 % gesenkt.*
Welchem Gesamtprozentsatz entsprechen die beiden Preissenkungen bezogen auf den ursprünglichen Preis?

12. *Ein Handlungsreisender hatte im Monat März einen Umsatz von 220.200,00 €. Dafür erhielt er eine umsatzabhängige Prämie von 3.303,00 €.*
a) Wie viel Prozent vom Umsatz betrug die Prämie?
b) Im April betrug der Umsatz des Handlungsreisenden 206.700,00 €. Wie viel Euro Prämie erhält er für den im April erzielten Umsatz?

13. *Bei einer Warensendung beträgt die Verpackung (=Tara) 5 % vom Bruttogewicht. Ein Betrieb benötigt 1.900 kg dieser Ware. Wie viel Kilogramm muss das Bruttogewicht der Warensendung betragen?*

14. *Ein Kunde eines Betriebs kauft zwei im Preis herabgesetzte Artikel:*
Artikel 1: ursprünglicher Preis 1.800,00 €, 30 % Nachlass
Artikel 2: ursprünglicher Preis 600,00 €, 10 % Nachlass
a) Wie viel Euro hätte der Kunde vor der Preisherabsetzung insgesamt zahlen müssen?
b) Wie viel Euro hat der Kunden insgesamt zu zahlen?
c) Wie viel Prozent des ursprünglichen Preises beider Artikel spart der Kunde?

15. *Eine Angestellte erhält nach dem neuen Tarifabschluss 3,3 % mehr Gehalt. Im folgenden Monat erhält sie eine tarifliche Zulage von 100,00 €. Ihr Gehalt beträgt jetzt 2.792,00 €.*
a) Wie viel Euro betrug ihr Gehalt ursprünglich?
b) Wie viel Prozent beträgt ihre Gehaltserhöhung im Vergleich zum ursprünglichen Gehalt?

Lernfeld 4

Sachgüter und Dienstleistungen beschaffen und Verträge schließen

1 Bedeutung der Beschaffung für den betrieblichen Leistungsprozess kennenlernen

LS

1.1 Beschaffungsobjekte unterscheiden

Handlungssituation

In der Primus GmbH findet eine Besprechung der Geschäftsleitung mit den Abteilungen Einkauf und Verkauf/Marketing statt. Auch der Auszubildende Andreas Dick nimmt an dieser Besprechung teil. Es wird heftig darüber diskutiert, welche Artikel der Warengruppen „Bürotechnik“ und „Verbrauch“ für das nächste Jahr bestellt werden sollen. Alle Teilnehmer haben einen Berg von Listen und Tabellen vor sich und führen Berechnungen durch, bisweilen werden auf einem Computerterminal Daten abgerufen. Andreas Dick denkt sich: *„Was wollen die nur mit den alten Zahlen vom laufenden Geschäftsjahr? Es sollen doch Waren für das nächste Jahr bestellt werden! Da nutzen uns doch die Umsatzzahlen der Vergangenheit überhaupt nichts.“*

Arbeitsaufträge

- *Stellen Sie fest, warum es sinnvoll ist, Verkaufsdaten der Vormonate bei der Beschaffungsplanung zu verwenden.*
- *Erläutern Sie, welche Entscheidungskriterien für den Absatzplan eines Produkts oder einer Dienstleistung benötigt werden.*
- *Unterscheiden Sie die unterschiedlichen Beschaffungsobjekte.*

Beschaffungsobjekte

Zum Beschaffungsprozess im Unternehmen gehören im weitesten Sinne alle Tätigkeiten, die sich auf die Beschaffung und termingerechte Bereitstellung der benötigten Werkstoffe, Handelswaren, Mitarbeiter, Finanzmittel, Dienstleistungen, Betriebsmittel und Informationen beziehen. Hierzu gehört eine genaue Kenntnis der einzelnen Teilmärkte, die durch **Beschaffungsmarktforschung** (vgl. S. 449) erreicht werden kann.

- **Handelswaren**: Dies sind Güter, die unverändert weiterveräußert werden.

  Beispiele der Primus GmbH Drucker, Anrufbeantworter, Ordner, Briefablage, Textmarker, Druckbleistifte

- **Werkstoffe**: Sie werden zur Herstellung der Sachleistungen benötigt.
  - **Rohstoffe** (Hauptbestandteile von Produkten)
  - **Hilfsstoffe** (Nebenbestandteile von Produkten)
  - **Betriebsstoffe** (keine Bestandteile von Produkten)

- **Finanzmittel**: Zur Beschaffung von Maschinen, Fahrzeugen, Büroausstattung usw. sowie zum Kauf von Grundstücken für Lager- und Verwaltungsgebäude und zu deren Erhaltung werden finanzielle Mittel benötigt, die auf dem Kapitalmarkt beschafft werden müssen. Hiermit beschäftigt sich der **Finanzmittelbeschaffungsprozess**. LF 9

  Beispiele Kredite, Darlehen, Hypotheken

- **Dienstleistungen**: Jedes Unternehmen benötigt Dienstleistungen anderer Unternehmen, um seine Ziele zu erreichen. Der **Dienstleistungsbeschaffungsprozess** dient einer optimalen Versorgung mit Dienstleistungen. Bei der **Dienstleistungsabnahme** ist darauf zu achten, dass die vereinbarten Leistungen in der vereinbarteten Qualität auch erbracht worden sind.

  Beispiele Versicherungen, Transportleistungen (Spediteure), Steuerberatung (Steuerberater, Wirtschaftsprüfer), Rechtsberatung (Rechtsanwälte, Notare), Gebäudereinigung, Beratung bei Werbemaßnahmen (Werbeagenturen), Geldanlage (Banken), Unternehmensberater, Planung von Büroeinrichtungen, Montage von bürotechnischem Zubehör usw.

- **Betriebsmittel**: Um Leistungen erbringen zu können, werden in Unternehmen Betriebsmittel benötigt. Ihre Beschaffung ist Aufgabe des **Güterbeschaffungsprozesses**.

  - **Fuhrpark**: Der Fuhrpark eines Betriebs umfasst alle Fahrzeuge für den Personen- und Güterverkehr.

    Beispiele Lkw, Pkw, Gabelstapler und Hubwagen für den innerbetrieblichen Transport

  - **Betriebs- und Geschäftsausstattung**: Hierzu zählen Büro- und Lagereinrichtungen.

    Beispiele Computer, Schreibtische, Bürostühle, Lagereinrichtung

  - **Grundstücke, Gebäude**:

    Beispiele Lagerhallen, Parkplatz für Lkw

- **Arbeitskräfte**: Für alle Abteilungen des Unternehmens müssen entsprechend ausgebildete Mitarbeiter auf dem Arbeitsmarkt beschafft werden. Hierzu gehören auch geeignete Nachwuchskräfte. Diese Maßnahmen gehören zum **Personalbeschaffungsprozess**. LF 8

  Beispiele Facharbeiter für das Lager, Fach- und Hilfskräfte für die kaufmännische Verwaltung, Mitarbeiter im Verkauf, Führungskräfte usw.

- **Informationen**: Aktuelle und schnell verfügbare Informationen sind für Unternehmen ein wichtiger Wettbewerbsfaktor. Sie sind Basis für alle Entscheidungen in einem Unternehmen. Informationen, die nicht intern vorliegen, z.B. durch Aufzeichnungen des Rechnungswesens, müssen kostengünstig und kurzfristig beschaffbar sein, um auf Veränderungen der Marktsituationen rechtzeitig reagieren zu können. Der **Informationsbeschaffungsprozess** nimmt deshalb in Unternehmen eine zunehmend wichtige Stellung ein.

Güterbeschaffung

Das Beschaffungsmarketing im engeren Sinne bezieht sich auf die **Güterbeschaffung**. Sie ist meist in einer Abteilung (z.B. Beschaffung, Einkauf) zusammengefasst, die nach **Beschaffungsobjekten** in Arbeitsgruppen untergliedert ist (vgl. S. 12). Der Vorteil besteht darin, dass die Mitarbeiter sich in den einzelnen Arbeitsgruppen auf bestimmte Beschaffungsobjekte spezialisieren können. Sie haben einerseits fundierte Kenntnisse in ihrem Materialbereich und andererseits spezialisierte Marktkenntnisse.

Grundlage des Güterbeschaffungsprozesses ist der **Absatzplan** eines Unternehmens. Hierin wird festgelegt, wie viel und welche Waren oder Dienstleistungen zu welchen Preisen in den Planperioden (Monat, Quartal, Jahr) beschafft, produziert und verkauft werden sollen. Er basiert auf den Entscheidungen des Absatzmarketings.

Beispiel

Absatzplan für das 2. Quartal 20.. der Primus GmbH, Produktionsprogramm: Büroeinrichtung

Produkt	Geplanter Absatz in Stück	Auf Lager (Stück)	Zu beschaffen oder zu produzieren (Stück)
Schreibtisch „Primo“	250	20	230
Schreibtisch „Classic“	350	50	300
usw.			

Aus dem Absatzplan lässt sich ableiten, welche Werkstoffe, Dienstleistungen oder Handelswaren beschafft, produziert und angeboten werden müssen, um das Absatzziel zu erreichen.

Aus den Beschaffungsplänen für einzelne Güter, Warengruppen und Dienstleistungen ist der gesamte Bedarf an Gütern abzuleiten, der für die jeweilige Planungsperiode entsteht. Die Beschaffungspläne sind Grundlage für die Finanzbedarfspläne. Hierin wird festgelegt, welcher Finanzmittelbedarf für die Planungsperiode entsteht. So wird sichergestellt, dass zum Beschaffungstermin die erforderlichen Mittel zur Bezahlung bereitstehen.

Zusammenfassung: Beschaffungsobjekte unterscheiden

- **Der Beschaffungsprozess** im weiteren Sinne umfasst die Versorgung eines Unternehmens mit allen erforderlichen **Gütern und Dienstleistungen**.
  - Handelswaren
  - Arbeitskräfte
  - Finanzmittel
  - Dienstleistungen
  - Betriebsmittel
  - Informationen
- Der **Beschaffungsprozess im engeren Sinne** umfasst in einem Unternehmen die Waren- und Dienstleistungsbeschaffung.
- **Grundlage** des Beschaffungsprozesses ist der **Absatzplan**. Hieraus ergibt sich der Bedarf an Waren und Dienstleistungen.

Aufgaben

1. *Erläutern Sie, weshalb der Absatzplan eines Unternehmens Grundlage des Beschaffungsprozesses ist.*
2. *Ein Unternehmen möchte seine Entscheidungsbasis für den Beschaffungsprozess verbessern und eine Liefer- und Angebotsdatei aufbauen. Erstellen Sie hierzu eine Liste aller benötigten Datenfelder.*
3. *Beschreiben Sie anhand Ihres Ausbildungsunternehmens, welche Objekte beschafft werden müssen.*

1.2 Bedarf an betriebsnotwendigen Gütern ermitteln (Beschaffungsplanung)

Handlungssituation

Nicole Höver, Auszubildende bei der Primus GmbH, diskutiert mit ihrem Klassenkameraden Lukas Breuer, Auszubildender bei der Kröger & Bach KG, einem Großhandelsbetrieb für Baubedarf.

Lukas: *„Jede Woche muss ich neue Bestellvordrucke ausfüllen. Wir sollten unseren gesamten Quartalsbedarf z. B. bei der Warengruppe ‚Heimwerker' am besten auf einmal bestellen, dann fielen alle Arbeiten nur einmal an, nämlich Waren annehmen, prüfen, einlagern usw. Wir brauchten dann auch nur eine einzige Bestellung pro Quartal zu bearbeiten, das würde Kosten sparen."*

Nicole: *„Ich war gerade erst auf einem Seminar in unserem Unternehmen, in dem auf die Bedeutung der Verkaufsdatenanalyse hingewiesen wurde. Wie willst du denn auf eine Veränderung der Kundenwünsche reagieren, wenn du die Waren für eine so lange Zeit im Voraus kaufen willst? Zudem hätten wir riesige Lagerkosten. Deshalb ist es besser, wenn wir unseren Bedarf auf mehrere Bestellungen verteilen, mal ganz abgesehen von den Überlegungen, die ich z. B. bei der Warengruppe ‚Büroeinrichtung' anstellen muss, da der Geschmack sich hier sehr schnell verändert und ständig technische Neuerungen auf den Markt kommen."*

Arbeitsaufträge

- *Fassen Sie die Argumente der Auszubildenden zusammen, die gegen eine Reduzierung der Bestellhäufigkeit sprechen.*
- *Überprüfen Sie, wie eine optimale Bestellmenge ermittelt werden kann.*
- *Erklären Sie den Zusammenhang zwischen Bestellmenge und Lagerkosten.*
- *Erläutern Sie Bestellpunkt- und Bestellrhythmusverfahren. Erstellen Sie hierzu ein Lernplakat (vgl. S. 98) und präsentieren Sie Ihre Ergebnisse in einer geeigneten Weise.*

In Unternehmen spielt die Beschaffung von Güter und Dienstleistungen eine große Rolle. Aus diesem Grund sollte der Bedarf an Waren für einen bestimmten Termin und eine bestimmte Periode möglichst genau ermittelt werden. Hierzu benötigt die Beschaffungsabteilung für ihre Planungen Informationen über die zu beschaffenden Waren und Dienstleistungen **(Bedarfsinformationen)** und über die möglichen Lieferer **(Angebotsinformationen)**.

Angebotsinformationen		
Informationen zur ...	**Fragen**	**Erläuterungen**
Bedarfsplanung	Was und wie viel wird benötigt?	Hierbei sind Qualität, Ausführung, Größe, Farbe, Mengen der Waren in einer Periode zu berücksichtigen.
Mengenplanung	Wie viel soll bestellt werden?	Hierzu muss der geplante Absatz bekannt sein. Die verfügbare Lagerkapazität muss berücksichtigt werden. Es wird auch geklärt, in welcher Abfolge (nach-)bestellt werden soll.
Zeitplanung	Wann soll bestellt werden?	Entscheidend ist, wann die Waren im Verkauf benötigt werden. Hiervon hängt ab, wann bestellt wird. Zu beachten sind die Lagerfähigkeit der Waren, die Liefer- und Transportzeiten sowie Preisentwicklungen auf dem Beschaffungsmarkt.
Preisplanung	Wie hoch soll der Preis sein?	Nicht immer ist der Lieferer mit dem niedrigsten Preis auch der günstigste. Alle übrigen Gesichtspunkte (Konditionen, Zuverlässigkeit, Liefertermin usw.) müssen in die Entscheidung einbezogen werden.
Ermittlung der Bezugsquellen (vgl. S. 442)	Bei welchen Lieferern kann beschafft werden?	Im Rahmen der Beschaffungsmarktforschung sind geeignete Lieferer zu ermitteln.
Auswahl der Lieferer (vgl. S. 442)	Bei welchem Lieferer soll beschafft werden?	Hier sind u. a. Preise, Konditionen, Zuverlässigkeit der Lieferer zu vergleichen.

■ Bedarfsplanung

Die Bedarfsplanung legt die für den Verkauf benötigten Waren nach Art, Qualität, Menge und Zeitraum fest. Die Menge an Waren und Dienstleistungen, die zu einem bestimmten Zeitpunkt oder für eine bestimmte Periode benötigt wird, wird **Bedarf** genannt. Die genaue Bedarfsermittlung ist aus folgenden Gründen erforderlich:

- Wird eine zu **geringe Warenmenge** beschafft, kann die Verkaufsbereitschaft gestört werden.
- Wird eine zu **große Warenmenge** beschafft, wäre die Kapitalbindung (Zins- und Lagerkosten) unnötig hoch.

Die Planung der Beschaffung von Waren und Dienstleistungen muss sich also am festzustellenden **Bedarf des Absatzplans** orientieren.

Planung der Beschaffung

- Welche Menge ist zu beschaffen (Mengenplanung)?
- Wann ist diese Menge zu beschaffen (Zeitplanung)? (vgl. S. 441 f.)
- Zu welchem Preis ist diese Menge zu beschaffen (Preisplanung)? (vgl. S. 504 f.)

Mengenplanung

Die Mengenplanung für die zu beschaffenden Waren und Dienstleistungen ist vom Absatzplan abhängig. Aus dem Absatzplan ist die Menge der zu beschaffenden Waren ersichtlich. Diese Gesamtmenge einer zu einem bestimmten Zeitpunkt oder innerhalb einer bestimmten Periode zu beschaffenden Ware ist die Bedarfsmenge, die bei einem Lieferer bestellt werden muss (**Bestellmenge**).

Bei jeder Bestellung muss entschieden werden, wie viel und wie oft bestellt werden soll. Je **größer die Bestellmengen** sind, desto mehr Kapital wird gebunden und desto höhere Lagerkosten werden verursacht. Andererseits ermöglichen große Bestellungen das Ausnutzen von Preis- und Kostenvorteilen.

Beispiele
- Bei größeren Bestellmengen sind oft Mengenrabatte zu erhalten.
- Größere Bestellmengen verringern Transportkosten, da nicht so häufig angeliefert werden muss (ökologischer Aspekt).

Kleinere Bestellmengen binden wenig Kapital und führen zu niedrigen Lagerkosten. Sie verursachen aber höhere Beschaffungskosten.

Beschaffungskosten

Unter **Bestellkosten** oder **Beschaffungskosten** werden alle Sach- und Personalkosten verstanden, die durch eine Bestellung (Beschaffung) von Waren und Dienstleistungen verursacht werden. Hierzu zählen die Kosten für die Anfragen, Angebotsvergleiche, Vertragsverhandlungen usw. Diese Kosten können nicht immer genau einem Artikel oder einer Warengruppe zugerechnet werden. Hier sind Erfahrungs- und Schätzwerte die Basis.

Beispiel Bei der Flamingowerke AG, einem Lieferer der Primus GmbH, sind vier Einkäufer beschäftigt. Sie bearbeiten in einem Jahr 6000 Bestellungen. Die vier Mitarbeiter verursachen jährlich 140.000,00 € Personalkosten. An Sachkosten (Büromiete, -material usw.) entstehen weitere 12.000,00 €. Die 6000 Bestellungen kosten daher in einem Jahr 152.000,00 €. Somit verursacht eine Bestellung durchschnittliche Kosten von etwa 25,33 €.

Diese Berechnung ist sehr grob und kann das Prinzip der **Kostenermittlung für Bestellungen** nur oberflächlich erklären, denn der Arbeitsaufwand bei der Warenprüfung im Lager muss ebenfalls berücksichtigt werden. Ferner entstehen im Rechnungswesen bei jeder Bestellung Arbeitsvorgänge (Buchung der Verbindlichkeiten, Veranlassen der Bezahlung des Rechnungsbetrags usw.), die ebenfalls Kosten verursachen, jedoch nicht von dem Bestellwert abhängig sind (**bestellfixe Kosten**).

Beispiel Das Schreiben einer Bestellung, die Buchung einer Verbindlichkeit, die Überweisung des Rechnungsbetrags an den Lieferer kosten im Durchschnitt immer gleich viel, egal ob eine Bestellung über 15.000,00 € oder 1,50 € ausgeführt wird.

Beschaffungskosten und Lagerkosten entwickeln sich gegenläufig. Je häufiger nachbestellt wird, desto geringer sind der Lagerbestand und die Lagerkosten. Je seltener nachbestellt wird, desto geringer sind die Beschaffungskosten. Die Bestellmenge, bei der die Summe beider Kostenarten (Beschaffungskosten und Lagerkosten) am geringsten ist (Minimum der Kosten), heißt **optimale Bestellmenge**. Hieraus lässt sich die **optimale Bestellhäufigkeit** ableiten.

Beispiel Bei der Primus GmbH werden pro Jahr etwa 120 000 „Primus Textmarker“ eingekauft. Je Textmarker entstehen an Lagerkosten etwa 0,04 €. Jede Bestellung verursacht 75,00 € Kosten. Der Einkäufer, Herr Cremer, könnte einerseits den gesamten Jahresbedarf auf einmal bestellen und auf Lager nehmen. Er könnte auch kleinere Mengen bestellen (im Extremfall täglich). Um die Summe beider Kosten bei unterschiedlichen Bestellhäufigkeiten zu bestimmen, erstellt er eine Tabelle. Er berechnet für jede Anzahl von Bestellungen die Bestellkosten, die Lagerkosten und die Summe der Kosten. Bei der Berechnung der durchschnittlichen Lagerkosten berücksichtigt er, dass durchschnittlich nur die Hälfte der Bestellmenge auf Lager liegt. Um Zeit zu sparen, bedient er sich der Hilfe einer Tabellenkalkulationssoftware.

Optimale Bestellmenge und -häufigkeit

Kosten für eine Bestellung:	75,00 €
Lagerkosten je Stück:	0,04 €
Jahresbedarf in Stück:	120 000

	A	B	C	D	E	F
1	Anzahl der Bestellungen	Bestellmenge in Stück	ø Lagerbestand in Stück (= Bestellmenge : 2)	Lagerkosten in €	Bestellkosten in €	Gesamtkosten in €
3	1	120.000	60.000	2.400,00	75,00	2.475,00
4	2	60.000	30.000	1.200,00	150,00	1.350,00
5	3	40.000	20.000	800,00	225,00	1.025,00
6	4	30.000	15.000	600,00	300,00	900,00
7	5	24.000	12.000	480,00	375,00	855,00
8	**6**	**20.000**	**10.000**	**400,00**	**450,00**	**850,00**
9	7	17.143	8.572	342,88	525,00	867,88
10	8	15.000	7.500	300,00	600,00	900,00
11	9	13.333	6.667	266,68	675,00	941,68
12	10	12.000	6.000	240,00	750,00	990,00
13	11	10.909	5.455	218,20	825,00	1.043,20
14	12	10.000	5.000	200,00	900,00	1.100,00

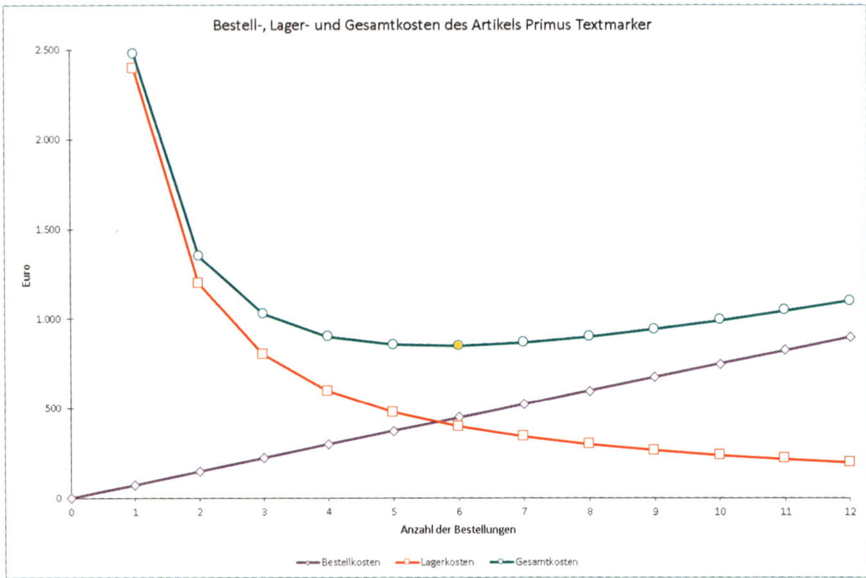

In der Praxis kann die optimale Bestellmenge aus **folgenden Gründen häufig nicht verwirklicht werden**:

- Der Lieferer schreibt Mindestabnahmemengen vor.

  Beispiel Zeitschriftenhalter werden nur bei einer Mindestabnahme von 100 Stück geliefert.

- Die Güter werden nur in festen Verpackungseinheiten geliefert.

  Beispiel Recycling-Briefumschläge C6 werden nur in 10000er-Einheiten geliefert.

- Die Güter sind nur beschränkt lagerfähig.

  Beispiel Lebensmittel für die Betriebskantine

- Die Güter unterliegen starken Preisschwankungen.

  Beispiel Computerpapier A4 wird eingekauft und gelagert, wenn der Marktpreis niedrig ist.

Häufig ist es nicht wirtschaftlich, für jedes Beschaffungsgut die optimale Bestellmenge zu berechnen, selbst wenn spezielle Software in Anspruch genommen werden kann. Der Arbeitsaufwand steht oft nicht in einem wirtschaftlichen Verhältnis zur möglichen Kosteneinsparung.

Beispiel In der Verwaltung werden bei der Primus GmbH Druckbleistifte verwendet. Dieses Verbrauchsmaterial ist preiswert und wird je nach Bedarf unter Ausnutzung von Mengenrabatt eingekauft. Der Aufwand, die optimale Bestellmenge zu ermitteln, würde den Kostenvorteil des Mengenrabatts aufzehren.

■ Diagrammerstellung mit Excel zur Ermittlung der optimalen Bestellmenge

Eine anschauliche Tabellengestaltung führt dazu, dass die dargestellten Daten besser wahrgenommen werden können. Das Sonderzeichen ø (kleiner lateinischer Buchstabe O mit Querstrich) erhalten Sie, indem Sie die [ALT]-Taste gedrückt halten und auf dem Ziffernblock der Tastatur 0248 eingeben. Alternativ gibt es auch die Möglichkeit [ALT]-1-5-7.

Beide Symbole sind nach DIN 5008:2020 aber nicht zu benutzen. Stattdessen wird in Statistiken das Zeichen für Durchmesser auch für den Begriff „Durchschnitt" verwendet: [ALT]-8-9-6-0 oder ersatzweise der dänische Großbuchstabe [ALT]-0-2-1-6.

Beispiel Um das Diagramm im Nullpunkt beginnen zu lassen, müssen Sie einen „Trick" anwenden. Zeile 2 der Tabelle wurde lediglich ausgeblendet. Den Zellen A2 bis C2 und E2 ist der Wert 0 zugewiesen. Die Zellen D2 und F2 erhalten aus funktionalen Gründen den Wert #NV („kein Wert verfügbar") und werden somit von Excel nicht berücksichtigt. Die Formel in Zelle B3 lautet: =120000/A3. Damit das Ergebnis der jeweiligen Bestellmenge kaufmännisch gerundet wird, bietet sich die RUNDEN-Funktion in Excel an: =RUNDEN(120000/A3;0). Die Null nach dem Semikolon gibt dabei die Anzahl der Nachkommastellen an. Ebenso in Spalte C: Dort lautet die Funktion in Zelle C3: =RUNDEN(B3/2;0). Die Lagerkosten in Zelle D3 ergeben sich aus der Multiplikation der Zelle C3 mit den Lagerkosten je Stück: =C3*0,04. Die Formel zur Ermittlung der Bestellkosten in Zelle E3 lautet: =A3*75. Die Gesamtkosten in Zelle F3 sind das Ergebnis einer einfachen Addition: =D3+E3. Das benutzerdefinierte Zahlenformat im Zellbereich B2:C14 lautet: ???.??0 bzw. ?.??0,00 für den Zellbereich D2:F14. Der Hintergrund der Zellbereiche A1:F1, D2:D14, E2:E14 sowie F2:F14 wurde mit verschiedenen Füllfarben eingefärbt und die Schriftfarbe der Spaltenüberschriften weiß formatiert.

Bedingte Formatierung

Damit das Ergebnis besonders hervorgehoben wird, können Sie eine Funktionalität in Excel nutzen, die sich **Bedingte Formatierung** nennt.

Beispiel Markieren Sie den Zellbereich A3:F14 und wählen Sie aus dem **Register Start**, Gruppe Formatvorlagen, Bildsymbol <Bedingte Formatierung>, <Neue Regel...>, „►Formel zur Ermittlung der zu formatierenden Zellen verwenden" aus. Tragen Sie in das Feld **„Werte formatieren, für die diese Formel wahr ist:"** die Formel =$F3=MIN($F$3:$F$14) ein. Drücken Sie die Schaltfläche <Formatieren...> und definieren Sie im Registerblatt Schrift den Schriftschnitt „Fett" und im Registerblatt Ausfüllen die Hintergrundfarbe Orange.

Praxistipp

Angenommen im Zellbereich G3:G14 soll automatisch der Text „Minimum" erscheinen, hängt dies von der Bedingung ab, ob die jeweiligen Gesamtkosten für F3 bis F14 auch dem Minimum von 850,00 € entsprechen. Sofern F3=MIN($F$3:$F$14) gilt, erscheint in G3 der Text „Minimum", sonst nicht. Gleiches gilt für F4 bis F14. Statt einer Textausgabe wird bei der „bedingten Formatierung" der Zellinhalt verändert (formatiert). Die Vorgehensweise ist identisch. Da die Formatierung aber auf den gesamten Tabellenbereich angewendet werden soll, was der AutoAusfüllen-Funktion entspricht, muss ein **gemischter Zellbezug** ($F3) verwendet werden: Beim „Kopieren" der Bedingung in die Spalten A bis E darf sich der Bezug auf die Gesamtkostenspalte F nicht verändern, der Bezug auf die Zeilen 4 bis 14 hingegen schon.

Diagramm erzeugen

Diagramme stellen mögliche Zusammenhänge einer gegebenen Datenbasis verständlich dar. Hierbei können die am häufigsten verwendeten **Diagrammtypen** Säulen-, Linien-, Kreis-, Balken-, Flächen-, Punktdiagramm unterschieden werden. Um aus einer Tabelle ein Diagramm zu erzeugen, legen Sie zunächst fest, welche Daten Sie darstellen wollen.

Beispiel Die Lagerkosten, Bestellkosten und Gesamtkosten sollen als Liniendiagramm dargestellt werden.

Markieren Sie den Zellbereich D2:F14 und wählen Sie aus dem **Register Einfügen**, Gruppe Diagramme das Bildsymbol <Linie> oder alternativ über das Dialogfenster den Diagrammtyp <Linie mit Datenpunkten> aus, erscheint ein unbearbeitetes Linien-Diagramm als eigenständiges Objekt auf dem aktuellen Tabellenblatt.

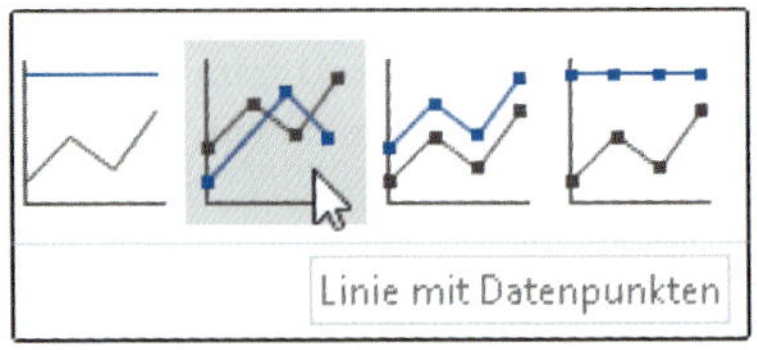

Das erzeugte Diagramm kann weiter optimiert werden. Dazu sind Änderungen und Anpassungen vorzunehmen, die sich auf die **Legende**, **Datenreihen**, **Achsen** und den **Diagrammtitel** beziehen.

Beispiel Das erzeugte Liniendiagramm und wichtige Begriffe:

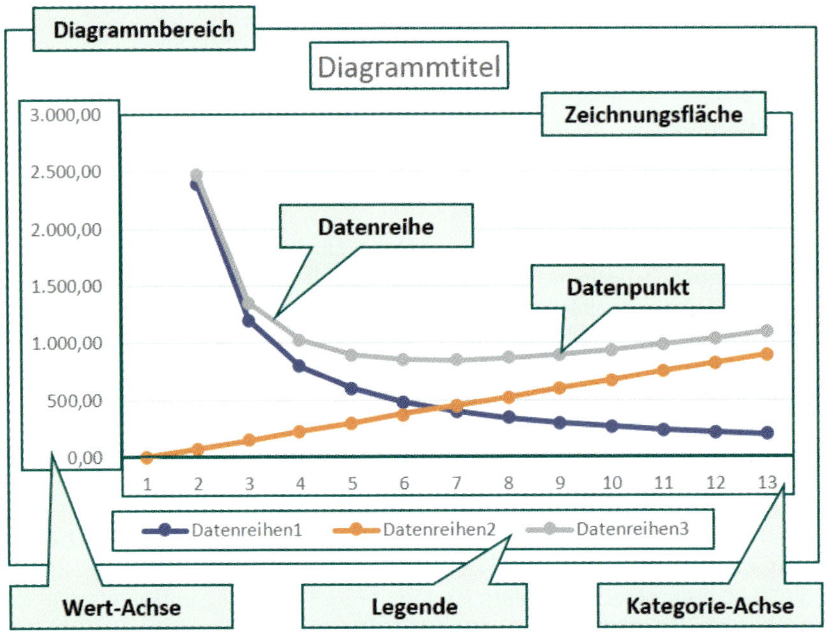

Klicken Sie mit der rechten Maustaste auf den Diagrammbereich oder die Zeichnungsfläche und wählen Sie im Kontextmenü **„Daten auswählen...“** aus.

Beispiel Dialogfenster zur Bearbeitung der „Datenquelle“:

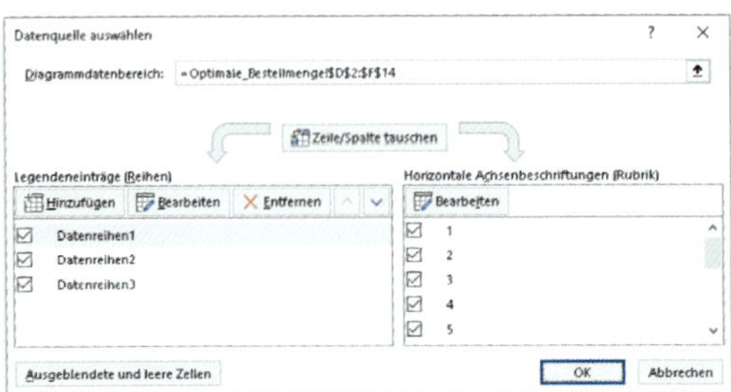

Klicken Sie die Schaltfläche <Bearbeiten> auf der rechten Seite an und markieren Sie den Zellbereich A2:A14, der die horizontale Achsenbeschriftung (Rubrik) enthält. Über die Schaltfläche <Bearbeiten> auf der linken Seite können Sie aussagekräftige Namen für die Legendeneinträge (Reihen) eingeben oder alternativ eine Zelle markieren, welche den Reihennamen enthält.

Sofern das Diagramm-Objekt ausgewählt ist, erscheint im Menüband das zusätzliche **Menü**. Über das **Register Diagrammentwurf** werden die wichtigsten Veränderungen vorgenommen.

Beispiel Menüband mit ausgewähltem **Register Diagrammentwurf**:

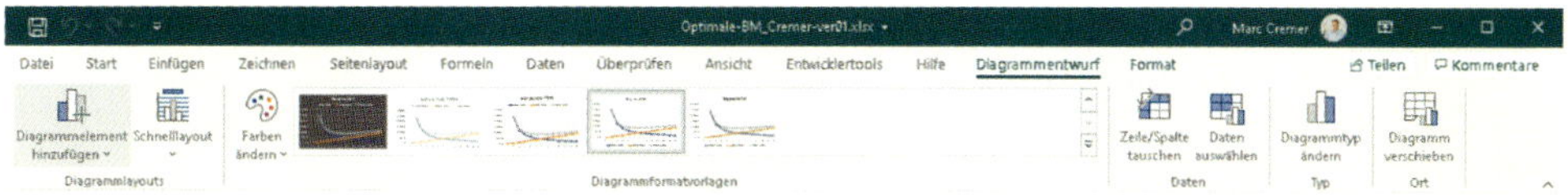

Praxistipp

Im Register Diagrammentwurf können Sie später eine Entscheidung darüber treffen, ob das Diagramm auf ein anderes Tabellenblatt verschoben oder als eigenständiges Blatt angezeigt werden soll.

Beispiel Zwischenergebnis mit Legende „unten":

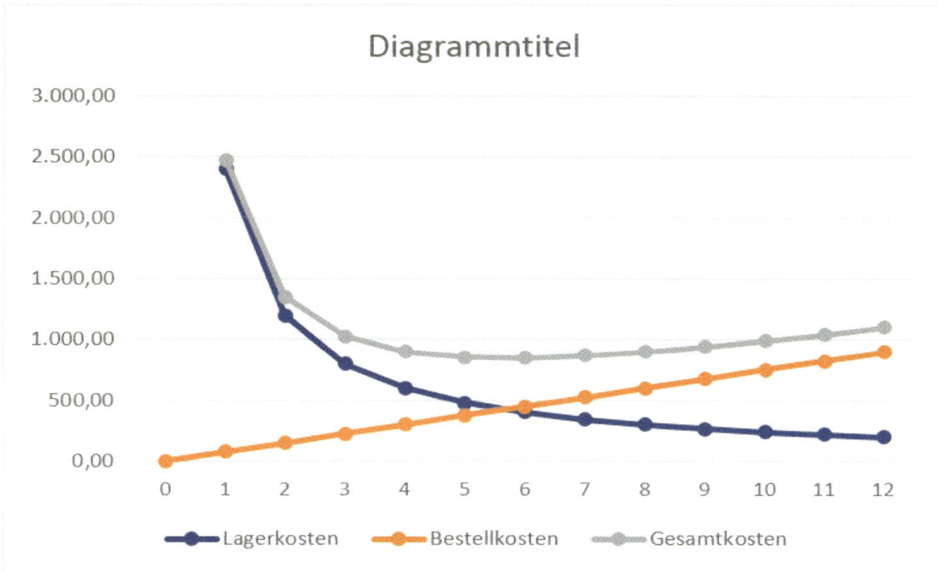

Die Reihenfolge der **Legendenbeschriftung** lässt sich entweder über die Cursor-Tasten im Kontextmenü „**Daten auswählen**..." ändern oder durch Veränderung der letzten Ziffer in der Bearbeitungsleiste, sofern eine Datenreihe angeklickt wurde.

Formatieren der Datenreihen

Verändern Sie die Reihenfolge der Legendenbeschriftung in: Bestellkosten, Lagerkosten und Gesamtkosten.

Beispiel Formatieren Sie die Datenreihen nach folgenden Vorgaben (Markierungsoption „Integriert" in Größe 9):

Datenreihenoptionen		Reihe "Bestellkosten"	Reihe "Lagerkosten"	Reihe "Gesamtkosten"
Markierungsoptionen	⦿Integriert	Typ: ◆ Raute	Typ: ■ Quadrat	Typ: ● Kreis
Füllung	⦿Einfarbige Füllung	Weiß	Weiß	Weiß
Rahmen	⦿Einfarbige Linie	Lila	Rot	Grün
Linie	⦿Einfarbige Linie	Lila	Rot	Grün

Beispiel Klicken Sie in kurzem Abstand doppelt auf den Datenpunkt „***bei sechs Bestellungen pro Jahr***“ der Reihe Gesamtkosten, wird nur dieser einzelne Datenpunkt ausgewählt. Ändern Sie die Füllfarbe der Markierungsfüllung in Orange.

Formatieren der Achsen

Öffnen Sie mittels eines Doppelklick auf die jeweilige Achse das Dialogfenster zur Bearbeitung.

Beispiel Formatieren Sie die Achsen nach folgenden Vorgaben (Farbe Schwarz):

Achsenoptionen	Horizontal (Kategorie) Achse	Vertikal (Wert) Achse	Vertikal (Wert) Achse Hauptgitternetz
Achsenoptionen	Achsenposition: ⦿Auf Teilstrichen	Grenzen: Maximum 2500	Linie: ⦿Keine Linie
Teilstriche	Haupttyp: Außen	Haupttyp: Kreuz	*Das Hauptgitternetz mit linker Maustaste auswählen und dann die [ENTF]-Taste drücken führt zum selben Ergebnis.*
Zahl	Rubrik: Standard	Rubrik: Zahl Dezimalstellen: 0 ☑1000er-Trennzeichen verwenden	

Beispiel Zwischenergebnis nach Formatieren der Datenreihen und Achsen:

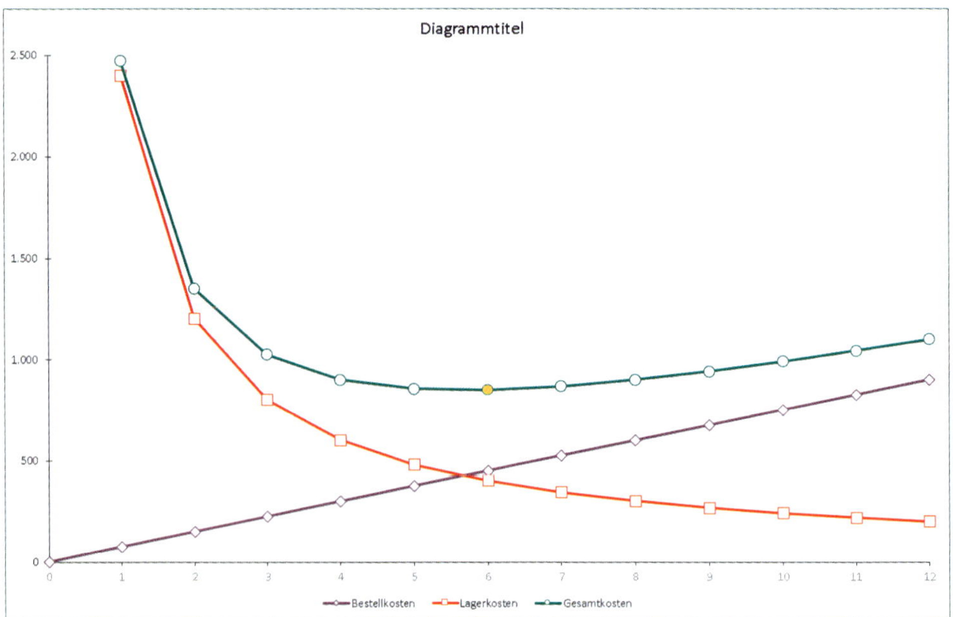

Einfügen der Diagramm- und Achsentitel

Wählen Sie mit der linken Maustaste den Platzhalter für den Diagrammtitel und geben Sie dem Diagramm eine eigenständige Überschrift. Lassen Sie sich nicht irritieren, denn die Eingabe erfolgt zunächst in der Bearbeitungsleiste.

Beispiel Geben Sie dem Diagramm die Überschrift „Bestell-, Lager- und Gesamtkosten des Artikels Primus Textmarker" und formatieren Sie den Schriftgrad über das **Register Start**, Gruppe Schriftart auf 14.

Einen Achsentitel (Achsenbeschriftung) fügen Sie über das **Menü Diagrammelemente** (grünes Plus-Zeichen unmittelbar am Diagramm), **Register diagrammentwurf**, Gruppe diagrammlayouts, Bildsymbol <Achsentitel> ein.

Beispiel Wählen Sie die Option „Primär horizontal" aus und schreiben Sie den Achsentitel „Anzahl der Bestellungen". Wiederholen Sie den Vorgang diesmal mit der Option „Primär vertikal" und schreiben Sie den Achsentitel „Euro".

Sofern sich die die Größe der Zeichnungsfläche verändert, vergrößern Sie bitte zunächst die Diagrammfläche. Anschließend können Sie die Zeichnungsfläche wieder stauchen.

Beispiel Endergebnis nach Einfügen der Diagramm- und Achsentitel:

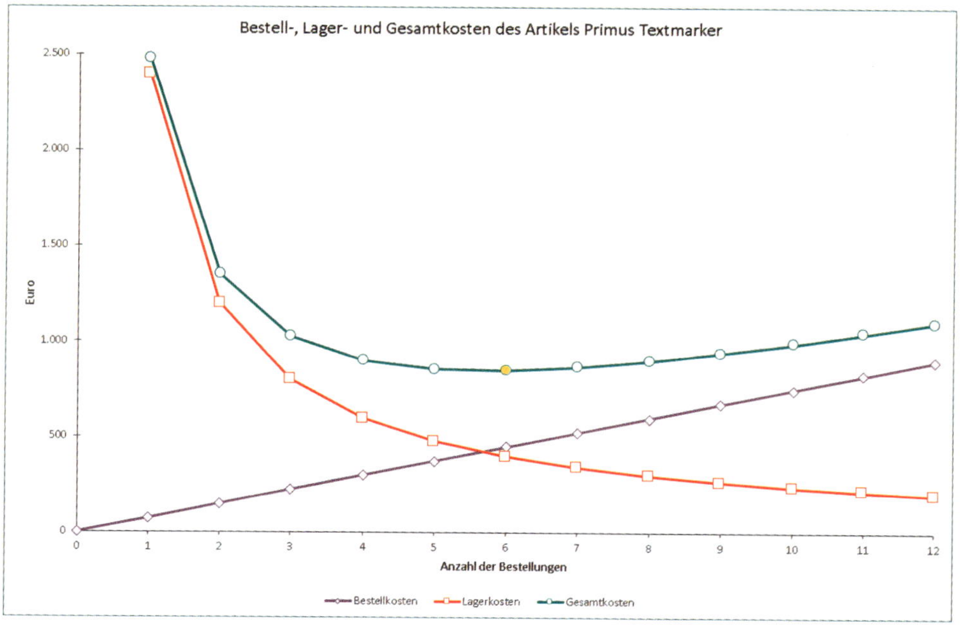

■ Zeitplanung

Der **Zeitpunkt für eine Warenbestellung** hängt von vielen Faktoren ab. Grundlage für die Entscheidung über den **Bestellzeitpunkt** ist der Termin, zu dem die Ware im Lager oder Verkaufsraum zur Verfügung stehen muss. Von diesem Termin aus muss rückwärts gerechnet werden. Zu berücksichtigen sind:

- **Bestelldauer innerhalb des Hauses** (die Zeit von der Bedarfsfeststellung, z.B. im Lager bei Standardartikeln, über die

Bedarfsmeldung an die Beschaffungsabteilung, ggf. Angebotseinholung und -auswertung bei neuen Artikeln, bis zum Schreiben der Bestellung)

- **Bearbeitung der Bestellung beim Lieferer** (Zeit für den Postweg der Bestellung, Posteingang und -bearbeitung beim Lieferer, Auftragsprüfung, ggf. Produktionszeit, Verpacken der Ware usw.)
- **Lieferzeit** (Versand der Ware durch die Deutsche Post AG, die Deutsche Bahn AG, Spediteur usw.)
- **Warenannahme, -prüfung und -lagerung**

Außerdem ist bei der Festlegung des Bestellzeitpunkts die **Lagerfähigkeit** von Waren zu berücksichtigen (Verderb, Schwund, Modewechsel usw.), ebenso die freie **Lagerkapazität** beim Eintreffen der Ware (wichtig bei Saisonware). Bei Waren, die auf dem Beschaffungsmarkt häufigen **Preisänderungen** unterliegen, ist es ratsam, zu Zeiten niedriger Preise zu bestellen und die Ware vorübergehend einzulagern. Allerdings müssen die Preisvorteile gegen die höheren Lagerkosten und die längere Kapitalbindung abgewogen werden.

Beschaffungsstrategien bei der Zeitplanung

Es lassen sich folgende Beschaffungsstrategien von Waren unterscheiden:

Beschaffungsstrategien	Merkmale	Vorteile
Einzelbeschaffung nach einem Kundenauftrag Beispiele Büromöbel, Küchen	Waren werden erst zum Zeitpunkt der Bestellung durch einen Kunden beschafft. Die Notwendigkeit der Beschaffung erfolgt durch den Absatz. Die Lagerung hat keine oder nur eine geringe Bedeutung.	– Lagerkosten werden minimiert. – Unternehmen hat eine bessere Übersicht sowie Kontrolle über die vorhandenen Waren. – Die Beschaffung ist flexibel. – Es befinden sich weniger Waren auf Lager.
Vorratsbeschaffung Beispiele Textmarker, Kopierpapier, DIN A4 Ordner	Es besteht keine Übereinstimmung zwischen den Beschaffungsmengen und den Verkaufsmengen. Die beschafften Waren werden erst einmal auf Lager genommen.	– Preisvorteile können ausgenutzt werden. – Die Transportkosten verringern sich. – Für den Verkauf sind immer genügend Waren vorrätig. – Bestellkosten vermindern sich, da nicht so oft bestellt wird.
Verkaufssynchrone Beschaffung Beispiele Waren bei einem Elektro-, Baustoffgroßhändler	Die Beschaffung der Waren erfolgt im gleichen Rhythmus wie der Verkauf. Dies erfordert eine ständige Lieferbereitschaft des Lieferers.	– Lagerkosten verringern sich. – Beschaffung ist flexibel. – Kapitalbindungskosten verringern sich.

Bestellverfahren bei Vorratsbeschaffung

Wenn die Beschaffung der Waren zeitlich vor dem Verkauf erfolgt, liegt eine Vorratsbeschaffung (verkaufsorientierte Disposition) vor. Für die Festlegung des Bestellzeitpunkts stehen **zwei Verfahren** zur Verfügung:

Bestellpunktverfahren

Beim Bestellpunktverfahren werden die Waren aufgrund einer **vorgegebenen Meldemenge** bestellt, d. h., der Lagerbestand wird automatisch nach jeder Entnahme überprüft: Bei Erreichung eines festgelegten **Meldebestands** gibt das Lager eine Bedarfsmeldung an den Einkauf. Durch den Einsatz eines computergesteuerten ERP-Systems (vgl. S. 327) wird der Bestellvorgang automatisch bei Erreichen des Meldebestands ausgelöst. Der **Mindestbestand** (eiserner Bestand, eiserne Reserve) wird aus Sicherheitsgründen für die einzelnen Waren festgelegt und soll möglichst nie angegriffen werden. Er soll die Verkaufsbereitschaft sichern, wenn durch unvorhergesehene Ereignisse der Vorrat nicht ausreicht, um den Verkauf fortzuführen. Somit gilt für die Ermittlung des Meldebestands folgende Formel:

Meldebestand = (Tagesabsatz · Beschaffungs- oder Lieferzeit) + Mindestbestand

Beispiel Von dem Artikel „Primus Ordner A4“ werden von der Primus GmbH täglich durchschnittlich 200 Stück verkauft. Die Beschaffungszeit beträgt 8 Tage, der Mindestbestand 1 000 Stück. Wie viel Stück beträgt der Meldebestand?

Lösung: Meldebestand = (Tagesabsatz · Beschaffungs- oder Lieferzeit) + Mindestbestand

Meldebestand = (200 · 8) + 1 000 Meldebestand = **2 600 Stück**

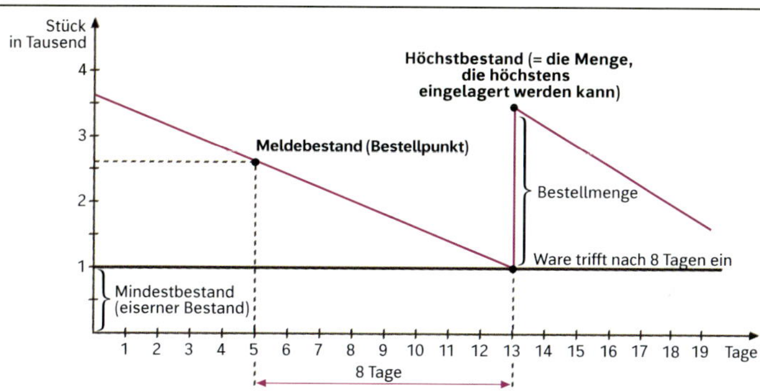

Der Meldebestand setzt sich aus dem Bedarf in der Beschaffungs-/Lieferzeit und dem Mindestbestand (eiserner Bestand) zusammen. Wird der Meldebestand von 2 600 Stück erreicht, wird die Ware bestellt. Die Ware trifft nach acht Tagen mit Erreichen des Mindestbestands ein. An diesem Tag wird durch die Lieferung der Höchstbestand der Ware erreicht.

Der Bestellpunkt

wird erhöht, wenn

- der Bedarf steigt.
- die Beschaffungs-/Lieferzeit sich verlängert.

wird herabgesetzt, wenn

- der Bedarf sinkt.
- die Beschaffungs-/Lieferzeit sich verkürzt.

Neben den genannten Gründen können weitere **Gründe für den Zeitpunkt der Bestellung** von Bedeutung sein:

- Es werden kurzfristige Preiserhöhungen erwartet.
- Bestimmte Sondertermine müssen berücksichtigt werden.

Beispiele Messetermine, Erntezeitpunkte bei Obst, Gemüse, Wein

Vorteile des Bestellpunktverfahrens	Nachteile des Bestellpunktverfahrens
– Niedrigere Mindestbestände sind aufgrund ständiger Bestandskontrolle möglich. – Somit können niedrigere Lagerkosten erreicht werden.	– Rabatte können unter Umständen wegen zu geringer Bestellung nicht genutzt werden. – Es werden nur die Artikel mit Lagerbewegungen erfasst.

Bestellrhythmusverfahren

Beim Bestellrhythmusverfahren **(Bestellung zu bestimmten, vorher festgelegten Terminen)** wiederholen sich die festen Liefertermine periodisch. Die periodische Festlegung der Termine kann mithilfe der vorher zu ermittelnden optimalen Bestellmenge vorgenommen werden. Dieses Verfahren ist dann besonders geeignet, wenn ein gleichbleibender Verkauf vorliegt.

Beispiel Für den Artikel „Magister Flipchart-Tafel" beträgt der Jahresbedarf in der Primus GmbH 1 200 Stück, der Mindestbestand 50 Stück und die optimale Bestellmenge 300 Stück. Somit ergeben sich pro Jahr vier Bestellungen (1 200 : 300 = 4), der zeitliche Abstand zwischen den Bestellungen ist für diesen Artikel drei Monate.

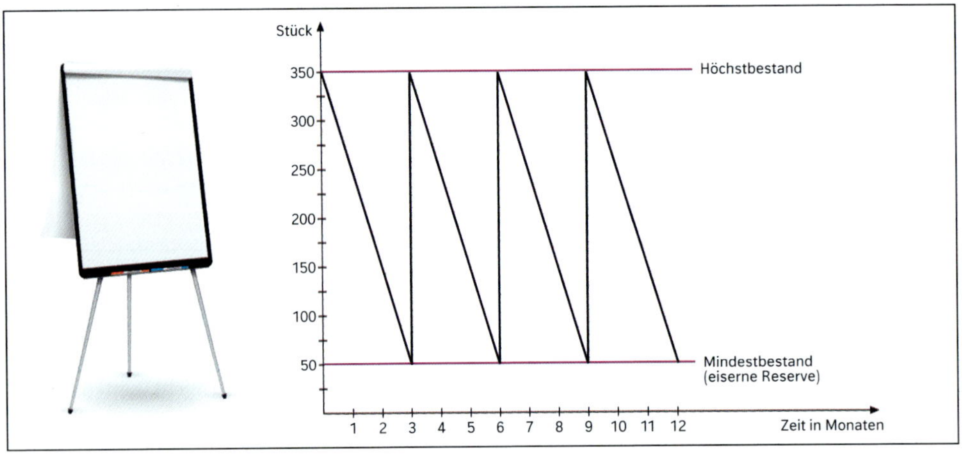

Vorteile des Bestellrhythmusverfahrens	Nachteile des Bestellrhythmusverfahrens
Vereinfachung des Bestell- und Bestandsüberwachungssystems	– Bei rückläufigem Verkauf entstehen Überbestände. – Bei steigendem Verkauf reichen die Vorratsmengen nicht aus. Folge: Absatzstörungen.

Verkaufssynchrone Beschaffung („Just-in-time-Lieferung")

„Just in time" (gerade zur rechten Zeit) bedeutet, dass alle Waren genau zu dem Zeitpunkt bereitgestellt werden sollen, an dem der Verkauf erfolgt. Die einzelnen Waren werden erst dann geliefert, wenn sie im Verkauf oder in der Produktion benötigt werden. Somit liegen zwischen der Lieferung und/oder der Produktion und dem Verkauf der Waren nur wenige

Tage. Dieses erfordert aber, genaue Lieferzeitpunkte mit dem Lieferer zu vereinbaren, die exakt eingehalten werden müssen. Somit können Waren täglich angeliefert werden. Für den Fall eines Lieferungsverzugs (vgl. S. 594) werden i. d. R. hohe Konventionalstrafen vereinbart.

Der Käufer wälzt bei diesem Verfahren das Lagerrisiko (Zins-, Lagerkosten) auf den Lieferer ab. Die verkaufssynchrone Beschaffung setzt eine starke Marktstellung des Käufers und eine relative Abhängigkeit des Lieferers voraus.

Voraussetzungen der Just-in-time-Belieferung

Um die Just-in-time-Belieferung einführen zu können, sind folgende **Voraussetzungen** erforderlich:

- **ständige Lieferbereitschaft** der beteiligten Lieferanten,
- eine genaue **Abstimmung der Produktions- und Lieferpläne** zwischen Lieferer, Spediteur (Frachtführer) und Abnehmer,
- der **Einsatz moderner Kommunikationstechniken**, die den überbetrieblichen Datenaustausch mittels Datenfernübertragung ermöglichen,
- der **permanente Informationsaustausch** zwischen allen am Just-in-time-Konzept beteiligten Betrieben,
- **DV-gestützte Auftragsbearbeitung** und **Lagerorganisation**,
- **feste Kooperationsverträge** zwischen allen Beteiligten, in denen die Mengen, die Termine, aber auch die Strafen (Konventionalstrafen) bei Vertragsbruch enthalten sind, wobei in diesen **Rahmenverträgen** für einen bestimmten Zeitraum Vereinbarungen über die Produktqualität, die Lieferungs- und Zahlungsbedingungen sowie evtl. über den Preis getroffen werden. Nicht festgelegt werden im Rahmenvertrag die genaue Abnahmemenge und die Liefertermine für die Teillieferungen.
- ein **flexibles Transportsystem**, das einen ununterbrochenen Warenfluss ermöglicht.

Ablauf der Just-in-time-Belieferung

Der **Ablauf** der Just-in-time-Belieferung könnte im Idealfall so erfolgen:

- Die Abverkaufs- bzw. Produktionsdaten werden nach Waren und Lieferanten im Unternehmen erfasst und an das ERP-System weitergegeben. Voraussetzung hierfür ist die Kennzeichnung der Waren mit Artikelnummern und die Erfassung der Waren am Ausgangsterminal des Unternehmens (vgl. S. 561).
- Das Ausgangsterminal gibt die Daten an den Zentralrechner des Lieferers weiter. Bei Erreichung der definierten Bestellmenge druckt der Rechner einen Bestellvorschlag aus oder nimmt mit dem Zentralrechner des Herstellers Kontakt auf, um die Bestellung direkt zu veranlassen.
- Der Zentralrechner des Herstellers veranlasst die Kommissionierung der Waren, arbeitet den Tourenplan aus und veranlasst die Lieferung.
- Der Hersteller veranlasst die Lieferung an den Kunden.

Folgen der Just-in-time-Belieferung

Durch die Einführung der Just-in-time-Belieferung werden die **Kosten der Lagerhaltung** für ein Unternehmen durch die Reduzierung der Lagerbestände und der Lagerdauer von Waren deutlich verringert. Somit entfällt das Lagerrisiko des Verderbs und Schwunds. Die Lagerkosten werden somit auf den Zulieferer (= vorgelagerte Produktionsstufe) verschoben, der seinerseits die Lagerkosten in seinen Preisen berücksichtigen muss. Diesen Vorteilen stehen als wesentliche **Nachteile** gegenüber: **Absatzstörungen** (bei Lieferungsverzug), eine starke Zunahme der Fahrten und Leerfahrten (rollende Lager) und eine damit verbundene **Belastung der Umwelt** durch Schadstoffemissionen, Energieverbrauch, Lärmbelästigung und Landschaftsverbrauch durch Straßenbau und somit eine **Zunahme der volkswirtschaftlichen Kosten (=externe Kosten)**. Die Einrichtung von Güterverkehrszentren und die Verlagerung der Transporte auf Schienen- und Wasserwege können diese Nachteile nur zum Teil ausgleichen.

Zusammenfassung: Bedarf an betriebsnotwendigen Gütern ermitteln (Beschaffungsplanung)

Mengenplanung →

- **Größere Bestellmengen** führen zu hoher Kapitalbindung und hohen Lagerkosten
- **Kleinere Bestellmengen** erzeugen mehr Bestellungen und es entstehen höhere Beschaffungskosten

→ **Optimale Bestellmenge** Gesamtkosten (Beschaffungs- und Lagerkosten) erreichen das Minimum

↓

Optimaler Bestellzeitpunkt leitet sich aus dem Minimum der Gesamt-kosten (Beschaffungs- und Lagerkosten) ab

Kriterien für die Bestimmung des Bestellzeitpunkts →

- Bestelldauer im Betrieb
- Bearbeitungs- und Produktionszeit beim Lieferer
- Lieferzeit und Dauer der Materialprüfung
- Transportzeit innerhalb des Unternehmens

Meldebestand = Mindestbestand + (Beschaffungszeit × Tagesverbrauch)

Bestellverfahren
- Vorratsbeschaffung
  - Bestellpunktverfahren
  - Bestellrhythmusverfahren
- Fertigungssynchrone Beschaffung (Just-in-time-Belieferung)

Just-in-time-Belieferung
- **Ursache**: Notwendigkeit zur Reduzierung der Lagerkosten durch den Kostendruck in der Industrie
- **Voraussetzungen**: Ständige Produktions- und Lieferbereitschaft, Abstimmung der Beteiligten, EDV-gestützter Daten- und Informationsaustausch, prozessstützende Software für die Auftragsbearbeitung und Lagerorganisation, Qualitätskontrolle
- **Folgen**: Ökologische Belastung durch Verlagerung der Lager auf die Straße, Produktions- und Absatzstörungen bei Lieferungsverzug, Qualitätsrisiko

Aufgaben

1. *Erläutern Sie die Aussage: „Beschaffungskosten und Lagerkosten entwickeln sich gegenläufig."*

2. *In einem Unternehmen werden täglich 20 Stück eines Artikels verkauft. Die Beschaffungszeit beträgt 14 Tage. Als Mindestbestand soll ein Fünf-Tagevorrat bereitgehalten werden. Die Bestellmenge beträgt 400 Stück und der Höchstbestand 500 Stück.*
   a) Berechnen Sie den Mindestbestand.
   b) Berechnen Sie den Meldebestand.
   c) Bestimmen Sie den Bestellrhythmus anhand einer Grafik.

3. *In einem Unternehmen beträgt der Tagesabsatz für einen Artikel 140 Stück, die Beschaffungs-/Lieferzeit beträgt 14 Tage und der Mindestbestand 420 Stück.*
   a) Ermitteln Sie den Meldebestand. Der Höchstbestand beträgt 3 500 Stück.
   b) Begründen Sie die Notwendigkeit eines Mindestbestands.
   c) Stellen Sie den Zusammenhang grafisch dar.
   d) Erläutern Sie die Vor- und Nachteile des Bestellpunktverfahrens.
   e) Begründen Sie die Veränderung des Meldebestands, wenn
      1. der Tagesabsatz sich auf 200 Stück erhöht,
      2. die Beschaffungszeit sich bei einem Tagesabsatz von 140 Stück auf sieben Tage verkürzt.

4. *Von einem Artikel werden täglich 25 Stück verkauft. Der Mindestbestand beträgt 120 Stück, die Lieferzeit zwölf Tage. Um wie viel Stück kann der Meldebestand gesenkt werden, wenn die Lieferzeit nur noch acht Tage beträgt?*

5. *In einem Handwerksbetrieb werden täglich 240 Stück eines Artikels benötigt. Die Lieferzeit beträgt fünf Tage. Als Mindestbestand wurden 200 Stück festgelegt. Ermitteln Sie den Meldebestand.*

6. *In einem Unternehmen soll der Mindestlagerbestand eines Artikels das Fünffache des durchschnittlichen Tagesumsatzes betragen. Täglich werden von diesem Artikel durchschnittlich 25 Stück verkauft. Die Lieferzeit beträgt vier Tage.*
   a) *Berechnen Sie den Mindestlagerbestand.*
   b) *Berechnen Sie den Meldebestand.*
   c) *Begründen Sie, warum der Mindestlagerbestand meistens das Vielfache eines Tagesumsatzes ist.*

7. *Von einer Ware werden jährlich 20000 Stück benötigt. Je Stück fallen 0,25 € Lagerkosten an, jede Bestellung verursacht 50,00 € Beschaffungskosten.*
   a) *Bestimmen Sie die optimale Bestellmenge und die optimale Bestellhäufigkeit.*
   b) *Erstellen Sie hierzu eine Tabelle und berechnen Sie die einzelnen Kosten für 1, 2, 3, ..., 12 Bestellungen.*
   c) *Erstellen Sie mithilfe eines Tabellenkalkulationsprogrammes ein Diagramm zur Ermittlung der optimalen Bestellmenge.*

8. *Erstellen Sie mithilfe eines Tabellenkalkulationsprogramms und unter Nutzung eigener Zahlenwerte eine Entscheidungshilfe für die Ermittlung der optimalen Bestellmenge. Einflussgrößen sind die Bestellkosten und die Lagerkosten je Stück.*

9. *Unterscheiden Sie Bestellpunkt-, Bestellrhythmusverfahren und verkaufssynchrone Beschaffung (Just-in-time-Belieferung) und stellen Sie deren Unterschiede in einer Übersicht dar.*

10. *Stellen Sie den Ablauf einer Just-in-time-Belieferung anhand eines Beispiels dar und erläutern Sie die Auswirkungen der Just-in-time-Belieferung für die Umwelt.*

1.3 Sich über Bezugsquellen informieren (Bezugsquellenplanung)

Handlungssituation

Die Stadtverwaltung Duisburg teilt der Primus GmbH per Fax mit, dass sie zusätzlich zu 30 Schreibtischen „Primo", die bereits geliefert worden sind, 15 Ansatztische, das sind Verlängerungstische für Schreibtische, benötigt. Bisher führt die Primus GmbH in ihrem Sortiment keine Ansatztische. Nicole Höver wird damit beauftragt, geeignete Lieferer für dieses Produkt zu finden.

Arbeitsaufträge

- *Beschreiben Sie die Möglichkeiten der Ermittlung von Bezugsquellen.*
- *Erläutern Sie den Unterschied zwischen einer Onlinerecherche und einer Offlinerecherche.*

Bezugsquellenermittlung

Der Ermittlung und Auswahl der Lieferer kommt eine entscheidende Bedeutung zu. Von ihr hängt die Kostensituation des Unternehmens ab. Um Bezugsquellen (Lieferer) für benötigte Waren zu erhalten, stehen dem Unternehmen interne (innerbetriebliche) und externe (außerbetriebliche) Informationsmöglichkeiten zur Verfügung.

Interne Informationsquellen

LF 5

Web

Beispiel Artikeldatei der Primus GmbH:

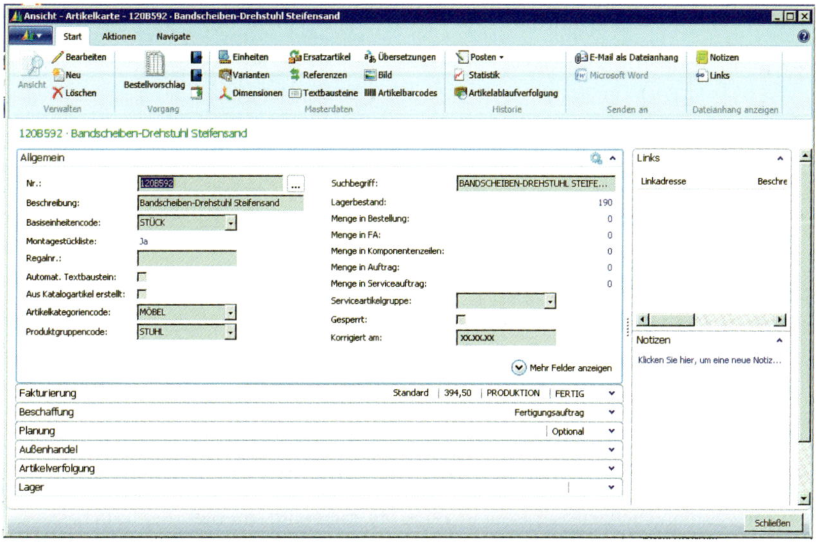

Informationen von eigenen Lieferern werden meist gesammelt. Je nach Größe, Informationsbedarf und Organisationsgrad eines Betriebs sind diese Daten in Dateien, Ordnern, Listen (Lieferer- oder Artikelstammdaten) usw. aufbewahrt. Zunehmend werden aber natürlich auch die Möglichkeiten einer computergestützten Datensammlung und -auswertung genutzt. In einer **Liefererdatei**, **Angebots-**, **Waren- oder Bestelldatei** werden alle Angaben über Lieferer mit Namen, Anschriften, Sortimenten, Preisen, Konditionen und Unterlagen von Vertreterbesuchen gespeichert. Die Bezugsquelleninformationen können nach bestimmten Merkmalen erfasst und abgerufen oder geändert werden. So stehen bei Bedarf gezielt Bezugsquellen zur Verfügung.

Beispiel In der Primus GmbH fällt der Stammlieferant für Aktenordner, Artikelnummer 1198263, aus. Kurzfristig müssen Aktenordner bestellt werden, um die Kundennachfrage zu decken. Marc Cremer ist Einkaufsdisponent bei der Primus GmbH für Handelswaren. An seinem Computer ruft er die Lieferer- und Angebotsdatei auf. Er gibt als Suchkriterium „Aktenordner" ein. Sofort erscheint auf dem Bildschirm eine Liste, die alle Bürobedarfshersteller zeigt, bei denen bereits einmal Aktenordner bestellt wurden. Zusätzlich erscheinen Daten von Lieferern, die bisher nur Angebote abgegeben haben. Nun kann Herr Cremer kurzfristig (Telefon, Fax, E-Mail) bei diesen Lieferern anfragen, ob und zu welchen Bedingungen Aktenordner geliefert werden können.

In **Rahmenverträgen** werden für einen bestimmten Zeitraum Vereinbarungen getroffen über die Produktqualität, die Lieferungs- und Zahlungsbedingungen sowie evtl. über den Preis. Nicht festgelegt werden im Rahmenvertrag die genaue Abnahmemenge und die Liefertermine für die Teillieferungen.

Beispiel Bezugsquellendatei der Primus GmbH:

Bezugsquellendatei (Warendatei)			Artikel: Aktenordner (Einheit: 50)			Artikelnummer: 1198263
Mögliche Lieferer	Angebot		Ablage	Bestellung	Preis pro Einheit (20 Stück)	Erfahrungen
	durch	am				
Papierwerke Iserlohn GmbH Müller & Co., Iserlohn	B F	05.02. 28.02.	P	10.02. 05.03. 20.03.	13,95 € 14,00 € 14,00 €	pünktlich mittl. Qualität
Flamingowerke AG, Hamm	P F	Juli Vorj. 19.03.	F		14,50 €	
Latex AG, Berlin	F	20.03.	L		17,78 €	
Vereinigte Papierwerke, Nürnberg	E	20.03.	V		11,76 €	
E = E-Mail B = Brief F = Fax K = Katalog P = Prospekt V = Vertreter						

LF 5

Externe Informationsquellen

Liegen intern keine Informationen über Bezugsquellen vor, so muss man sich betriebsfremder Quellen bedienen, die aber nicht immer kostenlos sind. Wenn ein Unternehmen völlig neue Materialien oder neue Handelswaren beschaffen möchte, kann es selten auf interne Informationsquellen zurückgreifen. Es bedient sich betriebsfremder Quellen. Hierzu gibt es viele Möglichkeiten:

Beispiele
- Auswerten von Anzeigen in Fachzeitschriften, in Tageszeitungen, im Internet
- Besuch von Messen, Ausstellungen
- Gespräche mit Handelsvertretern oder Reisenden
- Intranet (vgl. S. 450), Bezugsquellennachweise, Branchenadressbücher, Kataloge, Prospekte
- Informationen von Banken, Fachverbänden, Industrie- und Handelskammern, Konsulaten
- Datenbanken von Kreditinstituten, Kammern und öffentliche Datenbanken, Internet
- telefonische Nachfragen mithilfe der Gelben Seiten der Telekom oder anderer Telefongesellschaften

Alle Informationsquellen müssen sorgfältig ausgewertet werden. Sind **Bezugsquellen** bekannt, können gezielt Angebote, Warenproben, Muster usw. angefordert werden. Die Angebote werden verglichen und eine Bestellung von Waren kann erfolgen.

Eine besondere Stellung bei externen Informationsquellen nehmen **Datenbanken** ein. Zunehmend lösen sie herkömmliche Printmedien wie Adressbücher ab. Ein Interessent für bestimmte Lieferer oder Waren kann im Internet auf diese Datensammlungen direkt zugreifen **(Onlinerecherche)**. Er kann diese Datenrecherche aber auch bei Banken, Kammern oder speziellen Datenbankbetreibern (Informationsbroker) gegen Honorar in Auftrag geben **(Offlinerecherche)**. Alle Informationsquellen müssen sorgfältig ausgewertet werden. Sind die Bezugsquellen bekannt, können gezielt Angebote (vgl. S. 250), Warenproben, Muster usw. angefordert werden.

Durch die laufende Beobachtung der Entwicklungstendenzen auf den jeweiligen Beschaffungsmärkten wird es dem Einkäufer ermöglicht, das Marktgeschehen im Zeitablauf zu beobachten. Dadurch können jahreszeitlich bedingte Schwankungen (z. B. bei landwirtschaftlichen Produkten) oder konjunkturell bedingte Veränderungen (z. B. Hochkonjunktur mit steigenden Preisen und umgekehrt) erkannt werden.

Zunehmende Bedeutung gewinnt im Rahmen des **E-Business** das **E-Procurement**, d.h. der Einkauf über das Internet (vgl. S. 544). Der Onlineeinkauf wird interessant, wenn er zu Rationalisierung und Kosteneinsparung führt.

Beispiel Nicole Höver sucht für die Primus GmbH im Internet Lieferer für Ansatztische.

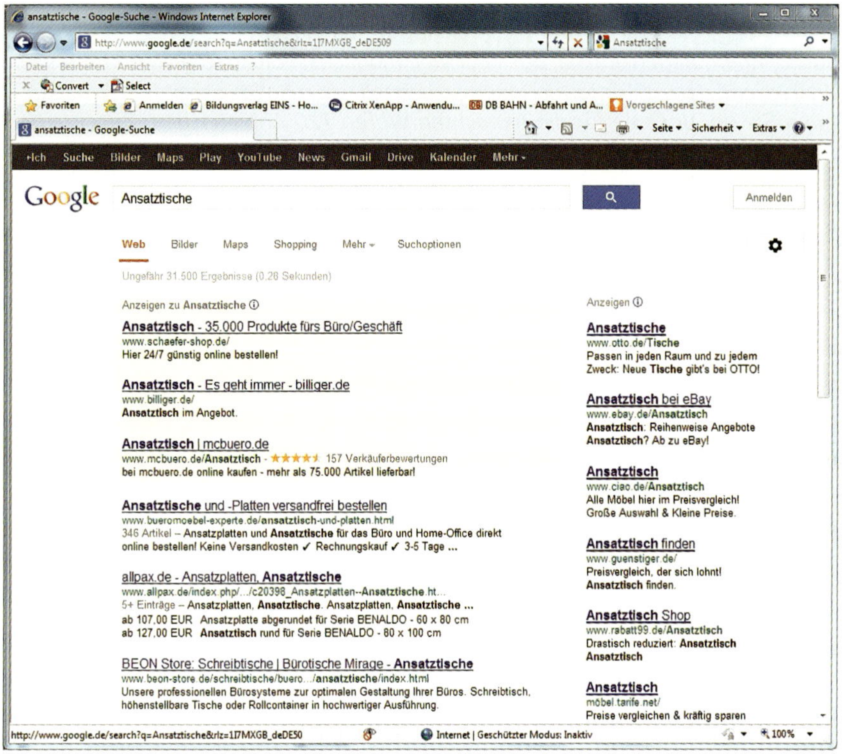

Zusammenfassung: Sich über Bezugsquellen informieren (Bezugsquellenplanung)

- Zur Bezugsquellenermittlung bedient sich ein Unternehmen **innerbetrieblicher** (Angebots-, Liefererdatei, Unterlagen von Vertreterbesuchen, Ein- und Verkaufsmengenstatistiken, Lagerdatei) und **außerbetrieblicher Informationen** (Messen, Fachzeitschriften, Verbände, spezielle Datenbanken, Internet, Adressenverzeichnisse).
- **Externe Informationen** über Bezugsquellen im Internet können über eine Onlinerecherche ermittelt werden.

Aufgaben

1. *Sie möchten sich eine neue Hi-Fi-Anlage kaufen. Führen Sie eine Beschaffungsmarktforschung für dieses Produkt durch. Arbeiten Sie in Ihrer Klasse in Gruppen.*
   a) Erstellen Sie eine Liste aller Bezugsquellen, z. B. Fachgeschäfte, Warenhäuser, Versandhandel, Gebrauchtwarenmärkte usw.
   b) Erfassen Sie die Preise aller Lieferer für ein bestimmtes Gerät.

c) *Erfassen Sie die Liefer-, Zahlungs- und Garantiekonditionen aller Lieferer.*
d) *Entscheiden Sie sich für einen Lieferer und begründen Sie Ihre Entscheidung.*
e) *Präsentieren Sie Ihre Gruppenarbeitsergebnisse.*

2. a) *Die Primus GmbH möchte nur noch schadstofffreie bzw. -arme Waren in ihrem Sortiment führen. Welche Möglichkeiten gibt es für den Sachbearbeiter in der Beschaffungsabteilung, die Anzahl und die Anschriften der Anbieter für diese Materialien herauszufinden? Bedenken Sie, dass nur eine möglichst vollständige Marktübersicht sinnvoll ist und dass die Informationen so schnell wie möglich bereitstehen sollen.*
b) *Nehmen Sie an, dass es für die gesuchten Waren 120 Anbieter gibt. Beschreiben Sie, wie Sie möglichst schnell die Informationen über Preise, Liefer- und Zahlungsbedingungen, Qualitäten usw. der Anbieter erhalten können.*

3. *Die Primus GmbH will einen neuen Artikel in ihr Sortiment aufnehmen. Erläutern Sie, wie geeignete Lieferer für diesen Artikel ermittelt werden können.*

4. *Nennen Sie die Vor- und Nachteile von internen Informationsquellen für die Bezugsquellenermittlung.*

5. *Suchen Sie im Internet nach möglichen Lieferern von Aktenordnern.*

6. *Beschreiben Sie die Vorzüge von externen Datenbanken bei der Bezugsquellenermittlung.*

1.4 Notwendigkeit wirtschaftlichen Handelns beachten

Handlungssituation

In einer Konferenz der Abteilungsleiter mit der Geschäftsleitung der Primus GmbH wird über zukünftige Geschäftsstrategien des Unternehmens diskutiert. Insbesondere der Umweltbeauftragte Thomas Weiß fordert, dass die Primus GmbH zukünftig noch stärker ökologische Aspekte berücksichtigt. Die Geschäftsführerin Sonja Primus ist davon überzeugt, dass ökologisch vertretbare Geschäftsstrategien in Zukunft ein wichtiger Faktor für den geschäftlichen Erfolg der Primus GmbH sein werden.

Sonja Primus: *„Wir müssen es in Zukunft schaffen, ökonomische und ökologische Unternehmensziele in Einklang zu bringen. Auch unsere Kunden verlangen, dass wir uns der Umwelt gegenüber verantwortungsvoll verhalten. Ich schlage vor, dass wir ein Projektteam ins Leben rufen, das Strategien für unsere Primus GmbH entwickelt."*

Arbeitsaufträge

- *Erläutern Sie, warum die ökologische Ausrichtung der Primus GmbH in Zukunft eine wachsende Bedeutung bekommt.*
- *Beschreiben Sie den Zielkonflikt zwischen dem ökonomischen und dem ökologischen Handeln von Unternehmen.*
- *Unterscheiden Sie erwerbswirtschaftliche und gemeinwirtschaftliche Betriebe.*

Bei der Beschaffung von Waren und Dienstleistungen sollten das ökonomische, das ökologische und das soziale Prinzip berücksichtigt werden.

Das ökonomische Prinzip

Die **Bedürfnisse** der Menschen sind i.d.R. **unbegrenzt. Wirtschaftsgüter** hingegen sind **knapp**. Sie sind nur begrenzt vorhanden und ihre Bereitstellung verursacht Kosten.

Private Haushalte und Unternehmen lösen dieses Problem, indem sie mit den knappen Wirtschaftsgütern sparsam umgehen, d.h., sie **wirtschaften**. Dieses planvolle Handeln nennt man das **ökonomische (wirtschaftliche) Prinzip**. Es zeigt sich in **zwei Erscheinungsformen**:

- Beim **Minimalprinzip** wird versucht, ein gegebenes Ziel mit möglichst wenig (minimalen) Mitteln zu erreichen. Dieses Prinzip wird i.d.R. in den Unternehmen angewandt.

  Beispiel Frau Konski, Abteilungsleiterin der Einkaufsabteilung der Primus GmbH, versucht Verbrauchsmaterial so preiswert wie möglich einzukaufen.

- Beim **Maximalprinzip** wird versucht, mit gegebenen Mitteln einen größtmöglichen (maximalen) Erfolg zu erreichen. Dieses Prinzip wird i.d.R. in den Haushalten angewandt.

  Beispiel Petra Jäger versucht, sich mit ihrer Ausbildungsvergütung so viele Wünsche wie möglich zu erfüllen.

Das ökologische Prinzip

Lange Zeit stand die **Umwelt für jedermann kostenlos** zur Verfügung. Luft und Wasser waren als freie Güter (vgl. S. 73) im Überfluss vorhanden, die Vorräte an **Rohstoffen (Ressourcen) schienen unendlich**.

Die zunehmende Industrialisierung und das ungebremste Bevölkerungswachstum belasten das ökologische System inzwischen so stark, dass die **Selbstreinigungskräfte der Natur nicht mehr ausreichen**, um das ökologische Gleichgewicht zu erhalten. Darüber hinaus weiß man, dass die natürlichen **Ressourcen der Erde nur noch für begrenzte Zeit ausreichen**.

Mit den Beziehungen der Menschen zu ihrer Umwelt befasst sich die **Ökologie**, deren Ziel es ist, die Belastungen der Umwelt zu mindern oder gänzlich zu vermeiden (nachhaltiges Wirtschaften).

Wenn sich private Haushalte wie Unternehmen bei allen wirtschaftlichen Tätigkeiten so verhalten, dass die Umwelt so wenig wie möglich belastet wird, handeln sie nach dem **ökologischen Prinzip (Prinzip der Nachhaltigkeit)**.

Beim Handeln nach dem ökologischen Prinzip sind **folgende Möglichkeiten** denkbar:

- **Sparsamer Verbrauch von Rohstoffen und Energie**

  Beispiel Frau Primus denkt über die Anschaffung einer Windenergieanlage nach. Sie weiß aus dem Jahresbericht der Industrie- und Handelskammer Duisburg, dass im Kammerbezirk 172 Windenergieanlagen in Betrieb sind. Diese erzeugen ohne Verbrauch von Rohstoffen etwa 50 Megawatt, das ist der Jahresbedarf von 20500 Einfamilienhäusern.

- **Aufarbeitung gebrauchter Rohstoffe (Recycling)**

  Beispiel Die Primus GmbH gibt ihren Kunden eine Rücknahmegarantie für von ihr gelieferte Verpackungen. Die so zurückgewonnenen Rohstoffe werden bei der Herstellung neuer Verpackungen verwendet.

- **Herstellung umweltfreundlicher Produkte**

  Beispiel Die Primus GmbH plant mit dem Arbeitssessel „Ergo-design-natur“ einen Bürostuhl anzubieten, der ausschließlich aus umweltverträglichen Rohstoffen gefertigt ist.

- **Anwendung umweltfreundlicher Produktionstechniken**

  Beispiel Die Lackiererei der Primus GmbH für Büromöbel, wurde auf wasserlösliche Lacke umgestellt, die keine umweltschädlichen Lösungsmittel enthalten.

Das soziale Prinzip

Zu den sozialen Kriterien zählen u. a. **faire Produktions- und Arbeitsbedingungen**. Insbesondere in wirtschaftlich schwachen Ländern nutzen Konzerne die niedrigen Lohnkosten, um kostengünstig Produkte herstellen zu können. Dabei vernachlässigen diese Unternehmen häufig faire Arbeitsbedingungen für die Arbeitnehmer, zudem erhalten die Arbeitnehmer oft nur eine geringe Entlohnung.

> „Dauerhafte (nachhaltige) Entwicklung ist Entwicklung, die die Bedürfnisse der Gegenwart befriedigt, ohne zu riskieren, dass künftige Generationen ihre eigenen Bedürfnisse nicht befriedigen können.“[1] (Brundtland-Kommission für Umwelt und Entwicklung)

Es wird aus dieser Annahme weltweit ein Zielsystem mit den Dimensionen Ökonomie, Ökologie und soziale Aspekte entwickelt.

Ökonomie	Ökologie	soziale Aspekte
Produktion von Gütern und Dienstleistungen zur Versorgung und Wohlstandsschaffung in der jetzigen und den nachfolgenden Generationen.	Nachhaltiges Wirtschaften zur Bewahrung der natürlichen Umwelt – Entnahme von erneuerbaren Ressourcen, nur soweit sie sich regenerieren – Entnahme nicht erneuerbarer Ressourcen, nur soweit Alternativen zu ihrer Nutzung bereitstehen.	Gerechte Verteilung der Güter und Dienstleistungen zur Versorgung und Wohlstandsschaffung auf die jetzige und die nachfolgenden Generationen

Das Spannungsverhältnis zwischen Ökonomie und Ökologie

Zwischen Ökonomie und Ökologie kann es zu Zielkonflikten kommen. Dies ist immer dann der Fall, wenn ökologisch sinnvolle Entscheidungen mit **höheren Kosten** für das einzelne Unternehmen oder den privaten Haushalt verbunden sind.

Beispiel Frau Primus erfährt vom Energieberater der Rheinisch-Westfälischen Elektrizitätswerke (RWE), dass der Gestehungspreis für ein Kilowatt Windenergie-Strom um 0,024 € über dem Durchschnittspreis für Tarifkunden der RWE liegt.

[1] Quelle: Hauff, Volker (Hrsg.): Brundtland Bericht, 1987. In: Lexikon der Nachhaltigkeit, Aachen, 13.11.2015. https://www.nachhaltigkeit.info/artikel/brundtland_report_563.htm [17.01.2022].

Da Unternehmen und Haushalte sich oft am kurzfristigen Erfolg wirtschaftlichen Handelns orientieren, greift hier der **Staat** regelnd ein. Dabei sind folgende staatliche Maßnahmen im Sinne der **Umweltpolitik** denkbar:

- Beeinflussung der öffentlichen Meinung durch **Aufklärung und Erziehung**

  Beispiele
  - Die Stadt Duisburg schafft ein Schadstoffmobil an, das kostenlos Sondermüll der privaten Haushalte abholt.
  - Der Bundesumweltminister gibt eine Broschüre zum Thema „Windenergie“ heraus.

- Gewährung von **Subventionen** für ökologisch sinnvolle Maßnahmen

  Beispiele
  - Frau Primus erfährt, dass der Bund im Rahmen des Windenergie-Förderprogramms selbst erzeugten Strom mit 0,03 € je Kilowattstunde subventioniert.
  - Das Land Nordrhein-Westfalen zahlt beim Einbau isolierverglaster Fenster einen Zuschuss.

- Erhebung von **Steuern und Abgaben** für die Verursacher von Umweltbelastungen

  Beispiel Die Höhe der KFZ-Steuer ergibt sich aus dem Hubraum und der CO_2-Emission. Der CO_2-Ausstoss wird künftig durch das sog. WLTP-Verfahren („Worldwide Harmonized Light-Duty Vehicles Test Procedure“) ermittelt, das von realistischen Verbrauchswerten ausgeht.

- **Gesetze und Verordnungen** zum Umweltschutz

  Beispiel **§ 1 Bundes-Immissionsschutzgesetz**: Zweck dieses Gesetzes ist es Menschen, Tiere und Pflanzen, den Boden, das Wasser, die Atmosphäre sowie Kultur- und sonstige Sachgüter vor schädlichen Umwelteinwirkungen und, soweit es sich um genehmigungsbedürftige Anlagen handelt, auch vor Gefahren, erheblichen Nachteilen und erheblichen Belästigungen, die auf andere Weise herbeigeführt werden, zu schützen und dem Entstehen schädlicher Umwelteinwirkungen vorzubeugen.

Wirtschaftsprinzipien

Die grundsätzliche Zielsetzung der Unternehmen in einer Volkswirtschaft richtet sich zunächst nach der Aufgabe, die diese zu erfüllen haben.

- In **erwerbswirtschaftlichen Betrieben** wird Kapital investiert, um **Gewinn** zu erwirtschaften. Die Aussicht auf Gewinn veranlasst den Unternehmer, sein Kapital in dem Bereich einzusetzen, in dem er die höchste Verzinsung (Rentabilität) erwartet. So lenkt der erwartete Gewinn das Kapital in den rentabelsten Bereich und wirkt als „Motor der Wirtschaft“.

  Beispiel Die Primus GmbH investiert in eine neue Produktionsanlage für die Herstellung des Bürostuhls „Ergo-design-natur“, da sie durch den Absatz eines ökologisch vertretbaren Produkts maximale Gewinne erwartet.

- In **gemeinwirtschaftlichen Betrieben** steht nicht die Gewinnerzielung, sondern die bestmögliche **Versorgung der Bevölkerung** mit Waren und Dienstleistungen im Vordergrund. Man unterscheidet hier zwischen **Kostendeckungsbetrieben** und **Zuschussbetrieben**.

  Beispiele Stadtwerke (Kostendeckungsbetriebe), Krankenhäuser, Theater (Zuschussbetriebe)

Zusammenfassung: Notwendigkeit wirtschaftlichen Handelns beachten

- **Das ökonomische Prinzip**

Wünsche sind **unbegrenzt** — **Güter** sind **knapp**

Zwang zum Wirtschaften

mit gegebenen Mitteln einen maximalen Erfolg erzielen → **Maximalprinzip**

ein gegebenes Ziel mit minimalen Mitteln erreichen → **Minimalprinzip**

- **Das ökologische Prinzip**

Ökonomie ↔ **Ökologie**

Ökonomie: Kosten und Gewinnorientierung

Staat: greift im Rahmen der Umweltpolitik regelnd ein

Ökologie: Umweltorientierung

- **Das soziale Prinzip**
  gerechte Verteilung der Güter und Dienstleistungen in einer Volkswirtschaft

- **Wirtschaftsprinzipien**

erwerbswirtschaftliches Prinzip ↔ **gemeinwirtschaftliches Prinzip**

erwerbswirtschaftliches Prinzip: maximaler Gewinn

gemeinwirtschaftliches Prinzip: bestmögliche Versorgung der Bevölkerung

Aufgaben

1. *Stellen Sie fest, nach welchen Grundsätzen in den folgenden Fällen gehandelt wird:*
   a) Die wirtschaftlichen Entscheidungen im Haushalt werden so getroffen, dass der größtmögliche Nutzen für die Familie erreicht wird.
   b) Ein festgelegtes Produktionsziel soll mit möglichst geringem Materialeinsatz erreicht werden.
   c) Ein Schüler versucht eine bestimmte Blu-ray-Disc so günstig wie möglich zu kaufen.
   d) Eine Hausfrau versucht durch Preisvergleich den Lebensmittelbedarf der Familie so preiswert wie möglich zu decken.
   e) Ein Unternehmer versucht das festgelegte Umsatzziel mit minimalen Gesamtkosten zu verwirklichen.
   f) Ein Schüler versucht mit möglichst geringem Einsatz die Versetzung zu erreichen.
   g) Ein Unternehmer möchte mit dem vorhandenen Personal den größtmöglichen Umsatz erzielen.

2. *Petra möchte am Wochenende mit dem Auto in die Niederlande fahren.*
   a) Erläutern Sie anhand der Kriterien Kilometerleistung und Benzinverbrauch das Maximal- und das Minimalprinzip.
   b) Diskutieren Sie, wie Petra sich verhalten sollte, wenn sie nach dem ökologischen Prinzip handeln will.

3. *In einer Sitzung der Geschäftsleitung der Primus GmbH soll über die Anschaffung einer Windenergieanlage entschieden werden. Frau Primus plant, 20 % des Jahresstromverbrauchs von 25 000 kWh durch Windenergie zu erzeugen.*
   a) Bereiten Sie eine Gegenüberstellung der Kosten vor (vgl. Beispiele auf S. 420).
   b) Bilden Sie zwei Gruppen. Eine Gruppe stellt die Argumente zusammen, die für die Anschaffung der Windenergieanlage sprechen, die andere Gruppe die Argumente gegen eine Anschaffung. Führen Sie in einem Rollenspiel das Gespräch der Befürworter und Gegner der Windenergieanlage.

4. *a) Überprüfen Sie Ihren Arbeitsplatz im Betrieb auf umweltschädliche Arbeitsmittel.*
   b) Machen Sie Vorschläge, welche Arbeitsmittel gegen ökologisch sinnvolle ausgetauscht werden können.
   c) Stellen Sie fest, wo ökologisch ratsame Änderungen zu Konflikten mit der Ökonomie führen können.

5. *Ermitteln Sie die Preise für Güter des täglichen Bedarfs. Stellen Sie in einer Liste die Preise für das preiswerteste und das ökologisch sinnvollste Gut gegenüber.*
   a) Überprüfen Sie, wo es zu Zielkonflikten zwischen Ökologie und Ökonomie kommt.
   b) Stellen Sie für sich persönlich fest, in welchen Fällen Sie trotz höherer Preise das ökologisch sinnvollste Gut wählen würden.

6. *Erläutern Sie anhand von Beispielen Kostendeckungs- und Zuschussbetriebe.*

2 Rechtsnormen und deren Wirkung im Zusammenhang mit Einkaufsprozessen bestimmen

2.1 Rechtsgeschäfte, Willenserklärungen und Vertragsarten erläutern

Handlungssituation

Die Primus GmbH benötigt zur Erweiterung ihrer Lagerkapazitäten zusätzliche Lagerfläche. Bei Durchsicht der Rubrik „Mietangebote für gewerbliche Lagerräume“ in der Rheinischen Post findet Svenja Braun, die Assistentin der Geschäftsleitung, eine Anzeige. Aus Sorge, dass ihr ein anderer Mieter zuvorkommen könnte, teilt sie dem Vermieter Klaus Lage nach Besichtigung des Lagerraums telefonisch mit, dass die Primus GmbH den Lagerraum zu den vereinbarten Konditionen mieten möchte. Einen Tag später wird der Mietvertrag mit einer Laufzeit von fünf Jahren unterschrieben, wobei eine Miete von 6.500,00 € pro Monat vereinbart wird. Zwei Tage später erhält Frau Braun von einem Immobilienmakler ein wesentlich günstigeres Angebot. Umgehend schreibt sie dem Vermieter Lage, dass sie kein Interesse mehr an dem Lagerraum habe, da ihr ein wesentlich günstigeres Angebot eines anderen Vermieters vorliege. Der Vermieter besteht aber auf der Einhaltung des Mietvertrags.

Arbeitsaufträge

- *Beschreiben Sie, welches Problem sich für die Beteiligten aus der beschriebenen Situation ergibt.*
- *Überprüfen Sie, ob die Primus GmbH vom Mietvertrag zurücktreten kann, um das günstigere Angebot anzunehmen.*
- *Erläutern Sie, welche Art von Rechtsgeschäften und welche Vertragsart dem Ausgangsfall zugeordnet werden kann.*

Willenserklärungen und Rechtsgeschäfte

Rechtsgeschäfte, z. B. Mietverträge, kommen durch Willenserklärungen einer oder mehrerer Personen zustande. Unter einer **Willenserklärung** versteht man die rechtlich wirksame Äußerung einer geschäftsfähigen Person, durch welche bewusst eine Rechtsfolge herbeigeführt werden soll.

Beispiel

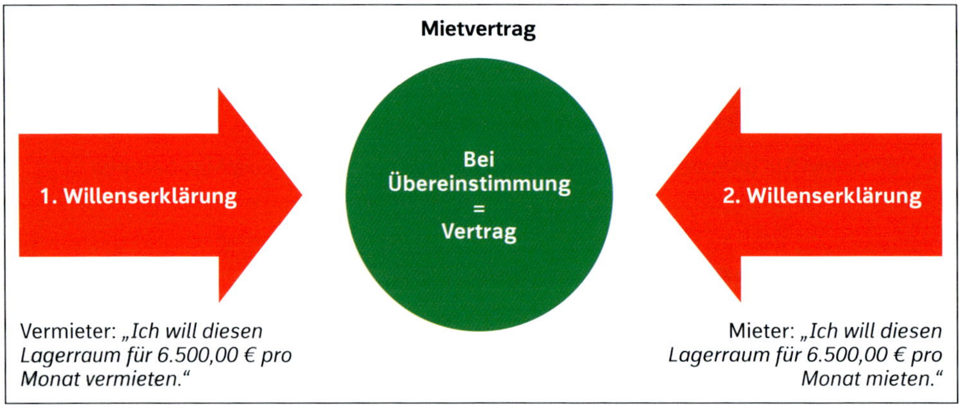

Willenserklärungen können

- schriftlich,
- mündlich oder
- durch bloßes schlüssiges Handeln abgegeben werden.

  Beispiel Kauf einer Zeitung am Kiosk, ohne dass Käufer und Verkäufer miteinander reden

Arten von Rechtsgeschäften

Man unterscheidet einseitige, zwei- oder mehrseitige **Rechtsgeschäfte**.

- Bei den einseitigen **Rechtsgeschäften** ist die Willenserklärung **einer** Person erforderlich.

  Beispiele Abfassung eines Testaments, Mahnung, Kündigung eines Arbeitsvertrags

- **Einseitige Rechtsgeschäfte** können empfangsbedürftig oder nicht empfangsbedürftig sein. Zu den **nicht empfangsbedürftigen Rechtsgeschäften** zählen die Aufgabe eines Eigentumsanspruchs und das Testament, d.h., die Willenserklärung einer Person ist hier gültig, ohne dass sie einer anderen Person zugegangen sein muss.

Beispiel Als beim Tennisschläger von Andreas Dick mehrere Saiten reißen, lässt er den Schläger in einem Mülleimer auf dem Tennisplatz zurück. Heinz, der dies sieht, nimmt den Tennisschläger an sich und lässt ihn neu bespannen. Später sieht Andreas den reparierten Schläger und wirft Heinz vor, er habe sich sein Eigentum angeeignet. Er verlangt den Schläger zurück. Heinz lehnt dieses ab, da Andreas in dem Moment seinen Eigentumsanspruch an dem Schläger aufgegeben hat, als er ihn in den Mülleimer geworfen hat.

- Zu den **empfangsbedürftigen Rechtsgeschäften** zählen die Kündigung eines Arbeitsvertrags, die Anfechtung und die Mahnung. Die Willenserklärung wird erst dann wirksam, wenn sie einer anderen Person zugeht.

Beispiel Eine Auszubildende möchte innerhalb der Probezeit ihren Ausbildungsvertrag bei der Primus GmbH kündigen. Sie muss dafür Sorge tragen, dass ihrem Arbeitgeber die Kündigung auch tatsächlich zugeht, da es sich um ein empfangsbedürftiges Rechtsgeschäft handelt. Es empfiehlt sich, die Kündigung per Einschreiben zu versenden.

- **Zwei- oder mehrseitige Rechtsgeschäfte (= Verträge)**, bei denen die Willenserklärungen zweier oder mehrerer Personen erforderlich sind, werden nur durch **übereinstimmende Willenserklärungen** aller beteiligten Personen rechtswirksam (§ 151 BGB).

Alle Verträge haben gemeinsam, dass sie durch **Antrag und Annahme** zustande kommen. Die zuerst abgegebene Willenserklärung heißt Antrag, wobei sie von jedem Vertragspartner ausgehen kann. Die zustimmende Willenserklärung nennt man Annahme. Im Vertragsrecht gilt der **Grundsatz: Verträge müssen eingehalten werden**.

- **Folgende zweiseitigen Rechtsgeschäfte** (= Verträge), die im Wirtschaftsleben eine wichtige Rolle spielen, können unterschieden werden:

Vertragsart	Vertragsgegenstand	Beispiele aus der Praxis	Gesetzliche Regelung §§
Kaufvertrag	entgeltliche Veräußerung und Kauf von Sachen und Rechten (vgl. S. 495)	Die Primus GmbH verkauft an die Stadtverwaltung Duisburg 20 Schreibtische.	BGB §§ 433–514
Mietvertrag	entgeltliche Überlassung von Sachen zum Gebrauch (vgl. S. 458)	Die Primus GmbH mietet Büroräume.	BGB §§ 535–580
Leasingvertrag	Mietvertrag, bei dem Leasingnehmer oft Kaufoption hat	Die Primus GmbH least einen Farbkopierer von einem Büromaschinenhersteller.	BGB § 535 ff.
Leihvertrag	unentgeltliche Überlassung von beweglichen Sachen oder Grundstücken zum Gebrauch; Rückgabe derselben Sachen	Die Primus GmbH überlässt für zwei Wochen einem Großhändler einen Verpackungsbehälter.	BGB §§ 598–605

LF 9

Vertragsart	Vertragsgegenstand	Beispiele aus der Praxis	Gesetzliche Regelung §§
Pachtvertrag	entgeltliche Überlassung von Sachen zum Gebrauch und Fruchtgenuss	Die Primus GmbH pachtet ein Grundstück für die Abstellung des betriebseigenen Fuhrparks. Die sich auf dem Grundstück befindlichen Obstbäume dürfen von der Primus GmbH abgeerntet werden.	BGB §§ 581–597
Darlehensvertrag (Kreditvertrag)	entgeltliche oder unentgeltliche Überlassung von (vertretbaren, vgl. S. 469) Sachen zum Verbrauch; Rückgabe gleichartiger Sachen	– Die Primus GmbH nimmt gegen Zahlung von 9 % Zinsen ein Darlehen für ein Jahr bei der Bank auf. – Sonja Primus „leiht“ sich bei ihrer Nachbarin zum Backen vier Eier. Am nächsten Tag bringt sie vier andere Eier zurück.	BGB §§ 607–610
Reisevertrag	Reiseveranstalter muss dem Reisenden als Leistung eine Reise erbringen.	Svenja Braun bucht bei einem Reiseveranstalter eine 14-tägige Reise nach Mallorca.	BGB § 651 a–k
Arbeitsvertrag	entgeltliche Leistung von Arbeitnehmern	Die Primus GmbH stellt einen neuen Mitarbeiter für das Rechnungswesen ein.	BGB §§ 611–630
Dienstvertrag	entgeltliche Leistung von Diensten	Die Primus GmbH nimmt die Leistung eines Rechtsanwalts in Anspruch, um gegen einen Kunden auf Zahlung des Kaufpreises zu klagen.	BGB § 611
Berufsausbildungsvertrag	Ausbildung in einem anerkannten Ausbildungsberuf (vgl. S. 31)	Die Primus GmbH stellt eine Auszubildende für die Ausbildung zum Kaufmann/zur Kauffrau für Büromanagement ein.	BBiG §§ 4–70
Werkvertrag	Herstellung eines Werkes (= versprochener Erfolg) gegen Vergütung, zu dem der Besteller das Material liefert	Die Primus GmbH stellt einen Spezialschreibtischstuhl (= versprochener Erfolg) her, zu dem der Käufer den Lederbezugsstoff liefert.	BGB §§ 631–650
Beförderungsvertrag	Werkvertrag mit der Verpflichtung, eine Beförderungsleistung zu erbringen	Die Primus GmbH beauftragt einen Frachtführer mit der Lieferung von Büromöbeln an einen Kunden.	BGB § 631 HGB § 460
Werklieferungsvertrag[1]	Herstellung eines Werkes gegen Vergütung, zu dem der Hersteller das Material liefert	Die Primus GmbH stellt Schreibtischstühle aus den von ihr beschafften Materialien her.	BGB § 651

[1] *Der Begriff „Werklieferungsvertrag“ wird im § 651 BGB nicht mehr genannt, wird aber hier weiter verwendet, da sich inhaltlich nichts geändert hat.*

Vertragsart	Vertragsgegenstand	Beispiele aus der Praxis	Gesetzliche Regelung §§
Versicherungsvertrag	Ersatz des Vermögensschadens bzw. Zahlung eines vereinbarten Betrags oder einer Rente nach Eintritt des Versicherungsfalls gegen vorherige Prämienzahlung	Die Primus GmbH versichert das Verwaltungsgebäude gegen Feuer.	1 ff. Gesetz über den Versicherungsvertrag (VVG)
Gesellschaftsvertrag	Regelung der Zusammenarbeit von Gesellschaftern in einem Unternehmen	Die Primus GmbH hat in ihrem Gesellschaftsvertrag die Zuständigkeiten der beiden Gesellschafter Primus und Müller geregelt (vgl. S. 14).	BGB §§ 705–740 AktG § 16 GmbHG § 2 usw.
Schenkungsvertrag	unentgeltliche Zuwendung aus dem Vermögen des Schenkers zur Bereicherung des Beschenkten	Geschäftsführer Müller schenkt dem Kinderheim in Duisburg sechs Bürostühle.	BGB § 516 ff.

Zusammenfassung: Rechtsgeschäfte, Willenserklärungen und Vertragsarten erläutern

Rechtsgeschäfte

einseitige (Willenserklärung einer Person)

- Kündigung
- Mahnung
- Anfechtung

} **empfangsbedürftig**

- Aufgabe eines Eigentumsanspruchs
- Testament

} **nicht empfangsbedürftig**

zwei- oder mehrseitige (Übereinstimmende Willenserklärung von zwei oder mehr Personen)

alle Verträge
- Kaufvertrag
- Mietvertrag
- Leihvertrag
- Leasingvertrag
- Pachtvertrag
- Darlehensvertrag
- Reisevertrag
- Gesellschaftsvertrag
- Beförderungsvertrag
- Schenkungsvertrag
- Arbeitsvertrag
- Dienstvertrag
- Berufsausbildungsvertrag
- Werkvertrag
- Werklieferungsvertrag
- Versicherungsvertrag

- **Rechtsgeschäfte** kommen durch Willenserklärungen zustande.
- **Willenserklärungen** können schriftlich, mündlich und stillschweigend durch schlüssiges Handeln abgegeben werden.
- **Zweiseitige Rechtsgeschäfte** (= **Verträge**) kommen durch übereinstimmende Willenserklärungen von zwei oder mehr Personen zustande (**Antrag und Annahme**).

Aufgaben

1. *Informieren Sie sich in Ihren Ausbildungsbetrieb bei einem Mitarbeiter, welche Arten von Rechtsgeschäften bei ihm regelmäßig zustande kommen. Stellen Sie der Klasse vier Beispiele aus Ihrem Betrieb vor.*

2. *Beschreiben Sie am Beispiel der Bestellung von Kopierpapier beim Lieferanten Latex AG durch die Primus GmbH, wie ein Vertrag zustande kommt.*

3. *Beurteilen Sie folgende Fälle danach, um welche Vertragsarten es sich handelt:*
   a) Herr Patt leiht sich in einer Mediathek für einen Tag eine Blu-ray-Disc für 2,00 € aus.
   b) Ein Tischler verarbeitet im Sozialraum der Angestellten der Primus GmbH Spanplatten für ein Regal. Die Platten stammen aus den Lagerbeständen der Primus GmbH.
   c) Eine Textilfirma produziert für die Lagerarbeiter der Primus GmbH Latzhosen und stellt den Stoff zur Verfügung.
   d) Die Auszubildende Petra Jäger erwirbt am Kiosk die neueste Ausgabe der Zeitschrift „In or out".

4. *Ordnen Sie der jeweiligen Vertragsart die richtige Definition zu.*

Kaufvertrag	Leihvertrag	Werkvertrag	Mietvertrag	Pachtvertrag

   a) Unentgeltliche Überlassung von Sachen zum Gebrauch, Rückgabe der entliehenen Sache nach Ablauf der Leihzeit
   b) Entgeltliche Überlassung von Sachen zum Gebrauch und zur Nutzung der Erträge daraus
   c) Entgeltliche Veräußerung von Sachen und Rechten
   d) Entgeltliche Herstellung eines Werkes, zu dem der Kunde das Material liefert
   e) Entgeltliche Überlassung von Sachen zum Gebrauch

5. *Entscheiden Sie für die Fälle, ob es sich um ein einseitiges (1) oder zweiseitiges Rechtsgeschäft (2) handelt.*
   a) Herr Mut verfasst sein Testament und hinterlegt es beim Rechtsanwalt.
   b) Frau Primus kündigt einer Mitarbeiterin der Primus GmbH.
   c) Herr Müller kauft sich beim Autohändler ein neues Cabriolet.
   d) Ein 19-jähriger Auszubildender nimmt bei der Bank ein Darlehen auf.

6. *Formulieren Sie je ein Beispiel aus Ihrer betrieblichen Praxis für die Abgabe einer schriftlichen, mündlichen oder stillschweigenden Willenserklärung.*

7. *Ordnen Sie folgende Fälle der richtigen Vertragsart zu:*
   a) Die Primus GmbH beauftragt einen Tischler aus betriebseigenen Holzbeständen ein neues Regal in der Kantine zu bauen.
   b) Andreas Dick kauft sich am Schulkiosk zwei belegte Brötchen.
   c) Ein Hersteller für Sicherheitskleidung produziert für die Lagerarbeiter der Primus GmbH neue Sicherheitsjacken aus eigenem Spezialmaterial.
   d) Der Förster Kevin Hirsch leiht sich für 10,00 € beim Baumarkt für einen Tag eine Motorsäge.

8. *Nennen Sie je zwei Beispiele für empfangsbedürftige und nicht empfangsbedürftige Rechtsgeschäfte.*

9. *Begründen Sie, warum das Testament zu den nicht empfangsbedürftigen Rechtsgeschäften zählt.*

2.2 Rechtssubjekte unterscheiden

Handlungssituation

Die 15-jährige Petra Kurscheid erhält von ihren Eltern im Monat 50,00 € Taschengeld. In der Verkaufsboutique der Primus GmbH, in der Endverbraucher einmal pro Woche Waren kaufen können, schließt sie einen Kaufvertrag für einen Schreibtischstuhl über 350,00 € ab. Petra zahlt den Kaufbetrag von ihrem gesparten Taschengeld. Als ihre Eltern von dem Kaufvertrag erfahren, widerrufen sie bei der Primus GmbH den Vertrag mit der Begründung, dass ihre Tochter noch nicht voll geschäftsfähig sei und folglich auch keine rechtswirksame Willenserklärung abgeben könne.

Arbeitsaufträge

- *Stellen Sie fest, welche Stufen der Geschäftsfähigkeit unterschieden werden.*
- *Überprüfen Sie, ob die Primus GmbH den Kaufpreis nach Rückgabe des Schreibtischstuhls herausgeben muss.*
- *Unterscheiden Sie natürliche und juristische Personen.*

Rechtssubjekte im rechtlichen Sinne sind Personen. Das Recht unterscheidet natürliche und juristische Personen.

■ Natürliche Personen

Alle Menschen sind natürliche Personen im Sinne des § 1 BGB. Sie sind rechtsfähig und – abgesehen von Ausnahmen – mit dem Erreichen bestimmter Altersstufen unbeschränkt oder beschränkt geschäftsfähig.

Rechtsfähigkeit

Rechtsfähigkeit ist die **Fähigkeit von Personen, Träger von Rechten und Pflichten zu sein**.

Beispiele Recht, ein Vermögen zu erben; Pflicht, Steuern zu zahlen

Alle **natürlichen Personen** sind mit Vollendung der Geburt bis zum Tod (§ 1 BGB) rechtsfähig.

Geschäftsfähigkeit

Geschäftsfähigkeit ist die **Fähigkeit von Personen, Rechtsgeschäfte wirksam abschließen** zu können, somit Rechte zu erwerben und Pflichten einzugehen. Der Gesetzgeber hat wegen der unterschiedlichen Einsichtsfähigkeit in die Rechtsfolgen von Willenserklärungen drei Stufen der Geschäftsfähigkeit vorgesehen.

- **Geschäftsunfähig** (§ 104 BGB) sind:
  - alle natürlichen Personen unter sieben Jahren
  - Personen mit andauernder krankhafter Störung der Geistestätigkeit

  Die Willenserklärungen geschäftsunfähiger Personen sind **unwirksam** (**nichtig**, vgl. S. 470), folglich kann ein Geschäftsunfähiger auch keine rechtswirksamen Verpflichtungen eingehen. Für die Geschäftsunfähigen handelt ein gesetzlicher Vertreter (bei Kindern unter sieben Jahren meistens die Eltern, für alle anderen ein Betreuer; vgl. S. 459).

  Beispiele
  - Ein fünfjähriges Mädchen „kauft" eine Tüte Bonbons.
  - Der 20-jährige Edmund, der geistig behindert ist, „kauft" eine Bluray-Disc.

  In beiden Fällen ist kein Vertrag zustande gekommen.

  Geschäftsunfähige können im Auftrag des gesetzlichen Vertreters für diesen Geschäfte als Bote wirksam abschließen, der Bote ist in diesem Fall Erfüllungsgehilfe des Auftraggebers.

  Beispiel Der sechsjährige Klaus wird von seiner Mutter zum Bäcker geschickt, um 20 Brötchen zu kaufen. Die Mutter gibt Klaus abgezähltes Geld mit. Da Klaus im Auftrag der Mutter als Bote handelt, kommt zwischen der Mutter und dem Bäcker ein Kaufvertrag über 20 Brötchen zustande.

- **Beschränkt geschäftsfähig** (§ 106 BGB) sind alle Personen vom vollendeten 7. bis zum vollendeten 18. Lebensjahr.

  Beschränkt Geschäftsfähige können Rechtsgeschäfte mit Einwilligung des gesetzlichen Vertreters abschließen. Ihre Rechtsgeschäfte sind bis zur Zustimmung des gesetzlichen Vertreters **schwebend unwirksam**, d. h., ein von einem beschränkt Geschäftsfähigen abgeschlossener Vertrag wird erst durch die nachträgliche Genehmigung des gesetzlichen Vertreters, die auch stillschweigend erfolgen kann, rechtskräftig. Wenn der gesetzliche Vertreter die ausdrückliche Zustimmung verweigert, ist der Vertrag nichtig (§ 108 BGB).

  Beispiel Die 16-jährige Angelika kauft sich einen Tablet-PC, ohne dass sie ihre Eltern um Erlaubnis gefragt hat. Als die Eltern vom Kauf des Tablet-PCs erfahren, erheben sie keine Einwände. Somit ist der Kaufvertrag durch die stillschweigende Billigung der Eltern zustande gekommen.

  Die **Zustimmung des gesetzlichen Vertreters ist in folgenden Fällen nicht erforderlich**: Der beschränkt Geschäftsfähige

  - **bestreitet den Kauf mit Mitteln, die ihm vom gesetzlichen Vertreter zur freien Verfügung überlassen worden sind**, wobei man von einem normalerweise üblichen, dem

Alter entsprechenden Geldbetrag auszugehen hat (**Bewirkung der Leistung mit eigenen Mitteln**, § 110 BGB)

Beispiele
- Die 15-jährige Julia kauft von ihrem Taschengeld die neue Blu-ray-Disc einer Hardrockgruppe. Die Eltern sind von diesem Kauf nicht begeistert. Der Kaufvertrag ist zustande gekommen, auch wenn die Eltern nicht einverstanden sind.
- Der 17-jährige Peter kauft von seinem Taschengeld ein gebrauchtes Mofa. Da sich aus dem Kauf des Mofas für Peter eine Reihe von Pflichten ergeben (Versicherung, Kraftstoff usw.), ist hier die Zustimmung der Eltern für das Zustandekommen des Kaufvertrags erforderlich.

- erlangt durch das Rechtsgeschäft nur **einen rechtlichen Vorteil** (§ 107 BGB)

Beispiel Der 13-jährige Frank erhält von seiner Tante ein Geldgeschenk über 3.000,00 €. Die Eltern von Frank lehnen dieses Geschenk der Tante ab, weil sie seit Jahren mit der Tante zerstritten sind. Frank kann das Geld auch gegen den Willen der Eltern annehmen.

- schließt **Geschäfte im Rahmen eines Arbeits- oder Dienstverhältnisses** ab, das der gesetzliche Vertreter genehmigt hat (§ 113 BGB)

Beispiel Die 17-jährige Diana Schmitz ist noch Schülerin und schließt mit Einwilligung der Eltern für die Sommerferien einen Arbeitsvertrag über vier Wochen mit der Primus GmbH ab. Diana darf jetzt ohne Zustimmung der gesetzlichen Vertreter Arbeitskleidung kaufen oder ein Gehaltskonto bei einem Geldinstitut eröffnen, da sie zur Erfüllung aller sich aus dem Arbeitsverhältnis ergebenden Verpflichtungen ermächtigt worden ist. Nach dem Gesetz gilt diese Regelung nicht für Ausbildungsverhältnisse.

Praxistipp

Einen Richtwert für die übliche Höhe des Taschengeldes erfahren Sie bei den Jugendämtern.

- **Unbeschränkt geschäftsfähig** sind **alle natürlichen Personen ab 18 Jahren**, sofern sie nicht zum Personenkreis der Geschäftsunfähigen gehören.

  Für volljährige Personen kann vom Familiengericht ein sog. **Betreuer** bestellt werden (§ 1896 BGB). **Voraussetzungen** für die Bestellung des Betreuers sind

  - Vorliegen einer psychischen Krankheit oder einer körperlichen, geistigen oder seelischen Behinderung **und**
  - Unfähigkeit zur Besorgung eigener Angelegenheiten **und**
  - Notwendigkeit einer Betreuung.

  Der Betreuer ist gesetzlicher Vertreter des Betreuten.

  - Der Betreute ist im Regelfall voll geschäftsfähig, d. h., er ist **ohne Einwilligungsvorbehalt** des Betreuers zur Abgabe rechtswirksamer Willenserklärungen berechtigt.

  Beispiel Der 54-jährige Michael Lenz hat einen Schlaganfall erlitten, wodurch er halbseitig gelähmt und dauernd bettlägrig ist. Hieraus ergibt sich die Notwendigkeit der Betreuung. Das Familiengericht bestellt einen Betreuer, der für Herrn Lenz rechtswirksam Willenserklärungen abschließen kann.

- Wenn es für die Abwendung einer erheblichen Gefahr für die Person oder das Vermögen des Betreuten erforderlich ist, kann das Familiengericht anordnen, dass die Willenserklärungen des Betreuten der Einwilligung des Betreuers bedürfen **(Einwilligungsvorbehalt)**. In diesem Fall hat der Betreute den **Status eines beschränkt Geschäftsfähigen**.

  Beispiel Der 35-jährige Dieter ist aufgrund jahrelangen übermäßigen Alkoholkonsums und der sich daraus ergebenden Verwirrtheit nicht mehr in der Lage, mit dem ihm zur Verfügung stehenden Geld umzugehen. Sobald er Bargeld in Händen hält, verschenkt er dieses an zufällig vorbeigehende Passanten. Er erhält vom Familiengericht einen Betreuer und darf Rechtsgeschäfte nur noch mit Einwilligung des Betreuers abschließen.

■ Juristische Personen

Juristische Personen (§ 21 ff. BGB) werden vom Gesetz wie natürliche Personen behandelt. Sie haben volle Handlungsfreiheit, d. h., sie sind rechts- und unbeschränkt geschäftsfähig. Zu den juristischen Personen zählen die juristischen Personen des öffentlichen Rechts und des Privatrechts.

Juristische Personen

des Privatrechts

Beispiele
- LF 9 Gesellschaft mit beschränkter Haftung (GmbH)
- LF 9 Aktiengesellschaft
- eingetragene Genossenschaften
- eingetragene Vereine (e. V.)

des öffentlichen Rechts

Beispiele
- Gemeinden
- Kreise
- Länder
- Bundesrepublik Deutschland
- Industrie- und Handelskammer
- Krankenkassen
- Stiftungen

Bei juristischen Personen beginnt die Rechtsfähigkeit mit der Eintragung in das jeweilige Register (z. B.: Handels-, Vereinsregister) und endet mit Löschung in diesem Register.

Juristische Personen sind immer über ihre Organe (z. B. bei der AG durch Vorstand, bei der
LF 9 GmbH durch **Geschäftsführer**, vgl. S. 14) geschäftsfähig. Sie handeln durch die Organe, die in der Satzung oder in der jeweiligen Rechtsvorschrift festgelegt sind.

Beispiel Bei der Herstadt Warenhaus GmbH handeln die Geschäftsführer, Frau Schmitz und Herr Herstadt, für die GmbH.

Zusammenfassung: Rechtssubjekte unterscheiden

- Rechtssubjekte sind **natürliche** und **juristische** Personen.
- **Rechtsfähigkeit ist die Fähigkeit von Personen, Träger von Rechten und Pflichten zu sein.** Sie beginnt bei natürlichen Personen mit der Geburt und endet mit dem Tod. Bei juristischen Personen beginnt sie mit der Eintragung in ein öffentliches Register und endet mit der Löschung in diesem Register.

Geschäftsfähigkeit

Geschäftsunfähigkeit	Beschränkte Geschäftsfähigkeit	Volle Geschäftsfähigkeit
unter 7 Jahren außerdem – Personen mit andauernder krankhafter Störung der Geistestätigkeit	**7 bis 18 Jahre** außerdem – Betreute mit Einwilligungsvorbehalt	**ab 18 Jahre**
Eigene Willenserklärungen **sind nichtig**.	Eigene Willenserklärungen **sind schwebend unwirksam**, bis gesetzlicher Vertreter zustimmt. Bei Ablehnung durch gesetzlichen Vertreter ist das Rechtsgeschäft nichtig (= ungültig).	Eigene Willenserklärungen **sind rechtsverbindlich**.
Ausnahme: – Auftreten als Bote des gesetzlichen Vertreters, da Botengänge keine eigene Willenserklärung darstellen.	**Ausnahmen:** – Beschränkt Geschäftsfähiger hat rechtlichen Vorteil durch das Rechtsgeschäft (z. B. Schenkung) – Kauf einer Leistung mit eigenen Mitteln – Abschluss von Rechtsgeschäften im Rahmen des Arbeits- oder Dienstverhältnisses	**Ausnahme:** – Personen mit andauernder krankhafter Störung der Geistestätigkeit

Aufgaben

1. *Die 15-jährige Tina bekommt von ihrem Onkel einen Blu-ray-Player geschenkt. Ihre Eltern verbieten ihr die Annahme des Geräts, da sie seit Jahren mit dem Onkel zerstritten sind. Begründen Sie, ob Tinas Eltern ihrer Tochter die Annahme des Geschenks verwehren können.*
2. *Erläutern Sie, warum unter Umständen auch Erwachsene beschränkt geschäftsfähig oder geschäftsunfähig sein können.*
3. *Erklären Sie Rechtsfähigkeit.*
4. *Der sechsjährige Karl kauft ohne Wissen der Eltern im benachbarten Schreibwarengeschäft von seinem Taschengeld ein Malbuch und benutzt dieses. Die Eltern sind mit dem Kauf des Malbuches nicht einverstanden und verlangen vom Einzelhändler die Herausgabe des Kaufpreises. Muss der Einzelhändler unter Beachtung der gesetzlichen Bestimmungen das Buch zurücknehmen und den Kaufpreis erstatten? Nehmen Sie zu den folgenden Aussagen Stellung.*

a) Nein, denn das Buch ist bereits bemalt worden und daher nicht mehr verkäuflich.
b) Nein, mit sechs Jahren ist der Junge beschränkt geschäftsfähig. Er kann im Rahmen des Taschengeldes ohne Einwilligung der Erziehungsberechtigten rechtswirksam Rechtsgeschäfte abschließen.
c) Nein, denn die Eltern hätten im Rahmen ihrer Sorgfaltspflicht verhindern müssen, dass das Kind alleine das Schreibwarengeschäft aufsucht.
d) Ja, denn es ist kein Kaufvertrag abgeschlossen worden.
e) Ja, denn erst ab sieben Jahren ist man geschäftsfähig.
f) Ja, denn Kinder unter sieben Jahren sind noch nicht rechtsfähig.

5. *Die 75-jährige Hermine Bauer hat in ihrem Testament als Alleinerben ihren zehnjährigen Pudel eingesetzt. Begründen Sie, ob man Tieren nach deutschem Recht etwas vererben kann.*

6. *Erläutern Sie, welche Rechtssubjekte unterschieden werden.*

7. *Ein 14-jähriger Junge kauft sich von seinem Taschengeld in einer Tierhandlung einen Hundewelpen. Begründen Sie, ob ein Kaufvertrag zustande gekommen ist.*

8. *Ordnen Sie die folgenden Aussagen zur Geschäftsfähigkeit den unten stehenden Rechtsgeschäften zu.*
1. Trotz beschränkter Geschäftsfähigkeit eines Vertragspartners wirksam
2. Wegen beschränkter Geschäftsfähigkeit eines Vertragspartners schwebend unwirksam
3. Trotz der Geschäftsunfähigkeit eines Kindes wirksam
4. Wegen Geschäftsunfähigkeit eines Vertragspartners unwirksam
a) Der 16-jährige Stefan kauft ohne Wissen seiner Eltern von seinen Ersparnissen ein Mofa für 700,00 €.
b) Der Großvater schenkt seinem zwölfjährigen Enkel ohne Einwilligung der Eltern einen Blu-ray-Player.
c) Die sechsjährige Julia kauft ein Spielzeugauto. Sie zahlt mit dem Geld, das ihr ihre Eltern als Taschengeld überlassen haben.
d) Der sechsjährige Robert kauft am Kiosk mit abgezähltem Geld eine Zeitschrift. Der Verkäufer weiß, dass Robert im Auftrag des Vaters handelt.

2.3 Rechtsobjekte vergleichen

Handlungssituation

Die Auszubildende Nicole Höver verleiht ihr Buch an ihren Klassenkameraden Roland Weiß. Nach einer Woche verlangt Nicole das Buch von ihrem Klassenkameraden zurück, da sie es selbst zur Vorbereitung auf eine Klassenarbeit benötigt. Roland lehnt die Herausgabe des Buches mit der Begründung ab, er sei noch nicht fertig mit den Aufgaben, die er machen wolle, und außerdem habe Nicole bei der Übergabe des Buches keinen Termin für die Rückgabe genannt.

Arbeitsaufträge

- *Stellen Sie fest, ob Nicole die sofortige Herausgabe des Buches verlangen kann.*
- *Erläutern Sie anhand von Beispielen die verschiedenen Arten von Rechtsobjekten.*
- *Überprüfen Sie, worin der Unterschied zwischen Besitz und Eigentum besteht.*

Rechtsobjekte im rechtlichen Sinne sind Sachen und Rechte.

Sachen und Rechte

Als **Rechtsobjekte** bezeichnet man die Gegenstände des Rechtsverkehrs. Hierbei unterscheidet man **körperliche Rechtsobjekte (Sachen)** und **nichtkörperliche Rechtsobjekte (Rechte)**. **Sachen** werden in unbewegliche (Immobilien) und bewegliche (vertretbare und nicht vertretbare Sachen) unterschieden. **Vertretbare Sachen** sind untereinander austauschbar, **nicht vertretbare Sachen** können nicht durch andere ersetzt werden (z. B. ein Originalbild von Picasso). Im Vertragsleben spielt diese Unterscheidung eine große Rolle, weil in Fällen der Unmöglichkeit der Leistung die vertretbare Sache durch eine artgleiche ausgetauscht werden kann.

Tiere sind keine Sachen, sie werden durch besondere Gesetze geschützt, z. B. Tierschutzgesetz.

Rechtsobjekte

Sachen

Unbewegliche Sachen (Immobilien)

Beispiele
- Grundstücke
- Häuser
- Wohnungen

Bewegliche Sachen (Mobilien)

Vertretbare Sachen

durch Zahl, Maß, Gewicht, Größe, usw. bestimmt und durch andere Sachen zu ersetzen

Beispiele
- neue Konsumgüter
- Neuwagen

Nicht vertretbare Sachen

durch individuelle Merkmale bestimmt, können nicht durch andere Sachen ersetzt werden

Beispiele
- gebrauchte Gegenstände
- Originalgemälde
- Maßanfertigung

Rechte

Beispiele
- Besitz
- Eigentum
- Forderungen
- Lizenzen
- Patente
- Konzessionen
- Wegerecht

Praxistipp

Suchen Sie nach Beispielen für Rechtsobjekte in Ihrem Privatbereich.

Besitz und Eigentum als Rechte

Zu den nichtkörperlichen Rechtsobjekten zählen die Rechte Besitz und Eigentum. **Besitz ist die tatsächliche Herrschaft über eine Sache (§ 854 BGB).** Jemand benutzt eine Sache, die ihm nicht gehört. **Eigentum ist die rechtliche Herrschaft über eine Sache.** Dem Eigentümer gehört die Sache, er kann damit nach Belieben verfahren (§ 903 BGB).

Beispiele	Besitzer ist der	Eigentümer ist der
Miete eines Autos	Mieter	Vermieter
Leihe eines Buches	Leiher	Verleiher
Pacht eines Grundstückes	Pächter	Verpächter
Kauf einer Blu-ray-Disc	Käufer	Käufer

Die Eigentumsübertragung ist bei beweglichen und unbeweglichen Sachen unterschiedlich geregelt.

Eigentumsübertragung

bei beweglichen Sachen

z. B. beim Kauf eines Buches (§ 929 BGB)
- durch **Einigung und Übergabe**

bei unbeweglichen Sachen

z. B. Kauf eines Grundstücks (§§ 873, 925 BGB)
- durch **Auflassung** (= Einigung und notarielle Beurkundung des Grundstücksvertrags) **und Eintragung ins Grundbuch**

Beispiel Ein Kunde kauft in der Verkaufsboutique der Primus GmbH ein Holzregal. Der Verkäufer übergibt dem Kunden das zerlegte Regal. Im Moment der Übergabe ist das Eigentum an dem Regal von der Primus GmbH auf den Kunden übergegangen.

Im **Ausnahmefall** kann man auch Eigentümer einer Sache werden, die dem Verkäufer nicht gehört. Voraussetzung ist, dass **der Käufer in gutem Glauben gehandelt hat (§ 932 BGB).** Unter gutgläubig ist zu verstehen, dass man den Verkäufer den Umständen nach für den Eigentümer halten darf.

Beispiel Der Auszubildende Andreas Dick hat seit einem halben Jahr ein Surfbrett von einem Bekannten geliehen.

Andreas bietet seinem Freund Matthias dieses Surfbrett zum Kauf an. Zum Beweis, dass er Eigentümer ist, legt er eine gut gefälschte Kaufquittung vor. Matthias, der nicht wusste, dass das Surfbrett nicht Eigentum von Andreas Dick ist, zahlt den gewünschten Kaufpreis und wird Eigentümer des Surfbrettes, da er in gutem Glauben gehandelt hat.

Ein **Dieb kann niemals Eigentümer einer gestohlenen Sache werden**, sondern nur dessen Besitzer. An gestohlenen Sachen kann grundsätzlich kein Eigentum erworben werden, selbst wenn der Käufer die gestohlene Sache in gutem Glauben gekauft hat. Normalerweise kann also nur der Eigentümer einer Sache das Eigentum auf eine andere Person übertragen.

Jeder hat das Recht, mit seinem Eigentum nach Belieben zu verfahren, solange nicht die Rechte Dritter verletzt werden (Art. 14/1 GG). Nach Art. 14/2 des Grundgesetzes ist das Eigentum dem Allgemeinwohl verpflichtet, d.h., „sein Gebrauch soll zugleich dem Wohle der Allgemeinheit dienen“ **(Sozialbindung des Eigentums)**. Die **soziale Verpflichtung des Eigentums** wird durch eine Vielzahl von gesetzlichen Beschränkungen konkretisiert. So schränken Vorschriften über die Mitbestimmung, des Naturschutzes, des Baurechts und des Nachbarschaftsrechts die Verfügungsmöglichkeiten des privaten Eigentums ein.

Beispiele
- Ein Hauseigentümer vermietet kleine Zimmer mit 8 m^2 zu einem Monatsmietpreis von 600,00 € an ausländische Arbeitnehmer (§ 138 BGB Wucher).
- Der Betriebsrat ist in Betrieben mit mehr als 20 Arbeitnehmern insbesondere bei Einstellung, Umgruppierung, Versetzung und Entlassung von Arbeitnehmern zu beteiligen. Ein Mitbestimmungsrecht in sozialen Angelegenheiten hat er in allen Betrieben bei Festlegung der Arbeitszeit, der Pausen, der Urlaubszeit, von Akkordsätzen usw. (§ 99 ff. BetrVG).
- Früchte, die von einem Baume oder einem Strauche auf ein Nachbargrundstück fallen, gelten als Früchte dieses Grundstücks (§ 911 BGB).

Zusammenfassung: Rechtsobjekte vergleichen

- Zu den Rechtsobjekten zählen **Sachen (Immobilien und Mobilien)** und **Rechte**.

Besitz
(Wer hat eine Sache?)
= tatsächliche

Eigentum
(Wem gehört eine Sache?)
= rechtliche

↓
Herrschaft über eine Sache

- **Tiere** sind im rechtlichen Sinne keine Sachen.
- Die **Eigentumsübertragung** erfolgt bei beweglichen Sachen durch Einigung und Übergabe, bei unbeweglichen Sachen durch Auflassung und Eintragung.
- An gestohlenen Sachen kann man **nie** Eigentum erwerben.

Aufgaben

1. *Erläutern Sie den Unterschied zwischen Besitz und Eigentum.*

2. *Peter kauft von einem guten Bekannten ein gebrauchtes Fahrrad. Nach zwei Wochen wird Peter bei einer Polizeikontrolle darauf aufmerksam gemacht, dass das Fahrrad vor zwei Monaten gestohlen wurde. Peter argumentiert, dass er das Fahrrad in gutem Glauben von seinem Bekannten gekauft hat, er sei damit rechtmäßiger Eigentümer des Fahrrades. Begründen Sie, ob Peter recht hat.*

3. *Erläutern Sie die Eigentumsübertragung bei unbeweglichen Sachen.*

4. *Die Primus GmbH überlässt einem Abteilungsleiter der Stadtverwaltung Duisburg für drei Tage probeweise einen Schreibtischstuhl. Nach drei Tagen ruft der Abteilungsleiter an und teilt der Primus GmbH mit, dass er den Stuhl kaufen wolle, da ihm dieser sehr gut gefalle. Am nächsten Tag zahlt der Abteilungsleiter den geforderten Kaufpreis.*
   a) *Erläutern Sie die Besitz- und Eigentumsverhältnisse am Stuhl bis zum Anruf des Kunden.*
   b) *Beschreiben Sie, wie im obigen Fall die Eigentumsübertragung stattfindet.*
   c) *Erklären Sie, wann der Kunde Eigentümer des Stuhls wird.*

5. *Stellen Sie in den unten stehenden Fällen fest, welche Person*
   a) *nur Eigentümer ist,*
   b) *nur Besitzer ist,*
   c) *Eigentümer und Besitzer ist,*
   d) *weder Eigentümer noch Besitzer ist.*
   1. *Ein Kfz-Händler verkauft im Kundenauftrag einen Pkw an die Auszubildende Nicole Höver.*
   2. *Die Hans Krämer OHG mietet für ein Jahr von einem Büromaschinenhersteller vier Fotokopierer.*
   3. *Eine Kundin kauft in einem Textilfachgeschäft ein Halstuch. Auf dem Nachhauseweg verliert sie das Halstuch, ein Spaziergänger findet es.*
   4. *Ein Kunde kauft in einem Elektrofachmarkt einen Blu-ray-Player, den der Hersteller dem Unternehmen zu Vorführzwecken leihweise überlassen hatte.*
   5. *Eine Industriekauffrau schließt mit ihrem Nachbarn einen nicht notariell beurkundeten Kaufvertrag über ein Grundstück ab.*

6. *Erläutern Sie, welche Rechtsobjekte sich unterscheiden lassen und nennen Sie jeweils drei Beispiele.*

7. *Nicole Höver hat ihrem Mitschüler Kevin einen Tablet-PC verkauft. Durch den Kaufvertrag ist Nicole verpflichtet, das Eigentum an dem Tablet-PC zu übertragen. Erläutern Sie an diesem Beispiel die verschiedenen Möglichkeiten der Eigentumsübertragung.*

8. *Welcher rechtliche Tatbestand trifft auf Besitz und Eigentum zu?*
   1. *Eigentum und Besitz können nur in einer Hand sein.*
   2. *Eigentum ist die tatsächliche Verfügungsgewalt über Sachen und Rechte, Besitz ist die rechtliche Herrschaft.*
   3. *Eigentum und Besitz über Sachen werden nur durch Eintragung in das Grundbuch auf andere übertragen.*
   4. *Eigentum und Besitz müssen immer schriftlich übertragen werden.*
   5. *Eigentum ist die rechtliche Herrschaft über Sachen und Rechte, Besitz die tatsächliche Herrschaft.*

2.4 Vertragsfreiheit und Form der Rechtsgeschäfte beachten

Handlungssituation

Geschäftsführer Müller hat sich mit Dieter Schnell, dem Eigentümer eines Nachbargrundstücks, zusammengesetzt, um über den Kauf des Grundstücks zu verhandeln. Nach einer Stunde hat man sich über den Preis geeinigt. Zur Sicherheit lässt sich Herr Müller von Dieter Schnell eine schriftliche Bestätigung über die getroffene Vereinbarung geben. Nach vier Tagen teilt Herr Schnell der Primus GmbH mit, dass er nicht mehr gewillt sei, das Grundstück zu den vereinbarten Konditionen zu verkaufen.

Arbeitsaufträge

- *Überprüfen Sie, ob Herr Müller auf dem Verkauf des Grundstücks zu den vereinbarten Konditionen bestehen kann.*
- *Grenzen Sie Formzwang, Vertragsfreiheit und Kontrahierungszwang gegeneinander ab.*

Vertragsfreiheit

In der Bundesrepublik Deutschland gilt der Grundsatz der **Vertragsfreiheit**, d. h., es kann niemand zum Abschluss eines Vertrags gezwungen werden **(Abschlussfreiheit)**. Jeder kann seinen Vertragspartner selbst aussuchen. Ein Kaufmann kann jederzeit den Kaufantrag eines Kunden ablehnen. Außerdem kann der Inhalt der Verträge frei bestimmt werden **(Gestaltungsfreiheit)**, solange dieser nicht gegen bestehende Gesetze verstößt.

Vorteil der Vertragsfreiheit ist, dass die Vertragspartner die Möglichkeiten haben, Verträge so abzufassen, dass sie genau auf den Einzelfall passen. Vertragsfreiheit ist somit Voraussetzung für einen funktionierenden Wettbewerb. **Nachteil der Vertragsfreiheit** ist, dass jeder Vertrag, wenn er nicht gegen bestehende Gesetze verstößt, von den Vertragspartnern eingehalten werden muss.

Beispiel Nicole Höver nimmt an einer Verkaufsfahrt nach Helgoland teil. Diese kostet nur 29,00 €. Während der Überfahrt nach Helgoland nimmt sie auf dem Schiff an einer Verkaufsveranstaltung teil und bestellt für 1.200,00 € Ware. Als sie die Waren nach vier Wochen zugesandt bekommt, stellt sie fest, dass diese wesentlich teurer als in jedem Einzelhandelsgeschäft sind. Sie muss die Ware trotzdem abnehmen, da sie sich mit dem Vertragsabschluss dazu verpflichtet hat.

In einigen Fällen muss ein Unternehmen kraft Gesetz einen Vertrag mit einem Antragsteller schließen, sobald diese Person einen Antrag an dieses Unternehmen stellt **(Kontrahierungszwang)**. Dieser **Abschlusszwang** gilt gesetzlich u. a. für die Briefbeförderung der Deutschen Post AG, die Personenbeförderung der Deutschen Bahn AG, die Energieversorgung der Haushalte durch die Gas- und Elektrizitätswerke.

Form der Rechtsgeschäfte

Die meisten Rechtsgeschäfte können formlos abgeschlossen werden **(Formfreiheit)**. Bei einigen Rechtsgeschäften besteht der Gesetzgeber auf der Einhaltung bestehender **Formvorschriften (Formzwang)**. Hier liegen die Grenzen der Vertragsfreiheit. Bei Nichtbeachtung dieser Formvorschriften ist das Rechtsgeschäft nichtig (§ 125 BGB), d. h., der Vertrag ist von Anfang an nicht zustande gekommen (vgl. S. 476).

Formvorschriften

Schriftform

§ 126 BGB
Bestätigung des Vertrags durch eigenhändige Unterschrift

Beispiele
- Mietverträge über eine langere Dauer als ein Jahr
- Bürgschaften unter Privatpersonen
- Ratenkäufe
- Ausbildungsverträge und deren Kündigung
- handschriftliche Testamente
- Arbeitsverträge und deren Kündigung

öffentliche Beglaubigung

§ 129 BGB
Niederschrift der Willenserklärung und notarielle oder behördliche Beglaubigung der Unterschrift (Beglaubigung bestätigt nur die Echtheit der Unterschrift)

Beispiele
- Anträge auf Eintragungen ins
  - Grundbuch,
  - Handelsregister,
  - Vereinsregister,
  - Güterrechtsregister
- maschinenschriftliche Testamente

notarielle Beurkundung

§ 128 BGB
Niederschrift und Beurkundung der Echtheit des Vertragsinhalts und der Unterschrift durch einen Notar (Beurkundung bestätigt Inhalt der Willenserklärung und Echtheit der Unterschrift)

Beispiele
- Haus- und Grundstückskäufe und -verkäufe
- Eintragungen von Hypotheken und Grundschulden ins Grundbuch
- Eheverträge
- Beschlüsse der Hauptversammlung einer AG

Viele Verträge werden heutzutage über das Internet abgeschlossen. Hierbei kann die schriftliche Form durch die **elektronische Form** ersetzt werden, solange sich aus dem Gesetz nicht etwas anderes ergibt.

Beispiel Bürgschaftserklärungen von Nichtkaufleuten dürfen nur schriftlich verfasst werden.

Soll die elektronische Form statt der schriftlichen Schriftform verwendet werden, sind einige **Voraussetzungen** zu berücksichtigen **(Signaturgesetz)**:

- Die Vertragsparteien müssen diese Form ausdrücklich vereinbaren.
- Es ist ein entsprechendes Dokument zu erstellen, das von Adressaten auf einem geeigneten Speichermedium (z. B. Festplatte) gespeichert werden kann.
- Der Aussteller muss seinen Namen auf einer qualifizierten Signatur hinzufügen, damit er eindeutig identifiziert werden kann (§ 2 Nr. 3 SigG).

Der Gesetzgeber verfolgt mit dem **Formzwang** bei bestimmten Rechtsgeschäften das Ziel, die Vertragspartner vor leichtfertigem und übereiltem Handeln zu bewahren und erhöhte Sicherheit und leichte Beweisbarkeit zu gewährleisten.

Zusammenfassung: Vertragsfreiheit und Form der Rechtsgeschäfte beachten

- Bei der **Gestaltung** gegenseitiger **Vereinbarungen** sind die Vertragspartner **frei**.
- Niemand kann zum Abschluss eines Vertrags gezwungen werden.
- Jeder kann seinen Vertragspartner selbst aussuchen.
- **Die meisten Rechtsgeschäfte** des täglichen Lebens können **formfrei** abgeschlossen werden.
- Einige Rechtsgeschäfte müssen **schriftlich abgeschlossen**, einige **öffentlich beglaubigt oder notariell beurkundet** werden.

Aufgaben

1. *Erläutern Sie den Begriff der Vertragsfreiheit.*
2. *Die Geschäftsführer Primus und Müller besuchen an einem Sommerabend gegen 20:00 Uhr ein Restaurant, um den Arbeitstag mit einem schönen Essen zu beschließen. Der Restaurantinhaber erklärt ihnen aber, er wolle nach Hause gehen, um im Fernsehen das Endspiel der UEFA Champions League zu sehen. Auf einem Schild im Schaufenster steht jedoch, dass die Küche bis 23:00 Uhr geöffnet sei. Begründen Sie, ob das Restaurant Herrn Müller und Frau Primus noch eine Mahlzeit zubereiten muss.*
3. *Im Verkaufsstudio der Primus GmbH erscheint der den Mitarbeitern bekannte Chefdesigner des Hauptkonkurrenten Büro 2000 Schmitt OHG als Kunde. Dieser will den gerade neu entwickelten Bürostuhl „Hanseatic“ kaufen. Nicole Höver erklärt dem Chefdesigner, dass sie nicht bereit sei, ihm etwas zu verkaufen. Begründen Sie, ob der Kunde einen rechtlichen Anspruch darauf hat, dass ihm die Primus GmbH etwas verkauft.*
4. *Erläutern Sie an je einem Beispiel den Unterschied zwischen öffentlicher Beglaubigung und notarieller Beurkundung.*
5. *Welche Formvorschriften sind in den folgenden Fällen vorgeschrieben?*
   a) Kauf eines gebrauchten Pkw.
   b) Aufstellung eines handgeschriebenen Testaments.
   c) Eine Gruppe von 20 Freizeitjoggern beschließt, einen Sportverein zu gründen.
   d) Ein Kunde kauft eine Wohnzimmereinrichtung in einem Möbelhaus mit der Vereinbarung einer Ratenzahlung.
   e) Die 18-jährige Andrea schließt einen Ausbildungsvertrag mit einem Industriebetrieb ab.
   f) Hans Huber schließt mit Theodor Körner einen dreijährigen Mietvertrag für eine Appartmentwohnung ab.
   g) Kauf eines Einfamilienhauses
   h) Die Großmutter von Nicole Höver schenkt ihrem Enkelkind ein Baugrundstück.
   i) Ein Mitarbeiter der Primus GmbH kündigt seinen Arbeitsvertrag zum Ende des Quartals.
   j) Der 18-jährige Andreas Dick schließt in einem Elektrofachmarkt einen Kaufvertrag über ein Smartphone ab.
6. *Der 70-jährige Anton Schmitz möchte ein Testament aufstellen. Geben Sie an, welche Formvorschriften Herr Schmitz beachten muss.*

2.5 Nichtigkeit und Anfechtbarkeit von Rechtsgeschäften darstellen

Handlungssituation

In jedem Jahr trifft sich die Interessengemeinschaft der deutschen Büromöbel-Hersteller auf der Insel Langeoog, um die neuesten Entwicklungen in der Branche zu besprechen. Wegen eines Sturms kann die Fähre nicht zum Festland zurückkehren, nachdem sie neue Fahrgäste auf die Insel brachte, sodass Sonja Primus und die anderen Teilnehmer des Treffens gezwungen sind, eine weitere Nacht auf der Insel zu verbringen. Wegen der Ferienzeit und der Kite-Surf-Veranstaltung „Fly High Northsea Cup" sind alle Unterkünfte der Insel ausgebucht. Nach langer Suche erkennt der Betreiber eines Jugend-Hostels die Notlage der Gruppe und bietet ihnen ein Gruppenzimmer für den Preis von 300,00 € pro Person und Nacht an. Um nicht die Nacht am Strand unter freiem Himmel verbringen zu müssen, zahlen alle widerwillig und checken ein.

Arbeitsaufträge

- *Prüfen Sie, ob der Vertrag zwischen den Teilnehmern des Treffens auf Langeoog und dem Betreiber des Hostels rechtsgültig ist.*
- *Entwickeln Sie je zwei Beispiele für nichtige und anfechtbare Rechtsgeschäfte.*

Nichtigkeit von Rechtsgeschäften

Rechtsgeschäfte können von Anfang an nichtig (= ungültig) sein, d. h., das Rechtsgeschäft hat keine Rechtsfolgen. Folgende Gründe können **zur Nichtigkeit** von Rechtsgeschäften **führen**:

- **Geschäfte mit geschäftsunfähigen Personen** (§ 105 **BGB**, vgl. S. 464)
- **Geschäfte mit beschränkt geschäftsfähigen Personen ohne Zustimmung der Erziehungsberechtigten oder des Betreuers** (§ 108 **BGB**, vgl. S. 464)
- **Geschäfte, die gegen die guten Sitten verstoßen (§ 138 BGB)**

  Beispiel Ein Einzelhändler verlangt von einer Kundin bei einem Ratenvertrag einen Zinssatz von 50 %. In diesem Fall liegt ein Wucherzins vor, der Vertrag ist nichtig. (Ein Wucherzins liegt vor, wenn der dreifache Marktzins überschritten wird.)
- **Geschäfte, die gegen ein gesetzliches Verbot verstoßen (§ 134 BGB)**

  Beispiel Ein Kaufmann schließt mit einem Dieb einen Vertrag über gestohlene Waren ab.
- **Geschäfte, die gegen gesetzliche Formvorschriften verstoßen (§ 125 BGB)**

  Beispiel Kaufvertrag über ein Grundstück ohne notarielle Beurkundung

- **Scherzgeschäfte**: Verträge, die im Scherz abgeschlossen werden

  Beispiel Ein Fußballanhänger des 1. FC Köln erklärt scherzhaft in einem Gespräch, er würde jedem Fan 50.000,00 € zahlen, wenn der 1. FC Köln den FC Bayern München schlagen würde. Der 1. FC Köln gewinnt das Fußballspiel 2 : 0. Für jedermann war ersichtlich, dass die Erklärung zum Scherz abgegeben wurde. Somit ist das Rechtsgeschäft nichtig.

  Ausnahme: Bei einem Scherzgeschäft muss für jedermann erkennbar sein, dass es sich um einen Scherz handelt.

  Beispiel Der 20-jährige Adrian will seiner 17-jährigen Freundin Ursula auf einem Pferdemarkt in Hannover imponieren. Er verspricht seiner Freundin, dass er es schaffen werde, ein bestimmtes Pferd bei einem Händler für 3.000,00 € zu kaufen. Er schafft es tatsächlich in zähen Verhandlungen mit dem Pferdehändler, den Kaufpreis von 6.000,00 € auf 3.000,00 € runterzuhandeln, und besiegelt den Kaufvertrag mit einem Handschlag. Anschließend erklärt er dem Pferdehändler, dass es sich um einen Scherz gehandelt habe. Der Pferdehändler verlangt die Abnahme des Pferdes und Zahlung der 3.000,00 €. Der Pferdehändler konnte nicht ersehen, dass es sich um einen Scherz handelt. Somit ist ein Kaufvertrag zustande gekommen.

- **Scheingeschäfte (§ 117 BGB)**: Verträge, die zum Schein abgeschlossen werden

  Beispiel Der Kaufmann Peter Schneller lässt im notariellen Kaufvertrag über ein Grundstück einen geringeren Kaufpreis mit Einwilligung des Verkäufers eintragen, um einen Teil der Grunderwerbsteuer zu sparen. Der Kaufvertrag ist nichtig.

Anfechtbarkeit von Rechtsgeschäften

Rechtsgeschäfte können durch besondere Erklärungen gegenüber dem Vertragspartner nachträglich ungültig werden. Man nennt diese Erklärung Anfechtung. **Anfechtbare Rechtsgeschäfte sind bis zur Anfechtung gültig.** Folgende Gründe können zur Anfechtung von Rechtsgeschäften führen:

- **Anfechtung wegen Irrtum in der Erklärung (§ 119 BGB)**

  Beispiel Die Gruppenleiterin Außendienst der Primus GmbH, Dorothea Klein, bietet im Verkaufsgespräch einem Kunden irrtümlich den Artikel Bürodrehstuhl Modell 1640 für 114,50 € statt des tatsächlichen Preises von 214,50 € an.

- **Anfechtung wegen Irrtum in der Übermittlung (§ 120 BGB)**

  Beispiel Herr Winkler bietet einem Kunden telefonisch den Artikel Tischkopierer Primus Z-52 für 699,50 € an. Durch die schlechte Telefonleitung versteht der Kunde aber 599,50 €.

  Ausnahme: Bei einem **Motivirrtum (Irrtum im Beweggrund)** liegt kein Grund zur Anfechtung vor.

  Beispiel Elke Sommer hat in Anbetracht ihrer bevorstehenden Hochzeit einen Kaufvertrag über ein teures Porzellanservice unterschrieben. Zwei Tage später erscheint Elke Sommer wieder im Geschäft und erklärt, ihr Verlobter hätte die Verlobung gelöst und sie wolle das Porzellanservice nicht mehr haben. Der Kaufvertrag bleibt aber bestehen, da ein Irrtum im Motiv rechtlich unerheblich ist, d.h., für die Verbindlichkeit des Kaufvertrags ist es ohne Bedeutung, aus welchem Grund (= Motiv „Hochzeit") Elke Sommer das Service bestellt hat.

- **Anfechtung wegen arglistiger Täuschung (§ 123 BGB)**

  Beispiel Der Autohändler Franz Foltz bietet einem Kunden einen ausdrücklich unfallfreien Gebrauchtwagen für 6.000,00 € an. Der Käufer erwirbt den Wagen, stellt aber nach zwei Monaten fest, dass der Wagen einen Unfall hatte. Der Käufer kann den Kaufvertrag anfechten und sein Geld zurückverlangen.

- **Anfechtung wegen widerrechtlicher Drohung (§ 123 BGB).**

  Beispiel Ein Angestellter droht seinem Arbeitgeber mit einer Anzeige beim Ordnungsamt wegen eines Umweltvergehens, falls er seine Forderung nach einer Gehaltserhöhung ablehnt. Wenn sich der Arbeitgeber damit einverstanden erklärt, ist er zwar an die Abmachung gebunden, er kann sie aber anfechten.

Die Anfechtung von Rechtsgeschäften kann nur innerhalb bestimmter Fristen vorgenommen werden. Eine Anfechtung wegen eines Irrtums ist ohne schuldhaftes Zögern (unverzüglich) nach Ende Entdeckung des Irrtums vorzunehmen. Wegen einer arglistigen Täuschung oder widerrechtlichen Drohung kann innerhalb eines Jahres ab Entdeckung der Täuschung oder Aufhören der Zwangslage angefochten werden. Die Anfechtung ist grundsätzlich ausgeschlossen, wenn seit der Abgabe der Willenserklärung zehn Jahre vergangen sind.

Zusammenfassung: Nichtigkeit und Anfechtbarkeit von Rechtsgeschäften darstellen

Nichtigkeit von Rechtsgeschäften	Anfechtbarkeit von Rechtsgeschäften
– Vertrag mit Geschäftsunfähigen – Vertrag mit beschränkt Geschäftsfähigen ohne Zustimmung der Erziehungsberechtigten oder des Betreuers – Verstoß gegen die guten Sitten – Verstoß gegen gesetzliches Verbot – Verstoß gegen die Formvorschriften – Scherzgeschäfte – Scheingeschäfte	– wegen Irrtum in der Erklärung – wegen Irrtum in der Übermittlung – wegen arglistiger Täuschung – wegen widerrechtlicher Drohung
↓	↓
Rechtsgeschäfte sind von Anfang an ungültig.	**Bis zur Anfechtung sind die Rechtsgeschäfte gültig.**

Aufgaben

1. *Erläutern Sie die wesentlichen Unterschiede zwischen Nichtigkeit und Anfechtbarkeit von Rechtsgeschäften.*

2. *Beschreiben Sie, wovon das Zustandekommen von Verträgen mit beschränkt Geschäftsfähigen abhängt.*

3. *Udo Heinen, Mitarbeiter der Primus GmbH, verkauft an einen guten Bekannten ein Grundstück für ein Wochenendhaus, ohne dass ein Notar in Anspruch genommen und der Verkauf ins Grundbuch eingetragen wird, da beide Vertragspartner die Notargebühren sparen wollen. Begründen Sie, ob ein rechtswirksamer Vertrag zustande gekommen ist.*

4. *Beurteilen Sie folgende Fälle daraufhin, ob sie rechtsgültig, anfechtbar oder nichtig sind:*
a) Der Auszubildende Andreas Dick verspricht seinem Freund Karl Scheidemann im betrunkenen Zustand, dass er ihm am nächsten Tag seinen Motorroller schenkt. Am nächsten Morgen steht Karl vor der Tür und verlangt die Herausgabe des Motorrollers.
b) Die neunjährige Pia kauft sich für 25,00 € im Elektrofachmarkt das neue „5 Freunde"-Hörbuch.
c) Enno Heidergott erwirbt bei dem befreundeten Autohändler Peter Steinke ein neues Auto. Im Kaufvertrag wird ein geringerer Preis als der tatsächlich gezahlte Kaufpreis eingetragen.
d) Telefonisch bucht Frau Joachims ein Hotelzimmer. Der Hotelier nennt ihr einen Preis von 80,00 € für das Einzelzimmer. Sie versteht allerdings 50,00 € und bucht sofort.
e) Herr Siebelts kauft sich für sein Büro beim Kunsthändler ein Bild für 1.000,00 €, weil er sicher ist, dass dieses im Wert steigen wird. Ein Jahr später schätzt ein Kunstexperte das Bild auf 900,00 €.
f) Ein Angestellter in einem Betonwerk erpresst seinen Chef, weil er von dessen Steuerhinterziehung Kenntnis hat.

5. *Ordnen Sie folgende Rechtsgeschäfte als nichtig (1) oder anfechtbar (2) ein:*
a) Arglistige Täuschung
b) Scherzgeschäft
c) Verstoß gegen die guten Sitten
d) Irrtum
e) Widerrechtliche Drohung
f) Scheingeschäfte
g) Verstoß gegen die Formvorschriften
h) Geschäfte mit geschäftsunfähigen Personen

6. *Erklären Sie die Formen der „Anfechtung wegen Irrtums" und geben Sie jeweils ein Beispiel aus Ihrer betrieblichen Praxis.*

2.6 Allgemeine Geschäftsbedingungen untersuchen

LS

Handlungssituation

Die Stadtverwaltung Duisburg schließt mit der Primus GmbH schriftlich einen Vertrag über eine komplette Büroausstattung ab. In einem Telefonat mit Frau Klein, der Gruppenleiterin des Außendienstes, wird vereinbart, dass die Produkte in 14 Tagen geliefert werden sollen. Jan Gerdes, der Sachbearbeiter bei der Stadtverwaltung Duisburg, erkundigt sich nach drei Wochen über den Lieferstatus der bestellten Büroausstattung. Er erreicht Herrn Berg aus der Auftragsbearbeitung der Primus GmbH.

Herr Gerdes: *„Guten Tag, Herr Berg. Wir erwarten dringend die Lieferung der Büromöbel. Diese hätten bereits vor einer Woche geliefert werden sollen. Das hatte mir Frau Klein am Telefon zugesagt."*

Herr Berg: *„Einen Moment, Herr Gerdes, ich sehe mal gerade in unserem System nach ... Das tut mir leid, aber aufgrund eines erheblichen Wasserschadens musste die Produktion für einige Zeit unterbrochen werden. Davon ist auch Ihr Auftrag betroffen. Das konnten wir leider nicht vorhersehen. In drei Wochen können wir wahrscheinlich liefern."*

Herr Gerdes: *„So lange können wir nicht warten. Wir werden vom Vertrag zurücktreten."*

Herr Berg: *„Ich kann Ihren Ärger verstehen, aber leider ist ein Rücktritt vom Vertrag nicht möglich. In unseren Allgemeinen Geschäftsbedingungen (AGB) finden Sie folgende Hinweise: ‚Vom Verkäufer nicht zu vertretende Störungen im Geschäftsbetrieb ... verlängern die Lieferzeit entsprechend ... zum Rücktritt ist der Käufer nur berechtigt, wenn er in diesen Fällen nach Ablauf der vereinbarten Lieferfrist die Lieferung anmahnt und diese dann innerhalb von sechs Wochen nach Eingang des Mahnschreibens des Käufers beim Verkäufer nicht an den Käufer erfolgt.' Beim Vertragsabschluss sind Sie auf die AGB hingewiesen worden und haben diese zusammen mit dem Kaufvertrag unterschrieben."*

Herr Gerdes: *„Das kann doch wohl jetzt nicht Ihr Ernst sein! Ich rufe Ihre Geschäftsführung an; das wollen wir doch mal sehen ..."*

Kurze Zeit später meldet sich Herr Müller, der Geschäftsführer, bei Herrn Berg.

Herr Müller: *„Herr Berg, ich gehe mal davon aus, dass rechtlich betrachtet alles in Ordnung war, oder nicht? Aber abgesehen davon ist das jetzt mit dem Kunden echt blöd gelaufen, das müssen wir zukünftig besser hinbekommen!"*

Arbeitsaufträge

- *Beschreiben Sie die unterschiedlichen Interessenlagen der Vertragspartner.*
- *Erläutern Sie, warum Unternehmen bei der Vertragsgestellung vorformulierte Allgemeine Geschäftsbedingungen nutzen.*
- *Beurteilen Sie die Rechtslage für die Primus GmbH.*

Im Geschäftsleben werden täglich eine Vielzahl von Verträgen abgeschlossen. Zur Vereinfachung bedient man sich **vorgedruckter Vertragsformulare**. Die in diesen vorgedruckten Verträgen aufgeführten Bedingungen, das sog. **„Kleingedruckte"**, bezeichnet man als **Allgemeine Geschäftsbedingungen** (**AGB**, vgl. S. 482).

Die Bestimmungen der AGB können vom BGB abweichen. Hieraus ergibt sich ein **Interessenkonflikt** zwischen den **Interessen des Verkäufers** (Zeit-, Kostenersparnis und Besserstellung, als es das BGB vorsieht) und den **Interessen des Käufers**. Um zu verhindern, dass der Käufer unangemessen benachteiligt wird, hat der Gesetzgeber im BGB die Gestaltung rechtsgeschäftlicher Schuldverhältnisse durch allgemeine Geschäftsbedingungen (§ 305 ff. BGB) geregelt. Die meisten Bestimmungen zu den AGB im BGB gelten für einseitige Handelsgeschäfte, einige auch für zweiseitige Handelsgeschäfte:

Wirksamkeit von Klauseln bei ein- und zweiseitigen Handelsgeschäften

- **Überraschende und mehrdeutige Klauseln (§ 305c BGB)**: Enthalten die AGB überraschende und mehrdeutige Klauseln, mit denen der Käufer nicht zu rechnen braucht, sind diese unwirksam:

  Beispiel In den AGB der „Bürogeräte GmbH" ist eine Klausel enthalten, dass der Käufer eines Kopierers in den ersten zwei Jahren verpflichtet ist, das Kopierpapier bei der Bürogeräte GmbH zu kaufen. Diese Klausel ist so überraschend, dass sie nicht Bestandteil des Vertrags wird.

- **Vorrang der Individualabrede (§ 305b BGB):** Persönliche Absprachen zwischen dem Verkäufer und dem Käufer haben Vorrang vor den AGB.

  Beispiel Als Liefertermin für Büromöbel wurde zwischen dem Verkäufer und dem Käufer schriftlich der 1. Oktober vereinbart. In den AGB steht jedoch, dass Liefertermine grundsätzlich unverbindlich sind. Als Liefertermin gilt trotzdem der 1. Oktober, da persönliche Absprachen Vorrang vor den AGB haben.

- **Rechtsfolgen bei Unwirksamkeit der AGB (§ 306 BGB):** Sind einzelne Teile der AGB unwirksam, so bleibt der Vertrag bestehen. Der Inhalt des Vertrags richtet sich dann nach den gesetzlichen Vorschriften. Diese sind meistens die Bestimmungen des BGB.

- **Inhaltskontrolle und Klauselverbote (§ 307 f. BGB):** Bestimmungen in den AGB sind unwirksam, wenn sie den Vertragspartner entgegen dem Gebot von Treu und Glauben unangemessen benachteiligen.

  Beispiel Ein Möbelhersteller liefert eine Ledergarnitur nicht wie vereinbart in Schwarz, sondern in Braun. In den AGB steht: „Farbänderungen vorbehalten". Der Kunde muss aber nur Änderungen hinnehmen, die technisch unvermeidbar oder völlig belanglos sind, so können z. B. Lederbezüge nicht immer in völlig gleichem Farbton hergestellt werden. Eine Ledergarnitur, die in Schwarz bestellt wurde, kann folglich nicht in Braun geliefert werden. Der Verkäufer verstößt gegen das Gebot von Treu und Glauben.

Wirksamkeit von Klauseln bei einseitigen Handelsgeschäften

- **Einbeziehung in den Vertrag (§ 305 BGB):** Die AGB werden nur dann Bestandteil des Vertrags, wenn der Käufer
  - vor Vertragsabschluss ausdrücklich auf die AGB hingewiesen wird, dieses kann durch einen deutlich sichtbaren Aushang am Orte des Vertragsabschlusses (Geschäftsräume des Unternehmens) oder durch einen persönlichen Hinweis des Verkäufers geschehen,
  - vom Inhalt der AGB Kenntnis nehmen kann,
  - sein Einverständnis zu den AGB gegeben hat.

    Beispiel Andreas Dick, Auszubildender der Primus GmbH, verkauft einem Kunden in der Verkaufsboutique einen Schreibtisch „Classic". Andreas hatte den Kunden nicht auf die AGB hingewiesen. Diese sind auf der Rückseite des Lieferscheins aufgedruckt. Bringt der Kunde den Schreibtisch aufgrund eines Materialfehlers zurück, dann gelten die Bestimmungen des BGB.

- **Verbotene und damit unwirksame Klauseln in Kaufverträgen bei einseitigen Handelsgeschäften sind**
  - nachträgliche kurzfristige Preiserhöhung (binnen vier Monaten nach Vertragsabschluss),
  - Verkürzung der gesetzlichen Sachmängelhaftungsfristen (vgl. S. 589 f.),
  - Rücktrittsvorbehalte des Verkäufers (Der Verkäufer behält sich vor, die versprochene Leistung zu ändern oder von ihr abzuweichen.),
  - Ausschluss der Haftung des Verkäufers bei grobem Verschulden,
  - unangemessen lange Lieferfristen,

Primus GmbH – Duisburg: Allgemeine Geschäftsbedingungen

1. Preisgestaltung:
Alle Preise sind freibleibende Nettoangaben und verstehen sich zuzüglich der gültigen Mehrwertsteuer.

2. Zahlungsziel:
Rechnungen sind innerhalb von 30 Tagen zu begleichen. Bei Zahlung innerhalb von zehn Tagen gewähren wir 2 % Skonto.

3. Rückgaberecht:
Alle Artikel, die Sie bestellen, liefern wir zur Ansicht und nehmen sie auf Wunsch innerhalb von sieben Tagen wieder zurück. Voraussetzung ist, dass Sie die Ware unbenutzt in einwandfreiem Zustand in der Originalverpackung frei Haus an uns zurücksenden. Ausgenommen von der Rückgabe sind Artikel, die direkt vom Hersteller geliefert werden.

4. Sechs-Stunden-Service:
Bei einem Bestelleingang bis 12:00 Uhr gelangen diese Artikel bis 18:00 Uhr zum Versand und sind i.d.R. am nächsten Tag bei Ihnen.

5. Lieferung:
Wir liefern porto- und frachtfrei im Bundesgebiet ab einem Auftragswert von 250,00 € zuzüglich Mehrwertsteuer. Der Mindestauftragswert beträgt 50,00 €. Liegt der Auftragswert darunter, müssen wir aus Kostengründen einen Mindermengenzuschlag von 10,00 € berechnen.

6. Versandkosten:
Versand bis 31,5 kg per Paketdienst (DPD).

Gewicht:	€
0 bis 6 kg	3,75
über 6 bis 12 kg	5,65
über 12 bis 18 kg	6,95
über 18 bis 31,5 kg	9,50

Über 31,5 kg per Spedition nach Aufwand.

7. Änderungen:
Mögliche Änderungen im Design bzw. technischen Bereich, die die Qualität der Artikel verbessern, behalten wir uns vor.

8. Lieferfrist:
- Falls der Verkäufer die vereinbarte Lieferfrist nicht einhalten kann, hat der Käufer eine angemessene Nachlieferfrist zu gewähren – beginnend vom Tage des Eingangs der schriftlichen Inverzugsetzung durch den Käufer, oder im Fall kalendermäßig bestimmter Lieferfrist mit deren Ablauf.
- Vom Verkäufer nicht zu vertretende Störungen im Geschäftsbetrieb insbesondere Arbeitsausstände und Aussperrungen sowie Fälle höherer Gewalt, die auf einem unvorhersehbaren und unverschuldeten Ereignis beruhen und zu schwerwiegenden Betriebsstörungen sowohl beim Verkäufer als auch bei dessen Lieferanten führen, verlängern die Lieferzeit entsprechend.
- Zum Rücktritt ist der Käufer nur berechtigt, wenn er in diesen Fällen nach Ablauf der vereinbarten Lieferfrist die Lieferung schriftlich anmahnt und diese dann innerhalb von sechs Wochen nach Eingang des Mahnschreibens des Käufers beim Verkäufer nicht an den Käufer erfolgt. Im Falle kalendermäßig bestimmter Lieferfrist beginnt mit deren Ablauf die Sechs-Wochen-Frist.

9. Gefahrenübergang:
Die Gefahr, trotz Verlustes oder Beschädigung den Preis zahlen zu müssen, geht mit der Übergabe der Ware auf den Käufer über.

10. Gültigkeit:
Für alle Lieferungen gelten unsere Liefer- und Zahlungsbedingungen. Mit diesen Angaben verlieren alle vorhergehenden Angebote ihre Gültigkeit. Bei einer ungültigen Bestimmung der AGB behalten die anderen jedoch ihre Wirksamkeit.

11. Garantie:
Für alle Waren übernehmen wir eine Mindestgarantie von 36 Monaten, wenn nicht ein längerer Zeitraum angegeben ist. Störungen und Schäden, die auf falscher Bedienung, Gewaltanwendung oder natürlichem Verschleiß beruhen, werden durch die Garantie nicht abgedeckt.

12. Erfüllungsort/Gerichtsstand:
Der Erfüllungsort und der Gerichtsstand ist in jedem Fall Duisburg.

13. Eigentumsvorbehalt:
Alle Waren bleiben bis zur vollständigen Bezahlung unser Eigentum.

- Ausschluss von Reklamationsrechten (Der Lieferer darf die gesetzlichen Sachmängelhaftungsrechte des Käufers nicht ausschließen. Der Käufer muss immer ein Recht auf Nachbesserung oder Ersatzlieferung behalten, vgl. S. 601),
- Beschneidung von Kundenrechten bei verspäteter Lieferung.

Diese Klauseln finden keine Anwendung bei zweiseitigen Handelskäufen, da Kaufleute die Probleme und Nachteile, die in diesen AGB des Vertragspartners stecken, erkennen und sich entsprechend wehren können.

Praxistipp

Vergleichen Sie die AGB Ihres Ausbildungsbetriebs mit den AGB der Primus GmbH und den Ausbildungsbetrieben Ihrer Mitschüler.

Zusammenfassung: Allgemeine Geschäftsbedingungen untersuchen

- In den AGB legt ein Kaufmann **die grundsätzliche Ausgestaltung der Verträge** für seine Lieferungen fest.
- Durch § 305 ff. BGB zu den AGB wird ein Käufer vor unseriösen AGB geschützt.
- Grundsätzlich **haben persönliche Absprachen (Individualabreden) Vorrang** vor den AGB.
- Klauseln, die den Käufer entgegen dem **Grundsatz von Treu und Glauben** unangemessen benachteiligen, sind unwirksam.
- Wenn AGB unwirksam werden, richtet sich der Inhalt des Vertrags nach den **gesetzlichen Vorschriften** des BGB.

Aufgaben

1. *Begründen Sie, warum Unternehmen ihre Geschäftsbedingungen bereits vorformuliert haben.*
2. *Erläutern Sie, unter welchen Voraussetzungen bei einseitigen Handelsgeschäften allgemeine Geschäftsbedingungen Bestandteil des Vertrags werden.*
3. *Erklären Sie, warum persönliche Absprachen zwischen Verkäufer und Käufer Vorrang vor den Allgemeinen Geschäftsbedingungen haben.*
4. *Entscheiden und begründen Sie in den folgenden Fällen, ob die Paragrafen im BGB zu den AGB verletzt wurden.*
   a) *Beim Kauf einer Hi-Fi-Anlage verkürzt der Verkäufer in den AGB die Sachmängelhaftungsfrist auf einen Monat.*
   b) *Zwei Wochen nach Vertragsabschluss teilt der Verkäufer dem Kunden mit, dass die bestellte Ware sich aufgrund einer Preiserhöhung um 20 % verteuert.*

c) In den AGB steht: „Die Lieferfrist beträgt mindestens sechs Wochen." Der Verkäufer hat dem Kunden schriftlich zugesichert: Lieferung in drei Wochen. Welche Lieferfrist ist für den Verkäufer verbindlich?
d) In den AGB steht: „Die gelieferten Waren bleiben bis zur vollständigen Bezahlung des Kaufpreises Eigentum des Verkäufers."
e) Im Kaufvertrag über eine Gartenmöbelgarnitur behält sich der Verkäufer vor, dass er statt der bestellten Buchenholzgarnitur Kunststoffmöbel liefern kann.

5. *Gerda Schmitz liest nachfolgenden auszugsweise wiedergegebenen AGB-Grundsatz: „... ist auch eine Bestimmung, durch die bei Verträgen über Lieferungen neu hergestellter Sachen die Sachmängelhaftungsansprüche ausgeschlossen werden." Geben Sie an, mit welchem Begriff dieser AGB-Rechtsgrundsatz sinnvoll zu ergänzen ist.*
a) verbindlich,
b) unwirksam,
c) wirksam,
d) unwiderruflich,
e) teilweise wirksam

6. *Das Bürofachgeschäft Herbert Blank e. K. hat mit der Primus GmbH am 1. Juni einen Kaufvertrag über die Lieferung zweier Regalelemente „Classic" abgeschlossen.*
a) Die Lieferung sollte in sechs Wochen erfolgen. Geliefert wird aber erst am 15. Oktober. Aus dem Rechnungsbeleg geht hervor, dass der Preis inzwischen um 10% gestiegen ist. Kann die Primus GmbH einen um 10% höheren Preis verlangen? (Begründung)
b) Nachdem die Regalelemente aufgestellt worden sind, stellt Herbert Blank fest, dass der Farbton geringfügig heller als beim Ausstellungsstück ist. Muss Herbert Blank die geringfügige Farbabweichung akzeptieren? (Begründung)

7. *Bringen Sie die AGB aus Ihren Betrieben mit und stellen Sie eine Materialsammlung mit den AGB von fünf Unternehmen zusammen. Vergleichen Sie diese AGB mit denen der Primus GmbH.*

8. *Welche der folgenden Aussagen über die Paragrafen im BGB zu den allgemeinen Geschäftsbedingungen" ist richtig?*
a) Die Paragrafen im BGB zu den AGB schützen den Verkäufer vor überzogenen Wünschen der Kunden.
b) Die Paragrafen im BGB zu den AGB ermöglichen es dem Verkäufer, in seinen allgemeinen Geschäftsbedingungen bei Sonderangeboten das gesetzliche Reklamationsrecht des Kunden auszuschließen.
c) Nach den Paragrafen im BGB zu den AGB sind die allgemeinen Geschäftsbedingungen eines Verkäufers auch dann wirksam, wenn der Kunde bei Vertragsabschluss nicht ausdrücklich auf sie hingewiesen worden ist.
d) Eine Bestimmung aus den Allgemeinen Geschäftsbedingungen eines Verkäufers, die nach den Paragrafen im BGB zu den AGB nicht zulässig ist, fällt ersatzlos weg. Es gelten dann die gesetzlichen Regelungen.

9. *Erläutern Sie anhand von Beispielen*
a) Klauseln aus dem BGB zu den AGB, die bei ein- und zweiseitigen Handelsgeschäften gelten,
b) Klauseln aus dem BGB zu den AGB, die nur bei einseitigen Handelsgeschäften gelten.

10. *In der Praxis kommt es häufig vor, dass speziell für den Einkauf gesonderte Geschäftsbedingungen formuliert werden (AEB). Diese widersprechen i. d. R. den AGB des Verkäufers.*
a) Informieren Sie sich im Internet über typische Formulierungen von Einkaufsbedingungen.
b) Klären Sie, wie die Rechtslage ist, wenn sich AEB und AGB widersprechen.

2.7 Inhalte von Angeboten untersuchen

Handlungssituation

Die Primus GmbH hat mit der Latex AG einen Kaufvertrag über die Lieferung von 1 200 Paketen Kopierpapier Primus XERO-Copy abgeschlossen. Der Lieferer verspricht die bestellte Ware am nächsten Tag zu liefern, ohne dass dieses schriftlich festgehalten wird. Ebenfalls wurden keine vertraglichen Vereinbarungen bezüglich der Transport- und Verpackungskosten getroffen. Da der für die Auslieferung zuständige Fahrer erkrankt, kann die Ware erst eine Woche später ausgeliefert werden.

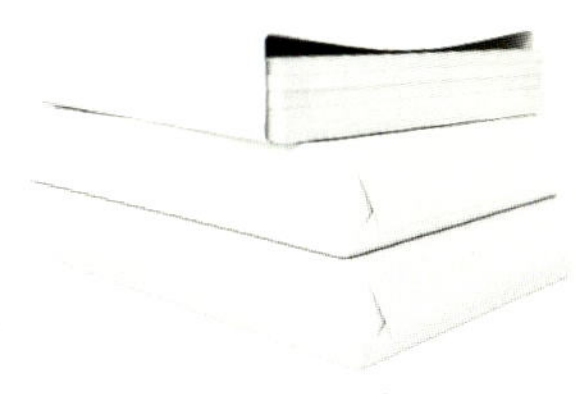

Arbeitsaufträge

- *Stellen Sie fest, ob die Primus GmbH die sofortige Lieferung der Ware verlangen kann.*
- *Überprüfen Sie, wer die Transport- und Verpackungskosten zu tragen hat.*
- *Geben Sie an, welcher Ort bei Streitigkeiten bezüglich der Transport- und Verpackungskosten der Gerichtsstand wäre.*

Es gibt keine gesetzlichen Vorschriften über den **Inhalt des Angebots**. Dieser sollte jedoch alle wesentlichen Bestimmungen enthalten, die zur reibungslosen Erfüllung des Kaufvertrags erforderlich sind.

Inhalte von Angeboten

Angaben über die Ware	Sonstige Angaben
– Art, Güte (Qualität und Beschaffenheit) – Menge – Preis	– Lieferzeit – Verpackungskosten – Zahlungsbedingungen – Beförderungsbedingungen – Gerichtsstand – Erfüllungsort

Um nicht alle Inhaltspunkte immer wieder neu aushandeln zu müssen, verwenden die Lieferer oft vorgedruckte „Allgemeine Geschäftsbedingungen“ (AGB vgl. S. 482). Wenn weder in den AGB noch im Kaufvertrag Regelungen zu bestimmten Einzelheiten getroffen worden sind, gelten die Bestimmungen des BGB und HGB.

■ Art der Ware

Die **Art der Ware** wird durch **handelsübliche Bezeichnungen festgelegt**.

Beispiele Schreibtisch Primo, Anrufbeantworter euroset AB, Weißwein Müller Thurgau Knurrberg, Tischkopierer Primus Z-52, Seminarmarker Primus 270 Boardmarker

Spezifikationskauf (Bestimmungskauf)

Bei Vertragsabschluss legen Lieferer und Käufer nur die Menge und die Warenart der Gattungsware fest. Der Käufer kann **innerhalb einer festgelegten Frist die zu liefernden Waren nach Farbe, Form oder Maß bestimmen**. Versäumt der Käufer eine Bestimmung der Ware innerhalb der Frist, kann der Verkäufer dem Käufer eine Nachfrist setzen und nach Ablauf dieser Frist die genaue Bestimmung der Ware selbst vornehmen. Für den Käufer hat der Bestimmungskauf den **Vorteil**, dass er zukünftige Entwicklungen (z.B. Mode, Nachfrageveränderungen) abwarten kann.

Beispiel Die Primus GmbH behält sich bei der Bestellung von textilen Bezugsstoffen für Bürostühle vor, die Farben und Muster zu einem späteren Zeitpunkt zu bestimmen.

■ Güte der Ware

Gesetzliche Regelung: Sind **im Angebot des Lieferers keine Angaben** über die Güte der Ware gemacht worden, so ist bei Lieferung die **Ware in mittlerer Güte** zu liefern (§ 243 BGB).

Die **Güte (Qualität und Beschaffenheit) einer Ware wird bestimmt durch**

- **Muster und Proben**:

  Beispiele Stoffbezüge, Tapeten, Papier (Muster), Wein, Waschmittel (Proben)

- **Güteklassen zur Angabe von Warenqualitäten**: Sie geben Auskunft über die **Handelsklassen** (I. Wahl, II. Wahl, DIN-Normen, Auslese), über **Typen** (Weizenmehl Type 405) und **Standards** (Faserlänge von Baumwolle).
- **Marken** werden vom Hersteller verwendet, um sich von anderen Herstellern abzuheben.

  Beispiele

- **Kennzeichen, Prüfzeichen und Umweltzeichen** in Form von Wort und Bildzeichen werden von verschiedenen Herstellern gleichartiger Erzeugnisse als Garantie für eine bestimmte Mindestqualität oder Mindeststandards verwendet. Sie werden von Verbänden und Organisationen vergeben. Das Umweltzeichen „Blauer Engel“ kennzeichnet Produkte und Dienstleistungen, die umweltfreundlicher sind als vergleichbare, konventionelle Produkte und Dienstleistungen. Zudem gibt es für Produkte, die umweltfreundlich oder -schoned hergestellt wurde, spezielle Umweltzeichen.

  Beispiele

- **Herkunft der Ware**, die durch das Anbaugebiet oder Herstellungsland gekennzeichnet ist

  Beispiele Wein von der Mosel, Holz aus Finnland

- **Jahrgang der Ware**

  Beispiele Antiquitäten, Whiskey, Wein

- **Zusammensetzung der Ware**

  Beispiele Bestandteile bei Farben und Lacken, Fettanteile in Käse und Wurst, Silbergehalt bei Essbestecken

Menge der Ware

Gesetzliche Regelung: Enthält das Angebot keine Mengenangabe, die sich auf einen bestimmten Preis bezieht, dann gilt es für jede handelsübliche Menge.

Die Menge einer Ware wird in **gesetzlichen Maßeinheiten** (m, m^2, l, hl, kg), **in Stückzahlen oder in handelsüblichen Mengeneinheiten** (Stück, Dutzend, Sack, Fass, Kiste, Karton, Ballen, Ries) angegeben.

Preis der Ware

Der Preis einer Ware bezieht sich entweder auf eine **handelsübliche Mengeneinheit oder eine bestimmte Gesamtmenge**. Von entscheidender Bedeutung für die Beurteilung der Vorteilhaftigkeit eines Angebotspreises ist die Berücksichtigung der Preisnachlässe (vgl. S. 499).

Mengenrabatt	Bei **Abnahme von großen Mengen** einer Ware erhält der Käufer einen prozentualen Nachlass auf den Listeneinkaufspreis, der Käufer soll damit zum Kauf größerer Mengen veranlasst werden.
Naturalrabatt	Dieser Rabatt ist eine Sonderform des Mengenrabattes. Er wird **in Form von Waren** gewährt; man unterscheidet zwei Arten von Naturalrabatten: **Draufgabe:** Der Käufer erhält statt zehn Stück eines Artikels ein zusätzliches Stück ohne Berechnung. **Dreingabe:** Der Käufer erhält zehn Stück eines Artikels, es werden ihm aber nur neun in Rechnung gestellt.
Treuerabatt	Dieser Rabatt wird von Lieferern **bei bestimmten Anlässen für langjährige Kunden** gewährt, damit sollen Stammkunden an einen Lieferer gebunden werden.
Einführungsrabatt	Dieser Rabatt wird insbesondere Einzelhändlern von Herstellern gewährt,um die Einführung eines neuen Produktes zu unterstützen.
Wiederverkäuferrabatt	Hersteller gewähren Händlern (= Wiederverkäufern) einen Preisnachlass, da diese die Absatzfunktion übernehmen.
Bonus	Er stellt einen **nachträglich gewährten Rabatt** dar, bei dem dem Käufer nach einer bestimmten Periode (z. B. Quartal, Halbjahr, Jahr) **bei Erreichen eines bestimmten Mindestumsatzes** ein Nachlass auf den Gesamtbetrag gewährt wird.

Lieferzeit

- **Gesetzliche Regelung**: Ist im Kaufvertrag keine Regelung über den Zeitpunkt der Lieferung vereinbart worden, so **kann der Käufer sofortige Lieferung** verlangen und der Verkäufer muss sofort liefern (§ 271 BGB). Diese gesetzliche Regelung wird als Tages- oder Sofortkauf bezeichnet.
- Wenn der Käufer eine Ware verlangt, die nicht vorrätig ist, muss eine **vertragliche Regelung** über die Lieferzeit vereinbart werden. Hierbei hat der Käufer drei Möglichkeiten:
  - **Terminkauf: Lieferung innerhalb einer bestimmten Frist** (z. B. Lieferung innerhalb von 90 Tagen) oder zu einem bestimmten Zeitpunkt (Termin)

    Beispiele Lieferung am 15. März 20.., Lieferung bis 30. Juni 20..
  - **Fixkauf** (vgl. S. 596): **Lieferung zu einem kalendermäßig festgelegten Zeitpunkt, wobei** die Klauseln „fest", „fix", „genau", „exakt" angegeben werden müssen.

    Beispiel Lieferung am 15. März 20.. fix
  - **Kauf auf Abruf**: Bei diesem Kauf wird der Zeitpunkt der Lieferung bei Abschluss des Kaufvertrags nicht festgelegt, er ist in das Ermessen des Käufers gestellt. Bei Bedarf ruft der Käufer die Ware ab, die als Ganzes oder in Teilmengen geliefert werden kann. Hieraus ergeben sich für den Käufer folgende **Vorteile**:
    - geringere Lagerkosten
    - Lieferung frischer Waren
    - Ausnutzung von Rabatt durch den Kauf einer großen Menge

    Beispiel Die Primus GmbH hat mit ihrem Lieferer, der Stammes Stahlrohr GmbH, einen Kaufvertrag über 400 laufende Meter Stahlrohre für Schreibtischgestelle abgeschlossen. Durch die große Bestellung konnte ein Mengenrabatt von 20 % in Anspruch genommen werden. Da die Lagerkapazität der Primus GmbH momentan erschöpft ist, wird mit der Stammes Stahlrohr GmbH vereinbart, dass die Stahlrohre in Teilmengen abgerufen werden können.

Verpackungskosten

- **Gesetzliche Regelung**: Ist über die Berechnung der Verpackungskosten zwischen dem Verkäufer und dem Käufer nichts vereinbart worden, **trägt der Käufer die Kosten der Versandverpackung** (§ 447 BGB, § 380 HGB. Das **Gewicht der Versandverpackung** wird als **Tara** (= Verpackungsgewicht) bezeichnet. Man unterscheidet zwischen **tatsächlicher Tara** (wirkliches Gewicht der Verpackung) und **handelsüblicher Tara**. Als handelsübliche Tara wird je nach Ware ein bestimmter Prozentsatz des Bruttogewichts festgesetzt. Zieht man vom Bruttogewicht Tara ab, erhält man das Nettogewicht:

Bruttogewicht	(Ware und Verpackung = Rohgewicht oder Gesamtgewicht)
– **Tara**	(Verpackungsgewicht)
= **Nettogewicht**	(Reingewicht der Ware)

- Vertraglich kann zwischen Lieferer und Käufer Folgendes vereinbart werden:
  - **Reingewicht einschließlich Verpackung**: Die Verpackungskosten sind im Preis enthalten, die Verpackung wird nicht berechnet. Der Verkäufer trägt die Verpackungskosten.

    Beispiele Verpackungen von Elektrogeräten, Verpackung von Fotokopierpapier
  - **Reingewicht ausschließlich Verpackung**: Die **Verpackungskosten werden zusätzlich berechnet (gesetzliche Regelung)**, der Käufer trägt die Verpackungskosten. Die Verpackung kann
    - **Eigentum** des **Käufers** werden oder
    - vom Lieferer dem Käufer **leihweise** überlassen werden. Bei Rückgabe schreibt der Lieferer die Verpackungskosten ganz oder teilweise gut.

    Beispiele Holzpaletten, faltbare Alubehälter (Collico), Getränkekästen
  - **Rohgewicht einschließlich Verpackung (brutto für netto = bfn = b/n)**: Die Verpackung wird wie Ware berechnet, die Verpackung geht in das Eigentum des Käufers über, der Käufer zahlt die Verpackung.

    Beispiele Obst und Gemüse in Kisten und Kartons, Schrauben und Nägel in Kartons

Zahlungsbedingungen

- **Gesetzliche Regelung: Geldschulden sind Bringschulden** (§ 270 f. BGB), d. h., der Käufer trägt die Kosten und die Gefahr der Geldübermittlung bis zum Verkäufer. Folglich muss der Käufer die Kosten der Zahlung (z. B. Überweisungsentgelte) tragen. Ferner sieht die gesetzliche Regelung **sofortige Bezahlung der Ware bei Lieferung** vor (§ 433 II BGB). Nach einem Urteil des Europäischen Gerichtshofs von 2008 muss die Gutschrift auf dem Konto des Empfängers spätestens am letzten Fälligkeitstag erfolgen.

  Beispiele Ware gegen Geld, Zug um Zug, netto Kasse, gegen bar, sofort
- Folgende **vertraglichen Zahlungsbedingungen** können vereinbart werden:
  - **Vorauszahlung**: Der Lieferer verlangt bei neuen oder schlecht zahlenden Kunden einen Teil des Rechnungsbetrags oder den gesamten Rechnungsbetrag im Voraus (Anzahlung).

    Beispiele Zahlung im Voraus, Lieferung gegen Vorkasse, Zahlung bei Vertragsabschluss/Bestellung
  - **Zahlung mit Zahlungsziel (Ziel- oder Kreditkauf)**: Der Lieferer gewährt dem Käufer einen kurzfristigen Kredit. Aus Sicherheitsgründen liefert der Verkäufer die Waren i. d. R. unter Eigentumsvorbehalt (vgl. S. 501). Das bedeutet, dass durch die Vereinbarung des Eigentumsvorbehalts im Kaufvertrag **der Verkäufer bis zur vollständigen Bezahlung** des Kaufpreises **Eigentümer** der Ware bleibt. Somit kann der Verkäufer bei Nichtzahlung des Käufers die Ware jederzeit wieder in seinen Besitz zurückführen. Der **Käufer** wird zunächst **nur Besitzer**. Der Eigentumsvorbehalt muss ausdrücklich im Kaufvertrag vereinbart werden, es genügt nicht, dass er bei der Lieferung auf dem Lieferschein vermerkt wird.

Beispiel Die Primus GmbH hat in ihren AGB folgende Regelungen getroffen: „2. **Zahlungsziel**: Rechnungen sind innerhalb von 30 Tagen zu begleichen. Bei Zahlung innerhalb von zehn Tagen gewähren wir 2 % Skonto." „13. **Eigentumsvorbehalt**: Alle Waren bleiben bis zur vollständigen Bezahlung unser Eigentum."

Beförderungsbedingungen

- **Gesetzliche Regelung: Warenschulden sind Holschulden** (§ 447 I BGB), danach trägt der **Käufer beim Versendungskauf alle entstehenden Beförderungskosten ab der Versandstation**. Die Kosten bis zur Versandstation (z. B. Bahnhof oder Poststelle des Verkäufers) und die Wiege- und Messkosten trägt der Verkäufer. Diese Regelung gilt immer, wenn es sich um einen Versendungskauf handelt, d. h., Käufer und **Verkäufer** haben ihren Geschäftssitz an unterschiedlichen Orten.
- Je nach Versandart können unterschiedliche **Versandkosten** anfallen:
  - **1. Rollgeld für die Anfuhr** (Transportkosten vom Betrieb des Verkäufers bis zur Versandstation
  - **Wiege- und Verladekosten**
  - **Frachtkosten** (Transportkosten von der Versandstation bis zur Empfangsstation)
  - 2. **Rollgeld für die Zufuhr** (Transportkosten von der Empfangsstation bis zum Geschäfts-, Wohnsitz des Käufers)

Die Vertragspartner können die gesetzliche Regelung durch **vertragliche Regelungen** abändern, diese müssen aber im Kaufvertrag vereinbart werden (vgl. S. 482 AGB der Primus GmbH: 6. Versandkosten). Unabhängig von der vertraglichen Regelung wird der Verkäufer die anteiligen Beförderungskosten, die er übernimmt, in seine Verkaufspreise einkalkulieren, sodass der Käufer über den Listeneinkaufspreis in jedem Fall die vom Verkäufer übernommenen Beförderungskosten trägt. Die vertragliche Regelung der
LF 5 Beförderungskosten ist demnach nur eine Maßnahme im Rahmen der Preispolitik.

Aufteilung der Beförderungskosten

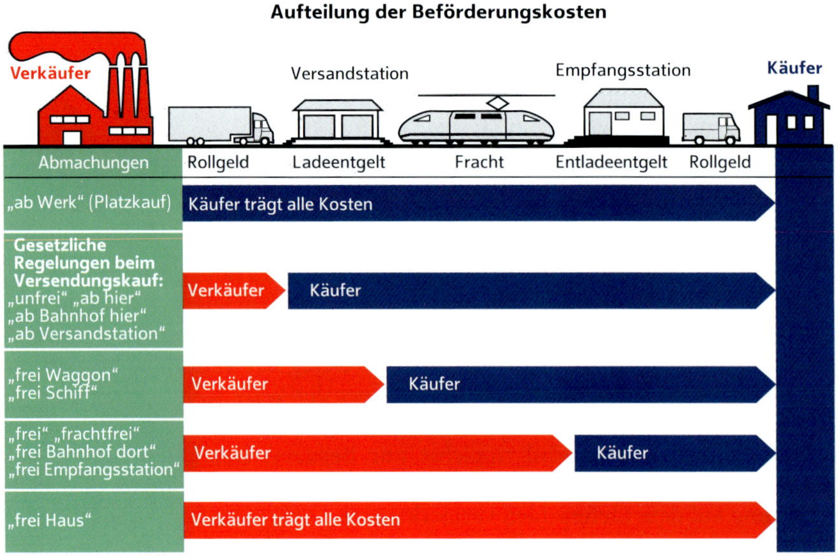

■ Erfüllungsort

Es ist der Ort, an dem die Vertragspartner ihre Leistungen zu erfüllen haben (§ 269 BGB).

- **Gesetzliche Regelung:**
  - Der **Erfüllungsort für die Warenlieferung** ist der **Wohn- oder Geschäftssitz des Verkäufers.** Die Gefahr, dass Ware durch Beschädigung, Verderb, Verlust oder Vernichtung beeinträchtigt wird, geht am Erfüllungsort auf den Käufer über. Somit bestimmt der Erfüllungsort den **Gefahrenübergang.**

    Beispiel Bei der Auslieferung einer Ladung Kopierpapier an die Primus GmbH verunglückt der Lkw des Spediteurs ohne Verschulden des Lkw-Fahrers, wobei das Kopierpapier zerstört wird. Es war keine vom Gesetz abweichende vertragliche Regelung getroffen worden, d.h., der Erfüllungsort ist der Geschäftssitz des Verkäufers. Obwohl die Ware nicht geliefert wird, kann der Lieferer von der Primus GmbH trotzdem die Zahlung des Kaufpreises verlangen. Das Transportrisiko kann jedoch durch eine Transportversicherung abgedeckt werden.

    Liegt bei der Warenlieferung an den Käufer bei Beschädigung oder Verlust einer Ware ein Verschulden des Verkäufers oder eines Frachtführers (z.B. Deutsche Post AG, Deutsche Bahn AG usw, vgl. S. 206) vor, so hat der Schuldige den Schaden zu tragen **(Verschuldensprinzip)**. Ein Verschulden liegt vor, wenn der Verkäufer oder sein Erfüllungsgehilfe vorsätzlich oder fahrlässig handelt.

    Beispiel Eine Warenlieferung wird wegen mangelhafter Verpackung beschädigt.

    Darüber hinaus gelten folgende Bestimmungen:

    - **Der Käufer holt die Ware ab**: Mit der Übergabe der Ware an den Käufer oder seinen Erfüllungsgehilfen geht die Gefahr auf den Käufer über.

      Beispiel In den allgemeinen Geschäftsbedingungen der Primus GmbH steht: „**9. Gefahrübergang**: Die Gefahr, trotz Verlustes oder Beschädigung den Preis zahlen zu müssen, geht mit der Übergabe auf den Käufer über." (vgl. S. 482)

    - **Die Ware wird auf Verlangen des Käufers versandt (Schickschuld)**: Die Gefahr geht mit der Auslieferung an den Frachtführer auf den Käufer über.
    - Beim **Platzkauf** haben Käufer und Verkäufer ihren Geschäftssitz am selben Wohnort. Die Gefahr geht mit der Übergabe der verkauften Waren an den Käufer über.

  - Der **Erfüllungsort für die Zahlung** ist der **Wohnsitz des Käufers**, da der Käufer an diesem Ort das Geld bereitzustellen bzw. zugunsten des Gläubigers aufzugeben hat. Der Käufer hat auf seine Gefahr und Kosten das Geld an den Wohn- oder Geschäftssitz des Verkäufers zu schicken, da **Geldschulden Bringschulden** sind. Der Erfüllungsort dient nur noch dem Nachweis, dass das Geld rechtzeitig bereitgestellt wurde.

    Beispiel Der Käufer lässt dem Lieferer das Geld durch die Bank überweisen, dem Lieferer geht das Geld aber nicht zu. Der Lieferer kann weiterhin auf Zahlung bestehen, der Käufer kann aber die Bank haftbar machen.

- **Vertragliche Regelung**: Im Kaufvertrag kann zwischen dem Käufer und dem Verkäufer ein vom Gesetz abweichender Erfüllungsort vereinbart werden. Dieser kann der Ort des Käufers, des Verkäufers oder ein anderer Ort sein.

Gerichtsstand

- **Gesetzliche Regelung**: Bei Streitigkeiten zwischen dem Käufer und dem Verkäufer ist das Gericht zuständig, in dessen Bereich der Erfüllungsort liegt. Da der Erfüllungsort der Wohn- oder Geschäftssitz des Schuldners ist, befindet sich **der Gerichtsstand grundsätzlich an dem für den Wohn- bzw. Geschäftssitz des jeweiligen Schuldners zuständigen Amts- bzw. Landgericht** (Amtsgericht bis zu 5.000,00 € Streitwert, Landgericht bei über 5.000,00 € Streitwert).
  - **Der Sitz des Verkäufers** ist der Gerichtsstand für Streitigkeiten aus der Lieferung **(Warenschuld).**
  - **Der Sitz des Käufers** ist der Gerichtsstand für Streitigkeiten um die Bezahlung **(Geldschuld).**

  Beispiel Das Bürofachgeschäft Herbert Blank in Oberhausen erhält von der Primus GmbH, Duisburg, eine Warenlieferung. Der gesetzliche Gerichtsstand für Streitigkeiten aus der Lieferung ist Duisburg, für die Streitigkeiten um die Zahlung Oberhausen.
- **Vertragliche Regelung**: Abweichungen von der gesetzlichen Regelung sind **nur beim zweiseitigen Handelskauf (beide Vertragspartner sind Kaufleute) möglich**. In der Praxis wird meistens der Geschäftssitz des Lieferers als Gerichtsstand für beide Vertragspartner vereinbart.

Zusammenfassung: Inhalte von Angeboten untersuchen

- Es gibt **keine konkreten gesetzlichen Vorschriften über den Inhalt** eines Angebots.
- Ist im Kaufvertrag eine bestimmte Einzelheit nicht angegeben, dann gelten die **Vorschriften des BGB oder des HGB**.
- Enthält das Angebot keine Angaben über die Güte der Ware, muss der Verkäufer **Waren mittlerer Güte liefern**.
-

Angaben über die Ware		Sonstige Angaben	
Art	**Güte**	**Menge**	**Preis**
wird bestimmt durch handelsübliche Bezeichnungen	wird bestimmt durch Muster und Proben, Güteklassen, Marken und Gütezeichen sowie durch Herkunft, Zusammensetzung und Jahrgang der Ware	wird angegeben in gesetzlichen Maßeinheiten, in Stückzahlen oder in handelsüblichen Bezeichnungen	bezieht sich auf eine handelsübliche Mengeneinheit oder auf eine bestimmte Gesamtmenge

- Enthält ein Angebot **keine Aussage zur Lieferzeit**, dann muss der Verkäufer **sofort liefern**.
- Vertraglich kann im Kaufvertrag ein **Terminkauf** (Lieferung innerhalb einer bestimmten Frist oder zu einem bestimmten Zeitpunkt) oder ein **Fixkauf** (Lieferung zu einem genau festgelegten Zeitpunkt) vereinbart werden.
- Beim **Kauf auf Abruf** wird die Ware auf Anweisung des Käufers ganz oder in Teilmengen später geliefert.
- Wenn im Angebot **keine Regelung über die Verpackung** getroffen wurde, muss der Käufer die Kosten der Verpackung tragen.

Geldschulden	Warenschulden
... sind **Bringschulden,** d.h., der Käufer muss auf seine Kosten das Geld an den Lieferer schicken.	... sind **Holschulden,** d.h., der Käufer trägt alle entstehenden Beförderungskosten ab der Versandstation (Klauseln: unfrei, ab hier, ab Bahnhof hier = **gesetzliche Regelung**).

- **Erfüllungsort** ist der Ort, an dem die Vertragspartner ihre Pflichten erfüllen und die Gefahr an den Käufer übergeht.
- **Gerichtsstand** ist der Ort, an dem bei Streitigkeiten aus dem Kaufvertrag verhandelt wird.

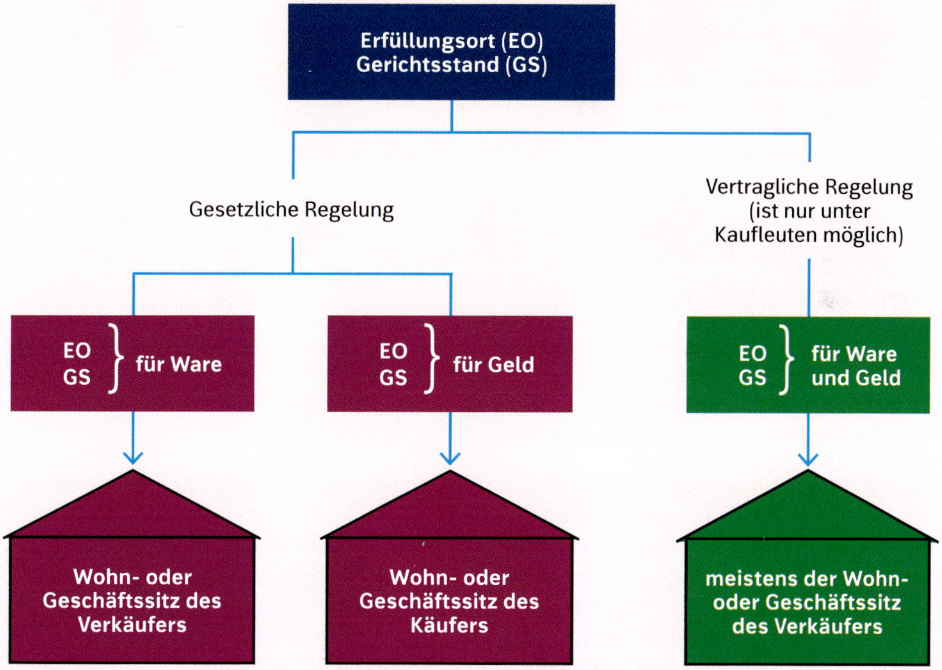

Aufgaben

1. *Erläutern Sie an Beispielen den Unterschied zwischen Gütezeichen und Marken.*
2. *Geben Sie die gesetzlichen Regelungen für den Fall an, dass im Angebot keine Angaben zu der angebotenen Menge und der Güte der Ware gemacht wurden.*

3. *Beschreiben Sie, worin der Unterschied zwischen einem Fix- und einem Terminkauf besteht.*

4. *Erläutern Sie die Aussage: „Geldschulden sind Bringschulden."*

5. *Erläutern Sie die Klausel „Zug um Zug".*

6. *Die Lieferungsbedingung lautet „frachtfrei". Die Fracht beträgt 40,00 €, die Hausfracht für die An- und Abfuhr je 10,00 €. Ermitteln Sie, wie viel Euro der Käufer für den Transport bezahlen muss.*

7. *Erklären Sie die Klausel „Warenschulden sind Holschulden".*

8. *Die Lieferung einer Ware an einen Kunden erfolgt durch die Deutsche Bahn AG. An Kosten entstehen:*

Hausfracht (Rollgeld) am Ort des Käufers	*10,00 €*
Hausfracht (Rollgeld) am Ort des Lieferers	*10,00 €*
Fracht	*180,00 €*
Entladekosten	*10,00 €*
Verladekosten	*10,00 €*

Welchen Kostenanteil hat der Käufer bei Vereinbarung nachfolgender Lieferungsbedingungen jeweils zu übernehmen?
a) frei Waggon b) frachtfrei c) ab Bahnhof hier d) ab hier e) frei Bahnhof dort

9. *Erläutern Sie, welche Bedeutung der Erfüllungsort hat.*

10. *Geben Sie an, was man unter Gerichtsstand versteht und wo sich der Gerichtsstand a) für Warenschulden, b) für Geldschulden befindet.*

11. *Begründen Sie, warum ein Lieferer bei einem Zielverkauf meistens einen Kauf unter Eigentumsvorbehalt vereinbart.*

12. *Beschreiben Sie die Vorteile des Käufers aus dem a) Kauf auf Abruf, b) Spezifikationskauf.*

13. *Sie finden in einem Angebot eines Verkäufers die Angabe „brutto für netto". Wie werden die Kosten für die Verpackung berechnet?*
    a) Die Verpackung bleibt unberechnet.
    b) Die Verpackung wird wie Ware berechnet.
    c) Die Verpackung muss zurückgesandt werden, ein Abnutzungsentgelt wird berechnet.
    d) Die Verpackung wird leihweise überlassen.
    e) Der Verkäufer zahlt die Kosten der Verpackung.
    f) Die Verpackung wird gesondert in Rechnung gestellt.

14. *Die Primus GmbH überlegt, welche Konditionen sie in folgenden Situationen mit nachfolgenden Kunden vereinbaren soll:*
    a) Die Otto Schmal & Söhne KG, ein neuer, unbekannter Kunde, bestellt Waren für 92.000,00 €.
    b) Die Müller GmbH tätigt eine Bestellung über 345.000,00 €.
    c) Der Bürofachhandel Herbert Blank e. K. hat in diesem Geschäftsjahr noch vier offene Posten. Der Kunde tätigt eine neue Bestellung über 46.000,00 €.
    d) Ein neuer Kunde tätigt eine Bestellung über 345,00 €.

    Begründen Sie unter Zuhilfenahme der AGB der Primus GmbH, welche Vereinbarungen die Primus GmbH mit diesem Kunden treffen sollte.

15. *Beschaffen Sie sich die Lieferungs- und Zahlungsbedingungen Ihrer Ausbildungsbetriebe.*
    a) Stellen Sie diese Ihren Mitschülern in geeigneter Weise vor.
    b) Vergleichen Sie die Lieferungs- und Zahlungsbedingungen Ihrer Ausbildungsbetriebe und suchen Sie nach Gründen für die unterschiedlichen Bedingungen.

2.8 Sich über das Zustandekommen von Kaufverträgen informieren

Handlungssituation

Die Primus GmbH bietet Endverbrauchern in ihrer Verkaufsboutique Büromöbel an. Die Kundin Gisela Klein will einen Drehstuhl im Wert von 130,00 € kaufen. Da Frau Klein nicht genügend Bargeld bei sich hat, zahlt sie 50,00 € an und verspricht, am nächsten Tag die restlichen 80,00 € zu bringen. Der Drehstuhl bleibt so lange im Verkaufsraum der Primus GmbH. Am nächsten Tag erscheint Frau Klein im Geschäft und verlangt ihr Geld zurück, da sie einen ähnlichen Drehstuhl in einem anderen Geschäft für 110,00 € gesehen hat.

Arbeitsaufträge

- *Stellen Sie fest, welche Pflichten die Kundin übernommen hat.*
- *Erläutern Sie anhand von selbst gewählten Beispielen, wie ein Kaufvertrag zustande kommt.*
- *Überprüfen Sie, ob die Kundin Klein ihr Geld zurückverlangen kann.*

Zustandekommen des Kaufvertrags

Der Kaufvertrag (§ 433 ff. BGB) des Verkäufers mit dem Käufer kommt durch **zwei übereinstimmende Willenserklärungen** zustande. Dabei kann die Initiative zum Abschluss des Kaufvertrags **(Antrag)** sowohl vom Verkäufer als auch vom Käufer ausgehen. Die Zustimmung zum Kaufvertrag erfolgt durch die **Annahme** des Käufers bzw. des Verkäufers. Folgende **Möglichkeiten des Zustandekommens eines Kaufvertrags** sind denkbar:

- **Der Verkäufer stellt den Antrag:**

Der Kaufvertrag kommt zustande, wenn die **Bestellung (Annahme) des Käufers** inhaltlich mit dem **Angebot (Antrag) des Verkäufers** übereinstimmt.

- **Der Käufer stellt den Antrag:**

Der Kaufvertrag kommt zustande, wenn der Verkäufer **(Annahme)** die Bestellung des Käufers **(Antrag)** annimmt.

Verpflichtungs- und Erfüllungsgeschäft

Aus dem Kaufvertrag entstehen für die Vertragsparteien Pflichten und Rechte. Mit dem Vertragsabschluss **(Verpflichtungsgeschäft)** verpflichten sich die Vertragsparteien, den Vertrag zu erfüllen **(Erfüllungsgeschäft)**. Die Pflichten des Verkäufers entsprechen den Rechten des Käufers und umgekehrt.

Pflichten des Verkäufers	Pflichten des Käufers
– Übergabe und Übereignung der mangelfreien Ware zur rechten Zeit und am rechten Ort – Annahme des Kaufpreises	– rechtzeitige Zahlung des vereinbarten Kaufpreises – Annahme der ordnungsgemäß gelieferten Ware

Die Vertragspartner können den Kaufvertrag erfüllen, indem sie ihren jeweiligen Verpflichtungen nachkommen. Zeitlich können zwischen dem Abschluss **(Verpflichtungsgeschäft)** und der Erfüllung **(Erfüllungsgeschäft)** des Kaufvertrags oft mehrere Wochen oder Monate liegen.

Beispiel Die Primus GmbH bestellt bei der Computec GmbH & Co. KG 300 USB-Sticks TI-5028, die erst in acht Wochen lieferbar sind. Nach acht Wochen liefert die Computec GmbH & Co. KG die bestellten USB-Sticks, die Primus GmbH zahlt bei Lieferung. Die **Verpflichtung** beider Vertragspartner entstand beim Abschluss des Kaufvertrags, der Vertrag wurde von der Computec GmbH & Co. KG durch die rechtzeitige und mangelfreie Lieferung und die Annahme des Kaufpreises und von der Primus GmbH durch die Annahme der bestellten USB-Sticks und rechtzeitige Bezahlung **erfüllt**.

Dienstleistungsabnahme

Bei Dienstleistungen ist die Dienstleistungsabnahme in §640 BGB geregelt. Sie ist die Erklärung des Bestellers, dass er das Werk akzeptiert und somit von erheblicher Bedeutung für die Abwicklung eines Werkvertrages. Die Abnahme ist vom Besteller ausdrücklich zu erklären, wobei in der Praxis häufig eine stillschweigende Abnahme erfolgt, die auch i. d. R. in einer vollständigen Zahlung der Vergütung gesehen werden kann.

Zusammenfassung: Sich über das Zustandekommen von Kaufverträgen informieren

- Der **Kaufvertrag** kommt durch **übereinstimmende Willenserklärungen** von zwei oder mehr Personen zustande (**Antrag und Annahme**).

- Der **Verkäufer verpflichtet sich**,
  - rechtzeitig und mangelfrei zu liefern und
  - dem Käufer das Eigentum an der Ware zu verschaffen.
- Der **Käufer verpflichtet sich**,
  - die ordnungsgemäß gelieferte Ware anzunehmen und
  - den Kaufpreis rechtzeitig zu zahlen.
- Beide **Vertragspartner** müssen ihre **Pflichten erfüllen**.

Aufgaben

1. *Erläutern Sie, wodurch sich Verpflichtungs- und Erfüllungsgeschäft unterscheiden.*
2. *Erklären Sie anhand von drei Beispielen, wie Verpflichtungs- und Erfüllungsgeschäft zeitlich auseinanderfallen können.*
3. *Welche Aussage über den Kaufvertrag ist richtig?*
   a) Die Eigentumsübertragung ist immer mit der Übergabe der Sache verbunden.
   b) Die Eigentumsübertragung an beweglichen Sachen erfolgt i. d. R. durch Einigung und Übergabe.
   c) Beim Kaufvertrag geht die Initiative zum Abschluss des Kaufvertrags immer vom Verkäufer aus.
   d) Der Kaufvertrag kommt schon durch den Antrag des Käufers an den Verkäufer zustande.
   e) Beim Kaufvertrag über gestohlene Waren kann der Käufer das Eigentum gutgläubig erwerben.
4. *Welche der nachfolgenden Maßnahmen*
   a) führen zum Abschluss des Kaufvertrags,
   b) gehören zur Erfüllung des Kaufvertrags?
   1. fristgemäße Bezahlung
   2. Bestellung
   3. Auftragsbestätigung
   4. Eigentumsübertragung
   5. fristgemäße Annahme der Ware
   6. ordnungsgemäße Lieferung
5. *Beschreiben Sie anhand eines Beispiels, wie ein Kaufvertrag zwischen einem Verkäufer und einem Käufer zustande kommt.*

2.9 Besondere Arten des Kaufvertrags kennenlernen

Handlungssituation

Die Primus GmbH vereinbart mit der Krankenhaus GmbH Duisburg den Verkauf von vier Bürostühlen auf Probe. Es wird eine fünftägige Rückgabefrist festgelegt. Die Krankenhaus GmbH will die Stühle in dieser Zeit in ihrer Verwaltung testen. Sie zahlt 300,00 € an. Nach 14 Tagen bringt ein Mitarbeiter des Krankenhauses die vier Stühle zurück zur Primus GmbH. Die Krankenhaus GmbH verlangt ihre Anzahlung zurück, da den Mitarbeitern die Stühle nicht gefallen.

Arbeitsaufträge

- *Geben Sie Gründe an, warum die Primus GmbH einen Kauf auf Probe mit Kunden vereinbart.*
- *Überprüfen Sie, ob die Primus GmbH die Stühle zurücknehmen und die Anzahlung zurückzahlen muss.*
- *Erläutern Sie den Kauf unter Eigentumsvorbehalt.*

Durch unterschiedliche Vereinbarungen zwischen Verkäufer und Käufer ergeben sich **verschiedene Arten von Kaufverträgen**.

Unterscheidung nach der rechtlichen Stellung der Vertragspartner

- **Bürgerlicher Kauf**: Wenn zwei Privatpersonen einen Kaufvertrag abschließen, spricht man von einem bürgerlichen Kauf. Es gilt das BGB.

  Beispiel Die Auszubildende Petra Jäger verkauft ihrer Freundin Nicole einen gebrauchten Blu-ray-Player.

- **Handelskauf**: Wenn ein Vertragspartner Kaufmann und das Geschäft für ihn ein Handelsgeschäft ist, liegt ein **einseitiger Handelskauf** vor. Für den Kaufmann gilt zusätzlich zum BGB auch das HGB. Für den Privatmann gelten nur die Bestimmungen des BGB. Unter einem **Verbrauchsgüterkauf** versteht man einen Kaufvertrag über den Kauf einer beweglichen Sache zwischen einem Unternehmen und einem Verbraucher. Für den Verbrauchsgüterkauf gelten grundsätzlich die Vorschriften des allgemeinen Kaufrechts im BGB (§ 433ff. BGB). Um den Verbraucher zusätzlich zu schützen, wurden für den Verbrauchsgüterkauf einige Spezialvorschriften erlassen (474ff. BGB, vgl. S. 602).

  Beispiele
  - Die Auszubildende Petra Jäger kauft in der Verkaufsboutique der Primus GmbH einen Massivholzschreibtisch **(Verbrauchsgüterkauf)**.
  - Ein Antiquitätenhändler kauft von einem Privatmann einen alten Schrank **(einseitiger Handelskauf)**.

Wenn beide Vertragspartner Kaufleute sind und im Rahmen ihres Handelsgewerbes Kaufverträge abschließen, liegt ein zweiseitiger Handelskauf vor. Es gelten die Bestimmungen des BGB und des HGB.

Beispiel Die Klöckner-Müller Elektronik AG bestellt bei der Primus GmbH, Duisburg, 50 Bürostühle.

Unterscheidung nach der Festlegung der Warenart und -güte

- **Stückkauf**: Die Kaufgegenstände sind **nicht vertretbare Sachen** (vgl. S. 469). Die Ware kann bei Verlust oder Zerstörung nicht durch eine andere Ware ersetzt werden, da sie entweder ein Einzelstück ist oder durch Gebrauch bestimmte Eigenschaften bekommen hat. Es handelt sich bei der Ware um ein Unikat.

  Beispiele Kunstwerke, Sonderanfertigung eines Schreibtisches, gebrauchte Gegenstände

- **Gattungskauf**: Die Kaufgegenstände sind **vertretbare Sachen** (vgl. S. 463), die nach allgemeinen Gattungsmerkmalen bestimmbar sind (z. B. Größe, Farbe, Zahl, Gewicht usw.). Von der Ware sind noch weitere gleichartige Stücke vorhanden, die untereinander austauschbar sind.

  Beispiele Bleistifte, Taschenrechner, Kopierpapier, Bürodrehstühle

- **Kauf auf Probe**: Der Käufer hat ein Rückgaberecht innerhalb einer vereinbarten Frist. Überschreitet der Käufer diese Frist, ist ein Kaufvertrag zwischen dem Verkäufer und dem Käufer zustande gekommen.

  Beispiel Die Krankenhaus GmbH Duisburg darf fünf Tage lang Bürostühle ausprobieren. Bei Nichtgefallen kann sie die Bürostühle innerhalb der Frist zurückgeben.

- **Kauf nach Probe (Muster)**: Der Käufer kann die Ware anhand eines Musters oder einer Probe begutachten. Die Probe oder das Muster sind **kostenlos**. Wenn dem Käufer die Probe oder das Muster gefallen, bestellt der Käufer. Die dann vom Verkäufer gelieferte Ware muss mit dem Muster oder der Probe übereinstimmen, da die Eigenschaften durch die Probe oder das Muster zugesichert sind.

  Beispiel Die Primus GmbH bekommt von der Latex AG Kopierpapier geliefert, das den vom Außendienst vorgelegten Mustern entsprechen muss.

- **Kauf zur Probe**: Der Käufer kauft eine kleine Menge, um die Ware zu testen. Sagt die Ware dem Käufer zu, wird er eine größere Menge kaufen. Der Käufer muss die Probe bezahlen.

  Beispiel Die Primus GmbH kauft bei einem Papierhersteller eine kleine Menge Kopierpapier, um es auszuprobieren.

- **Spezifikationskauf (Bestimmungskauf, vgl. S. 486)**: Lieferer und Käufer legen bei Vertragsabschluss nur die Menge und die Warenart der Gattungsware fest. Der Käufer kann innerhalb einer festgelegten Frist die genauen Details hinsichtlich Farbe, Form oder Größe bestimmen.

  Beispiel Die Primus GmbH behält sich bei der Bestellung von 20 000 Primus-Ordnern A4 vor, die Farben zu einem späteren Zeitpunkt zu bestimmen.

- **Ramschkauf (Kauf in Bausch und Bogen oder Kauf en bloc)**: Der Käufer kauft einen bestimmten Warenposten zu einem Pauschalbetrag, ohne dass für die einzelnen Waren eine bestimmte Qualität zugesichert wird.

  Beispiel Im Rahmen eines Insolvenzverfahrens wird der gesamte Kopierpapierbestand einer Papierfabrik von der Primus GmbH ersteigert.

- **Kauf nach Sicht**: Der Käufer kann die Waren vor Vertragsabschluss besichtigen und mögliche Mängel feststellen. Nach Kaufvertragsabschluss können keine Mängel mehr geltend gemacht werden.

  Beispiele
  - Vor einer Versteigerung können alle Gegenstände, die versteigert werden sollen, besichtigt werden. Wenn sich nach der Versteigerung ein Mangel herausstellt, kann der Käufer diesen nicht mehr geltend machen.
  - Wenn ein gebrauchter Pkw bei einem bürgerlichen Kauf veräußert wird, wird meistens die Klausel: „Kauf nach Sicht" vereinbart.

Unterscheidung nach dem Zeitpunkt der Zahlung

- **Kauf gegen Anzahlung** (vgl. S. 489): Vor der Warenlieferung muss der Käufer eine Anzahlung leisten. Der Verkäufer verlangt insbesondere dann eine Anzahlung, wenn
  - er für einen Kunden Sonderanfertigungen herstellen muss,
  - der Kunde eine größere Bestellung tätigt,
  - der Kunde sich Ware zurücklegen lässt.

- **Barkauf** (vgl. S. 489): Der Käufer muss die Ware sofort bei der Übergabe der Ware bezahlen (Zug-um-Zug-Geschäft).

- **Zielkauf** (vgl. S. 489): Der Verkäufer räumt seinen Kunden ein Zahlungsziel ein.

- **Abzahlungskauf (Ratenkauf)**: Durch den Ratenkauf ermöglicht der Verkäufer im Einzelhandel seinen Kunden ihren Zahlungsverpflichtungen in Teilbeträgen (Raten) nachzukommen.

  Beispiel Zahlung in sechs Monatsraten zu je 250,00 €

  Der Käufer wird i. d. R. erst dann Eigentümer der Ware, wenn er sie vollständig bezahlt hat. Die Bestimmungen im BGB zu den Teilzahlungsgeschäften (§ 355, 491 ff. BGB) beinhalten einige wichtige Regelungen, die ein Verkäufer beachten muss:

  - Teilzahlungsgeschäfte **müssen schriftlich** abgeschlossen werden.
  - Der Käufer kann **innerhalb zwei Wochen** nach Vertragsabschluss den Kaufvertrag **schriftlich widerrufen.**
  - Der Kunde muss auf dieses **Widerspruchsrecht** im Kaufvertrag **hingewiesen werden** und den Hinweis getrennt vom Kaufvertrag unterschreiben.
  - Der Kaufvertrag muss den Barzahlungspreis, den Teilzahlungspreis einschließlich aller Nebenkosten, den Betrag und die Zahl und Höhe der Teilzahlungen, Fälligkeit der Zahlungen, den effektiven Jahreszins und den Hinweis auf das gesetzliche Widerrufsrecht enthalten.

Beim Ratenkauf wird meistens zusätzlich vereinbart, dass die Weiterveräußerung der Ware nicht gestattet ist, solange der Käufer die Ware nicht vollständig bezahlt hat. Verkauft der Käufer die Ware trotzdem weiter, macht er sich der Unterschlagung (§ 246 Strafgesetzbuch StGB) schuldig.

Unterscheidung nach der Lieferbedingung

- **Terminkauf** (vgl. S. 488).

- **Fixkauf** (vgl. S. 488).

- **Kauf auf Abruf** (vgl. S. 488).

- **Streckengeschäft**: Der Lieferer sendet die Waren, die ein Kunde bei einem Unternehmen bestellt hat, direkt an den Kunden des Unternehmens.

Beispiel Der Kunde Herbert Blank e.K. hat bei der Primus GmbH 50 Beistelltische bestellt, diese werden von dem Lieferer direkt an den Kunden der Primus GmbH verschickt.

■ Unterscheidung nach dem Zeitpunkt der Eigentumsübertragung

Je nach Vereinbarung hinsichtlich des **Übergangs des Eigentums vom Verkäufer auf den Käufer** lassen sich folgende Sonderformen von Kaufverträgen unterscheiden:

- **Kauf unter Eigentumsvorbehalt** (vgl. AGB der Primus GmbH, S. 482): In der kaufmännischen Praxis **sichert der Lieferant** einer Ware, der seinen Abnehmern ein Zahlungsziel gewährt, **seine Forderung durch einen Eigentumsvorbehalt ab** (§ 448 BGB).

  Durch die Vereinbarung des Eigentumsvorbehalts im Kaufvertrag **bleibt der Verkäufer bis zur vollständigen Bezahlung** des Kaufpreises **Eigentümer** der Ware. Der **Käufer** wird zunächst **nur Besitzer**. Der Eigentumsvorbehalt muss ausdrücklich im Kaufvertrag vereinbart werden, es genügt nicht, dass er bei der Lieferung auf dem Lieferschein vermerkt wird. Der Eigentumsvorbehalt kann sowohl beim einseitigen als auch beim zweiseitigen Handelskauf (vgl. S. 498) vereinbart werden.

  – **Einfacher Eigentumsvorbehalt**: Im Kaufvertrag wird folgende Klausel aufgenommen: „Die Ware bleibt bis zur vollständigen Bezahlung mein/unser Eigentum." Man spricht in diesem Fall vom einfachen Eigentumsvorbehalt. Bei Lieferung unter Eigentumsvorbehalt hat der Verkäufer das Recht, bei nicht rechtzeitiger Bezahlung oder bei Nichtzahlung vom **Kaufvertrag zurückzutreten und die Herausgabe der Ware zu verlangen.**

    Der **Eigentumsvorbehalt erlischt** in dem Moment, in dem der Käufer den Kaufpreis vollständig bezahlt hat.

    Der einfache Eigentumsvorbehalt hat für den Verkäufer **folgende Vorteile**:

    - Herausgabe der Ware, falls der Käufer seinen Zahlungsverpflichtungen nicht nachkommt,
    - sollte der Käufer ein Insolvenzverfahren anmelden, kann der Verkäufer die Ware aus der Insolvenzmasse aussondern lassen, d. h., Gegenstände, die dem Insolvenzschuldner nicht gehören, werden ausgesondert und dem Eigentümer zurückgegeben.
    - sollte die Ware beim Käufer durch einen Vollstreckungsbeamten gepfändet werden, kann der Verkäufer die Freigabe der Ware verlangen (Drittwiderspruchsklage gegen den pfändenden Gläubiger) d. h., Gegenstände, die mit einem besonderen Recht (z. B. Sicherungsübereignung) gesichert sind, werden abgesondert und zur Befriedigung der Gläubiger verwertet. LF 9

    Der einfache Eigentumsvorbehalt hat **folgende Nachteile**:

    - Die Ware kann an einen gutgläubigen Dritten weiterverkauft werden.

      Beispiel Die Primus GmbH verkauft die von Lieferern unter Eigentumsvorbehalt gelieferten Waren an ihre Kunden weiter. Der Kunde wird Eigentümer der Ware, da er die Waren gutgläubig erworben hat. Der Eigentumsvorbehalt der Lieferer erlischt.

    - Die Ware kann verarbeitet, verbraucht, vernichtet oder mit einer unbeweglichen Sache fest verbunden werden.

      Beispiele

      – Eine Kfz-Werkstatt schweißt an den Pkw eines Kunden den vom Hersteller unter Eigentumsvorbehalt gelieferten Kotflügel an. Der Kunde wird Eigentümer des Kotflügels **(Verarbeitung).**

      – Ein Gemüsegroßhändler beliefert die Kantine eines Betriebs mit Gemüse und Kartoffeln unter Eigentumsvorbehalt. Nach einer Woche ist die gesamte Lieferung verbraucht **(Verbrauch).**

– Ein Unternehmen hat von einem Kfz-Händler einen Pkw unter Eigentumsvorbehalt gekauft. Nach vier Tagen wird der Pkw durch Verschulden eines Mitarbeiters des Unternehmens bei einem Unfall zerstört **(Vernichtung)**. Um sich vor diesem Fall zu schützen, verlangt der Verkäufer vom Käufer den Abschluss einer Vollkaskoversicherung. Im Schadensfall erhält der Verkäufer Ersatz von der Versicherung.
– Ein Baustoffhändler liefert einem Privatmann, der ein Haus baut, Steine. Die Steine werden in der Außenwand des Rohbaus vermauert **(Verbindung mit einer unbeweglichen Sache)**.

In diesen Fällen erlischt der einfache Eigentumsvorbehalt.

– **Verlängerter Eigentumsvorbehalt**: Um sich vor den genannten Nachteilen zu schützen, vereinbart der Lieferer mit seinen Kunden den **verlängerten Eigentumsvorbehalt**, d. h., die beim Weiterverkauf entstehenden Forderungen werden an den Lieferer abgetreten, bei Verarbeitung erwirbt der Lieferer Miteigentum an der hergestellten Sache.

  Beispiel Die Herstadt Warenhaus GmbH verkauft von der Primus GmbH unter Eigentumsvorbehalt gelieferte Ware an ihre Kunden weiter. Die Herstadt Warenhaus GmbH hat ihre Kaufpreisforderung gegen ihre Kunden im Voraus an die Primus GmbH abgetreten.

– **Der erweiterte Eigentumsvorbehalt**: Eine dritte Form des Eigentumsvorbehalts stellt der **erweiterte Eigentumsvorbehalt** dar. Er liegt dann vor, wenn der Lieferer nicht nur die Forderung aus einer Warenlieferung absichert, sondern **wenn sämtliche Lieferungen an einen Käufer durch den Eigentumsvorbehalt gesichert werden.** Das Eigentum geht erst mit der Begleichung aller Forderungen des Verkäufers an den Käufer über.

  Beispiel Die Primus GmbH hat der Klöckner-Müller Elektronik AG im Laufe des letzten Jahres sieben unterschiedliche Warenlieferungen zukommen lassen. Das Eigentum aller Lieferungen ging erst dann auf die AG über, als alle sieben Lieferungen vollständig bezahlt waren.

- **Kommissionskauf**: Beim Kommissionsgeschäft schließt ein Unternehmen (Kommissionär) mit seinem Lieferer (Kommittent) einen **Kommissionsvertrag** ab, wobei der **Kommittent** Eigentümer der Ware bleibt (§ 383 HGB). Der **Kommissionär** wird Besitzer der gelieferten Ware. Er verkauft die Kommissionsware in seinem Namen. Die verkaufte Ware rechnet der Kommissionär mit dem Lieferer ab **(Verkauf in eigenem Namen für fremde Rechnung)**. Nicht verkaufte Ware gibt der Kommissionär an den Kommittenten zurück.

Zusammenfassung: Besondere Arten des Kaufvertrags kennenlernen

- **Nach der rechtlichen Stellung der Vertragspartner** unterscheidet man bürgerlichen Kauf, einseitigen und zweiseitigen Handelskauf.
- **Nach der Art und Güte der Ware** lassen sich folgende Kaufverträge unterscheiden: Kauf auf Probe, Kauf nach Probe, Kauf zur Probe, Stück-, Gattungs-, Spezifikations-, Ramschkauf, Kauf nach Sicht.

- **Nach dem Zeitpunkt der Zahlung** unterscheidet man Kauf gegen Anzahlung, Barkauf, Zielkauf, Abzahlungskauf (Ratenkauf).
- **Nach der Lieferbedingung** unterscheidet man den Terminkauf, den Fixkauf, den Kauf auf Abruf und das Streckengeschäft.
- Hinstichtlich des Übergangs des Eigentums lassen sich verschiedene **Sonderformen des Kaufvertrags** unterscheiden.
  - Beim **Kauf unter Eigentumsvorbehalt** bleibt der Verkäufer bis zur vollständigen Bezahlung durch den Käufer Eigentümer der Ware.
  - Beim **verlängerten Eigentumsvorbehalt** werden die beim Weiterverkauf entstehenden Forderungen vom Käufer an den Lieferer abgetreten.
  - Beim **erweiterten Eigentumsvorbehalt** geht das Eigentum an den Waren erst mit der Begleichung aller Forderungen des Verkäufers an den Käufer über.
- Beim **Kommissionskauf** wird der Käufer nur Besitzer der Ware. Er verkauft sie im Auftrag des Lieferers und kann die nicht verkaufte Ware an den Lieferer zurückgeben.

Aufgaben

1. *Erläutern Sie, welchen Vorteil der Kauf auf Probe für den Käufer und den Verkäufer hat.*
2. *Beschreiben Sie, wodurch sich Stück- und Gattungskauf unterscheiden.*
3. *Begründen Sie, warum ein Abzahlungskauf einem Kreditkauf entspricht.*
4. *Erläutern Sie an je einem Beispiel, wodurch ein bürgerlicher Kauf, einseitiger und zweiseitiger Handelskauf gekennzeichnet sind.*
5. *Erläutern Sie die Besonderheiten des Abzahlungskaufes (Ratenkaufes).*
6. *Beschreiben Sie die Vorteile für einen Käufer aus dem*
   a) Kauf auf Abruf,
   b) Kauf nach Probe,
   c) Spezifikationskauf,
   d) Kauf zur Probe.
7. *Geben Sie Beispiele für die Fälle an, in denen der einfache Eigentumsvorbehalt erlischt.*
8. *Welche der folgenden Aussagen zum Eigentumsvorbehalt sind richtig?*
   a) Der Eigentumsvorbehalt ist eine Vereinbarung zwischen Käufer und Verkäufer, nach der der Verkäufer bis zur vollständigen Bezahlung Eigentümer der Ware bleibt.
   b) Solange der Eigentumsvorbehalt besteht, darf der Käufer die unter Eigentumsvorbehalt gelieferte Ware nicht verarbeiten.
   c) Der Eigentumsvorbehalt erlischt, wenn die Ware von einem gutgläubigen Dritten erworben wird.
   d) Wird eine unter Eigentumsvorbehalt gelieferte Ware gepfändet, kann der Verkäufer die Freigabe verlangen.
   e) Der Käufer darf die unter Eigentumsvorbehalt gelieferte Ware frühestens nach einer Teilzahlung verarbeiten.
   f) Wird eine Sache unter Eigentumsvorbehalt geliefert, so genügt es, wenn dieses auf dem Lieferschein vermerkt wird.

3 Anfragen und Angebote bearbeiten

LS

3.1 Bezugskalkulation durchführen

Handlungssituation

Neben den bereits bestellten Schreibtischen, Bildschirm-Arbeitstischen, Rollcontainern und Bürodrehstühlen benötigt die Stadtverwaltung Duisburg diverses Büromaterial. Aus diesem Grunde bestellt die Primus GmbH Büromaterial bei ihrem Lieferanten, der Giesen & Co. OHG. Zwei Tage nach der Lieferung der bestellten Waren erhält die Primus GmbH folgende Rechnung:

Giesen & Co. OHG
Herstellung von Kleingeräten für Schulungsbedarf

Giesen & Co. OHG, Quarzstraße 98, 51371 Leverkusen
Primus GmbH
Koloniestraße 2 – 4
47057 Duisburg

Ihr Zeichen:	ko-cr
Ihre Nachricht vom:	30.07.20..
Unser Zeichen:	ge-gi
Unsere Nachricht vom:	06.08. 20..
Ihr Ansprechparter:	Frau Gentgen
Abteilung:	Verkauf
Telefon:	0214 7667-54
Fax:	0214 7667-34
E-Mail:	info@giesen.de
Internet:	www.giesen.de
Datum:	20.08.20..

Rechnung

Kunden-Nr.	Rechnungs-Nr.	Datum	Blatt
53427	6781/97	20.08.20..	1

Pos.	Artikel-Nr.	Artikelbezeichnung	Menge	Bruttogewicht in kg	Einzelpreis €	Gesamtpreis €
1	420115	Primus Heftzange B 36	600	50	3,74	2.244,00
2	420108	Primus Textmarker 6 St.	2 800	90	1,15	3.220,00
3	420100	Primus Bleistifte 12 St.	4 000	70	1,38	5.520,00
						10.984,00
		– 10 % Rabatt				– 1.098,40

Warenwert netto	Verpackung	Fracht	Versicherung	Entgelt netto	USt-%	USt-€	Gesamtbetrag
9.885,60	21,00	84,00	494,28	10.484,88	19	1.992,13	**12.477,01**

SEB Bank Leverkusen
IBAN: DE33 3701 0111 0674 5638 70
BIC: ESSEDE5F370
Erfüllungsort und Gerichtsstand: Leverkusen

Zahlung: 7 Tage mit 2 % Skonto vom Warenwert oder in 20 Tagen netto Kasse
Lieferung: ab Werk Leverkusen per Lkw

USt-IdNr.: DE339765315
Steuernummer: 230/9645/9123
Handelsregister Leverkusen HRA 2256

Herr Schubert, Gruppenleiter Rechnungswesen, beauftragt die Auszubildende Nicole Höver festzustellen, wie viel jeweils eine Heftzange, ein Paket Textmarker und ein Paket Bleistifte die Primus GmbH tatsächlich kostet. Nicole denkt: *„Was soll ich denn noch rechnen, es steht doch auf der Rechnung, was jeweils ein Stück kostet!"*

Arbeitsaufträge

- *Überprüfen Sie, ob Nicole mit ihrer Ansicht recht hat.*
- *Ermitteln Sie den Zieleinkaufspreis für die gesamte Warenlieferung.*
- *Ermitteln Sie den Zieleinkaufspreis für eine Heftzange, ein Paket Textmarker und ein Paket Bleistifte.*
- *Ermitteln Sie den Bezugs-/Einstandspreis für eine Heftzange, ein Paket Textmarker und ein Paket Bleistifte.*

Kalkulieren heißt Preise berechnen. Unternehmen müssen wissen, zu welchem **Bezugspreis (Einstandspreis)** sie ihre Waren einkaufen **(Bezugskalkulation)**, weil diese Werte Grundlage für die Bemessung des Verkaufspreises sind.

Waren sollen so preisgünstig wie möglich eingekauft werden. Folglich hat die Beschaffungsabteilung die Aufgabe,
- den günstigen Einkaufszeitpunkt zu ermitteln,
- die optimale Bestellmenge festzulegen (vgl. S. 435),
- Skonto auszunutzen und
- auf günstige Lieferungs- und Zahlungsbedingungen zu achten.

Insbesondere bei festen Einkaufsbudgets sind für Waren **Preisobergrenzen** festzulegen. LF 5
Diese Preisobergrenzen dienen als Orientierungshilfe für die Verhandlungen mit den Lieferern. Die Einkaufsabteilung ist daran gebunden und versucht, die gewünschten Preise bei den Lieferern durchzusetzen. Der für den Einkauf entscheidende Preis ist der **Bezugs- oder Einstandspreis.** Er wird durch die **Bezugskalkulation** ermittelt.

Zur Ermittlung des Bezugspreises (Einstandspreises) von Handelswaren benutzt man folgendes **Kalkulationsschema**:

Bruttomenge
– Tara (= Gewichtsabzüge)
Nettomenge · Preis je Einheit

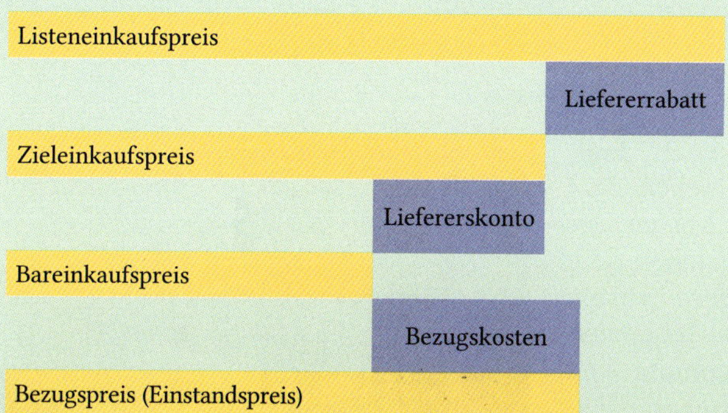

Listeneinkaufspreis
– Liefererrabatt
Zieleinkaufspreis
– Liefererskonto
Bareinkaufspreis
+ Bezugskosten
Bezugspreis (Einstandspreis)

Bezugskalkulation

Die für den Bezug von Ware infrage kommenden Lieferer haben i. d. R. unterschiedliche Preise. Um Angebote miteinander vergleichen zu können, müssen ihre Preise vergleichbar gemacht werden. Es muss der Bezugs- oder Einstandspreis für jede Ware ermittelt werden (vgl. S. 513).

In der **Bezugskalkulation** geht man vom **Listeneinkaufspreis** (= Preis, den der Lieferer nach Preisliste verlangt) aus. Bei der Bezugskalkulation werden die einzelnen Mengen- und Wertabzüge (Rabatt/Skonto) stufenweise berechnet.

LF 6 Die **Umsatzsteuer**, die der Lieferer in Rechnung stellt, geht nicht in die Kalkulation ein, weil sie vom Unternehmen als absetzbare Vorsteuer gegenüber dem Finanzamt geltend gemacht werden kann. Sie ist somit kein Kostenbestandteil.

Die einfache Bezugskalkulation

Bei der einfachen Bezugskalkulation wird nur eine Ware bezogen. Die Bezugskosten fallen nur für diese Ware an.

Kalkulation des Bareinkaufspreises

Um den Bareinkaufspreis ermitteln zu können, muss ein Unternehmen die Nettomenge (Bruttomenge – Tara) und den Listeneinkaufspreis errechnen, aus dem man durch Abzug von Liefererrabatt und Liefererskonto den Bareinkaufspreis ermittelt. Zur Ermittlung des Bareinkaufspreises sind je nach Vereinbarung mit dem Lieferer **Gewichts-** und **Preisabzüge** zu berücksichtigen.

- **Gewichtsabzüge**: Bei der Gewichtsermittlung ist zwischen dem **Brutto-** oder **Rohgewicht** (Ware mit Verpackung), **Tara** oder **Verpackungsgewicht** und **Netto-** oder **Reingewicht** (Ware ohne Verpackung) zu unterscheiden.
- **Nachlässe**: Bei den Nachlässen unterscheidet man zwischen **Rabatt (Preisnachlass)** und **Skonto (Nachlass auf den Rechnungsbetrag für vorzeitige Zahlung)**.
- **Ermittlung des Bareinkaufspreises**: Ziel dieser Einkaufskalkulation ist die Ermittlung des Bareinkaufspreises, also des Preises, den der Käufer am Ort des Verkäufers tatsächlich zu zahlen hat. Der Bareinkaufspreis ergibt sich aus dem Listeneinkaufspreis, vermindert um Rabatt und Skonto.

Bei der Ermittlung des Bareinkaufspreises ist zuerst der Rabatt vom Listeneinkaufspreis zu subtrahieren, denn der vom Lieferer gewährte Rabatt beeinflusst den Zieleinkaufspreis. Danach wird vom Zieleinkaufspreis der Skonto berechnet, den das Unternehmen dann abziehen kann, wenn es den Rechnungsbetrag vorzeitig ausgleicht.

Kalkulation des Bezugspreises (Einstandspreis)

Grundsätzlich sind Warenschulden Holschulden, d. h., der Käufer hat neben dem Transportrisiko auch noch die Kosten des Transports zu tragen. Daher entstehen dem Unternehmen beim Einkauf der meisten Waren Bezugskosten. Die zu tragenden Bezugskosten sind aus der Rechnung und den Beförderungspapieren zu ersehen. Vielfach sind jedoch die Bezugskosten vom

Lieferer in den Verkaufspreis einkalkuliert, dann bekommt der Käufer die Ware frei Haus angeboten.

Zu den **Bezugskosten** zählen im Einzelnen:

Verpackungskosten, Verlade- und Wiegekosten, Rollgeld, Fracht, Transportversicherung, Zölle, Einkaufsprovision.

Der Bezugs-/Einstandspreis wird berechnet, indem man zum Bareinkaufspreis die Bezugskosten addiert.

Beispiel Die Primus GmbH bezieht eine Warensendung mit dem Bruttogewicht von 320 kg. Die Tara beträgt 2,5%, der Listeneinkaufspreis 7,32 € je kg. Der Lieferer gewährt 5% Rabatt und 2% Skonto. Die Fracht beträgt 91,20 €, das Rollgeld 11,20 €. Für Verpackung werden 26,74 € berechnet. Berechnen Sie den Bezugspreis (Einstandspreis) für die gesamte Lieferung und je kg.

Lösung

①		Bruttogewicht	320 kg	
	–	Tara 2,5%	8 kg	
		Nettogewicht	312 kg · 7,32 € = 2.283,84 €	

		Listeneinkaufspreis		2.283,84 €
	–	Liefererrabatt 5%		114,19 €
		Zieleinkaufspreis		2.169,65 €
	–	Liefererskonto 2%		43,39 €
②		Bareinkaufspreis		2.126,26 €
	+	Bezugskosten		
		Fracht	91,20 €	
		Rollgeld	11,20 €	
		Verpackung	26,74 €	129,14 €
③		Bezugs-/Einstandspreis der Lieferung		2.255,40 €

④ 2.255,40 € : 312 kg = 7,23 €

Der Bezugs-/Einstandspreis beträgt 7,23 € je kg.

Lösungsweg

① Stellen Sie das Kalkulationsschema auf.
Berechnen Sie

② das Nettogewicht, indem Sie vom Bruttogewicht die Tara abziehen,

③ den Listeneinkaufspreis: = Nettogewicht · Preis je Einheit,

④ den Zieleinkaufspreis, indem Sie den Liefererrabatt vom Listeneinkaufspreis abziehen,

⑤ den Bareinkaufspreis der Lieferung, indem Sie den Liefererskonto vom Zieleinkaufspreis abziehen,

⑥ den Bezugs-/Einstandspreis der Lieferung, indem Sie die Bezugskosten ermitteln und zum Bareinkaufspreis addieren,

⑦ den Bezugs-/Einstandspreis je Einheit, indem Sie den Bezugs-/Einstandspreis der Lieferung durch die Nettomenge dividieren.

	A	B	C	D	E	F	G
1	**Bezugskalkulation (Angebotsvergleich)**						
2	Beim Angebotsvergleich werden die Daten verschiedener Lieferer verglichen, um das preisgünstigste						
3	Angebot zu ermitteln.						
4		Bürodesign GmbH		Computec GmbH & Co. KG		Schmitt & Co. KG, Büromöbel	
5	Kalkulationsschema						
6		%	€	%	€	%	€
7	Listenpreis		200,00		194,00		215,00
8	- Liefererrabatt	15,0	30,00	10,0	19,40	25,0	53,75
9	= Zieleinkaufspreis		170,00		174,60		161,25
10	- Liefererskonto	2,0	3,40	2,0	3,49	0,0	0,00
11	= Bareinkaufspreis		166,60		171,11		161,25
12	+ Bezugskosten		2,00		0,00		5,00
13	= Bezugspreis		168,60		171,11		166,25
14							
15	Der Block B7:C13 wurde mit Eingaben und Formeln erstellt und anschließend auf die Blocks D7:E13 bzw.						
16	F7:G13 kopiert. Bei Bedarf sind weitere Lieferer durch Kopieren in zusätzlichen Spalten zu berücksichtigen.						
17	Eingaben in C7, E7, G7, B8, D8, F8, B10, D10, F10, C12, E12, G12.						
18	Ausgabe in C8 durch die Formel =C7*B8/100, in C9 durch die Formel =C7-C8, in C10 durch die Formel = C9*B10/100						
19	Ausgabe in C11 durch die Formel =C9-C10, in C13 durch die Formel =C11+C12						

Die zusammengesetzte Bezugskalkulation (Verteilung von Wert- und Gewichtsspesen)

Bei der zusammengesetzten Bezugskalkulation werden mehrere Waren in einer Sendung bezogen. Beim Bezug mehrerer Waren in einer Sendung werden dem Unternehmen **Bezugskosten** in Rechnung gestellt, die dann auf die einzelnen Waren zu verteilen sind, um den Bezugs-/Einstandspreis je Ware zu ermitteln.

Die Bezugskosten unterteilt man hierbei nach der Berechnungs- und Verteilungsgrundlage in **Gewichtsspesen** (Fracht, Verladekosten, Rollgeld) und **Wertspesen** (Versicherungen, Wertzölle, Provisionen).

- Unter den **Gewichtsspesen** versteht man alle Bezugskosten, die nach dem Bruttogewicht der einzelnen Waren verteilt werden.
- Zu den **Wertspesen** zählt man solche Bezugskosten, die nach dem Wert (= Zieleinkaufspreis) der einzelnen Waren verteilt werden.
- Grundlage für die **Verteilung der Gewichtsspesen** ist das Bruttogewicht, während die **Wertspesen nach dem Wert der einzelnen Waren** verteilt werden.

Beispiel Die Primus GmbH bezieht in einer Lieferung der Latex AG zwei verschiedene Waren in einer Sendung:

Ware I, Bruttogewicht 160 kg, 5% Tara, Listeneinkaufspreis 420,00 €

Ware II, Bruttogewicht 140 kg, 5% Tara, Listeneinkaufspreis 360,00 €

Die Papierwerke Iserlohn GmbH gewährt 10% Rabatt und 3% Skonto. An Bezugskosten für diese Warenlieferung entstehen für Fracht 22,00 €, Rollgeld 8,00 € und Transportversicherung 13,00 €.

Berechnen Sie den Bezugs-/Einstandspreis für jede Ware und je kg.

a) Wie viel Bezugsspesen entfallen auf jede Ware?

b) Wie viel Euro kostet 1 kg von jeder Ware einschließlich Bezugsspesen?

Lösung a) Verteilung der Gewichts- und Wertspesen

①	Gewichtsspesen				Wertspesen			
WARE	**Bruttogewicht in kg**	**Anteile (Verteilungsschlüssel)** ②	**Wert je Anteil in €**	**Anteil insgesamt in €** ⑤	**Zieleinkaufspreis in €** ⑤	**Anteile (Verteilungsschlüssel)** ②	**Wert je Anteil in €**	**Anteil insgesamt in €** ⑤
I II	160 140	8 7	2,00 2,00	16,00 14,00	378,00 324,00	7 6	1,00 1,00	7,00 6,00
		③ 15	=	⑥ 30,00		③ 13	=	⑥ 13,00
		1	=	x		1	=	x
		④ x	=	2,00		④ x	=	1,00

Lösungsweg

Gewichtsspesen	Lösungsweg	Wertspesen
Verteilungsgrundlage bilden die Gesamtgewichte (Bruttogewichte) der Waren.	① Stellen Sie die Verteilungstabelle auf.	Verteilungsgrundlage bilden die Zieleinkaufspreise der Waren (Listeneinkaufspreis – Rabatt).
weitestgehende Kürzung der Gewichte, z. B. 160 : 20 = 8 140 : 20 = 7	② Ermitteln Sie den Verteilungsschlüssel.	Kürzung der Zieleinkaufspreise der Warengruppe, z. B. 378 : 54 = 7 324 : 54 = 6
Danach stimmen der Lösungsweg für Gewichts- und Wertspesen überein.		
③ Ermitteln Sie die Summe der Anteile.		
④ Ermitteln Sie den Wert je Anteil, indem Sie die Verteilungssumme durch die Summe der Anteile dividieren.		
⑤ Ermitteln Sie den Spesenanteil jeder Warengruppe, indem Sie die Anteile mit dem Wert je Anteil multiplizieren.		
⑥ Führen Sie die Kontrolle durch, indem Sie die Spesenanteile jeder Warengruppe addieren.		

Lösung b) Berechnung der Bezugs-/Einstandspreise
Der Bezugspreis (Einstandspreis) je kg der Ware I beträgt 2,56 € und der Ware II 2,51 €.

①		Ware I	Ware II
	Listeneinkaufspreis – Rabatt 10 %	420,00 € 42,00 €	360,00 € 36,00 €
	Zieleinkaufspreis – Skonto 3 %	378,00 € 11,34 €	324,00 € 9,72 €
②	Bareinkaufspreis + Gewichtsspesen + Wertspesen	366,66 € 16,00 € 7,00 €	314,28 € 14,00 € 6,00 €
③	Bezugs-/Einstandspreis der Waren insgesamt	389,66 €	334,28 €
④	Bezugs-/Einstandspreis je kg	389,66 : 152 = 2,56 €	334,28 : 133 = 2,51 €

Lösungsweg

① Stellen Sie das Kalkulationsschema auf.

② Berechnen Sie den Bareinkaufspreis mit den angegebenen Prozentsätzen.

③ Berechnen Sie den Bezugs-/Einstandspreis der Lieferung, indem Sie die anteiligen Bezugskosten zum Bareinkaufspreis addieren.

④ Berechnen Sie den Bezugs-/Einstandspreis je Einheit, indem Sie den Bezugs-/Einstandspreis der Lieferung durch die Nettomenge dividieren.

Zusammenfassung: Bezugskalkulation durchführen

Einfache Bezugskalkulation	Schema zur Ermittlung des Bezugs- oder Einstandspreises	Zusammengesetzte Bezugskalkulation
– **Bezugskosten** entfallen auf einen Artikel. – **Bezugskosten:** Verpackungs-, Verlade-, Wiegekosten, Rollgeld, Fracht, Transportversicherung, Zölle, Einkaufsprovision	Listeneinkaufspreis – Rabatt Zieleinkaufspreis – Skonto Bareinkaufspreis + Bezugskosten Bezugs-/Einstandspreis	– Bezugskosten entfallen auf mehrere Artikel. – Nach der Kostenverursachung sind die Bezugskosten in Wert- und Gewichtsspesen zu unterteilen. – Wertspesen werden entsprechend dem Wert der Ware verteilt. – Gewichtsspesen werden nach dem Gewicht der Ware verteilt.

Aufgaben

1. *Eine Warensendung hat ein Rohgewicht von 2500 kg. Die Tara beträgt 246 kg. Der Listeneinkaufspreis beträgt 0,70 € je Kilogramm des Nettogewichts. Der Lieferer gewährt 12,5 % Rabatt und 2 % Skonto. Die Bezugskosten betragen 5,00 € je 100 kg. Berechnen Sie den Bezugs-/Einstandspreis für die gesamte Lieferung und je Kilogramm.*

2. *Ein Großhändler bezieht eine Ware im Bruttogewicht von 1 060 kg. Die Verpackung wiegt 75 kg. Der Lieferer berechnet 2,85 € je kg Nettogewicht und gewährt 10 % Rabatt und 3 % Skonto. Die Fracht beträgt 5,20 € für 100 kg.*
   Berechnen Sie den Bezugs-/Einstandspreis für die Warensendung und je Kilogramm.

3. *Der Listeneinkaufspreis einer Ware beträgt 700,00 €, der Zieleinkaufspreis 560,00 €, der Bezugs-/Einstandspreis einschließlich 30,00 € Bezugskosten 578,80 €.*
   Berechnen Sie
   a) den Rabatt in Prozent,
   b) den Bareinkaufspreis in Euro,
   c) den Skonto in Prozent.

4. *Der Zieleinkaufspreis einer Ware beträgt nach Abzug von 5 % Rabatt 13.300,00 €. Außerdem werden dem Käufer 2 % Skonto gewährt und 1.766,00 € Bezugskosten berechnet. Berechnen Sie*
   a) den Listeneinkaufspreis,
   b) den Bareinkaufspreis,
   c) den Bezugs-/Einstandspreis.

5. *Beim Einkauf einer Ware erhielt ein Handwerksbetrieb 12,5 % Mengenrabatt; das entsprach 17,50 €. Darüber hinaus zog der Handwerksbetrieb 2,5 % Skonto ab. Ermitteln Sie*
a) den Listeneinkaufspreis,
b) den Zieleinkaufspreis,
c) den Bareinkaufspreis.

6. *Die Stadtverwaltung Duisburg bezieht 320 Stück einer Ware zum Listeneinkaufspreis von 5,00 € je Stück. Der Lieferer gewährt 20 % Rabatt. Da die Stadtverwaltung Duisburg innerhalb von zehn Tagen zahlt, zieht er 2,5% Skonto ab. Der Bezugs-/Einstandspreis für die gesamte Sendung beträgt 1.300,00 €.*
a) Wie viel Euro beträgt der Zieleinkaufspreis für die Sendung?
b) Wie viel Euro beträgt der Bareinkaufspreis für die Sendung?
c) Wie viel Cent Bezugskosten entfallen auf ein Stück der Ware?

7. *Die Verwaltung einer Stadt will 150 Stück eines Artikels einkaufen. Er erhält folgende Angebote:*

Angebot	Preis je Stück	Zahlungsbedingungen	Rabatt	Frachtkosten
1	260,00 €	2 % Skonto bei Zahlung innerhalb von zehn Tagen, 30 Tage ohne Abzug	–	frei Haus
2	268,00 €	30 Tage Ziel	4 % bei Abnahme von mindestens 100 Stück	frei Haus
3	256,00 €	2,5 % Skonto bei Zahlung innerhalb von zehn Tagen, 30 Tage ohne Abzug	–	2,00 € je Stück

Ermitteln Sie den Bezugs-/Einstandspreis je Stück netto unter Ausnutzung des Skontos für diese drei Angebote.

8. *Die Schneider Bauwaren OHG bezieht in einer Warensendung:*
Ware I, brutto 3500 kg, Tara 4 %, zu 700,00 € je 100 kg netto
Ware II, brutto 1500 kg, Tara 4 %, zu 900,00 € je 100 kg netto
Der Lieferer gewährt 25 % Sonderrabatt und 2,5 % Skonto. Die Gewichtsspesen betragen 250,00 € und die Wertspesen 266,00 €.
Über wie viel Euro lautet der Bezugs-/Einstandspreis für ein kg jeder Ware?

9. *Ein Gemüsegroßhändler erhält in einer Warenlieferung zwei Sorten Obst:*
Sorte I 300 kg, Kilopreis 1,50 €   Sorte II 225 kg, Kilopreis 1,20 €
Die Frachtkosten betragen 300,00 €, das Rollgeld 109,50 €, die Einkaufsprovision 57,60 €.
Der Lieferer gewährt 2 % Skonto.
Berechnen Sie den Bezugs-/Einstandspreis jeder Sorte insgesamt und je kg.

10. *Ein Handwerksbetrieb erhält drei Sorten Waren in einer Warenlieferung:*
Sorte I   250 Stück zu 13,00 €/Stück, brutto   600 kg
Sorte II 400 Stück zu 22,00 €/Stück, brutto 1500 kg
Sorte III 600 Stück zu 30,00 €/Stück, brutto 5400 kg
Der Lieferer gewährt 20 % Treuerabatt und 2,5 % Skonto. Die Transportversicherung beträgt 404,00 €, die Maklerprovision 197,00 €, die Frachtkosten belaufen sich auf 225,00 €.
Berechnen Sie den Bezugs-/Einstandspreis für jede Sorte insgesamt und je Stück.

11. *Ein Handwerksbetrieb bezieht vier verschiedene Artikel in einer Lieferung, und zwar*
Artikel A 260 kg zu 12,50 € je kg, *Artikel C 460 kg zu 11,00 € je kg,*
Artikel B 340 kg zu 14,50 € je kg, *Artikel D 480 kg zu 9,50 € je kg.*
Die Bezugskosten betragen: Fracht 150,00 €, Rollgeld 36,34 €, Transportversicherung 890,00 €.
Der Lieferer gewährt 20 % Rabatt und 2,5 % Skonto.
a) Ermitteln Sie den Warenwert der gesamten Lieferung.
b) Wie viel Euro der Gewichtsspesen entfallen auf Artikel C?
c) Wie viel Euro der Versicherungsprämie entfallen auf Artikel D?
d) Ermitteln Sie den Bezugs-/Einstandspreis für 1 kg des Artikels B.

LS

3.2 Angebote vergleichen und bewerten

Handlungssituation

Nicole Höver legt Marc Cremer, dem Gruppenleiter Handelswaren, folgende Übersicht für Ansatztische vor, von denen 40 Stück für einen neuen Kunden benötigt werden. Ferner sollen die Ansatztische zu den Schreibtischen Primo, die mit einer Buchenfurnierplatte versehen sind, passen:

Lieferer	Bürodesign GmbH	Computec GmbH & Co. KG	Schmitt & Co. KG Büromöbel
Listeneinkaufspreis in €	200,00	194,00	215,00
Rabatt	15 %	10 %	25 %
Skonto	14 Tage 2 %	10 Tage 2 %	
Lieferzeit	30 Tage	40 Tage	30 Tage
Lieferbedingungen	Lieferpauschale 80,00 €	bis Auftragswert 1.000,00 €: 50,00 €, sonst frei Haus	unfrei
Verpackungsrücknahme	ja	ja	nein
Recyclingfähigkeit	ja	ja	ja
Mindestabnahme in Stück	30	40	50
Qualität	Stahlkonstruktion Oberfläche Buche	Stahlkonstruktion Oberfläche Kunststoff	Stahlkonstruktion Oberfläche Glasplatte

Das Rollgeld für die An- und Abfuhr beträgt je 30,00 €, die Fracht 220,00 €. Nicole Höver schlägt Herrn Cremer vor, die Ansatztische beim Lieferer Schmitt & Co. KG zu bestellen. Herr Cremer widerspricht ihr energisch mit der Begründung, der Preis alleine sei nicht ausschlaggebend für die Wahl eines Lieferers.

Arbeitsaufträge

- *Überlegen Sie, welche Gründe Herr Cremer haben könnte, Nicole Höver zu widersprechen.*
- *Erläutern Sie, welche Gesichtspunkte bei einem Angebotsvergleich zu berücksichtigen sind.*
- *Stellen Sie fest, welche Kriterien in Ihrem Ausbildungsbetrieb für eine Einkaufsentscheidung von Bedeutung sind, und stellen Sie diese Ihren Mitschülern in einem Vortrag mit geeigneten Visualisierungsmitteln vor.*

Die Beschaffungsabteilung eines Unternehmens hat i. d. R. mehrere Angebote unterschiedlicher Lieferer zur Auswahl. Der zuständige Einkäufer hat die Aufgabe, denjenigen Anbieter aus den vorhandenen auszuwählen, der das günstigste Angebot abgibt. Zu diesem Zweck führt er einen Angebotsvergleich durch. Dabei achtet der Einkäufer nicht nur auf Qualität, Preise, Mindestbestellmengen, Lieferbedingungen und Liefertermine, sondern auch auf die Zuverlässigkeit, den Service und die Kreditgewährung des Lieferers sowie auf ökologische Gesichtspunkte.

Entscheidungskriterien

- **Preisvergleich/Lieferbedingungen**: Die angebotenen Preise sind auf eine einheitliche Basis zu bringen, wobei die gewährten Preisnachlässe (Rabatte, Bonus) und Skonto zu berücksichtigen sind. Ebenfalls sind die Bezugskosten (Fracht, Rollgeld, Kosten für Verpackung, Transportversicherung, Zölle) zu berücksichtigen.

  Beispiel In der Primus GmbH werden folgende Bezugs-/Einstandspreise für Ansatztische ermittelt:

Konditionen/ Lieferer	Bürodesign GmbH	Computec GmbH & Co. KG	Schmitt & Co. KG Büromöbel
Stückzahl (Mindestbestellmenge)	30	40	50
Preis je Stück in €	200,00	194,00	215,00
Listeneinkaufspreis in € – Rabatt in €	200,00 15 % 30,00	194,00 10 % 19,40	215,00 25 % 53,75
= Zieleinkaufspreis in € – Skonto in €	170,00 2 % 3,40	174,60 2 % 3,49	161,25 –
= Bareinkaufspreis in € + Bezugskosten in €	166,60 (80 : 40) 2,00	171,11 –	161,25 (250:50) 5,00
= Bezugs-/Einstandspreis in €	168,60	171,11	166,25

  Wäre nur der Bezugs-/Einstandspreis ausschlaggebend, hätte der Lieferer Schmitt & Co. KG Büromöbel das günstigste Angebot abgegeben. Allerdings verlangt der Lieferer eine Mindestabnahme von 50 Stück.

- **Qualitätsvergleich**: Nicht das günstigste Angebot ist automatisch das beste. Es sind die Ansprüche des Unternehmens, des Kunden und die Erwartungen an die Ware zu berücksichtigen. Zudem geht es um die Beurteilung des Lieferers hinsichtlich bestimmter vorgegebener Qualitätsstandards bzw. um die Möglichkeit, seine Produkte in verschiedenen Varianten zu liefern.

Beispiel Der Lieferer Bürodesign GmbH bietet Buche als Oberflächenmaterial für den Ansatztisch an, was vom Material her zu den Schreibtischen Primo passend wäre, während der Lieferer Computec GmbH & Co. KG Kunststoff und der Lieferer Schmitt & Co. KG Büromöbel eine Glasplatte als Oberfläche anbietet.

- **Terminvergleich**: Insbesondere wenn die schnelle Belieferung eine große Rolle spielt, ist die Lieferzeit ein wesentliches Kriterium für die Auswahl des Lieferers. Dies ist dann besonders wichtig, wenn Waren für bestimmte Saisongeschäfte (z.B. Weihnachten, Ostern, Karneval) oder terminierte Kundenaufträge eingekauft werden.
- **Zuverlässigkeit des Lieferers**: Wenn bestimmte Lieferer in der Vergangenheit unzuverlässig gearbeitet haben, sollte auch dieser Aspekt berücksichtigt werden. Umgekehrt kann besonders zuverlässigen Lieferern selbst bei geringfügig höheren Preisen der Vorzug gegeben werden.
- **Mindestbestellmengen**: Manche Lieferer fordern die Abnahme von Mindestbestellmengen bzw. Mengen in bestimmten Verpackungseinheiten.

  Beispiel Die Schmitt & Co. KG verlangt bei den Ansatztischen eine Mindestbestellmenge von 50 Stück.
- **Lieferfristen**: Hier stellt sich die Frage, ob der Lieferer die gewünschte Waren innerhalb einer vorgegebenen Frist liefern kann.

  Beispiele Lieferung sofort, Lieferung drei Monate nach Auftragseingang, Bestellungen nur zum Monatsende möglich
- **Zahlungsbedingungen**

  Beispiele Zielkauf, Ratenkauf
- **Kreditgewährung**: Einige Lieferer bieten großzügige Zahlungsziele an, sodass selbst bei höheren Bezugs-/Einstandspreisen diesem Lieferer ein Auftrag erteilt werden kann, da bei Ausnutzung des Zahlungsziels der für die Bezahlung des Rechnungsbetrags erforderliche Geldbetrag kurzfristig anderweitig zur Verfügung steht.
- **Service des Lieferers**: Der Service kann ein entscheidendes Auswahlkriterium für die Wahl des Lieferers sein.

  Beispiele Ersatzteilgarantie, Rücknahme von Verpackungsmaterial, Kulanz
- **Ökologische Gesichtspunkte**: Sie treten in zunehmendem Maße in den Vordergrund. So sollten Transport- und Verpackungsgesichtspunkte, die Recyclingfähigkeit der Produkte und der Verpackung sowie die bei der Herstellung oder Verwendung von Produkten sich ergebenden Umweltbelastungen unter diesem Aspekt beachtet werden.

  Beispiel Die Primus GmbH bezieht einen Großteil ihrer Waren per Bahntransport, um die umweltschädigenden Belastungen des Güterkraftverkehrs zu vermeiden. Ebenfalls vereinbart sie mit allen Lieferern eine recyclinggerechte Entsorgung der Verpackungen. Bei der Auswahl von Lieferern werden solche bevorzugt, die umweltverträgliche Produktionsverfahren einsetzen und Produkte aus schadstoffarmen Materialien liefern.

Gewichtung der Kriterien

Der gute Ruf eines Unternehmens hängt in erheblichem Maße von der Qualität der angebotenen Waren ab. Deshalb muss bereits der Einkäufer großen Wert auf die Güte der zu beschaffenden Waren legen. Der Preis allein kann nicht ausschlaggebend sein. Infolgedessen müssen eine Reihe weiterer **Kriterien für die Beschaffungsentscheidung** herangezogen werden.

Sämtliche Entscheidungskriterien müssen für jeden Lieferer erfasst und in eine Übersicht gebracht werden. Einige dieser Daten können dem ERP-System entnommen werden.

Beispiel Ansatztische für die Primus GmbH:

Kriterien	Bürodesign GmbH	Computec GmbH & Co. KG	Schmitt & Co. KG Büromöbel
Bezugs-/Einstands-preis in €	168,60	171,11	166,25
Zahlungsbedingungen	innerhalb von 14 Tagen 2 % Skonto oder 30 Tage Ziel	innerhalb von 10 Tagen 2 % Skonto oder 20 Tage Ziel	15 Tage
Lieferzeiten	30 Tage	40 Tage	30 Tage
Qualität	Stahlkonstruktion Oberfläche Buche	Stahlkonstruktion Oberfläche Kunststoff	Stahlkonstruktion Oberfläche Glasplatte
Zuverlässigkeit	sehr gut	gut	befriedigend
Service	sehr gut	gut	sehr gut
Mindestbestellmenge (Stück)	30	40	50
Übernahme Lieferrisiko	Besteller	Lieferer	Besteller
Verpackungsentsorgung	Lieferer	Besteller	Lieferer

Aus dieser Aufstellung ist noch keine endgültige Beschaffungsentscheidung ableitbar, da die Kriterien für eine Auswahlentscheidung nicht gleich wichtig sind.

Die einzelnen **Bewertungskriterien** sind gemäß ihrer Bedeutung im Einzelfall zu **gewichten.** So kann es in einigen Fällen sein, dass der Bezugs-/Einstandspreis im Vergleich zu der Qualität weniger wichtig ist, in anderen Fällen kann der Bezugs-/Einstandspreis das wichtigste Kriterium sein. Eine Gewichtung kann dadurch erfolgen, dass jedem Kriterium ein bestimmter prozentualer Anteil an der Gesamtbedeutung zugeordnet wird. Dieser Anteil gibt die Punktzahl an, die je Kriterium auf die einzelnen Lieferer zu verteilen ist. Durch diese Punktvergabe (**Nutzwertanalyse**) können die Leistungen der Lieferer gemessen und verglichen werden. Von Kunden als besonders wichtig betrachtete Kriterien müssen vom Lieferer erfüllt werden. Ansonsten scheidet der Lieferer, der diese Kriterien nicht erfüllt, von vornherein aus. Den Zuschlag erhält der Lieferer mit der höchsten gewichteten Notensumme.

Beispiel Angebotsvergleich (Nutzwertanalyse) für Ansatztische bei der Primus GmbH:

Kriterien	Bedeutung in Prozent	Bürodesign GmbH	Computec GmbH & Co. KG	Schmitt & Co. KG Büromöbel
Bezugs-/Einstandspreis	20	6	5	9
Zahlungsbedingungen	10	5	3	2
Lieferzeiten	10	4	2	4
Qualität	25	12	7	6
Zuverlässigkeit	10	5	3	2
Service	5	2	1	2
Mindestbestellmengen	5	3	2	0
Übernahme Lieferrisiko	5	0	5	0
Verpackungsentsorgung	10	5	0	5
Summe	**100**	**42**	**28**	**30**

Die höchste Punktzahl erreicht der Lieferer Bürodesign GmbH, die niedrigste Computec GmbH & Co. KG. Folglich ist die Bürodesign GmbH als Lieferer auszuwählen.

Zusammenfassung: Angebote vergleichen und bewerten

- Bei der **Auswahl von Lieferern** können folgende **Kriterien** berücksichtigt werden:
  - Bezugs-/Einstandspreis
  - Preisnachlässe
  - Zahlungsbedingungen
  - Lieferbedingungen
  - Flexibilität des Lieferers
  - Lieferfristen
  - Bezugskosten
  - Mindestbestellmengen
  - Qualität, Ausstattung der Ware
  - Zuverlässigkeit des Lieferers
  - ökologische Gesichtspunkte
- Der **Bezugs- oder Einstandspreis** einer Ware ergibt sich aus folgendem Schema:

	Listeneinkaufspreis
–	Rabatt
=	Zieleinkaufspreis
–	Skonto
=	Bareinkaufspreis
+	Bezugskosten
=	**Bezugs-/Einstandspreis**

- Eine **Bewertung der Lieferer** erfolgt über ein Schema, in dem alle Beschaffungskriterien aufgelistet und in ihrer Bedeutung gewichtet sind (**Nutzwertanalyse**). Bei jedem Lieferer und jedem Kriterium werden entsprechende Punkte vergeben. Der Lieferer mit der höchsten Punktzahl erhält den Auftrag.

Aufgaben

1. *Die Primus GmbH will von einem bestimmten Artikel 4000 Stück bestellen. Hierzu liegen ihr drei Angebote vor. Geben Sie an, für welchen Lieferer sich die Primus GmbH entscheiden soll, und begründen Sie Ihre Antwort.*
   Rollgeld für An- und Abfuhr je 30,00 € und für die Fracht 180,00 €.
   1. Angebot: *3,00 €/Stück einschließlich Verpackung, unfrei, 15 % Rabatt bei Abnahme von mindestens 3000 Stück, Zahlung innerhalb von 10 Tagen mit 2 % Skonto oder in 30 Tagen netto Kasse, Lieferfrist 20 Tage, Zuverlässigkeit gut, Service gut, Mindestabnahme 2000 Stück, Verpackungsentsorgung (Lieferer)*
   2. Angebot: *2,80 €/Stück zuzüglich 0,10 €/Stück für Verpackung, frachtfrei, 10 % Mengenrabatt, Lieferung in 14 Tagen, Zahlung innerhalb von 14 Tagen mit 3 % Skonto oder in 40 Tagen netto Kasse, Lieferfrist 30 Tage, Zuverlässigkeit sehr gut, Service sehr gut, Mindestabnahme keine, Verpackungsentsorgung (Besteller)*
   3. Angebot: *2,70 €/Stück einschließlich Verpackung, ab Werk, 5 % Wiederverkäuferrabatt, Lieferung in 8 Tagen, Zahlung sofort netto Kasse, Lieferfrist 25 Tage, Zuverlässigkeit befriedigend, Service gut, Mindestabnahme 4000 Stück, Verpackungsentsorgung (Besteller)*

2. *Ein Unternehmen benötigt 1 200 Stück einer Ware. Es liegen drei Angebote verschiedener Lieferer vor. Ermitteln Sie den günstigsten Lieferer (Begründung).*
   Angebot Lieferer Klein: *Karton mit 12 Stück zu 78,00 € einschließlich Verpackung, Mengenrabatt ab 5 Kartons 4 %, ab 10 Kartons 10 %, ab 20 Kartons 15 %, Beförderungskosten 2 % vom Warenwert, Lieferzeit 8 Tage, Zahlungsbedingung: 2 % Skonto bei Zahlung innerhalb von 8 Tagen oder 30 Tage netto Kasse.*
   Angebot Lieferer Stefer: *Karton mit 6 Stück zu 36,00 €, Verpackung 0,20 € je Karton, Mengenrabatt 10 %, frei Haus, Lieferzeit 3 Tage, Zahlungsbedingung: 3 % Skonto bei Zahlung innerhalb von 10 Tagen oder 40 Tage netto Kasse.*
   Angebot Lieferer Schmitt-Blass: *Stück 5,50 €, Verpackungskosten 0,40 € je Stück, ab Werk (Rollgeld für An- und Abfuhr je 30,00 €, Fracht 80,00 €), Lieferzeit: 1 Tag, Zahlungsbedingung: 2 % Skonto bei Zahlung innerhalb von 8 Tagen oder 20 Tage netto Kasse.*

3. *Begründen Sie, warum unter Umständen ein Unternehmen einen Lieferer bevorzugt, der höhere Bezugs-/Einstandspreise als andere Lieferer hat.*

4. *Welche Angabe brauchen Sie beim Vergleich der Angebote von Lieferanten nicht zu berücksichtigen?*
   1. *Kosten für die Be- und Entladung*
   2. *Berechnung des Lieferers für Verpackungsmaterial*
   3. *Transportversicherung für den Wareneinkauf*
   4. *Umsatzsteuer*
   5. *Kosten für die Anfuhr der Ware durch den Spediteur*

5. *Einer Einkaufsabteilung liegen mehrere Angebote für einen Artikel vor. Es sind zu berücksichtigen: Anfuhrkosten 10,00 €, Frachtkosten 20,00 €, Zufuhrkosten 15,00 €.*
   Angebot A: Listeneinkaufspreis 92,50 €, Lieferung frei dort, bei Zahlung innerhalb von 10 Tagen 2 % Skonto, 5 % Rabatt.
   Angebot B: Listeneinkaufspreis 84,00 €, Lieferung ab Werk, zahlbar innerhalb von 10 Tagen.
   Angebot C: Listeneinkaufspreis 75,00 €, Lieferung ab hier, Zahlung innerhalb von 10 Tagen.
   Ermitteln Sie den jeweiligen Bezugs-/Einstandspreis unter Berücksichtigung der angegebenen Konditionen.

6. *a) Diskutieren Sie die Gewichtung der einzelnen Beschaffungskriterien in der Tabelle auf S. 482.*
   b) Überprüfen Sie, ob diese Beschaffungskriterien auch auf Ihren Ausbildungsbetrieb übertragen werden können.
   c) Finden Sie weitere Kriterien für die Auswahl von Lieferern.

Web

3.3 Beim Angebotsvergleich ein Tabellenkalkulationsprogramm einsetzen

Handlungssituation

Nicole Höver bittet Andreas Dick um Hilfe.

Nicole: *„Kürzlich hatte ich bei einem Angebotsvergleich den Fall, dass die Lieferung frei Haus erfolgt, falls der Auftragswert mehr als 1.000,00 € beträgt. Anderenfalls beträgt die Lieferpauschale 50,00 €. Was Du mir zuletzt zum Thema Formeln und Funktionen erklärt hast, habe ich berücksichtigt, trotzdem komme ich nicht weiter."*

Andreas nimmt ein Blatt Papier und zeichnet eine Skizze:

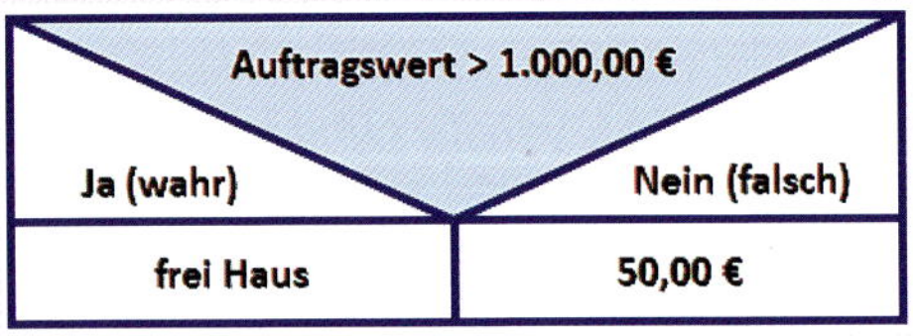

Andreas: *„Die Überlegung, es mit einer Funktion zu lösen, ist nicht verkehrt. Aber jetzt kommt die Logik ins Spiel. Es ist doch so, dass Du die Übernahme der Beförderungskosten von einer Bedingung abhängig machst. Nämlich für den Fall, dass der Auftragswert mehr als 1.000,00 € beträgt."*

Nicole: *„Oder weniger als 1.000,00 €."*

Andreas: *„Das stimmt nur teilweise."*

Arbeitsaufträge

- *Erläutern Sie, warum Andreas nur teilweise zustimmt.*
- *Beschreiben Sie, wie sich komplexe Bedingungen grafisch übersichtlich darstellen lassen.*
- *Zeigen Sie die Grenzen verschachtelter Abfragen auf und stellen Sie eine Alternative vor.*
- *Diskutieren Sie, ob Listen, in denen gesucht wird, immer sortiert sein müssen.*
- *Nennen Sie Möglichkeiten, wie gleichzeitig zutreffende Bedingungen geprüft werden können.*

In vielen Fällen hängen Berechnungen davon ab, ob eine Bedingung erfüllt wird. Sie können in Excel Vergleiche (Prüfungen) durchführen, denn neben den **mathematischen Operatoren** (Funktionszeichen für Addition, Subtraktion, Multiplikation, Division und Exponentialfunktion) gibt es noch **logische Operatoren**.

■ Logische Äquivalenz

Erik ist größer als Anna. Diese Aussage ist „wahr" und lässt sich leicht in eine mathematische Form bringen: **A > B**. Was passiert aber, wenn Erik nicht größer als Anna ist? Es gibt dann genau zwei Möglichkeiten, die zutreffen:

1. Erik ist **kleiner als** Anna.
2. Erik ist **genau so groß** wie Anna.

Damit ist sehr anschaulich geklärt, warum „kleiner (oder) gleich" das logische Gegenteil von „größer als" ist. Was bedeutet dies nun speziell für das Arbeiten mit einem Tabellenkalkulationsprogramm?

Mit logischen Operatoren können Sie die Ausführung von Berechnungen an eine Bedingung knüpfen. Nur wenn ein bestimmter Wert erreicht bzw. über- oder unterschritten wird, soll gerechnet werden.

Praxistipp

Den logischen Operator für „kleiner oder gleich" erhalten Sie, indem Sie auf Ihrer Tastatur hintereinander <= eingeben. Das aus dem Mathematikunterricht bekannte Funktionszeichen ≤ kann in Excel nicht umgesetzt werden. Geben Sie hintereinander <> für den logischen Operator „ungleich" ein, denn das übliche Funktionszeichen ≠ existiert ebenfalls nicht auf der Tastatur.

■ WENN-Abfrage

Funktionen in Excel besitzen einen **Funktionsnamen**, über den sie beliebig oft aufgerufen und ausgeführt werden können (vgl. S. 321 f.). Um ein besseres Verständnis für das zugrunde liegende Prinzip zu entwickeln, sollten Sie zukünftig statt von der **WENN-FUNKTION** von der **WENN-ABFRAGE** sprechen.

Prozeduren und Funktionen

Nutzerinnen und Nutzern moderner Bürosoftware ist kein Vorwurf zu machen, wenn sie keine Programmiererfahrung besitzen und „einfach nur" die jeweiligen Anwendungsprogramme zur Textverarbeitung oder Tabellenkalkulation benutzen wollen. Problematisch wird es allerdings dann, wenn fehlendes Hintergrundwissen dazu führt, dass Unterschiede irrtümlich als Gemeinsamkeiten verstanden werden und der Einsatz des Anwendungsprogramms deshalb eher als Hindernis statt als willkommenes Hilfsmittel empfunden wird.

In der Programmierung bezeichnet eine Prozedur (engl. procedure) einen Programmbereich, der über einen eindeutigen Namen beliebig oft aufgerufen und ausgeführt werden kann. Prozeduren, die ein Ergebnis für eine in runden Klammern übergebene Liste von **Parametern** (auch **„Funktionsargumente"** genannt) zurückliefern, werden Funktion (engl. function) genannt (vgl. S. 295).

Beispiel Die Summe der drei willkürlich festgelegten Ziffern 3, 2 und 7 ermittelt Excel mit der gleichnamigen „Funktionsprozedur" SUMME(3;2;7) und liefert als Ergebnis den Wert 12 zurück. Die einzelnen Parameter wurden durch ein Semikolon (Strichpunkt) ohne Leerzeichen getrennt aufgelistet. Damit wird deutlich, weshalb SUMME(3+2+7) oder jedes andere mathematische „Konstrukt" mit SUMME() fachlich falsch ist (vgl. S. 321).

Während die mathematische *„function"* Summe das Ergebnis einer Addition zurückliefert, besitzt das Ergebnis eines Vergleichs mit der logischen *„function"* Wenn zwei Zustände: entweder **wahr** oder **falsch**. In der Praxis sind an dieser Stelle häufig Beschwerden zu hören, die an ein Zitat erinnern, welches dem antiken Naturwissenschaftler Archimedes zugeschrieben wird: „Es gibt Dinge, die den meisten Menschen unglaublich erscheinen, die nicht Mathematik studiert haben." Das vermeintliche Problem beruht i. d. R. darauf, dass Sie bisher ausschließlich mathematisch-statistisch formulierte Aufgaben mit dem Tabellenkalkulationsprogramm bearbeitet haben. Excel hat Ihnen die Arbeit abgenommen, „für Sie" gerechnet. Das Programm kann Ihnen aber keine Entscheidung abnehmen. Excel kann nur ermitteln, ob die zu prüfende Bedingung erfüllt ist oder nicht.

Was soll **DANN** das Ergebnis sein? Das Ergebnis müssen **Sie** in der WENN-Abfrage **selbst** angeben. Gemeinsamkeiten zwischen mathematischen und logischen Funktionen bestehen also nur insofern, als sie über ihren Funktionsnamen aufgerufen und ausgeführt werden. Die in runden Klammern übergebene Parameterliste hat damit schon nichts mehr zu tun.

Der formale Aufbau (Syntax) lautet =WENN(Prüfung;Dann_Wert;[Sonst_Wert])

Praxistipp

Ist die Bedingung erfüllt, wird **Ihre** Dann-Anweisung ausgeführt und die Wenn-Abfrage an dieser Stelle beendet. Ist die Bedingung nicht erfüllt, wird **Ihre** Sonst-Anweisung ausgeführt – vorausgesetzt, Sie haben diese Alternative definiert. Die eckigen Klammern in der Syntax weisen darauf hin, dass die Angabe optional erfolgen kann. Zeigt Ihre Wenn-Abfrage das Ergebnis „FALSCH" an, werden Sie nur darauf hingewiesen, dass die geprüfte Bedingung in diesem Fall nicht erfüllt ist (vgl. S. 437).

Struktogramme

Es bietet sich immer an, Entscheidungsfälle zuvor in einem **Struktogramm** darzustellen. Der Vorteil besteht darin, dass sich komplexe Zusammenhänge einer Aufgabenstellung durch verschiedene grafische Elemente („Blöcke") systematisch in einzelne Teile zerlegen lassen.

Beispiel Der von Nicole Höver durchgeführte Angebotsvergleich lässt sich grafisch in sechs Blöcken darstellen. Die Bezugskosten hat Nicole mit dem Taschenrechner ermittelt und „von Hand" eingegeben. Der Primus GmbH wird DANN eine Lieferpauschale von 50,00 € berechnet, WENN der Auftragswert weniger als oder genau 1.000,00 € beträgt, SONST erfolgt die Lieferung frei Haus (vgl. S. 508, 513).

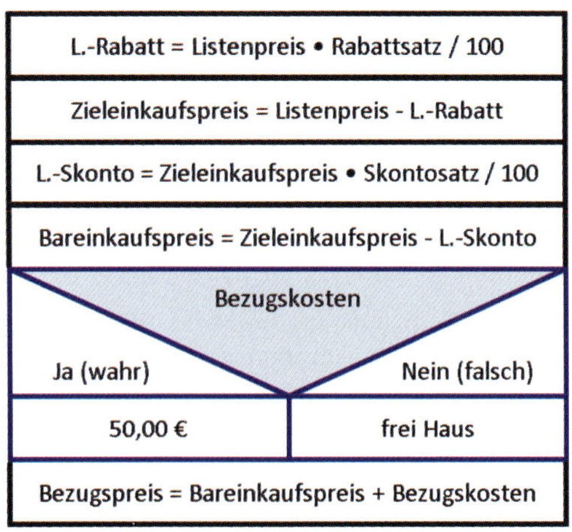

Struktogramm Bezugskalkulation

Für die WENN-Abfrage benötigen Sie nur den Strukturblock zur „Verzweigung“. Dieser Block erinnert mit etwas Fantasie an die Rückseite eines Briefumschlags. Im oberen Bereich steht die zu prüfende Bedingung, im linken Block darunter die DANN-Anweisung und rechts daneben die SONST-Anweisung. Ob Sie in das Struktogramm die Begriffe der Aufgabenstellung oder exemplarisch eine Zelladresse aus dem jeweiligen Tabellenblatt notieren, ist weniger entscheidend als der logische Aufbau. Ein gutes Struktogramm können Sie i. d. R. fast eins zu eins in Excel umsetzen.

Beispiele

- Struktogramm mit Begriffen der Aufgabenstellung:

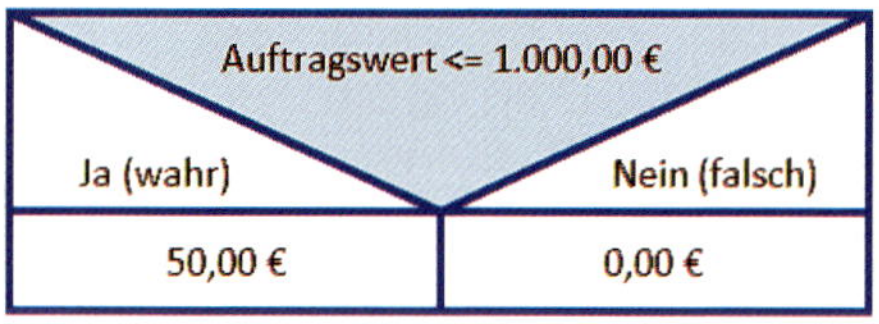

- Struktogramm mit exemplarischer Zelladresse:

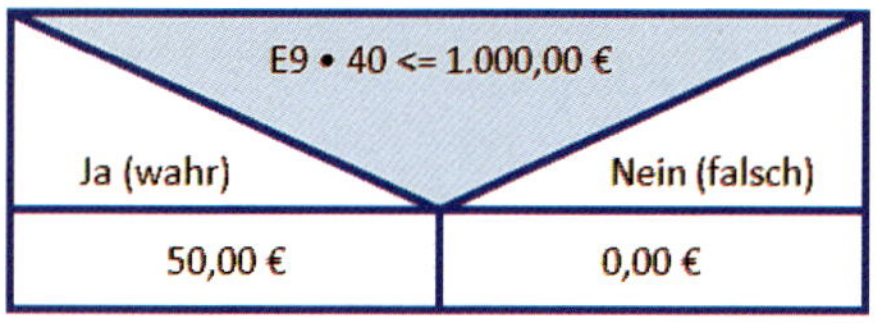

- Umsetzung des Struktogramms in Zelle E12 (vgl. S. 508, 513):

=WENN(E9*40<=1000;50;0)

Kehrt sich der logische **Operator** um, müssen auch die Anweisungen im DANN- und SONST-Fall getauscht werden.

Beispiele

- Logisch äquivalent formuliertes Struktogramm mit Begriffen der Aufgabenstellung:

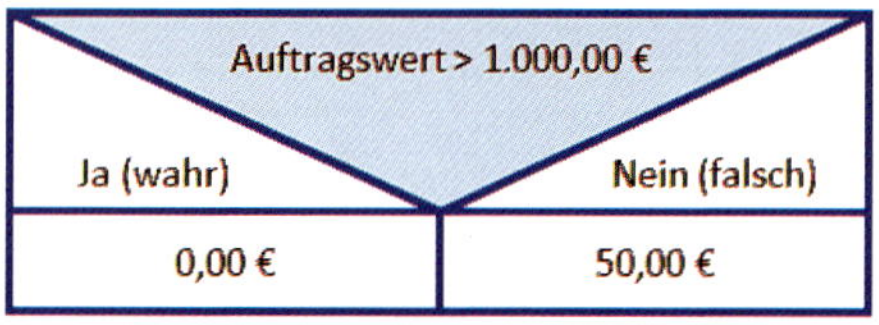

- Logisch äquivalent formuliertes Struktogramm mit exemplarischer Zelladresse:

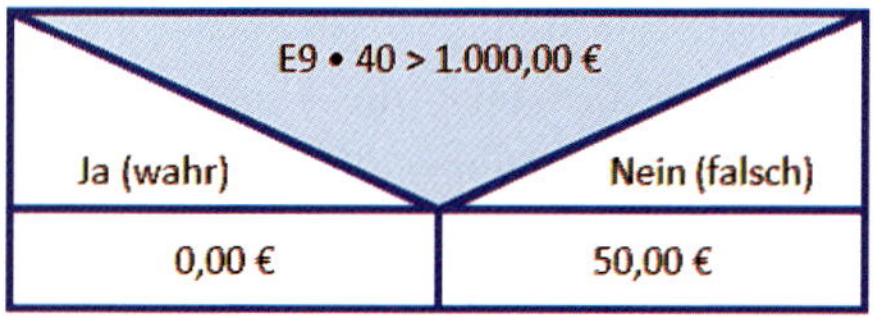

- Umsetzung des Struktogramms in Zelle E12:

=WENN(E9*40>1000;0;50)

■ ZÄHLENWENN

Durch Zählen ermitteln Sie die ANZAHL von Zahlen oder Elementen. Dazu stellt Excel eine gleichnamige Funktion zur Verfügung, die allerdings nur feststellen kann, wie viele Zellen eines Zellbereichs Zahlenwerte enthalten. Wollen Sie feststellen, wie viele Zellen eines Zellbereichs irgendeinen Inhalt besitzen, ist die Funktion ANZAHL2 anzuwenden. Beabsichtigen Sie, die Anzahl der zu ermittelnden Zellen an eine Bedingung zu knüpfen, führt der intuitive Gedanke, die Funktionen zu „ANZAHLWENN" bzw. „ANZAHL2WENN" zusammenzuführen, ins Leere. Diese „Funktionalität" existiert trotzdem – sie wurde von den Software-Entwicklern unter dem Funktionsnamen ZÄHLENWENN programmiert.

Die Syntax lautet =**ZÄHLENWENN**(ZELLBEREICH;KRITERIUM)

Praxistipp

Die Groß- und Kleinschreibung des Kriteriums wird in der Funktion ignoriert. Allerdings müssen Sie ein Kriterium, welches Text, einen mathematischen oder logischen Operator enthält, in „Anführungszeichen" schreiben.

Beispiel Die Primus GmbH erstellt eine Wochenstatistik über die erbrachten Dienstleistungen in den Bereichen Planung, Montage und Entsorgung. In der linken Abbildung ist die Formelansicht dargestellt. Die Abbildung rechts zeigt das Ergebnis.

	A	B
1	**Dienstleistung**	**Stunden**
2	Planung	3
3	Montage	3,5
4	Montage	1,5
5	Entsorgung	1
6	Planung	2
7	Montage	2,5
8	Montage	1
9	Entsorgung	0,5
10		
11	Anzahl Dienstleistungen	=ANZAHL2(B2:B9)
12	Planung	=ZÄHLENWENN($A$2:$A$9;A12)
13	Montage & Entsorgung	=ZÄHLENWENN($A$2:$A$9;"<>Planung")
14	Anteil Planung	=B12/B11
15	Dienstleistung > 2 Std.	=ZÄHLENWENN($B$2:$B$9;">2")

	A	B
1	**Dienstleistung**	**Stunden**
2	Planung	3
3	Montage	3,5
4	Montage	1,5
5	Entsorgung	1
6	Planung	2
7	Montage	2,5
8	Montage	1
9	Entsorgung	0,5
10		
11	Anzahl Dienstleistungen	8
12	Planung	2
13	Montage & Entsorgung	6
14	Anteil Planung	25%
15	Dienstleistung > 2 Std.	3

■ SUMMEWENN

Durch Addieren ermitteln Sie die SUMME von Zahlen. Dazu stellt Excel eine gleichnamige Funktion zur Verfügung. Wollen Sie die Summe der zu ermittelnden Zellen eines Zellbereichs an eine Bedingung knüpfen, führt der intuitive Gedanke, die Funktionen zu „SUMMEWENN" zusammenzuführen, diesmal **fast** zum Ziel. Beabsichtigen Sie nämlich, einen anderen Bereich als den Zellbereich zu summieren, ist dieser in der Funktion ebenfalls anzugeben.

Die Syntax lautet =**SUMMEWENN**(ZELLBEREICH;KRITERIUM;[SUMMENBEREICH])

Die eckigen Klammern in der Syntax machen deutlich, dass die Angabe optional erfolgen kann. Geben Sie den Parameter SUMMENBEREICH nicht an, wird der ZELLBEREICH summiert.

Beispiel Die Primus GmbH erstellt eine Wochenstatistik über die erbrachten Arbeitsstunden in den Bereichen Planung, Montage und Entsorgung. In der linken Abbildung ist die Formelansicht dargestellt. Die Abbildung rechts zeigt das Ergebnis.

	A	B
1	**Dienstleistung**	**Stunden**
2	Planung	3
3	Montage	3,5
4	Montage	1,5
5	Entsorgung	1
6	Planung	2
7	Montage	2,5
8	Montage	1
9	Entsorgung	0,5
10		
11	Summe Stunden	=SUMME(B2:B9)
12	Planung	=SUMMEWENN($A$2:$A$9;A12;B2:B9)
13	Montage & Entsorgung	=SUMMEWENN($A$2:$A$9;"<>Planung";B2:B9)
14	Anteil Planung	=B12/B11
15	Dienstleistung > 2 Std.	=SUMMEWENN($B$2:$B$9;">2")

	A	B
1	**Dienstleistung**	**Stunden**
2	Planung	3
3	Montage	3,5
4	Montage	1,5
5	Entsorgung	1
6	Planung	2
7	Montage	2,5
8	Montage	1
9	Entsorgung	0,5
10		
11	Summe Stunden	15
12	Planung	5
13	Montage & Entsorgung	10
14	Anteil Planung	33%
15	Dienstleistung > 2 Std.	9

■ Verschachtelte WENN-Abfrage

Sind mehr als zwei Entscheidungsmöglichkeiten gegeben, reicht die einfache WENN-Abfrage nicht mehr aus, den gegebenen Sachverhalt darzustellen.

Beispiel Die Flamingowerke AG beliefert die Primus GmbH ab einem Bestellwert von 2.000,00 € frei Haus. Beträgt der Bestellwert mindestens 500,00 €, fallen an Bezugskosten 3 % des Warenwertes an. In allen anderen Fällen beträgt die Lieferpauschale 15,00 €.

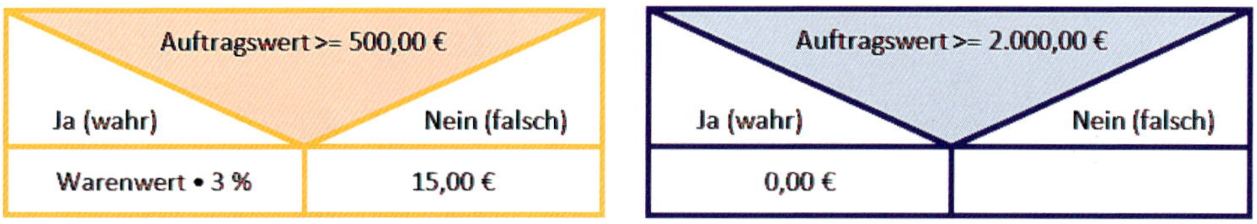

Aus den Lieferbedingungen hergeleitete Struktogramme

Die beiden Struktogramme deuten bereits an, dass ein einziger Vergleich nicht ausreicht. „Verschachteln" bedeutet, einen weiteren Vergleich vollständig in die SONST-Anweisung einer Entscheidungsmöglichkeit einzufügen. Dabei müssen Sie die richtige Reihenfolge beachten, da weiterhin gilt, dass die DANN-Anweisung ausgeführt und die WENN-Abfrage beendet wird, sofern eine Bedingung zutrifft.

Die Syntax lautet =WENN(PRÜFUNG;DANN;WENN(PRÜFUNG;DANN;[SONST]))

Praxistipp

Beginnen Sie die verschachtelte WENN-Abfrage mit der PRÜFUNG „Auftragswert >= 500,00 €", erhalten Sie **falsche Ergebnisse** für alle Fälle, bei denen auch die PRÜFUNG „Auftragswert >= 2.000 €" zutreffen **würde**, da „Auftragswert >= 500,00 €" immer „wahr" ist und der Vergleich an dieser Stelle beendet wird.

Beispiel Das verschachtelte Struktogramm wirkt „ineinandergeschoben". Verwenden Sie den logischen Operator „größer oder gleich (>=)" bzw. „größer als (>)", beginnt der Vergleich auch mit dem größten Wert (**absteigende** Reihenfolge).

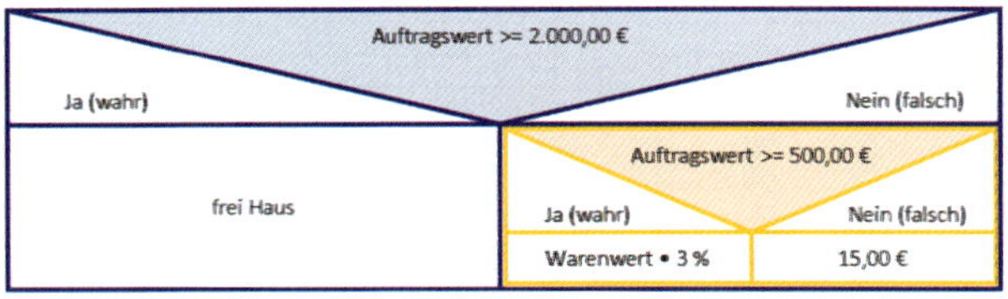

Beispiel Prüfen Sie die Bedingung logisch äquivalent mit „kleiner als (<)" bzw. „kleiner oder gleich (<=)", beginnt der Vergleich in diesem Fall mit dem kleinsten Wert (**aufsteigende** Reihenfolge).

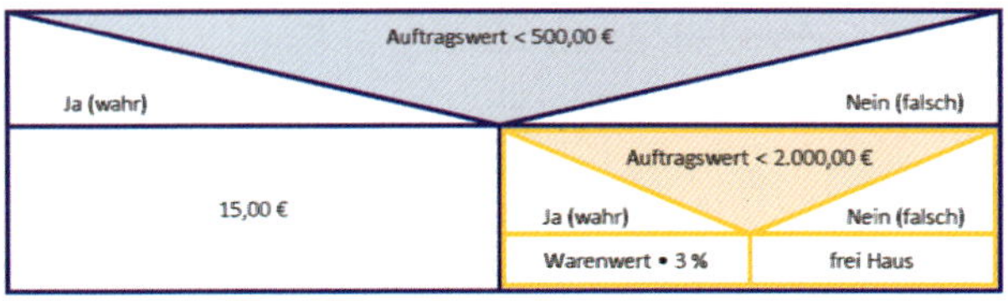

Kombinierte Entscheidungen

Standardmäßig übergeben Sie der WENN-Abfrage eine einzelne Bedingung zur Prüfung. Sollen mehrere Bedingungen **gleichzeitig** geprüft werden, gibt es zwei Möglichkeiten:

1. Alle Bedingungen müssen gleichzeitig erfüllt sein.
2. Nur eine der Bedingungen muss erfüllt sein.

Über die Funktionsargumente UND bzw. ODER können Sie mehrere zu prüfende Bedingungen angeben. Wie bei allen Funktionen üblich, erfolgt dies über den Funktionsnamen, gefolgt von der in runden Klammern übergebenen Liste.

Entscheidungen mit UND

Das Funktionsargument **UND** wird verwendet, wenn alle Bedingungen gleichzeitig erfüllt sein müssen.

Die Syntax lautet =**WENN(**UND(PRÜFUNG1;PRÜFUNG2);DANN;[SONST])

Beispiel Alle Bedingungen **müssen** „wahr“ sein.

Die Autofahrerin kann den Bahnübergang überqueren, wenn keine Züge von rechts **und** keine Züge von links kommen. Sind **beide** Bedingungen erfüllt, öffnet sich die Schranke und sie kann die Fahrt fortsetzen. Trifft nur eine oder keine der Bedingungen zu, bleibt die Schranke geschlossen.

Entscheidungen mit ODER

Das Funktionsargument **ODER** wird verwendet, wenn nur eine der Bedingungen erfüllt sein muss.

Die Syntax lautet =**WENN**(ODER(PRÜFUNG1;PRÜFUNG2);DANN;[SONST])

Dabei handelt es sich nicht um ein ausschließendes „entweder oder“. Mindestens eine der beiden Bedingungen muss „wahr“ sein bedeutet, dass das Ergebnis der geprüften Bedingungen nur dann „falsch“ ist, wenn gar keine der Bedingungen „wahr“ ist.

Beispiel Alle Bedingungen **dürfen** „wahr“ sein.

„Kleine Geschenke erhalten die Freundschaft“, weiß schon ein altes Sprichwort. Spätestens zum Valentinstag sollten Sie an eine kleine Aufmerksamkeit denken, die Freude stiftet: einen persönlichen Brief **oder** Rosen **oder** beides.

Die Suchfunktion SVERWEIS

Mehrere Entscheidungsmöglichkeiten können mit einer verschachtelten WENN-Abfrage umgesetzt werden. In der betrieblichen Praxis werden Sie aber Sachverhalten gegenüberstehen, bei denen mehr als zwei Vergleiche ineinandergefügt werden müssen.

Beispiel Die Primus GmbH hat im vergangenen Jahr ihre Beschaffungsaktivitäten von Waren des täglichen Kleinbedarfs neu ausgerichtet. Es kommen nur noch lokale und regionale Unternehmen in Betracht, die einem gestaffelten Bonus zustimmen. In Abhängigkeit vom Jahresumsatz soll nun die Höhe der Gutschrift ermittelt werden.

	A	B	C
1	Kleinbedarf	Umsatz	Bonus
2	Bäckerei- und Konditoreiwaren	8.000,00 €	
3	Zeitungen und Zeitschriften	12.000,00 €	
4	Schnitt- und Topfblumen	26.000,00 €	
5	Toiletten- und Hygieneartikel	3.000,00 €	
6	Schreibmaterialien	40.000,00 €	

	A	B
1	Umsatz	Bonus
2	5.000,00 €	0,5%
3	10.000,00 €	1,0%
4	30.000,00 €	2,0%
5		

Die Tabellenblätter „Kleinbedarf“ (links) und „Bonus“ (rechts)

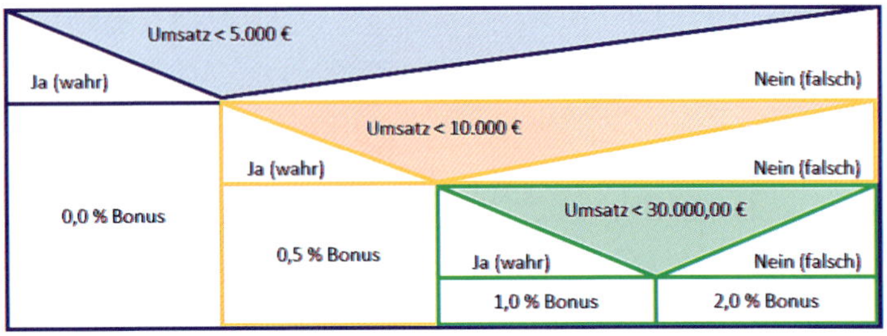

Struktogramm auf Basis der Bonusstaffel im Tabellenblatt „Bonus"

Was sich im Struktogramm noch übersichtlich darstellen lässt, führt bei der Umsetzung in Excel oft zu „Flüchtigkeitsfehlern". Aufgrund der Komplexität der Verschachtelung werden Sie Ihre Aufmerksamkeit den betroffenen Zellen sowie den logischen Operatoren widmen und dabei höchstwahrscheinlich „vergessen", dass sich relative Zellbezüge beim Kopieren anders verhalten als absolute Zellbezüge. Die Möglichkeit, dass sich Berechnungen innerhalb einer Arbeitsmappe auf Zellen in verschiedenen Tabellenblättern beziehen können, spitzt die Situation zu, wenn Excel zur Unterscheidung der Zellen innerhalb der Arbeitsmappe den Tabellenblattnamen gefolgt von einem Ausrufezeichen ohne Leerzeichen vor der Zelle ergänzt, auf die Sie sich gerade beziehen.

Beispiel =WENN(B2<**Bonus!A2**;0;WENN(B2<**Bonus!A3**;B2***Bonus!B2**;... lautet der Ansatz der verschachtelten WENN-Abfrage für Bäckerei- und Konditoreiwaren und lässt bereits erahnen, dass die komplexe Abfrage nicht sehr übersichtlich wird.

Spätestens jetzt könnte wieder der Eindruck entstehen, dass der Einsatz des Anwendungsprogramms keine Arbeitserleichterung bietet. In der Praxis wird dann unnötig ein Zellbereich eines Tabellenblattes kopiert und in einem anderen Tabellenblatt eingefügt.

Beispiel Ergebnis für die Bäckerei- und Konditoreiwaren, nachdem der Zellbereich der Bonusstaffel kopiert und eingefügt wurde. Ein Druck auf die [F2]-Taste öffnet den Bearbeitungsmodus und zeigt die einzelnen Zellen farblich markiert an. Damit die verschachtelte WENN-Abfrage kopierfähig wird, sind die Zellen der Bonusstaffel „absolut" gesetzt worden. Selbst jetzt führt die Umsetzung innerhalb des einen Tabellenblattes „Kleinbedarf" nicht dazu, dass sich die Übersichtlichkeit verbessert. Die Verschachtelung bleibt aufwendig.

	A	B	C	D	E	F	G
1	Kleinbedarf	Umsatz	Bonus		Umsatz	Bonus	
2	Bäckerei- und Konditoreiwaren	8.000,00 €	=WENN(B2<$E$2;0;WENN(B2<$E$3;B2*$F$2;WENN(B2<$E$4;B2*$F$3;B2*$F$4)))				
3	Zeitungen und Zeitschriften	12.000,00 €	120		10.000,00 €	1,0%	
4	Schnitt- und Topfblumen	26.000,00 €	260		30.000,00 €	2,0%	
5	Toiletten- und Hygieneartikel	3.000,00 €	0				
6	Schreibmaterialien	40.000,00 €	800				

Für derartige Fälle bieten Ihnen Tabellenkalkulationsprogramme als besondere Unterstützung die **Suchfunktion SVERWEIS** an.

Die Syntax lautet =SVERWEIS(SUCHKRITERIUM;MATRIX;SPALTENINDEX)

Der **Inhalt** von Zelle B2 (SUCHKRITERIUM) wird in **Spalte 1** der MATRIX (dem Zellbereich E2:F4) **gesucht**. Damit der SVERWEIS kopierfähig wird, wurde die MATRIX „absolut" gesetzt. Der Vergleich ergibt, dass das SUCHKRITERIUM 8000 größer als 5000 ist, also wird die Suche fortgesetzt. Der zweite Vergleich ergibt, dass 8000 kleiner als 10000 ist. Der gesuchte

Umsatz liegt also **„irgendwo dazwischen"** und entspricht damit **annäherungsweise** dem Wert 5000. Diesem Wert (5000) ist in **Spalte 2** der **Matrix** der Wert 0,005 (0,5 %) zugeordnet und stellt das **Ergebnis**, das in Zelle C2 zurückgegeben wird, dar.

	A	B	C	D	E	F
1	Kleinbedarf	Umsatz	Bonus		Umsatz	Bonus
2	Bäckerei- und Konditoreiwaren	8.000,00 €	=SVERWEIS(B2;$E$2:$F$4;2)		5.000,00 €	0,5%
3	Zeitungen und Zeitschriften	12.000,00 €			10.000,00 €	1,0%
4	Schnitt- und Topfblumen	26.000,00 €			30.000,00 €	2,0%
5	Toiletten- und Hygieneartikel	3.000,00 €				
6	Schreibmaterialien	40.000,00 €				

Der Name SVERWEIS leitet sich daraus her, dass die Einträge einer verwendeten Wertetabelle **(Matrix)** senkrecht (spaltenweise) angeordnet sind. Der SVERWEIS wurde von den Entwicklern so programmiert, dass immer die **erste Spalte** („Suchspalte") einer Matrix durchsucht wird. Da es sich um einen **zusammenhängenden Zellbereich** einer Wertetabelle handelt, dürfen Überschriften nicht einbezogen werden. Zusammenhängend bedeutet, dass Sie alle Spalten (sofern die Wertetabelle aus mehr als zwei Spalten besteht) einbeziehen müssen, selbst wenn Sie einige zur Lösung eines gegebenen Sachverhalts nicht benötigen. Der Hintergrund ist, dass sich die benötigten Spalten nicht immer unmittelbar nebeneinander befinden. Hätten Sie den Zellbereich nun nicht zusammenhängend markiert, müsste die Funktion SVERWEIS zur nächsten markierten Spalte „springen". Dies haben die Software-Entwickler für die Funktion nicht vorgesehen, weshalb es bei Ihnen dann zu einem Fehler führen würde. Sie könnten die Spalten nun umorganisieren, allerdings ist diese Vorgehensweise unnötig. Im betrieblichen Alltag kann sich ein Sachverhalt verändern und es sind „plötzlich" doch noch weitere Daten auszuwerten, die aber nicht (oder nicht mehr) in der Matrix enthalten sind. In der Praxis ist häufig zu beobachten, dass aus diesem Grund verschiedene Matrizen verwendet werden, die sich nur durch die Anzahl der verwendeten Spalten unterscheiden. Verzichten Sie auf alle Überlegungen und Handlungen in diese Richtung und rufen Sie sich stattdessen stets in Erinnerung, dass das Ergebnis der Funktion SVERWEIS durch **Ihre** Angabe des **Spaltenindex** bestimmt wird. Ein **Index** ist immer eine **Zahl** und der **Spaltenindex** ergibt sich aus der **Anzahl** der in der Matrix enthaltenen **Spalten**. An welcher Position auf dem Tabellenblatt sich die Matrix befindet, hat darauf keinen Einfluss. Benötigen Sie gewisse Spalten einer Matrix zunächst nicht, geben Sie deren Index in einem SVERWEIS demzufolge auch nicht an. Sollte sich Ihre Aufgabenstellung verändern, so ist i. d. R. lediglich der Index anzupassen.

	A	B	C
1	Kleinbedarf	Umsatz	Bonus
2	Bäckerei- und Konditoreiwaren	8.000,00 €	0,005
3	Zeitungen und Zeitschriften	12.000,00 €	
4	Schnitt- und Topfblumen	26.000,00 €	
5	Toiletten- und Hygieneartikel	3.000,00 €	
6	Schreibmaterialien	40.000,00 €	

	A	B	C	D
1	Kleinbedarf	Umsatz	Bonus	
2	Bäckerei- und Konditoreiwaren	8.000,00 €	=SVERWEIS(B2;$E$2:$F$4;2)*B2	
3	Zeitungen und Zeitschriften	12.000,00 €		
4	Schnitt- und Topfblumen	26.000,00 €		
5	Toiletten- und Hygieneartikel	3.000,00 €		
6	Schreibmaterialien	40.000,00 €		

Das Ergebnis des SVERWEIS ist der Bonussatz. Gesucht ist aber der Bonusbetrag. Dazu ist der Bonussatz mit dem Umsatz zu multiplizieren. Praktisch umgesetzt fügen Sie dem SVERWEIS die Multiplikation mit der entsprechenden Zelle (für die Bäckerei- und Konditoreiwaren „B2") hinzu.

	A	B	C
1	Kleinbedarf	Umsatz	Bonus
2	Bäckerei- und Konditoreiwaren	8.000,00 €	40
3	Zeitungen und Zeitschriften	12.000,00 €	120
4	Schnitt- und Topfblumen	26.000,00 €	260
5	Toiletten- und Hygieneartikel	3.000,00 €	#NV
6	Schreibmaterialien	40.000,00 €	800

	A	B	C	D	E	F
1	Kleinbedarf	Umsatz	Bonus		Umsatz	Bonus
2	Bäckerei- und Konditoreiwaren	8.000,00 €	40		5.000,00 €	0,5%
3	Zeitungen und Zeitschriften	12.000,00 €	120		10.000,00 €	1,0%
4	Schnitt- und Topfblumen	26.000,00 €	260		30.000,00 €	2,0%
5	Toiletten- und Hygieneartikel	3.000,00 €	=SVERWEIS(B5;$E$2:$F$4;2)*B5			
6	Schreibmaterialien	40.000,00 €	800			

Die AutoAusfüllen-Funktion liefert für die Toiletten- und Hygieneartikel den Fehlerwert #NV (Abbildung links). Im Bearbeitungsmodus ist zunächst kein Fehler ersichtlich. Der SVERWEIS und die relativen Zellbezüge wurden richtig übernommen (Abbildung rechts).

Die Funktion SVERWEIS durchsucht die Einträge in der Suchspalte einer MATRIX und vergleicht sie dabei mit dem jeweiligen SUCHKRITERIUM. Damit die Suche nicht zu früh beendet und mit dem Fehlerwert #NV signalisiert wird, dass ein Wert in der Matrix nicht verfügbar sei, müssen Sie eine Möglichkeit schaffen, dass das SUCHKRITERIUM nicht kleiner als der geringste Wert in der Suchspalte ist. Dies erreichen Sie, indem die Suchspalte der MATRIX **aufsteigend sortiert** vorliegt und einen Wert besitzt, der **nicht weiter unterschritten** werden kann.

Praxistipp

Liefert der SVERWEIS den Fehlerwert #NV, ergibt auch die Multiplikation mit einem „nicht vorhandenen“ Wert den Fehlerwert #NV.

Praxistipp

Um die MATRIX aufsteigend sortieren zu können (hier bereits gegeben), wählen Sie die gesamte Wertetabelle aus und dann aus dem **Registerblatt Daten**, GRUPPE SORTIEREN UND FILTER das Bildsymbol <Von A bis Z sortieren>. Das Bildsymbol <Sortieren> rechts daneben verwenden Sie, um mehrere Spalten in einem Sortiervorgang nach verschiedenen Kriterien zu sortieren.

E	F
Umsatz	Bonus
5.000,00 €	0,5%
10.000,00 €	1,0%
30.000,00 €	2,0%

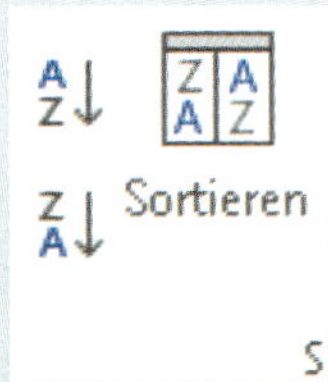

Beispiel Nicole Höver sortiert eine Artikeltabelle in einem Sortiervorgang zunächst nach der Warengruppe und anschließend nach der Artikelnummer.

Praxistipp

Um der Matrix einen unteren Grenzwert hinzufügen zu können, markieren Sie den Zellbereich E2:F2 und aus dem Kontextmenü (rechte Maustaste) den Eintrag <Zellen einfügen...> aus und verschieben Sie die bestehenden Zellen nach unten. Füllen Sie anschließend die neuen Zellen aus.

E	F
Umsatz	Bonus
5.000,00 €	0,5%
10.000,00 €	1,0%
30.000,00 €	2,0%

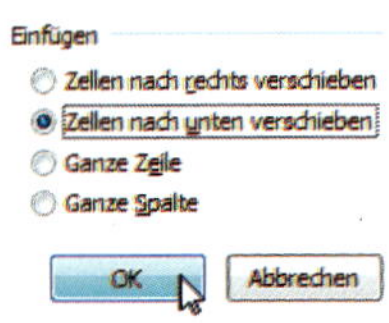

E	F
Umsatz	Bonus
5.000,00 €	0,5%
10.000,00 €	1,0%
30.000,00 €	2,0%

E	F
Umsatz	Bonus
0,00 €	0,0%
5.000,00 €	0,5%
10.000,00 €	1,0%
30.000,00 €	2,0%

Praxistipp

Wenn sich nichts an Ihrem Ergebnis ändert, liegt es daran, dass der definierte Zellbereich der MATRIX nicht automatisch durch das Einfügen neuer Zeilen angepasst wird.

	A	B	C	D	E	F
1	**Kleinbedarf**	**Umsatz**	**Bonus**		**Umsatz**	**Bonus**
2	Bäckerei- und Konditoreiwaren	8.000,00 €	40		0,00 €	0,0%
3	Zeitungen und Zeitschriften	12.000,00 €	120		5.000,00 €	0,5%
4	Schnitt- und Topfblumen	26.000,00 €	260		10.000,00 €	1,0%
5	Toiletten- und Hygieneartikel	3.000,00 €	=SVERWEIS(B5;$E$3:$F$5;2)*B5		30.000,00 €	2,0%
6	Schreibmaterialien	40.000,00 €	800			

Praxistipp

Wählen Sie mit der Maus einen „Ziehpunkt“ an einer der oberen Ecken der Matrix aus und vergrößern Sie dadurch den Zellbereich der MATRIX.

	A	B	C	D	E	F
1	**Kleinbedarf**	**Umsatz**	**Bonus**		**Umsatz**	**Bonus**
2	Bäckerei- und Konditoreiwaren	8.000,00 €	=SVERWEIS(B2;$E$3:$F$5;2)*B2		0,00 €	0,0%
3	Zeitungen und Zeitschriften	12.000,00 €	120		5.000,00 €	0,5%
4	Schnitt- und Topfblumen	26.000,00 €	260		10.000,00 €	1,0%
5	Toiletten- und Hygieneartikel	3.000,00 €	#NV		30.000,00 €	2,0%
6	Schreibmaterialien	40.000,00 €	800			

Praxistipp

Während Sie den Zellbereich verändern, passt sich der Zellbereich in der Funktion automatisch an.

	A	B	C	D	E	F
1	**Kleinbedarf**	**Umsatz**	**Bonus**		**Umsatz**	**Bonus**
2	Bäckerei- und Konditoreiwaren	8.000,00 €	=SVERWEIS(B2;$E$2:$F$5;2)*B2		0,00 €	0,0%
3	Zeitungen und Zeitschriften	12.000,00 €	120		5.000,00 €	0,5%
4	Schnitt- und Topfblumen	26.000,00 €	260		10.000,00 €	1,0%
5	Toiletten- und Hygieneartikel	3.000,00 €	#NV		30.000,00 €	2,0%
6	Schreibmaterialien	40.000,00 €	800			

	A	B	C	D	E	F
1	**Kleinbedarf**	**Umsatz**	**Bonus**		**Umsatz**	**Bonus**
2	Bäckerei- und Konditoreiwaren	8.000,00 €	40		0,00 €	0,0%
3	Zeitungen und Zeitschriften	12.000,00 €	120		5.000,00 €	0,5%
4	Schnitt- und Topfblumen	26.000,00 €	260		10.000,00 €	1,0%
5	Toiletten- und Hygieneartikel	3.000,00 €	0		30.000,00 €	2,0%
6	Schreibmaterialien	40.000,00 €	800			

Wenden Sie die AutoAusfüllen-Funktion an und der Fehlerwert verschwindet.

Das hier vorgestellte Prinzip lässt sich auf alle anderen Tabellenblätter übertragen. Ein Kopieren der Wertetabelle wäre also nicht notwendig gewesen.

Praxistipp

Wenden Sie den SVERWEIS auf die MATRIX in der Tabelle „Bonus“ an, lautet die Funktion für Zelle C2 im Tabellenblatt Kleinbedarf =SVERWEIS(B2;Bonus!$A$2:$B$5;2)*Kleinbedarf!B2. Wie Sie erkennen können, beeinträchtigt die Ergänzung der Tabellenblattnamen die Lesbarkeit. Durch den Wechsel der Tabellenblätter werden die Blattnamen ergänzt. Je nachdem, ob Sie nur den SVERWEIS ausführen und erst im Anschluss daran die Multiplikation mit dem Umsatz ergänzen oder die Eingabe in einem Durchgang vollziehen, passt sich (da beide Tabellenblätter zu dieser Zeit aktiv waren) auch der Blattname für den Umsatz an.

Durch die Verwendung von **NAMEN** lassen sich Formeln und Funktionen, die komplexe Zellbereiche betreffen, wesentlich einfacher handhaben. Ihnen sollte das Prinzip bereits bekannt sein, denn Sie speichern Arbeitsmappen unter eindeutigen DATEINAMEN ab und Tabellenblätter verfügen i. d. R. nicht mehr über die STANDARDNAMEN. Am einfachsten lassen sich NAMEN erstellen, indem Sie den zu benennenden Bereich markieren, auf das NAMENFELD in der BEARBEITUNGSLEISTE klicken und einen „fast“ beliebigen Begriff eintragen.

Beispiel Dem Zellbereich A2:B5 im Tabellenblatt „Bonus“ wird der NAME **Bonnusstaffel** zugewiesen.

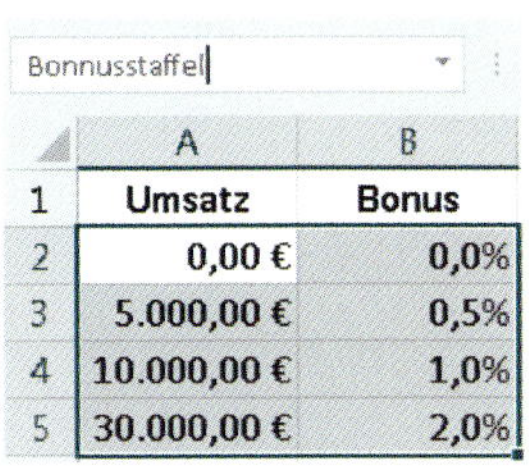

Festgelegte NAMEN können über das NAMENFELD allerdings nicht geändert oder gelöscht werden. Hierfür müssen Sie den Umweg über das **REGISTER FORMELN**, GRUPPE DEFINIERTE NAMEN, Bildsymbol <Namens-Manager> nehmen. Wählen Sie den Namen aus, der geändert werden soll und klicken Sie auf <Bearbeiten...>, öffnet sich das Dialogfenster „Name bearbeiten“, in welchem Sie die die Änderungen vornehmen können.

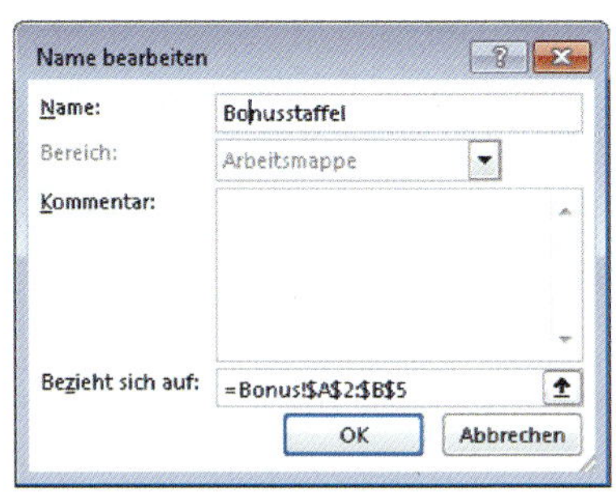

Im gleichen Dialogfenster können Sie den Zellbereich, auf den sich der Name bezieht, anpassen. Diese Möglichkeit haben Sie allerdings schon im Dialogfenster „Namens-Manager“.

NAMEN wie „Q1“ als Abkürzung für „Quartal 1“ können Sie allerdings nicht verwenden, da diese Kombination aus Buchstabe und Zahl bereits der bestehenden Zelladresse „Q1“ entspricht. Wenn Sie es trotzdem versuchen, stellen Sie fest, dass die aktuell ausgewählte Zelle an die Position Q1 wechselt. Das NAMENFELD dient also einerseits der Definition und andererseits der direkten Auswahl von Zellen oder Zellbereichen. Dieser Effekt macht auch deutlich, dass ein vergebener Name innerhalb der gesamten Arbeitsmappe **einmalig** ist. Es gibt zwar die Möglichkeit, Ausnahmen davon festzulegen, aber dann verlieren Sie gerade den Effekt, eine bestimmte Zelle bzw. einen Zellbereich eines Tabellenblattes von anderen Tabellenblättern aus direkt ansteuern zu können. Ein weiterer wichtiger Effekt ist, dass Sie keine Dollarzeichen mehr setzen müssen, denn der Zellbereich wurde ja **fest**gelegt, er ist **absolut**.

Beispiele Löschen Sie die Zellen in Spalte C und geben Sie den SVERWEIS erneut ein. Nachdem Sie das Suchkriterium, die Zelle B2, ausgewählt haben, geben Sie die Bezeichnung der Matrix ein. Sie brauchen nur die ersten Buchstaben von „Bonusstaffel“ einzugeben und es erscheint eine Vorschlagsliste mit den definierten Namen. Ein Doppelklick fügt dem SVERWEIS den Matrix-Namen „Bonusstaffel“ zu.

	A	B	C	D	E
1	Kleinbedarf	Umsatz	Bonus		
2	Bäckerei- und Konditoreiwaren	8.000,00 €	=SVERWEIS(B2;Bonu		
3	Zeitungen und Zeitschriften	12.000,00 €	SVERWEIS(Suchkriterium; Matrix; Spaltenindex; [Bereich_Verweis])		
4	Schnitt- und Topfblumen	26.000,00 €	Bonusstaffel		
5	Toiletten- und Hygieneartikel	3.000,00 €			
6	Schreibmaterialien	40.000,00 €			

	A	B	C
1	Kleinbedarf	Umsatz	Bonus
2	Bäckerei- und Konditoreiwaren	8000	=SVERWEIS(B2;Bonusstaffel;2)*B2
3	Zeitungen und Zeitschriften	12000	=SVERWEIS(B3;Bonusstaffel;2)*B3
4	Schnitt- und Topfblumen	26000	=SVERWEIS(B4;Bonusstaffel;2)*B4
5	Toiletten- und Hygieneartikel	3000	=SVERWEIS(B5;Bonusstaffel;2)*B5
6	Schreibmaterialien	40000	=SVERWEIS(B6;Bonusstaffel;2)*B6

Formelansicht nach erfolgtem AutoAusfüllen

NAMEN sind nicht auf Zellbereiche beschränkt. Als kleinste „Einheit“ können auch einzelne Zellen mit einem NAMEN versehen werden. Dies führt in der Praxis gelegentlich dazu, dass sachlogisch zusammenhängende Daten wie die gegebenen Umsätze des Kleinbedarfs in Spalte B jeweils einzeln markiert und als „Umsatz1, Umsatz2, ..., Umsatz5“ benannt werden. Auch hier handelt es sich um einen Zellbereich, der markiert und benannt („Umsatz“) werden kann. Sofern Sie jetzt eine einzelne Zelle auswählen, wird diese nur ihren Zellbezug in einer Formel oder Funktion anzeigen, denn der gesamte Zellbereich trägt den Namen „Umsatz“. Sie müssen innerhalb einer Formel oder Funktion also entweder den gesamten Zellbereich markieren (obwohl Sie nur diese eine Zelle benötigen) oder Sie schreiben den Namen „Umsatz“ aus.

Beispiel Löschen Sie die Zellen in Spalte C und geben Sie dem Zellbereich B2:B6 den Namen „Umsatz“. Tragen Sie dann den SVERWEIS erneut ein. Wählen Sie als Suchkriterium den ganzen Zellbereich B2:B6 mit der Maus aus, ändert sich bei Erreichen der Zelle B6 das Namenfeld in der Bearbeitungsleiste in „Umsatz“. Die rechts abgebildete, vollständige Suchfunktion wird dann wie gewohnt mit der AutoAusfüllen-Funktion kopiert.

	A	B	C
1	Kleinbedarf	Umsatz	Bonus
2	Bäckerei- und Konditoreiwaren	8.000,00 €	40,00 €
3	Zeitungen und Zeitschriften	12.000,00 €	120,00 €
4	Schnitt- und Topfblumen	26.000,00 €	260,00 €
5	Toiletten- und Hygieneartikel	3.000,00 €	0,00 €
6	Schreibmaterialien	40.000,00 €	800,00 €
7			
8			
9			
10			
11			

	A	B	C	D	E
1	Kleinbedarf	Umsatz	Bonus		
2	Bäckerei- und Konditoreiwaren	8.000,00 €	=SVERWEIS(B2;Bonusstaffel;2)*Umsatz		
3	Zeitungen und Zeitschriften	12.000,00 €		Umsatz	
4	Schnitt- und Topfblumen	26.000,00 €			
5	Toiletten- und Hygieneartikel	3.000,00 €			
6	Schreibmaterialien	40.000,00 €			
7					

Excel erkennt, dass es sich um den Namen eines Zellbereichs handelt, ordnet dem SVERWEIS und der angefügten Multiplikation aber nur den entsprechenden Eintrag aus der jeweiligen Zeile zu. Beachten Sie bitte, dass Sie einen Namensbereich definiert haben. Nur weil der Zellbereich „Umsatz“ heißt, wird Excel deshalb nicht die Summe dieses Zellbereichs verwenden. Dies können Sie mit der Funktion =SUMME(Umsatz) realisieren. Um unnötige Verwirrung zu vermeiden, sollten Sie auf diese Besonderheit besser verzichten und die einzelnen Zellen „klassisch" über relative Zellbezüge adressieren.

	A	B	C
1	Kleinbedarf	Umsatz	Bonus
2	Bäckerei- und Konditoreiwaren	8000	=SVERWEIS(B2;Bonusstaffel;2)*Umsatz
3	Zeitungen und Zeitschriften	12000	=SVERWEIS(B3;Bonusstaffel;2)*Umsatz
4	Schnitt- und Topfblumen	26000	=SVERWEIS(B4;Bonusstaffel;2)*Umsatz
5	Toiletten- und Hygieneartikel	3000	=SVERWEIS(B5;Bonusstaffel;2)*Umsatz
6	Schreibmaterialien	40000	=SVERWEIS(B6;Bonusstaffel;2)*Umsatz

Formelansicht nach erfolgtem AutoAusfüllen

Ungefähre und genaue Übereinstimmung

Durch die aufsteigend sortierte Suchspalte der MATRIX und einen Wert, den das SUCHKRITERIUM nicht weiter unterschreiten kann, haben Sie alles unternommen, um den Fehlerwert #NV nicht mehr angezeigt zu bekommen. Bisher haben Sie aber Situationen bearbeitet, bei denen nach einer ungefähren Übereinstimmung gesucht wurde. Müssen Sie aufgrund der Aufgabenstellung z. B. eine Kunden- oder Artikelnummer suchen, hilft Ihnen eine ungefähre Übereinstimmung nicht weiter. Sie suchen nach einem exakt vorhandenen Eintrag. In diesem Fall ist es nicht notwendig, die Matrix zu sortieren, denn es soll ja nicht der Wert der nächstkleineren Kunden- oder Artikelnummer ausgegeben werden, sondern genau dieser bestimmte Kunde bzw. Artikel. Die Suchfunktion SVERWEIS würde auch dann ein Ergebnis liefern, obwohl dieser Kunde oder Artikel nicht existiert. Für diesen Fall **muss** das Tabellenkalkulationsprogramm den Fehlerwert #NV anzeigen

> Die vollständige Syntax lautet
> **=SVERWEIS(**SUCHKRITERIUM;MATRIX;SPALTENINDEX;[BEREICH])

Die eckigen Klammern deuten wieder darauf hin, dass die Angabe des Parameters optional ist. Alternativ hätten Sie auch **WAHR** oder die Ziffer **1** eintragen **dürfen**.

Beispiel Nicole Höver führt eine Bestandsliste für diverses Büromaterial. Bisher hat Nicole die Artikelbezeichnung „von Hand" in das Tabellenblatt „Bedarf" eingetragen. Die WENN-Abfrage hat den Vergleich des Lagerbestands mit dem Meldebestand zwar automatisch ausgeführt, aber auch hier wurde der Zellbezug im Tabellenblatt „Artikel" abgelesen und „von Hand" übertragen. Von nun an soll eine Suchfunktion anhand der Artikelnummer automatisch die Artikelbezeichnung in das Tabellenblatt „Bedarf" übernehmen.

ArtMatrix | fx 128B488

	A	B	C	D	E
1	Artikelnummer	Artikelbezeichnung	Einzelpreis	Meldebestand	
2	128B488	Primus Textmarker 6 St.	1,15 €	600	
3	253B989	Primus Bleistifte 12 St.	1,38 €	840	
4	194B340	Primus Heftzange B 36	3,74 €	120	

Artikel | Bedarf

Die Wertetabelle im Tabellenblatt „Artikel" erhält den Namen „ArtMatrix".

C2 =SVERWEIS($B$2;ArtMatrix;2)

	A	B	C	D	E	F
1	**Lagerbestand**	**Artikelnummer**	**Artikelbezeichnung**	**Bedarfsmeldung**		
2	830	253B989	Primus Bleistifte 12 St.	Ja		
3						

Artikel | Bedarf

Der SVERWEIS liefert als richtiges Ergebnis die „Bleistifte".

Beispiele Die ursprüngliche WENN-Abfrage lautete =**WENN(A2<=Artikel!D3;"Ja";"Nein")**. Um den Lagerbestand automatisch einzubinden, können Sie den SVERWEIS in Zelle C2 ohne das Gleichheitszeichen kopieren und an die Stelle von **Artikel!D3** einfügen. Damit nicht die Artikelbezeichnung verwendet wird, ist der Spaltenindex anzupassen: **SVERWEIS($B$2;ArtMatrix;4)**.

D2 =WENN(A2<=Artikel!D3;"Ja";"Nein")

	A	B	C	D	E	F
1	**Lagerbestand**	**Artikelnummer**	**Artikelbezeichnung**	**Bedarfsmeldung**		
2	830	253B989	Primus Bleistifte 12 St.	Ja		
3						

Artikel | Bedarf

Ursprüngliche WENN-Abfrage im Tabellenblatt „Bedarf"

D2 =WENN(A2<=SVERWEIS($B$2;ArtMatrix;4);"Ja";"Nein")

	A	B	C	D	E	F
1	**Lagerbestand**	**Artikelnummer**	**Artikelbezeichnung**	**Bedarfsmeldung**		
2	830	253B989	Primus Bleistifte 12 St.	Ja		
3						

Artikel | Bedarf

Automatische Abfrage mit =**WENN(A2<=SVERWEIS($B$2;ArtMatrix;4);"Ja";"Nein")**

Beispiel Angenommen, es soll die Bestandsüberprüfung für den Artikel „Primus Heftzange" mit der Artikelnummer „194B340" und einem Lagerbestand von 560 Stück durchgeführt werden, liefert der SVERWEIS die falsche Artikelbezeichnung. Der Hinweis auf eine erforderliche Bedarfsmeldung ist ebenfalls falsch. Denn der Lagerbestand der Heftzangen liegt deutlich über dem Meldebestand. Das falsche Ergebnis kommt dadurch zustande, dass die Suchspalte nicht aufsteigend sortiert vorliegt. Der zweite Vergleich von Artikelnummer und Suchspalte ergibt, dass die Artikelnummer „253B989" größer als „194B340" ist. Es gibt aber keine annähernden Artikelnummern. Entweder ist der Artikel vorhanden oder nicht.

C2 =SVERWEIS($B$2;ArtMatrix;2)

	A	B	C	D	E	F
1	**Lagerbestand**	**Artikelnummer**	**Artikelbezeichnung**	**Bedarfsmeldung**		
2	560	194B340	Primus Textmarker 6 St.	Nein		
3						

Artikel | Bedarf

Beispiel Für die falsche Artikelnummer aufgrund eines „Zahlendrehers“ liefert der SVERWEIS die richtige Artikelbezeichnung. Sowohl die Artikelbezeichnung als auch die nicht notwendige Bedarfsmeldung sind ein Zufallsergebnis. Das falsche Ergebnis kommt dadurch zustande, dass die Suchspalte nicht aufsteigend sortiert vorliegt. Der dritte Vergleich von Artikelnummer und Suchspalte ergibt, dass die Artikelnummer „914B340“ größer als „194B340“ ist. Der vierte Vergleich ergibt, dass das Ende der Suchspalte erreicht ist. Es gibt aber auch hier keine annähernden Artikelnummern. Entweder ist der Artikel vorhanden oder nicht.

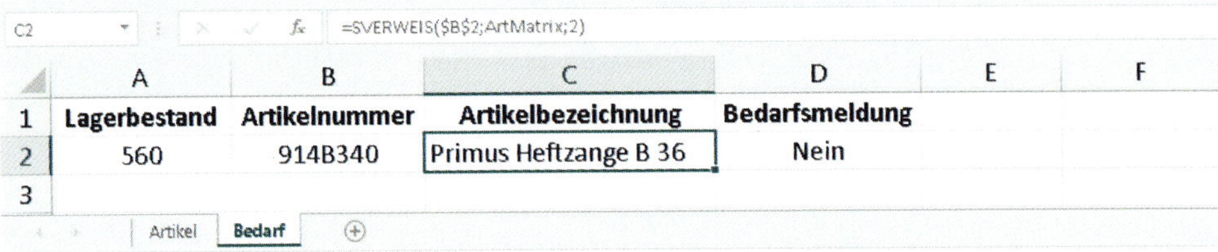

Beispiel Um die Funktion SVERWEIS nach einer genauen Übereinstimmung suchen zu lassen, muss ein weiterer Parameter hinzugefügt werden.

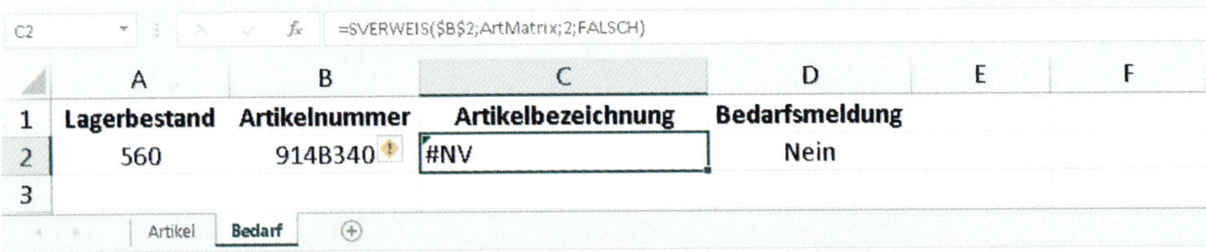

Der Fehlerwert #NV zeigt zutreffend an, dass diese Artikelnummer nicht existiert.

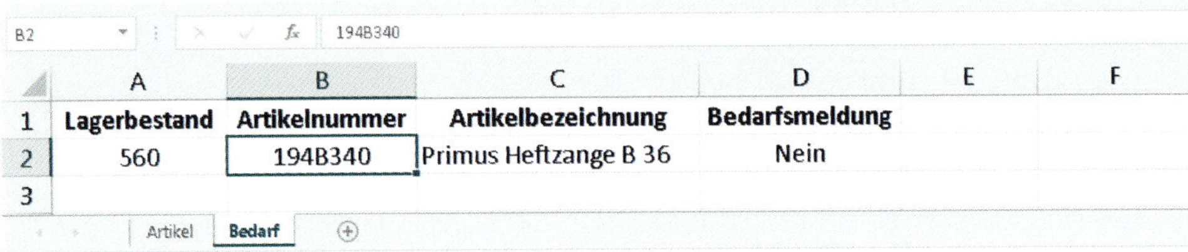

*Diese Artikelbeschreibung gehört zu **genau** dieser Artikelnummer.*

Die eckigen Klammern in der Syntax weisen auf ein optionales Funktionsargument hin. Für eine ungefähre Übereinstimmung mag dies zutreffen. Bei einer genauen Übereinstimmung ist der Parameter aber obligatorisch. Der SVERWEIS **muss** um den Begriff FALSCH oder die Ziffer 0 ergänzt werden.

Beispiel Die automatische Abfrage der Bedarfsmeldung muss ebenfalls angepasst werden. Die WENN-Abfrage mit vollständigem SVERWEIS lautet =**WENN(A2<=SVERWEIS($B$2;ArtMatrix;4;FALSCH)**; “Ja“;“Nein“).

WVERWEIS

Eine Sonderform stellt der **WVERWEIS** dar. Der Name **WVERWEIS** leitet sich daraus her, dass die Einträge einer verwendeten Wertetabelle **(MATRIX)** waagerecht (zeilenweise) angeordnet sind. Der WVERWEIS wurde von den Entwicklern so programmiert, dass immer die **erste Zeile** („Suchzeile“) einer MATRIX durchsucht wird.

Die vollständige Syntax lautet
=**WVERWEIS**(SUCHKRITERIUM;MATRIX;ZEILENINDEX;[BEREICH])

Beispiel Sie müssen keine Zellbereiche kopieren und in leere Tabellenblätter einfügen. Tabellenblätter lassen sich auf einfache Art und Weise „duplizieren". Dies ist insbesondere dann empfehlenswert, wenn Sie Veränderungen vornehmen wollen, ohne die ursprüngliche Tabelle nachteilig zu verändern. Alle Veränderungen an der Kopie wirken sich nur auf diese aus. Wählen Sie das Tabellenblatt Bonus und aus dem Kontextmenü <Verschieben oder Kopieren...> aus und aktivieren Sie den Eintrag „☑Kopie erstellen". Sie können zuvor die Position angeben, an der das Tabellenblatt eingefügt wird. Excel erzeugt dann eine Kopie mit dem Tabellenblattnamen ergänzt um die Ziffer (2).

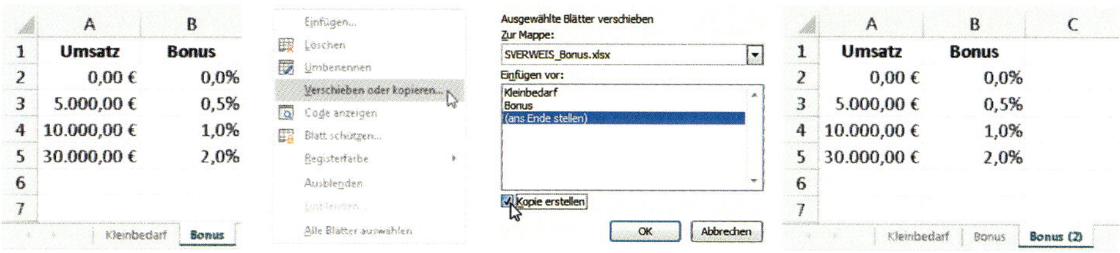

Beispiel Kopieren Sie den Zellbereich A1:B5 und fügen Sie diesen über das Kontextmenü, Bildsymbol <Transponieren> in Zelle B6 ein, dann stellen Sie fest, dass die bestehende **spaltenweise** Anordnung nun **zeilenweise** vorliegt. Das bedeutet im Umkehrschluss, dass eine zeilenweise angeordnete Tabelle nach dem Transponieren spaltenweise umgesetzt wird.

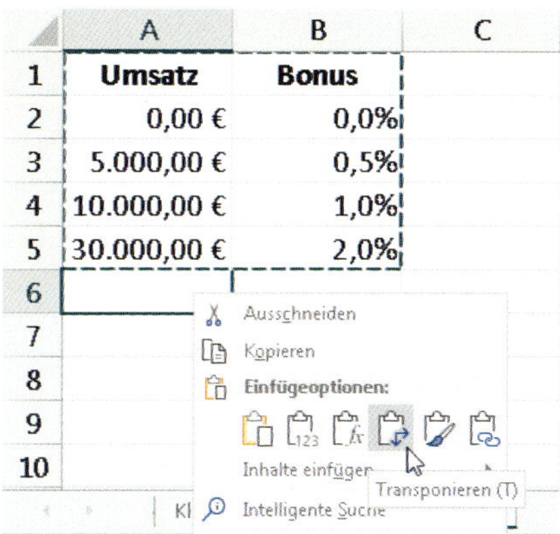

Die Spaltenüberschriften werden nun vor die jeweiligen Zeilen gesetzt. Die **Suchspalte** „Umsatz" wurde zur **Suchzeile**. Die Vorgehensweise entspricht der beim SVERWEIS: Überschriften dürfen nicht einbezogen werden und die Suchzeile besitzt den Index 1 (**muss** also immer „oben" stehen). Beachten Sie, dass Sie durch den Kopiervorgang immer noch die Bezeichnungen „Umsatz" und „Bonus" markiert haben. Markieren Sie den Zellbereich der Wertetabelle neu und vergeben Sie bitte erst danach den NAMEN „**waagerecht**".

Beispiel Markieren Sie mit gedrückter linker Maustaste die Zeilen 1 bis 5 und wählen aus dem Kontextmenü <Zellen löschen>, verschiebt sich der Bereich automatisch nach oben.

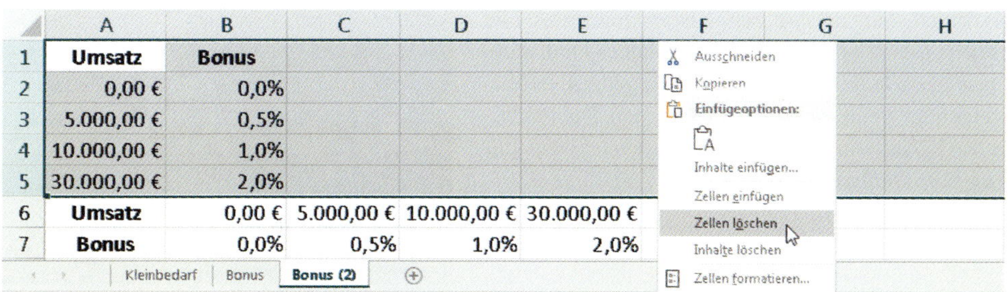

Beispiel Umsetzung mit dem WVERWEIS:

	A	B	C
1	**Kleinbedarf**	**Umsatz**	**Bonus**
2	Bäckerei- und Konditoreiwaren	8000	=WVERWEIS(B2;waagerecht;2)*B2
3	Zeitungen und Zeitschriften	12000	=WVERWEIS(B3;waagerecht;2)*B3
4	Schnitt- und Topfblumen	26000	=WVERWEIS(B4;waagerecht;2)*B4
5	Toiletten- und Hygieneartikel	3000	=WVERWEIS(B5;waagerecht;2)*B5
6	Schreibmaterialien	40000	=WVERWEIS(B6;waagerecht;2)*B6
7			

Kleinbedarf | Bonus | Bonus (2)

RANG

Beispiel Zusätzlich ist der Stellenwert des jeweiligen Kleinbedarfs untereinander festzustellen. Dazu ist der jeweilige Umsatz zu allen Umsätzen in Bezug zu setzen. Wenn die umsatzstärkste Warenart den Rang 1 und die umsatzschwächste den Rang 5 erhalten soll, ist die **Reihenfolge** (gemessen am Umsatz) **absteigend**.

D2 =RANG(B2;$B$2:$B$6)

	A	B	C	D	E
1	**Kleinbedarf**	**Umsatz**	**Bonus**	**Rang**	**Rang.Gleich**
2	Bäckerei- und Konditoreiwaren	8.000,00 €	40,00 €	4	4
3	Zeitungen und Zeitschriften	12.000,00 €	120,00 €	3	3

E2 =RANG.GLEICH(B2;$B$2:$B$6)

	A	B	C	D	E
1	**Kleinbedarf**	**Umsatz**	**Bonus**	**Rang**	**Rang.Gleich**
2	Bäckerei- und Konditoreiwaren	8.000,00 €	40,00 €	4	4
3	Zeitungen und Zeitschriften	12.000,00 €	120,00 €	3	3
4	Schnitt- und Topfblumen	26.000,00 €	260,00 €	2	2
5	Toiletten- und Hygieneartikel	3.000,00 €	0,00 €	5	5
6	Schreibmaterialien	40.000,00 €	800,00 €	1	1

Die Syntax lautet =**RANG(**ZELLE;ZELLBEREICH;[REIHENFOLGE])

Da die Angabe von REIHENFOLGE optional (standardmäßig mit dem Begriff FALSCH oder der Ziffer 0 belegt) ist, wird der Rang **in absteigender Reihenfolge** sortiert.

Beispiel Wenn bei einem Pferderennen derjenige gewonnen hat, der am schnellsten durch das Ziel geritten ist, also die geringste Zeit benötigt hat, dann muss (gemessen an der Zeit) die Rangfolge **in aufsteigender Reihenfolge** sortiert werden. Die Funktion RANG **muss** um den Begriff WAHR oder die Ziffer 1 ergänzt werden.

Zusammenfassung: Beim Angebotsvergleich ein Tabellenkalkulationsprogramm einsetzen

- **Berechnungen hängen häufig davon ab**, ob ein bestimmter Wert erreicht bzw. über- oder unterschritten wird.
- Neben den **mathematischen Operatoren** „gleich" und „ungleich" ermöglichen **logische Operatoren** Vergleiche (Prüfungen).
- „Kleiner (oder) gleich" ist das logische Gegenteil von „größer als".
- **Funktionen besitzen einen Funktionsnamen,** über den sie beliebig oft aufgerufen und ausgeführt werden können.
- Die **WENN-Funktion** stellt eine Abfrage dar.
- Die in runden Klammern enthaltenen Parameter heißen auch **Funktionsargumente**.
- **Mathematische Funktionen** geben das Ergebnis einer Berechnung aus.
- **Logische Funktionen ermitteln**, ob eine Bedingung erfüllt ist.
- **Struktogramme** stellen komplexe Zusammenhänge übersichtlich dar.
- Kehrt sich der logische Operator um, vertauschen sich der Dann- und der Sonst-Fall.
- **ZÄHLENWENN** knüpft die zu ermittelnde Anzahl an eine Bedingung.
- **SUMMEWENN** knüpft die zu ermittelnde Summe an eine Bedingung.
- Mehrere Entscheidungsmöglichkeiten werden in der verschachtelten WENN-Abfrage umgesetzt.
- Das Funktionsargument **UND** verlangt, dass alle Bedingungen gleichzeitig erfüllt sein müssen.
- Das Funktionsargument **ODER** verlangt, dass nur eine der Bedingungen erfüllt sein muss.
- Die [F2]-Taste öffnet den Bearbeitungsmodus und zeigt die in der Formel verwendeten Zellen farblich codiert an.
- Der **SVERWEIS** sucht senkrecht nach einem Eintrag in einer Wertetabelle (Matrix).
- Die **Suchspalte** muss innerhalb der Matrix immer vorangestellt sein.
- Der **Rückgabewert des SVERWEIS** wird über den Spaltenindex bestimmt.
- Der **Fehlerwert #NV** deutet auf einen nicht verfügbaren Wert hin.
- Bei ungefährer Übereinstimmung muss die Suchspalte aufsteigend sortiert sein.
- Um bei ungefährer Übereinstimmung falsche Ergebnisse zu vermeiden, sollte die Suchspalte einen Wert besitzen, der nicht weiter unterschritten werden kann.
- Mehrere Spalten können in einem Sortiervorgang nach verschiedenen Kriterien sortiert werden.
- Durch die Verwendung von Namen lassen sich komplexe Formeln und Funktionen einfacher handhaben.

- Festgelegte Namen können über den **<Namens-Manager>** geändert oder gelöscht werden.
- Namen, die für Zellbezüge stehen, können nicht verwendet werden.
- Namen sind innerhalb der gesamten Arbeitsmappe einmalig und lassen sich direkt ansteuern.
- Namen verwenden absolute Bezüge.
- Der Parameter **FALSCH** weist die Funktion SVERWEIS an, nach einer exakten Übereinstimmung zu suchen.
- Bei genauer Übereinstimmung muss die Suchspalte nicht sortiert werden.
- Die Funktion **WVERWEIS** durchsucht einen Wertebereich zeilenweise.
- Die Funktion **RANG** gibt die Rangfolge eines Wertes auf- oder absteigend an.

Aufgaben

1. *Neben der Ausgabe von Jobtickets für die öffentlichen Verkehrsmittel plant die Primus GmbH, einen „Familienzuschlag" für Mitarbeiterinnen und Mitarbeiter mit Kindern einzuführen. Berechnen Sie unter Verwendung des Struktogramms die Höhe der Zusatzleistung in Euro für eine Mitarbeiterin mit einem Kind und einen Mitarbeiter mit vier Kindern.*

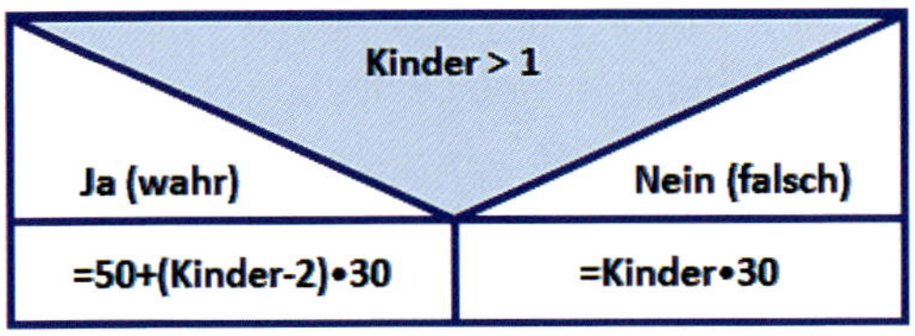

2. *Öffnen Sie die Datei „Steuererklaerung". Duplizieren Sie das Tabellenblatt „Telefonabrechnung" und ermitteln Sie in der Spalte E das Ergebnis je Monat unter Verwendung der WENN-Abfrage (vgl. S. 426 Aufgabe 13).*

3. *Nicole Hövers Großeltern besitzen ein vermietetes Mehrfamilienhaus. Um die Nebenkostenabrechnung für die vier Mieter nicht mehr mit der Schreibmaschine zu erstellen, bittet Nicoles Mutter darum, die Großmutter bei der Nebenkostenabrechnung zu unterstützen. Öffnen Sie mit Ihrem Tabellenkalkulationsprogramm eine neue Datei und speichern Sie diese unter der Bezeichnung „Nebenkostenabrechnung".*

a) Geben Sie dem Tabellenblatt 1 den Namen „Wohnungen", dem Tabellenblatt 2 den Namen „Abrechnung", und tragen Sie in das Tabellenblatt „Wohnungen" die folgende abgebildete Tabelle mit allen Daten positionsgerecht mit den entsprechenden Formatierungen ein. Ermitteln Sie unter Verwendung geeigneter Funktionen die gesamte Wohnfläche des Mehrfamilienhauses sowie die dort wohnenden Personen.

	A	B	C	D
1	**Wohnung Grunddaten MFH Höver**			
2				
3	**Mieter**	**Wohnfläche**	**Personen**	**Vorauszahlung**
4	Karpo	74	2	876,00 €
5	Damm	56	1	576,00 €
6	Gartmann	74	3	1.116,00 €
7	Ewenz	56	2	780,00 €
8	**Gesamt**			

b) Geben Sie in das Tabellenblatt „Abrechnung“ die folgende abgebildete Tabelle mit allen Daten positionsgerecht mit den entsprechenden Formatierungen ein.

	A	B	C	D
1	**Nebenkostenabrechnung MFH Höver**			
2				
3	**Mieter**			
4	Wohnfläche			
5	Personen			
6				
7	**Kosten**	**Verteilungsschlüssel**	**Gesamt**	**Ihr Anteil**
8	Wasserversorgung	Personen	592,77 €	
9	Entwässerung	Personen	671,00 €	
10	Niederschlagswasser	Wohnfläche	310,05 €	
11	Allg. Strom	Personen	83,23 €	
12	Müllabfuhr	Personen	596,24 €	
13	Straßenreinigung	Personen	74,30 €	
14	Grundsteuer	Wohnfläche	459,98 €	
15	Versicherung	Wohnfläche	633,35 €	
16	**Gesamtkosten**			
17	Vorauszahlung			
18	**Abrechnung**			
19		Ihre neue Vorauszahlung beträgt		

c) Definieren Sie folgende Namen:

Name	Bezieht sich auf
Mieter	=Abrechnung!$B$3
MietMatrix	=Wohnungen!$A$4:$D$7
Personen	=Wohnungen!$C$8
Wohnfläche	=Wohnungen!$B$8

d) Übernehmen Sie in Zelle B3 des Tabellenblattes „Abrechnung“ durch einen kopierfähigen Zellbezug die Bezeichnung der Mieter „Karpo“ aus dem Tabellenblatt „Wohnungen“. Unter Verwendung der Suchfunktion SVERWEIS soll automatisch dessen Wohnfläche und die Zahl der dort lebenden Personen angezeigt werden.

e) Ermitteln Sie die Nebenkosten unter Verwendung der WENN-Abfrage.

f) Übernehmen Sie unter Verwendung der Suchfunktion SVERWEIS die Vorauszahlung in das Tabellenblatt „Abrechnung“ und ermitteln Sie den Guthaben- bzw. Nachzahlungsbetrag. Informieren Sie die Mieter in Zelle D19 über deren neue Nebenkostenvorauszahlung. Runden Sie diesen Betrag kaufmännisch, auf eine Nachkommastelle genau. Unter Verwendung der WENN-Abfrage soll in Zelle B18 automatisch entweder der Text „Guthaben“ oder „Nachzahlung“ erscheinen.

g) Duplizieren Sie das Tabellenblatt für alle Mieter und passen Sie die Nebenkostenabrechnung an die jeweiligen Mieter an. Vergeben Sie den Tabellenblättern die entsprechenden Mieternamen und drucken Sie die Nebenkostenabrechnungen auf je einer A4-Seite im Hochformat mit Gitternetzlinien sowie mit Zeilen- und Spaltenköpfen aus. Erstellen Sie in beiden Tabellenblättern eine Fußzeile mit folgenden Eintragungen: „Links“ – Ihr Name, „Mitte“ – automatischer Dateiname und „Rechts“ – automatischer Tabellenblattname (Registername). Drucken Sie zusätzlich das Tabellenblatt „Abrechnung“ auf einer A4-Seite im Querformat in der Formelansicht aus.

4. *Für die anstehenden Vertragsverhandlungen mit der „Vereinigte Spanplatten AG", Augsburg, holt die Primus GmbH drei Vergleichsangebote ein. Führen Sie den Angebotsvergleich durch. Öffnen Sie mit Ihrem Tabellenkalkulationsprogramm eine neue Datei und speichern Sie diese unter der Bezeichnung „Angebotsvergleich_1".*

a) Geben Sie dem Tabellenblatt 1 den Namen „Bezugskosten", dem Tabellenblatt 2 den Namen „Auswertung" und tragen Sie in das Tabellenblatt „Bezugskosten" die folgende abgebildete Tabelle mit allen Daten positionsgerecht mit den entsprechenden Formatierungen ein. Vergeben Sie dem Zellbereich A9:B12 des Tabellenblattes „Bezugskosten" den Namen ***„LBedingung"*** *(jeweils ohne Anführungszeichen).*

	A	B
1	**Bezugskosten**	
2	je angefangene 100 kg	
3		
4	Rollgeld 1	2,10 €
5	Fracht	12,50 €
6	Rollgeld 2	1,67 €
7		
8	**Lieferungsbedingung**	
9	ab Werk	16,27 €
10	unfrei	14,17 €
11	frachtfrei	1,67 €
12	frei Haus	0,00 €

b) Geben Sie in das Tabellenblatt „Auswertung" die folgende abgebildete Tabelle mit allen Daten positionsgerecht mit den entsprechenden Formatierungen ein. Damit das Tabellenkalkulationsprogramm die Minus- und Plus-Zeichen nicht als mathematische Operatoren deutet, wählen Sie auf der Tastatur zunächst einen einfachen Hochstrich (auf der Tastenbelegung mit #) aus oder beginnen Sie mit einem Leerschritt.

	A	B	C	D
1	**Angebotsvergleich**			
2	Benötigte Menge in kg	1.000,00		
3				
4	**Konditionen**	**Bernhardt GmbH**	**Fey GmbH**	**Soer GmbH**
5	Naturalrabatt in kg	50,00	0,00	0,00
6	Einzelpreis in €	2,25	2,15	2,21
7	Rabatt	0,00%	5,00%	10,00%
8	Skonto	3,00%	2,50%	2,00%
9	Lieferungsbedingung	unfrei	frei Haus	frachtfrei
10	Bezugskosten je angefangene 100 kg in €			
11				
12	**Kalkulationsschema**	**Bernhardt GmbH**	**Fey GmbH**	**Soer GmbH**
13	Berechnete Menge in kg			
14	Listeneinkaufspreis in €			
15	- Rabatt in €			
16	Zieleinkaufspreis in €			
17	- Skonto in €			
18	Bareinkaufspreis in €			
19	+ Bezugskosten in €			
20	Bezugs-/Einstandspreis gesamt (in €)			
21	Bezugs-/Einstandspreis je kg (in €)			
22	Reihenfolge			
23	Kommentar			

c) Übernehmen Sie in Zeile 10 des Tabellenblattes „Auswertung“ mit der kopierfähigen Suchfunktion SVERWEIS die Bezugskosten je Anbieter aus der Tabelle „Bezugskosten“. Berechnen Sie unter Verwendung kopierfähiger Formeln die Daten für jeden Anbieter. Berücksichtigen Sie bei der Ermittlung der Bezugskosten in Zeile 19, dass sich diese auf jeweils angefangene 100 kg beziehen. Verwenden Sie dazu die Funktion AUFRUNDEN.

d) Ermitteln Sie in Zeile 22 die Reihenfolge der Angebote (aufsteigend sortiert) und vergleichen Sie diese mit dem „Bezugs-/Einstandspreis je kg“ in Zeile 21. Kommentieren Sie in Zeile 23 das Ergebnis je Anbieter. Unter Verwendung der WENN-Abfrage soll automatisch der Text „bestellen“ erscheinen, wenn es sich um einen Anbieter mit dem „Rang 1“ handelt. Erklären Sie, wie sich das Ergebnis der Reihenfolge in Zeile 22 als auch das Ergebnis in Zeile 23 ändern wird, wenn Sie in Zeile 21 die Funktion RUNDEN verwenden.

e) Die Tabellen „Bezugskosten“ und „Auswertung“ sind auf je einer A4-Seite im Querformat mit Gitternetzlinien sowie mit Zeilen- und Spaltenköpfen auszudrucken. Erstellen Sie in beiden Tabellenblättern eine Fußzeile mit folgenden Eintragungen: „Links“ – Ihr Name, „Mitte“ – automatischer Dateiname und „Rechts“ – automatischer Tabellenblattname (Registername). Drucken Sie das Tabellenblatt „Auswertung“ zusätzlich in der Formelansicht aus.

5. *Das Struktogramm bildet die in Zelle A4 hinterlegte WENN-Abfrage ab.*

a) Ermitteln Sie (zunächst ohne technische Hilfsmittel) die jeweiligen Werte in Zeile 4, wenn die Funktion bis D4 kopiert wurde.

b) Setzen Sie das Struktogramm in Excel um.

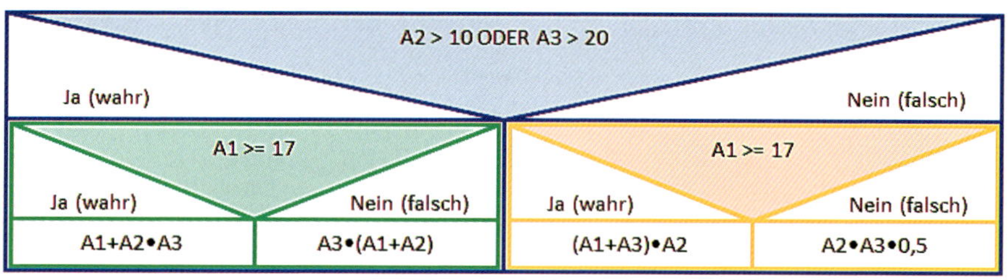

	A	B	C	D
1	15	20	18	16
2	30	10	6	8
3	10	30	2	4
4				

3.4 Bestellung durchführen

Handlungssituation

Die Primus GmbH bestellt aufgrund eines Angebots vom 1. April mit nachfolgendem Schreiben bei der Computec GmbH & Co. KG auf der Grundlage eines vorliegenden Angebots Bürogeräte.

Primus GmbH

Büroeinrichtung und Zubehör

Primus GmbH · Koloniestraße 2 – 4 · 47057 Duisburg
Computec GmbH & Co. KG
Volksparkstr. 12 – 20
22525 Hamburg

Ihr Zeichen:	st-gi
Ihre Nachricht vom:	01.04.20..
Unser Zeichen:	ko-bu
Unsere Nachricht vom:	19.03.20..
Ihre Ansprechpartnerin:	Helga Konski
Abteilung:	Einkauf
Telefon:	0203 44536-90
Fax:	0203 44536-98
E-Mail:	helga.konski@primus-bueroeinrichtung.de
Datum:	20.04.20..

Bestellung

Sehr geehrte Damen und Herren,

aufgrund Ihres Angebotes vom 1. April 20.. bestellen wir

10 LED-Monitor 27“, 68,6 cm Primus T30	Best.-Nr. 237060	zu je	249,58 €
50 Smartphone D2 S453	Best.-Nr. 237061	zu je	213,93 €
20 USB-Stick 4er-Pack 16 GB TI-5028	Best.-Nr. 253390	zu je	16,25 €
30 HP-Laser Jet 3001 Laserdrucker	Best.-Nr. 263321	zu je	220,00 €
40 Tischkopierer Primus Z-52	Best.-Nr. 263391	zu je	582,92 €

einschließlich Verpackung, abzüglich 20 % Rabatt.

Die Lieferung soll bis zum Mai 20.. unfrei erfolgen.

Unsere Zahlung wird innerhalb von 14 Tagen netto geleistet.

Wir erwarten Ihre termingerechte Lieferung.

Mit freundlichen Grüßen

Primus GmbH

i.A. Konski

Konski
Abteilungsleiterin Einkauf

Primus GmbH, Koloniestraße 2 – 4, 47057 Duisburg
E-Mail: info@primus-bueroeinrichtung.de
Internet: www.primus-bueroeinrichtung.de
Sparkasse Duisburg IBAN DE12 3505 0000 0360 0587 96, BIC DUISDE33XXX
Postbank Dortmund IBAN DE76 4401 0046 0286 7784 31, BIC PBNKDEFF440

Amtsgericht Duisburg, HRB 467-0301
Steuernummer: 134/1301/0146
USt-IdNr.: DE124659333
Geschäftsführer: Sonja Primus, Markus Müller

Nach einer Woche geht eine briefliche Antwort von der Computec GmbH & Co. KG ein, in der diese erklärt, sie könne die bestellten Waren nur noch zu einem um 10 % höheren Preis liefern, da die Zulieferer die Preise erhöht hätten. Außerdem habe die Primus GmbH zu spät bestellt, da seit dem Angebot bereits drei Wochen vergangen seien.

Arbeitsaufträge

- *Begründen Sie, ob die Primus GmbH auf eine Lieferung zu den alten Preisen bestehen kann.*
- *Beschreiben Sie das computergestützte Bestellwesen bei Nachbestellungen.*
- *Erläutern Sie, in welchen Fällen die Auftragsbestätigung für das Zustandekommen von Kaufverträgen erforderlich ist.*

Bestellvorschlag

Bei einer Bestellung muss unterschieden werden zwischen

- **der Nachbestellung** (Artikel wird bereits im Sortiment geführt) und
- der **erstmaligen Beschaffung** von neu ins Sortiment aufgenommener Ware.

Nachbestellung: Computergestützte ERP-Systeme haben für Nachbestellungen in ihren Programmen **automatische Bestellsysteme** eingearbeitet. Sobald der Meldebestand einer Ware unterschritten wird, veranlasst das Programm aufgrund vorgegebener Dispositionsanweisungen und bestehender Onlineverbindungen automatisch die Bestellung beim entsprechenden Lieferer. Da bestimmte Sortimente starken saisonalen Schwankungen unterliegen können, werden automatische Bestellsysteme im Rahmen der computergestützten ERP-Systeme relativ selten angewandt. Bei Streckengeschäften (vgl. S. 500) hingegen spielt das automatische Bestellsystem eine große Rolle.

Beispiel Die Primus GmbH hat für die Warengruppe „Büroeinrichtung" in ihrem ERP-System ein automatisches Bestellsystem eingearbeitet. Sobald der Mindestbestand für einen Artikel unterschritten ist, wird vom ERP-System automatisch ein Bestellvorschlag ausgedruckt, der dem entsprechenden Lieferer nach Überprüfung durch den zuständigen Einkäufer per Datenfernübertragung oder Fax zugesandt wird.

Die meisten ERP-Systeme bieten **Bestellvorschlagssysteme** an. Bei diesen Programmen wird bei Unterschreitung des Meldebestands eines Artikels nicht automatisch eine Bestellung ausgelöst, sondern die Bestellung wird in einer **Bestellvorschlagsliste** erfasst, die jeden Tag ausgewertet werden kann. Nach Überprüfung durch den Einkaufssachbearbeiter erfolgt die Bestellung beim entsprechenden Lieferer.

ERP-Systeme bieten die Möglichkeit, **automatische Bestellvorschläge** unter Angabe der Artikel, Mengen, Lieferer usw. zu erstellen. Das Programm greift dabei auf alle verfügbaren Daten der Artikel-, Lager- und Liefererdatei zurück.

Beispiel Automatischer Bestellvorschlag bei der Primus GmbH:

Errechneter Bestellvorschlag Mindestbestand: 20 Höchstbestand: 50

Bestellvorschlag-Nr. 125 Datum 20.09.20..

Artikel-Nr. Bestell-Nr.	Artikel-bezeichnung	Lieferer-Nr. Lieferer	Bestell-menge	Ra-batt	Listen-einkaufs-preis	Bestell-wert
335B927 237060	Laser-Multi-funktions-gerät FX 640	K44010 Computec GmbH & Co. KG	30	20%	200,00€	4.800,00€
230B912 237062	Anruf-beantworter eurosat AB	K44010 Computec GmbH & Co. KG	40	20%	53,75€	2.064,00€

Vor der erstmaligen Beschaffung von neu ins Sortiment aufzunehmenden Waren müssen zuerst geeignete Lieferer gefunden werden (vgl. S. 512).

Bestellung

Die Bestellung ist eine **Willenserklärung des Käufers an den Anbieter, eine bestimmte Ware zu den im Angebot angegebenen Bedingungen zu kaufen.** Die Bestellung kann durch den Käufer schriftlich, fernschriftlich, mündlich oder telefonisch abgegeben werden, sie ist an keine Formvorschriften gebunden und für den Besteller immer verbindlich.

Die Bestellung sollte folgende **Angaben** enthalten:
- Art und Güte (Qualität und Beschaffenheit) der Waren
- Menge
- Preis und Preisnachlässe
- Lieferungs- und Zahlungsbedingungen
- Lieferzeit

Wird in der Bestellung auf ein ausführliches Angebot Bezug genommen, ist die Wiederholung aller Angaben nicht erforderlich, es reicht dann die genaue Angabe der Ware (z. B. Artikelnummer), der Bestellmenge und des Preises der Ware.

Ein Besteller kann eine **Bestellung widerrufen**, wenn er dem Lieferer eine entsprechende Nachricht vor oder spätestens gleichzeitig mit der Bestellung zukommen lässt.

Beispiel Die Primus GmbH hat irrtümlich in ihrer brieflichen Bestellung 300 Stück statt 30 Stück angegeben. Nach einem Tag bemerkt der Einkaufssachbearbeiter Marc Cremer den Irrtum und ruft den Lieferer sofort an, um die Bestellung zu widerrufen. In der Regel dauert die Zustellung eines Briefes etwa zwei bis drei Tage, somit hat die Primus GmbH rechtzeitig vor Eintreffen der Bestellung widerrufen.

Eine Bestellung wird in dem Moment wirksam, in dem sie beim Lieferer eintrifft (§ 130 BGB).

Auftragsbestätigung (Bestellungsannahme)

Ein Lieferer kann die Bestellung des Käufers mündlich, fernmündlich, schriftlich oder fernschriftlich bestätigen. Die **Auftragsbestätigung (Bestellungsannahme)** ist eine Willenserklärung des Lieferers, mit der er sich bereit erklärt, die bestellte Ware zu den angegebenen Bedingungen zu liefern.

Die Auftragsbestätigung kann für das **Zustandekommen eines Kaufvertrags** in folgenden Fällen **erforderlich** sein:

- **Der Bestellung ist kein Angebot vorausgegangen.**

  Beispiel Die Primus GmbH bestellt beim Lieferer Giesen & Co. OHG Bleistifte und Textmarker, ohne dass der Primus GmbH ein Angebot vorlag. Der Kaufvertrag kommt mit der Bestellungsannahme zustande.

  Bei sofortiger Lieferung kann auf eine Bestellungsannahme verzichtet werden, in diesem Fall gilt die Lieferung als Annahme der Bestellung.

- **Die Bestellung weicht vom Angebot ab.**

  Beispiel Die Primus GmbH bestellt 30 000 Textmarker zu 1,10 €/6 Stück, das Angebot des Lieferers lautete über 1,15 €/6 Stück. Erst durch eine Bestellungsannahme über 1,10 €/6 Stück kommt der Kaufvertrag zustande.

- **Das Angebot des Lieferers ist freibleibend.**

  Beispiel Die Primus GmbH bestellt aufgrund eines Angebots des Lieferers Giesen & Co. OHG, in dem die Klausel „Preise freibleibend" vermerkt war. Erst durch die Bestellungsannahme kommt der Kaufvertrag zustande.

- **Die Bindungsfrist an das Angebot ist abgelaufen.**

  Beispiel Die Primus GmbH bestellt bei der Computec GmbH & Co. KG, aufgrund eines Angebots per E-Mail nach einer Woche einen Sonderposten Faxgeräte. Erst durch die Bestellungsannahme kommt der Kaufvertrag zustande.

Elektronische Marktplätze im Beschaffungsprozess

Unter **Electronic Procurement (E-Procurement = elektronischer Einkauf)** versteht man die Beschaffung aller Arten von Materialien über das Internet. Dies kann

- über **geschlossene Netze** zwischen Lieferanten und Kunden (vgl. S. 445),
- in Form von **offenen Versteigerungen (Auktionen)** auf Internetmarktplätzen geschehen.

Elektronischer Einkauf über das Internet (Onlinebestellung)

Unternehmen gehen immer mehr dazu über, das Internet zur papierlosen Abwicklung von Geschäftsprozessen zu nutzen. Hierbei gliedert sich der Einkauf und der **Verkauf über das Internet** in das E-Procurement mit den Bereichen Business-to-Business (B2B) und E-Commerce (B2C), den Geschäftsverkehr zwischen den Unternehmern und den Verbrauchern. LF 5

Beispiel Möglichkeiten des E-Business bei der Primus GmbH:

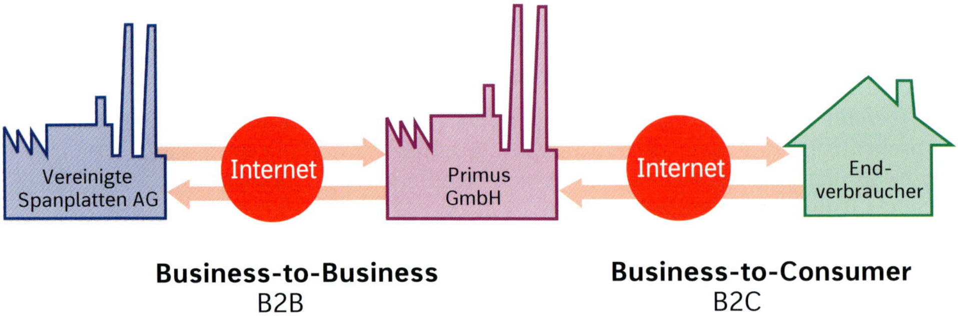

Um eine kostengünstige Beschaffung von Werkstoffen (Roh-, Hilfs-, Betriebsstoffen, Handelswaren) zu erreichen, vereinbaren Unternehmen mit ihren Mitbewerbern, im Internet einen **gemeinsamen Handelsplatz** einzurichten und zu nutzen.

Beispiele
- In der Automobilindustrie in Deutschland entstand über eine solche Vereinbarung ein elektronischer Megamarktplatz für die Zulieferbetriebe der Automobilhersteller.
- Die Primus GmbH hat mit ihren Lieferern für Spanplatten, Sperrholz, Furnierholz eine Vereinbarung getroffen, bei Bedarf über das Internet eine Ausschreibung zu machen, an der alle betroffenen Lieferer teilnehmen können.

Bestimmte Softwareunternehmen bieten hierzu entsprechende Portale an, die von den Unternehmen genutzt werden können. Diese Marktplätze im Internet **(Onlinemarktplätze)** verschaffen den Unternehmen die Möglichkeit, wegen der schnellen Reaktionsmöglichkeit kurzfristige Bestellungen vorzunehmen, da eine weitgehende Preistransparenz vorliegt. Somit erübrigen sich viele Arbeitsschritte, die beim bisherigen Beschaffungsvorgang erforderlich waren. Die Einkaufsdisponenten werden somit in die Lage versetzt, Angebote unmittelbar miteinander vergleichbar zu machen. Ferner können sich die Einkäufer zusammenschließen **(Powershopping)**, um bessere Konditionen (z. B. Rabatte) zu erlangen. Eine andere Möglichkeit besteht darin, Auktionen durchzuführen, in denen die Lieferbetriebe mit ihren Angeboten in Konkurrenz treten. Hierbei schreiben Unternehmen auf Webseiten ihren Bedarf aus und laden ausgewählte Lieferanten zu **Onlineauktionen** ein. Die Bieter schalten sich dann zu einem festgelegten Zeitpunkt im Netz zusammen und können sich von einem gegebenen Preis aus online abwärts unterbieten. Der günstigste Anbieter bekommt den Zuschlag (**reverse auction** = umgekehrte Versteigerung). Es ist dabei aber zu beachten, dass eine unmissverständliche Beschreibung der auszuschreibenden Materialien und die genaue Festlegung der Lieferungs- und Zahlungsbedingungen erfolgen, um später keine unangenehmen Überraschungen zu erleben.

Durch die Beschaffung über die Internetplattform kommt es normalerweise zu einer nachhaltigen Kostenminimierung. Die sich daraus ergebenden Bezugspreisvorteile bei der Beschaffung können dazu führen, dass die Produkte und Dienstleistungen preiswerter werden. Dies führt zu einer verstärkten internationalen Wettbewerbsfähigkeit dieser Unternehmen.

Rechtliche Aspekte des E-Commerce:

Grundsätzlich gelten im E-Commerce die gleichen rechtlichen Bestimmungen (z. B. Kaufvertragsrecht) wie im nicht elektronischen Geschäftsleben auch. Probleme treten jedoch auf, wenn ausländische Geschäftspartner miteinander agieren. Hier sind vertragliche Regelungen erforderlich. Speziell für Privatkunden gilt in Deutschland § 312b BGB (Fernabsatzverträge). Dieses Gesetz sichert dem Verbraucher diverse Rechte, z. B. Rückgabe von Waren binnen zwei Wochen, Widerrufsrecht, Informations- und Aufklärungspflicht für Anbieter.

Elektronische Dokumente mit **digitaler Signatur** gelten als rechtlich vollwertige Alternative zu Papier und Briefpost. Damit ist es erlaubt, Dokumente per E-Mail zu versenden, für die Gesetz oder Vertrag die Schriftform verlangen. Bisher stellte die digitale Signatur nur sicher, dass die elektronische Post vor Gericht als Beweis anerkannt wurde. In bestimmten Streitfällen ging dagegen nichts ohne Papier, Unterschrift und Briefpost. Das **Signaturgesetz** (SigG) regelt die Grundlagen für elektronische Unterschriften. Damit sollen elektronische Dokumente mit gleicher Rechtswirkung wie solche aus Papier verschickt werden können. Dies erleichtert den Abschluss von Verträgen auf elektronischem Weg und den Handel über das Internet.

Zusammenfassung: Bestellung durchführen

- Computergestützte ERP-Systeme haben für Nachbestellungen **automatische Bestellsysteme** (Einkäufer muss nicht mehr eingreifen) **und automatische Bestellvorschläge** eingearbeitet (**Bestellvorschlagsliste**, die endgültige Bestellentscheidung bleibt beim Einkäufer).
- Die Bestellung ist die **Willenserklärung des Käufers, bestimmte Waren zu bestimmten Bedingungen zu kaufen.**
- Die Bestellung ist an **keine Formvorschrift** gebunden und kann **schriftlich, fernschriftlich, mündlich oder telefonisch** erteilt werden.
- Die Bestellung sollte möglichst alle Bedingungen eines Angebots enthalten, **mindestens jedoch Warenart, Menge, Preis** sowie Lieferungs- und Zahlungsbedingungen.
- Der **Widerruf der Bestellung** muss **spätestens gleichzeitig mit der Bestellung** beim Lieferer eintreffen.
- Die **Bestellungsannahme (Auftragsbestätigung) ist in folgenden Fällen erforderlich**, damit ein **Kaufvertrag zustande kommt:** vom Angebot abweichende Bestellung, Bestellung ohne vorliegendes Angebot oder aufgrund eines freibleibenden Angebots, abgelaufene Bindungsfrist an das Angebot.
- **Rechtliche Aspekte des E-Commerce:** gleiche Rechtslage wie bei konventionellen Geschäften, Probleme der Abstimmung mit Auslandsrecht, Schutzrecht für Verbraucher: § 312b BGB Fernabsatzverträge
  - **Elektronischer Einkauf über das Internet:** Unternehmen vereinbaren mit ihren Lieferanten einen gemeinsamen Handelsplatz im Internet **(Onlinemarktplatz).**
  - Einkäufer verschiedener Unternehmen können sich zusammenschließen (**Powershopping**).
  - **Onlineauktionen:** Bieter schalten sich zu einem festgelegten Zeitpunkt zusammen und können von einem gegebenen Preis aus online abwärts bieten.

Aufgaben

1. *Beschreiben Sie das computergestützte Bestellvorschlagswesen Ihres Ausbildungsbetriebs mithilfe eines ERP-Systems.*
2. *In welchen der nachfolgenden Fälle ist eine Bestellungsannahme (Auftragsbestätigung) für das Zustandekommen des Kaufvertrags erforderlich?*
   a) Der Lieferer macht dem Unternehmer ein telefonisches Angebot. Der Unternehmer bestellt einen Tag später schriftlich zu den telefonisch vereinbarten Bedingungen.
   b) Der Lieferer macht dem Unternehmer ein freibleibendes Angebot per Brief. Der Unternehmer bestellt zu den angegebenen Bedingungen per E-Mail.
   c) Der Lieferer bietet dem Unternehmer einen Artikel zu 6,80 €/Stück an. Der Unternehmer bestellt termingerecht zu 6,60 €/Stück.
   d) Ein Unternehmer bestellt aufgrund eines brieflichen Angebots des Lieferers sofort nach Erhalt des Briefes telefonisch zu den angegebenen Bedingungen.
3. *Die Primus GmbH hat irrtümlich eine falsche Bestellung per Brief aufgegeben. Erläutern Sie, wie die Primus GmbH sich verhalten soll, um die falsche Bestellung zu widerrufen.*
4. *Welche Angaben sollte eine Bestellung beinhalten, wenn*
   a) der Besteller aufgrund eines ausführlichen Angebots,
   b) ohne Vorliegen eines Angebots bestellt?
5. *Erläutern Sie, welche rechtliche Bedeutung eine Bestellung hat.*
6. *Beschreiben Sie, in welcher Form ein Kaufmann eine Bestellung abgeben kann.*
7. *Erläutern Sie, in welchen Fällen es für das Zustandekommen des Kaufvertrags erforderlich ist, eine Auftragsbestätigung an den Kunden zu schicken.*
8. *Entwerfen Sie für die Primus GmbH am PC eine Auftragsbestätigung und einen Bestellvordruck.*

4 Lagerhaltungsprozesse bestimmen

4.1 Wareneingangskontrolle und Überwachung der störungsfreien Erfüllung des Kaufvertrags durchführen

LS

Handlungssituation

Der Auszubildende Andreas Dick wird bei der Primus GmbH seit einer Woche in der Warenannahme im Lager eingesetzt. Kurz vor Geschäftsschluss kommt ein Frachtführer des Lieferers Computec GmbH & Co. KG und liefert drei Paletten mit Büromöbeln. Damit Andreas rechtzeitig nach Hause kommt, lässt er die drei Paletten in einer Ecke des Lagers stehen. Am nächsten Morgen hat er die Warenlieferung schon vergessen. Zwei Tage später sieht Andrea Konski, die Abteilungsleiterin Einkauf, die Kartons. Sie fordert Andreas auf, die Waren unverzüglich auszupacken und zu überprüfen. Bei der Überprüfung der Waren stellt sich heraus, dass in drei Kartons mehrere Artikel beschädigt sind und sich in einem Karton nicht bestellte Artikel befinden. Andrea Konski ist wütend auf Andreas: *„Einem zukünftigen Kaufmann für Büromanagement darf so etwas nicht passieren.“* Andreas entschuldigt sich damit, dass er wegen Arbeitsbelastung noch nicht dazu gekommen sei, die Kartons zu prüfen. Außerdem könnten die festgestellten Mängel jetzt auch noch beim Lieferer gerügt werden.

Arbeitsaufträge

- *Stellen Sie fest, innerhalb welcher Frist eingehende Waren geprüft werden müssen.*
- *Stellen Sie fest, wie die ordnungsgemäße Erfüllung des Kaufvertrags überwacht werden kann.*
- *Erstellen Sie einen Ablaufplan aller Aufgaben bei der Warenannahme.*

Die Bestellung bei einem Lieferer bewirkt eine Reihe von Arbeitsgängen. Art und Reihenfolge richten sich nach den jeweiligen betrieblichen Gegebenheiten.

Kontrolle des Liefertermins

Um den betrieblichen Arbeitsablauf durch verspätete Lieferungen nicht zu gefährden, ist eine permanente Kontrolle der vereinbarten Liefertermine vorzunehmen. Zum Zwecke der Terminüberwachung können die Bestelldaten mithilfe der EDV in einer **Bestelldatei**, in der alle ausstehenden Bestellungen erfasst sind, gespeichert werden. Hält ein Lieferer den vereinbarten Liefertermin nicht ein, muss dieser umgehend gemahnt werden (vgl. S. 599).

Kontrolle des Wareneingangs in einem Unternehmen

Bestellte Waren werden dem Unternehmen meist durch die Deutsche Post AG, die Deutsche Bahn AG, Paketzustelldienste oder Speditionen zugestellt. Damit das Unternehmen nicht seine **Rechte aus Reklamationen** (Mängelrüge) beim Lieferer verliert, müssen bei der Warenannahme **Prüfungen** vorgenommen werden.

Äußere Prüfung der Warensendung

In Anwesenheit des Frachtführers muss vom Käufer **sofort**, d. h. ohne jede Verzögerung, geprüft werden, ob

- die **Anschriften des Absenders und des Empfängers** auf dem Lieferschein zutreffend sind,
- die **Waren bestellt waren** (Vergleich von Frachtbrief/Lieferschein und Bestellung),
- die Verpackung **Beschädigungen** aufweist und
- die Anzahl und das Gewicht der Versandstücke (Colli) mit dem **Frachtbrief/Lieferschein und der Bestellung** (Soll-Ist-Vergleich) übereinstimmen.

Absender
Computec GmbH & Co. KG
Volksparkstr. 12 – 20
22525 Hamburg

Empfänger
Primus GmbH
Koloniestr. 2 – 4
47057 Duisburg

Ihre Bestellung vom: 20.01.20..
Ihre Bestell-Nr./-Abtlg.: 1760
Versandart: Frachtgut TEDEX GmbH
Frei/Unfrei: Unfrei
Gepackt am: 22.01.20.. von: Wolf
Kontrolle: Müller

Frachtbrief/Lieferschein Nr. 486 Datum 23.01.20..

100	Aktenvernichter Fellowes PS50	289934
30	Laser Multifunktionsgerät FX 640	237060
20	Anrufbeantworter euroset AB	237062

Waren angenommen
Andreas Dick

Vermerke des Absenders (bitte nicht durchschreiben)

Die gelieferte Ware bleibt bis zur vollständigen Bezahlung Eigentum des Lieferanten.

Falls sich bei der sofortigen Prüfung Beanstandungen ergeben, erstellt der Käufer eine **Tatbestandsaufnahme (Schadensprotokoll)** in Gegenwart des Frachtführers. Hierin werden die Mängel schriftlich erfasst und vom Frachtführer durch seine Unterschrift bestätigt. Der Käufer erklärt, dass er die Waren nur „unter Vorbehalt“ annimmt, d. h., er behält sich weitere rechtliche Schritte gegen den Lieferer vor. Der **Empfang** der Ware wird auf den **Warenbegleitpapieren** bestätigt.

Nach der äußeren Prüfung der Warensendung erfolgt eine Benachrichtigung an den Einkauf über die erfolgte Lieferung.

Beispiel Bei der Warenannahme bei der Primus GmbH werden beschädigte oder fehlende Kartons sofort beim Frachtführer reklamiert. Durch die Überprüfung der Lieferanschrift wird vermieden, dass Irrläufer (Empfänger ist z. B. eine andere Filiale) angenommen werden.

Primus GmbH

Büroeinrichtung und Zubehör

Koloniestr. 2 – 4
47057 Duisburg

Schadensprotokoll

Wareneingang:

Lieferer:
Computec GmbH & Co. KG
Hard- und Softwarevertrieb
Volksparkstr. 12 – 20
22525 Hamburg

Fehlermeldung

Ware	Best.-Nr.	gelieferte	fehlerhafte	Beanstandung
Aktenvernichter Fellowes P 550	289934	97	3	3 Stück wurden zu wenig geliefert.
Laser-Multifunktionsgerät FX 640	237060	30	3	Kartons sind eingedrückt.
Anrufbeantworter eurosat AB	237062	20	20	Statt Anrufbeantworter eurosat AB wurde Anrufbeantworter Senator geliefert.

Unterschrift Frachtführer: Meuue

erstellt: Dick geprüft: Patt Datum: 23.01.20..

Innere (inhaltliche) Prüfung der Warensendung

Bei der Überprüfung des Inhalts der Sendung geht es darum, festzustellen, ob Artikel, Mengen, Art und Güte der Warensendung in Ordnung sind. Hierzu ist es erforderlich, verpackte Waren auszupacken. Die Prüfung kann bei umfangreichen Lieferungen **auch stichprobenartig** erfolgen. Sie ist **unverzüglich** vorzunehmen, d. h., der Käufer darf die Warenprüfung nicht schuldhaft verzögern, sondern er muss die Ware zum nächstmöglichen Zeitpunkt auf mögliche Mängel prüfen, sonst verliert er seine Rechte aus der Mängelrüge.

Beispiel Bei der Primus GmbH wird eine Lieferung von vier Kartons mit Bürogeräten am Dienstag um 17:15 Uhr angeliefert. Die sofortige Warenprüfung in Gegenwart des Frachtführers ergibt keine Beanstandungen. Aufgrund eines Versehens eines Mitarbeiters werden die Waren erst vier Tage später ausgepackt und im Einzelnen geprüft. Die Prüfung der Ware wurde von der Primus GmbH mit schuldhafter Verzögerung durchgeführt, sie handelte somit nicht unverzüglich.

Wareneingangsbuch

In vielen Unternehmen wird ein **Wareneingangsbuch** geführt. Hierin werden alle Wareneingänge mit Datum, Lieferer, Transporteur, Warenart, -menge usw. festgehalten. Außerdem wird die Einkaufsabteilung über den Wareneingang informiert, die dann die Begleichung der Rechnung (betriebliches Rechnungswesen) einleitet. Wurde die Ware ordnungsgemäß ohne Mängel geliefert, so ist sie nach einem **Lagerplan** im Lager einzuräumen.

Rechnungsprüfung

Im Rahmen der Rechnungsprüfung wird die mit dem Eingangsstempel versehene Rechnung auf ihre Richtigkeit geprüft. Es wird geprüft, ob sie

- **sachlich korrekt** ist, d.h. Vergleich der Rechnung mit der Bestellung (Soll-Ist-Vergleich),
- **rechnerisch korrekt** ist, d.h. Überprüfung der Mengen, Einzel- und Gesamtpreise, Rabatte, Skonti, Fracht- und Verpackungskosten. Nach der Rechnungsprüfung erfolgt die Buchung auf den entsprechenden Konten.

Zahlungstermin

LF 9 Die Zahlung an den Lieferer sollte am Fälligkeitstag erfolgen. So wird vermieden, dass man in **Zahlungsverzug** gerät und möglicherweise Verzugszinsen zahlen muss. Der Rechnungsbetrag sollte abzüglich Skonto vor dem letzten Tag der Skontofrist überwiesen werden, damit der zu überweisende Rechnungsbetrag vor oder spätestens am letzten Tag des Zahlungsziels beim Gläubiger eintrifft.

LF 9 **Skonto** sollte immer ausgenutzt werden, da die Nichtausnutzung von Skonto immer teurer ist als ein Kontokorrentkredit bei der eigenen Bank.

Zusammenfassung: Wareneingangskontrolle und Überwachung der störungsfreien Erfüllung des Kaufvertrags durchführen

- Die **Terminüberwachung** ist erforderlich, da der Fertigungsablauf bei verspäteter Lieferung gestört werden kann.
- Bei der Warenannahme **muss die gelieferte Ware geprüft werden**, damit das Unternehmen nicht die Rechte aus Reklamationen (Mängelrüge) beim Lieferer verliert. Es wird geprüft:

Sofort in Anwesenheit des Transporteurs	Unverzüglich
– Berechtigung der Lieferung – Zustand der Verpackung – Zahl der Versandstücke	– Art – Qualität – Beschaffenheit der Ware.
Bei Beanstandungen: Tatbestandsaufnahme (Schadensprotokoll)	**Bei Beanstandungen:** Mängelrüge

- Bei Beanstandungen von gelieferten Waren erstellt der Käufer in Gegenwart des Frachtführers ein **Schadensprotokoll**.
- Ferner soll ein Vergleich der Wareneingangsmeldung mit der Bestellung erfolgen (**Soll-Ist-Vergleich**).
- Jede Eingangsrechnung muss auf ihre **sachliche und rechnerische Richtigkeit (Rechnungsprüfung)** überprüft werden, d. h. Soll-Ist-Vergleich = Vergleich der Rechnung mit der Bestellung.
- Eingangsrechnungen sollten rechtzeitig zur Zahlung angewiesen werden (**Kontrolle des Zahlungstermins**), um Verzugszinsen zu vermeiden.

Aufgaben

1. *Beschreiben Sie den Vorgang einer Bestellung in Ihrem Ausbildungsbetrieb von der Abgabe der Bestellung bis zur Kontrolle des Zahlungstermins.*
2. *Begründen Sie, warum es für den Besteller erforderlich ist, die genaue Einhaltung des Liefertermins zu überwachen.*
3. *Geben Sie an, welche Daten bei einer Eingangsrechnung zu überprüfen sind.*
4. *Die Primus GmbH erhält per Lkw eine Lieferung mit 20 Tonnen Ware, verpackt in 500 Kartons. Reicht es aus, wenn bei der Warenannahme stichprobenartig die Verpackung untersucht wird? Begründen Sie Ihre Antwort.*
5. *Begründen Sie, weshalb bei Warenlieferung auf Verpackungsschäden geachtet werden muss.*
6. *Erstellen Sie eine Tatbestandsaufnahme mit Angaben aus Ihrem Ausbildungsbetrieb.*
7. *Erklären Sie den Begriff „unverzüglich“ anhand eines Beispiels.*
8. *Erläutern Sie, welche Kontrollen beim Wareneingang in Anwesenheit des Transporteurs durchgeführt werden müssen.*
9. *Erläutern Sie, wie sich ein Unternehmen verhalten soll, das bei der Warenannahme Beanstandungen hat.*
10. *Beschreiben Sie die Kontrolle und die Erfassung des Wareneingangs in Ihrem Ausbildungsbetrieb.*

4.2 Warenlagerung vornehmen

4.2.1 Lageraufgaben, -grundsätze und -arten beschreiben

Handlungssituation

Die Geschäftsführer der Primus GmbH, Frau Primus und Herr Müller, haben sich mit dem Abteilungsleiter Peter Patt zu einer Besprechung zusammengesetzt. Nicole Höver nimmt auch an dieser Besprechung teil. Thema ist der Neubau der Lagerhalle, da der vorhandene Lagerraum sich als zu klein erwiesen hat. Nach einer längeren Diskussion fordert Frau Primus Nicole auf, ihre Meinung zu dem Thema zu sagen. Nicole plädiert dafür, kein neues Lager zu bauen, sondern die Waren in kürzeren Abständen und in kleineren Mengen zu bestellen. Somit wäre kein Neubau erforderlich, da der vorhandene Lagerraum dann für eine geringere Warenmenge ausreichen würde. *„Und was machen Sie, wenn ein Lieferer uns ein günstiges Angebot macht und wir aufgrund fehlenden Lagerraums keine Waren bestellen können?“*, erwidert Frau Primus. *„Stellen Sie sich vor, einer unserer Kunden benötigt dringend einen bestimmten Artikel, dann müssen wir erst mit dem Lieferer verhandeln, dass dieser möglichst schnell die Waren liefert.“* Herr Müller wirft ein: *„Wir sollten uns einmal Gedanken machen, wie ein optimales Lager gestaltet sein sollte.“*

Arbeitsaufträge

- *Erläutern Sie die Aufgaben der Lagerhaltung.*
- *Überprüfen Sie, welche Lagergrundsätze zu beachten sind.*
- *Beschreiben Sie die verschiedenen Lagerarten.*

Aufgaben der Lagerhaltung

Die Lagerhaltung ist eine der wichtigsten Aufgaben eines Unternehmens. Das Hauptziel der Lagerhaltung ist der **Ausgleich zwischen Beschaffung und Absatz von Waren**.

Ein Unternehmen will mit seiner Lagerhaltung zwei **Ziele** erreichen:

- Es muss seinen Kunden die gewünschten Waren möglichst schnell und in ausreichender Menge liefern können.
- Es muss bei der Lagerhaltung die Lagerhaltungskosten möglichst gering halten.

Diese beiden Ziele sind konkurrierende Ziele **(Zielkonflikt)**, d.h., einerseits will das Unternehmen möglichst viele Waren auf dem Lager vorrätig haben, aber andererseits will es die Kosten für die Lagerung möglichst minimieren, folglich sollen die Lagermengen minimiert werden. Die Aufgabe der Lagerhaltung besteht nun darin, den **Zielkonflikt** zwischen qualitativ und quantitativ ausreichender Versorgung der Kunden und möglichst geringen Lagerkosten für das Unternehmen optimal zu lösen.

In den meisten Unternehmen können folgende **Grundfunktionen der Lagerhaltung** unterschieden werden:

Sicherung der Verkaufsbereitschaft

Waren werden im Lager vorrätig gehalten, um die Kunden sofort und bedarfsgerecht versorgen zu können. Zudem sollen durch die Vorratshaltung Lieferschwierigkeiten auf der Beschaffungsseite und Nachfrageschwankungen auf der Absatzseite ausgeglichen werden.

Beispiel Die Primus GmbH hat für die Warengruppen „Verbrauch“ und „Organisation“ einen Vorrat im Lager, der dem durchschnittlichen Absatz von einer Woche entspricht. Somit können auch unvorhergesehene Lieferungsausfälle ausgeglichen werden.

Ausnutzung von Preisvorteilen

Häufig gewähren Lieferer einem Unternehmen Mengenrabatte, wenn größere Mengen bestellt werden. Ferner können sich bei größeren Mengen die Bezugskosten (vgl. S. 507) verringern.

Beispiel Die Primus GmbH versucht bei allen Einkäufen, Mengenrabatte der Lieferer in Anspruch zu nehmen.

Umformung und Veredelung (= Warenmanipulation, vgl. S. 562)

Im Lager eines Unternehmens finden Umpack-, Umfüll-, Misch- und Sortiervorgänge statt. Ferner wird die Ware für den Kunden in bedarfsgerechte Mengen proportioniert **(Umformung)**.

Beispiel Bei der Primus GmbH werden 10 000 Ordner A4 in verschiedenen Farben und Größen angeliefert. Im Lager müssen sie nach Größe und Farbe sortiert werden.

Einige Waren benötigen eine bestimmte Reifezeit, um in den Verkauf zu kommen **(Veredelung)**. Die Reifung erfolgt im Lager.

Beispiel Im Lebensmittelgroßhandel wird durch die Lagerung die Qualität einiger Waren verbessert, insbesondere bei Wein, Käse, Obst.

■ Lagergrundsätze

Warengerechte Lagerung

Einige Waren haben bestimmte Eigenschaften, auf die bei ihrer Lagerung besondere Rücksicht genommen werden muss. Die Lagerbedingungen müssen den Erfordernissen der Ware angepasst werden, sonst kann es zu kostspieligen Lagerverlusten kommen.

Jede Ware muss entsprechend ihren Eigenarten im Lager geschützt werden, um Verderb und Beschädigungen zu vermeiden.

Gesichtspunkte bei der warengerechten Lagerung	Beispiele
Belüftung	Holz, Bücher, Papierwaren, Textilien, Tabakwaren u. a. bedürfen gut durchlüfteter Lagerräume.
Licht	Bestimmte Nahrungsmittel und einige Textilien sind lichtempfindlich, sie dürfen keinen starken Lichtquellen ausgesetzt sein.
Temperatur	Einige Lebensmittel müssen kühl gelagert werden, bei Tiefkühlkost darf auf keinen Fall die Kühlkette unterbrochen werden; einige Waren (Farben, Lacke, USB-Sticks, Blu-ray-Discs usw.) dürfen nicht zu kalt gelagert werden.
Luftfeuchtigkeit	Papierwaren, Obst, Holz- und Lederwaren benötigen eine bestimmte Luftfeuchtigkeit.
Staubschutz	Unverpackte Ware muss vor Staub geschützt werden (Bekleidung, einige Lebensmittel).
Schädlingsbefall	Schutz der Ware vor Schädlingen wie Motten bei Textilien, Schimmel bei Lebensmitteln, Holzwurm bei Möbeln usw.

Geräumigkeit

Im Unternehmen werden im Lager häufig noch zusätzliche Arbeiten erledigt. Die Ware wird angenommen, aus- und umgepackt, abgewogen usw. Hierzu muss genügend Platz vorhanden sein, damit durch Umräumarbeiten nicht zusätzlich Zeit benötigt wird und zusätzliche Kosten verursacht werden. Die Artikel müssen mühelos aus den Regalen entnommen und transportiert werden können. Es muss auch genügend Platz für unvorhergesehene Warenlagerungen vorhanden sein, z.B. für einen günstigen Großeinkauf. Ist ein Lager nicht groß genug, so können keine maschinellen Hilfen wie Gabelstapler, Hubwagen usw. eingesetzt werden. Nicht nur die Fläche, sondern auch die Höhe eines Lagers ist wichtig. So können bei geeigneten Regalsystemen (Hochregallager, vgl. S. 561 ff.) Lagerflächen vergrößert werden.

Übersichtlichkeit

Ein Lager muss so gestaltet sein, dass benötigte Ware schnell und ohne Verwechslung gefunden werden kann. Das Lager wird in übersichtliche Zonen gegliedert, jede Warengruppe erhält einen eigenen Bereich. Dies ermöglicht auch eine zügige Bestandskontrolle und vereinfacht die Inventurarbeiten. Es gilt meist der Grundsatz **first in – first out** (fifo), d.h., neue Ware wird hinter der alten einsortiert (vgl. S. 560). Damit wird vermieden, dass alte Ware noch mehr veraltet und unverkäuflich wird.

Sachgerechte Einrichtung von Lagern

Art und Umfang der Lagerausstattung müssen zweckmäßig und wirtschaftlich sein. Die Lagerarbeiten müssen reibungslos ablaufen. Hierzu ist eine sinnvolle Lagerausstattung erforderlich. Sie hängt wesentlich von Art und Menge der Ware ab. Zur Lagerausstattung gehören alle Hilfsmittel, die der Aufbewahrung, Pflege, dem Auffinden und dem Transport der Ware dienen. Hierzu gehören Regale, Ständer, Leitern, Transportkörbe, Hebemaschinen (z.B. Gabelstapler) usw.

■ Lagerarten

Folgende Lagerarten können unterschieden werden:

Offene und geschlossene Lager

Offene Lager dienen der Lagerung von witterungsbeständigen Waren.

Beispiele Steine, Sand, Klinkersteine

Geschlossene Lager dienen der Lagerung von Waren, die vor Witterungseinflüssen zu schützen sind.

Zentrale und dezentrale Lager

Bei der **zentralen Lagerung** werden alle Waren an einem Ort, der betriebszentral gelegen ist, untergebracht (typisch für Klein- und Mittelbetriebe). Bei der **dezentralen Lagerung** wird der gesamte Warenbestand auf mehrere Lager verteilt. Aufgrund der Beschaffenheit von Waren oder aufgrund gesetzlicher Vorschriften ist häufig eine Trennung der Waren erforderlich.

Beispiele Lagerung im Freien von Bauholz, Sand, usw., Lagerung in Speziallagern von brennbaren oder explosiven Stoffen

Vorteile der zentralen Lagerung	Vorteile der dezentralen Lagerung
– gute Übersicht über alle Lagergüter – einfachere Verwaltung und bessere Kontrolle – geringere Raumkosten durch bessere Nutzung des Lagerraums – niedrigere Personalkosten – geringere Lagermengen, da Mindestbestand nur einmal vorhanden ist	– kürzere Transportwege bei der Warenein- und -auslagerung – schnellere Warenausgabe – Einsatz von besonders ausgebildetem Fachpersonal für gefährliche Materialien (Chemikalien, explosive Stoffe) – größere räumliche Nähe zu den Kunden

Eigen- oder Fremdlager

Waren können in eigenen oder angemieteten Lagern gelagert werden.

Warenlager

Verkaufslager

Hier wird der **Verkaufsraum**, z.B. im Cash-and-carry-Großhandel, gleichzeitig **als Vorratslager** genutzt. Die Waren werden nach kundengerechten Gesichtspunkten präsentiert und werbewirksam ausgestellt. Dadurch wird den Kunden ein unmittelbarer Kontakt zur Ware ermöglicht. Gleichzeitig wird eine große Menge von Waren verkaufsbereit gehalten. Beim Verkaufslager ist es erforderlich, dass Verpackungsmaterial sofort nach der Warenlieferung entfernt und die Ware in die Regale, Ständer usw. eingeräumt wird. Im Verkaufsraum werden oft auch alle Lagerarbeiten erledigt (Warenannahme, -prüfung usw.).

Reservelager

Das Reservelager dient besonders bei Cash-and-carry-Märkten des Großhandels dem schnellen Auffüllen der Bestände im Verkaufsraum. Häufig befindet es sich unmittelbar neben dem Verkaufsraum, um Transportwege und -zeiten zu sparen. Hier wird auch die Warenannahme abgewickelt, die Ware ausgepackt, ausgezeichnet usw. Die Kunden haben zum Reservelager keinen Zutritt.

Reservelager

Große Unternehmen mit mehreren Filialen (Cash-and-carry-Märkte) haben neben ihrem meist kleinen Reservelager in der Nähe der Verkaufsräume noch großflächige Außenlager, die aus Kostengründen in verkehrsgünstigen Stadtrandlagen angelegt werden. Hier lagern oft Waren für mehrere Filialen. Die Filialen fordern vom Außenlager die Waren an und halten nur kleine Bestände im eigenen Reservelager. Die Außenlager sind häufig Zentrallager (vgl. S. 556), von denen die Filialen eines Gebiets beliefert werden. Die Lieferanten bringen die Waren zum Zentrallager, wo sie dann umgepackt werden und an die einzelnen Filialen in den angeforderten Mengen versandt werden.

Beispiele Metro, Handelshof

Zusatzlager

Neben dem Reservelager benötigen einige Unternehmen noch besondere Räume und Flächen für die **Lagerung von Verpackungsmaterial**, das bei der Warenanlieferung anfällt und nicht sofort entsorgt werden kann, z.B. für Euro-Paletten, Kisten, Kartons. Ebenso muss das Verpackungsmaterial, das Kunden beim Einkauf zurücklassen oder zurückbringen, bis zur Entsorgung gelagert werden.

Darüber hinaus benötigt jedes Unternehmen **Lagerfläche für Warenträger** (Ständer, Gondeln), für Displays, Werbematerial, Dekorationen sowie für Verpackungsmaterial (Tragetaschen, Tüten usw.).

Zusammenfassung: Lageraufgaben, -grundsätze und -arten beschreiben

- Ein Lager ist der Ort, an dem Ware auf Vorrat aufbewahrt wird, es hat folgende **Aufgaben**:
  - Ausnutzung von **Preis- und Kostenvorteilen**
  - **Sicherung der Verkaufsbereitschaft** bei Lieferstörungen
  - **Umformung** (bedarfsgerechte Verkaufsmengen, -packungen)
  - **Veredelung** (Reifezeit bei Lebensmitteln)
  - **zeitliche Überbrückung** zwischen Beschaffung und Verkauf

- **Lagergrundsätze**

Warengerechte Lagerung	Berücksichtigung der Wirkungen von Licht, Temperatur, Feuchtigkeit, Staubbildung usw.
Geräumigkeit	Transportwege und Arbeitsflächen berücksichtigen
Übersichtlichkeit	Lagerplan einhalten, kurze Lagerwege, alte Ware vor neuer Ware lagern (first in, first out = fifo)
Sachgerechte Lagerausstattung	Regale, Ständer, Leitern, Körbe, Hubwagen, Gabelstapler
Warenpflege	Waren verkaufsfähig erhalten, Beschädigungen, Verderb usw. vermeiden

Lagerarten

- **Warenlager:** Waren werden für den Verkauf gelagert.
  - Verkaufslager: Waren werden im Verkaufsraum gelagert.
  - Reservelager: zusätzliches Lager zum Auffüllen des Verkaufslagers
  - Zusatzlager: Lagerung von Verpackungsmaterial
- **Zusatzlager:** Lager für Verpackung, Dekorationen, Leergut usw.
- **Zentrallager:** Waren werden an einem Ort gelagert.
- **Dezentrale Lager:** Der Warenbestand wird auf mehrere Lager verteilt.
- **Eigenlager:** Das Lager gehört dem Unternehmen.
- **Fremdlager:** Lagerraum ist angemietet (zum Teil nur kurzfristig).

Aufgaben

1. *Erläutern Sie die Aufgaben des Lagers in Ihrem Ausbildungsbetrieb.*
2. *Nennen Sie Beispiele, bei denen ein Lager es ermöglicht, Preis- und Kostenvorteile bei der Warenbeschaffung auszunutzen.*
3. *Überprüfen Sie, warum einige Unternehmen trotz hoher Mengenrabatte und ausreichender Lagerfläche kleinere Bestellmengen bevorzugen. Beantworten Sie die Frage für einen Lebensmittelgroßhändler und einen Baustoffgroßhändler.*
4. *Erklären Sie die Unterschiede zwischen*
   a) Verkaufs- und Reservelager, *b) Eigen- und Fremdlager.*
5. *Die Sportgeräte GmbH in der City einer Großstadt möchte ein Außenlager errichten. Erläutern Sie einige Gründe, die für diese Entscheidung sprechen.*
6. *Erklären Sie, was man unter einem Zentrallager versteht.*
7. *Beschreiben Sie die Lagerarten in Ihrem Ausbildungsbetrieb.*
8. *Lagerräume und -flächen sind teuer. Erläutern Sie, warum ein Lager trotzdem geräumig sein sollte.*
9. *Stellen Sie fest, welche besonderen Anforderungen an die Lagerung folgender Waren gestellt werden:*
   a) Konserven
   b) Frischfleisch
   c) Korbwaren
   d) Metallwaren
   e) Backwaren
   f) Stoffe
   g) Anzüge, Mäntel, Kleider
   h) Fotoartikel
   i) Holz
   j) Papierwaren
   k) Lederwaren
   l) Hi-Fi-Anlagen

4.2.2 Arbeitsabläufe, Sicherheit und Umweltschutz im Lager kennenlernen

Handlungssituation

Nicole Höver ist seit über zwei Wochen im Lager der Primus GmbH tätig. U. a. trifft eine Sendung der Bürodesign GmbH über 80 Laser-Multifunktionsgeräte FX 640 ein. Nicole ist der Ansicht, dass die Sendung nach der Wareneingangskontrolle so schnell wie möglich auf einem freien Lagerplatz abgestellt werden sollte. *„Wenn wir unsere gesamte Ware so unsystematisch lagern würden, dann würden wir sehr schnell nichts mehr wiederfinden"*, sagt der Abteilungsleiter Lager Peter Patt zu Nicole. *„Vor der Einlagerung müssen wir uns erst einmal Gedanken über die warengerechte Lagerung, über Einlagerungsgesichtspunkte bis hin zur Entsorgung der Verpackung machen, denken Sie darüber mal nach. Machen Sie einen Rundgang im Lager und überprüfen Sie, nach welchem System wir die Waren einlagern"*, fährt Peter Patt fort.

Arbeitsaufträge

- *Stellen Sie fest, welche Einlagerungsgesichtspunkte zu beachten sind.*
- *Beschreiben Sie die systematische und die chaotische Lagerplatzanordnung.*
- *Erläutern Sie die Gesichtspunkte, die bei der Sicherheit in einem Lager zu beachten sind.*

■ Arbeitsabläufe im Lager

Da die Lagerhaltung in einem Unternehmen hohe Kosten verursacht, sollten alle anfallenden Arbeiten möglichst kostengünstig ausgeführt werden. Die Lagerhaltung erfordert Lagerarbeiten.

Beispiel Lagerarbeiten bei der Primus GmbH:

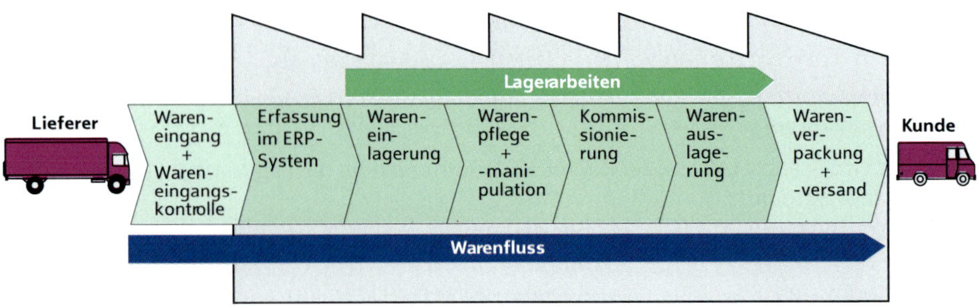

Wareneinlagerung

Nach der **Wareneingangskontrolle** (vgl. S. 548) wird grundsätzlich nur **mangelfreie Ware** eingelagert. Die Waren können nach verschiedenen Gesichtspunkten eingelagert werden, wobei sich die einzelnen Gesichtspunkte überschneiden können.

Beispiel Einlagerung bei der Primus GmbH

Einlagerungsgesichtspunkte	Beispiele
Art des Lagergutes, d. h., Waren einer Warengruppe lagern zusammen (Ordnung nach Warengruppen).	Bei der Primus GmbH ist das Lager in vier Bereiche eingeteilt, für jede Warengruppe (Bürotechnik, -einrichtung, Verbrauch, Organisation) steht ein Bereich zur Verfügung.
Wert des Lagergutes, d. h., hochpreisige Waren lagern an übersichtlichen Stellen, preiswertere in anderen Bereichen des Lagers.	Die Warengruppe Bürotechnik, die viele teure Artikel enthält, liegt im Lager der Primus GmbH in Sichtweite des Lagerbüros.
Zugriffshäufigkeit des Lagergutes, d. h., die Artikel, die am häufigsten verlangt werden (A-Artikel), lagern in Griffnähe, die Artikel, die am wenigsten verlangt werden, lagern weiter hinten oder in den oberen Regalzonen (Ordnung nach Gängigkeit der Waren).	Die Primus GmbH lagert den Artikel „Karteikasten aus Kunststoff" im oberen Bereich des Lagerregals, da dieser Artikel umsatzschwach (C-Artikel) ist. Der Artikel Primus Ordner A4, der umsatzstark ist (A-Artikel), wird zentral an einem Hauptgang gelagert.
Transporteigenschaften des Lagergutes, d. h., schwere Waren sollten unten und leichte Waren oben im Regal gelagert werden (Ordnung nach Gewicht und Volumen).	Die Primus GmbH lagert alle Schreibtische auf Paletten auf dem Boden, während die Bürodrehstühle im oberen Bereich der Regale gelagert werden.
Reihenfolge der Warenausgabe **Fifo-Methode** (first in – first out), d. h., die neue Ware wird hinter der alten einsortiert. **Lifo-Methode** (last in – first out), d. h., die zuletzt eingelagerte Ware wird zuerst wieder ausgelagert.	Die Primus GmbH benutzt für alle Waren die Fifo-Methode, da z. B. die Waren der Bürotechnik sonst zu schnell veralten würden. Die Lifo-Methode wird bei Baustoffgroßhandlungen, z. B. für Schüttgüter wie Sand, Kies angewandt.

Die Einlagerung der Ware erfolgt auf der Grundlage eines **Lagerplans**, der eine Übersicht über die Anordnung der Lagerstellen und der Lagerwege enthält.

Bei der systematischen Lagerplatzanordnung (Festplatzsystem) werden die Waren nach einem vorgegebenen System an bestimmten, gleichbleibenden Plätzen (Plätze mit fester Lagernummer) eingeordnet. Für jeden Lagerplatz wird eine Nummer **(Lageradresse)** vergeben. Zur schnelleren Erfassung mit **Barcodeleser (Scanner**, vgl. S. 561) sowie zur sofortigen Kontrolle können zusätzlich Barcodes (Balkencodes) an den jeweiligen Lagerplätzen verwandt werden. Hierdurch wird das Finden der Waren erleichtert.

Beispiel Das Lager der Primus GmbH hat sechs Hauptgänge (A–F), die durch Nebengänge in zwölf Zonen (I–XII) unterteilt sind. Jede Zone hat 50 Regalfächer.

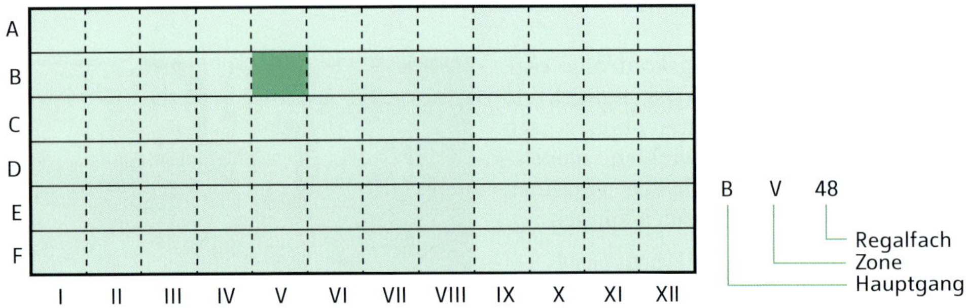

Zusätzlich ist an jedem Regalfach ein Aufkleber mit EAN (European Article Number, europäische Artikelnummer) oder GTIN (Global Trade Item Number, weltweite Artikelnummer) und Angabe der Warenart, der Artikel- und der Bestellnummer als zusätzliche Kontrolle und Orientierungshilfe angebracht.

Gang: B	Zone: V	Fach: 48
Primus Bleistifte 12 Stück Artikelnummer: 253B989 Bestellnummer: 420100		

Primus Bleistifte 12 Stüc2
80023 TUPE
5610420100
805
AAACEI
EUR 2,95

Bei der **chaotischen Lagerplatzanordnung (Freiplatzsystem)**, die insbesondere in **Hochregallagern** verwandt wird, werden die Regale dort belegt, wo gerade ein freier Lagerplatz ist. Feste Lagerplätze gibt es bei dieser Lageranordnung nicht. Dieses setzt allerdings eine **Steuerung des Lagers per EDV** voraus, um die Waren wiederzufinden. **Hauptvorteil** der chaotischen Lagerhaltung ist wegen der optimalen Ausnutzung der vorhandenen Lagerfläche die **Kostenersparnis**. Der genutzte Anteil des Lagerraums im Verhältnis zum verfügbaren Lagerraum ist bei dieser Lagerorganisation erheblich höher als bei der systematischen Lagerung von Waren. Allerdings setzt die chaotische Lagerplatzordnung eine perfekte Handhabung der vorhandenen Datenverarbeitung und eine aufwendige Lagersteuerungsanlage voraus. Eine falsche Eingabe in dieses System verhindert i. d. R. das Wiederfinden der Waren, da nur der Computer den jeweiligen Lagerort kennt und ein manuelles Ein- und Auslagern aufgrund der vollautomatischen Transportsysteme nicht mehr möglich ist.

Warenpflege und -manipulation

Die gelagerten Waren repräsentieren große kapitalbindende Vermögenswerte. Zu ihrer Erhaltung und um Beschädigungen oder Verderb der Waren zu vermeiden, müssen sie gepflegt werden. Die **Warenpflege** umfasst neben der warengerechten Lagerung (vgl. S. 549) alle Arbeiten, die die Waren in einen verkaufsfertigen Zustand versetzen oder diesen erhalten. Zur Warenpflege gehört insbesondere die Sauberhaltung der Lagerräume und des Lagergutes. Zur **Warenmanipulation** zählt man alle Tätigkeiten an den Lagergütern, die die Verwendungsreife herbeiführen, erhöhen oder erhalten (Umformung und Veredelung).

Beispiele Reifelagerung (Bananen, Cognac), Ablagerung zur Trocknung (Holz, Tabak, Gewürze), Sortieren (Obst, Eier), Mischen (Futtermittel)

Zusätzlich zählt man zur Warenmanipulation auch die **verkaufsvorbereitenden Tätigkeiten** und **verkaufsbegleitenden Arbeiten.**

Beispiele
- Verkaufsvorbereitende Tätigkeiten: Die Primus GmbH versieht für die Herstadt Warenhaus GmbH alle Waren mit Preisetiketten, falls die Waren nicht mit einem Balkencode versehen sind.
- Verkaufsbegleitende Arbeiten: Die Primus GmbH vermittelt für ihre Kunden den Aufbau von Büromöbeln und die Installation der Waren der Bürotechnik.

Kommissionierung

Unter Kommissionierung versteht man, dass die vom Kunden bestellten Waren im Lager zu einer Lieferung **(Kommission = Auftrag)** zusammengestellt werden. Es handelt sich somit um eine der Hauptaufgaben eines Unternehmens, nämlich die Zerlegung von großen Warenmengen in abnehmergerechte kleinere Mengen. Diese Aufgabe wird im Zustell- und Abholgroßhandel vom Personal des Unternehmens ausgeführt. Im Selbstbedienungsgroßhandel (Cash and Carry) übernimmt der Kunde diese Tätigkeit. Das Kommissionieren ist für das Unternehmen insofern von großer Bedeutung, als falsche Warenzusammenstellungen sich unmittelbar auf die **Kundenzufriedenheit** auswirken. Ferner entstehen dem Handel durch das Kommissionieren hohe Kosten, da es einen erheblichen Personal- und Sachmitteleinsatz erfordert.

Beispiel In der Primus GmbH sind Arno Schmitt, Paul Schneiders, Siegfried Alt und Walter Jung für das Kommissionieren zuständig.

Warenauslagerung (Warenbereitstellung)

Nach der Kommissionierung der Waren werden die Kommissionen zum Warenausgang transportiert. Die einzelnen Kommissionen dürfen das Lager erst dann verlassen, wenn die Warenentnahme durch **Bestätigung auf Kommissionierbelegen** (z.B. Entnahmeschein, Packzettel) festgehalten worden ist. Vor der Übergabe an den Frachtführer (vgl. S. 270) werden die ausgelagerten Kommissionen zu bedarfsgerechten Transporteinheiten verpackt und zum Verladen bereitgestellt. Dazu sind die erforderlichen Lieferscheine (Warenbegleitpapiere) und Transportpapiere zu erstellen.

■ Sicherheit im Lager

Die Sicherheit bei der Lagerhaltung umfasst Unfall-, Brand-, Gefahren-, Umwelt- und Diebstahlschutz.

Unfallschutz im Lager

Nach § 120a der **Gewerbeordnung** (GewO) sind Arbeitsräume, Betriebsvorrichtungen, Maschinen und Gerätschaften so einzurichten, dass die Arbeitnehmer gegen Gefahren für Leben und Gesundheit geschützt sind. Wesentliche Bereiche des Unfallschutzes sind durch Sondervorschriften geregelt. Hierzu zählen das **Produktsicherheitsgesetz** (ProdSG, Vorschriften für Hersteller und Importeure, nur unfallgeschützte technische Arbeitsmittel auf den Markt zu bringen), das **Arbeitssicherheitsgesetz** (ASiG, es soll die Sicherheit am Arbeitsplatz erhöhen und die medizinische Betreuung im Betrieb sicherstellen) und die **Arbeitsstättenverordnung** (ArbStättV, Festlegung allgemeiner Anforderungen an Betriebsräume und bezüglich Belüftung, Temperatur, Beleuchtung, Lärm usw.). Jeder Arbeitnehmer ist verpflichtet, die Unfallverhütungsvorschriften und Sicherheitsanweisungen zu befolgen. Zudem muss der Arbeitgeber jeden Arbeitnehmer gegen die Folgen eines Arbeitsunfalls versichern (**gesetzliche Unfallversicherung**). LF 8

Für die Überwachung der Einhaltung der Betriebssicherheit sind **das Gewerbeaufsichtsamt (Amt für Gewerbeschutz, Staatliches Umweltamt)** und die Träger der Unfallversicherung (**Berufsgenossenschaften**) LF 8 zuständig. Unternehmen mit mehr als 20 Beschäftigten müssen einen **Sicherheitsbeauftragten** benennen. Er ist für die Einhaltung und Überwachung der Sicherheitsmaßnahmen zuständig.

Beispiel Die Primus GmbH hat Jörg Nolte, Gruppenleiter Werkstoffe, zum Sicherheitsbeauftragten ernannt. Er führt ständig Kontrollgänge zur Überwachung der Sicherheitsmaßnahmen durch.

Die Berufsgenossenschaften geben für alle Branchen **Leitfäden für die Unternehmen und deren Mitarbeiter** heraus, in denen das richtige Verhalten am Arbeitsplätzen zur Vermeidung von Arbeitsunfällen beschreiben wird. Unfälle sollen durch **sicherheitstechnische und sicherheitsorganisatorische Maßnahmen** und die Verwendung von **Sicherheitszeichen** verhütet werden.

Beispiele
- Sicherheitstechnische Maßnahmen: Verwendung von Leitern, technischen Geräten mit dem GS- oder CE-Zeichen (= geprüfte Sicherheit)
- Sicherheitsorganisatorische Maßnahmen: Verwendung von Sicherheitsschuhen beim Umgang mit schweren Lasten
- Bei der Primus GmbH verwendete Sicherheitskennzeichnung im Lager:

Sicherheitszeichen am Arbeitsplatz			
Verbotszeichen	**Gebotszeichen**	**Warnzeichen**	**Rettungszeichen**

Feuer, offenes Licht und Rauchen verboten	Sicherheitshelm tragen	Warnung vor gefährlicher elektrischer Spannung	Richtungsangaben zur Ersten Hilfe

Da heutzutage Lagerarbeiten häufig computergestützt abgewickelt werden, sind für die Mitarbeiter durch die Arbeitsstättenverordnung (ArbStättV) **Mindeststandards zum Gesundheitsschutz für die Gestaltung von Bildschirmarbeitsplätzen** einzuhalten. Diese Richtlinie beinhaltet Vorschriften, um die mögliche Gefährdung des Sehvermögens sowie die körperliche und psychische Belastung der Arbeitnehmer am Bildschirm zu vermeiden. Die Arbeitnehmer sind auf diese Belastungen hinzuweisen und ggf. durch eine qualifizierte Person zu untersuchen. Ebenfalls muss der Arbeitgeber den Arbeitnehmern für die manuelle Handhabung von Lasten (Ziehen, Heben, Schieben, Tragen und Bewegen einer Last) geeignete **mechanische Ausrüstungen** bereitstellen, um die Gesundheitsgefährdung der Mitarbeiter möglichst gering zu halten.

Beispiel Die Primus GmbH hat für die Mitarbeiter im Lager einen Laufkran (beweglicher Kran) und zwei Stapler installiert, um das Herunterheben aus den oberen Regalzonen zu vereinfachen. Zudem sind fünf Hubwagen vorhanden.

Brandschutz im Lager

Um einem Brand in einem Lager vorbeugen zu können, müssen die möglichen Gefahrenquellen bekannt sein.

Beispiele Heizung, brennbare Flüssigkeiten, Papier

Folgende vorbeugenden **Brandschutzmaßnahmen** können zur Verhinderung von Bränden im Lager getroffen werden:

Maßnahmen	Beispiele
Bauliche Einrichtungen	Die Primus GmbH hat für den Bereich, in dem leicht entzündliche Waren wie Büromaterialien aus Papier lagern, Brandschutztüren und -wände eingebaut. Ferner wurden Notausgänge und Rettungswege für Mitarbeiter eingerichtet. Im gesamten Lager gilt Rauchverbot.
Brandmeldeanlagen	Die Primus GmbH hat im gesamten Lager vollautomatische Brandmelder eingebaut.
Feuerlöscheinrichtungen	Die Primus GmbH hat im gesamten Lager vollautomatische Sprinkleranlagen eingebaut und Feuerlöscher installiert.
Organisatorische Maßnahmen	Die Primus GmbH unterweist das Personal im betrieblichen Brandschutz und führt einmal im Jahr eine Brandschutzübung mit den Mitarbeitern durch, um richtige Verhaltensweisen bei Bränden einzuüben. So dürfen z. B. bestimmte brennende Materialien nicht mit Wasser gelöscht werden, da es sonst zu Verpuffungen kommen kann. Ferner sind an den vorgeschriebenen Stellen Vorschriften und Regeln zur Brandverhütung und Brandbekämpfung ausgehängt.

Diebstahlschutz im Lager

In den meisten Unternehmen, mit Ausnahme des Cash-and-carry-Großhandels, haben die Kunden keinen Zutritt zum Lager. Folglich werden die meisten Diebstähle von Mitarbeitern oder Lieferanten begangen. Um dies zu vermeiden, sollten nur berechtigte Mitarbeiter die Lagerräume aufsuchen dürfen. Besonders hochwertige Waren können in besonders gesicherten Lagern **(Verschlusslager)** aufbewahrt werden.

Beispiel Die Primus GmbH bewahrt die Smartphones, die Tischkopierer und die Laserdrucker in abgeschlossenen Lagerbereichen auf.

Zur Verhinderung der Entwendung von Waren bei der Ein- und Auslagerung sollte eine strikte Trennung von Anlieferungs- und Auslieferungsrampe vorgenommen werden. Von den Kunden zurückgesandte Waren (Retouren) sollten lückenlos erfasst und in das ERP-System eingegeben werden. Unordnung, Unübersichtlichkeit bei der An- und Auslieferung, fehlende oder ungenügende Kontrollen begünstigen den Diebstahl und die Unterschlagung.

In Cash-and-carry-Großhandelsunternehmen können zur Verhinderung von Kunden-, Mitarbeiter- oder Lieferantendiebstählen **Überwachungskameras** eingesetzt und an den Artikeln **Sicherungsetiketten oder Sicherungssysteme** angebracht werden.

Gefahrenschutz im Lager

Waren, von denen besondere Gefahren für Mitarbeiter oder für andere Waren ausgehen, sind besonders zu behandeln. Die **GHS-Verordnung** (Globally Harmonised System of Classification and Labelling of Chemicals) schreibt hierzu eine Kennzeichnung der Waren vor. Dies muss auch im Reservelager erkennbar sein.

Beispiele Gefahrenpiktogramme nach der GHS-Verordnung:

Kennzeichnung der Gebinde nach der GHS-Verordnung

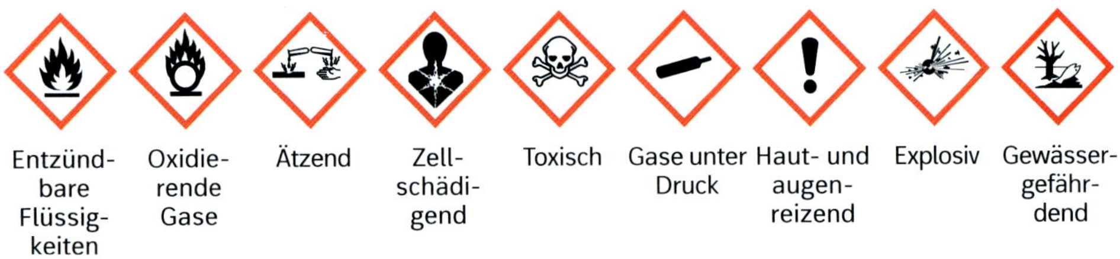

> **Praxistipp**
>
> Besorgen Sie sich über das Internet ein Sicherheitszeichendatenblatt für einen gefährlichen Stoff Ihrer Wahl.

Umweltschutz im Lager

Sicherheit der Menschen, Schutz der Umwelt, verantwortungsvoller Umgang mit den Energie- und Rohstoffresourcen, Herstellung qualitativ hochwertiger umweltschonender Produkte, Entsorgung von Materialien – dies alles sind Aufforderungen an Unternehmen, denen verantwortungsbewusste Unternehmer nachkommen. Die **Entsorgungslogistik** beginnt bereits bei der Beschaffung und umfasst die Planung, Steuerung und Überwachung aller Maßnahmen zur Behandlung von Rückständen, die aus Abfall, Emissionen und Abwasser bestehen können.

> **Praxistipp**
>
> Gerade im Lager sind vielfältige Maßnahmen zum Schutz der Umwelt möglich und notwendig. Ein Unternehmen sollte sich dabei an folgende **ökologische Grundsätze** halten:
>
> - Das **Vermeiden von Abfällen** (Rückständen) hat Vorrang vor der Verwertung von Abfällen.
> - Das **Verwerten von Abfällen** (Rückständen) hat Vorrang vor dem Entsorgen von Abfällen.

- **Abfall**: Unter Abfall versteht man eine Vielzahl von Materialien, wobei der Abfall eines Unternehmens der Rohstoff eines anderen Unternehmens sein kann.
- Nach dem **Kreislaufwirtschaftsgesetz** sind „Abfälle alle beweglichen Sachen, deren sich ihr Besitzer entledigt, entledigen will oder entledigen muss" (§3 KrWG).

> **§ 1 KRWG – Zweck des Gesetzes**
> Zweck des Gesetzes ist es, die Kreislaufwirtschaft zur Schonung der natürlichen Ressourcen zu fördern und den Schutz von Mensch und die Umwelt bei der Erzeugung und Bewirtschaftung von Abfällen sicherzustellen.

- Zum Abfall wird der **Haus- und der Sondermüll** gezählt. Während der Hausmüll auf Deponien oder in Müllverbrennungsanlagen entsorgt werden kann, stellt der Sondermüll ein großes Problem dar. Seine Entsorgung ist mit hohen Kosten verbunden.

  Beispiele Batterien, Lackreste, Giftstoffe, radioaktiver Abfall
- **Emissionen**: Dies sind die von Anlagen (Maschinen, Fahrzeuge usw.) ausgehenden Luftverunreinigungen, Geräusche, Erschütterungen, Strahlen. Auswirkungen auf Menschen und Umwelt werden durch das **Bundes-Immissionsschutzgesetz** geregelt (BImSchG).
- **Abwasser**: Hierunter versteht man das durch Schadstoffe veränderte Wasser.

Bei der **Abfallbehandlung** bieten sich folgende Möglichkeiten an:

- **Abfallvermeidung**: Abfälle sollen während und nach dem betrieblichen Leistungsprozess erst gar nicht entstehen, wodurch eine Entsorgung vermieden wird.

  Beispiele Mehrwegverpackung zum Schutz (Flaschen und Gläser) und zum Transport (Paletten, Collicos, Kleincontainer), Nutzung von wiederverwendbaren Containern statt Pappe oder Folie als Verpackung
- **Abfallverminderung**: Abfälle können nicht immer vermieden werden. Es sollte dann aber versucht werden, möglichst wenig oder möglichst nur solche Abfälle zu akzeptieren, die im Wirtschaftskreislauf erhalten bleiben und einer Wiederverarbeitung (**Recycling**) zugeführt werden können.

  Beispiel Sparsamer Verbrauch von Verpackung

- **Abfallumwandlung** (Recycling)

  Beispiele Altpapier, Glas, Kork
- **Abfallbeseitigung**

  Beispiel Schadlose Beseitigung von nicht wiederverwertbarem Altöl

Für die **bessere Nutzung der Energie** gibt es eine ganze Reihe von Möglichkeiten.

Beispiele Die Primus GmbH nutzt folgende Möglichkeiten der Energieeinsparung: Wärmedämmung der Lagerräume, verbrauchsarme Fahrzeuge, Heizungsanlagen mit einem hohen Wirkungsgrad, Gewinnung von Wind- und Solarenergie.

Das **Kreislaufwirtschaftsgesetz (KrWG)** von 1994 schreibt den Einstieg in die Kreislaufwirtschaft vor. Die Wirtschaft soll lernen, künftig „vom Abfall her zu denken". Abfälle sind in erster Linie zu vermeiden und erst in zweiter Linie zu verwerten. Nicht wiederverwertbare Abfälle müssen zur Energieerzeugung verwendbar oder umweltverträglich zu entsorgen sein.

Viele Betriebe gehen dazu über, Mitarbeiter als **Umweltbeauftragte** zu ernennen, die dann die anderen Mitarbeiter schulen und den Entsorgungsmarkt hinsichtlich möglicher Kostensenkungen genau beobachten.

Beispiel Die Primus GmbH hat Thomas Weiß als Umweltbeauftragten ernannt. Er führt regelmäßig für alle Mitarbeiter Fortbildungsveranstaltungen zum Thema „Betrieblicher Umweltschutz“ durch.

Zusammenfassung: Arbeitsabläufe, Sicherheit und Umweltschutz im Lager kennenlernen

- **Arbeitsabläufe im Lager**
  - Bei der **Wareneinlagerung** sollten die Gesichtspunkte Art, Wert, Zugriffshäufigkeit und Transporteigenschaften des Lagergutes für die Reihenfolge der Warenausgabe berücksichtigt werden.
  - **Fifo-Methode:** Neue Ware wird hinter der alten einsortiert.
  - **Lifo-Methode:** Neue Ware wird zuerst wieder ausgelagert.

Lagerplatzanordnung

systematische (Festplatzsystem)	chaotische (Steuerung des Lagers per EDV)
Waren werden an bestimmten gleichbleibenden Plätzen einsortiert.	Regale werden dort belegt, wo gerade ein freier Platz ist.

  - Die **Warenpflege** umfasst alle Arbeiten, um die Waren in einem verkaufsfertigen Zustand zu erhalten.
  - Die **Warenmanipulation** umfasst zusätzlich die verkaufsvorbereitenden und die verkaufsbegleitenden Tätigkeiten.
  - **Kommissionierung:** Zusammenstellung der vom Kunden bestellten Waren im Lager zu einer Lieferung.
  - **Warenauslagerung:** Kommissionen dürfen das Lager erst verlassen, wenn die Warenentnahme auf Kommissionierbelegen quittiert worden ist.

- **Sicherheit im Lager**

Unfallschutz	Brandschutz	Diebstahlschutz
Gesetzlich geregelt durch Gewerbeordnung, Geräte- und Produktsicherheitsgesetz, Arbeitssicherheitsgesetz, Arbeitsstättenverordnung	Verhinderung von Bränden durch bauliche Maßnahmen, Brandmeldeanlagen, Feuerlöscheinrichtungen	Sicherung teurer Waren im Verschlusslager, übersichtliche Anordnung der An- und Auslieferung

- **Umweltschutz im Lager:** Berücksichtigung der Prinzipien **„Vermeiden geht vor Verwerten“** und **„Verwerten geht vor Entsorgen“**, bessere Nutzung der Energie, Ernennung von Umweltbeauftragten im Unternehmen.

Aufgaben

1. *Erläutern Sie, welche Lagerarbeiten in einem Unternehmen anfallen können.*
2. *Schildern Sie die Vorgänge der Wareneinlagerung, Kommissionierung und Warenauslagerung in Ihrem Ausbildungsbetrieb.*
3. *Beschreiben Sie anhand der Sortiments- und Produktliste der Primus GmbH, wie die einzelnen Waren warengerecht gelagert werden können.*
4. *Erklären Sie die Grundsätze „First in – first out (fifo)“ und „Last in – first out (lifo)“ anhand von Beispielen.*
5. *Erläutern Sie, was man unter einem systematischen und einem chaotischen Lager versteht und welche Vorteile und Nachteile sich aus der jeweiligen Lagerorganisation ergeben.*
6. *Ein Lagergut kann nach verschiedenen Gesichtspunkten eingelagert werden. Erläutern Sie beispielhaft vier Möglichkeiten.*
7. *Beschaffen Sie von der Berufsgenossenschaft Informationen zum Unfallschutz und stellen Sie die wesentlichen Aussagen der Klasse vor.*
8. *Beschreiben Sie anhand Ihres Ausbildungsbetriebs*
   a) Maßnahmen zum Unfallschutz,
   b) Maßnahmen zum Brandschutz,
   c) Maßnahmen zum Diebstahlschutz,
   d) Maßnahmen zum Umweltschutz.
9. *Führen Sie Gründe auf für die Notwendigkeit der Grundsätze „Vermeiden geht vor Verwerten“ und „Verwerten geht vor Entsorgung“.*

4.2.3 Lagerkennzahlen zur Kontrolle der Beschaffungsprozesse ermitteln

4.2.3.1 Lagerbestandskennzahlen berechnen

Handlungssituation

Die Auszubildende Nicole Höver liest einen Ausdruck des ERP-Systems der Primus GmbH, den Herr Patt über die Lagerbestände der Produktliste des Produktionsprogramms abgerufen hat. Hierin ist u. a. folgende Aufstellung enthalten:

Produktionsprogramm: Produktliste

Artikel-nummer	Artikelbezeichnung	Meldebestand in Stück	Höchstbestand in Stück	Prozentualer Anteil an der Lagerfläche
159B574	Schreibtisch Primo	5	50	3
159B590	Bildschirm-Arbeitstisch Primo	10	50	2
159B632	Rollcontainer Primo	5	30	1
...	...	...	...	...
162B388	Bandscheiben-Drehstuhl Superstar	8	50	2

Nicole Höver überlegt, warum die Primus GmbH Höchstbestände für jeden einzelnen Artikel festlegt und warum der prozentuale Anteil eines Artikels an der Lagerfläche ausgewiesen wird.

Arbeitsaufträge

- *Beschreiben Sie die Risiken der Lagerhaltung.*
- *Erläutern Sie die Bedeutung der artikelbezogenen Festlegung von Melde- und Höchstbestand in einem Unternehmen.*
- *Begründen Sie, warum eine laufende artikelbezogene Kontrolle der Lagerbestände erforderlich ist.*
- *Erstellen Sie für jede Formel der Lagerbestandskennzahlen eine Lernkartei.*

Die Lagervorräte in einem Unternehmen müssen systematisch kontrolliert werden. Um die Lagerkosten zu senken, ist es notwendig

- die **Lagerbestände so klein wie möglich zu halten**, das führt zu geringeren Kapital-, Sach- und Personalkosten und zu einem geringeren Lagerrisiko,
- die **Lagerbestände möglichst schnell zu verkaufen**, damit gebundenes Kapital freigesetzt wird.

Die Kontrolle des Lagerbestands kann durch **Stichtagsinventur** oder **zeitnahe Inventur** erfolgen oder durch **permanente Inventur** mit **Fortschreibung in Listen**, Büchern usw. Sehr häufig werden Computerprogramme eingesetzt, um die Lagerbestände zu überwachen.

Die **Lagerkontrolle** hat die Aufgabe, für jeden einzelnen Artikel laufend den aktuellen Bestand festzustellen, um Nachbestellungen rechtzeitig durchzuführen, die Verkaufsbereitschaft zu gewährleisten und Überbestände zu erkennen. Für Waren, die zu hohe Bestände aufweisen, müssen Maßnahmen ergriffen werden, um die Vorräte zu senken. Zur Bestandsüberwachung werden im Lagerwesen sog. **Lagerkennziffern(-zahlen)** verwendet. Diese Zahlen ermöglichen für alle Artikel genaue Aussagen über eine wirtschaftliche Vorratshaltung.

In einem Unternehmen sollte für jeden einzelnen Artikel und für jede Warengruppe mithilfe der Daten des ERP-Systems die Wirtschaftlichkeit der Vorratshaltung laufend kontrolliert werden. Mithilfe der Lagerkennzahlen können **artikel- oder warengruppenbezogene Aussagen zur Wirtschaftlichkeit** eines Artikels oder einer Warengruppe gemacht werden.

Höchstbestand

Jedes Lager hat eine begrenzte Lagerkapazität, die nicht beliebig veränderbar ist. Somit kann in einem Lager nur eine begrenzte Anzahl von Gütern gelagert werden **(technischer Höchstbestand)**. Ebenso beschränkt das Kapital, das zur Vorratshaltung zur Verfügung steht, die Menge der Lagergüter **(wirtschaftlicher Höchstbestand)**.

Mindestbestand

Der Mindestbestand (vgl. S. 443) wird häufig auch **„eiserne Reserve“** oder **„eiserner Bestand“** genannt. Er soll die Verkaufsbereitschaft sichern, wenn durch unvorhergesehene Ereignisse der Vorrat nicht ausreicht, um die

Nachfrage der Kunden zu decken. Dies ist z. B. der Fall, wenn die Beschaffung und Lieferung der Ware länger dauert als geplant (Streiks, schlechte Witterungs- und Verkehrsverhältnisse usw.). Auch kann der Warenabsatz höher sein als geplant. In diesem Fall muss aus Erfahrungswerten eine Reserve gebildet werden. Der Mindestbestand darf nur mit ausdrücklicher Genehmigung bzw. Anweisung der Geschäftsleitung angetastet werden.

■ Meldebestand

Von der Bestellung einer Ware bis zu ihrem Eintreffen im Lager vergeht eine bestimmte Zeit (Lieferzeit, Transportweg, Zeit für die Warenprüfung usw.). Während dieser Zeit muss aber der Verkauf weitergehen. Daher wird bereits bestellt, wenn der Mindestbestand noch nicht erreicht ist. Der Lagerbestand, bei dem nachbestellt werden muss, um die Lieferzeit zu überbrücken, heißt Meldebestand (vgl. S. 443).

■ Durchschnittlicher Lagerbestand

Während eines Jahres ergeben sich für die Artikel meist täglich oder stündlich verschiedene Lagerbestände durch Verkauf und Einkauf (Lagerab- und -zugänge). Zur Übersicht und zur leichteren Kontrolle werden deshalb Mittelwerte (Durchschnittswerte) berechnet. Der durchschnittliche Lagerbestand **(DLB)** eines Artikels gibt an, wie hoch im Durchschnitt der Vorratsbestand in Stück in einem bestimmten Zeitraum ist. Der durchschnittliche Lagerbestand kann auch als Wertkennziffer in Euro ausgerechnet werden, indem die Mengen mit ihren Bezugs-/Einstandspreisen multipliziert werden. Die Kenntnis des durchschnittlichen Lagerbestands kann z. B. beim Abschluss einer Versicherung der Lagerwaren gegen Feuer, Diebstahl usw. von Bedeutung sein. Da die Lagerbestände aufgrund ständiger Ein- und Auslagerungen schwanken, ist es sinnvoll, beim Abschluss einer Versicherung den durchschnittlichen Lagerwert anzusetzen.

Beispiel In der Warengruppe „Bürotechnik“ soll der DLB für die externe Festplatte 500 GB ermittelt werden. Nicole Höver ist mit dieser Aufgabe betraut. Der Jahresanfangsbestand an externen Festplatten beträgt 380 Stück, der Jahresendbestand (lt. Inventur) beträgt 600 Stück.

$$\text{DLB} = \frac{380 + 600}{2} = \frac{980}{2} = \underline{\underline{490 \text{ Stück}}}$$

$$\textbf{Durchschnittlicher Lagerbestand bei Jahresinventur} = \frac{\text{Anfangsbestand + Endbestand}}{2}$$

Die Genauigkeit der Kennziffer „DLB“ hängt davon ab, wie viel Bestände in die Berechnung eingehen. Einen genaueren DLB erhält man, wenn zusätzlich zum Jahresanfangsbestand die Quartalsendbestände berücksichtigt werden.

Beispiel Nicole Höver möchte den DLB genauer berechnen. Sie nimmt zusätzlich zu dem Jahresanfangsbestand noch vier Quartalsbestände (Vierteljahreswerte) in ihre Berechnung auf.

Jahresanfangsbestand:	380 Stück
Bestand am Ende des 1. Quartals:	1 460 Stück
Bestand am Ende des 2. Quartals:	1 900 Stück
Bestand am Ende des 3. Quartals:	2 200 Stück
Bestand am Ende des 4. Quartals:	600 Stück (Jahresendbestand)

$$\text{DLB} = \frac{380 + 1\,460 + 1\,900 + 2\,200 + 600}{5} = \frac{6\,540}{5} = \underline{\underline{1\,308 \text{ Stück}}}$$

Durchschnittlicher Lagerbestand mit Quartalsendbeständen =

$$\frac{\text{Jahresanfangsbestand} + 4\ \text{Quartalsendbestände}}{5}$$

Praxistipp

Die gleiche Berechnung kann ebenfalls mit Euro-Beträgen gemacht werden.

Einen noch genaueren DLB erhält man, wenn zusätzlich zu dem Jahresanfangsbestand noch die zwölf Monatsendbestände hinzugenommen werden. So stehen 13 Werte zur Verfügung.

Beispiel Nicole Höver ermittelt den DLB aufgrund der Monatsbestände.

Jahresanfangsbestand: 380 Stück

Monatsendbestände:

Januar:	500	Mai:	2 500	September:	2 200
Februar:	1 620	Juni	1 900	Oktober:	1 600
März:	1 460	Juli:	1 400	November:	1 090
April:	800	August:	200	Dezember:	600

$$\text{DLB} = \frac{380 + 500 + 1\,620 + 1\,460 + 800 + 2\,500 + 1\,900 + 1\,400 + 200 + 2\,200 + 1\,600 + 1\,090 + 600}{13} = \frac{16\,250}{13} = \underline{\underline{1\,250\ \text{Stück}}}$$

Durchschnittlich befanden sich also 1 250 externe Festplatten auf Lager. Wenn jede externe Festplatte durchschnittlich einen Bezugspreis/Einstandspreis von 16,25 € hat, so waren durchschnittlich 20.312,50 € Kapital gebunden.

Durchschnittlicher Lagerbestand mit Monatsendbeständen =

$$\frac{\text{Jahresanfangsbestand} + 12\ \text{Monatsbestände}}{13}$$

Durch den Einsatz moderner ERP-Systeme ist es möglich, zu jedem beliebigen Zeitpunkt den aktuellen Lagerbestand zu ermitteln. Diese genauen Zahlenwerte ermöglichen ein gezieltes Steuern der Bestände, um Lagerkosten zu senken.

In vielen Unternehmen wird neben der Ermittlung des DLB für einen einzelnen Artikel noch der **DLB für Artikelgruppen**, **Abteilungen**, **Filialen** und der **DLB des gesamten Warenbestands** berechnet.

Zusammenfassung: Lagerbestandskennzahlen berechnen

- Lagerbestandsdaten werden benötigt, um eine **wirtschaftliche Lagerführung** zu sichern.
- **Mindestbestand:** Reserve, um Verkaufsbereitschaft zu sichern
- **Höchstbestand:** **Technischer HB** = absolute Obergrenze, Lager ist vollständig gefüllt
  Wirtschaftlicher HB = Bestand, bis zu dem ein Artikel unter wirtschaftlichen Gesichtspunkten höchstens gelagert wird.

- **Meldebestand:** Bestand, bei dem Ware nachbestellt werden muss, um die Lieferzeit zu überbrücken.
- **Durchschnittlicher Lagerbestand (DLB):**

DLB bei **Jahresinventur** $= \frac{\text{Jahresanfangsbestand} + \text{Jahresendbestand}}{2}$

DLB mit **Quartalsendbeständen** $= \frac{\text{Jahresanfangsbestand} + 4\ \text{Quartalsendbestände}}{5}$

DLB mit **Monatsendbeständen** $= \frac{\text{Jahresanfangsbestand} + 12\ \text{Monatsendbestände}}{13}$

Aufgaben

1. *Unterscheiden Sie technischen und wirtschaftlichen Höchstbestand im Lagerwesen.*
2. *Erläutern Sie, wovon der wirtschaftliche Höchstbestand abhängig ist.*
3. *Erläutern Sie, welchen Zweck ein Mindestbestand (eiserne Reserve) in einem Unternehmen hat.*
4. *Von einer Ware werden im Durchschnitt täglich 15 Stück verkauft. Die Lieferzeit beträgt sechs Verkaufstage, der Mindestbestand beträgt 85 Stück. Wie hoch ist der Meldebestand?*
5. *In einem Unternehmen werden für einen Artikel folgende Bestände aufgrund permanenter Inventur ausgewiesen:*

Anfangsbestand 1. Januar: 200

Endbestand 31. Januar:	*185*	*Endbestand 31. Juli:*	*275*
Endbestand 28. Februar:	*270*	*Endbestand 31. August:*	*281*
Endbestand 31. März:	*315*	*Endbestand 30. September:*	*265*
Endbestand 30. April:	*295*	*Endbestand 31. Oktober:*	*295*
Endbestand 31. Mai:	*290*	*Endbestand 30. November:*	*310*
Endbestand 30. Juni:	*315*	*Endbestand 31. Dezember:*	*240*

   a) *Berechnen Sie den durchschnittlichen Lagerbestand nur mit dem Anfangs- und Endbestand.*

   b) *Berechnen Sie den durchschnittlichen Lagerbestand mit den Quartals- und Monatsbeständen.*

   c) *Erläutern Sie, weshalb sich Unterschiede für den durchschnittlichen Lagerbestand ergeben.*

6. *Beschreiben Sie, wie mithilfe des durchschnittlichen Lagerbestands die Kapitalbindung festgestellt werden kann.*
7. *Lösen Sie die folgenden Aufgaben unter Berücksichtigung der nachfolgenden Angaben.*

Datum	Bezugs-/Einstandspreis in €	Bestand in Stück
01.01.	19,00	420
31.01.	19,00	355
28.02.	19,00	269
31.03.		226
30.04.		631
31.05.		406
30.06.		544

Datum	Bezugs-/Einstandspreis in €	Bestand in Stück
31.07.		377
31.08.	19,00	419
30.09.	19,00	321
31.10.		254
30.11.		440
31.12.		265

a) Wie viel Stück beträgt der durchschnittliche Lagerbestand?
b) Wie viel Euro beträgt der Lagerbestand am 31.12.?
c) Bei der Inventur am 31.12. wurden 316 Stück gezählt.
Welche der folgenden Aussagen über den Soll-Bestand trifft zu?
Der Soll-Bestand ist ...
(1)kleiner als der Ist-Bestand,
(2)größer als der Ist-Bestand,
(3)genau so groß wie der Ist-Bestand.

4.2.3.2 Lagerbewegungskennzahlen berechnen

Handlungssituation

Sonja Primus, die Geschäftsführerin der Primus GmbH, besucht eine Fachmesse in Hannover. Aus diesem Anlass hat sie ihre Auszubildende Nicole Höver mitgenommen. Auf der Fachmesse trifft Frau Primus auf ihren Kollegen Herrn Winter vom Bürobedarfsgroßhandel Winter e.K. Frau Primus: *„Im letzten Jahr hatte ich einen Wareneinsatz von 2.000.000,00 €, dabei habe ich immer Skonto ausgenutzt, ich bin recht zufrieden mit meinem Geschäft."* Herr Winter: *„Ich habe den gleichen Wareneinsatz, unsere Geschäfte sind also vom Wareneinsatz her vergleichbar. Allerdings habe ich regelmäßig Probleme mit der Bezahlung meiner Verbindlichkeiten, Skonto kann ich nie ausnutzen, häufig gerate ich in Zahlungsverzug. Mir fehlt einfach zusätzliches Kapital."* Frau Primus fragt daraufhin: *„Wie hoch ist denn Ihr durchschnittlicher Lagerbestand?"* Nicole, die dieser Unterhaltung interessiert zugehört hatte, fragt: *„Was hat denn mein durchschnittlicher Lagerbestand mit meiner Liquidität zu tun?"* Frau Primus weiß es besser, sie denkt sich ihren Teil und lädt Nicole zu einer Tasse Kaffee ein, um ihr den Sachverhalt zu erklären.

Arbeitsaufträge

- *Erläutern Sie, wie Lagerbestände die Liquidität eines Unternehmens beeinflussen.*
- *Stellen Sie die verschiedenen Formeln zu den Lagerbewegungsdaten in einer Übersicht und in Karten für die Lernkartei dar.*
- *Erläutern Sie die Lagerbewegungskennzahlen und zeigen Sie Konsequenzen auf, wenn die Umschlagshäufigkeit eines Artikels sinkt.*

Es ist wichtig, den Lagerbestand so gering wie möglich zu halten, damit nicht zu viel Kapital durch lagernde Waren gebunden wird und die Lagerkosten möglichst niedrig sind. Lagerbewegungen und Lagerkosten werden mit verschiedenen Kennzahlen kontrolliert.

■ Umschlagshäufigkeit

Die Umschlagshäufigkeit gibt an, wie oft der durchschnittliche Lagerbestand während eines Geschäftsjahres verkauft wurde.

Beispiel In der Primus GmbH wurde in einem Jahr für 2.000.000,00 € Ware eingekauft (= Wareneinsatz), wobei alle eingekauften Waren auch verkauft wurden. Der durchschnittliche Lagerbestand betrug 160.000,00 €. Hieraus kann abgeleitet werden, dass in einem Jahr der Lagerbestand 12,5-mal umgeschlagen wurde, d. h., der durchschnittliche Lagerbestand von 160.000,00 € wurde 12,5-mal verkauft.

$$\textbf{Umschlagshäufigkeit (UH)} = \frac{2.000.000{,}00\ €}{160.000{,}00\ €} = \underline{\underline{12{,}5}}$$

In einem vergleichbaren Unternehmen betrug der Wareneinsatz ebenfalls 2.000.000,00 €. Der durchschnittliche Lagerbestand betrug aber 180.000,00 €, er wurde nur 11,1-mal umgeschlagen.

$$\textbf{Umschlagshäufigkeit (UH)} = \frac{2.000.000{,}00\ €}{180.000{,}00\ €} = \underline{\underline{11{,}1}}$$

Bei der Primus GmbH waren im Durchschnitt nur 160.000,00 € Kapital gebunden, beim zweiten Unternehmen 180.000,00 €, obwohl beide wertmäßig gleich viel verkauft haben. Der Primus GmbH standen also regelmäßig 20.000,00 € mehr zur Verfügung. Die Kennziffern „12,5“ bzw. „11,1“ geben also an, wie häufig ein durchschnittlicher Lagerbestand (DLB) umgeschlagen wurde.

Hieraus lässt sich folgende Formel ableiten:

$$\textbf{Umschlagshäufigkeit (Umsatz)} = \frac{\text{Wareneinsatz}}{\text{DLB zu Bezugs-/Einstandspreisen}}$$

Der **Wareneinsatz** entspricht dem Umsatz zu Bezugs- oder Einstandspreisen. Da zum Jahresanfang und -ende bei fast allen Artikeln Lagerbestände vorhanden sind, müssen sie bei der Berechnung des Wareneinsatzes berücksichtigt werden. Der Wareneinsatz ergibt sich, wenn zu dem Jahresanfangsbestand die Jahreseinkaufssumme (= alle Zugänge) addiert und der Jahresendbestand abgezogen wird.

Wareneinsatz = Anfangsbestand + Zugänge – Endbestand

Die Umschlagshäufigkeit kann auch auf den **Absatz** einer Ware bezogen werden, d. h., die Umschlagshäufigkeit bezieht sich auf die verkauften und gelagerten Stückzahlen einer Ware. Dies bietet sich an, wenn die Ware zu unterschiedlichen Bezugs-/Einstandspreisen beschafft wurde.

Beispiel In der Primus GmbH wurden in einem Jahr 24 000 Primus Ordner A4 verkauft. Im Durchschnitt waren 1 000 Primus Ordner auf Lager.

$$\text{UH} = \frac{24\,000\ \text{Stück}}{1\,000\ \text{Stück}} = \underline{\underline{24}}$$

Die Umschlagshäufigkeit für Primus Ordner beträgt somit 24.

Hieraus ergibt sich folgende Formel:

$$\textbf{Umschlagshäufigkeit (Absatz)} = \frac{\text{Jahresabsatz (Stück)}}{\text{DLB (Stück)}}$$

Durchschnittliche Lagerdauer

Wenn die Umschlagshäufigkeit einer Ware bekannt ist, so kann daraus ihre durchschnittliche Lagerdauer berechnet werden. Hieraus erkennt man den Zeitraum vom Eintreffen der Ware im Lager bis zum Verkauf an den Kunden, also wie lange die Ware durchschnittlich gelagert wurde. Je länger eine Ware im Lager verbleibt, desto teurer ist dies für das Unternehmen.

Beispiel Primus Ordner haben in der Primus GmbH eine Umschlagshäufigkeit von 24. Das (kaufmännische) Jahr zählt 360 Tage, 360 : 24 = 15. Das bedeutet, dass der Artikel durchschnittlich 15 Tage auf Lager war.

Hieraus ergibt sich folgende Formel:

$$\text{Durchschnittliche Lagerdauer} = \frac{360\ \text{(Tage)}}{\text{Umschlagshäufigkeit}}$$

Mithilfe der Umschlagshäufigkeit und der durchschnittlichen Lagerdauer können Aussagen zur **Wirtschaftlichkeit eines Artikels oder einer Warengruppe** gemacht werden. Je höher die Umschlagshäufigkeit oder je geringer die durchschnittliche Lagerdauer eines Artikels oder einer Warengruppe, desto niedriger ist der Kapitaleinsatz im Lager. Zudem gilt, je höher die Umschlagshäufigkeit oder je geringer die durchschnittliche Lagerdauer eines Artikels oder einer Warengruppe, desto niedriger ist der Kostenanteil je Artikel oder je Warengruppe.

Lagerzinssatz

In Lagervorräte investiertes Kapital verursacht Kosten. In der Kalkulation des Verkaufspreises einer Ware sind diese Kapitalkosten zu berücksichtigen. Es ist sinnvoll, diese Kosten mit einem Prozentsatz in die Preiskalkulation einzubeziehen. Die Zinskosten sind abhängig von der durchschnittlichen Lagerdauer und von dem Zinssatz, der für ein angelegtes Kapital von einer Bank gezahlt würde. Der Lagerzinssatz gibt somit an, welcher Zins für den Zeitraum der durchschnittlichen Lagerdauer dem Unternehmen entgeht, weil es sein Kapital nicht Gewinn bringend bei einer Bank angelegt hat, sondern in seinen Warenvorrat investiert hat. Somit ergibt sich:

Beispiel Die Primus GmbH hat für ihren Warenbestand eine durchschnittliche Lagerdauer von 25 Tagen errechnet. Für Geldeinlagen wird der Primus GmbH von der Sparkasse Duisburg ein Zinssatz von 4 % geboten.

$$\text{Lagerzinssatz} = \frac{\text{Jahreszinssatz} \cdot \text{durchschnittliche Lagerdauer}}{360} \text{ oder } \frac{\text{Jahreszinssatz}}{\text{Umschlagshäufigkeit}}$$

$$\text{Lagerzinssatz} = \frac{4 \cdot 25\ \text{Tage}}{360\ \text{Tage}} = \underline{\underline{0{,}28}}$$

Der Lagerzinssatz beträgt somit etwa 0,28 %.

Durch entsprechende **Formelumstellung** kann auch hier bei zwei bekannten Werten der dritte Wert berechnet werden.

$$\text{Durchschnittliche Lagerdauer} = \frac{\text{Lagerzinssatz} \cdot 360}{\text{Jahreszinssatz}}$$

$$\text{Jahreszinssatz} = \frac{\text{Lagerzinssatz} \cdot 360}{\text{durchschnittliche Lagerdauer}}$$

Lagerzinsen

Der Wert des durchschnittlichen Lagerbestands ist als Kapital gebunden. Für diesen Betrag müssen somit Zinsen (Kapitalbindungskosten) berechnet werden. Hierzu wird der Lagerzinssatz verwendet.

$$\textbf{Lagerzinsen} = \frac{\text{Lagerzinssatz} \cdot \text{durchschnittlicher Lagerbestand}}{100}$$

Beispiel Die Primus GmbH hat einen durchschnittlichen Lagerbestand von 160.000,00 €. In der Primus GmbH wird ein Lagerzinssatz von 0,28 % ermittelt.

$$\text{Lagerzinsen} = \frac{0{,}28 \cdot 160.000{,}00}{100} = \underline{\underline{448{,}00\ €}}$$

Für diesen durchschnittlichen Lagerbestand fallen 448,00 € Lagerzinsen an.

In die Berechnung der Lagerzinsen fließen letztlich folgende **Lagerbewegungsdaten (-kennziffern)** ein:

- Wareneinsatz
- Umschlagshäufgkeit
- durchschnittliche Lagerdauer
- Lagerzinssatz

Beispiel In einem Konkurrenzunternehmen der Primus GmbH betrug der Wareneinsatz in einem Jahr 1.599.000,00 €, der durchschnittliche Lagerbestand 195.000,00 €. Bei den Banken liegt der Jahreszins bei 3 %.

1. Schritt: Berechnung der Umschlagshäufigkeit

$$\frac{\text{Wareneinsatz}}{\text{DLB}} = \frac{1.599.000{,}00\ €}{195.000{,}00\ €} = \underline{\underline{8{,}2}}$$

2. Schritt: Berechnung der durchschnittlichen Lagerdauer

$$\frac{360\ \text{Tage}}{\text{Umschlagshäufigkeit}} = \frac{360\ \text{Tage}}{8{,}2} = \underline{\underline{43{,}9\ \text{Tage}}}$$

3. Schritt: Berechnung des Lagerzinssatzes

$$\frac{\text{Jahreszinssatz} \cdot \text{durchschnittliche Lagerdauer}}{360} = \frac{3 \cdot 43{,}9}{360} = \underline{\underline{0{,}365\,\%}}$$

Wenn der Lagerzinssatz bekannt ist, können die Kapitalkosten (Lagerzinsen) berechnet werden. Sie sind abhängig von dem gebundenen Kapital und dem durchschnittlichen Lagerbestand.

4. Schritt: Berechnung der Lagerzinsen

$$\frac{\text{Durchschnittlicher Lagerbestand} \cdot \text{Lagerzinssatz}}{100} = \frac{195.000 \cdot 0{,}365}{100} = \underline{\underline{711{,}75\ €}}$$

Für die 195.000,00 €, die das Konkurrenzunternehmen in seinen Warenvorrat durchschnittlich investiert hat, hätte es von einer Bank bei einer Anlage zu 3 % 711,75 € Zinsen erhalten.

Lagerreichweite

Mit dieser Kennziffer wird ausgedrückt, wie lange der durchschnittliche Lagerbestand bei einem durchschnittlichen Verbrauch ausreicht.

$$\textbf{Lagerreichweite} = \frac{\varnothing\ \text{Lagerbestand}}{\varnothing\ \text{Absatz (Verbrauch) pro Tag}}$$

Beispiel Die Primus GmbH hat beim Artikel Kopierpapier X-Offit einen durchschnittlichen Lagerbestand von 500 Paketen und einen durchschnittlichen Absatz pro Tag von 50 Paketen.

$$\text{Lagerreichweite} = \frac{500}{50} = \underline{\underline{10\ \text{Tage}}}$$

Die Primus GmbH hat beim Kopierpapier eine Lagerreichweite von 10 Tagen.

Lagerfüllgrad (Flächennutzungsgrad)

Die Nutzung der vorhandenen Lagerkapazität wird durch den Lagerfüllgrad gemessen.

$$\textbf{Lagerfüllgrad} = \frac{\text{Genutzter Teil des Lagerraums}}{\text{Verfügbarer Lagerraum}}$$

Beispiel Die Primus GmbH hat einen Lagerraum mit einer Fläche von 3000 m². Davon werden im Durchschnitt 2700 m² regelmäßig genutzt.

$$\text{Lagerfüllgrad} = \frac{2700}{3000} = 0{,}9 = \underline{\underline{90\,\%}}$$

Die Primus GmbH hat einen Lagerfüllgrad von 90 %.

Auswertung der Lagerkennzahlen

Die Erhöhung der Umschlagshäufigkeit hat eine Verkürzung der Lagerdauer zur Folge. Dadurch vermindern sich die Kosten für die Warenpflege sowie das Risiko der Veralterung und des Verderbs. Die Lagerkosten werden aber wesentlich vom Lagerumschlag beeinflusst. Je höher die Umschlagshäufigkeit für einen Artikel, desto niedriger ist der Kostenanteil, der auf den einzelnen Artikel entfällt. Durch eine Erhöhung der Umschlagshäufigkeit werden Lagerzinsen gespart, der Kapitalbedarf wird verringert, die Wirtschaftlichkeit wird erhöht. Die Lagerumschlagshäufigkeit kann durch folgende **Maßnahmen** erhöht werden:

- Durch die Verringerung der Bestellmengen und des Mindestbestands, durch **Just-in-time-Lieferungen** oder durch den **Kauf auf Abruf** (vgl. S. 488) kann im Beschaffungsbereich die Voraussetzung für eine Erhöhung der Umschlagshäufigkeit erreicht werden.
- Durch **verstärkte Werbung** zur Absatzsteigerung oder Sonderverkaufsaktionen für Penner-Artikel (Artikel mit geringer Umschlagshäufigkeit) kann der Warenumschlag im Absatzbereich erhöht werden.

  Beispiel Die Primus GmbH hatte bei dem Artikel ‚Schreibtisch Primo', Art.-Nr. 159B574, einen durchschnittlichen Lagerbestand von 12.000,00 €. Durch verstärkte Werbemaßnahmen konnten die Lagerumschlagshäufigkeit von 12 auf 15 erhöht und somit 2.400,00 € Kapital freigesetzt werden.

  Lösung: Durchschnittlicher Lagerbestand · Umschlagshäufigkeit = Wareneinsatz:
  12.000,00 € · 12 = 144.000,00 €
  144.000,00 € : 15 = 9.600,00 € (Kapitalbindung/neuer durchschnittlicher Lagerbestand)
  12.000,00 € – 9.600,00 € = 2.400,00 € (Kapitalfreisetzung)
  Bei einem Zinssatz von 5 % spart die Primus GmbH 120,00 € im Jahr (5 % von 2.400,00 €)

Die Lagerkennzahlen sind für jedes Unternehmen von besonderer Bedeutung, da sie im Zeitvergleich die Entwicklungstendenzen eines Artikels, einer Warengruppe und des gesamten Betriebs aufzeigen. Zudem können im **Betriebsvergleich** interessante Erkenntnisse gewonnen werden, wenn die betrieblichen Lagerkennzahlen mit denen der Branche verglichen werden. Die Branchenkennzahlen können über Verbände oder das Internet abgerufen werden.

Zusammenfassung: Lagerbewegungskennzahlen berechnen

- Im Lagerwesen werden folgende **Kennzahlen zur Kontrolle der Lagerbestände und der Kapitalbindung** eingesetzt:
- **Umschlagshäufigkeit** $= \frac{\text{Wareneinsatz}}{\text{DLB zu Bezugs-/Einstandspreisen}}$ oder $\frac{\text{Jahresabsatz (Stück)}}{\text{DLB in Stück}}$
- **Durchschnittliche Lagerdauer** $= \frac{\text{360 (Tage)}}{\text{Umschlagshäufigkeit}}$
- **Lagerzinssatz** $= \frac{\text{Jahreszinssatz} \cdot \text{Ø Lagerdauer}}{360}$
- **Lagerzinsen** $= \frac{\text{Lagerzinssatz} \cdot \text{Ø Lagerbestand}}{100}$
- **Lagerreichweite** $= \frac{\text{Ø Lagerbestand}}{\text{Ø Absatz (Verbrauch) pro Tag}}$
- **Lagerfüllgrad** $= \frac{\text{Genutzter Teil des Lagerraums}}{\text{Verfügbarer Lagerraum}} \cdot 100$

Auswertung der Lagerkennzahlen

- Mithilfe der Lagerkennzahlen wird die **Beurteilung der Wirtschaftlichkeit des Lagers** ermöglicht. Zudem sind die Lagerkennzahlen die **Grundlage für Betriebsvergleiche** mit Durchschnittszahlen der Branche.
- Je höher die Umschlagshäufigkeit oder je geringer die durchschnittliche Lagerdauer eines Artikels oder einer Warenguppe, desto niedriger ist der Kapitaleinsatz für diesen Artikel oder diese Warengruppe im Lager.
- Je höher die Umschlagshäufigkeit oder je geringer die durchschnittliche Lagerdauer eines Artikels oder einer Warengruppe, desto niedriger ist der Lagerkostenanteil je Artikel oder je Warengruppe.

Aufgaben

1. *In einem Handelsunternehmen liegen folgende Angaben vor: Wareneinsatz: 600.000,00 €, durchschnittlicher Lagerbestand 50.000,00 €. Berechnen Sie die Umschlagshäufigkeit und die durchschnittliche Lagerdauer.*
2. *Die Umschlagshäufigkeit für Fernseher in einem Elektrogroßhandelsbetrieb beträgt 8. Der Jahresabsatz beträgt 320 Stück. Wie viel Geräte befanden sich im Durchschnitt auf Lager?*

3. *Von einem Artikel sind bekannt: Durchschnittlicher Lagerbestand 4.000,00 €, Umschlagshäufigkeit 20. Ermitteln Sie, wie hoch der Wareneinsatz war.*

4. *Ein Artikel hat eine Umschlagshäufigkeit von 6. Berechnen Sie die durchschnittliche Lagerdauer.*

5. *Das Warenbestandskonto eines Großhändlers weist folgende Werte aus: Anfangsbestand 200.000,00 €, Endbestand 280.000,00 €. Auf dem Wareneingangskonto wurden Einkäufe in Höhe von 1.280.000,00 € gebucht. Berechnen Sie*
   a) den Wareneinsatz,
   b) den durchschnittlichen Lagerbestand,
   c) die Umschlagshäufigkeit,
   d) die durchschnittliche Lagerdauer.

6. *Ein Artikel liegt durchschnittlich 40 Tage auf Lager. Ermitteln Sie die Umschlagshäufigkeit.*

7. *In einem Unternehmen betrug der Wareneinsatz 3.200.000,00 €, der durchschnittliche Lagerbestand 310.000,00 €, es wird mit einem Marktzins von 5 % gerechnet.*
   a) Berechnen Sie den Lagerzinssatz.
   b) Berechnen Sie die Lagerzinsen.
   c) Erläutern Sie, welche Auswirkungen eine Erhöhung der Umschlagshäufigkeit hätte.

8. *Wie hoch sind die Lagerzinsen, wenn für einen Artikel, dessen durchschnittlicher Lagerbestand 200.000,00 € beträgt, ein Lagerzinssatz von 0,57 % besteht?*

9. *Berechnen Sie den Lagerzinssatz, wenn mit einem Jahreszinssatz von 5 % gearbeitet wird und die durchschnittliche Lagerdauer eines Artikels 45 Tage beträgt.*

10. *Eine Warengruppe verursachte in einem Jahr 12.000,00 € Lagerzinsen, der Lagerzinssatz beträgt 0,6 %. Wie hoch war der durchschnittliche Lagerbestand?*

11. *Die Primus GmbH erhält von der Computec GmbH & Co. KG ein Sonderangebot des Artikels Laser-Multifunktionsgerät FX 640, Art.-Nr. 335B927, wobei allerdings eine Mindestmenge abzunehmen ist, die den Bedarf der Primus GmbH für ca. zehn Monate decken würde. Entscheiden und begründen Sie, ob es sinnvoll ist, dieses Angebot anzunehmen.*

12. *Die Primus GmbH hat sich in der Branche den Ruf erworben, stets auch bei unerwartet hohen Aufträgen lieferbereit zu sein. Als Folge für die Primus GmbH ergibt sich bei vielen Artikeln ein hoher Mindestbestand.*
    a) Erläutern Sie, welcher Zielkonflikt sich daraus für die Primus GmbH ergibt.
    b) Beschreiben Sie die Konsequenzen, die sich für die Primus GmbH aus einer Verringerung des Mindestbestands ergeben können.
    c) Machen Sie begründete Vorschläge anhand der Sortimentsliste der Primus GmbH, für welche Artikel ein hoher oder ein geringer Mindestbestand erforderlich sein könnte.

13. *Zur Beurteilung der wirtschaftlichen Situation der Primus GmbH ziehen Sie die vorliegenden Vergleichszahlen der Branche heran.*

	Lagerkennziffern Branche	**Lagerkennziffern Primus GmbH**
Umschlagshäufigkeit	6	5
Ø Lagerdauer	60 Tage	72 Tage
Lagerzinssatz	1 %	1,5 %

Nennen Sie vier Ursachen für die Abweichungen der Kennzahlen der Primus GmbH von denen der Branche.

14. *Erstellen Sie ein Kurzreferat zum Thema „Die Bedeutung von Lagerkennzahlen für ein Unternehmen“.*

5 Bezahlung unter Berücksichtigung der unterschiedlichen Möglichkeiten im Zahlungsverkehr veranlassen

LS

Handlungssituation

Die Primus GmbH erhält täglich eine Vielzahl von Eingangsrechnungen von Lieferern, Spediteuren, der Telekom usw. Einige Rechnungen sind sofort fällig, andere haben ein Zahlungsziel von einigen Tagen. Die Auszubildene Nicole Höver findet bei Durchsicht der Belege zwei Mahnungen von Lieferern, in denen zum offenstehenden Rechnungsbetrag noch Verzugszinsen verlangt werden. Sie fragt ihre Abteilungsleiterin Frau Berg: *„Wie kann es dazu kommen, dass diese Rechnungen nicht bezahlt wurden?“* Frau Berg antwortet leicht errötend: *„Es ist einfach vergessen worden. Das kann ja schließlich jedem mal passieren!“* Nicole ist erstaunt und meint: *„Es muss doch möglich sein, Eingangsrechnungen termingerecht zu bezahlen. Sie benutzen doch Computer!“*

Arbeitsaufträge

- *Geben Sie an, wie die Primus GmbH den Gläubigern in Zukunft die Rechnungsbeträge termingerecht und bequem zukommen lassen kann.*
- *Beschreiben Sie die verschiedenen Möglichkeiten der Zahlungsvereinfachung bei der bargeldlosen Zahlung.*
- *Erklären Sie die Abwicklung eines Kreditkartengeschäfts.*
- *Beschreiben Sie die verschiedenen Electronic-Banking-Systeme.*

Geldzahlungen werden entweder mit **Bargeld** (Banknoten, Münzen = gesetzliches Zahlungsmittel), **Buch- oder Giralgeld** (= alle Guthaben oder Kredite bei Geldinstituten, über die jederzeit frei verfügt werden kann) oder **Geldersatzmitteln** (girocard, Kreditkarte) vorgenommen.

■ Barzahlung

Kennzeichen der Bar(geld)zahlung ist, dass **sowohl der Schuldner als auch der Gläubiger Bargeld in die Hand bekommen**. Im Alltagsleben ist bei Kaufverträgen im Handel und bei Geschäften unter Nichtkaufleuten die sofortige Barzahlung üblich. Meistens handelt es sich hier nur um geringe Beträge, für die es viel zu umständlich und zeitraubend wäre, wenn der Verkäufer dem Käufer ein Zahlungsziel einräumen würde. Folglich erhält der Käufer die Waren gegen **sofortige Zahlung (Zug-um-Zug-Geschäft)**.

Ist der Schuldner nicht in der Lage, einem Gläubiger einen bestimmten Betrag selbst zu übermitteln, kann er dies durch einen **Boten** besorgen lassen.

Als Beweis für die Zahlung erhält der Schuldner eine **Quittung**. Als Quittung gelten der **Kassenzettel, Kassenbon einer Computerkasse oder besondere Quittungsvordrucke**. Liegt der Kaufpreis über 150,00 €, so ist ein Kaufmann aus umsatzsteuerrechtlichen Gründen verpflichtet, die Umsatzsteuer gesondert auszuweisen.

Der Gläubiger ist auf Verlangen des Schuldners zur Ausstellung der Quittung verpflichtet. Mit der Quittung bestätigt der Gläubiger dem Schuldner, dass er den geforderten Betrag erhalten hat.

Primus GmbH
Koloniestr. 2 – 4
47057 Duisburg

Quittung
Nur gültig in Verbindung mit dem Kassenbon

Abt.	Stück	Arbeitsbezeichnung	Einzelpreis €	Einzelpreis Ct	Gesamtpreis €	Gesamtpreis Ct
83	*2*	*Bürostuhl*	*145*	*00*	*290*	*00*

Gesamtbetrag dankend erhalten	Hinweis zu MwSt.			
x in bar		Gesamtbetrag einschließlich MwSt. *19 %*	*345*	*10*
per girocard		Bei Kauf über 150,00 € ► MwSt. *19 %*	*55*	*10*
		Netto-Warenwert	*290*	*00*

Name und Anschrift des Käufers			
Hannelore Fach, Eisenstraße 16, 50852 Köln			
Ort *Duisburg*	Datum *13. Juli 20..*	Kassen-Nr. *2*	Unterschrift des Verkäufers *Höver*

USt-IdNr.: DE124659333 Steuernummer: 134/1301/0146

Die wesentlichen **Vorteile bei der Barzahlung** sind für den Empfänger:

- Er hat sofort Bargeld.
- Es entstehen ihm keine Mahnkosten.
- Er hat kein Risiko (Forderungsfall).

Die wesentlichen **Nachteile bei der Barzahlung** sind für den Zahler:

- Kosten und Zeitverlust, da Zahler zum Empfänger fahren muss,
- Risiko, da Geld verloren oder gestohlen werden kann.

Bargeldlose Zahlung

Das SEPA-Verfahren

Mit dem **SEPA-Verfahren** (Single European Payments Area) gibt es in der EU ein einheitliches europäisches Überweisungsverfahren. Statt der alten deutschen Kontonummer und Bankleitzahl werden die internationale Kontonummer (International Bank Account Number = **IBAN**) und der einheitliche Bankcode (Business Identifier Code = **BIC**) verwendet.

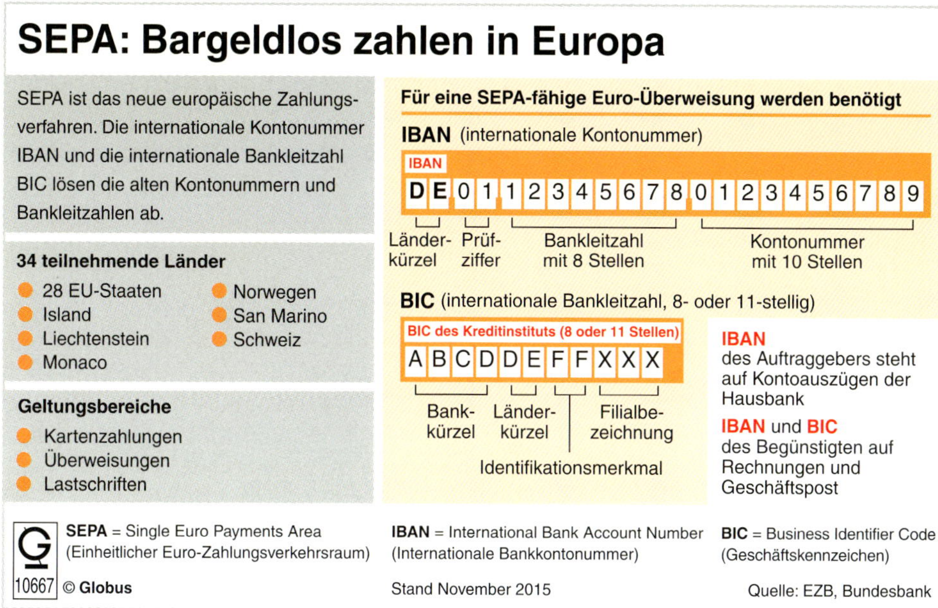

Der bargeldlose Zahlungsverkehr setzt voraus, dass **Schuldner und Gläubiger über ein Konto bei einem Geldinstitut verfügen**. Der Schuldner kann von seinem Konto einen Betrag abbuchen lassen, der dann dem Gläubiger auf seinem Konto gutgeschrieben wird.

Praxistipp

Prüfen Sie die Kosten der einzelnen Kreditinstitute für die Kontoführung vor der Eröffnung eines Kontos.

Überweisung

Mit einer Überweisung **kann ein Schuldner von seinem Konto einen Geldbetrag auf ein anderes Konto bei jedem Geldinstitut überweisen lassen**. Der Auftrag wird dem Geldinstitut durch das Ausfüllen und die Abgabe eines Überweisungsvordrucks erteilt. Dieses ist ein **ein- oder zweiteiliger Vordrucksatz**, den jeder Kontoinhaber von seinem Geldinstitut erhält.

Ein Schuldner kann eine Überweisung auch mit dem kombinierten Formblatt **„Zahlschein/Überweisung"** tätigen. Dieser Vordruck wird oft zusammen mit Rechnungen versandt, wobei bereits alle Angaben des Gläubigers (Name, IBAN, bezogene Bank, BIC, Überweisungsbetrag, Verwendungszweck) aufgedruckt sind. Für den Schuldner ergibt sich dadurch eine Arbeitserleichterung.

Vorteile für den Zahler und Zahlungsempfänger **bei der bargeldlosen Zahlung** sind:

- gefahrloses Übersenden von Geld an den Empfänger, selbst wenn große Entfernungen zurückzulegen sind,
- kein Verlust durch Verzählen,
- bequemer und schneller Zahlungsausgleich.

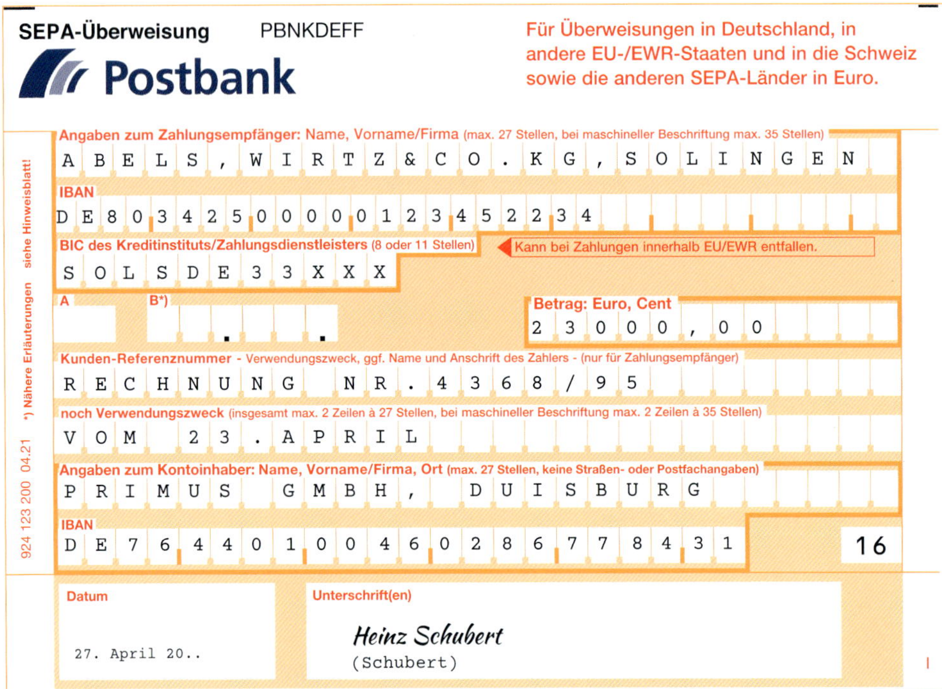

SEPA-Überweisung PBNKDEFF

Postbank

Für Überweisungen in Deutschland, in andere EU-/EWR-Staaten und in die Schweiz sowie die anderen SEPA-Länder in Euro.

Angaben zum Zahlungsempfänger: Name, Vorname/Firma (max. 27 Stellen, bei maschineller Beschriftung max. 35 Stellen)

ABELS, WIRTZ & CO. KG, SOLINGEN

IBAN

DE80 3425 0000 0123 4522 34

BIC des Kreditinstituts/Zahlungsdienstleisters (8 oder 11 Stellen) Kann bei Zahlungen innerhalb EU/EWR entfallen.

SOLSDE33XXX

A B*)

Betrag: Euro, Cent

23000,00

Kunden-Referenznummer - Verwendungszweck, ggf. Name und Anschrift des Zahlers - (nur für Zahlungsempfänger)

RECHNUNG NR. 4368/95

noch Verwendungszweck (insgesamt max. 2 Zeilen à 27 Stellen, bei maschineller Beschriftung max. 2 Zeilen à 35 Stellen)

VOM 23. APRIL

Angaben zum Kontoinhaber: Name, Vorname/Firma, Ort (max. 27 Stellen, keine Straßen- oder Postfachangaben)

PRIMUS GMBH, DUISBURG

IBAN

DE76 4401 0046 0286 7784 31

16

Datum

27. April 20..

Unterschrift(en)

Heinz Schubert
(Schubert)

924 123 200 04.21 *) Nähere Erläuterungen siehe Hinweisblatt!

Der BIC muss auf der SEPA-Überweisung nur im ausländischen Zahlungsverkehr angegeben werden.

Zahlungsvereinfachungen

Im Rahmen der bargeldlosen Zahlung können einige Zahlungsvereinfachungen, die dem Schuldner Arbeitserleichterungen bringen oder die den Überweisungsvorgang beschleunigen, genutzt werden.

Dauerauftrag

Mit einem Dauerauftrag beauftragt ein Kontoinhaber sein Kreditinstitut, **regelmäßig zu einem bestimmten Zeitpunkt einen gleichbleibenden Betrag zulasten seines Kontos** auf das Konto des Gläubigers zu überweisen.

Beispiele Miete, Versicherungsbeiträge, Tilgungsraten bei Darlehen, Ratenzahlungen

Nach der Auftragserteilung durch den Kontoinhaber stellt das Geldinstitut regelmäßig die Buchungsbelege aus. Ein Dauerauftrag behält seine Gültigkeit bis zum schriftlichen Widerruf durch den Kontoinhaber.

Lastschriftverfahren

Bei regelmäßig wiederkehrenden Zahlungen in gleicher oder unterschiedlicher Höhe kann ein Kontoinhaber den Gläubiger ermächtigen, bis auf Widerruf **zu unterschiedlichen Terminen Beträge von seinem Konto abbuchen zu lassen.**

Beispiele Telefon-, Strom-, Wasserrechnung, Grundsteuer

Dazu kann der Kontoinhaber dem Gläubiger eine **Einzugsermächtigung (= Einzugsermächtigungsverfahren)** erteilen.

Bei diesem Verfahren **ermächtigt der Kontoinhaber** den Gläubiger, **seine Forderung vom Konto des Kontoinhabers einzuziehen**. Sollte der Gläubiger das Konto des Kontoinhabers ungerechtfertigt belasten, dann kann der Kontoinhaber der Kontobelastung innerhalb von acht Wochen widersprechen. Der belastete Betrag wird dann wieder gutgeschrieben.

Beispiel Die Primus GmbH hat der Stadt Duisburg eine Einzugsermächtigung für die Grundsteuerabgaben erteilt. Aufgrund eines Fehlers in der Rechnungsabteilung der Stadt Duisburg wird das Konto der Primus GmbH statt mit 245,16 € mit 2.451,60 € belastet. Die Primus GmbH kann bei ihrem Geldinstitut der Lastschrift widersprechen, der Betrag wird ihrem Konto wieder gutgeschrieben.

Für eine Einzugsermächtigung muss der Kontoinhaber ein sog. **Mandat** erteilen, in dem er schriftlich den Zahlungsempfänger des Geldes berechtigt und seiner Bank den Auftrag erteilt, den Anspruch einzulösen. Der Empfänger des Geldes muss dem Zahlungspflichtigen zudem mit einer 14-Tagesfrist vorher mitteilen, welchen Betrag er einziehen will, damit der Kontoinhaber sein Konto rechtzeitig auffüllen kann. Zudem muss der Zahlungsempfänger die Bank des Zahlungspflichtigen fünf Tage vor dem Einzug informieren. Jeder Zahlungsempfänger benötigt eine EU-weite Kennung, die sog. SEPA-Gläubigeridentifikation. Diese kann über die Website der Deutschen Bundesbank beantragt werden.

Kartenzahlungssysteme und Electronic-Banking-Systeme

Der Begriff „**Plastikgeld**" stammt daher, dass der Käufer bei der Bezahlung statt Bargeld eine kleine **Kunststoffkarte** vorlegt, auf der bestimmte Daten eingetragen sind, z.B. Name, IBAN, BIC, Kunden-Nummer usw. Diese Daten können entweder direkt lesbar sein, d.h., sie sind in einer normalen Schrift auf der Karte aufgetragen, oder sie sind nur mithilfe bestimmter Lesegeräte zu erkennen. Die Karten haben auf ihrer Rückseite einen **Magnetstreifen** und einen **Chip**, auf dem alle wesentlichen Daten gespeichert sind. Der Magnetstreifen wird nur gelesen und enthält ausschließlich statische Informationen. Der Chip ist ein Miniaturcomputer und kann im Gegensatz zum Magnetstreifen mittels technischer Verfahren wirksam gegen eine Duplizierung oder Veränderung geschützt werden.

Kreditkarten

Kreditkarten werden von Kreditkartenorganisationen Personen mit einem bestimmten Mindestjahreseinkommen oder Unternehmen gegen Zahlung eines Jahresentgelts oder kostenlos angeboten. Häufig ist in diesem Betrag auch eine Versicherungsleistung, z.B. eine Unfallversicherung, eingeschlossen. Sie können in allen Vertragsunternehmen, z.B. Hotels, Restaurants, Reisebüros, Mietwagenunternehmen usw., von den Kunden benutzt werden. Der Kunde ist somit stets zahlungsfähig, ohne ständig Bargeld mit sich führen zu müssen. Kreditkarten sind im Regelfall international nutzbar. Neuerdings wird beim Bezahlen mit Kreditkarte wie bei der girocard eine persönliche Geheimzahl (PIN) eingegeben. Somit wird der Missbrauch der Kreditkarte verhindert. Die bedeutendsten Kreditkartenorganisationen sind „American Express", „Diners Club International" und „VISA". Marktführer in Deutschland ist die „Mastercard", die von Banken und Sparkassen ausgegeben wird.

Kreditkarten können von ihren Inhabern wie Bargeld benutzt werden. Bei den meisten Geldinstituten kann man sich gegen Vorlage der Kreditkarte Bargeld auszahlen lassen. Bei Verlust oder Diebstahl der Kreditkarte ist die herausgebende Organisation sofort zu benachrichtigen, sie sperrt die Karte dann international. Der Inhaber haftet meist nur für einen bestimmten Betrag.

Die **Abwicklung eines Kreditkartengeschäfts** vollzieht sich folgendermaßen:

- Der Kreditkarteninhaber legt dem Vertragsunternehmen seine Kreditkarte vor und unterschreibt einen Leistungsbeleg. Der Kunde gibt seine PIN ein.
- Das Vertragsunternehmen überprüft elektronisch, ob die Karte gesperrt ist und ob der Zahlungsbetrag sich im Verfügungsrahmen des Zahlers befindet. Wenn alles in Ordnung ist, wird die Zahlung genehmigt (Autorisierung der Zahlung).
- Das Vertragsunternehmen verrechnet den unterschriebenen Leistungsbeleg mit der Kreditkartenorganisation.
- Die Kreditkartenorganisation überweist nach etwa einem Monat dem Vertragsunternehmen aufgrund des Leistungsbelegs einen Betrag, der um die Umsatzprovision (etwa 1 bis 1,5 %) verringert ist.
- Die Kreditkartenorganisation schickt dem Karteninhaber monatlich eine genaue Sammelrechnung über die fälligen Zahlungen und belastet im Wege des Lastschrifteinzugsverfahrens das Konto des Kreditkarteninhabers. Der Kunde hat bis zur Abrechnung durch die Kreditkartenorganisation einen Kredit.

Kundenkarten

Kundenkarten werden von einigen Handels- oder Dienstleistungsunternehmen an Kunden kostenlos ausgegeben. Der Kunde muss hierzu auf einem Antragformular einige persönliche Angaben machen. Mit der Kundenkarte sollen die Kunden an das Unternehmen gebunden werden. Um Kunden einen Anreiz zu schaffen, sich die Kundenkarten zu besorgen, erhalten diese z. B. einen Bonus von 1 bis 3 % auf alle getätigten Einkäufe nach Ablauf eines bestimmten Zeitraums – exklusive Coupons, Angeboten und weiteren Services. Einige Bonusprogramme bieten auch Karten mit Kreditkartenfunktion an, diese können beim jeweiligen Unternehmen wie Kreditkarten verwendet werden. Einige Kundenkarten mit Kreditfunktion können beim jeweiligen Unternehmen wie Kreditkarten verwendet werden.

Beispiele ADAC-Kreditkarte, BahnCard, METRO-Karte, PAYBACK American Express Kreditkarte, Miles & More Kreditkarte

Ablauf eines Einkaufs bei einer Kundenkarte mit Kreditfunktion: Statt Bargeld zur Begleichung seiner Rechnung anzunehmen, erfasst das Verkaufs- oder Kassenpersonal lediglich die Daten der Kundenkarte (entweder handschriftlich oder maschinell) und händigt dem Käufer die Ware aus. Der Herausgeber der Kundenkarte bucht dann in bestimmten Zeitabständen den summierten Betrag vom Girokonto des Kunden ab. Jeder Kunde hat also bei dem Kartenherausgeber ein eigenes Kundenkonto. Meist liegen die kreditkartenspezifischen Prozesse, von der Bearbeitung des Antrags bis zur Rechnungsstellung, im Verantwortungsbereich des Kreditkartenanbieters.

Electronic-Banking-Systeme

Electronic Cash (Point-of-Sale-Banking)

Bei diesem System handelt es sich um eine Form des **Electronic Banking**. Die Geldinstitute haben ein einfaches und sicheres Zahlungsverfahren eingeführt, das allen Beteiligten spürbare Vorteile bringen soll. Kern dieses Systems ist die **girocard** (**Bankcard**, **Sparkassen-Card**; je nach Kreditinstitut gibt es unterschiedliche Bezeichnungen). Fast jeder Haushalt verfügt in Deutschland über diese Karte.

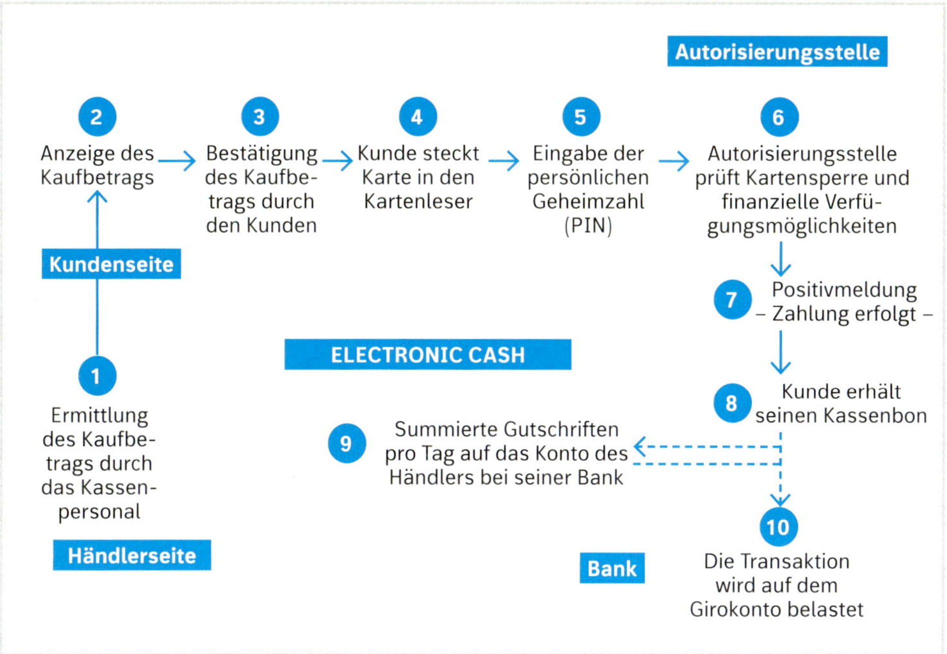

Eine girocard enthält verschiedene Daten, einige davon sind sichtbar (Vorderseite), z.B. Name des Kunden, IBAN- und Karten-Nr. Andere Daten sind nicht direkt lesbar. Sie sind codiert auf dem Chip auf der Vorderseite der girocard gespeichert und können nur von einem Lesegerät erfasst werden.

Damit die girocard nicht von Unbefugten benutzt werden kann, wird jedem girocard-Besitzer von seiner Bank eine persönliche Geheimzahl mitgeteilt. Sie gilt als „**P**ersönliche **I**dentifikations-**N**ummer", daher wird sie auch häufig nur **PIN** genannt. Die PIN ist **nicht** auf dem Magnetstreifen gespeichert, sondern wird jedes Mal neu aus einer komplizierten verschlüsselten Kombination aus IBAN, BIC und Karten-Nr. berechnet und mit der Eingabe des Kunden verglichen.

Die Grundidee des Electronic Cash besteht darin, am **POS (Point of Sale = Verkaufsort)**, also direkt beim Zahlungsempfänger (Gläubiger), ein Gerät aufzustellen, das die Daten einer girocard lesen und verarbeiten kann. Für Gläubiger und Karteninhaber sieht ein Zahlungsvorgang so aus, als ob durch Einschieben der girocard in den Kartenleser der Kaufbetrag vom Bankkonto des Karteninhabers direkt auf das Girokonto des Gläubigers umgebucht wird. In Wirklichkeit zieht der Gläubiger seine Forderungen aus den Electronic-Cash-Umsätzen beleglos im Lastschrifteinzugsverfahren über sein Kreditinstitut ein. Die Zahlungen sind durch das Karten ausgebende Kreditinstitut garantiert.

Im Rahmen des Elektronic Banking können mit einer girocard und der Eingabe einer persönlichen Geheimzahl (PIN) an Geldautomaten Barbeträge im Inland und Ausland außerhalb der Schalteröffnungszeiten abgehoben werden (vgl. S. 589). Mithilfe des **V-Pay-Service der Geldinstitute** ist es bei Reisen möglich, mit der girocard mit persönlicher Geheimzahl auch im Ausland an elektronischen Kassen von Tankstellen, Einzel- und Großhandelsbetrieben, Hotels, Dienstleistungsunternehmen und Restaurants zu zahlen.

Praxistipp

Verlieren Sie bei Kartenverlust keine Zeit und lassen Sie diese sperren, zum Beispiel bei der Sperrzentrale des eigenen Kreditinstituts oder über den zentralen Sperrnotruf 116 116.

Chipkarte

Sogenannte **Chipkarten (Smardcards, „intelligente Karten")** sind mit einem eingebauten Mikrochip ausgestattet, auf dem Informationen gespeichert sind. So kann der Chip als wesentliche Information ein bestimmtes **Guthaben** des Karteninhabers enthalten. Der Schuldner steckt die Karte in das Lesegerät, die Karte wird vom Kartenleser gelesen und geprüft, der Rechnungsbetrag wird angezeigt und vom Kunden über die Tastatur bestätigt. Der zu zahlende Betrag wird erfasst und dem Gläubiger später von der Bank gutgeschrieben. Im gleichen Moment wird auf dem Mikrochip das Guthaben des Karteninhabers um den Rechnungsbetrag verringert **(elektronisches Portemonnaie = Geldbörsenfunktion)**. Hierbei erfolgt die Bezahlung anonym, sie taucht auch auf keinem Kontoauszug auf, da sie von dem vorausbezahlten Guthaben auf der Chipkarte abgeht. Ist das Guthaben verbraucht, kann der Karteninhaber von seinem Girokonto einen neuen Betrag bis 200,00 € auf die Chipkarte umbuchen lassen. Dieser Umbuchungsvorgang kann auch nach Eingabe der persönlichen Geheimzahl an Geldautomaten vorgenommen werden. Mithilfe von Chipkarten können z. B. auch öffentliche Telefone oder Fahrkartenautomaten benutzt werden.

Beispiel für eine girocard (mit Chip)

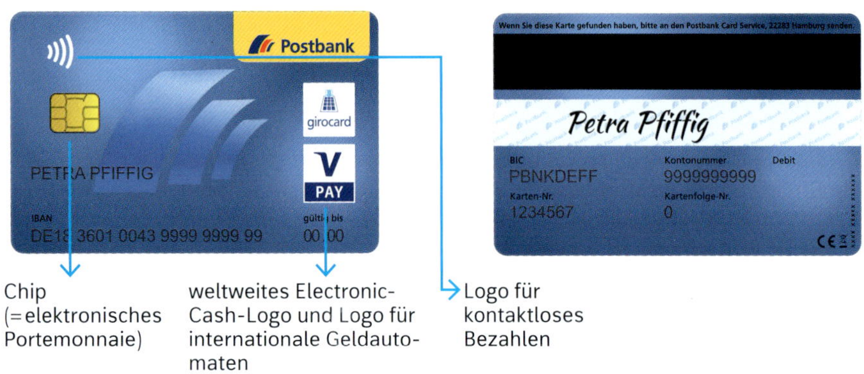

Die Die Chipkarte hat folgende Vorteile:

- Sie bietet ein hohes Maß an Sicherheit, da beim Bezahlen nicht auf das Konto sondern nur auf das Prepaid-Guthaben zugegriffen wird. Zudem können nur bei der deutschen Kreditwirtschaft registrierte Händler Chipkarten-Zahlungen empfangen.
- Da stets aus dem Prepaid-Guthaben bezahlt wird, ist bei einer Chipkarte-Zahlung keine Unterschrift und keine PIN-Eingabe nötig. Auch auf eine Onlineverbindung kann beim Bezahlen verzichtet werden. Das alles beschleunigt zudem den Bezahlvorgang.
- Zudem sind die Transaktionskosten für den Händler bei GeldKarte-Zahlungen sehr günstig. Für Beträge bis 5,00 € fällt etwa lediglich 1 Cent an Transaktionsentgelt an.

  Chipkarten wie die GeldKarte gewinnen zunehmend auch als **Mitgliedsausweise** an Bedeutung, z. B. bei Sportvereinen.
- Mit girocards wird insbesondere das Bezahlen von kleineren Beträgen bis 50,00 € erheblich vereinfacht. Diese Karten sind zum Teil zusätzlich mit einer Technologie zum **kontaktlosen Bezahlen** ausgestattet. Diese Technologie erlaubt Transaktionen aus der vorgeladenen elektronischen Börse (girocard), ohne dass die Karte in das Terminal gesteckt werden muss. Zum Auslösen der Transaktion genügt es, die Karte sehr nah an ein registriertes Bezahlterminal heranzuführen. Hierfür ist weder die Eingabe einer PIN noch eine Unterschrift notwendig. Die Akzeptanzstellen, an denen die Karte kontaktlos eingesetzt werden kann, erkennt man an dem **„girogo"-Zeichen.** Eine girocard, die kontaktloses Bezahlen mit girogo ermöglicht, erkennen Nutzer am Logo auf der Karte.

Onlinebanking („Electronic Banking")

Unter **Onlinebanking** versteht man die elektronische Kontoführung durch Nutzung von Onlinediensten. Der Kontoinhaber kann über das Internet mithilfe eines PC Kontoinformationen abrufen, z. B. Umsätze, Salden, oder Zahlungsaufträge erteilen.

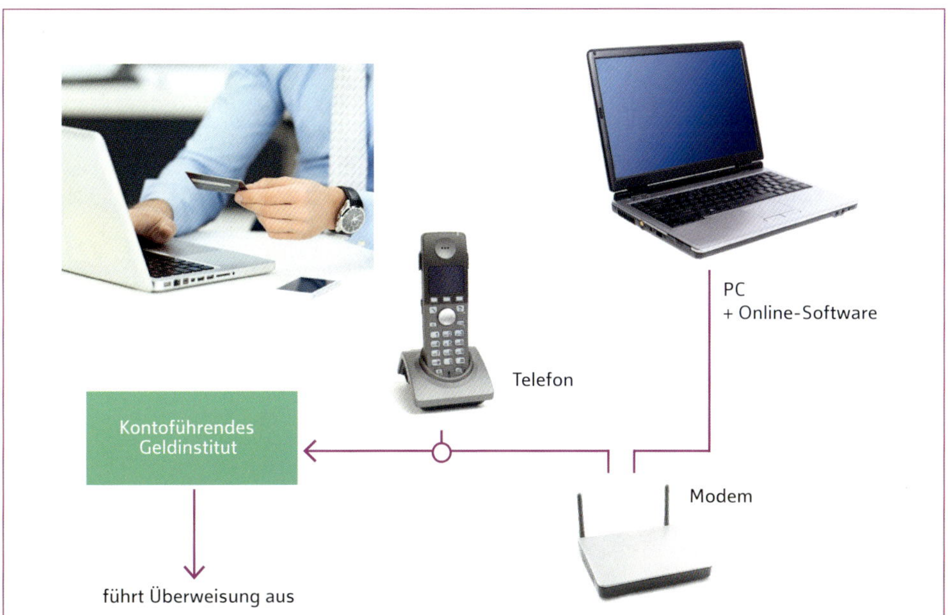

- Der Kunde akzeptiert die Nutzungsbedingungen des Onlinedienstes des Geldinstituts.
- Der Kunde stellt die Verbindung zur Website seines Kreditinstituts über ein **persönliches Passwort** her.
- Der Kunde gibt seine **persönliche Geheimzahl (PIN = persönliche Identifikationsnummer)** ein, der Zugriff auf das Onlinekonto steht offen.
- Der Kunde benötigt für jede Aktion bzw. Transaktion (Abfrage Kontostand, Veranlassung einer Überweisung) eine **Transaktionsnummer (TAN)**. Diese Nummer erhält der Kunde von seinem Geldinstitut. Diese Transaktionsnummern werden über verschiedene Sicherungsverfahren wie einem elektronischen Chip-TAN-Generator erstellt oder per SMS übermittelt. Die TAN-Liste aus Papier gilt seit einigen Jahren als unsicher, da Kriminelle das System leicht überlisten können. Der sicherste Standard beim Onlinebanking ist das **HBCI-Homebanking**, bei dem der Kontoinhaber einen Chipkartenleser für eine HBCI-Chipkarte benötigt, um Kontobewegungen zu veranlassen. Erforderlich ist auch eine spezielle Banking-Software.

Telefon-Service (Telefon-Banking)

Eine weitere Möglichkeit des Zahlungsverkehrs stellt der Telefon-Service der Geldinstitute dar. Mit einer **persönlichen Telefon-Geheimzahl (Passwort)** hat jeder Kontoinhaber zu jeder Zeit und von jedem Ort aus Zugriff auf sein Konto. Der **Kontoinhaber kann**
- seinen Kontostand abfragen,
- Überweisungen veranlassen,
- zusätzliche schriftliche Kontoauszüge anfordern,
- Daueraufträge einrichten, ändern, löschen,
- Zahlungsvordrucke bestellen.

Einkauf mit dem Smartphone (E-Payment)

Um mit dem Smartphone bezahlen zu können, muss der Kunde sich zuerst die jeweilige Unternehmens-App auf sein Smartphone herunterladen. Dann muss er sich für die neuen Funktionen registrieren lassen. Dazu gehört, dass er seine Kontodaten übermitteln muss, da vom Bankkonto des Kunden das Geld anschließend per Lastschrift abgebucht wird. Der Kunde wählt dann eine vierstellige Geheimzahl aus (PIN). An der Kasse tippt er die PIN in sein Smartphone und bekommt dann einen Barcode auf sein Display, den er an einen Scanner hält. Damit ist der Zahlvorgang abgeschlossen. Den Kassenzettel erhält der Kunde in digitaler Form auf sein Smartphone aufgespielt. Aus Sicherheitsgründen ist der ausgegebene Barcode nur fünf Minuten lang gültig und der Maximalbetrag pro Kunde auf einen bestimmten Euro-Betrag pro Woche beschränkt.

Internetkauf und Onlinebezahldienste (E-Payment)

Werden Waren im Internet gekauft, können verschiedene Onlinebezahldienste in Anspruch genommen werden (PayPal, Skrill, Giropay u. a.).

Beispiel Bei PayPal muss der Nutzer sich mit seinen Daten anmelden und mit seiner gewünschten Zahlungsart (Kreditkarte oder Bankverbindung) registrieren. Über den Bezahlbutton kommt man in die Log-in-Seite und bestätigt den Kauf. Dann bekommt der Händler die Bestätigung und er kann das vom Kunden gewünschte Produkt verschicken. PayPal bietet zudem einen Käuferschutz. Innerhalb von 45 Tagen kann sich der Käufer beschweren und das Geld fließt bei einer berechtigten Reklamation zurück.

Zusammenfassung: Bezahlung unter Berücksichtigung der unterschiedlichen Möglichkeiten im Zahlungsverkehr veranlassen

- Kennzeichen der Bar(geld)zahlung ist, dass **sowohl der Schuldner als auch der Gläubiger Bargeld in Händen haben**.
- Bei **persönlicher sofortiger Zahlung (Zug-um-Zug-Geschäft)** erhält ein Kunde die Ware nur gegen sofortige Zahlung. Der Kunde (Zahler) erhält über die Zahlung eine **Quittung**.
- Voraussetzung für den bargeldlosen Zahlungsverkehr ist, dass **sowohl der Schuldner als auch der Gläubiger ein Konto haben**.
- Bei der Banküberweisung findet eine **Umbuchung vom Konto des Schuldners auf das Konto des Gläubigers statt**.

Sonderformen der Überweisung

- **Dauerauftrag**
  - wird bei regelmäßig wiederkehrenden Zahlungen in gleicher Höhe genutzt
- **Einzugsermächtigung**
  - schriftliche **Vollmacht** des Kontoinhabers **an den Gläubiger,** Kontoinhaber muss Empfänger ein Mandat und seiner Bank einen Auftrag erteilen, den Anspruch einzulösen. Gläubiger muss Kontoinhaber 14 Tage und der Bank des Zahlungspflichtigen 5 Tage vorher mitteilen, welchen Betrag er einziehen will.

- Beim **beleglosen Zahlungsverkehr** (EDI, elektronischer Datenaustausch) werden Zahlungen über elektronischen Medien weitergeleitet (= **belegloser Datenträgeraustausch**).
- **Kreditkarten:** Kreditkartenunternehmen geben gegen Entgelt Karten aus, mit denen Kunden bei allen Vertragsunternehmen (Hotels, Handelsbetriebe, Restaurants usw.) bargeldlos bezahlen können. Manche Banken geben Kreditkarten auch kostenlos ab.
- **Kundenkarten:** Einzel-, Großhändler und Dienstleistungsunternehmen geben an bestimmte Kunden Karten aus, mit denen diese bei ihnen bargeldlos und auf Kredit einkaufen können.

Electronic-Banking-Systeme

- **Electronic Cash**
- **Home-, Onlinebanking**
- **Telefon-Banking**

- **Electronic Cash:** Bei einem Zahlungsempfänger befindet sich ein Gerät, das die Daten einer girocard lesen kann. Der Kontoinhaber muss zusätzlich eine PIN eingeben. Hierdurch wird die Kontendeckung beim Kunden überprüft und eine Zahlung vom Konto des Kunden auf das Konto des Gläubigers eingeleitet.

- **girocard** mit Microchip, Karte auf dem ein Guthaben gespeichert ist.
- **Telefon-Banking:** Abwicklung des Zahlungsverkehrs mithilfe eines Telefons
- **Onlinebanking:** elektronische Kontoführung durch Nutzung von Onlinediensten.
- Zur **Legitimation im Onlinebanking** stehen dem Kunden verschiedene Möglichkeiten offen: M-Tan, Chip-Tan-Generator, BestSign.
- Beim Kauf von Waren im Internet können **Onlinebezahldienste** in Anspruch genommen werden.

Aufgaben

1. *Beschreiben Sie die wesentlichen Unterschiede zwischen der Bargeldzahlung und der bargeldlosen Zahlung.*
2. *In welchen Fällen würden Sie einen Dauerauftrag oder eine Einzugsermächtigung vornehmen? Geben Sie jeweils drei Beispiele an.*
3. *Erläutern Sie, welche Vorteile der bargeldlose Zahlungsverkehr für den Schuldner und den Gläubiger hat.*
4. *Die Primus GmbH tätigt in ihrer Verkaufsboutique täglich etwa 25 Verkäufe gegen Kreditkarte.*
   a) Geben Sie an, welche Nachteile die Primus GmbH aus dieser Zahlungsart hat.
   b) Erläutern Sie die wesentlichen Merkmale dieser Zahlungsart.
5. *Besorgen Sie sich Vordrucke zum Zahlungsverkehr (Materialsammlung) und erstellen Sie daraus eine Übersicht.*
6. *Begründen Sie, welchen Kunden Sie eine Kundenkarte verweigern würden.*
7. *Stellen Sie listenförmig Vor- und Nachteile von Kreditkarten für deren Benutzer zusammen.*
8. *Beurteilen Sie Electronic Cash im Vergleich zu Einkäufen mit Kundenkarten und Kreditkarten aus der Sicht eines Kunden.*
9. *Erkundigen Sie sich bei einem Unternehmen, ob Ihre Klasse dort eine Betriebserkundung zum Thema „Zahlungsverkehr" machen kann. Fertigen Sie schriftliche Berichte nach der Betriebserkundung zum Thema „Zahlungsverkehr" an.*
10. *In welchen der unten stehenden Fälle wird als Zahlungsmöglichkeit*
    1. die Kreditkarte
    2. das Lastschriftverfahren
    3. der Dauerauftrag
    4. die Nachnahme
    genutzt?
    a) Ein Unternehmen beauftragt sein Kreditinstitut, bis auf Weiteres zum Monatsersten 7.000,00 € Miete an seinen Vermieter zu überweisen.
    b) Eine Telefongesellschaft hat die Erlaubnis eines Unternehmens, monatlich von dessen Geschäftskonto den Betrag der Telefonkosten einzuziehen.
11. *Stellen Sie die Vor- und Nachteile der verschiedenen Zahlungssysteme in einem Referat mit geeigneter Visualisierung gegenüber.*
12. *Beschreiben Sie, welche Bestandteile eine Quittung enthalten sollte.*

13. *Erläutern Sie IBAN und BIC beim SEPA-Verfahren.*

14. *Sie sind an einem Kassenterminal eines Handelsbetriebes beschäftigt. Ein Kunde schiebt seine girocard in das Lesegerät. Nach kurzer Zeit erscheint auf dem Display: „Zahlung verweigert." Der Kunde errötet und ist peinlich berührt. Andere Kunden in der Warteschlange an der Kasse bemerken es, ein Kunde ruft laut: „Da hat jemand sein Konto total überzogen." Erläutern Sie, wie Sie sich verhalten sollten.*

15. *Beschreiben Sie den Zahlungsvorgang*
a) beim Internetkauf mit Onlinebezahldiensten,
b) beim Einkauf mit dem Smartphone.

6 Störungen bei der Erfüllung des Kaufvertrags sach- und normgerecht bearbeiten

LS

6.1 Nicht-rechtzeitig-Lieferung kennenlernen

Handlungssituation

Die Primus GmbH hat am 20. Januar bei der Flamingowerke AG 10000 Druckbleistifte bestellt. Als Lieferfrist wurde vier Wochen nach dem Eingang der Bestellung vereinbart. Am 28. Februar stellt die Primus GmbH fest, dass die bestellten Druckbleistifte noch nicht eingetroffen sind. Bei einer telefonischen Rückfrage bei der Flamingowerke AG erfährt Herr Cremer, der Einkaufssachbearbeiter der Primus GmbH, dass die Druckbleistifte aufgrund einer produktionsbedingten Störung erst in drei Wochen geliefert werden können. Herr Cremer besteht auf der sofortigen Lieferung und teilt dieses dem Lieferer telefonisch und schriftlich mit.

Arbeitsaufträge

- *Stellen Sie die Voraussetzungen für einen Lieferungsverzug fest.*
- *Begründen Sie, welches Recht die Primus GmbH im vorliegenden Fall in Anspruch nehmen sollte.*

■ Voraussetzungen der Nicht-rechtzeitig-Lieferung

Der Lieferer hat sich im Kaufvertrag dazu verpflichtet, bestellte Waren termingerecht zu liefern. **Sind folgende Voraussetzungen** gegeben, befindet sich der Lieferer im **Lieferungsverzug** (Schuldner- oder Leistungsverzug, §§ 280, 286 BGB, § 376 HGB):

- **Fälligkeit der Lieferung:**
  - Ist der Liefertermin **kalendermäßig nicht genau festgelegt**, muss die Lieferung beim Verkäufer durch den Käufer **angemahnt** werden.

Beispiele Lieferung ab Mitte Februar, Lieferung ab Anfang August, Lieferung frühestens 20. März

- Erst durch die Mahnung des Käufers mit kalendermäßiger Bestimmung des Lieferungsverzuges gerät der Lieferer in Verzug.
- Ist der Liefertermin **kalendermäßig genau vereinbart** worden, so ist **keine Mahnung des** Käufers erforderlich.

Beispiele Lieferung am 12. Juni 20.., Lieferung zwischen dem 5. und 8. Januar 20.., Lieferung 30. März 20.. fix

Eine **Mahnung ist auch nicht erforderlich**

- bei **Selbstinverzugsetzung**, d.h., der Verkäufer erklärt ausdrücklich, dass er nicht liefern kann oder nicht liefern will, oder
- bei einem **Zweckkauf**, d.h., der Käufer hat kein Interesse mehr an der Lieferung, da der Zweck des Kaufs durch die verspätete Lieferung weggefallen ist.

  Beispiel Lieferung von Weihnachtsartikeln nach Weihnachten
- bei **eilbedürftigen Pflichten**

  Beispiel Reparatur bei Wasserrohrbruch

- **Verschulden des Lieferers**: Ein Verschulden des Lieferers liegt vor, wenn der Lieferer oder sein Erfüllungsgehilfe **vorsätzlich oder fahrlässig** gehandelt hat. Das Verschulden des Lieferers ist nur beim Stückkauf erforderlich.

  Beispiel Die Stammes Stahlrohr GmbH hat eine Bestellung der Primus GmbH erhalten. Der Sachbearbeiter der Stammes Stahlrohr GmbH vergisst die Bestellung und dadurch versäumt der Lieferer den vereinbarten Liefertermin (Fahrlässigkeit).

- Ist die Ursache für die verspätete Lieferung auf höhere Gewalt zurückzuführen, gerät der Lieferer nicht in Licfcrungsverzug.

  Beispiele Brand, Sturm, Krieg, Erdbeben, Hochwasser, Streik

■ Rechte des Käufers bei der Nicht-rechtzeitig-Lieferung

Aus dem Lieferungsverzug ergeben sich für den Käufer unterschiedliche Rechte. Welches Recht der Käufer in Anspruch nehmen kann, hängt davon ab, ob er dem Lieferer eine **angemessene Nachfrist** setzt oder nicht. Eine Nachfrist ist dann angemessen, wenn der Lieferer die Möglichkeit hat, die Lieferung nachzuholen, ohne die Ware selbst beschaffen oder anfertigen zu müssen.

- **Ohne Nachfristsetzung** hat der Käufer das Recht,
  - die **Lieferung zu verlangen** oder
  - die **Lieferung und Schadenersatz wegen verspäteter Lieferung** (= Verzögerungsschaden) zu verlangen.

Beispiel Durch die verspätete Lieferung der Stammes Stahlrohr GmbH wird einem Kunden der Primus GmbH, der Stadtverwaltung Duisburg, eine Lieferung Büromöbel mit sechs Wochen Verspätung zugestellt. Es wird eine Konventionalstrafe in Höhe von 10.000,00 € fällig. Die Primus GmbH verlangt vom Lieferer neben der bestellten Ware Schadenersatz wegen verspäteter Lieferung.

- **Nach Ablauf einer Nachfristsetzung** hat der Käufer das Recht,
  - die **Lieferung abzulehnen und vom Vertrag zurückzutreten** (unabhängig vom Verschulden des Verkäufers möglich) und/oder

    Beispiel Die gleiche Ware ist bei einem anderen Lieferer inzwischen günstiger beschaffbar.
  - **Schadenersatz statt der Leistung** (= Nichterfüllungsschaden). Für die Inanspruchnahme dieses Rechts ist ein Verschulden des Verkäufers erforderlich.

  Anstelle des Schadenersatzes statt der Leistung kann der Käufer den **Ersatz vergeblicher Aufwendungen** nach § 284 BGB verlangen. Hierzu zählen solche Aufwendungen, die der Käufer im Vertrauen darauf, die Kaufsache tatsächlich zu erhalten, gemacht hatte.

  Beispiel Ein Käufer hat für die Finanzierung des beim Lieferer bestellten Kaufgegenstands einen Kredit bei seiner Bank aufgenommen. Da er den bestellten Gegenstand vom Lieferer nicht erhält, sind die entstandenen Finanzierungskosten vergeblich gewesen. Der Käufer kann vom Verkäufer den Ersatz seiner vergeblichen Aufwendungen verlangen.

Die **Nachfristsetzung entfällt** beim

- Selbstinverzugsetzen des Lieferers,
- Zweckkauf,
- Fixkauf (beim zweiseitigen Handelskauf, vgl. S. 498).

Beim **Fixkauf** (§ 376 HGB) gerät der Lieferer automatisch mit Überschreiten des Liefertermins in Verzug. In diesem Fall hat der Käufer **ohne Nachfristsetzung das Recht**,

- sofort vom Vertrag zurückzutreten oder
- auf der Lieferung zu bestehen (Der Käufer muss dieses aber dem Lieferer unverzüglich mitteilen) oder
- Schadenersatz statt der Leistung zu verlangen (Verschulden des Verkäufers ist aber erforderlich).

Im Falle des Schadenersatzes bereitet die Ermittlung des Schadens oft Schwierigkeiten. Verlangt ein Käufer von seinem Lieferer Schadenersatz, so muss er dem Lieferer den Schaden durch eine **Schadensberechnung** nachweisen. Hierbei werden zwei Formen der Schadensberechnung unterschieden:

- **Tatsächlicher (konkreter) Schaden**: Der Käufer nimmt für die nicht gelieferte Ware einen anderweitigen Einkauf (Deckungskauf) vor, d.h., er kauft die Ware bei einem anderen Lieferer. Hierbei kann sich der Schaden aus dem Mehrpreis für die beim Deckungskauf gekauften Waren ergeben.

- **Angenommener (abstrakter) Schaden**: Der zu ersetzende Schaden umfasst auch den **entgangenen Gewinn**, der unter normalen Umständen erwartet werden konnte. Er lässt sich nicht ohne Weiteres ermitteln, so z. B. kann ein Käufer nur schwer beweisen, wie viel Gewinn ihm entgeht, wenn er die bestellten, aber nicht gelieferten Waren termingerecht erhalten hätte, da er nicht nachweisen kann, wie viel er tatsächlich verkauft hätte. Um diese Problematik der Schadensermittlung zu vermeiden, werden zwischen dem Käufer und dem Lieferer **Konventionalstrafen (Vertragsstrafen)** vereinbart, die der Lieferer im Verzugsfall zahlen muss, selbst wenn der Schaden geringer ist.

Beispiel Die Primus GmbH hat die bestellten Druckbleistifte trotz Nachfristsetzung von der Flamingowerke AG nicht termingerecht erhalten. Ein Schaden könnte darin bestehen, dass einige Kunden der Primus GmbH aufgrund der Lieferverzögerung vom Kaufvertrag zurücktreten. Dieser Schaden und der damit entgangene Gewinn kann aber nur schwer konkret nachgewiesen werden, deswegen vereinbarte die Primus GmbH mit dem Lieferer eine Konventionalstrafe.

Beispiel

Primus GmbH

Büroeinrichtung und Zubehör

Primus GmbH · Koloniestraße 2 – 4 · 47057 Duisburg
Flamingowerke AG
Fabrikation von Schreibbedarf
Palzstraße 16
59073 Hamm

Ihr Zeichen:	st-lo
Ihre Nachricht vom:	24.02.20..
Unser Zeichen:	ko-cr
Unsere Nachricht vom:	28.02.20..
Ihr Ansprechparter:	Marc Cremer
Abteilung:	Einkauf
Telefon:	0203 44536-90
Fax:	0203 44536-98
E-Mail:	marc.cremer@primus-bueroeinrichtung.de
Datum:	10.03.20..

Nicht-rechtzeitig-Lieferung

Sehr geehrte Damen und Herren,

am 20. Januar 20.. haben wir bei Ihnen 10 000 Primus-Castell TK-Fine 1306 Druckbleistifte, Bestell-Nr. 310290, bestellt. In Ihrer Auftragsbestätigung vom 23. Januar 20.. hatten Sie uns eine Lieferung für den 22. Februar 20.. zugesagt. Leider haben wir bisher keine Lieferung von Ihnen erhalten.

Wir benötigen diese Druckbleistifte dringend, da einer unserer Kunden diese als Werbegeschenke für sein Betriebsjubiläum verwenden will. Daher fordern wir Sie auf, uns die Druckbleistifte bis zum 13. März 20.. zu liefern.

Sollten Sie unserer Forderung nicht nachkommen, sehen wir uns gezwungen, den Auftrag an ein anderes Unternehmen zu vergeben. Einen möglicherweise höheren Einkaufspreis werden wir Ihnen bei Vornahme des Deckungskaufs in Rechnung stellen.

Wir hoffen, dass Sie Ihrer Lieferverpflichtung nachkommen werden.

Mit freundlichen Grüßen

Primus GmbH

i. A. Cremer

Cremer
Gruppenleiter Einkauf Handelswaren

Primus GmbH, Koloniestraße 2 – 4, 47057 Duisburg
E-Mail: info@primus-bueroeinrichtung.de
Internet: www.primus-bueroeinrichtung.de
Sparkasse Duisburg IBAN DE12 3505 0000 0360 0587 96, BIC DUISDE33XXX
Postbank Dortmund IBAN DE76 4401 0046 0286 7784 31, BIC PBNKDEFF440

Amtsgericht Duisburg, HRB 467-0301
Steuernummer: 134/1301/0146
USt-IdNr.: DE124659333
Geschäftsführer: Sonja Primus, Markus Müller

Zusammenfassung: Nicht-rechtzeitig-Lieferung kennenlernen

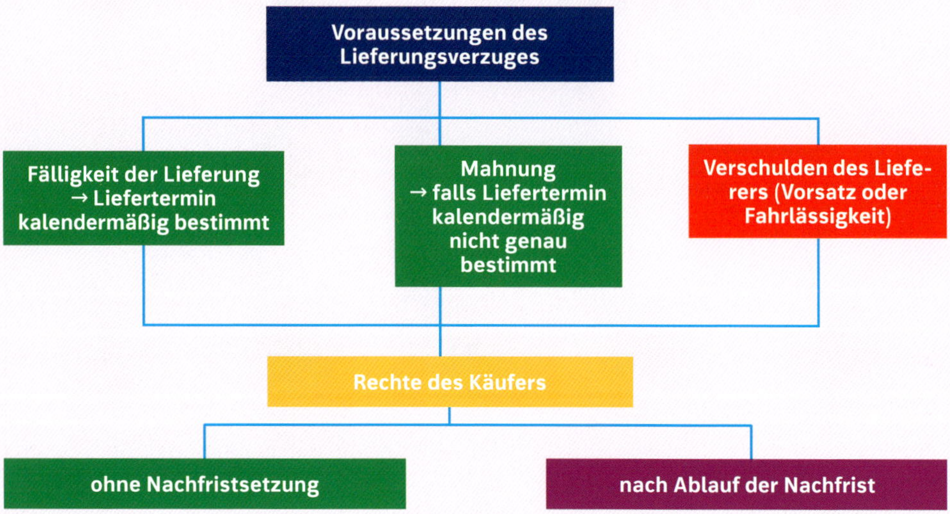

ohne Nachfristsetzung:

- Lieferung oder
- Lieferung und Schadenersatz

nach Ablauf der Nachfrist:

- Rücktritt vom Kaufvertrag und/oder
- Schadenersatz statt der Leistung (nur bei Verschulden des Lieferers möglich) oder Ersatz vergeblicher Leistungen

- Beim **Fixkauf** braucht keine Nachfrist gesetzt zu werden.

Aufgaben

1. *Als Liefertermin wurde in einem Kaufvertrag über Gattungsware der 14. Juni 20.. vereinbart. Die Lieferung trifft aber zu diesem Termin nicht ein.*
   a) Erläutern Sie, wann der Lieferungsverzug eingetreten ist.
   b) Beschreiben Sie, welche Rechte der Käufer in Anspruch nehmen kann.

2. *Erläutern Sie*
   a) Selbstinverzugsetzung,
   b) Zweckkauf.

3. *Geben Sie an, wann der Verkäufer bei folgenden Lieferterminen in Verzug gerät.*
   a) bis 10. Januar 20..
   b) 13. Juni 20.. fix
   c) lieferbar im Mai
   d) am 16. Dezember 20..
   e) im Laufe des Dezembers
   f) heute in drei Wochen

4. *Ein Süßwarengroßhändler hat bei einem Lieferer 50 Tonnen Kakaopulver bestellt. Als Liefertermin wurde ab Mitte Juni zugesagt. Durch ein Versehen beim Kakaolieferer ist die Bestellung abhanden gekommen, es erfolgt keine Lieferung bis zum 28. Juni.*
   a) Prüfen Sie, ob sich der Lieferer im Verzug befindet.
   b) Welches Recht wird der Süßwarengroßhändler bei einem Lieferungsverzug geltend machen, wenn
   - *die Preise inzwischen gefallen sind,*
   - *die Preise inzwischen gestiegen sind,*
     nachweisbar ein Schaden entstanden ist?

5. ***Schriftverkehr:*** *Schreiben Sie anhand nachfolgender Angaben jeweils einen Brief:*
   a) *Der Elektrogroßhändler Rudolf Meis, Magdeburger Str. 16, 19063 Schwerin, hatte am 10. Februar 20.. beim Hi-Fi-Hersteller Schwarz KG, Wiesbadener Str. 16–20, 70372 Stuttgart, 30 Hi-Fi-Kompaktanlagen „Vision 2000" bestellt. Der Hi-Fi-Hersteller schickte am 16. Februar eine Auftragsbestätigung. Als Liefertermin wurde Mitte März vereinbart. Am 29. März 20.. ist die Ware noch nicht beim Großhändler eingetroffen.*
   b) *Die Primus GmbH hat am 26. März 20.. bei der Computec GmbH & Co. KG 500 Drehsäulen für Aktenordner bestellt. Die Lieferung ist bis zum 15. Mai 20.. zugesagt. Am 20. Mai 20.. ist die Lieferung immer noch nicht eingetroffen. Ein anderer Lieferer bietet die gleichen Drehsäulen zu einem günstigeren Preis an.*

6.2 Schlechtleistung kennenlernen

Handlungssituation

Die Primus GmbH erhält von der Computec GmbH & Co. KG aus Hamburg eine größere Warenlieferung. Bei der Überprüfung der Warensendung stellt sich heraus, dass 40 Laserdrucker HP-Laser-Jet 3001 statt der bestellten 40 Laser-Multifunktionsgeräte FX 640 geliefert worden sind. Auch bei den gelieferten 100 Tischkopierern Z-52 wird festgestellt, dass zehn Geräte zerkratzt sind, sodass sie nicht ohne Weiteres verkauft werden können. Marc Cremer, der Sachbearbeiter im Einkauf „Handelswaren" der Primus GmbH, rügt die fehlerhafte Lieferung sofort nach Entdeckung der Mängel beim Hersteller. Er teilt der Computec GmbH & Co. KG mit, dass er um Austausch der falsch gelieferten Laserdrucker bittet und im Falle der beschädigten Tischkopierer mit einer Minderung des Zieleinkaufspreises einverstanden wäre.

Arbeitsaufträge

- *Stellen Sie fest, welche Mängelarten im vorliegenden Fall vorliegen.*
- *Prüfen Sie, wie die Primus GmbH einen Anspruch gegen die Computec GmbH & KG geltend machen kann.*
- *Erläutern Sie den Unterschied zwischen Garantie und Kulanz.*

Rügepflicht des Käufers

Bei Feststellung von Mängeln muss der Käufer dem Lieferer eine **Mängelrüge** (§ 433 ff. BGB) zukommen lassen. Für die Mängelrüge gibt es keine bestimmte Formvorschrift. Aus **Beweissicherungsgründen** ist die Schriftform sinnvoll. In der Mängelrüge sollten die festgestellten Mängel so genau wie möglich beschrieben werden.

Beim **zweiseitigen Handelskauf** (§ 377 HGB) müssen vom Käufer **offene Mängel unverzüglich, versteckte Mängel unverzüglich nach Entdeckung, spätestens vor dem Ablauf von zwei Jahren** gerügt werden. **Arglistig verschwiegene Mängel** müssen **unverzüglich nach Entdeckung innerhalb von drei Jahren** gerügt werden, wobei die Frist am Ende des Jahres beginnt, in dem der Mangel entdeckt wurde. Kommt der Käufer seinen Rügepflichten nicht termingerecht nach, verliert er alle Rechte aus der mangelhaften Warenlieferung gegen den Lieferer. Der Käufer ist verpflichtet, die mangelhafte Ware auf Kosten des Lieferers sorgfältig aufzubewahren.

Beim **einseitigen Handelskauf** (§ 477 BGB) hat der Käufer bei Neuwaren bei offenen und versteckten Mängeln **zwei Jahre Zeit**, seine Mängelrüge zu erteilen. Für gebrauchte Produkte beläuft sich die Sachmängelhaftungsfrist zwischen einem Kaufmann und einem Privatmann auf ein Jahr.

Mängelarten

Eine Warenlieferung kann Sach- oder Rechtsmängel aufweisen.

- Zu den **Sachmängeln** zählen:
  - **Mangel in der Menge (Quantitätsmangel)**: Es wird zu viel oder zu wenig Ware geliefert.

    Beispiel Statt der bestellten 100 Laserdrucker liefert die Computec GmbH & Co. KG 90 Laserdrucker **(Zuweniglieferung)**.

  - **Mangel in der Art (Falschlieferung)**: Es wird eine andere Ware als die bestellte geliefert.

    Beispiele Statt Drehsäulen Primo werden Drehsäulen Classic geliefert; statt Kopierpapier in Weiß wird Kopierpapier in Grau geliefert.

  - **Mangel durch fehlerhafte Ware, Montagefehler oder mangelhafte Montageanleitungen**: Die Ware kann möglicherweise zwar verwendet werden, ihr fehlt aber eine bestimmte oder zugesicherte Eigenschaft, die vertraglich vereinbart war. Hierzu zählen auch fehlerhafte Bedienungsanleitungen (IKEA-Klausel) oder unsachgemäße Ausführung der Montage durch den Verkäufer **(Montagefehler)**.

    Beispiele
    - Gelieferte Bürostühle haben defekte Rollen, gelieferte Schreibtische haben Kratzer.
    - Geliefertes Kopierpapier hat nicht die erforderliche Festigkeit (160 g/m^2), es wurde dünneres Kopierpapier von 80 g/m^2 geliefert.
    - Der Verkäufer liefert ein Holzregal, das beim Kunden aufgebaut wird. Der Monteur bohrt zusätzliche Löcher in das Regal mit dem Ergebnis, dass das Regal schief steht.

  - **Mangel durch falsche Werbeversprechungen oder durch falsche Kennzeichnungen**: Es fehlen der Ware Eigenschaften, die in einer Werbeaussage oder durch Kennzeichnungen versprochen wurden.

    Beispiel Die Primus GmbH kauft aufgrund einer Werbebroschüre eines Autoherstellers einen Geschäftswagen, der lt. Prospekt nur fünf Liter Kraftstoff pro 100 km verbrauchen soll. In Wirklichkeit verbraucht der Pkw aber acht Liter.

- **Rechtsmangel**: Die zu verkaufende Sache ist durch Rechte anderer belastet.

  Beispiel Auf dem Flohmarkt verkauft ein Händler fabrikneue Bürostühle, die gestohlen sind.

Hinsichtlich der **Erkennbarkeit der Mängel** kann folgende Einteilung vorgenommen werden:

- **Offener Mangel**: Er ist bei der Prüfung der Ware sofort erkennbar.

  Beispiel Ein Schreibtisch hat einen Kratzer.

- **Versteckter Mangel**: Er ist nicht gleich erkennbar, sondern zeigt sich erst später.

  Beispiele Angeblich rostfreie Schrauben rosten nach zwei Monaten; erst nach längerer Laufzeit eines Tischkopierers zeigt sich an diesem ein Mangel.

- **Arglistig verschwiegener Mangel**: Er ist dem Verkäufer bekannt, wird aber bewusst von ihm verschwiegen.

  Beispiel Verkauf eines ausdrücklich unfallfreien Pkw, der aber bereits einen Unfall hatte

Rechte des Käufers aus der Schlechtleistung (gesetzliche Sachmängelhaftungsansprüche § 433 ff. BGB)

Der Käufer kann **aus der Mängelrüge zuerst nur das Recht auf Nacherfüllung** geltend machen:

Wahlweise Ersatzlieferung oder Nachbesserung (= Nacherfüllung): Der Kaufvertrag bleibt bestehen, der Käufer besteht auf der Lieferung mangelfreier Ware. Das Recht der Ersatzlieferung ist nur beim Gattungskauf (vertretbare Ware) möglich. Der Käufer wird dieses Recht wählen, wenn der Kauf besonders günstig oder der Verkäufer bisher besonders zuverlässig war. Eine Nachbesserung gilt nach dem erfolglosen zweiten Versuch als fehlgeschlagen.

Gelingt die Nacherfüllung nicht, d. h., ist der Käufer anschließend nicht im Besitz einer mangelfreien Ware, kann der Käufer wahlweise folgende Rechte geltend machen, wobei dem Verkäufer vorher **eine angemessene Frist** zur Leistung oder Nacherfüllung einzuräumen ist:

- **Minderung des Kaufpreises = Preisnachlass**: Der Kaufvertrag bleibt bestehen. Der Verkäufer mindert den ursprünglichen Verkaufspreis um einen angemessenen Betrag. Allerdings ist eine Vereinbarung zwischen Verkäufer und Käufer über die Minderung erforderlich. Der Käufer wird dieses Recht in Anspruch nehmen, wenn die Gebrauchsfähigkeit der Ware nicht wesentlich beeinträchtigt ist.

- **Rücktritt vom Kaufvertrag**: Der Kaufvertrag wird aufgelöst, d. h., der Käufer tritt vom Kaufvertrag zurück und bekommt sein Geld zurück. Der Käufer wird insbesondere dann vom Vertrag zurücktreten, wenn er die gleiche Ware bei einem anderen Lieferer preiswerter beschaffen kann.

- **Schadenersatz statt der Leistung**: Anspruch auf Schadenersatz besteht nur, wenn ein Schaden nachgewiesen werden kann. Ein Schadenersatz setzt voraus, dass ein Verschulden des Verkäufers vorliegt. Anstelle des Schadenersatzes kann der Käufer auch den **Ersatz vergeblicher Aufwendungen** verlangen (vgl. S. 596).

Ein **Käufer hat keine Ansprüche** gegen den Lieferer, wenn

- der Käufer beim Abschluss des Kaufvertrags von dem Mangel gewusst hat,
- die Ware auf einer öffentlichen Versteigerung oder
- in Bausch und Bogen (Ramschkauf) gekauft wurde (vgl. S. 499).

Primus GmbH · Koloniestraße 2 – 4 · 47057 Duisburg
Computec GmbH & Co. KG
Volksparkstr. 12 – 20
22525 Hamburg

Ihr Zeichen:	st-gi
Ihre Nachricht vom:	11.07.20..
Unser Zeichen:	ko-cr
Unsere Nachricht vom:	10.07.20..
hr Ansprechparter:	Marc Cremer
Abteilung:	Einkauf
Telefon:	0203 44536-90
Fax:	0203 44536-98
E-Mail:	marc.cremer@primus-bueroeinrichtung.de
Datum:	11.08.20..

Schlechtleistung

Sehr geehrte Damen und Herren,

wir haben Ihre Lieferung fristgerecht am 9. August 20.. erhalten.

Bei der unverzüglichen Überprüfung der Sendung stellten wir allerdings folgende Mängel fest:

1. Statt der bestellten 40 Laser-Multifunktionsgeräte FX 640 lieferten Sie uns 40 HP-Laser Jet 3001 Laserdrucker.
2. Zehn Tischkopierer Z-52 weisen erhebliche Kratzer auf der Oberfläche auf und sind nur nach Überarbeitung verwendbar.

Zur Regelung dieser Mängel machen wir Ihnen folgende Vorschläge:

1. Liefern Sie uns bitte umgehend die Laser-Multifunktionsgeräte FX 640. Für die falsch gelieferten 40 HP-Laser Jet 3001 Laserdrucker haben wir keine Verwendung, deshalb werden wir sie Ihrem Auslieferungsfahrer bei der nächsten Lieferung mitgeben.
2. Für die zehn zerkratzten Tischkopierer Z-52 schlagen wir einen Preisnachlass in Höhe von 40 % auf den Zieleinkaufspreis vor, falls eine Ersatzlieferung nicht möglich ist.

Trotz dieser mangelhaften Lieferung hoffen wir weiterhin auf gute und korrekte Geschäftsbeziehungen.

Mit freundlichen Grüßen

Primus GmbH

i. A. Cremer

Cremer
Gruppenleiter Einkauf Handelswaren

Bei Mängeln bei einem **Verbrauchsgüterkauf** (einseitiger Handelskauf), die nach mehr als einem Jahr zum ersten Mal auftauchen, muss der Käufer ggf. mithilfe von Sachverständigen belegen, dass die Mängel schon bei der Warenübergabe vorhanden waren **(Beweislas-tumkehr)**.

Bei unerheblichen Mängeln hat der Käufer nur das Recht auf Nacherfüllung oder Minderung, nicht jedoch auf Rücktritt oder Schadenersatz statt der Leistung. Der Verkäufer kann ebenfalls die Nachbesserung und/oder Nachlieferung verweigern, wenn unverhältnismäßig hohe Kosten entstehen würden.

Der Unternehmer, der eine neu hergestellte mangelhafte Sache von einem Verbraucher zurücknehmen oder eine Preisminderung gewähren musste, kann die Rechte gegen seinen eigenen Lieferer geltend machen (**Unternehmerrückgriff**, § 437 BGB). Er muss allerdings dem Lieferer eine Nachfrist setzen. Zudem kann er den Ersatz der Aufwendungen für eine Nichterfüllung verlangen (§ 478 BGB). Entsprechendes gilt auch für die anderen Lieferer in der Lieferkette.

Während der zweijährigen Sachmängelhaftungsfrist hat der Käufer zuerst das Recht auf Nacherfüllung. Die Zeit, die der Verkäufer für die Nachbesserungsversuche benötigt, verlängert den gesetzlichen Sachmängelhaftungsanspruch des Kunden.

Beispiel Ein Kunde bringt einen Monat nach Kaufvertragsabschluss einen defekten Tischkopierer zur Primus GmbH. Für die Reparatur und eine weitere Reparatur nach zwei Monaten benötigt der Lieferant, die Computec GmbH & Co. KG, insgesamt acht Wochen. Somit verlängert sich die gesetzliche Sachmängelhaftungsfrist von zwei Jahren um acht Wochen.

■ Garantie und Kulanz

LF 5

Häufig wird die gesetzliche Sachmängelhaftungsfrist von zwei Jahren durch eine **Garantie des Herstellers** auf mehrere Jahre erweitert. Die **Garantie des Herstellers muss ausdrücklich** zwischen dem Verkäufer und dem Kunden **im Kaufvertrag vereinbart werden**, wobei Inhalt, Umfang und Garantiefrist geregelt werden. Wird eine Garantie angeboten, hat der Käufer innerhalb der zweijährigen gesetzlichen Sachmängelhafungspflicht das Wahlrecht, ob er bei Auftreten eines Mangels seine Rechte aus der Garantie oder aus der gesetzlichen Sachmängelhaftung in Anspruch nimmt. Die Garantie sieht meistens nur vor, dass der Kunde die Beseitigung des Mangels verlangen, jedoch nicht vom Vertrag zurücktreten kann. Ist der Verkäufer nicht in der Lage, den Mangel zu beseitigen, hat der Käufer per Gesetz ein Rücktrittsrecht. Hersteller müssen dem Verbraucher die Garantieerklärungen immer in Schriftform übergeben.

Verkäufer gewähren häufig ihren Kunden, wenn die Sachmängelhaftungsfrist abgelaufen ist, aus **Kulanzgründen** die Rechte aus der Mängelrüge, obwohl sie gesetzlich dazu nicht verpflichtet sind. Auf diese Weise erhofft sich das Unternehmen Wettbewerbsvorteile gegenüber der Konkurrenz und eine Bindung des Kunden an das eigene Unternehmen.

Zusammenfassung: Schlechtleistung kennenlernen

Pflichten des Käufers	Zweiseitiger Handelskauf	Einseitiger Handelskauf und bürgerlicher Kauf
– **Prüfpflicht**	unverzüglich	keine gesetzliche Regelung
– **Rügepflicht** **Feststellung von**		
– **offenen,**	unverzüglich	innerhalb von zwei Jahren
– **versteckten,**	unverzüglich nach Entdeckung innerhalb von zwei Jahren	innerhalb von zwei Jahren
– **arglistig verschwiegenen Mängeln**	unverzüglich nach Entdeckung innerhalb von drei Jahren	innerhalb von drei Jahren nach Entdeckung
– **Mängelarten**	– **Sachmängel:** – Mangel in der Menge (Quantitätsmangel) – Mangel in der Art (Falschlieferung) – Mangel durch fehlerhafte Ware, Montagefehler oder mangelhafte Montageanleitungen – Mangel durch falsche Werbeversprechungen und falsche Kennzeichnungen – **Rechtsmängel** (Sache ist durch Rechte anderer belastet)	

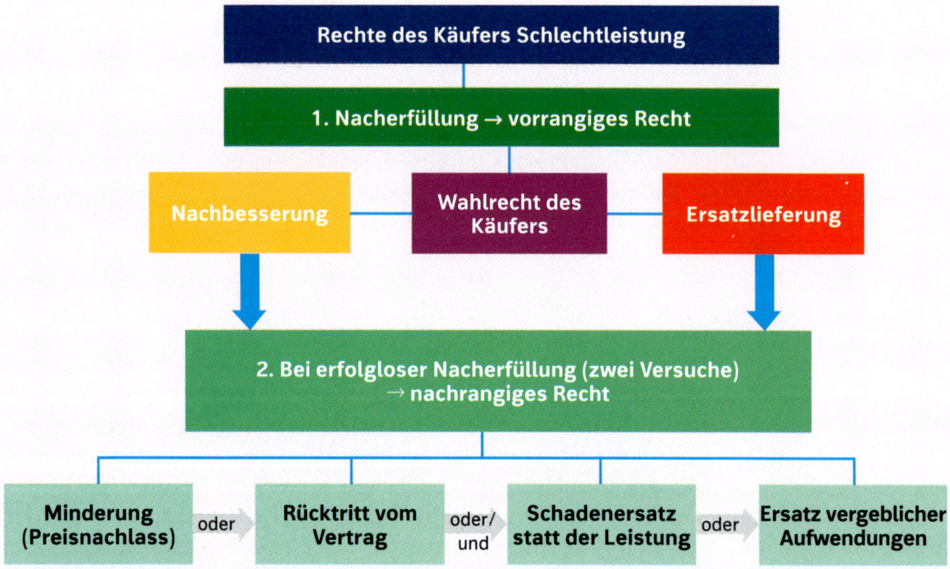

- **Unternehmerrückgriff:** Jeder Unternehmer, der aufgrund einer Mängelrüge seinen Kunden eine Preisminderung geben oder von seinen Kunden neu hergestellte mangelhafte Ware zurücknehmen musste, kann diese Rechte gegen seinen eigenen Lieferer geltend machen.
- Eine über die gesetzliche Sachmängelhaftungspflicht hinausgehende **Garantie** berechtigt grundsätzlich nur zur Reparatur.
- Im Rahmen der **Kulanz** gewähren Verkäufer dem Käufer Rechte, ohne dazu gesetzlich verpflichtet zu sein.

Aufgaben

1. *Wählen Sie drei Produkte aus dem Absatzprogramm der Primus GmbH aus und erläutern Sie anhand dieser Produkte offene, versteckte und arglistig verschwiegene Mängel.*
2. *Nennen Sie die Prüf- und Rügefristen beim ein- und zweiseitigen Handelskauf bei a) offenen Mängeln, b) versteckten Mängeln, c) arglistig verschwiegenen Mängeln.*
3. *Erläutern Sie an einem Beispiel den Unterschied zwischen Garantie und Kulanz.*
4. *Führen Sie den Schriftverkehr nachfolgender Unternehmen anhand folgender Daten:*
   a) Am 15. August 20.. trifft bei der „Lederwarengroßhandlung Nieland KG", Euskirchener Str. 46, 28327 Bremen, eine Sendung Lederwaren ein, die am 17. Juli 20.. bei der Lederwarenfabrik Hans Röllgen OHG, Waldstr. 115, 66953 Pirmasens, bestellt worden war. Bei der unverzüglichen Überprüfung durch die Warenannahme wurden folgende Mängel festgestellt:
      1. *Ein Lederkoffer Marke „Universum" EAN/GTIN 4039600001489 weist Kratzer am Oberleder auf.*
      2. *Eine Damenhandtasche Marke „Midnight Lady" EAN/GTIN 4039600184356 hat defekte Verschlüsse.*

3. Eine Herrenhandtasche Marke „Casanova" EAN/GTIN 4039601356423 ist fehlerhaft vernäht worden.

Der Lederkoffer kann noch verkauft werden; die Damenhandtasche und die Herrenhandtasche sind unverkäuflich.

b) Am 26. März 20.. trifft eine Sendung der Hanckel & Cie GmbH bei der Primus GmbH ein. Frau Konski, Abteilungsleiterin Einkauf, erhält von Herrn Nolte, dem Gruppenleiter Werkstoffe, der die Warensendung unverzüglich überprüfte, folgende Meldung:

Fehlermeldung	Sachbearbeiter: Nolte			Datum: 26.03.20..	
Bestell-nummer	**Benennung**	**Gelieferte Sücke**	**Stück-preis in €**	**Fehlerhafte Stücke**	**Beanstandung**
L 302	Holzlack Eiche 10 l seidenmatt	40	48,00	8	Statt seidenmatt wurde glänzend geliefert.
K 122	Holzkleber 10 l „Puttex"	30	28,00	2	Eimer waren nicht mehr luftdicht verschlossen, Leim ist angetrocknet. Leim ist nur noch teilweise verwendbar.
W 380	Holzlasur Mahagoni 10 l	10	44,00	10	Statt 20 wurden nur 10 geliefert.

Folgende Sachmängelhaftungsansprüche werden geltend gemacht:

1. Holzlack Eiche Ersatzlieferung
2. Holzkleber Minderung des Kaufpreises
3. Holzlasur Nachlieferung

5. *Bei der Überprüfung eingehender Lieferungen stellt die Primus GmbH folgende Mängel an der Ware fest:*

1. Briefumschläge wurden statt in C6 in der Größe C5 geliefert.
2. Bezugsstoffe für Bürostühle weisen Verschmutzungen auf.
3. Statt zehn Bandscheiben-Drehstühle wurden zwölf Stück geliefert.
4. Statt mit Holzfurnier beschichtete Schreibtische wurden kunststoffbeschichtete geliefert.
5. Schlösser an den Schreibtischen „Classic" haben defekte Schließzylinder.

a) Geben Sie an, welche Mängelarten vorliegen.
b) Erläutern Sie, welche Rechte die Primus GmbH in Anspruch nehmen sollte.

6. *Welche der folgenden gesetzlichen Rügefristen treffen in den aufgezählten Beispielen zu?*

1. Unverzüglich
2. Unverzüglich nach Entdeckung, jedoch innerhalb von 2 Jahren
3. Innerhalb von 2 Jahren
4. Innerhalb von 3 Jahren

a) Versteckter Mangel beim zweiseitigen Handelskauf
b) Versteckter Mangel beim einseitigen Handelskauf
c) Arglistig verschwiegener Mangel beim zweiseitigen Handelskauf
d) Offener Mangel beim einseitigen Handelskauf
e) Arglistig verschwiegener Mangel beim bürgerlichen Kauf
f) Offener Mangel beim zweiseitigen Handelskauf

7. *Erläutern Sie die Bedeutung des Unternehmensrückgriffs bei der Schlechtleistung.*

LS

7 Beschaffungsprozesse kontrollieren

Handlungssituation

Die Geschäftsleitung der Primus GmbH betrachtet seit Längerem einen deutlichen Anstieg der Selbstkosten im Bereich des Handelswarensortiments. Nach dem ersten Quartal im neuen Geschäftsjahr meldet Herr Zimmer aus dem Controlling der Primus GmbH, dass die Beschaffungskosten der ersten drei Monate deutlich über den prognostizierten Zahlen liegen. Mit diesen Zahlen begibt sich Herr Zimmer zu Frau Primus: *„Frau Primus, haben Sie schon die aktuellen Zahlen zu den Beschaffungskosten im Handelswarensortiment gesehen?"* Frau Primus betrachtet die Zahlen aus der Controlling-Abteilung: *„Ich denke, wir müssen sofort handeln. Ich werde Frau Konski als Abteilungsleiterin des Einkaufs beauftragen, mit ihrem Team einen Maßnahmenkatalog zur Kontrolle der Beschaffungskosten zu entwickeln."*

Zwei Tage später lädt Frau Konski ihre Abteilung zu einem zweitägigen Workshop ein. Folgende Tagesordnung soll den „roten Faden" der Veranstaltung bilden:

Thema „Controlling im Einkauf"

1. Einstiegsdiskussion: „Was können wir im Einkauf kontrollieren?"
2. Zieldefinition, zeitlicher Rahmen
3. Teamarbeit: Entwicklung von Controlling-Instrumenten
4. Präsentation der Teamergebnisse
5. Gemeinsame Festlegung eines Controlling-Instruments für die Beschaffung

Nachdem die Auszubildende Nicole Höver, die aktuell in der Einkaufsabteilung arbeitet, die Einladung mit der Tagesordnung gelesen hat, fragt sie Andreas Dick in der Mittagspause: *„Müssen wir uns jetzt in Zukunft gegenseitig kontrollieren oder wie soll ich das Thema verstehen?"*

Arbeitsaufträge

- *Beschreiben Sie Aufgaben und Ziele des Controllings in Unternehmen.*
- *Erläutern Sie, welche Informationen aus dem Beschaffungsprozess für das Controlling in der Primus GmbH von Bedeutung sein können.*
- *Nennen Sie zwei Instrumente für das Controlling der Beschaffung und erklären Sie diese kurz.*

Aufgaben des Controllings

Eine erfolgsorientierte Unternehmungssteuerung braucht für **künftige Planungen** und **Entscheidungen** regelmäßig **Informationen** über die Ergebnisse früherer Prozesse und Entscheidungen für künftige Vorhaben. Diese Aufgabe der Bereitstellung von Informationen, die für die Planung und Kontrolle notwendig sind, übernimmt der Controller. Er erarbeitet Daten, Methoden, Modelle zur Kontrolle, analysiert die Kontrollergebnisse kritisch und stellt **Veränderungsvorschläge** sowie **Planungsvorgaben** für künftige Entscheidungen der Unternehmensleitung bereit. Insofern übernimmt der Controller wichtige Assistenz- und Beraterfunktionen der Unternehmensleitung bei der **Steuerung** der Unternehmung.

Kurz- und **mittelfristig** muss das Controlling **(operatives Controlling)** sich auf Maßnahmen konzentrieren,

- die die Lebensfähigkeit des Unternehmens sichern, die ihrerseits abhängig ist von der **Liquidität** und der **Verschuldung**, LF 9
- die eine ausreichende **Verzinsung des eingesetzten Kapitals (Eigenkapital-, Gesamtkapitalrentabilität)** bewirken, LF 6
- die ein günstiges **Verhältnis von Leistungen zu Kosten (Wirtschaftlichkeit)** ermöglichen. LF 10

Langfristig muss Controlling auf alternative Strategien gerichtet sein, die durch Veränderungen auf den Märkten notwendig werden **(strategisches Controlling)**. Solche Änderungen können durch politische Bedingungen (z.B. wirtschaftliche Beziehungen, Bündnisse, ökologische Rahmenbedingungen) und durch wirtschaftliche Entwicklungen und Änderungen (z.B. Änderung des Kundenverhaltens, Marktsättigung, technische Entwicklung, Trends) begründet sein. Aufgabe des Controllings ist es dabei, rechtzeitig solche Änderungen und Entwicklungen und daraus erwachsende Chancen und Risiken zu erkennen. Dann können geeignete Pläne entwickelt und Maßnahmen zur Kursänderung eingeleitet werden.

Zielsetzung und Planung

Darunter versteht man die Festlegung eines Ziels für einen bestimmten Zeitraum, i.d.R. für ein bis drei Jahre im operativen Controlling, fünf Jahre im strategischen Controlling.

Beispiel Die Primus GmbH legt für das nächste Geschäftsjahr folgendes Ziel fest: Gewinnsteigerung um 5%.

Diese wenig konkretisierte Zielsetzung muss durch **Teilpläne (Budgets)** untermauert werden.

Beispiel Die Primus GmbH erstellt für jede Produktgruppe Absatz-, Umsatz-, Produktions-, Kostenpläne.

Die Einzelpläne werden mit den betroffenen Personengruppen besprochen. Sie lösen Aktivitäten aus. Mit den Ergebnissen der Planung wird der Kurs für einen bestimmten Zeitraum festgelegt. Die Planung ist also zukunftsorientiert. Mit den Plan- und Soll-Vorgaben werden Maßstäbe oder Messgrößen geschaffen, die der Beurteilung des tatsächlich Erreichten dienen.

Beschaffung und Aufbereitung von Informationen

Controllinginformationen können durch Sammlung und Auswertung betriebsinterner und betriebsexterner Daten gewonnen werden. Die Gewinnung betriebsinterner Daten setzt die Ausgestaltung eines betrieblichen Informationssystems voraus, das die Daten aus den einzelnen Funktionsbereichen der Unternehmung sammelt und verantwortlichen Personen zuordnet. Wichtigste Teile dieses innerbetrieblichen Informationssystems sind die **Kosten- und Leistungsrechnung**, die **Finanzbuchführung** und die Statistik. Von außen können Informationen von Verbänden, Instituten, Industrie- und Handelskammern, der Handwerkskammer abgerufen, aus veröffentlichten Jahresabschlüssen u.a. entnommen und aufbereitet werden. LF 10 LF 6

Beschaffung und Aufbereitung von Controllinginformationen

Interne Informationen

- Kosten- und Leistungsrechnung
- Kostenartenrechnung
- Kostenstellenrechnung
- Kostenträgerrechnung
- Finanzbuchhaltung
  - Bilanz
  - GuV-Rechnung
  - Statistik
  - Tabellen
  - Anhang
  - Lagebericht
  - Grafiken
  - Kennzahlen
- Betriebliches Berichtswesen

Externe Informationen

- Branchenkennzahlen der Verbände
- Informationen der Handelskammern
- Informationen und Berichte von Wirtschaftsinstituten
- Veröffentlichte Jahresabschlüsse

Analyse der Informationen

Die Analyse basiert auf regelmäßigen Vergleichen erreichter Ergebnisse mit den Planvorgaben. Sie ist also vergangenheitsorientiert und basiert auf **Soll-Ist-Vergleichen**.

Beispiele Erreichte Umsätze, Absatzzahlen, Kosten werden mit den Soll-Werten lt. Umsatz-, Absatz- und Kostenplan verglichen.

Bei **Abweichungen** muss sich die Arbeit des Controllers darauf konzentrieren,

- die Ursachen für die Abweichungen herauszufinden,
- Maßnahmen zur Abstellung einer negativen Entwicklung zu suchen und durchzusetzen,
- die Auswirkungen ergriffener Maßnahmen zu beobachten.

Korrektur- und Steuerungsmaßnahmen

Aus den Abweichungsanalysen müssen Korrektur- und Steuerungsmaßnahmen abgeleitet werden, die die bisherige Entwicklung verstärken oder korrigieren können. Dabei muss sich der Controller natürlich Prioritäten setzen und sich auf die offensichtlichsten Hindernisse konzentrieren **(Engpassorientierung)**.

Beispiel Bei jeder Bestellung muss entschieden werden, bei wem was wie viel und wie oft bestellt werden soll. Neben der reinen Mengenplanung sind sowohl Sicherheits- als auch Kostengesichtspunkte zu berücksichtigen.

■ Controlling-Instrumente

ABC-Analyse von Lieferern und Waren

Aufgrund der Erkenntnis, dass in den meisten Fällen eine relativ kleine Anzahl von Waren den Hauptteil des Wareneinsatzes repräsentiert, kann abgeleitet werden, dass diese Waren auch bei einer relativ geringen Anzahl von Lieferern bezogen werden. Für die Analyse von Waren kann die ABC-Analyse ein Instrument zur Ermittlung von Gütern sein, denen bei der Beschaffung besondere Aufmerksamkeit geschenkt werden muss. Sie klassifiziert die Beschaffungsobjekte eines Unternehmens nach deren mengen- und wertmäßiger Struktur. Die Mengen und Werte der in die ABC-Analyse einbezogenen Güter stehen dabei erfahrungsgemäß in folgendem Verhältnis:

A-Güter	geringer Mengenanteil (ca. 10 %), hoher Wertanteil (ca. 70 %)
B-Güter	Mittelstellung bei Menge (ca. 20 %) und Wert (ca. 25 %)
C-Güter	hoher Mengenanteil (ca. 70 %), geringer Wertanteil (ca. 5 %)

Beispiel ABC-Analyse der Warengruppe 3 „Organisation" bei der Primus GmbH:

Artikel-Nr.	Preis/Stück in €	Jahresbedarf/ Stück	Jahresbedarf/€	Rang	Gruppe
182 B 238	192,25	330	63.442,50	1	A
119 B 263	1,00	763	763,00	7	C
118 B 364	0,79	966	763,14	6	C
200 B 071	4,49	153	686,97	10	C
310 B 615	3,74	204	762,96	9	C
138 B 859	5,88	130	764,40	5	C
240 B 804	32,25	237	7.643,25	4	B
194 B 340	3,74	204	762,96	8	C
296 B 673	22,50	429	9.652,50	3	B
128 B 579	24,00	442	10.608,00	2	B

Aus dieser Tabelle kann z. B. abgeleitet werden, dass die Drehsäule für Aktenordner (182B238) bereits 66,2 % des Beschaffungswertes bei nur 8,6 % des Mengenanteils ausmacht. Die B-Güter sind Güter mit den Rängen 2 bis 4; sie vereinigen 29,1 % des Beschaffungswertes auf sich. Die C-Güter sind lediglich mit 4,7 % vertreten.

Mit der ABC-Analyse ist es möglich, das Wesentliche vom Unwesentlichen zu trennen, eine Beschaffungsstrategie zu entwickeln und Schwächen aufzudecken.

Beispiel Die Primus GmbH hat für ihren Einkauf folgende Beschaffungsrichtlinien formuliert:
- **A-Güter**: umsatzstarke Waren, die bedarfsgesteuert werden (JIT-Belieferung), kleine Bestellmengen und Sicherheitsbestände, hohe Bestellhäufigkeit, permanente Inventur
- **B-Güter**: situative Disposition
- **C-Güter**: großzügige Festlegung der Bestellmengen und Sicherheitsbestände

Durch die Erkenntnise aus der ABC-Analyse der Waren können auch die Liefererstrukturen im Hinblick auf die Senkung von Beschaffungskosten (vgl. S. 428) untersucht werden.

Beispiel Die Primus GmbH stellt fest, dass 75 % des Auftragsvolumens sich auf fünf Lieferer beziehen, jedoch nur 5 % auf eine Reihe von „Kleinlieferern". Um die Beschaffungskosten zu minimieren, wird untersucht, ob die Anzahl dieser Lieferer reduziert werden kann.

Benchmarking

Benchmarking versteht sich als Instrument, mit dem sich Unternehmen in ihren Prozessen bzw. mit ihren Produkten messen lassen, um sich dann **mit anderen „Spitzenunternehmen" der Branche zu vergleichen**. Dabei hat dieses Vorgehen keinen einmaligen Charakter, sondern versteht sich als kontinuierlicher Prozess der Stärken-Schwächen-Analyse. Zielsetzung des Benchmarkings ist es dabei, die Kosten im Beschaffungsprozess zu reduzieren und die eigene Leistungsfähigkeit zu steigern. Der Einsatz dieses Instruments zur Überprüfung der Beschaffungsprozesse hat für Unternehmen heutzutage insbesondere im verschärften Wettbewerb eine große Bedeutung, um die Marktposition zu stabilisieren bzw. zu verbessern.

Das Instrument des Benchmarkings wird **in mehreren Schritten** umgesetzt:

1. Analyse der eigenen Stärken bzw. Schwächen im Unternehmen,
2. Priorisierung der dringendsten Handlungsfelder und der größten Erfolgschancen,
3. Ermittlung des Benchmarking-Partnerunternehmens,
4. Erfolgsmerkmale des Partnerunternehmens feststellen und die entsprechenden Prozesse beschreiben,
5. Lernpotenzial für das eigene Unternehmen ableiten und Möglichkeiten der Übertragung von erfolgreichen Prozessen ins eigene Unternehmen prüfen,
6. Festlegung der Verbesserungspotenziale und Umsetzung,
7. Messung des Erfolges und Soll-Ist-Vergleich (dann neuer Prozessstart!).

Ein Problem des Benchmarkings zeigt sich im Finden eines Benchmarking-Partners, vor allem, wenn es sich um direkte Konkurrenten in der Branche handelt.

Optimale Bestellmenge (vgl. S. 435)

Weitere Controlling-Kennziffern aus dem Beschaffungsbereich

Controlling-Kennziffern	Einflussgrößen	Verbesserungsmaßnahmen
Lieferermahnquote $= \frac{\Sigma \text{ Liefermahnungen} \cdot 100}{\Sigma \text{ Bestellungen}}$	– Zuverlässigkeit – zu enge Liefertermine	– Bestellzeitpunkt vorziehen – andere Bezugsquellen
Termintreue $= \frac{\Sigma \text{ termingerechte Lieferungen} \cdot 100}{\Sigma \text{ der Lieferungen}}$	– Zuverlässigkeit – Liefertermine	– Bestellzeitpunkt vorziehen – andere Bezugsquellen
Quote der Fehllieferungen/ Beanstandungen $= \frac{\Sigma \text{ Fehllieferungen/Beanstandungen} \cdot 100}{\Sigma \text{ Lieferungen}}$	– Zuverlässigkeit – Beziehungen zu Lieferern	– Reklamationsstatistiken – neue Lieferer – Konventionalstrafen – neue Beschaffungsstrategien – Qualitätsrichtlinien
Ø Bestellvolumen $= \frac{\text{Einkäufe}}{\text{Bestellungen}}$	– optimale Bestellmenge – Liefererkonditionen	– Bündeln von Bestellungen
Bezugskosten pro Anlieferung $= \frac{\Sigma \text{ Bezugskosten}}{\Sigma \text{ Anzahl der Anlieferungen}}$	– Entfernung der Lieferer – Transportsystem – Auslastung der Fahrzeuge	– andere Lieferer – Selbstabholer – Verpackungsnormen
Beschaffungskosten je Bestellung $= \frac{\text{Einkaufskosten}}{\text{Bestellungen}}$	– Bestellhäufigkeit – Teilevielfalt	– Bündelung von Bestellungen – Bestellung von Fertigteilen

Zusammenfassung: Beschaffungsprozesse kontrollieren

- **Controlling** ist ein Prozess der Informationsgewinnung, -speicherung, -verarbeitung und -übertragung. Dabei werden dem Unternehmen Kontroll- und Planungsinformationen zur Verfügung gestellt.
- Das **operative Controlling** konzentriert sich auf kurz- und mittelfristige Maßnahmen.
- Das **strategische Controlling** konzentriert sich auf langfristige Maßnahmen.
- Controlling durchläuft die **Phasen**
  - Zielsetzung und Steuerung,
  - Beschaffung und Aufbereitung von Informationen,
  - Analyse der Informationen,
  - Korrektur- und Steuerungsmaßnahmen.
- Die **ABC-Analyse** ist ein Verfahren zur Schwerpunktbildung durch Einteilung in A-, B- und C-Güter oder -Kunden. Mit der ABC-Analyse ist es möglich, Beschaffungsstrategien zu entwickeln und Kosten zu senken.
- **Benchmarking** ist ein Instrument des Beschaffungscontrollings, mit dem die Leistungsfähigkeit der Prozesse und der Produkte des eigenen Unternehmens mit den stärksten Unternehmen der Branche verglichen werden.
- **Weitere Kennziffern**: Optimale Bestellmenge, Lieferermahnquote, Termintreue, Quote der Fehllieferungen, Bestellvolumen, Bezugskosten pro Anlieferung, Beschaffungskosten je Bestellung.

Aufgaben

1. *Beschreiben Sie das Verfahren der ABC-Analyse von Waren und erläutern Sie, welche wirtschaftlichen Aussagen sich aus den Ergebnissen dieser Analyse ableiten lassen.*
2. *Erstellen Sie aus den folgenden Angaben eine ABC-Analyse und werten Sie diese aus.*

Artikel	Bestellmenge in Stück	Bezugs- oder Einstandspreis in €	Artikel	Bestellmenge in Stück	Bezugs- oder Einstandspreis in €
1	2400	9,00	6	350	16,00
2	1100	12,00	7	2000	61,00
3	1400	18,00	8	900	90,00
4	150	122,00	9	550	4,00
5	5200	0,20	10	600	59,00

3. *Nennen Sie drei weitere Kennziffern für den Beschaffungsprozess. Erläutern Sie diese und nennen Sie mögliche Maßnahmen.*
4. *Erklären Sie „Benchmarking“ als Controlling-Instrument.*
5. *Erläutern Sie anhand von Beispielen einige Kennziffern im Rahmen des Controllings aus dem Beschaffungsbereich.*

Wiederholungsaufgaben zum 4. Lernfeld

1. *Der Landwirt Alois Schindler verkauft ein Grundstück an die Klaus Siebert GmbH für 200.000,00 €. Im notariellen Vertrag geben beide Vertragspartner als Kaufpreis nur 120.000,00 € an, um Grunderwerbsteuern zu sparen. Der Eigentumsübergang wird im Grundbuch eingetragen.*
   a) Begründen Sie, ob ein Kaufvertrag über das Grundstück zustande gekommen ist.
   b) Geben Sie an, wer Eigentümer des Grundstücks ist.
   c) Erläutern Sie die Formvorschriften beim Kauf und Verkauf von Grundstücken und Gebäuden.
   d) Die GmbH überweist nach Vertragsabschluss nur 120.000,00 € an den Landwirt. Sie weigert sich, die mündlich vereinbarten weiteren 80.000,00 € zu zahlen. Begründen Sie, ob die GmbH die 80.000,00 € noch zahlen muss.
   e) Führen Sie einige Beispiele für die Nichtigkeit von Verträgen an.

2. *Die Primus GmbH möchte bei gleichbleibendem Wareneinsatz die Umschlagshäufigkeit von 2,0 auf 2,5 verbessern.*
   a) Um wie viele Tage verändert sich die Lagerdauer?
   b) Um wie viel Prozent vermindert sich der durchschnittliche Lagerbestand?

3. *Die Primus GmbH hat bei der Computec GmbH & Co. KG schriftlich Laserdrucker bestellt. Nach einer Woche bemerkt die Primus GmbH, dass die falschen Laserdrucker bestellt wurden. Daher widerruft sie per Fax die Bestellung. Die Computec GmbH & Co. KG reagiert aber nicht auf diesen Widerruf. Nach drei weiteren Tagen liefert die Computec GmbH & Co. KG die Ware.*
   a) Begründen Sie, ob ein Kaufvertrag zwischen der Primus GmbH und der Computec GmbH & Co. KG zustande gekommen ist.
   b) Beschreiben Sie, welche Auswirkung der Widerruf der Primus GmbH auf den Kaufvertrag hat.
   c) Erläutern Sie, wie die Rechtslage ist, wenn die Primus GmbH einen Tag nach der brieflichen Bestellung per Fax widerrufen hätte.

4. *Ein Unternehmen schlägt seinen durchschnittlichen Lagerbestand im Jahr fünfmal um. Es kalkuliert mit einem Lagerzinssatz von 1,3 %.*
   a) Wie viele Tage betrug die durchschnittliche Lagerdauer?
   b) Wie viel Prozent Jahreszinsen hat das Unternehmen für das im Lager gebundene Kapital berücksichtigt?

5. *Der Möbelgroßhändler Hans Kruse, Steinmetzstraße 17, 23556 Lübeck, hat von Willibald Holberg, Friesenstraße 16 – 24, 81825 München, Hersteller von rustikalen Holzmöbeln, ein Angebot erhalten:*
   - *fünf altdeutsche Schränke Nr. 660005392 zu je 3.600,00 €*
   - *fünf Bauernschränke Nr. 360004765 zu je 1.290,00 €*
   - *sechs Wohnzimmertische Rembrandt Nr. 560006453 zu je 1.590,00 €*
   - *vier Küchentische Gent Nr. 330006512 zu je 830,00 €*

   Lieferzeit sieben Wochen; frachtfrei; Zahlungsbedingung: zwei Wochen nach Rechnungserhalt mit 2 % Skonto. Schreiben Sie die Bestellung des Großhändlers am PC.

6. *Die 17-jährige Auszubildende Edith Schiefen, die mit Zustimmung ihres Vaters einen Ausbildungsvertrag mit der Primus GmbH abgeschlossen hat, beabsichtigt, die Ausbildungsstelle zu wechseln und das derzeitige Ausbildungsverhältnis zu kündigen. Ihr Vater ist als gesetzlicher Vertreter von Edith dagegen.*

a) Erläutern Sie Arbeits- und Ausbildungsvertrag.
b) Beschreiben Sie, wodurch sich die Kündigung und das Testament unterscheiden.
c) Begründen Sie, ob Edith den Ausbildungsvertrag ohne Zustimmung des Erziehungsberechtigten kündigen kann.
d) Geben Sie an, ob Edith einen neuen Ausbildungsvertrag ohne Zustimmung des Erziehungsberechtigten abschließen kann.

7. *Die Primus GmbH hat am 3. März 20.. entsprechend einem Angebot bei der Fensterbau GmbH, Dahlienstraße 148 – 152, 44289 Dortmund, Metallfensterrahmen für ihr Verwaltungsgebäude bestellt. Die Fensterbau GmbH hatte sich vertraglich verpflichtet, die Fenster zwischen dem 1. Juni und 10. Juni 20.. zu liefern. Für die verspätete Lieferung wurde eine Konventionalstrafe über 15.000,00 € vereinbart. Am 20. Juni 20.. sind die Fenster immer noch nicht geliefert.*
a) Verfassen Sie einen Brief für die Primus GmbH und setzen Sie der Fensterbau GmbH eine Nachfrist.
b) Begründen Sie, ob sich die Fensterbau GmbH im Lieferungsverzug befindet.
c) Geben Sie an, welche Rechte der Primus GmbH gesetzlich zustehen.

8. *Die Bürodesign GmbH, ein Lieferer der Primus GmbH, überlegt, ob sie in ihrem Fabrikverkaufsladen künftig Kreditkarten als Zahlungsmittel zulassen soll.*
a) Erläutern Sie die Bedeutung von Kreditkarten.
b) Welche Vor- und Nachteile hat die Bürodesign GmbH durch die Akzeptierung von Kreditkarten in ihrem Unternehmen?
c) Beschreiben Sie, welche Vor- und Nachteile Kunden haben, die mit Kreditkarten bezahlen.

9. *Die Primus GmbH hat neben vielen anderen Zahlungen laufend die Miete und die Telefonrechnung zu bezahlen.*
a) Begründen Sie, welche Zahlungsart die Primus GmbH für die beiden Vorgänge benutzen sollte.
b) Die Primus GmbH hat dem Stromversorgungsunternehmen eine Einzugsermächtigung erteilt. Versehentlich wurden vom Konto der Primus GmbH 2.388,00 € statt 388,00 € abgebucht. Beschreiben Sie, wie sich die Primus GmbH verhalten sollte.

10. *Im Berufsschulunterricht wird das Thema „Electronic Banking“ behandelt. Petra Jäger hat das Thema zu Hause gut vorbereitet und hält vor der Klasse ein Kurzreferat.*
a) Beschreiben Sie den Ablauf einer Zahlung durch „Electronic Banking“
b) Beschreiben Sie, wie ein Gläubiger bei „Electronic Banking“ sein Geld erhält.
c) Erläutern Sie die Chipkarte als Instrument der bargeldlosen Zahlung.

11. *Ein Unternehmen berücksichtigt für eine Abrechnungsperiode 120 Tage. In dieser Zeit wurden 3600 Stück eines Artikels verkauft. Der Meldebestand betrug 650 Stück, der durchschnittliche Lagerbestand 600 Stück, die Beschaffungszeit für diesen Artikel betrug 15 Arbeitstage. Ermitteln Sie den Mindestbestand.*

12. *Die Primus GmbH in Duisburg liefert an die Herstadt Warenhaus GmbH in Gelsenkirchen Waren im Wert von 62.000,00 €. Unterwegs verunglückt der mit der Lieferung beauftragte Spediteur ohne dessen Verschulden. Die Waren werden vollständig zerstört. Erläutern Sie die Rechtslage, wenn*
a) über den Erfüllungsort keine vertragliche Vereinbarung getroffen wurde,
b) der Geschäftssitz der Herstadt Warenhaus GmbH als Erfüllungsort vertraglich vereinbart wurde,
c) über den Gerichtsstand keine Vereinbarung getroffen wurde.

13. *Ermitteln Sie aus der nachstehenden Kalkulation eines Markenartikels*
a) den Zieleinkaufspreis,
b) den Listeneinkaufspreis,
c) den Rabattsatz,
d) den Bezugspreis (Einstandspreis).

		€
	Listeneinkaufspreis	*?*
–	*... % Rabatt*	*107,20*
	Zieleinkaufspreis	*?*
–	*2,5 % Skonto*	*18,76*
	Bareinkaufspreis	*?*
+	*Bezugskosten*	*9,36*
	Bezugs- oder Einstandspreis	*?*

Ungebundene Prüfungsaufgaben

1. *Zur Vorbereitung einer Abteilungsleiterbesprechung in der Hanckel & Cie GmbH bittet Sie Ihre Vorgesetzte, die Umsatzzahlen des vergangenen Geschäftsjahres grafisch aufzubereiten.*

a) Bringen Sie zunächst die folgenden dazu erforderlichen Tätigkeiten in die richtige Reihenfolge. Beginnen Sie mit „Beschaffen der benötigten Daten aus der Buchhaltung".
- *Beschaffen der benötigten Daten aus der Buchhaltung*
- *Wählen einer geeigneten Darstellungsmethode*
- *Interpretieren der grafischen Darstellung*
- *Aufbereiten der Daten*
- *Erstellen der Grafik aus dem Zahlenmaterial*

b) Stellen Sie in einem Liniendiagramm die Entwicklung des Gesamtumsatzes im vergangenen Geschäftsjahr dar.

	A	B	C	D	E
1	**Umsätze der Hanckel & Cie GmbH**				
2					
3		**Nord**	**Süd**	**Gesamt**	
4		in T €	in T €	in T €	
5	Januar	30	35		
6	Februar	35	32,5		
7	März	40	35		
8	April	42,5	37,5		
9	Mai	27,5	37,5		
10	Juni	30	40		
11	Juli	32,5	50		
12	August	30	45		
13	September	27,5	45		
14	Oktober	30	37,5		
15	November	35	40		
16	Dezember	35	45		
17					

c) Zeichnen Sie ein Säulendiagramm mit den Gesamtumsätzen eines Quartals.

2. *Welche der folgenden Aussagen zur Angebotserstellung ist zutreffend?*

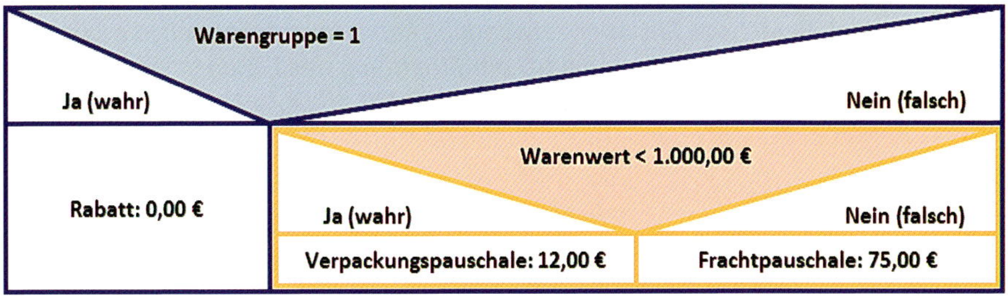

- *Bei den Artikeln der Warengruppe 1 wird kein Rabatt gewährt, aber Verpackung berechnet, wenn der Warenwert unter 1.000,00 € liegt.*
- *Bei den Artikeln der Warengruppe 1 wird keine Fracht berechnet, wenn der Warenwert unter 1.000,00 € liegt.*
- *Bei allen Artikeln außer denen der Warengruppe 1 wird keine Verpackung berechnet, wenn der Warenwert mindestens 1.000,00 € beträgt.*
- *Bei allen Artikeln außer denen der Warengruppe 1 werden, wenn der Warenwert unter 1.000,00 € liegt, Verpackung und Fracht berechnet.*

3. *Die Primus GmbH erhält eine Anfrage über 150000 Stück „Recycling Briefumschläge C6" von der CityPost Bremen GmbH. Da der Lagerbestand diesen möglichen Großauftrag nicht abdeckt und auch bei den bestehenden Lieferern nicht beschafft werden kann, bittet die Primus GmbH die Niederrhein Papierkontor GmbH und die Papierfabrik Klausen GmbH um ein Angebot für diesen Artikel. Führen Sie mit einem Tabellenkalkulationsprogramm den Angebotsvergleich durch und ermitteln Sie den Bezugs- oder Einstandspreis (je 1000 Stück), zu dem die Primus GmbH die angefragten Briefumschläge von den beiden neuen Lieferern unter Ausnutzung aller Zahlungsvergünstigungen beziehen kann.*
Öffnen Sie mit Ihrem Tabellenkalkulationsprogramm eine neue Datei und speichern Sie diese unter der Bezeichnung „Angebotsvergleich_2".
a) Geben Sie dem Tabellenblatt 1 den Namen „Konditionen", dem Tabellenblatt 2 den Namen „Auswertung" und tragen Sie in das Tabellenblatt „Konditionen" die folgende abgebildete Tabelle mit allen Daten positionsgerecht mit den entsprechenden Formatierungen ein. Greifen Sie in den Zellen B5, B10, B15 und B19 mittels absoluter Zellbezüge auf die Bezeichnung der Unternehmen in den Zellen B2 sowie C2 zu.

	A	B	C
1	**Konditionen**	**Niederrhein Papierkontor GmbH**	**Papierfabrik Klausen GmbH**
2	**Preis je 1.000 Stück (in €)**	98,56	111,56
3	**Skonto**	3,00%	2,00%
4			
5	**Rabatt**	**Niederrhein Papierkontor GmbH**	
6		0 Stück	0,00%
7	ab	100.000 Stück	9,00%
8	ab	500.000 Stück	22,00%
9			
10		**Papierfabrik Klausen GmbH**	
11		0 Stück	0,00%
12	ab	50.000 Stück	10,00%
13	ab	100.000 Stück	12,00%
14			
15	**Bezugskosten in EUR**	**Niederrhein Papierkontor GmbH**	
16	pauschal **(€)**		50
17	ab Warenwert **(in €)**	1.000,00	0
18			
19		**Papierfabrik Klausen GmbH**	
20	pauschal **(€)**		50
21	ab Warenwert **(in €)**	500,00	0

b) *Übernehmen Sie in Zeile 4 des Tabellenblattes „Auswertung“ durch einen kopierfähigen Zellbezug die Bezeichnung der Unternehmen aus dem Tabellenblatt „Konditionen“. Berechnen Sie unter Verwendung kopierfähiger Formeln die Daten für jeden Anbieter. Berücksichtigen Sie bei der Ermittlung des Listeneinkaufspreises in Zeile 5, dass sich die Konditionen auf jeweils 1 000 Stück beziehen. Berechnen Sie den Rabatt in Zeile 6 unter Verwendung der Suchfunktion SVERWEIS.*

	A	B	C
1	**Angebotsvergleich**		
2	Bestellmenge	150.000 Stück	
3			
4	**Kalkulationsschema**		
5	Listeneinkaufspreis in €		
6	- Rabatt in €		
7	Zieleinkaufspreis in €		
8	- Skonto in €		
9	Bareinkaufspreis in €		
10	+ Bezugskosten in €		
11	Bezugs-/Einstandspreis gesamt (in €)		
12	Bezugs-/Einstandspreis je 1.000 Stück (in €)		

c) *Ermitteln Sie die Bezugskosten in Zeile 10 unter Verwendung der WENN-Abfrage.*

d) *Die Tabellen „Konditionen“ und „Auswertung“ sind auf je einer A4-Seite im Querformat mit Gitternetzlinien sowie mit Zeilen- und Spaltenköpfen auszudrucken. Erstellen Sie in beiden Tabellenblättern eine Fußzeile mit folgenden Eintragungen: „Links“ – Ihr Name, „Mitte“ – automatischer Dateiname und „Rechts“ – automatischer Tabellenblattname (Registername). Drucken Sie das Tabellenblatt „Auswertung“ zusätzlich in der Formelansicht aus.*

Gebundende Prüfungsaufgaben

1. *Welche der folgenden Zahlungen würden Sie per Dauerauftrag überweisen lassen?*

1. *Telefonrechnung*
2. *IHK-Beitrag*
3. *Geschäftsmiete*
4. *Stromrechnung*
5. *Gehälter der Angestellten*
6. *Rechnung vom Lieferer*

2. *Welche der folgenden Prüfungsarbeiten muss beim Eintreffen einer Sendung in Anwesenheit des Überbringers vorgenommen werden?*
Prüfung der ...

1. *Einhaltung der Lieferzeit*
2. *Beschaffungspreise und gewährten Nachlässe*
3. *Richtigkeit der Anschrift, Anzahl und Unversehrtheit der Versandstücke*
4. *Art, Qualität und Beschaffenheit der Ware*
5. *Richtigkeit der Einzelpreise der gelieferten Waren*

3. *Stellen Sie bei den nachfolgenden Sachverhalten fest, ob sie*
a) *einen einseitigen Handelskauf*
b) *einen zweiseitigen Handelskauf*
c) *einen bürgerlichen Kauf darstellen.*

1. *Die Bürodesign GmbH kauft bei einem Großhändler Büromaterialien.*
2. *Die Kantinenleiterin eines Industriebetriebs kauft bei einem Großhändler 100 Zentner Kartoffeln.*

3. *Der Geschäftsführer einer GmbH kauft für seinen Sohn in einem Sportfachgeschäft ein Paar Skier.*
4. *Ein Angestellter der Primus GmbH verkauft an eine Arbeitskollegin ein gebrauchtes Motorrad.*
5. *Die Verkäuferin eines Verbrauchermarktes kauft für ihren Ehemann in einem Münzgeschäft zwei Silbermünzen als Geburtstagsgeschenk.*

4. *Es gibt unterschiedliche Kaufarten: Ordnen Sie die aufgeführten Kaufarten den Aussagen zu.*
a) Stückkauf
b) Bestimmungs-/Spezifikationskauf
c) Ramschkauf
d) Kauf zur Probe
e) Kauf nach Probe
f) Fixkauf
g) Terminkauf
h) Gattungskauf
1. *Ein Unternehmen kauft zwölf Stück eines neuen Artikels ein. Es gibt dabei dem Verkäufer zu erkennen, dass es bei entsprechendem Absatz des Artikels nachbestellen will.*
2. *Die Primus GmbH fertigt für einen körperbehinderten Angestellten einen besonderen Bürostuhl an.*
3. *Ein Unternehmen kauft aus der Insolvenzmasse den gesamten Restbestand an Waren auf.*
4. *Ein Unternehmen bestellt einen Artikel, Lieferung bis zum 6. März.*
5. *Ein Unternehmen, das von einem Großhändler ein Warenmuster erhielt, bestellt diesen Artikel.*
6. *Ein Unternehmen kauft eine genau festgelegte Gesamtmenge an Waren ein mit dem Recht, die Form, die Farbe und die Größen bis zu einem vereinbarten Termin festzulegen.*
7. *Kaufgegenstand ist eine nicht vertretbare Sache.*

5. *Stellen Sie fest, ob nachfolgende Rechtssubjekte*
a) natürliche
b) juristische Personen sind.
1. *Stadtsparkasse Siegburg GmbH*
2. *Möbeleinzelhandel Josef Klein e. K.*
3. *Warenhaus AG*
4. *Frau Primus von der Primus GmbH*
5. *Sportverein e. V. München*
6. *Dr. Hans Wolf, Steuerberater*

6. *Stellen Sie bei den folgenden Fällen fest, um welche der folgenden Vertragsarten (A) es sich handelt und welche der nachstehenden Vertragsformen (B) vorgeschrieben sind.*

Vertragsarten (A)	*Vertragsformen (B):*
a) Kaufvertrag	*e) Formfreiheit*
b) Mietvertrag	*f) Schriftform*
c) Pachtvertrag	*g) öffentliche Beglaubigung*
d) Bürgschaftsvertrag	*h) notarielle Beurkundung*

1. *Herr Schmitz verpflichtet sich, Herrn Berger ein Grundstück gegen Entgelt zu übereignen.*
2. *Herr Krause überlässt seinem Nachbarn für vier Jahre ein Grundstück zum Abstellen seines Pkw gegen Entgelt.*
3. *Frau Jansen verpflichtet sich, eine bewegliche Sache Herrn Englert auf Dauer gegen Entgelt zu übereignen.*

7. *In welchen der folgenden Fälle ist das Rechtsgeschäft*
a) rechtswirksam b) anfechtbar c) nichtig?
1. *Ein Pkw wird mit der Zusicherung verkauft, er sei unfallfrei. Bei einer späteren Werkstattuntersuchung stellt sich heraus, dass der Wagen schon vor dem Kauf einen Unfallschaden hatte.*
2. *Eine Ware wird zu einem außergewöhnlich günstigen Preis angeboten und verkauft. Später macht der Verkäufer geltend, dass im Angebot ein Schreibfehler vorgekommen sei.*

3. *Der Käufer eines PC stellt kurz nach dem Kauf fest, dass er sich in der Arbeitsgeschwindigkeit des Geräts verschätzt hat.*
4. *Ein privater Kreditgeber vereinbart mit seinem in Kreditgeschäften unerfahrenen Kreditnehmer ein 60-Tage-Darlehen von 10.000,00 € mit einem Rückzahlungsbetrag von 11.500,00 €.*
5. *Ein Auszubildender mietet ein lt. Prospektaussage ruhig gelegenes Ferienhaus. Tatsächlich liegt dieses an einer stark befahrenen Autobahn.*

8. *Welche Aussage über den rechtswirksamen Abschluss von Verträgen ist richtig?*
1. *Ein Kaufvertrag muss immer schriftlich abgeschlossen werden.*
2. *Ausbildungsverträge sind auch mündlich gültig.*
3. *Kaufverträge über Grundstücke bedürfen der notariellen Beurkundung.*
4. *Darlehensverträge sind nur gültig, wenn sie schriftlich abgeschlossen werden.*
5. *Jeder per Telefon vereinbarte Kauf muss schriftlich bestätigt werden.*

9. *In einem Kaufvertrag wird zwischen dem Lieferer und dem Kunden ein „Eigentumsvorbehalt“ vereinbart. Was besagt diese Vertragsklausel?*
1. *Nach Entrichtung des Kaufpreises wird der Kunde nur Besitzer der gelieferten Ware.*
2. *Der Kunde bekommt die Ware erst nach Bezahlung geliefert.*
3. *Der Eigentumsvorbehalt erlischt bei Lieferung mangelhafter Ware.*
4. *Der Kunde wird erst nach vollständiger Bezahlung des Kaufpreises Eigentümer der gelieferten Ware.*
5. *Der Lieferer bleibt bis zur Bezahlung des vollen Kaufpreises Besitzer der gelieferten Ware.*

10. *Bei welcher Vertragsart handelt es sich um kein zweiseitiges Rechtsgeschäft?*
1. *Berufsausbildungsvertrag*
2. *Kaufvertrag*
3. *Mietvertrag*
4. *Testament*
5. *Kündigung eines Ausbildungsvertrags*

11. *Welche Aussage ist für den „Höchstbestand“ richtig?*
1. *Der Höchstbestand gewährleistet, dass die Verkaufsbereitschaft auch bei erhöhtem Tagesabsatz erhalten bleibt.*
2. *Der Höchstbestand ermöglicht die Ausnutzung eines größtmöglichen Preisvorteils bei der Beschaffung.*
3. *Der Höchstbestand wird festgelegt, damit die vorhandene Lagerkapazität günstig ausgenutzt wird und die Kapitalbindung wirtschaftlich ist.*
4. *Der Höchstbestand stellt sicher, dass die Lieferbereitschaft in der Beschaffungszeit erhalten bleibt.*
5. *Der Höchstbestand ist identisch mit dem Mindestbestand.*

12. *Die Primus GmbH arbeitet nach dem ökonomischen Prinzip. Welche der folgenden Handlungen entspricht dabei dem Minimalprinzip?*
1. *Die Verkaufsabteilung möchte mit ihrem vohandenen Werbeetat möglichst viele Werbeprospekte drucken lassen.*
2. *Jede Steigerung des Umsatzes in ihrem Unternehmen soll einen möglichst hohen Gewinn erzielen.*
3. *Die Serviceabteilung möchte so viele Kundenwünsche wie möglich erfüllen.*
4. *Die Einkaufsabteilung versucht, eine bestimme Anzahl von Schreibtischen so preiswert wie möglich einzukaufen.*
5. *Die Primus GmbH ist bestrebt, die bezogenen Teile abzusetzen.*

Bildquellenverzeichnis

BC GmbH Verlags- und Medien-, Forschungs- und Beratungsgesellschaft, Ingelheim: 564.1, 564.2, 564.3, 566.1, 566.2, 566.3, 566.4, 566.5, 566.6, 566.7, 566.8, 566.9.
Beiersdorf AG, Hamburg: 486.1.
Bergmoser + Höller Verlag AG, Aachen: Zahlenbilder 24.1, 116.1, 142.1.
Bitkom e.V, Berlin: 128.1.
Brauner, Angelika, Hohenpeißenberg: 134.1.
Brother International GmbH, Bad Vilbel: 201.1.
Bundesinstitut für Berufsbildung (BIBB), Bonn: 95.1.
Deutsche Post AG, Bonn: 212.1, 212.2, 212.3, 215.1, 217.1, 217.2, 217.3, 486.2.
EURO Kartensysteme GmbH, Frankfurt am Main: 589.1.
Fairtrade Deutschland e.V., Köln: 486.6.
Foto Stephan - Behrla Nöhrbaß GbR, Köln: 103.2, 130.2, 139.2, 158.2, 233.2, 261.2, 273.2, 301.2, 403.2, 404.2, 418.2, 432.2, 448.2, 463.2, 473.2, 504.3, 512.2, 548.2, 554.2, 560.2, 574.2, 606.2; Alexey 77.2; Aliaksei, Kaponia 12.2; beermedia 13.2; ioannis kounadeas 41.2; jdarius 14.1; Jestram, Heike 12.1; lassedesignen 92.2; Mixage 14.2; Photographee.eu 53.2; Raths, Alexander 13.1; ThinMan 66.2.
fotolia.com, New York: 313 228.1; 41216479 593.2; Aamon 295.2, 479.2; adimas 245.1; Albers, Joachim B. 225.4; Alexey 197.2; Aliaksei, Kaponia 25.2; amorphis 589.3; arsdigital 481.1; atmospheric 10.1; beermedia 44.2; Binkski 270.2; Binski 270.1, 561.1; Boston, Franck 555.1; CHW 525.3; contrastwerkstatt 244.1, 244.2, 589.2; davidsonnabend 154.1; DeVice 586.1; Dron 430.2; drubig-photo 549.2; DWP 505.2; Eisenhans 434.1; elxeneize 225.3, 454.1; Eppele, Klaus 600.1; Flowman7 536.3; Fotoplaner 100.1, 101.2; Fotosenmeer.nl 565.1; geniuskp 256.2; Gudellaphoto 282.1; Gunnar Nienhaus 38.1; HelmaSpona 495.2; hercher 491.1; Hirte, Oliver 124.2; Hoffmann, Oliver 441.2; ioannis kounadeas 116.2; jdarius 47.3; Jean-Pierre 207.2; Jestram, Heike 35.1; JSB 469.2; karam miri 125.2; Karramba Production 459.1; Kaulitzki, Sebastian 325.5; Kneschke, Robert 22.1, 458.2; Kochelaevs, Vladislav 469.3; Kzenon 60.1; lagom 525.1; lassedesignen 223.1; lightpixel 133.1; Lucky Dragon 161.1; maho 570.2; Marco2811 445.1; markus_marb 595.1; MaryAnn (Cyd) Madsen 552.1; MAST 225.2; Mellimage 435.1; mma23 518.3; moonrun 406.2, 407.1; nikolayshubin 154.2; nolte, benjamin 514.1; Novelo, Michael 225.5; pano Kreativ 469.1; Pargeter, Kirsty 543.2; Peter 406.3, 407.2; Photographee.eu 135.2; Popov, Andrey 242.2; pressmaster 93.1; prt art 419.1; Raths, Alexander 39.1, 287.2; rdnzl 225.1; RRF 159.2, 268.1; Scanrail 89.1; Seybert, Gerhard 73.2; sonne Fleckl 430.1; Stoll, Christian 198.1; Sturm, Jenny 525.2; terekhov, igor 127.1; Thaut Images 488.1; tournee 600.2; Trueffelpix 121.2; Wirth, Wilfried 406.1; Wylezich, B. 455.1; Zerbor 255.1.
Galas, Elisabeth, Schwelm: Kneschke, Robert 11.1.
Geizhals Preisvergleich Internet Services AG, Wien: 349.3.
HARTIG DRUCK, Landshut: 211.1.
iStockphoto.com, Calgary: Jolygon 100.3.
Kuhlendahl, Susanne, Tönisvorst: 99.1.
LEITZ ACCO Brands GmbH & Co KG, Stuttgart: 226.1, 226.2, 226.3, 227.1.
Microsoft Deutschland GmbH, München: 162.1, 163.1, 224.1, 228.2, 262.1, 264.1, 276.1, 278.1, 278.2, 278.3, 323.1, 327.1, 334.2, 334.3, 335.2, 336.1, 449.1, 451.1, 508.1, 518.2, 521.1, 521.2, 521.3, 521.4, 523.3, 523.4, 525.4, 525.5, 526.1, 528.4, 535.3, 538.1, 538.2, 539.1, 540.1, 541.1, 541.2, 614.1, 615.1, 615.2, 616.1; Schäfer, René 179.1, 180.1, 181.1, 182.1, 182.2, 183.1, 184.1, 184.2, 186.1, 186.2, 188.1, 188.2, 189.1, 190.1, 191.1, 192.1, 192.2, 193.1, 194.1, 195.1, 288.1, 288.2, 289.1, 289.2, 289.3, 291.1, 292.1, 292.2, 292.3, 293.1, 293.2, 293.3, 295.1, 295.3, 296.1, 296.2, 308.2, 309.2, 310.1, 310.2, 311.1, 312.1, 312.2, 313.1, 313.2, 314.1, 314.2, 314.3, 315.1, 315.2, 315.3, 316.1, 316.2, 316.3, 316.4, 317.1, 317.2, 317.3, 317.4, 318.1, 318.2, 320.2, 321.1, 321.2, 322.1, 322.2, 323.2, 324.2, 324.3, 325.1, 325.2, 325.3, 325.4, 426.1, 435.2, 436.1, 438.1, 438.2, 438.3, 439.1, 439.2, 440.1, 440.2, 440.3, 441.1, 522.1, 522.2, 523.1, 523.2, 526.2, 527.1, 527.2, 527.3, 527.4, 527.5, 528.1, 528.2, 528.3, 528.5, 528.6, 529.1, 529.2, 529.3, 529.4, 530.1, 530.2, 530.3, 531.1, 531.2, 531.3, 531.4, 532.1, 532.2, 533.1, 533.2, 533.3, 533.4, 534.1, 534.2, 534.3, 535.1, 535.2, 535.4, 535.5, 535.6, 536.1, 536.2, 539.2, 540.2.

Picture-Alliance GmbH, Frankfurt a.M.: Action Plus 243.1; dpa-infografik 86.1, 123.1, 140.1, 145.1, 150.1, 583.1; dpa-infografik GmbH 136.1, 136.2.
Postbank – eine Niederlassung der Deutsche Bank AG, Bonn: 584.1, 588.2, 588.3.
punktgenau gmbh, Bühl: 47.1, 98.1, 132.1, 138.1, 140.2, 160.1, 160.2, 172.1, 172.2, 172.3, 210.1, 236.1, 236.1, 246.2, 246.3, 246.4, 246.5, 265.1, 269.1, 298.1, 298.2, 299.1, 324.4, 336.2, 336.3, 443.1, 444.2, 490.1, 546.1, 551.1, 560.3, 562.1, 562.2; Hirte, Oliver 46.1; karam miri 46.2; RRF 68.1.
RAL gGmbH, Bonn: 486.5.
Roman Bold & Black, Köln: 468.2.
Schäfer, René, Mülheim an der Ruhr: 520.1, 524.1, 524.2.
SCHWARTAUER WERKE GmbH & Co. KGaA, Bad Schwartau: 486.3.
Shutterstock.com, New York: pikepicture 444.1; Zagibalov, Alexandr 100.6.
Stiftung Gesundheitswissen, Berlin: 156.1.
stock.adobe.com, Dublin: aerogondo 107.1; Aita, Giordano 159.1; Alina 148.1; Alliance 152.1; Andronov, Leonid 100.2, 101.1; Berkmann, Daniel 100.5, 101.3; bht2000 155.1; blueringmedia 100.9; CandyBox Images 50.2; Dietl, Jeanette 149.1; dmitrimaruta 556.1; DNY3D 485.2; DURIS Guillaume 97.1; Effner, Jürgen 562.3; Eisenhans 557.1; fotogestoeber 100.10, 101.4; goodluz 335.1; gwolters 151.1; Hamik 588.1; hanneliese 464.1; Ilshat 487.1; imageBROKER 19.1, 20.1, 25.1, 37.1, 41.1, 44.1, 50.1, 53.1, 58.1, 66.1, 67.1, 73.1, 77.1, 83.1, 87.1, 92.1, 103.1, 115.1, 121.1, 124.1, 125.1, 130.1, 131.1, 135.1, 139.1, 144.1, 147.1, 153.1, 158.1, 168.1, 178.1, 196.1, 197.1, 207.1, 220.1, 233.1, 234.1, 241.1, 242.1, 256.1, 261.1, 273.1, 281.1, 287.1, 290.1, 294.1, 297.1, 301.1, 308.1, 309.1, 320.1, 324.1, 328.1, 333.1, 334.1, 344.1, 385.1, 403.1, 404.1, 418.1, 429.1, 432.1, 448.1, 452.1, 457.1, 458.1, 463.1, 468.1, 473.1, 476.1, 479.1, 480.1, 485.1, 495.1, 497.1, 498.1, 504.1, 505.1, 512.1, 513.1, 518.1, 542.1, 543.1, 548.1, 549.1, 554.1, 560.1, 569.1, 570.1, 574.1, 581.1, 593.1, 599.1, 606.1; industrieblick 79.1, 562.4; insta_photos 107.2; Irusta, Rafa 492.1; JM Fotografie 476.2; Kara 446.1; Karelias, Andreas 502.1; kichigin19 506.1; Kneschke, Robert 105.1, 169.1; Kutrakova, Maria 470.1; Kuzmina, Oksana 147.2; liderina 78.1; maddyz 100.7; masterzphotofo 100.8; Nadezhda 109.1; nd3000 337.2; Nejron Photo 157.1; Oli_ok 47.2; PeJo 489.1; PHB.cz 477.1; Popov, Andrey 150.2; Prostock-studio 234.2; Race, Dan 567.1; Racle Fotodesign 94.1; rcfotostock 601.1; Sanders, Gina 595.2; sebra 581.2; stevem 498.2; TM - Design 100.4; ub-foto 74.1; valdezrl 594.1; Vitalij, Goss 74.2; vulcanus 153.2, 443.2; WavebreakMediaMicro 558.1; zinkevych 246.1.
Surfboard Holding B.V. - www.startpage.com, BB Zeist: 96.1.
TÜV Rheinland AG, Köln: www.tuv.com 486.7.
Witkowski, Eike, Hannover: 337.1, 345.1, 345.2, 345.3, 346.1, 346.2, 347.1, 347.2, 347.3, 347.4, 347.5, 347.6, 348.1, 348.2, 348.3, 348.4, 348.5, 348.6, 348.7, 348.8, 348.9, 348.10, 348.11, 349.1, 349.2, 350.1, 350.2, 351.1, 351.2, 352.1, 352.2, 352.3, 353.1, 354.1, 355.1, 356.1, 356.2, 356.3, 357.1, 357.2, 357.3, 357.4, 358.1, 358.2, 358.3, 358.4, 358.5, 359.1, 359.2, 359.3, 359.4, 360.1, 360.2, 360.3, 360.4, 360.5, 361.2, 361.3, 361.4, 362.1, 362.2, 362.3, 362.4, 363.1, 363.2, 363.3, 364.1, 364.2, 364.3, 364.4, 364.5, 364.6, 365.1, 365.2, 365.3, 365.4, 365.5, 366.1, 366.2, 366.3, 366.4, 366.5, 367.2, 368.1, 368.2, 368.3, 368.4, 369.1, 369.2, 369.3, 370.1, 370.2, 370.3, 371.1, 371.2, 371.3, 371.4, 371.5, 372.1, 372.2, 372.3, 373.1, 373.2, 373.3, 373.4, 374.1, 374.2, 374.3, 374.4, 374.5, 375.1, 375.2, 375.3, 375.4, 376.2, 377.1, 377.2, 377.3, 378.1, 379.1, 379.2, 379.3, 379.4, 380.1, 380.2, 380.3, 381.1, 381.2, 382.1, 382.2, 382.3, 383.1, 387.2, 387.3, 388.1, 388.2, 388.3, 388.4, 389.1, 391.1, 391.2, 391.3, 391.4, 392.1, 392.2, 393.1, 393.2, 393.3, 393.4, 393.5, 394.1, 394.2, 394.3, 394.4, 395.1, 395.2, 395.3, 395.4, 396.1, 396.2, 396.3, 396.4, 397.1, 397.2, 397.3, 397.4, 397.5, 398.1, 398.2, 399.1, 399.2, 399.3, 399.4.
YPS - York Publishing Solutions Pvt. Ltd.: 202.1, 361.1, 367.1, 376.1, 387.1, 398.3, 504.2, 542.2, 597.1, 602.1.
© Europäische Union: 486.4.

Umschlagabbildung: **stock.adobe.com, Dublin**: imageBROKER

Sachwortverzeichnis

$ 324
635-Methode 93
#BEZUG! 326
#DIV/0 324
#NV 437, 534
#WERT! 326

A
ABC-Analyse 164, 608
Abfall 567
Abfallvermeidung 567
Ablagetechnik 224
Ablauforganisation 47
ABRUNDEN 326
Absatzmarkt 64
Absatzplan 431
Abschlussfreiheit 473
Abschlussprüfung 29
Abschlusszeugnis 23
Abzahlungskauf 500
Achsen 438
Achsenbeschriftung 441
Achsentitel 441
acknowledgement of order 418
Addressee's 406
Aktennotiz 205
Aktenplan 224
Aktionär 68
allgemeine Geschäftsbedingung 479
A-L-P-E-N-Methode 165
alphabetische Ordnung 223
Anfechtbarkeit 477
Anfrage 256
Anfrage, allgemein 257
Anfrage, bestimmt 257
Angebot 257
Angebotsdatei 275
Angebotserstellung 261, 264
Angebotsinhalt 485
Angebotsvergleich 512
angenommener (abstrakter) Schaden 596
Annahme 495
Anrufbeantworter 200
Anschlagdrucker 328
Anspruchsgruppe 67
Antrag 495
Anwendungssoftware 283
ANZAHL 322
ANZAHL2 322
Arbeit 78
Arbeitsabläufe im Lager 560
Arbeitskraft 59, 80
Arbeitsmappe 310
Arbeitsmotivation 123
Arbeitsschutz 116
Arbeitsstation 285
Arbeitsstättenverordnung 116
Arbeitsstrategie 92
Arbeitsteilung 83
Arbeitsvertrag 460
Arbeitszeit 139
Arbeitszeitgesetz 139
Artikeldatei 274
Artikelliste 412
Artvollmacht 69
Aufbauorganisation 45
Aufbewahrungsfrist 222
Aufbewahrungsfristen 222
AUFRUNDEN 326
Auftragsannahme 263
Auftragsbearbeitung 264
Auftragsbestätigung 269, 418, 545
Auftragserfassung 264, 268
Ausbildender 31
Ausbilder 31
Ausbildungsberater 42
Ausbildungsberufsbild 26
Ausbildungsbetrieb 22
Ausbildungsdauer 26
Ausbildungsnachweis 29, 196
Ausbildungsordnung 26
Ausbildungsrahmenplan 26, 28
Ausbildungsvertrag 31
Ausgabedaten 274
Ausgabegerät 282
Ausgangspost 211
Ausgangsrechnung 278
Ausrichten 296
Auszubildendenvertretung 42
Auszubildender 31
AutoAusfüllen-Funktion 313
AutoFormen 294
AutoSumme 321
AutoText 293

B
Balkendiagramm 437
Barcodeleser 561
Bareinkaufspreis 506
Barkauf 500
Barzahlung 581
Bedarfsplanung 433
bedingte Formatierung 437
Beförderungsbedingung 490
Beförderungsvertrag 460
Belegprinzip 340
Benchmarking 609
Benutzerdefinierte Formate 317
Bereich benennen 530
Berichtsheft 29, 196
berufliche Ausbildung 50
berufliche Weiterbildung 50
Berufsabschlusszeugnis 23
Berufsausbildungsvertrag 460
berufsbezogener Lernbereich 23
Berufsbildung 84
Berufsbildungsgesetz 31
Berufsgenossenschaft 43, 564
Berufsschule 22
Berufsschulpflicht 23
Berufsschulunterricht 23
berufsübergreifender Lernbereich 23
Beschaffungskosten 434
Beschaffungsmarkt 64
Beschaffungsobjekt 429
Beschaffungsplanung 432
Beschaffungsstrategie 442
Beschäftigungsverbot 39
Beschlussprotokoll 177
beschränkte Geschäftsfähigkeit 464
Besitz 470
Besprechung 168, 169
Bestellpunktverfahren 443
Bestellrhythmusverfahren 444
Bestellung 542
Bestellungsannahme 545
Bestellvorschlag 543
Bestellvorschlagsliste 269
Bestellzeitpunkt 441
Bestimmungskauf 486

Betreuer 465
betriebliche Arbeitsteilung 84
betrieblicher Ausbildungsplan 28
betriebliches Vorschlagswesen 144
Betriebsmittel 59, 80, 430
Betriebsrat 42
betriebswirtschaftliche Produktionsfaktoren 80
Bewegung am Arbeitsplatz 154
Bewegungsdaten 274
Beweislastumkehr 602
Bezug 324
- absolut 324
- relativ 324
Bezugskalkulation 504
Bezugskosten 507
Bezugspreis 505
Bezugsquellenermittlung 449
Bezugsquellenplanung 448
BIC 582
Bildschirmarbeitsplatz 127
Bildungsurlaub 51
BIOS 282
Blockunterricht 23
Boden 79
Body of the Letter 407
Brainstorming 92
Brandschutz 565
Brandschutzmaßnahme 565
Bubblejet-Drucker 328
Buchgeld 581
bürgerlicher Kauf 498
Burn-out 149
Büromöbel 125
Büroschreibtisch 126
Bürostuhl 125

C

Cash before Delivery 409
CEO 67
Chief Executive Officer 67
chronologische Ordnung 224
ClipArt 294
Cloud-Computing 231
Complience 55
Complimentary Close 407
Controlling 606
Controlling-Instrument 608
Cost Insurance Freight (CIF) 408
Customizingdaten 341

D

Darlehensvertrag 460
Date 406
Datei 228
Datenbank 275, 450
Datenfeld 287
Datenkategorien 340
Datenreihen 438
Datensicherung 230
Dauerauftrag 584
Delivered Duty Paid (DDP) 408
De-Mail 203
Diagramm 437
Diagrammerstellung 436
Diagrammtitel 438
Diagrammtypen 437
Dialoggerät 282
Diebstahlschutz 565
Dienstleistung 74, 430
Dienstleistungsabnahme 430
Dienstleistungsbetrieb 56
Dienstvertrag 460
Documentary Credit 409
Documents against Payment (D/P) 409
Dokumenten-Management-System 229
Dokumentenscanner 331
Dokumentvorlage 290
Dollarsymbol 324
Dreisatz 297
Drucken 318, 328
Drucktitel 319
duale Berufsausbildung 21
durchschnittliche Lagerdauer 576
durchschnittlicher Lagerbestand 571

E

E-Business 546
E-Commerce 545
EDV-Anlage 281
Eigentum 470
Eigentumsübertragung 470
Eigentumsvorbehalt 501
einfügen 312
Eingabedaten 274
Eingabegerät 282
Einkauf mit dem Smartphone 590
Einlagerungsgesichtspunkt 561
Einliniensystem 46
Einpersonenzimmer 131
einseitiges Rechtsgeschäft 459
Einstandspreis 505
Einzelarbeitsplatz 284
Einzelbeschaffung 442
Einzelvollmacht 69
Einzugscanner 331
Einzugsermächtigung 584
Eisenhower-Prinzip 165
Elaborationsstrategie 99
Electronic-Banking-System 587
elektronischer Einkauf 545
elektronischer Terminplaner 161
E-Mail 201
Enclosure(s) 407
Energiezufuhr 155
E-Postbrief 215
ereignisgesteuerte Prozessketten 47
Erfüllungsgeschäft 496
Erfüllungsort 491
Ergänzungsprüfung 31
Ergebnisprotokoll 177
Ergonomie 116
Ernährung 154
Ernährungspyramide 155
ERP-System 276, 333
Ersatzlieferung 601
Ersatz vergeblicher Aufwendungen 595
erwerbswirtschaftlicher Betrieb 57
E-V-A-Prinzip 281
evolutorische Wirtschaft 89
externer Speicher 282
Ex Works (EXW) 408
Exzerpt 95

F

Fachkompetenz 20
Faktura 373
FALSCH 520
Falschlieferung 600
Farbe 119

Fax 201
Feedback 108
Feld 291
Festplatzsystem 561
Fifo-Methode 561
firm or binding offer 419
Fixkauf 488
Flachbettscanner 331
Flächendiagramm 437
Fließtext 178
Formatieren 314
Formel 320
Formen 294
Formular 287
Formularsteuerelement 292
Formvorschrift 474
Formzwang 474
Free Alongside Ship (FAS) 408
Free On Board (FOB) 408
freie Güter 73
Freiplatzsystem 562
Freizeichnungsklausel 258
Freizeit 153
Fremdsprache Englisch 403
fristlose Kündigung 34
Führungsebene 67
Funktion 519
Funktionsname 321
Funktionstaste [F4] 324
Fußzeile 318

G

Garantie 603
Gattungskauf 499
Gebrauchsgüter 75
Gefahrenschutz 566
Geldersatzmittel 581
gemeinwirtschaftlicher Betrieb 57
gemischter Bezug 325
gemischter Zellbezug 437
genaue Übereinstimmung 532
general enquiry 403
Gerichtsstand 492
Geschäftsfähigkeit 463
Geschäftsunfähigkeit 464
Gesellschaftsvertrag 461
Gesprächsnotiz 204
Gestaltung eines Formulars 287
Gestaltungsfreiheit 473
Gesunderhaltung 153
Gesundheit 147
gesundheitliche Betreuung 39
Gewerbeordnung 564
Gewerkschaft 43
Gewichtsspesen 508
Gewinnungsbetriebe 591
GHS-Verordnung 566
Giralgeld 581
Girocard 581
Gitternetzlinien 319
Gleitzeit 141
Globalisierung 85
Großraumbüro 133
Grundwert 301
Güteklasse 486
Güter 73
Güterbeschaffung 431

H

Haltemarke 291
Handelsbetrieb 56, 60
Handelskauf 498
Handelsware 430
Handlungskompetenz 20
Handlungsvollmacht 69
Handwerksbetrieb 56
Handwerksbetrieben 63
Hardware 281
Haushalt 88
Hochformat 319
Hochregallager 562
Höchstbestand 570

I

IBAN 582
Ideenfindung 92
Impact-Drucker 328
Incoterms® 2010 408
Industriebetrieb 56
Information 75, 431
Inhaltssteuerelement 292
Inklusion 238
Inside address 406
Integrierte Unternehmenssoftware 333
Internet 95, 286
Internetkauf 590
Intranet 276, 286
Investitionsgüter 75
Investitionsgüterbetrieb 56

J

Jugendarbeitsschutzgesetz 37
Jugendvertretung 42
juristische Person 466
Just-in-time-Lieferung 444

K

Kapital 80
Kapitalgesellschaft 68
Kartei 228
Kartenzahlungssystem 585
Kauf auf Abruf 488
Kauf auf Probe 499
Kauf gegen Anzahlung 500
Kauf nach Probe 499
Kauf nach Sicht 499
Kaufvertrag 459, 495
Kaufvertragsarten 497
Kauf zur Probe 499
Klauselverbot 481
knappe (wirtschaftliche) Güter 73
Koalitionsfreiheit 43
Kombibüro 133
Kommissionierung 270, 563
Kommissionierungsauftrag 277
Kommissionskauf 502
Komplementärgüter 75
Konferenz 168
Konfiguration 281
Konfigurationsdaten 341
Kongress 169
Konsumgüter 75
Konsumgüterbetrieb 56
kontaktloses Bezahlen 589
Kontrahierungszwang 473
Konventionalstrafe 596
Kopfzeile 318
kopieren 312
Kopieren 331
Kopierer 331
Krankengeld 33
Kreditinstitut 56, 62, 89
Kreditkarte 585
Kreditwürdigkeit 262
Kreisdiagramm 437
Kreislaufwirtschaftsgesetz 567
Kulanz 603
Kundendatei 274
Kundenkarte 586

Kundenzufriedenheit 279
Kündigung 34
Kurzmitteilung 205

L
Lagerart 557
Lageraufgaben 554
Lagerbestandskennzahl 569
Lagerbewegungskennzahl 574
Lagerfüllgrad 578
Lagergrundsatz 555
Lagerhaltungsprozess 548
Lagerkennzahl 569
Lagerreichweite 577
Lagerzins 577
Lagerzinssatz 576
LAN 285
Lärm 118
Laserdrucker 329
Lastschriftverfahren 584
Layout 404
Leasingvertrag 459
lebenslanges Lernen 21
Legende 438
Legendenbeschriftung 439
Leihvertrag 459
Leistungsbereitschaft 122
Leistungserstellung 60
Leistungsfähigkeit 122
Lernkartei 97
Lernplakat 98
Letterhead 406
Letter of Credit (L/C) 409
Licht 117
Lieferfähigkeit 263
Lieferschein 269
Lieferwilligkeit 263
Lieferzeit 263, 488
Lifo-Methode 561
limitationale Produktionsfaktoren 81
Liniendiagramm 437, 438
List of Items 412
logische Äquivalenz 518
Lower Management 68
Luft 117

M
Mahnung 594
MAN 285
Mandat 585
Mängelart 600
Mängelrüge 599
Marke 486
Matrixdrucker 328
MAX 322
Maximalprinzip 453
Medieneinsatz 106
Mehrliniensystem 46
Mehrpersonenzimmer 131
mehrseitiges Rechtsgeschäft 459
Meldebestand 443, 571
Memorierungsstrategie 97
Mengenplanung 434
Menüband 310
Middle-Management 67
Mietvertrag 459
MIN 322
Mindestbestand 443, 570
Mindmapping 99
Minimalkostenkombination 81
Minimalprinzip 453
Minisymbolleiste 316
MITTELWERT 322
Mobbing 150
Motherboard 282
Motivirrtum 477
Multifunktionsgeräte 332

N
Nachbesserung 601
Nacherfüllung 601
Nachhaltigkeit 125, 279
Nadeldrucker 328
Namen 530
Namenfeld 530
natürliche Person 463
Navigation im ERP-System 346
Netzwerk 284
Netzwerkadministrator 285
Neukunde 262
Nichterfüllungsschaden 595
Nichtigkeit 476
Nicht-rechtzeitig-Lieferung 593
Non-Impact-Drucker 328
notarielle Beurkundung 474
numerische Ordnung 223
Nutzwertanalyse 515

O
OCR-Software 331
ODER 525
öffentliche Beglaubigung 474
öffentliche Investitionen 90
öffentliche Verwaltung 62
Offer 410
offer without engagement 419
Ökologie 54, 453
ökologisches Prinzip 453
ökologische Ziele 54
ökonomisches Prinzip 81, 453
Onlineauktion 546
Onlinebanking 589
Onlinebestellung 545
Onlinebezahldienst 590
Onlinemarktplatz 546
operatives Controlling 607
Operator 518, 521
optimale Bestellmenge 435, 610
order acknowledgements 419
Ordnungsdaten 275
Ordnungshilfsmittel 226
Ordnungssystem 223
Organigramm 294
Organisation 45

P
Pachtvertrag 460
Papierformat 319
Pareto-Prinzip 164
Payment after Receipt of Invoice 409
Payment in Advance 409
Payment on Account 409
Peer-to-Peer-Netzwerk 285
Peripheriegerät 282
Pflichten des Ausbildenden 32
Pflichten des Auszubildenden 33
Pflichtqualifikationen 26
Piezo-Drucker 329
Plantafel 161
Plastikgeld 585
Platzhalter 317
Post 207
Posteingang 210
Postgeheimnis 208
Postvollmacht 208
Powershopping 546
Präsentationsvorbereitung 104
präsentieren 103
primärer Sektor 84
Prinzip der Nachhaltigkeit 453
Probezeit 34

product range 413
Produktionsbetrieb 58
Produktionsfaktor 59
Produktionsgüter 75
Produktivgüterbetrieb 56
Prokura 70
Promillerechnung 301
Protokoll 174, 178
Prozentformat 325
Prozentrechnen 301
Prozentrechnen auf Hundert 304
Prozentrechnen im Hundert 305
Prozentsatz 301
Prozentwert 301
Prozessor 281
Prüfung 29
Prüfzeichen 486
psychische Belastung 147
Pufferzeit 163
Punktdiagramm 437

Q
Quantitätsmangel 600
Querformat 319
Quittung 582
quotations 411

R
Rabatt 487
Rahmenlehrplan 22
Rahmenvertrag 445, 449
RAM 281
Ramschkauf 499
RANG 536
range of products 413
Raumgestaltung 119
Raute 317
Rechendaten 275
Recht 74, 469
Rechtsfähigkeit 463
Rechtsgeschäft 458
Rechtsmangel 600
Rechtsnorm 457
Rechtsobjekt 468
Rechtssubjekt 463
Recycling 453
Reference Iine 406
References 406
Registratur 220
Registraturart 225
Reihen 313
Reisevertrag 460
Reservelager 558
reverse auction 546
ROM 281
Ruhepause 38
RUNDEN 326
Rundschreiben 196

S
Sache 469
Sachgüter 74
Sachleistungsbetrieb 56
Sachmängel 600
Sachmängelhaftungsanspruch 601
Sachtext 94
Sachziel 54
Salutation 406
Säulendiagramm 437
Scannen 331
Scanner 331, 561
Schadensberechnung 595
Schadensprotokoll 550
Schattierung 288
Scheingeschäft 477
Schenkungsvertrag 461
Scherzgeschäft 477
Schickschuld 491
Schlechtleistung 599
Schlichtungsausschuss 42
Schlüsselqualifikation 20
Schnellbaustein 293
Schriftform 474
Schriftgutverwaltung 220
Schriftverkehr 264
Seite einrichten 318
Seitenlayout 318
sekundärer Sektor 85
Selbstbild 244
Selbstinverzugsetzung 594
Selbstkompetenz 21
Sendungsart 213
SEPA-Gläubigeridentifikation 585
SEPA-Verfahren 582
Serienbrief 291
Sicherheitsbeauftragter 136
Signature Block 407
Signaturgesetz 474, 547
Sitzung 168
SmartArt 294
snail-mail 419
Software 283
solicited offer 411
sonstige Dienstleister 56
sortieren 528
soziales Prinzip 454
soziale Ziele 54
Sozialkompetenz 21
Spaltenbreite 289, 314
Spaltenköpfe 319
Speichern 311
Spezifikationskauf 486, 499
Sprungmarke 291
SQ3R (5-Schritt-Methode) 101
Staat 90
Stabsstelle 47
Stakeholder 67
Stammdaten 274
Stammkunde 262
stationäre Wirtschaft 88
Steuern 90
strategisches Controlling 607
Stress 147
Stressbewältigung 149
Stressregulation 147
Stresssymptom 148
Struktogramm 520
Stückkauf 498
Subject Line 406
substitutionale Produktionsfaktoren 81
Substitutionsgüter 76
Subventionen 90
Suchfunktion 526
Suchmaschine 96
Suchtprävention 155
SUMME 321
SUMMEWENN 522
SVERWEIS 525
Systemarchitektur 339
Systemsoftware 283

T
Tabelle 288
Tabellenblattregister 310
Tagungsort 172
Tagungsraum 173
Tara 488
tatsächlicher (konkreter) Schaden 595
Teamarbeit 234
Teambüro 131

Teilnehmerkreis 173
Teilzeitunterricht 23
Telearbeit 142
Telefon 196
Telefon-Banking 590
Telefonnotiz 205
Terminkalender 159
Terminkauf 488
Terminmappe 160
Terminplaner 159
Terminplanung 159
Terms of Payment 409
tertiärer Sektor 85
Textbaustein 293
Textbausteine 290
Textfeld 292
Textverarbeitung 178
Thermodrucker 329
Tintenstrahldrucker 328
Top-Management 67
Transferzahlung 90

U
überraschende Klausel 480
Überweisung 583
Umformung 555
Umschlagshäufigkeit 575
Umschulung 51
Umweltbeauftragter 568
Umweltfaktor 116
Umweltschutz 566
Umweltzeichen 486
unbeschränkte Geschäftsfähigkeit 464
unbestellte Ware 259
UND 524
Unfallschutz 564
Unfallverhütungsvorschriften 136
Unfallversicherung 564
ungefähre Übereinstimmung 532
unsolicited or voluntary offer 411
Unternehmen 88
Unternehmer 68
Unternehmerrückgriff 602
unverbindliches Angebot 419

V
Verarbeitungsbetrieb 59
verbindliches Angebot 419
Verbrauchsgüter 75
Verbrauchsgüterkauf 602
Verbundene Zellen 316
Veredelung 555
Veredelungsbetrieb 59
Vergütung 33
Verhandlungsprotokoll 176
Verkaufslager 557
Verkehrsbetrieb 56
Verlaufsprotokoll 176
Verpackungskosten 488
Verpflichtungsgeschäft 496
Versand 270
Versandkosten 490
Verschachteln 523
Versendungsform 213
Versicherungsbetrieb 56, 61
Versicherungsvertrag 461
Vertrag 459
Vertragsart 459
Vertragsfreiheit 473
Verzögerungsschaden 594
visualisieren 107
Voice-Mail 200
volkswirtschaftliche Arbeitsteilung 84
volkswirtschaftliche Produktionsfaktoren 78
Vordrucke 287
Vortrag 105
Vorversionstools 291

W
Wahlqualifikation 27, 29
wahr 518, 520, 532
WAN 285
Warenart 485
Warenauslagerung 563
Wareneingangsbuch 552
Wareneingangskontrolle 548
Wareneinlagerung 561
warengerechte Lagerung 555
Warengüte 486
Warenlager 557
Warenlagerung 554
Warenmanipulation 563
Warenpflege 563
Warenschuld 490
Web-Browser 95
WENN-Abfrage 519
Werklieferungsvertrag 460
Werkstoff 59, 80, 430
Werkvertrag 460
Wertigkeitsstufe 221
Wertspesen 508
Wiederholungszeile 319
Willenserklärung 458
wirtschaftliche Ziele 54
Wirtschaftskreislauf 87
Wirtschaftsprinzip 455
Wirtschaftssubjekt 88

Z
ZÄHLENWENN 522
Zahlenwerte 316
Zahlungsbedingung 489
Zahlungsvereinfachung 584
Zahlungsverkehr 581
Zeichnungsfläche 441
Zeilenhöhe 289, 314
Zeilenköpfe 319
Zeilenumbruch 295, 314
Zeitfalle 163, 164
Zeitfresser 164
Zeitmanagement 158
Zelladresse 324
Zellbereich 310
Zellenbüro 131
Zellen einfügen 528
Zellen verbinden 288
Zentraleinheit 281
Zeugnis 33
Zielbündel 55
Zielharmonie 55
Zielkauf 500
Zielkonflikt 55
Zielsystem 55
Zug-um-Zug-Geschäft 581
zuständigen Stelle 29
zuständige Stelle 42
zweiseitiges Rechtsgeschäft 459